国外电子与通信教材系列

电　　路

(第十版)

Electric Circuits

Tenth Edition

[美] James W. Nilsson 著
Susan A. Riedel

周玉坤 冼立勤 等译
李　莉 宿淑春

電子工業出版社
Publishing House of Electronics Industry
北京·BEIJING

内容简介

本书被 IEEE“Spectrum”杂志称为“电路领域的经典之作”，是欧美“电路”课程采用最为广泛的教材。近些年国内引进了该教材，从该书的第六版开始，至今已经是第十版，国内读者反应良好，被认为是当前所见到的最好教材之一。全书共分 18 章，系统地讲述了电路的基本概念、基本理论、基本分析和计算方法。主要内容有电路基本元件、简单电阻电路分析、电路常见分析法、运算放大器基本应用电路、一阶和二阶动态电路的分析、正弦稳态分析及其功率计算、平衡三相电路、拉普拉斯变换及其应用、选频电路、有源滤波器、傅里叶级数及傅里叶变换、双端口网络等。书中每章内容均从现实生活中的实际应用展开，进行了详细的说明，列出了详尽的图表资料，安排了大量的例题、评测练习和习题，内容新颖，讲解透彻，非常适合于自学，是一本电路分析的优秀教材。

本书是电气、电子、计算机与自动化等本科专业电路课程的教材，也可供相关学科的科技人员自学或参考。

图书在版编目(CIP)数据

电路：第 10 版/(美)尼尔森(Nilsson, J. W.)，(美)里德尔(Riedel, S. A.)著；周玉坤等译.
北京：电子工业出版社，2015.3
书名原文：Electric Circuits, Tenth Edition
国外电子与通信教材系列
ISBN 978-7-121-25041-5

Ⅰ.①电…　Ⅱ.①尼… ②里… ③周…　Ⅲ.①电路-高等学校-教材　Ⅳ.①TM13

中国版本图书馆 CIP 数据核字(2014)第 283925 号

策划编辑：马　岚
责任编辑：李秦华
印　　刷：河北虎彩印刷有限公司
装　　订：河北虎彩印刷有限公司
出版发行：电子工业出版社
　　　　　北京市海淀区万寿路 173 信箱　邮编　100036
开　　本：787×1092　1/16　　印张：41　　字数：1328 千字
版　　次：2002 年 5 月第 1 版(原著第 6 版)
　　　　　2015 年 3 月第 5 版(原著第 10 版)
印　　次：2025 年 8 月第 14 次印刷
定　　价：109.00 元

凡所购买电子工业出版社图书有缺损问题，请向购买书店调换。若书店售缺，请与本社发行部联系，联系及邮购电话：(010)88254888，88258888。

质量投诉请发邮件至 zlts@phei.com.cn，盗版侵权举报请发邮件至 dbqq@phei.com.cn。

本书咨询联系方式：classic-series-info@phei.com.cn。

序

2001 年 7 月间，电子工业出版社的领导同志邀请各高校十几位通信领域方面的老师，商量引进国外教材问题。与会同志对出版社提出的计划十分赞同，大家认为，这对我国通信事业、特别是对高等院校通信学科的教学工作会很有好处。

教材建设是高校教学建设的主要内容之一。编写、出版一本好的教材，意味着开设了一门好的课程，甚至可能预示着一个崭新学科的诞生。20 世纪 40 年代 MIT 林肯实验室出版的一套 28 本雷达丛书，对近代电子学科、特别是对雷达技术的推动作用，就是一个很好的例子。

我国领导部门对教材建设一直非常重视。20 世纪 80 年代，在原教委教材编审委员会的领导下，汇集了高等院校几百位富有教学经验的专家，编写、出版了一大批教材；很多院校还根据学校的特点和需要，陆续编写了大量的讲义和参考书。这些教材对高校的教学工作发挥了极好的作用。近年来，随着教学改革不断深入和科学技术的飞速进步，有的教材内容已比较陈旧、落后，难以适应教学的要求，特别是在电子学和通信技术发展神速、可以讲是日新月异的今天，如何适应这种情况，更是一个必须认真考虑的问题。解决这个问题，除了依靠高校的老师和专家撰写新的符合要求的教科书外，引进和出版一些国外优秀电子与通信教材，尤其是有选择地引进一批英文原版教材，是会有好处的。

一年多来，电子工业出版社为此做了很多工作。他们成立了一个“国外电子与通信教材系列”项目组，选派了富有经验的业务骨干负责有关工作，收集了 230 余种通信教材和参考书的详细资料，调来了 100 余种原版教材样书，依靠由 20 余位专家组成的出版委员会，从中精选了 40 多种，内容丰富，覆盖了电路理论与应用、信号与系统、数字信号处理、微电子、通信系统、电磁场与微波等方面，既可作为通信专业本科生和研究生的教学用书，也可作为有关专业人员的参考材料。此外，这批教材，有的翻译为中文，还有部分教材直接影印出版，以供教师用英语直接授课。希望这些教材的引进和出版对高校通信教学和教材改革能起一定作用。

在这里，我还要感谢参加工作的各位教授、专家、老师与参加翻译、编辑和出版的同志们。各位专家认真负责、严谨细致、不辞辛劳、不怕琐碎和精益求精的态度，充分体现了中国教育工作者和出版工作者的良好美德。

随着我国经济建设的发展和科学技术的不断进步，对高校教学工作会不断提出新的要求和希望。我想，无论如何，要做好引进国外教材的工作，一定要联系我国的实际。教材和学术专著不同，既要注意科学性、学术性，也要重视可读性，要深入浅出，便于读者自学；引进的教材要适应高校教学改革的需要，针对目前一些教材内容较为陈旧的问题，有目的地引进一些先进的和正在发展中的交叉学科的参考书；要与国内出版的教材相配套，安排好出版英文原版教材和翻译教材的比例。我们努力使这套教材能尽量满足上述要求，希望它们能放在学生们的课桌上，发挥一定的作用。

最后，预祝“国外电子与通信教材系列”项目取得成功，为我国电子与通信教学和通信产业的发展培土施肥。也恳切希望读者能对这些书籍的不足之处、特别是翻译中存在的问题，提出意见和建议，以便再版时更正。

吴佑寿

中国工程院院士、清华大学教授

“国外电子与通信教材系列”出版委员会主任

出版说明

进入21世纪以来，我国信息产业在生产和科研方面都大大加快了发展速度，并已成为国民经济发展的支柱产业之一。但是，与世界上其他信息产业发达的国家相比，我国在技术开发、教育培训等方面都还存在着较大的差距。特别是在加入WTO后的今天，我国信息产业面临着国外竞争对手的严峻挑战。

作为我国信息产业的专业科技出版社，我们始终关注着全球电子信息技术的发展方向，始终把引进国外优秀电子与通信信息技术教材和专业书籍放在我们工作的重要位置上。在2000年至200 1年间，我社先后从世界著名出版公司引进出版了40余种教材，形成了一套“国外计算机科学教材系列”，在全国高校以及科研部门中受到了欢迎和好评，得到了计算机领域的广大教师与科研工作者的充分肯定。

引进和出版一些国外优秀电子与通信教材，尤其是有选择地引进一批英文原版教材，将有助于我国信息产业培养具有国际竞争能力的技术人才，也将有助于我国国内在电子与通信教学工作中掌握和跟踪国际发展水平。根据国内信息产业的现状、教育部《关于“十五”期间普通高等教育教材建设与改革的意见》的指示精神以及高等院校老师们反映的各种意见，我们决定引进“国外电子与通信教材系列”，并随后开展了大量准备工作。此次引进的国外电子与通信教材均来自国际著名出版商，其中影印教材约占一半。教材内容涉及的学科方向包括电路理论与应用、信号与系统、数字信号处理、微电子、通信系统、电磁场与微波等，其中既有本科专业课程教材，也有研究生课程教材，以适应不同院系、不同专业、不同层次的师生对教材的需求，广大师生可自由选择和自由组合使用。我们还将与国外出版商一起，陆续推出一些教材的教学支持资料，为授课教师提供帮助。

此外，“国外电子与通信教材系列”的引进和出版工作得到了教育部高等教育司的大力支持和帮助，其中的部分引进教材已通过“教育部高等学校电子信息科学与工程类专业教学指导委员会”的审核，并得到教育部高等教育司的批准，纳入了“教育部高等教育司推荐——国外优秀信息科学与技术系列教学用书”。

为做好该系列教材的翻译工作，我们聘请了清华大学、北京大学、北京邮电大学、南京邮电大学、东南大学、西安交通大学、天津大学、西安电子科技大学、电子科技大学、中山大学、哈尔滨工业大学、西南交通大学等著名高校的教授和骨干教师参与教材的翻译和审校工作。许多教授在国内电子与通信专业领域享有较高的声望，具有丰富的教学经验，他们的渊博学识从根本上保证了教材的翻译质量和专业学术方面的严格与准确。我们在此对他们的辛勤工作与贡献表示衷心的感谢。此外，对于编辑的选择，我们达到了专业对口；对于从英文原书中发现的错误，我们通过与作者联络、从网上下载勘误表等方式，逐一进行了修订；同时，我们对审校、排版、印制质量进行了严格把关。

今后，我们将进一步加强同各高校教师的密切关系，努力引进更多的国外优秀教材和教学参考书，为我国电子与通信教材达到世界先进水平而努力。由于我们对国内外电子与通信教育的发展仍存在一些认识上的不足，在选题、翻译、出版等方面的工作中还有许多需要改进的地方，恳请广大师生和读者提出批评及建议。

电子工业出版社

教材出版委员会

译　者　序

电路是研究电路理论的基础课程。它的任务是通过学习使学生掌握电路的基本概念、基本理论和电路的基本分析方法，为学习后续课程提供必要的基础知识，为进一步研究电路理论打好基础。

James W. Nilsson 教授和 Susan A. Riedel 教授在大学从教几十年，荣获过许多奖励和荣誉。由两位资深教授合著的《电路》一书是美国大学本科的一本优秀教材，经过不断地改版和修订，第十版教材不仅对原有教材的部分内容进行了更加合理的调整，而且继承和发扬了原有教材的优秀之处，更加注重学生对电路基本概念的理解、解题技能的训练以及工程实践能力的培养。本教材反映了最新技术与教学趋势，为面向21 世纪的学生提供了电路分析方面的基础知识。

《电路》(第十版)全书共分18 章，内容涉及电路分析的方方面面，系统性和逻辑性强，包括电路基本元件，如电阻、电感、电容和变压器等；简单电阻电路分析；电路常见分析法；运算放大器基本应用电路；一阶动态电路的响应；二阶动态电路的响应；正弦稳态分析及其功率计算；平衡三相电路；拉普拉斯变换及其在电路分析中的应用；选频电路；有源滤波器；傅里叶级数及傅里叶变换、双端口网络等。书中的附录部分，有线性联立方程组的求解、复数简介、耦合电感和理想变压器、分贝的概念、三角恒等式简表和积分简表等。本书可供我国大专院校电气、电子、计算机与自动化专业电路课程的教师和学生选为教材或教学参考书，也可供相关学科的科技人员自学或参考。

本书的特点是叙述由浅入深、由简到繁、联系实际、论证严谨、内容丰富、系统性强。该书密切结合实际电路，每章都是以“实例应用”提出的问题开始，以“实例应用”问题的解决作为结束，实例的选择密切结合实际，展现了新技术的应用，特点突出，应用实例包括功率平衡、电热器供暖、电阻式触摸屏、实际电阻电路、电阻应变计、电容式触摸屏、人工心脏起搏器、CPU 频率、家用配电线路、“吸血鬼功率”、电力传输与分配、暂态效应、浪涌抑制器、按键电话电路、低音音量控制电路、有源高品质滤波器、数字信号滤波、未知电路特性的确定等。

本书的每章内容都是从“实例应用”开始，首先提出问题，然后阐述相应的电路基础理论，最后建立实际问题的电路模型并对电路模型进行分析计算，从而进一步进行电路的设计。在课后习题中会适当安排一些相应的习题，以便再次加强对实际应用电路的分析与设计。相信学生看到这些实际生活中遇到的问题，一定会有兴趣学习电路理论，甚至主动动手解决这些实际电路问题。书中的每一章结束时都对讨论的主要问题及其结论给予了总结。书中附有1650 多道习题，除常规习题以外，还增加了有关 PSpice 和 Multisim 的习题，体现了先进计算工具在电路分析课程中的应用。书中共有150 多道例题，对每个例题都有详细的解题步骤和图解说明，既方便了学生的学习，也方便了教师的教学。

本书由北京电子科技学院电子信息工程系的教师周玉坤(翻译了前言、第12章至第15章、第18章和附录等)、冼立勤(翻译了第1章至第7章)、李莉(翻译了第8章至第11章)、宿淑春(翻译了第16章和第17章)翻译，全书由周玉坤审校和统稿。电子工业出版社的编辑为本书的出版做了大量艰苦细致的工作，译者谨向所有为本书的出版提供帮助的同志表示由衷的谢意。由于译者水平有限，译文中难免有不妥之处，欢迎读者批评指正。

译者
2014年9月
于北京电子科技学院

前　言

《电路》第一版，作为入门性的电路教材出版于 1983 年，其中包括 100 道例题和大约 600 道习题，不包括学生练习簿、PSpice 或 MultiSim 增补内容或任何网络支撑内容。对于指导教师而言，也仅限于提供了习题解答手册和许多适合于做幻灯片扩充的文本图形。

自《电路》第一版出版 31 年来，到目前的第十版已经发生了巨大变化，教材改进后更加符合学生和教师的要求，例如现在的教材包含大约 150 道例题，1650 道习题以及扩展的附录内容和网络支撑内容。第十版更加精练和改进了教材、附录以及网络素材的内容，但是教材的基本目标始终不变，那就是：

- 根据以前所学的知识，准确地理解概念和思想。对学生来说，要在以前所建立起来的，但是没能透彻理解的概念基础上建立新的概念是一件很困难的事情，该书将重点放在帮助学生理解新概念是怎样建立在原有概念基础上以及新概念和以前建立起来的概念之间有何关系。
- 重视概念的理解与解题方法之间的关系。在学习电路课程的第一年，解题方法的训练仍然是一项重要内容，本书列举了很多例题，提出了很多解题方法和技巧，之后又编排了一些评测性的练习题，为的是通过习题解答使学生自我测试对所学知识和解题方法的掌握程度。书中演示的解题过程是建立在概念基础上的，而不是套用固定的解题过程，因此可以鼓励学生在解题前能对问题进行深入思考。
- 为学生打下坚实的工程实践基础。在本教材的前半部分内容中，能够为学生提供实际工程训练的机会非常有限，但是本书充分利用现有的机会为学生提供使用实际元件值和提供可实现电路的例题和习题，习题中有许多问题都与每章开头的实例应用有关，习题中还有些题目是为了激励学生对工程实践的兴趣而设计，这些题目需要学生具有典型工程师具有的观察力。

出版第十版的原因

经过对全书的彻底审查后，进行了电路第十版的修订，通过审查更加清楚明确了对教师和他的学生来说，什么是更重要的，因此本版做了以下变动：

- 解题是学习电路分析最基本的训练。在任何电路课程中，学好课程的关键是要有足够多的新问题留给学生去做，所以对课后习题进行了修订并增加了新的习题，在本版中有超过 40% 的习题在以前任何版本中都未出现过。
- 教师和学生都想知道在第一年的电路分析课程中提出的一般方法和现场工程技术人员面对的问题有何关系，应用实例就展示了电路分析和真实世界之间的联系，已经为第 2 章、第 3 章、第 6 章、第 7 章、第 8 章和第 10 章设计了新的应用实例，许多新习题对 21 世纪的新世界进行了描述。每个应用实例都会在本章结尾得到解答或至少是部分解答，并且每章后特别安排的附加习题可以安排给学生，以便进一步对应用实例涉及的问题做进一步的研究。

- 已经更新了 PSpice 和 Multisim 手册，包括来自于该软件最新版本的截图，每个手册提供的仿真材料都与教材中所提供材料的顺序一致，这些手册仍然包含与教材中需要仿真的电路完全一致的仿真实例，教材仍然将课后习题中适合于用 PSpice 或 Multisim 仿真的题目做出标记。
- 为适应《电路》第十版教材的变化，已经对辅助练习簿进行了修订。对于已经掌握了附加例题和实践性习题的学生，可以使用辅助练习簿，这个辅助练习簿中包括例题和习题，其内容涵盖了功率平衡、简单电阻电路、节点电压法、网孔电流法、戴维南和诺顿等效电路、理想运放电路、一阶电路、二阶电路、交流稳态电路分析和拉普拉斯变换法分析电路等。
- 现在的学生练习簿包括完整的视频答案，典型的家庭作业题的详细解答步骤。
- 学习促进系统：一种“自学辅导设备”(bring your own device)和第十版一起发布，它是一种学生参与、评价和智能化的课堂情报系统，使用“学习促进系统”可以：
  - 使用开放式问题来了解学生，知道学生掌握了什么和没有掌握什么，并适当地调整授课内容。
  - 使用各种各样的习题为样板来画图、对电路进行注释、组成数字或代数答案等。
  - 获得丰富的分析材料，了解学生的表现。
  - 利用现有的问题或增加自己的内容，使“学习促进系统”更符合自己的课程需要。
- MasteringEngineering 是一种在线教程和评估程序，为学生提供个性化的反馈和提示，为教师提供了能跟踪学生学习进程的诊断手段，配合第十版教材，MasteringEngineering 将为新的手册提供家庭作业题、辅导活动和自选的后续任务。更多信息请访问：www.masteringengineering.com。

第十版的特点

每章习题

《电路》的读者一直把习题看成是本书最具有吸引力的特点之一。第十版中大约有 1650 道习题，其中的 40% 是以前版本中从未出现过的，习题放在每章的最后，并且按照节的顺序编排。

实例应用

第十版仍然以实例应用的介绍作为每章的开始，这些例题提供的电路实例取自于现实生活中的实际设备，本版教材中，有 6 章的实例应用是全新的。每章都是以简单描述本章知识的实际应用开始，当本章内容介绍完毕后，再以对实例应用的定量分析为结尾。每章习题中都有一些内容与实例应用直接关联，通过这些习题的求解能使读者知道如何应用本章知识解决实际问题。

评测练习

每一章的开始都有一套关于本章目标的叙述，在关键点处设置了一些评测练习题，通过对这些习题的求解来评测对本章目标的掌握程度，为了方便检查学习效果，所有的评测题目都给出了答案，如果能正确求解这些评测习题，就说明读者已经掌握并达到了目标的要求。如果需要做更多的习题，则可以根据评测习题下面所列出的一些相关章节习题编号做进一步的练习。

例题

每一章都包含很多数字形式的例题，这些例题用来对教材中提出的概念进行解释。本书含有 150 多道例题，这些例题展示了某些概念的应用，也可以训练读者的解题技巧。

基本方程和概念

浏览全书后就会看到独立于主体文本的基本方程和基本概念，这样做有助于引起读者对电路的一些重要原理的注意力，也有助于通过重要主题进行浏览搜索。

计算机工具的一体化

计算机工具可以将电路行为可视化、验证计算结果、减少复杂电路的计算量、使用参数变量进行重复计算，逼近理想的解决方案等，这些特点对学生的学习过程具有辅助作用。计算机在设计过程中的作用常常是无法估量的。第十版支持常用的计算机仿真和分析工具软件 PSpice 和 Multisim，适合于用 PSpice 和 Multisim 求解的习题用适当的方式做了标注。

重视设计

第十版继续强调用多种方法设计电路。首先，许多实例应用将重点放在电路设计方面，本章中相应的习题继续讨论这些实例应用中电路的设计问题。其次，课后习题中专门为电路设计目的而设置的习题，明确地用符号标出，这样可以帮助学生和教师辨别这些习题的设置目的。第三，适合用 PSpice 或 Multisim 求解的题目均用“P”符号标注，为使用这些软件进行设计提供了机会。第四，为了强调在设计和实现满足要求的电路中使用具有实际值的电子元器件，几乎在每章的习题中都有一些这种类型的习题，一旦完成了对题目的理论分析，学生就可以在实验室中搭建并测试电路，最后将理论分析结果和实测结果进行比较。

准确无误

为了做到准确无误，第十版中所有的文本和习题都经过了严格校对。

提供给教师的资源

所有教师资源都可以到 www. pearsonhighered. com 下载，如果需要该网站的登录名称和密码，请联系当地的 Pearson 代表①。

教师答案手册：包括全部的评测习题和课后习题的答案。

PPT 课件图片：书中所有的图形以 PPT 形式提供，以便制作课件，根据需要还可以提供带有评测练习题的一整套课件幻灯片。

MasteringEngineering：这种在线辅导和评估程序允许教师根据自动分级和个人的反馈信息动态组成家庭作业，能根据一步一步地评测和每个学生的作业情况很容易地跟踪整个班级的

---

① 有关索取本书的配套教学辅助资源的方法，请参阅书后所附的《教学支持说明》——编者注。

学习状况。更多信息请访问：www. masteringengineering. com。

学习促进系统：这种称为“自学辅导设备”的学生参与、评估和课堂情报系统能帮助教师评价学生课堂学习状况，从而相应地调整授课内容，有很多种类型的习题和答案可供参考以便形成自己的习题，或者将现有的问题放入系统中，更多信息请登录 www. learningcatalytics. com。

必要条件

在阅读本书前 12 章的过程中，假定读者已经学习过了初等微积分课程，已经在高中或大学学习了基本的物理学概念，如能量、功率、电荷、电流、电位和电磁场等。在阅读后 6 章时，假定学生已经学过了或参加过了微分方程方面的基础课程的学习。

课程选择

本教材可用于一学期、两学期或三个季度的课程教学。

- 单学期课程：在完成第 1 章至第 4 章和第 6 章至第 10 章（忽略 7.7 节和 8.5 节）之后，教师可以选择从第 5 章（运算放大器）、第 11 章（三相电路）、第 13 章和第 14 章（拉普拉斯分析法）和第 18 章（双端口电路）中选择必要的重点内容进行教学。
- 两学期课程：假定每周三讲，第一学期可以完成前 9 章的内容，第二学期学习剩下的第 10 章至第 18 章。
- 分三个季度进行：本书可以分成三部分：第 1 章至第 6 章、第 7 章至第 12 章和第 13 章至第 18 章。

第 5 章中有关运算放大器电路的介绍可以忽略，不会影响读者继续后面内容的学习。例如，如果第 5 章忽略了，教师可以直接跳过 7.7 节、8.5 节、第 15 章和第 5 章后面有关运算放大器方面的评测习题和课后习题。

本书后面附有多个附录，有助于读者更有效地利用这些数学基础知识。附录 A 可以复习线性联立方程组的求解和简单矩阵代数的克拉默法则；附录 B 中复习了复数；附录 C 中包含了耦合电感和理想变压器的内容；附录 D 包含有关分贝的简单知识；附录 E 是关于伯德图的简介；附录 F 为电路分析中使用的三角恒等式简表；附录 G 是一些有用的积分简表；附录 H 提供了电阻、电感和电容的通用标准元件值表，以便于求解课后习题时使用，部分答案提供了部分课后习题的参考答案。

致谢

为了《电路》第十版能顺利出版，出版社中很多幕后工作者努力地工作，值得尊敬和感谢。感谢 Pearson 的员工的 Andrew Gilfillan、Rose Kernan、Gregory Dulles、Tim Galligan 和 Scott Disanno，感谢他们一贯的支持和鼓励、专业风范，他们愿意倾听你的心声，愿意长时间牺牲个人时间，甚至几个月周末不休息。作者也要感谢 Integra Software Solutions 公司的同事，感谢他们在该书的排版过程中所做的努力和贡献。作者也要感谢 Kurt Norlin 为本书的文本和习题所做的严格检查。

非常感谢许多教师和学生对文本进行了正式审阅，提出了积极的反馈和建议，很高兴收到了使用该书的教师和学生的电子邮件，他们甚至指出了我们审校过程没能发现的错误，我们已经和所有来自世界各地使用该书的人取得了联系，感谢他们花费时间为我们指出错误。我们将继续尽可能地接受建议，改进内容、讲授方法和表现形式，如果能够因为使用这本书而缩短了数千位未来工程师的教育时间，我们将非常荣幸。

James W. Nilsson
Susan A. Riedel

目　　录

第1章　电路变量

本章目标

- 理解并能够使用国际单位制(SI)和 10 的幂的标准前缀。
- 了解并能够使用电压和电流的定义。
- 了解并能够使用功率和能量的定义。
- 已知理想基本电路元件电压和电流的条件下，能够使用无源符号约定计算其功率。

对于热衷于应用科学和数学并有这方面才能的人来讲，电气工程是一个令人兴奋且具有挑战性的领域。在过去的一个半世纪，电气工程师已经在开发系统、改变人们的生活方式和工作方式方面扮演了重要的角色。卫星通信、电话、数字计算机、电视、用于诊断的医学设备和外科医学设备、流水作业的机器人以及电力工具，已成为现代技术社会具有代表性的组成部分。你可以像电气工程师那样投入到这场正在进行的技术革命中去，不断改善和精炼目前的系统，并且为了满足不断变化的社会需求去开发新系统。

当开始电路分析的学习时，需要先了解电气工程的主题。这里将先给出电气工程概述以及一些与电路分析有关的工程学概念，并复习一下国际单位制。

接着，将一般性地描述电路分析的意义，介绍电压和电流的概念，并进行理想基本元件和极性参照系统的讨论，最后描述电流和电压与功率和能量的关系。

实例应用

功率平衡(一)

能够对根据教材提供的方法分析和设计的电路进行检验，是需要掌握的一种很重要的技能。一种普通的检验方法是电路功率平衡。我们学习的线性电路没有净功率。因此，电路各元件的功率之和必须为零。如果电路的总功率为零，则功率平衡；如果总功率不为零，则需要找出计算中的错误。

例如，考虑一个非常简单而典型的家用电器分布电路的模型，如下图所示(注意：一个更为现实的模型将在第 9 章的实例应用中研究)。标号为 a 和 b 的元件表示家中的电源，标号为 c、d 和 e 的元件表示通往家中电气设备的带电线缆。标号为 f、g 和 h 的元件表示灯具、电视机、电吹风、冰箱和其他电气设备。

一旦介绍了电压、电流、功率和能量的概念，将详细研究该电路模型，并使用功率平衡来检查电路的分析结果是否正确。

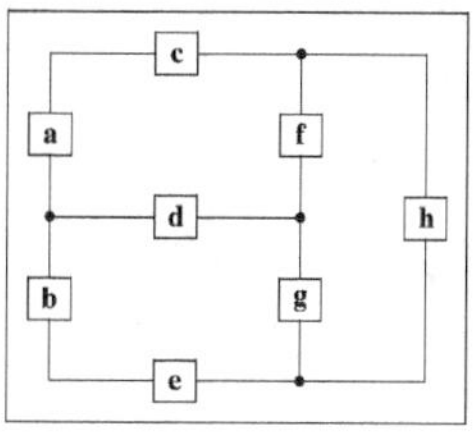

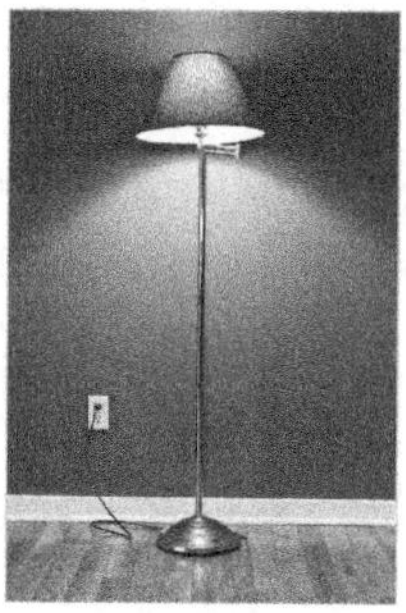

1.1 电气工程概述

电气工程专业与生产、传送、测量电信号的系统有关。电气工程是将物理学家的自然现象模型和数学家的数学工具结合在一起，并运用这些模型系统来满足实际需要。电气系统在生活中非常普及，无论是在家庭、学校、车间中，还是在汽车中，到处都能找到它的身影。电气系统的5个主要分支是：

- 通信系统
- 计算机系统
- 控制系统
- 电力系统
- 信号处理系统

下面分别从这5个系统中举几个例子，然后讨论电气工程师是怎样分析和设计这些系统的。

通信系统是产生、传送、分配信息的电气系统。众所周知的例子包括电视设备、照相机、发报机、收报机和VCR、探测宇宙的电子望远镜、返回式行星和地球图像的卫星系统、定位飞机航线的雷达系统以及电话系统等。

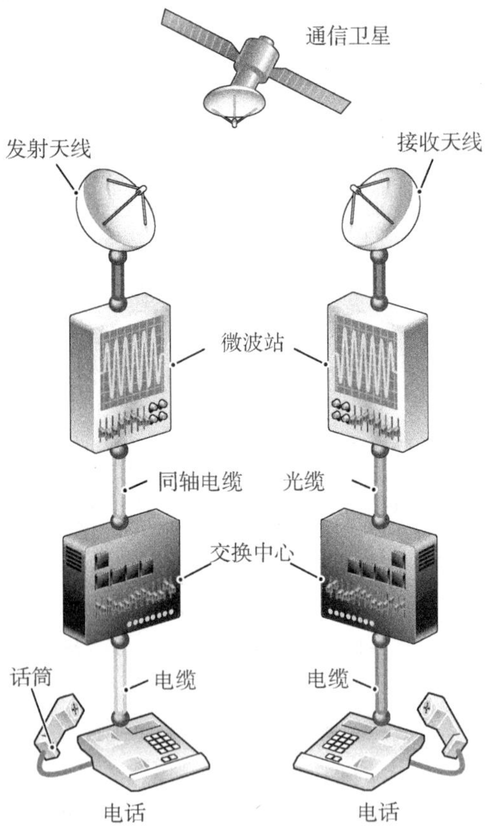

图1.1 电话系统

图1.1描述了现代电话系统的主要组成部分。在图的左面，电话机的话筒内部将声波转化为电信号，电信号传送到交换中心，在交换中心，它们和来自数十、数百甚至数千个其他电话的信号组合在一起。组合后的信号从交换中心出发，信号的形式取决于传播距离。在图1.1所示的例子中，信号将通过地下同轴电缆传送到微波发射站。在微波发射站，信号转换成微波，从发射天线传播到空间，再经过通信卫星传送到接收天线。微波接收站将微波信号转化为适当的形式以便进一步传输，例如，可以将微波信号转化为光脉冲通过光缆传输。当到达第二个交换中心后，组合的信号被分离，并且每个信号都发送给相应的电话，这时的电话耳机相当于扬声器，将接收到的电信号转换为声波。在传输过程的每个阶段，电路都对信号起作用。可以想象，艰巨的挑战在于设计、建造和运行每个电路，每个电路都应保证成千上万个电话同时工作时仍具有高质量的连接。

计算机系统用电信号处理信息，包括文字处理和数学计算。不同系统的体积、功率大小不同，从袖珍计算器、个人计算机，到能完成相当复杂任务的超级计算机(比如计算机能处理气象资料，能对复杂的有机分子化学反应建模)。计算机系统包括微电路网络或集成电路，邮票大小的集成电路中装有成百上千甚至上百万个元器件，这些元器件的运行速度和功率都接近于物理极限(比如光速和热力学定律的极限值)。

控制系统用电信号控制生产过程，例如炼油厂里的温度、压力和流速的控制器，电子燃油喷射式汽车发动机里的燃料空气混合设备，电梯中电动机、门和灯光的控制装置，以及巴拿马运河的闸门装置。此外，帮助飞机飞行和着陆的自动导航及自动着陆系统也是众所周知的控制系统。

电力系统产生和分配电力。电力是技术社会的基础，通常是由核电站、水电站及热电站(烧煤、油或气)大量产生的。电力由跨越全国的电力网分配。设计和运行这样的系统的主要挑战是要提供足够的冗余和控制，这样，任何一台设备出故障都不会使一座城市或一个地区完全停电。

信号处理系统对表现信息的电信号进行处理。通过处理，使信号所包含的信息成为更合适的形式。处理信号有很多种不同的方法。例如，图像处理系统收集到沿轨道飞行的气象卫星传来的大量数据，先把数据量压缩到易于处理的程度，再将其转换为供晚间新闻播报的视频图像。计算机处理的 X 射线断层摄影(CT)扫描是另一个图像处理系统的例子，它获取特殊的 X 射线机产生的信号，将它们转换成类似图 1.2 的图像。尽管原始的 X 射线信号很少被医生使用，但是一旦将 X 射线信号处理成为可以识别的图像，它们包含的信息就能应用在疾病和受伤的诊断中。

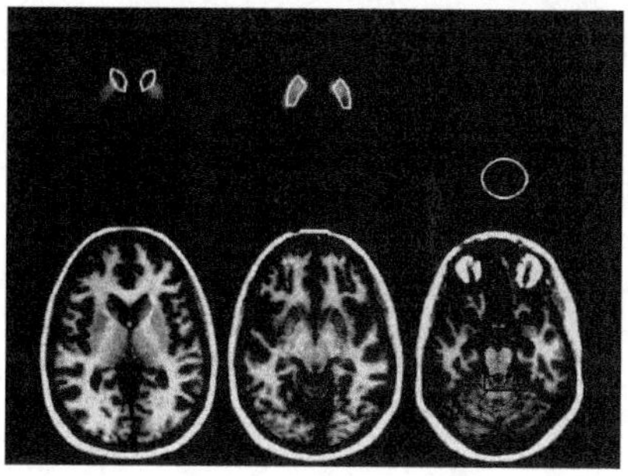

图 1.2　成人头部的 CT 扫描

五类系统之间的联系及其相互作用值得注意。例如，通信工程师会用数字计算机来控制信息的流动。计算机中包含控制系统，而控制系统中也包含计算机。电力系统需要规模巨大的通信系统来安全可靠地调整系统的运行，其系统也许会扩展而穿过整个大陆。信号处理系统中会包括通信、计算机和控制系统。

系统之间相互作用的例子很多，最有说服力的例子之一是民航飞机，图 1.3 表示一个高级通信系统，它为飞行员和所有附近的航空飞行器设计出安全的飞行路线，使飞行员保证飞机飞行在指定航线上。在最新的民航飞机上，机载计算机系统具有管理发动机的功能，提供导航和飞行控制系统，同时在驾驶员座舱的屏幕上显示这些信息。复杂的控制系统可以使用驾驶员座舱发布的指令来调整飞机的位置和速度，产生的信号对发动机进行控制，并可实现飞机表面的控制(如机翼、侧翼和方向舵等)，以确保飞机安全飞行且飞行在预定的航线上。飞机必须要有自己的动力系统才能在空中飞行，同时还要提供和分配所需要的电力，如维持机舱照明、制作咖啡、播放影片。信号处理系统能够减少空中交通通信中的噪音，把有关飞机位置的信息转换成更有实际意义的形式，并展示在驾驶员座舱里的显示屏幕上。工程学的挑战在于要设计所有这些系统并把它们融合为一个整体。例如，这些系统必须在变化范围大而且不可预测的环境条件中运行。当然，最重要的工程学挑战是确保乘客安全准时地到达预定的目的地，保证在设计中包含足够的安全余量。

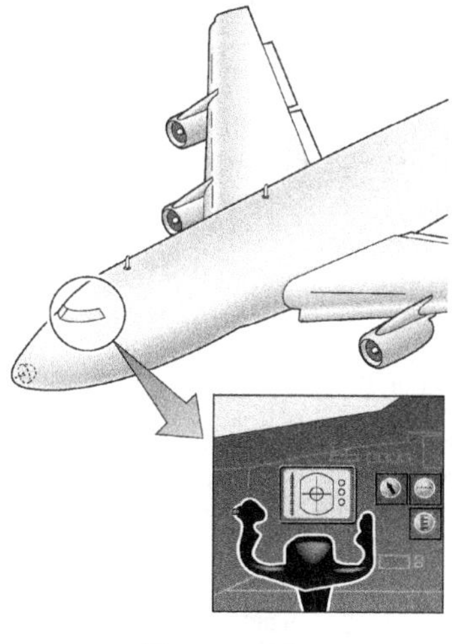

图 1.3　飞机

尽管电气工程师可能主要关心某一领域，但是他们必须要熟悉与这一领域相关的其他知识。各个领域间的相关性是电气工程成为具有挑战性专业的原因之一。每项工程的重点是未完成的工作，因此只要有助于完成工作，工程师们就应该从各个领域汲取各种知识。

1.1.1 电路理论

电气工程领域涉及面较广，那么电气工程的各个分支是否有共同的部分呢？回答是肯定的，共同的部分就是电路。电路是实际电气系统特性的近似数学模型。它为学习电气工程提供了重要的基础，在后续课程中，作为工程师将学习设计和运行那些前面提到的系统的具体细节。模型、数学知识和电路理论将为未来的工程学探索构成智慧的框架。

“电路”通常是指实际的电气系统以及它的模型。在正文中，当谈到电路的时候，除非另有说明，否则总是指模型。它是跨越各个工程学科、有广泛应用的电路理论的结晶。

电路理论是研究静止和运动电荷的电磁理论的特例。尽管广义的电磁理论似乎是研究电信号的出发点，但是在应用的时候不仅麻烦，而且需要使用高深的数学知识，因此，电磁理论课程不是理解本书内容的前提条件，不过这里还是假定读者学过简单的物理课程，了解一些电现象和磁现象。

如果满足 3 个基本假设，就可以利用电路理论而不是电磁理论研究电路形式的物理系统。这 3 个假设如下所示：

1. **电效应在瞬间贯穿整个系统。**大家知道电信号的传播速度接近光速，所以可以做这样的假定。如果系统在物理结构上相当小，电信号通过它又如此迅速，则可以认为电信号同时影响系统中的所有点。一个系统如果足够小，就能做这样的假定，并称这种系统为集总参数系统。
2. **系统里每个元件的净电荷总是零。**没有元件能够收集到额外的净电荷，尽管有些元件可以保持等量的相对隔离的电荷(以后将会讨论这些元件)。
3. **系统里的元件之间没有磁耦合。**稍后会证明，磁耦合能够发生在元件内部。

除此之外，没有其他假设。对于同一个问题，使用电磁理论解决方案非常复杂，而使用电路理论则能获得简单而又足够精确的解决方案。在介绍基本电路元件的分析和互连元件的规则之后，第 2 个假设和第 3 个假设的重要性将会显而易见。

需要进一步探讨第 1 个假设。多小的物理系统有资格作为集总参数系统？如果注意到电信号的波浪式传播，问题可以得到一个定量的解答。如果信号的波长比系统的物理尺寸大得多，则称系统为集总参数系统。波长λ等于信号的速度除以频率，即$\lambda = c/f$。频率的单位为赫兹(Hz)。例如，美国电力系统使用的频率为 60 Hz。如果用光速($c = 3\times10^8$ m/s)作为传播速度，那么波长为5×10^6 m。如果该电力系统的物理尺寸远小于这个波长，就可以将它看成集总参数系统，可以用电路理论来分析它的特性。怎样来定义远小于呢？好的标准是十分之一。如果系统的尺寸是波长尺寸的十分之一，则系统就可以作为集总参数系统。因此，只要电力系统的物理尺寸小于5×10^5 m，就可以将它看成是集总参数系统。

另一方面，无线电信号的传播频率规定为10^9 Hz，因此波长为 0.3 m。使用十分之一的标准，发送或接收无线电信号的通信系统的相应尺寸必须小于 3 cm 才能作为集总参数系统。如果研究中的系统其物理尺寸与信号的波长接近，就必须使用电磁理论去分析该系统。

1.1.2 解决问题

如果问题解答者是一名工程师，就不会要求他去解决已经解决了的问题了。不论是改善已有的系统功能，还是创造新系统，工程师都将分析研究未解决的问题。然而，作为一名学生，则要将注意力投入到探讨已经被解决的问题上。学习和讨论这些问题在过去是如何被解决的并完成相关的作业和测验题的目的，就是要提高技能以便成功地处理未被解决的问题，成为工程师以后就会遇到那些未被解决的问题了。

下面给出一般问题的解答步骤(多数属于在计算之前应考虑的问题)，以便找到解决问题的方案和策略。

1. **确定什么是已知的，什么是待求的。**在解答问题时，需要知道目的地，以便选择一条路径到达目的地。需要解答或求解的问题是什么？有时目标问题是明显的，有时则需要解释或者列出已知和未知信息清单或表格以便了解目标。
   问题陈述中可能包含一些无关的信息，在解答前需要将其排除。另一方面，可能会出现不完整的信息，或者复杂程度超出已知的解决方法。这种情况下，需要做出假设来填补失去的信息或者简化问题的上下文关系。如果计算陷入困境或者产生的答案似乎无意义，就要准备回过头重新考虑那些无关的信息或假设。
2. **画电路图或者采用其他形式的模型。**将口头描述的问题转化为形象的模型是解答问题过程中经常使用的步骤。如果电路图已经提供了，则需要在上面加一些信息，如标注、数值或者参考方向。也可以根据需要重新画一个简单、等效的电路图。在书中，将会学习简化电路和求等效电路的方法。
3. **考虑几个解决方案并从中挑选一个方案。**电路课程将帮助你收集许多分析工具，每一种工具都可以解决一些问题。有的方法在解题时可能比其他方法少用方程式，有的方法在解题时只用代数方法而不需要微积分。如果能采用这些方法，就会提高效率并能够有效地减少计算量。当用某种解决方法陷入困境时，就要想换一种方法，这时可能会指出一条继续前进的道路。
4. **计算答案。**这里的计划是确定一个好的分析方法和正确的方程来解答问题。接着要求解方程，用纸和笔、计算器或者计算机都可以完成对电路分析的实际计算。效率以及教师的选择决定了将使用的工具。
5. **发挥创造性。**如果怀疑答案错了，或者计算好像没能接近解答，应该暂停并考虑替换方案。这时需要重新检查，或者选择另一种解决方法，或者采取一种非常规的解决步骤，例如从结果倒着推算。本书提供了全部“评测目标”所采用问题的答案和许多习题答案，需要时可以倒着推算。在现实世界中，不可能预先有答案，但是可以从预期的结果倒着推算。还有其他创造性的方法，比如观察与其相似的其他类型的问题(这些问题可能是你已经成功解答了的)，或者凭直觉或预感决定如何进行，还可以暂时将问题放在一边，以后再对付它。
6. **检验解答。**问自己得到的解答是否有实际意义。答案的数量级合理吗？解答能否在物理上实现？还可以进一步用其他方法重新解答问题，这样做不仅检验了最初答案的正确性，而且还帮助开发了你的直觉，总之要根据不同种类的问题找到最有效的解决方法。在现实世界中，安全的临界设计总是要用几种独立的方法进行检验。养成检验答案的习惯，不论是学生，还是工程师，都会获益匪浅。

当然，以上解决问题的步骤不能作为处方去解决电路课程或其他课程的所有问题，有时可能需要跳过一些步骤，或改变一些步骤的顺序，或者详细制定某些步骤来解决特殊问题。可以使用这些步骤作为指南，形成工作中解决问题的风格。

1.2 国际单位制

工程师通过测量来比较理论结果和实验结果，以及各项工程设计。现代工程设计包含多个学科，许多工程小组在工程设计中一起工作，如果各小组使用相同的测量单位，就可以互相参照测量结果。世界范围内的主要工程学会和大多数工程师都采用国际单位制(SI)，所以本书也采用国际单位制。

SI 制以 7 个定义量为基础：

- 长度
- 质量
- 时间
- 电流
- 热力学温度
- 物质的量
- 发光强度

上述量及其单位和符号列在表 1.1 中。还有一些大家熟悉的时间单位，如分、小时等，尽管不是严格的 SI 制，但也经常使用在工程计算中。此外，定义量还可以组合形成导出单位，如力、能量、功率和电荷等，物理课程中经常用到这些导出单位。表 1.2 中列出了本书使用的导出单位。

表 1.1 国际单位制(SI)

量	基本单位	符号
长度	米	m
质量	千克	kg
时间	秒	s
电流	安[培]	A
热力学温度	开[尔文]	K
物质的量	摩尔	mol
发光强度	坎[德拉]	cd

许多情况下，SI 制不是太小就是太大不便于使用，因此经常将 10 的幂的标准前缀应用到基本单位中，如表 1.3 所示。所有这些前缀都是正确的，但是工程师通常使用指数能被 3 整除的幂，因此厘、分、十以及百很少使用。工程师还经常选择能使基础数字范围在 1 ~ 1000 的前缀。例如，若时间计算结果为 10^{-5} s，即 0.000 01 s，则多数工程师会将其描述为 10 μs，即 $10^{-5} = 10 \times 10^{-6}$ s，而不是 0.01 ms 或 10 000 000 ps。

表 1.2 SI 导出单位

量	单位名称(符号)	公式
频率	赫[兹](Hz)	s^{-1}
力	牛[顿](N)	$kg \cdot m/s^2$
能量或功	焦[耳](J)	N · m
功率	瓦[特](W)	J/s
电荷量	库[仑](C)	A · s
电位	伏[特](V)	J/C
电阻	欧[姆](Ω)	V/A
电导	西[门子](S)	A/V
电容	法[拉](F)	C/V
磁通量	韦[伯](Wb)	V · s
电感	亨[利](H)	Wb/A

表 1.3 表示 10 的幂的标准前缀

前缀	符号	幂
阿[托]	a	10^{-18}
飞[母托]	f	10^{-15}
皮[可]	p	10^{-12}
纳[诺]	n	10^{-9}
微	μ	10^{-6}
毫	m	10^{-3}
厘	c	10^{-2}
分	d	10^{-1}
十	da	10
百	h	10^{2}
千	k	10^{3}
兆	M	10^{6}
吉[咖]	G	10^{9}
太[拉]	T	10^{12}

例1.1说明了不同单位之间的换算方法，并使用了10的幂的前缀。

例1.1　使用SI单位和10的幂的前缀

如果某信号以光速的80%在电缆中传输，则信号1 ns通过多少英寸①电缆？

解：

首先，注意到1 ns $=10^{-9}$ s，同时回顾光速为 $c=3\times10^8$ m/s。那么光速的80%为 $0.8\,c=0.8\times3\times10^8$ m/s $=2.4\times10^8$ m/s。通过比例换算，将80%光速的单位从每秒米转换为每纳秒英寸。结果1 ns传输的英寸距离是：

$$\frac{2.4\times10^8\ \text{m}}{1\ \text{s}}\cdot\frac{1\ \text{s}}{10^9\ \text{ns}}\cdot\frac{100\ \text{cm}}{1\ \text{m}}\cdot\frac{1\ \text{in}}{2.54\ \text{cm}}$$

$$=\frac{(2.4\times10^8)(100)}{(10^9)(2.54)}=9.45\ \text{in/ns}$$

因此，以光速的80%在电缆中传输的信号，1 ns通过9.45英寸电缆。

评测目标1　理解并能够使用SI单位和10的幂的标准前缀。

1.1　假定电话信号以光速的2/3在电缆中传输，那么信号从纽约到迈阿密要化多长时间？其距离大约为1100英里②。

答：8.85 ms。

1.2　一年内，为了付清1000亿美元的赤字，美国联邦政府每毫秒必须要收多少美元？

答：\$3.17/ms。

提示：试求本章习题1.1，习题1.3和习题1.5。

1.3　电路分析概述

在开始讨论电路分析的具体内容之前，需要先简要说明一下工程设计，特别是电路设计。概述的目的是要说明电路分析在电路设计的整个范围里适合哪一部分。虽然本书将注意力放在电路分析上，但是，在适当场合也会讨论电路设计问题。

所有工程设计都开始于所提出的需求，如图1.4所示。这个需求可能来源于改善现有的设计，或者是创建新的设计。对需求要进行详细评估，通过评估生成设计要求，设计要求指出了设计的可测量特征。设计一旦提出，设计需求就成为评估设计能否满足要求的标准。

接下来要讨论设计的概念。对设计要求的完全理解产生了概念，概念源于教育程度和经验，可以体现为一张草图、一段文字描述或其他形式。接下来要将概念转化为数学模型。常用电气系统的数学模型就是电路模型。

电路模型元件称为理想电路元件。理想电路元件是实际电气元件（如电池或灯泡）的数学模型。使用理想电路元件来表现实际电气元件的特性，其精确度是非常重要的。电路分析工具以及它在电路中的应用是本书的重点。电路分析以数学为基础，用来预测电路模型和理想电路元件的特性。通过比较设计要求中的期望特性和电路分析得到的预测特性，进行电路模型和理想电路元件的改进。一旦期望特性和预测特性一致，物理原型的构造就完成了。

物理原型是一个实际的电气系统，由实际电气元件构成。测量技术用于确定实际物理系统的特性。实际特性与设计要求中的期望特性以及电路分析得到的预测特性相比较。比较后

① 1英寸(in) =0.0254 m——编者注。

② 1英里(mile) ≈1.609 km——编者注。

进行物理原型和电路模型的改进。重复进行处理，不断改进元件和系统，最终产生一个精确的设计，以满足设计要求。

从以上描述可以清楚地看出，设计过程中的电路分析起了非常重要的作用。电路分析应用于电路模型，工程师一般都设法使用成熟的电路模型，使设计尽量在第一次就满足要求。在本书中使用的模型已经被检验了20年至100年，完全可以假设这些模型是成熟的。电路理论对于工程师非常有用，它使工程师具有用理想电路元件模拟实际电气系统的能力。

利用理想电路元件之间的相互关系可以定量预测系统的特性，这就意味着可以用数学方程式来描述元件之间的互连。为了利用数学方程式，必须按照测量的参量来书写数学方程式。就电路而言，这些量就是电压和电流，将在1.4节讨论。学习电路分析需要理解如何用电压和电流来表示理想电路元件的特性，以及理想元件的互连会对电压和电流有何影响。

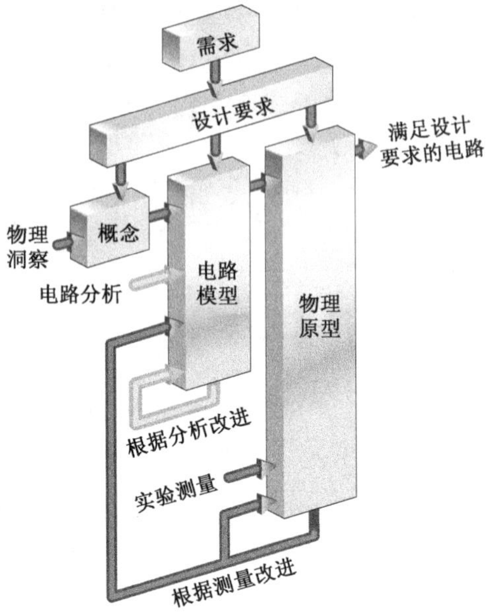

图1.4 电气工程设计的概念模型

1.4 电压和电流

电荷的概念是描述所有电现象的基础。首先复习电荷的一些重要特征。

- 电荷是双极性的，需要用正电荷和负电荷来描述电现象。
- 电荷量是离散量，是电子电荷量 1.6022×10^{-19} C 的整数倍。
- 电现象归结为电荷的分离和电荷的运动。

在电路理论中，电荷的分离引起电能(电压)，电荷的运动引起电的流动(电流)。

根据工程学的观点，电压和电流的概念非常有用，因为它们可以表示为数量，无论是正电荷还是负电荷被分离，都要消耗能量。电压是由分离引起的单位电荷的能量，将它表示为微分量的比

$$v=\frac{\mathrm{d}w}{\mathrm{d}q} \tag{1.1}$$

其中，v 是电压，单位为V(伏特)；w 是能量，单位为J(焦耳)；q 是电荷量，单位为C(库仑)。

电荷运动引起的电现象取决于电荷流动的速率。电荷流动的速率通称为电流，表示为

$$i=\frac{\mathrm{d}q}{\mathrm{d}t} \tag{1.2}$$

其中，i 是电流，单位为A(安培)；q 是电荷量，单位为C；t 是时间，单位为s(秒)。

式(1.1)和式(1.2)分别定义了电压和电流的大小。电荷的双极性特点需要赋予这些变量参考极性。关于参考极性的内容将在1.5节讨论。

尽管电流是由离散运动的电子组成的，但是没有必要单独考虑电子的运动，因为电子的数量太大了。可以将这些电子和相应的电荷看成是平滑的流体，因此，i 被视为连续量。

使用电路模型有一个优点，即可以用一个元件端口的电压和电流严格地模拟该元件。因此，两个不同元件的端电压和端电流之间的关系可能是相同的。如果它们真是这样，则从电路分析的角度看，这两个元件就是等同的。一旦知道了一个元件端口的特性，就可以分析该元件在电路中的特性。然而在构建电路模型时关心的是元件的内在特性。例如，可能需要了解，电荷的传导是不是由于自由电子通过金属晶体结构的运动形成的，或者是不是由于电子在半导体材料共价键内的运动形成的。然而，这些问题超出了电路理论的范围。在本书中，使用的是已构建的电路模型，而不去讨论如何构建元件模型。

1.5 理想基本电路元件

理想基本电路元件有3个特征：(1)只有两个端子，这些端子是连接其他电路元件的连接点；(2)可以用电压和电流按数学方式描述；(3)不能被分解为其他元件。使用“理想”一词意味着基本电路元件并不像可实现的物理元件那样真实地存在。然而，正如1.3节讨论的那样，理想元件可以被连接以模拟实际器件和系统。使用“基本”一词意味着电路元件不能被进一步简化或者分解为其他元件。因此，基本电路元件成为构造电路模型的砖瓦。但是基本电路元件本身不能被其他任何元件模拟。

图1.5展示了一个理想基本电路元件。框里面是空的，因为此时没有给出电路元件的类型。在图1.5中，框两端的电压表示为v，电路元件框内的电流表示为i。电压的参考极性用加减符号来表示，电流的参考方向用电流旁的箭头表示。v和i在参考方向下正负值的含义如表1.4所示。需要注意的是，在代数学上正电荷沿一个方向的流动等价于负电荷沿相反方向的流动。

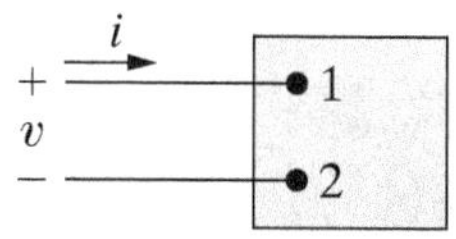

图1.5 理想基本电路元件

表1.4 图1.5中参考方向的含义

	正值	负值
v	电压降从端1到端2 或 电压升从端2到端1	电压升从端1到端2 或 电压降从端2到端1
i	正电荷从端1流到端2 或 负电荷从端2流到端1	正电荷从端2流到端1 或 负电荷从端1流到端2

电压参考极性和电流参考方向的指定是任意的，但是一旦指定了参考极性或方向，以后写的所有方程式就必须与其保持一致。广泛使用的参考方向的符号约定称为无源符号约定，本书使用无源符号约定。无源符号约定规定如下：

只要元件中电流的参考方向与元件电压降的参考方向一致(如图1.5所示)，就在电压与电流相关的表达式中使用正号，否则使用负号。

以下所有的分析都使用无源符号约定。介绍无源符号约定的目的如同先前介绍不同种类的基本电路元件一样，只是给你留下一个印象，参考极性的选择和无源符号约定的采用既不是基本元件的功能，也不属于基本元件的互连类型。在1.6节中，将会介绍无源符号约定的应用和说明。

例1.2说明了电流定义方程式的使用。

例1.2 电流和电荷的关系

图1.5中的元件上端在$t<0$时无电荷积聚，$t=0$时，有5 A电流流入上端。

(a)推导 $t>0$ 时元件上端积聚的电荷表达式。

(b)如果 10 s 后电流停止,元件上端积聚多少电荷?

解:

(a)根据式(1.2)所给的电流定义,由电流产生的积聚的电荷表达式为

$$q(t)=\int_0^t i(x)\mathrm{d}x$$

因此

$$q(t)=\int_0^t 5\mathrm{d}x=5x\Big|_0^t=5t-5(0)=5t\ \mathrm{C},\ t>0$$

(b)元件上端由 5 A 电流在 10 s 内积聚的电荷总数为 $q(10)=5(10)=50$ C。

评测目标 2 了解并能够使用电压和电流的定义。

1.3 在图 1.5 中元件的端电流为

$$i=0,\qquad t<0$$

$$i=20\mathrm{e}^{-5000t}\,\mathrm{A},\quad t\geqslant 0$$

计算进入元件上端的总电荷(单位为 mC)。

答: 4000 μC。

1.4 图 1.5 中进入上端的电荷表达式为

$$q=\frac{1}{\alpha^2}-\left(\frac{t}{\alpha}+\frac{1}{\alpha^2}\right)\mathrm{e}^{-\alpha t}\ \mathrm{C}$$

如果 $\alpha=0.036\ 79\ \mathrm{s}^{-1}$,求流进端子的电流最大值。

答: 10 A。

提示: 试求本章习题 1.8。

1.6 功率和能量

在电路分析中,功率和能量的计算也是非常重要的。因为,尽管在基于系统的电量分析和设计中,电压和电流是有用的变量,但是系统有效的输出经常是非电气的,这种输出用功率和能量来表示比较合适。另外,所有实际器件对功率的大小都有限制。因此,在设计过程中只计算电压和电流是不够的。

现在建立功率和能量与电压和电流之间的关系,同时通过功率计算来举例说明无源符号约定。回顾物理基础知识所提到,功率是释放或吸收的能量对时间的导数(一个额定值为 75 kW 的水泵比额定值为 7.5 kW 的水泵每秒释放更多的水)。数学上,单位时间能量用导数形式表示,即

$$p=\frac{\mathrm{d}w}{\mathrm{d}t}\tag{1.3}$$

其中,p 是功率,单位为 W(瓦特);w 是能量,单位为 J(焦耳);t 是时间,单位为 s(秒)。因此,1 W=1 J/s。

与电荷流关联的功率可以直接根据式(1.1)和式(1.2)定义的电压和电流推出,即

$$p=\frac{\mathrm{d}w}{\mathrm{d}t}=\left(\frac{\mathrm{d}w}{\mathrm{d}q}\right)\left(\frac{\mathrm{d}q}{\mathrm{d}t}\right)$$

因此

$$p=vi\tag{1.4}$$

其中，p 是功率，单位为 W；v 是电压，单位为 V；i 是电流，单位为 A。

式(1.4)表示基本电路元件的功率等于元件流过的电流和元件上的电压的乘积。因此，功率是与一对端子关联的量，应当能从计算结果中知道功率是释放到这对端子，还是从端子吸收。是“释放”还是“吸收”取决于对无源符号约定的正确应用和解释。

如果使用无源符号约定，则当电流参考方向与端子上电压降的参考方向一致时，式(1.4)是正确的。否则，式(1.4)必须加一个负号。换句话说，当电流参考方向与端子上电压升的参考方向一致时，功率表达式为

$$p = -vi \tag{1.5}$$

功率的代数符号取决于电荷运动是形成电压降还是电压升。当正电荷运动形成电压降时，它们失去能量，而当运动形成电压升时，它们获得能量。图 1.6 总结了电压和电流参考方向之间的关系以及功率表达式。

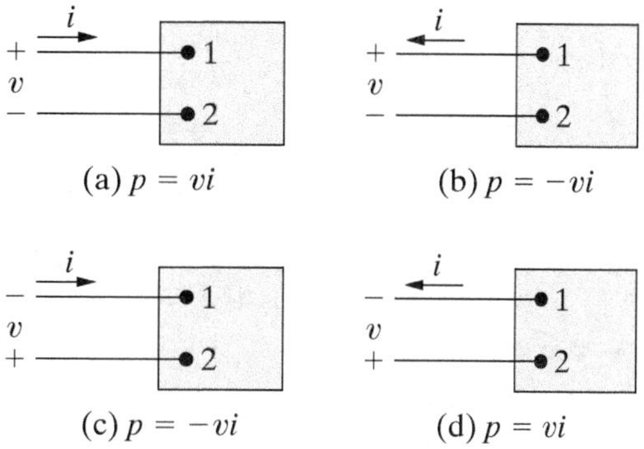

图 1.6　参考极性和功率表达式

现在定出规则以解释功率的代数符号。

如果功率为正(即 $p>0$)，则功率释放到电路框的内部，如果功率为负(即 $p<0$)，则功率从电路框内部发出。

例如，假设选择参考方向如图 1.6(b)所示，再假设电压和电流计算的结果如下：

$$i = 4\ \text{A} \quad 和 \quad v = -10\ \text{V}$$

那么与端子 1 和端子 2 关联的功率为

$$p = -(-10)\times(4) = 40\ \text{W}$$

因此电路框内的电路吸收 40 W 的功率。

再进一步分析，假定解决相同的问题，但是选择图 1.6(c)所示的参考方向，结果为

$$i = -4\ \text{A},\quad v = 10\ \text{V} \quad 和 \quad p = 40\ \text{W}$$

注意，用参考系统整理的这些结果与先前已得到的结论相同，即电路框的内部电路吸收 40 W 的功率。事实上，图 1.6 中的任何一个参考系统都将产生相同的结果。

例 1.3 使用无源符号约定说明了理想基本电路元件的电压、电流、功率和能量之间的关系。

例 1.3　电压、电流、功率和能量的关系

假定图 1.5 中的元件端电流与评测目标中的练习 1.3 所给定的相同，端电压为

$$v = 0, \qquad t < 0$$
$$v = 10e^{-5000t}\ \text{kV}, \qquad t \geqslant 0$$

(a) 计算 1 ms 内提供给元件的功率。

(b) 计算释放到电路元件的总能量(单位为 J)。

解：

(a) 因为电流从图 1.5 中的元件端电压正端流入，因此在功率表达式前用“+”符号。

$$p = vi = (10\,000e^{-5000t})(20e^{-5000t}) = 200\,000e^{-10\,000t}\ \text{W}$$
$$p(0.001) = 200\,000e^{-10\,000(0.001)} = 200\,000e^{-10}$$
$$= 200\,000(45.4\times10^{-6}) = 0.908\ \text{W}$$

(b)根据式(1.3)给出的功率定义，能量表达式为

$$w(t) = \int_0^t p(x)\mathrm{d}x$$

为了求释放的总能量，从零到无穷大对功率表达式积分，因此

$$w_{\text{total}} = \int_0^\infty 200\,000\mathrm{e}^{-10\,000x}\,\mathrm{d}x = \frac{200\,000\mathrm{e}^{-10\,000x}}{-10\,000}\Bigg|_0^\infty$$
$$= -20\mathrm{e}^{-\infty} - (-20\mathrm{e}^{-0}) = 0 + 20 = 20\ \mathrm{J}$$

所以，释放到电路元件的总能量为 20 J。

评测目标 3 和评测目标 4　了解并能够使用功率和能量的定义，能够使用无源符号约定。

1.5　假定一个元件的端 2 至端 1 有 20 V 电压降，4 A 电流进入端 2。

(a)根据图 1.6(a)至图 1.6(d)，给出 v 和 i 的数值。(b)指出框内电路是吸收还是释放功率。(c)电路吸收的功率为多少？

答：(a)电路 1.6(a)：$v=-20$ V，$i=-4$ A；电路 1.6(b)：$v=-20$ V，$i=4$ A；电路 1.6(c)：$v=20$ V，$i=-4$ A；电路 1.6(d)：$v=20$ V，$i=4$ A。(b)吸收。(c)80 W。

1.6　假定图 1.5 中元件的端电压和电流在 $t<0$ 时为 0，当 $t\geqslant 0$ 时，对应的端电压和电流为

$$v = 80\,000\mathrm{e}^{-500t}\ \mathrm{V},\quad t \geqslant 0$$
$$i = 15t\mathrm{e}^{-500t}\ \mathrm{A},\quad t \geqslant 0$$

(a)求何时释放到电路元件的功率达到最大值。(b)求功率的最大值。(c)求释放到电路元件的总能量。

答：(a)2 ms；(b)649.6 mW；(c)2.4 mJ。

1.7　高压直流(dc)传输线贯穿于美国俄勒冈州 Celilo 和加州 Sylmar 之间，运行电压 800 kV，电流 1.8 kA，如右图所示。计算俄勒冈州传输线终端的功率(单位为 MW)，并说明功率流向。

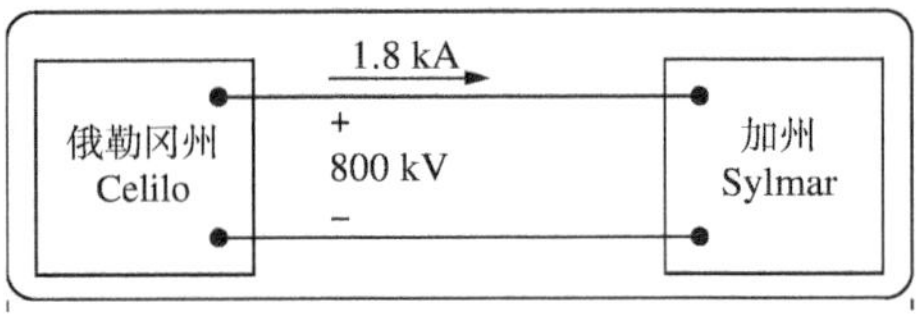

答：1440 MW。从 Celilo 到 Sylmar。

提示：试求本章习题 1.12，习题 1.19 和习题 1.24。

实例应用

功率平衡(二)

一个典型的家用电力分布电路模型如图 1.7 所示，图中给出了所有电路元件的电压极性和电流方向。电路分析的结果给出了所有电压和电流的数值，列在表 1.5 中。现在要通过计算每个元件的相应功率来确定给出的数值是否正确。计算功率时采用无源符号约定，结果如下所示。

p_{a}①$= v_{\mathrm{a}}i_{\mathrm{a}} = (120)(-10) = -1200$ W　　$p_{\mathrm{b}} = -v_{\mathrm{b}}i_{\mathrm{b}} = -(120)(9) = -1080$ W

$p_{\mathrm{c}} = v_{\mathrm{c}}i_{\mathrm{c}} = (10)(10) = 100$ W　　$p_{\mathrm{d}} = -v_{\mathrm{d}}i_{\mathrm{d}} = -(10)(1) = -10$ W

$p_{\mathrm{e}} = v_{\mathrm{e}}i_{\mathrm{e}} = (-10)(-9) = 90$ W　　$p_{\mathrm{f}} = -v_{\mathrm{f}}i_{\mathrm{f}} = -(-100)(5) = 500$ W

$p_{\mathrm{g}} = u_{\mathrm{g}}i_{\mathrm{g}} = (120)(4) = 480$ W　　$p_{\mathrm{h}} = v_{\mathrm{h}}i_{\mathrm{h}} = (-220)(-5) = 1100$ W

功率计算结果显示元件 a、b 和 d 发出功率，因为功率值是负数，而元件 c、e、f、g 和 h 吸收功率。现在通过求发出的总功率和吸收的总功率来检验电路是否满足功率平衡。

---

① 原英文版中公式下标的正斜体较混乱，不符合我国出版的有关规范，但我社在引进本书翻译版的同时也引进了英文影印版，为了与英文影印版保持一致，在此未做调整——编者注。

$$p_{发出} = p_a + p_b + p_d = -1200 - 1080 - 10 = -2290\ \text{W}$$
$$p_{吸收} = p_c + p_e + p_f + p_g + p_h = 100 + 90 + 500 + 480 + 1100 = 2270\ \text{W}$$
$$p_{发出} + p_{吸收} = -2290 + 2270 = -20\ \text{W}$$

出现了错误。如果这个电路中的电压值和电流值是正确的，总功率将是零！数据中有错误，如果是元件符号标错了，可以通过功率计算找出错误。注意，如果将总功率除以 2，结果为 -10 W，它是元件 d 的功率计算值。如果元件 d 的功率为 +10 W，那么总功率将为零。后面章节中的电路分析技术将可以证明，通过元件 d 的电流是 -1 A，而不是表 1.5 中给出的 +1 A。

表 1.5　图 1.7 电路中的电压和电流值

元件	v(V)	i(A)
a	120	-10
b	120	9
c	10	10
d	10	1
e	-10	-9
f	-100	5
g	120	4
h	-220	-5

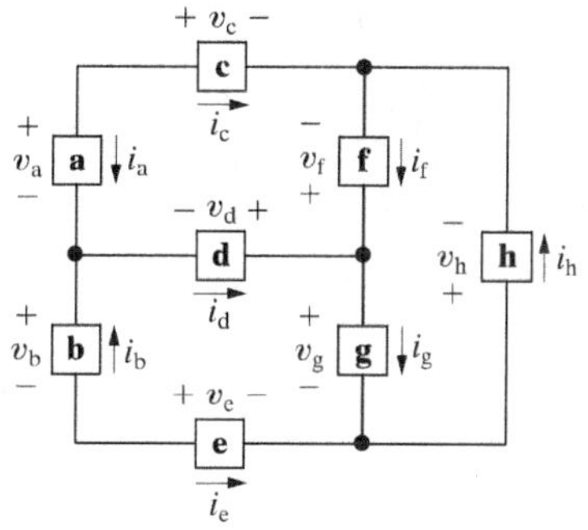

图 1.7　标注了电压和电流的家用电力分布电路模型

提示：试求本章习题 1.34 和习题 1.35 评估对该实例应用的理解程度。

小结

- 国际单位制(SI)使工程师们能够以有意义的方式沟通。表 1.1 总结了基本 SI 单位，表 1.2 给出了一些实用的导出单位。
- 电路分析基于电压和电流变量。
- 电压是由电荷分离产生的单位电荷的能量，其 SI 单位为伏特($v = \mathrm{d}w/\mathrm{d}q$)。
- 电流是电荷流动的速率，其 SI 单位为安培($i = \mathrm{d}q/\mathrm{d}t$)。
- 理想基本电路元件是不能被分解的双端元件，它能够用端电压和电流进行数学描述。
- 无源符号约定：当通过元件电流的参考方向与元件上电压降的参考方向一致时，表示元件端电压和电流的相关表达式使用正号。
- 功率是单位时间的能量，功率等于端电压和电流的乘积，其 SI 单位为瓦特(W)($p = \mathrm{d}w/\mathrm{d}t = vi$)。
- 功率的代数符号解释如下：
- 如果 $p > 0$，功率释放到电路或电路元件。
- 如果 $p < 0$，功率由电路或电路元件发出。

习题

1.1　在美国注册的客运车辆约有两亿六千万辆。假设平均每辆车的电池存储 540 Wh 的能量。试估计美国的客运车辆所储存的总能量(单位取 GWh)。

1.2　手持视频播放器每帧可显示 480 × 320 个图像单元(像素)，存储 1 像素需要 2 字节，视频播放速率为每秒 30 帧。32 GB 存储器能够播放多少小时视频？

1.3 MP3 播放器中的 16 GB(GB = 2^{30}字节)闪存芯片，尺寸为 11 mm × 15 mm × 1 mm。这种存储器芯片能够存储 20 000 张照片。

(a)边长为 1 mm 的立方体空间能存放多少张照片？(b)在边长为 200 μm 的立方体空间中，能够存储多少字节？

1.4 评测习题 1.7 中叙述的传输线长 845 英里。传输线包含四根导线，一根导线每 1000 英尺的质量为 2526 磅①。传输线中的导线总质量为多少千克？

1.5 一升(L)油漆大约覆盖 10 m^2的墙面。涂层干燥之前有多厚(提示：1 L = 1 × 10^6 mm^3)？

1.6 有些种类的竹子生长速度为 250 mm/天。假定单个植物细胞的长度为 10 μm。

(a)竹子茎秆生长一个细胞长度平均需要多长时间？(b)平均一周增长多少细胞长度？

1.7 图 1.5 中元件的上端在 $t<0$ 时无电荷。在 $t=0$ 时，有电流 $i=125e^{-2500t}$ mA 流入上端。

(a)推导在 $t>0$ 时，聚集在上端的电荷表达式。(b)求聚集在上端的总电荷。(c)如果电流在 $t=0.5$ ms 时停止，有多少电荷聚集在上端？

1.8 流入图 1.5 上端的电流为

$$i = 20\cos 5000t \text{ A}$$

假定在电流达到最大值的瞬间，上端的电荷为零，求表达式 $q(t)$。

1.9 图 1.5 中元件的端电流为

$$i = 0 \qquad t < 0$$
$$i = 40\,te^{-500t} \text{ A} \qquad t \geqslant 0$$

(a)求聚集在上端的电荷表达式。(b)求在 $t=1$ ms 时聚集的电荷。

1.10 在电子电路中，微安数量级的电流不常遇到。假设电子流动产生 35 μA 电流。那么每秒垂直流过固定参考横截面的平均电子数是多少？

1.11 当一个电子从一个 6 V 电池的正端流到负端，它获得的能量是多少？答案采用阿托焦耳(aJ)单位。

1.12 一个电路元件端电压和电流的参考方向如图 1.6(d)所示，v 和 i 的数值分别是 40 V 和 −10 A。

(a)计算端口功率，并说明框内元件是吸收功率还是释放功率。(b)该电流是电子流产生的，说明电子是进入还是离开端 2。(c)当电子通过框内元件时，是获得能量还是损失能量？

1.13 将习题 1.12 中的电压改为 −60 V，重新回答问题。

1.14 图 P1.14 表示为盒 A 和盒 B 两个电路的连接方式，连线中，电流 i 的参考方向和电压 v 的参考极性如图所示。根据下面规定的数值，计算连接后的功率，并说明功率是从 A 流向 B 还是相反。

(a) $i=6$ A，$v=30$ V。(b) $i=-8$ A，$v=-20$ V。(c) $i=4$ A，$v=-60$ V。(d) $i=-9$ A，$v=40$ V。

1.15 当小汽车的电池没电了，通常可以通过与其他小汽车电池连接来充电。电池的正端连接在一起，负端连接在一起，连接如图 P1.15 所示。假定图 P1.15 中电流 i 测量值为 30 A。

(a)哪辆小汽车电池没电了？(b)如果连接持续了 1 分钟，有多少能量传输到没电的电池里？

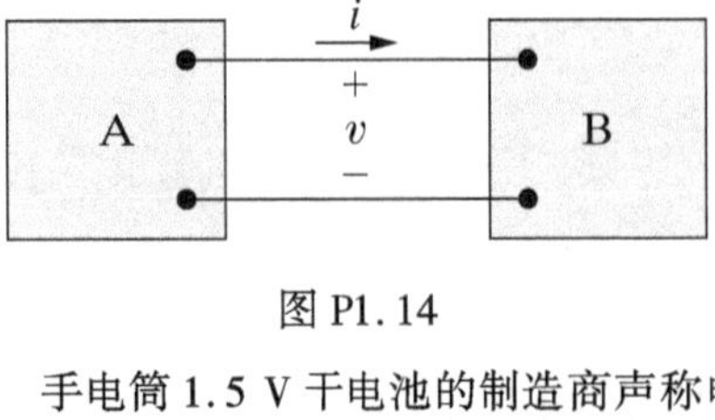

图 P1.14

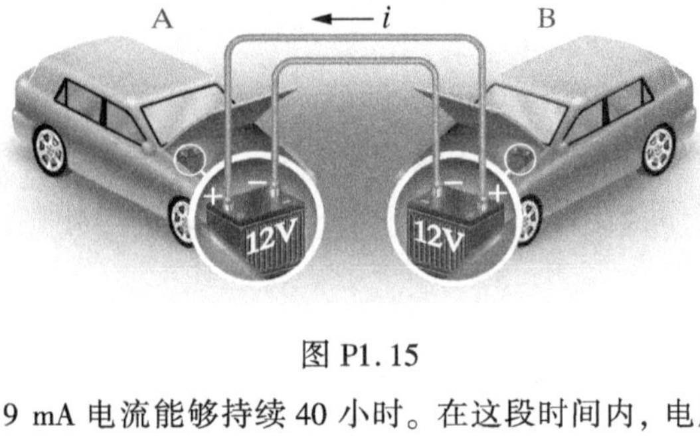

图 P1.15

1.16 手电筒 1.5 V 干电池的制造商声称电池释放 9 mA 电流能够持续 40 小时。在这段时间内，电压将从 1.5 V 降到 1.0 V。假定电压随时间线性降低。电池在 40 小时时间里释放了多少能量？

① 1 磅(lb) ≈ 0.454 kg——编者注。

1.17　一个 12 V 的电池为音箱提供 100 mA 的电流，电池 4 个小时能提供多少能量？

1.18　图 1.5 中电路元件的端电压和电流在 $t<0$ 时为零。$t\geqslant 0$ 时

$$v = 15e^{-250t}\ \text{V}$$

$$i = 40e^{-250t}\ \text{mA}$$

(a) 计算 10 ms 时提供给元件的功率。(b) 计算释放到元件上的总能量。

1.19P　图 1.5 中电路元件的端电压和电流在 $t<0$ 时为零。$t\geqslant 0$ 时

$$v = 75 - 75e^{-1000t}\ \text{V}$$

$$i = 50e^{-1000t}\ \text{mA}$$

(a) 求释放到电路上的功率最大值。(b) 求释放给元件的总能量。

1.20　图 1.5 中电路元件的端电压和电流在 $t<0$ 时为零。$t\geqslant 0$ 时

$$v = 50e^{-1600t} - 50e^{-400t}\ \text{V}$$

$$i = 5e^{-1600t} - 5e^{-400t}\ \text{mA}$$

(a) 求 $t=625\ \mu\text{s}$ 时的功率。(b) 在 0 ~ 625 μs 时间内，有多少能量释放到电路元件上？(c) 求释放到电路元件上的总能量。

1.21P　图 1.5 中电路元件的端电压和电流在 $t<0$ 时为零。$t\geqslant 0$ 时

$$v = (1500t + 1)e^{-750t}\ \text{V} \qquad t \geqslant 0$$

$$i = 40e^{-750t}\ \text{mA} \qquad t \geqslant 0$$

(a) 求释放到电路元件上的功率何时达到最大值。(b) 求功率 p 最大值，单位为毫瓦(mW)。(c) 求释放到电路元件上的总能量，单位为微焦耳(μJ)。

1.22P　图 1.5 中电路元件的端电压和电流在 $t<0$ 时为零。$t\geqslant 0$ 时

$$v = (3200t + 4)e^{-1000t}\ \text{V}$$

$$i = (128t + 0.16)e^{-1000t}\ \text{A}$$

(a) 在什么时刻最大功率释放到元件上？(b) 求最大功率，单位用瓦特(W)。(c) 求释放到元件上的总能量，单位用微焦耳(μJ)。

1.23P　图 1.5 中电路元件的端电压和电流在 $t<0$ 和 $t>40$ s 时为零，在 0 ~ 40 s 之间表达式为

$$v = t(1 - 0.025t)\ \text{V}, \qquad 0 < t < 40\ \text{s}$$

$$i = 4 - 0.2t\ \text{A}, \qquad 0 < t < 40\ \text{s}$$

(a) 在什么时刻释放到电路元件上的功率达到最大值？(b) 在 (a) 求出的时刻，其功率为多少？(c) 在什么时刻电路元件释放的功率达到最大值？(d) 在 (c) 求出的时刻，其功率为多少？(e) 在 0 s、10 s、20 s、30 s 和 40 s 时，计算释放到电路的净能量。

1.24P　图 1.5 中电路元件的端电压和电流在 $t<0$ 时为零。在 $t\geqslant 0$ 时

$$v = 400e^{-100t}\sin 200t\ \text{V}$$

$$i = 5e^{-100t}\sin 200t\ \text{A}$$

(a) 求在 $t=10$ ms 时元件吸收的功率。(b) 求元件吸收的总能量。

1.25P　图 1.5 中元件的端电压和电流为

$$v = 250\cos 800\pi t\ \text{V}, \quad i = 8\sin 800\pi t\ \text{A}$$

(a) 求释放到元件上的功率最大值。(b) 求从元件吸收的功率最大值。(c) 在 $0\leqslant t\leqslant 2.5$ ms 范围，求 p 的平均值。(d) 在 $0\leqslant t\leqslant 15.625$ ms 范围，求 p 的平均值。

1.26P　图 P1.26 显示了一个汽车电池在充电周期的端电压和电流。

(a) 计算转移到电池的总电荷。(b) 计算转移到电池的总能量。(c) 求释放到元件上的总能量。

1.27　图 1.5 中电路元件的端电压和电流分别表示在图 P1.27 上。

(a) 画出与时间相对应的功率图，t 范围为 $0\leqslant t\leqslant 80$ ms。(b) 计算在 $t=10$ ms、30 ms 和 80 ms 时释放到电路元件上的能量。

1.28 一个工业电池在 120 V 恒定电压下的充电时间超过几个小时。开始，电流是 10 mA，在 10 ks 时间内线性增加到 15 mA。然后，在 10 ks 到 20 ks 期间，电流保持在 15 mA。在 20 ks 到 30 ks 期间，电流线性减小到 10 mA。在 30 ks 时，电源从电池上断开。

(a)绘制 $t=0$ 到 $t=30$ ks 期间的电流曲线图。(b)绘制 $t=0$ 到 $t=30$ ks 期间释放到电池的功率曲线图。(c)根据功率图求释放到电池的总能量。

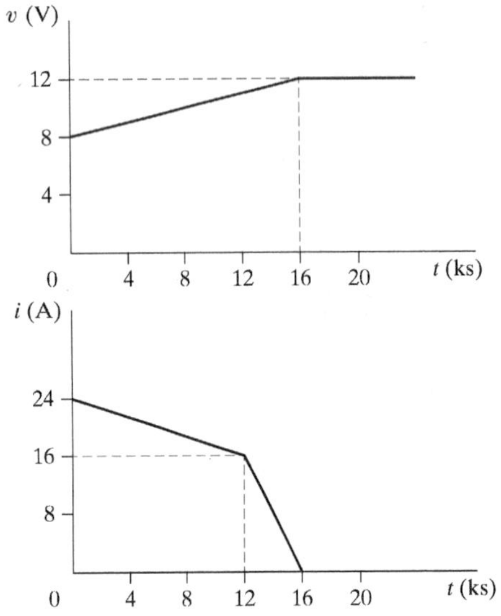

图 P1.26

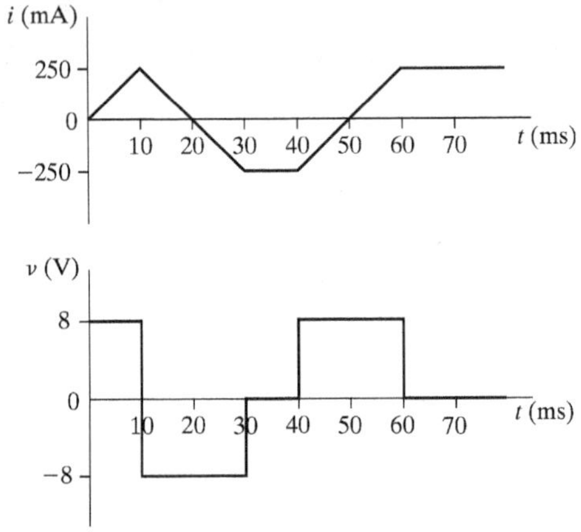

图 P1.27

1.29 图 P1.29 中电压和电流数值如表 P1.29 所示。求电路发出的总功率。

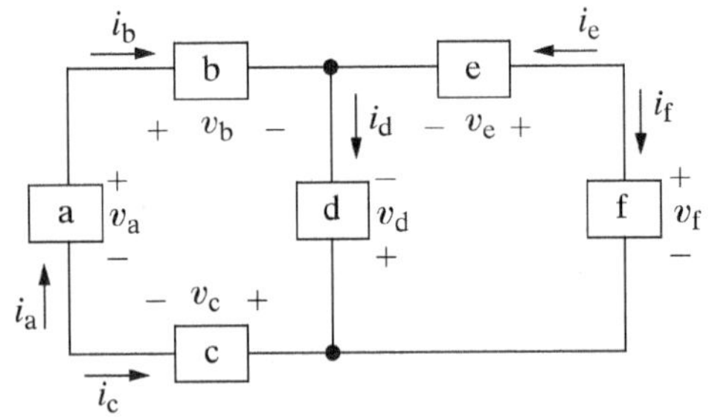

图 P1.29

表 P1.29

元件	电压(V)	电流(mA)
a	40	-4
b	-24	-4
c	-16	4
d	-80	-1.5
e	40	2.5
f	120	-2.5

1.30 图 P1.30 所示连接图中电压和电流数值如表 P1.30 所示。连接图满足功率检查吗?

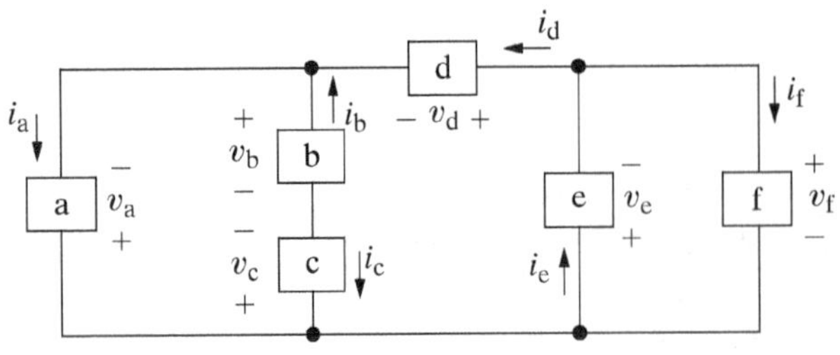

图 P1.30

表 P1.30

元件	电压(kV)	电流(μA)
a	-3	-250
b	4	-400
c	1	400
d	1	150
e	-4	200
f	4	50

1.31 假定你是负责一个项目的工程师，你的一位下属报告，图 P1.31 所示的连接图没有通过功率检查。连接图的数据如表 P1.31 所示。

(a)下属正确吗? 回答并加以解释。(b)如果下属是正确的，能发现数据中的错误吗?

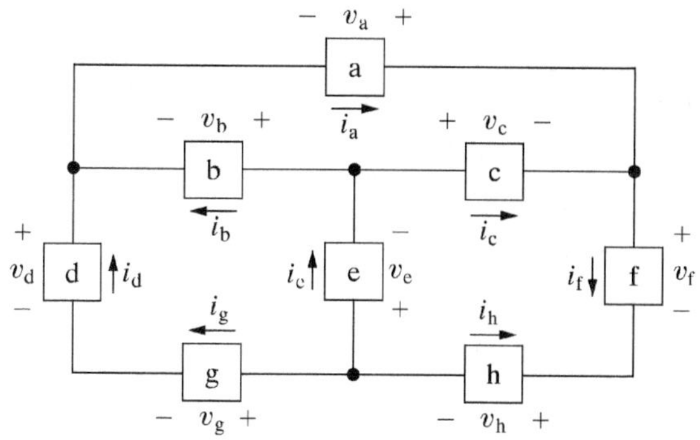

图 P1.31

表 P1.31

元件	电压(V)	电流(A)
a	46.16	6.0
b	14.16	4.72
c	−32.0	−6.4
d	22.0	1.28
e	−33.6	−1.68
f	66.0	0.4
g	2.56	1.28
h	−0.4	0.4

1.32　图 P1.32 中每个元件的电压和功率数值如表 P1.32 所示。
(a)证明元件的连接满足功率检查。(b)根据功率和电压求每个元件上通过的电流，并在图上标出电流的方向。

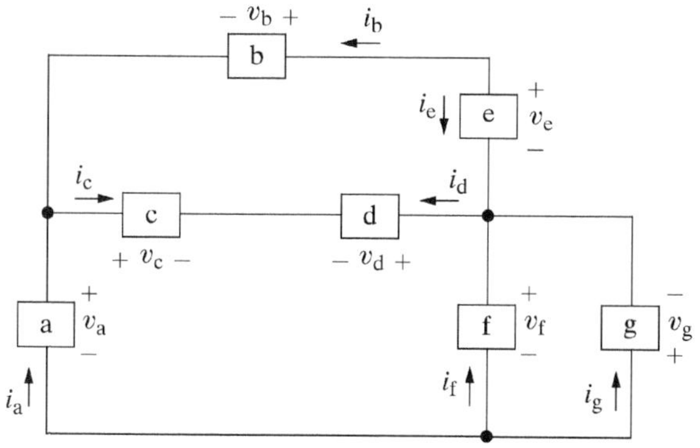

图 P1.32

表 P1.32

元件	电压(kW)	电流(V)
a	0.6 (发出)	400
b	0.05(发出)	−100
c	0.4 (吸收)	200
d	0.6 (发出)	300
e	0.1 (吸收)	−200
f	2.0(吸收)	500
g	1.25(发出)	−500

1.33　图 P1.33 中每个元件的电流和功率都进行了测量，数值如表 P1.33 所示。
(a)证明元件的连接满足功率检查。(b)指出吸收功率的元件。(c)根据功率和电流求每个元件上的电压，并在图上标出电压的极性。

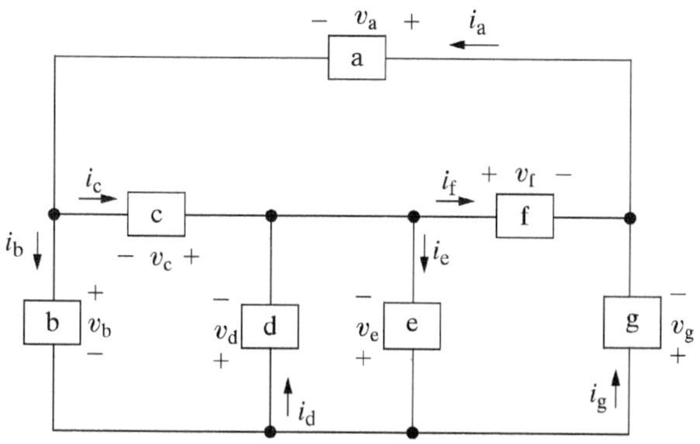

图 P1.33

表 P1.33

元件	电压(mW)	电流(mA)
a	175	25
b	375	75
c	150	−50
d	−320	40
e	160	20
f	120	−30
g	−660	55

1.34　将表 1.5 中元件 d 的电流值改为 −1 A，然后根据表 1.5 提供的电压和电流值，说明图 1.7 所示电路满足功率平衡。

1.35 假定在一个典型的家用电力分布电路中，电线无功率损耗。

(a)通过修改图1.7所示电路，创建一个新的电力分布电路模型。修改后的模型元件，使用与原来相同的名字、电压极性和电流方向。(b)根据下列元件的电压和电流进行计算：

$$v_a = 120\ \text{V},\quad i_a = -10\ \text{A}$$
$$v_b = 120\ \text{V},\quad i_b = 10\ \text{A}$$
$$v_f = -120\ \text{V},\quad i_f = 3\ \text{A}$$
$$v_g = 120\ \text{V},$$
$$v_h = -240\ \text{V},\quad i_h = -7\ \text{A}$$

如果修改后的电路模型功率平衡，元件g的电流值是多少？

第2章　电路元件

本章目标

- 理解下列理想基本电路元件的符号以及特性：独立电压和电流源、非独立电压和电流源以及电阻。
- 能够陈述欧姆定律、基尔霍夫电流定律和基尔霍夫电压定律，并能够使用这些定律分析简单电路。
- 知道如何计算简单电路中每个元件的功率，并能够确定整个电路功率是否平衡。

有5个理想的基本电路元件：电压源、电流源、电阻、电感和电容。在本章将讨论电压源、电流源和电阻的特性，尽管这些内容只占电路分析所用元件的一小部分，但是许多实际系统往往只用电源和电阻就可以被模拟。电压源、电流源和电阻的起点低，因为它们的特性简单。例如，在电源和电阻中，电压和电流之间的数学关系是代数关系，因此，只通过代数计算就可以开始学习电路分析的基本内容了。

将电感和电容的介绍放到第6章，因为这些器件的学习需要微积分的知识。但是，求解电感和电容电路的基本分析方法和本章介绍的分析方法是相同的。到时候将开始处理较难的方程，应当精通求解的方法。

实例应用

电热器供暖(一)

想用一对电热器为小车库供暖，每个电热器的功率和电压均是1200 W和240 V。但是不能确定电热器如何与车库电源连接，是使用左边的还是右边的接线图？二者有区别吗？

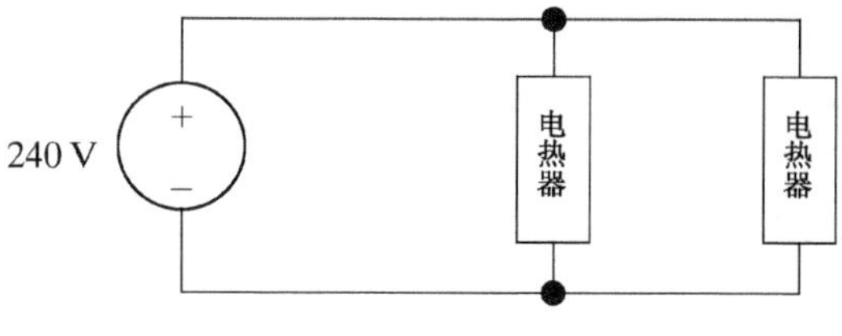

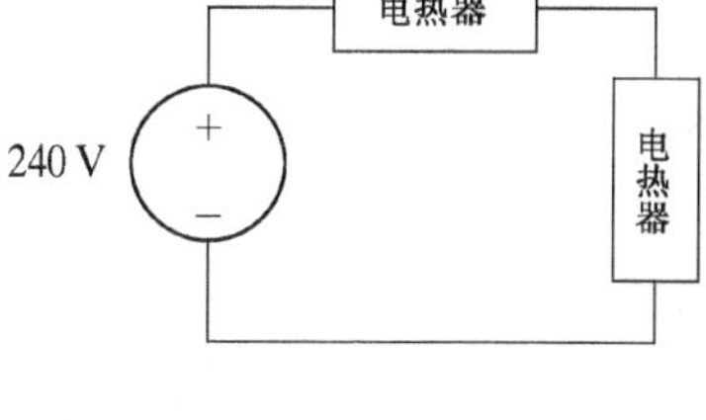

学完本章后，就能回答上述问题，并能确定车库供暖方案。本章结尾的“实例应用”将对两个电路进行分析，这两个电路是基于下面展示的接线图。

2.1 电压源和电流源

在讨论理想电压源和电流源之前，需要先考虑一般性的电源。电源是一种器件，可以将非电能转换为电能，反之亦然。正在放电的电池将化学能转化为电能，正在充电的电池将电能转化为化学能。发电机是一种机器，它能将机械能转化为电能，反之亦然。如果运行在机械到电的转换模式中，则这种机器就被称为发电机。如果是将电能转化为机械能，则被称为电动机。电源的重要特点是既能释放也能吸收电功率，通常既维持电压也维持电流。这种特性对电路分析有着特别的意义，并且导致了作为基本电路元件的理想电压源和理想电流源的产生。用理想基本电路元件模拟实际电源是一种真正的挑战。

理想电压源是一种电路元件，无论流过其两端电流的大小如何，都将保持端电压为规定值。与此相似，理想电流源也是一种电路元件，它保持端电流为规定值，而不论端电压的大小如何。这些电路元件在现实中并不存在，它们只是实际电压源和电流源的理想化模型。

将电压源和电流源作为理想模型使用时，有一个重要问题，即如何用数学方式描述。因为理想电压源提供稳定的电压，甚至元件电流变化时也仍然能够提供稳定的电压，因此，在理想电压源的描述中，指定电流作为电压的函数是不行的。同样道理，如果只知道一个理想电流源的电流值，那么，不可能确定电流源的端电压。为了简化分析，在电路分析中，将使用理想电源，而不再讨论实际电源中的电压和电流。

可以将理想电压源和电流源进一步描述为独立源和非独立源两种形式。在电路中建立的电压或电流不依赖电路其他处的电压或电流，则为独立源。电压或电流值由独立源的数值指定。非独立源建立的电压或电流则取决于电路其他处的电压或电流，如果不知道控制非独立源的电压或电流，也就不知道它的数值。

理想独立源的电路符号如图 2.1 所示。用圆圈符号表示独立源。在电路中，一个完整的理想独立电压源，必须包含源电压值和参考极性，如图 2.1(a)所示。同样，一个完整的理想独立电流源，必须包含源电流值和参考方向，如图 2.1(b)所示。

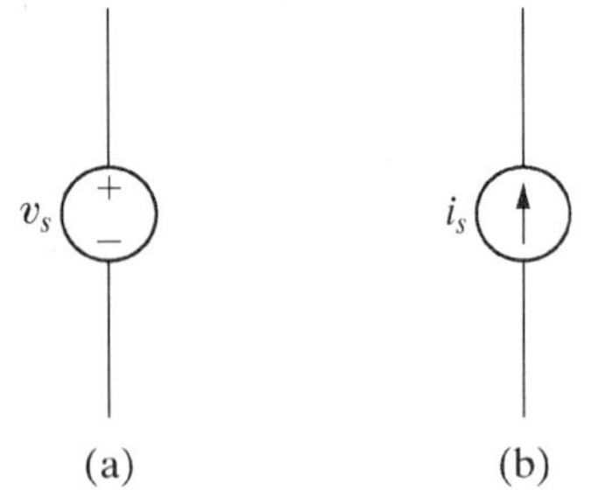

图 2.1　电路符号：(a)理想独立电压源；(b)理想独立电流源

理想非独立源的电路符号如图 2.2 所示。菱形符号用来表示非独立源。非独立电流源和非独立电压源都可以被电路其他处的电压或者电流控制。所以非独立源共有四种类型，如图 2.2 所示。非独立源有时被称为受控源。

要完整地描述非独立电压控制电压源，需要知道控制电压和源电压的参考极性，通过控制电压可以用方程式计算源电压。在图 2.2(a)中，控制电压是 v_x，方程式确定源电压 v_s 为

$$v_s = \mu v_x$$

v_s 的参考极性如图所示。注意 μ 是一个无量纲的系数。

完整地描述其他理想非独立电源时，存在类似的需求。在图 2.2(b)中，控制电流是 i_x，方程式确定源电压 v_s 为

$$v_s = \rho i_x$$

参考极性如图所示。系数 ρ 的量纲为 Ω(欧姆)。在图 2.2(c)中，控制电压是 v_x，方程式确定源电流 i_s 为

$$i_s = \alpha v_x$$

参考方向如图所示。系数 α 的量纲为 S(西门子)。在图 2.2(d)中，控制电流是 i_x，方程式确定源电流 i_s 为

$$i_s = \beta i_x$$

参考方向如图所示。β 是一个无量纲的系数。

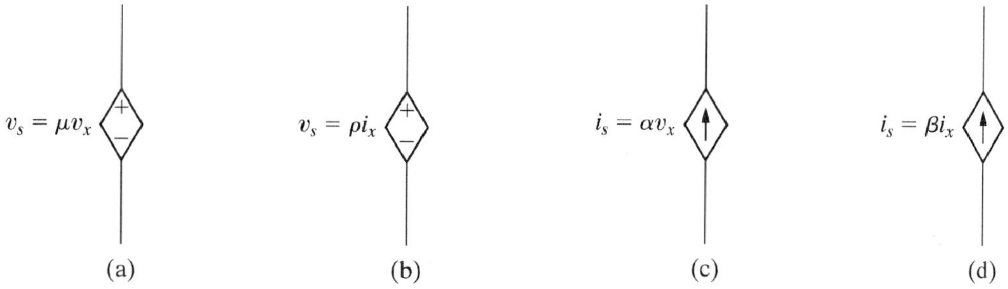

图 2.2　电路符号：(a)理想非独立电压控制电压源；(b)理想非独立电流控制电压源；(c)理想非独立电压控制电流源；(d)理想非独立电流控制电流源

最后，应当注意到，理想非独立源都是有源电路元件。有源元件是可以产生电能量的器件。无源元件是不能产生电能量的器件。电阻、电感和电容都是无源元件。例 2.1 和例 2.2 将要说明理想独立源和非独立源的连接特性，以及电源互连时所受到的限制。

例 2.1　验证理想电源的互连

利用理想独立电压源和电流源的定义，说明图 2.3 中哪些互连是允许的，哪些由于理想电源的影响违反了约束。

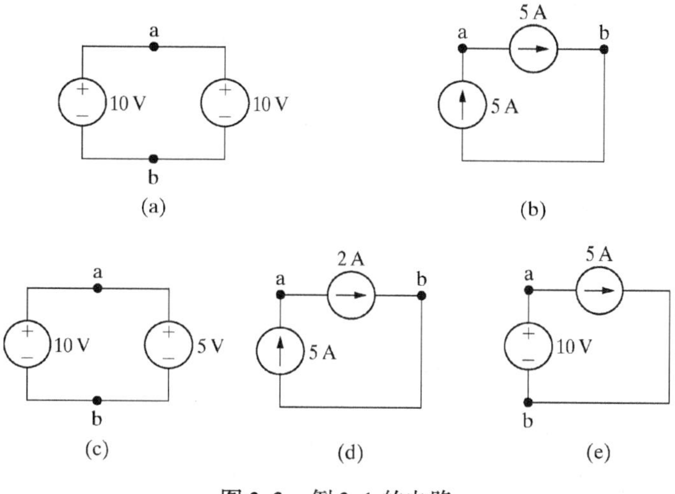

图 2.3　例 2.1 的电路

解：

(a)连接是正确的。每个电源提供的电压加在同一对端子 a，b 上，只要每个电源提供的电压相同而且极性相同，就是正确的。

(b)连接是正确的。每个电源提供的电流流过同一对端子 a, b, 只要每个电源提供的电流相同而且方向相同, 就是正确的。

(c)连接是不允许的。每个电源提供的电压加在同一对端子 a, b 上, 要求每个电源提供的电压相同而且极性相同, 而电路连接没能做到这一点。

(d)连接是不允许的。每个电源提供的电流流过同一对端子 a, b, 要求每个电源提供的电流相同而且方向相同, 而电路连接没能做到这一点。

(e)连接是正确的。电压源提供的电压加在一对端子 a, b 上。电流源提供的电流流过同一对端子。因为理想电压源提供的是电压而不用管电流大小, 理想电流源提供的是电流而不用管电压大小, 所以允许这样连接。

例 2.2 验证理想独立源和非独立源的互连

利用理想独立源和非独立源的定义, 说明图 2.4 中哪些互连是正确的, 哪些由于理想电源的影响违反了约束。

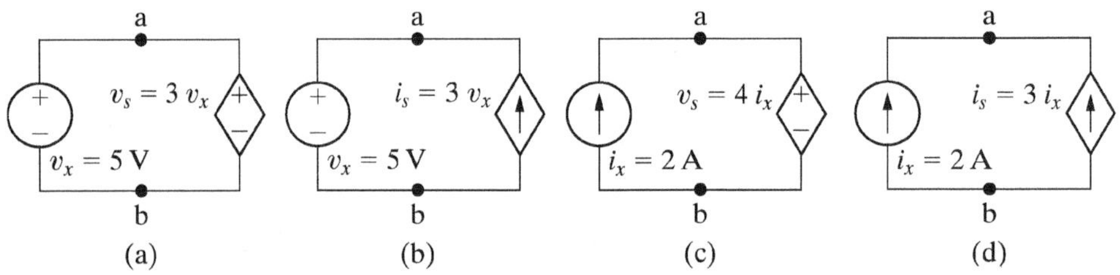

图 2.4 例 2.2 的电路

解:

(a)连接不正确。独立源和非独立源提供的电压加在同一对端子 a, b 上, 故要求每个电源提供的电压相同而且极性相同, 该电路中的独立源提供 5 V 电压, 而非独立源提供 15 V 电压。

(b)连接正确。独立电压源提供的电压加在一对端子 a, b 上, 非独立电流源提供的电流流过同一对端子。因为理想电压源提供电压而不管电流的大小, 理想电流源提供电流而不管电压的大小, 所以允许这样连接。

(c)连接正确。独立电流源提供的电流流过一对端子 a, b, 非独立电压源提供的电压加在同一对端子上。因为理想电压源提供电压而不管电流的大小, 理想电流源提供电流而不管电压的大小, 所以允许这样连接。

(d)连接不正确。独立源和非独立源提供的电流流过同一对端子 a, b, 因此要求每个电源提供的电流相同而且参考方向相同。在该电路中, 独立源提供 2 A 电流, 而非独立源提供 6 A 电流且方向不同。

评测目标 1 理解理想基本电路元件。

2.1 电路如右图所示。

(a)求 v_g 是什么值时, 电路的互连是正确的? (b)根据 v_g 的数值, 求 8 A 电源的功率。

答: (a) −2 V; (b) −16 W(释放 16 W)。

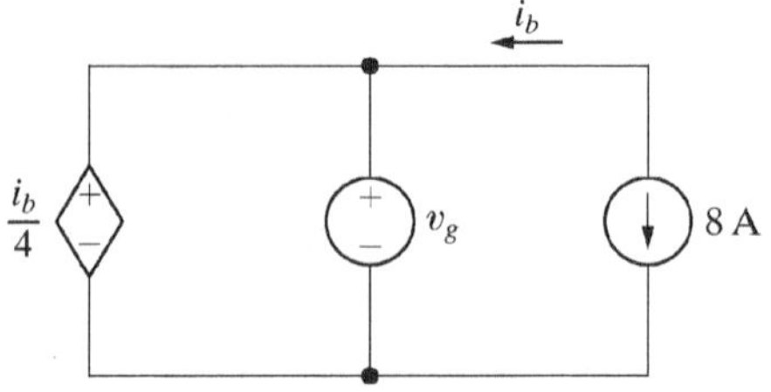

2.2 电路如右图所示。

(a)求 α 是什么值时, 电路的互连是正确的? (b)根据(a)中计算的 α 数值, 求 25 V 电源的功率。

答: (a)0.6 A/V; (b)375 W(吸收 375 W)。

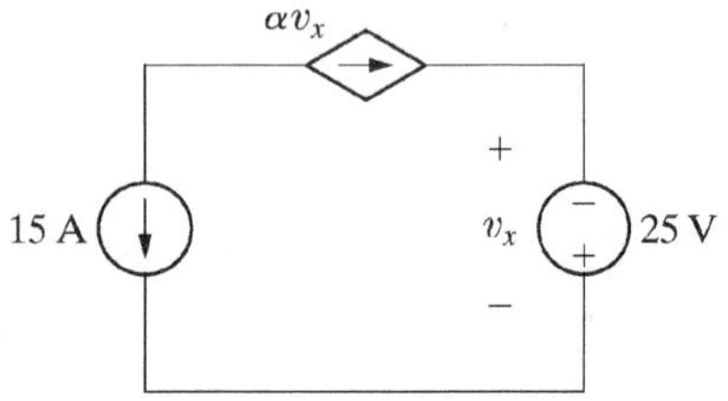

提示: 试求本章习题 2.6 和习题 2.7。

2.2　电阻(欧姆定律)

电阻是物质阻碍电流(或电荷)流动的能力。模拟这种行为的电路元件称为电阻。图 2.5 给出了电阻的电路符号，用 R 表示电阻的电阻值。

概念上理解电阻比较容易。可以想象，构成电流的电子在运动过程中与物质原子结构相互作用并受到一定的阻力。在相互作用过程中，一些电能被转化为热能并且以热的形式消耗掉，这种消耗也许是不受欢迎的，然而，许多有用的电器却利用了电阻发热的特点，比如电炉、烤面包机、电熨斗和空间对流加热器等。

大多数材料对电流的电阻是可测量的。电阻的数值大小取决于所用的材料。金属如铜和铝的阻值很小，用这些材料作为导通电流的导线，是一个很好的选择。事实上，在表示一个电路图时，铜或铝导线不常表现为电阻模型，因为导线电阻与电路中其他元件的电阻相比，简直是太小了，所以为了简化电路，可以忽略导线电阻。

为了进行电路分析，必须根据端电压确定电阻电流的参考方向。有两种方式可以选择，或者与电阻上电压降的方向一致，或者与电阻上电压升的方向一致，如图 2.6 所示。如果选择前者，电压和电流的关系为

$$v = iR \tag{2.1}$$

其中，v 是电压，单位是 V；i 是电流，单位是 A；R 是电阻，单位是 Ω。

如果选择第二种方式，应当写成

$$v = -iR \tag{2.2}$$

其中 v，i 和 R 与前面的介绍一样，单位分别为 V，A 和 Ω。式(2.1)和式(2.2)的代数符号是无源符号约定的直接结果。无源符号约定已经在第 1 章介绍过了。

式(2.1)和式(2.2)通称欧姆定律，定律以德国物理学家欧姆的名字命名，早在 19 世纪就确立了它的正确性。欧姆定律是电阻的电压和电流之间的代数关系式。在 SI 单位中，电阻的单位是欧姆。希腊字母 Ω 是欧姆的标准符号。8 Ω 电阻的电路符号如图 2.7 所示。

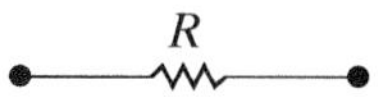

图 2.5　电阻的电路符号，电阻值为 R

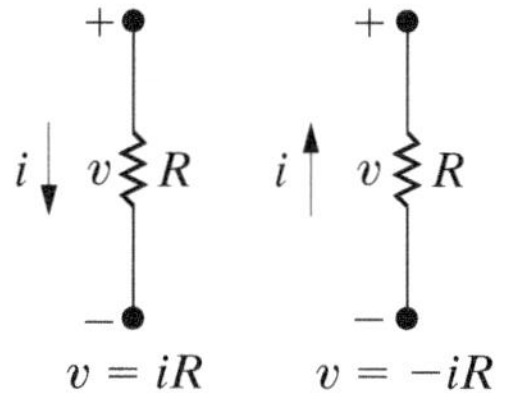

图 2.6　电阻端电压和电流的两种选择方式及方程

图 2.7　8 Ω 电阻的电路符号

欧姆定律将电压表示为电流的函数。然而也可以通过转换，将电流表示为电压的函数。因此从式(2.1)可以得到

$$i = \frac{v}{R} \tag{2.3}$$

或从式(2.2)得到

$$i = -\frac{v}{R} \tag{2.4}$$

电阻的倒数称为电导，符号用字母 G 表示，单位是西门子(S)。因此

$$G = \frac{1}{R}\ \mathrm{S} \tag{2.5}$$

一个 8 Ω 电阻的电导值是 0.125 S。

在电路分析中，可以使用理想电阻模拟物理器件的特性。使用限定词“理想”的含义是，电阻模型对实际电阻器件的特性做了一些简化。这些简化非常重要，如理想电阻器的电阻是常数，而且它的数值不随时间变化。而大多数实际电阻器件没有恒定的电阻，而且它们的电阻值随时间而变化。理想电阻模型用来表示这样一些物理器件：在电路分析所关心的时间周期里，这些物理器件的电阻值保持在某个恒定值，数值基本不变。在本书中，认为有关电阻器件的简化是正确的，并且在电路分析中可以使用理想电阻器。

计算电阻端子上的功率有几种方法。第一种方法，使用定义计算端电压和电流的乘积。如图 2.6 所示的参考系统，当 $v = iR$ 时，写为

$$p = vi \tag{2.6}$$

当 $v = -iR$ 时，写为

$$p = -vi \tag{2.7}$$

第二种方法是用电流和电阻来计算功率。将式(2.1)代入式(2.6)得到

$$p = vi = (iR)i$$

因此

$$p = i^2R \tag{2.8}$$

同样，将式(2.2)代入式(2.7)，有

$$p = -vi = -(-iR)i = i^2R \tag{2.9}$$

式(2.8)和式(2.9)是相同的。可以证明，不管电压的极性和电流的方向如何，电阻两端的功率都是正的，因此电阻吸收电路中的功率。

第三种方法是用电压和电阻来计算功率。表达式与参考极性无关，即

$$p = \frac{v^2}{R} \tag{2.10}$$

有时将电阻器的值表示为电导而不是电阻。使用电阻和电导之间的关系式(2.5)，可以用电导来书写式(2.9)和式(2.10)，即

$$p = \frac{i^2}{G} \tag{2.11}$$

$$p = v^2G \tag{2.12}$$

式(2.6)至式(2.12)提供了计算电阻吸收功率的不同方法。每一种方法的答案都是一致的。在分析某个电路时，应注意观察提供的信息，根据已知信息选择适当的功率计算公式。

例 2.3 说明了欧姆定律在理想电源和电阻连接电路中的应用，对电阻两端的功率计算也做了说明。

例 2.3 对简单电阻电路计算电压、电流和功率

在图 2.8 的每个电路里，电压 v 或电流 i 都是未知数。

(a) 计算 v 和 i。(b) 确定每个电阻中消耗的功率。

解：

(a) 在图 2.8(a) 中，v_a 电压降方向与电阻上的电流方向一致，所以

$$v_a=(1)\times(8)=8\text{ V}$$

在图 2.8(b) 中，电导为 0.2 S，电阻上的电流为 i_b，其方向与电阻上的电压降方向一致，所以

$$i_b=(50)\times(0.2)=10\text{ A}$$

在图 2.8(c) 中，v_c 电压升方向与电阻上的电流方向一致，所以

$$v_c=-(1)\times(20)=-20\text{ V}$$

在图 2.8(d) 中，25 Ω 电阻上的电流 i_d 的方向与电阻上的电压升方向一致，所以

$$i_d=\frac{-50}{25}=-2\text{ A}$$

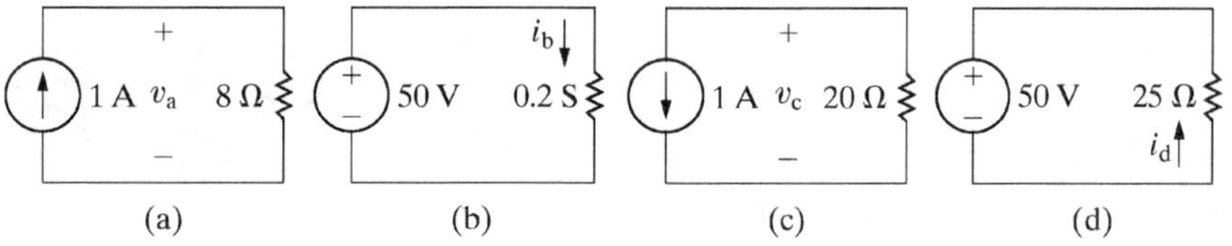

图 2.8　例 2.3 的电路

(b) 4 个电阻消耗的功率分别是

$$p_{8\Omega}=\frac{(8)^2}{8}=(1)^2\times(8)=8\text{ W}$$

$$p_{0.2S}=(50)^2\times(0.2)=500\text{ W}$$

$$p_{20\Omega}=\frac{(-20)^2}{20}=(1)^2\times(20)=20\text{ W}$$

$$p_{25\Omega}=\frac{(50)^2}{25}=(-2)^2\times(25)=100\text{ W}$$

评测目标 2　能够陈述并使用欧姆定律。

2.3　电路如右图所示。

(a) 如果 $v_g=1$ kV，$i_g=5$ mA，求 R 值，以及消耗在电阻上的功率。(b) 如果 $i_g=75$ mA，电压源释放的功率为 3 W，求 v_g 和 R 值，以及电阻吸收的功率。(c) 如果 $R=300\ \Omega$，R 吸收的功率为 480 mW，求 i_g 和 v_g。

答： (a) 200 kΩ，5 W；(b) 40 V，533.33 Ω，3 W；(c) 40 mA，12 V。

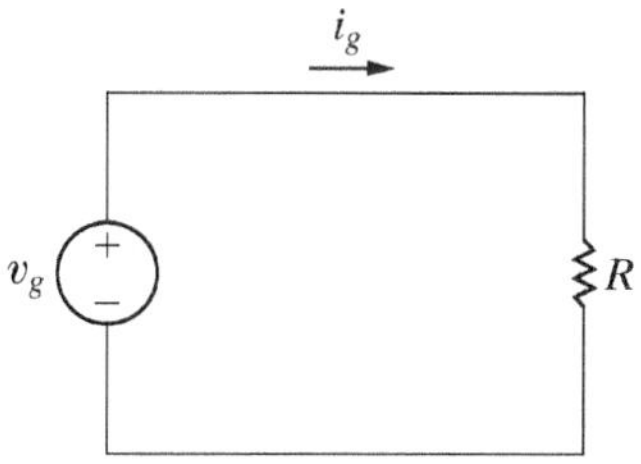

2.4　电路如右图所示。

(a) 如果 $i_g=0.5$ A，$G=50$ mS，求 v_g 值，以及电流源释放的功率。(b) 如果 $v_g=15$ V，释放到 G 的功率为 9 W，求电导 G 和电源电流 i_g。(c) 如果 $G=200\ \mu$S，释放到电导的功率为 8 W，求 i_g 和 v_g。

答： (a) 10 V，5 W；(b) 40 mS，0.6 A；(c) 40 mA，200 V。

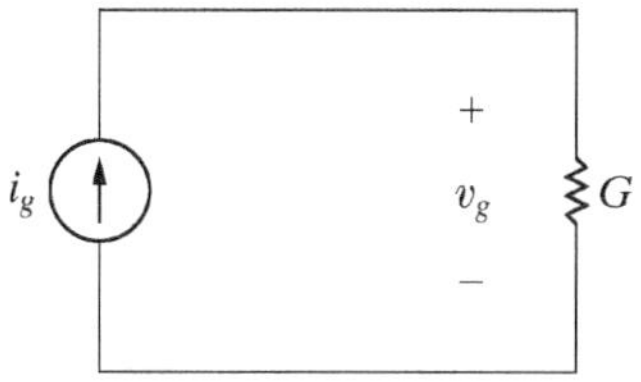

提示： 试求本章习题 2.11 和习题 2.12。

介绍了理想电源和电阻的一般特性之后，下面将说明如何使用这些元件去构造实际系统的电路模型。

2.3　电路模型结构

之所以对基本电路元件感兴趣，就是因为用基本电路元件可以构造实际系统的电路模型。构建一个器件或系统的电路模型所需的技巧，与求解一个分支电路所需的技巧同样复杂。尽

管本书强调的是求解电路所需的技巧，但是，电气工程实际中还需要其他方面的技巧，最重要的技巧之一就是建模。

在下面的两个例子中将构造电路模型。在例 2.4 中，根据系统组件特性的知识和组件的互连方式构造一个电路模型。在例 2.5 中，依据测量器件端子的特性创建一个电路模型。

例 2.4 构造一个手电筒电路模型

解：

之所以选择手电筒来说明实际系统，是因为它对大家来说太熟悉了。图 2.9 给出了一个广泛使用的手电筒照片。

当手电筒被当成一个电系统时，主要关心的组件是电池、灯泡、连接器、容器和开关。现在考虑每一个部件的电路模型。

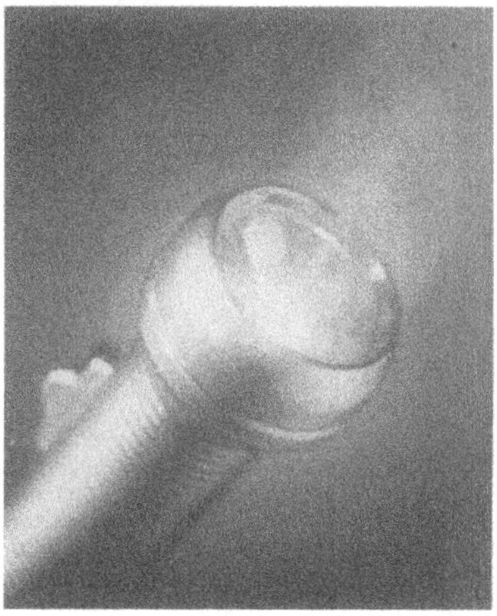

图 2.9 作为一个电系统的手电筒

如果要求的电流不太大，则干电池可以认为具有恒定的端电压。如果干电池工作在限制范围内，则可以用理想电压源来模拟。这样规定的电压是恒定的，而且等于两节干电池电压的和。

灯泡最终输出光能，当灯泡里的灯丝被加热到足够高的温度时，会在可见范围内发光。可以用一个理想电阻来模拟灯泡。注意在这种情况下，尽管电阻说明了电能转化为热能，但是，无法预测有多少热能转化为光能。表示灯泡的电阻可以预测电池释放的稳定电流，这是重要的系统特性。在这个模型中，灯泡电阻用符号 R_l 表示。

手电筒中的连接器具有双重任务。首先，在干电池和容器之间提供一条导电通道。其次，它形成弹簧卷为电池和灯泡之间的接触提供了机械压力。机械压力的作用是保持两个干电池之间的接触，以及保持干电池和灯泡之间的接触。所以，在为连接器选电线时，它的机械特性比它的电特性更重要。可以用理想电阻来模拟连接器并标记为 R_1。

容器也有机械和电气的作用。机械方面，容器中装有其他的所有部件并且提供了把手，便于人们使用。电气方面，它提供了手电筒中其他元件之间的连接。如果容器是金属的，则在电池和灯泡之间会导电；如果是塑料的，则容器里面的一条金属带会连接卷线连接器和开关。不管怎样，可以用 R_c 表示的理想电阻器模拟由容器提供的电连接。

最后的部件是开关。在电气方面，开关是一个两状态器件，或者接通或者断开。一个理想的开关处于接通状态时对电流没有阻力，但是当处于断开状态时对电流的阻力就为无穷大。这两种状态表示了电阻的极限值，接通状态对应电阻的阻值为零，而断开状态对应电阻的阻值为无穷大。两个极端值分别命名为短路($R=0$)和开路($R=\infty$)。图 2.10(a)和图 2.10(b)表示了短路和开路现象。图 2.10(c)中的符号说明了一个事实，即开关可以短路也可以开路，这取决于开关接触点的位置。

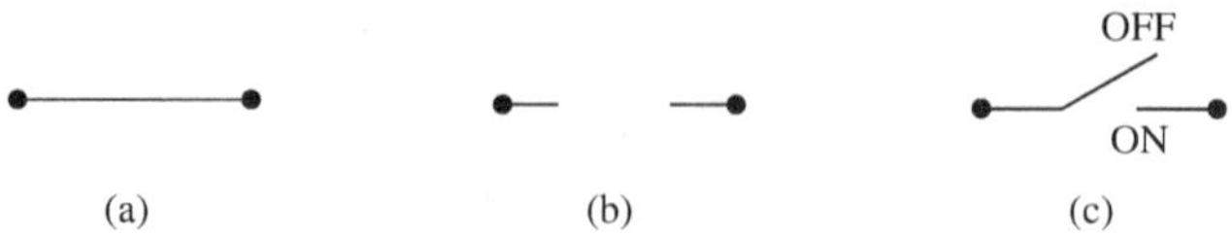

图 2.10 电路符号：(a)短路；(b)开路；(c)开关

现在开始构造手电筒的电路模型。从干电池开始，第一节的正端连接到第二节的负端，如图 2.11 所示。第二节的正端连接到灯泡的一端。灯泡的另一端与开关的一端接触，开关的另一端与金属容器连接。金属容器通过金属弹簧连接到第一节干电池的负端。注意元件形成了一个闭合路径或电路。可以看出闭合路径由图 2.11 中的元件连接形成。图 2.12 给出了手电筒的电路模型。

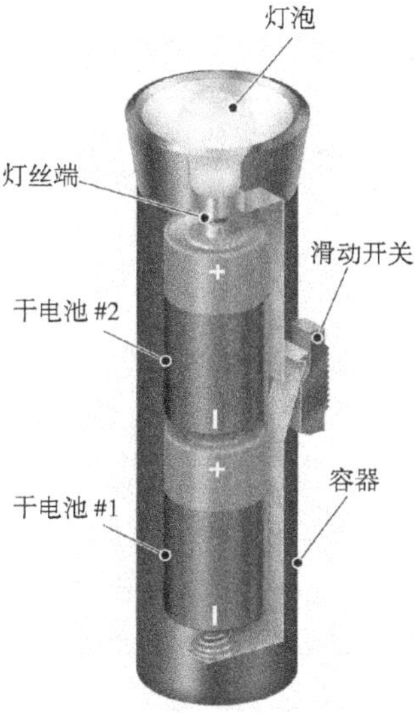

图 2.11 手电筒各部件的排列

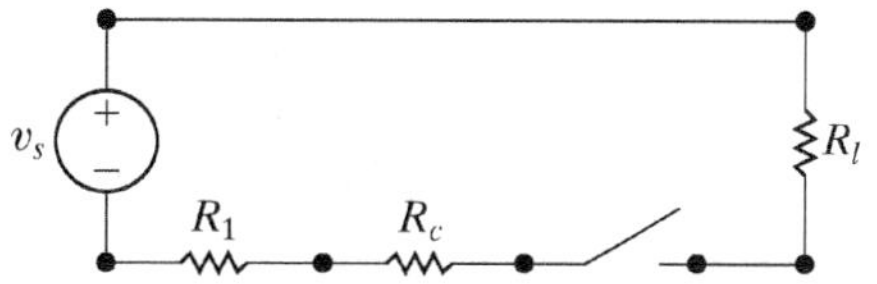

图 2.12 手电筒的电路模型

关于手电筒例子中的模型讨论如下：首先，构建一个电路模型时，应当注意每一个物理部件的电气特性。在手电筒模型中，三个完全不同的物理部件——一个灯泡、一根盘绕的导线和一个金属容器，都表示为相同的电路元件（电阻），因为每一个组件的电气特性都是相同的，所以都表示对电路电流的阻力。

其次，电路模型需要计算不期望的和期望的电效应。例如，灯泡电阻的热效应产生光，这是期望的效应。然而，容器和盘绕导线电阻的热效应属于多余的效应或寄生效应，它消耗干电池并产生无用的输出。这样的寄生效应必须要考虑，否则模型不能充分地表示系统的特性。

最后，模型需要近似。即使是表示手电筒的基本系统，在构建电路模型时，也做了简化假定。例如，假定开关是一个理想的开关，而不是实际的开关，实际开关的接触电阻可能高到妨碍系统的正常工作。这里的模型不能预测这种行为。还假定卷线连接器施加足够大的压力以消除干电池之间的电阻。这里的模型也不能预测不适当的压力效应。使用理想电压源，就忽略了干电池端的能量损耗，这些损耗是由刚才提及的寄生热效应引起的。可以在电源和灯泡电阻之间加一个理想电阻来计算这些影响。

将手电筒模拟为电路，就对系统有了一个基本理解并接触到了系统内部部件。然而有时可能仅仅知道器件的端子行为，而且需要使用这些信息构造模型。例 2.5 探讨了这样一个建模问题。

例 2.5 根据端子测量结果构造电路模型

图 2.13(a) 所示器件的端电压和电流已经测量，v_t和 i_t 值列在图 2.13(b) 中。构造一个盒子内部器件的电路模型。

解：

将电压作为电流的函数，关系曲线如图 2.14(a) 所示。该图中的曲线关系说明端电压和端电流成正比，$v_t=4i_t$。根据欧姆定律，盒子内部器件的特性如同 4 Ω 电阻，所以盒子内部器件的电路模型是一个 4 Ω 电阻，如图 2.14(b) 所示。

介绍了基尔霍夫定律和电路分析之后，会讨论根据端子特性构造一个电路模型的技巧。

提示： 试求本章习题 2.14 和习题 2.15，以检测对该例题的理解。

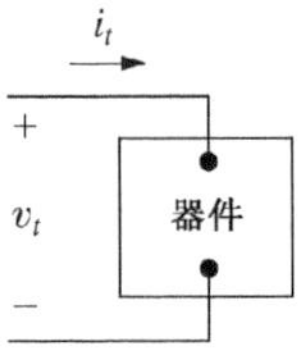

(a)

v_t(V)	i_t(A)
−40	−10
−20	−5
0	0
20	5
40	10

(b)

图 2.13　例 2.5 的(a)器件；(b)数据

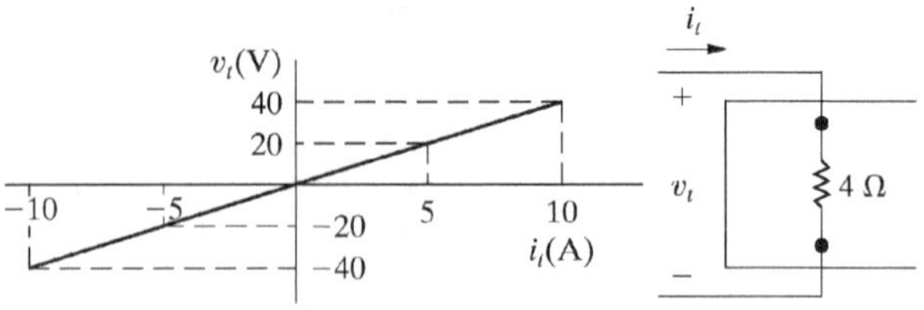

(a)　(b)

图 2.14　(a)图 2.13 中器件 v_t 相对于 i_t 的特性；(b)图2.13中器件的电路模型

2.4　基尔霍夫定律

如果电路每一个元件上的电压和电流已经确定，就称这个电路已被求解。在求解过程中，欧姆定律是一个重要的方程式。然而单凭欧姆定律还不足以得到完全解答。就像试图求解例 2.4 中的手电筒电路那样，需要用到两个更重要的代数关系式求解大多数电路，这两个代数关系式被称为基尔霍夫定律。

重新画电路如图 2.15 所示，开关处于接通状态。注意这里标出了与每一个电阻相关的电流和电压，标出了与电压源关联的电流，同时给出了参考极性。为了方便起见，电压和电流的下标与电阻下标相一致。在图 2.15 中，移动了图 2.12 中的一些端点并插入了节点。端点是分立电路元件的起点和终点。节点是两个或多个元件的连接点。为了使用基尔霍夫定律，识别节点是必需的。在图 2.15 中，节点为 a，b，c 和 d。节点 d 连接电池和灯泡。开关任意一边的点代表了它的端子，只需要用一个节点表示，所以只有节点 c。

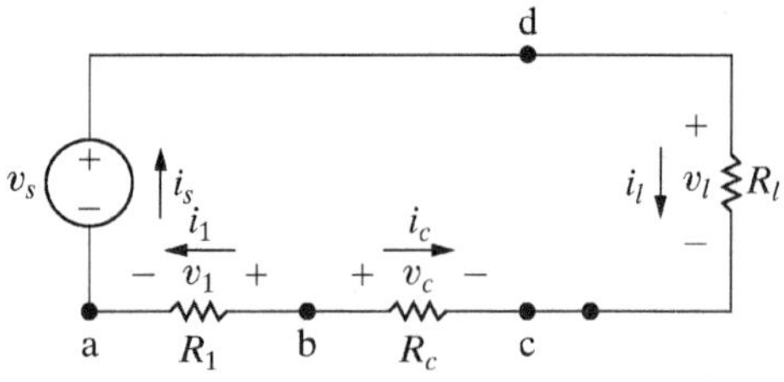

图 2.15　标出电压和电流变量的手电筒电路模型

对于图 2.15 中的电路，能够识别 7 个未知量：i_s，i_1，i_c，i_l，v_1，v_c 和 v_l。v_s 是已知电压，表示两节干电池端电压的和，为 3 V 恒定电压。问题是求解 7 个未知量。根据代数学，求 n 个未知量，必须解 n 个独立方程。由 2.2 节讨论的欧姆定律可知 3 个必要的方程是

$$v_1 = i_1 R_1 \tag{2.13}$$

$$v_c = i_c R_c \tag{2.14}$$

$$v_l = i_l R_l \tag{2.15}$$

那么另外的 4 个方程是什么呢？

电路元件的互连，使端电压和电流之间产生了约束。这些约束称为基尔霍夫定律，由基尔霍夫首先在 1848 年发表的论文中提出。他用数学形式陈述了约束的两个定律，分别称为基尔霍夫电流定律和基尔霍夫电压定律。

基尔霍夫电流定律

在电路中，任何节点上的所有电流的代数和等于零。

使用基尔霍夫电流定律，对应参考方向的代数符号必须分配给每一个节点电流。离开节点的电流为正号，进入节点的电流为负号；或反过来，离开节点的电流为负号，进入节点的电流为正号。

对图 2.15 所示电路的 4 个节点应用基尔霍夫电流定律，使用电流离开节点为正的规定，于是产生了 4 个方程式

$$\text{节点 a} \quad i_s - i_1 = 0 \tag{2.16}$$

$$\text{节点 b} \quad i_1 + i_c = 0 \tag{2.17}$$

$$\text{节点 c} \quad -i_c - i_l = 0 \tag{2.18}$$

$$\text{节点 d} \quad i_l - i_s = 0 \tag{2.19}$$

注意方程(2.16)至方程(2.19)不是一组独立的方程，因为 4 个方程中的任意一个可以通过其他 3 个方程得到。所有含 n 个节点的电路中，利用基尔霍夫电流定律可以得到 $n-1$ 个独立的电流方程式①。略去方程(2.19)，就有了 6 个独立的方程，即式(2.13)至式(2.18)。但还需要一个方程，这可以从基尔霍夫电压定律得到。

在陈述基尔霍夫电压定律之前，必须先定义闭合路径或回路：任选一个节点作为起点，若沿着电路中的闭合路径，则通过所选的基本电路元件能回到原始节点，其间通过任何中间节点都不超过一次。图 2.15 中的电路只有一个闭合路径或回路。例如，选择节点 a 作为起点，沿着电路顺时针方向，通过节点 d，c 和 b 回到 a，就形成一个闭合路径。

基尔霍夫电压定律

在电路中，环绕任何闭合路径的所有电压的代数和等于零。

要使用基尔霍夫电压定律，必须对回路中每一个电压分配代数符号(参考方向)。当沿着闭合路径时，电压将沿着相应方向升高或降低。正号表示电压升，负号表示电压降；反过来，若令电压升为负号，电压降则为正号。

下面对图 2.15 中的电路应用基尔霍夫电压定律。选择沿闭合路径的顺时针方向，电压降用正号。从节点 d 开始，得到方程式

$$v_l - v_c + v_1 - v_s = 0 \tag{2.20}$$

这就是前面提到的求解 7 个未知电路变量所需要的第 7 个独立方程。

解 7 个方程求解两节干电池释放到手电筒灯泡的电流，这个想法不太吸引人。因此在下面的章节将介绍分析技巧，使得写一个方程就能够求解一个简单的单回路电路。然而，在讨论这些电路技巧之前，关于手电筒电路的详细分析，还需要有几点说明。一般来说，这几点说明对后面章节的讨论较为重要，当然它对手电筒电路中未知量的求解同样适用。

首先，如果已知电阻的电流，也就已知了电阻上的电压，因为电流和电压通过欧姆定律直接相关。因此可以将一个未知变量与每个电阻联系起来，这个未知变量或者是电流，或者是电压。如果电阻中的电流是未知量，那么一旦求出了电阻中的未知电流，也就能求出电阻上的电压了。一般来说，如果已知一个无源元件中的电流，就能求出它上面的电压。这样大大减少了要求解方程的数量。例如，在手电筒电路中，已知 v_1，v_c 和 v_l，于是就可以简化分析任务，只需要解 4 个方程而不是 7 个。

其次是关于两个元件连接形成一个节点的推论。遵照基尔霍夫电流定律，当只有两个元件连接到一个节点时，如果已知一个元件里的电流，也就知道了第二个元件里的电流。换句话说，对两个元件，只需要定义一个未知电流。当两个元件连接在一个单节点时，元件被称为串联。这个结论非常重要，图 2.15 所示电路中的所有节点都是只连接两个元件，因此只需要定

① 有关内容将在第 4 章详细讨论。

义一个未知电流。理由是，从方程(2.16)至方程(2.18)可直接推出

$$i_s = i_1 = -i_c = i_l \tag{2.21}$$

上式说明如果已知任一元件的电流，就知道了所有的电流。例如，选择 i_s 为未知量，消去 i_1，i_c 和 i_l，问题则就简化为确定一个未知量，即 i_s。

例 2.6 和例 2.7 说明如何根据基尔霍夫定律书写电路方程式。例 2.8 说明如何根据基尔霍夫定律和欧姆定律求解一个未知电流。例 2.9 扩展了例 2.5 中介绍的技巧，给端子特性已知的器件构造了一个电路模型。

例 2.6 使用基尔霍夫电流定律

将图 2.16 所示电路中的每一个节点的电流相加。注意图中央无连接点，4 Ω 支路与包含理想电流源 i_a 的支路交叉。

解：

列写方程式时，设离开节点的电流为正号。4 个方程式是

节点 a $\quad i_1 + i_4 - i_2 - i_5 = 0$

节点 b $\quad i_2 + i_3 - i_1 - i_b - i_a = 0$

节点 c $\quad i_b - i_3 - i_4 - i_c = 0$

节点 d $\quad i_5 + i_a + i_c = 0$

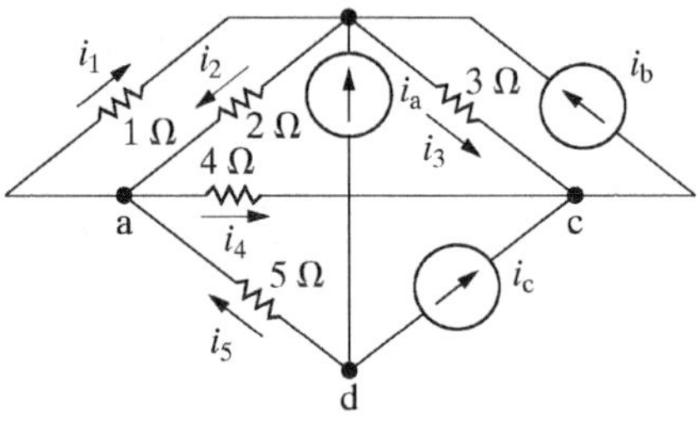

图 2.16 例 2.6 的电路

例 2.7 使用基尔霍夫电压定律

对图 2.17 所示电路中每一个指定路径周围的电压求和。

解：

列写方程式时，设电压降取正符号。4 个方程式是

路径 a $\quad -v_1 + v_2 + v_4 - v_b - v_3 = 0$

路径 b $\quad -v_a + v_3 + v_5 = 0$

路径 c $\quad v_b - v_4 - v_c - v_6 - v_5 = 0$

路径 d $\quad -v_a - v_1 + v_2 - v_c + v_7 - v_d = 0$

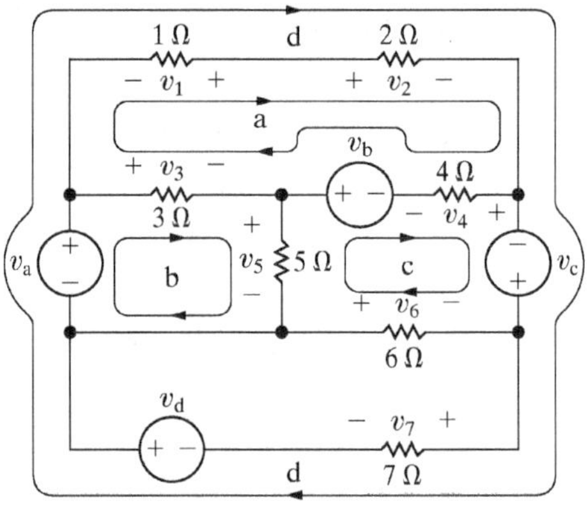

图 2.17 例 2.7 的电路

例 2.8 应用欧姆定律和基尔霍夫定律求一个未知电流

(a) 用基尔霍夫定律和欧姆定律求图 2.18 所示电路中的 i_o。

(b) 通过检验产生的总功率是否等于消耗的总功率来验证 i_o 的正确性。

解：

(a) 重新画出电路并指定未知电流通过 50 Ω 电阻，指定未知电压加在 10 Ω 以及 50 Ω 电阻上，如图 2.19 所示。节点标记为 a,b 和 c。

因为 i_o 也是流过 120 V 电源的电流，有两个未知电流，因此必须得到两个包含 i_o 和 i_1 的联立方程。在节点 b 或 c 利用基尔霍夫电流定律可以得到一个方程。设电流离开节点为正，将节点 b 上的电流相加，得到

$$i_1 - i_o - 6 = 0$$

利用基尔霍夫电压定律并结合欧姆定律得到第二个方程。应当注意的是，根据欧姆定律 v_o 为 $10i_o$，v_1 为 $50i_1$，将环绕闭合路径的电压相加，得到

$$-120 + 10i_o + 50i_1 = 0$$

在列写这些方程时，设沿顺时针方向，电压降为正。解这两个方程式，得到

$$i_o = -3\text{ A} \qquad 和 \qquad i_1 = 3\text{ A}$$

(b) 消耗在 50 Ω 电阻上的功率是

$$p_{50\Omega} = (3)^2 \times (50) = 450\text{ W}$$

消耗在 10 Ω 电阻上的功率是

$$p_{10\Omega} = (-3)^2 \times (10) = 90\ \text{W}$$

释放到 120 V 电源的功率是

$$p_{120\text{V}} = -120i_o = -120 \times (-3) = 360\ \text{W}$$

释放到 6 A 电源的功率是

$$p_{6\text{A}} = -v_1(6), \qquad v_1 = 50i_1 = 150\ \text{V}$$

所以

$$p_{6\text{A}} = -150 \times (6) = -900\ \text{W}$$

6 A 电源释放 900 W，120 V 电源吸收 360 W。吸收的总功率是 360 + 450 + 90 = 900 W。所以，结果证实释放的功率等于吸收的功率。

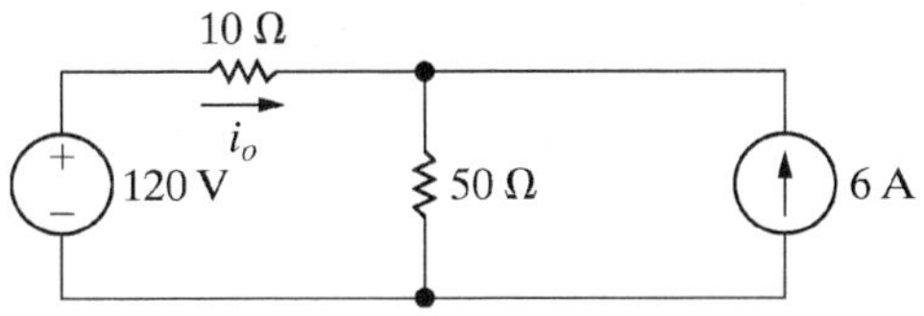

图 2.18　例 2.8 的电路

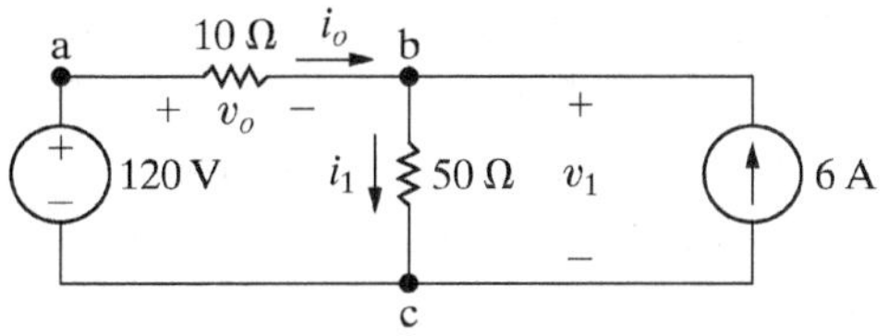

图 2.19　在图 2.18 所示电路上指定未知量 i_1，v_o 和 v_1

例 2.9　根据端子测量结果构造电路模型

被测量的器件如图 2.20(a) 所示。器件端电压 u_t 和端电流 i_t 列于图 2.20(b) 中。

(a) 为盒子内部的器件构造一个模型。(b) 用这个模型预测器件释放到 10 Ω 电阻上的功率。

解：

(a) 将电压作为电流的函数，绘制特性图如图 2.21(a) 所示。所绘特性的方程式是

$$v_t = 30 - 5i_t$$

现在要确定电路模型的组件，这些组件将产生相同的电压电流关系。基尔霍夫电压定律表明，端电压是两个串联组件上电压降的叠加。根据方程，其中一个组件产生 30 V 压降且与电流无关。这个组件可以用理想独立电压源来模拟。另一个组件产生一个与电流 i_t 方向一致的正压降。欧姆定律表明该组件可以用阻值为 5 Ω 的电阻模拟。电路模型结果在图 2.21(b) 中虚线表示的盒子里。

(b) 在图 2.21(b) 的器件上加一个 10 Ω 的电阻构成一个电路。基尔霍夫电流定律表明，10 Ω 电阻上的电流与 5 Ω 电阻上的电流相同。使用基尔霍夫电压定律和欧姆定律，可以写出环绕电路电压降的方程式，起点在电压源，沿顺时针方向

$$-30 + 5i + 10i = 0$$

求解 i，得到

$$i = 2\ \text{A}$$

由于这是流过 10 Ω 电阻的电流，所以可以使用功率方程式 $p = i^2R$ 来计算释放到这个电阻上的功率。

$$p_{10\Omega} = (2)^2 \times (10) = 40\ \text{W}$$

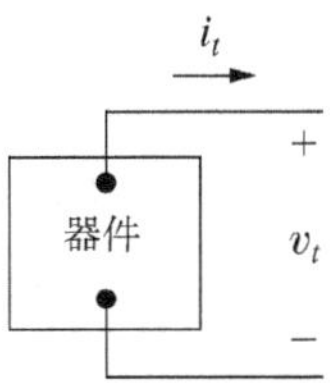

(a)

v_t (V)	i_t (A)
30	0
15	3
0	6

(b)

图 2.20　例 2.9 的 (a) 器件；(b) 数据

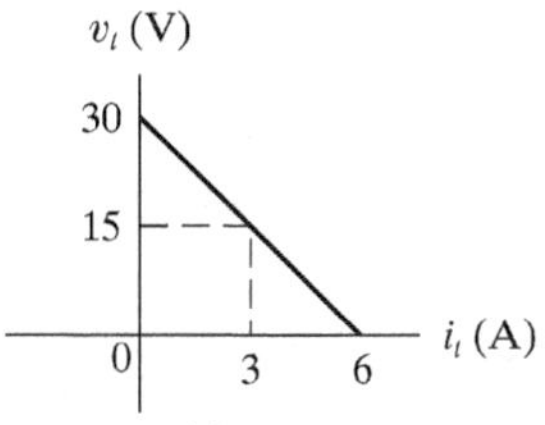

(a)

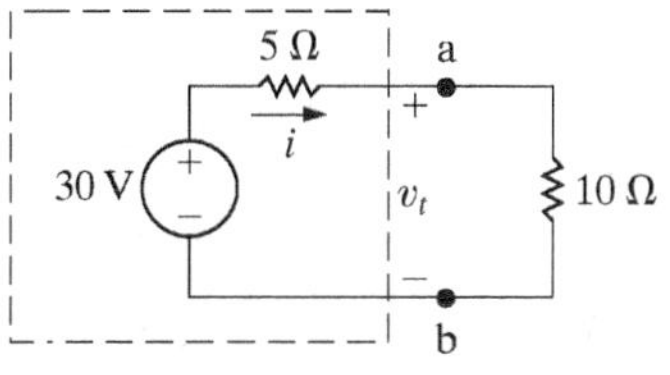

(b)

图 2.21　(a) 图 2.20(a) 中器件 v_t 相对于 i_t 的特性；(b) 图 2.20(a) 中器件的电路模型与 10 Ω 电阻相连

评测目标2 能够陈述并使用欧姆定律、基尔霍夫电流定律和电压定律。

2.5 电路如右图所示，计算(a)i_5；(b)v_1；(c)v_2；(d)v_5 和(e)24 V 电源释放的功率。

答：(a)2 A；(b) −4 V；(c)6 V；(d)14 V；(e)48 W。

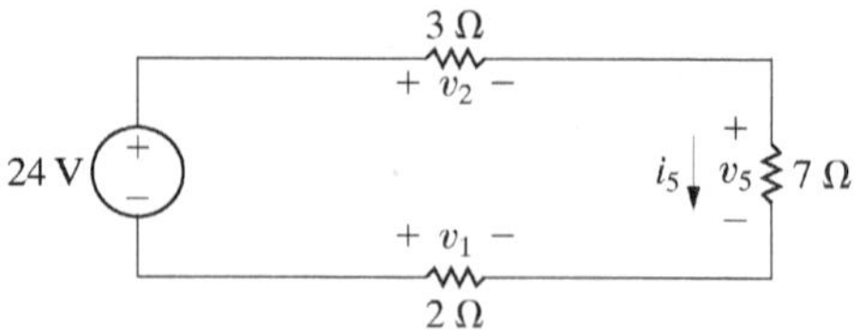

2.6 应用基尔霍夫定律和欧姆定律求右图所示电路中的 R 值。

答：$R = 4\ \Omega$。

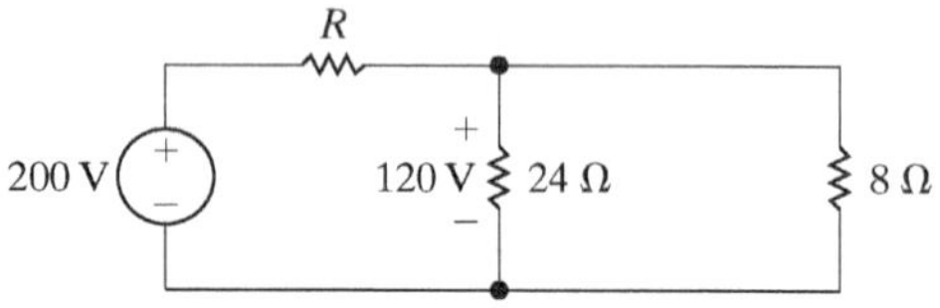

2.7 (a)图中器件的端电压和端电流已测出，v_t 和 i_t 的值列在表中。试用这些值绘制相对于 i_t 的 v_t 直线特性图。列出直线方程，并根据方程用一个理想电压源和一个电阻为器件构造一个电路模型。(b)用上面构造的模型预测器件释放给 25 Ω 电阻的功率。

答：(a)一个 25 V 电源串联一个 100 Ω 电阻；(b)1 W。

2.8 重复评测练习 2.7，不过应根据方程式用一个理想电流源和一个电阻构造电路模型。

答：(a)一个 0.25 A 电流源与一个 100 Ω 电阻并联；(b)1 W。

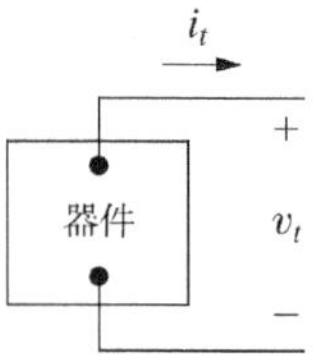

(a)

v_t (V)	i_t (A)
25	0
15	0.1
5	0.2
0	0.25

(b)

提示：试求本章习题 2.18，习题 2.19，习题 2.29 和习题 2.31。

2.5 含受控源电路的分析

结束基本电路分析的讨论，转而讨论如图 2.22 所示的包含非独立源的电路。

用基尔霍夫定律和欧姆定律求图示电路中的 v_o。在列写方程式之前，最好仔细检查电路图。这有助于确定已知的信息和需要计算的信息，也会有助于构思一个解决问题的策略，用较少的计算来求解电路。

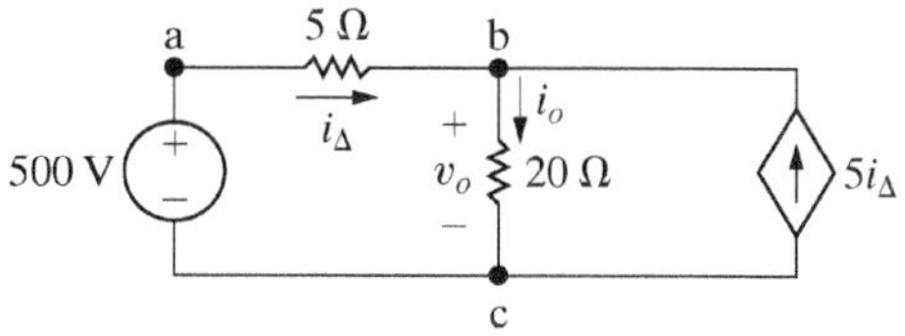

图 2.22 含非独立源的电路

考虑图 2.22 所示的电路。

- 一旦已知 i_o，就能利用欧姆定律计算 v_o。
- 一旦已知 i_Δ，也就知道了非独立源 $5i_\Delta$ 提供的电流。
- 500 V 电源里的电流是 i_Δ。

因此有两个未知电流，i_Δ 和 i_o。为了求得 v_o，需要列写并求解两个包含这些电流的独立方程。

在电路中，有包含电压源、5 Ω 电阻和 20 Ω 电阻的闭合路径，可以环绕这个闭合路径应用基尔霍夫电压定律列写方程。方程中包含两个未知电流

$$500 = 5i_\Delta + 20i_o \tag{2.22}$$

现在需要产生第二个包含这两个电流的方程。考虑由 20 Ω 电阻和非独立电流源构成的闭合路径，如果在这个回路中采用基尔霍夫电压定律，就得不到有用的方程，因为不知道非独立电流源上的电压值。事实上，非独立电流源上的电压就是 v_o，是需要计算的电压。在这个回路上列写方程不能得出结果。同样，不能使用包含电压源、5 Ω 电阻和非独立源的闭合路径。

在电路中有三个节点，因此考虑用基尔霍夫电流定律产生第二个方程。节点 a 连接电压源和 5 Ω 电阻，这两个元件上的电流是相同的。通过节点 b 或节点 c 应用基尔霍夫电流定律构造第二个方程。选择节点 b 产生下列方程

$$i_o = i_\Delta + 5i_\Delta = 6i_\Delta \tag{2.23}$$

解式(2.22)和式(2.23)得到

$$i_\Delta = 4\ \text{A}$$
$$i_o = 24\ \text{A} \tag{2.24}$$

对 20 Ω 电阻使用式(2.24)和欧姆定律,可以解得电压 v_o

$$v_o = 20i_o = 480\ \text{V}$$

开始书写方程之前先想一想电路分析的策略。已经证明，不是任何闭合路径都能根据基尔霍夫电压定律提供有用的方程。不是任何节点都能根据基尔霍夫电流定律提供有用的方程。对于一个实际问题，关于问题的一些初步想法可能有助于选择最富有成效的途径和最有用的分析工具。选择一个好的途径和适当的工具常常能简化需要求解的方程数量和复杂程度。例 2.10 说明了欧姆定律和基尔霍夫定律对含非独立源电路的又一应用。例 2.11 涉及一个非常复杂的电路，但是通过仔细选择分析工具，分析能变得相当简单。

例 2.10　应用基尔霍夫定律和欧姆定律求一个未知电压

(a)使用基尔霍夫定律和欧姆定律求图 2.23 中所示电压 v_o。

(b)说明解满足：电路中产生的总功率等于消耗的总功率。

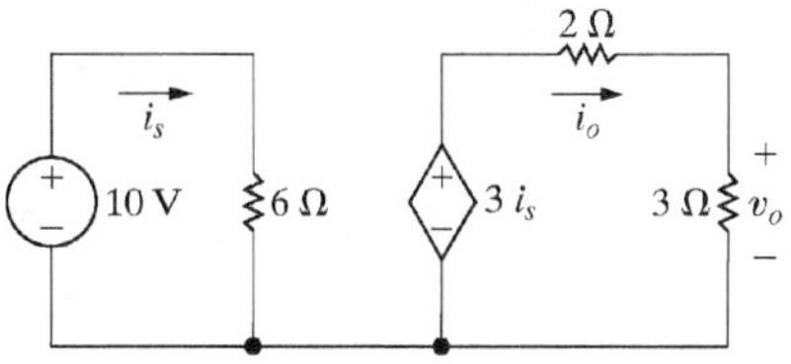

图 2.23　例 2.10 的电路

解：

(a)仔细观察图 2.23 中的电路可知

- 有两个闭合路径，左边一个含电流 i_s，右边一个含电流 i_o。
- 一旦 i_o 已知，就能够计算 v_o。

需要两个方程式求解两个电流。因为有两个闭合路径而且都含电压源，所以可以分别应用基尔霍夫电压定律得到以下方程式

$$10 = 6i_s$$
$$3i_s = 2i_o + 3i_o$$

求解这些电流

$$i_s = 1.67\ \text{A}$$
$$i_o = 1\ \text{A}$$

对 3 Ω 电阻应用欧姆定律得到要求的电压

$$v_o = 3i_o = 3\ \text{V}$$

(b)为了计算释放到电压源的功率，用功率方程式 $p = vi$ 的形式。释放到独立电压源的功率

$$p = (10) \times (-1.67) = -16.7\ \text{W}$$

释放到非独立电压源的功率是

$$p = (3i_s)(-i_o) = (5) \times (-1) = -5\ \text{W}$$

两个电源都产生功率，产生的总功率是 21.7 W。

计算释放到电阻的功率，用功率方程式 $p = i^2R$ 的形式。释放到 6 Ω 电阻的功率是

$$p = (1.67)^2 \times (6) = 16.7\ \text{W}$$

释放到 2 Ω 电阻的功率是

$$p = (1)^2 \times (2) = 2\ \text{W}$$

释放到 3 Ω 电阻的功率是

$$p = (1)^2 \times (3) = 3\ \text{W}$$

电阻消耗的总功率是 21.7 W，等于电源产生的总功率。

例 2.11　在一个放大器电路中应用基尔霍夫定律和欧姆定律

图 2.24 所示电路给出了一个在晶体管放大器的分析和设计中遇到的通用结构。假定所有电路元件值——R_1, R_2, R_C, R_E, V_{CC}和 V_0 都已知。

(a)试写出能够确定每个电路元件电流的方程。

(b)根据这些方程推导出用电路元件值计算 i_B 的公式。

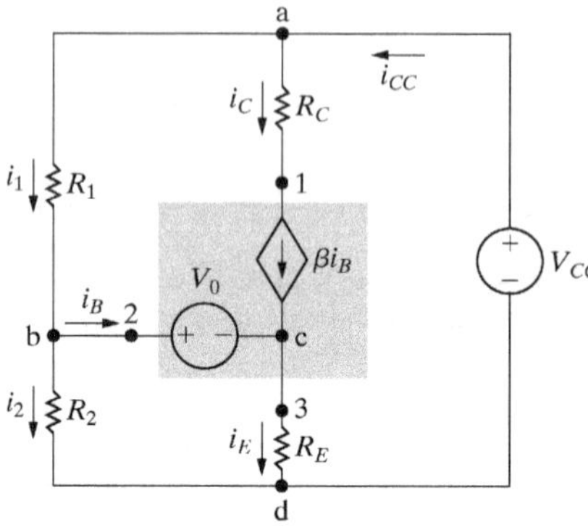

图 2.24　例 2.11 的电路

解:

仔细检查电路，有 6 个未知电流，记为 i_1, i_2, i_B, i_C, i_E 和 i_{CC}。在定义这 6 个电流时，注意到电阻 R_C 和非独立电流源 βi_B相串联。所以必须推导出 6 个包含这 6 个未知量的独立方程。

(a)可以在节点 a, b, c 和 d 中任选 3 个，应用基尔霍夫电流定律推导出 3 个方程。使用节点 a, b 和 c，并设电流离开节点为正

$$(1)\ i_1 + i_C - i_{CC} = 0$$

$$(2)\ i_B + i_2 - i_1 = 0$$

$$(3)\ i_E - i_B - i_C = 0$$

根据 R_C 和非独立源的串联约束关系，推导出第 4 个方程

$$(4)\ i_C = \beta i_B$$

用基尔霍夫电压定律推导其余两个方程。为了使用基尔霍夫电压定律，需要选择两个闭合路径。注意，非独立电流源上的电压是未知的，并且不能由电源电流 βi_B 确定。因此必须选择两个不包含非独立电流源的闭合路径。

选择路径 bcdb 和 badb，并设电压降为正，得到

$$(5)\ V_0 + i_E R_E - i_2 R_2 = 0$$

$$(6)\ -i_1 R_1 + V_{CC} - i_2 R_2 = 0$$

(b)为了用已知的电路变量获得单个方程式 i_B，可以遵循下列步骤

- 解式(6)得 i_1，将 i_1 代入式(2)。
- 解式(2)得 i_2，将 i_2 代入式(5)。
- 解式(5)得 i_E，将 i_E 代入式(3)，用式(4)消掉式(3)中的 i_C。
- 解式(3)得 i_B，重新整理各项产生

$$i_B = \frac{(V_{CC}R_2)/(R_1+R_2) - V_0}{(R_1R_2)/(R_1+R_2) + (1+\beta)R_E} \tag{2.25}$$

习题 2.31 要求检验这些步骤。一旦知道了 i_B，很容易得到其余的电流。

评测目标 3　知道如何计算简单电路中每个元件的功率。

2.9　如右图所示电路，求(a)电流 i_1，单位取 μA；(b)电压 v，单位取 V；(c)产生的总功率；(d)吸收的总功率。

答: (a)i_1 = 25 μA；(b)v = −2 V；(c)6150 μW；(d)6150 μW。

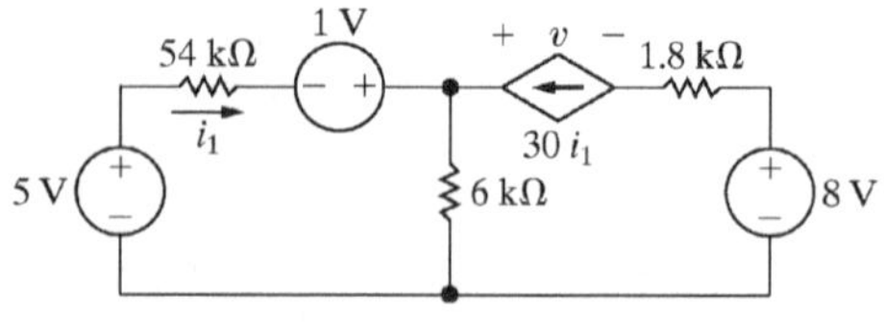

2.10　如右图所示电路中电流 i_ϕ 为 2 A。计算(a)v_s。(b)独立电压源吸收的功率。(c)独立电流源释放的功率。(d)受控电流源释放的功率。(e)释放在两个电阻上的总功率。

答: (a)70 V；(b)210 W；(c)300 W；(d)40 W；(e)130 W。

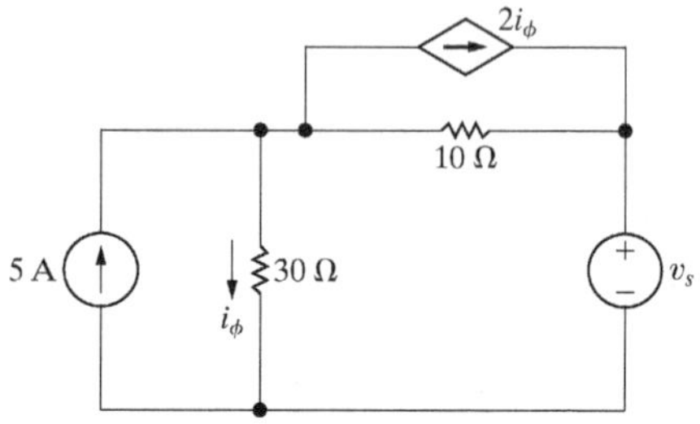

提示: 试求本章习题 2.32 和习题 2.33。

实例应用

电热器供暖(二)

本章开始时介绍的车库供暖有两种电路连接方案，现在确定一下电热器如何与车库电源连接。首先观察图 2.25 所示电路，其中电热器可以用电阻器模拟，结果电路如图 2.26 所示。注意，每个电热器都有相同的电阻 R，并标有电压和电流值。

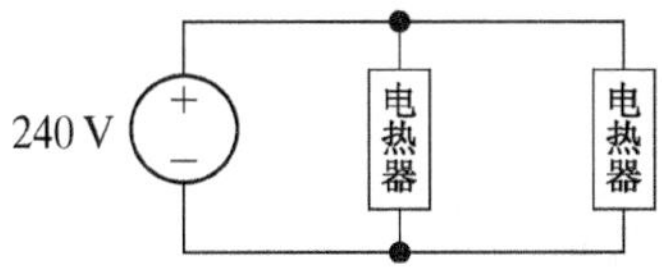

图 2.25　两个电热器接线图

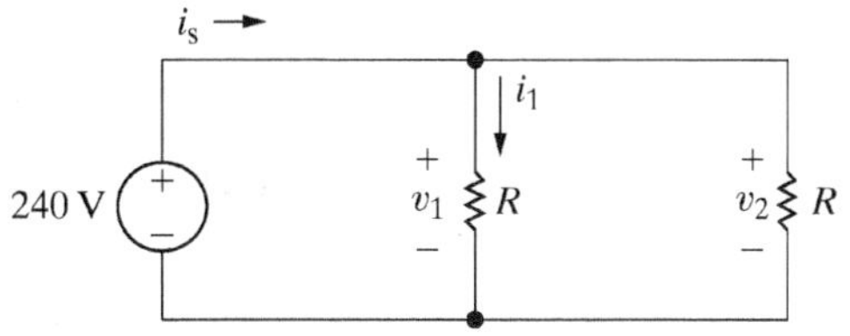

图 2.26　基于图 2.25 的电路

对于图 2.26 中电路，为了求得未知的电压和电流，根据电路左边写出 KVL 方程

$$-240 + v_1 = 0 \quad \Rightarrow \quad v_1 = 240 \text{ V}$$

再根据电路右边写出 KVL 方程

$$-v_1 + v_2 = 0 \quad \Rightarrow \quad v_2 = v_1 = 240 \text{ V}$$

回顾每个电热器的功率和电压均是 1200 W 和 240 V。可见图 2.25 的电路结构满足电压的要求，因为每个电热器上的电压都是 240 V。

接下来计算电热器的模型电阻器 R 的值。每个电热器对应的功率是 1200 W，使用涉及电阻和电压的电阻功率计算公式

$$P_1 = \frac{v_1^2}{R} = \frac{v_2^2}{R} = P_2 \quad \Rightarrow \quad R = \frac{v_1^2}{P_1} = \frac{240^2}{1200} = 48\ \Omega$$

每个电热器相当于 48 Ω 的电阻器，电压降为 240 V，功率为 1200 W。可见两个电热器的总功率为 2400 W。

最后计算 240 V 电源的功率。为了求功率，先根据图 2.26 电路中上端的节点写 KCL 方程，求电压源的电流 i_s。再根据电流计算电压源的功率。

$$-i_s + i_1 + i_2 = 0 \quad \Rightarrow \quad i_s = i_1 + i_2 = \frac{v_1}{R} + \frac{v_2}{R} = \frac{240}{48} + \frac{240}{48} = 10 \text{ A}$$

$$P_s = -(240)(i_s) = -(240)(10) = -2400 \text{ W}$$

因此，电路中的总功率是 −2400 + 2400 = 0，满足功率平衡。

现在，观察另一个电热器接线图，如图 2.27 所示。已知电热器可以用 48 Ω 的电阻器模拟，该图可以转化为图 2.28 所示的电路接线图。

先根据图 2.28 所示的电路写 KVL 方程分析

$$-240 + v_x + v_y = 0 \quad \Rightarrow \quad v_x + v_y = 240$$

再根据节点 a 写 KCL 方程

$$-i_x + i_y = 0 \quad \Rightarrow \quad i_x = i_y = i$$

由于两个电阻器上的电流是相同的，可以利用欧姆定律，用电流替代 KVL 方程中的未知电压

$$48i + 48i = 240 = 96i \quad \Rightarrow \quad i = \frac{240}{96} = 2.5 \text{ A}$$

再根据两个电阻器中的电流计算两个电热器的功率。

$$P_x = P_y = Ri^2 = (48)(2.5)^2 = 300 \text{ W}$$

因此，如果电热器按照图2.27所示接线，总功率将仅仅是600 W，将会导致车库供暖不足。

所以，电热器的接线方式对供暖量有很大的影响。如果使用图2.25所示的电路，可以提供2400 W的功率，如果使用图2.27所示的电路，仅仅能提供600 W的功率。

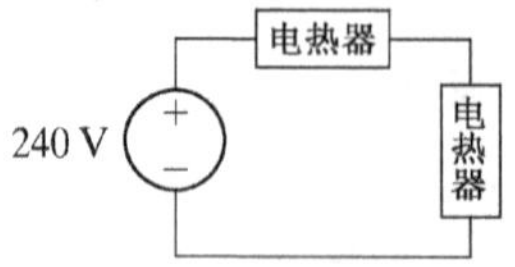

图2.27 两个电热器采用另一种方式接线

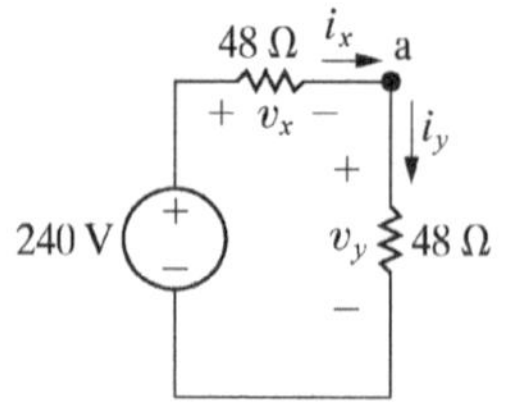

图2.28 基于图2.27的电路

提示：试求本章习题2.41至习题2.43，以评估对该实例应用的理解。

小结

- 本章介绍的电路元件是电压源、电流源和电阻器。
  - 理想电压源保持规定的电压，与流过器件的电流无关。理想电流源保持规定的电流，与器件上的电压无关。电压源和电流源或者是独立源，即不受电路中任何其他电压或电流的影响，或者是非独立源，即由电路中其他电流或电压确定。
  - 电阻的电压和电流相互成比例。电阻中与电压和电流关联的比例常数称为电阻，它的单位是欧姆。
- 欧姆定律明确地建立了电阻中电压和电流的比例关系。如果电阻中的电流与电压降方向一致，则

$$v = iR$$

如果电阻中的电流与电压升方向一致，则

$$v = -iR$$

- 结合功率方程 $p = vi$ 和欧姆定律，可以确定电阻消耗的功率

$$p = i^2R = v^2/R$$

- 电路可以通过节点和闭合路径描述。节点是两个或多个电路元件的结合点。当正好两个元件连接构成节点时，就称为串联。闭合路径是沿着连接元件形成的回路，起点和终点是相同的节点，而且遇到的每个中间节点不超过一次。
- 互连电路元件的电压和电流服从基尔霍夫定律。
  - **基尔霍夫电流定律规定**：在电路中，任何节点上的所有电流的代数和等于零。
  - **基尔霍夫电压定律规定**：在电路中，环绕任何闭合路径的所有电压的代数和等于零。
- 求解一个电路指的是求出每一个电路元件上的电压和电流。结合对独立源和非独立源的理解，利用欧姆定律和基尔霍夫定律，可以求解许多简单电路。

习题

2.1 (a)图P2.1所示电路理想电源的连接是正确的吗？试解释。(b)判断哪些电源产生功率？哪些电源吸收功率？(c)检验电路中产生的总功率是否等于吸收的总功率。(d)改变20 V电源的极性，重复(a)~(c)。

2.2 如果图P2.2所示的互连是正确的，求电路产生的总功率。如果互连是错误的，解释原因。

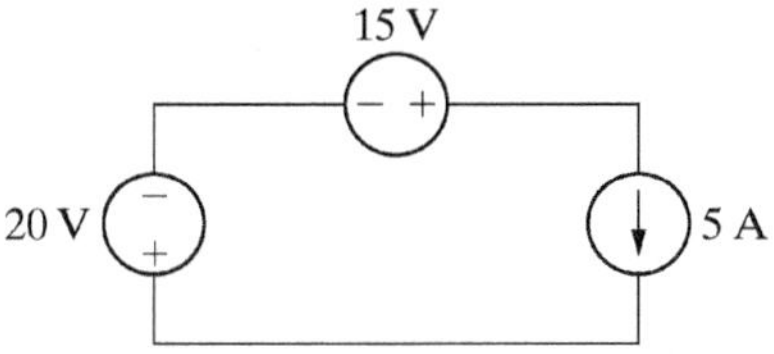

图 P2.1

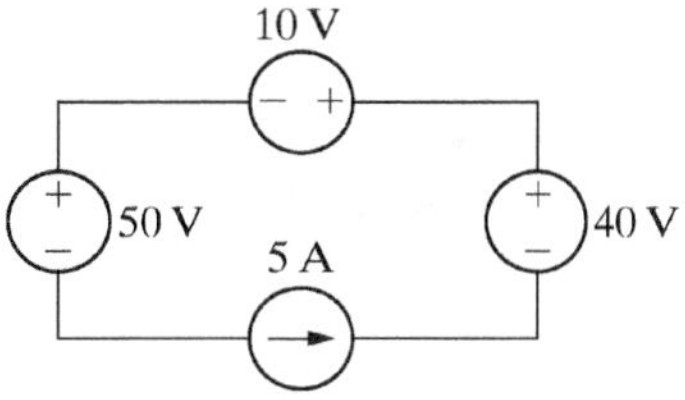

图 P2.2

2.3　如果图 P2.3 所示的互连是正确的，求电流源产生的功率。如果互连是错误的，解释原因。

2.4　如果图 P2.4 所示的互连是正确的，求电压源产生的总功率。如果互连是错误的，解释原因。

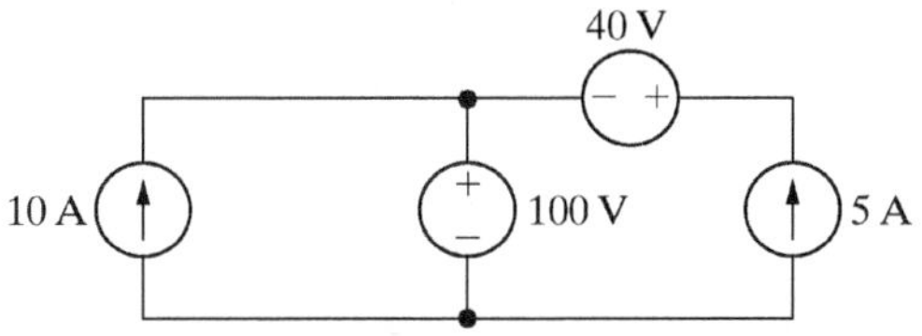

图 P2.3

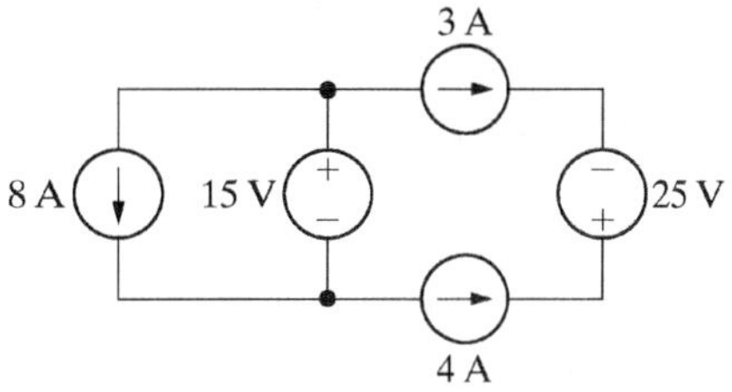

图 P2.4

2.5　理想电源的互连可能导致一个不确定的解答。考虑到这一点，解释为什么图 P2.5 电路中 v_1 和 v_2 的解不是唯一的。

2.6　考虑图 P2.6 所示的互连。
(a) v_1 是什么值时，电路的互连是正确的？(b) 根据 v_1 的值，求相应电压源的功率。

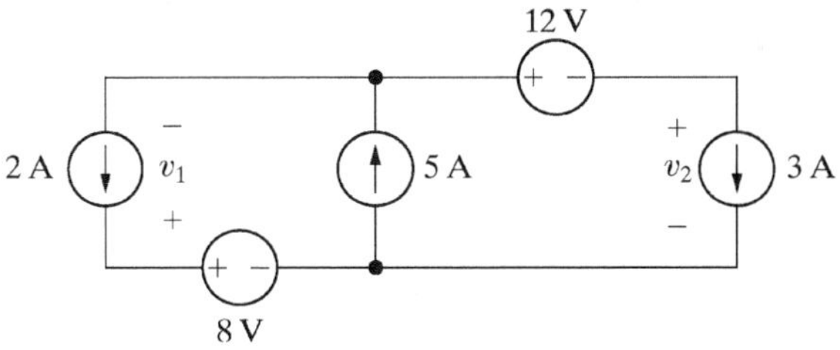

图 P2.5

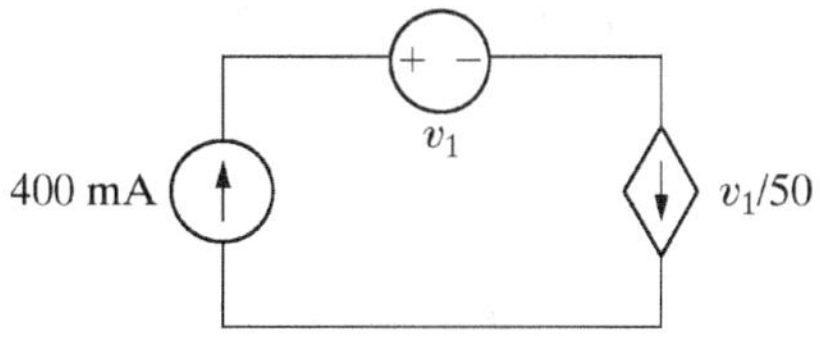

图 P2.6

2.7　考虑图 P2.7 所示的互连。
(a) α 是什么值时，电路的互连是正确的？(b) 根据 α 的值，求相应电流源的功率。(c) 电流源是产生还是吸收功率？

2.8　(a) 图 P2.8 中的互连正确吗？请解释。(b) 能否求出电路产生的总能量？请解释。

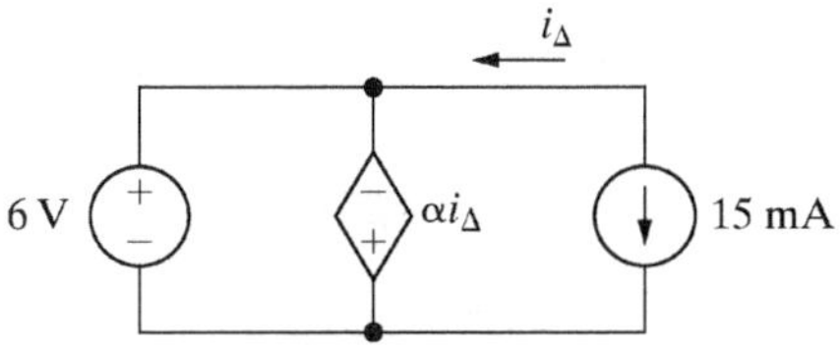

图 P2.7

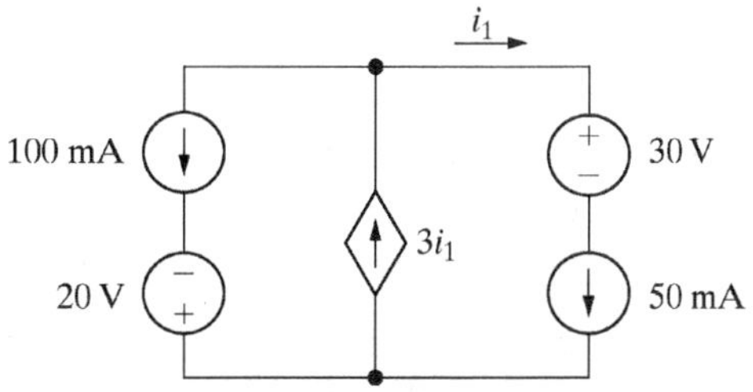

图 P2.8

2.9　如果图 P2.9 所示的互连是正确的，求电路产生的总功率。如果互连是错误的，解释原因。

2.10　如果 $v_o = 5$ V，求图 P2.10 所示电路产生的总功率。

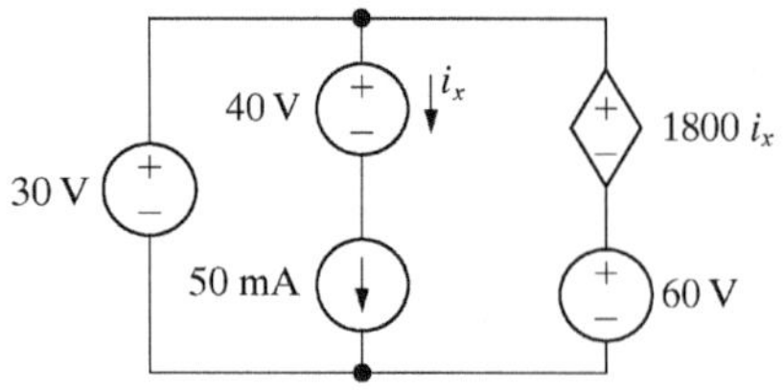

图 P2.9

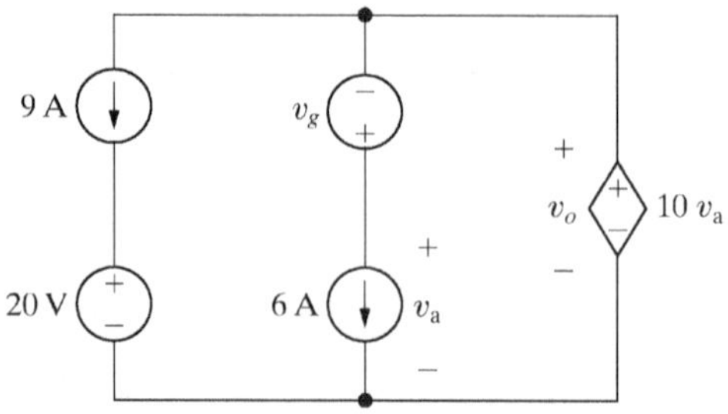

图 P2.10

2.11 根据图 P2.11 所示的电路。

(a)求 v。(b)求电阻器吸收的功率。(c)改变电流源的方向，重复(a)和(b)。

2.12 根据图 P2.12 所示的电路。

(a)求 i。(b)求电压源提供的功率。(c)改变电压源的极性，重复(a)和(b)。

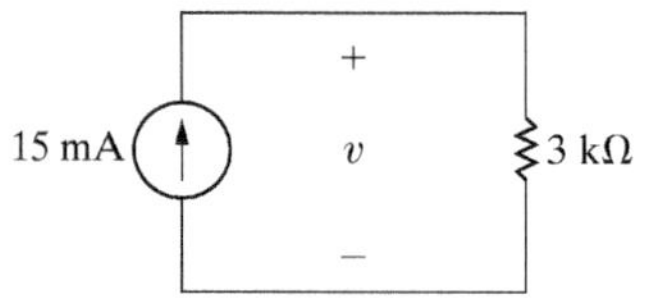

图 P2.11

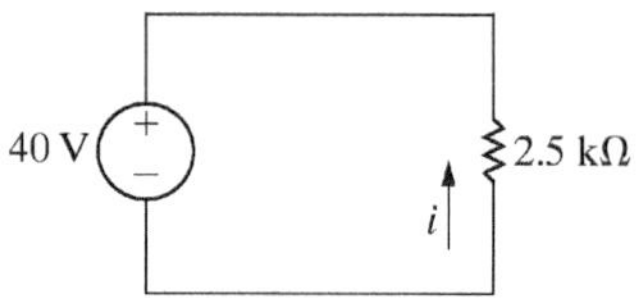

图 P2.12

2.13 一对汽车照明灯通过图 P2.13 的排列连接到 12 V 电池。图中，三角符号用来显示该端直接连到汽车的金属框架上。

(a)用电阻和独立电压源构造一个电路模型。(b)检验理想电路元件和它表示的符号组件是否相符。

2.14 图 P2.14(a)所示器件的端电压和电流已测量。v 和 i 值列于图 P2.14(b)。利用表中数据构造包含一个电阻的器件电路模型。电阻取自于附录 H。

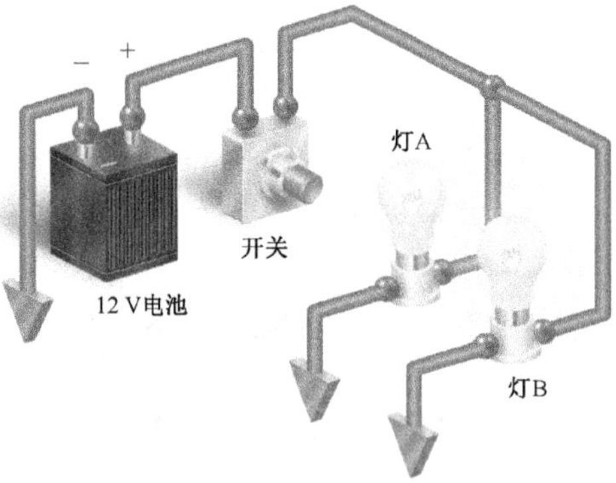

图 P2.13

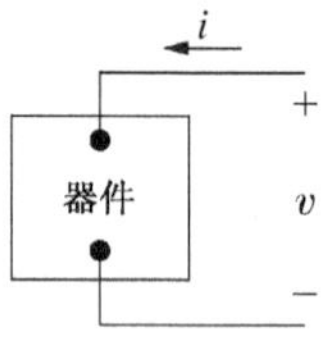

(a)

i (A)	v (kV)
−6	−7.2
−3	−3.6
3	3.6
6	7.2
9	10.8

(b)

图 P2.14

2.15 各种电压源的值作用在图 P2.15(a)所示器件上，对应每个电压值，器件吸收的功率记录在图 P2.15(b)表中。使用表中数值，构造包含一个电阻的器件电路模型。电阻取自于附录 H。

2.16 各种电流源的值作用在图 P2.16(a)所示器件上，对应每个电流值，器件吸收的功率记录在图 P2.16(b)表中。使用表中数值，构造包含一个电阻的器件电路模型。电阻取自于附录 H。

2.17 考虑图 P2.17 所示的电路。

(a)利用基尔霍夫定律和欧姆定律求 v_o。(b)根据产生的总功率等于吸收的总功率，检验解 v_o。

2.18P 电路如图 P2.18 所示。求

(a)i_a值。(b)i_b值。(c)v_o值。(d)每个电阻器消耗的功率。(e)50 V 电源释放的功率。

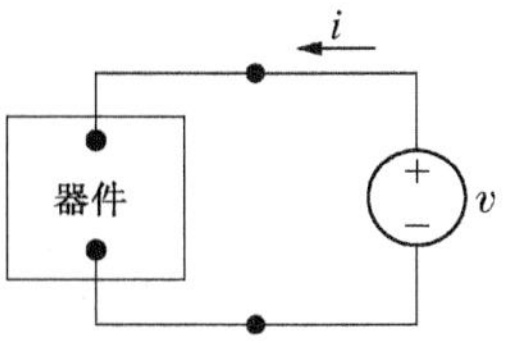

(a)

v (V)	p (mW)
−8	640
−4	160
4	160
8	640
12	1440
16	2560

(b)

图 P2.15

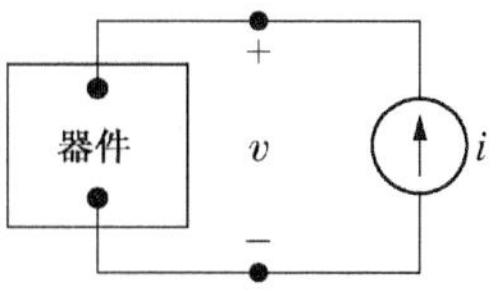

(a)

i (mA)	p (mW)
0.5	8.25
1.0	33.00
1.5	74.25
2.0	132.00
2.5	206.25
3.0	297.00

(b)

图 P2.16

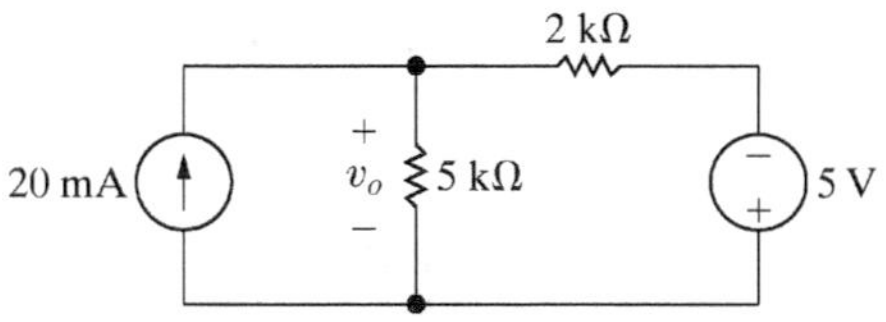

图 P2.17

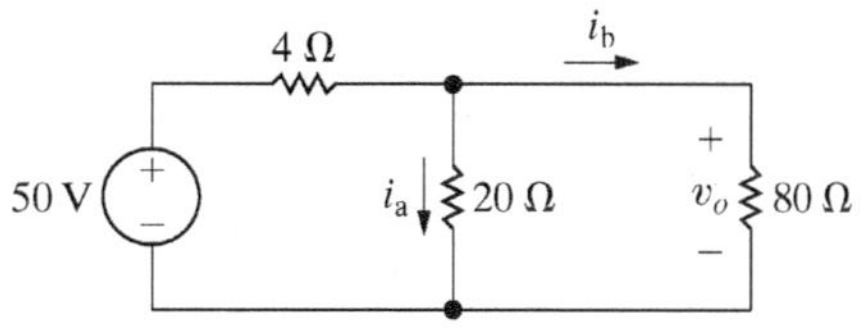

图 P2.18

2.19P (a)求图 P2.19 电路中的电流 i_1 和 i_2。(b)求电压 v_o。(c)验证电路中产生的总功率等于消耗的总功率。

2.20 图 P2.20 电路中的电流 i_x 为 50 mA，电压 v_x 是 3.5 V。求(a)i_1；(b)v_1；(c)v_g；(d)电压源提供的功率。

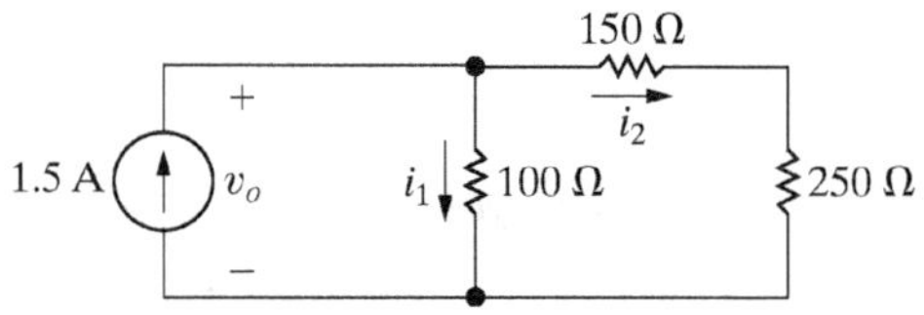

图 P2.19

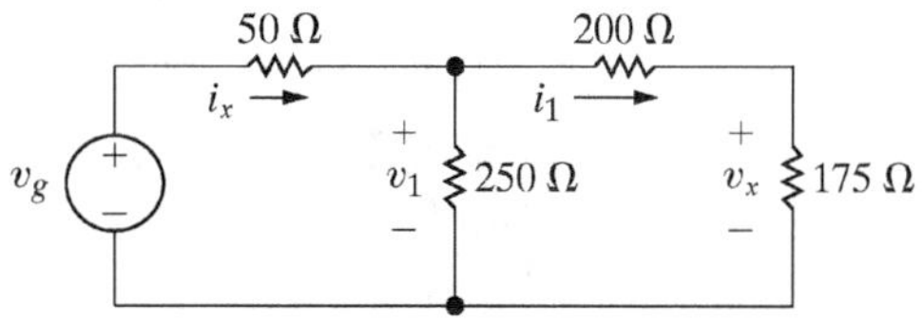

图 P2.20

2.21P 图 P2.21 电路中的电流 i_a 为 2 mA。求(a)i_o；(b)i_g；(c)独立电流源释放的功率。

2.22P 图 P2.22 电路中的电流 i_o 为 1 A。

(a)求 i_1。(b)求每个电阻器消耗的功率。(c)检验电路中消耗的总功率等于 150 V 电源产生的功率。

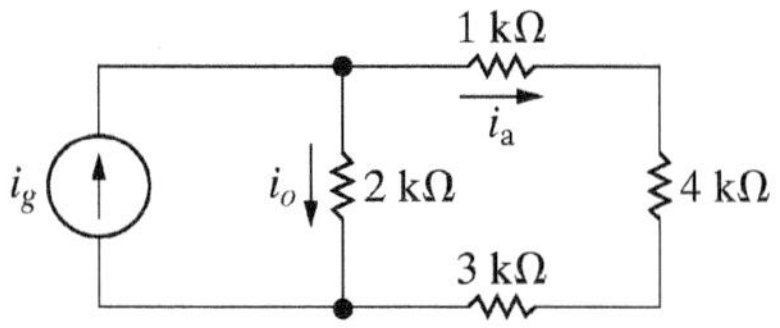

图 P2.21

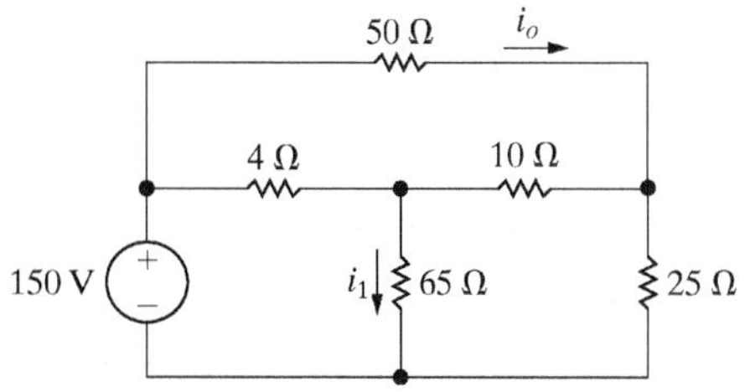

图 P2.22

2.23P 调节图 P2.23 电路中的可变电阻 R，使 i_o 等于 10 mA。求 R 值。

2.24P 电路如图 P2.24 所示。求

(a)R 值。(b)240 V 电源提供的功率。

2.25P 图 P2.25 电路中 16 Ω 电阻上的电压是 80 V，上端为正极性。

(a)求每个电阻上消耗的功率。(b)求 125 V 理想电压源提供的功率。(c)校验提供的功率等于消耗的总功率。

2.26P 图 P2.26 电路中的 i_a 和 i_b 分别为 4 A 和 −2 A。

(a)求 i_g。(b)求消耗在每个电阻上的功率。(c)求 v_g。(d)证明电流源释放的功率等于所有其他元件吸收的功率。

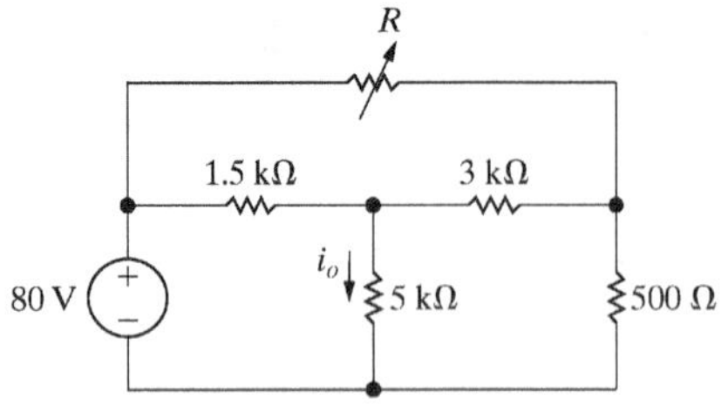

图 P2.23

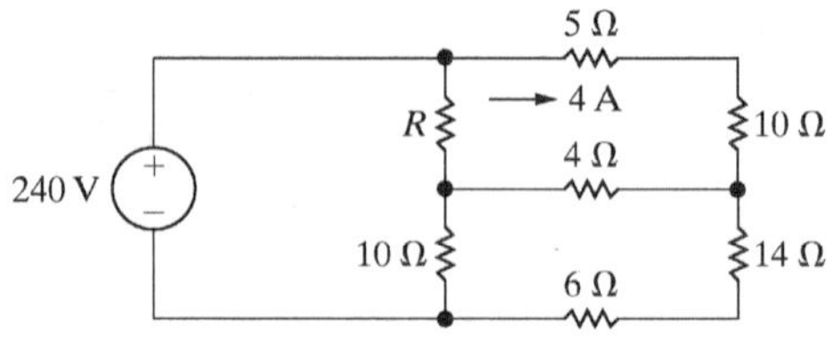

图 P2.24

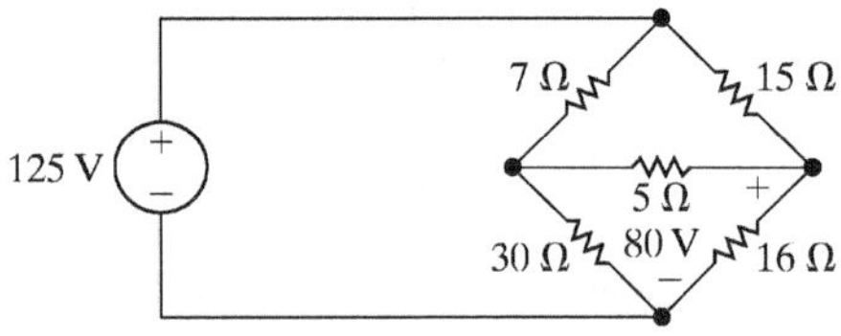

图 P2.25

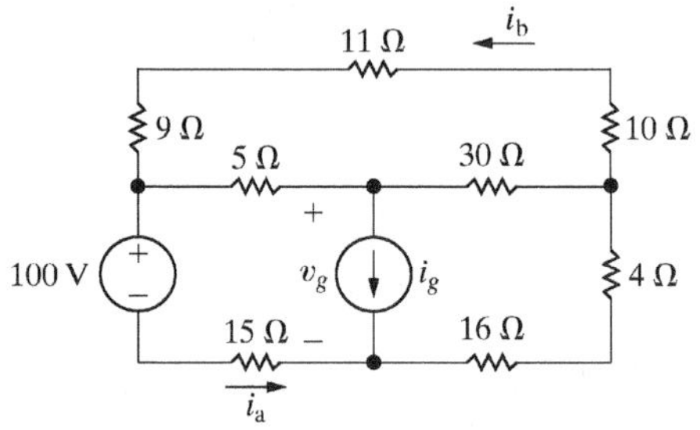

图 P2.26

2.27 图 P2.27 电路中的 i_1和 i_2分别为 21 A 和 14 A。

(a)求每个电压源提供的功率。(b)验证提供的总功率等于电阻消耗的总功率。

2.28 图 P2.28(a)所示器件的端电压和电流已测量。结果列于图 P2.28(b)中。

(a)用理想电压源和相串联的电阻为器件构造一个电路模型。(b)使用模型预测 v_t等于零时的 i_t值。

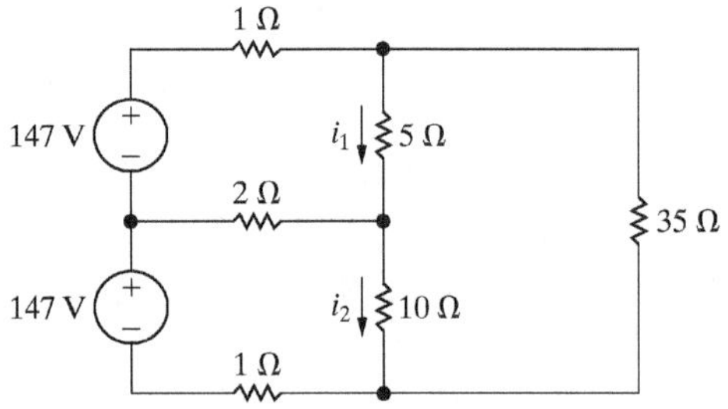

图 P2.27

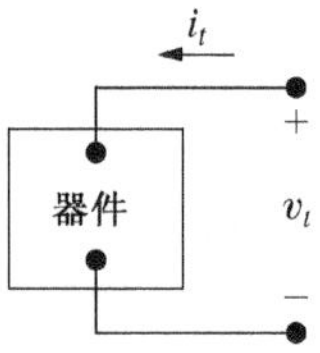

(a)

v_t (V)	i_t (A)
50	0
66	2
82	4
98	6
114	8
130	10

(b)

图 P2.28

2.29 图 P2.29(a)所示器件的端电压和电流已测量。结果列于图 P2.29(b)中。

(a)用理想电流源和相并联的电阻为器件构造一个电路模型。(b)使用模型预测器件释放到一个 20 Ω 电阻上的功率值。

2.30 图 P2.30(a)给出了图 P2.30(b)所示的实际恒流源的端电流和电压的关系。

(a)绘制与 v_s相对的 i_s特性图。(b)根据(a)所绘直线的方程式构造一个电流源的电路模型，它在$0 \leq v_s \leq 75$ V 范围内有效。(c)用该电路模型预测流过 2.5 kΩ 电阻上的电流。(d)用该电路模型预测电流源的开路电压。(e)实际开路电压是多少？(f)解释为什么(d)和(e)的答案不相同。

2.31 图 P2.31(a)给出了图 P2.31(b)所示的实际恒压源的端电压和电流的关系。

(a)绘制与 i_s相对的 v_s特性图。(b)根据(a)所绘直线的方程式构造一个实际电源的电路模型，它在 $0 \leq i_s \leq 24$ mA 范围内有效(使用一个理想电压源和一个理想电阻串联)。(c)当 1 kΩ 电阻连接到实际电源的两端，用该电路模型预测流过 1 kΩ 电阻的电流。(d)用该电路模型预测实际电源的短路电流。(e)实际短路电流是多少？(f)解释为什么(d)和(e)的答案不相同。

2.32 电路如图 P2.32 所示。求 v_o以及提供给电路的总功率。

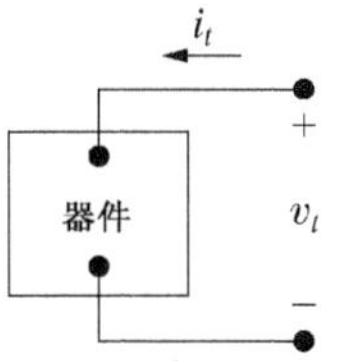

(a)

v_t (V)	i_t (A)
100	0
120	4
140	8
160	12
180	16

(b)

图 P2.29

i_s (mA)	v_s (V)
20.0	0
17.5	25
15.0	50
12.5	75
9.0	100
4.0	125
0.0	140

(a)

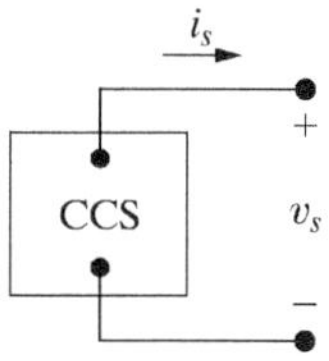

(b)

图 P2.30

v_s (V)	i_s (mA)
24	0
22	8
20	16
18	24
15	32
10	40
0	48

(a)

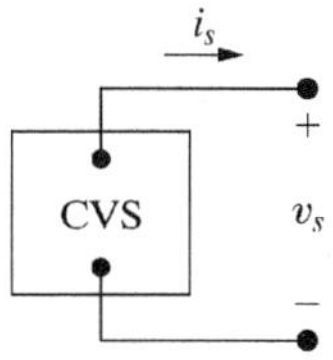

(b)

图 P2.31

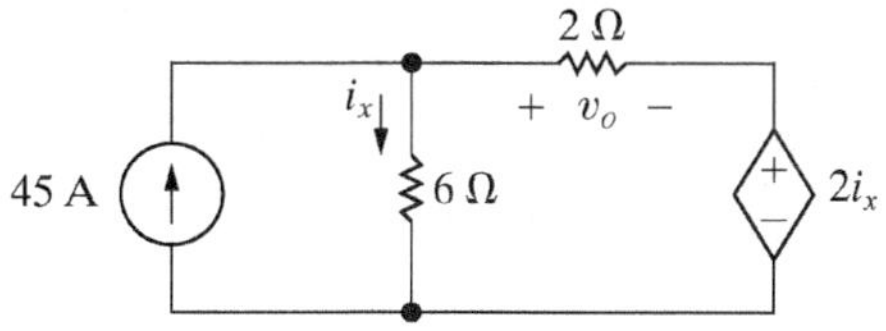

图 P2.32

2.33 电路如图 P2.33 所示。求 v_o以及电路吸收的总功率。

2.34 考虑图 P2.34 所示电路。

(a)求 i_o。(b)根据电路中产生的总功率等于消耗的总功率，验证 i_o的值。

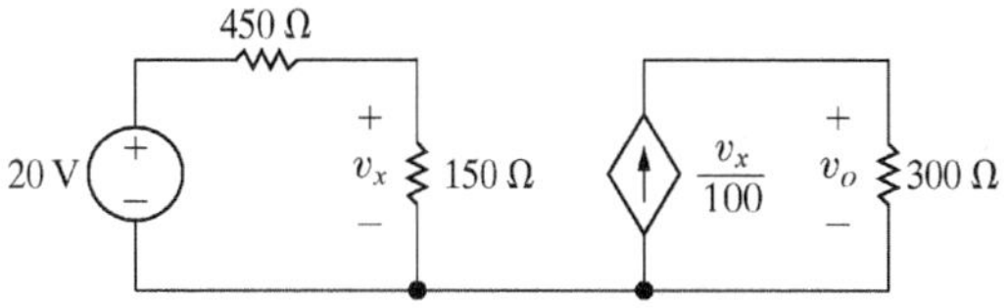

图 P2.33

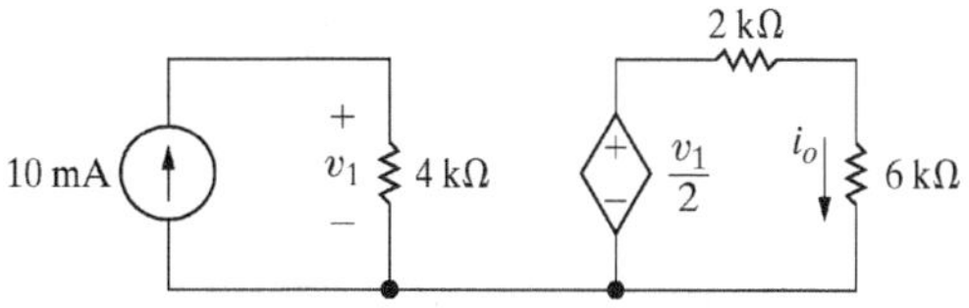

图 P2.34

2.35P 电路如图 P2.35 所示。求(a)i_o。(b)i_1。(c)i_2。

2.36P 电路如图 P2.36 所示。计算(a)i_Δ和 v_o。(b)证明产生的功率等于消耗的功率。

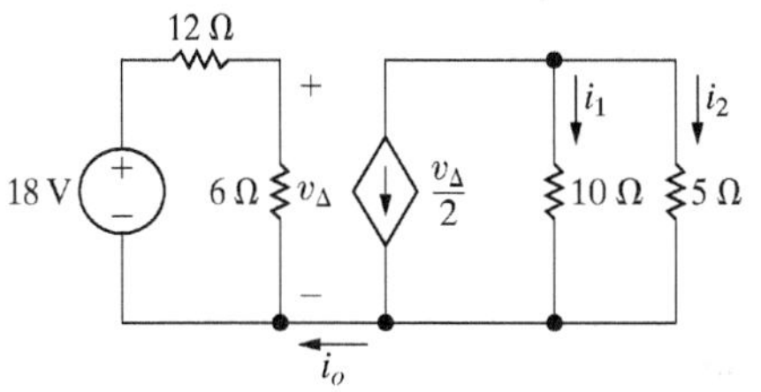

图 P2.35

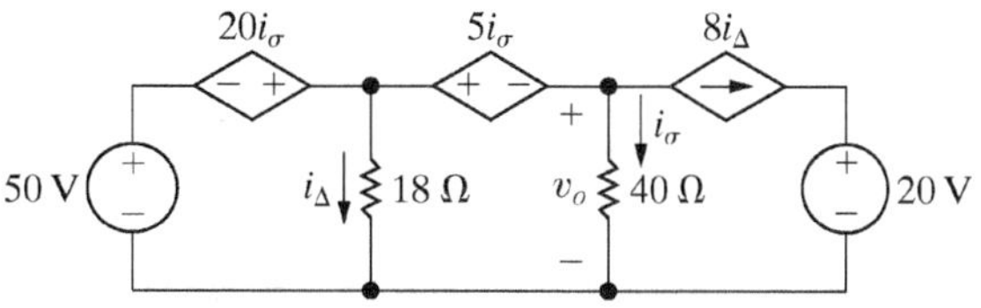

图 P2.36

2.37 当 v_o等于 5 V 时，求图 P2.37 所示电路中的 v_1和 v_g(提示：从电路右端开始，由右向左求 v_g)。

2.38 推导式(2.25)。提示：使用例 2.11 中的式(3)和式(4)，将 i_E表示为 i_B的函数。解式(2)得 i_2，将其代入式(5)和式(6)。解“新”的式(6)得 i_1，将其代入“新”的式(5)。替换“新”的式(5)中的 i_E，则解得 i_B。因为 i_{CC}仅仅出现在式(1)中，所以求解 i_B只涉及 5 个方程式。

2.39P 电路如图 2.24 所示。$R_1 = 40\ \text{k}\Omega$，$R_2 = 60\ \text{k}\Omega$，$R_C = 750\ \Omega$，$R_E = 120\ \Omega$，$V_{CC} = 10\ \text{V}$，$V_0 = 600\ \text{mV}$，$\beta = 49$。

计算 i_B、i_C、i_E、v_{3d}、v_{bd}、i_2、i_1、v_{ab}、i_{CC} 和 v_{13}(注：电压变量的双下标，第一个下标相对于第二个下标为正，参见图 P2.39)。

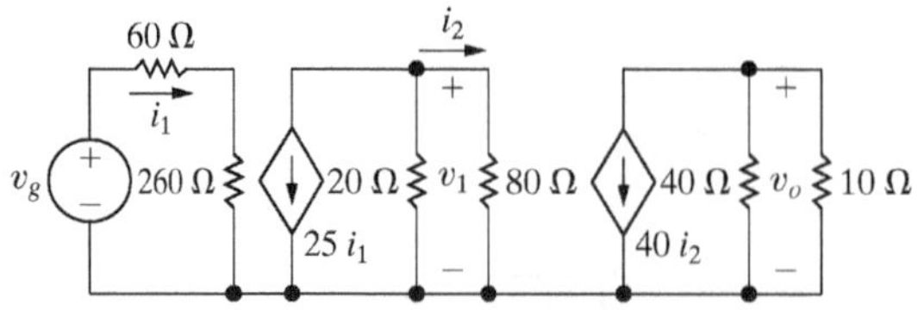

图 P2.37

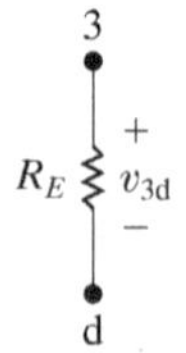

图 P2.39

2.40 **(设计问题)** 设计一个电气布线系统，使其能够从两个或更多的位置控制某个电器，这是经常需要的。例如，从楼梯井的顶端和底端控制照明设备。对于家用布线系统，一般采用 3 路或 4 路开关实现控制。3 路开关是三端、两位置开关，4 路开关是四端、两位置开关。开关示意图如图 P2.40 所示。图 P2.40(a)是 3 路开关，图 P2.40(b)是 4 路开关。

(a)说明在图 P2.40(c)所示电路 a、b 两点之间，两个 3 路开关应该如何连接，才能从两个位置控制灯 1 的开和关。(b)如果需要从更多的位置控制灯(电器)，可将 4 路开关与两个 3 路开关联合起来使用。如果超出两个位置，每增加一个位置，就要增加一个 4 路开关。说明在图 P2.40(c)电路中 a、b 两点之间，一个 4 路开关加两个 3 路开关应该如何连接，才能从三个位置控制灯(提示：4 路开关位于两 3 路开关之间)。

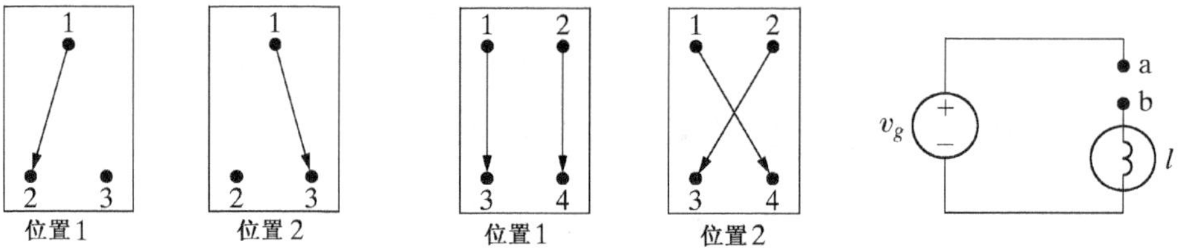

(a) (b) (c)

图 P2.40

2.41 假定在车库中已经安装了两个电热器，现在要再添加第三个相同的电热器。所有三个电热器都可以用 48 Ω 电阻器作为模型。根据图 P2.41 中的接线图，计算三个电热器的总功率。

2.42 根据图 P2.42 中的接线图，再次回答习题 2.41 中的问题。将该图结构的电热器总功率与图 P2.41 结构的电热器总功率进行比较。

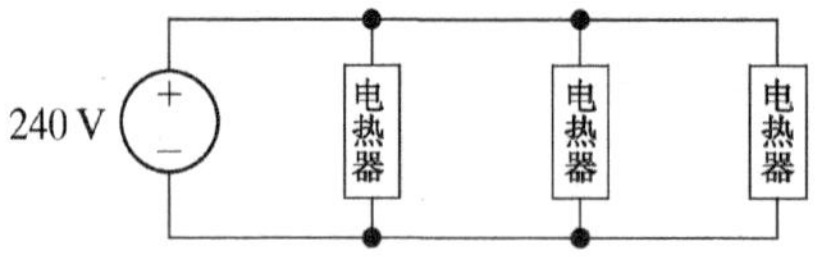

图 P2.41

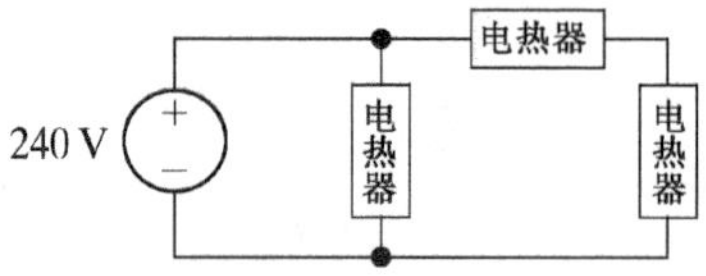

图 P2.42

2.43 根据图 P2.43 中的接线图，再次回答习题 2.41 中的问题。将该图结构的电热器总功率与图 P2.41 结构的电热器总功率进行比较。

2.44 根据图 P2.44 中的接线图，再次回答习题 2.41 中的问题。将该图结构的电热器总功率与图 P2.41 结构的电热器总功率进行比较。

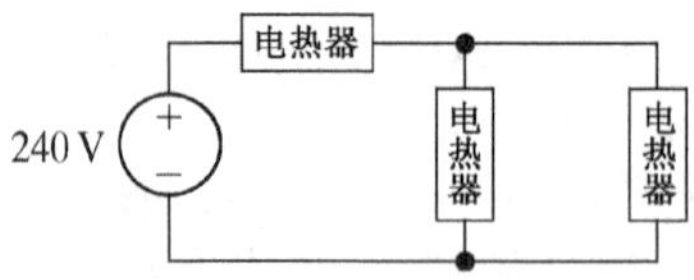

图 P2.43

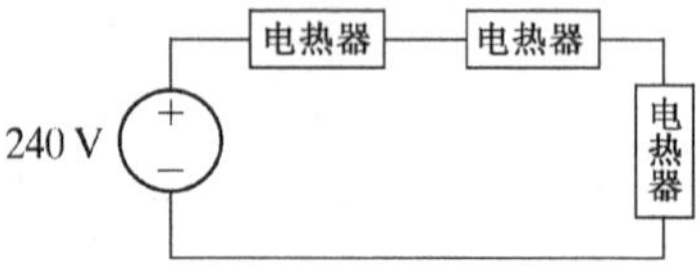

图 P2.44

第 3 章　简单电阻电路

本章目标

- 能够识别电阻的串联和并联，并能够使用规则将串联电阻和并联电阻化为等效电阻。
- 知道如何设计简单的分压器和分流器电路。
- 能够使用分压法和分流法求解简单电路。
- 能够确定电路中电流表的读数，并能够确定电路中电压表的读数。
- 理解如何使用惠斯通电桥测量电阻。
- 知道何时以及如何使用 Δ-Y 等效电路求解简单电路。

分析工具箱中已经有了欧姆定律和基尔霍夫定律。在第 2 章已经使用这些工具求解了简单电路，在本章将继续使用这些工具求解更复杂的电路。更复杂指的是电路元件更多，元件的互连更复杂。本章的目的在于简化这些复杂电路，使其变成较简单的等效电路。这一章继续关注相对简单的电路，原因有两点：(1)进一步熟悉定律，为更复杂电路的求解打下基础；(2)介绍一些有实际工程应用价值的电路。

本章只讨论恒定的电压源和电流源，即电压和电流不随时间而变化。恒定电源通常称为 dc 电源。dc 代表直流电流。该描述有其历史原因，今天看起来似乎会令人误解。历史上，直流电流定义为由恒定电压产生的电流。因此，恒定电压被称做直流(或 dc)电压。dc 电流和 dc 电压如今已普遍被科学界和工程界所接受，表示恒定电流和恒定电压。

实例应用

电阻式触摸屏(一)

一些手机和平板电脑使用电阻式触摸屏，采用透明的电阻材料构成玻璃或有机玻璃屏幕。通常使用两个屏幕，由透明绝缘层隔开。电阻式触摸屏的模型由 x 方向的电阻网格和 y 方向的电阻网格组成，如右下图所示。

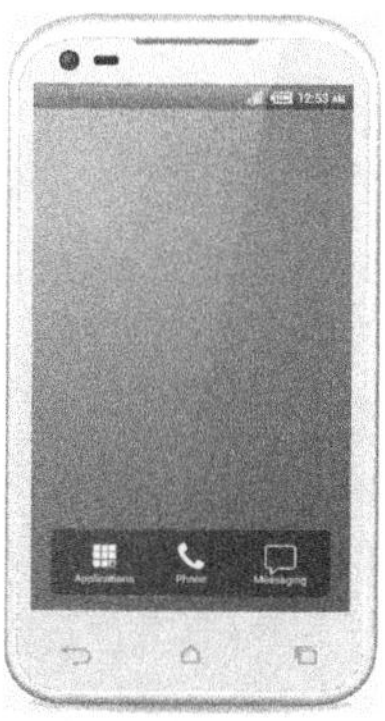

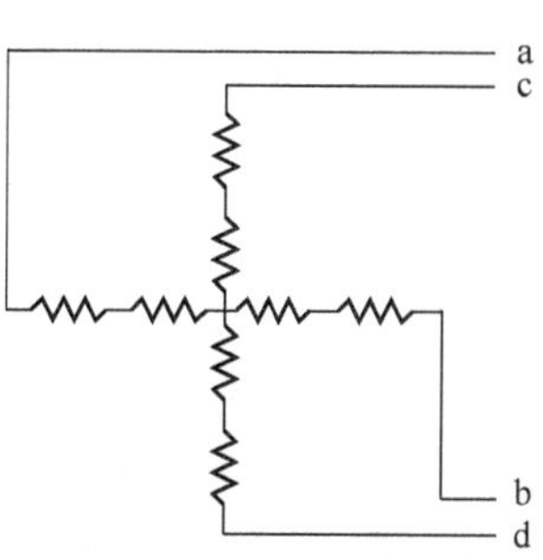

一个单独的电子电路在网格的 x 方向(在电路点 a 和 b 之间)施加一个电压。然后解除该电压，并在网格的 y 方向(在电路点 c 和 d 之间)施加一个电压。不断地重复这个过程。当屏幕被触摸时，两个电阻层被挤压

在一起，将产生一个在网格的 x 方向的电压，和另一个在网格的 y 方向的电压。这两个电压将精确地定位屏幕的触摸点。

当屏幕被触摸时，相关位置是如何产生电压的？用来计算触摸位置的网格的属性是怎样的？在本章结尾实例应用部分将解答这些问题。解答这些问题所需的电路分析使用了一些后面给出的电路分析工具。

3.1 电阻的串联

在第 2 章讨论过两个元件连接在单节点上，称为串联。串联连接的电路元件具有相同的电流。图 3.1 所示电路中的电阻都是串联连接。对电路的每个节点应用基尔霍夫电流定律，可以说明这些电阻具有相同的电流。图 3.1 中的串联连接表明

$$i_s = i_1 = -i_2 = i_3 = i_4 = -i_5 = -i_6 = i_7 \tag{3.1}$$

式(3.1)说明，如果知道了 7 个电流中的任何一个，就能求出全部电流。因此可以将图 3.1 重新改为图 3.2 的形式，保留一个未知电流 i_s。

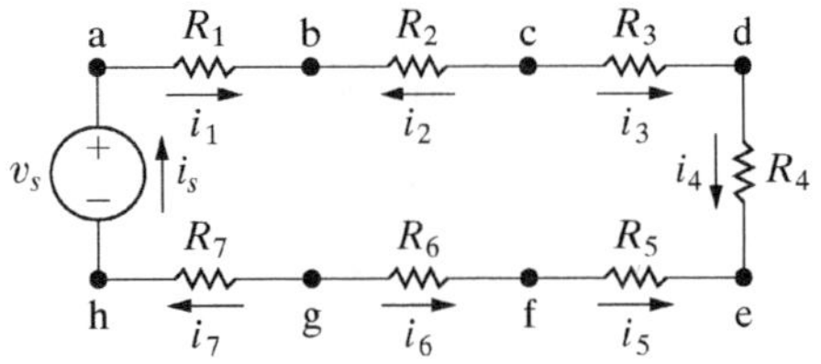

图 3.1 电阻串联连接

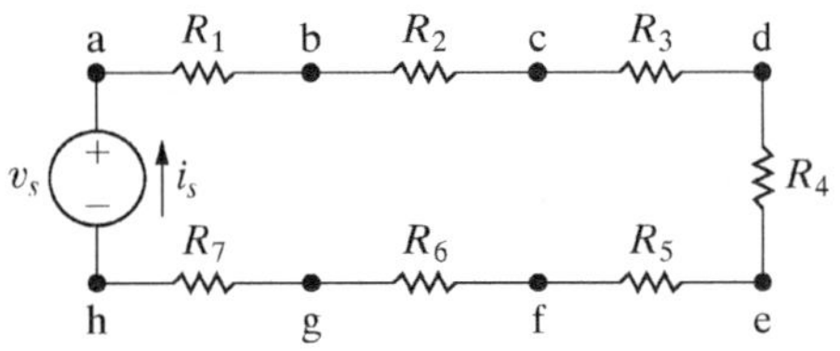

图 3.2 含一个未知电流 i_s 的串联电阻电路

为了求 i_s，对闭合回路应用基尔霍夫电压定律。定义每个电阻上的电压降与 i_s 方向一致，得到

$$-v_s + i_sR_1 + i_sR_2 + i_sR_3 + i_sR_4 + i_sR_5 + i_sR_6 + i_sR_7 = 0 \tag{3.2}$$

或

$$v_s = i_s(R_1 + R_2 + R_3 + R_4 + R_5 + R_6 + R_7) \tag{3.3}$$

式(3.3)的意义在于 7 个电阻可以被一个电阻代替，只要一个电阻的数值等于 7 个电阻值的和，即

$$R_{\text{eq}} = R_1 + R_2 + R_3 + R_4 + R_5 + R_6 + R_7 \tag{3.4}$$

及

$$v_s = i_sR_{\text{eq}} \tag{3.5}$$

因此，可以将图 3.2 重画成图 3.3 的形式。

一般来说，如果 k 个电阻串联连接，就可以等效为一个电阻，等效电阻的阻值等于 k 个电阻值的和，即

$$R_{\text{eq}} = \sum_{i=1}^{k} R_i = R_1 + R_2 + \cdots + R_k \tag{3.6}$$

需要注意的是，等效电阻的阻值永远大于串联中最大的电阻值。

可以将等效电阻的概念想象成一串电阻被放在黑盒子里(电气工程师使用术语“黑盒子”表示一个不透明的容器，即里面的内容看不见。工程师通过研究盒子端口电压和电流之间的关系，来构造一个模型模拟里面的内容)。无法确定盒子里有 k 个电阻还是有 1 个电阻。图 3.4 说明了研究图 3.2 所示电路的方法。

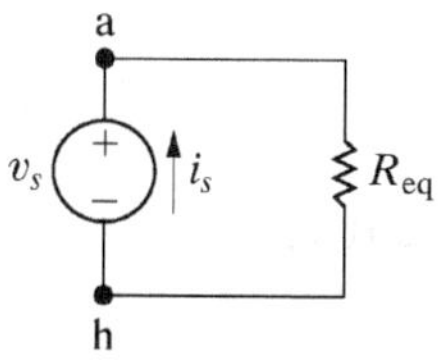

图 3.3　图 3.2 所示电路的简化电路

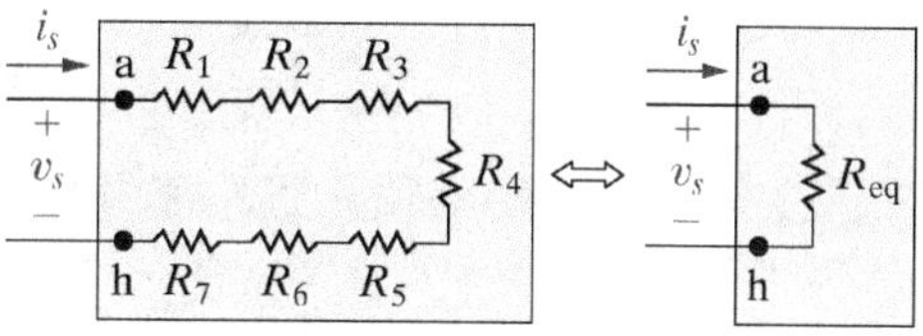

图 3.4　用黑盒子等效图 3.2 的电路

3.2　电阻的并联

两个元件连接在一对节点上称为并联。并联连接的电路元件两端的电压相同。图 3.5 的电路给出了电阻并联连接的例子。如果认为两个元件并联就是它们并行排列在电路图上，那就错了。并联连接元件的特点是它们两端的电压相同。由图 3.6 可以看出，R_1 和 R_3 不是并联连接，因为在它们的端子之间，有另一个电阻分去了一部分电压。

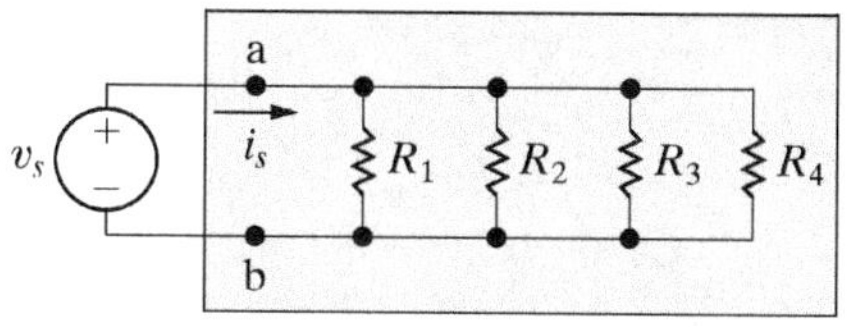

图 3.5　电阻的并联

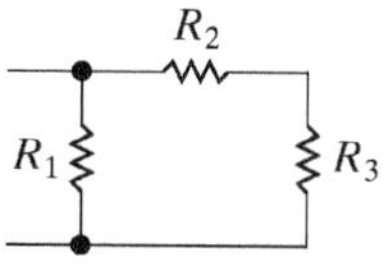

图 3.6　非并联电阻

使用基尔霍夫电流定律和欧姆定律，并联的电阻可以简化为一个等效电阻。图 3.5 所示的电路中，电流 i_1，i_2，i_3 和 i_4 分别是电阻 R_1 到 R_4 上的电流，设每个电阻上的电流正参考方向是向下流过电阻的，即从节点 a 流到节点 b。根据基尔霍夫电流定律

$$i_s = i_1 + i_2 + i_3 + i_4 \tag{3.7}$$

电阻并联连接意味着每个电阻上的电压相等。根据欧姆定律

$$i_1R_1 = i_2R_2 = i_3R_3 = i_4R_4 = v_s \tag{3.8}$$

因此

$$\begin{aligned} i_1 &= \frac{v_s}{R_1} \\ i_2 &= \frac{v_s}{R_2} \\ i_3 &= \frac{v_s}{R_3} \\ i_4 &= \frac{v_s}{R_4} \end{aligned} \tag{3.9}$$

将式(3.9)代入式(3.7)得到

$$i_s = v_s\left(\frac{1}{R_1} + \frac{1}{R_2} + \frac{1}{R_3} + \frac{1}{R_4}\right) \tag{3.10}$$

因此有

$$\frac{i_s}{v_s} = \frac{1}{R_{eq}} = \frac{1}{R_1} + \frac{1}{R_2} + \frac{1}{R_3} + \frac{1}{R_4} \tag{3.11}$$

式(3.11)就是所要说明的结论：图 3.5 所示电路中的 4 个电阻可以被一个等效电阻代替。图 3.7 所示电路说明了代替的结果。对于 k 个电阻的并联，式(3.11)可以写为

$$\frac{1}{R_{eq}} = \sum_{i=1}^{k} \frac{1}{R_i} = \frac{1}{R_1} + \frac{1}{R_2} + \cdots + \frac{1}{R_k} \tag{3.12}$$

需要注意的是，等效电阻的阻值永远小于并联连接中的最小电阻值。有时，处理并联连接电阻使用电导更为方便，于是式(3.12)变成

$$G_{eq} = \sum_{i=1}^{k} G_i = G_1 + G_2 + \cdots + G_k \tag{3.13}$$

许多时候只有两个电阻并联。图3.8说明了在两个电阻并联的特定情况下，根据式(3.12)计算的等效电阻

$$\frac{1}{R_{eq}} = \frac{1}{R_1} + \frac{1}{R_2} = \frac{R_2 + R_1}{R_1 R_2} \tag{3.14}$$

或

$$R_{eq} = \frac{R_1 R_2}{R_1 + R_2} \tag{3.15}$$

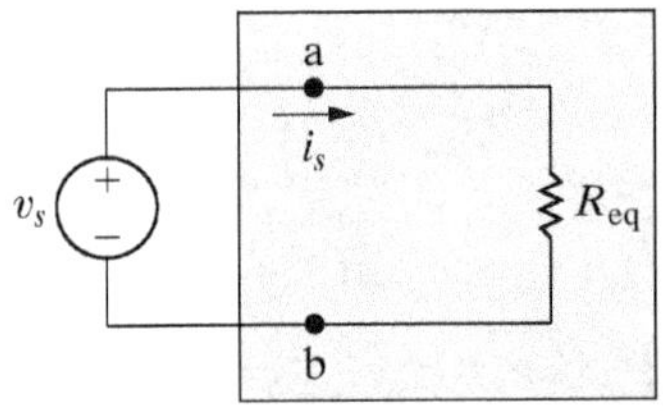

图3.7 图3.5所示电路中的4个电阻被一个等效电阻代替

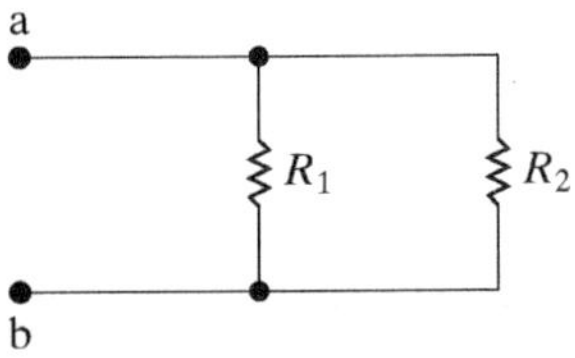

图3.8 两个电阻并联

两个并联电阻的等效电阻等于两个电阻的乘积除以两个电阻的和。记住，只能在两个电阻并联的特定情况下使用这个结论。例3.1说明了这个结论的用途。

例3.1 应用串联–并联化简方法

求图3.9所示电路中的 i_s，i_1 和 i_2。

解：

首先要注意3 Ω和6 Ω电阻的串联连接，用9 Ω电阻代替串联电阻，简化电路如图3.10(a)所示。接着用(18×9)/(18+9)，即6 Ω电阻，替代9 Ω和18 Ω电阻的并联连接。图3.10(b)的电路说明了对电路的进一步简化。节点x和y标记在所有电路图中，这将有助于读者跟踪电路简化的全过程。

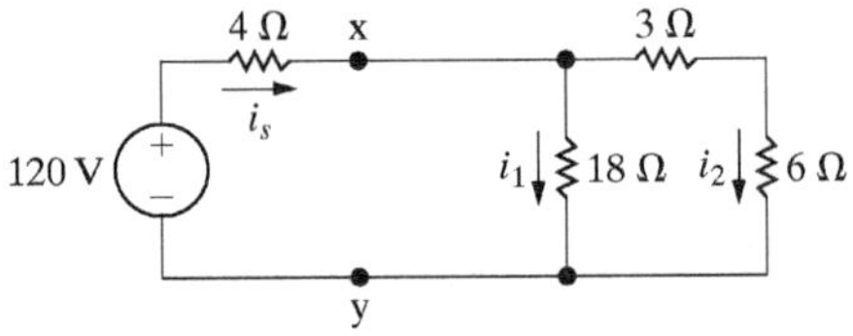

图3.9 例3.1的电路

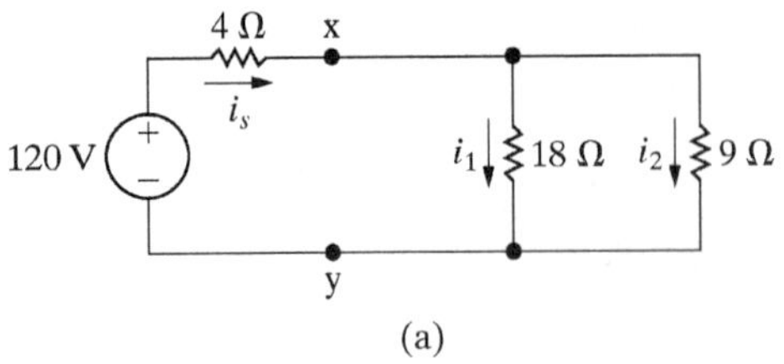

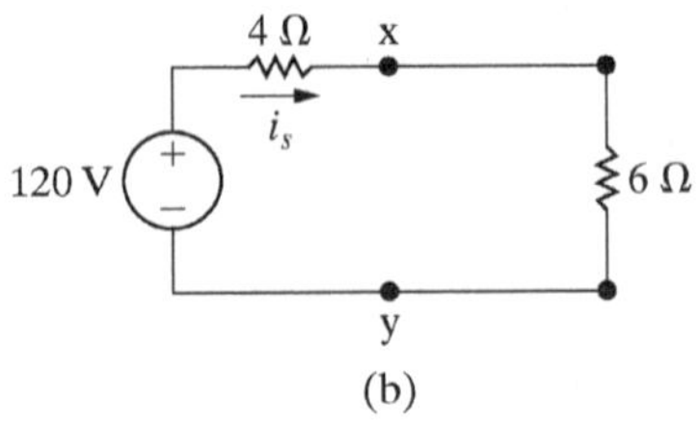

图3.10 图3.9所示电路的简化形式

根据图3.10(b)可以求出 i_s 等于120/10，即12 A。图3.11给出了分析结果。为了有助于对电路继续讨论，在图3.11中加上了电压 v_1。根据欧姆定律计算电压 v_1

$$v_1 = (12) \times (6) = 72\text{ V} \tag{3.16}$$

v_1 是从节点 x 到节点 y 的电压降。回到图 3.10(a) 所示的电路，再次使用欧姆定律计算 i_1 和 i_2，得到

$$i_1 = \frac{v_1}{18} = \frac{72}{18} = 4\ \text{A} \tag{3.17}$$

$$i_2 = \frac{v_1}{9} = \frac{72}{9} = 8\ \text{A} \tag{3.18}$$

通过应用串并联化简以及欧姆定律，求出了三个指定电流。

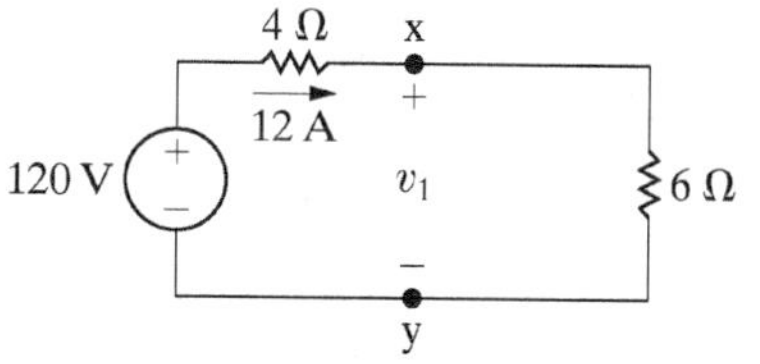

图 3.11　图 3.10(b) 所示电路的 i_s 值

在结束对例 3.1 的讨论之前，建议大家花点时间证明，这个解在每个节点都满足基尔霍夫电流定律，在每个闭合回路中都满足基尔霍夫电压定律(注意有三个闭合回路需要测试)，同时证明电压源释放的功率等于电阻消耗的总功率(参见习题 3.1 和习题 3.2)。

评测目标 1　能够识别电阻的串联和并联。

3.1　电路如右图所示，(a)求电压 v，(b)求电流源释放到电路的功率，(c)求 10 Ω 电阻消耗的功率。

答：(a)60 V；(b)300 W；(c)57.6 W。

提示：试求本章习题 3.3 至习题 3.6。

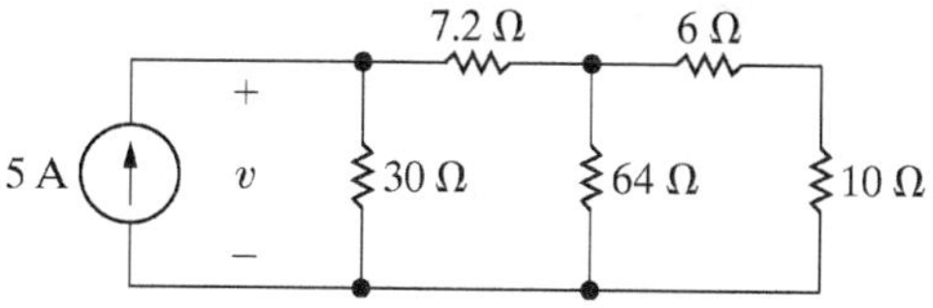

3.3　分压器和分流器电路

有时在电子电路中，需要根据提供的一个电压得到更多的电压级别。一种方法是使用分压器电路，例如图 3.12 所示的分压器电路。

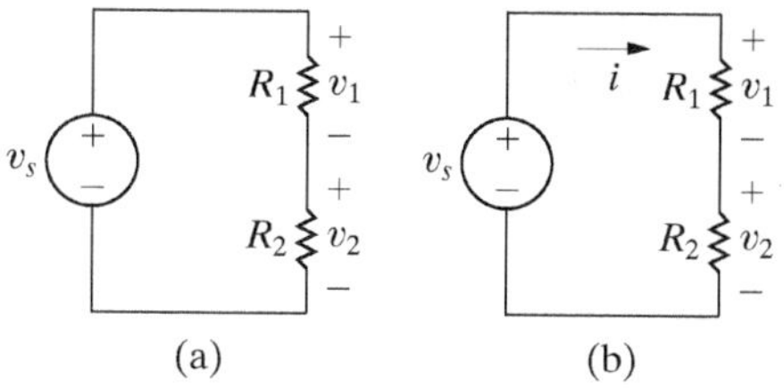

图 3.12　(a)分压器电路；(b)标出电流 i 的分压器电路

可以直接应用欧姆定律和基尔霍夫定律分析电路。为了帮助分析，引进电流 i，如图 3.12 (b)所示。根据基尔霍夫电流定律，R_1 和 R_2 上具有相同的电流。沿着闭合回路应用基尔霍夫电压定律，得到

$$v_s = iR_1 + iR_2 \tag{3.19}$$

或

$$i = \frac{v_s}{R_1 + R_2} \tag{3.20}$$

应用欧姆定律计算 v_1 和 v_2

$$v_1 = iR_1 = v_s\frac{R_1}{R_1 + R_2} \tag{3.21}$$

$$v_2 = iR_2 = v_s\frac{R_2}{R_1 + R_2} \tag{3.22}$$

式(3.21)和式(3.22)说明 v_1 和 v_2 是 v_s 的一部分。每一部分都是分压电阻与两个电阻之和的比，因为这个比永远小于 1.0，所以分压 v_1 和分压 v_2 永远小于电源电压 v_s。

如果 v_s 已知，要求 v_2 为某个特定值，那么利用 R_1 和 R_2 的无穷种组合可以产生各种比值。例如，假定 v_s 等于 15 V，v_2 为 5 V，那么 $v_2/v_s = 1/3$，根据式(3.22)，求出 R_1 和 R_2 的比值为 $R_2 = 1/2\ R_1$。需要讨论的其他问题是 R_1 和 R_2 的选择、电源电压分压产生的功率损耗以及分压电路对其他电路元件的影响。

将电阻 R_L 与电阻 R_2 并联，如图 3.13 所示。电阻 R_L 为分压器电路的负载。电路的负载由一个或多个电路元件组成，它消耗电路的功率。由于负载的连接，输出电压的表达式为

$$v_o = \frac{R_{eq}}{R_1 + R_{eq}} v_s \tag{3.23}$$

其中

$$R_{eq} = \frac{R_2 R_L}{R_2 + R_L} \tag{3.24}$$

将式(3.24)代入式(3.23)得出

$$v_o = \frac{R_2}{R_1[1 + (R_2/R_L)] + R_2} v_s \tag{3.25}$$

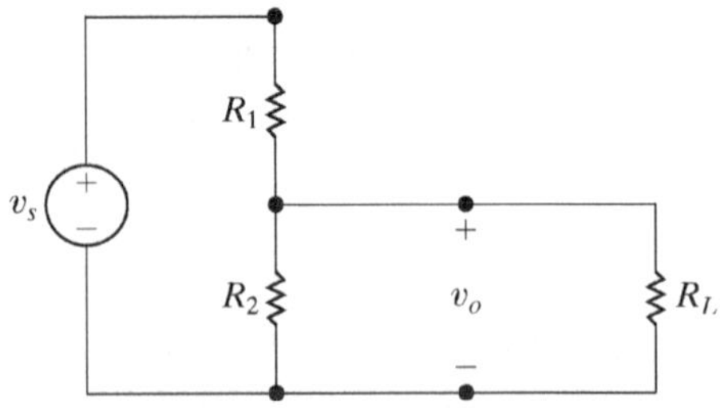

图 3.13　分压器连接负载 R_L

需要注意的是，当 $R_L \to \infty$ 时，式(3.25)可以简化为式(3.22)。式(3.25)说明只要 $R_L \gg R_2$，电压比 v_o/v_s 就基本不会受负载加入的影响。

分压器电路另一个值得关注的特性是电阻容差的敏感程度。容差，指的是取值偏差。商用电阻的阻值是变化的，变化范围在稳定值的某个百分数之内。例 3.2 说明了分压器电路中电阻容差的影响。

例 3.2　分析分压器电路

图 3.14 所示的分压器电路中的电阻有 ±10% 的容差，求 v_o 的最大值和最小值。

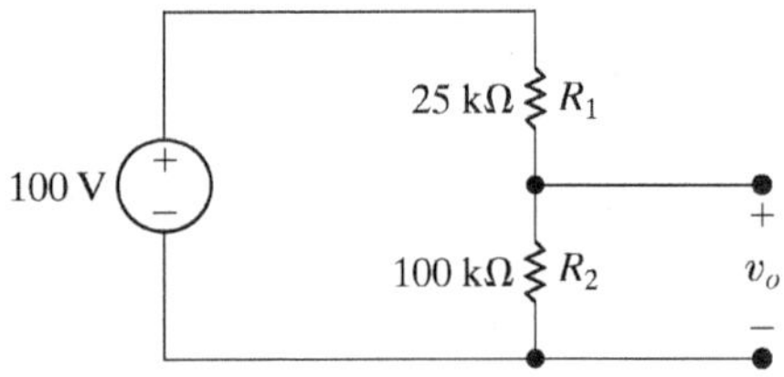

图 3.14　例 3.2 的电路

解：

根据式(3.22)，v_o 的最大值发生在 R_2 高出 10% 且 R_1 低出 10% 时，v_o 的最小值发生在 R_2 低出 10% 且 R_1 高出 10% 时，因此

$$v_o(\max) = \frac{(100)\times(110)}{110 + 22.5} = 83.02\ \text{V}$$

$$v_o(\min) = \frac{(100)\times(90)}{90 + 27.5} = 76.60\ \text{V}$$

如果在分压器中采用 10% 容差的电阻，空载输出电压将处在 76.60 V 和 83.02 V 之间。

3.3.1　分流器电路

图 3.15 所示的分流器电路包含两个并联的电阻和电流源，分流指的是 R_1 和 R_2 分配电流 i_s。可以直接应用欧姆定律和基尔霍夫电流定律，求电流 i_s 和每个电阻上的电流(即 i_1 和 i_2)的关系。并联电阻上的电压是

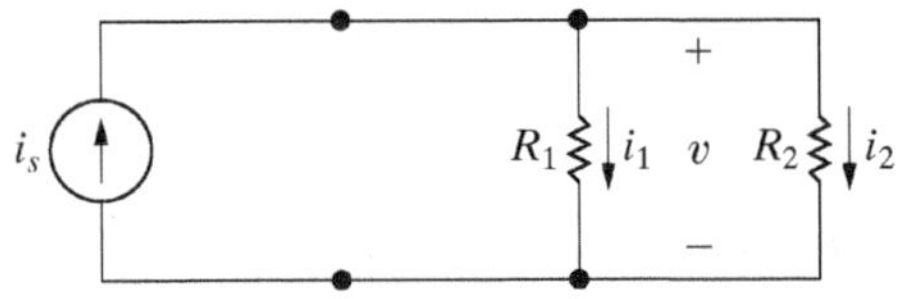

图 3.15　分流器电路

$$v = i_1 R_1 = i_2 R_2 = \frac{R_1 R_2}{R_1 + R_2} i_s \tag{3.26}$$

根据式(3.26)可得

$$i_1 = \frac{R_2}{R_1 + R_2} i_s \tag{3.27}$$

$$i_2 = \frac{R_1}{R_1 + R_2} i_s \tag{3.28}$$

式(3.27)和式(3.28)说明了两个并联电阻的分流关系，一个电阻上的电流等于进入并联电路的电流乘以另一个电阻再除以两电阻之和。例 3.3 说明了分流器电路的用途。

例 3.3　分析分流器电路

求图 3.16 中消耗在 6 Ω 电阻上的功率。

解：

首先，利用电阻的串并联关系简化电路，求出相关电流。将图 3.16 所示电路简化为图 3.17 所示的形式，用分流公式求电流 i_o

$$i_o = \frac{16}{16+4} \times (10) = 8\ \text{A}$$

i_o 是图 3.16 中 1.6 Ω 电阻上的电流。根据 i_o 进一步求 6 Ω 和 4 Ω 电阻的分流，6 Ω 电阻上的电流是

$$i_6 = \frac{4}{6+4} \times (8) = 3.2\ \text{A}$$

消耗在 6 Ω 电阻上的功率是 $p = (3.2)^2 \times (6) = 61.44$ W。

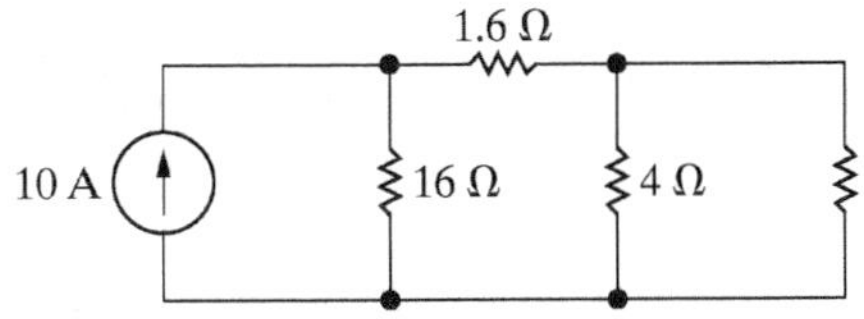

图 3.16　例 3.3 的电路

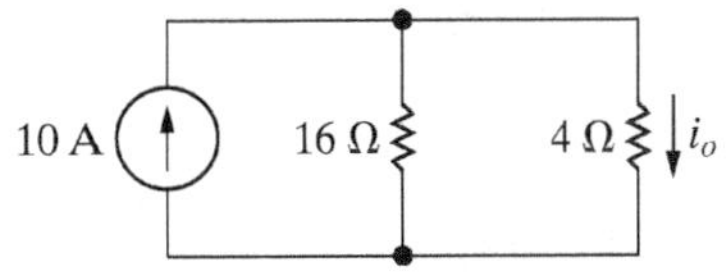

图 3.17　图 3.16 所示电路的简化形式

评测目标 2　知道如何设计简单的分压器和分流器电路。

3.2　(a) 电路如右图所示，求空载 v_o 值。(b) 当 R_L 为 150 kΩ 时，求 v_o。(c) 如果负载端出现短路故障，则 25 kΩ 电阻消耗的功率是多少？(d) 消耗在 75 kΩ 电阻上的最大功率是多少？

答： (a)150 V；(b)133.33 V；(c)1.6 W；(d)0.3 W。

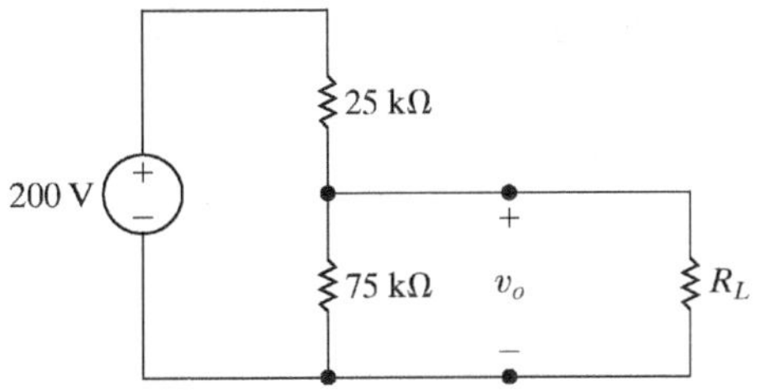

3.3　(a) 电路如右图所示，如果 4 A 电流流过 80 Ω 电阻，求 R 值。(b) 消耗在 (a) 中电阻 R 上的功率是多少？(c) 如果 R 值如 (a) 问所示，则电流源产生的功率是多少？

答： (a)30 Ω；(b)7680 W；(c)33 600 W。

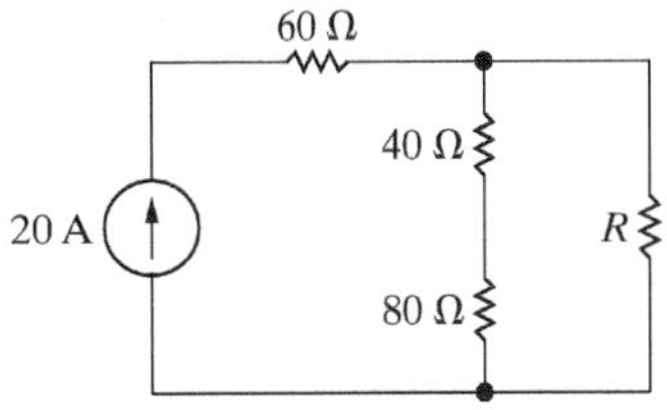

提示： 试求本章习题 3.12，习题 3.14 和习题 3.16。

3.4　分压法和分流法

若将图 3.12 的分压器电路和图 3.15 的分流器电路推广，会产生两个非常有用的电路分析方法，称为分压法和分流法。现在考虑如图 3.18 所示的电路。

图 3.18 左边的方框可能包含单个电压源，或者是任何其他基本电路元件的组合，结果产生了如图 3.18 所示的电压 v。方框右边是 n 个串联的电阻。现在要根据 v 求任意电阻 R_j 上的电压降 v_j。先根据电压 v 和 n 个电阻利用欧姆定律计算 i，即通过所有串联电阻的电流

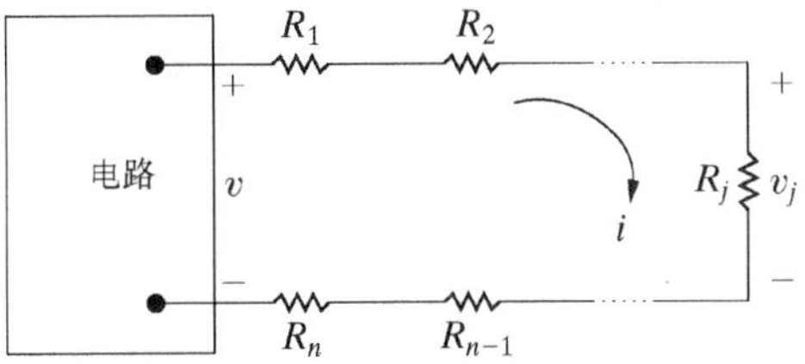

图 3.18　用于说明分压的电路

$$i = \frac{v}{R_1 + R_2 + \cdots + R_n} = \frac{v}{R_{eq}} \tag{3.29}$$

因为 n 个电阻是串联的，所以等效电阻 R_{eq} 是 n 个电阻值的和，如同式(3.6)所示。应用欧姆定律，以及式(3.29)计算出的 i，即可计算出电阻 R_j 上的电压降 v_j

$$v_j = iR_j = \frac{R_j}{R_{eq}} v \tag{3.30}$$

使用式(3.29)得出了式(3.30)的右边。式(3.30)是分压公式，它说明从串联电阻中选出的单个电阻 R_j 上的电压降 v_j，与一组串联电阻上的总电压降 v 成比例。比例常数为单个电阻与一组串联电阻的等效电阻的比值，即 R_j/R_{eq}。

现在考虑图 3.19 所示电路。左边的盒子可能包含单个电流源，或者是任何其他基本电路元件的组合，产生如图 3.19 所示的电流 i。盒子右边是 n 个并联的电阻。现在要根据 i 求任意电阻 R_j 上的电流 i_j。先利用电流 i 和 n 个电阻根据欧姆定律计算 v，即每个并联电阻上的电压降

$$v = i(R_1 \| R_2 \| \cdots \| R_n) = iR_{eq} \tag{3.31}$$

n 个并联电阻的等效电阻 R_{eq} 可以利用式(3.12)计算。应用欧姆定律以及式(3.31)计算出的 v，即可计算出通过电阻 R_j 的电流 i_j

$$i_j = \frac{v}{R_j} = \frac{R_{eq}}{R_j}i \tag{3.32}$$

使用方程(3.31)得出方程(3.32)的右边。方程(3.32)是分流公式。它说明从并联电阻中选出的单个电阻 R_j 上流过的电流 i_j，与通过一组并联电阻的总电流 i 成比例。比例常数为一组并联电阻的等效电阻与单个电阻的比值，即 R_{eq}/R_j。注意分流公式中的比例常数与分压公式中的比例常数恰好相反!

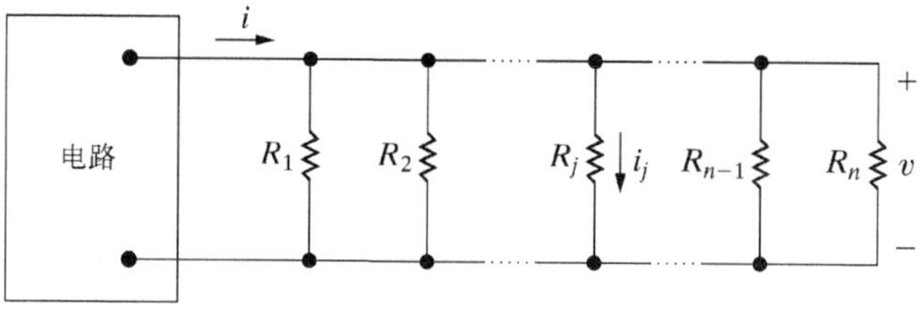

图 3.19 用于说明分流法的电路

例 3.4 使用分压法和分流法求解电路中的电压和电流。

例 3.4 使用分压法和分流法求解电路

电路如图 3.20 所示，使用分流法求电流 i_o，使用分压法求电压 v_o。

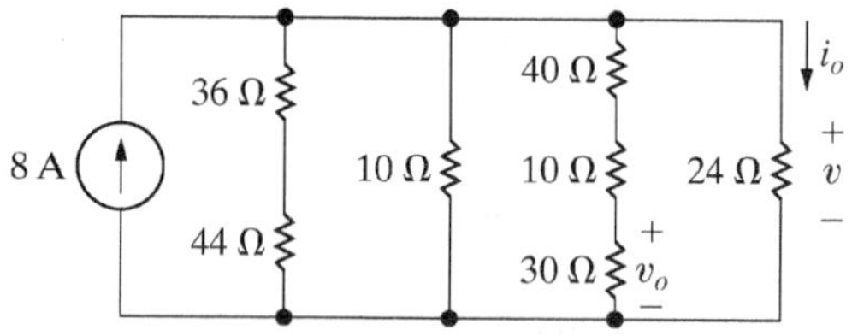

图 3.20 例 3.4 的电路

解:

如果能够求出 4 条并联电阻支路的等效电阻，就可以利用式(3.32)求解

$$R_{eq} = (36+44)\|10\|(40+10+30)\|24$$

$$= 80\|10\|80\|24 = \frac{1}{\frac{1}{80}+\frac{1}{10}+\frac{1}{80}+\frac{1}{24}} = 6\ \Omega$$

应用式(3.32)

$$i_o = \frac{6}{24}\times(8\ \text{A}) = 2\ \text{A}$$

使用欧姆定律求 24 Ω 电阻上的电压降

$$v = (24)\times(2) = 48\ \text{V}$$

这也是包含 40 Ω，10 Ω 和 30 Ω 串联电阻支路上的电压降。已知串联电阻上的电压降，使用式(3.30)就可用分压法确定 30 Ω 电阻上的电压 v_o 了。由于串联电阻的等效电阻是 $40+10+30=80\ \Omega$，所以

$$v_o = \frac{30}{80}\times(48\ \text{V}) = 18\ \text{V}$$

评测目标 3　能够使用分压法和分流法求解简单电路。

3.4　(a)电路如右图所示，使用分压法确定 40 Ω 电阻上的电压 v_o。(b)使用(a)中的 v_o，确定通过 40 Ω 电阻的电流，再使用该电流和分流法计算流过 30 Ω 的电流。(c)消耗在 50 Ω 电阻上的功率是多少？

答：(a)20 V；(b)166.67 mA；(c)347.22 mW。

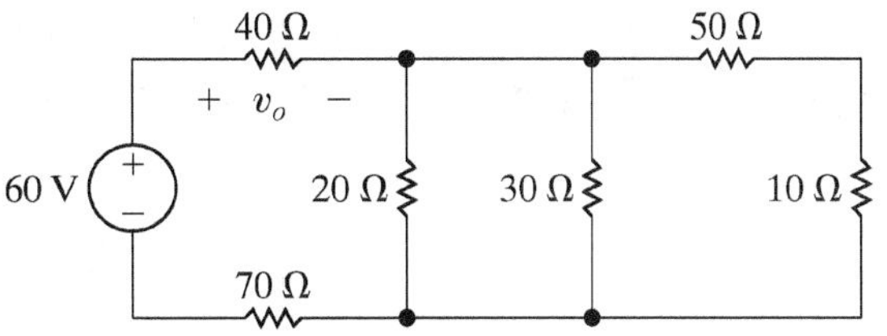

提示：试求本章习题 3.25 和习题 3.26。

3.5　测量电压和电流

实际电路工作时，经常需要测量电压和电流。在本节和下一节将讨论几个测量器件。这些测量器件分析起来相对简单，同时还提供了分压电路、分流电路的实例。

电流表是测量电流的仪器，它与需要测量电流的电路元件串联。电压表是测量电压的仪器，它与需要测量电压的电路元件并联。一个理想的电流表或电压表对需要测量的电路变量不会有影响。也就是说，理想电流表的等效电阻为 0 Ω，与需要测量电流的元件串联，功能上相当于短路。理想电压表有无穷大的等效电阻，与需要测量电压的元件并联，功能上相当于开路。在图 3.21 中，电流表用于测量 R_1 上的电流，电压表用于测量 R_2 上的电压。这些仪表的理想模型画在图 3.22 的电路中。

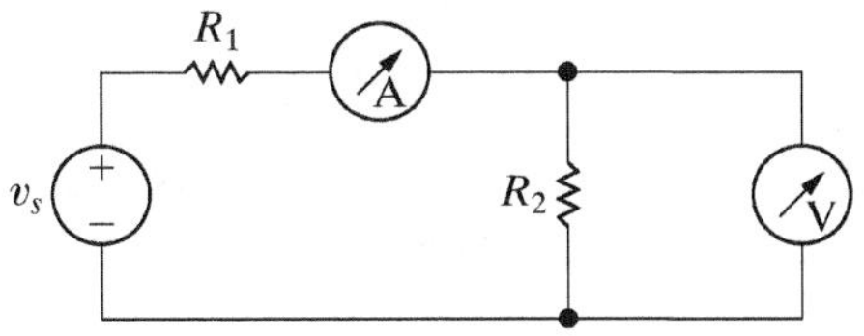

图 3.21　电流表测量 R_1 上的电流，电压表测量 R_2 上的电压

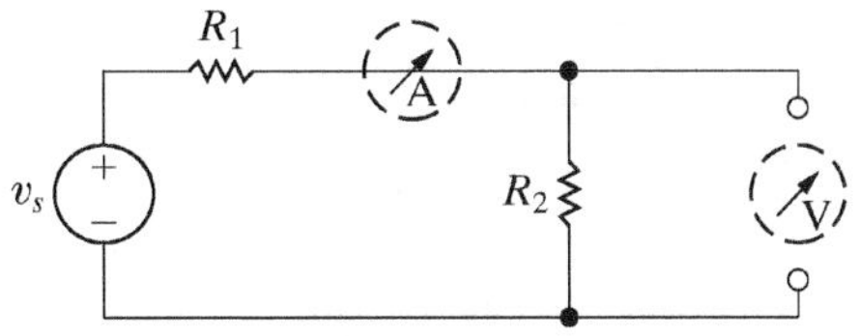

图 3.22　理想电流表的短路模型和理想电压表的开路模型

用于测量连续电压和电流的主要仪表有两种类型，数字仪表和模拟仪表。数字仪表在时间的离散点上测量连续电压或电流信号，离散点的时间称为采样时间。因此，随时间连续变化的模拟信号转化为仅存在于离散时间间隔中的数字信号。有关数字仪表更详细的内容超出了本课程的范围。然而，很可能会在实验室中用到数字仪表，因为数字仪表在有些方面超过了模拟仪表。数字仪表与电路连接时引入到电路的电阻小，容易连接，且其测量精度较高。

模拟仪表基于达松伐(d'Arsonval)仪表装置。达松伐仪表装置作为读出装置，由一个处于永久性磁铁磁场中的可移动线圈组成。当电流流过线圈时，线圈上产生一个转矩引起它旋转，使指针移动到某个刻度。按照设计，指针的偏转与可移动线圈中的电流成正比。线圈的性能取决于额定电压和额定电流。例如，一个商用仪表装置的额定值为 50 mV 和 1 mA。这意味着当线圈上有 1 mA 电流和 50 mV 电压降时，指针将偏转到它的满刻度位置。一个达松伐仪表装置的示意图如图 3.23 所示。

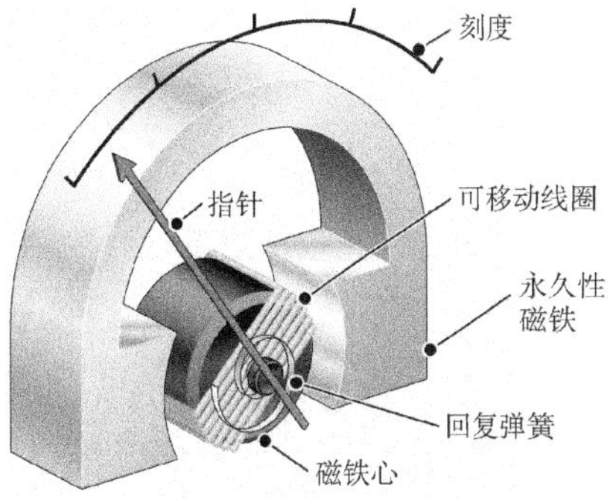

图 3.23　达松伐仪表装置的示意图

模拟电流表由达松伐装置与电阻并联组成，如图 3.24

所示。并联电阻的目的在于限制装置线圈中电流的数值，电流的一部分可以从 R_A 处分流。模拟电压表由达松伐装置与电阻串联组成，如图 3.25 所示。这里的电阻用于限制仪表线圈上的电压降。在两种仪表中，增加的电阻决定了仪表装置满刻度的读数。

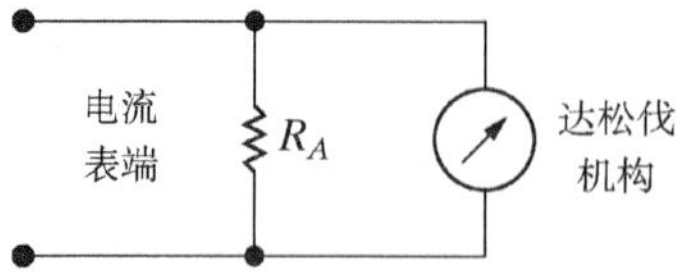

图 3.24　直流电流表电路

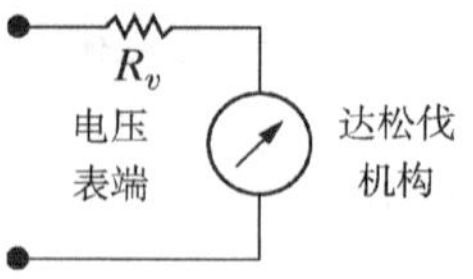

图 3.25　直流电压表电路

通过上述讨论，了解到实际仪表不是理想的。仪表中添加的电阻和仪表装置引入的电阻都加在电路中。事实上，任何仪器通常在进行物理测量时都要吸收被测量系统的能量。仪器吸收的能量越多，测量受到的干扰就越严重。实际电流表的等效电阻不等于零，电流表添加了一个电阻到电路中，该电阻与被测量的元件串联。实际电压表的等效电阻不等于无穷大，电压表也添加了一个电阻到电路中，该电阻与被测量的元件并联。

仪表对被测量电路有干扰作用，其干扰程度取决于仪表的等效电阻和被测电路电阻的比较情况。例如，使用 1/10 的规则，电流表的等效电阻不超过电路最小电阻的 1/10，就可以确保被测量的电流几乎与没有电流表时电路的电流相同。但是在模拟仪表中，电阻的数值是由期望的满刻度读数确定的，不能任意选择。下面的例子将要说明在模拟电流表或电压表中，电阻的计算是必要的。

例 3.5　使用达松伐电流表

(a)一个 50 mV, 1 mA 达松伐装置的电流表，满刻度读数为 10 mA，试确定 R_A。(b)如果满刻度读数改为 1 A，重复(a)的问题。(c)如果电路接入 10 mA 电流表测量电流，有多大的电阻加到电路上？(d)将接入的电流表改为 1 A 电流表，重复(c)的问题。

解：

(a)根据问题的叙述，已知当电流表端子上的电流是 10 mA 时，流过仪表线圈的电流是 1 mA。这意味着有 9 mA 的电流将流过 R_A，还已知装置上有 1 mA 电流，则端子上的电压降是 50 mV。根据欧姆定律，有

$$9\times10^{-3}R_A=50\times10^{-3}$$

或

$$R_A=50/9=5.555\ \Omega$$

(b)当电流表满刻度偏移为 1 A 时，装置上的电流是 1 mA，R_A 上的电流必须是 999 mA。在这种情况下，得到

$$999\times10^{-3}R_A=50\times10^{-3}$$

或

$$R_A=50/999\approx50.05\ \text{m}\Omega$$

(c)用 R_m 表示电流表的等效电阻，对于 10 mA 电流表

$$R_m=\frac{50\ \text{mV}}{10\ \text{mA}}=5\ \Omega$$

或选择

$$R_m=\frac{(50)\times(50/9)}{50+(50/9)}=5\ \Omega$$

(d)对于 1 A 电流表

$$R_m = \frac{50\ \text{mV}}{1\ \text{A}} = 0.050\ \Omega$$

或选择

$$R_m = \frac{(50)\times(50/999)}{50+(50/999)} = 0.050\ \Omega$$

例 3.6 使用达松伐电压表

(a)一个 50 mV，1 mA 达松伐装置的电压表，满刻度读数为 150 V，试确定 R_v。(b)如果将满刻度读数改为 5 V，重复(a)的问题。(c)接入电路的 150 V 电压表的等效电阻是多少？(d)如果将接入的电压表改为 5 V 电压表，重复(c)的问题。

解：

(a)满刻度偏移需要 50 mV 电压加在仪表装置上，装置有 50 Ω 的电阻。因此式(3.22)，其中 $R_1 = R_v$，$R_2 = 50\ \Omega$，$v_s = 150$ V，$v_2 = 50$ mV

$$50\times 10^{-3} = \frac{50}{R_v+50}\times(150)$$

解 R_v 得

$$R_v = 149\ 950\ \Omega$$

(b)满刻度读数为 5 V，则

$$50\times 10^{-3} = \frac{50}{R_v+50}\times(5)$$

或

$$R_v = 4950\ \Omega$$

(c)如果用 R_m 表示电压表的等效电阻

$$R_m = \frac{150\ \text{V}}{10^{-3}\ \text{A}} = 150\ 000\ \Omega$$

或选择

$$R_m = 149\ 950 + 50 = 150\ 000\ \Omega$$

(d)

$$R_m = \frac{5\ \text{V}}{10^{-3}\ \text{A}} = 5000\ \Omega$$

或选择

$$R_m = 4950 + 50 = 5000\ \Omega$$

评测目标 4　能够确定电路中电流表和电压表的读数。

3.5　(a)求如右图所示电路的电流。(b)如果用例 3.5 (a)中的电流表来测量电流，读数是多少？

答：(a)10 mA；(b)9.524 mA。

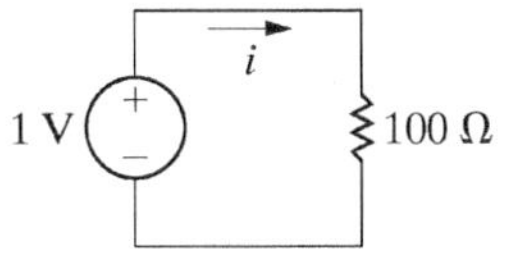

3.6　(a)如右图所示电路，求 75 kΩ 电阻上的电压 v。(b)如果用例 3.6(a)中的 150 V 电压表来测量电压，读数是多少？

答：(a)50 V；(b)46.15 V。

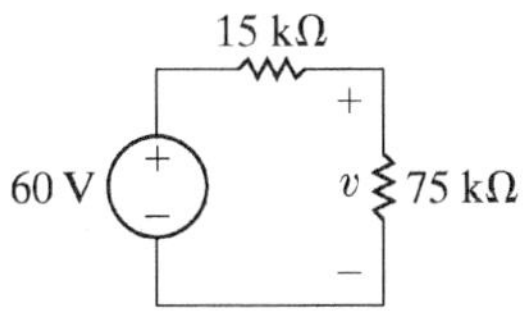

提示：试求本章习题 3.34 和习题 3.37。

3.6　惠斯通电桥

测量电阻可以采用各种不同的电路结构。这里将采用惠斯通电桥测量电阻。惠斯通电桥电路可以用来精确地测量一定范围内的电阻值，测量范围从 1 Ω ~ 1 MΩ。商用惠斯通电桥的精

确度可以达到 ±0.1%。电桥电路包含四个电阻、一个直流电压源和一个探测器。四个电阻中有一个电阻可以变化，如图 3.26 所示，带箭头的电阻 R_3 是可变电阻。直流电压源通常使用电池，在图 3.26 中，电压源 v 用电池符号表示。探测器一般是一个微安范围的达松伐装置，称为检流计。图 3.26 给出了电路结构：电阻、电池和探测器，其中 R_1，R_2和 R_3是已知电阻，R_x 是未知电阻。

为了求 R_x，调节可变电阻 R_3，直到检流计中的电流为零。然后根据简单的表达式计算未知电阻

$$R_x = \frac{R_2}{R_1} R_3 \tag{3.33}$$

电桥电路的求解可以直接应用基尔霍夫定律推导出式(3.33)，重新画电桥电路如图 3.27 所示。图中展示了推导式(3.33)时需要的电流。i_g 等于零时，即电桥平衡时，根据基尔霍夫电流定律有

$$i_1 = i_3 \tag{3.34}$$

$$i_2 = i_x \tag{3.35}$$

如果 i_g 等于零，检流计上没有电压降，此时 a 点和 b 点的电位相同。所以，电桥平衡时，根据基尔霍夫电压定律有

$$i_3 R_3 = i_x R_x \tag{3.36}$$

$$i_1 R_1 = i_2 R_2 \tag{3.37}$$

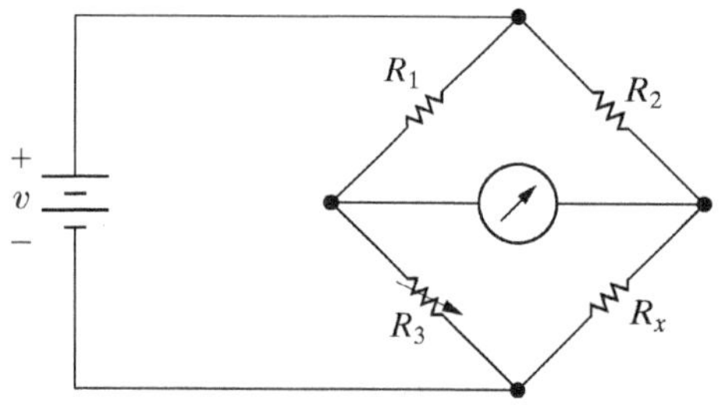

图 3.26　惠斯通电桥电路

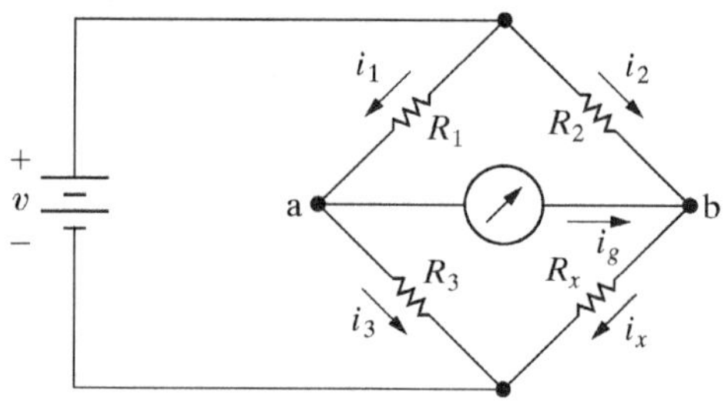

图 3.27　平衡的惠斯通电桥($i_g = 0$)

将式(3.34)和式(3.35)代入式(3.36)，得到

$$i_1 R_3 = i_2 R_x \tag{3.38}$$

要获得式(3.33)，先将式(3.38)除以式(3.37)，然后解得 R_x 的表达式

$$\frac{R_3}{R_1} = \frac{R_x}{R_2} \tag{3.39}$$

根据上式得到

$$R_x = \frac{R_2}{R_1} R_3 \tag{3.40}$$

现在已经验证了式(3.33)的正确性，但还有几点需要注意。如果 R_2/R_1 等于 1，则未知电阻 R_x 等于 R_3。在这种情况下，电桥电阻 R_3 的变化范围必须覆盖 R_x 的值。例如，如果未知电阻是 1000 Ω，而 R_3 只能从 0 变化到 100 Ω，那么，电桥就永远不会平衡。因此，为了能在很宽的范围内覆盖未知电阻，必须能够改变 R_2/R_1。在商用惠斯通电桥中，R_1 和 R_2 通常由开关控制的值为 10 的幂的电阻组成，比如 1 Ω，10 Ω，100 Ω 和 1000 Ω，这样，R_2/R_1 按十进制数规律从 0.001 变化到 1000。可变电阻 R_3 一般从 1 Ω 到 11 000 Ω 按整数进行调节。

尽管式(3.33)意味着 R_x 可以在零到无穷大范围内变化，但是 R_x 的实际范围大约是 1 Ω ~ 1 MΩ。太小的电阻用标准惠斯通电桥测量非常困难，因为产生在不同金属连接点上的热电电压会产生热效应，即 i^2R 效应。太大的电阻精确测量起来也很困难，这是因为有泄漏电流。换句话说，如果 R_x 太大，电绝缘体的泄漏电流与电桥电路的分支电流数值上会不相上下。

评测目标 5　理解如何使用惠斯通电桥测量电阻。

3.7　如右图所示电桥处于平衡状态，其中 $R_1 = 100\ \Omega$，$R_2 = 1000\ \Omega$，$R_3 = 150\ \Omega$。电桥由 5 V 直流电源供电。
(a) R_x 的值为多少？(b) 假定每个电桥电阻最大的功率消耗为 250 mW。电桥处于平衡状态时没有超出电阻的功率损耗，那么电桥离开平衡状态是否会受到损害？
答：(a) 1500 Ω；(b) 是。

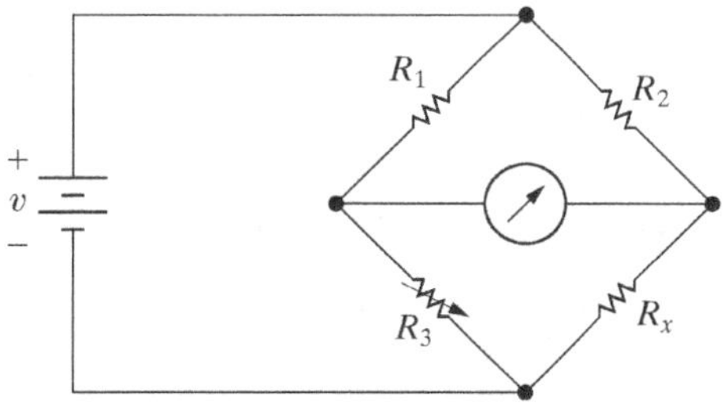

提示：试求本章习题 3.51。

3.7　Δ-Y(π-T)等效电路

图 3.26 所示的电桥结构引入了一种将要进一步讨论的电阻互连结构。如果用检流计的等效电阻 R_m 替换检流计，得到的等效电路如图 3.28 所示。如果只局限在本章之前介绍的简单串联或并联等效电路，则无法将这个等效电路中的电阻网络简化为并联在电池两端的单个等效电阻。采用 Δ-Y 或 π-T 等效电路，可以将上述互连的电阻简化为单个等效电阻①。

图 3.28 所示电路中的电阻 R_1，R_2 和 R_m（或 R_3，R_m 和 R_x）称为 Δ 互连（因为互连看上去像希腊字母 Δ），但它也被称为π互连，因为在没有破坏两种结构电等效性的条件下，Δ 可以变为π。Δ 互连和π互连的电等效性如图 3.29 所示。

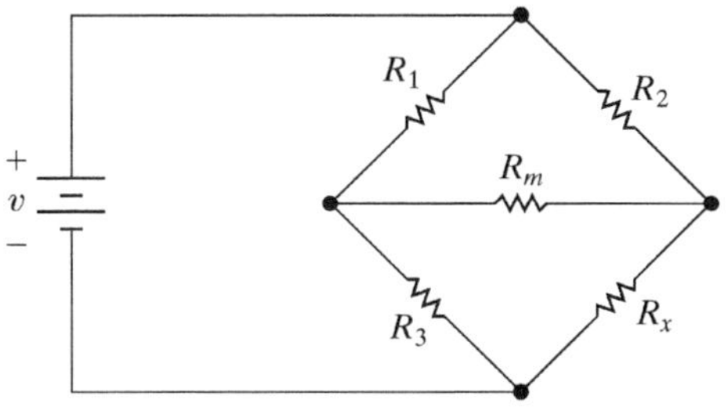

图 3.28　由惠斯通电桥电路产生的电阻网络

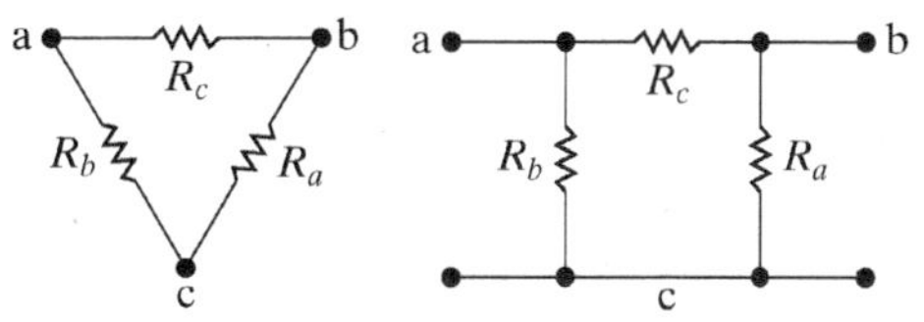

图 3.29　将 Δ 结构看成是π结构

图 3.28 所示电路中的电阻 R_1，R_m 和 R_3（或 R_2，R_m 和 R_x）称为 Y 互连（因为互连能够使形状看上去像字母 Y）。如果互连画成图 3.30 的形式，则很容易看出 Y 的形状。Y 结构也称为 T 互连，因为在没有破坏两种结构电等效的前提下，Y 结构可以变为 T 结构。Y 结构和 T 结构的电等效如图 3.30 所示。

图 3.31 说明了 Δ-Y(或π-T)等效电路的变换。不能简单地采用改变互连形状的方法将 Δ 互连转化为 Y 互连。Δ 连接电路与 Y 连接电路等效指的是 Δ 结构可以被 Y 结构替代，两种结构的端口特性相同。因此如果每个电路都用黑盒子替代，则依靠外部测量，无法判断哪个盒

① Δ-Y 结构存在于许多有用的电路中，而不仅仅是在电阻网络中。因此 Δ-Y 变换是一个非常有帮助的电路分析工具。

子包含Δ连接电阻，哪个盒子包含Y连接电阻。只有每个盒子相应端口之间的电阻都相同，等效条件才成立。例如，无论使用Δ连接还是使用Y连接，端子a和b之间的电阻必须是相同的。在Δ连接电路的每个端口，使用串联和并联简化方法计算等效电阻得

$$R_{\mathrm{ab}} = \frac{R_c(R_a + R_b)}{R_a + R_b + R_c} = R_1 + R_2 \tag{3.41}$$

$$R_{\mathrm{bc}} = \frac{R_a(R_b + R_c)}{R_a + R_b + R_c} = R_2 + R_3 \tag{3.42}$$

$$R_{\mathrm{ca}} = \frac{R_b(R_c + R_a)}{R_a + R_b + R_c} = R_1 + R_3 \tag{3.43}$$

对式(3.41)至式(3.43)进行简单的代数处理，可以获得用Δ连接电阻表示的Y连接电阻数值，这是Δ-Y等效电路必需的。

$$R_1 = \frac{R_b R_c}{R_a + R_b + R_c} \tag{3.44}$$

$$R_2 = \frac{R_c R_a}{R_a + R_b + R_c} \tag{3.45}$$

$$R_3 = \frac{R_a R_b}{R_a + R_b + R_c} \tag{3.46}$$

Δ-Y变换颠倒过来也是可能的。即用Δ结构替代Y结构，三个Δ连接电阻表达式变为三个Y连接电阻的函数。

$$R_a = \frac{R_1 R_2 + R_2 R_3 + R_3 R_1}{R_1} \tag{3.47}$$

$$R_b = \frac{R_1 R_2 + R_2 R_3 + R_3 R_1}{R_2} \tag{3.48}$$

$$R_c = \frac{R_1 R_2 + R_2 R_3 + R_3 R_1}{R_3} \tag{3.49}$$

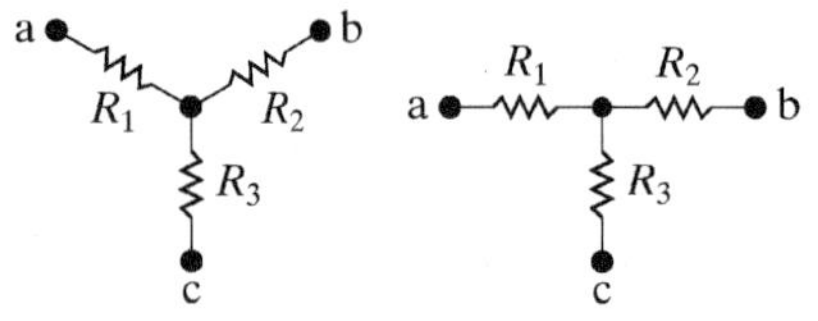

图3.30 Y结构可以看成是T结构

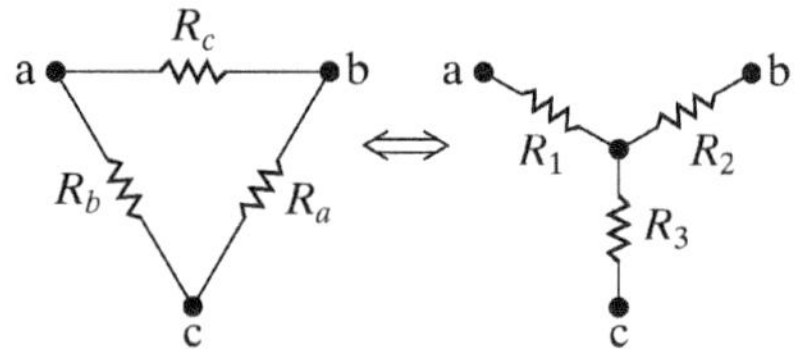

图3.31 Δ-Y变换

例3.7说明了Δ-Y变换对简化电路分析的作用。

例3.7 应用Δ-Y变换

求图3.32所示电路中40 V电源提供的电流和功率。

解：

这里关心的仅仅是40 V电源提供的电流和功率，一旦获得了电源两端的等效电阻，问题就可以解决了。将上面的Δ结构(100 Ω, 125 Ω, 25 Ω)或下面的Δ结构(40 Ω, 25 Ω, 37.5 Ω)用相应的等效Y结构替代，就能很容易地求得等效电阻。选择变换上面的Δ结构，然后计算三个由图3.33定义的Y结构电阻值。根据式(3.44)至式(3.46)有

$$R_1 = \frac{100 \times 125}{250} = 50\ \Omega$$

$$R_2 = \frac{125 \times 25}{250} = 12.5\ \Omega$$

$$R_3 = \frac{100 \times 25}{250} = 10\ \Omega$$

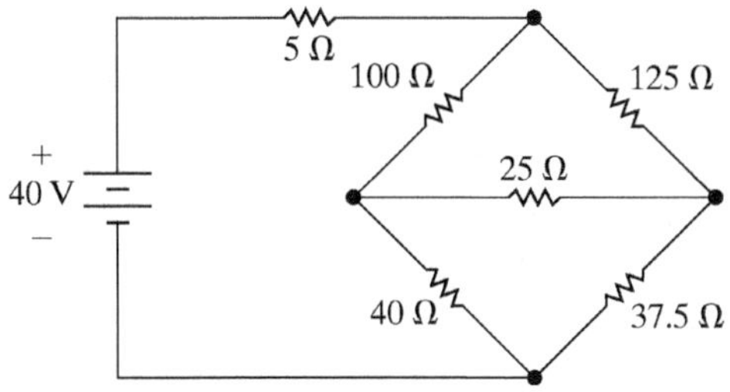

图 3.32　例 3.7 的电路

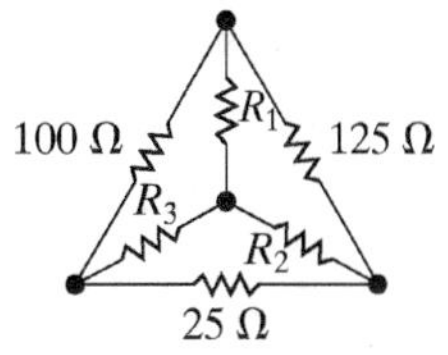

图 3.33　等效 Y 结构电阻

将 Y 结构电阻代入图 3.32 所示电路，产生的电路如图 3.34 所示。根据图 3.34，利用串并联简化方法，很容易计算出 40 V 电源两端的电阻。

$$R_{eq} = 55 + \frac{(50)\times(50)}{100} = 80\ \Omega$$

应当注意到，电路简化的最终结果是一个 80 Ω 电阻接在 40 V 电源的两端，如图 3.35 所示。由此得到 40 V 电源为电路提供的电流和功率分别是 0.5 A 和 20 W。

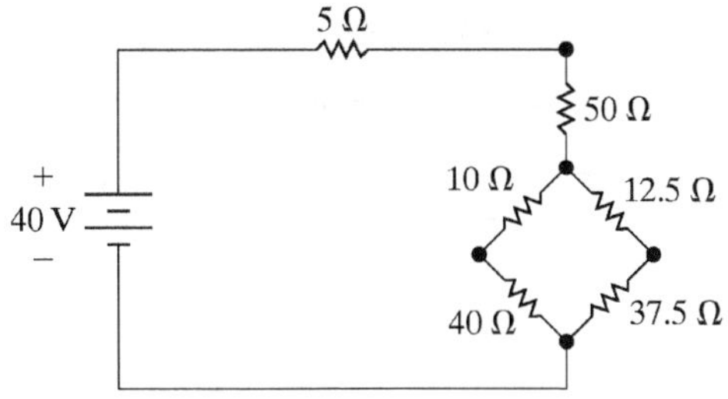

图 3.34　图 3.32 所示电路的变换形式

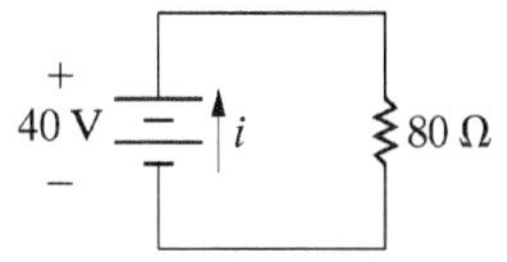

图 3.35　图 3.32 所示电路简化的最终结果

评测目标 6　知道何时以及如何使用 Δ-Y 等效电路求解简单电路。

3.8　使用 Y-Δ 变换求如右图所示电路的电压 v。

答： 35 V。

提示： 试求本章习题 3.60，习题 3.62 和习题 3.63。

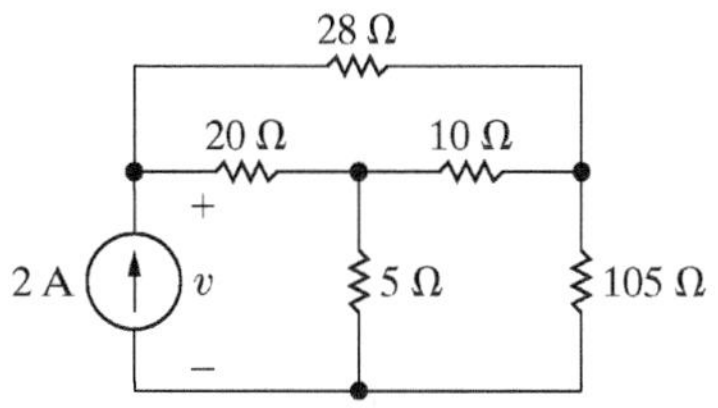

实例应用

电阻式触摸屏（二）

首先分析 x 方向的电阻网格。x 方向的网格电阻模型用电阻 R_x 表示，如图 3.36 所示。由箭头指示 x 方向屏幕触摸处，它导致电阻 αR_x 两端的电压是 V_x。触摸屏将总电阻 R_x 划分为两部分，分别为 αR_x 和 $(1-\alpha)R_x$。

从图中可以看到，当触摸点在屏幕的最右边时，$\alpha = 0$，并且 $V_x = 0$。类似地，当触摸点在屏幕的最左边时，$\alpha = 1$，并且 $V_x = V_s$。如果触摸点在两个屏幕边缘之间时，α 的值在 0 和 1 之间，并且电阻 R_x 的两部分构成分压器。可以利用分压器公式计算电压 V_x

$$V_x = \frac{\alpha R_x}{\alpha R_x + (1-\alpha)R_x} V_s = \frac{\alpha R_x}{R_x} V_s = \alpha V_s$$

α 的值表示触摸点相对于屏幕最右边的位置。可以利用触摸点网格电阻上的电压 V_x 除以整个 x 方向电阻网格上的电压 V_s，求得 α 的值

$$\alpha = \frac{V_x}{V_s}$$

现在要用 α 的值来确定屏幕上触摸点的 x 坐标。通常用像素("图像元素"的简称)来指定屏幕坐标。例如，手机屏幕划分为像素网格，在 x 方向有 p_x 个像素；在 y 方向有 p_y 个像素。每个像素由它的 x 方向值(0 到 p_x-1 之间的一个数)和 y 方向值(0 到 p_y-1 之间的一个数)来识别。位置(0, 0)的像素处于屏幕的左上角，如图 3.37 所示。

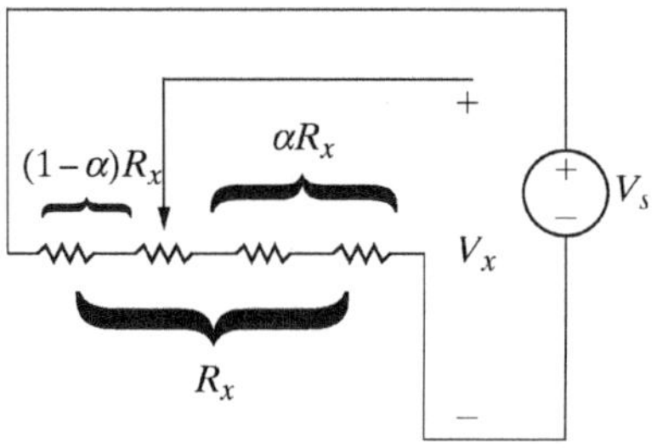

图 3.36　电阻式触摸屏 x 方向的网格

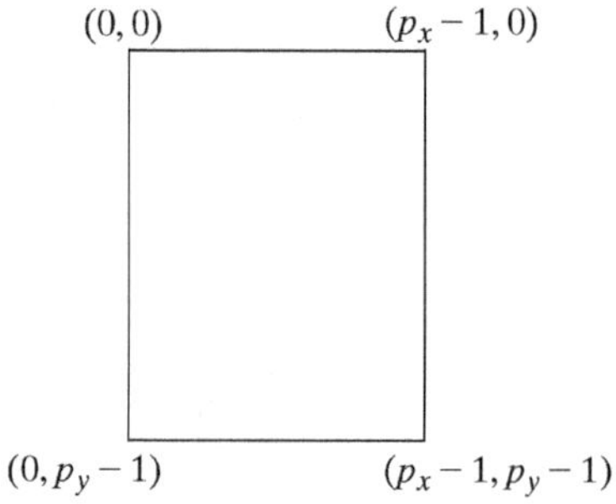

图 3.37　屏幕的像素坐标，在 x 方向有 p_x 个像素；在 y 方向有 p_y 个像素

因为 α 表示触摸点的位置是相对于屏幕的右边，$(1-\alpha)$ 表示触摸点的位置是相对于屏幕的左边，所以，对应于触摸点的像素 x 坐标是

$$x = (1-\alpha)p_x$$

注意，x 的最大值是 (p_x-1)。

y 方向的电阻屏幕网格模型如图 3.38 所示。很容易证明箭头指向的触摸点产生的电压是

$$V_y = \beta V_s$$

因此，触摸点对应的像素 y 坐标是

$$y = (1-\beta)p_y$$

其中 y 的最大值是 p_y-1(参见习题 3.72)。

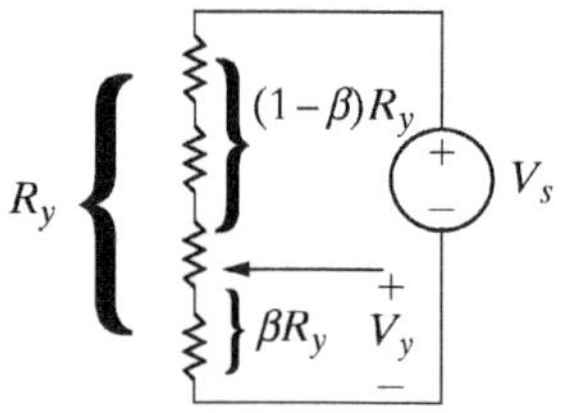

图 3.38　电阻式触摸屏 y 方向的网格

提示： 试求本章习题 3.72 至习题 3.75，以评估对该实例应用的理解。

小结

- 串联电阻可以按照下列公式用一个等效电阻代替。

$$R_{\text{eq}} = \sum_{i=1}^{k} R_i = R_1 + R_2 + \cdots + R_k$$

- 并联电阻可以按照下列公式用一个等效电阻代替。

$$\frac{1}{R_{\text{eq}}} = \sum_{i=1}^{k} \frac{1}{R_i} = \frac{1}{R_1} + \frac{1}{R_2} + \cdots + \frac{1}{R_k}$$

当只有两个电阻并联时，等效电阻的计算可以简化为

$$R_{eq} = \frac{R_1 R_2}{R_1 + R_2}$$

- 如图所示的串联电阻分压时，每个电阻上的电压可以按照下列公式求出

$$v_1 = \frac{R_1}{R_1 + R_2} v_s$$

$$v_2 = \frac{R_2}{R_1 + R_2} v_s$$

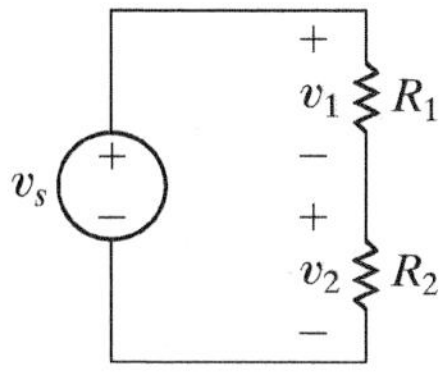

- 如图所示的并联电阻分流时，每个电阻上的电流可以按照下列公式求出

$$i_1 = \frac{R_2}{R_1 + R_2} i_s$$

$$i_2 = \frac{R_1}{R_1 + R_2} i_s$$

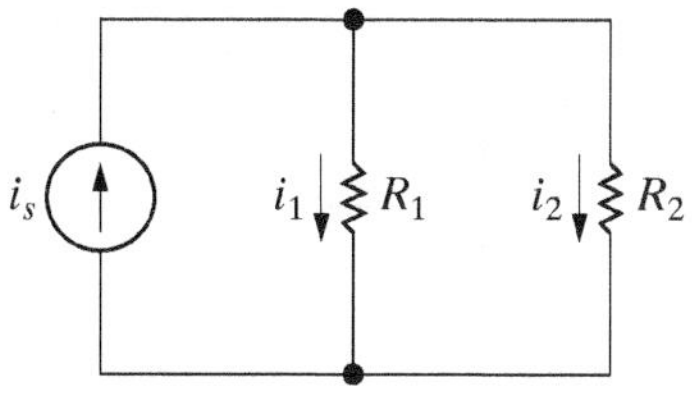

- 分压法是一种电路分析工具，用来求从串联电阻中选中的一个电阻上的电压降。选中电阻上的电压降为

$$v_j = \frac{R_j}{R_{eq}} v$$

其中 v_j 是电阻 R_j 上的电压降，v 是串联电阻上的电压降，串联电阻的等效电阻是 R_{eq}。
- 分流法是一种电路分析工具，用来求从并联电阻中选中的一个电阻上的电流。选中电阻上的电流为

$$i_j = \frac{R_{eq}}{R_j} i$$

其中 i_j 是电阻 R_j 上的电流，i 是通过并联电阻的电流，并联电阻的等效电阻是 R_{eq}。
- 电压表测量电压必须与被测电压的电路元件并联。理想电压表的内电阻为无穷大，因此不会改变被测电压。
- 电流表测量电流必须与被测电流的电路元件串联。理想电流表的内电阻为零，因此不会改变被测的电流。
- 数字仪表和模拟仪表都有内阻，会影响被测电路。基于达松伐仪表装置的仪表设置了内阻，目的是限制流过装置线圈的电流。
- 惠斯通电桥电路用于精确地测量电阻的数值。惠斯通电桥电路包含四个电阻、一个直流电压源和一个检流计。当电阻之间的关系等于式(3.33)时，惠斯通电桥处于平衡状态，检流计的读数为 0 A。
- 一个电路的三个电阻如果连接成 Δ 结构(或π结构)，则可以变换成等效电路的形式，等效电路中的三个电阻是 Y 连接(或 T 连接)。式(3.44)至式(3.46)给出了 Δ-Y 变换的计算，式(3.47)至式(3.49)给出了 Y-Δ 变换的计算。

习题

3.1P (a)证明图 3.9 所示电路(参见例 3.1)，在节点 x 和 y 上满足基尔霍夫电流定律。(b)证明图 3.9 所示电路，沿每个闭合回路都满足基尔霍夫电压定律。

3.2P (a)求图 3.9 所示电路中每个电阻上的功率损耗。(b)求 120 V 电源释放的功率。(c)证明释放的功率等于损耗的功率。

3.3 对于图 P3.3 所示的每一个电路,(a)找出串联的电阻。(b)将串联的电阻用等效电阻替换以简化电路。

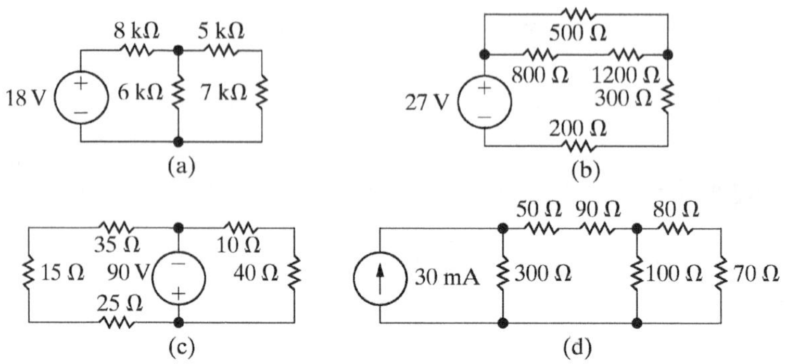

图 P3.3

3.4 对于图 P3.4 所示的每一个电路,(a)找出并联的电阻。(b)将并联的电阻用等效电阻替换以简化电路。

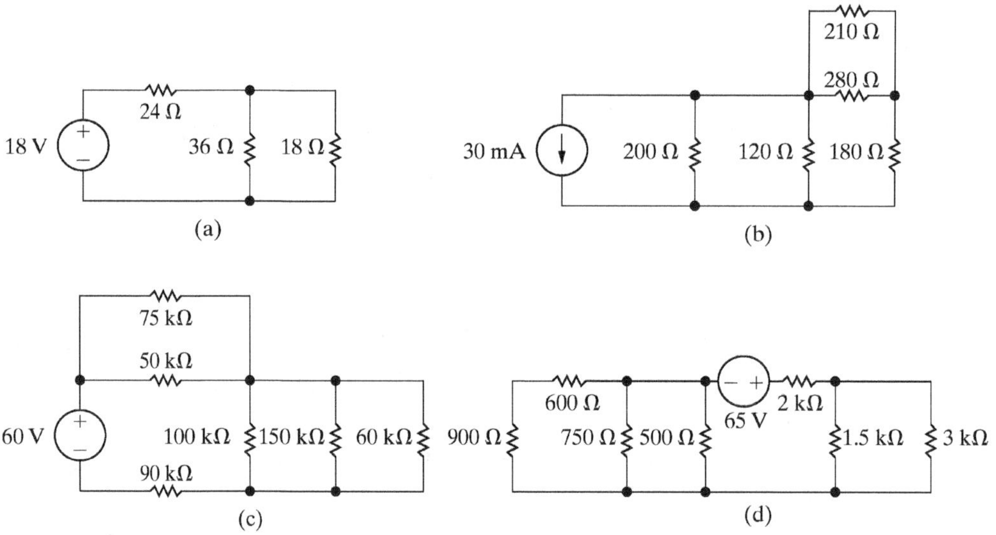

图 P3.4

3.5 对于图 P3.3 所示的每一个电路,(a)求从电源端看出去的等效电阻。(b)求电源提供的功率。

3.6 对于图 P3.4 所示的每一个电路,(a)求从电源端看出去的等效电阻。(b)求电源提供的功率。

3.7P (a)在图 P3.7(a) ~ (d)电路中,求从电源端看出去等效电阻。(b)求每个电路中电源提供的功率。

3.8P 求图 P3.8 中每个电路的等效电阻 R_{ab}。

3.9P 求图 P3.9 中每个电路的等效电阻 R_{ab}。

3.10 (a)求阻值均为 R 的两个串联电阻的等效电阻表达式。(b)求阻值均为 R 的 n 个串联电阻的等效电阻表达式。(c)使用(a)的结果,利用附录 H 中两个相同阻值的电阻设计一个等效电阻为 3 kΩ 的电阻网络。(d)使用(b)的结果,利用附录 H 中最少数量的同样电阻,设计一个等效电阻为 4 kΩ 的电阻网络。

3.11 (a)求阻值均为 R 的两个并联电阻的等效电阻表达式。(b)求阻值均为 R 的 n 个并联电阻的等效电阻表达式。(c)使用(a)的结果,利用附录 H 中两个相同阻值的电阻设计一个等效电阻为 5 kΩ 的电阻网络。(d)使用(b)的结果，利用附录 H 中最少数量的同样的电阻，设计一个等效电阻为 4 kΩ 的电阻网络。

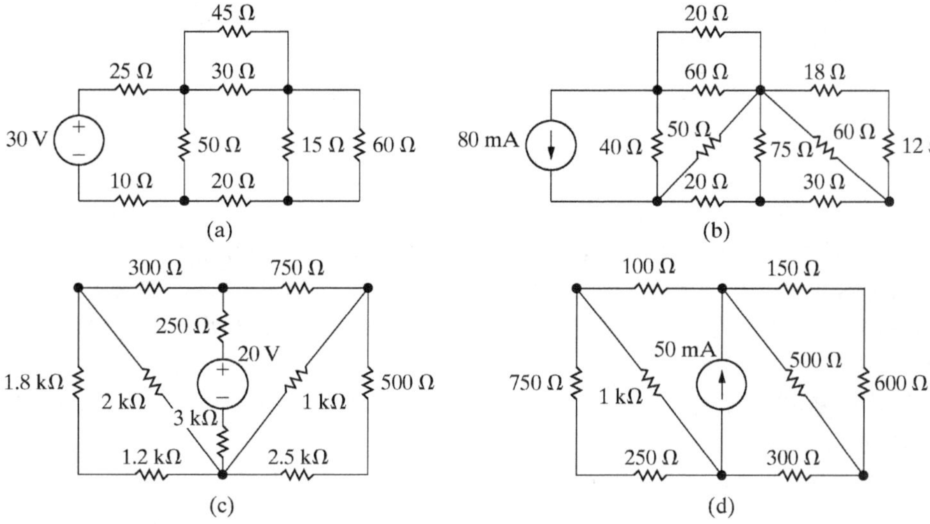

图 P3.7

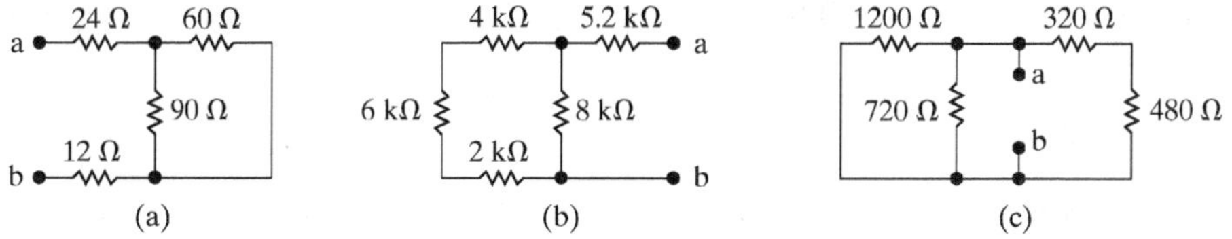

图 P3.8

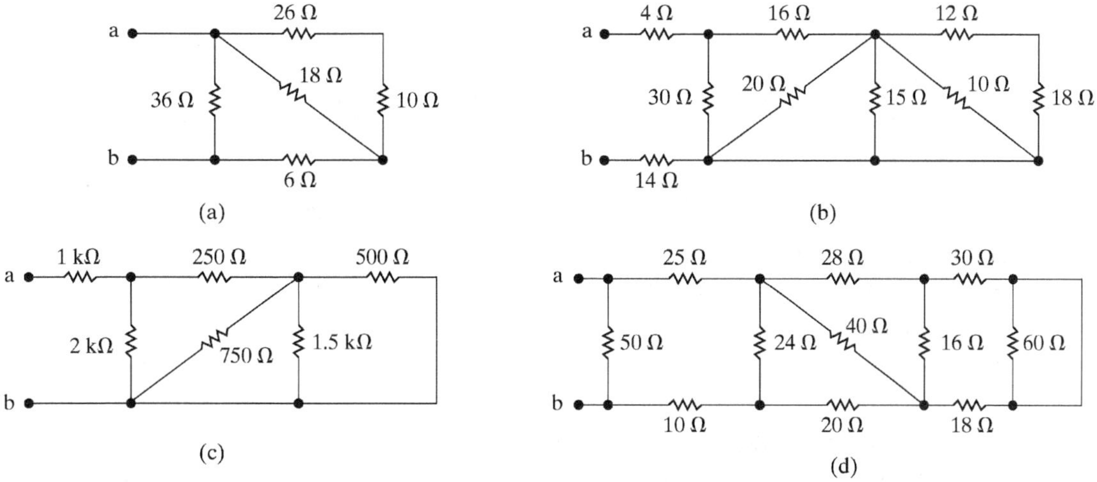

图 P3.9

3.12P **(设计问题)** (a)计算图 P3.12 所示分压电路的空载电压 v_o。(b)计算 R_1 和 R_2 上的功率损耗。(c)假定只有 0.5 W 电阻可用。空载电压与(a)相同，确定 R_1 和 R_2 的最小值。

3.13P 图 P3.13 所示分压器电路中，空载电压 v_o 为 4 V，当负载电阻 R_L 加在 a 和 b 端时，电压 v_o 降至 3 V。求 R_L。

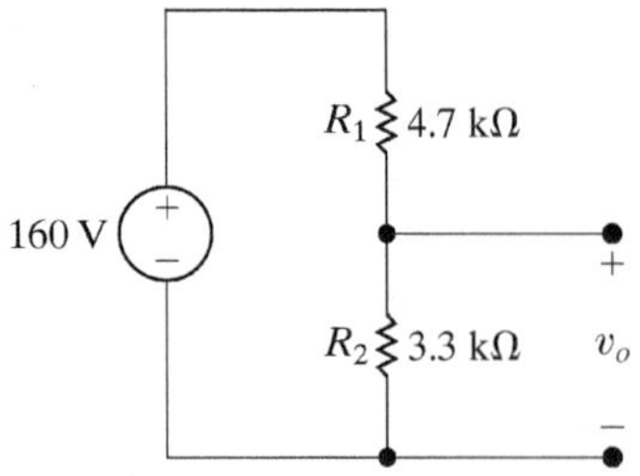

图 P3.12

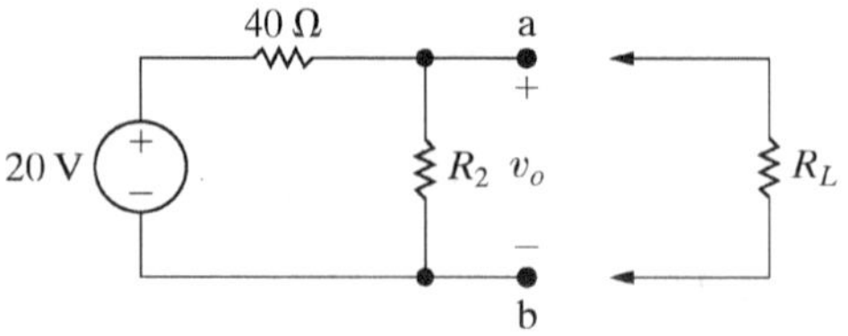

图 P3.13

3.14P **(设计问题)** 图 P3.14 所示分压器电路，空载电压为 8 V，曾经与分压器相连的最小负载电阻是 3.6 kΩ。当分压器加载时，v_o没有降至 7.5 V 以下。(a)试设计能满足上述要求的分压器电路，确定 R_1和 R_2的数值。(b)假设商用电阻的额定功率是 1/16 W，1/8 W，1/4 W，1 W 和 2 W。你选用哪种额定功率的电阻?

3.15 假设图 P3.14 所示分压器选择了 1 W 的电阻。在分压器的电阻不超出损耗限制的情况下，在附录 H 范围内，求 R_L的最小值。

3.16P 求图 P3.16 所示分流器电路中 5 Ω 电阻上的功率损耗。

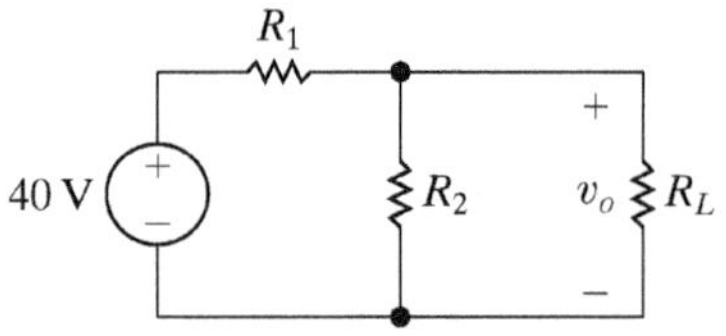

图 P3.14

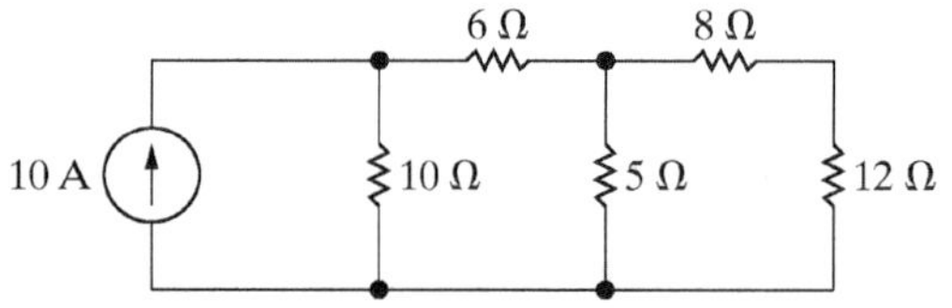

图 P3.16

3.17P 对于图 P3.17 所示分流器电路，计算(a)i_o和 v_o。(b)6 Ω 电阻上的功率损耗。(c)电流源提供的功率。

3.18 **(设计问题)** 求图 P3.18 所示分流器电路中的电阻，以满足下列设计标准：

$i_g = 50$ mA，$v_g = 25$ V，$i_1 = 0.6\ i_2$，$i_3 = 2\ i_2$，$i_4 = 4\ i_1$。

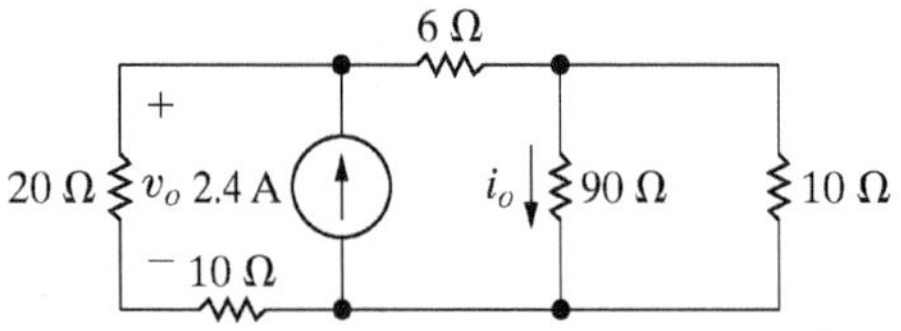

图 P3.17

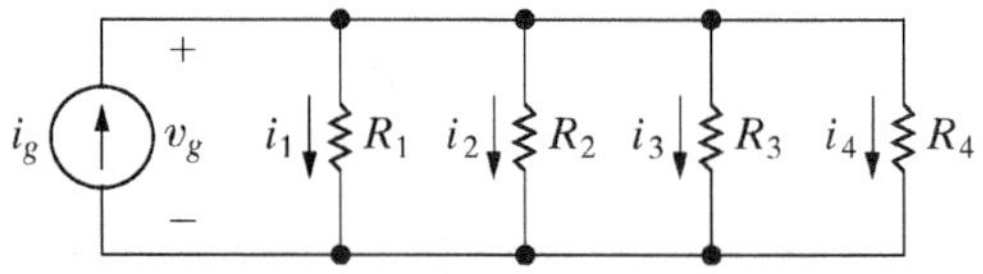

图 P3.18

3.19 **(设计问题)** 经常需要利用分压器产生一个以上的电压。例如，许多个人计算机的存储器需要 −12 V，5 V 和 +12 V 的电压，所有电压的参考点都是公共参考点。在图 P3.19 电路中，选择 R_1，R_2和 R_3的阻值以满足下列设计要求。

(a)在分压器空载的情况下，24 V 电源提供给分压器的功率为 80 W。(b)相对于公共参考点的三个电压分别是 $v_1 = 12$ V，$v_2 = 5$ V，$v_3 = -12$ V。

3.20P (a)图 P3.20 (a)分压器电路的负载是图 P3.20 (b)电路，即 a 端连接 a′端，b 端连接 b′ 端。求 v_o。(b)假定图 P3.20(b)中分压器通过电流控制电压源与图 P3.20(a)中分压器连接，如图 P3.20(c)所示。求 v_o。(c)添加的非独立电压源，对与 380 V 电源相连的分压器工作有什么影响?

3.21 **(设计问题)** 如图 3.13 的分压器，设计空载($R_L = \infty$)电压 $v_o = kv_s$，满载($R_L = R_o$)电压 $v_o = \alpha v_s$。注意 $\alpha < k < 1$。

(a)证明

$$R_1 = \frac{k - \alpha}{\alpha k}R_o$$

和

$$R_2 = \frac{k-\alpha}{\alpha(1-k)}R_o$$

(b)如果 $k=0.85$，$\alpha=0.80$，$R_o=34\ \text{k}\Omega$，确定 R_1 和 R_2 数值。(c)如果 $v_s=60\ \text{V}$，确定消耗在 R_1 和 R_2 上的最大功率。(d)假定负载电阻出现意外短路，R_1 和 R_2 上的功率损耗是多少？

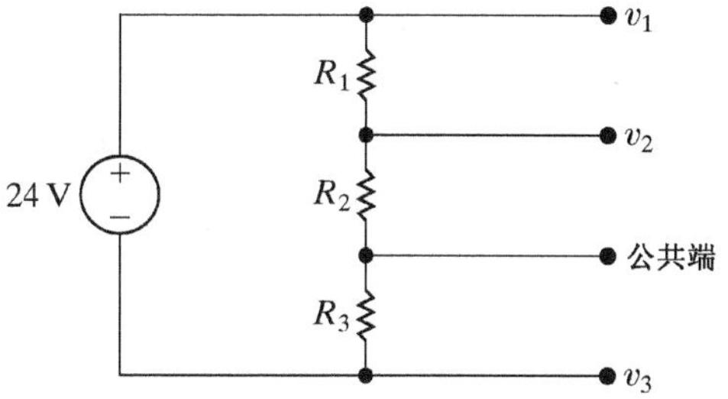

图 P3.19

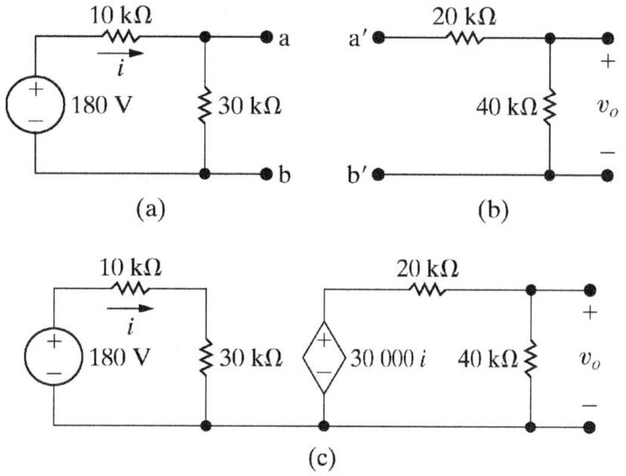

图 P3.20

3.22P (a)证明图 P3.22 (a)中电路的第 k 个分支的电流，等于电源电流 i_g 乘以第 k 分支的电导，再除以电导之和。即

$$i_k = \frac{i_g G_k}{G_1+G_2+G_3+\cdots+G_k+\cdots+G_N}$$

(b)使用(a)的结论计算图 P3.22 (b)电路中 5 Ω 电阻上的电流。

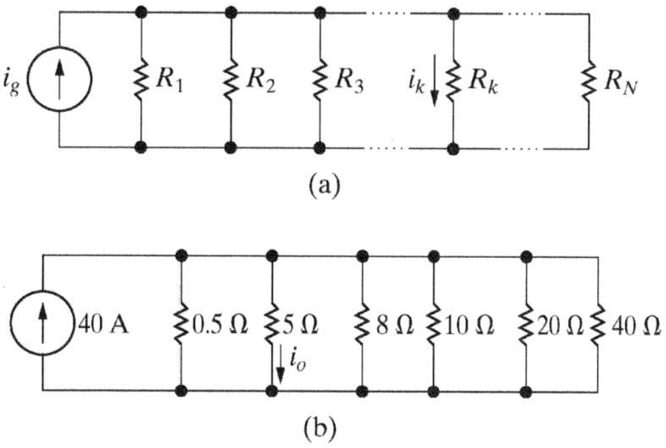

图 P3.22

3.23　观察图 P3.3(a)中的电路。

(a)使用分压法求 6 kΩ 电阻上的电压，电阻上端极性为正。(b)使用(a)的结果，用分压法求 5 kΩ 电阻上的电压，电阻左端极性为正。

3.24　观察图 P3.3(d)中的电路。

(a)使用分流法求从左向右流过 50 Ω 电阻的电流。(b)使用(a)的结果，用分流法求流过 70 Ω 电阻的电流，电流方向自上而下。

3.25　观察图 P3.7(a)中的电路。

(a)使用分压法求 25 Ω 电阻上的电压，电阻左端极性为正。(b)使用(a)的结果求流过 25 Ω 电阻的电流，电流方向从左向右。(c)使用(b)的结果，用分流法求流过 50 Ω 电阻的电流，电流方向自上而下。(d)使用(c)的结果，求 50 Ω 电阻上的电压，电阻上端极性为正。(e)使用(d)的结果，用分压法求 60 Ω 电阻上的电压，电阻上端极性为正。

3.26　在图 P3.9(a)中电路的 a 、b 端加上 450 mA 电流源，电流箭头向上。

(a)使用分流法求自上而下流过 36 Ω 电阻的电流。(b)使用(a)的结果求 36 Ω 电阻上的电压，电阻上端极性为正。(c)使用(b)的结果，用分压法求 18 Ω 电阻上的电压，电阻上端极性为正。(d)使用(c)的结果，用分压法求 10 Ω 电阻上的电压，电阻上端极性为正。

3.27　在图 P3.9(b)中电路的 a 、b 端加上 6 V 电压源，其上端极性为正。

(a)使用分压法求 4 Ω 电阻上的电压，电阻上端极性为正。(b)使用(a)的结果求 4 Ω 电阻上的电流，电流方向从左向右。(c)使用(b)的结果，用分流法求流过 16 Ω 电阻的电流，电流方向从左向右。

(d)使用(c)的结果，用分流法求流过10 Ω电阻的电流，电流方向自上而下。(e)使用(d)的结果求10 Ω电阻上的电压，电阻上端极性为正。(f)使用(e)的结果，用分压法求 18 Ω 电阻上的电压，电阻上端极性为正。

3.28P (a)使用分压法与分流法，求图 P3.28 所示电路中的电压 v_x。(b)用一个普通电压源 V_s替换 18 V 电源，设 V_s极性上端为正。求 v_x，将其表示为 V_s的函数。

3.29P 使用分压法与分流法，求图 P3.29 所示电路中的电压 v_o。

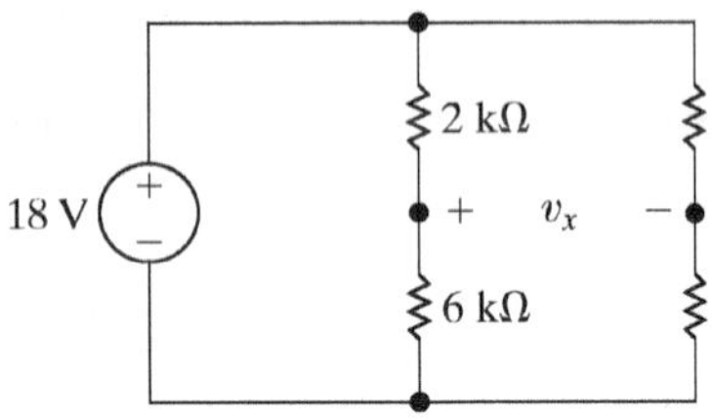

图 P3.28

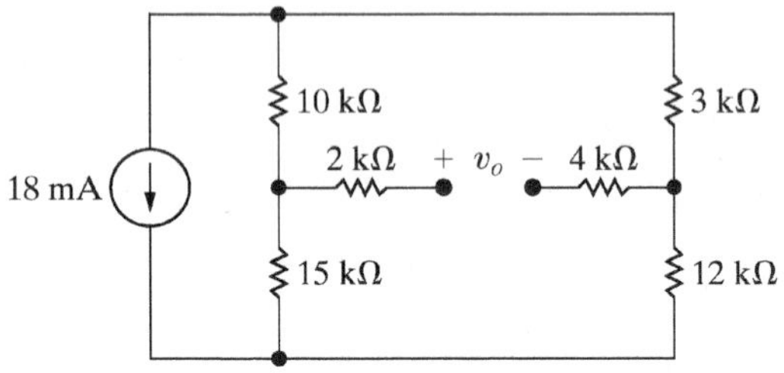

图 P3.29

3.30P 使用分压法与分流法，求图 P3.30 所示电路中的电压 v_1和 v_2。

3.31 求图 P3.31 所示电路中的电流 i_g，再用分流法求 i_o。

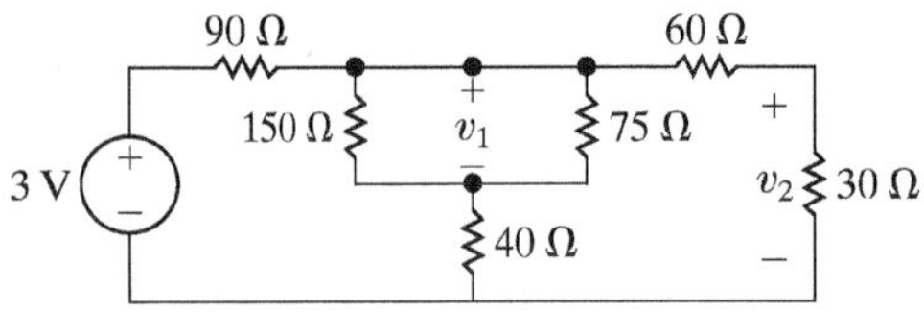

图 P3.30

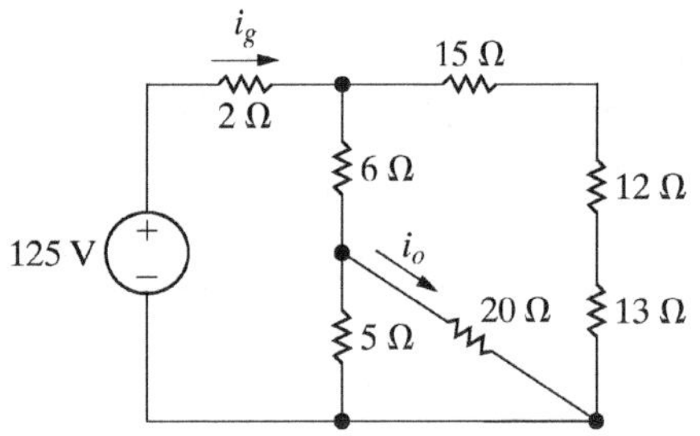

图 P3.31

3.32P 使用分流法求图 P3.32 所示电路中的电压 i_1和 i_2。

3.33 达松伐电流表如图 P3.33 所示。

(a)计算分流电阻 R_A的值，使满刻度电流读数为 5 A。(b)当(a)中的 5 A 电流表接入电路测量电流，相当于多大的电阻加入电路?(c)计算分流电阻 R_A的值，使满刻度电流读数为 100 mA。(d)当(c)中的 100 mA 电流表接入电路测量电流，相当于多大的电阻加入电路?

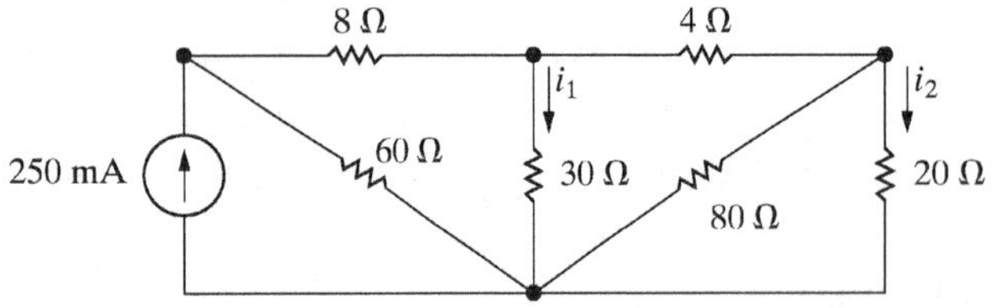

图 P3.32

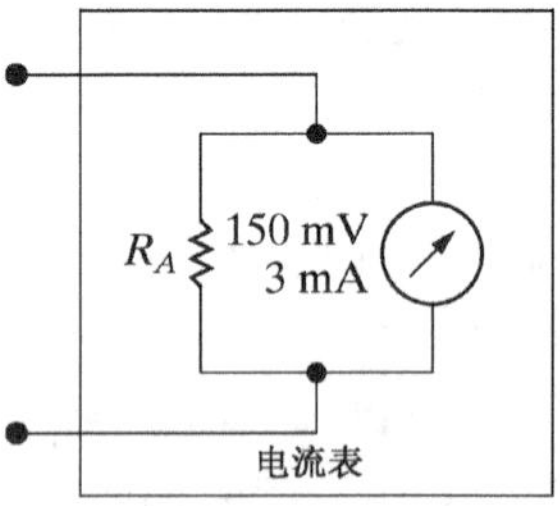

图 P3.33

3.34 一个分流电阻和一个 50 mV、1 mA 的达松伐机构构成 5 A 的电流表。如果一个 20 mΩ 的电阻加在电流表的两端。电流表新的满刻度量程是多少?

3.35 **(设计问题)** 一个达松伐机构的电流表的参数是 2 mA，200 mV。假定一个 1 W 的精密电阻用于分流。使用一个电阻，所能设计的电流表的最大满刻度读数是多少? 并加以解释。

3.36 (a)证明在图 P3.36 电流表电路中，流过达松伐机构的电流总是被测量电流的 1/25。(b)如果 100 mV，

2 mA 的机构用于 5 A 电流表，电路应该怎样变化。(c)你认为在直流达松伐电流表上有一个均匀的刻度吗？

3.37　达松伐电压表如图 P3.37 所示，分别求出下列满量程读数对应的 R_v 值：(a)50 V，(b)5 V，(c)250 mV，(d)25 mV。

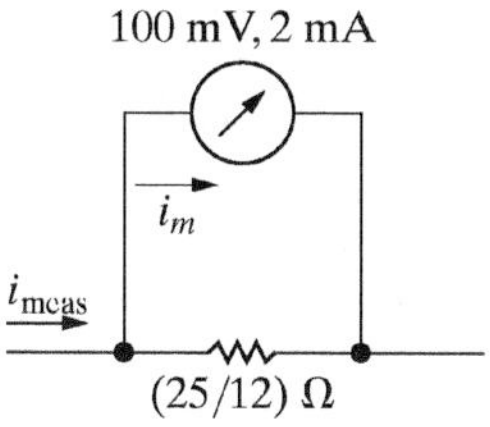

图 P3.36

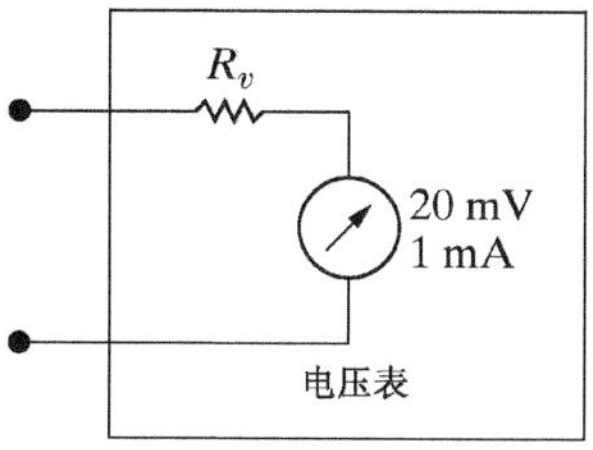

图 P3.37

3.38　假定习题 3.37 描述的达松伐电压表，用来测量图 P3.38 所示电路中 45 Ω 电阻上的电压。

(a)电压表读数是多少？

(b)求电压表读数的误差百分数，如果

$$误差(\%) = (测量值/真实值 - 1) \times 100$$

3.39　图 P3.39 所示电流表有 0.1Ω 的电阻。根据习题 3.38 中的表读数误差百分数定义，问电流表读数的误差百分数是多少？

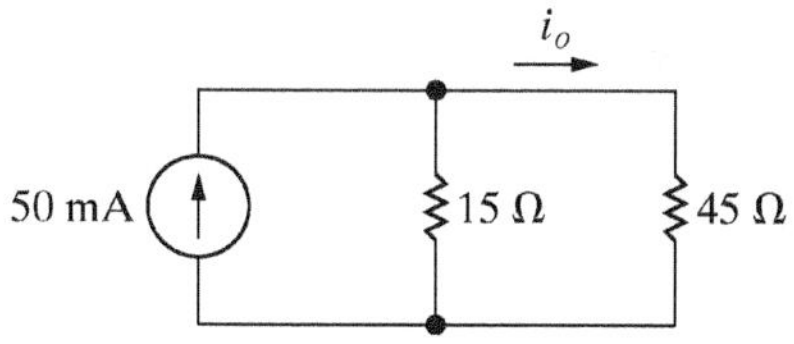

图 P3.38

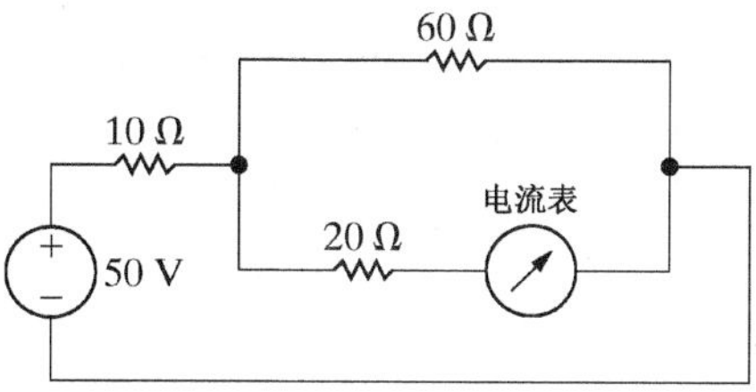

图 P3.39

3.40　习题 3.39 描述的电流表用来测量图 P3.38 电路所示的电流 i_o。测量值的误差百分数是多少？

3.41P　图 2.24 所示电路的元件值如下：$R_1=20\ \text{k}\Omega$，$R_2=80\ \text{k}\Omega$，$R_C=0.82\ \text{k}\Omega$，$R_E=0.2\ \text{k}\Omega$，$V_{CC}=7.5\ \text{V}$，$V_o=0.6\ \text{V}$，$\beta=39$。

(a)计算 i_B 值，单位用微安。(b)假定作为直流电流表使用的数字万用表有 1 kΩ 电阻，如果将表插入 b 端和 2 端测量电流 i_B，表的读数是多少？(c)如果将(a)中 i_B 计算值视为正确值，测量的误差百分数是多少？

3.42　已知电源提供的直流电压约为 350 V，为了测量电源电压，去仪器室取直流电压表时，发现只有两块电压表可以使用。一个电压表满刻度量程 300 V，灵敏度为 900 Ω/V。另一个电压表满刻度量程 150 V，灵敏度为 1200 Ω/V(提示：可以通过用电压表的额定满刻度电压与灵敏度相乘来求电压表有效电阻)。(a)如何用两块电压表检查电源电压？(b)可以测量的最大电压是多少？(c)如果电源电压是 320 V，每块电压表的读数是多少？

3.43　假定除了习题 3.42 叙述的两个电压表外，一个 50 kΩ 的精密电阻也可以使用。50 kΩ 的电阻与串联的两电压表相串联。这个电路连接在电源两端，300 V 电压表的读数是 205.2 V，150 V 电压表的读数是 136.8 V，电源电压是多少？

3.44　图 P3.44(a)所示的电压表满量程读数是 500 V，表机构规格为 100 mV，0.5 mA。如果用来测量图 P3.44(b)所示电路中的电压 v，那么表读数的误差百分数是多少？

3.45　图 P3.45 所示分压器电路的空载输出电压是输入电压的 7/9。一个灵敏度为 100 Ω/V，满量程为 200 V 的达松伐电压表，用来检查电路的工作情况。

(a)如果加在180 V 电源两端，电压表读数是多少？(b)如果加在70 kΩ 电阻两端，电压表读数是多少？(c)如果加在20 kΩ 电阻两端，电压表读数是多少？(d)(b)和(c)所得电压表读数相加等于(a)记录的读数吗？解释为什么相等或为什么不相等。

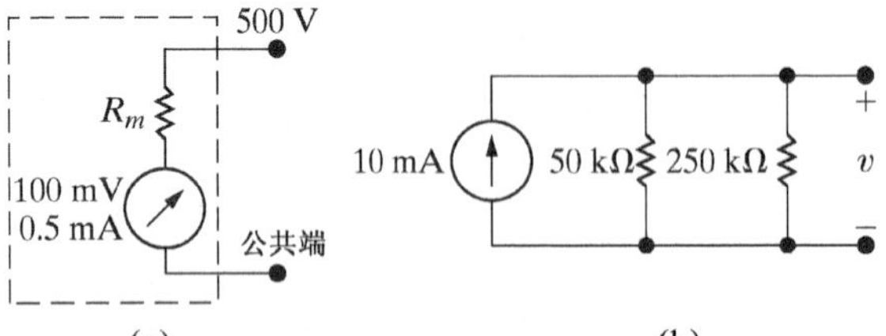

(a) (b)

图 P3.44

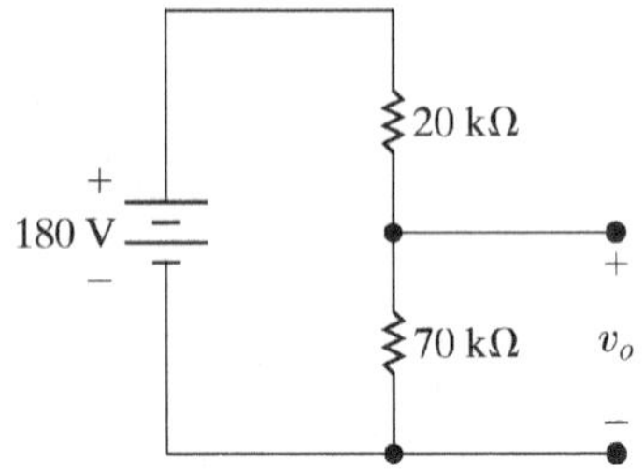

图 P3.45

3.46 **(设计问题)** 假定设计如图 P3.46 所示的多量程电压表，忽略表机构的电阻。

(a)给出 R_1，R_2和 R_3的阻值。(b)分别计算三个量程的误差百分数。

3.47 直流电压源的电路模型如图 P3.47 所示。在电源两端测量电压：(1)电源两端开路时，端电压是 50 mV；(2)两端连接一个 15 MΩ 的电阻，电压测量值为 48.75 mV。所有测量都是使用数字电压表，其表电阻为 10 MΩ。

(a)电源(v_s)端电压是多少？单位用毫伏。(b)电源的内阻(R_s)是多少？单位用千欧。

3.48 **(设计问题)** 设计一个如图 P3.48 所示的达松伐电压表，它有三个电压量程。

(a)指定 R_1，R_2和 R_3的值。(b)假定一个 750 kΩ 的电阻连接在 150 V 端和公共端之间，而电压表用 300 V 端和公共端与一个未知电压连接。电压表的读数是 288 V。未知电压是多少？(c)在(b)中，电压表能测量的最大电压是多少？

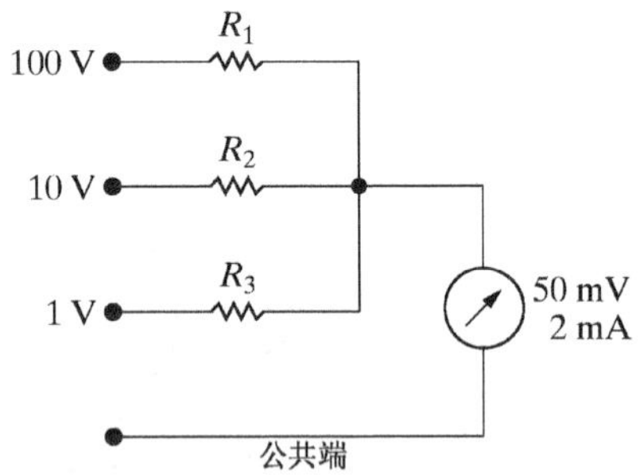

图 P3.46

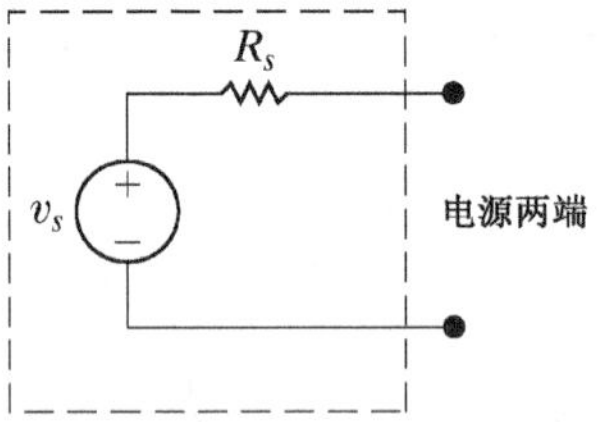

图 P3.47

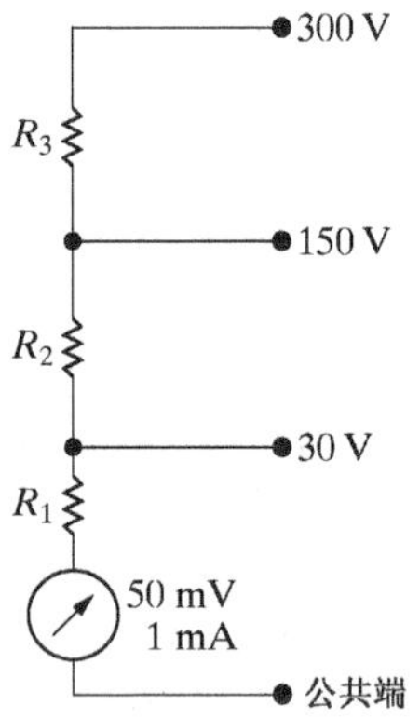

图 P3.48

3.49 如图 P3.49(a)所示，一个 600 kΩ 电阻连接在两量程电压表的 200 V 和公共端之间。在图 P3.49(b)电路中，用该电压表测量 360 kΩ 电阻两端的电压。

(a)在仪表 500 V 量程上的读数是多少？(b)测量电压的误差百分数是多少？

3.50P 假定图 3.26 中的理想电压源替换为理想电流源，说明式(3.33)仍然有效。

3.51P 图 3.26 所示电桥电路由一个 24 V 直流电源提供电压。在 $R_1=500\ \Omega$，$R_2=1000\ \Omega$，$R_3=750\ \Omega$ 时，电桥处于平衡状态。

(a)R_x等于多少？(b)直流电源提供的电流(单位用毫安)为多少？(c)电路中哪个电阻吸收的功率最大？吸收的功率为多少？(d)电路中哪个电阻吸收的功率最小？吸收的功率为多少？

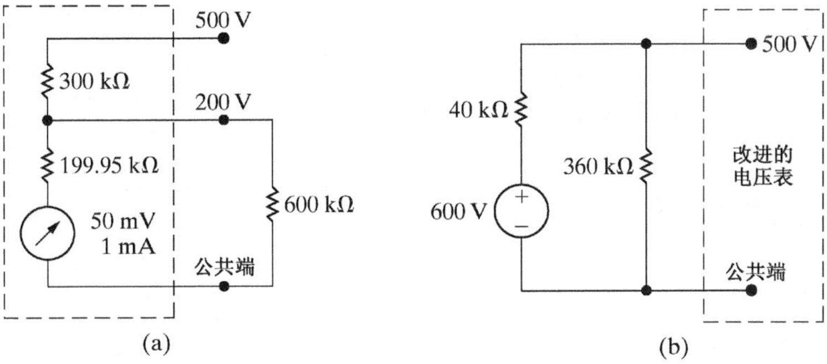

图 P3.49

3.52P 求图 P3.52 电路中 3 kΩ 电阻的功率损耗。

3.53　电路如图 P3.53 所示，如果探测器上的电压降忽略不计，求不平衡电桥中探测器的电流 i_d。

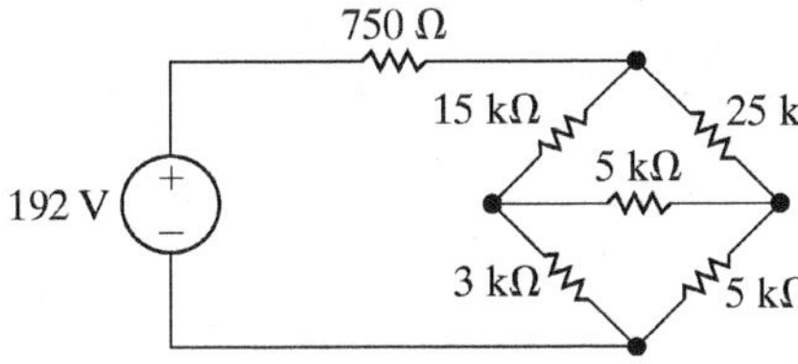

图 P3.52

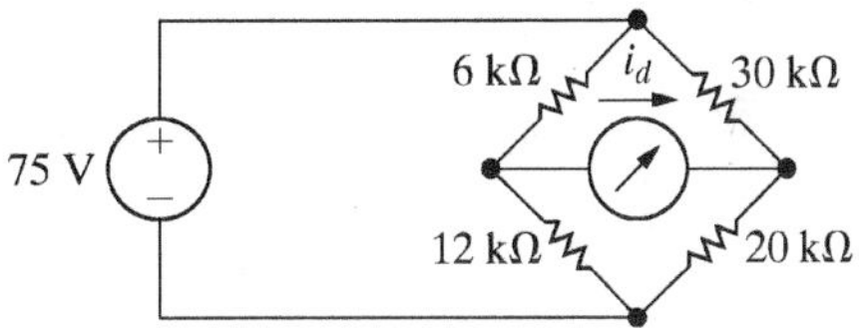

图 P3.53

3.54P 图 3.26 所示惠斯通电桥电路中，比值 R_2/R_1 可以是下列一组数值：0.001，0.01，0.1，1，10，100 和 1000。电阻 R_3 能够从 1 Ω 变化至 11 110 Ω，每次增加 1 Ω。如果未知电阻的范围在 4 ~ 5 Ω 之间，为了使未知电阻测量值包含四位有效数，R_2/R_1 比值应该取多少？

3.55　根据例 3.7(图 3.32)所示电路，将下边的 Δ 结构(25 Ω，37.5 Ω，40 Ω)替换为等效的 Y 结构，求 40 V 电源提供的电流和功率。

3.56　根据例 3.7(图 3.32)所示电路，将左边的 Y 结构(25 Ω，40 Ω，100 Ω)替换为等效的 Δ 结构，求 40 V 电源提供的电流和功率。

3.57　根据例 3.7(图 3.32)所示电路，将右边的 Y 结构(25 Ω，37.5 Ω，125 Ω)替换为等效的 Δ 结构，求 40 V 电源提供的电流和功率。

3.58P (a)对图 P3.58 所示电路中的电阻 R_2，R_3 和 R_5 应用 Y-Δ 变换，求等效电阻 R_{ab}。(b)对电阻 R_3，R_4 和 R_5 使用 Δ-Y 变换，求等效电阻 R_{ab}。(c)给出另外两种 Δ-Y 变换或 Y-Δ 变换方法，求解 R_{ab}。

3.59P 使用 Δ-Y 变换求图 P3.59 电路中的电压 v_1 和 v_2。

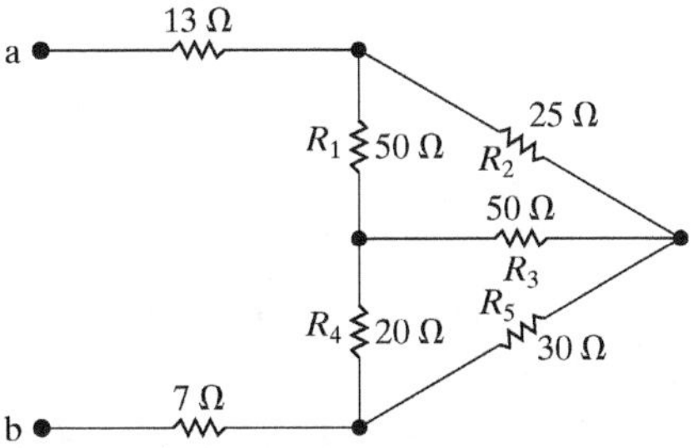

图 P3.58

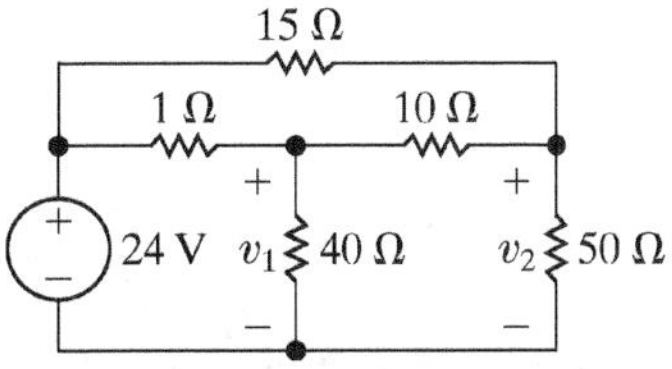

图 P3.59

3.60P (a)在图 P3.60 所示电路中，求从理想电压源两端所看到的电阻。(b)如果 v_{ab} 等于 400 V，31 Ω 电阻上消耗的功率为多少？

3.61P 在图 P3.61 所示电路中，使用 Y-Δ 变换，求(a)i_o；(b)i_1；(c)i_2；(d)理想电流源释放的功率。

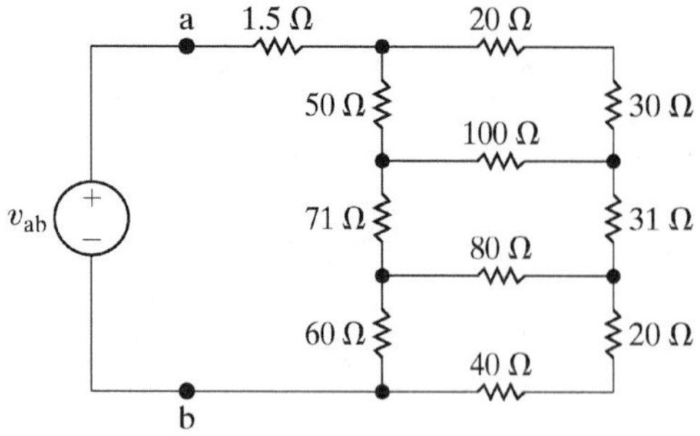

图 P3.60

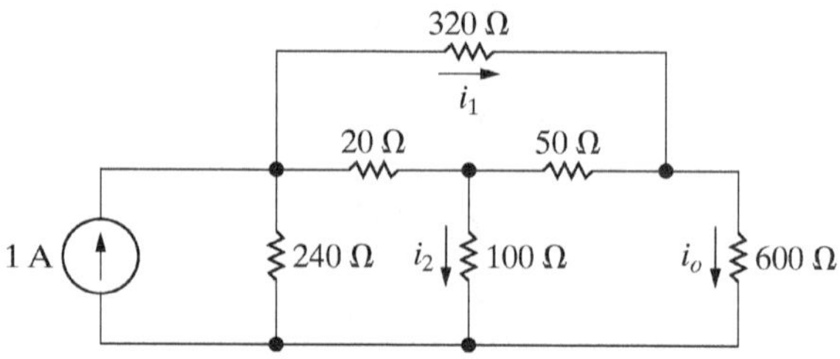

图 P3.61

3.62P 电路如图 P3.62 所示，求 i_o以及消耗在 140 Ω 电阻上的功率。

3.63P 电路如图 P3.63 所示，求(a)i_1；(b)v；(c)i_2；(d)电压源提供的功率。

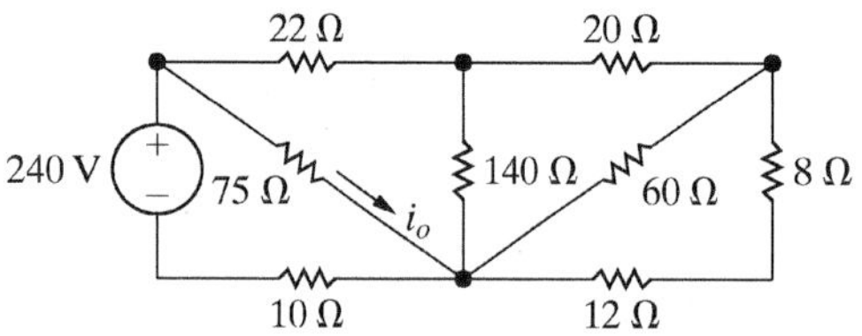

图 P3.62

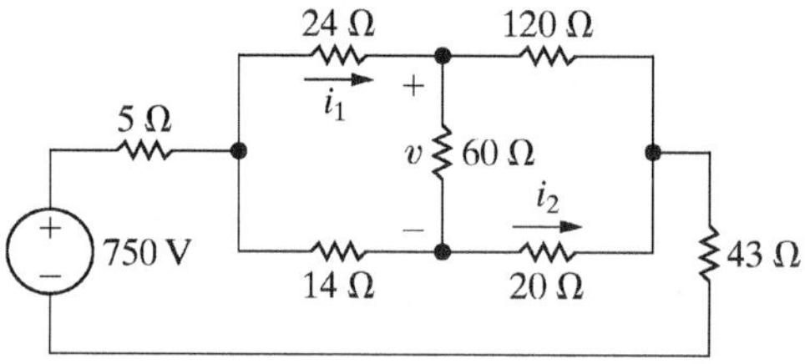

图 P3.63

3.64 证明作为三个 Y 电导函数的 Δ 电导表达式是

$$G_a = \frac{G_2 G_3}{G_1 + G_2 + G_3}$$

$$G_b = \frac{G_1 G_3}{G_1 + G_2 + G_3}$$

$$G_c = \frac{G_1 G_2}{G_1 + G_2 + G_3}$$

其中

$$G_a = \frac{1}{R_a},\quad G_1 = \frac{1}{R_1},\quad \text{等等}$$

3.65 试根据式(3.41)~式(3.43)推导式(3.44)~式(3.49)。遵循下面两个提示有助于正确的解题。

(a)为了求 R_1，将其看成是 R_a，R_b和 R_c的函数。首先用式(3.43)减式(3.42)，再将结果与式(3.41)相加。用相似的方式求 R_2，R_3，将它们看成是 R_a，R_b和 R_c的函数。

(b)为了求 R_b，将其看成是 R_1，R_2和 R_3的函数。需要利用 Δ-Y 变换所得到的结果，即式(3.44)至式(3.46)。注意这些方程式通过相除可以得到

$$\frac{R_2}{R_3} = \frac{R_c}{R_b},\quad \text{即}\quad R_c = \frac{R_2}{R_3} R_b$$

以及

$$\frac{R_1}{R_2} = \frac{R_b}{R_a},\quad \text{即}\quad R_a = \frac{R_2}{R_1} R_b$$

再将这些式子代入式(3.43)，消去 R_a和 R_c。用相似的方式求 R_a和 R_c，将它们看成是 R_1，R_2和 R_3的函数。

3.66 **(设计问题)** 电阻网络有时用做音量控制电路，针对这种应用，它们被称为电阻衰减器。典型的固定式衰减器如图 P3.66 所示。在设计衰减器时，电路设计者要选择 R_1和 R_2的值，使 v_o/v_i的比值和从输入电压源看进去的电阻 R_{ab}都是指定值。

(a)证明如果 $R_{ab}=R_L$，那么

$$R_L^2 = 4R_1(R_1 + R_2)$$

$$\frac{v_o}{v_i} = \frac{R_2}{2R_1 + R_2 + R_L}$$

(b)选择 R_1 和 R_2 的值，使得 $R_{ab}=R_L=300\ \Omega$，而且 $v_o/v_i=0.5$。

(c)在附录 H 中选出最接近(b)中 R_1 和 R_2 的电阻。如果采用新的电阻，计算 R_{ab} 和 v_o/v_i 因此产生的误差百分数。

3.67 **(设计问题)**(a)如图 P3.67 所示的固定式衰减器被称为 T 形桥。使用 Y-Δ 变换证明如果 $R=R_L$，则 $R_{ab}=R_L$。(b)证明当 $R=R_L$ 时，电压比 v_o/v_i 等于 0.50。

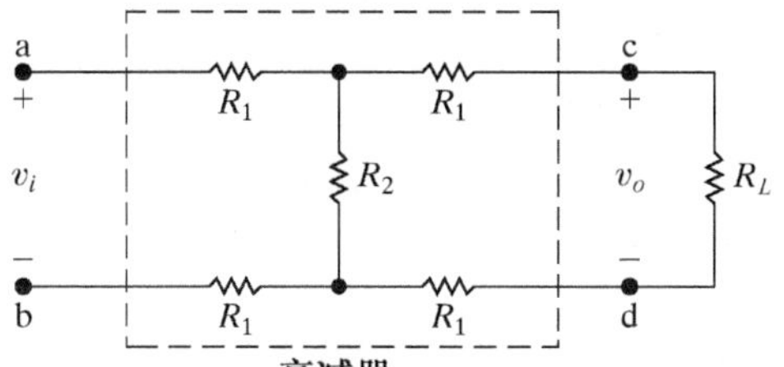

图 P3.66

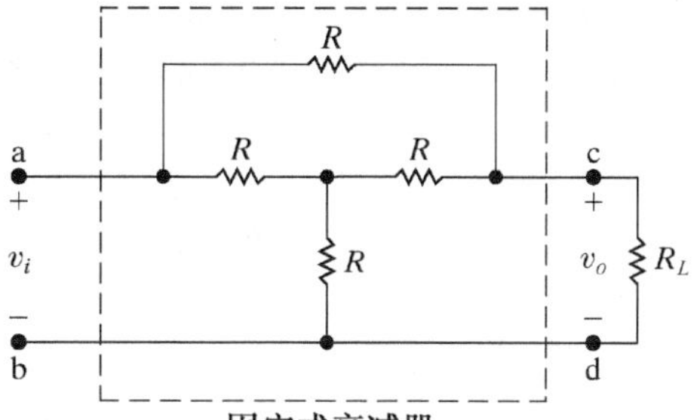

图 P3.67

3.68P 图 P3.68 所示 T 形桥式衰减器电路的设计方程式是

$$R_2 = \frac{2RR_L^2}{3R^2 - R_L^2}$$

$$\frac{v_o}{v_i} = \frac{3R - R_L}{3R + R_L}$$

如果已知 R_2 的值。

(a)设计一个固定式衰减器，当 $R_L=300\ \Omega$ 时，$v_i=3.5v_o$。(b)假定(a)中设计的衰减器输入电压是 42 V，衰减器中哪个电阻消耗的功率最大？(c)(b)中电阻消耗的功率为多少？(d)衰减器中哪个电阻消耗的功率最小？(e)(d)中电阻消耗的功率为多少？

3.69P (a)电路如图 P3.69 所示，当 $\Delta R=0$ 时，电桥平衡。试证明：如果 $\Delta R \ll R_o$，电桥输出电压约为

$$v_o \approx \frac{-\Delta R R_4}{(R_o + R_4)^2} v_{in}$$

(b)已知 $R_2=1\ k\Omega$，$R_3=500\ \Omega$，$R_4=5\ k\Omega$，$v_{in}=6\ V$，如果 ΔR 为 R_o 的 3%，电桥输出电压约为多少？

(c)求(b)中 v_o 的实际值。

3.70 (a)如果误差百分数定义为

$$误差(\%) = \left[\frac{近似值}{真实值} - 1\right] \times 100$$

证明习题 3.69 中的近似值 v_o 的误差百分数为

$$误差(\%) = \frac{-(\Delta R)R_3}{(R_2 + R_3)R_4} \times 100$$

(b)使用习题 3.69(b)中的值，计算 v_o 的误差百分数。

3.71 **(设计问题)**假定图 P3.69 电桥电路中 v_o 的误差不超过 0.5%，允许的 R_o 最大百分数变化值是多少？

3.72 (a)根据图 3.38 推导电压 V_y 的表达式。(b)假定 y 方向有 p_y 个像素，使用(a)中的结论推导触摸点的 y 坐标表达式。

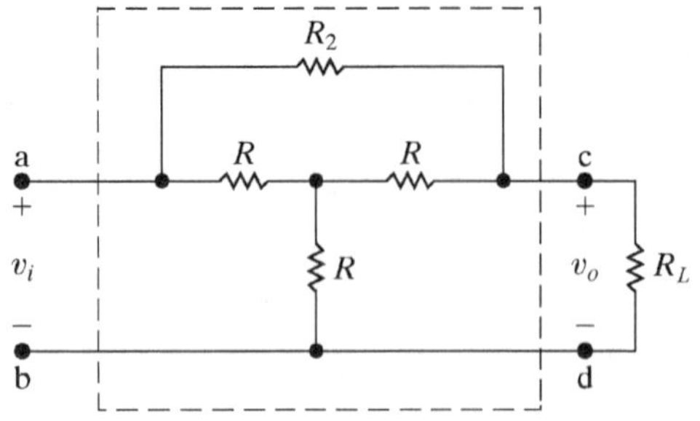

图 P3.68

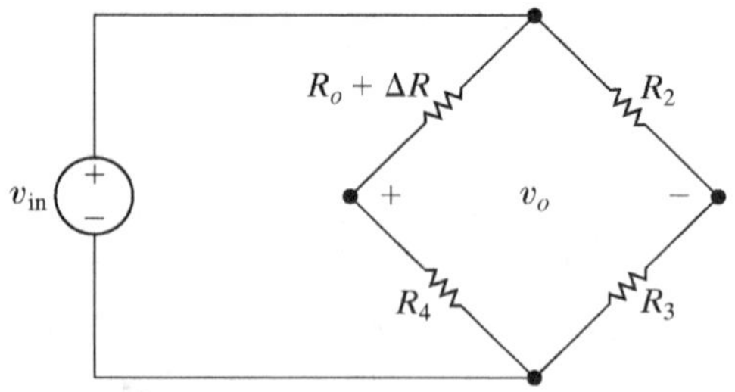

图 P3.69

3.73P **(实例应用)** 一个电阻式触摸屏幕，在网格的 x 方向和 y 方向加上 5 V 电压，屏幕的 x 方向有 480 个像素，y 方向有 800 个像素。当屏幕被触摸时，x 网格的电压是 1 V，y 网格的电压是 3.75 V。

(a)计算 α 和 β 的值。(b)计算屏幕触摸点的 x 和 y 像素坐标。

3.74P **(实例应用/设计问题)** 一个电阻式触摸屏幕，在 x 方向有 640 个像素，在 y 方向有 1024 个像素。在电阻网格的 x 方向和 y 方向加上 8 V 电压。触摸点的像素坐标是(480，192)，计算 V_x 和 V_y。

3.75 假定习题 3.74 中描述的电阻式触摸屏幕，同时有两个触摸点，一个坐标是(480，192)，另一个坐标是(240，384)。

(a)计算 x 和 y 网格上测量的电压。(b)在(a)中的计算值识别的是哪个触摸点？

第4章　电路分析法

本章目标

- 理解并能够使用节点电压法求解电路。
- 理解并能够使用网孔电流法求解电路。
- 能够正确选择节点电压法或网孔电流法求解特定电路。
- 理解电源变换并能够使用它求解电路。
- 理解戴维南和诺顿等效电路的概念，并能够根据电路构造戴维南和诺顿等效电路。
- 了解电阻负载的最大功率传输条件，并能够计算满足该条件的负载电阻值。

迄今为止，读者已经应用基尔霍夫定律及欧姆定律分析了相对简单的电阻电路，可以应用这些方法分析所有的电路。但是当电路结构更加复杂，涉及更多的元件时，使用直接的方法将显得比较麻烦。本章将介绍两种强大的电路分析方法，以便分析复杂的电路。这两种方法是节点电压法和网孔电流法，利用这些方法，可以使用最少的联立方程描述电路。

除了节点电压法和网孔电流法的分析方法，本章还要讨论其他简化电路的方法。前面的章节里已经讨论了如何用串并联简化法和Δ-Y变换法简化电路，本章继续介绍电源变换以及戴维南与诺顿等效电路等简化电路的方法。

此外，还要讨论两个在电路分析中起着重要作用的概念。一是最大功率传输，要考虑必须具备的条件，确保由电源释放到电阻负载的功率为最大值。戴维南等效电路用来建立最大功率传输条件。本章最后研究的概念是叠加原理，叠加原理重点分析有不止一个独立源的电路。

实例应用

实际电阻电路(一)

上一章曾经探讨过不精确的电阻值对电路性能的影响，特别是对分压器性能的影响。生产的电阻阻值是离散的，一批电阻中的某个电阻阻值是在标准值附近变化的，变化值在容差范围内。容差较小(比如说1%)的电阻比容差较大(比如说10%)的电阻价格要贵得多。因此，在一个包含许多电阻的电路中，电阻的数值对期望的电路性能有很大影响，理解这一点是很重要的。换句话说，希望预测每个电阻阻值的变化对电路输出的影响。如果要使电路工作正常，就应使电阻接近它的标准值，为此就需要多付出一些花费，确保电阻的容差较小。

研究电路组件的数值对电路输出的影响称为灵敏度分析。介绍电路分析方法之后，就可以研究灵敏度分析的问题了。

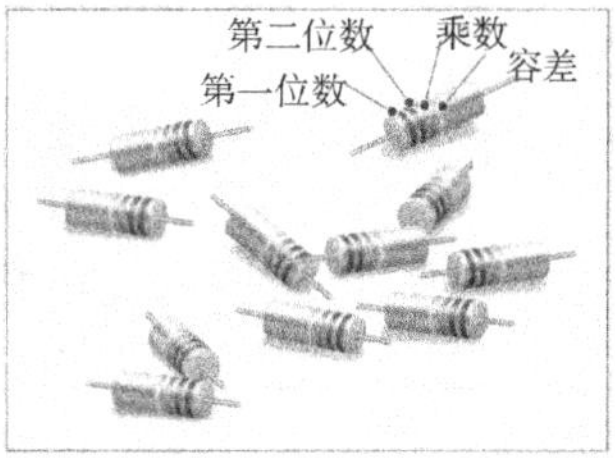

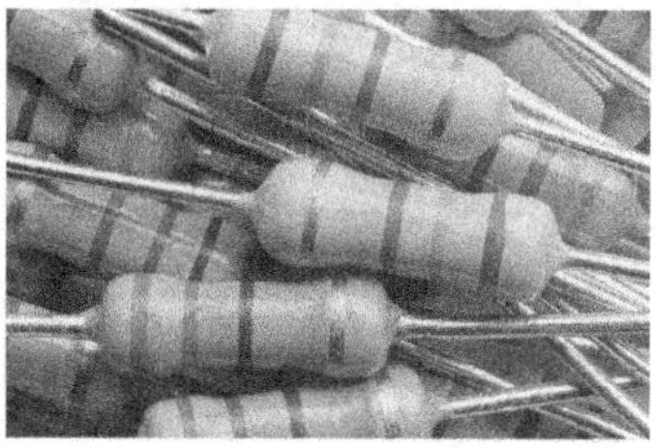

4.1 术语

为了便于讨论较复杂的电路分析法，必须先定义几个基本术语。迄今为止，所有遇到的电路都是平面电路，即电路可以画在一个平面上，其中没有交叉支路。一个画有交叉支路的电路，如果能重新画成没有交叉支路的电路，就仍可以认为是平面电路。例如，图 4.1(a)所示电路可以重新画为图 4.1(b)的形式，两个电路是等效的，因为所有节点连接都维持不变。因此，图 4.1(a)所示电路是平面电路，因为可以将其重新画为平面电路。图 4.2 展示了一个非平面电路，因为保证所有节点连接维持不变且没有支路交叉来重新画电路，是行不通的。节点电压法可以应用于平面和非平面电路，而网孔电流法只能应用于平面电路。

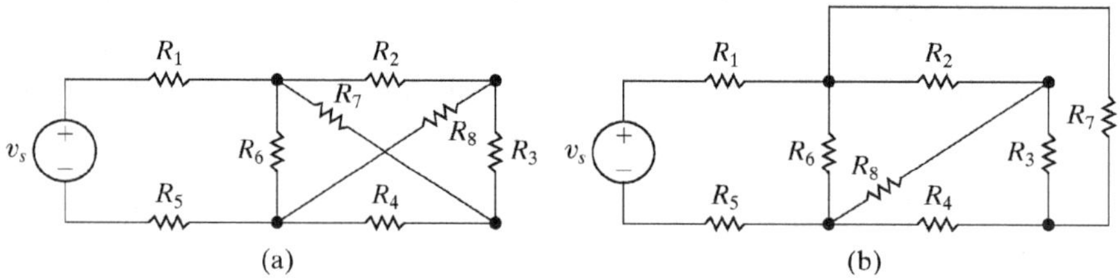

图 4.1 (a)平面电路；(b)电路重画以检验是否是平面电路

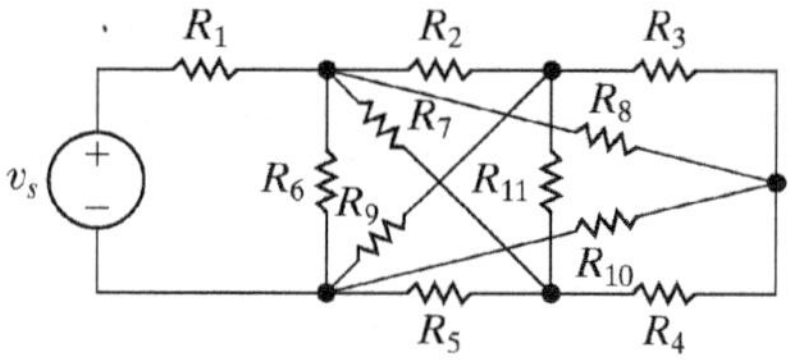

图 4.2 非平面电路

4.1.1 描述电路的词汇

1.5 节已经定义了理想基本电路元件。当基本电路元件互连形成电路时，可以用节点、路径、支路、回路和网孔来描述电路。2.4 节定义了节点和闭合路径(即回路)。重述以上这些定义，然后再定义路径、支路和网孔。为方便起见，将所有这些定义列在表 4.1 中。表 4.1 还包含了每个定义的举例，例子采用图 4.3 给出的电路，例 4.1 将进一步加以说明。

表 4.1 描述电路的术语

名称	定义	根据图 4.3 举例
节点	两个或更多电路元件的连接点	a
基本节点	三个或更多电路元件的连接点	b
路径	基本元件相连的踪迹，元件不能出现两次	$v_1 - R_1 - R_5 - R_6$
支路	连接两个节点的路径	R_1
基本支路	连接两个基本节点的路径，不通过基本节点	$v_1 - R_1$
回路	终点和起点是同一节点的路径	$v_1 - R_1 - R_5 - R_6 - R_4 - v_2$
网孔	没有包围其他回路的回路	$v_1 - R_1 - R_5 - R_3 - R_2$
平面电路	画在平面上没有交叉支路的电路	图 4.3 是平面电路 图 4.2 是非平面电路

例 4.1　识别电路中的节点、支路、网孔和回路

对于图 4.3 所示电路，试确定

(a)所有节点。(b)所有基本节点。(c)所有支路。(d)所有基本支路。(e)所有网孔。(f)两条路径，且不是回路或基本支路。(g)两个回路，且不是网孔。

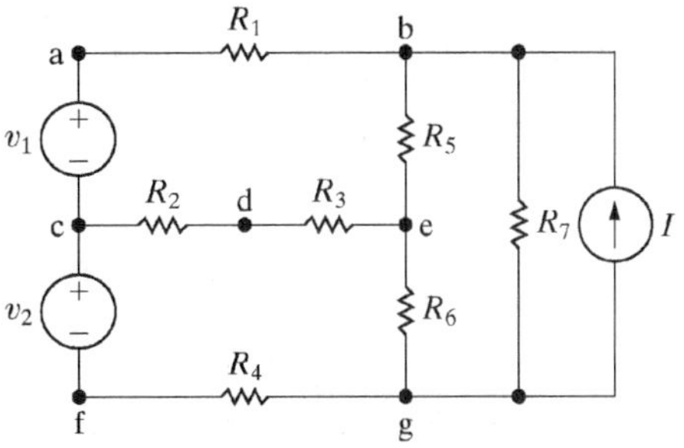

图 4.3　说明节点、路径、支路、回路和网孔的电路

解：

(a)a，b，c，d，e，f 和 g 是节点。(b)b，c，e 和 g 是基本节点。(c)v_1，v_2，R_1，R_2，R_3，R_4，R_5，R_6，R_7 和 I 是支路。(d)v_1-R_1，R_2-R_3，v_2-R_4，R_5，R_6，R_7 和 I 是基本支路。(e)$v_1-R_1-R_5-R_3-R_2$，$v_2-R_2-R_3-R_6-R_4$，$R_5-R_7-R_6$ 和 R_7-I 是网孔。(f)$R_1-R_5-R_6$ 是一条路径，且既不是回路(因为其起点和终点不是同一节点)，也不是基本支路(因为它没有连接两个基本节点)。v_2-R_2 也是一条路径，且既不是回路也不是基本支路，理由相同。(g)$v_1-R_1-R_5-R_6-R_4-v_2$ 是回路，但不是网孔，因为它包含两个回路。$I-R_5-R_6$ 也是回路，但不是网孔。

提示：试求本章习题 4.1 和习题 4.5，以评估对这部分内容的理解程度。

4.1.2　需要多少个联立方程

电路中未知电流个数等于支路数 b，支路电流的数值不知道。例如，图 4.3 所示电路有 9 条支路，支路电流未知。已经知道必须有 b 个独立的方程才能求解电路的 b 个未知电流的数值。如果用 n 表示电路中的节点数，则对任何一组 $n-1$ 个节点应用基尔霍夫电流定律，可以得到 $n-1$ 个独立方程(对第 n 个节点应用基尔霍夫电流定律不能产生独立的方程，因为第 n 个方程可以根据前 $n-1$ 个方程推导得到，参见习题 4.5)。因为需要 b 个方程才能求解电路，又因为可以根据基尔霍夫电流定律获得 $n-1$ 个方程，所以对回路或网孔应用基尔霍夫电压定律列写其余的 $b-(n-1)$ 个方程。

通过计算节点、网孔和未知电流支路，可以给出一个系统方法，列出所需数量的方程以求解电路。对 $n-1$ 个节点应用基尔霍夫电流定律，对 $b-(n-1)$ 个回路(或网孔)应用基尔霍夫电压定律，基本节点和基本支路是需要的。如果 n_e 表示电路中的基本节点数，b_e 表示电路中含未知电流的基本支路数，则可以对 n_e-1 个基本节点应用基尔霍夫电流定律，沿着 $b_e-(n_e-1)$ 个回路(或网孔)应用基尔霍夫电压定律。在电路中基本节点数少于或等于节点数，基本支路数少于或等于支路数。因此在分析电路时，使用基本节点和基本支路比较方便，因为在求解方程时，独立方程数量较少。

电路可以由若干个分离的部分组成。这样的电路例子可参考习题 4.3。对于相连的电路，利用基尔霍夫电流定律可以得到 $n-1$ 个方程，利用基尔霍夫电压定律可以得到 $b-(n-1)$ 个方程。如果电路有 n 个节点，b 个支路，并由 s 个部分组成，那么就可应用电流定律 $n-s$ 次，应用电压定律 $b-n+s$ 次。任何两个分离部分的电路都可以由一根导线连接。连接后，使得两个节点变成一个节点。然而，这根导线上没有电流，因此任何由 s 个分离部分组成的电路总是可以化简为相连的电路。

4.1.3　举例说明系统方法

通过图 4.4 所示电路来说明系统方法，根据基本节点和支路列写方程。电路有 4 个基本节点和 6 个基本支路，将未知电流标记为 $i_1 \sim i_6$。

对 4 个基本节点中的任意 3 个应用基尔霍夫电流定律，可以得到所需的 6 个联立方程中的 3 个。使用节点 b，c 和 e，得到

$$
\begin{aligned}
-i_1+i_2+i_6-I&=0\\
i_1-i_3-i_5&=0\\
i_3+i_4-i_2&=0
\end{aligned}
\tag{4.1}
$$

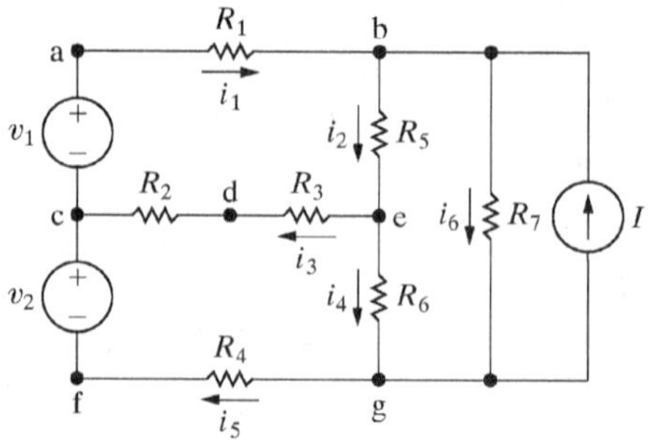

图 4.4 标出图 4.3 电路中的 6 个未知电流

沿着 3 个网孔应用基尔霍夫电压定律可以得到另外 3 个方程。因为电路有 4 个网孔，故需要去掉 1 个网孔。选择 R_7-I，因为不知道 I 上的电压①。

使用其他 3 个网孔得到

$$
\begin{aligned}
R_1i_1+R_5i_2+i_3(R_2+R_3)-v_1&=0\\
-i_3(R_2+R_3)+i_4R_6+i_5R_4-v_2&=0\\
-i_2R_5+i_6R_7-i_4R_6&=0
\end{aligned}
\tag{4.2}
$$

为了便于求解，重新排列式(4.1)和式(4.2)，产生一组方程

$$
\begin{aligned}
-i_1+i_2+0i_3+0i_4+0i_5+i_6&=I\\
i_1+0i_2-i_3+0i_4-i_5+0i_6&=0\\
0i_1-i_2+i_3+i_4+0i_5+0i_6&=0\\
R_1i_1+R_5i_2+(R_2+R_3)i_3+0i_4+0i_5+0i_6&=v_1\\
0i_1+0i_2-(R_2+R_3)i_3+R_6i_4+R_4i_5+0i_6&=v_2\\
0i_1-R_5i_2+0i_3-R_6i_4+0i_5+R_7i_6&=0
\end{aligned}
\tag{4.3}
$$

注意第 n 个节点(本例中为 g)的电流之和是

$$
i_5-i_4-i_6+I=0 \tag{4.4}
$$

式(4.4)是非独立的，因为可以将式(4.1)的 3 个方程相加再乘以 -1 得到式(4.4)。因此，式(4.4)是式(4.1)的线性组合，不是独立方程。通过引进新的变量，只用 $n-1$ 个方程或只用 $b-(n-1)$个方程就可以描述电路。这些新的变量允许使用较少的方程来得到电路的解答。这是希望达到的目标，即使用计算机来解题，也希望方程的数量较少。

新的变量称为节点电压和网孔电流。利用节点电压法，可以用 n_e-1 个方程描述电路，利用网孔电流法，可以用 $b_e-(n_e-1)$个方程描述电路。

提示：试求本章习题 4.2 和习题 4.3，以评估对这部分内容的理解。

4.2 节点电压法

本节将介绍使用电路基本节点的节点电压法。第一步，调整电路的布局，使得电路没有支路交叠，在电路图上标注基本节点，如图 4.5 所示。这个电路有 3 个基本节点($n_e=3$)，因此，需要两个(n_e-1)节点电压方程描述电路。第二步，选择 3 个基本节点中的一个作为参考节点。尽管从理论上讲选择参考节点是任意的，但实际上参考节点的选择通常很明显。例如，将

① 将在 4.7 节中更详细地讨论这一点。

通过大多数支路的节点当成参考节点，一般认为是个好选择。使用这种方法增长了一些经验之后，参考节点最适当的选择(如果它存在)将是显而易见的。在图 4.5 所示电路中，较低处的节点连接了大多数支路，因此将它作为参考节点。用符号▼标记所选择的参考节点，如图 4.6 所示。

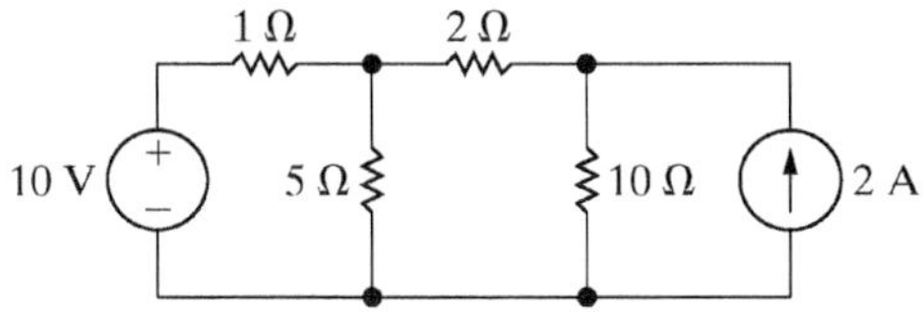

图 4.5　用来说明节点分析法的电路

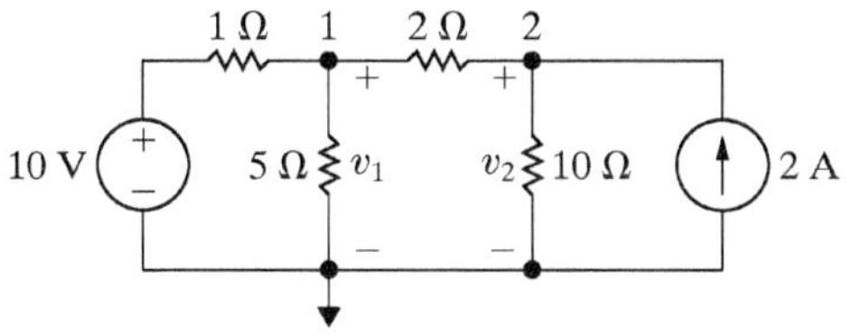

图 4.6　给图 4.5 所示的电路标上参考节点和节点电压

选择参考节点后，定义电路图上的节点电压。节点电压定义为：从参考节点到非参考节点的电压升。对于这个电路，必须定义两个节点电压，如图 4.6 所示，节点电压表示为 v_1 和 v_2。

下面准备列写节点电压方程。首先标出每个连接到非参考节点的支路电流，作为节点电压的函数，然后根据基尔霍夫电流定律将这些电流求和并使其为零。对于图 4.6 的电路，离开节点 1 通过 1 Ω 电阻的电流等于电阻上的电压降除以电阻(欧姆定律)。电阻上的电压降是 $v_1 - 10$，其方向与离开节点的电流方向一致。因此 1 Ω 电阻上的电流是$(v_1 - 10)/1$，如图 4.7 所示。图中给出了 10 V-1 Ω 支路及相应的电压和电流。

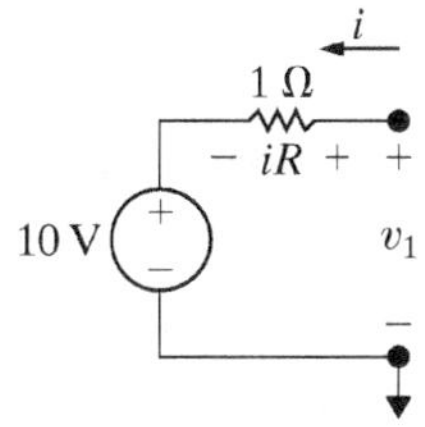

图 4.7　支路电流 i 的计算

按照同样的道理，可以得到每个含有未知电流支路的电流。离开节点 1 通过 5 Ω 电阻的电流为 $v_1/5$，离开节点 1 通过 2 Ω 电阻的电流为$(v_1 - v_2)/2$，离开节点 1 的三个电流之和必然等于零。因此，在节点 1 得到的节点电压方程是

$$\frac{v_1 - 10}{1} + \frac{v_1}{5} + \frac{v_1 - v_2}{2} = 0 \tag{4.5}$$

在节点 2 得到的节点电压方程是

$$\frac{v_2 - v_1}{2} + \frac{v_2}{10} - 2 = 0 \tag{4.6}$$

应当注意的是，式(4.6)中的第一项是离开节点 2 通过 2 Ω 电阻的电流，第二项是离开节点 2 通过 10 Ω 电阻的电流，第三项是离开节点 2 通过电流源的电流。

式(4.5)和式(4.6)是两个联立方程，用节点电压 v_1 和 v_2 描述了图 4.6 所示的电路。求解 v_1 和 v_2 得到

$$v_1 = \frac{100}{11} = 9.09\ \text{V}$$

$$v_2 = \frac{120}{11} = 10.91\ \text{V}$$

一旦节点电压已知，所有支路电流都可以计算。一旦求出支路电流，支路电压和功率也就可以计算了。例 4.2 说明了节点电压法的使用。

例 4.2　使用节点电压法

(a)利用节点电压法求图 4.8 所示电路中的 i_a，i_b 和 i_c。(b)求每个电源的功率，并说明电源是释放功率还是吸收功率。

解:

(a)应当注意到电路有两个基本节点，因此需要列写一个节点电压方程。选择较低处的节点作为参考节点，定义未知节点电压为 v_1，如图 4.9 所示。对离开节点 1 的电流求和，产生节点电压方程

$$\frac{v_1 - 50}{5} + \frac{v_1}{10} + \frac{v_1}{40} - 3 = 0$$

求解 v_1 得到

$$v_1 = 40\ \text{V}$$

因此

$$i_a = \frac{50 - 40}{5} = 2\ \text{A}$$

$$i_b = \frac{40}{10} = 4\ \text{A}$$

$$i_c = \frac{40}{40} = 1\ \text{A}$$

(b)50 V 电源的功率是

$$p_{50V} = -50i_a = -100\ \text{W}(\text{释放})$$

3 A 电源的功率是

$$p_{3A} = -3v_1 = -3 \times (40) = -120\ \text{W}(\text{释放})$$

检验这些计算，释放的总功率是 220 W。由 3 个电阻吸收的总功率是 4 × (5) + 16 × (10) + 1 × (40)，即 220 W，可见计算是正确的。

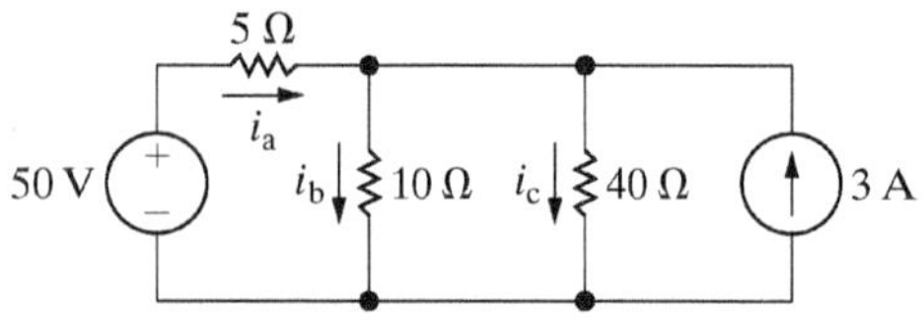

图 4.8 例 4.2 的电路

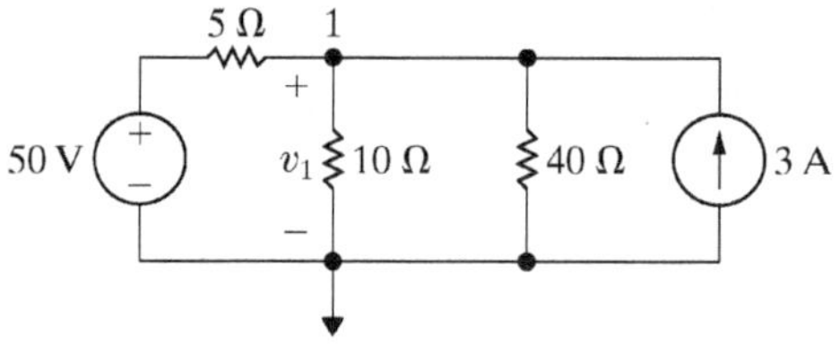

图 4.9 给图 4.8 所示电路标出参考节点和未知节点电压 v_1

评测目标 1 理解并能够使用节点电压法。

4.1 (a)电路如右图所示，使用节点电压法求 v_1，v_2 和 i_1。

(b)15 A 电源向电路释放的功率是多少?

(c)5 A 电源向电路释放的功率是多少?

答: (a)60 V，10 V，10 A;(b)900 W;(c) −50 W。

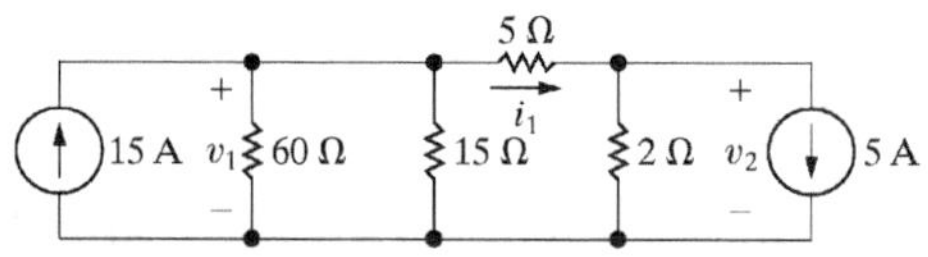

4.2 电路如右图所示，使用节点电压法求 v。

答: 15 V。

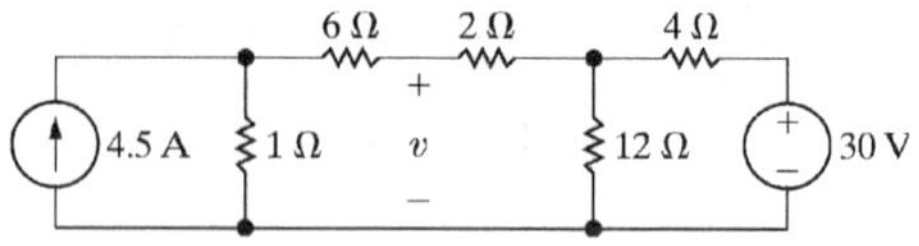

提示: 试求本章习题 4.6，习题 4.11 和习题 4.13。

4.3 节点电压法和非独立源

如果电路包含非独立源，则节点电压方程必须附加由非独立源提供的约束方程。例 4.3 说明了节点电压法在包含非独立源电路中的应用。

例 4.3 对包含非独立源的电路使用节点电压法

电路如图 4.10 所示，使用节点电压法求消耗在 5 Ω 电阻上的功率。

解:

电路有 3 个基本节点，需要两个节点电压方程描述电路。4 个支路终止于较低处的节点，所以选择较低处的节点作为参考节点。定义两个未知节点电压，如图 4.11 所示。对离开节点 1 的电流求和，产生方程

$$\frac{v_1-20}{2}+\frac{v_1}{20}+\frac{v_1-v_2}{5}=0$$

对离开节点 2 的电流求和，产生

$$\frac{v_2-v_1}{5}+\frac{v_2}{10}+\frac{v_2-8i_\phi}{2}=0$$

所列的两个方程包含 3 个未知数，即 v_1，v_2 和 i_ϕ。为了消去 i_ϕ，必须用节点电压来表示这个控制电流，即

$$i_\phi=\frac{v_1-v_2}{5}$$

将上述关系式代入节点 2 的方程，化简两个节点电压方程，得

$$0.75v_1-0.2v_2=10$$

$$-v_1+1.6v_2=0$$

解 v_1 和 v_2 得

$$v_1=16\text{ V 和 }v_2=10\text{ V}$$

然后

$$i_\phi=\frac{16-10}{5}=1.2\text{ A}$$

$$p_{5\Omega}=(1.44)\times(5)=7.2\text{ W}$$

重新思考这个例子，是培养解题直觉的好练习，用节点 2 作为参考节点，将使分析变得容易还是困难？

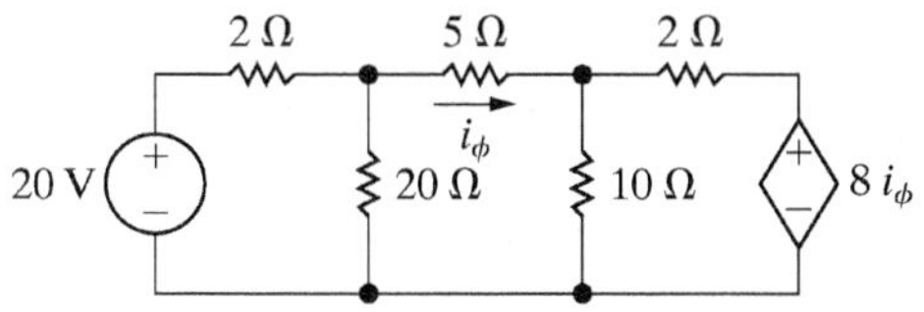

图 4.10　例 4.3 的电路

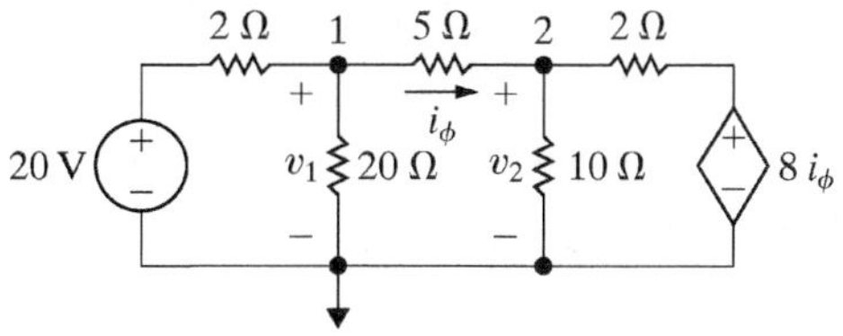

图 4.11　给图 4.10 所示电路标上参考节点和节点电压

评测目标 1　理解并能够使用节点电压法。

4.3　(a)电路如右图所示，使用节点电压法求每个电源的功率。

(b)说明电源是向电路释放功率还是从电路吸收功率。

答：(a) $p_{50V}=-150$ W，$p_{3i_1}=-144$ W，$p_{5A}=-80$ W；

(b)所有电源都是向电路释放功率。

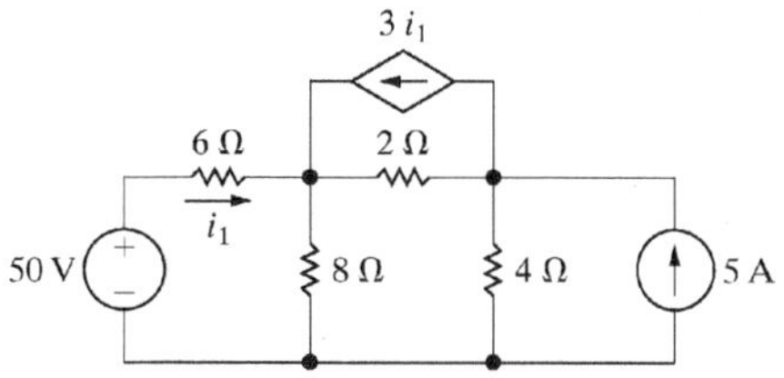

提示：试求本章习题 4.18 和习题 4.19。

4.4　节点电压法的特例

当一个电压源是两个基本节点之间仅有的元件时，节点电压法可以简化。如图 4.12 所示电路中有三个基本节点，需要两个联立方程。从三个基本节点中选择一个作为参考节点，标记另外两个节点。但是，100 V 电源使节点 1 和参考节点之间的电压为 100 V。这意味着只有一个未知节点电压(v_2)。因此求解这个电路只需列写一个节点 2 的节点电压方程

$$\frac{v_2-v_1}{10}+\frac{v_2}{50}-5=0 \tag{4.7}$$

由于 $v_1=100$ V，所以式(4.7)可以解出 v_2

$$v_2=125\text{ V} \tag{4.8}$$

知道了 v_2，就可以计算每个支路的电流了。可以验证，从包含独立电压源的支路流进节点 1 的电流是 1.5 A。

一般来说，在用节点电压法求解电路时，如果有电压源直接连接在基本节点之间，未知节点电压的数目会减少。理由是，只要电压源连接在基本节点之间，它就将强制这些节点之间的节点电压差等于电源电压。如果减少未知数的数目，将会简化电路的分析。

使用节点电压法分析图 4.13 所示的电路，电路包含 4 个基本节点，先列写 3 个节点电压方程。两个基本节点由一个独立电压源连接，另外两个基本节点由一个电流控制电压源连接，因此，实际上只有一个未知节点电压。

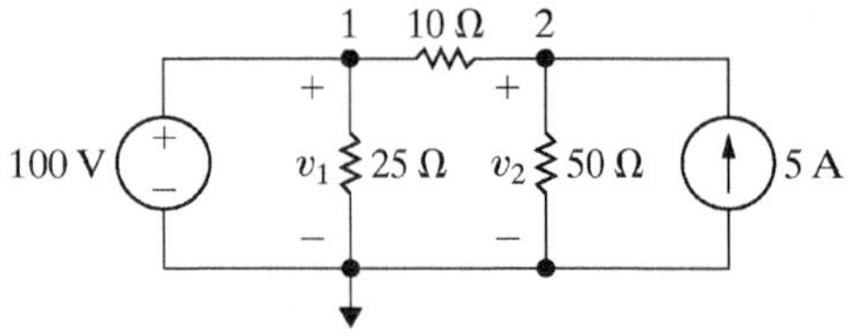

图 4.12　已知一个节点电压的电路

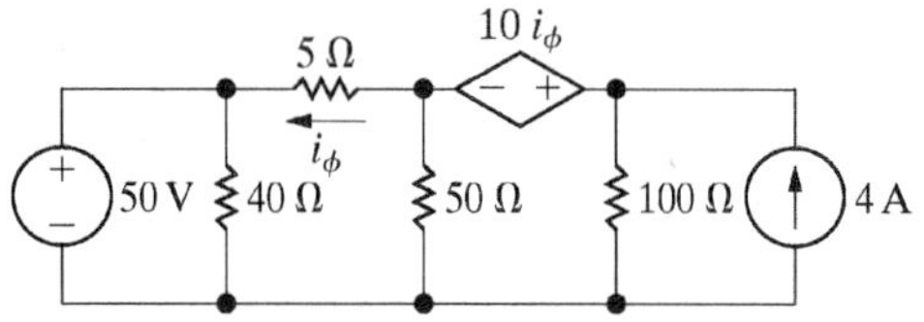

图 4.13　非独立电压源连接在节点之间的电路

选择参考节点有几种方案。非独立电压源两边的节点看上去很有吸引力，因为如果选择左边的节点作为参考节点，另一边的节点电压就是 $+10i_\phi$，如果选择右边的节点作为参考节点，另一边的节点电压就是 $-10i_\phi$。选择较低处的节点看来更好，因为一个节点电压直接已知(50 V)，而且 5 条支路的终点都在较低处的节点，因此选择较低处的节点作为参考节点。

图 4.14 所示是重新画的电路，电路中给出了参考节点，定义了节点电压。此外，还引进了电流 i，因为不能将非独立电压源支路的电流表示为节点电压 v_2 和 v_3 的函数。因此在节点 2

$$\frac{v_2 - v_1}{5} + \frac{v_2}{50} + i = 0 \tag{4.9}$$

在节点 3

$$\frac{v_3}{100} - i - 4 = 0 \tag{4.10}$$

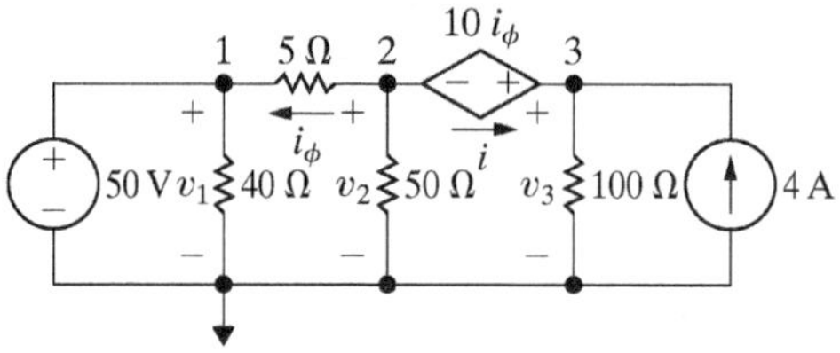

图 4.14　对图 4.13 所示电路选择参考节点,定义节点电压

通过相加式(4.9)和式(4.10)消去 i 得到

$$\frac{v_2 - v_1}{5} + \frac{v_2}{50} + \frac{v_3}{100} - 4 = 0 \tag{4.11}$$

4.4.1　超节点的概念

式(4.11)可以直接列出，不用通过中间步骤。考虑将节点 2 和节点 3 看成是单个节点，并对离开节点的电流求和，电流表示为节点电压 v_2 和 v_3 的函数，图 4.15 解释了这种方法。

当一个电压源在两个基本节点之间时，可以将这些节点组合形成超节点。很明显，基尔霍夫电流定律对超节点仍然有效。在图 4.15 中，从 5 Ω 支路开始,沿着超节点逆时针方向运动可产生方程

$$\frac{v_2 - v_1}{5} + \frac{v_2}{50} + \frac{v_3}{100} - 4 = 0 \tag{4.12}$$

它与式(4.11)是相同的。在节点 2 和节点 3 处创建一个超节点使该电路的分析变得更加容易。在写任何方程之前，花些时间寻找这种捷径是有价值的。

式(4.12)得到后，下一步是将表达式简化为一个未知节点电压。首先从方程中消去 v_1，因为已知 $v_1=50$ V。接着将 v_3 表示为 v_2 的函数

$$v_3 = v_2 + 10i_\phi \tag{4.13}$$

现在将非独立电压源的控制电流表示为节点电压的函数

$$i_\phi = \frac{v_2 - 50}{5} \tag{4.14}$$

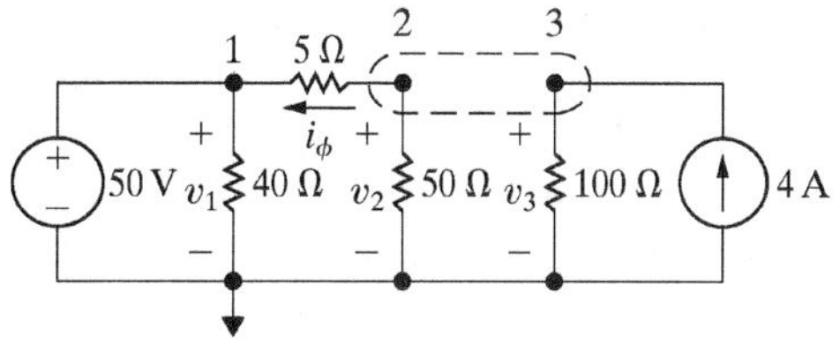

图 4.15　将节点 2 和节点 3 考虑为超节点

利用式(4.13)和式(4.14)以及 $v_1=50$ V 简化式(4.12)，得

$$v_2\left(\frac{1}{50}+\frac{1}{5}+\frac{1}{100}+\frac{10}{500}\right) = 10+4+1$$

$$v_2(0.25) = 15$$

$$v_2 = 60\ \text{V}$$

根据式(4.13)和式(4.14)

$$i_\phi = \frac{60-50}{5} = 2\ \text{A}$$

$$v_3 = 60 + 20 = 80\ \text{V}$$

4.4.2　电流表电路的节点电压分析

利用节点电压法分析一个电路，该电路曾在 2.5 节中介绍过，如图 4.16 所示。

在 2.5 节利用支路电流法分析该电路时，需要列写并求解 6 个联立方程。这里，将介绍如何利用节点分析法简化这项任务。

电路有 4 个基本节点：节点 a 和节点 d 与节点 b 和节点 c 相似，都由独立电压源连接。因为 $(n_e-1)-2=1$，所以问题简化为求一个未知节点电压。使用 d 作为参考节点，将节点 b 和节点 c 组合为超节点。如图 4.17 所示，将 R_2 上的电压降标记为 v_b，将 R_E 上的电压降标记为 v_c，可得

$$\frac{v_b}{R_2} + \frac{v_b - V_{CC}}{R_1} + \frac{v_c}{R_E} - \beta i_B = 0 \tag{4.15}$$

为了从式(4.15)中消去 v_c 和 i_B，有

$$v_c = (i_B + \beta i_B)R_E \tag{4.16}$$

$$v_c = v_b - V_0 \tag{4.17}$$

将式(4.16)和式(4.17)代入式(4.15)，产生

$$v_b\left[\frac{1}{R_1}+\frac{1}{R_2}+\frac{1}{(1+\beta)R_E}\right] = \frac{V_{CC}}{R_1} + \frac{V_0}{(1+\beta)R_E} \tag{4.18}$$

从式(4.18)中求解 v_b，得

$$v_b = \frac{V_{CC}R_2(1+\beta)R_E + V_0R_1R_2}{R_1R_2 + (1+\beta)R_E(R_1+R_2)} \tag{4.19}$$

使用节点电压法分析该电路简化了问题，从处理 6 个联立方程(参见习题 2.27)变为处理 3 个联立方程。可以验证，将式(4.19)与式(4.16)及式(4.17)组合，解出的 i_B 与式(2.25)相同(参见习题 4.30)。

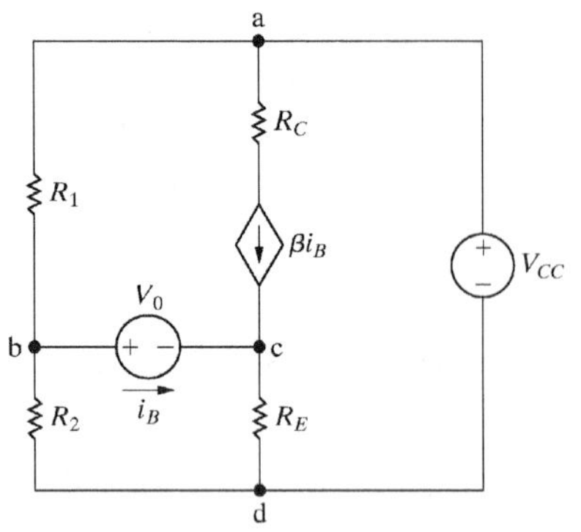

图 4.16　图 2.24 中的晶体管放大电路

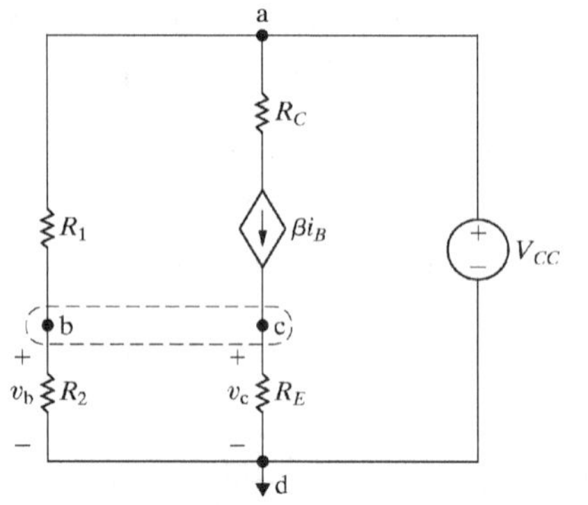

图 4.17　在图 4.16 所示电路中标出电压和超节点

评测目标 1　理解并能够使用节点电压法。

4.4　用节点电压法求右图所示电路中的 v_o。

答： 24 V。

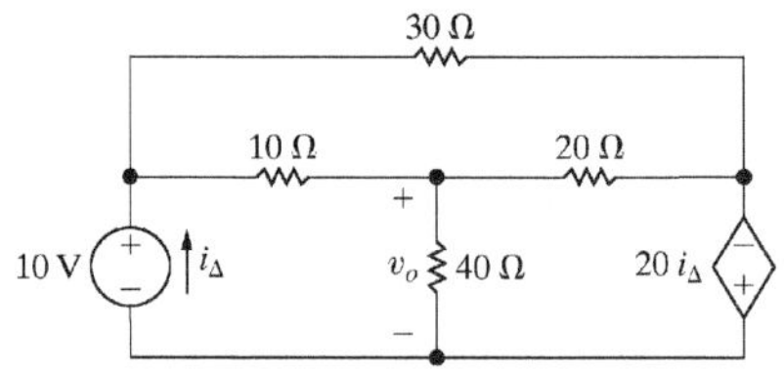

4.5　用节点电压法求右图所示电路中的 v。

答： 8 V。

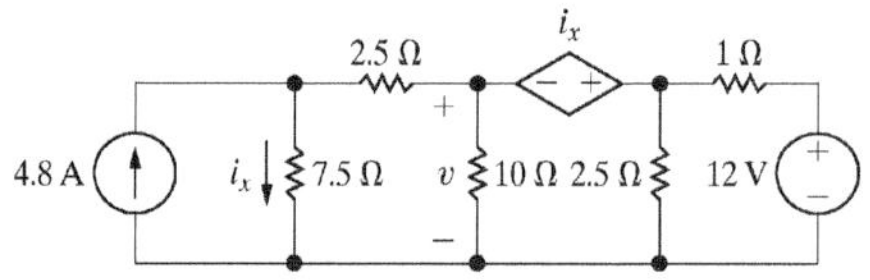

4.6　用节点电压法求右图所示电路中的 v_1。

答： 48 V。

提示： 试求本章习题 4.22，习题 4.23 和习题 4.26。

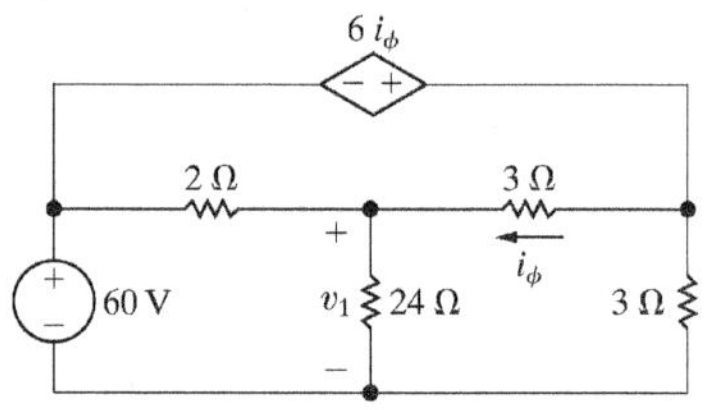

4.5　网孔电流法

如 4.1 节叙述，网孔电流分析法通过 $b_e-(n_e-1)$ 个方程描述电路。网孔是一个没有其他回路在里面的回路，图 4.18 所示电路是图 4.1(b) 的电路，这里再次给出。用带箭头的电流标明每个回路，网孔电流分析法只能应用于平面电路。图 4.18 给出的电路包含 4 个基本节点和 7 个基本支路，支路中的电流是未知的。为了用网孔电流法求解未知电流，必须列写 4 个[7-(4-1)]网孔电流方程。

网孔电流是仅存在于网孔周边内的电流。在电路图中，用沿着网孔周边的封闭实心线或接近封闭的实心线表示，实心线上的箭头表明了网孔电流的参考方向。图 4.18 给出了 4 个网孔电流，用网孔电流描述图 4.1(b) 所示的电路。根据定义，网孔电流将自动满足基尔霍夫电流定律。即在电路的任何节点，一个给定的网孔电流既进入又离开节点。

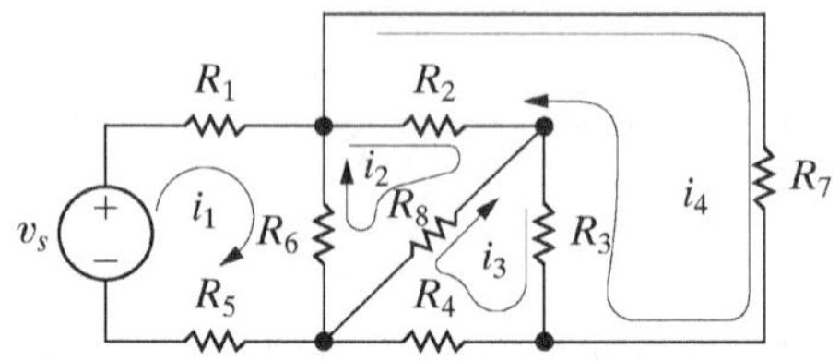

图 4.18　通过图 4.1(b) 所示电路定义网孔电流

图 4.18 还表明，支路电流不一定都能表示网孔电流。例如，网孔电流 i_2 不等于任何支路电流，而网孔电流 i_1，i_3 和 i_4 可以由支路电流表示。因此，不一定能测量网孔电流，也就是说，若要测量网孔电流 i_2，电流表无处可插。网孔电流虽然是个假想的量，但并

不意味着它是个无用的概念。相反，电路分析的网孔电流法却非常自然地从支路电流方程发展而来。

可以用图4.19所示电路来表明网孔电流法的发展过程。先用支路电流(i_1，i_2 和 i_3)构成一组独立的方程。对于该电路，$b_e=3$，$n_e=2$。可以只写一个独立的电流方程，但同时还需要两个独立的电压方程。对节点应用基尔霍夫电流定律，并沿着两个网孔应用基尔霍夫电压定律，产生了下列一组方程：

$$i_1 = i_2 + i_3 \tag{4.20}$$

$$v_1 = i_1R_1 + i_3R_3 \tag{4.21}$$

$$-v_2 = i_2R_2 - i_3R_3 \tag{4.22}$$

先求解式(4.20)的 i_3，再把结果代入式(4.21)和式(4.22)，就将三个方程简化为两个方程。

$$v_1 = i_1(R_1 + R_3) - i_2R_3 \tag{4.23}$$

$$-v_2 = -i_1R_3 + i_2(R_2 + R_3) \tag{4.24}$$

继续求解式(4.23)和式(4.24)中的 i_1 和 i_2，实现了用两个联立方程的解代替三个联立方程的解。通过将 n_e-1 个电流方程代入 $b_e-(n_e-1)$ 个电压方程得到了方程(4.23)和方程(4.24)。网孔电流法的价值在于，通过定义网孔电流，自动地消去 n_e-1 个电流方程。因此网孔电流法相当于将 n_e-1 个电流方程代入 $b_e-(n_e-1)$ 个电压方程的系统方法。网孔电流，在图4.19中相当于将支路电流 i_3 从式(4.21)和式(4.22)中消去后的电流，如图4.20所示。沿着两个网孔应用基尔霍夫电压定律，用网孔电流表示所有电阻上的电压，得到方程

$$v_1 = i_aR_1 + (i_a - i_b)R_3 \tag{4.25}$$

$$-v_2 = (i_b - i_a)R_3 + i_bR_2 \tag{4.26}$$

在式(4.25)和式(4.26)中合并 i_a 和 i_b 的系数，得

$$v_1 = i_a(R_1 + R_3) - i_bR_3 \tag{4.27}$$

$$-v_2 = -i_aR_3 + i_b(R_2 + R_3) \tag{4.28}$$

应当注意的是，式(4.27)和式(4.28)与式(4.23)和式(4.24)形式上是相同的。只是网孔电流 i_a 和 i_b 代替了支路电流 i_1 和 i_2。还要注意的是，图4.19中的支路电流可以用图4.20中的网孔电流表示，即

$$i_1 = i_a \tag{4.29}$$

$$i_2 = i_b \tag{4.30}$$

$$i_3 = i_a - i_b \tag{4.31}$$

能否得到式(4.29)至式(4.31)对电路分析的网孔电流法是至关重要的。一旦知道了网孔电流，也就知道了支路电流。而且一旦知道了支路电流，就能计算任何希望知道的电压或功率了。

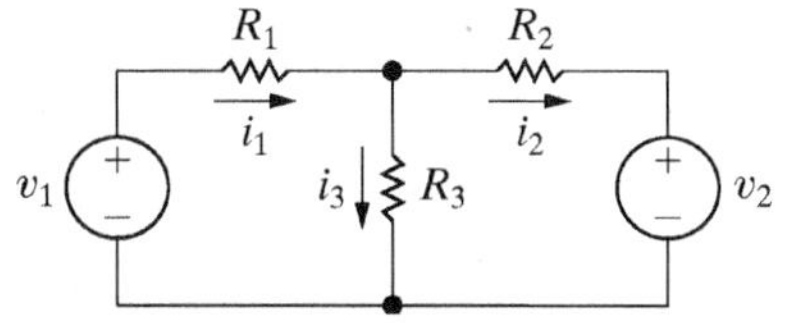

图4.19　该电路说明了电路分析的网孔电流法的发展

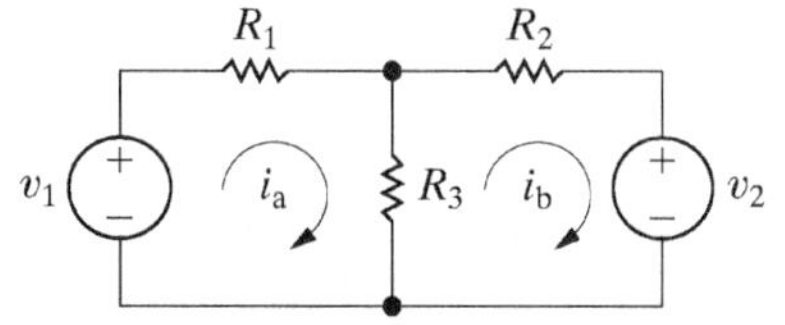

图4.20　网孔电流 i_a 和 i_b

例4.4说明了如何使用网孔电流法求解电源功率和支路电压。

例4.4　使用网孔电流法

(a)应用网孔电流法确定图4.21所示电路中每个电压源相应的功率。(b)计算8 Ω电阻上的功率 v_o。

解:

(a)为了计算每个电源的功率，需要知道每个电源中的电流。电路指示出这些电源电流与网孔电流相同，而且电路有7个含未知电流的支路和5个节点，因此需要3个[$b-(n-1)=7-(5-1)$]网孔电流方程描述电路。图4.22给出了3个网孔电流，用3个网孔电流描述图4.21所示的电路。如果假设电压降为正，则3个网孔方程是

$$\begin{aligned}-40+2i_a+8(i_a-i_b)&=0\\8(i_b-i_a)+6i_b+6(i_b-i_c)&=0\\6(i_c-i_b)+4i_c+20&=0\end{aligned}\tag{4.32}$$

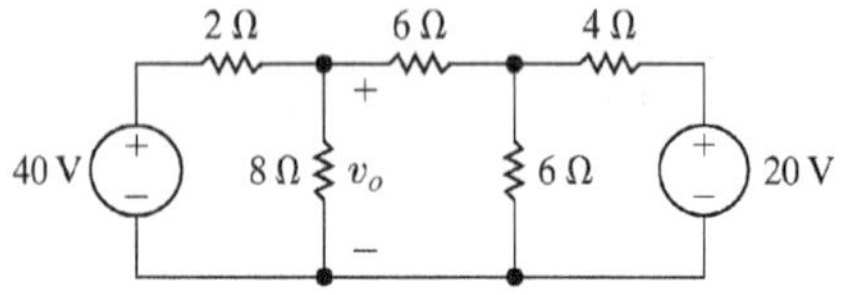

图4.21 例4.4的电路

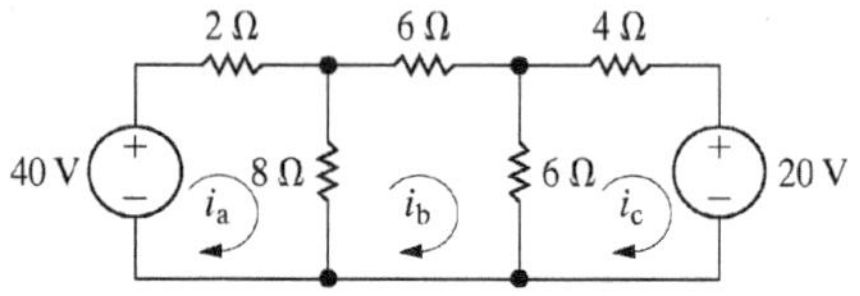

图4.22 用来分析图4.21所示电路的3个网孔电流

可以用计算器求解这些方程，也可以使用计算机工具。手工求解3个或更多的联立方程时，克拉默法则是一个有用的工具。可以在附录A中复习这个重要的工具。使用计算器、计算机程序或克拉默法则将式(4.32)变换如下：

$$\begin{aligned}10i_a-8i_b+0i_c&=40\\-8i_a+20i_b-6i_c&=0\\0i_a-6i_b+10i_c&=-20\end{aligned}\tag{4.33}$$

3个网孔电流是

$$i_a=5.6\text{ A}$$
$$i_b=2.0\text{ A}$$
$$i_c=-0.80\text{ A}$$

网孔电流 i_a 与40 V电源中的支路电流相同，因此该电源的功率是

$$p_{40V}=-40i_a=-224\text{ W}$$

负号意味着这个电源向电路释放功率。20 V电源中的电流与网孔电流 i_c 相同，因此

$$p_{20V}=20i_c=-16\text{ W}$$

20 V电源也向电路释放功率。

(b)8 Ω电阻中的电流为 i_a-i_b，其方向与电压降 v_o 的方向一致，所以

$$v_o=8(i_a-i_b)=8\times(3.6)=28.8\text{ V}$$

评测目标2 理解并能够使用网孔电流法。

4.7 电路如右图所示，使用网孔电流法，求(a)80 V电源向电路释放的功率；(b)8 Ω电阻上消耗的功率。

答：(a)400 W；(b)50 W。

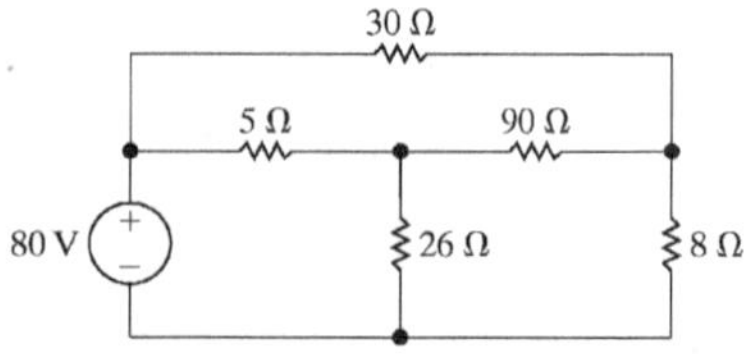

提示：试求本章习题4.32和习题4.36。

4.6 网孔电流法和非独立源

如果电路中包含非独立源，则网孔电流方程必须附加适当的约束方程。例4.5说明了网孔电流法在含非独立源电路中的应用。

例 4.5　在含非独立源的电路中使用网孔电流法

应用网孔电流法，确定图 4.23 所示电路中 4 Ω 电阻上的功率损耗。

解：

该电路有 6 个含未知电流的支路和 4 个节点，因此需要 3 个网孔电流描述该电路。图 4.24 定义了这 3 个网孔电流。3 个网孔电流方程是

$$\begin{aligned}50 &= 5(i_1 - i_2) + 20(i_1 - i_3)\\0 &= 5(i_2 - i_1) + 1i_2 + 4(i_2 - i_3)\\0 &= 20(i_3 - i_1) + 4(i_3 - i_2) + 15i_\phi\end{aligned} \tag{4.34}$$

用网孔电流表示非独立电压源的控制电流

$$i_\phi = i_1 - i_3 \tag{4.35}$$

这是由非独立源提供的附加方程。将式(4.35)代入式(4.34)，合并每个方程中 i_1，i_2 和 i_3 的系数，得到

$$\begin{aligned}50 &= 25i_1 - 5i_2 - 20i_3\\0 &= -5i_1 + 10i_2 - 4i_3\\0 &= -5i_1 - 4i_2 + 9i_3\end{aligned}$$

因为要计算 4 Ω 电阻上的功率损耗，所以先计算网孔电流 i_2 和 i_3

$$i_2 = 26\ \text{A}$$

$$i_3 = 28\ \text{A}$$

4 Ω 电阻中的电流从左向右定向为 $i_3 - i_2$，即 2 A，因此功率损耗是

$$p_{4\Omega} = (i_3 - i_2)^2 \times (4) = (2)^2 \times (4) = 16\ \text{W}$$

如果没有说使用网孔电流法，你会选择节点电压法吗？由于有两个位于基本节点之间的电压源，所以可以将问题简化为求一个未知节点电压，以后会给出更多种选择。

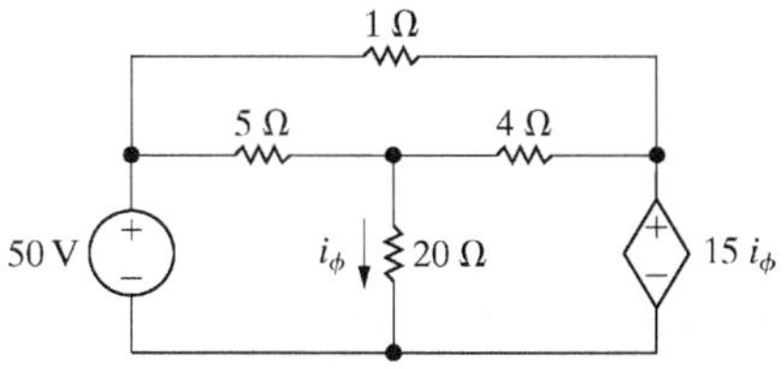

图 4.23　例 4.5 的电路

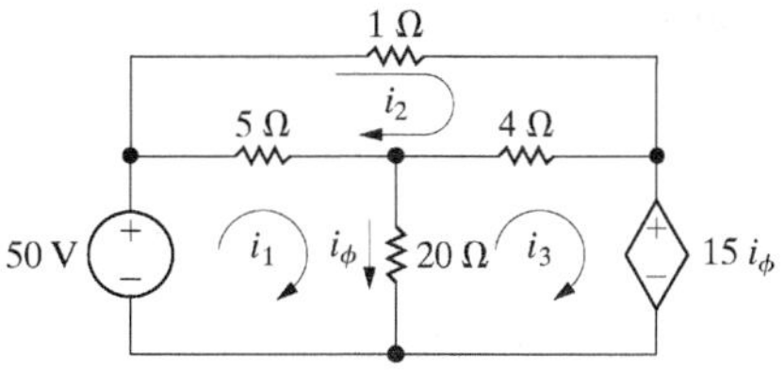

图 4.24　给图 4.23 所示电路标上 3 个网孔电流

评测目标 2　理解并能够使用网孔电流法。

4.8　(a)确定求解如右图所示电路所需的网孔电流方程的数目。(b)应用网孔电流法求非独立电压源释放的功率。

答：(a)3；(b) −36 W。

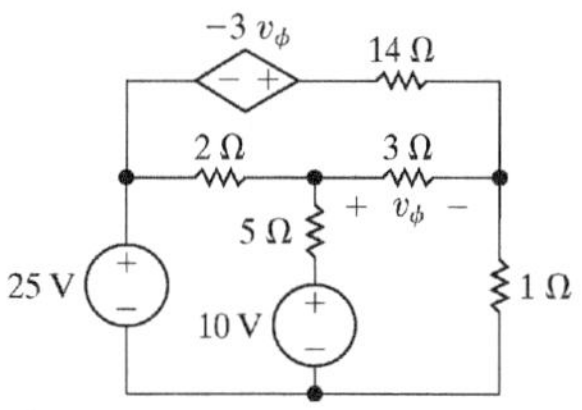

4.9　应用网孔电流法求如右图所示电路的 v_o。

答：16 V。

提示：试求本章习题 4.39 和习题 4.40。

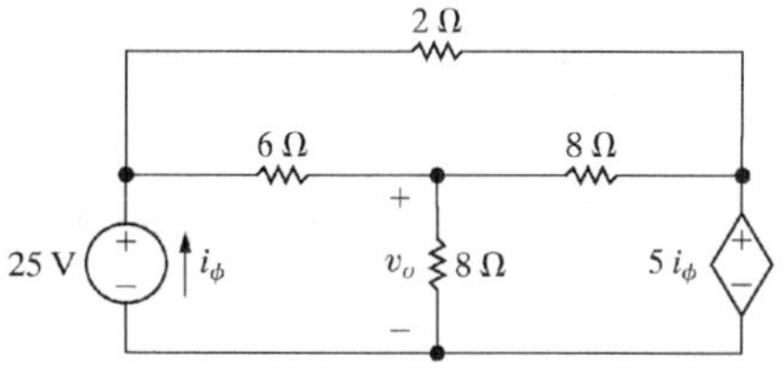

4.7　网孔电流法的特例

当支路包含电流源时，网孔电流法需要一些补充知识。图 4.25 所示电路描述了这类问题。

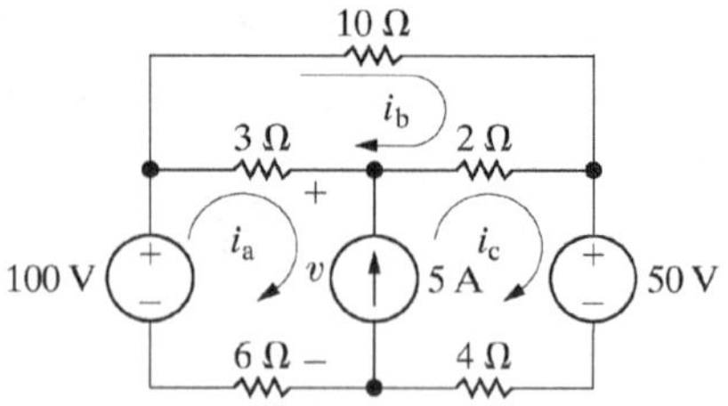

图 4.25 该电路表明了支路包含独立电流源时的网孔分析

为了有助于讨论，定义了网孔电流 i_a，i_b 和 i_c，以及 5 A 电流源上的电压。注意电路包含 5 个未知电流的支路和 4 个基本节点。需要列写两个[5 - (4 - 1)]网孔电流方程求解电路。电流源的存在使 3 个未知网孔电流简化为两个，因为它使 i_a 和 i_c 之间的差等于 5 A。因此若知道了 i_a，也就知道了 i_c，反之亦然。

然而，当试图对网孔 a 或网孔 c 的电压求和时，必须引入 5 A 电流源上未知电压的方程。因此，对网孔 a

$$100 = 3(i_a - i_b) + v + 6i_a \tag{4.36}$$

对网孔 c

$$-50 = 4i_c - v + 2(i_c - i_b) \tag{4.37}$$

现在将式(4.36)和式(4.37)相加消去 v，得到

$$50 = 9i_a - 5i_b + 6i_c \tag{4.38}$$

对网孔 b 的电压求和，得到

$$0 = 3(i_b - i_a) + 10i_b + 2(i_b - i_c) \tag{4.39}$$

将式(4.38)和式(4.39)简化为只有两个未知量的两个方程，需要用到约束方程

$$i_c - i_a = 5 \tag{4.40}$$

以下结论留给读者验证：若将式(4.40)与式(4.38)和式(4.39)相结合，则 3 个网孔电流的解是

$$i_a = 1.75\ \text{A}, \quad i_b = 1.25\ \text{A}, \quad i_c = 6.75\ \text{A}$$

4.7.1 超网孔的概念

如果使用超网孔的概念，不引入未知电压 v 也可以得到式(4.38)。为了创建超网孔，在写网孔电流方程时，通过避开电流源支路，可将电流源从电路中移走。用网孔电流沿着超网孔书写电压表达式。图 4.26 说明了超网孔的概念。沿着超网孔(用虚线表示)对电压求和，就得到方程

$$-100 + 3(i_a - i_b) + 2(i_c - i_b) + 50 + 4i_c + 6i_a = 0 \tag{4.41}$$

化简得

$$50 = 9i_a - 5i_b + 6i_c \tag{4.42}$$

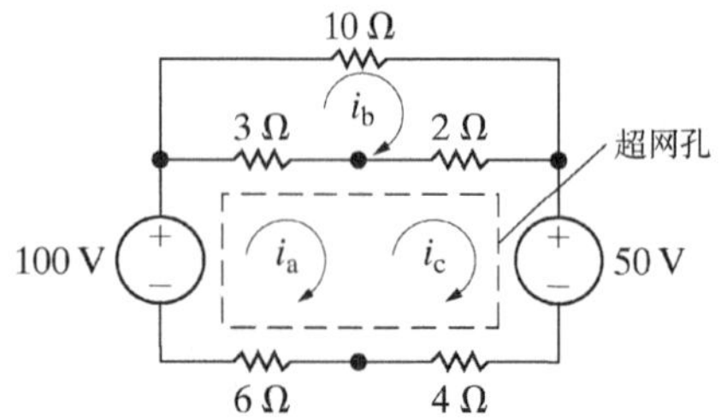

图 4.26 用图 4.25 电路说明超网孔的概念

应当注意到，式(4.42)和式(4.38)是相同的。因此超网孔不需要引入电流源上的未知电压。应当强调的是，花些时间仔细观察电路找到捷径对简化分析非常有益。

4.7.2 放大电路的网孔电流分析

通过一个电路举例说明网孔电流法如何处理支路包含非独立源的情况。该电路在 2.5 节(参见图 2.24)曾经给出过。图 4.27 重新给出了该电路，并将 3 个网孔电流表示为 i_a，i_b 和 i_c，这个电路有 4 个基本节点和 5 个含未知电流的基本支路。电路可以用两个[5 - (4 - 1)]网孔

电流方程描述。尽管在图 4.27 中已经定义了 3 个网孔电流，但由于非独立电流源在网孔电流 i_a 和 i_c 之间产生了约束条件，所以只有两个未知的网孔电流。使用超网孔的概念，重新画出电路如图 4.28 所示。

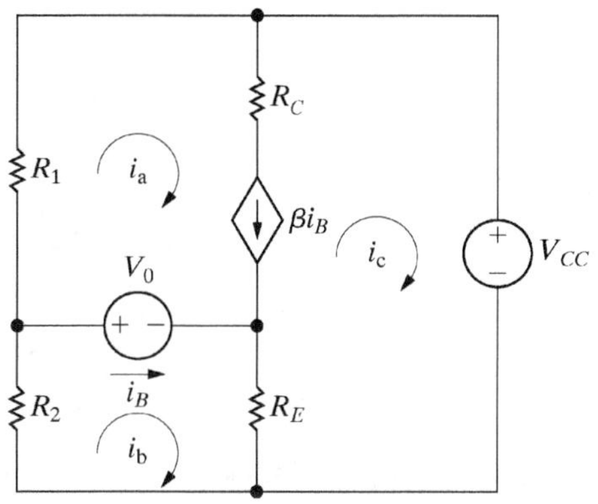

图 4.27　图 2.24 电路加上网孔电流 i_a，i_b 和 i_c

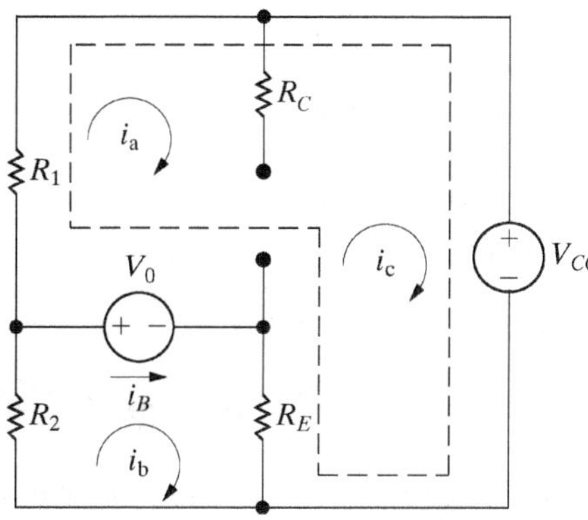

图 4.28　用图 4.27 的电路描述非独立电流源的存在创建了超网孔

用网孔电流 i_a，i_b 和 i_c 对超网孔电压求和，得到

$$R_1 i_a + v_{CC} + R_E(i_c - i_b) - V_0 = 0 \tag{4.43}$$

网孔 b 的方程是

$$R_2 i_b + V_0 + R_E(i_b - i_c) = 0 \tag{4.44}$$

非独立电流源提供的约束是

$$\beta i_B = i_a - i_c \tag{4.45}$$

将控制非独立电流源的支路电流表示为网孔电流的函数，得

$$i_B = i_b - i_a \tag{4.46}$$

根据式(4.45)和式(4.46)，得

$$i_c = (1+\beta) i_a - \beta i_b \tag{4.47}$$

使用式(4.47)消去式(4.43)和式(4.44)中的 i_c

$$[R_1 + (1+\beta)R_E] i_a - (1+\beta) R_E i_b = V_0 - V_{CC} \tag{4.48}$$

$$-(1+\beta) R_E i_a + [R_2 + (1+\beta) R_E] i_b = -V_0 \tag{4.49}$$

可以证明从式(4.48)和式(4.49)求得的解 i_a 和 i_b 是

$$i_a = \frac{V_0 R_2 - V_{CC} R_2 - V_{CC}(1+\beta) R_E}{R_1 R_2 + (1+\beta) R_E (R_1 + R_2)} \tag{4.50}$$

$$i_b = \frac{-V_0 R_1 - (1+\beta) R_E V_{CC}}{R_1 R_2 + (1+\beta) R_E (R_1 + R_2)} \tag{4.51}$$

读者可以证明：用式(4.50)和式(4.51)求 i_B，结果与式(2.25)给出的结果相同。

评测目标 2　理解并能够使用网孔电流法。

4.10　用网孔电流法求右图所示电路中 2 Ω 电阻上的功率损耗。

答：72 W。

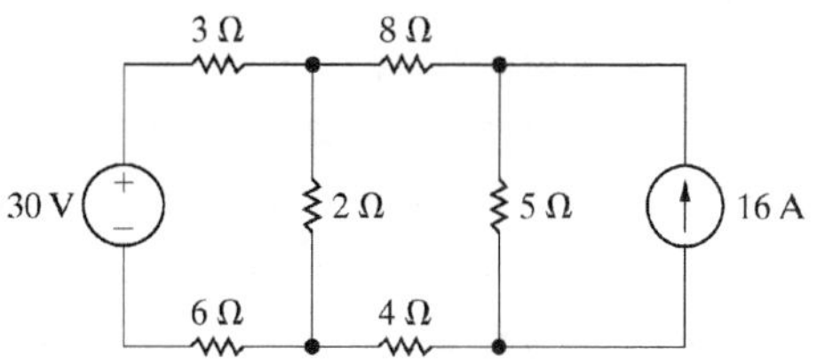

4.11 用网孔电流法求右图所示电路中的网孔电流 i_a。

答：15 A。

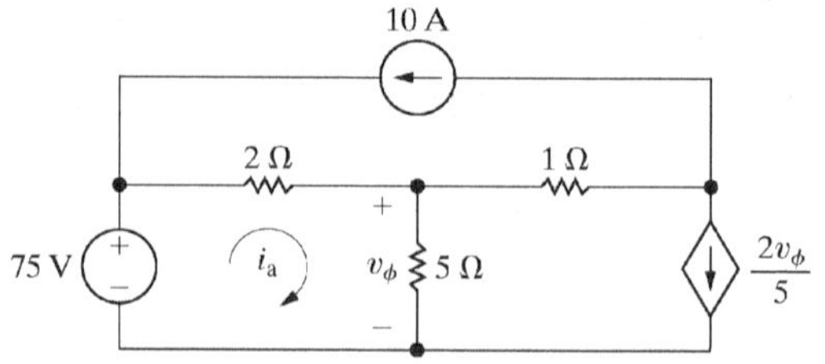

4.12 用网孔电流法求右图所示电路中 1 Ω 电阻上的功率损耗。

答：36 W。

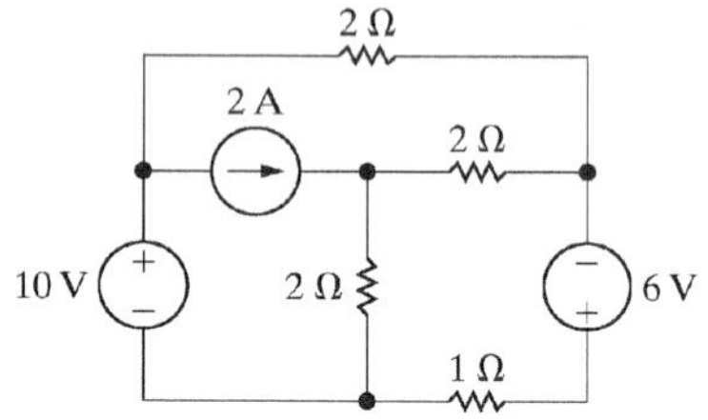

提示：试求本章习题 4.43，习题 4.47，习题 4.49 和习题 4.52。

4.8 节点电压法与网孔电流法的比较

节点电压法和网孔电流法的最大优点是减少了必须求解的联立方程的数目。组织和列写这些方程，应当对电路进行相当系统的分析。这时自然会出现这样的问题“什么情况下应该选择节点电压法而不是网孔电流法，反之亦然”。可以猜到这没有明确的答案。然而，提出这个问题，有助于在进入求解过程之前确定更为有效的方法。

- 有没有方法能用更少的联立方程求解？
- 电路包含超节点吗？如果包含，用节点电压法可以减少求解方程的数目。
- 电路包含超网孔吗？如果包含，用网孔电流法可以减少求解方程的数目。
- 只要求对给定电路的某个部分求解吗？如果是，哪种方法对求解电路的有关部分最有效？

最重要的是，在任何情况下，都应当多花一些时间考虑可以使用的不同分析方法。例 4.6 和例 4.7 说明了在节点电压法和网孔电流法之间做出选择的过程。

例 4.6 节点电压法与网孔电流法的比较

电路如图 4.29 所示，求 300 Ω 电阻上的功率损耗。

解：

为了求 300 Ω 电阻上的功率损耗，需要求电阻上的电流或电压。网孔电流法可以得到电阻上的电流，这种方法需要解 5 个联立网孔方程，如图 4.30 所示。在列写 5 个方程时，必须包含约束 $i_\Delta = -i_b$。

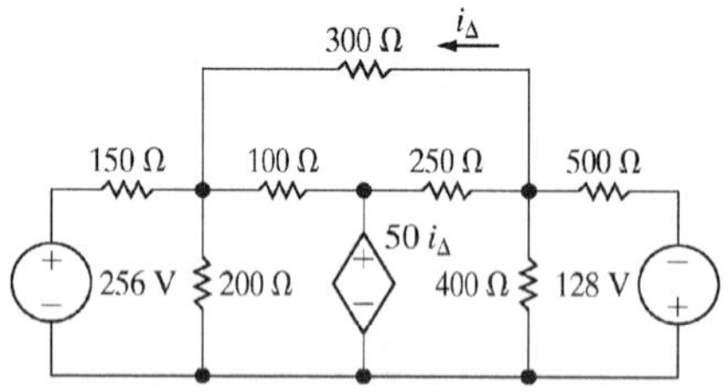

图 4.29 例 4.6 的电路

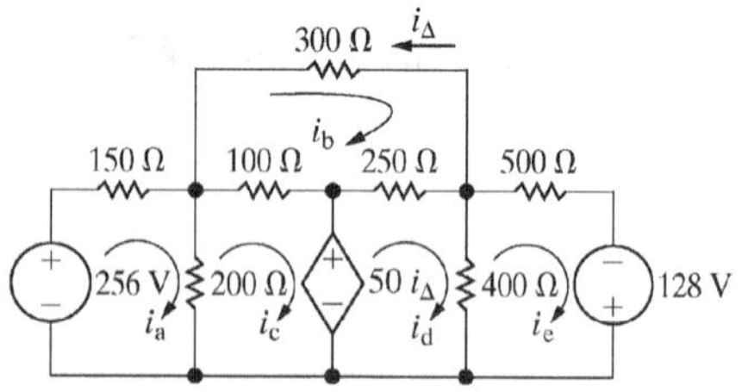

图 4.30 图 4.29 的电路加上 5 个网孔电流

在进一步求解之前，看一看如何用节点电压法分析电路。值得注意的是，一旦知道了节点电压，就能够计算 300 Ω 电阻上的电流或电压了。电路有 4 个基本节点，因而只需要 3 个节点电压方程描述电路。因为非独立电压源在两个基本节点之间，所以只需要对两个节点的电流求和。因此，问题简化为列出两个节点电压方程和一个约束方程。因为节点电压法只需要 3 个联立方程，所以更具吸引力。

一旦决定使用节点电压法，下一步就是选择参考节点。图 4.29 所示电路有两个基本节点的优点需要考虑。图 4.31 选择第一个节点作为参考节点，未知节点电压就是 300 Ω 电阻上的电压，即图 4.31 中的 v_2。一旦知道了这个电压，就可以使用下列方程计算 300 Ω 电阻上的功率：

$$p_{300\Omega} = v_2^2/300$$

除了选择参考节点之外，还定义了 3 个节点电压 v_1，v_2 和 v_3。节点 1 和节点 3 形成一个超节点，因为这两个节点通过一个非独立电压源相连。节点电压相对于参考节点是电压升，在图 4.31 所示电路中，不再标出节点电压的参考极性。

第二个节点作为参考节点的优点是节点处于电路较低处，如图 4.32 所示。由于大多数支路与该节点连接，因此比较容易写出节点电压方程。然而，为了求 300 Ω 电阻上的电流或电压，知道了节点电压 v_a 和 v_c 后，还需要继续进行计算。例如，300 Ω 电阻上的电流是 $(v_c - v_a)/300$，或者电阻上的电压是 $v_c - v_a$。

用下面一组方程来比较这两个参考节点的选择。第一组基于图 4.31 所示电路，第二组基于图 4.32 所示电路。

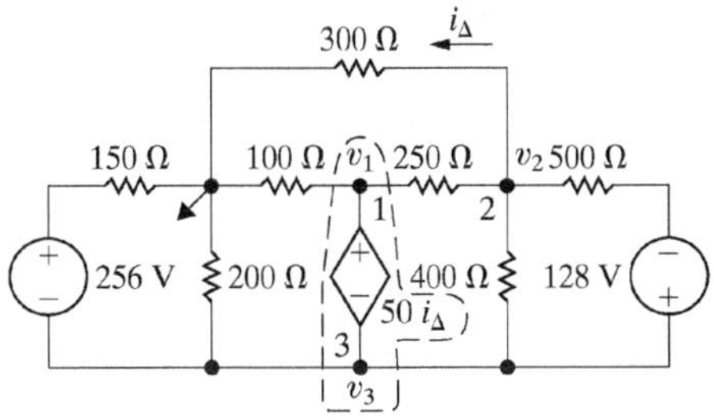

图 4.31　图 4.29 所示电路加上了参考节点

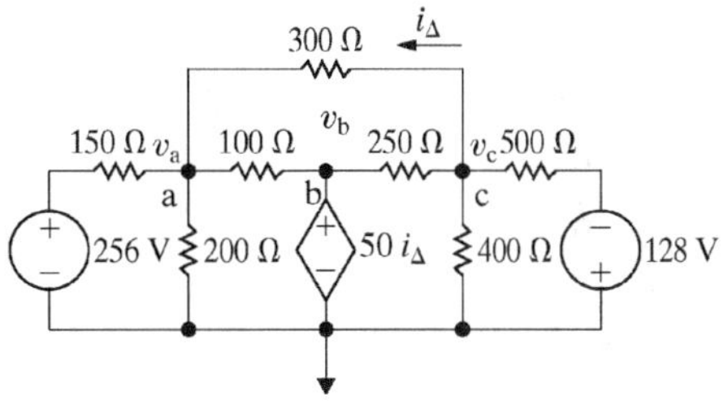

图 4.32　图 4.29 所示电路加上了可选的参考节点

- 第一组(参见图 4.31)

  在超节点处

$$\frac{v_1}{100} + \frac{v_1 - v_2}{250} + \frac{v_3}{200} + \frac{v_3 - v_2}{400} + \frac{v_3 - (v_2 + 128)}{500} + \frac{v_3 + 256}{150} = 0$$

  在 v_2 处

$$\frac{v_2}{300} + \frac{v_2 - v_1}{250} + \frac{v_2 - v_3}{400} + \frac{v_2 + 128 - v_3}{500} = 0$$

  对于超节点，约束方程是

$$v_3 = v_1 - 50i_\Delta = v_1 - \frac{v_2}{6}$$

- 第二组(参见图 4.32)

  在 v_a 处

$$\frac{v_a}{200} + \frac{v_a - 256}{150} + \frac{v_a - v_b}{100} + \frac{v_a - v_c}{300} = 0$$

  在 v_c 处

$$\frac{v_c}{400} + \frac{v_c + 128}{500} + \frac{v_c - v_b}{250} + \frac{v_c - v_a}{300} = 0$$

对于超节点，约束方程是

$$v_b = 50i_\Delta = \frac{50\times(v_c - v_a)}{300} = \frac{v_c - v_a}{6}$$

可以验证任意一组的结论都是相同的，300 Ω 电阻上的功率损耗是 16.57 W。

例 4.7　比较节点电压法和网孔电流法

求图 4.33 所示电路中的电压 v_o。

解：

如果不仔细看，节点电压法似乎更加吸引人，因为可以通过选择非独立电流源底端作为参考节点，定义未知电压作为节点电压。电路有 4 个基本节点和两个电压控制电流源，因此节点电压法需要 3 个节点电压方程和两个约束方程。

如果用网孔电流法求 v_o，则电路包含 3 个网孔，可以用最左边的一个计算 v_o。如果让 i_a 表示最左边的网孔电流，那么，$v_o = 193 - 10i_a$。两个电流源的存在将问题简化为处理一个超网孔方程和两个约束方程，因此网孔电流法更吸引人。

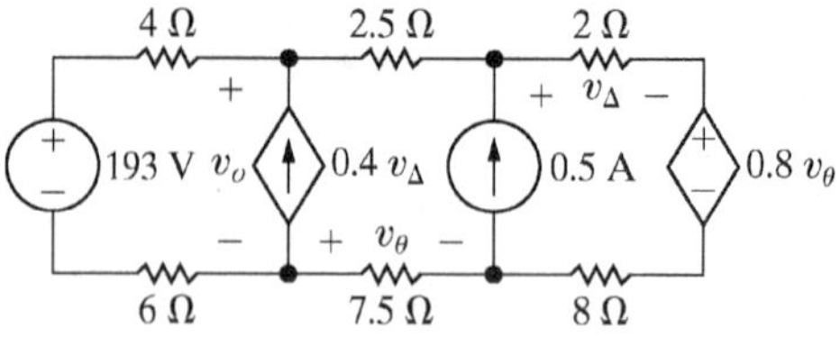

图 4.33 例 4.7 的电路

为了有助于比较上述两种方法，先简要说明这两种方法。网孔电流方程基于图 4.34 所示电路，节点电压方程基于图 4.35 所示电路。超网孔方程是

$$193 = 10i_a + 10i_b + 10i_c + 0.8v_\theta$$

约束方程是

$$i_b - i_a = 0.4v_\Delta = 0.8i_c;\quad v_\theta = -7.5i_b;\qquad i_c - i_b = 0.5$$

使用约束方程和超网孔方程解出 i_a 和 v_o

$$160 = 80i_a,\quad \text{即}\ i_a = 2\ \text{A}$$

$$v_o = 193 - 20 = 173\ \text{V}$$

节点电压方程是

$$\frac{v_o - 193}{10} - 0.4v_\Delta + \frac{v_o - v_a}{2.5} = 0$$

$$\frac{v_a - v_o}{2.5} - 0.5 + \frac{v_a - (v_b + 0.8v_\theta)}{10} = 0$$

$$\frac{v_b}{7.5} + 0.5 + \frac{v_b + 0.8v_\theta - v_a}{10} = 0$$

约束方程是

$$v_\theta = -v_b,\quad v_\Delta = \left[\frac{v_a - (v_b + 0.8v_\theta)}{10}\right] \times 2$$

用约束方程将节点电压方程简化为包含 v_o，v_a 和 v_b 的 3 个联立方程。可以验证用节点电压法也得到 $v_o = 173$ V。

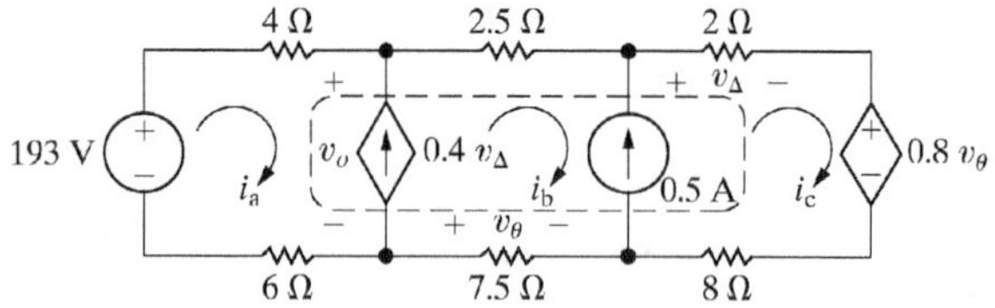

图 4.34 图 4.33 所示电路标上了 3 个网孔电流

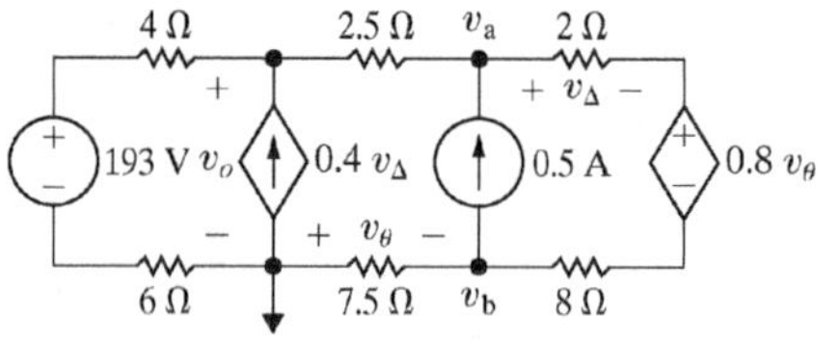

图 4.35 图 4.33 所示电路标上了节点电压

评测目标 3 能够正确选择节点电压法或网孔电流法。

4.13 电路如右图所示，求 2 A 电流源释放的功率。

答：70 W。

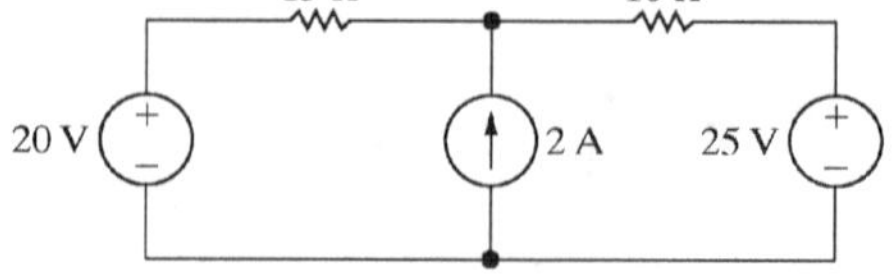

4.14 电路如右图所示，求 4 A 电流源释放的功率。

答：40 W。

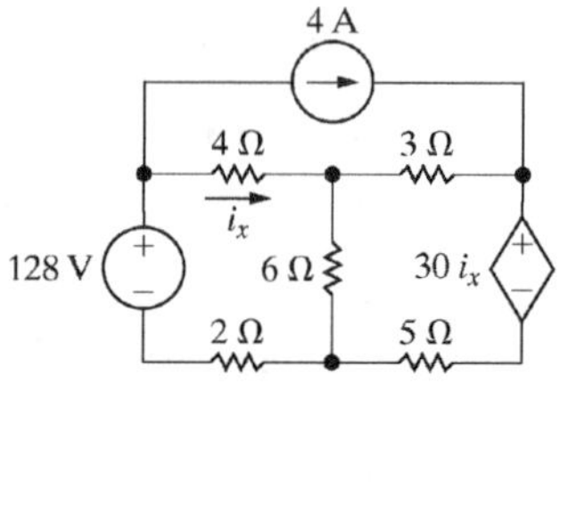

提示：试求本章习题 4.54 和习题 4.56。

4.9　电源变换

尽管节点电压法和网孔电流法是求解电路的有效方法，但人们依然对能够用来简化电路的方法感兴趣。串联–并联简化法和 Δ-Y 变换已经在简化方法的名单之内，现在用电源变换来扩展这份简化名单。电源变换，如图 4.36 所示，也就是与电阻串联的电压源可以用与同样电阻并联的电流源代替，反之亦然。双箭头强调电源变换是双向的，即开始于哪个结构都能得到另一个结构。

现在需要求 v_s 和 i_s 之间的关系式，应当保证图 4.36 中的两种结构在节点 a，b 的关系是等效的。等效指的是电阻 R_L 无论是连接在图 4.36(a)中，还是图 4.36(b)的节点 a，b 之间，R_L 上都有相同的电流和相同的电压降。

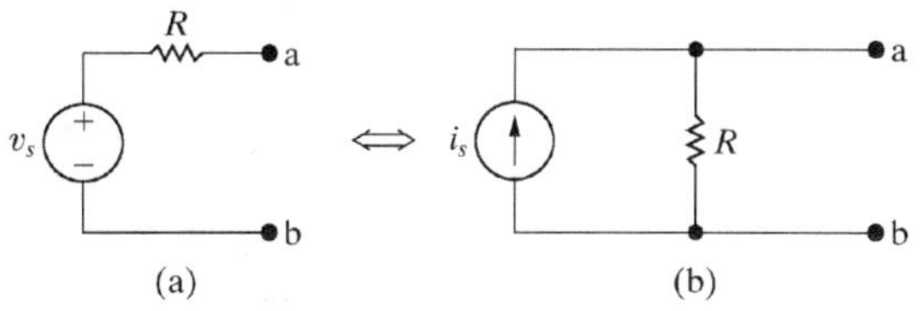

图 4.36　电源变换

假定 R_L 连接在图 4.36(a)的节点 a，b 之间，使用欧姆定律，R_L 上的电流是

$$i_L = \frac{v_s}{R + R_L} \tag{4.52}$$

再假定相同的电阻 R_L 连接在图 4.36(b)的节点 a，b 之间，使用分流公式，R_L 上的电流是

$$i_L = \frac{R}{R + R_L} i_s \tag{4.53}$$

如果图 4.36 中的两个电路是等效的，则这些电阻上的电流就一定是相等的。方程(4.52)和方程(4.53)的右边相等，写出等式并化简得

$$i_s = \frac{v_s}{R} \tag{4.54}$$

如果图 4.36 的电路满足式(4.54)，那么无论 R_L 的数值是多少，两个电路中 R_L 上的电流都是相同的。如果两个电路中通过 R_L 的电流是相同的，那么两个电路中 R_L 上的电压降也是相同的。在节点 a，b 处，电路是等效的。

如果 v_s 的极性反过来，则为了保持等效，i_s 的方向必须反过来。

例 4.8 将说明如何使用电源变换简化电路的分析。

例 4.8　使用电源变换求解电路

(a)电路如图 4.37 所示，求 6 V 电源的功率。(b)说明 6 V 电源是吸收还是释放功率。

解：

(a)现在研究图 4.37 所示电路，我们最关心的是 6 V 电源的功率，可以使用几种方法计算。电路有 4 个基本节点和 6 个含未知电流的基本支路。因此可以通过求解 3 个[6 - (4 - 1)]网孔电流方程或 3 个[4 - 1]节点电压方程来求解包含 6 V 电源支路的电流。选择网孔电流方法涉及求解一个网孔电流，它相当于 6 V 电源上的支路电流。选择节点电压方法涉及求解 30 Ω 电阻上的电压，根据这个电压，可以计算 6 V 电源上的支路电流。由于焦点仅仅集中在一个支路电流，所以可以首先使用电源变换来简化电路。

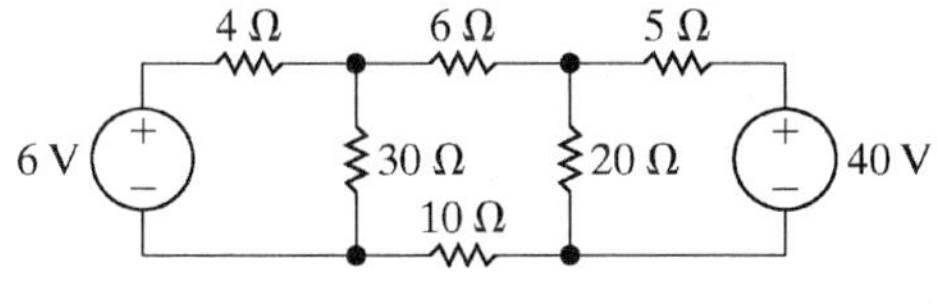

图 4.37　例 4.8 的电路

在简化电路时，必须要保持包含 6 V 电源支路的特性，而不用保持包含 40 V 电源支路的特性。首先，将与 5 Ω 电阻串联的 40 V 电源变换为与 5 Ω 电阻并联的 8 A 电流源，如图 4.38(a)所示。

接着，用 4 Ω 电阻代替 20 Ω 和 5 Ω 电阻的并联。由于 4 Ω 电阻与 8 A 电流源并联，因此可以用 32 V 电源与 4 Ω 电阻串联来替换，如图 4.38(b)所示。32 V 电源与 20 Ω 电阻串联，可以替换为 1.6 A 电流源与 20 Ω 电阻并联，如图 4.38(c)所示。20 Ω 和 30 Ω 的并联电阻可以简化为一个 12 Ω 电阻。1.6 A 电流源与 12 Ω 电阻的并联组合再变换为 19.2 V 电压源与 12 Ω 电阻的串联，图 4.38(d)给出了最后变换的结果。电流是(19.2 - 6)/16，即 0.825 A，其方向与 6 V 电源上的电压降方向一致，因此 6 V 电源功率是

$$p_{6V} = (0.825) \times (6) = 4.95\ \text{W}$$

(b)电压源是吸收功率的。

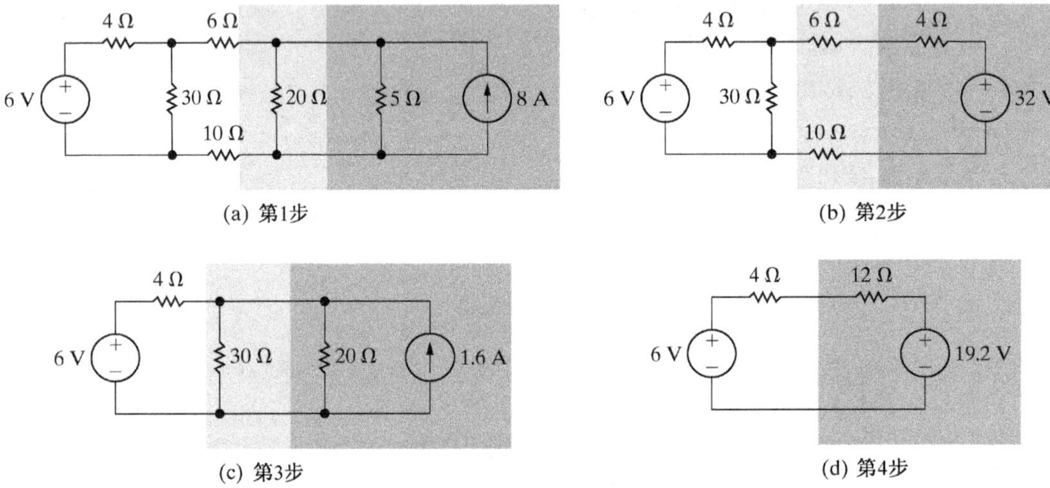

图 4.38 逐步简化图 4.37 所示电路

根据图 4.38 描述的电源变换，有一个问题：“如果一个电阻 R_p 与电压源并联或一个电阻 R_s 与电流源串联会发生什么现象”。在这两种情况下，电阻对 a，b 端的等效电路没有影响，图 4.39 概括了这一结论。

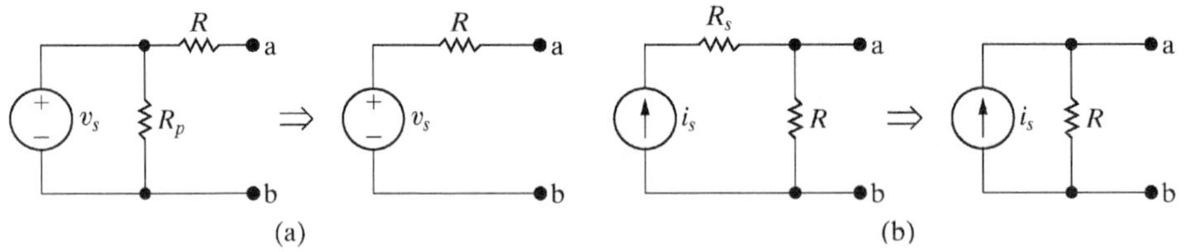

图 4.39 包含电阻与电压源并联或与电流源串联的等效电路

图 4.39(a)描述的两个电路相对于端子 a，b 是等效的，因为对于接在节点 a，b 之间的电阻 R_L，它们产生相同的电压和电流。图 4.39(b)的电路也是如此。例 4.9 说明了图 4.39 等效电路的应用。

例 4.9 使用电源变换技巧

(a)用电源变换求图 4.40 所示电路中的电压 v_o。(b)求 250 V 电压源提供的功率。(c)求 8 A 电流源提供的功率。

解：

(a)首先移去 125 Ω 和 10 Ω 电阻，因为 125 Ω 电阻与 250 V 电压源并联，10 Ω 电阻与 8 A 电流源串联。将串联的电阻组合成一个 20 Ω 电阻。图 4.41 给出了简化后的电路。

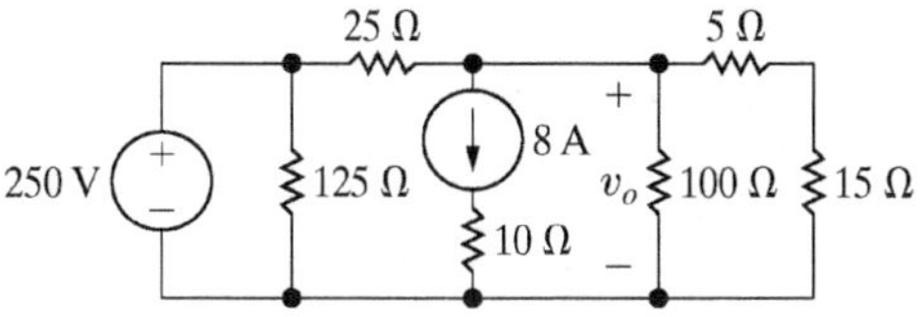

图 4.40　例 4.9 的电路

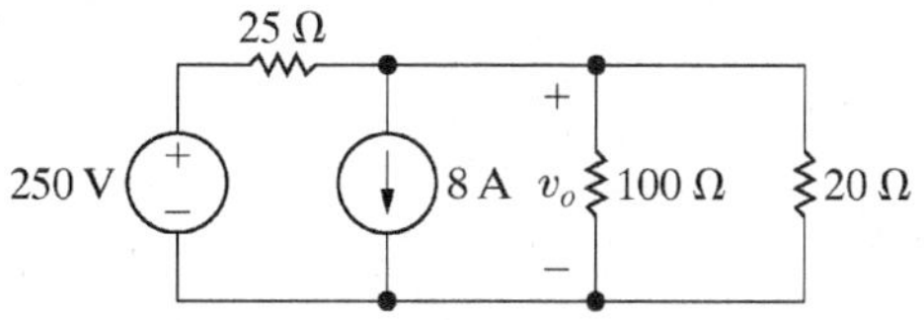

图 4.41　图 4.40 所示电路的简化形式

用电源变换，将 10 A 电源与 25 Ω 电阻的并联替换为 250 V 电压源和 25 Ω 电阻的串联，如图 4.42 所示。接下来化简图 4.42 所示电路，用基尔霍夫电流定律将并联的电流源合并为单个电源。并联的电阻合并为单个电阻。图 4.43 给出了合并结果。因此 $v_o = 20$ V。

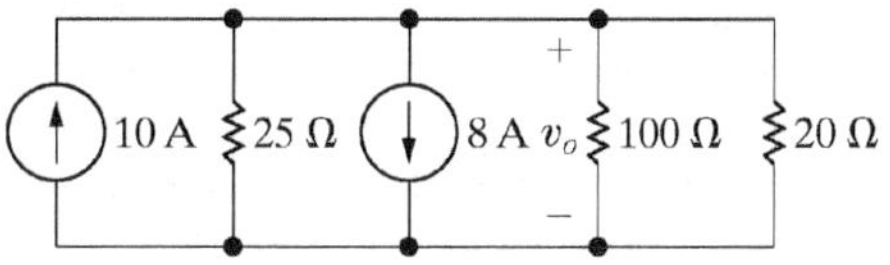

图 4.42　图 4.41 所示电路的电源变换

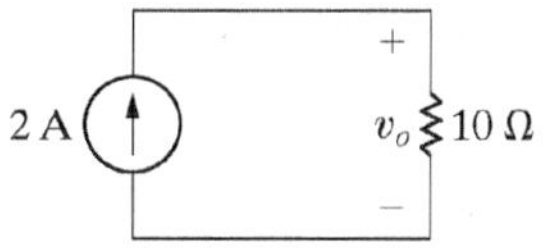

图 4.43　图 4.42 所示电路合并了电源和电阻

(b) 250 V 电压源提供的电流等于 125 Ω 电阻上的电流加上 25 Ω 电阻上的电流，因此

$$i_s = \frac{250}{125} + \frac{250 - 20}{25} = 11.2 \text{ A}$$

所以电压源提供的功率是

$$p_{250\text{V}}(\text{提供}) = (250) \times (11.2) = 2800 \text{ W}$$

(c) 为了求 8 A 电流源提供的功率，首先求电源上的电压。如果用 v_s 表示电源上的电压，电源上端为正，可得到

$$v_s + 8 \times (10) = v_o = 20$$

即

$$v_s = -60 \text{ V}$$

8 A 电流源提供的功率是 480 W。注意，125 Ω 电阻和 10 Ω 电阻不影响 v_o 的值，但会影响功率的计算。

评测目标 4　理解电源变换。

4.15　(a) 连续使用电源变换求右图所示电路中的电压 v。

(b) 120 V 电源释放到电路的功率是多少？

答：(a) 48 V；(b) 374.4 W。

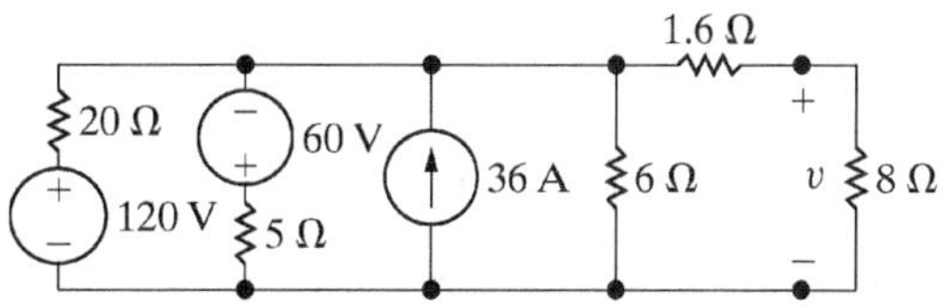

提示：试求本章习题 4.61 和习题 4.62。

4.10　戴维南与诺顿等效电路

有时在电路分析中，注意力会集中在一对特殊的端子上。例如，把烤面包机连接到电源插座上，主要关心的是烤面包机端子的电压和电流，而对于连接烤面包机对提供电源插座的电路的影响，则不太关心或不关心。对于一组电器，如果每个电器所需的功率都不同，则关心的范围可以扩大到端子特性。应当注意到更换电器时，电源插座上的电压和电流是如何变化的。换句话说，要将注意力集中在提供电源插座的电路特性上，而不是仅仅在电源插座的端子上。

戴维南与诺顿等效电路是电路简化方法，这种方法将注意力集中在端子特性上，因而对电路分析有很大的帮助。尽管在这里讨论它们是因为它们适合电阻电路，而实际上戴维南与诺顿等效电路可以用于任何由线性元件组成的电路。

参考图 4.44 所示的戴维南等效电路。图 4.44(a) 表示由电源（独立源和非独立源）和电阻组成的任何电路。字母 a 和 b 表示关心的一对端子。图 4.44(b)所示的是戴维南等效电路。因此，戴维南等效电路是一个独立电压源 V_{Th} 和一个电阻 R_{Th} 的串联，其替代了电源和电阻的互连，V_{Th} 和 R_{Th} 的串联等效于原始电路。如果将相同的负载接到每个电路的 a，b 端，则在负载端将得到相同的电压和电流。对于负载电阻所有可能的值，等效性保持不变。

为了用戴维南等效电路表示原始电路，必须确定戴维南电压 V_{Th} 和戴维南电阻 R_{Th}。首先，应当注意到如果负载电阻无穷大，电路就具备了开路条件。图 4.44(b)所示电路 a，b 端的开路电压是 V_{Th}。根据假设，它一定与原始电路 a，b 端的开路电压相同。那么，要想获得戴维南电压 V_{Th}，就可以简单地计算原始电路的开路电压。

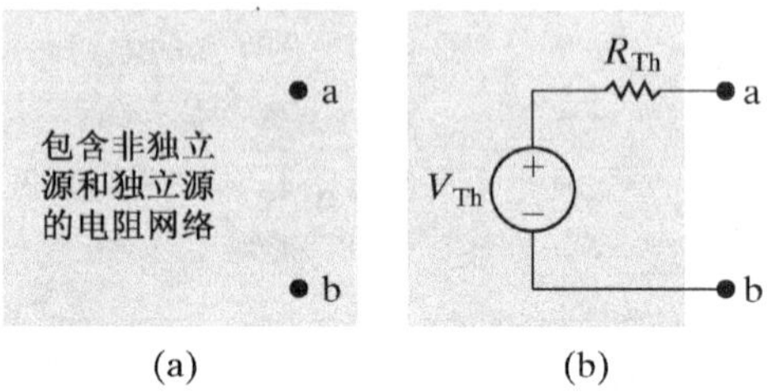

图 4.44 (a)一般电路；(b)戴维南等效电路

将负载电阻减少到零，电路就具备了短路条件。如果将戴维南等效电路的 a，b 端短路，则直接从 a 到 b 的短路电流是

$$i_{sc} = \frac{V_{Th}}{R_{Th}} \tag{4.55}$$

根据假设，这个短路电流一定与原始网络 a，b 端的短路电流相同。根据式(4.55)得

$$R_{Th} = \frac{V_{Th}}{i_{sc}} \tag{4.56}$$

因此戴维南电阻是开路电压与短路电流的比。

4.10.1 戴维南等效电路

为了求图 4.45 所示电路的戴维南等效电路，首先计算开路电压 v_{ab}，注意到当端子 a，b 开路时，没有电流通过 4 Ω 电阻，因此开路电压 v_{ab} 与 3 A 电流源上的电压 v_1 相同。通过解节点电压方程求解电压 v_1。选择较低处的节点作为参考节点得

$$\frac{v_1 - 25}{5} + \frac{v_1}{20} - 3 = 0 \tag{4.57}$$

解出 v_1

$$v_1 = 32 \text{ V} \tag{4.58}$$

因此电路的戴维南电压是 32 V。

下一步是将负载端短路，求短路电流。图 4.46 给出了短路电路。注意到短路电流与 a，b 端开路电压降的方向一致。如果短路电流与 a，b 端开路电压升的方向一致，式(4.56)必须加入一个负号。

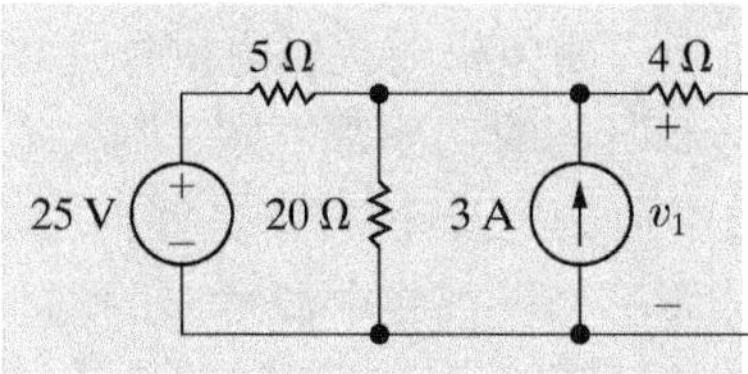

图 4.45 戴维南等效电路

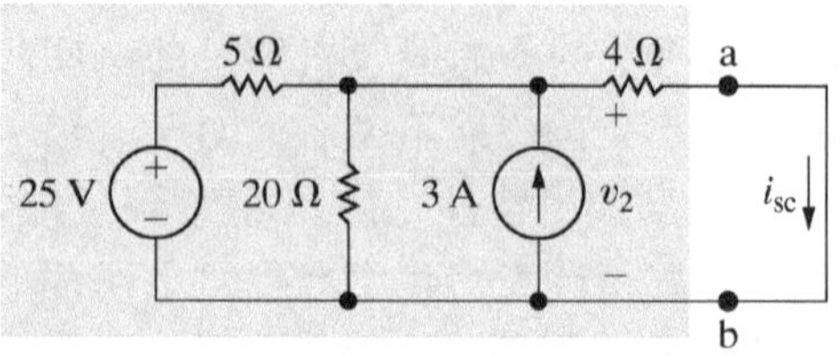

图 4.46 图 4.45 所示电路 a，b 端短路

一旦 v_2 已知，短路电流(i_{sc})很容易求，因此问题简化为求 v_2。如果选择较低处的节点作为参考节点，列写包含 v_2 的方程

$$\frac{v_2-25}{5}+\frac{v_2}{20}-3+\frac{v_2}{4}=0 \tag{4.59}$$

解式(4.59)中的 v_2，得

$$v_2=16\ \text{V} \tag{4.60}$$

因此短路电流是

$$i_{sc}=\frac{16}{4}=4\ \text{A} \tag{4.61}$$

现在求戴维南电阻，将式(4.58)和式(4.61)的数值结果代入式(4.56)

$$R_{Th}=\frac{V_{Th}}{i_{sc}}=\frac{32}{4}=8\ \Omega \tag{4.62}$$

图 4.47 给出了图 4.45 所示电路的戴维南等效电路。

应该做如下校验，如果 24 Ω 电阻接到图 4.45 所示电路的 a，b 端，则电阻两端的电压将是 24 V，通过的电流将是 1 A，同样的情况也将发生在图 4.47 所示的戴维南电路中。连接在节点 a，b 端的电阻无论是什么值，图 4.45 和图 4.47 所示电路之间的等效关系都始终保持不变。

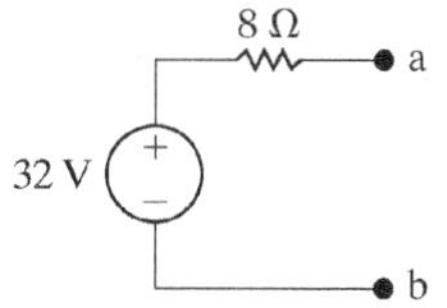

图 4.47　图 4.45 所示电路的戴维南等效电路

4.10.2　诺顿等效电路

诺顿等效电路由一个独立电流源和诺顿等效电阻并联组成。利用电源变换，可以简单地从戴维南等效电路得到诺顿等效电路，因此诺顿电流等于端口的短路电流，诺顿电阻等于戴维南电阻。

4.10.3　使用电源变换电路

有时可以有效地利用电源变换得到戴维南或诺顿等效电路。例如，可以连续地使用电源变换，得到图 4.45 所示电路的戴维南和诺顿等效电路，如图 4.48 所示。当网络仅仅包含独立源时这种方法最有效。非独立源的存在需要保持控制电压或电流的特性，而且约束通常禁止用电源变换连续地化简电路。在例 4.10 中将讨论包含非独立源电路的戴维南等效电路问题。

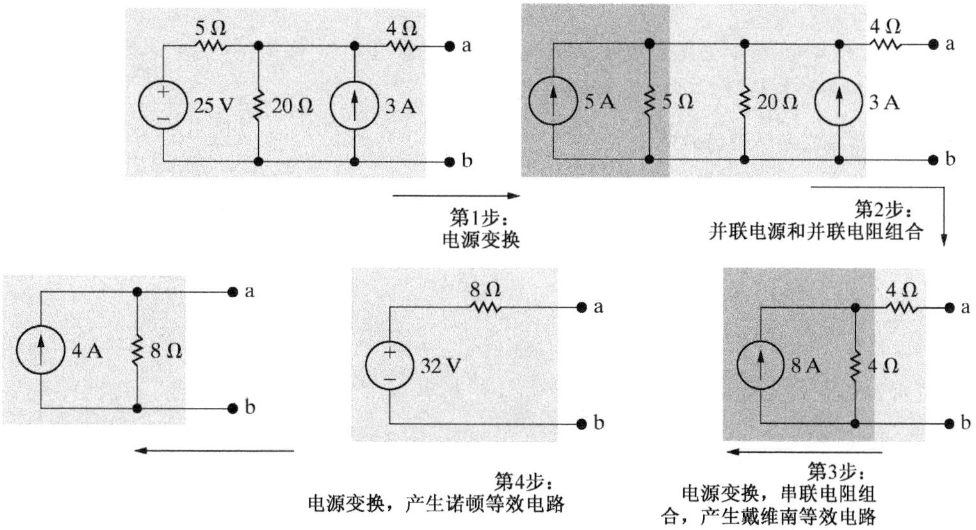

图 4.48　逐步推导图 4.45 所示电路的戴维南和诺顿等效电路

例 4.10 求包含非独立源电路的戴维南等效电路

图 4.49 所示电路包含非独立源，求其戴维南等效电路。

解：

分析图 4.49 电路的第一步是识别标记 i_x 的电流一定是零(注意 i_x 缺少返回左边部分电路的路径)。开路电压(即戴维南电压)是 25 Ω 电阻两端的电压。因为 $i_x = 0$

$$V_{\mathrm{Th}} = v_{\mathrm{ab}} = (-20i) \times (25) = -500i$$

电流 i 是

$$i = \frac{5 - 3v}{2000} = \frac{5 - 3V_{\mathrm{Th}}}{2000}$$

在写方程时，可以看出戴维南电压与控制电压相同。联立两个方程，解得

$$V_{\mathrm{Th}} = -5\ \mathrm{V}$$

为了计算短路电流，令 a，b 端短路。当 a，b 端短路时，控制电压 v 为零。因此，图 4.49 电路短路后变为图 4.50 所示的形式。由于 25 Ω 电阻被短路，从非独立电流源流出的总电流出现在短路处。因此

$$i_{\mathrm{sc}} = -20i$$

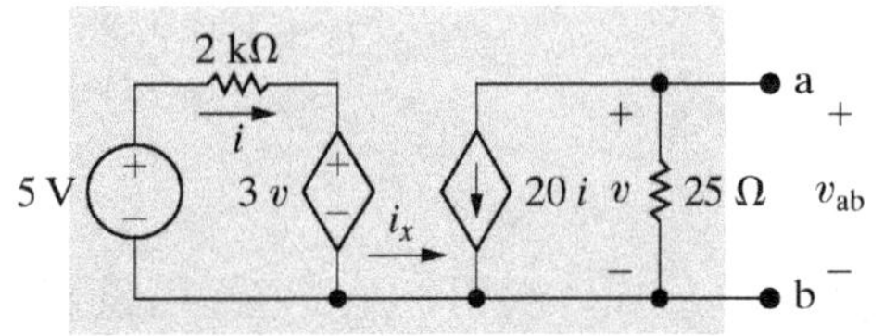

图 4.49 对包含非独立源的电路求戴维南等效电路

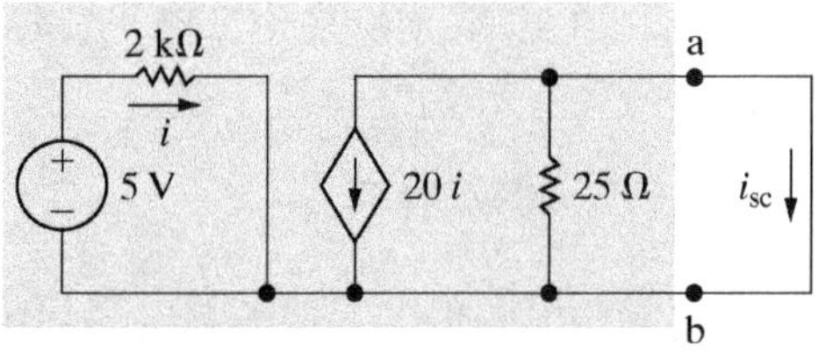

图 4.50 图 4.49 所示电路 a，b 端短路

当电压控制电压源变为零后，电流控制电流源为

$$i = \frac{5}{2000} = 2.5\ \mathrm{mA}$$

联立这两个方程，求短路电流

$$i_{\mathrm{sc}} = -20 \times (2.5) = -50\ \mathrm{mA}$$

根据 i_{sc} 和 V_{Th}，得到

$$R_{\mathrm{Th}} = \frac{V_{\mathrm{Th}}}{i_{\mathrm{sc}}} = \frac{-5}{-50} \times 10^3 = 100\ \Omega$$

图 4.51 给出了图 4.49 所示电路的戴维南等效电路。注意图 4.51 戴维南电压源标的参考极性与前述的 V_{Th} 方程一致。

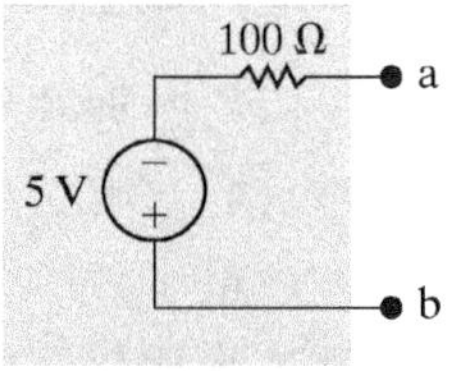

图 4.51 图 4.49 所示电路的戴维南等效电路

评测目标 5 理解戴维南和诺顿等效电路。

4.16 求右图所示电路 a，b 端的戴维南等效电路。

答： $V_{\mathrm{ab}} = V_{\mathrm{Th}} = 64.8\ \mathrm{V}$，$R_{\mathrm{Th}} = 6\ \Omega$。

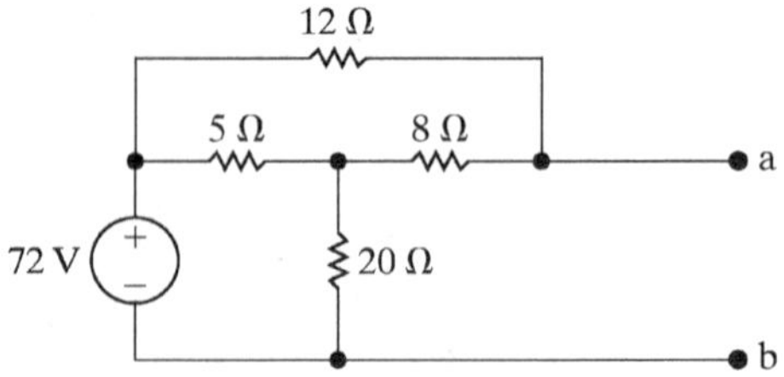

4.17 求右图所示电路 a，b 端的诺顿等效电路。

答： $I_N = 6\ \mathrm{A}$（直接对 a），$R_N = 7.5\ \Omega$。

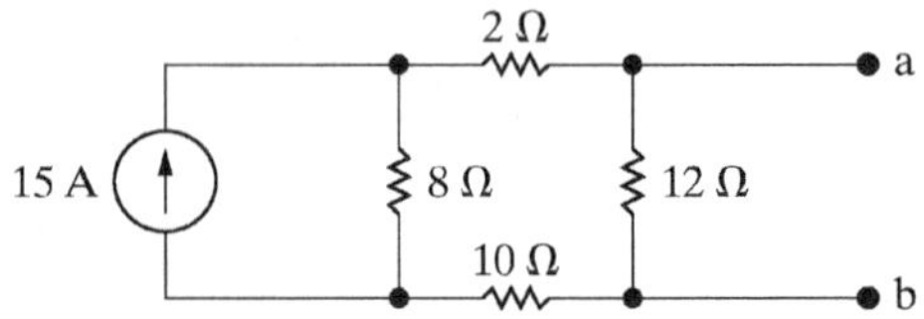

4.18 用内阻为 100 kΩ 的电压表测量右图所示电路的电压 v_{AB}，电压读数是多少？

答：120 V 。

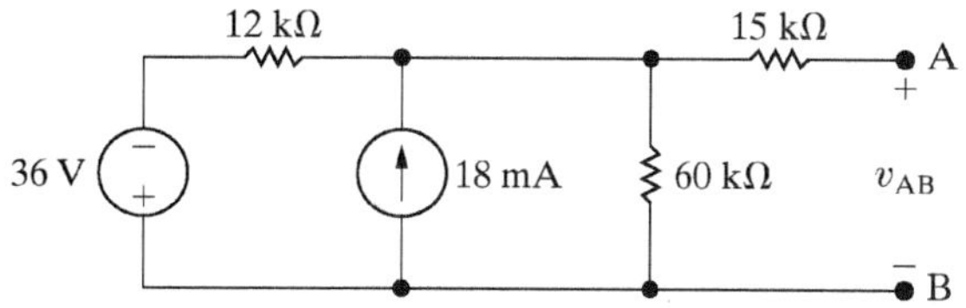

提示：试求本章习题 4.64，习题 4.68 和习题 4.72。

4.11 导出戴维南等效电路的补充

在 4.10 节讨论并说明了确定 R_{Th} 的方法，求 R_{Th} 并不总是很容易的。另外有两种方法使用起来较简单。如果网络仅仅包含独立源，第一种方法有用。对于这样一个网络，为了计算 R_{Th}，首先使所有独立源无效，然后计算从指定端口看进去的电阻。使电压源无效是将其短路，使电流源无效是将其开路。例如，图 4.52 所示电路，使独立源无效后的简化电路如图 4.53 所示。从 a，b 端看进去的电阻表示为 R_{ab}，它由 5 Ω 和 20 Ω 电阻的并联再与 4 Ω 电阻串联组成，因此

$$R_{ab} = R_{Th} = 4 + \frac{5 \times 20}{25} = 8\ \Omega \tag{4.63}$$

从式(4.63)得到 R_{Th} 比从式(4.57)至式(4.62)得到 R_{Th} 要简单得多。

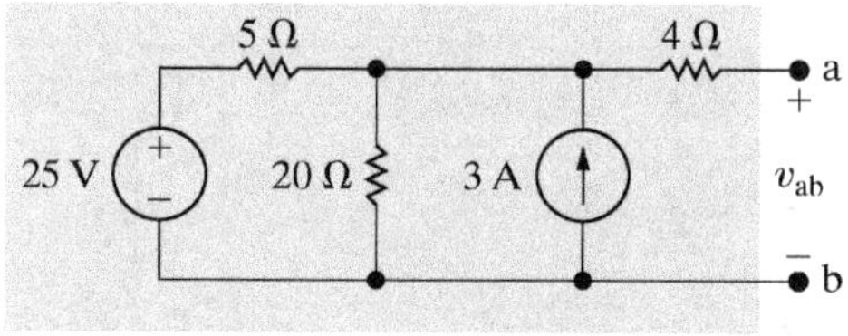

图 4.52 用来说明戴维南等效电路

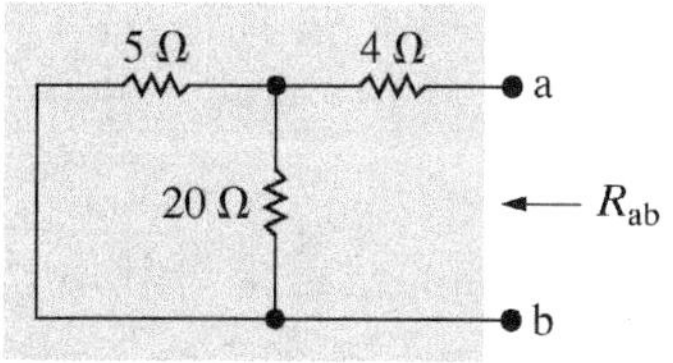

图 4.53 使图 4.52 所示电路中的独立源无效

如果电路或网络包含非独立源，另一种求戴维南电阻 R_{Th} 的方法如下所述。首先使所有独立源无效，然后在 a，b 端施加一个测试电压源或测试电流源，戴维南电阻等于测试电源上的电压与测试电源释放的电流之比。例 4.11 使用与例 4.10 相同的电路，说明这种求 R_{Th} 的交替法。

例 4.11 使用测试电源求戴维南等效电路

使用上面所述的交替法求图 4.49 电路的戴维南电阻 R_{Th}。

解：

首先使电路中的独立电压源失效，然后在电路的 a，b 端施加一个测试电压源或测试电流源。如果采用测试电压源，则将知道非独立电压源的电压，以及控制电流 i，所以选择测试电压源。图 4.54 给出了计算戴维南电阻的电路。

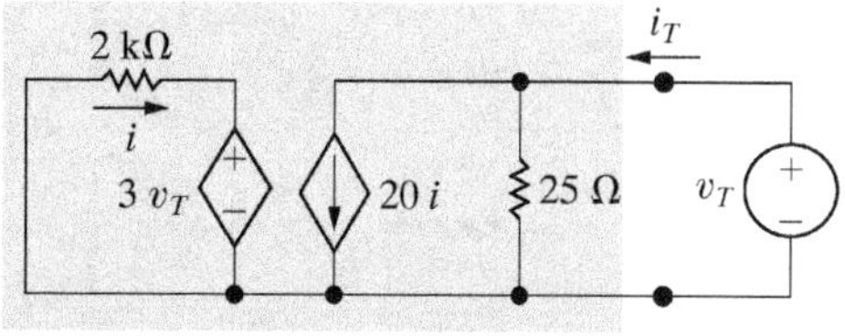

图 4.54 用交替法计算戴维南电阻

测试电压源记为 v_T，由它产生的电流记为 i_T。为了求戴维南电阻，只需求解图 4.54 所示电路中测试电压源的电压和电流的比，即 $R_{Th} = v_T/i_T$。根据图 4.54，得

$$i_T = \frac{v_T}{25} + 20i \tag{4.64}$$

$$i = \frac{-3v_T}{2}\ \text{mA} \tag{4.65}$$

将方程(4.65)代入方程(4.64),解出 v_T/i_T:

$$i_T = \frac{v_T}{25} - \frac{60v_T}{2000} \tag{4.66}$$

$$\frac{i_T}{v_T} = \frac{1}{25} - \frac{6}{200} = \frac{50}{5000} = \frac{1}{100} \tag{4.67}$$

根据方程(4.66)和方程(4.67),有

$$R_{\text{Th}} = \frac{v_T}{i_T} = 100\ \Omega \tag{4.68}$$

一般来讲,这些计算要比那些涉及短路电流的计算容易,然而,如果网络仅仅包含电阻和非独立源,则只能使用交替法,因为戴维南电压和短路电流的比是不确定的,即比是0/0。

4.11.1 戴维南等效电路用于放大电路

有的时候,可以通过使用戴维南等效电路简化电路中的一部分,达到简化一个较大网络的分析目的。回忆2.5 节的介绍及4.4 节和4.7 节分析的电路,为了有助于下面的讨论,重新画出电路并标出关心的支路电流,如图 4.55 所示。

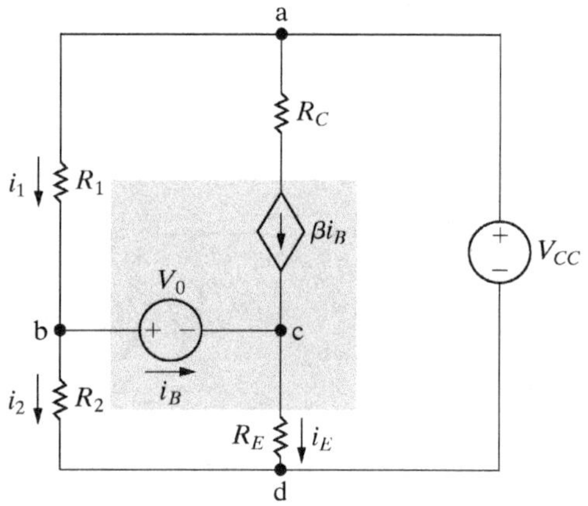

图 4.55 戴维南等效电路应用于电路的分析

如果采用以前的做法,i_B 是求其他支路电流的关键。重画电路如图 4.56 所示,将 V_0 左边的电路用戴维南等效电路代替,要确定这种替代不影响支路电流 i_1,i_2,i_B和 i_E。

现在用 b, d 端的戴维南等效电路代替由 V_{CC},R_1 和 R_2 组成的电路。戴维南电压和电阻分别是

$$V_{\text{Th}} = \frac{V_{CC}R_2}{R_1 + R_2} \tag{4.69}$$

$$R_{\text{Th}} = \frac{R_1 R_2}{R_1 + R_2} \tag{4.70}$$

用戴维南等效电路,将图 4.56 的电路变为图 4.57 所示的电路形式。

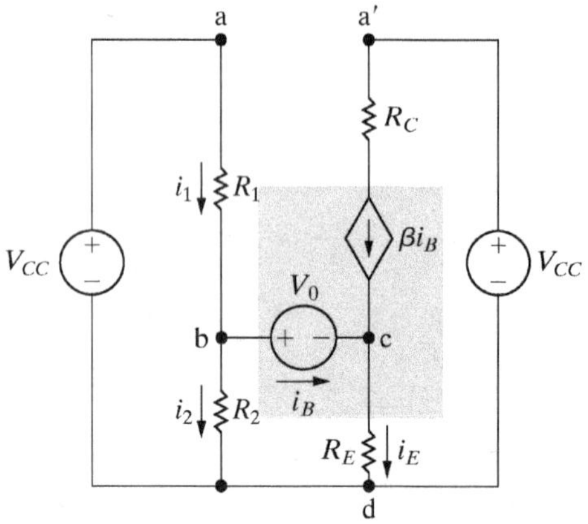

图 4.56 图 4.55 所示电路的变化形式

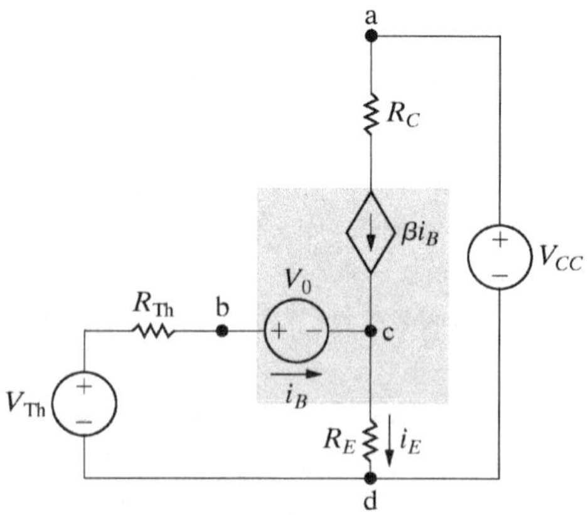

图 4.57 图 4.56 所示电路用戴维南等效变换

现在,通过对左边网孔的电压求和推导 i_B 的方程。在列网孔方程时,已知 $i_E = (1+\beta)i_B$,因此有

$$V_{Th} = R_{Th}i_B + V_0 + R_E(1+\beta)i_B \tag{4.71}$$

依据上式得

$$i_B = \frac{V_{Th} - V_0}{R_{Th} + (1+\beta)R_E} \tag{4.72}$$

将式(4.69)和式(4.70)代入式(4.72)，得到了与式(2.25)相同的表达式。注意，将戴维南等效电路融入原始电路后，列一个方程就能得到 i_B 的解。

评测目标 5　理解戴维南和诺顿等效电路。

4.19　求右图所示电路 a，b 端的戴维南等效电路。

答： $V_{Th} = v_{ab} = 8$ V，$R_{Th} = 1$ Ω。

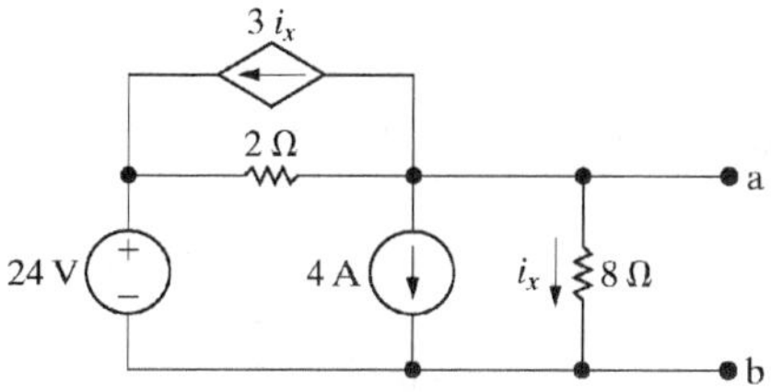

4.20　求右图所示电路 a，b 端的戴维南等效电路(提示：定义最左边节点的电压为 v，V_{Th} 作为右边节点的电压，列写两个节点方程)。

答： $V_{Th} = v_{ab} = 30$ V，$R_{Th} = 10$ Ω。

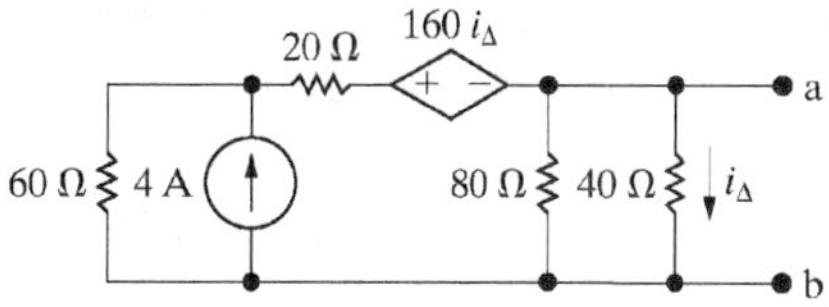

提示： 试求本章习题 4.74 和习题 4.79。

4.12　最大功率传输

在分析从电源到负载功率传输系统的设计方案时，电路分析方法起了重要的作用。用系统的两个基本类型讨论功率传输问题。第一个基本类型强调功率传输的效率。发电站系统是最好的例子，发电站系统与产生、传输、分配大量的电功率有关。如果发电站系统效率低，产生的功率则有很大的比例损耗在了传输和分配过程中，因此被浪费了。

系统的第二个基本类型强调功率传输。通信和仪器系统最能说明问题，因为通过电信号传输信息或数据时，发送器和探测器的有用功率受到限制，因此，传输尽可能多的功率到接收器或负载是人们期望的。对于这种应用，由于是小功率传输，传输的效率不是主要关心的问题。现在只考虑系统中的最大功率传输，系统的模型是纯电阻电路。

有了图 4.58 所示电路的帮助，就可以很好地描述最大功率传输了。假定一个电阻网络包含独立源和非独立源，指定的一对端子 a，b 上连接着负载 R_L。问题是确定 R_L 的阻值，使 R_L 能得到最大的功率。求解过程的第 1 步是认为电阻网络总是能被戴维南等效电路替换，所以图 4.58 所示的电路重新画出，如图 4.59 所示，用戴维南等效电路代替原网络将大大简化求解 R_L 的过程。推导 R_L 需要将 R_L 上的功率损耗表示为 3 个电路参数 V_{Th}，R_{Th}和 R_L 的函数，因此

$$p = i^2R_L = \left(\frac{V_{Th}}{R_{Th}+R_L}\right)^2 R_L \tag{4.73}$$

第 2 步，给定电路的 V_{Th}和 R_{Th}将是固定的，因此功率损耗是单变量 R_L 的函数。为了求最大功率的 R_L值，使用基本微积分。先列写 p 对 R_L 的导数，因此

$$\frac{dp}{dR_L} = V_{Th}^2\left[\frac{(R_{Th}+R_L)^2 - R_L\cdot 2(R_{Th}+R_L)}{(R_{Th}+R_L)^4}\right] \tag{4.74}$$

令导数为零，p 为最大值，则

$$(R_{\text{Th}}+R_L)^2=2R_L(R_{\text{Th}}+R_L) \tag{4.75}$$

解式(4.75)得

$$R_L=R_{\text{Th}} \tag{4.76}$$

因此最大功率传输发生在负载电阻 R_L 等于戴维南电阻 R_{Th} 时。为了求最大功率损耗，只要将式(4.76)代入式(4.73)即可

$$p_{\max}=\frac{V_{\text{Th}}^2R_L}{(2R_L)^2}=\frac{V_{\text{Th}}^2}{4R_L} \tag{4.77}$$

在例4.12 中将说明如何将电路负载电阻调整到满足最大功率传输。

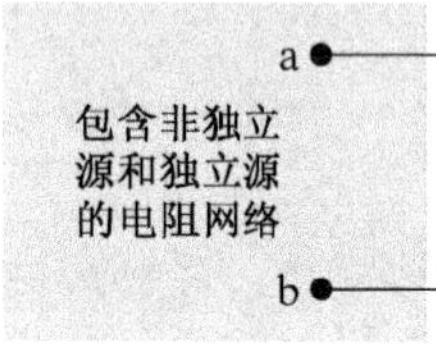

图4.58　描述最大功率传输的电路

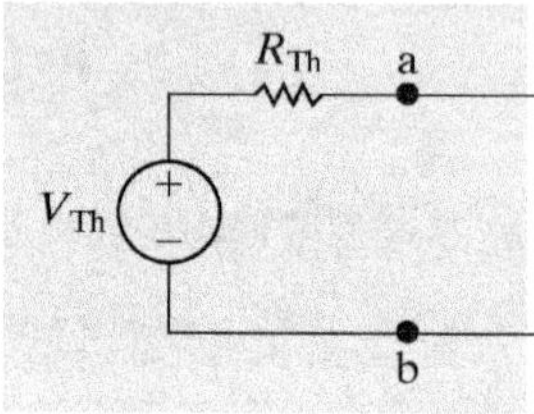

图4.59　针对最大功率传输，确定 R_L 值的电路

例4.12　计算最大功率传输条件

(a)电路如图4.60 所示，求能够将最大功率传输到 R_L 的阻值。

(b)计算能够释放到 R_L 的最大功率。

(c)当 R_L 调节到满足最大功率传输时，360 V 电源释放功率的百分之多少给 R_L?

解:

(a)a，b 端左边电路的戴维南电压是

$$V_{\text{Th}}=\frac{150}{180}\times(360)=300\ \text{V}$$

戴维南电阻为

$$R_{\text{Th}}=\frac{(150)\times(30)}{180}=25\ \Omega$$

将 a，b 端左边电路用戴维南等效电路代替，所得电路如图4.61 所示，因此 R_L 必须等于25 Ω 才能满足最大功率传输。

(b)能够释放到 R_L 的最大功率是

$$p_{\max}=\left(\frac{300}{50}\right)^2\times(25)=900\ \text{W}$$

(c)当 R_L 等于25 Ω 时，电压 v_{ab} 是

$$v_{\text{ab}}=\left(\frac{300}{50}\right)\times(25)=150\ \text{V}$$

根据图4.60，当 v_{ab} 等于150 V 时，与电源电压升方向一致的电压源电流是

$$i_s=\frac{360-150}{30}=\frac{210}{30}=7\ \text{A}$$

因此，电源释放2520 W 功率到电路，即

$$p_s=-i_s(360)=-2520\ \text{W}$$

电源功率释放到负载的百分比是

$$\frac{900}{2520}\times 100=35.71\%$$

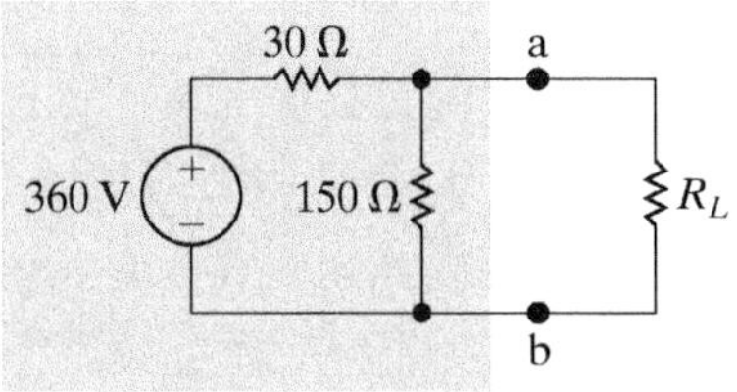

图 4.60　例 4.12 的电路

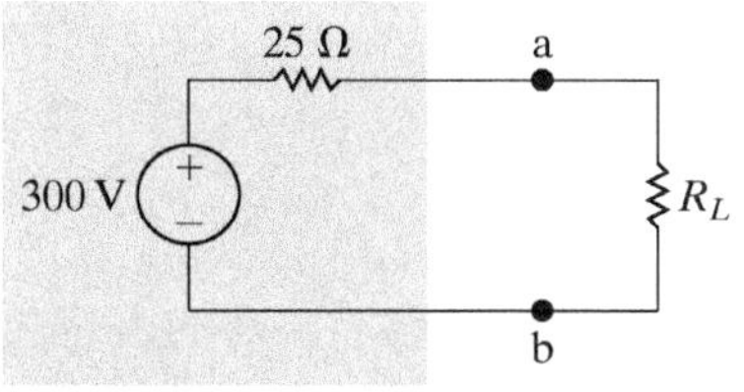

图 4.61　利用戴维南等效电路简化的图 4.60 所示电路

评测目标 6　了解电阻负载的最大功率传输条件。

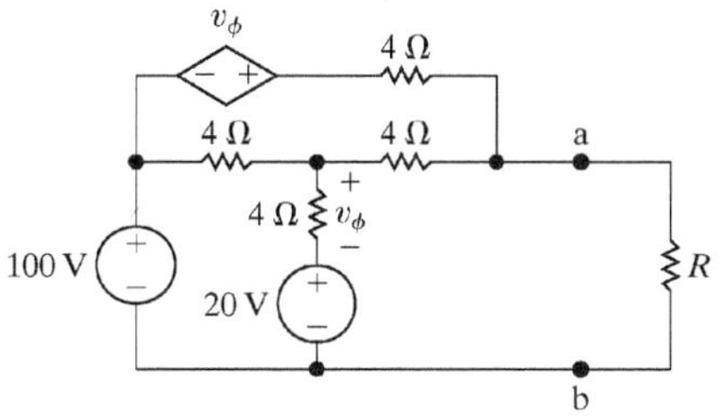

4.21　(a)电路如右图所示，求能使最大功率释放到 a，b 端的 R 值。

(b)求释放到 R 的最大功率值。

答：(a) 3 Ω；(b) 1.2 kW 。

4.22　假定评测目标练习 4.21 的电路释放最大功率到负载电阻 R。

(a)100 V 电源释放到电路的功率是多少？

(b)非独立电压源释放到电路的功率是多少？

(c)由两个电源产生的总功率的百分之多少释放到负载电阻 R？

答：(a) 3000 W；(b) 800 W；(c) 31.58%。

提示：试求本章习题 4. 88 和习题 4.90。

4.13　叠加原理

一个线性系统服从叠加原理。叠加原理是这样叙述的，当一个线性系统被一个以上的独立源激励或驱动时，总响应是单独响应的代数和。单独响应是独立源单独激励的结果。因为处理的电路是由线性电路元件互连构成的，所以可以直接应用叠加原理分析由一个以上独立源驱动的电路。现在，将讨论限定在简单电阻网络，尽管原理可以应用于任何线性系统。

叠加原理应用于电路的分析和设计。在分析一个包含多个独立电压源和电流源的复杂电路时，如果一次考虑一个独立源的影响，则需求解的方程通常数量较少而且简单。应用叠加原理，可以简化分析。应该了解到，有时应用叠加原理实际上是使分析复杂化，与其他方法相比，将会产生更多要求解的方程。如果电路中的独立源是根本不同的，才需要使用叠加原理。在前面几章里，所有独立源都是直流电源，所以不需要用叠加原理。这里介绍叠加原理是因为后面章节的电路分析中要用到。

叠加原理应用在设计领域，目的是为了合成一个期望的电路响应，这个响应不能由单电源的电路实现。如果期望的电路响应可以写成两个或两个以上响应的代数和，那么响应的每一项可以由包含一个独立源的电路实现。这种具有复杂响应电路的设计方法，允许设计人员考虑几种简单的设计，而不是用一种复杂的设计。

为了说明叠加原理，用它来求图 4.62 所示电路的支路电流。先求由 120 V 电压源作用产生的支路电流。加撇号表示这些电流，用开路代替电流源使其无效，如图 4.63 所示。电路中的支路电流仅仅是电压源作用的结果。

一旦知道了 3 Ω 电阻上的节点电压，可以容易地求出图 4.63 所示电路的支路电流。将这个电压表示为 v_1，写出

$$\frac{v_1 - 120}{6} + \frac{v_1}{3} + \frac{v_1}{2+4} = 0 \tag{4.78}$$

据此

$$v_1 = 30 \text{ V} \tag{4.79}$$

现在可以直接写出支路电流 $i'_1 \sim i'_4$ 的表达式

$$i'_1 = \frac{120 - 30}{6} = 15 \text{ A} \tag{4.80}$$

$$i'_2 = \frac{30}{3} = 10 \text{ A} \tag{4.81}$$

$$i'_3 = i'_4 = \frac{30}{6} = 5 \text{ A} \tag{4.82}$$

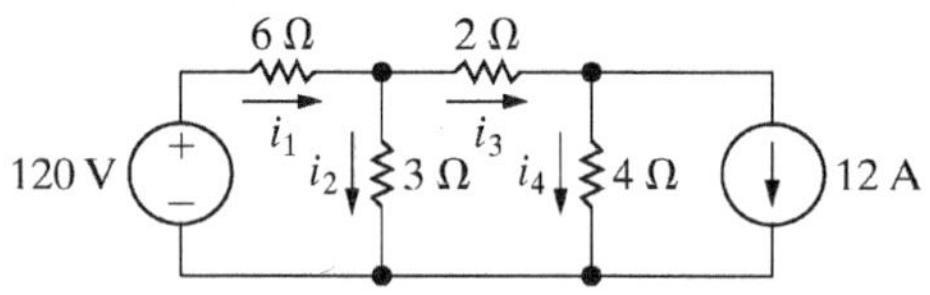

图 4.62　说明叠加法的电路

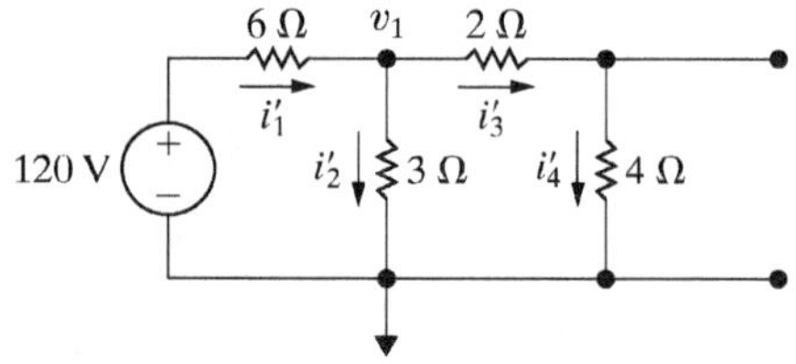

图 4.63　图 4.62 电路的电流源无效

为了求由电流源作用产生的支路电流分量，应让理想电压源无效，求解图 4.64 所示的电路。给电流加双撇号表示它们是由理想电流源作用产生的电流分量。

为了求解图 4.64 所示电路的支路电流，先分别求 3 Ω 和 4 Ω 电阻上的节点电压。图 4.65 标出了这两个节点电压。描述电路的两个节点电压方程是

$$\frac{v_3}{3} + \frac{v_3}{6} + \frac{v_3 - v_4}{2} = 0 \tag{4.83}$$

$$\frac{v_4 - v_3}{2} + \frac{v_4}{4} + 12 = 0 \tag{4.84}$$

求解式(4.83)和式(4.84)的 v_3 和 v_4，得到

$$v_3 = -12 \text{ V} \tag{4.85}$$

$$v_4 = -24 \text{ V} \tag{4.86}$$

现在，可以直接用节点电压 v_3 和 v_4 求出支路电流 i''_1 至 i''_4

$$i''_1 = \frac{-v_3}{6} = \frac{12}{6} = 2 \text{ A} \tag{4.87}$$

$$i''_2 = \frac{v_3}{3} = \frac{-12}{3} = -4 \text{ A} \tag{4.88}$$

$$i''_3 = \frac{v_3 - v_4}{2} = \frac{-12 + 24}{2} = 6 \text{ A} \tag{4.89}$$

$$i''_4 = \frac{v_4}{4} = \frac{-24}{4} = -6 \text{ A} \tag{4.90}$$

为了求原电路的支路电流，即电流 i_1，i_2，i_3 和 i_4(参见图 4.62)，只要将式(4.87)至式(4.90)给定的电流与式(4.80)至式(4.82)给定的电流相加即可

$$i_1 = i'_1 + i''_1 = 15 + 2 = 17 \text{ A} \tag{4.91}$$

$$i_2 = i'_2 + i''_2 = 10 - 4 = 6 \text{ A} \tag{4.92}$$

$$i_3 = i_3' + i_3'' = 5 + 6 = 11\ \text{A} \tag{4.93}$$

$$i_4 = i_4' + i_4'' = 5 - 6 = -1\ \text{A} \tag{4.94}$$

可以校验式(4.91)至式(4.94)给定的电流就是图 4.62 所示电路的支路电流。

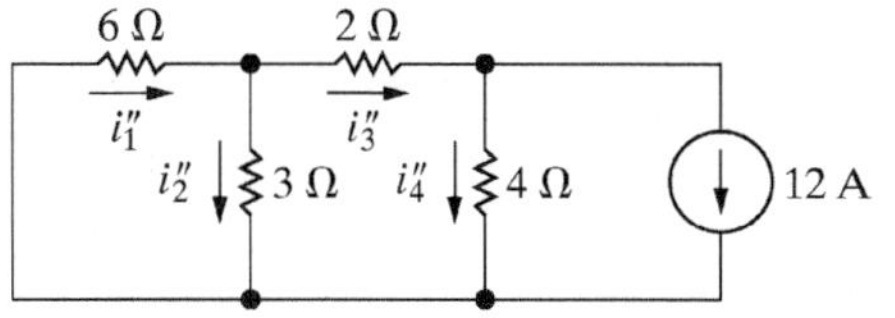

图 4.64　图 4.62 电路的电压源无效

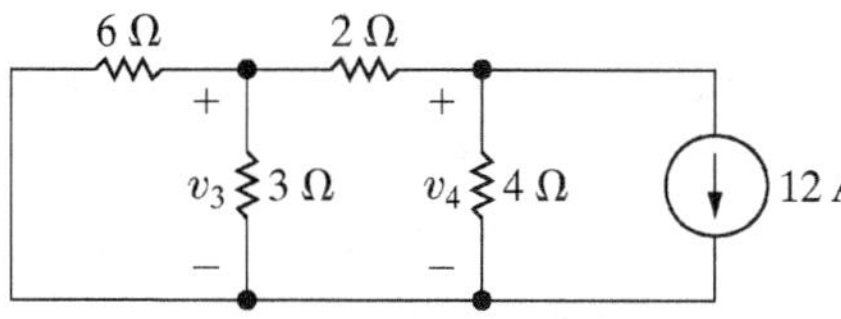

图 4.65　图 4.64 电路的节点电压 v_3 和 v_4

对于包含独立源和非独立源两种电源的线性电路，应用叠加原理分析时，必须认识到，非独立源从不无效。例 4.13 说明了当电路包含独立源和非独立源时叠加原理的应用。

例 4.13　使用叠加原理求解电路

电路如图 4.66 所示，用叠加原理求 v_o。

解：

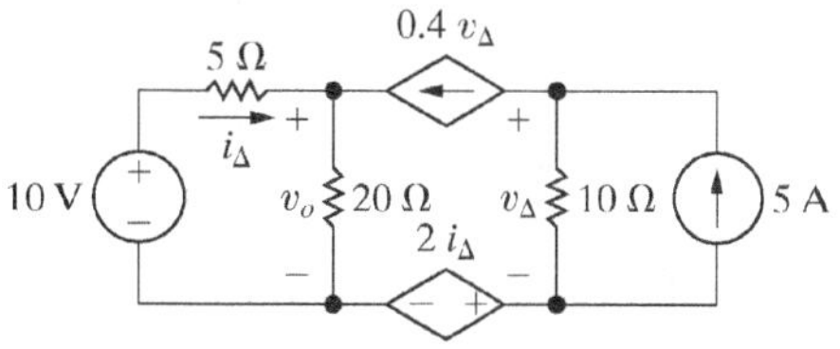

图 4.66　例 4.13 的电路

先求 10 V 电源单独作用产生的分量 v_o，电路如图 4.67 所示，5 A 电源无效，v_Δ'一定等于$(-0.4v_\Delta')\times(10)$。因此 v_Δ'一定是零，包含两个非独立源的支路开路，而且

$$v_o' = \frac{20}{25}\times(10) = 8\ \text{V}$$

当 10 V 电源无效时，电路简化为如图 4.68 所示的电路形式。为了便于讨论，加入一个参考节点，标出节点 a，b 和 c。对离开节点 a 的电流求和，产生

$$\frac{v_o''}{20} + \frac{v_o''}{5} - 0.4v_\Delta'' = 0,\qquad \text{即}\ 5v_o'' - 8v_\Delta'' = 0$$

对离开节点 b 的电流求和，得

$$0.4v_\Delta'' + \frac{v_b - 2i_\Delta''}{10} - 5 = 0,\qquad \text{即}\ 4v_\Delta'' + v_b - 2i_\Delta'' = 50$$

现在用

$$v_b = 2i_\Delta'' + v_\Delta''$$

求 v_Δ''的值

$$5v_\Delta'' = 50,\qquad \text{即}\ v_\Delta'' = 10\ \text{V}$$

根据节点 a 的方程

$$5v_o'' = 80,\qquad \text{即}\ v_o'' = 16\ \text{V}$$

v_o 的值是 v_o'和 v_o''的代数和，即 24 V。

提示：试求本章习题 4.93 和习题 4.98，以评估对这部分内容的理解。

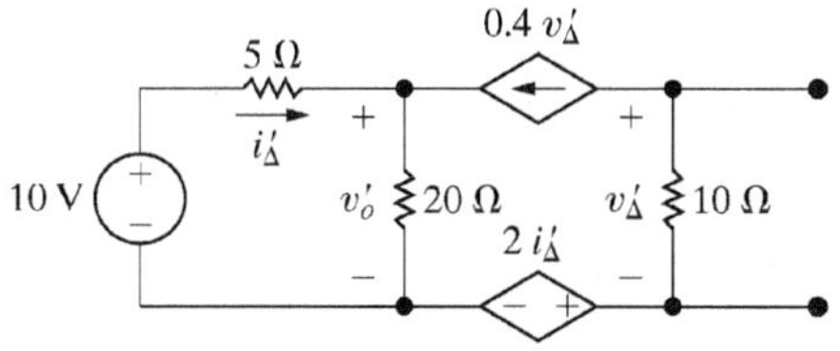

图 4.67　图 4.66 电路使 5 A 电源无效

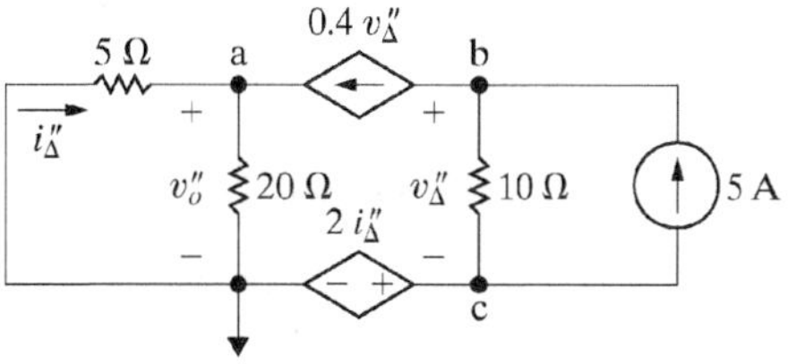

图 4.68　图 4.66 电路使 10 V 电源无效

实例应用

实际电阻电路(二)

制造同样的电路组件是不可能的。例如，相同制造过程生产的电阻，阻值变化达到20%。所以，创建一个电系统时，设计者必须考虑组件变化对系统性能的影响。一种评价这些影响的方法是性能灵敏度分析。灵敏度分析允许设计者计算组件数值变化对系统输出的影响。下面将会看到，如何使设计者能够对每个系统的组件给出可以接受的组件值容差。

考虑如图4.69所示的电路。为了说明灵敏度分析，将研究电阻 R_1 变化时，节点电压 v_1 和 v_2 的灵敏度。使用节点分析法可以得到 v_1 和 v_2 的方程，将其作为电路电阻和电源电流的函数。结果为式(4.95)和式(4.96)

$$v_1 = \frac{R_1\{R_3R_4I_{g2} - [R_2(R_3+R_4)+R_3R_4]I_{g1}\}}{(R_1+R_2)(R_3+R_4)+R_3R_4} \quad (4.95)$$

$$v_2 = \frac{R_3R_4[(R_1+R_2)I_{g2} - R_1I_{g1}]}{(R_1+R_2)(R_3+R_4)+R_3R_4} \quad (4.96)$$

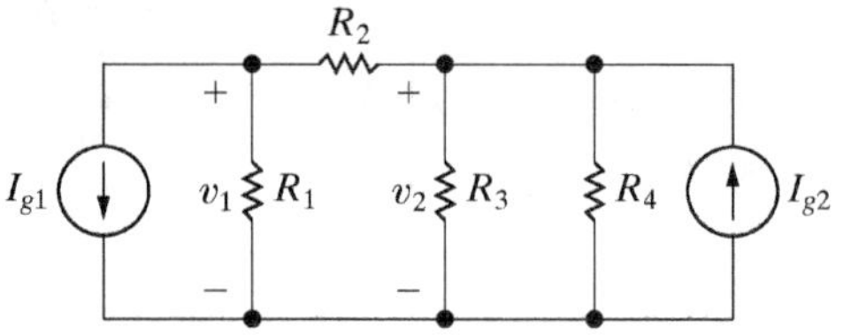

图4.69 说明灵敏度分析的电路

v_1 相对于 R_1 的灵敏度通过式(4.95)对 R_1 求导获得，v_2 相对于 R_1 的灵敏度通过式(4.96)对 R_1 求导获得，得到

$$\frac{dv_1}{dR_1} = \frac{[R_3R_4+R_2(R_3+R_4)]\{R_3R_4I_{g2} - [R_3R_4+R_2(R_3+R_4)]I_{g1}\}}{[(R_1+R_2)(R_3+R_4)+R_3R_4]^2} \quad (4.97)$$

$$\frac{dv_2}{dR_1} = \frac{R_3R_4\{R_3R_4I_{g2} - [R_2(R_3+R_4)+R_3R_4]I_{g1}\}}{[(R_1+R_2)(R_3+R_4)+R_3R_4]^2} \quad (4.98)$$

现在考虑一个例子，用实际组件的数值说明式(4.97)和式(4.98)的使用。

例 假定图4.69所示电路中组件的标称值是：$R_1=25\ \Omega$，$R_2=5\ \Omega$，$R_3=50\ \Omega$，$R_4=75\ \Omega$，$I_{g1}=12$ A，$I_{g2}=16$ A。如果 R_1 的值与它的标称值相差10%，用灵敏度分析预测 v_1 和 v_2 的值。

解：

根据式(4.95)和式(4.96)，求 v_1 和 v_2 的标称值，得

$$v_1 = \frac{25\times\{32750\times(16) - [5\times(125)+3750]\times 12\}}{30\times(125)+3750} = 25\text{ V} \quad (4.99)$$

和

$$v_2 = \frac{3750\times[30\times(16) - 25\times(12)]}{30\times(125)+3750} = 90\text{ V} \quad (4.100)$$

现在根据方程(4.97)和方程(4.98)，可以求得 R_1 变化时 v_1 和 v_2 的灵敏度，因此

$$\frac{dv_1}{dR_1} = \frac{[3750+5\times(125)] - \{3750\times(16) - [3750+5\times(125)]\times 12\}}{[(30)\times(125)+3750]^2} = \frac{7}{12}\text{ V/}\Omega \quad (4.101)$$

和

$$\frac{dv_2}{dR_1} = \frac{3750\times\{3750\times(16) - [5\times(125)+3750]\times 12\}}{(7500)^2} = 0.5\text{ V/}\Omega \quad (4.102)$$

如何使用式(4.101)和式(4.102)给出的结果？假定 R_1 比它的标称值少10%，即 $R_1=22.5\ \Omega$，那么 $\Delta R_1=-2.5\ \Omega$，式(4.101)预测 Δv_1 将是

$$\Delta v_1 = \left(\frac{7}{12}\right)\times(-2.5) = -1.4583\text{ V}$$

所以，如果 R_1 比它的标称值少10%，分析预测 v_1 将是

$$v_1 = 25 - 1.4583 = 23.5417\text{ V} \quad (4.103)$$

类似地，对于方程(4.102)有

$$\Delta v_2 = 0.5\times(-2.5) = -1.25\ \text{V}$$
$$v_2 = 90 - 1.25 = 88.75\ \text{V} \tag{4.104}$$

通过将 $R_1=22.5\ \Omega$ 代入式(4.95)和式(4.96)，来确认式(4.103)和式(4.104)的结果，结果是

$$v_1 = 23.4780\ \text{V} \tag{4.105}$$

$$v_2 = 88.6960\ \text{V} \tag{4.106}$$

对于 v_1 和 v_2，为什么用灵敏度分析预测的值与将 R_1 代入方程计算得到的准确值之间有差别？根据式(4.97)和式(4.98)，v_1 和 v_2 相对于 R_1 的灵敏度是 R_1 的函数，因为 R_1 在式(4.97)和式(4.98)的分母中出现，这意味着当 R_1 变化时，灵敏度也随之变化，因此，不能指望在 R_1 发生较大变化时，式(4.97)和式(4.98)能给出准确的结果。当 R_1 变化10%时，v_1 和 v_2 的预测值和准确值之间的误差百分数分别比较小。v_1 的误差百分数为0.2713%，v_2 的误差百分数为0.0676%。

根据这个例子，可以看到，对于其他的组件值，即 R_2，R_3，R_4，I_{g1}和 I_{g2}，如果要求确定 v_1 和 v_2 的灵敏度，工作量将非常大。幸运的是，PSpice 软件有灵敏度函数，可以对电路进行灵敏度分析。PSpice 软件的灵敏度函数计算两种类型的灵敏度。第一种称为单位灵敏度，第二种称为 1% 灵敏度。对于上述例子给出的电路，电阻的单位变化是 1 Ω，电流源的单位变化是 1 A。与之形成对照，1% 灵敏度分析确定的是电阻和电源变化它们标称值的 1% 的影响。

对于图 4.69 所示电路，PSpice 软件灵敏度分析的结果如表 4.2 所示。因为这里分析的是线性电路，所以如果有一个以上的组件值发生变化，可以使用叠加法预测 v_1 和 v_2 的值。例如，假定 R_1 减少到 24 Ω，R_2 减少到 4 Ω。根据表 4.2，对于 R_1 和 R_2 的变化，可以结合 v_1 和 v_2 的单位灵敏度得到

$$\frac{\Delta v_1}{\Delta R_1} + \frac{\Delta v_1}{\Delta R_2} = 0.5833 - 5.417 = -4.8337\ \text{V}/\Omega$$

类似地

$$\frac{\Delta v_2}{\Delta R_1} + \frac{\Delta v_2}{\Delta R_2} = 0.5 + 6.5 = 7.0\ \text{V}/\Omega$$

如果 R_1 和 R_2 都减少 1 Ω，将得到

$$v_1 = 25 + 4.8227 = 29.8337\ \text{V}$$

$$v_2 = 90 - 7 = 83\ \text{V}$$

如果将 $R_1=24\ \Omega$ 和 $R_2=4\ \Omega$ 代入式(4.95)和式(4.96)，得到

$$v_1 = 29.793\ \text{V}$$

$$v_2 = 82.759\ \text{V}$$

预测的两个数值与实际节点电压相比，相差在零点几伏之内。

表 4.2　PSpice 软件灵敏度分析结果

元件名称	元件值	元件灵敏度(V/单位)	标准化灵敏度(V/百分数)
(a) 节点电压 V_1 的 DC 灵敏度			
R_1	25	0.5833	0.1458
R_2	5	-5.417	-0.2708
R_3	50	0.45	0.225
R_4	75	0.2	0.15
I_{g1}	12	-14.58	-1.75
I_{g2}	16	12.5	2
(b) V_2 的灵敏度			
R_1	25	0.5	0.125
R_2	5	6.5	0.325
R_3	50	0.54	0.27
R_4	75	0.24	0.18
I_{g1}	12	-12.5	-1.5
I_{g2}	16	15	2.4

电路设计者利用灵敏度分析的结果，确定哪个组件值的变化对电路输出的影响最大。正如从表4.2 PSpice软件灵敏度分析看到的那样，节点电压v_1和v_2相对于R_2变化的灵敏度比相对于R_1变化的灵敏度大得多，v_1是(5.417/0.5833)，即相对于R_2变化的灵敏度大约是相对于R_1变化的灵敏度的9倍。v_2是(6.5/0.5)，即相对于R_2变化的灵敏度是相对于R_1变化的灵敏度的13倍。因此在该电路中，如果保持v_1和v_2的标称值较重要的话，那么，R_2的容差要求比R_1的容差要求更高。

提示：试求本章习题4.105至习题4.107，以评估对该实例应用的理解。

小结

- 掌握基本术语以及相应的概念。这些术语是节点、基本节点、路径、支路、基本支路、网孔和平面电路。表4.1给出了这些术语的定义和例子。
- 本章介绍了两个新的电路分析方法。
  - 节点电压法适用于平面和非平面电路。在基本节点中选择一个参考节点，对其余的基本节点分配电压变量，并用基尔霍夫电流定律对每个节点列写一个方程。方程的数目为n_e-1，其中n_e是基本节点的数目。
  - 网孔电流法只适用于平面电路。对每个网孔定义网孔电流并用基尔霍夫电压定律对每个网孔列写一个方程。方程的数目为$b-(n-1)$，其中b是含未知电流支路的数目，n是节点的数目。网孔电流用来求支路电流。
- 本章介绍了几种新的电路化简方法。
  - 电源变换允许将电压源(v_s)和电阻(R)的串联变换成电流源(i_s)和电阻(R)的并联，反之亦然。对于端电压和端电流来说，两个组合一定是等效的，端子等效的前提是

$$i_s = \frac{v_s}{R}$$

  - 戴维南等效电路和诺顿等效电路允许将一个由电源和电阻组成的电路简化为一个等效电路，可以是一个电压源和一个电阻的串联(戴维南)，或者是一个电流源和一个电阻的并联(诺顿)。对于端电压和端电流来说，简化的电路和原电路一定是等效的。要牢牢记住(1)戴维南电压(V_{Th})是原电路两端的开路电压；(2)戴维南电阻(R_{Th})是戴维南电压和原电路两端的短路电流之比；(3)将戴维南等效电路进行电源变换就得到诺顿等效电路。
- 最大功率传输是一种方法，用来计算能够释放到负载R_L的最大p值。当$R_L=R_{\mathrm{Th}}$时，发生最大功率传输。戴维南电阻是从电阻R_L两端看进去的电阻。最大功率传输的方程是

$$p = \frac{V_{\mathrm{Th}}^2}{4R_L}$$

- 在具有多个独立源的电路中，叠加原理允许一次用一个电源激励，然后对电压和电流响应求代数和，以确定所有独立源激励时的电压和电流响应。在应用叠加原理时，非独立源永远不能无效。

习题

4.1　电路如图 P4.1 所示，指出下列各项的数量：(a)支路，(b)含有未知电流的支路，(c)基本支路，(d)含有未知电流的基本支路，(e)节点，(f)基本节点，(g)网孔。

4.2　(a)在图 P4.1 的电路中，如果只确定了基本节点和支路，那么需要多少个联立方程来描述电路？(b)这些方程中，有多少个方程可以通过基尔霍夫电流定律得到？(c)有多少个方程需要通过基尔霍夫电压定律得到？(d)哪两个网孔可以避开使用基尔霍夫电压定律？

4.3　假定图 P4.3 所示电路中 v_s 已知，电阻 R_1 ~ R_7 也已知。

(a)有多少未知电流？(b)使用基尔霍夫电流定律(KCL)能写出多少个独立的方程？(c)写一组独立的 KCL 方程。(d)根据基尔霍夫电压定律(KVL)，能够得到多少独立的方程？(e)写一组独立的 KVL 方程。

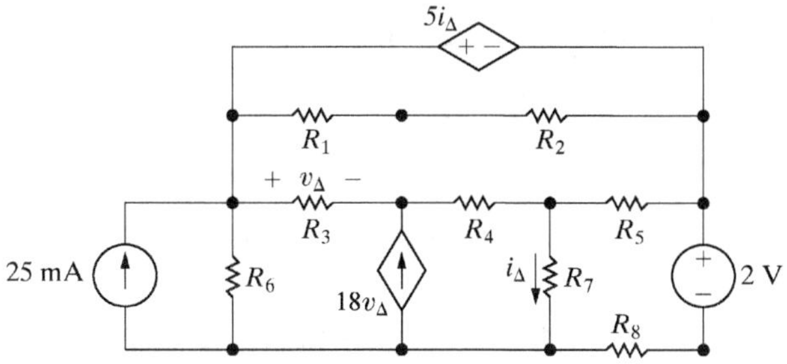

图 P4.1

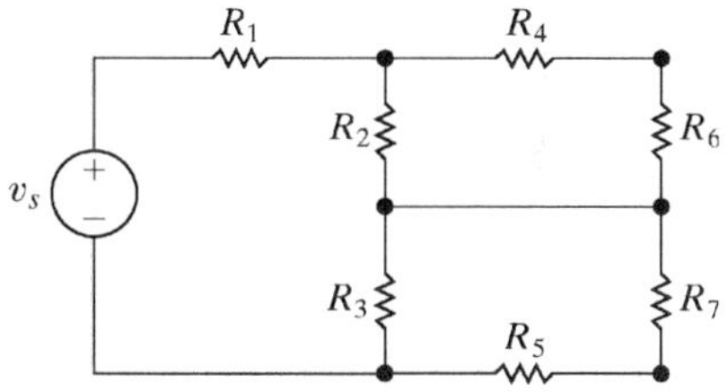

图 P4.3

4.4　电流离开节点定义为正。

(a)对图 P4.3 中电路的每个节点求电流之和。(b)证明(a)中任何一个表达式都可以根据其余的三个表达式求得。

4.5　(a)如图 P4.5 电路，有多少分离的部分？(b)有多少个节点？(c)有多少条支路？(d)假定将各电路底部节点用一根导线连接起来。重新回答(a)～(c)的问题。

4.6P　用节点电压法求图 P4.6 所示电路中的 v_o。

4.7P　(a)求图 P4.6 电路中 40 mA 电流源产生的功率。(b)求图 P4.6 电路中 24 V 电压源产生的功率。(c)检验产生的总功率等于消耗的总功率。

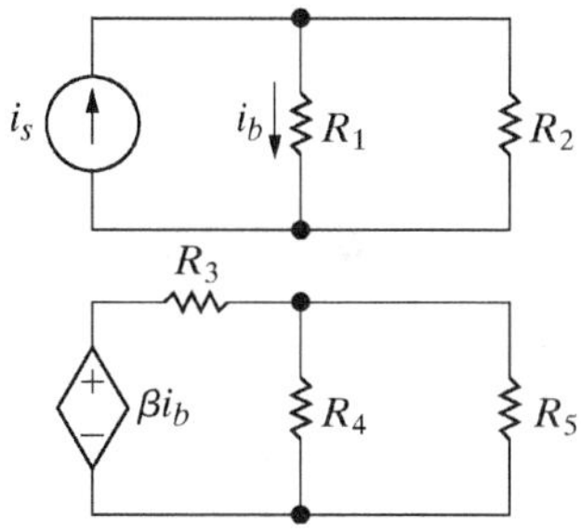

图 P4.5

4.8P　在图 P4.6 电路中，用一个 50 Ω 电阻与 40 mA 电流源串联。

(a)求 v_o。(b)求 40 mA 电流源产生的功率。(c)求 24 V 电压源产生的功率。(d)检验产生的总功率等于消耗的总功率。(e)任何有限的电阻与 40 mA 电流源串联，对 v_o 值有什么影响？

4.9P　用节点电压法求图 P4.9 电路中，2 A 电源从电路吸收的功率。

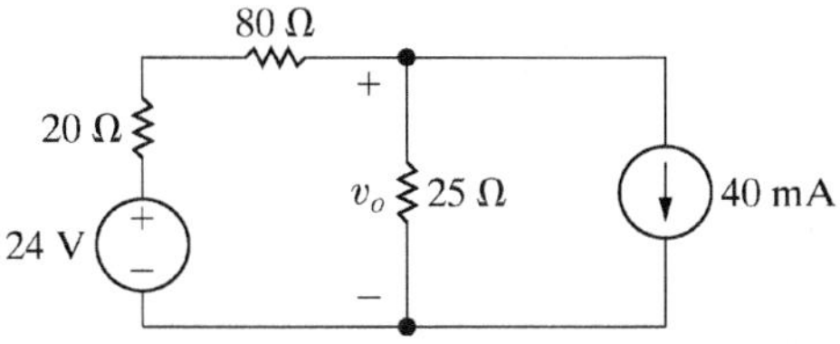

图 P4.6

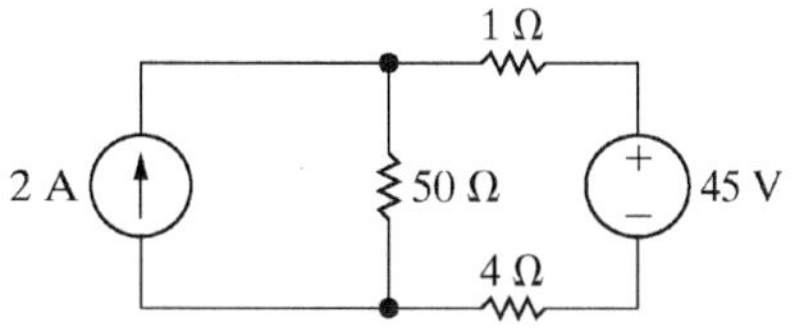

图 P4.9

4.10P　(a)用节点电压法证明图 P4.10 所示电路中的输出电压 v_o 等于各电源电压的平均值。(b)如果 $v_1=100$ V，$v_2=80$ V，$v_3=-60$ V，求 v_o。

4.11P (a)用节点电压法求图 P4.11 所示电路中的支路电流 $i_a \sim i_e$。(b)求电路产生的总功率。

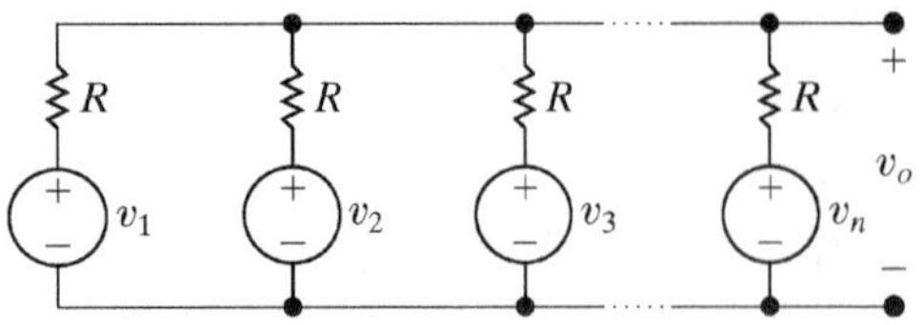

图 P4.10

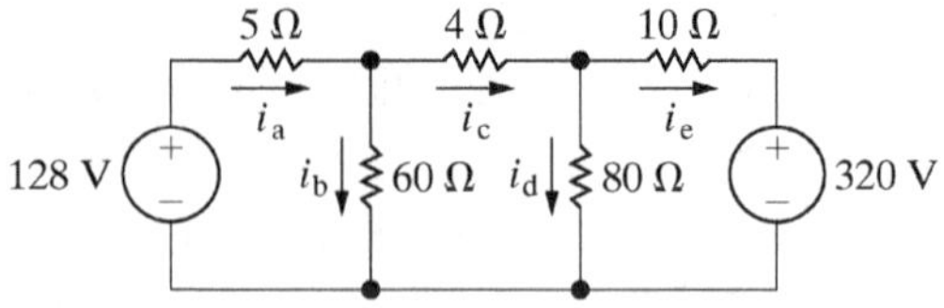

图 P4.11

4.12P 用节点电压法求图 P4.12 所示电路中的 v_1 和 v_2。

4.13P 用节点电压法求图 P4.13 所示电路中的 v_1 和 v_2。

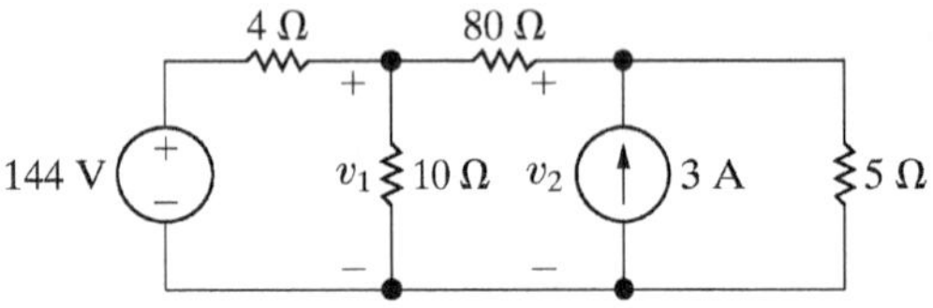

图 P4.12

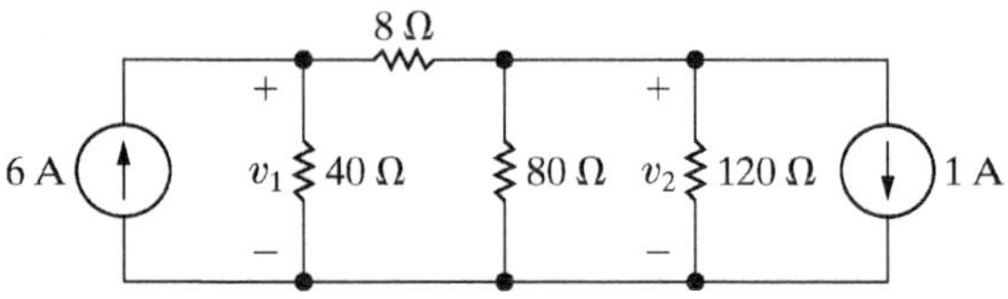

图 P4.13

4.14P (a)用节点电压法求图 P4.14 所示电路中的 v_1, v_2 和 v_3。(b)40 V 电压源向电路提供了多少功率?

4.15P 图 P4.15 所示电路是一个住宅配电电路的直流模型。

(a)用节点电压法求支路电流 $i_1 \sim i_6$。(b)验证消耗的总功率等于产生的总功率,以此来检验所求的支路电流。

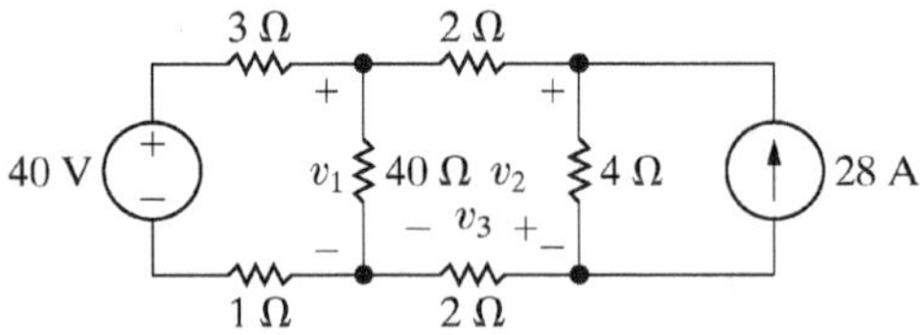

图 P4.14

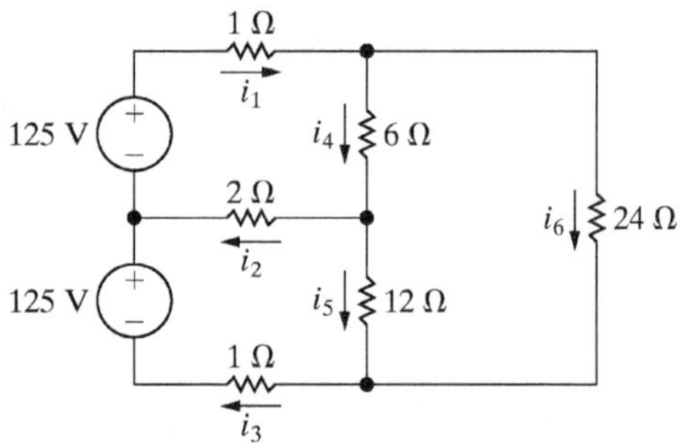

图 P4.15

4.16P 用节点电压法求图 P4.16 所示电路中的总功率损耗。

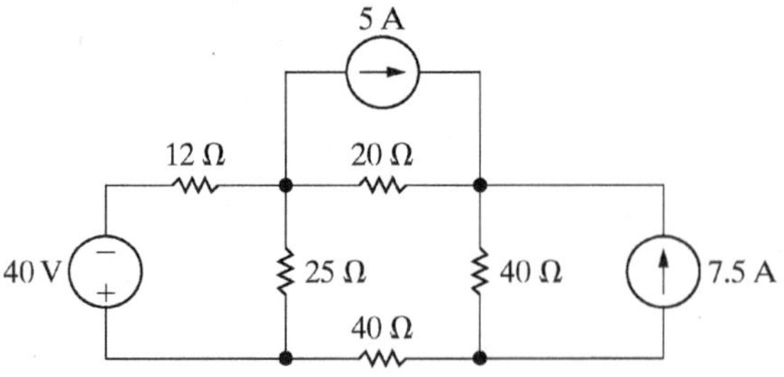

图 P4.16

4.17P (a)用节点电压法求图 P4.17 所示电路中的 v_o。(b)求非独立源吸收的功率。(c)求独立源产生的总功率。

4.18P 用节点电压法计算图 P4.18 所示电路中非独立电压源释放的功率。

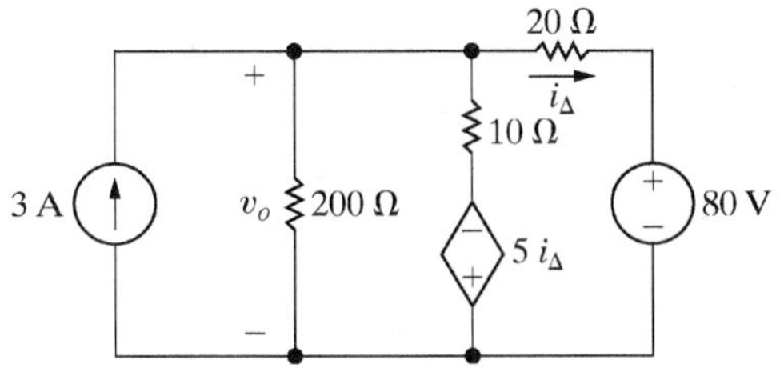

图 P4.17

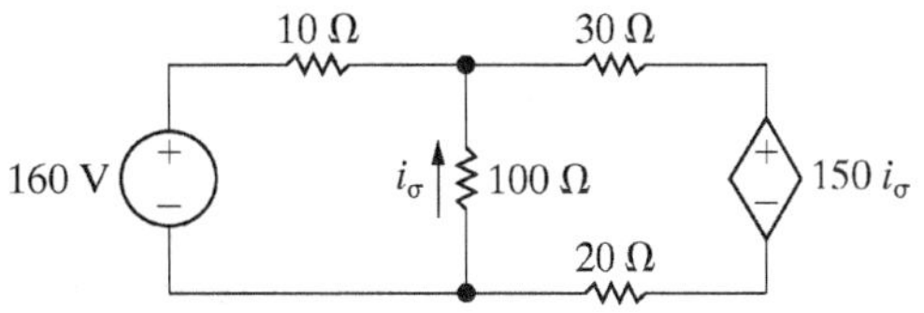

图 P4.18

4.19P (a)用节点电压法求图 P4.19 所示电路产生的总功率。(b)通过求电路吸收的总功率检验答案。

4.20　(a)用节点电压法求图 P4.20 所示电路中的 v_o。(b)求电路产生的总功率。

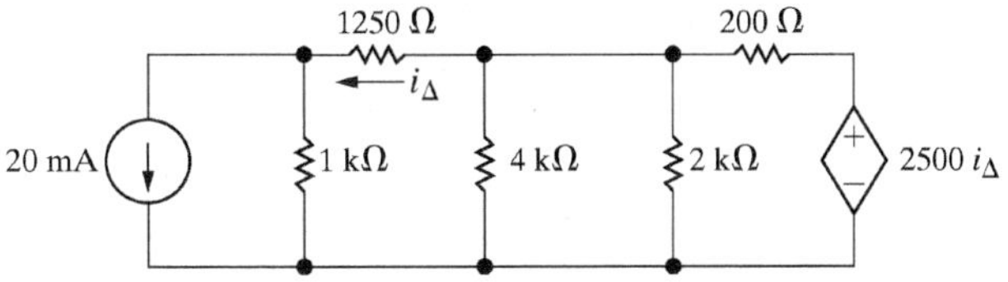

图 P4.19

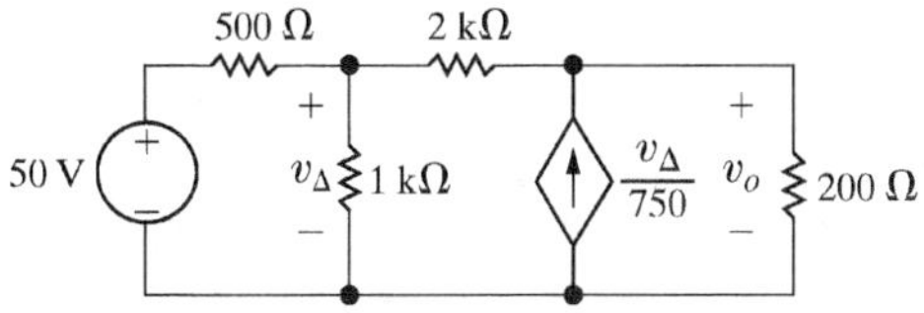

图 P4.20

4.21P (a)求图 P4.21 所示电路中的节点电压 v_1，v_2和 v_3。(b)求电路的总功率损耗。

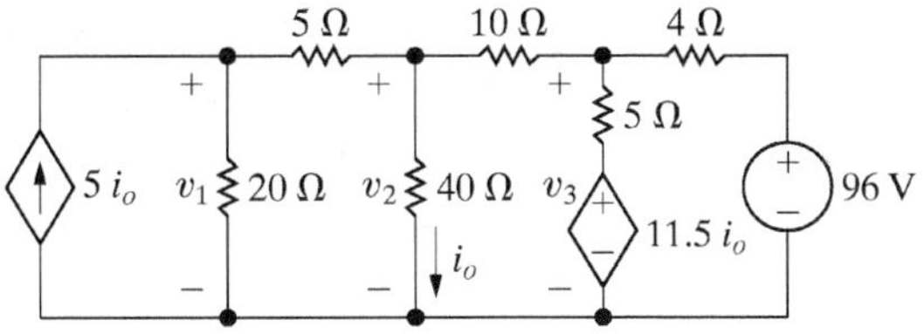

图 P4.21

4.22P (a)使用节点 a 作为参考节点，用节点电压法求图 P4.22 所示电路中的 v_o以及 2 A 电流源释放的功率。(b)选择节点 b 作为参考节点，重复(a)的问题。(c)通过比较(a)和(b)对参考节点的选择，说明哪种方法更好，为什么?

4.23P 用节点电压法求图 P4.23 所示电路中的 v_o。

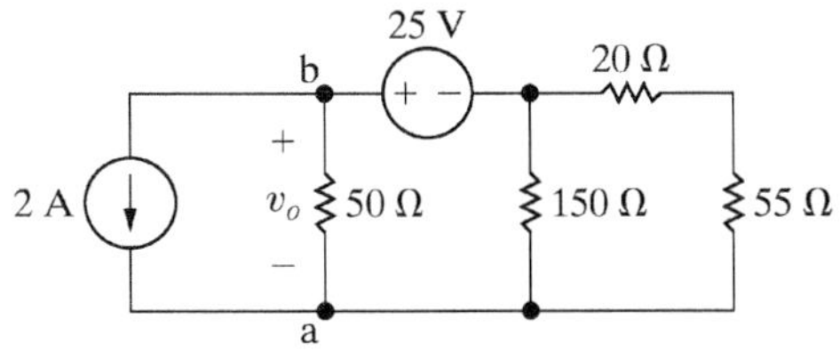

图 P4.22

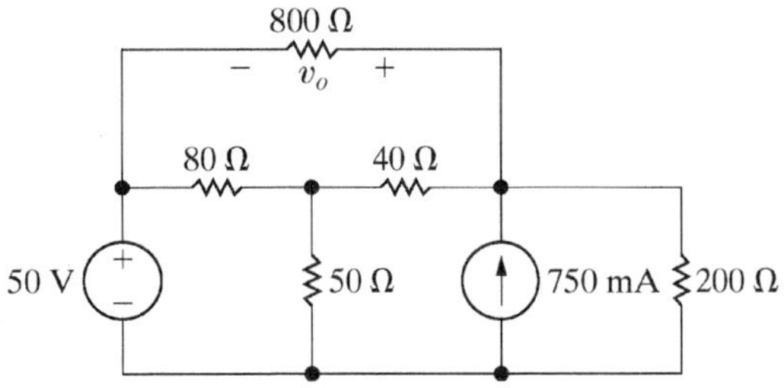

图 P4.23

4.24P 用节点电压法求图 P4.24 所示电路中的 i_o。

4.25　(a)用节点电压法求图 P4.25 所示电路中 2 Ω 电阻上的功率损耗。(b)求 230 V 电源提供的功率。

4.26P 用节点电压法求图 P4.26 所示电路中的 v_o。

4.27P (a)用节点电压法求图 P4.27 所示电路中的支路电流 i_1，i_2和 i_3。(b)通过验证电路中消耗的功率等于产生的功率，来检验所求的 i_1，i_2和 i_3。

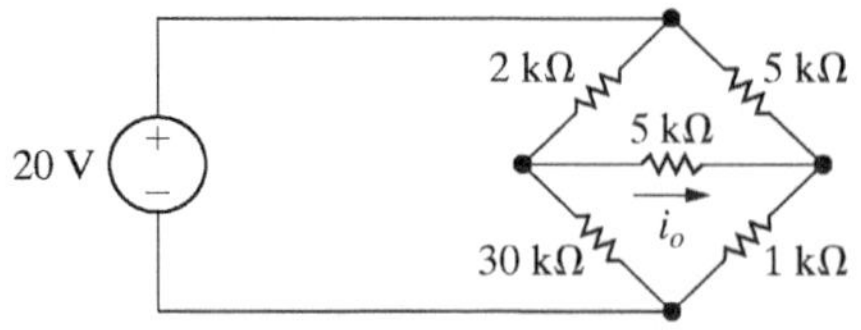

图 P4.24

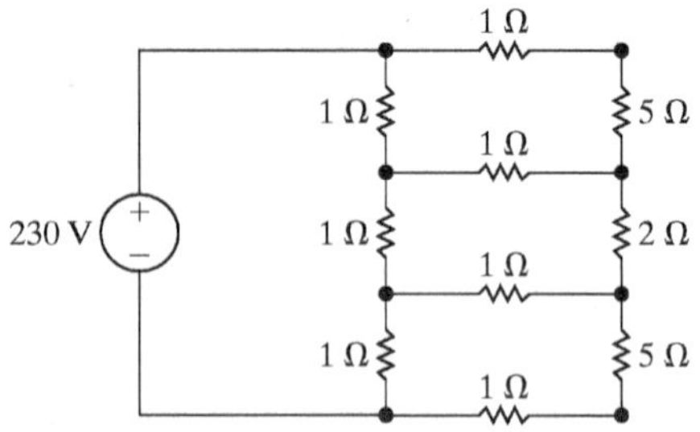

图 P4.25

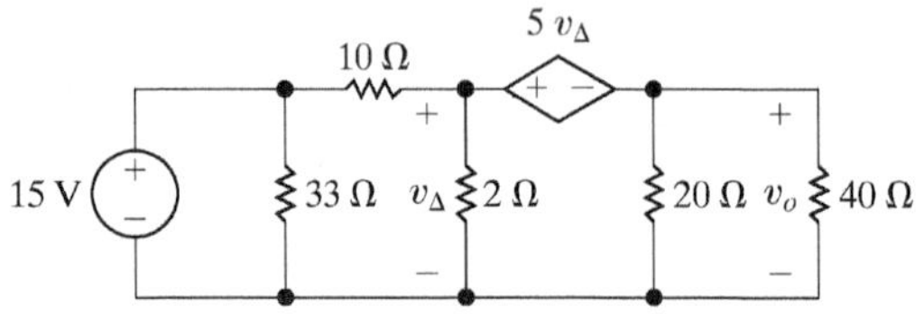

图 P4.26

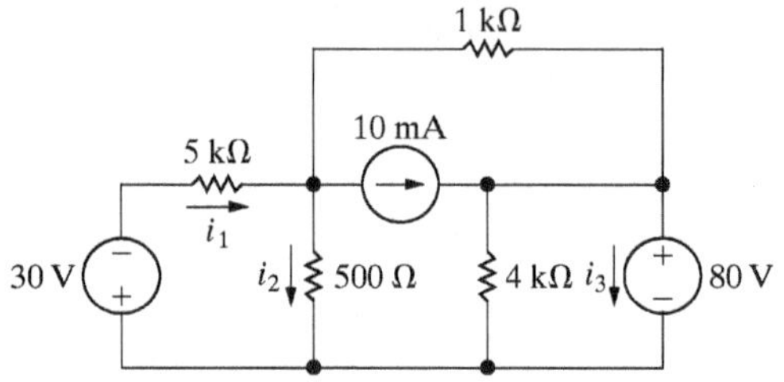

图 P4.27

4.28P 用节点电压法求图 P4.28 所示电路中的 v_o。

4.29 假定你是一个项目工程师，你的一个员工被指派分析如图 P4.29 所示的电路。参考节点和节点号码被分析者标在图上，根据她的分析结果，v_1 和 v_2 分别是 105 V 和 85 V。

(a)在对节点 1 和节点 2 写 KCL 方程时，最左端和最右端的节点电压应为什么值？(b)使用分析者提供的数据，计算电路产生的总功率和消耗的总功率。(c)你同意分析者提交的解答吗？

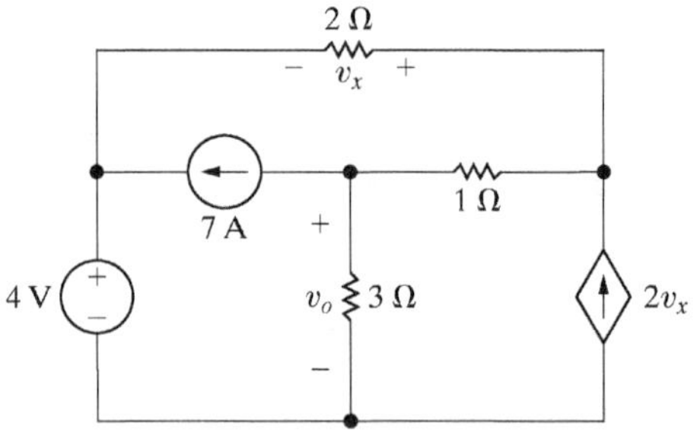

图 P4.28

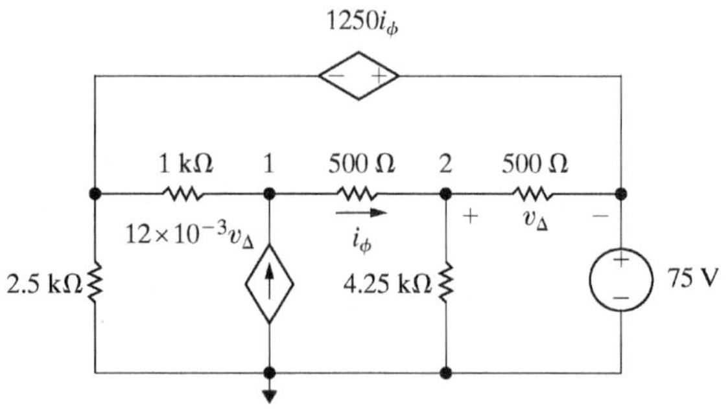

图 P4.29

4.30P 用节点电压法求图 P4.30 所示电路中 20 V 电源产生的功率。

4.31 证明用式(4.16)，式(4.17)和式(4.19)求解 i_B，其结果与式(2.25)相同。

4.32P (a)用网孔电流法求图 P4.32 所示电路中的支路电流 i_a，i_b 和 i_c。(b)如果将 140 V 电源的极性颠倒，重复(a)的问题。

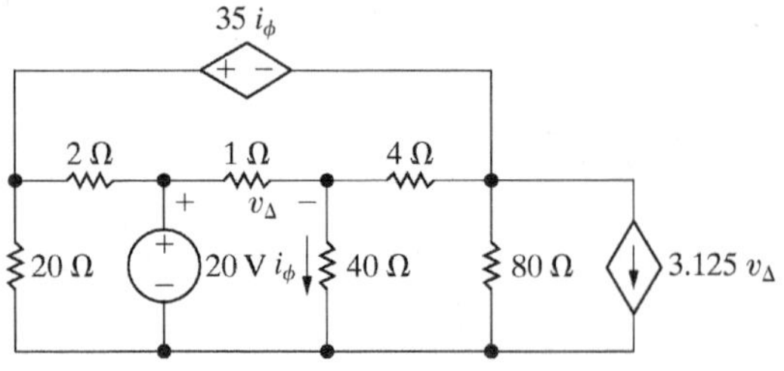

图 P4.30

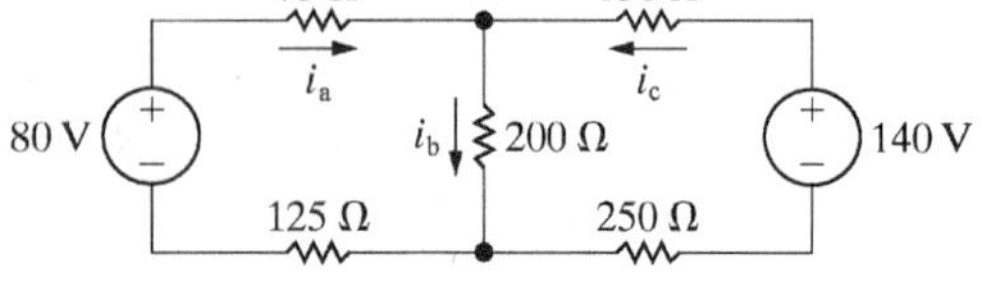

图 P4.32

4.33　用网孔电流法求解习题 4.11。

4.34　用网孔电流法求解习题 4.15。

4.35　用网孔电流法求解习题 4.24。

4.36P　(a)用网孔电流法求图 P4.36 电路产生的总功率。(b)通过证明电路中产生的总功率等于消耗的总功率来检验答案。

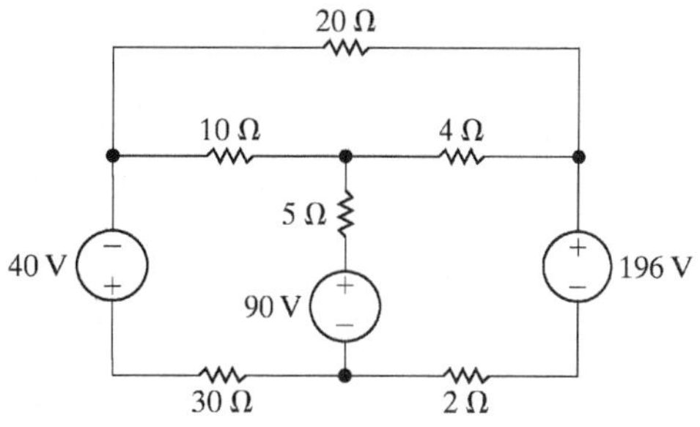

图 P4.36

4.37　用网孔电流法求解习题 4.25。

4.38　用网孔电流法求解习题 4.18。

4.39P　用网孔电流法求图 P4.39 所示电路中 15 Ω 电阻上的功率损耗。

4.40P　用网孔电流法求图 P4.40 所示电路中非独立电压源释放的功率。

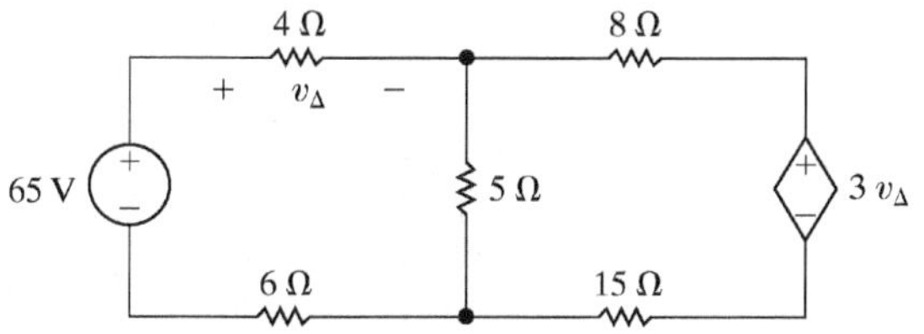

图 P4.39

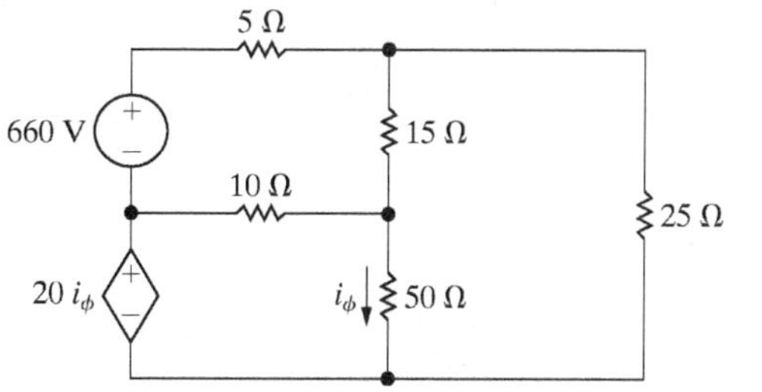

图 P4.40

4.41P　(a)用网孔电流法求图 P4.41 所示电路中的 v_o。(b)求非独立源提供的功率。

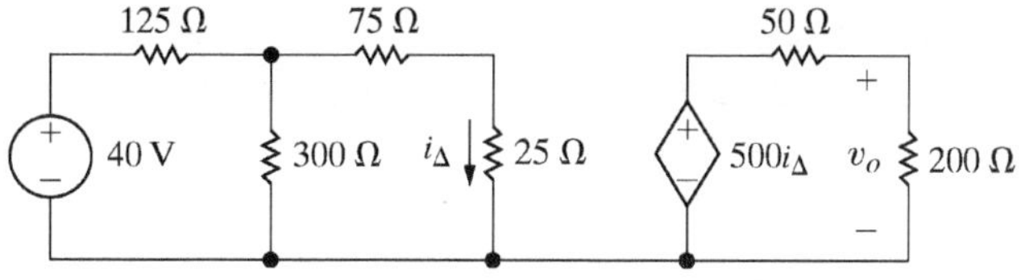

图 P4.41

4.42P　用网孔电流法求图 P4.42 所示电路中非独立电压源产生的功率。

4.43P　(a)用网孔电流法求图 P4.43 所示电路中的 i_Δ。(b)求独立电流源提供的功率。(c)求非独立电压源提供的功率。

4.44　用网孔电流法求解习题 4.13。

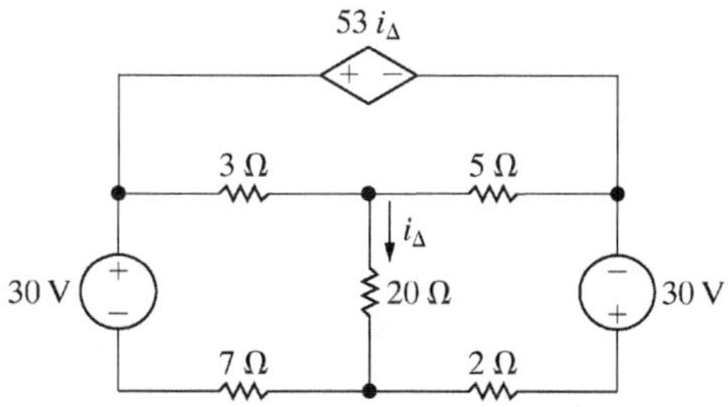

图 P4.42

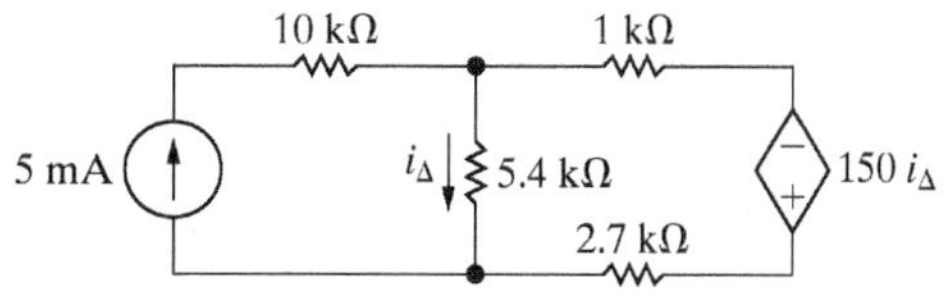

图 P4.43

4.45　用网孔电流法求解习题 4.21。

4.46P　用网孔电流法求图 P4.46 所示电路产生的总功率。

4.47　(a)用网孔电流法求图 P4.47 所示电路中，5 A 电流源提供了多少功率。(b)求电路提供的总功率。(c)通过证明电路中产生的总功率等于消耗的总功率来检验计算结果。

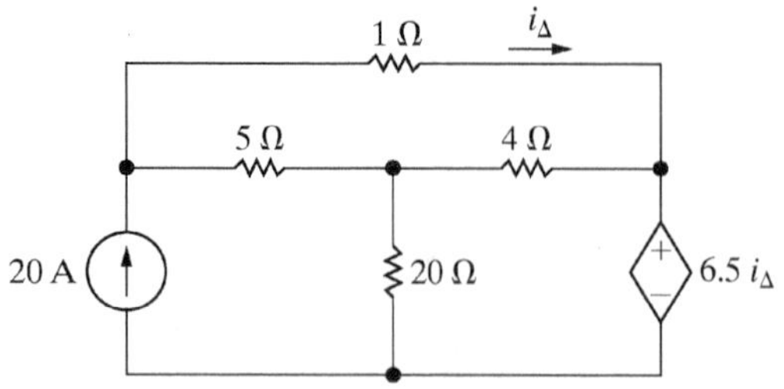

图 P4.46

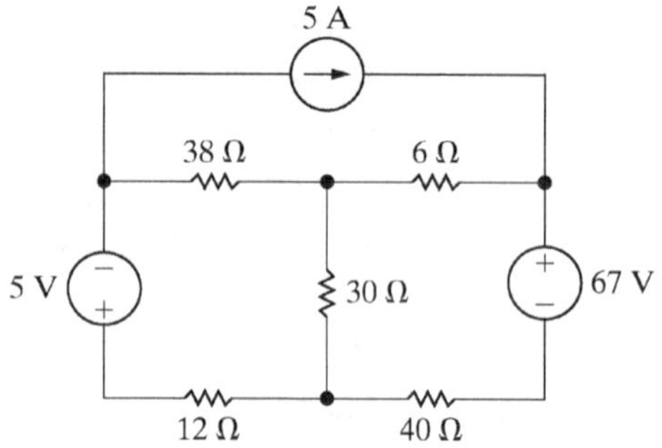

图 P4.47

4.48P (a)用网孔电流法确定图 P4.48 所示电路中哪个电源产生功率。(b)求电路的总功率损耗。

4.49P 用网孔电流法求图 P4.49 所示电路中的总功率损耗。

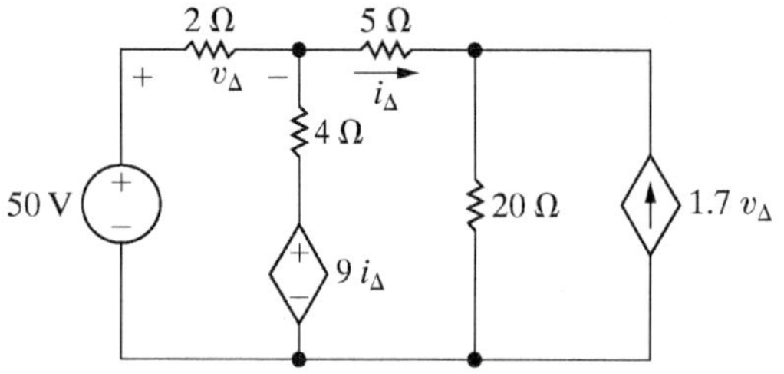

图 P4.48

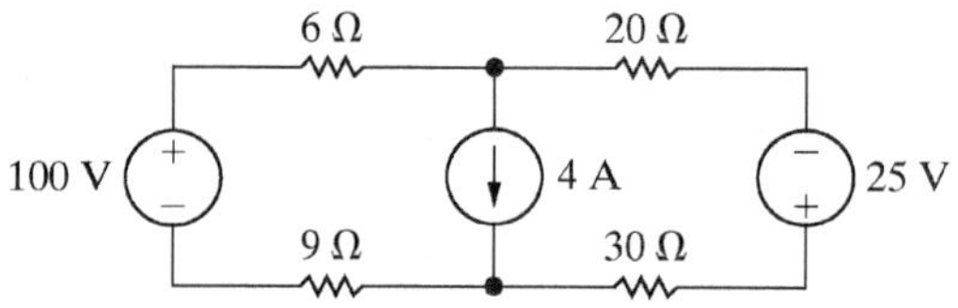

图 P4.49

4.50 (a)假定图 P4.49 所示电路中的 100 V 电源变化到 67.5 V，求电路中的总功率损耗。(b)如果 4 A 电流源用短路线替代，重复(a)的问题。(c)解释为什么(a)和(b)的答案相同。(d)现在，对于图 P4.49 所示电路，要求改变 25 V 电源的值，而不是改变 100 V 电源的值，使电流源的功率损耗与(a)和(b)中所求的相同。使用(c)的结论计算电压源的新值。

4.51 用网孔电流法求解习题 4.27。

4.52P (a)用网孔电流法求图 P4.52 所示电路中的支路电流 $i_a \sim i_e$。(b)通过证明电路产生的总功率等于消耗的总功率来检验解答。

4.53P (a)求图 P4.53 所示电路中的支路电流 $i_a \sim i_e$。(b)通过证明电路产生的总功率等于消耗的总功率来检验解答。

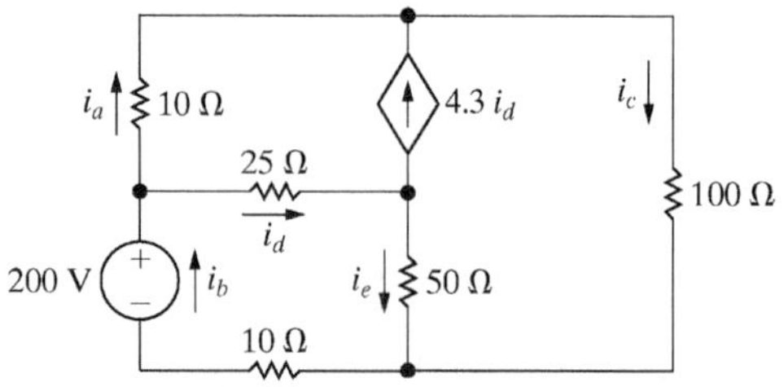

图 P4.52

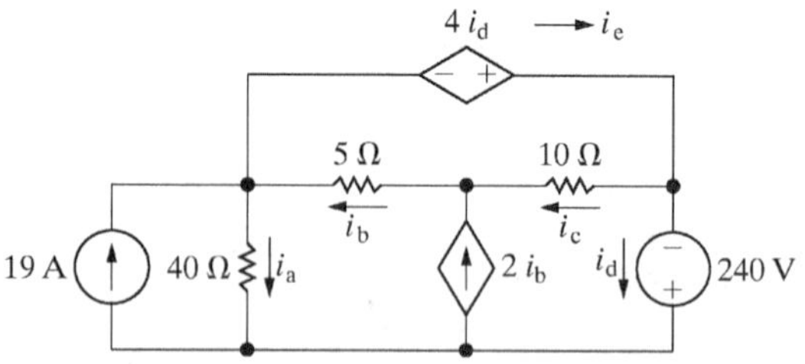

图 P4.53

4.54P 假定需要求图 P4.54 所示电路中水平放置的 1 kΩ 电阻上的功率损耗。

(a)推荐哪种电路分析方法？解释原因。(b)使用推荐的分析方法求水平放置的 1 kΩ 电阻上的功率损耗。(c)如果问题是求 10 mA 电流源产生的功率，改变前面推荐吗？请解释。(d)求 10 mA 电流源产生的功率。

4.55P 一个 4 kΩ 电阻与图 P4.54 所示电路中的 10 mA 电流源并联。假定要计算电流源产生的功率。

(a)推荐哪种电路分析方法？解释原因。(b)求电流源产生的功率。

4.56P (a)若要求图 P4.56 所示电路中 20 V 电源吸收的功率，是用节点电压法还是用网孔电流法？解释你的选择。(b)使用在(a)中选择的方法求功率。

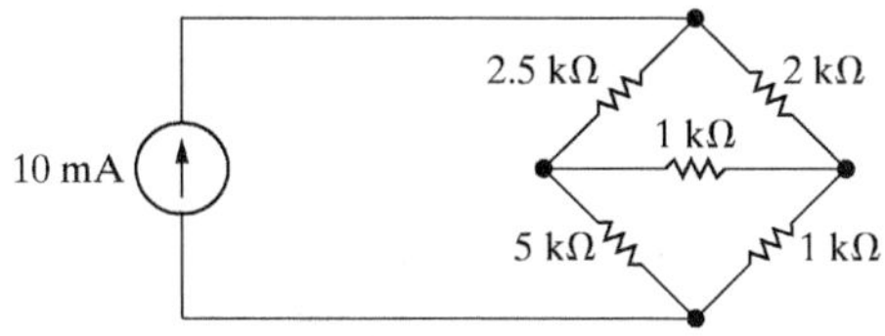

图 P4.54

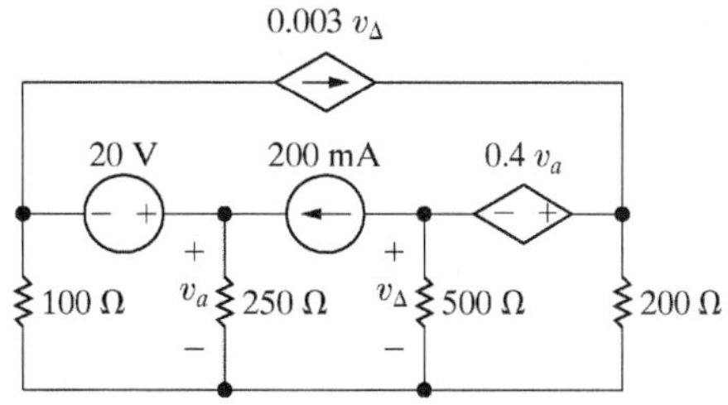

图 P4.56

4.57P 调整图 P4.57 所示电路中的可变直流电流源，使 40 mA 电流源产生的功率是零，求此时 i_{dc} 值。

(a)是用节点电压法还是用网孔电流法求 i_{dc}？解释你的选择。(b)使用在(a)中选择的方法求 i_{dc}。

4.58P 将图 P4.58 所示电路中的可变直流电压源调整到使 i_o 为零。

(a)是用节点电压法还是用网孔电流法求 V_{dc}？解释你的选择。(b)使用在(a)中选择的方法求 V_{dc}。(c)通过证明产生的功率等于消耗的功率来检验答案。

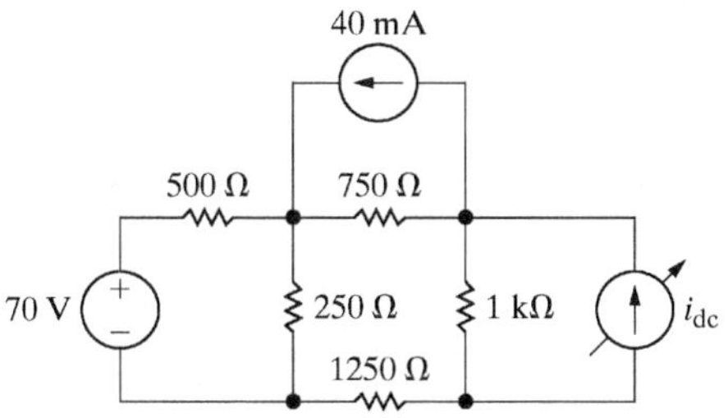

图 P4.57

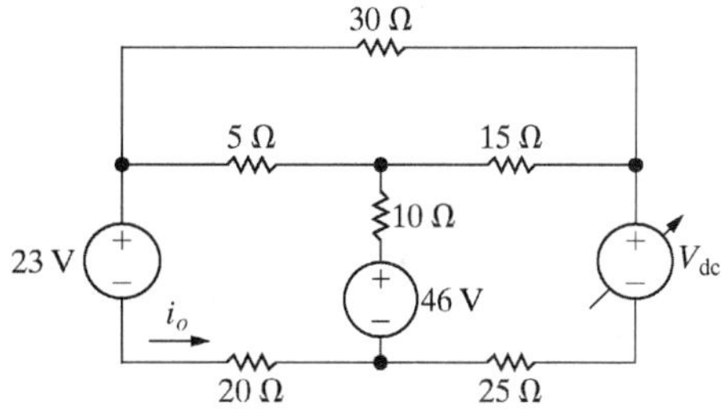

图 P4.58

4.59 (a)连续使用电源变换，求图 P4.59 所示电路中的电压 v_o。(b)用网孔电流法检验答案。

4.60P (a)连续使用适当的电源变换，求图 P4.60 所示电路中电流 i_o。(b)使用(a)的结果，返回电路以求 50 V 电源产生的功率。

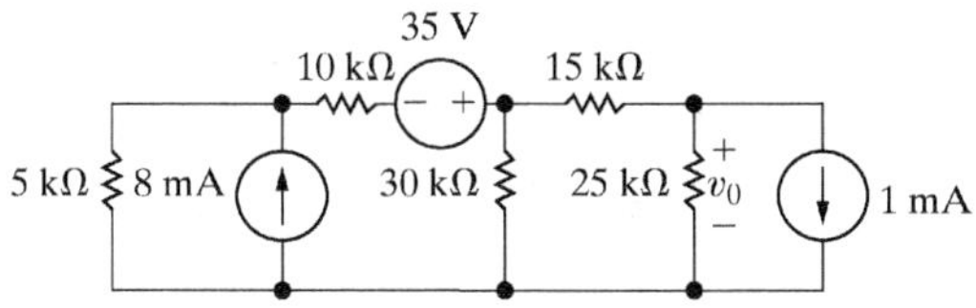

图 P4.59

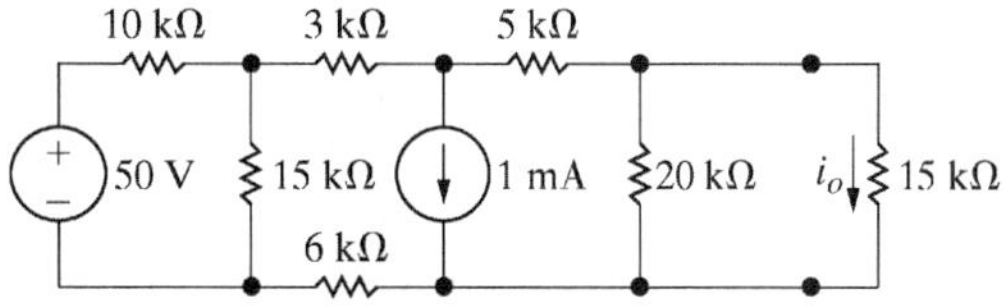

图 P4.60

4.61P (a)使用电源变换，求图 P4.61 所示电路中的电流 i_o。(b)用节点电压法求 i_o 以检验答案。

4.62P (a)连续使用电源变换，求图 P4.62 所示电路中的电流 i_o。(b)用网孔电流法求 i_o 以检验答案。

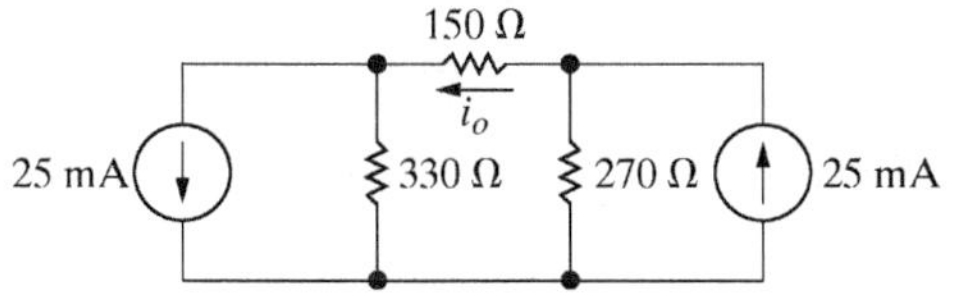

图 P4.61

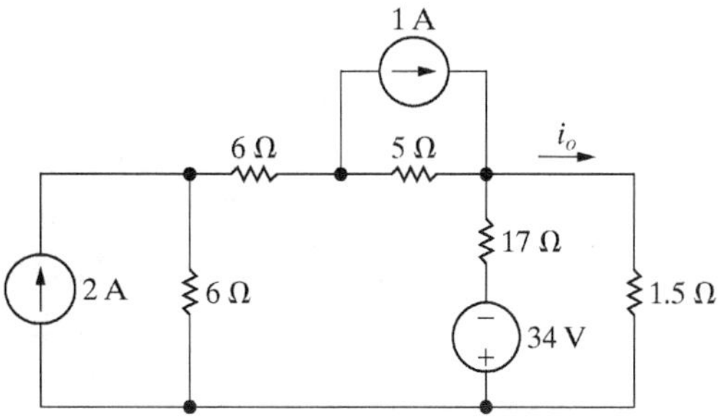

图 P4.62

4.63P (a)用电源变换求图 P4.63 所示电路中的 v_o。(b)求 520 V 电源产生的功率。(c)求 1 A 电流源产生的功率。(d)验证产生的总功率等于消耗的总功率。

4.64P 求图 P4.64 所示电路中 a, b 端的戴维南等效电路。

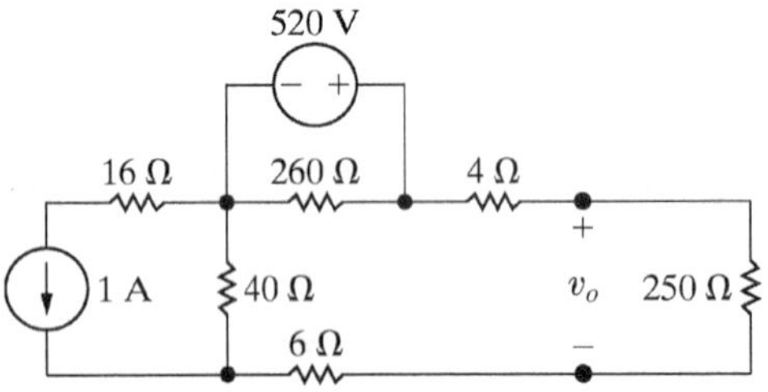

图 P4.63

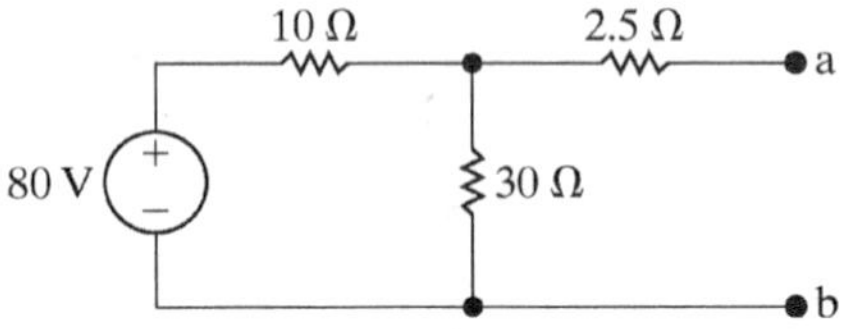

图 P4.64

4.65 求图 P4.65 所示电路中 a, b 端的诺顿等效电路。

4.66P 求图 P4.66 所示电路中 a, b 端的诺顿等效电路。

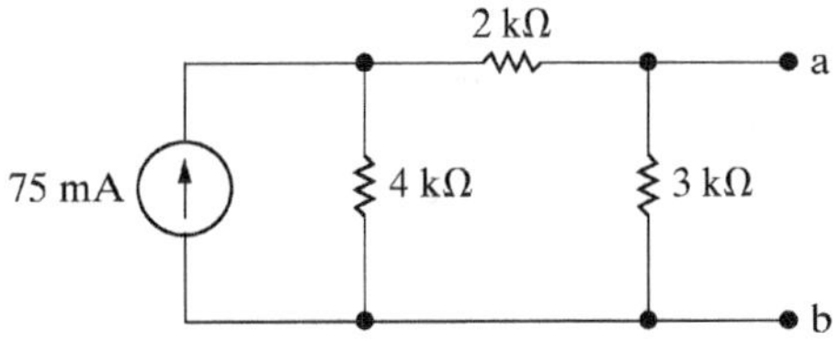

图 P4.65

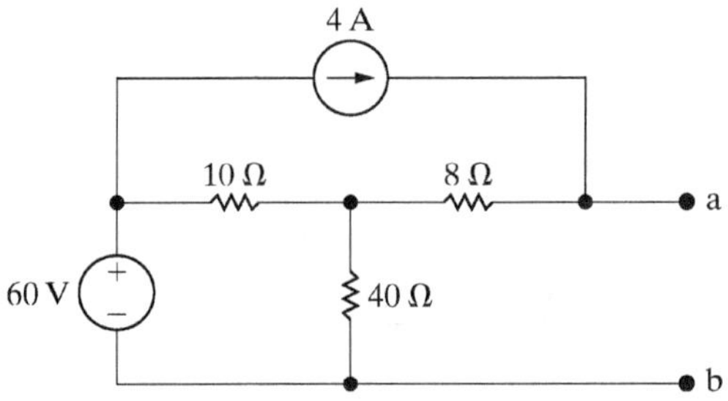

图 P4.66

4.67P 求图 P4.67 所示电路中 a, b 端的戴维南等效电路。

4.68P 求图 P4.68 所示电路中 a, b 端的诺顿等效电路。

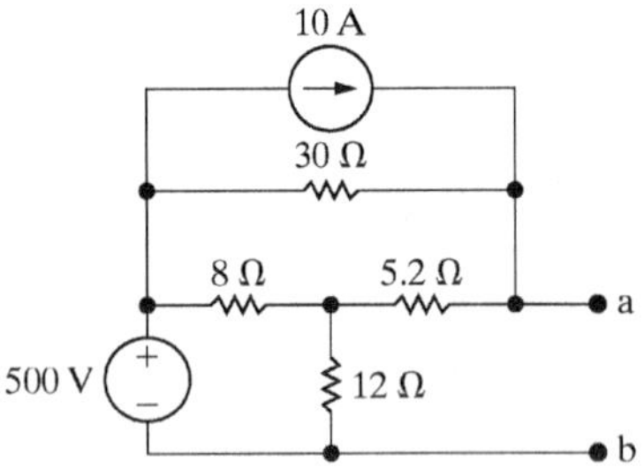

图 P4.67

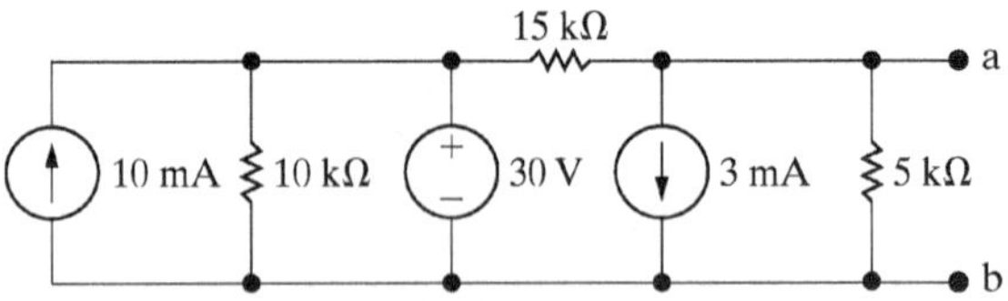

图 P4.68

4.69 戴维南等效电路也可以通过测量相应的一对端子来确定。假定图 P4.69 所示电路 a, b 端经过测量。

当 20 Ω 电阻连接到 a, b 端时,电压 v_{ab} 的测量值为 100 V。

当 50 Ω 电阻连接到 a, b 端时,电压 v_{ab} 的测量值为 200 V。

求网络 a, b 端的戴维南等效电路。

4.70 一个汽车电池,当与汽车收音机连接时,提供给收音机 12.5 V 电压;当与一组前灯连接时,提供前灯 11.7 V 电压。假定收音机建模为 6.25 Ω 电阻,前灯建模为 0.65 Ω 电阻。求电池的戴维南和诺顿等效电路。

4.71P 确定图 P4.71 所示电路中的 i_o 和 v_o。其中 R_o 是附录 H 中的电阻,$100\ \Omega \leqslant R_o < 200\ \Omega$。

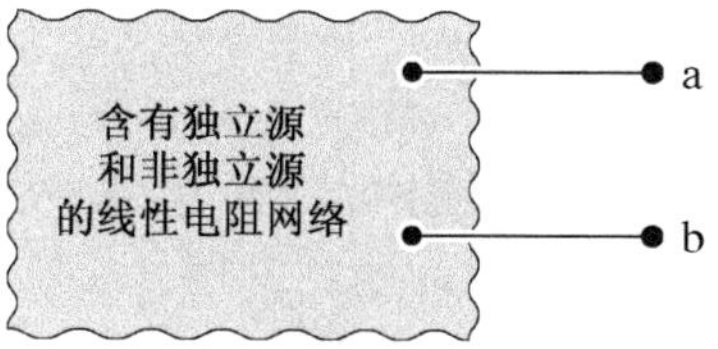

图 P4.69

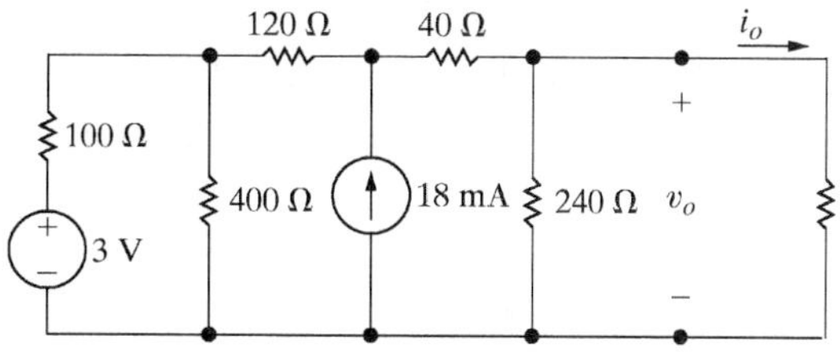

图 P4.71

4.72P 一个内阻为 85.5 kΩ 的电压表用来测量图 P4.72 所示电路中的电压 v_{ab}。

(a)电压表的读数是多少？(b)如果误差百分数定义为[(测量值 - 实际值)/ 实际值] ×100，那么电压表读数的误差百分数是多少？

4.73P 在 R_3 等于 3000 Ω 时，图 P4.73 所示电路中的惠斯通电桥达到平衡。如果检流计有 50 Ω 电阻，当 R_3 调整到 3003 Ω，电桥不平衡时，检流计检测到的电流是多少(提示：当 R_3 等于 3003 Ω 时，求检流计两端的戴维南等效电路。注意，一旦求出戴维南等效电路，对于不同的检流计，求检流计支路的不平衡电流是很容易的)？

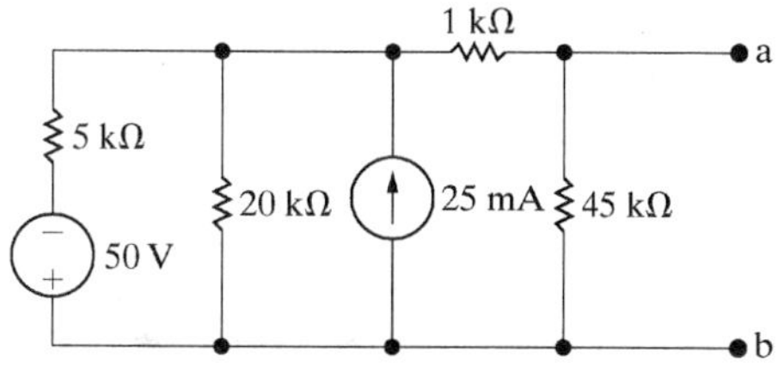

图 P4.72

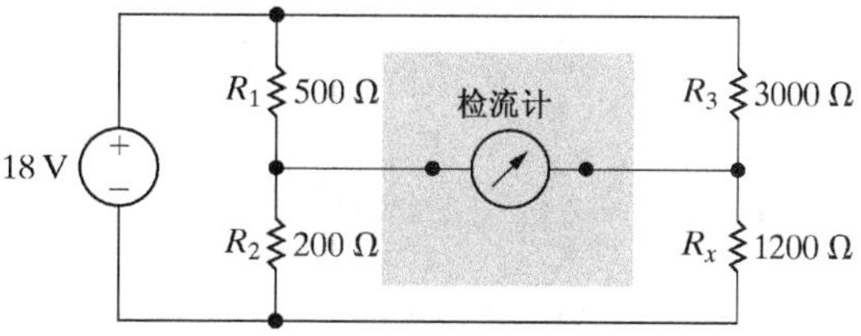

图 P4.73

4.74P 求图 P4.74 所示电路中 a，b 端的戴维南等效电路。

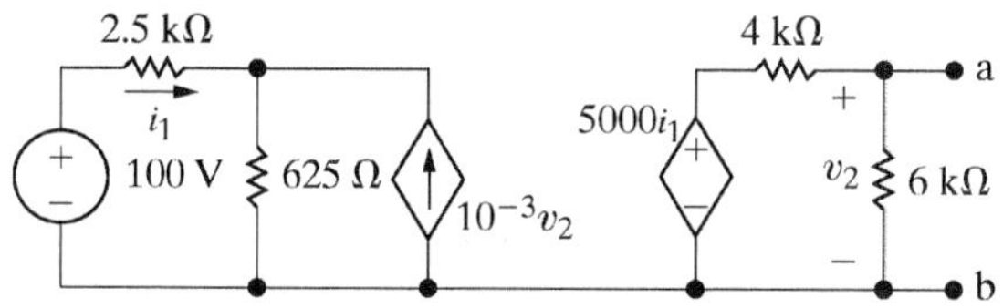

图 P4.74

4.75P 求图 P4.75 所示电路中 a，b 端的诺顿等效电路。

4.76P 用电流表测量图 P4.76 中的电流 i_ϕ，其读数是 6 A。

(a)电流表的电阻是多少？(b)电流测量的误差百分数是多少？

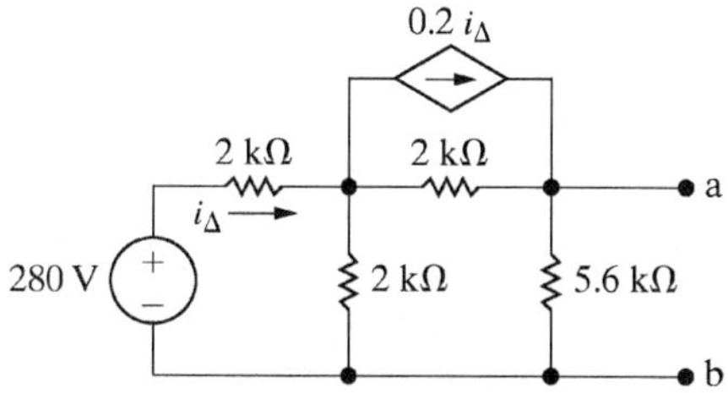

图 P4.75

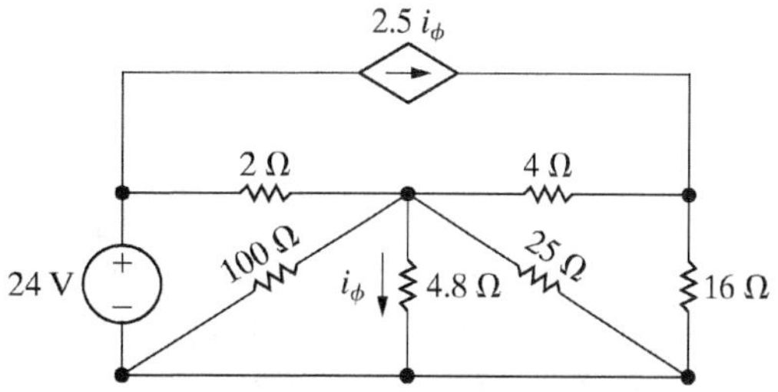

图 P4.76

4.77 (a)在不求开路电压和短路电流的条件下，求图 P4.64 所示电路中 a，b 端的戴维南等效电阻。(b)在不求开路电压和短路电流的条件下，求图 P4.66 所示电路中 a，b 端的诺顿等效电阻。

4.78P (a)通过求开路电压和短路电流，求图 P4.78 所示电路中 a，b 端的戴维南等效电路。(b)通过去掉独立源求戴维南等效电阻。将结果与(a)中求得的戴维南等效电阻比较。

4.79 求图 P4.79 所示电路中 a，b 端的戴维南等效电路。

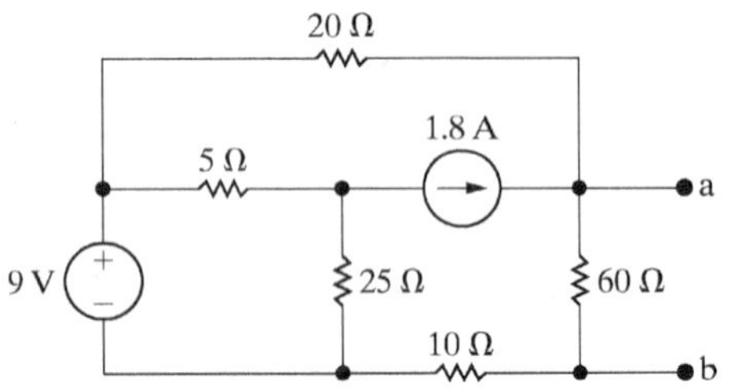

图 P4.78

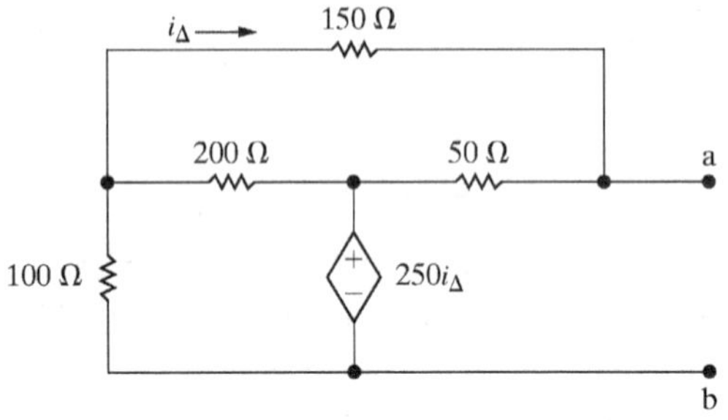

图 P4.79

4.80 求图 P4.80 所示电路中 a，b 端的戴维南等效电路。

4.81 求图 P4.81 所示电路中 a，b 端的诺顿等效电路。

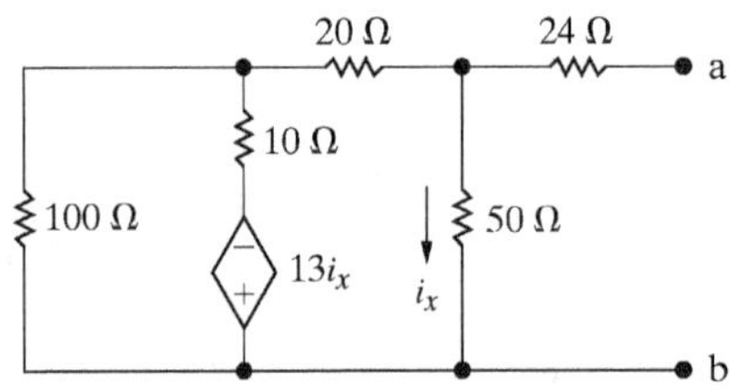

图 P4.80

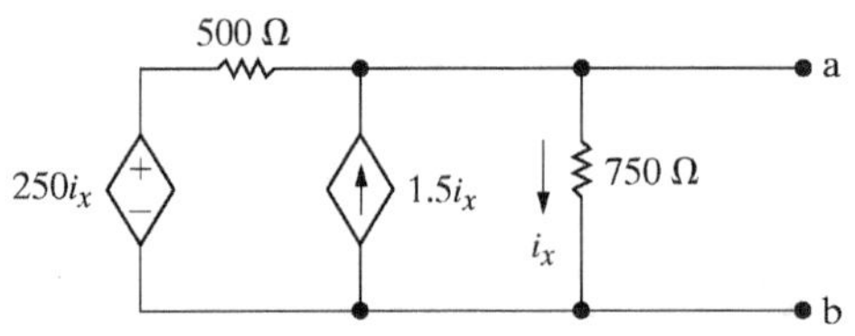

图 P4.81

4.82P 图 P4.82 所示电路中的可变电阻已调节到使最大功率传输到 R_o。

(a)求 R_o 的值。(b)求能够传输到 R_o 的最大功率。(c)求附录 H 中最接近(a)中值的电阻。多大功率传输到这个电阻上？

4.83P 图 P4.82 电路中，当 R_o 设置满足最大功率传输时，电路产生的总功率的百分之多少消耗在 R_o 上？

4.84 (a)计算习题 4.71 中传输到每个 R_o 的功率值。(b)相对电阻 R_o，绘制传输到 R_o 的功率曲线图。(c)R_o 是什么值时，其获得的功率为最大值？

4.85 (a)求图 P4.85 电路中的可变电阻 R_o 的值，该值使得 6 Ω 电阻上获得最大功率损耗(提示：草率得出的结论可能出错)。(b)能够传输到 6 Ω 电阻上的最大功率是多少？

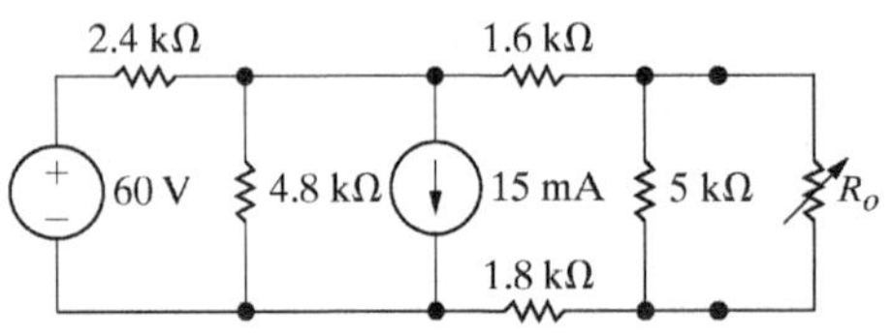

图 P4.82

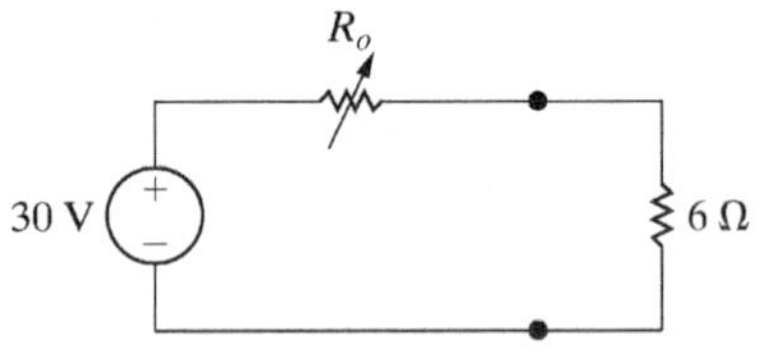

图 P4.85

4.86P 一个可变电阻连接在图 P4.75 所示电路 a，b 端，可变电阻已调节到使最大功率传输到 R_o。

(a)求 R_o 的值。(b)求传输到 R_o 的最大功率。(c)求电路中产生的总功率传输到 R_o 上的百分数。(d)求附录 H 中最接近(a)中 R_o 值的电阻。(e)求电路中产生的总功率释放到(d)中电阻上的百分数。

4.87P 图 P4.87 所示电路中的可变电阻(R_o)经过调节，使它能从电路中吸收到最大功率。

(a)求 R_o 的值。(b)求最大功率。(c)求电路产生的总功率传输到 R_o 上的百分数。

4.88P 在图 P4.88 所示电路中，可变电阻(R_o)已调整到使电阻上的功率损耗为 250 W。求满足这个条件的 R_o 的值。

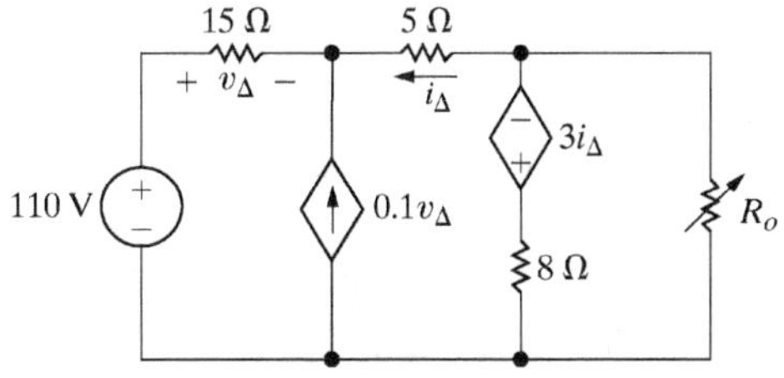

图 P4.87

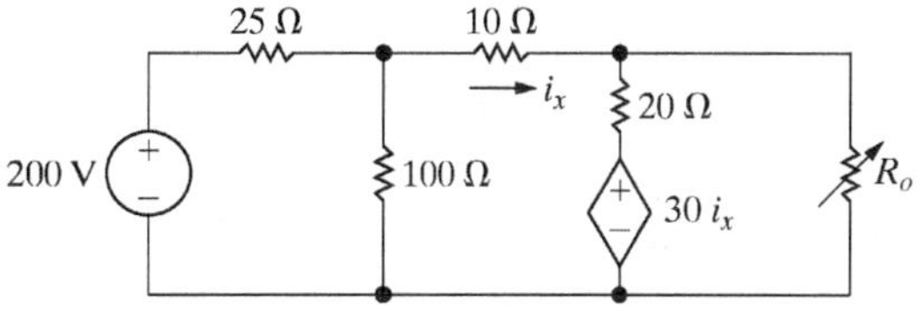

图 P4.88

4.89P 图 P4.89 所示电路中的可变电阻(R_o)已调节到使最大功率传输到 R_o。
(a)求 R_o的值。(b)求传输到 R_o的最大功率。(c)当 R_o已调节到(a)的值时，180 V 电源传输到电路的功率是多少？

4.90P 图 P4.90 所示电路中的可变电阻(R_L)已调节到使最大功率传输到 R_L。
(a)求 R_L的值。(b)求传输到 R_L的最大功率。

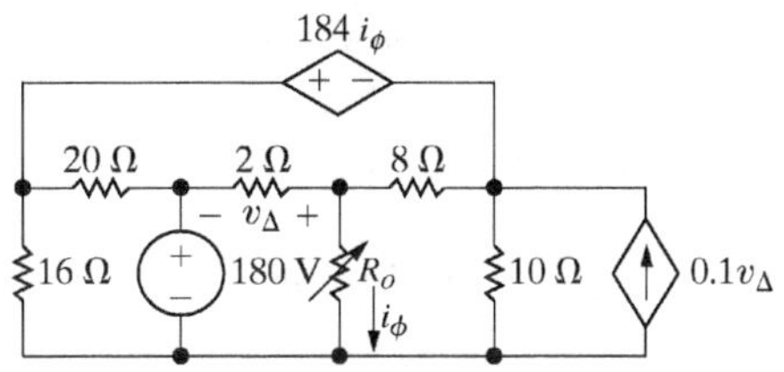

图 P4.89

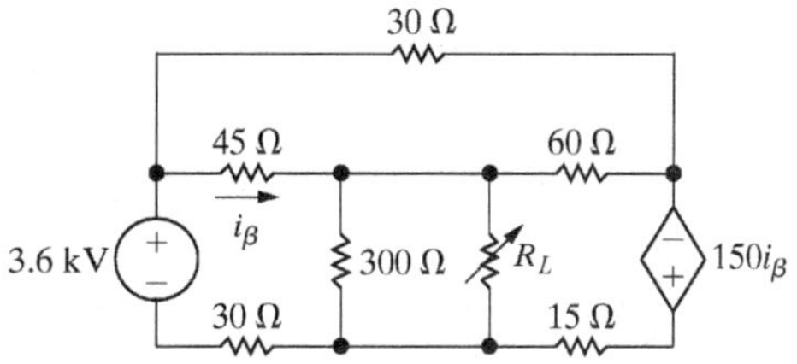

图 P4.90

4.91P 图 P4.91 所示电路中的可变电阻(R_o)已调节到使最大功率传输到 R_o。
(a)求 R_o的值。(b)求传输到 R_o的最大功率。(c)当 R_o已调节到(a)的值时，电路产生的总功率传输到 R_o上的百分数是多少？(d)如果 R_o从附录 H 中选择，哪个电阻值能使最大的功率传输到 R_o？

4.92P (a)图 P4.92 所示电路中，在 5 mA 电流源接触到 a, b 端之前，电流 i_o已知为 3.5 mA，使用叠加原理求电流源接触到 a, b 端后的 i_o值。(b)通过以下方式检验答案：求三个电源同时激励时的 i_o。

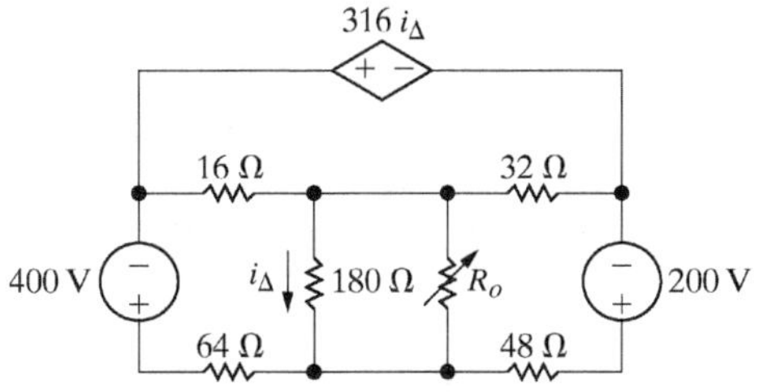

图 P4.91

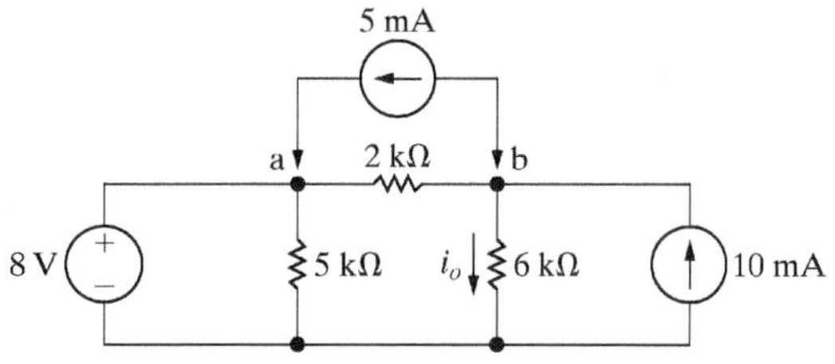

图 P4.92

4.93P (a)用叠加原理求图 P4.93 电路中的 v。(b)求 10 Ω 电阻上的功率损耗。

4.94 用叠加原理求图 P4.94 电路中的 i_o和 v_o。

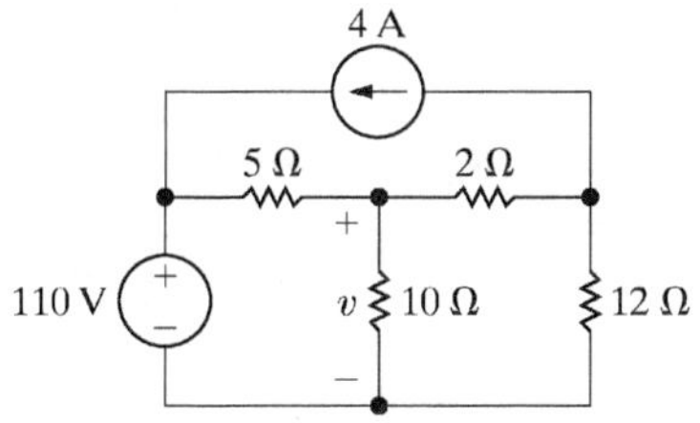

图 P4.93

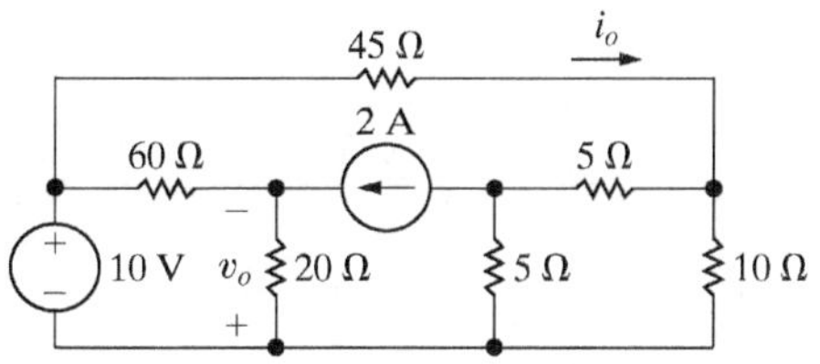

图 P4.94

4.95P 用叠加原理求图 P4.95 电路中的电流 i_o。

4.96P 用叠加原理求图 P4.96 电路中的电压 v_o。

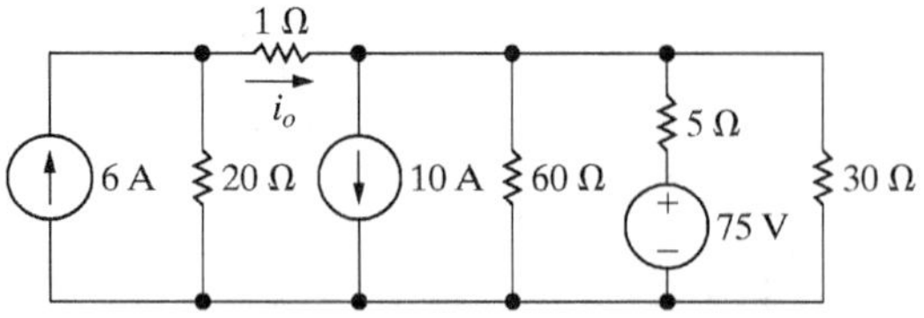

图 P4.95

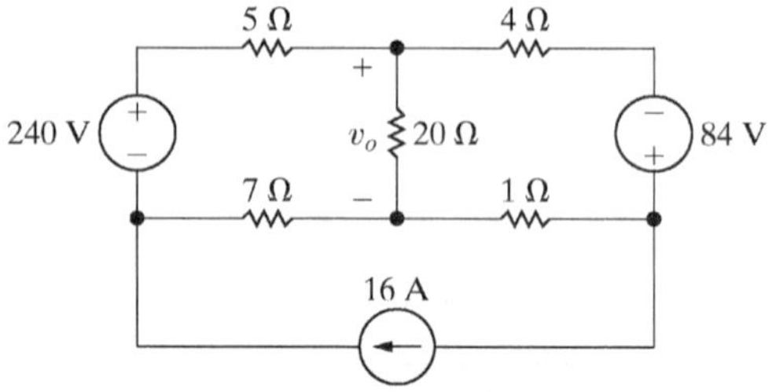

图 P4.96

4.97P 用叠加原理求图 P4.97 电路中的电压 v_o。

4.98P 用叠加原理求图 P4.98 电路中的电流 i 。

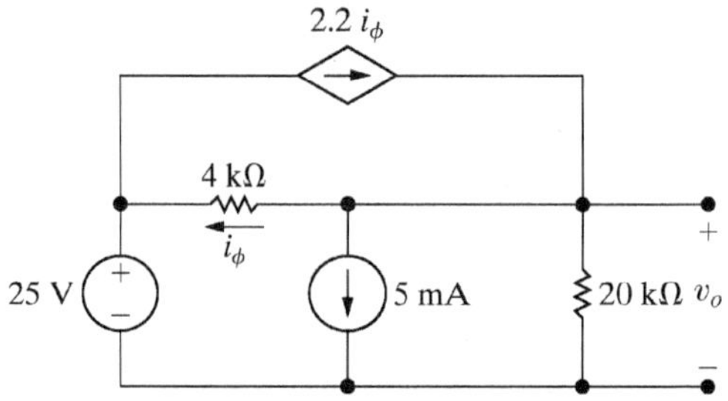

图 P4.97

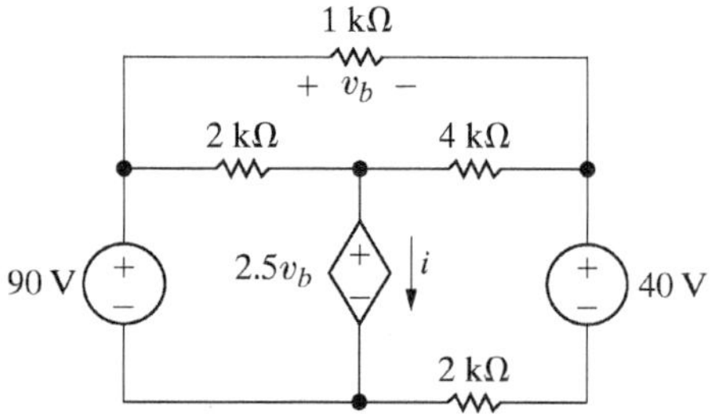

图 P4.98

4.99 假定主管请你确定图 P4.99 电路中 50 V 电源产生的功率。在计算 50 V 电源产生的功率之前，主管请你提交一份计划，说明你如何处理问题。接着，主管请你解释选择这个解决方案的理由。

(a)叙述你的计划，解释你的理由。(b)用你在(a)中计划的方法，求 50 V 电源产生的功率。

4.100P 求图 P4.100 电路中的 i_1 和 i_2。

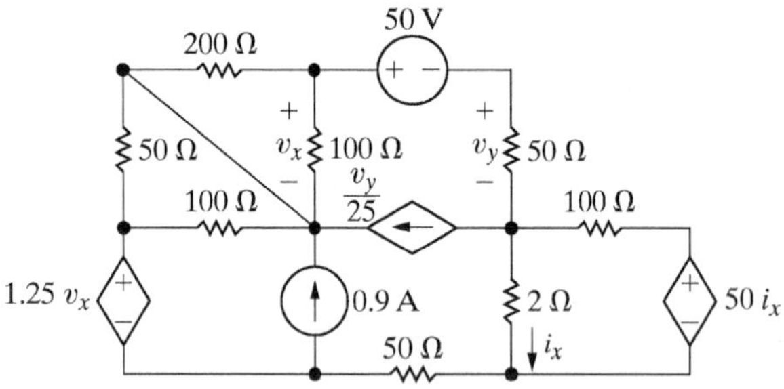

图 P4.99

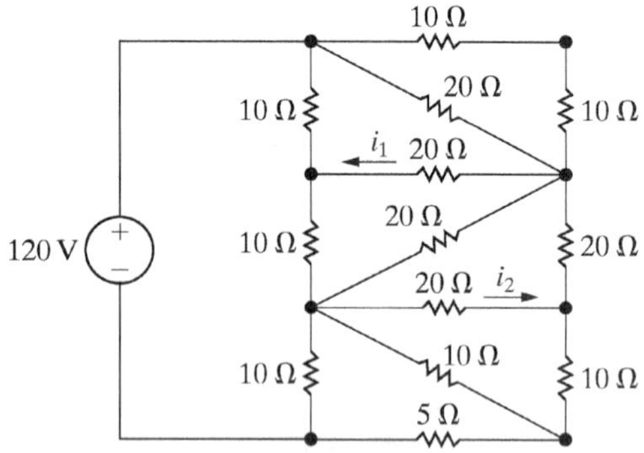

图 P4.100

4.101P 求图 P4.101 电路中 v_1，v_2 和 v_3。

4.102 两个理想直流电源用导线连接，导线电阻为 r Ω/m，如图 P4.102 所示。一个电阻为 R Ω 的负载在两个电源之间移动。使 x 等于负载与电源 v_1 的距离，L 等于电源之间的距离。

(a)证明

$$v = \frac{v_1RL + R(v_2 - v_1)x}{RL + 2rLx - 2rx^2}$$

(b)证明电压 v 将是最小值，如果

$$x = \frac{L}{v_2 - v_1}\left[-v_1 \pm \sqrt{v_1 v_2 - \frac{R}{2rL}(v_1 - v_2)^2}\right]$$

(c) 如果 $L=16$ km，$v_1=1000$ V，$v_2=1200$ V，$R=3.9\ \Omega$，$r=5\times10^{-5}\ \Omega/\text{m}$，求 x。

(d) 对于(c)，电路 v 的最小值是多少？

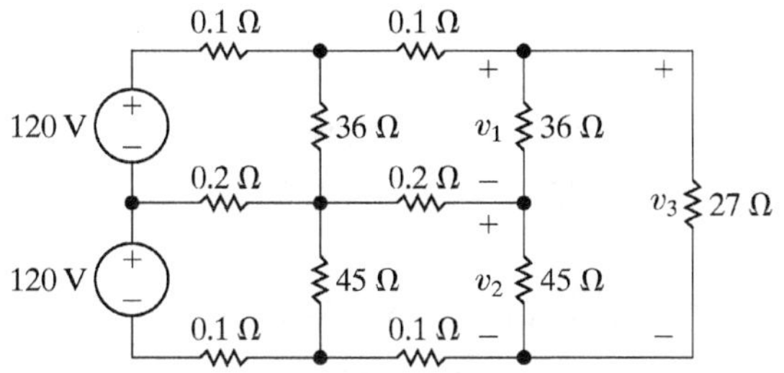

图 P4.101

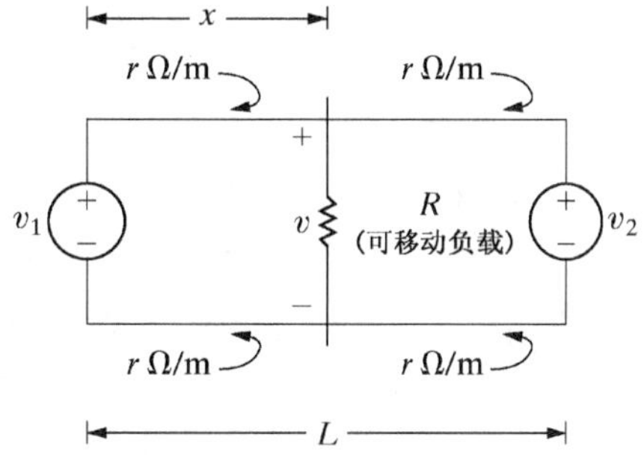

图 P4.102

4.103P 实验室测量一个直流电压源，无负载时测得端电压为 75 V，连接有 20 Ω 电阻负载时，端电压为 60 V。

(a) 求直流电压源两端的戴维南等效电路。

(b) 证明电源的戴维南电阻表达式如下所示

$$R_{\text{Th}} = \left(\frac{v_{\text{Th}}}{v_o} - 1\right)R_L$$

其中：v_{Th}为戴维南电压；v_o为负载电阻 R_L两端的电压。

4.104 **(设计问题)** 在图 4.69 电路中，针对电源电流 I_{g1}和 I_{g2}的变化，推导 v_1和 v_2的灵敏度表达式。

4.105P **(实例应用)** 假定图 4.69 所示电路中组件的标称值是：$R_1=25\ \Omega$，$R_2=5\ \Omega$，$R_3=50\ \Omega$，$R_4=75\ \Omega$，$I_{g1}=12$ A，$I_{g2}=16$ A。如果 I_{g1}的值减小到 11 A，其他组件均保持在标称值，预测 v_1和 v_2的值。使用类似 PSpice 或 MATLAB 的工具检验预测值。

4.106 **(实例应用)** 如果 I_{g2}的值增加到 17 A，其他组件均保持在标称值，重复习题 4.105。使用类似 PSpice 或 MATLAB 的工具检验预测值。

4.107P **(实例应用)** 如果 I_{g1}的值减小到 11 A，而且 I_{g2}的值增加到 17 A，重复习题 4.105。使用类似 PSpice 或 MATLAB 的工具检验预测值。

4.108 **(实例应用)** 如果 R_1和 R_3比标称值增加 10%，R_2和 R_4比标称值减少 10%，I_{g1}和 I_{g2}保持在标称值不变。使用表 4.2 给出的结果，预测 v_1和 v_2的值。将预测值与 v_1和 v_2实际值进行比较。

第 5 章　运算放大器

本章目标

- 能够指出运算放大器 5 个端子的名称，描述和使用电压和电流约束。
- 能够分析包含理想运算放大器的简单电路。能够识别下列运算放大器电路：反相放大器、求和放大器、同相放大器和差分放大器。
- 理解实际的运算放大器模型，能够使用该模型去分析包含运算放大器的简单电路。

被称为运算放大器的电子电路越来越重要。然而运算放大器电路的详细分析需要了解电子器件，如二极管和晶体管。读者可能会奇怪，为什么要在讨论电子组件之前介绍运算放大器电路。这有几方面的理由。首先通过探讨运算放大器的端子特性，可以理解运算放大器为何可以作为电路模块使用。从介绍性的角度看，并不需要完全理解电子组件对端子特性的作用；第二，运算放大器的模型需要使用非独立源，因此，有机会在实际电路中使用非独立电源，而不是将它作为一个抽象的电路组件；第三，能够用运算放大器和电阻器的组合实现一些非常有用的功能，比如比例求和、符号变换和减法运算等。最后，在第 6 章介绍完电感器和电容器之后，可以给出如何使用运算放大器设计微分和积分电路。

将精力集中在运算放大器的端子特性上，也就意味着采取黑盒子的操作方法。也就是说，既不关心放大器的内部结构，也不关心结构内的电压和电流。重要的是放大器的内部特性受端子电压和电流的约束。

实例应用

应变计(一)

如果实际不接触如下图所示的金属棒，如何测量它的弯曲度呢？一种方法是使用应变计。应变计是一种传感器，传感器是一种仪器，它可以把待测量转变成更方便形式的量。对于金属棒，希望测量的量是弯曲的角度。直接测量角度非常困难，而且可能有危险。可以改为在金属棒上固定一个应变计。应变计是一个细金属丝栅格，其电阻随着金属丝的伸长或缩短变化

$$\Delta R = 2R\frac{\Delta L}{L}$$

其中 R 是应变计静止时的电阻，$\Delta L/L$ 是应变计伸长的部分(定义为“张力”)，常数 2 是典型厂商的应变计系数，ΔR 是由金属棒弯曲导致的电阻变化。典型的做法是将成对的应变计分别固定在棒的对面。当棒弯曲时，一对应变计的金属丝拉长变细，电阻增加，另一对应变计的金属丝缩短变粗，电阻减少。

电阻的变化又是如何测量的呢？一种方法是使用电阻表。但是，应变计的电阻变化一般非常小，以至于电阻表不能准确地测量。通常成对的应变计连接形成一个惠斯通电桥，两个电桥臂之间的电压差可以测量。为了准确地测量电压差，使用运算放大器电路将电压差放大。当介绍了运算放大器和一些重要的应用电路之后，将引入使用应变计测量金属棒弯曲量的电路。

最初使用运算放大器电路时，把它作为模拟计算机中的模块。之所以称为“运算”，是因为用在实现积分、微分、加法、符号变换和比例等数学运算中。近年来，尽管应用范围已经超出了数学运算，然而原始名称仍然使用。工程师和技术员有创造行业术语的倾向，因此运算放大器被广泛地简称为运放。

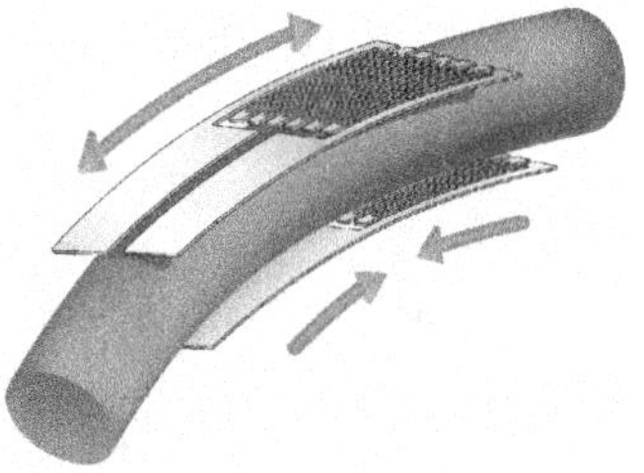

5.1　运算放大器端子

因为强调运算放大器(运放)的端子特性，所以，首先讨论一个商用器件的端子。在 1968 年，美国仙童半导体公司推出一种被广泛接受的运放：μA741(前缀 μA 被仙童公司用来表示放大器的微电路制作方式)。这种放大器有几种不同的封装形式可以使用，在讨论中假定采用 8 引脚双列直插式(DIP)。图 5.1 给出了封装的顶视图，端子名称在端子旁给出。主要关心的端子有：

- 反相输入
- 同相输入
- 输出
- 正电源(V^+)
- 负电源(V^-)

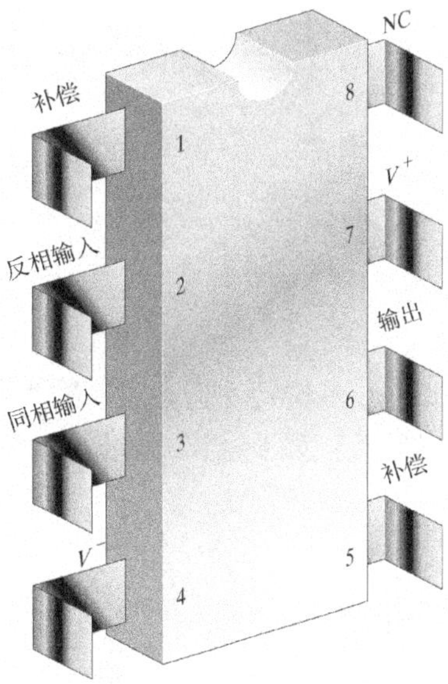

图 5.1　8 引脚 DIP 封装(顶视)

人们很少关心，甚至不关心其余的 3 个端子。补偿端可以用于辅助电路，补偿因老化和缺陷引起的性能退化。退化在大多数情况下可以忽略，所以补偿端通常不用。不关心端子 8，因为它是一个不用的端子。NC 代表没有连接，意味着该端子没有连接放大器电路。

图 5.2 给出了广泛使用的运放电路符号，包含 5 个主要关心的端子。使用文字标注端子，在电路图中不太方便，所以采用以下方式简化端子名称。同相输入端标记加号(+)，反相输入端标记减号(−)。电源端总是画在三角形的外侧，记为 V^+ 和 V^-，三角形盒子的顶点为输出端。图 5.3 概括了这些简化的名称。

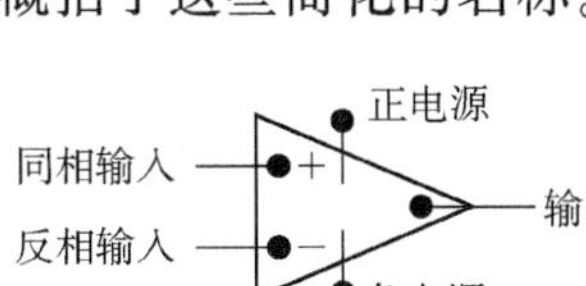

图 5.2　运算放大器(运放)的电路符号

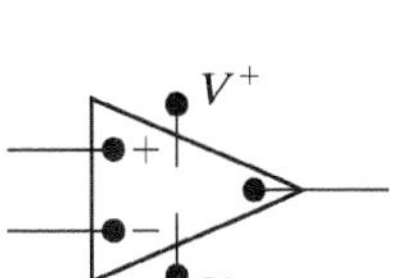

图 5.3　运算放大器的简化电路符号

5.2　端电压和端电流

这里介绍用来描述运放特性的端电压和端电流，电压变量根据公共参考节点测量[①]。图 5.4 给出了电压变量和它的参考极性。

① 公共参考节点在运算放大器的外部。它是嵌入运算放大器电路的参考端。

所有电压相对于公共节点为电压升。这样便于使用节点电压法进行分析。正电源电压(V_{CC})接在 V^+ 与公共节点之间。负电源电压($-V_{CC}$)接在 V^- 与公共节点之间。反相输入端和公共节点之间的电压标记为 v_n；同相输入端和公共节点之间的电压标记为 v_p；输出端和公共节点之间的电压标记为 v_o。

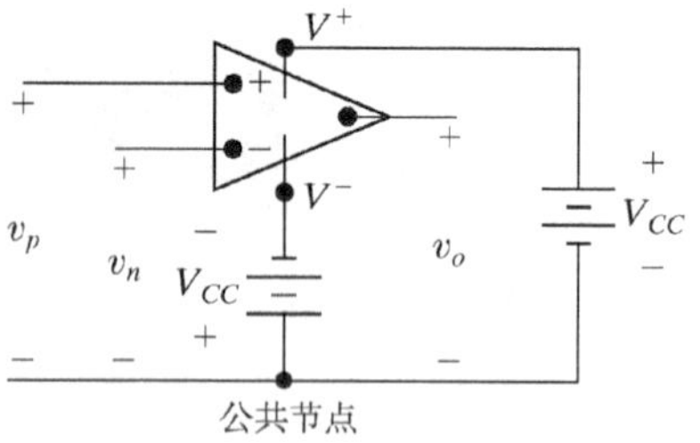

图 5.4　端电压变量

图 5.5 给出了电流变量和它的参考方向。应当注意，所有电流的参考方向都是进入运算放大器的端子：i_n 是进入反相输入端的电流；i_p 是进入同相输入端的电流；i_o 是进入输出端的电流；i_{c+} 是进入正电源端的电流；i_{c-} 是进入负电源端的电流。

运放的端子特性与线性电路元件相同，特性受输入电压和输入电流的约束。根据运放集成电路的电压传输特性获得电压约束，如图 5.6 所示。

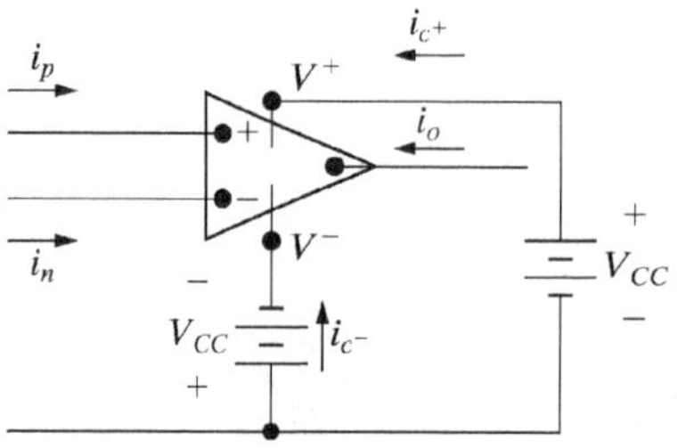

图 5.5　端电流变量

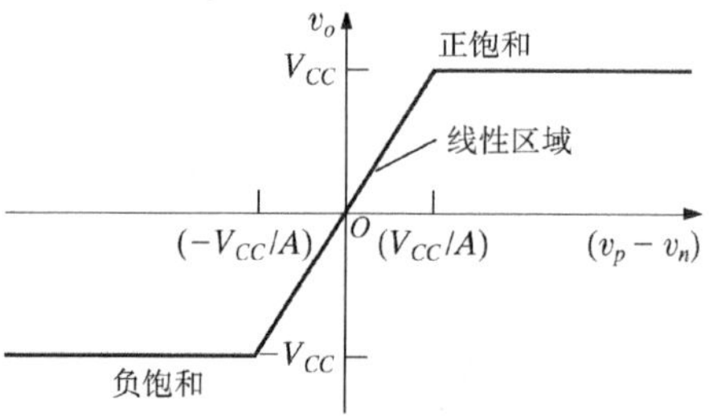

图 5.6　运放的电压传输特性

电压传输特性描述了以输入电压为变量的输出电压的变化规律，即电压是怎样从输入传输到输出的。对于运放，输出电压是两个输入电压之差($v_p - v_n$)的函数。电压传输特性的方程是

$$v_o = \begin{cases} -V_{CC} & A(v_p - v_n) < -V_{CC} \\ A(v_p - v_n) & -V_{CC} \leqslant A(v_p - v_n) \leqslant +V_{CC} \\ +V_{CC} & A(v_p - v_n) > +V_{CC} \end{cases} \tag{5.1}$$

从图 5.6 和式(5.1)可以看出，运放有 3 个明显的工作区域。当输入电压差($|v_p - v_n|$)数值很小时，运放的特性像线性器件，输出电压是输入电压的线性函数。线性区域外，运放的输出饱和，运放的特性像非线性器件，因为输出电压不再是输入电压的线性函数。当运放处于线性工作状态时，其输出电压等于输入电压之差乘以一个常数(即增益)A。

将运放限制在线性工作区时，输入电压 v_p 和 v_n 受到约束。约束来自式(5.1)中 V_{CC}和 A 的典型值。对于多数运放，推荐的直流电源电压很少超过 20 V，增益 A 很少低于 10 000，即 10^4。从图 5.6 和式(5.1)看到，在线性区，输入电压差($|v_p - v_n|$)的数值必须小于 $20/10^4$，即 2 mV。

前面学习的电路中典型节点电压比 2 mV 大得多。所以小于 2 mV 的电压差意味着两个电压基本相等。因此，在运放处于线性工作区而且节点电压又比 2 mV 大得多的时候，运放的输入电压约束是

$$v_p = v_n \tag{5.2}$$

式(5.2)给出了理想运放输入电压之间的关系。理想运放的 A 值无穷大。

式(5.2)中输入电压的约束被称为运放输入的“虚短”条件。有人自然要问，当运放嵌入在电路中时，运放的输入如何能维持虚短，确保线性工作呢？答案是将信号从输出端反馈到反相输入端，这种结构被称为负反馈，因为输入信号要减去从输出端反馈来的信号。负反馈引起

输入电压差的减小。由于输出电压与减小的输入电压成比例，所以输出电压也减小了，而运放工作在它的线性区。

如果运放受到电路的限制，不能提供一条反馈路径从运放的输出到反相输入端，那么运放通常会饱和。没有负反馈，输入信号的差必须非常小才能避免饱和。即使电路为运放提供了负反馈路径，也不能确保它工作在线性区。那么，怎样才能知道运放是否工作在线性区呢？

回答是，不知道！为了摆脱困难的选择，假定电路工作在线性状态，进行电路分析，然后检查结果是否矛盾。比如，假定电路中的运放工作在线性区，而且计算出运放的输出电压是 10 V。在检查电路时，发现 V_{CC}是 6 V，结果是矛盾的。因为运放的输出电压不会比 V_{CC}大，因此假定的线性工作是错误的，运放输出一定在 6 V 饱和。

这样就确定了输入电压的约束，它基于集成运放电路的电压传输特性。假定运放被限制在线性工作区以及 V_{CC}和 A 是典型值。式(5.2)表示了理想运放的电压约束，即 A 值无穷大。

现在把注意力转向输入电流的约束。集成运放电路的分析表明，从运放输入端看进去的等效电阻非常大，典型值为 1 MΩ 或更大。理想情况下，等效输入电阻无穷大，因而电流约束是

$$i_p = i_n = 0 \tag{5.3}$$

电流约束与电压约束不同，它不以运放工作在线性区的假设为基础。式(5.2)和式(5.3)一起形成了端子特性的约束，它定义了理想运放的模型。

根据基尔霍夫电流定律，知道进入运算放大器的电流之和为零，即

$$i_p + i_n + i_o + i_{c+} + i_{c-} = 0 \tag{5.4}$$

将式(5.3)给出的约束代入式(5.4)，得

$$i_o = -(i_{c+} + i_{c-}) \tag{5.5}$$

式(5.5)说明尽管输入端的电流忽略不计，输出端的电流依然可以估计。

在开始分析包含运放的电路之前，需进一步简化电路符号。已知放大器工作在线性区，直流电压 $\pm V_{CC}$不进入电路方程。在这种情况下，可以从符号中去掉电源端，如图 5.7 所示。特别要注意的是：因为电源端子被去掉了，符号会产生一个危险的推断，即 $i_p + i_n + i_o = 0$。当然情况并不是这样，应该是 $i_p + i_n + i_o + i_{c+} + i_{c-} = 0$。换句话说，理想运放的模型约束 $i_p = i_n = 0$，并不意味着 $i_o = 0$。

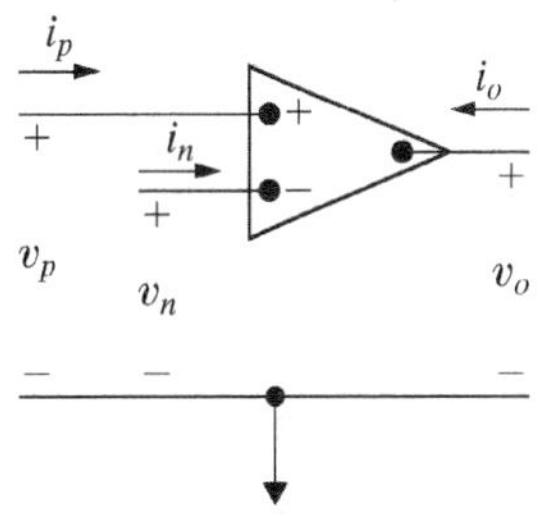

图 5.7　电源端移去的运放符号

正负电源电压在数值上不一定相等。在线性区内，v_o 必须位于两个电源之间。比如，如果 $V^+ = 15$ V，$V^- = -10$ V，那么 $-10\ \text{V} \leqslant v_o \leqslant 15$ V。在所有工作条件下 A 并不是一个常数。然而现在假定它是常数。有关 A 是如何变化以及为什么变化的讨论，必须要到学习了构成放大器的电子器件和组件之后才能进行。

例 5.1 说明了式(5.2)和式(5.3)的应用。用这些方程预测包含运放的电路的特性时，实际上使用了器件的理想模型。

例 5.1　分析一个运放电路

图 5.8 所示电路中的运放是理想的。

(a)如果 $v_a = 1$ V，$v_b = 0$ V，计算 v_o。(b)如果 $v_a = 1$ V，$v_b = 2$ V，计算 v_o。(c)如果 $v_a = 1.5$ V，为了避免放大器饱和，确定 v_b 的范围。

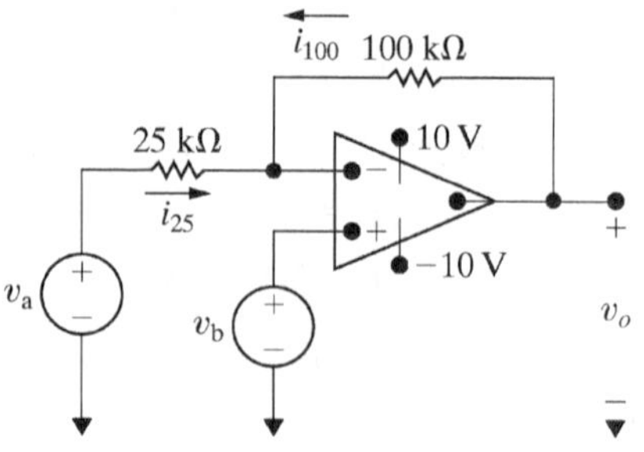

图 5.8 例 5.1 的电路

解：

(a) 因为存在负反馈路径，从运放的输出到反相输入端通过一个 100 kΩ 电阻器，可以假定运放工作在线性区。在反相输入端可以列写一个节点电压方程。根据连接的电压源有 $v_p = v_b = 0$ V，根据式(5.2)表示的电压约束有 $v_p = v_n$，因此反相输入端的电压是零，在 v_n 处的节点电压方程是

$$i_{25} + i_{100} = i_n$$

根据欧姆定律

$$i_{25} = (v_a - v_n)/25 = \frac{1}{25}\text{ mA}$$

$$i_{100} = (v_o - v_n)/100 = v_o/100\text{ mA}$$

电流约束要求 $i_n = 0$。将 3 个电流值代入节点电压方程，得到

$$\frac{1}{25} + \frac{v_o}{100} = 0$$

因此，v_o 是 −4 V。v_o 处于 ±10 V 之间，因此运放工作在线性区。

(b) 使用和(a)相同的过程，得到

$$v_p = v_b = v_n = 2\text{ V}$$

$$i_{25} = \frac{v_a - v_n}{25} = \frac{1-2}{25} = -\frac{1}{25}\text{ mA}$$

$$i_{100} = \frac{v_o - v_n}{100} = \frac{v_o - 2}{100}\text{ mA}$$

$$i_{25} = -i_{100}$$

因此，$v_o = 6$ V。v_o 仍然处于 ±10 V 之间。

(c) 和前面相同，$v_n = v_p = v_b$，以及 $i_{25} = -i_{100}$。因为 $v_a = 1.5$ V

$$\frac{1.5 - v_b}{25} = -\frac{v_o - v_b}{100}$$

解出作为 v_o 函数的 v_b，有

$$v_b = \frac{1}{5} \times (6 + v_o)$$

现在，如果放大器处于线性工作区内，则 $-10\text{ V} \leqslant v_o \leqslant 10\text{ V}$。将这些对 v_o 的限制代入 v_b 表达式，得到 v_b 的限制范围是

$$-0.8\text{ V} \leqslant v_b \leqslant 3.2\text{ V}$$

评测目标 1 使用电压和电流约束分析理想运放。

5.1 假定右图所示电路中的运放是理想的。

(a) 根据下列 v_s 的值计算 v_o。v_s 是 0.4 V，2.0 V，3.5 V，−0.6 V，−1.6 V 和 −2.4 V。

(b) 为了避免放大器饱和，要确定 v_s 的范围。

答： (a) −2 V，−10 V，−15 V，3 V，8 V 和 10 V；

(b) $-2\text{ V} \leqslant v_s \leqslant 3$ V。

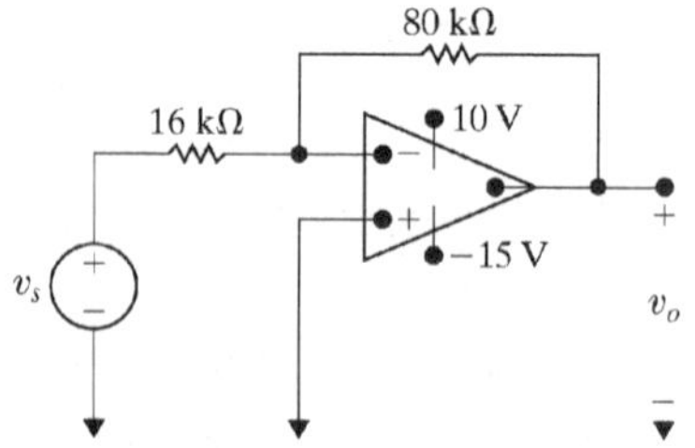

提示： 试求本章习题 5.1，习题 5.4 和习题 5.5。

5.3 反相放大器电路

现在将讨论一些重要的运放电路应用，用式(5.2)和式(5.3)模拟运放电路的特性。图 5.9 给出了反相放大器电路。假定运放工作在线性区。除了运放，电路还包含两个电阻(R_f 和

R_s)、一个电压信号源(v_s)、一根同相输入端和公共节点之间的短路线。

现在分析图 5.9 所示电路，假定运放是理想运放。目标是求输出电压 v_o 的表达式，v_o 作为源电压 v_s 的函数。在运放的反相输入端，用节点电压方程，即

$$i_s + i_f = i_n \tag{5.6}$$

因为电压 $v_p = 0$，根据式(5.2)的电压约束，得到 $v_n = 0$。因此

$$i_s = \frac{v_s}{R_s} \tag{5.7}$$

$$i_f = \frac{v_o}{R_f} \tag{5.8}$$

用式(5.3)叙述的电流约束，即

$$i_n = 0 \tag{5.9}$$

将式(5.7)至式(5.9)代入式(5.6)，结果为

$$v_o = \frac{-R_f}{R_s} v_s \tag{5.10}$$

输出电压与输入是反相的且成比例。输入与输出反相，故称该电路为反相放大器。比例系数，即增益为 R_f/R_s。

式(5.10)给出的结果，只有当图 5.9 电路中的运放是理想的时候才是正确的。即如果 A 是无穷大且输入电阻无穷大。对于实际的运放，式(5.10)是近似的，通常也可以使用(关于这一点，将在以后讨论)。式(5.10)很重要，因为它告诉我们，如果运放的增益 A 很大，可以用外部电阻器 R_f 和 R_s 表示反相放大器的增益。增益 R_f/R_s 的上限由电源电压和信号电压 v_s 确定。如果假定两个电源电压相等，即，$V^+ = -V^- = V_{CC}$，可得到

$$|v_o| \leqslant V_{CC}, \qquad \left|\frac{R_f}{R_s} v_s\right| \leqslant V_{CC}, \qquad \frac{R_f}{R_s} \leqslant \left|\frac{V_{CC}}{v_s}\right| \tag{5.11}$$

例如，如果 $V_{CC} = 15$ V，$v_s = 10$ mV，比 R_f/R_s 一定小于 1500。

在图 5.9 所示的反相放大器电路中，电阻器 R_f 提供了负反馈的连接。即它将输出端和反相输入端连在一起。如果将 R_f 移走，负反馈路径开路，放大器称为工作在开环状态。图 5.10 所示为开环状态。

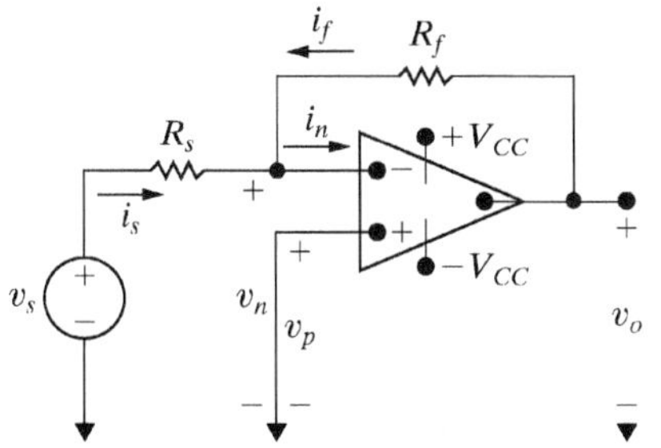

图 5.9　反相放大器电路

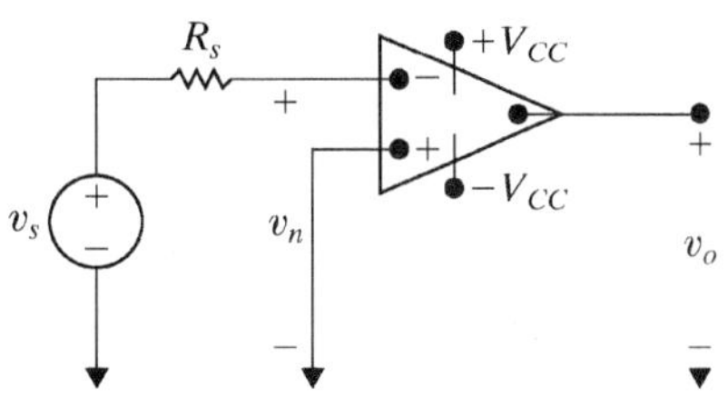

图 5.10　反相放大器工作在开环状态

反馈路径开路彻底改变了电路的特性。首先，输出电压是

$$v_o = -Av_n \tag{5.12}$$

假定，$V^+ = -V^- = V_{CC}$，为了工作在线性区，则 $|v_n| < V_{CC}/A$。因为反相输入电流几乎为零，R_s 上电压降几乎为零，反相输入电压基本等于信号电压 v_s，即 $v_n \approx v_s$。因此，只有当 $|v_s| < V_{CC}/A$

时运放才能开环工作在线性区。如果$|v_s|>V_{CC}/A$，运放完全进入饱和。如果$v_s<-V_{CC}/A$，运放饱和在$+V_{CC}$；如果$v_s>V_{CC}/A$，运放饱和在$-V_{CC}$。如式(5.12)所示的关系在没有反馈路径时发生，A的值通常称为运放的开环增益。

例 5.2 利用反相放大器方程设计一个反相放大器，其中使用了实际电阻值。

例 5.2　设计一个反相放大器

(a)设计一个增益为 12 的反相放大器(参见图 5.9)，使用一个理想运放以及 ±15 V 电源。

(b)若在这个设计中要求运放工作在线性区，输入电压v_s的变化范围是多少？

解：

(a)从附录 H 中选择两个实际电阻，它们的比值为 12，可以有多种不同的选择，这里选择$R_s=1\ \text{k}\Omega$，$R_f=12\ \text{k}\Omega$。使用反相放大器方程式(5.10)验证设计

$$v_o=-\frac{R_f}{R_s}v_s=-\frac{12\,000}{1000}v_s=-12v_s$$

增益为 12 的反相放大器如图 5.11 所示。

(b)利用反相放大器方程求解两个不同的v_s值，首先代入$v_o=+15$ V，其次代入$v_o=-15$ V

$$15=-12v_s,\ \text{则}\ v_s=-1.25\ \text{V}$$

$$-15=-12v_s,\ \text{则}\ v_s=1.25\ \text{V}$$

因此，如果输入电压大于等于 -1.25 V 并且小于等于 1.25 V，反相放大器中的运放将处于线性工作区。

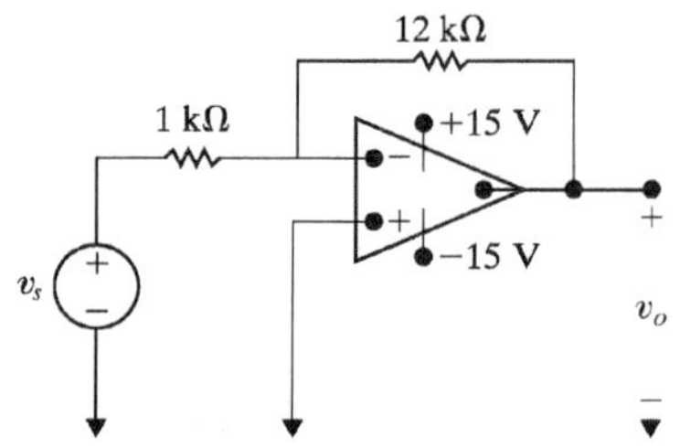

图 5.11　例 5.2 的反相放大器

评测目标 2　能够分析包含理想运放的简单电路。

5.2　评测目标 5.1 电路中的源电压v_s是 -640 mV，80 kΩ 反馈电阻器由一个可变电阻器R_x代替，为了使反相放大器工作在线性区，R_x的范围是什么？

答：$0\leqslant R_x\leqslant 250\ \text{k}\Omega$。

提示：试求本章习题 5.9 和习题 5.11。

5.4　求和放大器电路

求和放大器的输出电压是反相的，与放大器输入电压之和成比例。图 5.12 给出了有 3 个输入电压的求和放大器。

要得到输出电压v_o和 3 个输入电压v_a，v_b和v_c的关系式，可以先对离开反相输入端的电流求和：

$$\frac{v_n-v_a}{R_a}+\frac{v_n-v_b}{R_b}+\frac{v_n-v_c}{R_c}+\frac{v_n-v_o}{R_f}+i_n=0 \tag{5.13}$$

假定是理想运放，由于v_p点接地，同时使用电压和电流约束就得到$v_n=v_p=0$，以及$i_n=0$，可以将式(5.13)简化为

$$v_o=-\left(\frac{R_f}{R_a}v_a+\frac{R_f}{R_b}v_b+\frac{R_f}{R_c}v_c\right) \tag{5.14}$$

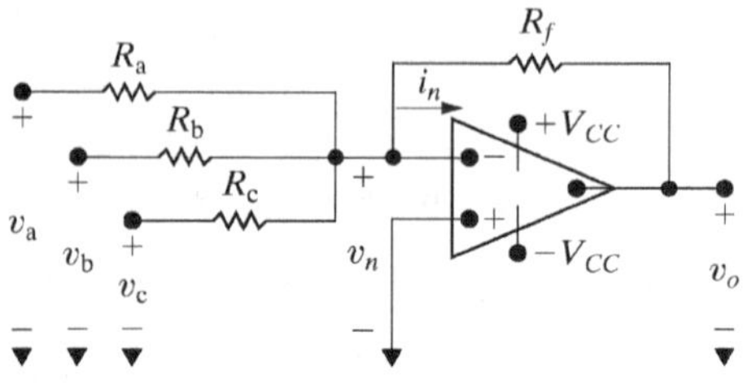

图 5.12　求和放大器

式(5.14)说明输出电压是反相的，与 3 个输入电压之和成比例。

如果$R_a=R_b=R_c=R_s$，式(5.14)可简化为

$$v_o = -\frac{R_f}{R_s}(v_a + v_b + v_c) \tag{5.15}$$

如果 $R_f = R_s$，则输出电压与输入电压的和正好反相，即

$$v_o = -(v_a + v_b + v_c) \tag{5.16}$$

这里讨论的求和放大器有 3 个输入信号，其实输入电压的数目可以根据需要增加。例如，可能希望对 16 路录制的音频信号求和形成一路音频信号，则图 5.12 所示的求和放大器应包含 16 个不同阻值的输入电阻，这样出现在输出信号中的每个输入音频信号，有不同的放大系数。求和放大器起着音频混频器的作用。同反相放大器相同，求和放大器电路的比例系数取决于外部电阻器 R_f，R_a，R_b，R_c，…，R_n。

评测目标 2　能够分析包含理想运放的简单电路。

5.3　(a) 求右图所示电路中的 v_o，假如 $v_a = 0.1$ V，$v_b = 0.25$ V。

(b) 如果 $v_b = 0.25$ V，在运放饱和之前，v_a 可以达到多大？

(c) 如果 $v_a = 0.10$ V，在运放饱和之前，v_b 可以达到多大？

(d) 将 v_b 极性反相，重复 (a)，(b) 和 (c) 的问题。

答： (a) −7.5 V；(b) 0.15 V；(c) 0.5 V；

(d) −2.5 V，0.25 V，2 V。

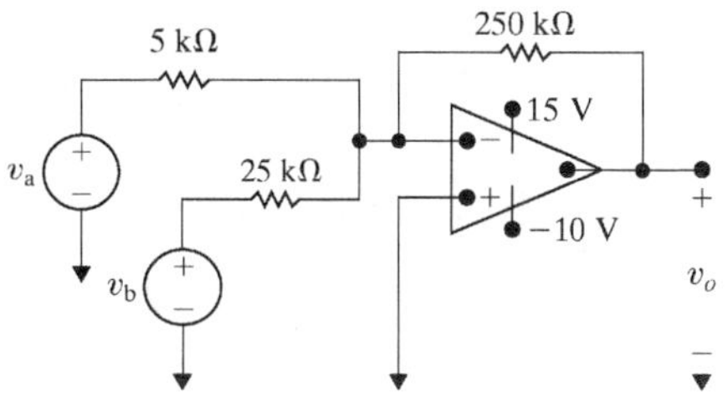

提示： 试求本章习题 5.12 至习题 5.14。

5.5　同相放大器电路

图 5.13 给出了同相放大器电路。信号源 v_g 与电阻器 R_g 串联。为了推导作为源电压函数的输出电压表达式，假定理想运放工作在线性区。因此，以式 (5.2) 和式 (5.3) 作为基础开始推导。因为运放输入电流为零，所以有 $v_p = v_g$，根据式 (5.2)，有 $v_n = v_g$。因为输入电流为零 ($i_p = i_n = 0$)，电阻器 R_f 和 R_s 对 v_o 形成了一个空载分压器，因此

$$v_n = v_g = \frac{v_o R_s}{R_s + R_f} \tag{5.17}$$

求解式 (5.17) 中的 v_o 得到所需的表达式

$$v_o = \frac{R_s + R_f}{R_s} v_g \tag{5.18}$$

运放工作在线性区，需要满足

$$\frac{R_s + R_f}{R_s} < \left|\frac{V_{CC}}{v_g}\right|$$

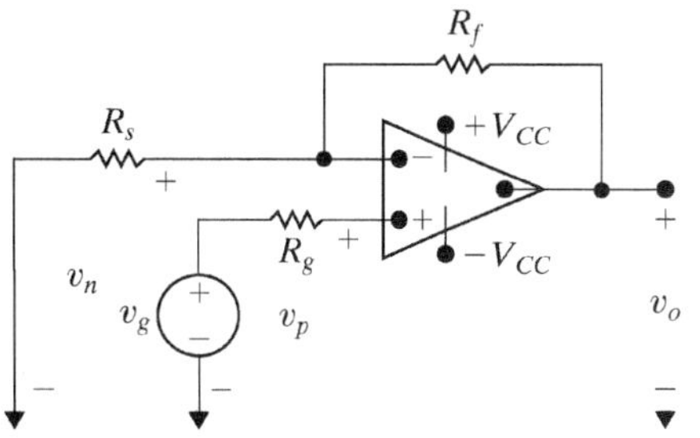

图 5.13　同相放大器

因为假定是理想运放，所以可以将输出电压表示为输入电压和外部电阻器 (R_f 和 R_s) 的函数。

例 5.3 说明了一个同相放大器的设计，其中使用了实际电阻值。

例 5.3　设计一个同相放大器

(a) 设计一个增益为 6 的同相放大器 (参见图 5.13)，假定运放是理想的。

(b) 设输入电压 v_g 的范围是 $-1.5\text{ V} \leqslant v_g \leqslant +1.5\text{ V}$。若要设计中的运放处于线性工作区，最小电源电压是多少？

解：

(a) 使用同相放大器方程 (5.18)

$$v_o=\frac{R_s+R_f}{R_s}v_g=6v_g,\quad 则\quad \frac{R_s+R_f}{R_s}=6$$

因此

$$R_s+R_f=6R_s,\ 则\ R_f=5R_s$$

需要在附录 H 中列出的实际电阻值中寻找两个电阻，它们的比值为 5。这里选择 $R_f=10\ \mathrm{k\Omega}$，那么 $R_s=2\ \mathrm{k\Omega}$。但是附录 H 中没有 2 kΩ 电阻。可以将两个 1 kΩ 电阻串联组合成 2 kΩ 等效电阻。使用第 3 个 1 kΩ 电阻作为电阻 R_g。

(b) 利用同相放大器方程求解两个不同的 v_o 值，首先代入 $v_g=+1.5$ V，其次代入 $v_g=-1.5$ V，即

$$v_o=6\times(1.5)=9\ \mathrm{V}$$

$$v_o=6\times(-1.5)=-9\ \mathrm{V}$$

因此如果在(a)中设计的同相放大器使用 ±9 V 电源，以及 $-1.5\ \mathrm{V}\leqslant v_g\leqslant+1.5\ \mathrm{V}$，运放将处于线性工作区。从(a)和(b)分析结果得出电路如图 5.14 所示。

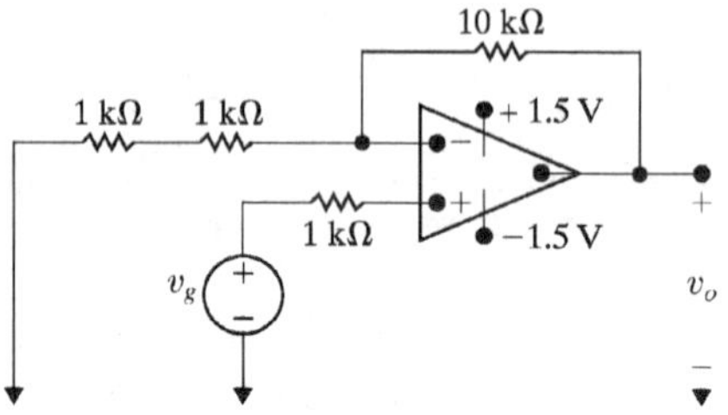

图 5.14　例 5.3 的同相放大器

评测目标 2　能够分析包含理想运放的简单电路。

5.4　假定右图所示电路中的运放是理想的。

(a) 当可变电阻器调到 60 kΩ 时，求输出电压。

(b) 如使放大器不饱和，R_x 可以到多大?

答：(a) 4.8 V；(b) 75 kΩ。

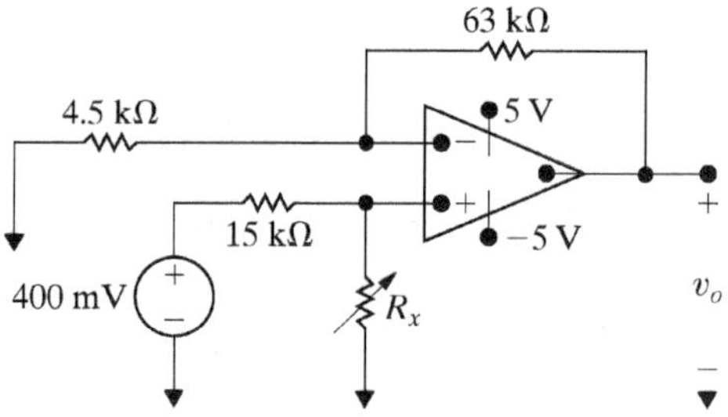

提示：试求本章习题 5.19 和习题 5.20。

5.6　差分放大器电路

差分放大器的输出电压与两个输入电压的差成比例。为了说明问题，分析图 5.15 所示的差分放大器电路。假定理想运放工作在线性区，推导 v_o 与两个输入电压 v_a 和 v_b 之间的关系，可以先对离开反相输入节点的电流求和

$$\frac{v_n-v_a}{R_a}+\frac{v_n-v_o}{R_b}+i_n=0 \tag{5.19}$$

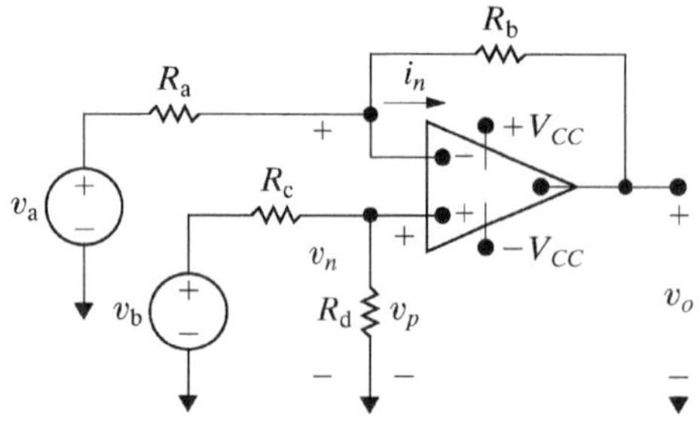

图 5.15　差分放大器

因为运放是理想的，用电压和电流的约束关系得到

$$i_n=i_p=0 \tag{5.20}$$

$$v_n=v_p=\frac{R_d}{R_c+R_d}v_b \tag{5.21}$$

联立式(5.19)，式(5.20)和式(5.21)，得到所希望的关系式

$$v_o=\frac{R_d(R_a+R_b)}{R_a(R_c+R_d)}v_b-\frac{R_b}{R_a}v_a \tag{5.22}$$

式(5.22)说明输出电压与一定比例的 v_a 和一定比例的 v_b 之差成比例。一般来说，v_b 的比例系数与 v_a 不同，然而，每个输入电压的比例系数可以由于满足下面的关系式，使比例系数相等

$$\frac{R_a}{R_b}=\frac{R_c}{R_d} \tag{5.23}$$

当满足式(5.23)时，输出电压的表达式被简化为

$$v_o = \frac{R_b}{R_a}(v_b - v_a) \tag{5.24}$$

式(5.24)说明输出电压可以与输入电压 v_a 和 v_b 之差成比例。类似前面讨论的理想放大器电路，比例由外部电阻器控制。此外，输出电压与输入电压之间的关系不受放大器输出端的负载电阻的影响。

例5.4说明了一个差分放大器的设计，其中使用了实际电阻值。

例5.4　设计一个差分放大器

(a)设计一个增益为8的差分放大器(参见图5.15)，放大两个输入电压的差。使用理想运放以及±8 V电源。

(b)假定(a)中设计的差分放大器中 $v_a = 1$ V，为了保证运放处于线性工作区，输入电压 v_b 的变化范围是多少？

解：

(a)使用差分放大器方程式(5.24)

$$v_o = \frac{R_b}{R_a}(v_b - v_a) = 8(v_b - v_a) \quad 则 \quad \frac{R_b}{R_a} = 8$$

需要在附录H中列出的实际电阻值中寻找两个电阻，它们的比值为8。这里选择 $R_b = 12$ kΩ，那么 $R_a = 1.5$ kΩ。尽管有许多其他可能，注意到简化差分放大器方程需要

$$\frac{R_a}{R_b} = \frac{R_c}{R_d}$$

求解 R_c 和 R_d 的一种简单的选择是 $R_c = R_a = 1.5$ kΩ，$R_d = R_b = 12$ kΩ。结果电路如图5.16所示。

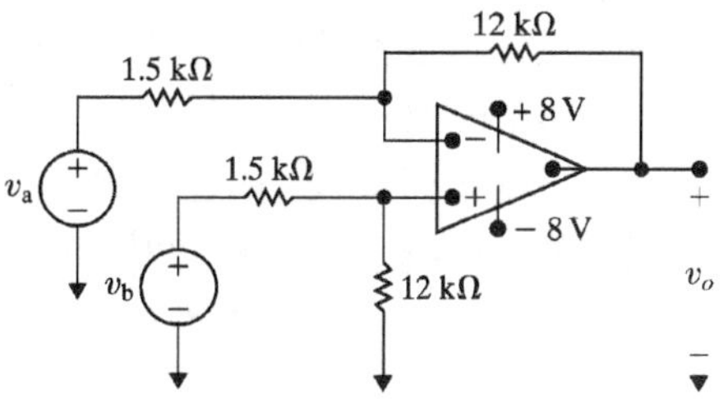

图5.16　例5.4的差分放大器

(b)利用简化差分放大器方程求解两个不同的 v_b 值，首先代入 $v_o = +8$ V，其次代入 $v_o = -8$ V，即

$$v_o = 8(v_b - 1) = 8\text{ V}, 则 v_b = 2\text{ V}$$

$$v_o = 8(v_b - 1) = -8\text{ V}, 则 v_b = 0\text{ V}$$

因此，如果在(a)中差分放大器中 $v_a = 1$ V，只要 $0\text{ V} \le v_b \le +2$ V，则运放将处于线性工作区。

评测目标2　能够分析包含理想运放的简单电路。

5.5　(a)右图所示差分放大器，$v_b = 4.0$ V。v_a 在什么范围变化能使得电路工作在线性区？

(b)将20 kΩ电阻器减小到8 kΩ，重复(a)。

答：(a)$2\text{ V} \le v_a \le 6$ V；(b)$1.2\text{ V} \le v_a \le 5.2$ V。

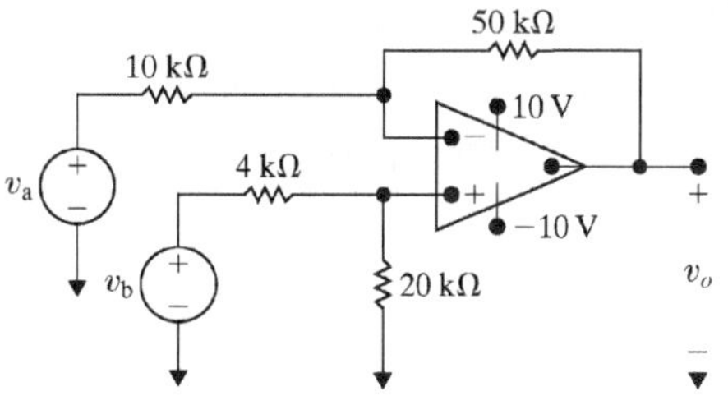

提示：试求本章习题5.26，习题5.27和习题5.30。

5.6.1　关于差分放大器的其他问题

如果用另外两个电压重新定义差分放大器的输入，可以更仔细地分析差分放大器的特性。首先是差模输入，指的是图5.15中两个输入电压之间的差

$$v_{dm} = v_b - v_a \tag{5.25}$$

第二是共模输入，指的是图5.15中两个输入电压的平均电压

$$v_{cm} = (v_a + v_b)/2 \tag{5.26}$$

根据式(5.25)和式(5.26)，可以用差模电压和共模电压 v_{dm} 和 v_{cm} 表示原始输入电压 v_a 和 v_b

$$v_a = v_{cm} - \frac{1}{2}v_{dm} \tag{5.27}$$

$$v_b = v_{cm} + \frac{1}{2}v_{dm} \tag{5.28}$$

将式(5.27)和式(5.28)代入式(5.22)，得到用差模电压和共模电压表示的差分放大器输出：

$$v_o = \left[\frac{R_aR_d - R_bR_c}{R_a(R_c + R_d)}\right]v_{cm} + \left[\frac{R_d(R_a + R_b) + R_b(R_c + R_d)}{2R_a(R_c + R_d)}\right]v_{dm} \tag{5.29}$$

$$= A_{cm}v_{cm} + A_{dm}v_{dm} \tag{5.30}$$

其中 A_{cm}是共模增益，A_{dm}是差模增益。现在将 $R_c = R_a$ 和 $R_d = R_b$ 代入式(5.29)，其中 R_c 和 R_d 的值满足式(5.23)，得到

$$v_o = (0)v_{cm} + \left(\frac{R_b}{R_a}\right)v_{dm} \tag{5.31}$$

因此，一个理想差分放大器有 $A_{cm} = 0$，该放大器只放大输入电压的差模部分，消除了输入电压的共模部分。图 5.17 给出了用差模和共模输入电压代替 v_a和 v_b的差分放大器。

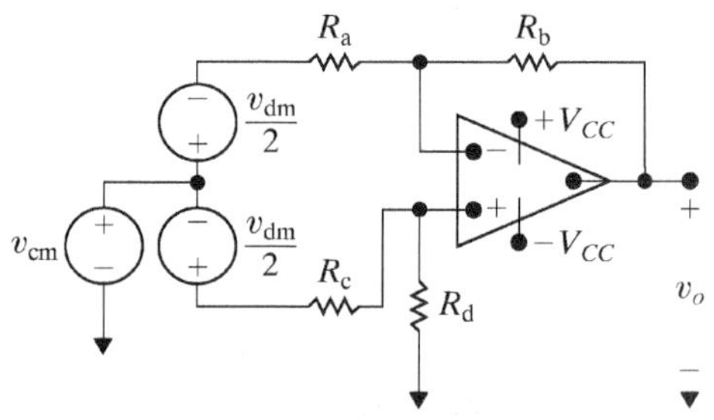

图 5.17 用差模和共模输入电压表示的差分放大器

式(5.30)提供了有关差分放大器功能的重要特性，因为在许多应用中，差模信号包含了有用的信息，而共模信号是所有电子信号中产生的噪声。例如，一个心电图记录仪的电极测量由你身体的心跳产生的电压，该电压值与电极中来自灯和电设备的电噪声相比非常小，噪声作为测量电压的共模部分，而心率电压由差模部分组成。因此，一个理想的差分放大器将只放大关心的电压并抑制噪声。

5.6.2 衡量差分放大器性能的共模抑制比

理想的差分放大器有零共模增益和非零(通常很大)差模增益。两个因素将影响理想共模增益：电阻失配[即式(5.23)不满足]或非理想运放[即式(5.20)不满足]。这里将讨论电阻失配对差分放大器性能的影响。

假定选择的电阻值不满足式(5.23)，电阻器 R_a，R_b，R_c 和 R_d 的关系是

$$\frac{R_a}{R_b} = (1 - \epsilon)\frac{R_c}{R_d}$$

所以

$$R_a = (1 - \epsilon)R_c, \quad R_b = R_d \tag{5.32}$$

或

$$R_d = (1 - \epsilon)R_b, \quad R_a = R_c \tag{5.33}$$

其中 ϵ 是非常小的数。为了观察电阻失配对差分放大器共模增益的影响，将式(5.33)代入式(5.29)，并对表达式 A_{cm}进行化简

$$A_{cm} = \frac{R_a(1 - \epsilon)R_b - R_aR_b}{R_a[R_a + (1 - \epsilon)R_b]} \tag{5.34}$$

$$= \frac{-\epsilon R_b}{R_a + (1 - \epsilon)R_b} \tag{5.35}$$

$$\approx \frac{-\epsilon R_b}{R_a + R_b} \tag{5.36}$$

因为ϵ非常小，所以式(5.35)分母中的$(1-\epsilon)$接近于1，由此得到近似式(5.36)。而当差分放大器中的电阻满足式(5.23)时，$\epsilon=0$，而且由式(5.36)得到$A_{cm}=0$。

现在计算电阻失配对差模增益的影响，将式(5.33)代入式(5.29)，并对表达式A_{dm}进行化简

$$A_{dm} = \frac{(1-\epsilon)R_b(R_a+R_b) + R_b[R_a+(1-\epsilon)R_b]}{2R_a[R_a+(1-\epsilon)R_b]} \tag{5.37}$$

$$= \frac{R_b}{R_a}\left[1 - \frac{(\epsilon/2)R_a}{R_a+(1-\epsilon)R_b}\right] \tag{5.38}$$

$$\approx \frac{R_b}{R_a}\left[1 - \frac{(\epsilon/2)R_a}{R_a+R_b}\right] \tag{5.39}$$

采用与计算A_{cm}时相同的原理，得到近似式(5.39)。当差分放大器的电阻满足式(5.23)时，$\epsilon=0$，而且由式(5.39)得到$A_{dm}=R_b/R_a$。

共模抑制比(CMRR)可以用于衡量差分放大器的理想程度，它定义为差模增益与共模增益之比

$$\text{CMRR} = \left|\frac{A_{dm}}{A_{cm}}\right| \tag{5.40}$$

CMRR 越高，差分放大器就越接近理想。可以在 CMRR 中看到电阻失配的影响，只要将式(5.36)和式(5.39)代入式(5.40)

$$\text{CMRR} \approx \left|\frac{\frac{R_b}{R_a}[1-(R_a\epsilon/2)/(R_a+R_b)]}{-\epsilon R_b/(R_a+R_b)}\right| \tag{5.41}$$

$$\approx \left|\frac{R_a(1-\epsilon/2)+R_b}{-\epsilon R_a}\right| \tag{5.42}$$

$$\approx \left|\frac{1+R_b/R_a}{-\epsilon}\right| \tag{5.43}$$

根据式(5.43)，如果差分放大器中的电阻器相匹配，则$\epsilon=0$，而且 CMRR $=\infty$。即使电阻失配，也可以通过增大差模增益(R_b/R_a)减小失配的影响。

开始曾经提到过非零共模增益的另一个原因是非理想运放造成的。运放本身就是差分放大器，因为在线性工作区，它的输出与输入的差成比例，即$v_o=A(v_p-v_n)$。非理想运放的输出不是严格地与输入(差模输入)之间的差成比例，与共模信号的关系也是如此。集成电路组件的内部电阻失配使运放的特性不理想，同样，差分放大器电路中的电阻失配也会使它的特性不理想。尽管非理想运放的讨论超出了本课程的范围，但应该注意到 CMRR 常用来评估运放的特性是否接近理想情况。事实上，在实际中这是为运放确定级别的主要方法之一。

提示： 试求本章习题 5.33 和习题 5.34，以评估对这部分内容的理解。

5.7 实际的运算放大器模型

现在考虑一个实际的模型来预测处于线性工作区的运放性能。这样的模型将对理想运

放的3处进行修改：(1)有限的输入电阻 R_i；(2)有限的开环增益 A；(3)非零的输出电阻 R_o。图5.18所示电路说明了实际的模型。

只要使用图5.18所示的等效电路，就意味着可忽视下面的假定：$v_n = v_p$[参见式(5.2)]和 $i_n = i_p = 0$[参见式(5.3)]。此外，因为存在非零输出电阻 R_o，式(5.1)不再正确。另一种理解图5.18所示电路的方法是将过程颠倒过来，即如果 $R_i \to \infty$，$A \to \infty$ 以及 $R_o \to 0$，可以看到电路简化为理想模型。对于μA741运放，R_i，A 以及 R_o 的典型数值分别是2 MΩ，10^5和75 Ω。

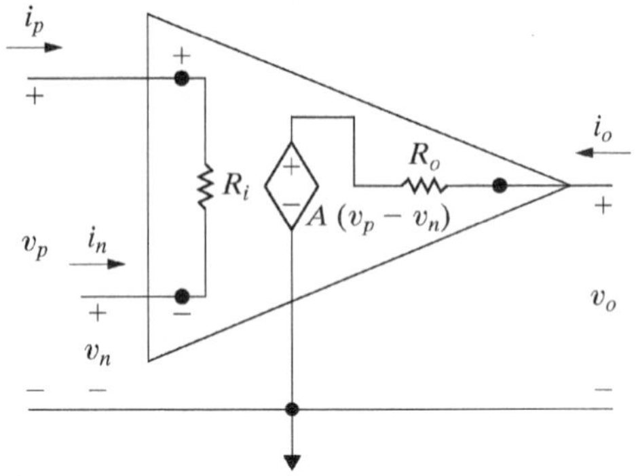

图5.18 运算放大器的等效电路

尽管 R_i 和 R_o 的存在使得含运放的电路分析起来更加麻烦，但是这样的分析仍然是容易理解的。为了说明这一点，使用图5.18所示的等效电路分析一个反相放大器和一个同相放大器。先从反相放大器的分析开始。

5.7.1 用实际的运放模型分析反相放大器电路

如果用图5.18所示的运放电路，则反相放大器电路如图5.19所示。目的是将输出电压 v_o 表示为源电压 v_s 的函数。通过列写描述电路的两个节点电压方程，然后解方程组，求 v_o，就能得到所需的表达式。在图5.19中，两个节点记为a和b。由于同相输入端与外部短路，即 $v_p = 0$，两个节点电压方程如下：

节点a：$$\frac{v_n - v_s}{R_s} + \frac{v_n}{R_i} + \frac{v_n - v_o}{R_f} = 0 \tag{5.44}$$

节点b：$$\frac{v_o - v_n}{R_f} + \frac{v_o - A(-v_n)}{R_o} = 0 \tag{5.45}$$

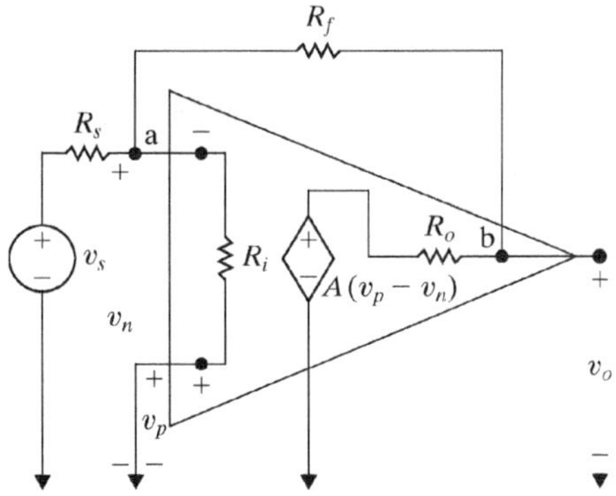

图5.19 反相放大器电路

重新整理式(5.44)和式(5.45)，以便使用克拉默法则解 v_o。

$$\left(\frac{1}{R_s} + \frac{1}{R_i} + \frac{1}{R_f}\right)v_n - \frac{1}{R_f}v_o = \frac{1}{R_s}v_s \tag{5.46}$$

$$\left(\frac{A}{R_o} - \frac{1}{R_f}\right)v_n + \left(\frac{1}{R_f} + \frac{1}{R_o}\right)v_o = 0 \tag{5.47}$$

解 v_o，得到

$$v_o = \frac{-A + (R_o/R_f)}{\dfrac{R_s}{R_f}\left(1 + A + \dfrac{R_o}{R_i}\right) + \left(\dfrac{R_s}{R_i} + 1\right) + \dfrac{R_o}{R_f}}v_s \tag{5.48}$$

注意，当 $R_i \to \infty$，$A \to \infty$ 以及 $R_o \to 0$ 时，式(5.48)简化为式(5.10)。

如果图5.19所示的反相放大器在输出端加一个 R_L Ω的负载电阻，v_o 与 v_s 之间的关系变为

$$v_o = \frac{-A + (R_o/R_f)}{\dfrac{R_s}{R_f}\left(1 + A + \dfrac{R_o}{R_i} + \dfrac{R_o}{R_L}\right) + \left(1 + \dfrac{R_o}{R_L}\right)\left(1 + \dfrac{R_s}{R_i}\right) + \dfrac{R_o}{R_f}}v_s \tag{5.49}$$

5.7.2　用实际的运放模型分析同相放大器电路

如果用图 5.18 所示的等效电路分析同相放大器，则电路如图 5.20 所示。将电压源 v_g 与电阻 R_g 串联表示信号源。电阻器 R_L 表示放大器的负载。分析的目的就是推导作为 v_g 函数的 v_o 表达式。为此，列写节点 a 和节点 b 的节点电压方程。节点 a 有

$$\frac{v_n}{R_s}+\frac{v_n-v_g}{R_g+R_i}+\frac{v_n-v_o}{R_f}=0 \tag{5.50}$$

节点 b 有

$$\frac{v_o-v_n}{R_f}+\frac{v_o}{R_L}+\frac{v_o-A(v_p-v_n)}{R_o}=0 \tag{5.51}$$

由于 R_g 上的电流与 R_i 上的电流相同，则有

$$\frac{v_p-v_g}{R_g}=\frac{v_n-v_g}{R_i+R_g} \tag{5.52}$$

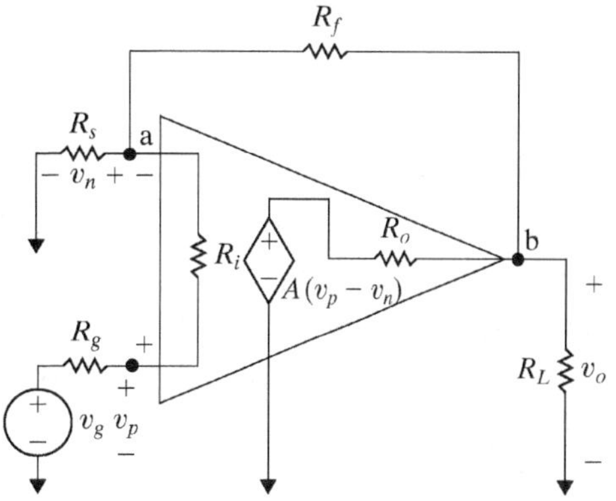

图 5.20　同相放大器电路

用式(5.52)从式(5.51)中消去 v_p，则生成两个包含未知电压 v_n 和 v_o 的方程。经过代数处理，得到

$$v_n\left(\frac{1}{R_s}+\frac{1}{R_g+R_i}+\frac{1}{R_f}\right)-v_o\left(\frac{1}{R_f}\right)=v_g\left(\frac{1}{R_g+R_i}\right) \tag{5.53}$$

$$v_n\left[\frac{AR_i}{R_o(R_i+R_g)}-\frac{1}{R_f}\right]+v_o\left(\frac{1}{R_f}+\frac{1}{R_o}+\frac{1}{R_L}\right)=v_g\left[\frac{AR_i}{R_o(R_i+R_g)}\right] \tag{5.54}$$

解 v_o，得

$$v_o=\frac{[(R_f+R_s)+(R_sR_o/AR_i)]v_g}{R_s+\dfrac{R_o}{A}(1+K_r)+\dfrac{R_fR_s+(R_f+R_s)(R_i+R_g)}{AR_i}} \tag{5.55}$$

其中

$$K_r=\frac{R_s+R_g}{R_i}+\frac{R_f+R_s}{R_L}+\frac{R_fR_s+R_fR_g+R_gR_s}{R_iR_L}$$

如果 $R_i\to\infty$，$A\to\infty$ 以及 $R_o\to 0$，式(5.55)则简化为式(5.18)。对于空载($R_L=\infty$)的同相放大器,式(5.55)简化为

$$v_o=\frac{[(R_f+R_s)+R_sR_o/AR_i]v_g}{R_s+\dfrac{R_o}{A}\left(1+\dfrac{R_s+R_g}{R_i}\right)+\dfrac{1}{AR_i}[R_fR_s+(R_f+R_s)(R_i+R_g)]} \tag{5.56}$$

从式(5.55)推导式(5.56)时，将 K_r 简化为 $(R_s+R_g)/R_i$。

评测目标 3　理解实际的运放模型。

5.6　如右图所示反相放大器中的运放，输入电阻是 500 kΩ，输出电阻是 5 kΩ，运放开环增益是 300 000。假定运放工作在线性区。(a)计算放大器电压增益(v_o/v_g)。(b)如果 $v_g=1$ V，求电压 v_n(单位为 mV)。(c)计算从信号源(v_g)端看进去的电阻。(d)使用运放的理想模型，重复(a)～(c)的问题。

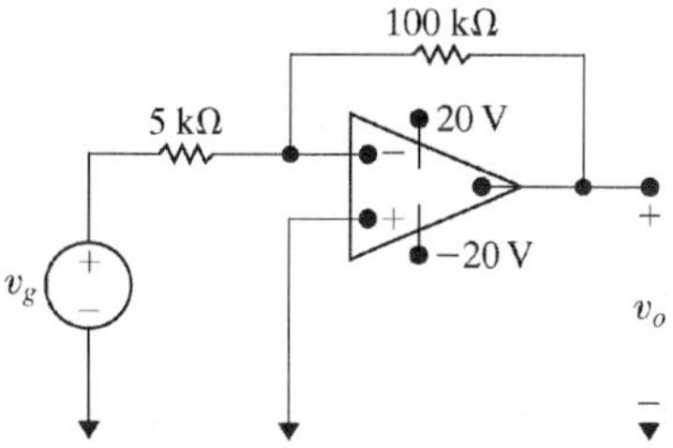

答：(a) −19.9985；(b)69.995 μV；(c)5000.35 Ω；(d) −20, 0 μV, 5 kΩ。

提示：试求本章习题5.44 和习题5.48。

实例应用

应变计(二)

弹性固体形状的变化对工程师是非常重要的，工程师设计的结构在外力的作用下会扭曲、伸长或弯曲。航空器框架是讨论结构的最好例子，工程师必须考虑它的弹性应变。使用应变计时需要知道应变计的物理结构，将应变计粘贴在结构表面时，需要知道应变计相对于结构上外力的方向。目的是指出应变计的测量在工程应用中是至关重要的，还有电路知识对于正确使用应变计有密切的关系。

图5.21所示电路提供了一种测量电阻变化的方法，电阻变化由本章开始叙述的应变计提供。电路是读者熟悉的差分放大器，用来放大应变计电桥提供的两个电压之差。一旦棒弯曲，一对应变计会伸长，电桥中的阻值为$R+\Delta R$，另一对应变计缩短，阻值为$R-\Delta R$。分析这个电路，求出输出电压v_o和电阻变化之间的关系，ΔR由应变计提供。

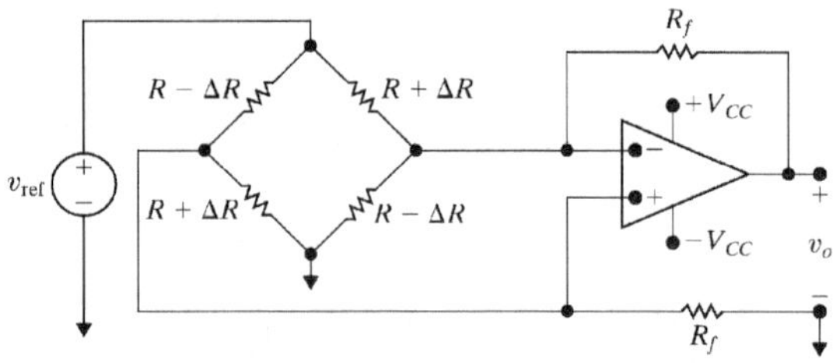

图5.21　用来测量应变计的电阻变化的运放电路

假定运放是理想的。在运放的反相和同相输入端列写KCL方程，得到

$$\frac{v_{\text{ref}}-v_n}{R+\Delta R}=\frac{v_n}{R-\Delta R}+\frac{v_n-v_o}{R_f} \tag{5.57}$$

$$\frac{v_{\text{ref}}-v_p}{R-\Delta R}=\frac{v_p}{R+\Delta R}+\frac{v_p}{R_f} \tag{5.58}$$

重新整理式(5.58)，得到运放同相输入端的电压表达式

$$v_p=\frac{v_{\text{ref}}}{(R-\Delta R)\left(\dfrac{1}{R+\Delta R}+\dfrac{1}{R-\Delta R}+\dfrac{1}{R_f}\right)} \tag{5.59}$$

假定运放工作在线性区，所以$v_p=v_n$，式(5.59)中的v_p表达式一定也就是v_n表达式。因此可以将式(5.59)的右边部分代入式(5.57)，代替其中的v_n，并解出v_o。经过代数运算后

$$v_o=\frac{R_f(2\Delta R)}{R^2-(\Delta R)^2}v_{\text{ref}} \tag{5.60}$$

由于应变计提供的电阻变化非常小，$(\Delta R)^2\ll R^2$，所以$R^2-(\Delta R)^2\approx R^2$，式(5.60)变为

$$v_o\approx\frac{R_f}{R}2\delta v_{\text{ref}} \tag{5.61}$$

其中$\delta=\Delta R/R$。

提示：试求本章习题5.49，以评估对该实例应用的理解。

小结

- 理想运放的电压传输特性方程是

$$v_o=\begin{cases}-V_{CC}, & A(v_p-v_n)<-V_{CC}\\ A(v_p-v_n), & -V_{CC}\leqslant A(v_p-v_n)\leqslant +V_{CC}\\ +V_{CC}, & A(v_p-v_n)>+V_{CC}\end{cases}$$

　其中A是比例常数，称为开环增益，V_{CC}表示电源电压。

- 运放输出与反相输入之间的反馈路径可以保证运放工作在线性区，其中 $v_o = A(v_p - v_n)$。
- 工作在线性区的运放由于受到 V_{CC} 和 A 典型值的限制，存在电压的约束。如果线性模型假定是理想的(意味着 A 假定是无穷大)，如下的电压约束则构成了理想运放模型的特征

$$v_p = v_n$$

- 电流约束进一步构成理想运放模型的特征，因为集成运放电路的理想输入电阻无穷大。电流约束是

$$i_p = i_n = 0$$

- 本章讨论了简化的理想运放模型和实际的模型。两种模型的差别如下：

简化的理想模型	实际模型
无穷大的输入电阻	有限的输入电阻
无穷大的开路增益	有限的开路增益
零输出电阻	非零输出电阻

- 反相放大器是一个输出电压与输入电压反相且成比例的运放电路。
- 求和放大器是一个输出电压与输入电压之和成比例的运放电路。
- 同相放大器是一个输出电压与输入电压成比例的运放电路。
- 差分放大器是一个输出电压与输入电压之差成比例的运放电路。
- 对于差分放大器，两个电压输入可以用来计算共模和差模电压输入，即 v_{cm} 和 v_{dm}，差分放大器的输出可以写成如下形式：

$$v_o = A_{cm}v_{cm} + A_{dm}v_{dm}$$

其中 A_{cm} 是共模增益，A_{dm} 是差模增益。

- 对于理想差分放大器，$A_{cm}=0$，为了衡量差分放大器是否接近理想情况，可以用共模抑制比

$$\text{CMRR} = \left|\frac{A_{dm}}{A_{cm}}\right|$$

理想差分放大器的 CMRR 无穷大。

习题

5.1P 图 P5.1 所示电路中的运放是理想的。

(a)标出运放 5 个端子的名称。(b)理想运放的什么约束决定了 i_n 的值？该值为多少？(c)理想运放的什么约束决定了 $(v_p - v_n)$ 的值？该值为多少？(d)计算 v_o。

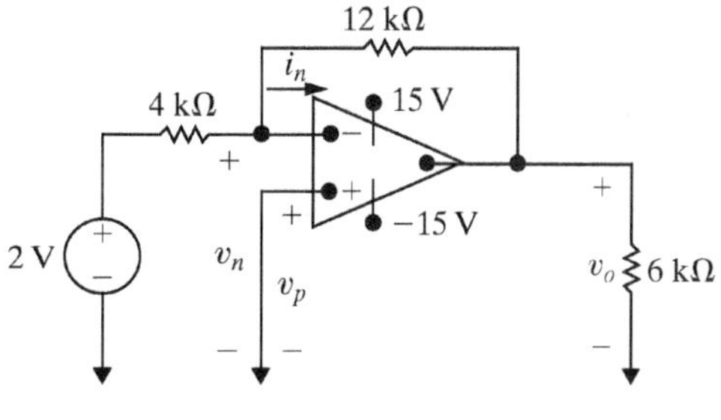

图 P5.1

5.2 (a)在图 P5.1 所示电路中，将 2 V 电源分别替换为下列值：−6 V，−3.5 V，−1.25 V，2.4 V，4.5 V，5.4 V。计算相应的 v_o。(b)在不引起运放饱和的条件下，指出电压源值的范围。

5.3P 求图 P5.3 电路中的 i_L(单位为毫安)。

5.4P 图 P5.4 所示电路中的运放是理想的。

(a)如果 $v_a = 1.5$ V，$v_b = 0$ V，计算 v_o。(b)如果 $v_a = -0.5$ V，$v_b = 0$ V，计算 v_o。(c)如果 $v_a = 1$ V，

$v_b=2.5$ V，计算 v_o。(d)如果 $v_a=2.5$ V，$v_b=1$ V，计算 v_o。(e)如果 $v_a=2.5$ V，$v_b=0$ V，计算 v_o。(f)如果 $v_b=2$ V，为了使放大器不饱和，给出 v_a的范围。

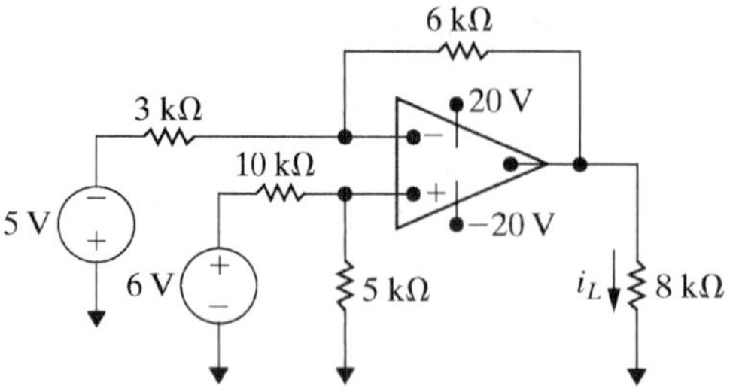

图 P5.3

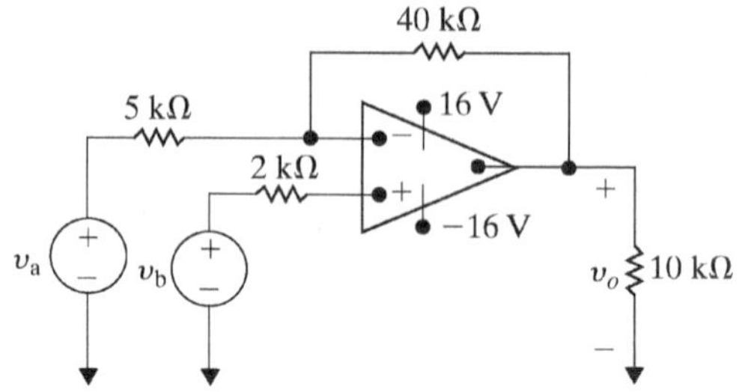

图 P5.4

5.5P 图 P5.5 所示电路中的运放是理想的。计算 i_o值。

5.6P 图 P5.6 所示电路中的运放是理想的。计算下列数值:

(a)i_a。(b)v_a。(c)v_o。(d)i_o。

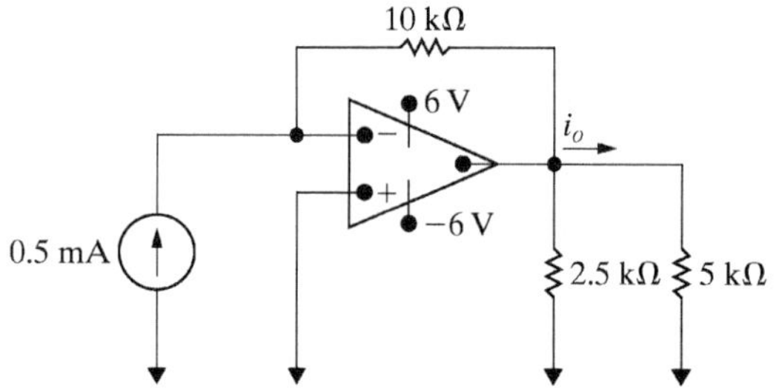

图 P5.5

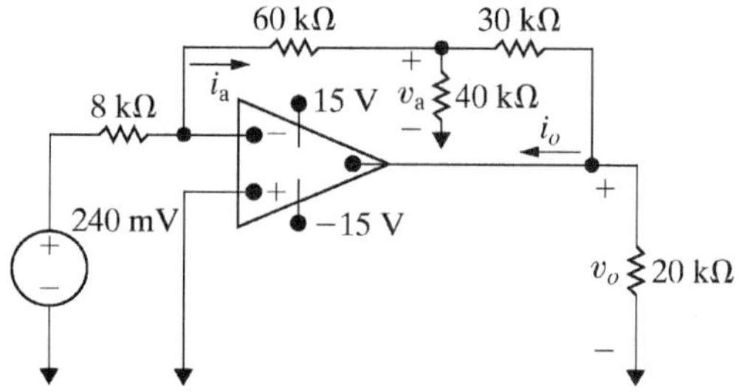

图 P5.6

5.7P 满量程读数为 10 V 的电压表测量图 P5.7 电路中的输出电压。假定运放是理想的，电压表的读数是多少?

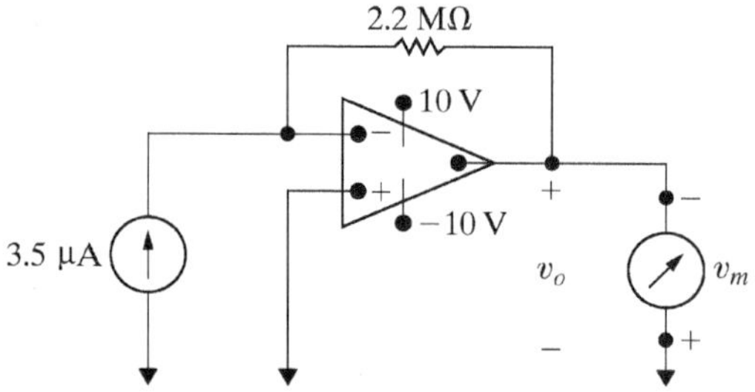

图 P5.7

5.8 (a)使用理想运放设计一个增益为 4 的反相放大器，其反馈支路电阻为 30 kΩ，电源为 ±12 V。(b)对于(a)的设计，在保证运放工作在线性区的条件下，求输入电压范围。(c) 假定要放大一个 2 V信号，使用(a)的设计以及一个可变反馈电阻。在保证运放工作在线性区的条件下，反馈电阻的最大值是多少? 如果使用这个电阻值，反相放大器的新增益是多少?

5.9 **(设计问题)** (a)使用理想运放设计一个增益为 2.5 的反相放大器，在附录 H 中选用一组相同的的电阻。(b)在用(a)设计的电路放大处于 −2 V 和 +3 V 之间的信号时，电源的最小值是多少?

5.10P (a)图 P5.10 所示电路中的运放是理想的。可变电阻器 R_Δ的最大值是 100 kΩ，α 变化范围是$0.2\leqslant\alpha\leqslant1$。如果 $v_g=40$ mV，计算 v_o的范围。(b)如果 α 不受限制，α 值为多少时将使运放饱和?

5.11P 图 P5.11 所示电路中的运放是理想的。

(a)在运放不饱和条件下，求 σ 值的范围。(b)当 $\sigma=0.272$ 时，求 i_o值(单位为微安)。

5.12P 图 P5.12 电路中的运放是理想的。

(a)该图是什么电路结构? (b)如果 $v_a=1$ V，$v_b=1.5$ V，$v_c=-4$ V，求 v_o。(c)v_a和 v_c的值分别保持在 1 V 和 −4 V，要使运放工作在线性区，对 v_b有什么限制?

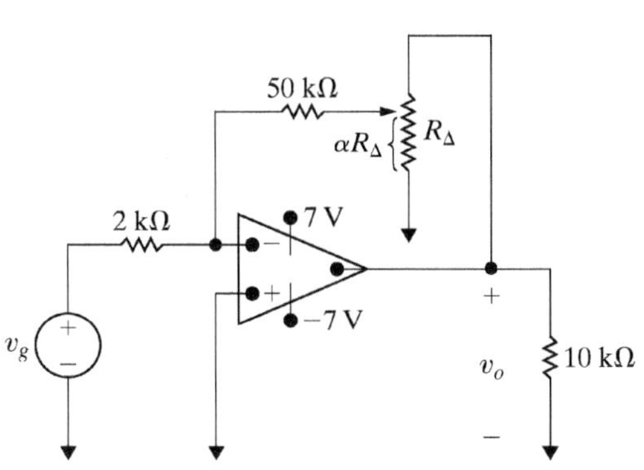

图 P5.10

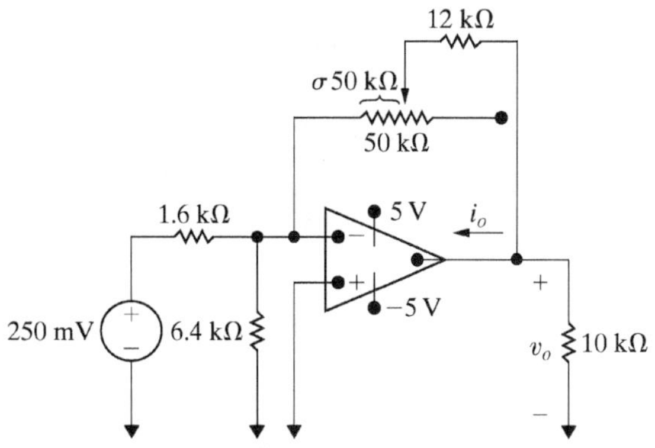

图 P5.11

5.13P　参考图 5.12 电路，所示运放假定是理想的。已知 $R_a=4\ \text{k}\Omega$，$R_b=5\ \text{k}\Omega$，$R_c=20\ \text{k}\Omega$，$v_a=200\ \text{mV}$，$v_b=150\ \text{mV}$，$v_c=400\ \text{mV}$，$V_{CC}=\pm6\ \text{V}$，指定 R_f的范围，使运放工作在线性区。

5.14P　(a)图 P5.14 所示电路中的运放是理想的。如果 $v_a=3\text{V}$，$v_b=9\ \text{V}$，$v_c=5\ \text{V}$，$v_d=6\ \text{V}$，求 v_o。(b)假定 v_a，v_b和 v_d的值保持如(a)，为了使运放工作在线性区，求 v_c的范围。

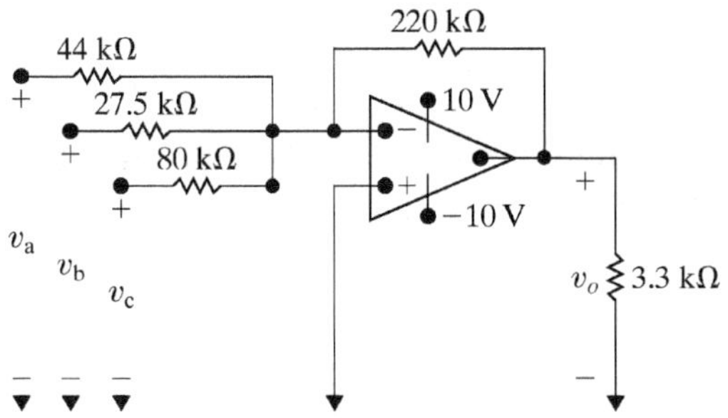

图 P5.12

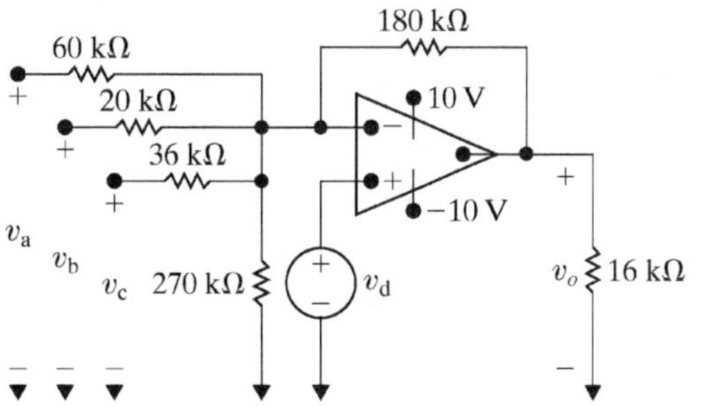

图 P5.14

5.15P　用一个可变电阻 R_f代替图 P5.14 电路中的 180 kΩ 反馈电阻。输入电压 $v_a \sim v_d$与习题 5.14(a)相同。(a)R_f取什么值将引起运放饱和？注意 $0 \leqslant R_f \leqslant \infty$。(b)如果 R_f取(a)所求的值，多大的电流(单位为微安)进入运放的输出端？

5.16　(a)设计一个反相求和放大器，反馈支路电阻取 120 kΩ，满足

$$v_o=-(8v_a+5v_b+12v_c)$$

使用 ±15 V 电源。

(b)假定 $v_a=2\ \text{V}$，$v_c=-1\ \text{V}$，为了使运放工作在线性区，求 v_b的取值范围。

5.17P　**(设计问题)** 设计一个反相求和放大器，满足

$$v_o=-(8v_a+4v_b+10v_c+6v_d)$$

首先从附录 H 中选择反馈电阻(R_f)，然后，可以从附录 H 中选择单个电阻，或从附录 H 中选择电阻构建电阻网络，以获得满足设计要求的 R_a，R_b，R_c和 R_d。画出最终的电路图。

5.18P　图 P5.18 电路中的运放是理想的。

(a)这是什么结构的运放电路？(b)计算 v_o。

5.19　图 P5.19 电路中的运放是理想的。

(a)这是什么结构的运放电路？(b)将 v_o表示为 v_s的函数。(c)要使 v_o不饱和而且运放工作在线性区，求 v_s的取值范围。

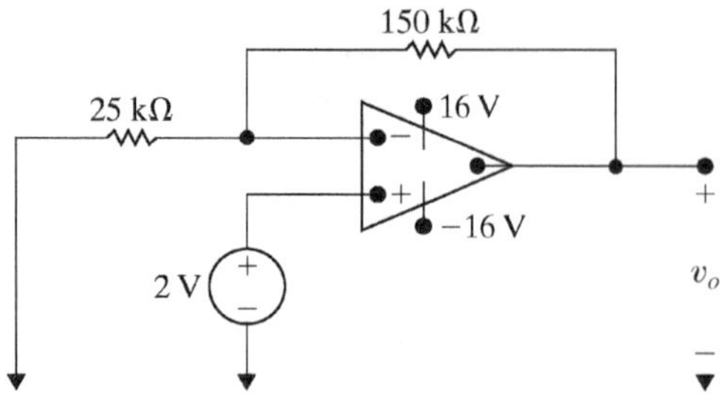

图 P5.18

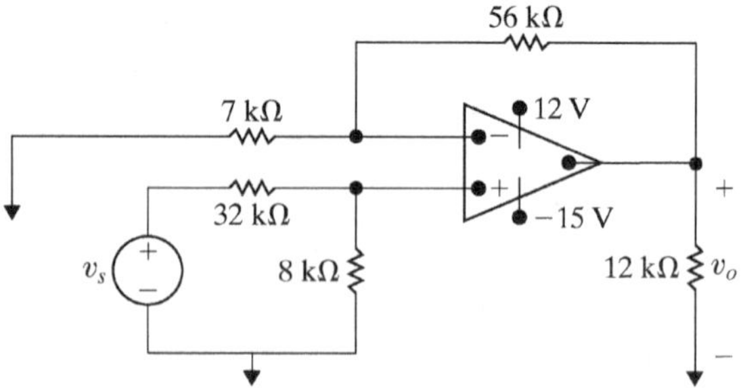

图 P5.19

5.20P 图 P5.20 电路中的运放是理想的。

(a)如果 $v_g = 4$ V，计算 v_o。(b)为了使运放工作在线性区，给出 v_g 的取值范围。(c)假定 v_g 等于 2 V，并用可变电阻代替 63 kΩ 电阻。可变电阻的值为多少会引起运放饱和？

5.21 (a)设计一个增益为 6 的同相放大器(参见图 5.13)，反馈电阻取值为 75 kΩ，画出最终电路图。(b)如果输入信号范围是 $-2.5\text{ V} \le v_g \le 1.5$ V。为保证运放工作在线性区，电源的最小值是多少？

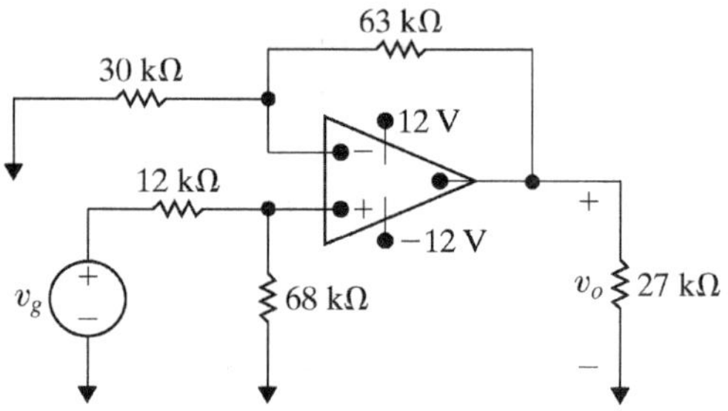

图 P5.20

5.22 (a)设计一个增益为 2.5 的同相放大器(参见图 5.13)，从附录 H 中选择电阻，可以通过电阻的串并联组合成所需要的电阻。画出最终电路图。(b)如果运放使用 ±16 V 电源，为保证运放工作在线性区，输入电压的取值范围是多少？

5.23P 图 P5.23 电路中的运放是理想的。

(a)这个运放电路是什么结构电路？(b)将 v_o 表示为 v_s 的函数。(c)要使 v_o 不饱和而且运放工作在线性区，求 v_s 的取值范围。

5.24P **(设计问题)** 图 P5.24 所示电路是同相求和放大器。假定运放是理想的。设计电路使

$$v_o = v_a + 2v_b + 3v_c$$

(a)计算 R_a 和 R_c 的值。(b)当 $v_a = 0.7$ V，$v_b = 0.4$ V，$v_c = 1.1$ V 时，求 i_a，i_b 和 i_c(单位为微安)。

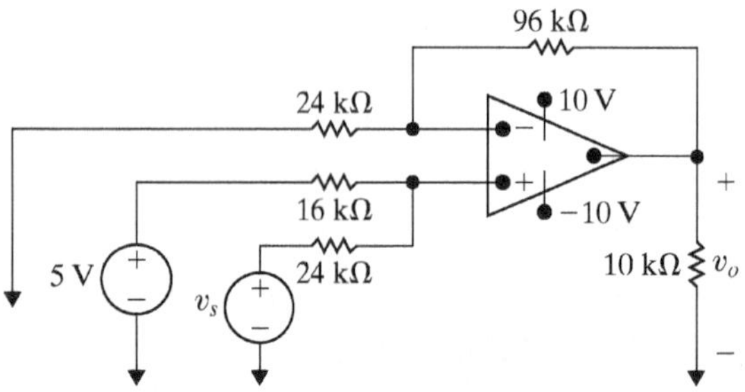

图 P5.23

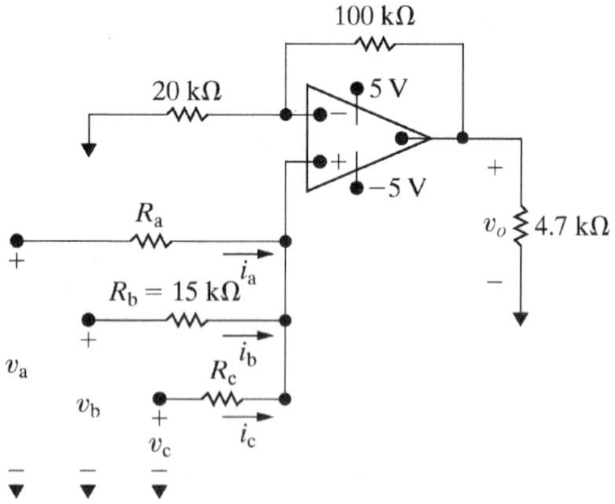

图 P5.24

5.25 (a)使用叠加原理推导式(5.22)。(b)推导式(5.23)和式(5.24)。

5.26 图 P5.26 电路中的运放是理想的。

(a)这个运放电路是什么结构电路？(b)将输出电压 v_o 表示为输入电压 v_a 的函数。(c)假定 $v_a = 2$ V，R_f 的值为多少会引起运放饱和？

5.27P　图 5.15 所示差分放大器中的电阻 $R_a = 24$ kΩ，$R_b = 75$ kΩ，$R_c = 130$ kΩ，$R_d = 120$ kΩ。信号电压 v_a 和 v_b 分别是 8 V 和 5 V，$V_{CC} = \pm 20$ V。

(a)计算 v_o。(b)从信号源 v_a 看进去的电阻是多少？(c)从信号源 v_b 看进去的电阻是多少？

5.28　图 P5.28 电路中的电阻 R_f 被调节到使理想运放饱和。试确定 R_f(单位为千欧)。

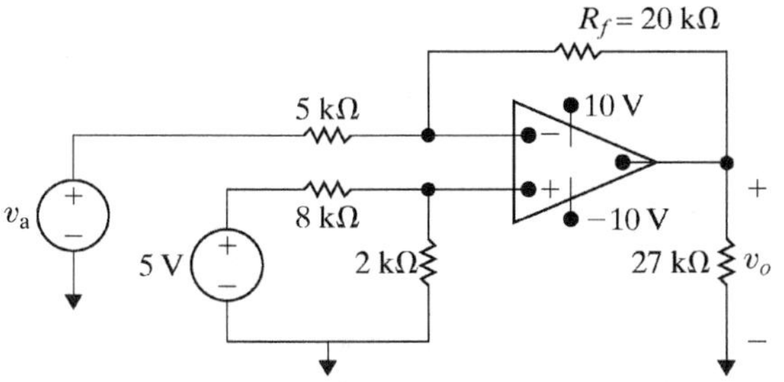

图 P5.26

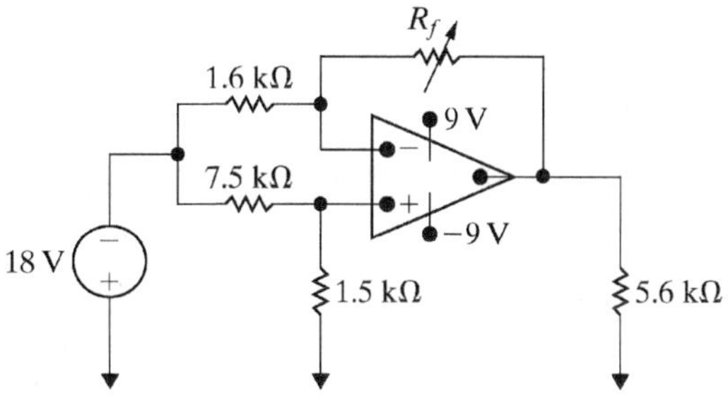

图 P5.28

5.29P　**(设计问题)** 设计一个差分放大器(参见图 5.15)，能满足下列标准：$v_o = 3v_b - 4v_a$。当输出电压 v_o 为零时，从信号源 v_b 看进去的电阻是 470 kΩ，从信号源 v_a 看进去的电阻是 22 kΩ。指定 R_a，R_b，R_c 和 R_d 的值，电阻从附录 H 中选择，可以是单个电阻或是电阻组合。

5.30P　图 P5.30 所示加减电路中的运放是理想的。

(a)如果 $v_a = 1$ V，$v_b = 2$ V，$v_c = 3$ V，$v_d = 4$ V，求 v_o。(b)如果 v_a，v_b，v_d 保持不变，v_c 是什么值能使运放不饱和？

5.31P　**(设计问题)** 选择图 P5.31 所示电路中 R_a 和 R_f 的值，使得

$$v_o = 8000(i_b - i_a)$$

电阻从附录 H 中选择，可以是单个电阻或是电阻组合。运放是理想的。

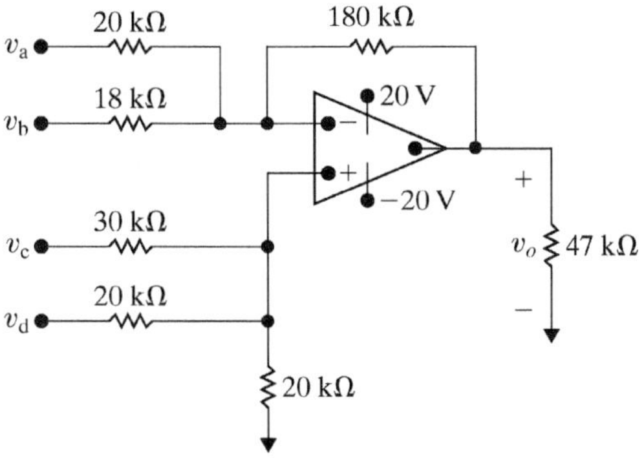

图 P5.30

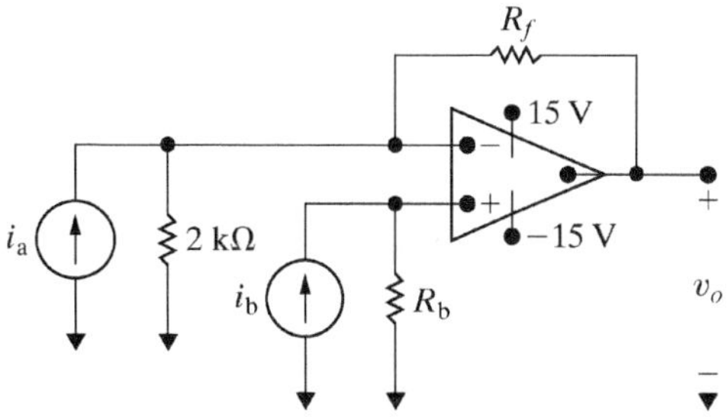

图 P5.31

5.32　图 P5.32 所示电路中的运放是理想的。

(a)若 $R_f = 4R_1$，$v_g = 2$ V，绘制相对 α 的 v_o 特性。采用增量为 0.1，假设 $0 \leqslant \alpha \leqslant 1.0$。(b)写出在(a)中绘制的特性的直线方程。与 v_g 和比 R_f/R_1 相关的直线斜率和截距为多少？(c)使用(b)的结果，选择 v_g 和比 R_f/R_1 的值，使 $v_o = -6\alpha + 4$。

5.33　在图 P5.33 所示的差分放大器中，计算(a)差模增益；(b)共模增益；(c)CMRR。

5.34　在图 P5.34 所示的差分放大器中，R_x 的取值范围是多少能使 CMRR≥1500？

5.35P　图 P5.35(a)所示的电压 v_g 作为图 P5.35(b)所示反相放大器的输入。假定运放是理想的，绘制 v_o 相对于 t 的波形图。

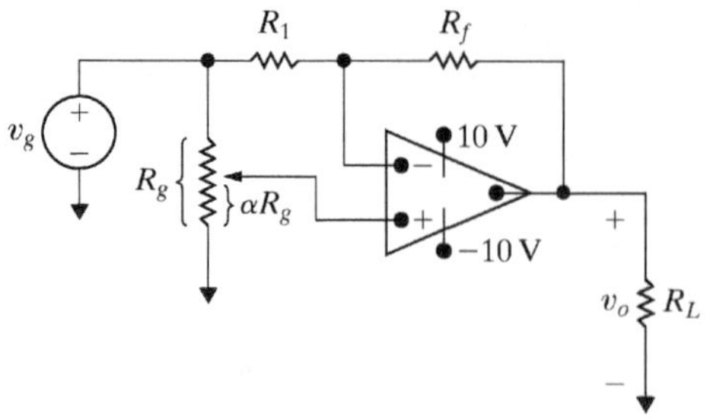

图 P5.32

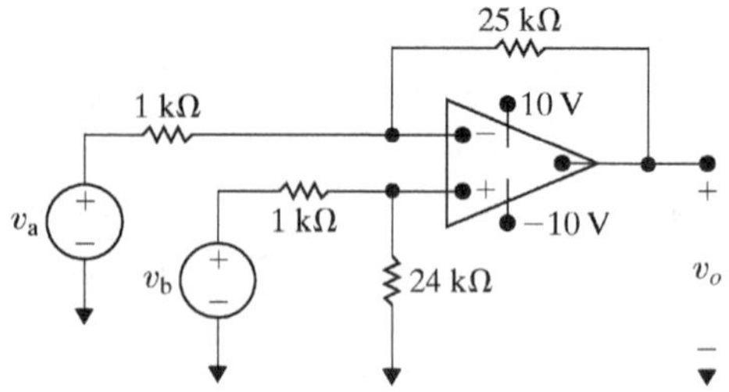

图 P5.33

5.36P 图 P5.36 所示电路中的信号电压 v_g 由下列方程描述:

$$v_g = 0, \quad t \leqslant 0$$

$$v_g = 4\cos(\pi/4)t \text{ V}, \quad 0 \leqslant t \leqslant \infty$$

假定运放是理想的,绘制 v_o 相对于 t 的波形图。

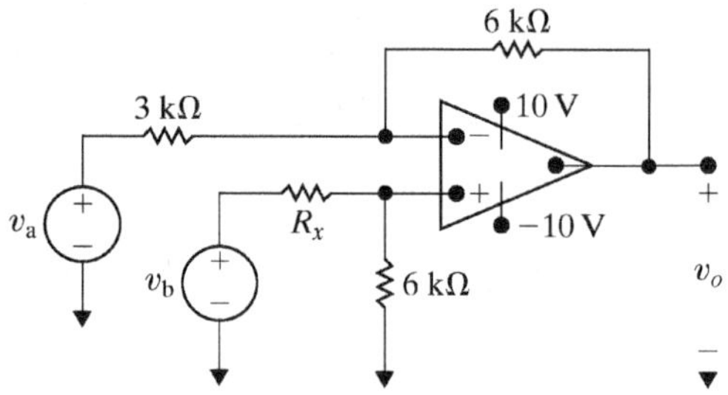

图 P5.34

5.37 (a)图 P5.37 中的理想运放工作在线性区。证明

$$i_a = \frac{3v_g}{R}$$

(b)证明如果下式成立,理想运放将饱和。

$$R_a = \frac{R(\pm V_{CC} - 2v_g)}{3v_g}$$

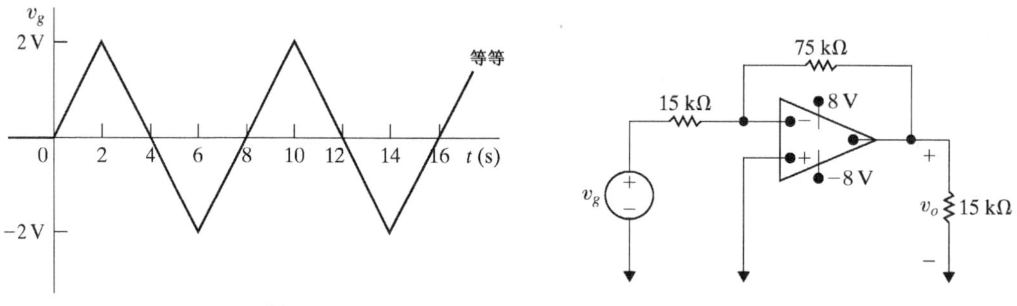

(a) (b)

图 P5.35

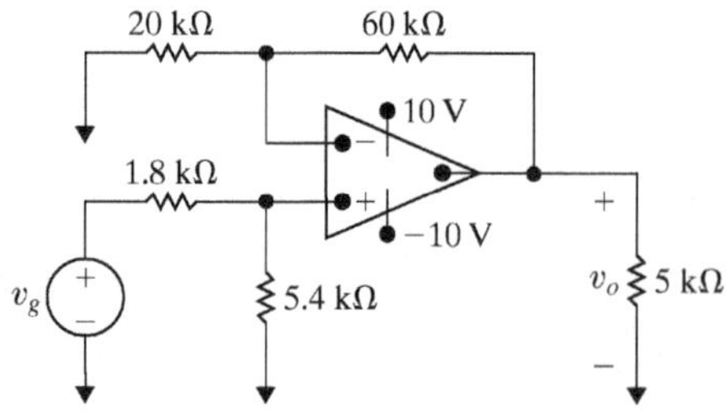

图 P5.36

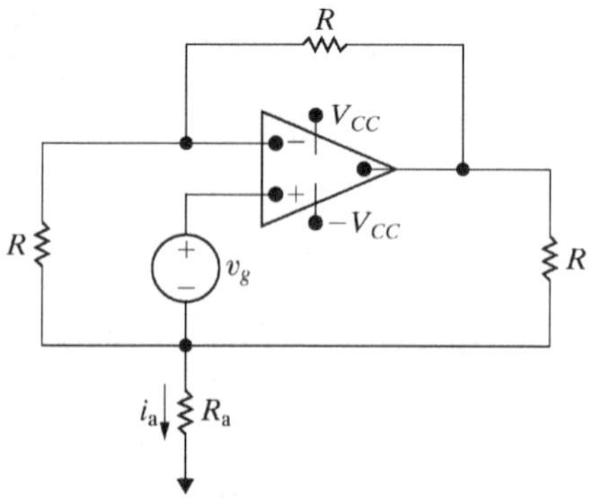

图 P5.37

5.38 假定图 P5.38 电路中的理想运放工作在线性区。

(a)证明 $v_o = [(R_1 + R_2)/R_1]v_s$。(b)如果 $R_1 \to \infty$ 而且 $R_2 \to 0$,会发生什么情况?(c)解释在 $R_1 \to \infty$,$R_2 \to 0$ 时,电路为什么被称为电压跟随器?

5.39P 图 P5.39 所示电路中的两个运放是理想的。计算 v_{o1} 和 v_{o2}。

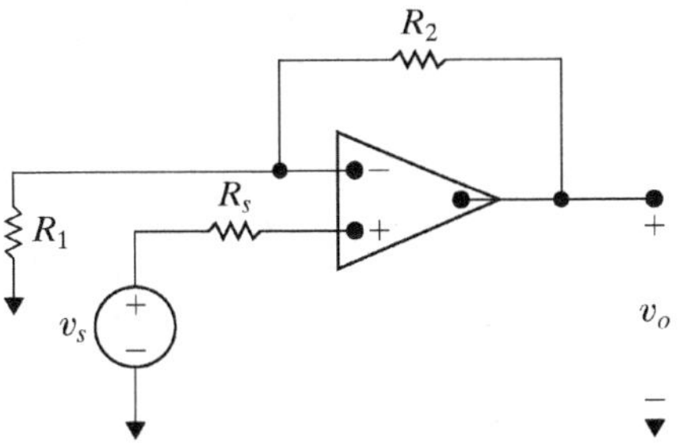

图 P5.38

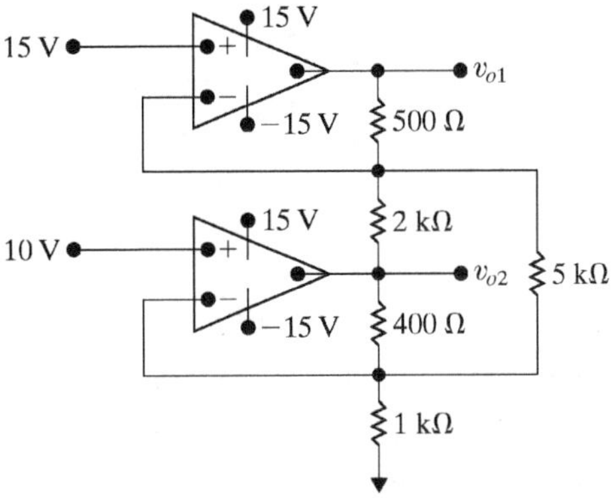

图 P5.39

5.40P 假定图 P5.40 电路中的理想运放工作在线性区。

(a)计算 16 kΩ 电阻上的功率。(b)如果将运放从电路中移去，即 16 kΩ 电阻与电压源及 48 kΩ 电阻串联，重复(a)的问题。(c)求(a)中所得功率与(b)中所得功率之比。(d)在电源和负载之间插入的运放有用吗？请解释。

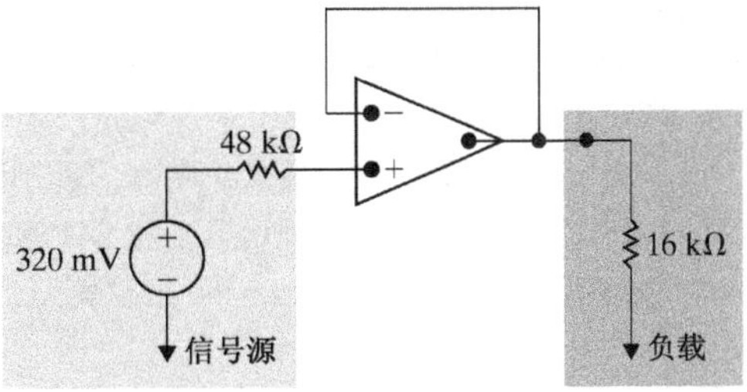

图 P5.40

5.41P 图 P5.41 电路中的运放是理想的。

(a)求 i_a。(b)为了使 $i_a=0$，求左边电源电压值。

5.42P 在 R_L 值一定范围内，图 P5.42 电路中的阴影区域内是恒定电流源。

(a)当 $R_L=4$ kΩ 时，求 i_L。(b)当 i_L 为(a)中的值时，求 R_L 的最大值。(c)假定 $R_L=16$ kΩ，解释电路的工作情况。可以假定在所有工作条件下有 $i_p=i_n\approx 0$。(d)相对 $0\leq R_L\leq 16$ kΩ，绘图表示 i_L。

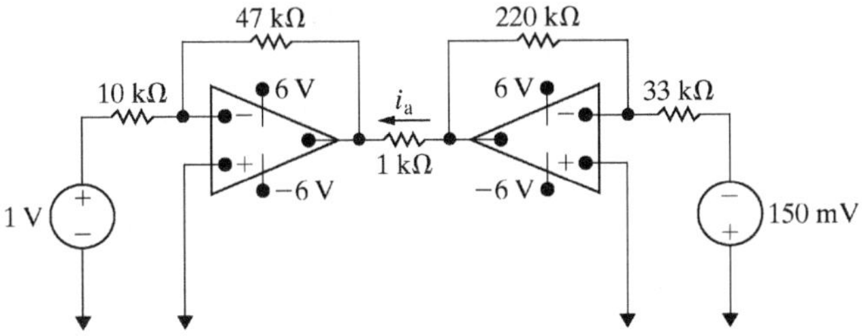

图 P5.41

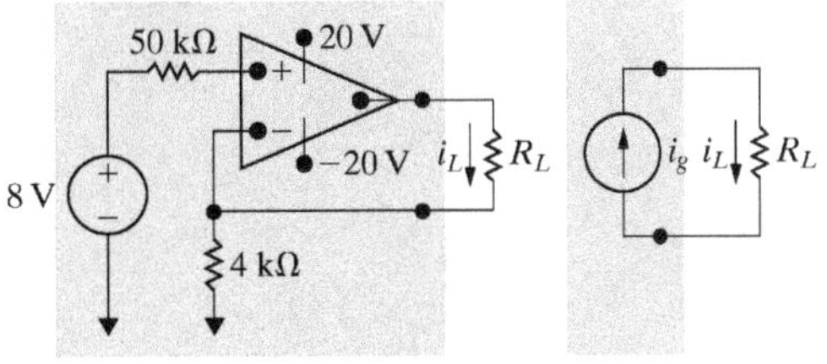

图 P5.42

5.43　推导式(5.60)。

5.44P 如果给反相放大器加上 500 Ω 电阻负载，重复评测习题 5.6。

5.45P (a)求图 P5.45 所示反相放大器输出端 a，b 的戴维南等效电路。直流信号源为 880 mV，运放的输入电阻是 500 kΩ，输出电阻是 2 kΩ，开环增益是100 000。(b)反相放大器的输出电阻是多少？(c)如果 a，b 端的负载是 330 Ω，从信号源 v_s 看进去的电阻是多少？

5.46P 假定运放是理想的，重复习题 5.45。

5.47P 假定图 P5.47 所示运放中的输入电阻是无穷大，输出电阻是零。

(a)如果开环增益是 A，求作为 v_g 函数的 v_o。(b)如果 $v_g=1$ V，$A=150$，v_o 值是多少？(c)如果 $v_g=1$ V，$A=\infty$，v_o 值是多少？(d)A 为多大时，能使 v_o 达到它在(c)中值的 99%。

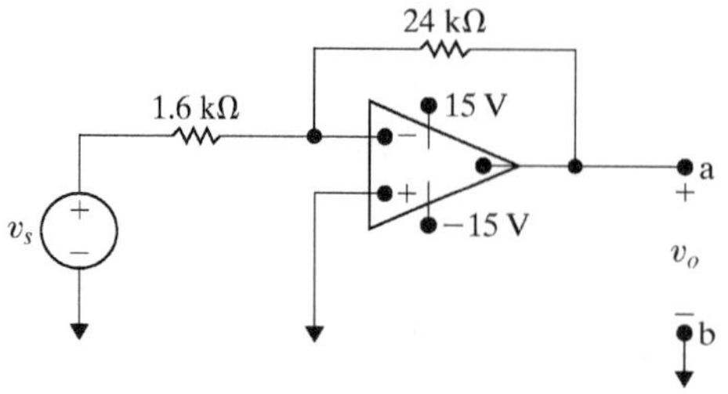

图 P5.45

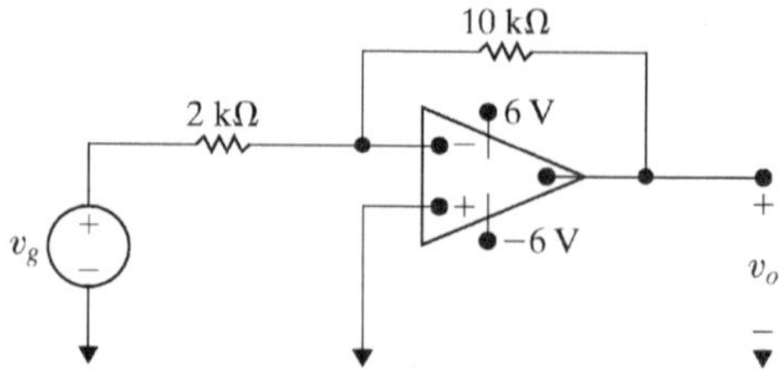

图 P5.47

5.48P 图 P5.48 所示同相放大器中的运放，输入电阻是 560 kΩ，输出电阻是 8 kΩ，运放开环增益是 50 000。假定运放工作在线性区。

(a)计算电压增益(v_o/v_g)。(b)如果 $v_g=1$ V，求反相和同相输入电压 v_n 和 v_p(单位为毫伏)。(c)当 $v_g=1$ V 时，计算差(v_p-v_n)，单位为微伏。(d)当 $v_g=1$ V 时，求流过信号源 v_g 的漏电流，单位为皮安。(e)假定是理想运放，重复(a)~(d)的问题。

5.49 **(实例应用)** 假定图 5.21 所示电桥中的应变计阻值为 120 Ω ± 1%。运放的电源是 ±15 V，参考电压 v_{ref} 取至正电源。

(a)当应变计长度达到最大长度时，输出电压为 5 V，计算此时 R_f 值。(b)假定能精确测量到输出电压变化 50 mV，那么应变计电阻变化多少毫欧？

5.50P **(实例应用)** (a)对于图 P5.50 所示电路，证明如果 $\Delta R \ll R$，运放的输出电压近似为

$$v_o \approx \frac{R_f}{R^2}\frac{(R+R_f)}{(R+2R_f)}(-\Delta R)v_{in}$$

(b)如果 $R_f=470$ kΩ，$R=10$ kΩ，$\Delta R=95$ Ω，$v_{in}=15$ V，求 v_o。

(c)求(b)中 v_o 实际值。

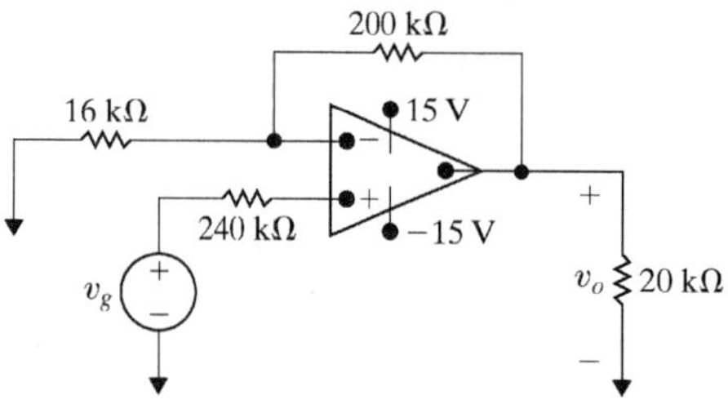

图 P5.48

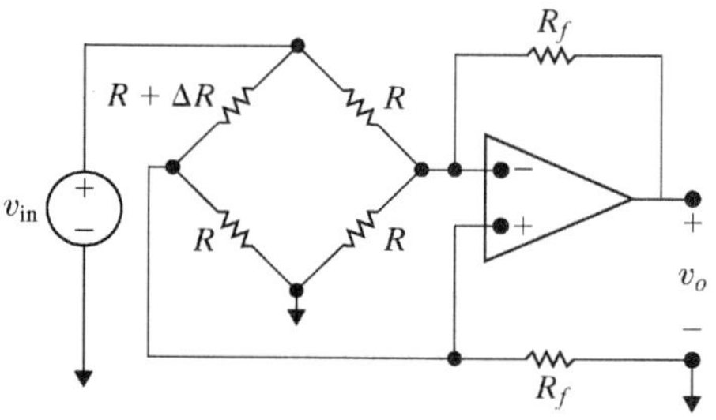

图 P5.50

5.51P **(实例应用)** (a)如果误差百分数定义为

$$误差(\%) = \left[\frac{近似值}{真实值} - 1\right] \times 100$$

证明习题 5.50 中 v_o 近似值的误差百分数是

$$误差(\%) = \frac{\Delta R}{R}\frac{(R+R_f)}{(R+2R_f)} \times 100$$

(b)计算习题 5.50 中 v_o 的误差百分数。

5.52P **(实例应用)** 假定图 P5.50 中 v_o 近似值的误差百分数没有超过 1%，允许的 R 的最大百分数变化是多少？

5.53P **(实例应用)** 假定图 P5.50 电桥电路中可变支路的电阻是 $R-\Delta R$ 而不是 $R+\Delta R$。

(a)如果 $\Delta R \ll R$，v_o 的表达式是什么？(b)作为 R，R_f 和 ΔR 函数的 v_o，其误差百分数表达式是什么？(c)假定图 P5.50 电桥电路中可变臂的电阻是 9810 Ω，R_f，R 和 v_{in} 的值与习题 5.50(b)中相同。v_o 近似值是多少？(d)如果可变臂的电阻是 9810 Ω，v_o 近似值的误差百分数是多少？

第 6 章　电感、电容和互感

本章目标

- 了解并能够使用电感的电压、电流、功率和能量公式。理解恒定电流作用下的电感特性，以及电感中电流连续的条件。
- 了解并能够使用电容的电压、电流、功率和能量公式。理解恒定电压作用下的电容特性，以及电容上电压连续的条件。
- 能够将附带初始条件的串联和并联电感组合成附带初始条件的单一等效电感。能够将附带初始条件的串联和并联电容组合成附带初始条件的单一等效电容。
- 理解互感的基本概念，能够正确使用点约定，对一个包含磁耦合线圈的电路写出网孔电流方程。

本章开始介绍在第 2 章所提到的最后两个理想电路元件：电感和电容。第 3 章和第 4 章所介绍的电路分析技术，也可以应用于包含电感和电容的电路。一旦了解了这些元件用电流和电压表示的端子特性，就可以用基尔霍夫定律来描述与其他基本元件之间的互连关系了。像其他的元件一样，电感和电容用电路变量比用电磁场变量更容易描述。在集中讨论电路之前，最好简单回顾一下这些基本元件的概念。

电感是一种抵抗电流变化的电子元件。它由环绕在磁性或非磁性材料支柱心上的线圈组成。电感的特性基于磁场的现象，磁场的源是运动中的电荷，即电流。如果电流是随时间变化的，则磁场也随时间变化。任何与时变的磁场连接的导体中都会感应一个电压。电感的电路参数建立了感应电压与电流的关系。在 6.1 节将论述这一定量关系。

电容是一种电子元件，它是由绝缘体或电介质材料隔离的两个导体组成。电容只是一种器件，不是可存储电荷的电池。电容的特性是基于电场的现象，电场的源是电荷的分离，即电压。如果电压随时间变化，则电场也随时间变化。时变的电场在该空间产生位移电流。电容的电路参数建立了位移电流与电压之间的关系。这里的位移电流等于电容两端的传导电流。将在 6.2 节讨论这一定量关系，将在 6.3 节讨论利用电容或电感的串并联简化电路的技术。

能量可以被存储在磁场和电场中。因此电感和电容能够存储能量是不足为奇的。例如，能量可以存储在电感中，释放能量点燃火花塞。能量可以被存储在电容中，释放能量点燃闪光灯泡。对于理想的电感和电容，存储多少能量就能释放多少能量。由于电感和电容并不能产生能量，因此均为无源元件。

在 6.4 节和 6.5 节中，将考虑由磁场连接两个电路的情况，称之为磁耦合。这种情况下，第二个电路感应的电压与第一个电路中的时变电流有关，称之为互感。当学习互感的电流、电压、功率和几个新参数之间的特性关系时，将会给出磁耦合的实际意义。在本章介绍这些关系，然后在第 9 章和第 10 章中将讨论在变压器设备中的作用。

实例应用

电容式触摸屏(一)

在第3章的实例应用中，展示了如何使用电阻网格来创建手机或计算机显示器的触摸屏。但是电阻式触摸屏有一些局限性。其中最重要的是在任何瞬间，屏幕只能处理单一的触摸(参见习题3.75)。例如，许多设备用来放大或缩小屏幕中的图像时采用的挤压手势，电阻式触摸屏就不能处理。

多点触摸屏在屏幕下的网格内采用了不同的元件——电容器。在这一章将会发现，电容器是一个端特性由电场决定的电路元件。当触摸一个电容式触摸屏时，将会使电容器的值发生变化，从而引起电压变化。一旦学习了电容器的基本特性，并学习了它们的串联和并联后，将会提出两个可能的设计方案，使用电容器网格创建多点触摸屏。这些设计将在本章末尾的实例应用例子中给出。

6.1 电感

电感是用来描述电感元件的电路参数。电感用字母 L 表示，单位为亨利(H)，图形符号用线圈表示，暗示电感是导线连接磁场的结果。图6.1(a)表示一个电感。指定电流的参考方向与电感两端的电压降方向一致，如图6.1(b)所示，产生

$$v = L\frac{\mathrm{d}i}{\mathrm{d}t} \tag{6.1}$$

其中 v 的单位为V，L 的单位为H，i 的单位为A，t 的单位为s。式(6.1)反映了无源符号约定，如图6.1(b)所示，即电流的参考方向与电感上电压降方向一致。如果电流的参考方向与电压升方向一致，则在式(6.1)中加上负号。

式(6.1)电感的端电压是与电感中电流随时间的变化率成比例的。其中有两点要特别注意，第一，如果电流是常数，通过理想电感的电压为零。因此对于恒定的电流，即直流电流，电感表现为短路；第二，电感中电流不能跃变，也就是电流在零时间内不能变化一个有限量。式(6.1)表明电流跃变需要一个无穷大的电压，而无穷大的电压是不可能的。例如，当某人打开实际系统中的电感性电路开关时，电流开始连续流向空气越过开关，这个现象称为电弧。越过开关的这个电弧阻碍电流立即下

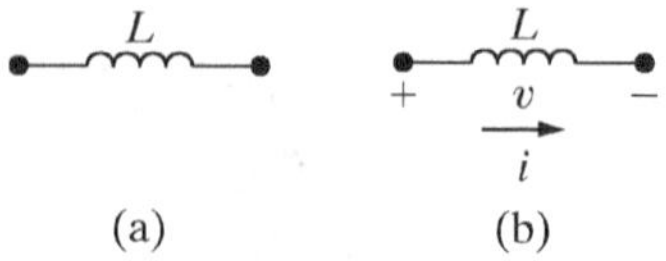

图6.1 (a)电感的符号，其电感为 L 亨利；(b)对电感指定电压和电流参考方向

降为零。由于必须要控制电弧和电压浪涌以防设备受损，所以开关电感性电路是一个重要的工程问题。要了解这个问题的实质，首先要精通本章和下面两章里介绍的内容。例 6.1 说明了式(6.1)在简单电路中的应用。

例 6.1　已知电流，求电感的端电压

图 6.2 所示电路中的独立电流源，当 $t<0$ 时，电流为零；当 $t>0$ 时，电流为 $10te^{-5t}$ A。

(a) 画出电流波形图。

(b) 什么时刻电流最大？

(c) 将 100 mH 电感两端的电压表示为时间的函数。

(d) 画出电压波形图。

(e) 电压和电流是在同一时间达到最大吗？

(f) 什么时刻电压改变极性？

(g) 电感上的电压能跃变吗？若能，在什么时间跃变？

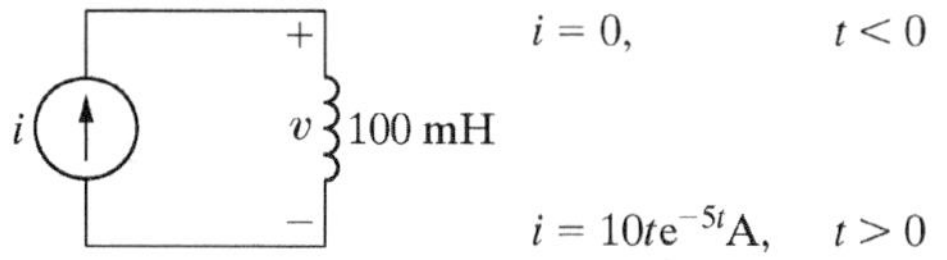

图 6.2　例 6.1 的电路

解：

(a) 电流波形图如图 6.3 所示。

(b) $di/dt = 10(-5te^{-5t} + e^{-5t}) = 10e^{-5t}(1-5t)$ A/s；当 $t = 1/5$ s 时 $di/dt = 0$（参见图 6.3）。

(c) $v = Ldi/dt = (0.1)10e^{-5t}(1-5t) = e^{-5t}(1-5t)$ V，$t>0$；$v = 0$，$t<0$。

(d) 电压波形图如图 6.4 所示。

(e) 不是。电压与 di/dt 成比例，而电流 i 不是。

(f) 在 0.2 s 时，相应瞬间 di/dt 为零，并且改变符号。

(g) 能。在 $t=0$ 时，电感两端的电压可以跃变。

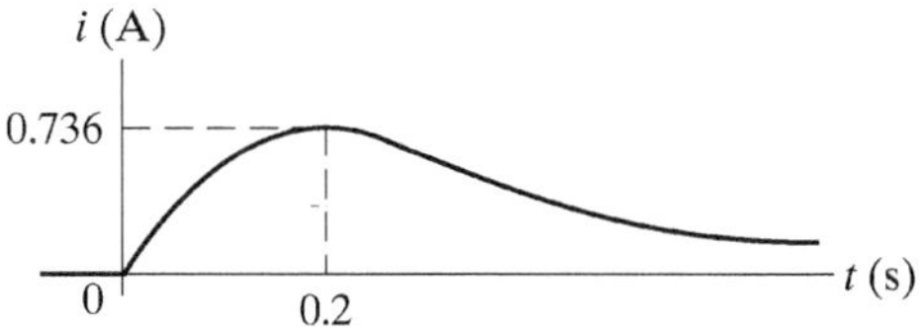

图 6.3　例 6.1 的电流波形

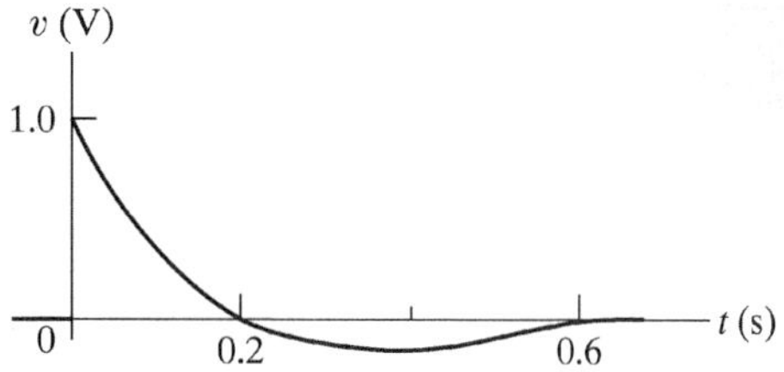

图 6.4　例 6.1 的电压波形

6.1.1　用电感上的电压表示电感中的电流

式(6.1)将电感两端的电压表示为电感中电流的函数，现在希望将电流表示成电压的函数。为了将 i 变成 v 的函数，在式(6.1)两端乘以时间微分 dt

$$v\,dt = L\left(\frac{di}{dt}\right)dt \tag{6.2}$$

i 随时间 t 的变化率乘以时间微分得到一个 i 的微分，式(6.2)可以写成

$$v\,dt = L\,di \tag{6.3}$$

接着对式(6.3)两端求积分，为方便起见，将方程式两端交换写成

$$L\int_{i(t_0)}^{i(t)} dx = \int_{t_0}^{t} v\,d\tau \tag{6.4}$$

应当注意的是，这里用 x 和 τ 作为积分变量，只要 i 和 t 成为积分的上下限。那么，根据式(6.4)，得到

$$i(t)=\frac{1}{L}\int_{t_0}^{t} v\,\mathrm{d}\tau + i(t_0) \tag{6.5}$$

其中 $i(t)$ 是相对于 t 的电流，而 $i(t_0)$ 指的是开始积分时刻，即 t_0 时刻电感的电流值。在许多实际应用中 t_0 为零，式(6.5)变成

$$i(t)=\frac{1}{L}\int_{0}^{t} v\,\mathrm{d}\tau + i(0) \tag{6.6}$$

式(6.1)和式(6.5)给出了电感两端电压和电流之间的关系。式(6.1)表示电压作为电流的函数，而式(6.5)表示电流作为电压的函数。在这两个方程中，电流的参考方向与电压降的方向一致，$i(t_0)$ 带有自身的代数符号。如果初始电流方向与 i 的参考方向相同，则它就是正数。如果初始电流是反方向的，则它就是负数。例6.2是式(6.5)的一个应用举例。

例6.2 已知电压，求电感的电流

图6.5表示电压脉冲作用于100 mH的电感。当 $t<0$ 时，$v=0$，当 $t>0$ 时，表达式如下：

$$v(t)=20te^{-10t}\ \mathrm{V}$$

假设 $t\leqslant 0$ 时，$i=0$。

(a)绘出以时间为变量的电压曲线。(b)求出作为时间函数的电感电流。(c)绘出以时间为变量的电流曲线。

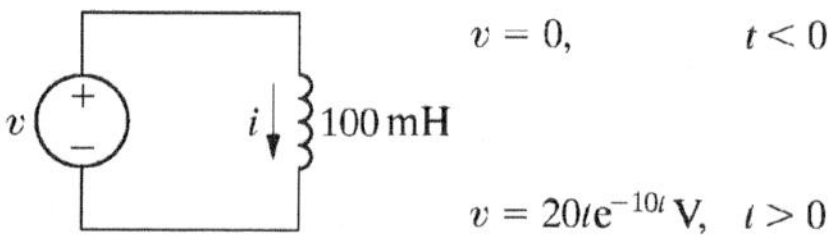

图6.5 例6.2的电路

解：

(a)作为时间函数的电压如图6.6所示。

(b)当 $t=0$ 时电感中的电流为0。因此当 $t>0$ 时

$$\begin{aligned} i &= \frac{1}{0.1}\int_0^t 20\tau e^{-10\tau}\mathrm{d}\tau + 0 \\ &= 200\times\left[\frac{-e^{-10\tau}}{100}(10\tau+1)\right]\Bigg|_0^t \\ &= 2\times(1-10te^{-10t}-e^{-10t})\ \mathrm{A},\qquad t>0 \end{aligned}$$

(c)作为时间函数的电流如图6.7所示。

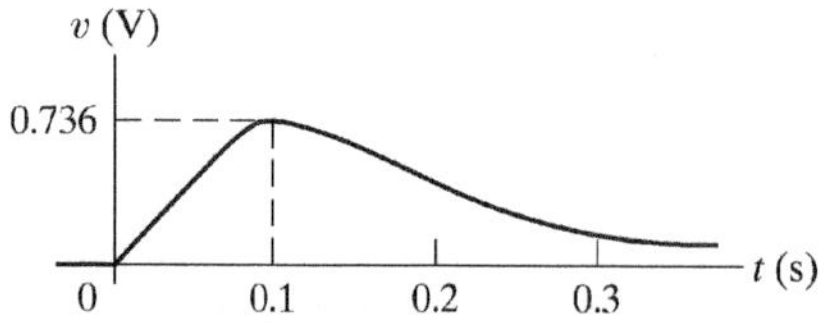

图6.6 例6.2的电压波形

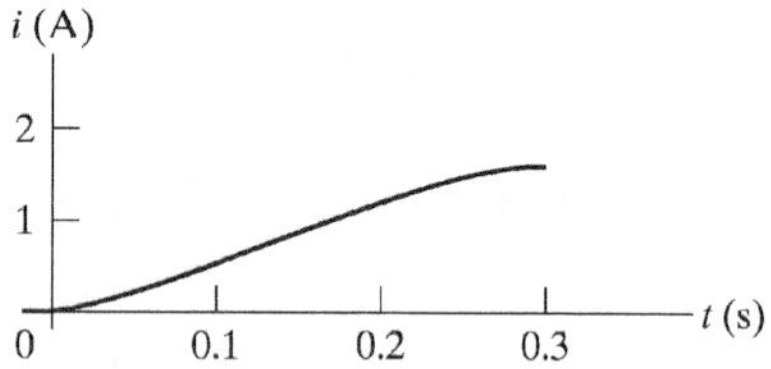

图6.7 例6.2的电流波形

需要注意的是，在例6.2中当 t 增加时，i 接近于常量2 A。有关这个结果的更多讨论，在讨论了电感中的能量存储之后再详细介绍。

6.1.2 电感中的功率和能量

电感中功率和能量的关系可以直接由电流和电压的关系推导而来。如果电流的参考方向与电感两端电压降的方向一致，则功率表示为

$$p=vi \tag{6.7}$$

记住：功率单位为W，电压单位为V，电流单位为A。如果将电感电压表示为电感电流的函数，则式(6.7)变成

$$p = Li\frac{\mathrm{d}i}{\mathrm{d}t} \tag{6.8}$$

也可以用电压表示电流

$$p = v\left[\frac{1}{L}\int_{t_0}^{t} v\,\mathrm{d}\tau + i(t_0)\right] \tag{6.9}$$

式(6.8)在表示存储在电感中的能量时是很有用的。功率是消耗能量对时间的导数，可以表示为

$$p = \frac{\mathrm{d}w}{\mathrm{d}t} = Li\frac{\mathrm{d}i}{\mathrm{d}t} \tag{6.10}$$

式(6.10)两边乘以时间微分得到下面微分关系

$$\mathrm{d}w = Li\,\mathrm{d}i \tag{6.11}$$

对式(6.11)两边进行积分，可以理解电感中电流为零对应其能量为零，因此

$$\int_0^w \mathrm{d}x = L\int_0^i y\,\mathrm{d}y$$

$$w = \frac{1}{2}Li^2 \tag{6.12}$$

如前所述，对积分的上下限采用不同的符号以避免混淆。在式(6.12)中，功率单位为 J，电感单位为 H，电流单位为 A。通过例 6.3 对例 6.1 和例 6.2 的讨论，说明了式(6.7)和式(6.12)的应用。

例 6.3　求电感中的电流、电压、功率和能量

(a)对于例 6.1，画出相对于时间的 i, v, p, w 曲线。(b)在什么时间间隔，电感存储能量？(c)在什么时间间隔，电感释放能量？(d)存储在电感中的最大能量是多少？

(e)求积分并解释它们的含义。

$$\int_0^{0.2} p\,\mathrm{d}t \qquad 和 \qquad \int_{0.2}^{\infty} p\,\mathrm{d}t$$

(f)对于例 6.2，重复(a)~(c)。(g)在例 6.2 中，当电压接近零时，为什么在电感中有持续不变的电流？

解：

(a)根据例 6.1 给出的 i 和 v 的表达式，直接得到 i, v, p, w 曲线，如图 6.8 所示。特别要注意的是，$p = vi$，$w = \left(\frac{1}{2}\right)Li^2$。

(b)上升的能量曲线表示能量被存储。在 0~0.2 s 期间能量被存储。对应于这个时间段 $p > 0$。

(c)下降的能量曲线表示能量被释放。在 0.2 s~∞ 期间能量被释放。对应于这个时间段 $p < 0$。

(d)从式(6.12)中能够看出，当电流最大时，能量最大，从图中也可确定这一点。例 6.1 的最大电流为 0.736 A，因此，最大能量 w_{max} 为 27.07 mJ。

(e)从例 6.1 中可以得出

$$i = 10te^{-5t}\ \mathrm{A}, \qquad v = e^{-5t}(1-5t)\ \mathrm{V}$$

以及

$$p = vi = 10te^{-10t} - 50t^2e^{-10t}\ \mathrm{W}$$

所以

$$\int_0^{0.2} p\,\mathrm{d}t = 10\times\left[\frac{e^{-10t}}{100}\times(-10t-1)\right]_0^{0.2}$$

$$-50\times\left\{\frac{t^2e^{-10t}}{-10} + \frac{2}{10}\times\left[\frac{e^{-10t}}{100}\times(-10t-1)\right]\right\}_0^{0.2}$$

$$= 0.2e^{-2} = 27.07\ \mathrm{mJ}$$

因此

$$\int_{0.2}^{\infty} p\,dt = 10 \times \left[\frac{e^{-10t}}{100} \times (-10t-1)\right]_{0.2}^{\infty}$$

$$-50 \times \left\{\frac{t^2e^{-10t}}{-10} + \frac{2}{10} \times \left[\frac{e^{-10t}}{100} \times (-10t-1)\right]\right\}_{0.2}^{\infty}$$

$$= -0.2e^{-2} = -27.07\ \text{mJ}$$

根据p的定义，相对于时间t，p曲线之下的区域表示积分期间能量的消耗。因此在0~0.2 s期间，功率的积分表示该期间能量已存储在电感中。在0.2 s~∞期间，p的积分表示能量被释放。注意在这个期间，所有原始存储的能量被释放；即电流峰值已过，电感中已无能量存储。

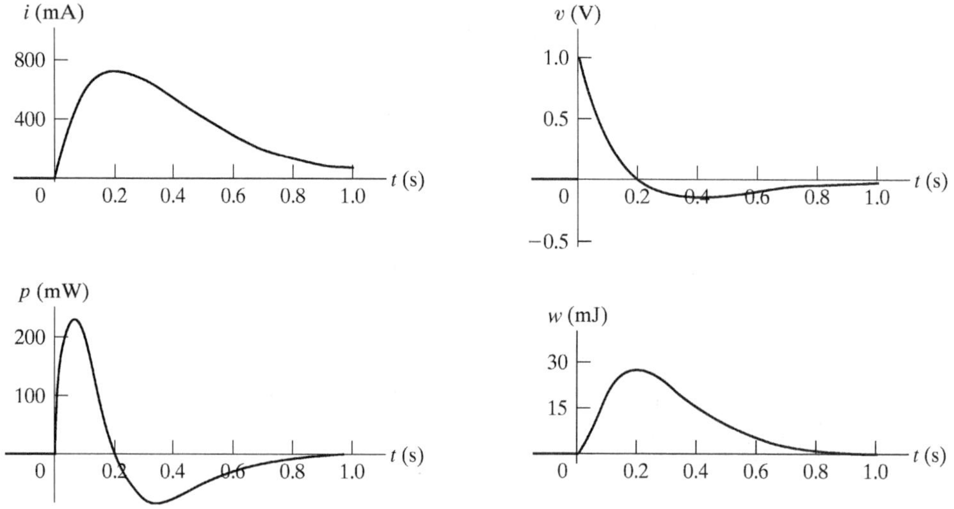

图6.8 例6.1中相对于时间t的i, v, p和w曲线

(f)根据例6.2给出的i和v的表达式，直接得到v, i, p, w曲线，如图6.9所示。这种情况下功率总是正的，因此在这个电压脉冲期间能量总是被存储的。

(g)在电压脉冲的作用下，将能量存储在电感中。由于电感是理想的，当电压降至零以后，能量并不能耗尽。因此一个持续不断的电流在电路中环流。无损耗的电感显然是理想的电路元件。实际的电感需要在电路模型中加一个电阻(更多的内容将在后面讨论)。

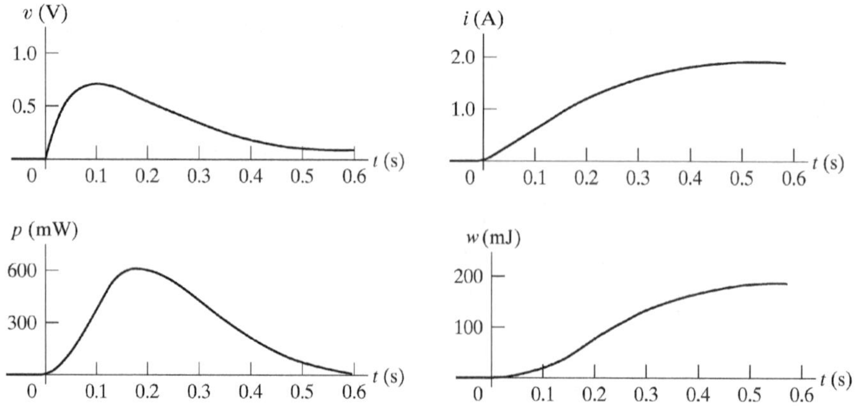

图6.9 例6.2中相对于t变量的v, i, p和w曲线

评测目标 1　了解并能够使用电感的电压、电流、功率和能量公式。

6.1　右图所示电路中，电流源产生电流脉冲

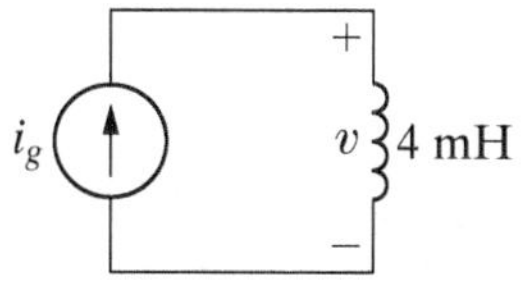

$$i_g(t) = 0, \qquad t < 0$$

$$i_g(t) = 8e^{-300t} - 8e^{-1200t}\ \text{A}, \qquad t \geqslant 0$$

求：(a)$v(0)$；(b)如时间大于零，什么时刻电压 v 为零；(c)释放到电感的功率的表达式；(d)什么时刻释放到电感的功率最大；(e)最大功率；(f)什么时刻存储的能量最大？(g)存储在电感中的最大能量。

答：(a)28.8 V。(b)1.54 ms。(c) $-76.8e^{-600t} + 384e^{-1500t} - 307.2e^{-2400t}$ W，$t \geqslant 0$。(d)411.05 μs。(e)32.72 W。(f)1.54 ms。(g)28.57 μJ。

提示：试求本章习题 6.2 和习题 6.8。

6.2　电容

电容的电路参数是用字母 C 来表示的，单位是法拉(F)，图形符号为两个简化的并行金属板，如图 6.10(a)所示。由于法拉这个单位过大，实际中的电容值通常在皮法(pF)到微法(μF)范围内。

电容图形符号表明，只要电导体由电介质或绝缘材料分开就可以产生电容。这个条件意味着电荷并不穿过电容。电容两端的电压不能将一个电荷穿过这个绝缘体，但可以在绝缘体中位移一个电荷。由于电压随时间而变化，电荷的位移也随时间而变，因此将产生位移电流。

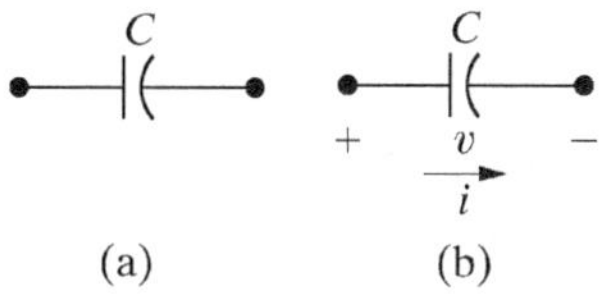

图 6.10　(a)电容的图形符号；(b)对电容指定电压和电流的参考方向

在电容两端，位移电流不同于传导电流。电流与电容电压随时间的变化率成比例，方程为

$$i = C\frac{dv}{dt} \tag{6.13}$$

其中，i 的单位为 A，C 的单位为 F，v 的单位为 V，t 的单位为 s。

式(6.13)表示的无源符号约定如图 6.10(b)所示，即电流参考方向与电容上电压降的方向一致。如果电流参考方向与电压升方向一致，则式(6.13)加一个负号。

从式(6.13)中得到以下两个要点：第一，电容两端的电压不能跃变。式(6.13)表明这样的变化将产生无穷大的电流，实际上是不可能的。第二，如果电压为常量，电容的电流为零。其原因是传导电流不能在电容的绝缘材料中建立。只有随时间变化的电压才能产生位移电流。因此电容对于常量电压表现为开路。

式(6.13)给出的是电容电流作为电容电压的函数，而将电压表示成电流的函数也是很有用的，只要将式(6.13)两边乘以微分时间 dt，然后再求积分，得到

$$i\,dt = C\,dv \qquad \text{或} \qquad \int_{v(t_0)}^{v(t)} dx = \frac{1}{C}\int_{t_0}^{t} i\,d\tau$$

求第二个方程式左边的积分，得到

$$v(t) = \frac{1}{C}\int_{t_0}^{t} i\,d\tau + v(t_0) \tag{6.14}$$

式(6.14)在许多实际应用中，初始时间为零，即 $t_0 = 0$，则式(6.14)变成

$$v(t) = \frac{1}{C}\int_0^t i\,\mathrm{d}\tau + v(0) \tag{6.15}$$

可以很容易得到电容的功率和能量关系。根据功率的定义，得到

$$p = vi = Cv\frac{\mathrm{d}v}{\mathrm{d}t} \tag{6.16}$$

或

$$p = i\left[\frac{1}{C}\int_{t_0}^t i\,\mathrm{d}\tau + v(t_0)\right] \tag{6.17}$$

将能量的定义与式(6.16)结合得到

$$\mathrm{d}w = Cv\,\mathrm{d}v$$

根据它有

$$\int_0^w \mathrm{d}x = C\int_0^v y\,\mathrm{d}y$$

或

$$w = \frac{1}{2}Cv^2 \tag{6.18}$$

在推导式(6.18)时，注意零能量对应零电压。

例6.4 和例6.5 给出了电容的电流、电压、功率和能量关系的应用举例。

例6.4 求电容上的电流、电压、功率和能量

下面方程描述的电压脉冲加在0.5 μF 电容的两端

$$v(t) = \begin{cases} 0, & t \leqslant 0\,\mathrm{s} \\ 4t\ \mathrm{V}, & 0\,\mathrm{s} \leqslant t \leqslant 1\,\mathrm{s} \\ 4\mathrm{e}^{-(t-1)}\ \mathrm{V}, & t \geqslant 1\,\mathrm{s} \end{cases}$$

(a)推导电容电流、功率、能量的表达式。

(b)画出作为时间的函数的电压、电流、功率和能量曲线。纵向排列各曲线。

(c)指出电容存储能量的时间段。

(d)指出电容释放能量的时间段。

(e)求积分值。

$$\int_0^1 p\,\mathrm{d}t \qquad \text{和} \qquad \int_1^\infty p\,\mathrm{d}t$$

并解释其含义。

解：

(a)根据式(6.13)有

$$i = \begin{cases} (0.5\times10^{-6})\times(0) = 0, & t < 0\,\mathrm{s} \\ (0.5\times10^{-6})\times(4) = 2\ \mu\mathrm{A}, & 0\,\mathrm{s} < t < 1\,\mathrm{s} \\ (0.5\times10^{-6})\times(-4\mathrm{e}^{-(t-1)}) = -2\mathrm{e}^{-(t-1)}\ \mu\mathrm{A}, & t > 1\,\mathrm{s} \end{cases}$$

由式(6.16)得到功率的表达式

$$p = \begin{cases} 0, & t \leqslant 0\,\mathrm{s} \\ (4t)\times(2) = 8t\ \mu\mathrm{W}, & 0\,\mathrm{s} \leqslant t < 1\,\mathrm{s} \\ (4\mathrm{e}^{-(t-1)})\times(-2\mathrm{e}^{-(t-1)}) = -8\mathrm{e}^{-2(t-1)}\ \mu\mathrm{W}, & t > 1\,\mathrm{s} \end{cases}$$

由式(6.18)得到能量的表达式

$$w = \begin{cases} 0, & t \leqslant 0\,\mathrm{s} \\ \frac{1}{2}\times(0.5)\times16t^2 = 4t^2\ \mu\mathrm{J}, & 0\,\mathrm{s} \leqslant t \leqslant 1\,\mathrm{s} \\ \frac{1}{2}\times(0.5)\times16\mathrm{e}^{-2(t-1)} = 4\mathrm{e}^{-2(t-1)}\ \mu\mathrm{J}, & t \geqslant 1\,\mathrm{s} \end{cases}$$

(b) 图 6.11 给出了作为时间函数的电压、电流、功率和能量曲线。

(c) 当功率为正值时，电容存储能量。因此在 0 ~ 1 s 期间内能量被存储。

(d) 当功率为负值时，电容释放能量，因此在 t 大于 1 s 的时间段能量被释放。

(e) $p\,dt$ 的积分是一定时间间隔的能量，时间间隔对应积分的上下限。第一个积分表示在 0 ~ 1 s 之间，能量存储在电容中。而第二个积分表示在 1 s ~ ∞ 期间，电容释放能量

$$\int_0^1 p\,\mathrm{d}t = \int_0^1 8t\,\mathrm{d}t = 4t^2\Big|_0^1 = 4\,\mu\mathrm{J}$$

$$\int_1^\infty p\,\mathrm{d}t = \int_1^\infty (-8\mathrm{e}^{-2(t-1)})\,\mathrm{d}t = (-8)\times\frac{\mathrm{e}^{-2(t-1)}}{-2}\Big|_1^\infty = -4\,\mu\mathrm{J}$$

当时间无限制地增加时，电容的电压返回零值，理想电容释放的能量一定等于所存储的能量。

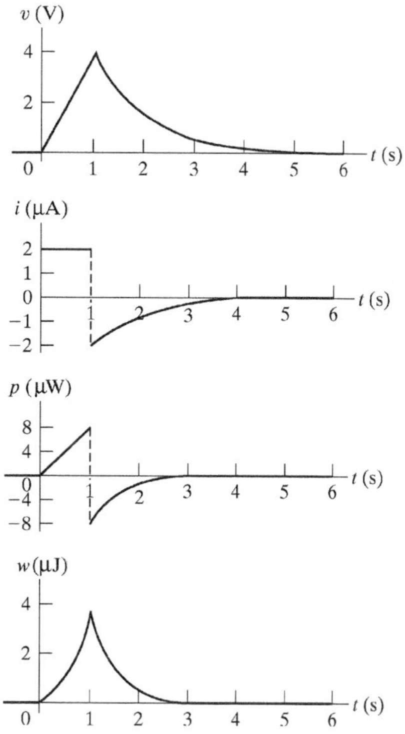

图 6.11　例 6.4 中对应 t 变量的 v，i，p 和 w 曲线

例 6.5　当三角波电流脉冲加在电容上时，求电容上的 v，p 和 w

三角波电流脉冲驱动一个未充电的 0.2 μF 电容。电流脉冲描述如下：

$$i(t) = \begin{cases} 0, & t \leqslant 0 \\ 5000t\ \mathrm{A}, & 0 \leqslant t \leqslant 20\ \mu\mathrm{s} \\ 0.2 - 5000t\ \mathrm{A}, & 20\ \mu\mathrm{s} \leqslant t \leqslant 40\ \mu\mathrm{s} \\ 0, & t \leqslant 40\ \mu\mathrm{s} \end{cases}$$

(a) 推导上边 4 个时间间隔中电容的电压、功率和能量的表达式。

(b) 画出对应于 t 的 i，v，p 和 w 曲线，并排列这些曲线。

(c) 电流为零后为什么电容上的电压仍然能保持？

解：

(a) $t \leqslant 0$ 时，v，p 和 w 都为零

$0 \leqslant t \leqslant 20\ \mu\mathrm{s}$ 时

$$v = 5\times10^6\int_0^t 5000\tau\,\mathrm{d}\tau + 0 = 12.5\times10^9 t^2\ \mathrm{V}$$

$$p = vi = 62.5\times10^{12}t^3\ \mathrm{W}$$

$$w = \frac{1}{2}Cv^2 = 15.625\times10^{12}t^4\ \mathrm{J}$$

$20\ \mu\mathrm{s} \leqslant t \leqslant 40\ \mu\mathrm{s}$ 时

$$v = 5\times10^6\int_{20}^t (0.2 - 5000\tau)\,\mathrm{d}\tau + 5$$

（应当注意的是，在前面时间间隔结束时，电容上的电压是 5 V）

$$v = (10^6 t - 12.5\times10^9 t^2 - 10)\ \mathrm{V}$$

$$p = vi$$

$$= (62.5\times10^{12}t^3 - 7.5\times10^9 t^2 + 2.5\times10^5 t - 2)\ \mathrm{W}$$

$$w = \frac{1}{2}Cv^2$$

$$= (15.625\times10^{12}t^4 - 2.5\times10^9 t^3 + 0.125\times10^6 t^2 - 2t + 10^{-5})\ \mathrm{J}$$

$t \geqslant 40\ \mu s$ 时

$$v = 10\ \text{V}$$

$$p = vi = 0$$

$$w = \frac{1}{2}Cv^2 = 10\ \mu\text{J}$$

(b)激励电流和所产生的电压、功率及能量如图6.12所示。

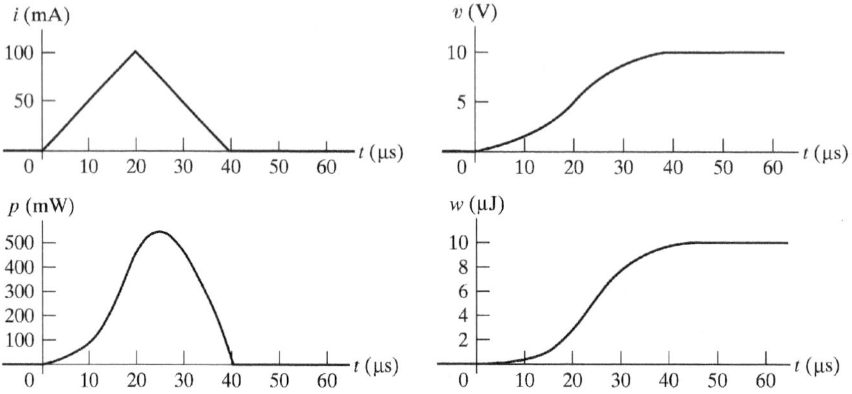

图6.12 例6.5中对应 t 的变量 i, v, p 和 w

(c)值得注意的是，功率在电流脉冲持续期间总是正的，表明能量被连续地存储在电容中。当电流为零时，由于理想电容没有能量损耗，因此所储存的能量封存；这样在电流 i 为零后，电容上的电压仍然保持。

评测目标2 了解并能够使用电容的电压、电流、功率和能量公式。

6.2 如右图所示，0.6 μF 电容两端的电压是

当 $t<0$ 时，$v=0$；当 $t \geqslant 0$ 时，$v = 40e^{-15\,000t}\sin 30\,000t$ V。

求：(a)$i(0)$；(b)$t=\pi/80$ ms 时，释放到电容的功率；(c)$t=\pi/80$ ms 时，存储在电容中的能量。

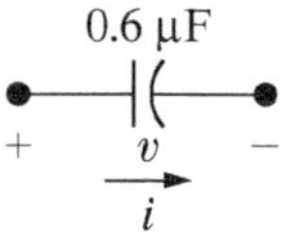

答：(a)0.72 A；(b)−649.2 mW；(c)126.13 μJ。

6.3 评测目标练习6.2电容中的电流，当 $t<0$ 时，$i=0$；当 $t \geqslant 0$ 时，$i=3\cos 50\,000t$ A。

求：(a)$v(t)$；(b)释放到电容中的最大功率；(c)存储在电容中的最大能量。

答：(a)$100\sin 50\,000t$ V，$t \geqslant 0$；(b)150 W；(c)3 mJ。

提示：试求本章习题6.16和习题6.21。

6.3 电感和电容的串并联

电阻的串并联可以简化为单个等效电阻，电感或电容的串并联也可以简化为单个电感或电容。图6.13表示串联的电感，电感中的电流都是一样的，因此定义一个电流。每个电感的电压是

$$v_1 = L_1\frac{di}{dt}, \qquad v_2 = L_2\frac{di}{dt}, \qquad v_3 = L_3\frac{di}{dt}$$

串联连接的电压是

$$v = v_1 + v_2 + v_3 = (L_1 + L_2 + L_3)\frac{di}{dt}$$

显然串联连接的电感的等效电感是每个电感值的总和。对于 n 个电感的串联

$$L_{eq} = L_1 + L_2 + L_3 + \cdots + L_n \tag{6.19}$$

如果原始电感所携带的初始电流为 $i(t_0)$，则等效电感携带同样的初始电流。图 6.14 显示了携带初始电流的串联电感的等效电路。

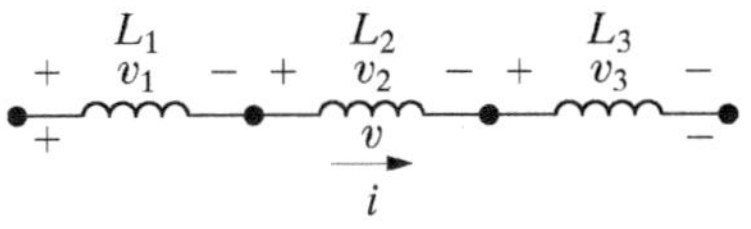

图 6.13　串联电感

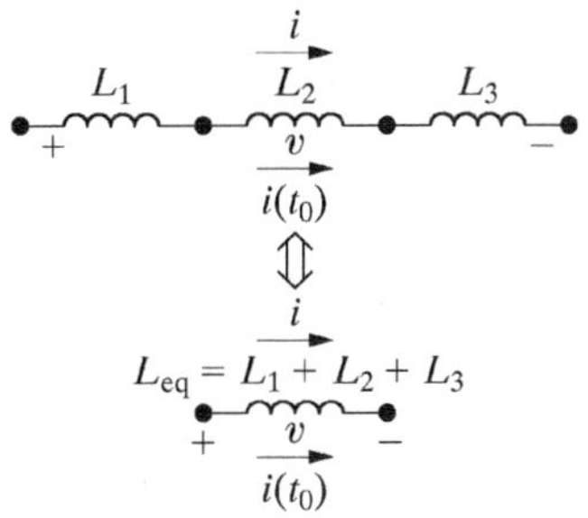

图 6.14　携带初始电流 $i(t_0)$ 的串联电感的等效电路

并联电感具有相同的端电压。在等效电路中，每个电感的电流是电感端电压和初始电流的函数。图 6.15 所示为 3 个电感并联，其每个电感的电流是

$$i_1 = \frac{1}{L_1}\int_{t_0}^{t} v\,\mathrm{d}\tau + i_1(t_0)$$

$$i_2 = \frac{1}{L_2}\int_{t_0}^{t} v\,\mathrm{d}\tau + i_2(t_0) \tag{6.20}$$

$$i_3 = \frac{1}{L_3}\int_{t_0}^{t} v\,\mathrm{d}\tau + i_3(t_0)$$

3 个并联电感的端电流为每个电感电流之和

$$i = i_1 + i_2 + i_3 \tag{6.21}$$

将式(6.20)代入式(6.21)中，得到

$$i = \left(\frac{1}{L_1} + \frac{1}{L_2} + \frac{1}{L_3}\right)\int_{t_0}^{t} v\,\mathrm{d}\tau + i_1(t_0) + i_2(t_0) + i_3(t_0) \tag{6.22}$$

可以用单个电感来说明式(6.22)，即

$$i = \frac{1}{L_{eq}}\int_{t_0}^{t} v\,\mathrm{d}\tau + i(t_0) \tag{6.23}$$

比较式(6.23)和式(6.22)，得出

$$\frac{1}{L_{eq}} = \frac{1}{L_1} + \frac{1}{L_2} + \frac{1}{L_3} \tag{6.24}$$

$$i(t_0) = i_1(t_0) + i_2(t_0) + i_3(t_0) \tag{6.25}$$

图 6.16 表示了图 6.15 中 3 个并联电感的等效电路。

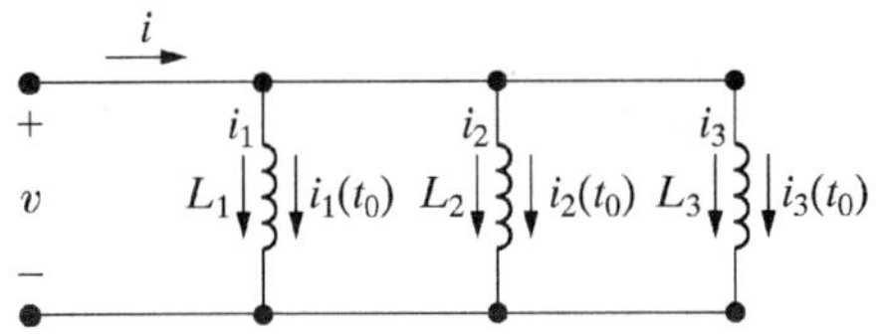

图 6.15　3 个电感并联

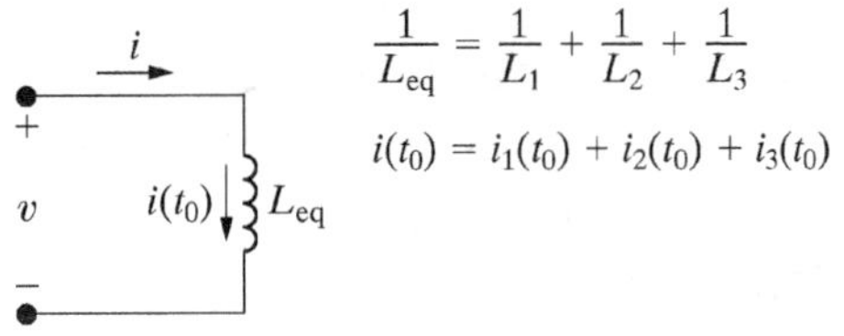

图 6.16　3 个并联电感的等效电路

式(6.24)和式(6.25)所表示的结果，可以扩展至 n 个电感并联：

$$\frac{1}{L_{\rm eq}}=\frac{1}{L_1}+\frac{1}{L_2}+\cdots+\frac{1}{L_n} \tag{6.26}$$

$$i(t_0)=i_1(t_0)+i_2(t_0)+\cdots+i_n(t_0) \tag{6.27}$$

串联连接的电容可以简化为单个等效电容。等效电容的倒数等于每个电容倒数的总和，如果每个电容带有自己的初始电压，则等效电容的初始电压是每个电容初始电压的代数和。图 6.17 和下面的方程总结了上述内容：

$$\frac{1}{C_{\rm eq}}=\frac{1}{C_1}+\frac{1}{C_2}+\cdots+\frac{1}{C_n} \tag{6.28}$$

$$v(t_0)=v_1(t_0)+v_2(t_0)+\cdots+v_n(t_0) \tag{6.29}$$

串联电容等效电路的推导留做练习(参见习题6.32)。

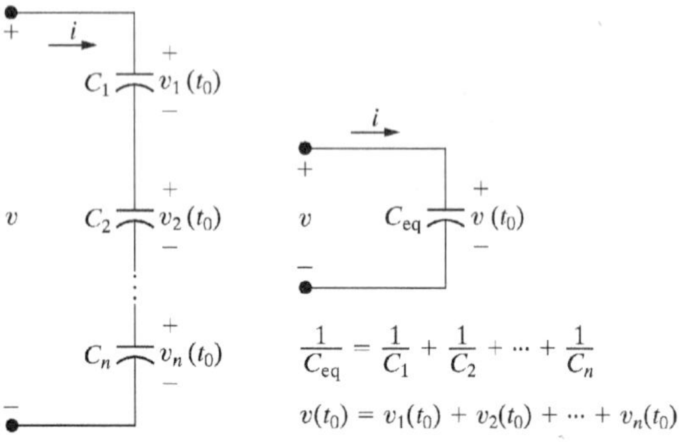

图 6.17 串联连接电容的等效电路：(a)串联电容；(b)等效电路

并联连接的电容的等效电容是每个电容的容量之和，如图 6.18 和下面方程所示：

$$C_{\rm eq}=C_1+C_2+\cdots+C_n \tag{6.30}$$

并联连接的电容必须具有相同的电压，如果原并联电容有初始电压，则等效电容 $C_{\rm eq}$ 也是这个初始电压。对于并联电容的等效电路的推导留做练习(参见习题 6.33)。

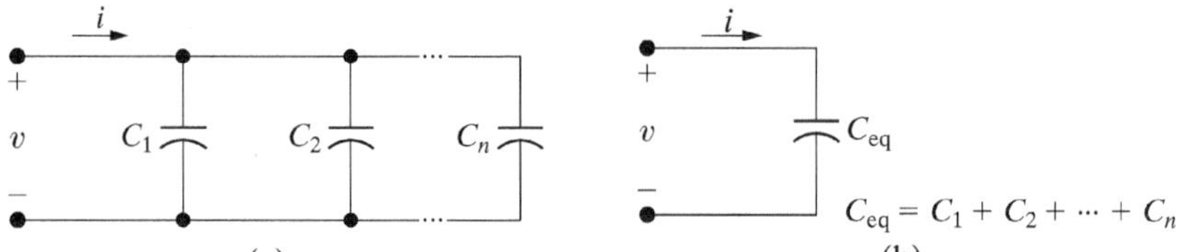

图 6.18 并联连接电容的等效电路：(a)并联电容；(b)等效电路

第 7 章将更多地介绍电感和电容的串并联等效电路，并解释其应用。

评测目标 3 能够将串联或并联的电感组合成一个等效电感，能够将串联或并联的电容组合成一个等效电容。

6.4 如右图所示电路，i_1 和 i_2 的初值分别是 +3 A 和 −5 A。$t\geqslant 0$ 时并联电感的端电压是 $-30e^{-5t}$ mV。

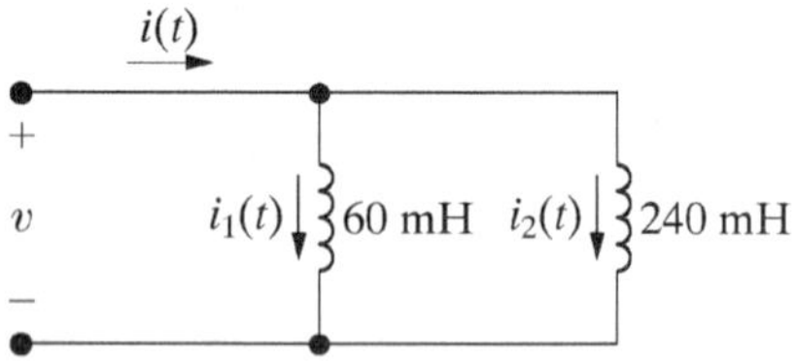

(a)如果并联电感由单个电感代替，它的电感是多少？

(b)在等效电感中初始电流是多少？参考方向是什么？

(c)用这个等效电感求 $i(t)$。

(d)求 $i_1(t)$ 和 $i_2(t)$。检验 $i_1(t)$、$i_2(t)$ 和 $i(t)$ 的答案是否满足基尔霍夫电流定律。

答：(a)48 mH；(b)2 A，向上；(c)$0.125e^{-5t}-2.125$ A，$t\geqslant 0$；(d)$i_1(t)=0.1e^{-5t}+2.9$ A，$t\geqslant 0$；$i_2(t)=0.025e^{-5t}-5.025$ A，$t\geqslant 0$。

6.5 如右图所示两个电容的端电流，$t\geqslant 0$ 时，为 $240e^{-10t}$ μA。v_1 和 v_2 的初始值分别是 −10 V 和 −5 V。计算 $t\to\infty$ 时，电容中的总能量(提示：不要形成电容的串联，求各自捕获的能量，然后再相加)。

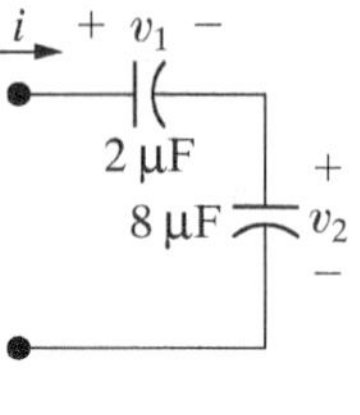

答：20 μJ。

提示：试求本章习题 6.22，习题 6.24，习题 6.27 和习题 6.31。

6.4　互感

6.1 节所讨论的电感的磁场限制在单一电路上，电感是在同一电路中使电压与时变电流建立联系的参数，因此电感更精确地说是自感。

现在讨论由磁场连接两个电路的情况。在这种情况下，在第二个电路所感应的电压与第一个电路中的时变电流有关，称之为互感。图 6.19 所示的电路表示两个磁性耦合线圈。这两个线圈的自感为 L_1 和 L_2，互感为 M。双箭头连接 M 表示有互感值的一对线圈。在含有大于一对磁耦合线圈的电路中需要这个符号。

分析互感电路最容易的方法是用网孔电流法，根据线圈电流列写电路方程，描述该电路。首先选择每个线圈电流的参考方向，图 6.20 标出了所选择的参考电流。选择 i_1 和 i_2 的参考方向后，对每个闭合路径的电压求和。由于互感 M，每个线圈有两个电压，即自感电压和互感电压。自感电压由线圈自感应产生，来源于该线圈中的电流。互感电压由线圈互感产生，来源于其他线圈中的电流。对于图 6.20 左边的线圈，它的自感值为 L_1，这个线圈的自感电压是 $L_1(\mathrm{d}i_1/\mathrm{d}t)$，互感电压是 $M(\mathrm{d}i_2/\mathrm{d}t)$，这两个电压的极性如何？

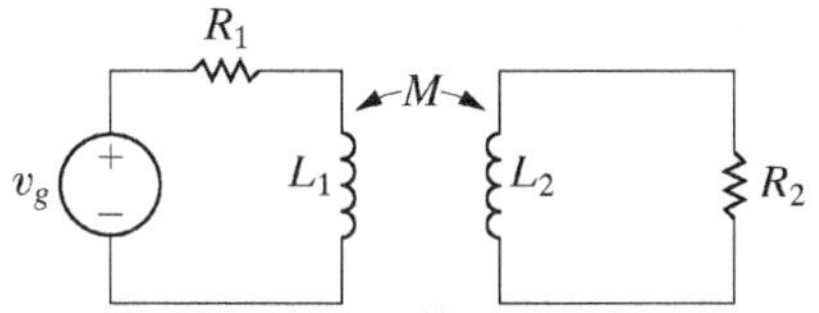

图 6.19　两个磁性耦合线圈

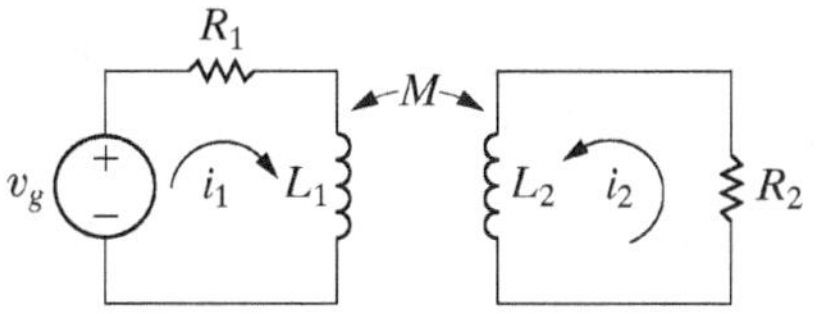

图 6.20　用线圈电流 i_1 和 i_2 描述图 6.19 电路

使用无源符号约定，自感电压是电压降，与产生电压的电流方向一致。但是互感应电压的极性取决于线圈缠绕的方式，它与线圈电流的参考方向有关。一般来讲，说明互感耦合线圈的细节是很麻烦的。然而，可以通过一种称之为点约定的方法来跟踪极性。如图 6.21 所示，将点放在每个线圈的一端。这些点携带符号信息，并允许以图解的方式画出线圈，而不是表明如何在磁心周围缠绕。

用点约定来决定互感电压极性，其规则归纳如下：

当电流的参考方向是进入线圈打点端时，则另一线圈感应的电压其参考极性在打点端为正。

或叙述成：

当电流的参考方向是离开一个线圈打点端时，则另一线圈感应的电压其参考极性在打点端为负。

本书的大部分内容，都将在电路图中使用点标记。重要的是通过对互感和点约定的理解，能够写出正确的电路方程式。如果点没有给出，可能的话，通过检查一个实际电路的物理结构或在实验室测试，画出极性点的位置。在讨论点标记的用法之后，将进一步讨论电路。

图 6.21 所示电路，点约定规则表明，电流 i_2 在线圈 1 中感应出的电压，其参考极性在线圈 1 打点端为负。这个电压($M\,\mathrm{d}i_2/\mathrm{d}t$)相对于 i_1 为电压升。电流 i_1 在线圈 2 中感应的电压是 $M\,\mathrm{d}i_1/\mathrm{d}t$，它的参考极性是在线圈 2 打点端为正。该电压是电压升且与 i_2 的方向一致。图 6.22 给出了线圈 1 和线圈 2 的自感电压和互感电压以及它们的极性。

接着，来看看环绕每个闭环的电压之和。在式(6.31)和式(6.32)中，与电流参考方向一致的电压升是负的

$$-v_g + i_1R_1 + L_1\frac{\mathrm{d}i_1}{\mathrm{d}t} - M\frac{\mathrm{d}i_2}{\mathrm{d}t} = 0 \tag{6.31}$$

$$i_2R_2 + L_2\frac{\mathrm{d}i_2}{\mathrm{d}t} - M\frac{\mathrm{d}i_1}{\mathrm{d}t} = 0 \tag{6.32}$$

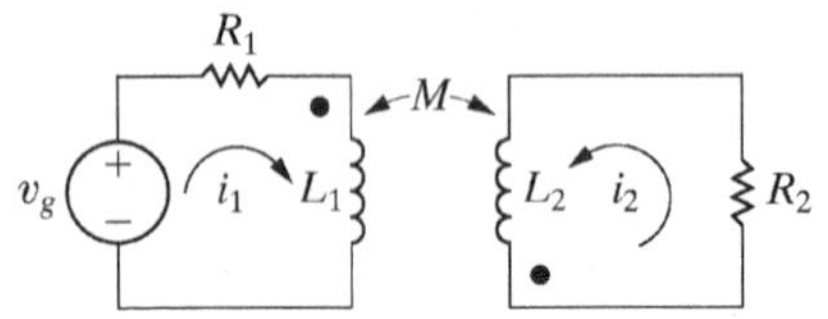

图 6.21 在图 6.20 电路的线圈上加点表示感应电压的极性

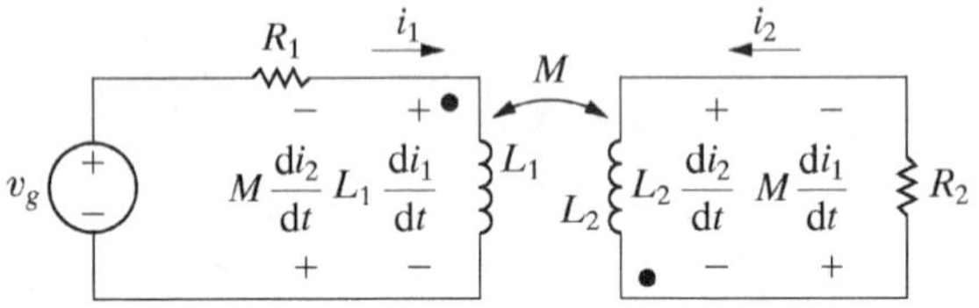

图 6.22 图 6.21 线圈上的自感电压和互感电压

6.4.1 确定点标记的过程

有两个方法确定点标记。首先假设知道两个线圈的物理排列和在一个磁耦合电路中的缠绕方式。如图 6.23 所示，用下面 6 个步骤来决定点标记。

(a) 任选一个线圈的一端，比如说 D 端，并用一个点标记。

(b) 指定一个电流进入打点端，并设它为 i_D。

(c) 用右手定则①决定由耦合线圈内部 i_D 建立的磁通方向，并设这个磁通为 ϕ_D。

(d) 任选第二个线圈的一端，比如说 A 端，指定一个电流进入该端，并设它为 i_A。

(e) 用右手定则决定由耦合线圈内部 i_A 建立的磁通方向，并设这个磁通为 ϕ_A。

(f) 比较这两个磁通 ϕ_D 和 ϕ_A 的方向。如果它们的参考方向相同，将点放在第二线圈测试电流(i_A)进入端(图 6.23 由于磁通 ϕ_D 和 ϕ_A 的参考方向相同，因此点在 A 端)。如果磁通有不同的参考方向，则将点放在第二线圈测试电流离开端。

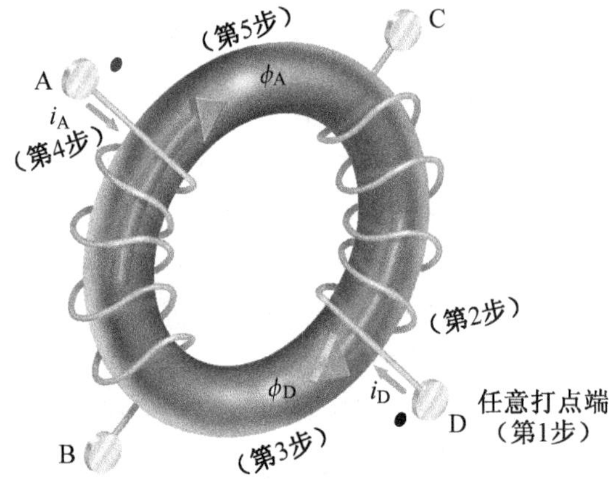

图 6.23 用一组线圈说明确定一组点标记的方法

磁耦合线圈的相对极性也可以通过实验决定。有些情况，判断线圈是如何缠绕在磁心上是不可能的。因此只有通过实验来决定。实验方法之一是将一个直流电压源、一个电阻器、一个开关和一个直流电压表连到一对线圈上，如图 6.24 所示。覆盖线圈的阴影部分表示线圈的实际检查是不可能的。电阻 R 用来限制直流电压源提供的电流。

如图 6.24 所示，通过开关和限流电阻，连到直流电源正端的线圈端有一个极性标记。当

① 参见后面的法拉第定律。

关闭开关时，电压表可以看到有偏转。如果瞬间偏转为正刻度，则连到电压表正端的线圈端为极性标记；如果瞬间偏转为负刻度，则连到电压表负端的线圈端为极性标记。

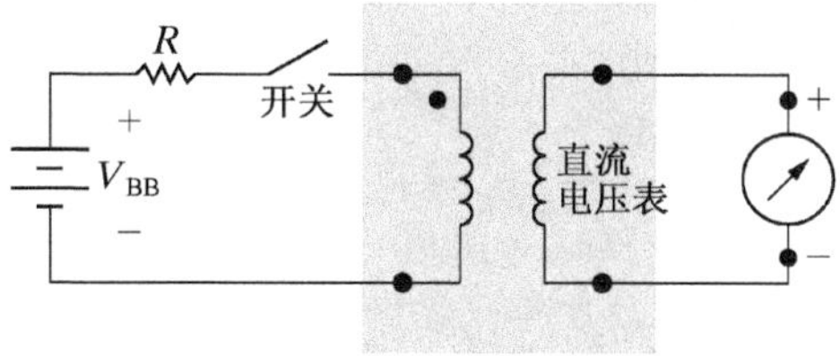

图 6.24　实验确定极性标记

例 6.6 表示了在一个含有磁耦合线圈的电路中，如何用点标记来写一组电路的方程。

例 6.6　求含有磁耦合线圈电路的网孔电流方程

(a) 根据图 6.25 所示电路中的电流 i_1 和 i_2，列写一组网孔电流方程式。

(b) 检验 $t=0$ 时，电路中是否无能量存储；如果 $i_g=16-16e^{-5t}$ A，i_1 和 i_2 的解为

$$i_1 = 4 + 64e^{-5t} - 68e^{-4t}\ \text{A}$$

$$i_2 = 1 - 52e^{-5t} + 51e^{-4t}\ \text{A}$$

解：

(a) 沿第一个网孔对电压求和，产生

$$4\times\frac{di_1}{dt} + 8\times\frac{d}{dt}\times(i_g - i_2) + 20\times(i_1 - i_2) + 5\times(i_1 - i_g) = 0$$

第二个网孔方程是

$$20\times(i_2 - i_1) + 60i_2 + 16\times\frac{d}{dt}(i_2 - i_g) - 8\times\frac{di_1}{dt} = 0$$

通过 4 H 线圈的电流为 (i_g-i_2)，则线圈电压为 $8d(i_g-i_2)/dt$，该电压降与 i_1 方向一致。电流 i_1 在 16 H 线圈感应的电压是 $8di_1/dt$，其电压升与 i_2 方向一致。

(b) 检验 i_1 和 i_2 的正确性，从检验 i_1 和 i_2 的初值和终值开始。假设 $i_1(0)=i_2(0)=0$。从给出的解可以得到

$$i_1(0) = 4 + 64 - 68 = 0$$

$$i_2(0) = 1 - 52 + 51 = 0$$

当 t 趋于无限大时，源电流 (i_g) 趋于一个常数 16 A，而磁耦合线圈表现为短路。因此在 $t=\infty$ 时，电路简化为如图 6.26 所示的形式。从图 6.26 中可以看到当 $t=\infty$ 时，3 个电阻与 16 A 电流源是并联的。等效电阻为 3.75 Ω，16 A 电流源的电压是 60 V。

$$i_1(\infty) = \frac{60}{20} + \frac{60}{60} = 4\ \text{A}$$

$$i_2(\infty) = \frac{60}{60} = 1\ \text{A}$$

这些值与由 i_1 和 i_2 的解所预测的终值相等。

最后，检查这些解是否满足 (a) 所导出的微分方程式，读者自己通过求解习题 6.37 来验证。

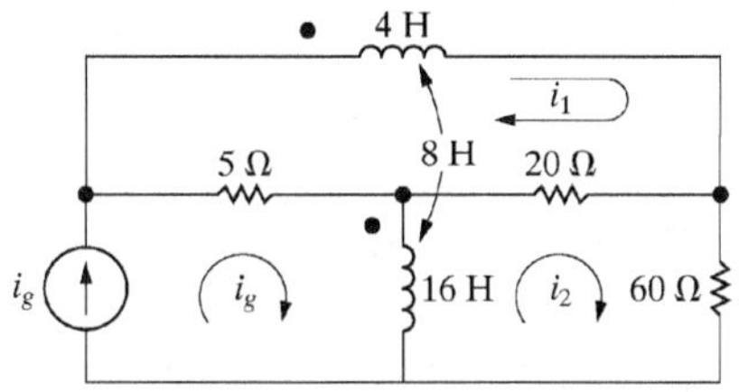

图 6.25　例 6.6 的电路

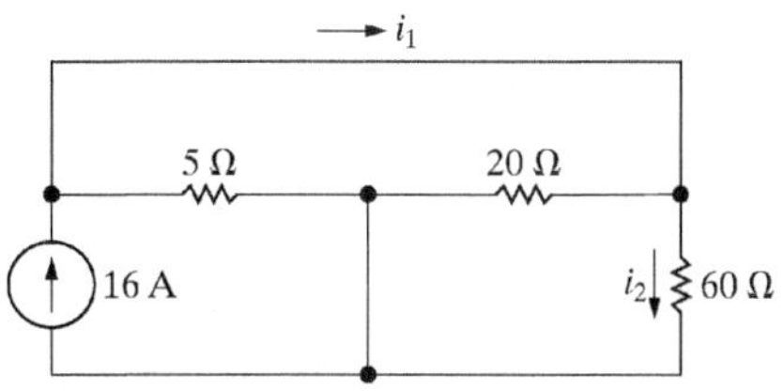

图 6.26　当 $t=\infty$ 时的例 6.6 电路

评测目标 4　使用点约定，对一个包含磁耦合线圈的电路写出网孔电流方程。

6.6　(a) 在例 6.6 电路中，如果点在 4 H 电感右端，i_g 的参考方向反向，60 Ω 的电阻增加到 780 Ω，写出一组网孔电流方程。

(b)检验在 $t=0$ 时，电路中是否无存储的能量，如果 $i_g = 1.96 - 1.96e^{-4t}$ A，(a)所推出的微分方程的解是

$$i_1 = -0.4 - 11.6e^{-4t} + 12e^{-5t}\ \mathrm{A}$$

$$i_2 = -0.01 - 0.99e^{-4t} + e^{-5t}\ \mathrm{A}$$

答：(a)$4 \times (di_1/dt) + 25i_1 + 8 \times (di_2/dt) - 20i_2 = -5i_g - 8 \times (di_g/dt)$，以及 $8 \times (di_1/dt) - 20i_1 + 16 \times (di_2/dt) + 800i_2 = -16 \times (di_g/dt)$；(b)检验后确认。

提示：试求本章习题6.39。

6.5 更详细地讨论互感

为了完全解释电路参数互感，并检查6.4节所做的定性限制和假设，将用更大篇幅讨论自感。

6.5.1 复习自感

自感的概念来源于法拉第(Michael Faraday)，他是19世纪初期该领域的先驱。法拉第假设磁场是由围绕通有电流导线的磁力线构成的。可将磁力线想象为相互接近的、储能的弹性带。当电流增加或减少时，导线周围的弹性带(即磁力线)随之伸展或压缩。感应在导线中的电压与切割导线的磁力线数成比例。这个感应电压可以由法拉第定律来表示，即

$$v = \frac{d\lambda}{dt} \tag{6.33}$$

其中λ称之为磁链，单位为Wb(韦伯)。

如何从法拉第定律得到6.1节所介绍的电感定义呢？用图6.27作为参考加以说明。

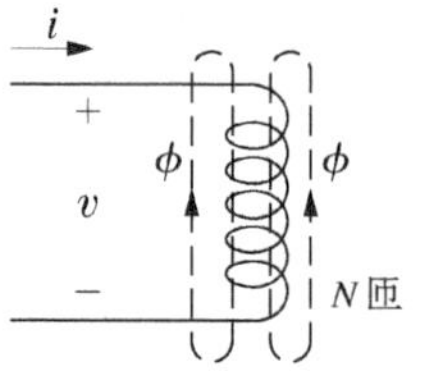

图6.27 表示与N匝线圈交链的磁场

穿过N匝并标有ϕ的线代表构成磁场的磁力线。磁场强度取决于电流强度，磁场的空间方向取决于电流方向。右手规则表明磁场的方向与电流方向有关：右手的手指握住线圈，手指指向电流的方向，则拇指所指的方向就是线圈内磁场的方向。磁链是磁场(ϕ)的产物，单位为Wb，并取决于磁场与之交链的线圈匝数(N)

$$\lambda = N\phi \tag{6.34}$$

磁通ϕ的大小与线圈电流大小有关，其相互关系为

$$\phi = \mathcal{P}Ni \tag{6.35}$$

这里的N为线圈的匝数，$\mathcal{P}$为该磁通所占据空间的磁导。磁导是一个描述这个空间磁特性的量。关于磁导更为详细的讨论已超出本教材的范围。读者只需要了解，当磁性材料(像铁、镍、钴)构成含有磁通的空间时，磁导随磁通而变化，ϕ和i之间是非线性关系。但是，如果含有磁通的空间是由非磁性材料构成的，则磁导是常量，ϕ和i之间是线性关系。注意式(6.35)，磁通也是与线圈上的匝数成比例。

假设用来构成含有磁通空间的磁心材料是非磁性的。那么，将式(6.34)和式(6.35)代入式(6.33)，得到

$$v = \frac{d\lambda}{dt} = \frac{d(N\phi)}{dt} = N\frac{d\phi}{dt} = N\frac{d}{dt}(\mathcal{P}Ni) = N^2\mathcal{P}\frac{di}{dt} = L\frac{di}{dt} \tag{6.36}$$

上式表明自感是与线圈上匝数的平方成比例，以后会用到这个结果。

图 6.27 所示电路中，感应电压的极性反映了磁场对建立磁场电流的作用。例如，当 i 增加时，di/dt 是正的，v 是正的。这样需要有能量来建立磁场。乘积 vi 给出了能量存储在该磁场中的比率。当磁场减弱时，di/dt 是负的，感应电压也以相反方向随之改变。随着线圈磁场的减弱，能量返回电路。

上面对自感的概念做了进一步的讲解，下面开始讨论互感的概念。

6.5.2　互感的概念

图 6.28 显示了两个磁耦合线圈。要检验一下两个线圈的点标记适合线圈绕向和电流的方向。每个线圈的匝数分别是 N_1 和 N_2。线圈 1 由一个时变电流源供给能量，此电流源在 N_1 匝线圈中建立电流 i_1。线圈 2 没有能量提供，是开路的。线圈是绕在一个非磁性磁心上。由电流 i_1 产生的磁通可以分为两部分，标为 ϕ_{11} 和 ϕ_{21}。磁通 ϕ_{11} 是由电流 i_1 产生的磁通，它仅仅与 N_1 匝线圈相交链；ϕ_{21} 是由电流 i_1 产生的磁通，它与 N_1 匝和 N_2 匝线圈相交链。磁通下标第一个数字为线圈号，第二个数字表示线圈电流。这样 ϕ_{11} 为与线圈 1 相交链并由线圈 1 中的电流 i_1 产生的磁通；而 ϕ_{21} 为与线圈 2 相交链并由线圈 1 中的电流 i_1 产生的磁通。

线圈 1 的总磁通为 ϕ_1，是 ϕ_{11} 和 ϕ_{21} 之和

$$\phi_1 = \phi_{11} + \phi_{21} \tag{6.37}$$

磁通 ϕ_1 和它的组成部分 ϕ_{11} 和 ϕ_{21} 与线圈电流 i_1 有关

$$\phi_1 = \mathscr{P}_1 N_1 i_1 \tag{6.38}$$

$$\phi_{11} = \mathscr{P}_{11} N_1 i_1 \tag{6.39}$$

$$\phi_{21} = \mathscr{P}_{21} N_1 i_1 \tag{6.40}$$

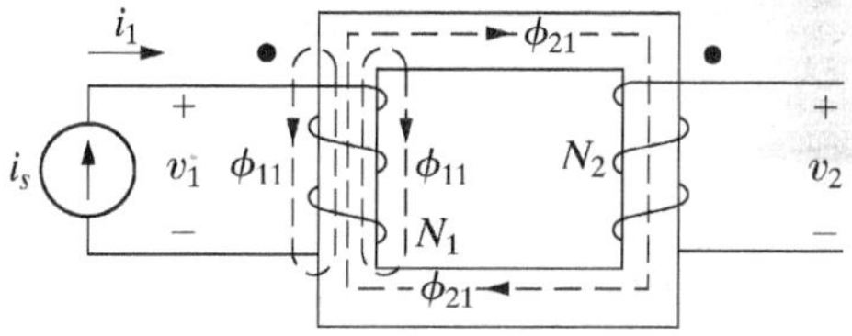

图 6.28　两个磁耦合线圈

$\mathscr{P}_1$ 是由磁通 ϕ_1 占据空间的磁导，$\mathscr{P}_{11}$ 是由磁通 ϕ_{11} 占据空间的磁导，$\mathscr{P}_{21}$ 是由磁通 ϕ_{21} 占据空间的磁导。将式(6.38)，式(6.39)和式(6.40)代入式(6.37)，得到由总磁通 ϕ_1 占据空间的磁导和 ϕ_{11} 与 ϕ_{21} 占据空间的磁导之间的关系

$$\mathscr{P}_1 = \mathscr{P}_{11} + \mathscr{P}_{21} \tag{6.41}$$

根据法拉第定律得到 v_1 和 v_2 的表达式

$$v_1 = \frac{d\lambda_1}{dt} = \frac{d(N_1\phi_1)}{dt} = N_1\frac{d}{dt}(\phi_{11}+\phi_{21}) = N_1^2(\mathscr{P}_{11}+\mathscr{P}_{21})\frac{di_1}{dt} = N_1^2\mathscr{P}_1\frac{di_1}{dt} = L_1\frac{di_1}{dt} \tag{6.42}$$

$$v_2 = \frac{d\lambda_2}{dt} = \frac{d(N_2\phi_{21})}{dt} = N_2\frac{d}{dt}(\mathscr{P}_{21}N_1 i_1) = N_2 N_1 \mathscr{P}_{21}\frac{di_1}{dt} \tag{6.43}$$

式(6.42)中 di_1/dt 的系数是线圈 1 的自感。式(6.43)中 di_1/dt 的系数是线圈 1 和线圈 2 之间的互感。因而得到

$$M_{21} = N_2 N_1 \mathscr{P}_{21} \tag{6.44}$$

M 的下标表示该感应使线圈 1 中的电流与线圈 2 中感应的电压有关。

互感的系数由下式给出：

$$v_2 = M_{21}\frac{di_1}{dt} \tag{6.45}$$

图 6.28 中的点约定指定了 v_2 的参考极性。

对于图 6.28 的耦合线圈，一个时变的电流源(i_2)激励线圈 2 而使线圈 1 开路，得到如图 6.29 所示的电路。v_1 的极性参考基于点约定。

与线圈 2 相交链的总磁通为

$$\phi_2 = \phi_{22} + \phi_{12} \tag{6.46}$$

磁通 ϕ_2 和它的组成部分 ϕ_{12} 和 ϕ_{22} 与线圈电流 i_2 有关

$$\phi_2 = \mathcal{P}_2 N_2 i_2 \tag{6.47}$$

$$\phi_{22} = \mathcal{P}_{22} N_2 i_2 \tag{6.48}$$

$$\phi_{12} = \mathcal{P}_{12} N_2 i_2 \tag{6.49}$$

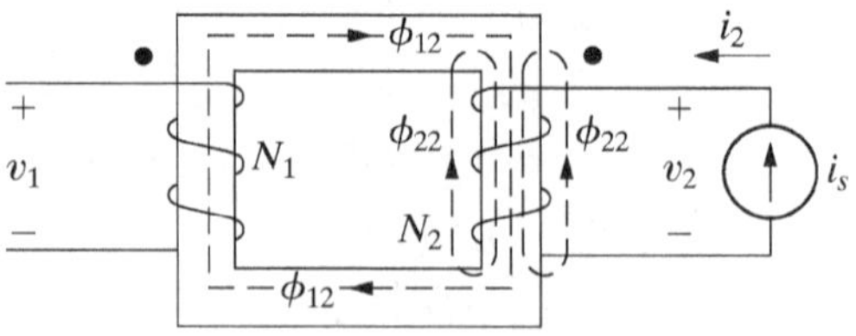

图 6.29　图 6.28 的磁耦合线圈，其中线圈2激励，线圈1开路

电压 v_1 和 v_2 为

$$v_2 = \frac{d\lambda_2}{dt} = N_2^2\mathcal{P}_2\frac{di_2}{dt} = L_2\frac{di_2}{dt} \tag{6.50}$$

$$v_1 = \frac{d\lambda_1}{dt} = \frac{d}{dt}(N_1\phi_{12}) = N_1N_2\mathcal{P}_{12}\frac{di_2}{dt} \tag{6.51}$$

式(6.51)中 di_2/dt 的系数，是线圈 1 中感应的电压与线圈 2 时变电流建立关系的互感系数。

$$M_{12} = N_1N_2\mathcal{P}_{12} \tag{6.52}$$

对于非磁性材料，磁导$\mathcal{P}_{12}$和$\mathcal{P}_{21}$是相等的。因此得到

$$M_{12} = M_{21} = M \tag{6.53}$$

对于两个磁耦合线圈的线性电路，没有必要加互感系数的下标。

6.5.3　用自感表示互感

互感的值是自感的函数。根据式(6.42)和式(6.50)可以得到下列关系：

$$L_1 = N_1^2\mathcal{P}_1 \tag{6.54}$$

$$L_2 = N_2^2\mathcal{P}_2 \tag{6.55}$$

根据式(6.54)和式(6.55)，可得

$$L_1L_2 = N_1^2N_2^2\mathcal{P}_1\mathcal{P}_2 \tag{6.56}$$

用式(6.41)和$\mathcal{P}_2$ 表达式，可以得到

$$L_1L_2 = N_1^2N_2^2(\mathcal{P}_{11}+\mathcal{P}_{21})(\mathcal{P}_{22}+\mathcal{P}_{12}) \tag{6.57}$$

对于线性系统，$\mathcal{P}_{21} = \mathcal{P}_{12}$，因此式(6.57)变成

$$L_1L_2 = (N_1N_2\mathcal{P}_{12})^2\left(1+\frac{\mathcal{P}_{11}}{\mathcal{P}_{12}}\right)\left(1+\frac{\mathcal{P}_{22}}{\mathcal{P}_{12}}\right) = M^2\left(1+\frac{\mathcal{P}_{11}}{\mathcal{P}_{12}}\right)\left(1+\frac{\mathcal{P}_{22}}{\mathcal{P}_{12}}\right) \tag{6.58}$$

用单个常量代替式(6.58)中含有磁导的两项得到一个有意义的方程

$$\frac{1}{k^2} = \left(1+\frac{\mathcal{P}_{11}}{\mathcal{P}_{12}}\right)\left(1+\frac{\mathcal{P}_{22}}{\mathcal{P}_{12}}\right) \tag{6.59}$$

将式(6.59)代入式(6.58)中得到

$$M^2 = k^2L_1L_2$$

或

$$M = k\sqrt{L_1L_2} \tag{6.60}$$

其中 k 称为耦合系数。根据式(6.59)可知，$1/k^2$ 一定大于 1，也就是说 k 一定小于 1。实际上，耦合系数一定在 0 和 1 之间，即

$$0 \leqslant k \leqslant 1 \tag{6.61}$$

当两个线圈无公共磁通，即 $\phi_{12}=\phi_{21}=0$ 时，耦合系数为 0，意味着 $\mathscr{P}_{12}=0$，并且式(6.59)表明 $1/k^2=\infty$，或 $k=0$。如果线圈间无磁通交链，则 $M=0$。

当 ϕ_{11} 和 ϕ_{22} 为 0 时，耦合系数等于 1，意味着所有的磁通既与线圈 1 相交链也与线圈 2 相交链。根据式(6.59)，$\mathscr{P}_{11}=\mathscr{P}_{22}=0$，表示的是一种理想状态。实际上，绕两个线圈，使其共享相同的磁通，按自然法则这是不可能的。磁性材料(像铁合金、钴、镍)可以建立具有高磁导的空间并用来建立接近一致的耦合系数(将在第 9 章详细介绍磁性材料的重要特性)。

提示：试求本章习题 6.46 和习题 6.50，以评估对这部分内容的理解。

6.5.4 能量计算

结束对互感的讨论之后，下面开始讨论存储在磁耦合线圈的总能量问题。先巩固前面得出的两个结论：对于线性磁耦合，(1) $M_{12}=M_{21}=M$；(2) $M=k\sqrt{L_1L_2}$，其中 $0\leqslant k\leqslant 1$。

用图 6.30 所示的电路推导存储在一对线性耦合线圈磁场中的总能量表达式。先假设电流 i_1 和 i_2 都为 0，在线圈中零电流状态对应零能量存储。使 i_1 从 0 增加到某任意值 I_1 并计算当 $i_1=I_1$ 时所存储的能量。由于 $i_2=0$，进入到一对线圈中的总功率为 v_1i_1，所存储的能量为

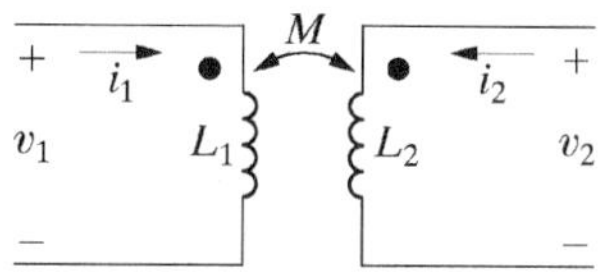

图 6.30　用来推导基本能量关系的电路

$$\int_0^{W_1} \mathrm{d}w = L_1\int_0^{I_1} i_1\,\mathrm{d}i_1$$
$$W_1=\frac{1}{2}L_1I_1^2 \tag{6.62}$$

将 i_1 保持为常量 I_1，将 i_2 从零增加到某任意值 I_2。在这个时间段，由于 I_1 是常量，i_1 在线圈 2 中感应的电压为零。i_2 在线圈 1 中感应的电压为 $M_{12}\mathrm{d}i_2/\mathrm{d}t$，因此进入到一对线圈的功率为

$$p=I_1M_{12}\frac{\mathrm{d}i_2}{\mathrm{d}t}+i_2v_2$$

当 $i_2=I_2$ 时，存储在一对线圈中的总能量为

$$\int_{W_1}^{W}\mathrm{d}w=\int_0^{I_2} I_1M_{12}\,\mathrm{d}i_2+\int_0^{I_2} L_2i_2\,\mathrm{d}i_2$$

或

$$W=W_1+I_1I_2M_{12}+\frac{1}{2}L_2I_2^2=\frac{1}{2}L_1I_1^2+\frac{1}{2}L_2I_2^2+I_1I_2M_{12} \tag{6.63}$$

如果将上述过程反过来，即先将 i_2 从零增至到 I_2，然后将 i_1 从零增至到 I_1，则所存储的总能量为

$$W=\frac{1}{2}L_1I_1^2+\frac{1}{2}L_2I_2^2+I_1I_2M_{21} \tag{6.64}$$

式(6.63)和式(6.64)表明：存储在一对线性耦合线圈中的总能量是线圈电流、自感和互感的函数。这些方程式之间的唯一区别是 I_1 与 I_2 电流乘积的系数。如果先建立 i_1，则用式(6.63)；若先建立 i_2，则用式(6.64)。

若耦合媒介是线性的，不管所建立的 I_1 和 I_2 的顺序如何，所存储的总能量都是相同的。理由是在线性耦合中，无论电流是如何达到最终值，产生的磁通仅取决于 i_1 和 i_2 的最终值。如果所产生的磁通是相同的，则所存储的能量也是相同的。因此，对于线性耦合，$M_{12}=M_{21}$。

由于 I_1 和 I_2 分别是 i_1 和 i_2 的随机值，用 i_1 和 i_2 的瞬时值来表示线圈电流。这样在任意时间，存储在线圈中的总能量是

$$w(t)=\frac{1}{2}L_1i_1^2+\frac{1}{2}L_2i_2^2+Mi_1i_2 \tag{6.65}$$

假设两个线圈电流流入极性标记端得到式(6.65)。读者可以验证：如果一个电流进入一个极性标记端，而另一个电流离开这一端，乘积 Mi_1i_2 的代数符号相反。因此通常

$$w(t)=\frac{1}{2}L_1i_1^2+\frac{1}{2}L_2i_2^2\pm Mi_1i_2 \tag{6.66}$$

式(6.66)表明 M 不能超过 $\sqrt{L_1L_2}$。由于磁耦合线圈是无源元件，所以存储的总能量从来不可能是负的。如果 $w(t)$ 不可能为负，则式(6.66)给出下面的值：

$$\frac{1}{2}L_1i_1^2+\frac{1}{2}L_2i_2^2-Mi_1i_2$$

在 i_1 和 i_2 都为正或都为负时，一定大于或等于零。M 的限定值符合等于零的设定值

$$\frac{1}{2}L_1i_1^2+\frac{1}{2}L_2i_2^2-Mi_1i_2=0 \tag{6.67}$$

为了求 M 的限定值，在式(6.67)左侧加上和减去 $i_1i_2\sqrt{L_1L_2}$，就产生了一个完全平方项

$$\left(\sqrt{\frac{L_1}{2}}i_1-\sqrt{\frac{L_2}{2}}i_2\right)^2+i_1i_2\left(\sqrt{L_1L_2}-M\right)=0 \tag{6.68}$$

式(6.68)中的平方项从来不可能为负，但可以为零。因此 $w(t)\geqslant 0$ 成立的条件是

$$\sqrt{L_1L_2}\geqslant M \tag{6.69}$$

换一种说法即

$$M=k\sqrt{L_1L_2}\qquad (0\leqslant k\leqslant 1)$$

假设 i_1 和 i_2 都是正或都是负，则就得到了式(6.69)。如果 i_1 和 i_2 符号相反，可以得到同样的结果，不过在式(6.66)中 M 的限定值选择正号。

提示：试求本章习题6.47和习题6.48，以评估对这部分内容的理解。

实例应用

电容式触摸屏(二)

电容式触摸屏通常应用于同时检测到两个或两个以上触摸点的情况。下面讨论多点触摸屏的两个设计方案。第一种设计采用了电极网格，如图6.31所示。当通电时，将有一个小的寄生电容 C_p 存在于电极片与地之间，如图6.32(a)所示。当人触摸到屏幕，比如说在某 x，y 坐标点，将会出现第二个电容。这是由于少量的电荷从屏幕转移到人体，而人体就像一个导体，效果是在触摸点和地之间引入了第二个电容，如图6.32(b)所示。

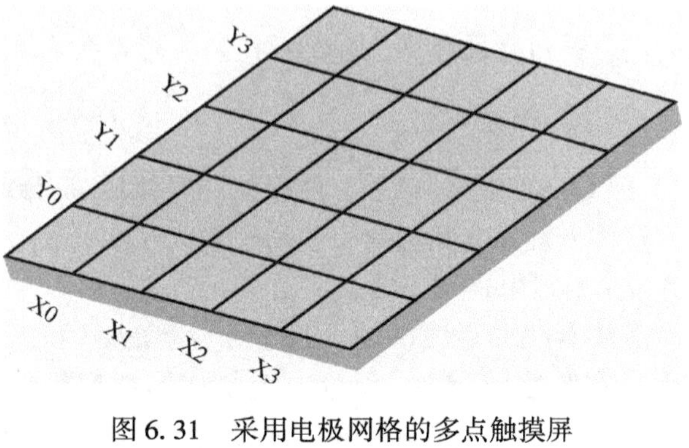

图6.31 采用电极网格的多点触摸屏

触摸屏控制器连续检测网格中的电极与地之

间的电容，如果屏幕没有被触摸，在 x 网格中的每一个电极与地之间的电容是 C_p。在 y 网格中的每一个电极与地之间的电容也是如此。

在一个单点触摸屏幕时，C_t和 C_p是并联组合。最接近触摸点的 x 网格中的电极与地之间的等效电容是

$$C_{tx} = C_t + C_p$$

同样，最接近触摸点的 y 网格中的电极与地之间的等效电容是

$$C_{ty} = C_t + C_p$$

因此，触摸屏幕将会增加电极与地之间的电容，该电极指的是最接近触摸点的 x 和 y 网格电极。

现在要考虑如果有两个点同时触摸屏幕时将会发生什么。假定第一个触摸点处于坐标 x_1，y_1，第二个触摸点处于坐标 x_2，y_2。现在有 4 个屏幕位置会增加电容：x_1，y_1；x_1，y_2；x_2，y_1和 x_2，y_2。这些屏幕位置中有两个与两个触摸点相匹配，另外两个点被称为“鬼”点，因为屏幕上这两点没有被触摸到。因此，该方法实现的电容式触摸屏不能准确地确定多个触摸点。

大多数现代的电容式触摸屏不使用前面讨论的“自电容”设计。不再测量每个 x 网格电极与地之间的电容，以及每个 y 网格电极与地之间的电容。测量的是每个 x 网格电极与每个 y 网格电极之间的电容。这种电容称为“互”电容，如图 6.33(a)所示。

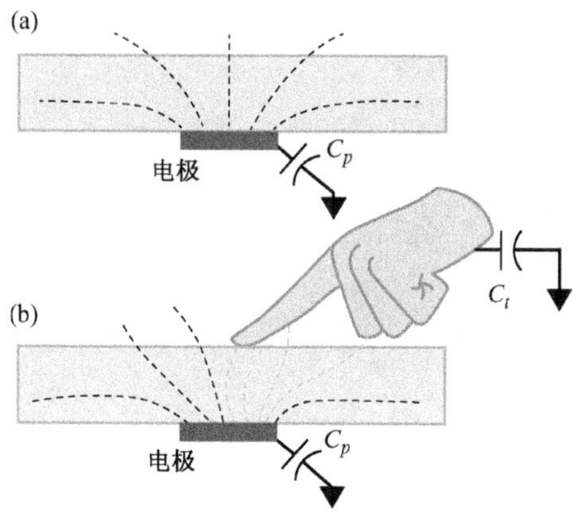

图 6.32 (a)没有触摸时电极与地之间的寄生电容；(b)触摸时附加的电容

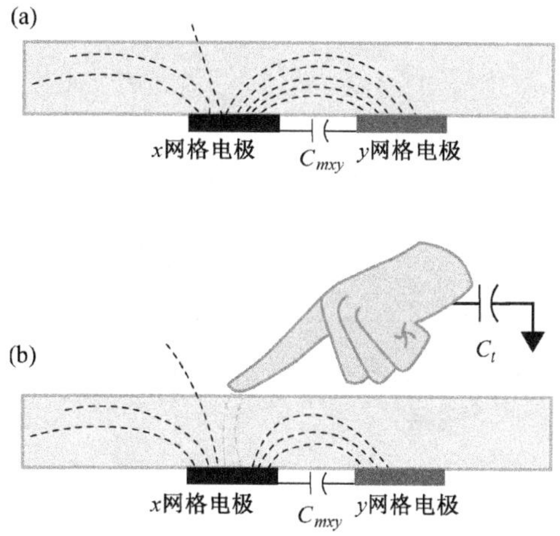

图 6.33 (a)互电容在 x 网格和 y 网格电极之间；(b)触摸时引入附加电容

当屏幕被触摸，比如说在屏幕的 x，y 位置，由于少量的电荷从屏幕转移到人体，第二个电容再次出现。第二个电容存在于触摸点与地之间，如图 6.33(b)所示。因此，每当互电容 C_{mxy}有变化，可以唯一地识别屏幕触摸点的 x，y 位置。如果屏幕触摸点是 x_1，y_1和 x_2，y_2。那么，只有两个互电容 $C_{mx_1y_1}$ 和 $C_{mx_2y_2}$ 产生变化。“鬼”点不再存在。相比自电容设计，互电容设计能够真正使多点触摸屏做到唯一且精确地识别两个或更多的触摸点。

提示：试求本章习题 6.51 至习题 6.53，以评估对该实例应用的理解。

小结

- 自感是线性电路参数，它使时变磁场感应的电压与产生磁场的电流建立联系。
- 电容是线性电路参数，它使时变电场感应的电流与产生电场的电压建立联系。
- 电感和电容是无源元件。它们能存储和释放能量，但不能产生或消耗能量。
- 电感或电容两端的瞬时功率可以是正的，也可以是负的，取决于元件是释放还是存储能量。
- 电感：

- 它的端电流不允许跃变。
- 它的端电压允许跃变。
- 端电流为常量时，相当于短路。

- 电容：
  - 它的端电压不允许跃变。
  - 它的端电流允许跃变。
  - 端电压为常量时，相当于开路。
- 表 6.1 给出了理想电感和电容的电压、电流、功率和能量方程式。
- 串联或并联的电感可以用一个等效电感代替。串联或并联电容可以用一个等效电容代替。表 6.2 归纳了这些方程式。对于含有电感和电容的串联和并联等效电路，应该如何处理初始条件请参见 6.3 节。

表 6.1 理想电感和电容的方程式

电感	
$v = L\frac{di}{dt}$	(V)
$i = \frac{1}{L}\int_{t_0}^{t} v\,d\tau + i(t_0)$	(A)
$p = vi = Li\frac{di}{dt}$	(W)
$w = \frac{1}{2}Li^2$	(J)
电容	
$v = \frac{1}{C}\int_{t_0}^{t} i\,d\tau + v(t_0)$	(V)
$i = C\frac{dv}{dt}$	(A)
$p = vi = Cv\frac{dv}{dt}$	(W)
$w = \frac{1}{2}Cv^2$	(J)

表 6.2 串联和并联的电感和电容的方程式

串联
$L_{eq} = L_1 + L_2 + \cdots + L_n$
$\frac{1}{C_{eq}} = \frac{1}{C_1} + \frac{1}{C_2} + \cdots + \frac{1}{C_n}$
并联
$\frac{1}{L_{eq}} = \frac{1}{L_1} + \frac{1}{L_2} + \cdots + \frac{1}{L_n}$
$C_{eq} = C_1 + C_2 + \cdots + C_n$

- 互感 M 是一个电路参数，它使一个电路中所感应的电压与另一个电路中的时变电流建立联系。

$$v_1 = L_1\frac{di_1}{dt} + M_{12}\frac{di_2}{dt}$$

$$v_2 = M_{21}\frac{di_1}{dt} + L_2\frac{di_2}{dt}$$

  其中 v_1 和 i_1 是电路 1 中的电压和电流，v_2 和 i_2 是电路 2 中的电压和电流。如果线圈绕在非磁心体上，则 $M_{12} = M_{21} = M$。
- 点约定建立了互感电压的极性：

  当一个电流的参考方向进入线圈打点端时，则感应在另一线圈上的电压参考极性在打点端为正。

  或者换一种说法：

  当一个电流的参考方向是离开线圈打点端时，则感应在另一线圈上的电压参考极性在打点端为负。
- 每个线圈自感之间和互感之间的关系是

$$M = k\sqrt{L_1L_2}$$

  耦合系数 k 是磁耦合程度的度量。由定义，$0 \leqslant k \leqslant 1$。
- 在线性介质中，磁耦合线圈存储的能量与下列关系式中的线圈电流和电感有关。

$$w = \frac{1}{2}L_1i_1^2 + \frac{1}{2}L_2i_2^2 \pm Mi_1i_2$$

习题

6.1P 已知在150 μH电感中的电流为

$$i_L = 25te^{-500t}\ \text{A}, \quad t \geqslant 0$$

(a)求$t>0$时电感上的电压(采用无源符号约定)。(b)求当$t=5$ ms时电感端的功率(单位用微瓦)。(c)在5 ms时，电感是吸收还是释放功率？(d)求在5 ms时存储在电感中的能量(单位用微焦耳)。(e)求存储在电感中的最大能量(单位用微焦耳)和所发生的时刻(单位用毫秒)。

6.2P 如图P6.2所示的三角电流脉冲作用于500 mH电感。

(a)写出在下面4个时间段的$i(t)$表达式。$t<0$，$0\leqslant t\leqslant 25$ ms，25 ms$\leqslant t\leqslant$50 ms，$t>50$ ms。(b)推导电感电压、功率、能量表达式。使用无源符号约定。

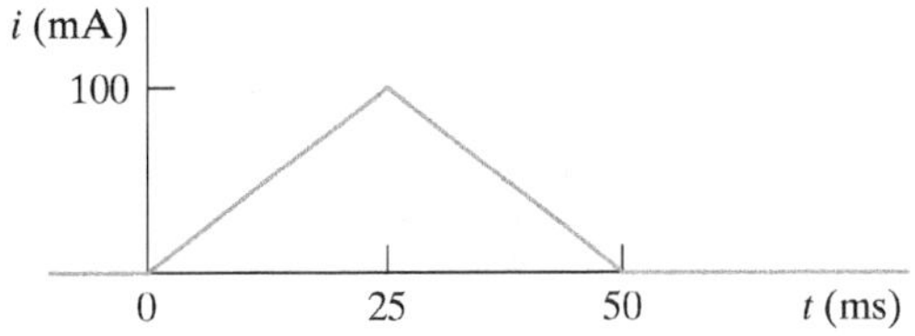

图P6.2

6.3 已知在50 mH电感中的电流是

$$i = 120\ \text{mA}, \qquad t \leqslant 0$$
$$i = A_1e^{-500t} + A_2e^{-2000t}\ \text{A}, \quad t \geqslant 0$$

在$t=0$时，电感上的电压是3 V(采用无源符号约定)。

(a)求$t>0$时，电感上的电压表达式。(b)求当电感端的功率为零时的时间(大于零)。

6.4 假设习题6.3中，在$t=0$时，电感上的电压值是－18 V而不是3 V。

(a)求$t\geqslant 0$时i和v的表达式。(b)说明什么时间段电感存储能量，以及什么时间段电感释放能量。(c)说明从电感释放的总能量等于存储的总能量。

6.5 200 mH电感中的电流是

$$i = 75\ \text{mA}, \qquad t \leqslant 0$$
$$i = (B_1\cos 200t + B_2\sin 200t)e^{-50t}\ \text{A}, \quad t \geqslant 0$$

在$t=0$时，电感的电压是4.25 V(采用无源符号约定)。计算在$t=25$ ms时电感端的功率。说明电感是吸收还是释放功率。

6.6 对于例6.2，求下列积分，并注释结果的意义。

$$\int_0^{\infty} p\,dt$$

6.7P 图P6.7(a)中750 μH电感的端电压如图P6.7(b)所示。已知$t\leqslant 0$时电感的电流i为0。

(a)推导$t\geqslant 0$时i的表达式。(b)在$0\leqslant t\leqslant\infty$时，绘制对应$t$的$i$曲线。

6.8 已知图P6.8中，50 mH电感中的电流在$t<0$时为100 mA。由下列表达式给出$t\geqslant 0$时的电感电压。

$$v_L(t) = 2e^{100t}\ \text{V}, \qquad 0^+ \leqslant t \leqslant 100\ \text{ms}$$
$$v_L(t) = -2e^{-100(t-0.1)}\ \text{V}, \quad 100\ \text{ms} \leqslant t < \infty$$

绘制$0\leqslant t<\infty$时$v_L(t)$和$i_L(t)$的曲线图。

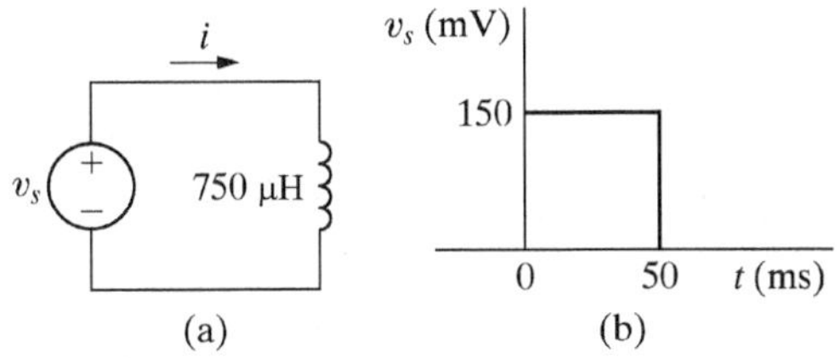

图P6.7

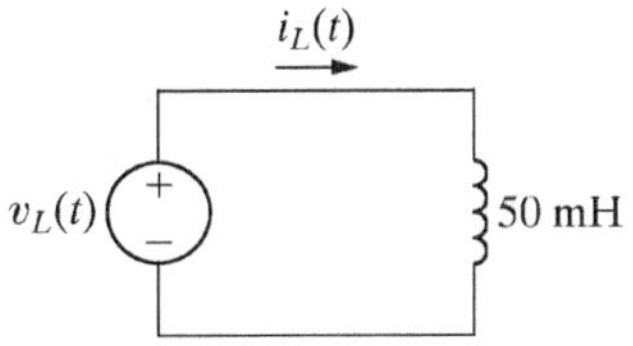

图P6.8

6.9 已知 10 H 电感上的电流和电压在 $t\leq0$ 时为 0。图 P6.9 给出在 $t\geq0$ 时电感上的电压波形。

(a)根据下列时间段，推导作为时间函数的电流表达式。$0\leq t\leq25$ ms，25 ms$\leq t\leq$75 ms，75 ms$\leq t\leq$125 ms，125 ms$\leq t\leq$150 ms，150 ms$\leq t<\infty$。(b)在 $t>0$ 条件下，当电压为零时，电感中的电流是多少？(c)画出 $0\leq t<\infty$ 时，i 对应于 t 的图形。

6.10P (a)在图 P6.10 所示电路中，如果 $v=20\cos 80t$ V，$L=100$ mH，$i(0)=0$ A。求电感电流。(b)画出 v，i，p，w 对应 t 的波形图。用图 6.8 的格式画这些图。画超过一个完整周期的电压波形。(c)描述在 0 到 8πms 期间内，电感吸收功率和释放功率的区间。

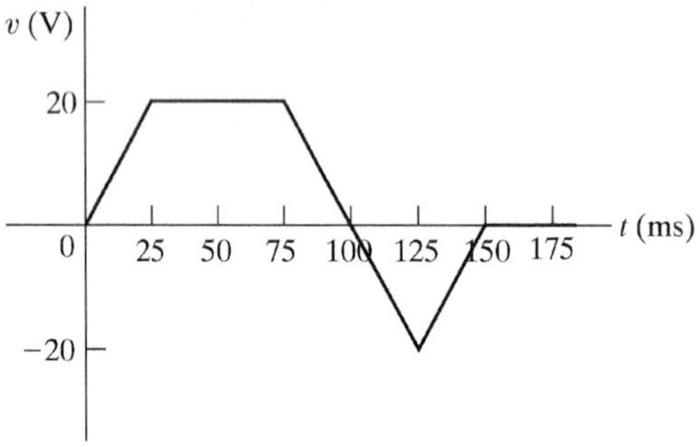

图 P6.9

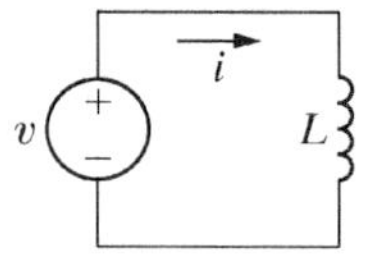

图 P6.10

6.11P 已知 25 mH 电感中的电流在 $t\leq0$ 时为 −10 A；在 $t\geq0$ 时为 $(-10\cos 400t-5\sin 400t)e^{-200t}$ A。假定采用无源符号约定。

(a)电感上的电压在什么时刻最大？(b)最大电压是多少？

6.12 图 P6.12 所示电路中，5 H 电感两端放置一电压表，且电感初始无存储能量。在 $t=0$ 时，电感在瞬间被转换到 b 的位置，停留 1.6 s 后，在瞬间返回到 a 的位置。达松伐电压表满刻度读数 20 V，灵敏度 1000 Ω/V。在开关返回到 a 位置的时刻，如果忽略达松伐机构的运动惯性，电压表的读数是多少？

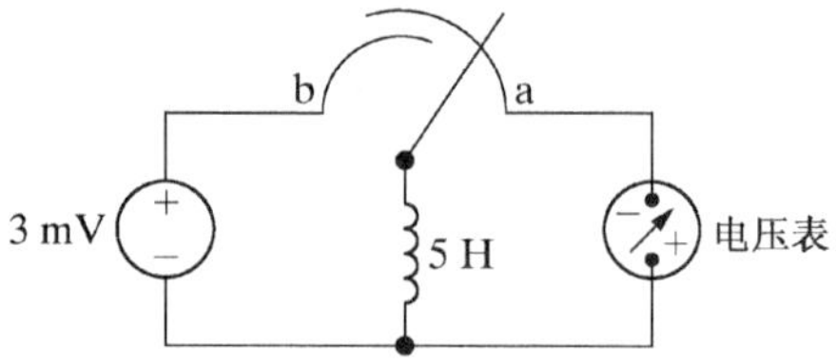

图 P6.12

6.13 已知 5 μF 电容上的电压是

$$v_c = 500te^{-2500t}\text{ V},\quad t\geq0$$

(a)求 $t>0$ 时电容上的电流，采用无源符号约定。(b)求当 $t=100$ μs 时电容端的功率。(c)在 $t=100$ μs 时，电容是吸收功率还是释放功率？(d)求当 $t=100$ μs 时，电容存储的能量。(e)求电容存储的最大能量以及对应的时间。

6.14 如图 P6.14 所示的三角电压脉冲作用于 200 μF 电容上。

(a)写出在下面 5 个时间段的 $v(t)$ 表达式。$t<0$，$0\leq t\leq2$ s，2 s$\leq t\leq$6 s，6 s$\leq t\leq$8 s，$t>8$ s。(b)推导在(a)时间段中电容电流、功率、能量表达式。使用无源符号约定。(c)确定在 0 ~ 8 s 时间段中，何时电容释放能量，何时电容吸收能量。

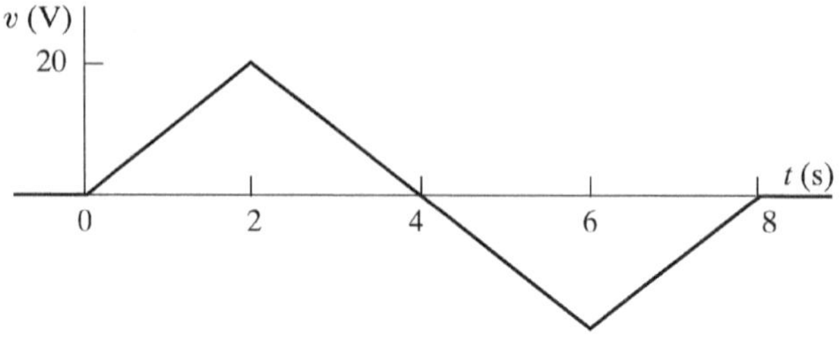

图 P6.14

6.15P 5 μF 电容端电压是

$$v = \begin{cases} 60\ \text{V}, & t \leqslant 0 \\ (A_1 e^{-1500t} + A_2 t e^{-1500t})\ \text{V}, & t \geqslant 0 \end{cases}$$

电容中的初始电流是 100 mA。使用无源符号约定。

(a)存储在电容中的初始能量是多少?(b)求系数 A_1 和 A_2 的值。(c)写出电容电流表达式。

6.16 一个电压脉冲在 4 s 期间作用于 100 μF 的电容上。这个脉冲由下列方程式描述:

$$v_c(t) = \begin{cases} 5t^3\ \text{V}, & 0 \leqslant t \leqslant 2\ \text{s} \\ -5(t-4)^3\ \text{V}, & 2\ \text{s} \leqslant t \leqslant 4\ \text{s} \\ 0, & \text{其他} \end{cases}$$

画出在 4 s 期间电容中的电流脉冲波形。

6.17P 图 6.10 中电容的端电压是

$$v = \begin{cases} 60\ \text{V}, & t \leqslant 0 \\ 30 + 5e^{-500t}(6\cos 2000t + \sin 2000\,t)\ \text{V}, & t \geqslant 0 \end{cases}$$

假设 $C = 120\ \mu\text{F}$。

(a)求 $t<0$ 时电容中的电流。(b)求 $t>0$ 时电容中的电流。(c)在 $t=0$ 时电容的端电压有跃变吗?(d)在 $t=0$ 时电容中的电流有跃变吗?(e)在 $t=\infty$ 时,存储在电容中的能量为多少(单位用毫焦耳)?

6.18 从例 6.5 得到的电压、功率和能量表达式,涉及代数式的综合和处理。作为工程师,不能盲目相信这些结果,要养成问自己问题的习惯,“用已知的电路特性表示的这些结果有意义吗?”认真思考,通过完成下列检查来校验例 6.5 的表达式。

(a)检查表达式,看看从一个时间区间到另一个时间区间的电压是否连续?(b)在每个时间区间中选择一个时刻,代入功率表达式检查,看看是否与相应的 i 和 v 乘积有相同的结果?例如选择在 10 μs 和 30 μs时测试。(c)在每个时间区间中选择一个时刻,代入能量表达式检查,看看能量方程是否与 $Cv^2/2$ 有相同的结果?使用 10 μs 和 30 μs 作为测试点。

6.19P 图 P6.19(a)所示的 0.5 μF 电容的初始电压是 -20 V。电容电流波形如图 P6.19(b)所示。

(a)在 $t=500\ \mu\text{s}$ 时,存储在电容中的能量是多少(单位用微焦耳)?(b)在 $t=\infty$ 时,存储在电容中的能量是多少?

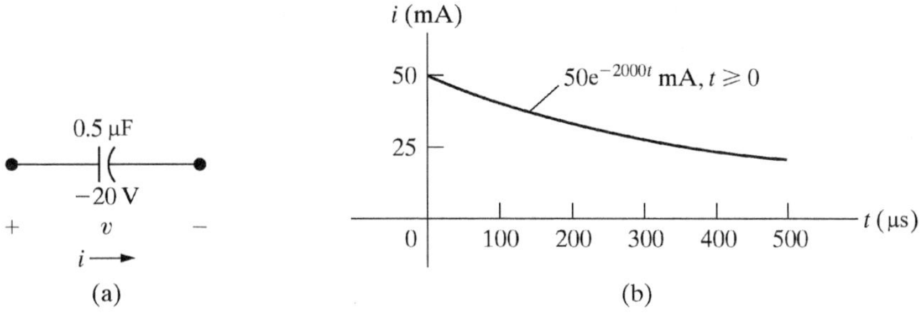

图 P6.19

6.20P 如图 P6.20 所示的电流作用在 2 μF 电容上。电容上的初始电压为零。

(a)求在 $t=6$ ms 时电容上的电荷。(b)求在 $t=10$ ms 时电容上的电压。(c)该电流将多少能量存储到电容中?

6.21P 图 P6.21 所示的矩形电流脉冲作用于 0.1 μF 的电容。电容的初始电压是 15 V,电压降与电流的参考方向一致。采用无源符号约定。推导在(a)~(d)各时间段电容电压的表达式。

(a) $0 \leqslant t \leqslant 10\ \mu\text{s}$;(b)$10\ \mu\text{s} \leqslant t \leqslant 20\ \mu\text{s}$;(c)$20\ \mu\text{s} \leqslant t \leqslant 40\ \mu\text{s}$;(d)$40\ \mu\text{s} \leqslant t < \infty$;(e)绘制在 $-10\ \mu\text{s} \leqslant t \leqslant 50\ \mu\text{s}$期间的 $v(t)$ 波形。

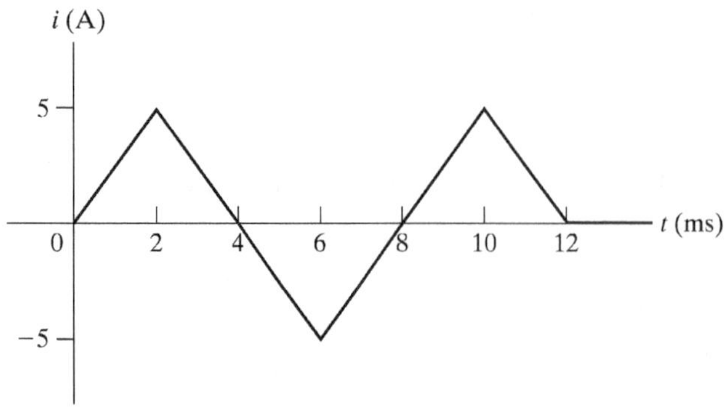

图 P6.20

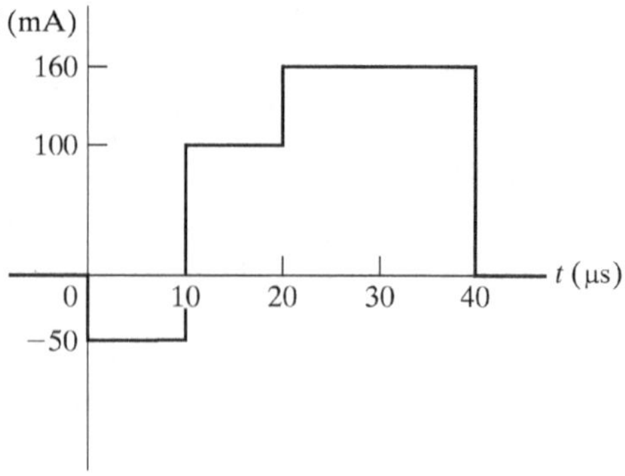

图 P6.21

6.22P 假设图 P6.22(a)和(b)中所示电感存储的初始能量为零。求 a，b 端等效电感。

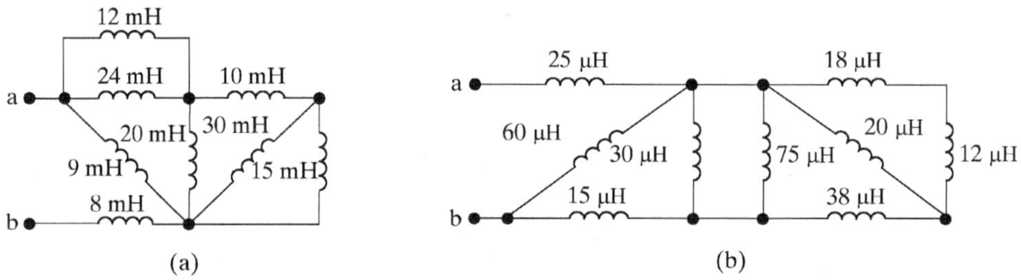

图 P6.22

6.23 使用附录 H 中的实际电感值，用尽可能少的电感数量，构造电感的串联和并联组合以产生下列指定的等效电感。假定电感无初始能量存储。

(a)8 mH。(b)45 μH。(c)180 μH。

6.24 图 P6.24 中，两个并联电感在 $t=0$ 时连接到一个黑盒子两端。已知 $t>0$ 时的电压 v 为 $64e^{-4t}$ V。并且已知 $i_1(0)=-10$ A，$i_2(0)=5$ A。

(a)用一个等效电感代替原来的电感，并求 $t\geqslant 0$ 时的$i(t)$。(b)求 $t\geqslant 0$ 时的 $i_1(t)$。(c)求 $t\geqslant 0$ 时的 $i_2(t)$。(d)在$0\leqslant t<\infty$ 期间，释放到黑盒子的能量是多少？(e)存储在并联电感中的初始能量是多少？(f)理想电感捕获的能量是多少？(g)证明 i_1 和 i_2 的解符合(f)中所得的答案。

6.25P 图 P6.25 所示电路中，三个电感在 $t=0$ 时连接在一个黑盒子两端。已知 $t>0$ 时的电压为

$$v_o = 2000e^{-100t}\ \text{V}$$

如果 $i_1(0)=-6$ A，$i_2(0)=1$ A，求：

(a)$i_o(0)$。(b)$i_o(t)$，$t\geqslant 0$。(c)$i_1(t)$，$t\geqslant 0$。(d)$i_2(t)$，$t\geqslant 0$。(e)存储在三个电感中的初始能量。(f)释放到黑盒子的总能量。(g)理想电感捕获的能量。

6.26 对于图 P6.25 所示电路，开关打开后过多少毫秒，释放到黑盒子的能量占总释放能量的 80%？

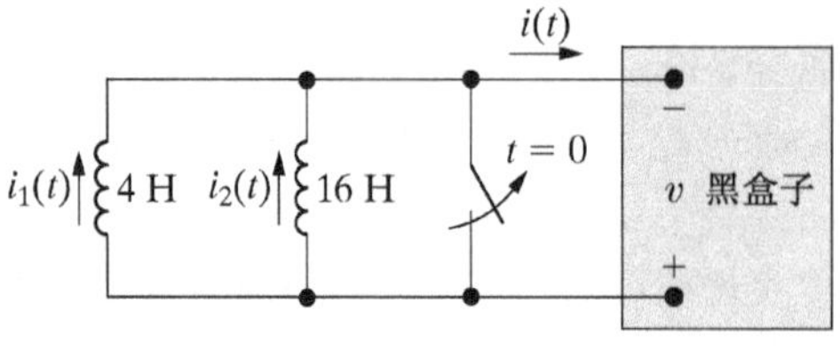

图 P6.24

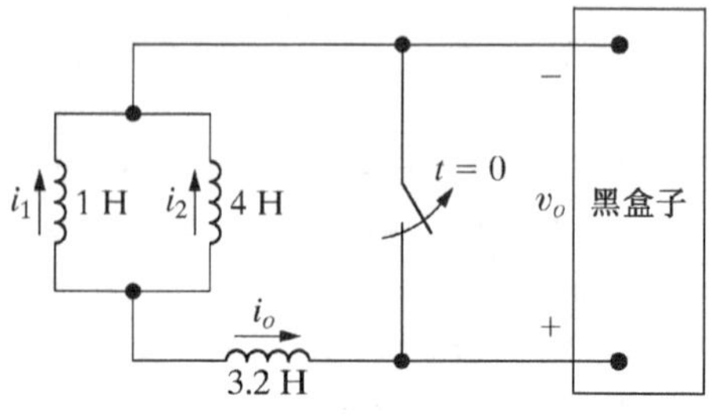

图 P6.25

6.27　求图 P6.27 所示电路中 a，b 端的等效电容。

6.28　使用附录 H 中的实际电容值，用尽可能少的电容数量，构造电容的串联和并联组合以产生下列指定的等效电容。假定电容无初始能量存储。

(a)480 pF。(b)600 nF。(c)120 μF。

6.29　推导理想电容的串联等效电路。假设每个电容有它自己的初始电压。这些初始电压表示为 $v_1(t_0)$，$v_2(t_0)$，等等(提示：求这些电容的电压之和，应认识到串联迫使每个电容中的电流相同)。

6.30　推导理想电容的并联等效电路。假设并联电容的初始电压为 $v(t_0)$(提示：求这些电容的电流之和，应认识到并联迫使每个电容上的电压相同)。

6.31　图 P6.31 中，两个串联的电容在 $t=0$ 时，连接到一个黑盒子两端。已知 $t>0$ 时的电流 $i(t)$ 为 $800e^{-25t}$ μA。

(a)用一个等效电容代替原来的电容，并求 $t\geq 0$ 时的 $v_o(t)$。(b)求 $t\geq 0$ 时的 $v_1(t)$。(c)求 $t\geq 0$ 时的 $v_2(t)$。(d)在 $0\leq t<\infty$ 期间，释放到黑盒子中的能量是多少？(e)存储在串联电容中的初始能量是多少？(f)理想电容捕获的能量是多少？(g)证明 v_1 和 v_2 的解符合(f)中所得的答案。

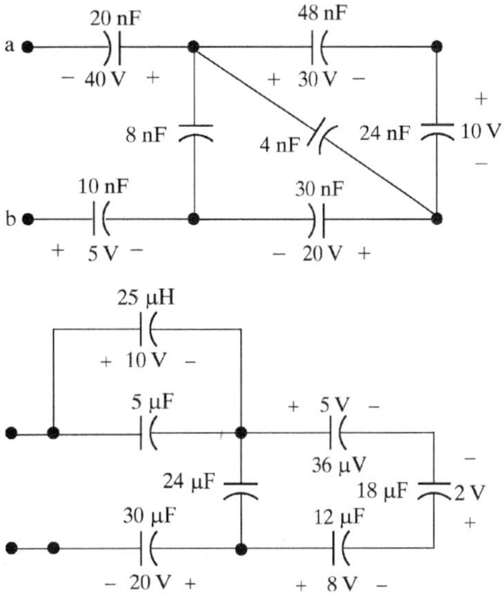

图 P6.27

6.32　图 P6.32 所示电路中，4 个电容在 $t=0$ 时连接到一个黑盒子两端。已知 $t>0$ 时的电流 i_b 为

$$i_b = -5e^{50t}\ \text{mA}$$

如果 $v_a(0)=-20$ V，$v_c(0)=-30$ V，$v_d(0)=250$ V，在 $t\geq 0$ 时，求：(a)$v_b(t)$，(b)$v_a(t)$，(c)$v_c(t)$，(d)$v_d(t)$，(e)$i_1(t)$，(f)$i_2(t)$。

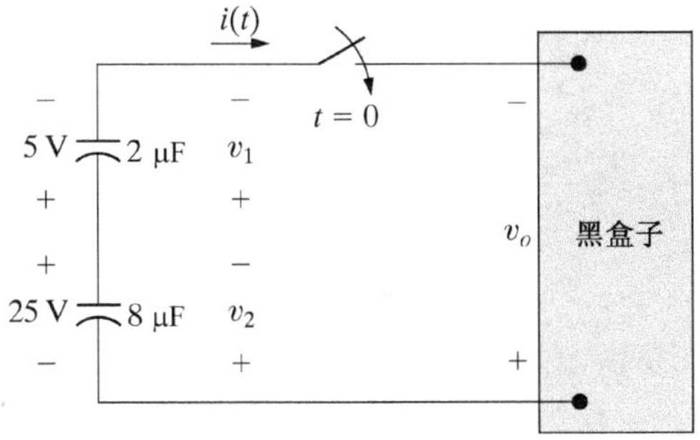

图 P6.31

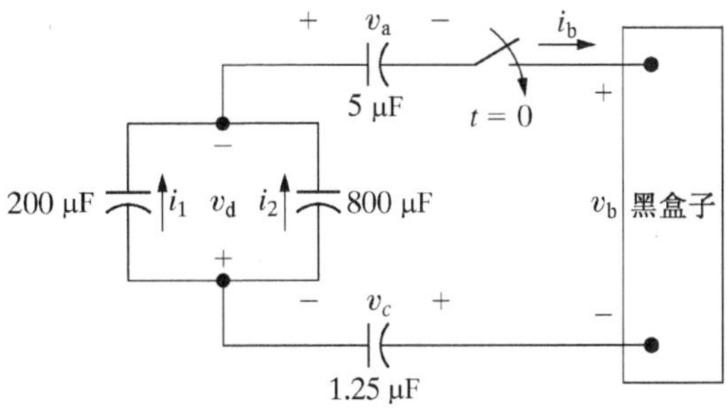

图 P6.32

6.33　对于图 P6.32 所示电路，计算：

(a)存储在电容中的初始能量。(b)存储在电容中的最终能量。(c)释放到黑盒子中的总能量。(d)释放到黑盒子中的能量占初始存储能量的百分数。(e)释放 7.5 mJ 的能量到黑盒子中所用的时间，单位为毫秒。

6.34　如图 P6.34 所示，串联的电容和电感在 $t=0$ 时，连接到一个黑盒子两端。已知 $t>0$ 时

$$i_o = 200e^{-800t} - 40e^{-200t}\ \text{mA}$$

如果 $v_c(0)=5$ V，求 $t\geq 0$ 时的 v_o。

6.35　已知 $t\geq 0^+$ 时，图 P6.35 所示电路中的电流

$$i_o = 2e^{-5000t}(\cos 1000t + 5\sin 1000t)\ \text{A}$$

求 $v_1(0^+)$ 和 $v_2(0^+)$。

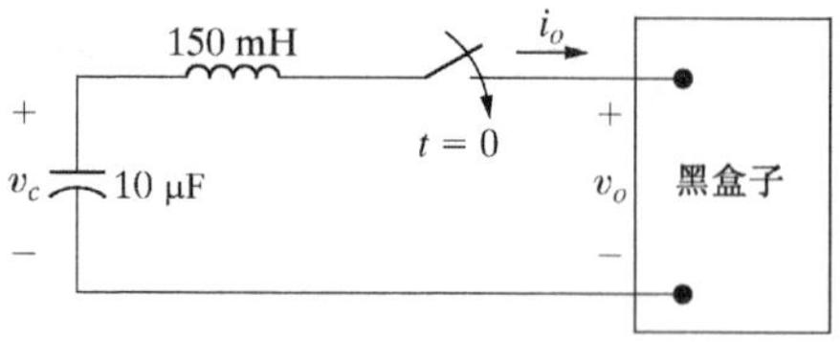

图 P6.34

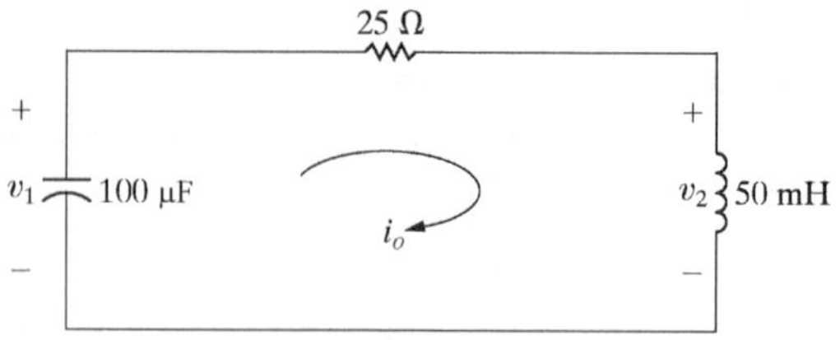

图 P6.35

6.36 (a)证明例6.6(a)中得到的微分方程可以重新排列如下：

$$4\frac{di_1}{dt}+25i_1-8\frac{di_2}{dt}-20i_2=5i_g-8\frac{di_g}{dt}$$

$$-8\frac{di_1}{dt}-20i_1+16\frac{di_2}{dt}+80i_2=16\frac{di_g}{dt}$$

(b)证明例6.6(b)中 i_1和 i_2的解满足(a)中的微分方程。

6.37 v_o为图6.25所示电路中16 H电感上的电压。假设 v_o在打点端为正。如同例6.6，$i_g=16-16e^{-5t}$ A。(a)不对电流表达式进行求导，能够求出 v_o吗？请解释。(b)推导 v_o表达式。(c)用相应的电流导数和电感检验一下(b)中的答案。

6.38 v_g为图6.25所示电路中电流源上的电压。v_g参考方向在电流源上端为正。

(a)当 $i_g=16-16e^{-5t}$ A时，求作为时间函数的 v_g。(b)v_g的初始值是多少？(c)求由电流源产生的功率表达式。(d)当 $t=\infty$时，电流源产生多大的功率？(e)计算当 $t=\infty$时，每一个电阻上的功率损耗。

6.39 图P6.39所示电路，在开关刚打开时无能量存储。

(a)如果 $L_1=5$ H，$L_2=0.2$ H，$M=0.5$ H，$R_o=10\ \Omega$，推导 i_2的微分方程式。(b)证明如果 $i_g=e^{-10t}-10$ A，$t\geqslant0$，由(a)所得到的微分方程式满足 $i_2=625e^{-10t}-250e^{-50t}$ mA，$t\geqslant0$。(c)求电流源端电压 v_1表达式。(d)v_1的初始值是多少？根据已知的电路特性，它有意义吗？

6.40 (a)证明图P6.40中两个耦合线圈，可以由一个具有电感 $L_{ab}=L_1+L_2+2M$ 的线圈来代替(提示：将 v_{ab}表示为 i_{ab}的函数)。(b)证明如果标有 L_2的线圈两端反向连接，则 $L_{ab}=L_1+L_2-2M$。

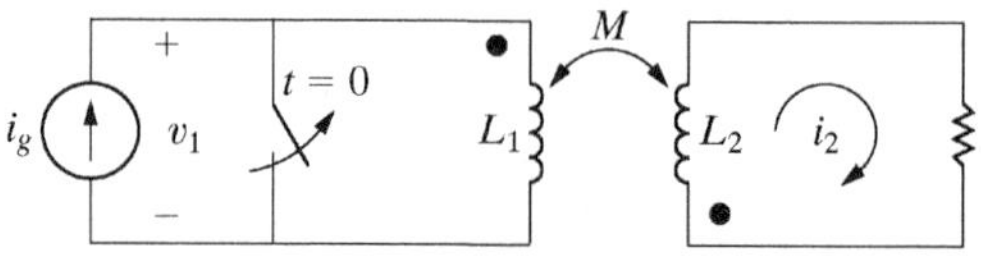

图 P6.39

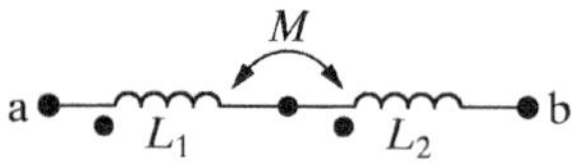

图 P6.40

6.41 (a)证明图P6.41中两个磁耦合线圈可以由一个线圈来代替。该线圈的电感是

$$L_{ab}=\frac{L_1L_2-M^2}{L_1+L_2-2M}$$

(提示：设 i_1和 i_2分别是图P6.41左、右“窗口”中顺时针方向的网孔电流。沿两个网孔，对电压求和。在网孔1中设 v_{ab}为未知电压。求解作为 v_{ab}函数的 di_1/dt。)

(b)证明如果将线圈2的磁极性颠倒，那么

$$L_{ab}=\frac{L_1L_2-M^2}{L_1+L_2+2M}$$

6.42 两个线圈上的极性标记由实验决定。实验装置如图P6.42所示。假设如图所示，连到电池正极的一端给出极性标记。当开关打开时，直流电压表指针冲向负刻度。与电压表相连线圈的极性标记将处于什么位置？

6.43 四对磁耦合线圈的物理构造如图P6.43所示①。假设对于每个结构的磁心材料，磁通是有限的。说明在每对线圈上标记点的两个可能位置。

① 原书未提供图P6.43，有误——译者注。

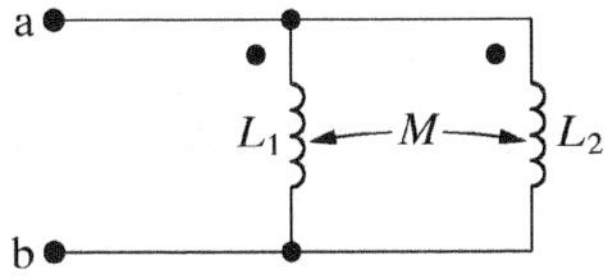

图 P6.41

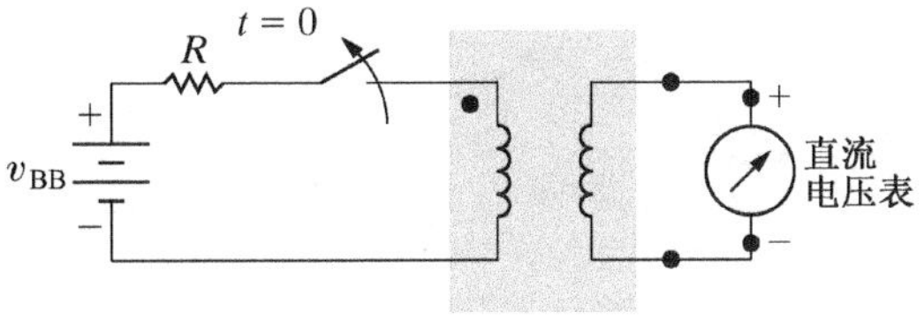

图 P6.42

6.44 (a)用式(6.59)证明耦合系数也可以表示为

$$k = \sqrt{\left(\frac{\phi_{21}}{\phi_1}\right)\left(\frac{\phi_{12}}{\phi_2}\right)}$$

(b)根据分数 ϕ_{21}/ϕ_1 和 ϕ_{12}/ϕ_2，说明为什么 k 小于 1.0。

6.45 两个磁耦合线圈，它们的自感分别为 60 mH 和 9.6 mH。线圈间互感为 22.8 mH。

(a)耦合系数是多少？(b)对于这两个线圈，M 可能的最大值是多少？(c)假设这些耦合线圈的物理结构是 $\mathcal{P}_1=\mathcal{P}_2$。如果 60 mH 线圈的匝数是 N_1，那么匝数比 N_1/N_2 是多少？

6.46 两个磁性耦合线圈绕在一个非磁心体上。线圈 1 的自感是 288 mH，互感是 90 mH，耦合系数是 0.75，线圈的物理结构为 $\mathcal{P}_{11}=\mathcal{P}_{22}$。

(a)求 L_2 和匝数比 N_1/N_2。(b)如果 $N_1=1200$，求 $\mathcal{P}_1$ 和 $\mathcal{P}_2$ 的值。

6.47 图 6.30 中线圈的自感分别为 $L_1=18$ mH 和 $L_2=32$ mH。如果耦合系数是 0.85，当(a)$i_1=6$ A，$i_2=9$ A；(b)$i_1=-6$ A，$i_2=-9$ A；(c)$i_1=-6$ A，$i_2=9$ A；(d)$i_1=6$ A，$i_2=-9$ A；计算系统中存储的能量(以毫焦耳为单位)。

6.48 习题 6.47 中耦合系数增加到 1.0。

(a)如果 i_1 等于 6 A，i_2 值为多少时存储的能量为零？(b)有没有任何 i_2 的值可以使存储的能量为负？

6.49 两个磁耦合线圈自感分别为 72 mH 和 40.5 mH。72 mH 线圈有 250 匝，线圈间耦合系数是 2/3。耦合介质是非磁性的。当线圈 1 被激励，线圈 2 开路时，仅与线圈 1 相交链的磁通为 0.2，大小和与线圈 2 相交链的磁通相同。

(a)线圈 2 有多少匝？(b)$\mathcal{P}_2$ 的值是多少(单位用每安培纳韦伯)？(c)$\mathcal{P}_{11}$ 的值是多少(单位用每安培纳韦伯)？(d)比率(ϕ_{22}/ϕ_{12})是多少？

6.50 两个磁耦合线圈的自感是 $L_1=180$ μH 和 $L_2=500$ μH。耦合介质是非磁性的。如果线圈 1 有 300 匝，线圈 2 有 500 匝，当耦合系数为 0.6 时，求 $\mathcal{P}_{11}$ 和 $\mathcal{P}_{21}$(单位用每安培纳韦伯)。

6.51 假定电容式触摸屏采用互电容设计，如图 6.33 所示，触摸点在 x，y 位置。根据没有触摸时的互电容 C_{mxy}，以及触摸时引入的电容 C_t，求该点的互电容 C'_{mxy}。

6.52 (a)假定自电容设计中的寄生电容 $C_p=30$ pF，触摸时引入的电容为 15 pF[参见图 6.32(b)]。最接近触摸点的 x 网格和 y 网格中的电极与地之间的电容是多大？(b)假定采用互电容设计中的互电容 $C_{mxy}=30$ pF，触摸时引入的电容为 15 pF[参见图 6.33(b)]。最接近触摸点的 x 网格和 y 网格电极之间的互电容是多大？(c)比较(a)和(b)部分的结论，这两个不同的电容式触摸屏设计中，触摸屏幕是增加还是减小了电容？

6.53 (a)在实例应用中，自电容设计不允许多点触摸屏。如果屏幕有两个不同的触摸点，将有四个触摸点被识别，其中两个是真实的，另外两个是"鬼"点。如果自电容触摸屏触摸点的 x，y 坐标分别是(2.1，4.3)和(3.2，2.5)。被识别的四个位置在哪里(假定触摸坐标从屏幕左上端测量，单位是英寸)？(b)一种自电容触摸屏对于几种常见的手势，还是具有多点触摸屏的功能。例如，假定在时间 t_1，如(a)中所述，有四个触摸点被识别。在时间 t_2，与坐标(1.8，4.9)和(3.9，1.8)相关的四个触摸点被识别。通过比较 t_1 的四个点和 t_2 的四个点，软件可以判断出挤压的手势，是缩小还是放大屏幕吗？(c)假定在时间 t_2，与坐标(2.8，3.9)和(3.0，2.8)相关的四个触摸点被识别。重复(b)的问题。

第 7 章　一阶 RL 和 RC 电路的响应

本章目标

- 掌握 RL 和 RC 电路的固有响应。
- 掌握 RL 和 RC 电路的阶跃响应。
- 知道如何分析电路按序换路。
- 能够分析包含电阻和电容的运放电路。

第 6 章讲过，电感和电容的一个重要的特性是它们具有存储能量的能力。现在要确定一个电感或电容释放或得到能量时产生的电流和电压，它们是直流电压源或电流源发生突变的响应。第 7 章将重点讨论由电源、电阻和电感(或电容)组成的电路。这样的结构简称为 RL(电阻–电感)电路和 RC(电阻–电容)电路。

RL 和 RC 电路的分析分为 3 个阶段。第一阶段，将考虑存储在电感或电容中的能量突然释放到电阻网络时所产生的电流和电压。这种情况发生在电感或电容突然与直流电源断开时。可以将电路简化成如图 7.1 所示的两种等效形式中的一个。在这种结构中产生的电流和电压称为电路的固有响应，它强调电路本身的固有状态，而不是外部电源的激励决定。

第二阶段，将考虑直流电压或电流源突然加到一个电感或电容上，使其获得能量而产生的电流和电压，这种响应称之为阶跃响应。求解固有和阶跃响应的过程是相同的。第三阶段，将开发一个一般的方法，用于求解直流电压源或电流源突变所产生的 RL 和 RC 电路的响应。

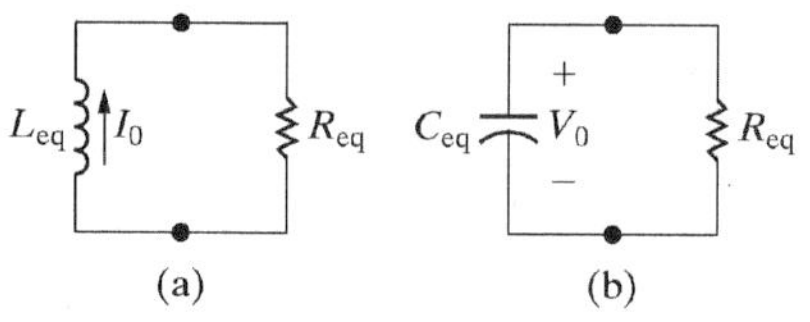

图 7.1　分析固有响应的两种电路形式：(a) RL电路；(b) RC电路

图 7.2 给出一般 RL 和 RC 电路结构的四种可能形式。注意在电路中无独立源时，戴维南电压或诺顿电流为零，电路简化成图 7.1 所示电路中的一种形式，即有一个固有响应问题。

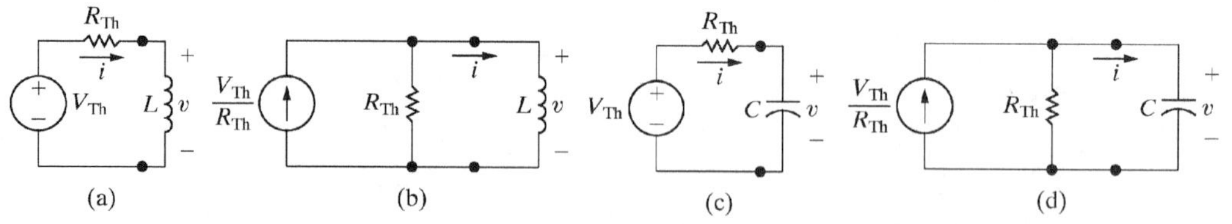

图 7.2　4 种可能的一阶阶跃电路：(a) 电感连接戴维南等效电路；(b) 电感连接诺顿等效电路；(c) 电容连接戴维南等效电路；(d) 电容连接诺顿等效电路

由于它们的电压和电流由一阶微分方程式表示，故 RL 和 RC 电路也称为一阶电路。不论出现如何复杂的电路形式，如果可将它简化成戴维南或诺顿等效电路连接到一个等效电感或电容两端，就是一个一阶电路(注：如果原电路有多个电感或电容，则它们必须互连，这样才可能由一个等效元件代替)。

在介绍了一阶电路固有响应和阶跃响应的分析方法之后，将讨论一些有意义的特殊情况。

首先是按序换路，即在电路中，换路可以在两个或多个瞬间发生。接着是无限响应。最后分析一个称为积分放大器的有用电路。

实例应用

人工心脏起搏器(一)

有节奏的电脉冲使得心肌收缩。脉冲频率由起搏细胞控制，对于成人，起搏细胞产生的静息心率每分钟约 72 次。不过有时起搏细胞会受损，以至于产生一个非常低的静息心率(即心动过缓)，或产生一个非常高的静息心率(即心动过速)。植入人工心脏起搏器，可以输送电脉冲到心脏，模仿起搏细胞，使心脏恢复正常心率。右图给出人工心脏起搏器的例子，图中描绘了人体外和人体内的人工心脏起搏器。

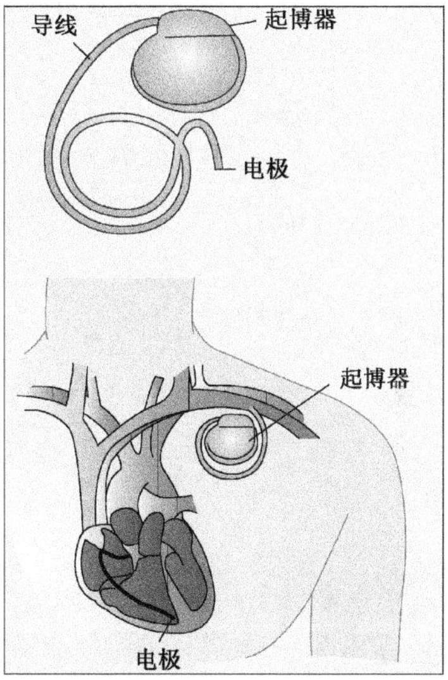

人工心脏起搏器非常小，且非常轻。其中有一个可编程的微处理器用于监控几个数据和调节心率，有一个寿命可达 15 年的高效电池，还有一个产生脉冲的电路。最简单的电路包含一个电阻器和一个电容器。一旦学习了一阶 RC 电路，就可以考虑人工心脏起搏器中的 RC 电路设计。

7.1　RL 电路的固有响应

RL 电路的固有响应在图 7.3 所示电路中得到最好的描述。假设独立电流源产生的恒定电流是 I_s，并且开关长时间在关的位置。将在这一节最后更精确地定义“长时间”一词，即所有的电流和电压都已达到一恒定值。开关被打开之前，电路中有恒定(即直流)电流存在，因此电感在释放所存储的能量之前表现为短路($L\mathrm{d}i/\mathrm{d}t=0$)。

由于电感表现为短路，电感支路的电压为零，在 R_0 或 R 中无电流。因此电源电流 I_s 全部出现在电感支路。求解固有响应，需要在开关已经打开之后求解电阻端的电压和电流，即在电源已经被断开且电感开始释放能量之后。如果让 $t=0$ 表示开关打开的瞬间，问题就变为在 $t\geqslant 0$ 时，求 $v(t)$ 和 $i(t)$。对于 $t\geqslant 0$，如图 7.3 所示电路简化成如图 7.4 所示电路。

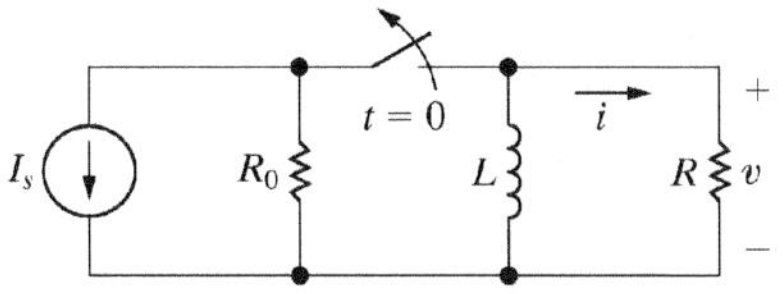

图 7.3　RL 电路

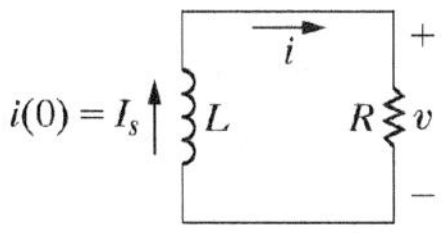

图 7.4　$t\geqslant 0$ 时的图 7.3 电路

7.1.1　推导电流表达式

为了求 $i(t)$，用基尔霍夫电压定律得到含有 i，R 和 L 的表达式。对闭合回路求电压之和，得到

$$L\frac{\mathrm{d}i}{\mathrm{d}t}+Ri=0 \tag{7.1}$$

这里使用无源符号约定。因为式(7.1)含有未知常导数，即 $\mathrm{d}i/\mathrm{d}t$，故称之为一阶常微分方程。在方程中导数最高阶是 1，因此称之为一阶。

可以进一步描述这个方程，方程中系数 R 和 L 是常量，即它们既不是非独立变量 i 的函数，也不是独立变量 t 的函数。因此也可以用带有常量系数的常微分方程描述这个方程。

为求式(7.1)的解，可除以 L，将含有 i 的项移到右边，然后两边乘以微分时间 $\mathrm{d}t$。其结果是

$$\frac{\mathrm{d}i}{\mathrm{d}t}\mathrm{d}t = -\frac{R}{L}i\,\mathrm{d}t \tag{7.2}$$

接着，将式(7.2)左边作为电流 i 的微分变化，即 $\mathrm{d}i$。现在两边除以 i，得到

$$\frac{\mathrm{d}i}{i} = -\frac{R}{L}\mathrm{d}t \tag{7.3}$$

通过对式(7.3)两边积分，就得到作为 t 函数的 i 表达式。用 x 和 y 作为积分变量，得到

$$\int_{i(t_0)}^{i(t)} \frac{\mathrm{d}x}{x} = -\frac{R}{L}\int_{t_0}^{t} \mathrm{d}y \tag{7.4}$$

式中 $i(t_0)$ 为对应于时间 t_0 的电流，$i(t)$ 为对应于时间 t 的电流。这里 $t_0=0$。计算该积分

$$\ln\frac{i(t)}{i(0)} = -\frac{R}{L}t \tag{7.5}$$

根据自然对数的定义

$$i(t) = i(0)\mathrm{e}^{-(R/L)t} \tag{7.6}$$

回顾第6章中所述，在电感中不能产生电流跃变。因此在开关打开后的第一瞬间，电感中的电流保持不变。如果用 0^- 表示转换前的瞬间，0^+ 为转换后的瞬间，那么

$$i(0^-) = i(0^+) = I_0$$

与图7.1所示相同，I_0 为电感中的初始电流。电感中的初始电流方向与 i 的参考方向一致，则式(7.6)变成

$$i(t) = I_0\mathrm{e}^{-(R/L)t}, \quad t \geqslant 0 \tag{7.7}$$

上式表明电流从初始电流 I_0 开始，随着 t 的增加，按指数规律减少趋于0。图7.5表示了这个响应。

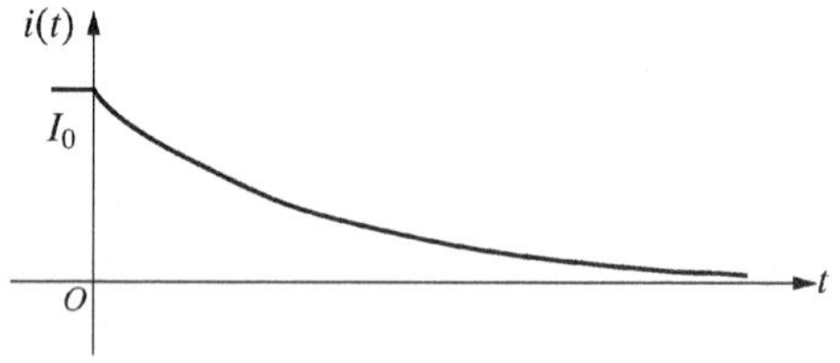

图7.5　图7.4所示电路的电流响应

根据欧姆定律得出图7.4所示电阻两端的电压

$$v = iR = I_0R\mathrm{e}^{-(R/L)t}, \quad t \geqslant 0^+ \tag{7.8}$$

与式(7.7)中的电流相对照，电压仅仅定义在 $t>0$ 时，而不是在 $t=0$ 时。其原因是在零时刻，电压产生阶跃变化。对于 $t<0$，微分电流为0，电压也为0(这个结果由 $v=L\mathrm{d}i/\mathrm{d}t=0$ 得来)。因此有

$$v(0^-) = 0 \tag{7.9}$$

$$v(0^+) = I_0R \tag{7.10}$$

其中 $v(0^+)$ 是由式(7.8)(其中 $t=0^+$)①获得的。由于瞬间的阶跃变化，$t=0$ 时的电压值未知。为求出这些解，用 $t \geqslant 0^+$ 定义有效区域。

根据下面任意一个表达式，可以得出电阻中的功率损耗。

① 0^- 和 0^+ 的定义：$x(0^-)$ 表示 t 从左趋于0时变量 x 的极限值；$x(0^+)$ 表示 t 从右趋于0时变量 x 的极限值。

$$p = vi,\quad p = i^2 R,\quad p = \frac{v^2}{R} \tag{7.11}$$

无论用其中的哪一个，其结果表达式都可以简化为

$$p = I_0^2 R\mathrm{e}^{-2(R/L)t},\quad t \geqslant 0^+ \tag{7.12}$$

开关打开后，任意期间内，释放到电阻的能量是

$$w = \int_0^t p\mathrm{d}x = \int_0^t I_0^2 R\mathrm{e}^{-2(R/L)x}\mathrm{d}x = \frac{1}{2(R/L)} I_0^2 R(1-\mathrm{e}^{-2(R/L)t}) = \frac{1}{2}LI_0^2(1-\mathrm{e}^{-2(R/L)t}),\ t \geqslant 0 \tag{7.13}$$

注意从式(7.13)可以看出，当 t 变成无穷大时，消耗在电阻中的能量逼近存储在电感中的初始能量。

7.1.2　时间常数的意义

表达式 $i(t)$[参见式(7.7)]和 $v(t)$[参见式(7.8)]含有 $\mathrm{e}^{-(R/L)t}$项。t 的系数(即 R/L)决定了电流或电压趋于 0 的速率。这个速率的倒数是电路的时间常数，表示为

$$\tau = \text{时间常数} = L/R \tag{7.14}$$

用时间常数这个概念，写出电流、电压、功率和能量的表达式

$$i(t) = I_0\mathrm{e}^{-t/\tau},\quad t \geqslant 0 \tag{7.15}$$

$$v(t) = I_0 R\mathrm{e}^{-t/\tau},\quad t \geqslant 0^+ \tag{7.16}$$

$$p = I_0^2 R\mathrm{e}^{-2t/\tau},\quad t \geqslant 0^+ \tag{7.17}$$

$$w = \frac{1}{2}LI_0^2(1-\mathrm{e}^{-2t/\tau}),\quad t \geqslant 0 \tag{7.18}$$

时间常数对于一阶电路是一个重要的参数。在下面提到的几个特性中很有用。首先考虑用τ的整数倍表示换路后的时间很方便。在电感开始将所存储的能量释放到电阻后的一个时间常数，电流减到其初始值的 e^{-1}(大约 0.37)倍。

表 7.1 给出了 $\mathrm{e}^{-t/\tau}$的值，其中τ为 1 到 10 的整数倍。当时间超过 5 个时间常数时，电流小于其初始值的 1%。因此，在换路后 5 个时间常数后，大部分的实际效果是，电流和电压已经达到终值。对于具有 1% 精确度的单一时间常数电路(一阶电路)，长时间意味着经过 5 个或更多个时间常数。图 7.1(a)所示的 RL 电路中，存在的电流是一个瞬态事件，称之为电路的瞬态响应。经过换路后一个长时间的响应称为稳态响应。长时间也意味着使电路达到稳态值的时间。

表 7.1　t 等于τ整数倍的 $\mathrm{e}^{-t/\tau}$值

t	$\mathrm{e}^{-t/\tau}$	t	$\mathrm{e}^{-t/\tau}$
τ	3.6788×10^{-1}	6τ	2.4788×10^{-3}
2τ	1.3534×10^{-1}	7τ	9.1188×10^{-4}
3τ	4.9787×10^{-2}	8τ	3.3546×10^{-4}
4τ	1.8316×10^{-2}	9τ	1.2341×10^{-4}
5τ	6.7379×10^{-3}	10τ	4.5400×10^{-5}

任何一阶电路都具有时间常数特性。如果无法计算一个电路的时间常数(也许不知道元件的值)，可以从电路的固有响应图来决定它的值。时间常数另一个重要特性是，如果电流连

续以初始速率变化，时间常数则给出了电流达到最终值所需的时间。为了说明这一点，求 0^+ 时刻的 di/dt，并假设电流连续以以下速率变化：

$$\frac{di}{dt}(0^+) = -\frac{R}{L}I_0 = -\frac{I_0}{\tau} \tag{7.19}$$

如果 i 的初值为 I_0，以每秒 I_0/τ 安培的恒定速率减少，则 i 的表达式变成

$$i = I_0 - \frac{I_0}{\tau}t \tag{7.20}$$

式(7.20)表明 i 将在 τ 秒达到零的最终值。图 7.6 说明根据固有响应图估算一个电路的时间常数是很有用的。固有响应图可以在测量输出电流的示波器上产生。画出固有响应图在 $t=0$ 处的切线，并读出与时间轴交叉处的值为 τ。

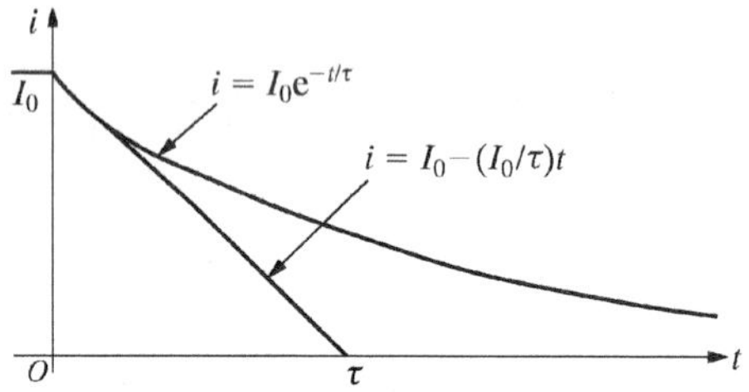

图 7.6 用图解释图 7.4 所示 RL 电路的时间常数

计算 RL 电路的固有响应可以归纳如下：

1. 求电感的初始电流 I_0。
2. 求电路的时间常数 $\tau = L/R$。
3. 使用式(7.15)，$i(t) = I_0e^{-t/\tau}$，根据 I_0 和 τ，求 $i(t)$。

所有其他相关的计算可以根据已知的 $i(t)$ 得到。例 7.1 和例 7.2 说明了 RL 电路固有响应的数值计算。

例 7.1 确定 RL 电路的固有响应

图 7.7 所示电路中，开关在 $t=0$ 打开之前已关闭了长时间。求：

(a) $t \geq 0$ 时的 $i_L(t)$。(b) $t \geq 0^+$ 时的 $i_o(t)$。(c) $t \geq 0^+$ 时的 $v_o(t)$。(d) 存储在 2 H 电感中总能量的百分之多少消耗在 10 Ω 电阻中。

解：

(a) 开关在 $t=0$ 时打开，打开之前已关闭长时间，已知电感的电压在 $t=0^-$ 时一定是零。因此电感中的初始电流在 $t=0^-$ 时为 20 A。由于电感中的电流不能跃变，$i_L(0^+)$ 也是 20 A。用一个 10 Ω 单一电阻代替电阻网络连到电感两端

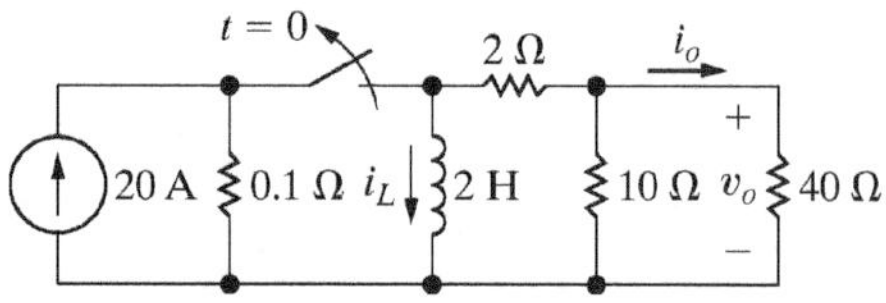

图 7.7 例 7.1 的电路

$$R_{eq} = 2 + (40 \parallel 10) = 10\ \Omega$$

电路的时间常数是 L/R_{eq}，即 0.2 s，电感电流表达式为

$$i_L(t) = 20e^{-5t}\ \text{A}, \quad t \geq 0$$

(b) 用分流公式很容易求出 40 Ω 电阻中的电流

$$i_o = -i_L\frac{10}{10+40}$$

由于在 $t=0^-$ 时 $i_o=0$，这个表达式在 $t \geq 0^+$ 时有效。在开关打开前电感表现为短路，电流 i_o 产生一个跃变，因此

$$i_o(t) = -4e^{-5t}\ \text{A}, \quad t \geq 0^+$$

(c) 直接应用欧姆定律，求电压 v_o

$$v_o(t) = 40i_o = -160e^{-5t}\ \text{V}, \quad t \geq 0^+$$

(d) 消耗在 10 Ω 电阻上的功率是

$$p_{10\Omega}(t)=\frac{v_o^2}{10}=2560\mathrm{e}^{-10t}\ \mathrm{W},\quad t\geqslant 0^+$$

消耗在 10 Ω 电阻的总能量是

$$w_{10\Omega}(t)=\int_0^\infty 2560\mathrm{e}^{-10t}\mathrm{d}t=256\ \mathrm{J}$$

存储在 2 H 电感中的初始能量是

$$w(0)=\frac{1}{2}Li^2(0)=\frac{1}{2}\times(2)\times(400)=400\ \mathrm{J}$$

所以消耗在 10 Ω 电阻中的能量百分比是

$$\frac{256}{400}\times 100\%=64\%$$

例 7.2　确定具有并联电感的 RL 电路的固有响应

在图 7.8 所示电路中，电感 L_1 和 L_2 的初始电流由未显示的电源建立。在 $t=0$ 时开关打开。

(a) 求 $t\geqslant 0$ 时的 i_1，i_2，i_3。(b) 计算存储在并联电感中的初始能量。(c) 在 $t\to\infty$ 时，存储在电感中的能量是多少？(d) 证明释放到电阻网络的总能量等于(b)和(c)所得结果之差。

解：

(a) 求电流 i_1，i_2，i_3 的关键是知道电压 $v(t)$。如果将图 7.8 所示电路简化成图 7.9 所示的等效形式，很容易求 $v(t)$。并联电感简化成 4 H 等效电感，携带 12 A 的初始电流。电阻网络简化成一个 8 Ω 电阻。$i(t)$ 的初值是 12 A，时间常数是 4/8，即 0.5 s，则

$$i(t)=12\mathrm{e}^{-2t}\ \mathrm{A},\quad t\geqslant 0$$

$v(t)$ 为 $8i$，因此

$$v(t)=96\mathrm{e}^{-2t}\ \mathrm{V},\quad t\geqslant 0^+$$

电路表明在 $t=0^-$ 时，$v(t)=0$，则 $t\geqslant 0^+$ 时，$v(t)$ 表达式有效。获得 $v(t)$ 后，就可以计算 i_1，i_2，i_3：

$$\begin{aligned}
i_1&=\frac{1}{5}\int_0^t 96\mathrm{e}^{-2x}\mathrm{d}x-8\\
&=1.6-9.6\mathrm{e}^{-2t}\ \mathrm{A},\quad t\geqslant 0\\
i_2&=\frac{1}{20}\int_0^t 96\mathrm{e}^{-2x}\mathrm{d}x-4\\
&=-1.6-2.4\mathrm{e}^{-2t}\ \mathrm{A},\quad t\geqslant 0\\
i_3&=\frac{v(t)}{10}\times\frac{15}{25}=5.76\mathrm{e}^{-2t}\ \mathrm{A},\quad t\geqslant 0^+
\end{aligned}$$

注意电感电流 i_1 和 i_2 的表达式在 $t\geqslant 0$ 时有效，而电阻电流 i_3 的表达式在 $t\geqslant 0^+$ 时有效。

(b) 存储在电感中的初始能量是

$$w=\frac{1}{2}\times(5)\times(64)+\frac{1}{2}\times(20)\times(16)=320\ \mathrm{J}$$

(c) 当 $t\to\infty$ 时，$i_1\to 1.6$ A，$i_2\to -1.6$ A。开关打开后已有长时间，存储在两个电感中的能量是

$$w=\frac{1}{2}\times(5)\times(1.6)^2+\frac{1}{2}\times(20)\times(-1.6)^2=32\ \mathrm{J}$$

(d) 由积分表达式获得释放到电阻网络的总能量，瞬间功率从 $0\to\infty$

$$\begin{aligned}
w&=\int_0^\infty p\mathrm{d}t=\int_0^\infty 1152\mathrm{e}^{-4t}\mathrm{d}t\\
&=1152\times\left.\frac{\mathrm{e}^{-4t}}{-4}\right|_0^\infty=288\ \mathrm{J}
\end{aligned}$$

这个结果是初始存储的能量(320 J)与并联电感捕获的能量(32 J)之差。并联电感的等效电感有 288 J 的初始能量，即等效电感中存储的能量为将要释放到电阻网络的能量。

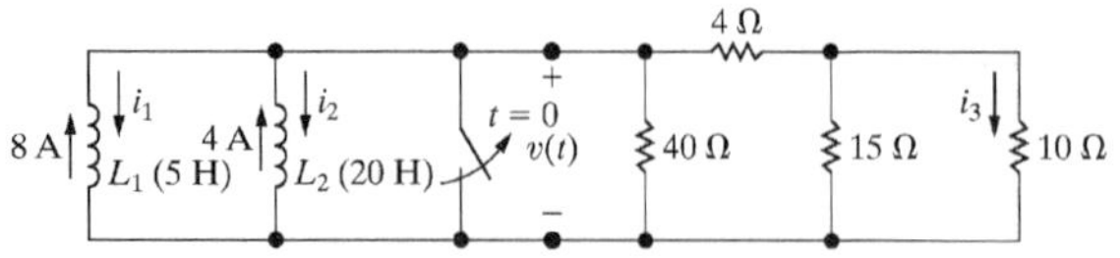

图7.8 例7.2的电路

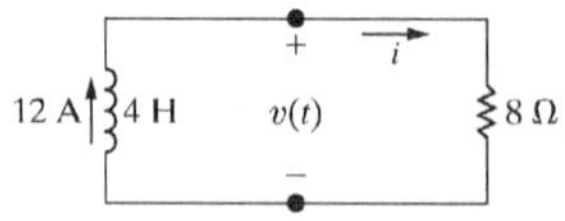

图7.9 图7.8电路的简化形式

评测目标1 掌握RL和RC电路的固有响应。

7.1 如右图所示电路中的开关已关闭长时间，并在 $t=0$ 时打开。

(a)计算 i 的初值。(b)计算存储在电感中的初始能量。(c) $t>0$ 时，电路的时间常数是多少？(d) $t\geq0$ 时 $i(t)$ 的表达式是什么？(e)开关打开后5 ms，所存储的初始能量已释放到2 Ω电阻中的百分比是多少？

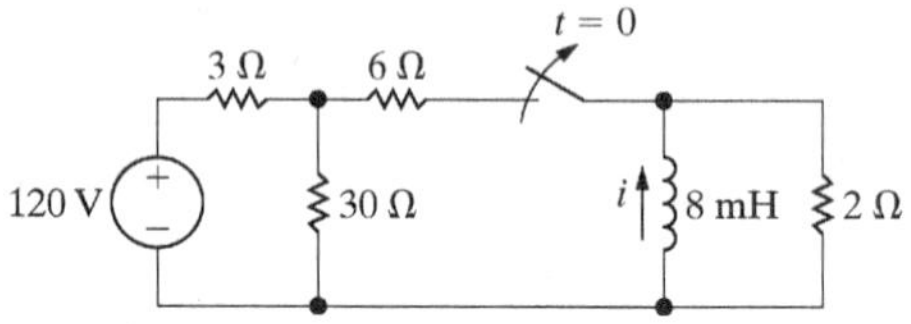

答：(a) −12.5 A；(b)625 mJ；(c)4 ms；(d) $-12.5e^{-250t}$ A，$t\geq0$；(e)91.8%。

7.2 在 $t=0$ 时，右图所示电路中的开关瞬间地从位置a移到位置b。

(a)计算 $t\geq0^+$ 时的 v_o。(b)存储在电感中的初始能量最后释放到4 Ω电阻中的百分比是多少？

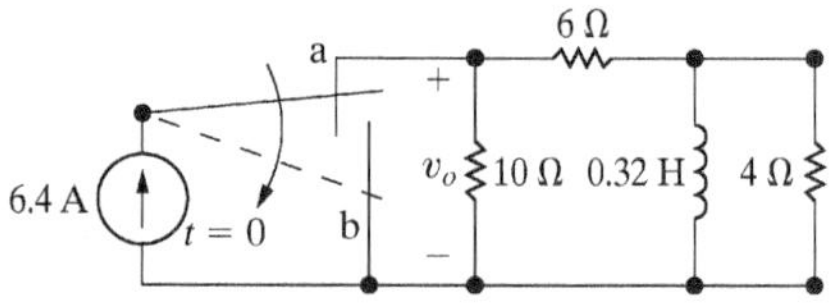

答：(a) $-8e^{-10t}$ V，$t\geq0$；(b)80%。

提示：试求本章习题7.3，习题7.8和习题7.9。

7.2 RC电路的固有响应

正如7.1节所提到的，RC电路的固有响应类似于RL电路的响应。因此不再像介绍RL电路那样详细介绍RC电路。

RC电路的固有响应是从图7.10所示电路发展而来的。先假设开关已在a位置放置了长时间，由直流电压源 V_g，电阻 R_1 和电容 C 构成的回路达到稳态。如第6章所述，电容相对于恒定电压表现为开路。因而电压源不能维持一个电流，电容两端呈现电源电压。在7.3节，将讨论电容电压是如何建立的，如何达到直流电压源稳态值。而本节的重点是求当开关在 $t=0$ 时从位置a移到位置b时电容上的电压是 V_g。由于电容两端的电压无跃变，因此问题简化成求解图7.11所示电路。

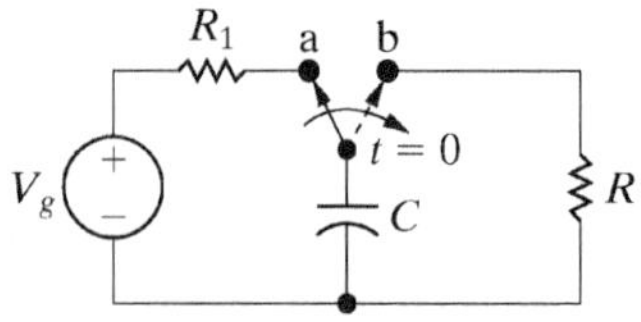

图7.10 RC电路

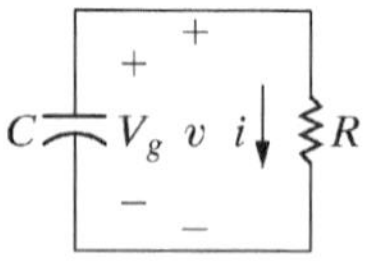

图7.11 换路后的图7.10电路

7.2.1 推导电压表达式

很容易通过节点电压求电压 $v(t)$。用 R 和 C 间下端的连接点作为参考节点，并对离开 R 和 C 间上端连接点的电流求和

$$C\frac{dv}{dt}+\frac{v}{R}=0 \tag{7.21}$$

比较式(7.21)和式(7.1)，表明同样的数学方法可以用来得到 $v(t)$ 的解，把这个留给读者来证明

$$v(t) = v(0)\mathrm{e}^{-t/RC},\quad t \geqslant 0 \tag{7.22}$$

正如已经提到的那样，电容上的初始电压等于电源电压 V_g，即

$$v(0^-) = v(0) = v(0^+) = V_g = V_0 \tag{7.23}$$

其中 V_0 表示电容上的初始电压。RC 电路的时间常数等于电阻和电容的乘积，即

$$\tau = RC \tag{7.24}$$

将式(7.23)和式(7.24)代入式(7.22)，得到

$$v(t) = V_0\mathrm{e}^{-t/\tau},\quad t \geqslant 0 \tag{7.25}$$

此式表明 RC 电路的固有响应是初始电压按指数规律衰减。时间常数 $\tau = RC$ 为衰减率。图 7.12 给出了式(7.25)的图形和时间常数的图形解释。

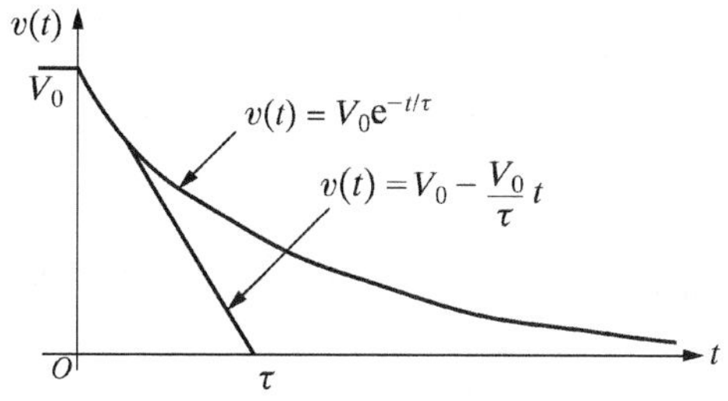

图 7.12　RC 电路的固有响应

确定 $v(t)$ 后，可以推导 i，p 和 w 的表达式

$$i(t) = \frac{v(t)}{R} = \frac{V_0}{R}\mathrm{e}^{-t/\tau},\quad t \geqslant 0^+ \tag{7.26}$$

$$p = vi = \frac{V_0^2}{R}\mathrm{e}^{-2t/\tau},\quad t \geqslant 0^+ \tag{7.27}$$

$$w = \int_0^t p\,\mathrm{d}x = \int_0^t \frac{V_0^2}{R}\mathrm{e}^{-2x/\tau}\mathrm{d}x = \frac{1}{2}CV_0^2(1 - \mathrm{e}^{-2t/\tau}),\quad t \geqslant 0 \tag{7.28}$$

计算 RC 电路的固有响应，可以归纳如下：

1. 求电容的初始电压 V_0。
2. 求电路的时间常数 $\tau = RC$。
3. 使用式(7.25)，$v(t) = V_0\mathrm{e}^{-t/\tau}$，根据 V_0 和τ产生 $v(t)$。

所有其他相关的计算可以根据已知的 $v(t)$ 得到。例 7.3 和例 7.4 说明了有关 RC 电路固有响应的计算。

例 7.3　确定 RC 电路的固有响应

图 7.13 所示电路开关已处在 x 位置长时间。在 $t=0$ 时，开关瞬间移到 y 位置。求：

(a) $t \geqslant 0$ 时的 $v_C(t)$。(b) $t \geqslant 0^+$ 时的 $v_o(t)$。(c) $t \geqslant 0^+$ 时的 $i_o(t)$。(d) 消耗在 60 kΩ 电阻中的总能量。

解：

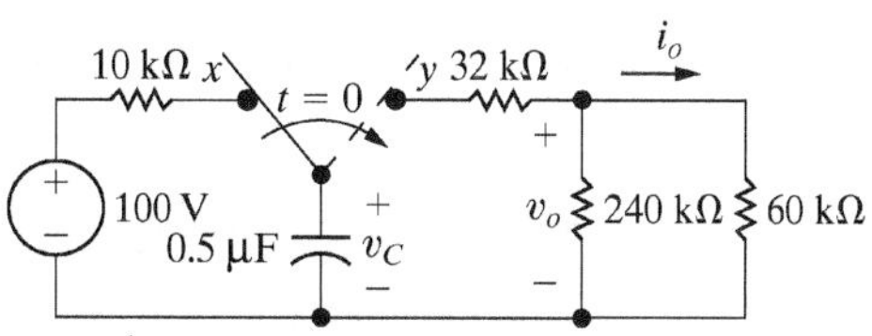

图 7.13　例 7.3 的电路

(a) 由于开关已在 x 位置长时间，0.5 μF 的电容将充电到 100 V，且上端为正。可以在 $t=0^+$ 用一个 80 kΩ 等效电阻代替电阻网络连到电容。电路的时间常数是 $(0.5\times10^{-6})\times(80\times10^3)$，即 40 ms。

$$v_C(t) = 100\mathrm{e}^{-25t}\ \mathrm{V},\quad t \geqslant 0$$

(b) 注意到电容两端的电阻电路形成一个分压器，求 $v_o(t)$ 的方法如下：

$$v_o(t) = \frac{48}{80}v_C(t) = 60\mathrm{e}^{-25t}\ \mathrm{V},\quad t \geqslant 0^+$$

由于 $v_o(0^-)$ 为 0，则 $v_o(t)$ 的表达式在 $t \geqslant 0^+$ 时有效。在 240 kΩ 电阻两端的电压有一个跃变。(c) 根据欧姆定律求电流 $i_o(t)$

$$i_o(t) = \frac{v_o(t)}{60 \times 10^3} = e^{-25t} \text{ mA}, \quad t \geqslant 0^+$$

(d) 消耗在 60 kΩ 电阻中的功率是

$$p_{60\text{k}\Omega}(t) = i_o^2(t)(60 \times 10^3) = 60e^{-50t} \text{ mW}, \quad t \geqslant 0^+$$

消耗的总能量是

$$w_{60\text{k}\Omega} = \int_0^\infty i_o^2(t)(60 \times 10^3)\text{d}t = 1.2 \text{ mJ}$$

例 7.4 确定具有串联电容的 RC 电路的固有响应

图 7.14 所示电路中，电容 C_1 和 C_2 的初始电压已由未显示的电源建立。开关在 $t = 0$ 时关闭。

(a) 求 $t \geqslant 0$ 时的 $v_1(t)$，$v_2(t)$ 和 $v(t)$ 以及 $t \geqslant 0^+$ 时的 $i(t)$。(b) 计算存储在电容 C_1 和 C_2 中的初始能量。(c) 当 $t \to \infty$ 时，存储在电容中的能量有多少？(d) 证明释放到 250 kΩ 电阻的总能量等于 (b) 和 (c) 所得结果之差。

解：

(a) 一旦知道 $v(t)$，根据欧姆定律即可得到电流 $i(t)$。在求得 $i(t)$ 之后，由于电容的电压是电容电流的函数，故可计算出 $v_1(t)$，$v_2(t)$。为了求 $v(t)$，用一个等效电容代替串联连接的电容。该电容值为 4 μF，且已充电到 20 V 电压。因此图 7.14 所示电路简化成图 7.15 所示电路。$v(t)$ 的初始电压是 20 V，电路的时间常数是 $(4) \times (250) \times 10^{-3} = 1$ s。$v(t)$ 表达式为

$$v(t) = 20e^{-t} \text{ V}, \quad t \geqslant 0$$

电流 $i(t)$ 是

$$i(t) = \frac{v(t)}{250\ 000} = 80e^{-t} \text{ μA}, \quad t \geqslant 0^+$$

知道 $i(t)$，计算 $v_1(t)$ 和 $v_2(t)$ 的表达式

$$v_1(t) = -\frac{10^6}{5}\int_0^t 80 \times 10^{-6}e^{-x}\text{d}x - 4 = (16e^{-t} - 20) \text{ V}, \quad t \geqslant 0$$

$$v_2(t) = -\frac{10^6}{20}\int_0^t 80 \times 10^{-6}e^{-x}\text{d}x + 24 = (4e^{-t} + 20) \text{ V}, \quad t \geqslant 0$$

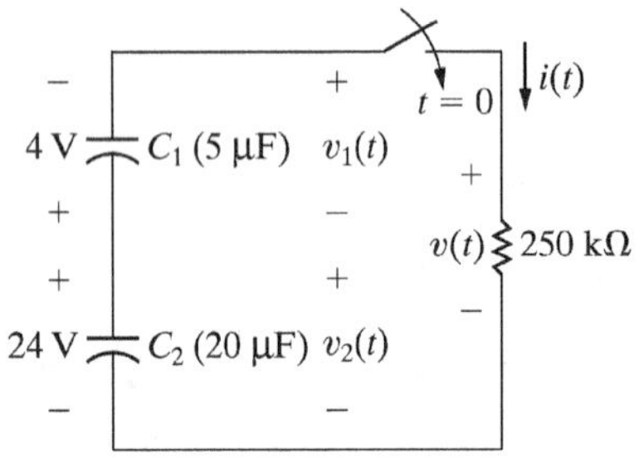

图 7.14 例 7.4 的电路

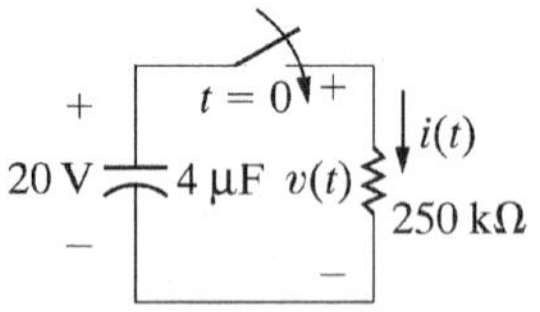

图 7.15 图 7.14 所示电路的简化形式

(b) 存储在 C_1 中的初始能量是

$$w_1 = \frac{1}{2} \times (5 \times 10^{-6}) \times (16) = 40 \text{ μJ}$$

存储在 C_2 中的初始能量是

$$w_2 = \frac{1}{2} \times (20 \times 10^{-6}) \times (576) = 5760 \text{ μJ}$$

存储在两个电容中的总能量是

$$w_o = 40 + 5760 = 5800\ \mu J$$

(c)当 $t\to\infty$ 时，$v_1\to -20$ V，$v_2\to +20$ V。存储在两个电容中的能量是

$$w_\infty = \frac{1}{2}\times(5+20)\times 10^{-6}\times(400) = 5000\ \mu J$$

(d)释放到 250 kΩ 电阻上的总能量是

$$w = \int_0^\infty p\,dt = \int_0^\infty \frac{400e^{-2t}}{250\ 000}\,dt = 800\ \mu J$$

比较(b)和(c)的结果表明

$$800\ \mu J = (5800 - 5000)\ \mu J$$

图7.15 中存储在等效电容中的能量是 $1/2\times(4\times10^{-6})\times(400)$，即 800 μJ。由于这个电容可以预测最初串联电容端子的特性，因此存储在等效电容中的能量就是释放到 250 kΩ 电阻的能量。

评测目标 1　掌握 RL 和 RC 电路的固有响应。

7.3　右图所示电路的开关已经关闭很长时间，并在 $t=0$ 时打开。求：

(a) $v(t)$ 的初始电压。

(b) $t>0$ 时的时间常数。

(c)开关打开后 $v(t)$ 的表达式。

(d)存储在电容中的初始能量。

(e)消耗初始能量的 75% 所需的时间。

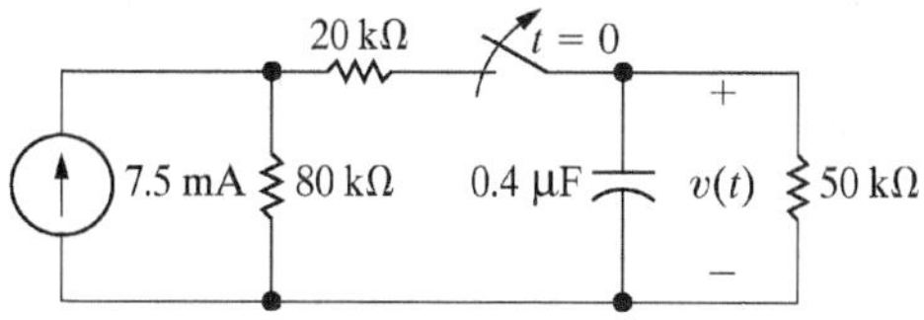

答： (a)200 V；(b)200 ms；(c) $200e^{-50t}$ V，$t\geq0$；(d)8 mJ；(e)13.86 ms。

7.4　右图所示电路中的开关，在 $t=0$ 打开前已经关闭很长时间。

(a)求 $t\geq0$ 时的 $v_o(t)$。

(b)开关打开后 60 ms，电路消耗的能量占电路存储的初始能量的百分比是多少？

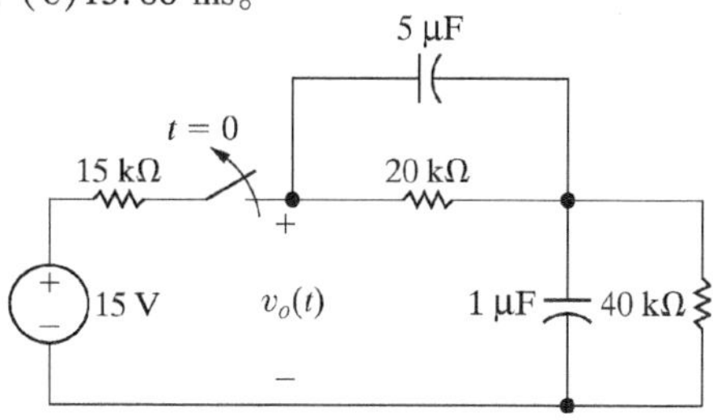

答： (a) $8e^{-25t}+4e^{-10t}$ V，$t\geq0$；(b)81.05%。

提示： 试求本章习题 7.23 和习题 7.25。

7.3　RL 和 RC 电路的阶跃响应

本节将讨论当直流电压源或直流电流源突然作用时，在一阶 RL 或 RC 电路上所产生的电流和电压问题。一个恒定电压源或电流源突然作用于一个电路，其响应称为电路的阶跃响应。在介绍阶跃响应时，将说明当能量存储在电感或电容时，电路是如何响应的。先从一个 RL 电路的阶跃响应开始。

7.3.1　RL 电路的阶跃响应

将图 7.2(a)所示的一阶电路上增加一个开关，如图 7.16 所示，用它来说明 RL 电路的阶跃响应。在开关关闭时，存储在电感中的能量用非零初始电流 $i(0)$ 给出。求在开关关闭之后，电路中电流表达式和电感端的电压表达式，其过程与在 7.1 节讨论的一样。用电路分析来推导描述电路的微分方程式，然后用基本微积分来解方程。

当图 7.16 中的开关关闭后，根据基尔霍夫电压定律得到

$$V_s = Ri + L\frac{di}{dt} \tag{7.29}$$

将变量 i 和 t 分离然后积分，即可求得电流的解。解式(7.29)的第一步是得出 di/dt

$$\frac{di}{dt} = \frac{-Ri + V_s}{L} = \frac{-R}{L}\left(i - \frac{V_s}{R}\right) \tag{7.30}$$

下一步是在方程(7.30)两边乘以微分时间 dt，将方程左边简化成一个电流的微分变化

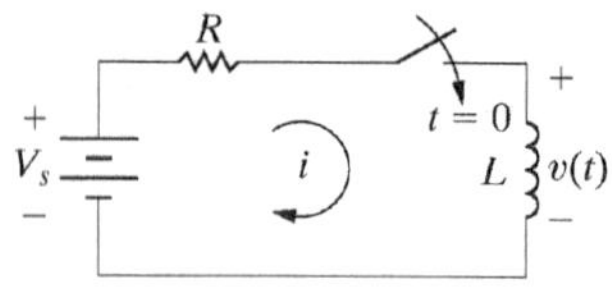

图 7.16 用来说明一阶 RL 电路阶跃响应的电路

$$\frac{di}{dt}dt = \frac{-R}{L}\left(i - \frac{V_s}{R}\right)dt \tag{7.31}$$

或

$$di = \frac{-R}{L}\left(i - \frac{V_s}{R}\right)dt$$

将式(7.31)中的变量分离得到

$$\frac{di}{i - (V_s/R)} = \frac{-R}{L}dt \tag{7.32}$$

将式(7.32)两边积分，用 x 和 y 作为积分变量，得到

$$\int_{I_0}^{i(t)} \frac{dx}{x - (V_s/R)} = \frac{-R}{L}\int_0^t dy \tag{7.33}$$

这里 I_0 为 $t=0$ 时的电流，$i(t)$ 为在 $t>0$ 时的电流。完成式(7.33)的积分，产生如下表达式：

$$\ln\frac{i(t) - (V_s/R)}{I_0 - (V_s/R)} = \frac{-R}{L}t \tag{7.34}$$

整理得到

$$\frac{i(t) - (V_s/R)}{I_0 - (V_s/R)} = e^{-(R/L)t}$$

或

$$i(t) = \frac{V_s}{R} + \left(I_0 - \frac{V_s}{R}\right)e^{-(R/L)t} \tag{7.35}$$

当电感中的初始能量为零时，$I_0=0$。式(7.35)简化为

$$i(t) = \frac{V_s}{R} - \frac{V_s}{R}e^{-(R/L)t} \tag{7.36}$$

式(7.36)表明在开关关闭以后，电流从零按指数规律增加到一个最终值 V_s/R。电路的时间常数 L/R 取决于增加的速率。开关关闭后的一个时间常数，电流将大约达到它最终值的63%，即

$$i(\tau) = \frac{V_s}{R} - \frac{V_s}{R}e^{-1} \approx 0.6321\frac{V_s}{R} \tag{7.37}$$

如果电流以初始速率持续增加，则在 $t=\tau$时达到最终值。这是由于

$$\frac{di}{dt} = \frac{-V_s}{R}\left(\frac{-1}{\tau}\right)e^{-t/\tau} = \frac{V_s}{L}e^{-t/\tau} \tag{7.38}$$

$i(t)$增加的初始速率是

$$\frac{di}{dt}(0) = \frac{V_s}{L} \tag{7.39}$$

如果电流持续以这个速率增加，i 的表达式将为

$$i = \frac{V_s}{L}t \tag{7.40}$$

根据上式，在 $t=\tau$时

$$i=\frac{V_s}{L}\frac{L}{R}=\frac{V_s}{R} \tag{7.41}$$

图 7.17 画出了式(7.36)和式(7.40)的曲线。由式(7.37)和式(7.41)给出的值也显示在该曲线中。

电感上的电压是 $L\mathrm{d}i/\mathrm{d}t$，对于 $t\geqslant 0^+$，根据式(7.35)得到

$$v=L\left(\frac{-R}{L}\right)\left(I_0-\frac{V_s}{R}\right)\mathrm{e}^{-(R/L)t}=(V_s-I_0R)\mathrm{e}^{-(R/L)t} \tag{7.42}$$

开关关闭之前，电感上的电压是零。式(7.42)表示电感上的电压在开关关闭瞬间，跳至 V_s-I_0R，然后按指数规律衰减到零。

在 $t=0^+$时的 v 值有意义吗？由于初始电流是 I_0，电感阻止电流跃变，因此在开关关闭瞬间，电流为 I_0。电阻两端的电压降是 I_0R，电感上的电压等于电源电压减去电压降，即 V_s-I_0R。

当电感初始电流为零时，式(7.42)简化成

$$v=V_s\mathrm{e}^{-(R/L)t} \tag{7.43}$$

如果初始电流为零，电感上的电压跳至 V_s。因为电路中的电流趋于恒定值 V_s/R，所以随着 t 的增加，电感上的电压也趋于零。图 7.18 显示了式(7.43)的图形，以及时间常数与电感电压下降的初始速率之间的关系。

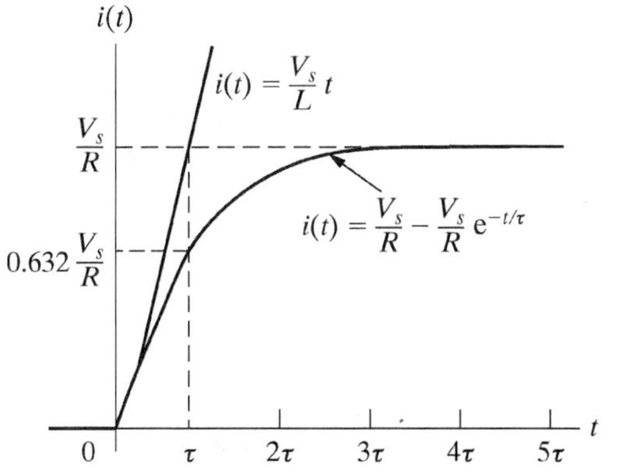

图 7.17　当 $I_0=0$ 时，图 7.16 所示 RL 电路的阶跃响应

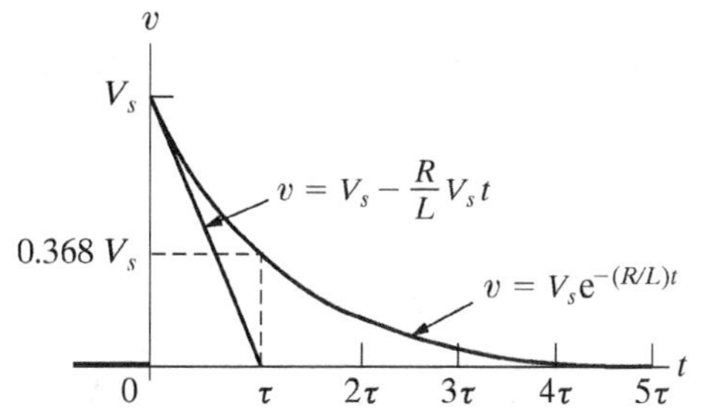

图 7.18　电感电压与时间的关系

如果电感中有初始电流，则式(7.35)给出了它的解。如果初始电流与 i 的方向相同，I_0 的代数符号为正；否则 I_0 的符号为负。例 7.5 给出了式(7.35)在指定电路中的应用。

例 7.5　确定 RL 电路的阶跃响应

图 7.19 所示电路中的开关已在 a 位置很长时间。在 $t=0$ 时，开关从位置 a 移到位置 b。开关是一个断前接通型，即位置 a 在断开连接之前，位置 b 已连接上。因此通过电感的电流没有中断。

(a) 求 $t\geqslant 0$ 时 $i(t)$ 的表达式。(b) 正当开关移到位置 b 时，电感的初始电压是多少？(c) 该初始电压对电路的特性有意义吗？(d) 开关移动后多少毫秒电感电压等于 24 V？(e) 画出 $i(t)$ 和 $v(t)$ 的波形图。

解：

(a) 由于开关已在 a 位置很长时间，因此 200 mH 电感相当于对 8 A 的电流源短路。因此电感携带 8 A 的初始电流。这个电流与 i 的参考方向相反，则 I_0 是 −8 A。当开关在位置 b 时，i 的最终值是 24/2，等于 12 A。电路的时间常数是 200/2，为 100 ms。将这些值代入式(7.35)

$$i=12+(-8-12)\mathrm{e}^{-t/0.1}=12-20\mathrm{e}^{-10t}\ \mathrm{A},\quad t\geqslant 0$$

(b)电感上的电压是

$$v = L\frac{\mathrm{d}i}{\mathrm{d}t} = 0.2 \times (200\mathrm{e}^{-10t}) = 40\mathrm{e}^{-10t}\ \mathrm{V}, \quad t \geqslant 0^+$$

电感的初始电压是

$$v(0^+) = 40\ \mathrm{V}$$

(c)有意义。开关移到位置 b 后瞬间，电感维持逆时针 8 A 电流重新形成闭合路径。这个电流在 2 Ω 电阻上产生 16 V 压降。这个电压降加上电源的压降，在电感端产生 40 V 的压降。

(d)通过解下述表达式，求电感电压等于 24 V 时的时间

$$24 = 40\mathrm{e}^{-10t}$$

解出 t

$$t = \frac{1}{10}\ln\frac{40}{24} = 51.08 \times 10^{-3} = 51.08\ \mathrm{ms}$$

(e)图 7.20 显示了 $i(t)$ 和 $v(t)$ 的波形图。电流等于零的时刻与电感电压等于 24 V 电源电压的时刻相等，与基尔霍夫电压定律所预测的相同。

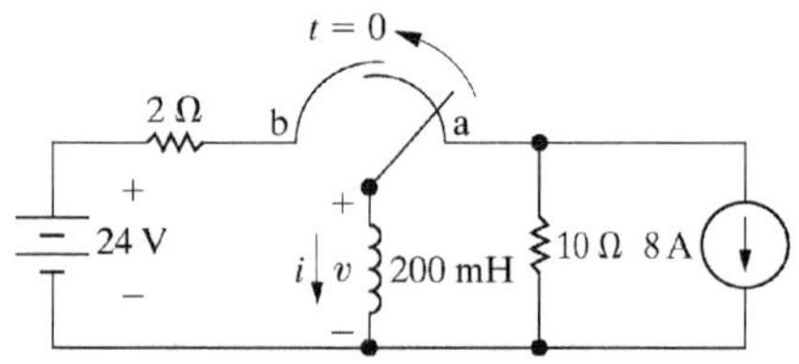

图 7.19 例 7.5 的电路

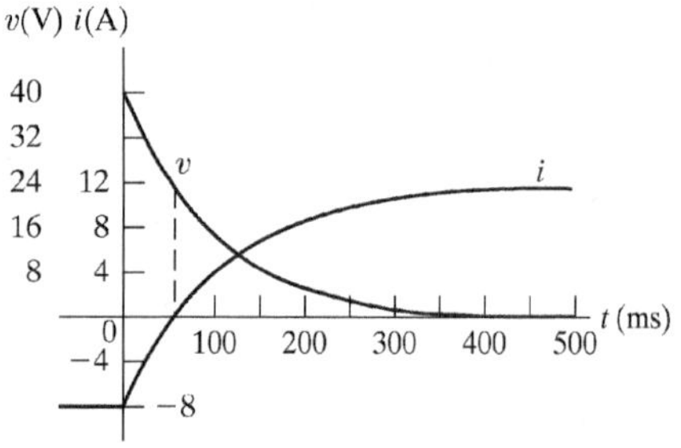

图 7.20 例 7.5 的电流和电压波形

评测目标 2 掌握 RL 和 RC 电路的阶跃响应。

7.5 假设图 7.19 所示电路中的开关已在位置 b 很长时间，在 $t=0$ 时移到位置 a。求：(a)$i(0^+)$；(b)$v(0^+)$；(c)τ，$t>0$；(d)$i(t)$，$t\geqslant0$；(e)$v(t)$，$t\geqslant0^+$。

答：(a)12 A；(b) −200 V；(c)20 ms；(d) $-8+20\mathrm{e}^{-50t}$ A，$t\geqslant0$；(e) $-200\mathrm{e}^{-50t}$ V，$t\geqslant0^+$。

提示：试求本章习题 7.35 至习题 7.37。

也可以直接描述图 7.16 中的电感电压 $v(t)$，而不根据电路中的电流描述。首先注意到电阻上的电压是电源电压与电感电压之差，写为

$$i(t) = \frac{V_s}{R} - \frac{v(t)}{R} \tag{7.44}$$

其中 V_s 是个常量。两边对时间微分得到

$$\frac{\mathrm{d}i}{\mathrm{d}t} = -\frac{1}{R}\frac{\mathrm{d}v}{\mathrm{d}t} \tag{7.45}$$

然后，在式(7.45)两边乘以电感 L，在左边得到电感电压表达式

$$v = -\frac{L}{R}\frac{\mathrm{d}v}{\mathrm{d}t} \tag{7.46}$$

将式(7.46)变成标准形式

$$\frac{\mathrm{d}v}{\mathrm{d}t} + \frac{R}{L}v = 0 \tag{7.47}$$

可以验证(在习题 7.38 中)：式(7.47)的解与式(7.42)的解是相同的。

在这一点上，RL 电路的阶跃响应的一般推导方法是相关的(这种推导方法将稍后证明)。

当推导电感电流的微分方程式时，得到了式(7.29)。重新列写式(7.29)为

$$\frac{\mathrm{d}i}{\mathrm{d}t}+\frac{R}{L}i=\frac{V_s}{L} \tag{7.48}$$

观察式(7.47)和式(7.48)，它们有相同的形式，均为变量的导数与常量乘以变量之积的和等于一个常量值。在式(7.47)中，右边的常量值等于零，因此这个方程与 7.1 节中的固有响应方程是相同的形式。在式(7.47)和式(7.48)中，乘以独立变量的那个常量是时间常数的倒数，即 $R/L=1/\tau$。在 RC 电路的阶跃响应推导中，遇到类似的情况。在 7.4 节中，将用这些方法去推导求 RL 和 RC 电路固有和阶跃响应的一般方法。

7.3.2　RC 电路的阶跃响应

可以通过分析图 7.21 所示电路，求一阶 RC 电路的阶跃响应。为计算方便，选择网络的诺顿等效电路连到等效电容。对图 7.21 中离开顶端节点的电流求和，产生微分方程

$$C\frac{\mathrm{d}v_C}{\mathrm{d}t}+\frac{v_C}{R}=I_s \tag{7.49}$$

式(7.49)两边除以 C 得到

$$\frac{\mathrm{d}v_C}{\mathrm{d}t}+\frac{v_C}{RC}=\frac{I_s}{C} \tag{7.50}$$

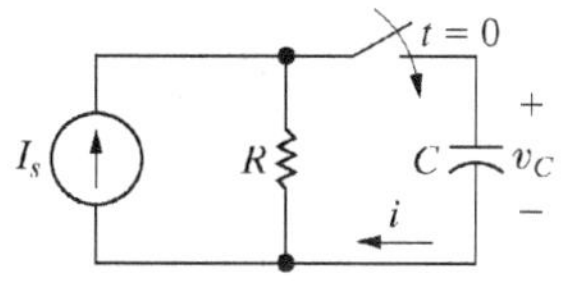

图 7.21　用来说明一阶 RC 电路阶跃响应的电路

比较式(7.50)和式(7.48)表明：v_C 解的形式与电感电路中的电流解的形式相同，也就是与式(7.35)形式相同。因此简单地代入适当的变量和系数，就可以直接写出 v_C 的解。转换时需要用 I_s 代替 V_s，C 代替 L，$1/R$ 代替 R，V_0 代替 I_0，得到

$$v_C=I_sR+(V_0-I_sR)\mathrm{e}^{-t/RC},\quad t\geqslant 0 \tag{7.51}$$

对电容中的电流进行类似的推导，产生微分方程式

$$\frac{\mathrm{d}i}{\mathrm{d}t}+\frac{1}{RC}i=0 \tag{7.52}$$

式(7.52)与式(7.47)的形式相同，因此与解式(7.50)类似，用相同的转换获得 i 的解。

$$i=\left(I_s-\frac{V_0}{R}\right)\mathrm{e}^{-t/RC},\quad t\geqslant 0^+ \tag{7.53}$$

其中 V_0 是电容电压 v_C 的初始值。

用数学类推法根据电感电路阶跃响应的解，获得式(7.51)和式(7.53)。根据已知电路特性，看一看 RC 电路的这些解是否有意义。根据式(7.51)所示，电容的初始电压是 V_0，电容最终电压是 I_sR，电路的时间常数是 RC，v_C 的解在 $t\geqslant 0$ 时有效。这些与恒定电流源驱动时，电阻和电容并联的特性一致。

式(7.53)预测电容中的电流在 $t=0^+$ 时是 I_s-V_0/R。由于电容电压不能跃变，这个预测有意义，则电阻中的初始电流是 V_0/R。电容支路电流产生跃变，从 $t=0^-$ 时的零到 $t=0^+$ 时的 I_s-V_0/R。电容电流在 $t=\infty$ 时为零。注意最终值是 $v=I_sR$。

例 7.6 将说明如何用式(7.51)和式(7.53)求一阶 RC 电路的阶跃响应。

例 7.6　确定 RC 电路的阶跃响应

图 7.22 所示电路中的开关已在位置 1 很长时间。在 $t=0$ 时，开关移到位置 2。求：

(a) $t\geqslant 0$ 时的 $v_o(t)$。(b) $t\geqslant 0^+$ 时的 $i_o(t)$。

解：

(a)开关已在位置 1 很长时间，因此 v_o 的初始值是 40 × (60/80)，即 30 V。利用式(7.51)和式(7.53)，求 $t \geqslant 0$ 时电容两端的诺顿等效电路。为此，首先计算开路电压，开路电压是 −75 V 电源在 40 kΩ 和 160 kΩ 电阻上的分压

$$V_{oc} = \frac{160 \times 10^3}{(40+160) \times 10^3} \times (-75) = -60\ \text{V}$$

下一步，计算戴维南电阻，从电容右侧看过去，将 −75 V 电源短接，电阻的串联和并联结果是

$$R_{Th} = 8000 + 40\,000 \parallel 160\,000 = 40\ \text{k}\Omega$$

诺顿电流源的值是开路电压与戴维南电阻的比，即 $-60/(40 \times 10^3) = -1.5$ mA。结果诺顿等效电路如图 7.23 所示，$I_sR = -60$ V 且 $RC = 10$ ms。由于 $v_o(0) = 30$ V，则 v_o 的解为

$$v_o = -60 + [30 - (-60)]e^{-100t} = -60 + 90e^{-100t}\ \text{V}, \quad t \geqslant 0$$

(b)$I_s = -1.5$ mA，$V_o/R = (30/40) \times 10^{-3} = 0.75$ mA，直接从式(7.53)写出 i_o 的解

$$i_o = -2.25e^{-100t}\ \text{mA}, \quad t \geqslant 0^+$$

检验 v_o 和 i_o 解的连贯性

$$i_o = C\frac{dv_o}{dt} = (0.25 \times 10^{-6}) \times (-9000e^{-100t}) = -2.25e^{-100t}\ \text{mA}$$

由于 $dv_o(0^-)/dt = 0$，显然 i_o 表达式仅在 $t \geqslant 0^+$ 时有效。

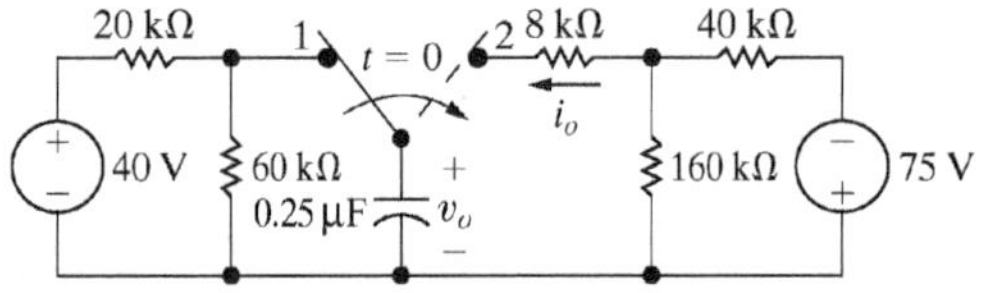

图 7.22　例 7.6 的电路

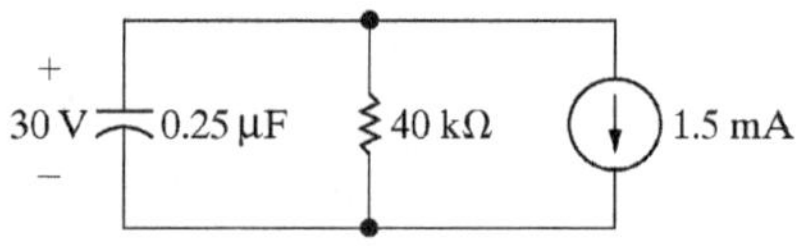

图 7.23　$t > 0$ 时图 7.22 所示电路的等效电路

评测目标 2　掌握 RL 和 RC 电路的阶跃响应。

7.6　(a)求图 7.22 所示电路中 160 kΩ 电阻上的电压表达式。设此电压为 v_A 并假设电压的参考极性在 160 kΩ 电阻上端为正。(b)指出由(a)获得的表达式在什么时间段有效。

答： (a)$v_A = -60 + 72e^{-100t}$ V；(b)$t \geqslant 0^+$。

提示： 试求本章习题 7.53 和习题 7.54。

7.4　阶跃响应和固有响应的一般解法

图 7.24 所示一阶 RL 和 RC 电路的固有响应或阶跃响应的一般解法，是基于它们的微分方程有相同形式[比较式(7.48)和式(7.50)]。为了归纳这 4 个电路的解，让 $x(t)$ 代表未知量，给出 $x(t)$ 的 4 种可能值。它可以代表电感端的电流或电压，也可以代表电容端的电流或电压。从式(7.47)，式(7.48)，式(7.50)和式(7.52)，知道描述图 7.24 所示的 4 个电路任意一个的微分方程可用下面的形式

$$\frac{dx}{dt} + \frac{x}{\tau} = K \tag{7.54}$$

其中 K 常量值可以为零。由于这个电路的电源是恒定电压或电流，所以 x 的终值将是常量，即终值必须满足式(7.54)，且当 x 达到终值时，导数 dx/dt 必须为零。因此

$$x_f = K\tau \tag{7.55}$$

这里的 x_f 代表变量的终值。

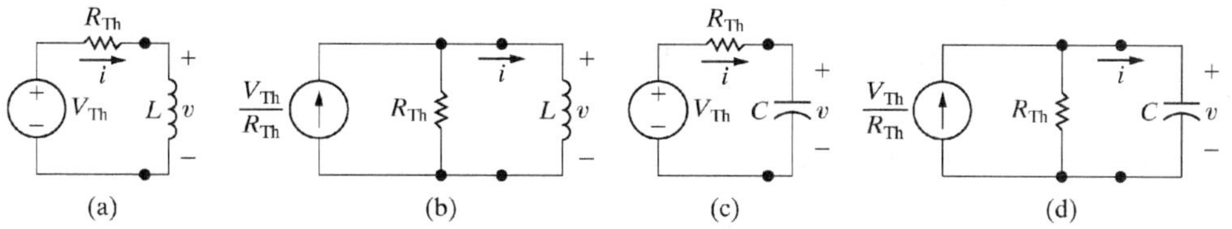

图 7.24　4 种可能的一阶电路：(a)电感连接戴维南等效电路；(b)电感连接诺顿等效电路；(c)电容连接戴维南等效电路；(d)电容连接诺顿等效电路

通过分离变量解式(7.54)，从解一阶导数开始

$$\frac{dx}{dt}=\frac{-x}{\tau}+K=\frac{-(x-K\tau)}{\tau}=\frac{-(x-x_f)}{\tau} \tag{7.56}$$

在写式(7.56)时，用式(7.55)中的 x_f 代替 K_τ。在式(7.56)两边乘以 dt 并除以 $x-x_f$ 得到

$$\frac{dx}{x-x_f}=\frac{-1}{\tau}dt \tag{7.57}$$

接着，对式(7.57)求积分。为取得尽可能一般的解，用 t_0 作为下限，t 作为上限。t_0 对应换路或其他变化的时间。以前假设 $t_0=0$，但是这个变化允许换路发生在任意时间。用 u 和 v 作为积分变量，得到

$$\int_{x(t_0)}^{x(t)}\frac{du}{u-x_f}=-\frac{1}{\tau}\int_{t_0}^{t}dv \tag{7.58}$$

完成式(7.58)的积分，得到

$$x(t)=x_f+[x(t_0)-x_f]e^{-(t-t_0)/\tau} \tag{7.59}$$

式(7.59)的重要性是很显然的，若将它用文字形式表示，则如下所示：

$$\text{作为时间函数的未知变量}=\text{变量终值}+\left[\text{变量初值}-\text{变量终值}\right]\times e^{\frac{-[t-\text{换路时间}]}{\text{时间常数}}} \tag{7.60}$$

在很多场合下，换路的时间(即 t_0)是 0。

在计算阶跃和固有响应时，下列步骤也许会有帮助：

1. 确定电路的有关变量。对于 RC 电路，选择电容电压是最方便的；对于 RL 电路，选择电感电流是最好的。
2. 决定变量的初始值，即在 t_0 时的值。注意，如果选择电容电压或电感电流作为关心的变量，则区分 $t=t_0^-$ 和 $t=t_0^+$①是不必要的。这是因为它们都是连续变量。如果你选择另一个变量，需要记住它的初值定义是在 $t=t_0^+$ 时。
3. 计算变量的终值，即当 $t\to\infty$ 时的值。
4. 计算电路的时间常数。

有了这些量，就可以用式(7.60)产生描述有关变量的方程。然后可以用第 3 章和第 4 章介绍的电路分析方法，或重复前面步骤求其他电路变量的方程。

例 7.7 至例 7.9 说明了如何用式(7.60)求一个 RC 或 RL 电路的阶跃响应。

---

① t_0^- 和 t_0^+ 的表示类似于 0^- 和 0^+。因此，$x(t_0^-)$ 表示 t 从左趋于 t_0 时 $x(t)$ 的极限值，$x(t_0^+)$ 表示 t 从右趋于 t_0 时 $x(t)$ 的极限值。

例 7.7　使用一般解法求 RC 电路的阶跃响应

图 7.25 所示电路中的开关在位置 a 已有很长时间。在 $t=0$ 时开关移至位置 b。

(a) v_C 的初值是多少？(b) v_C 的终值是多少？(c) 当开关在位置 b 时，电路的时间常数是多少？(d) 当 $t \geqslant 0$ 时 $v_C(t)$ 的表达式。(e) 当 $t \geqslant 0^+$ 时 $i(t)$ 的表达式。(f) 开关在位置 b 后多长时间电容电压等于零？(g) 画出对应于 t 的 $v_C(t)$ 和 $i(t)$ 波形图。

解：

(a) 开关在位置 a 已有很长时间，因此电容相当于开路。电容电压也就是 60 Ω 电阻上的电压。根据分压规则，60 Ω 电阻电压是 $40 \times [60/(60+20)]$，即 30 V。由于 v_C 的参考方向在电容上端为正，故 $v_C(0) = -30$ V。

(b) 开关在位置 b 已有很长时间后，电容相当于对 90 V 电源开路。这样电容的终值是 +90 V。

(c) 时间常数是

$$\tau = RC = (400 \times 10^3) \times (0.5 \times 10^{-6}) = 0.2 \text{ s}$$

(d) 将相应值 v_f，$v(0)$ 和 t 代入方程式(7.60)产生

$$v_C(t) = 90 + (-30 - 90)\mathrm{e}^{-5t} = 90 - 120\mathrm{e}^{-5t} \text{ V}, \quad t \geqslant 0$$

(e) 这里 τ 值不变，仅需要求电容电流的初值和终值。当获得初值时，必须得到 $i(0^+)$ 值，因为电容中的电流可以跃变。这个电流等于电阻中的电流，根据欧姆定律，电流为 $[90-(-30)]/(400 \times 10^3) = 300$ μA。注意当应用欧姆定律时，认为电容电压不能跃变。$i(t)$ 的终值等于零，因此

$$i(t) = 0 + (300 - 0)\mathrm{e}^{-5t} = 300\mathrm{e}^{-5t} \ \mu\text{A}, \quad t \geqslant 0^+$$

通过微分(d)的解并乘以电容获得该方程的解。读者可以自己做。这种求 $i(t)$ 的替换方法也预测它在 $t=0$ 时不连续。

(f) 为了求电容电压变成零之前，开关在位置 b 多长时间，可以根据(d)推导出的方程，求解 $v_C(t)=0$ 时的时间

$$120\mathrm{e}^{-5t} = 90 \quad \text{或} \quad \mathrm{e}^{5t} = \frac{120}{90}$$

所以

$$t = \frac{1}{5}\ln\left(\frac{4}{3}\right) = 57.54 \text{ ms}$$

当 $v_C=0$ 时，$i=225$ μA，400 kΩ 电阻上的电压降是 90 V。

(g) 图 7.26 显示了 $v_C(t)$ 和 $i(t)$ 的波形图。

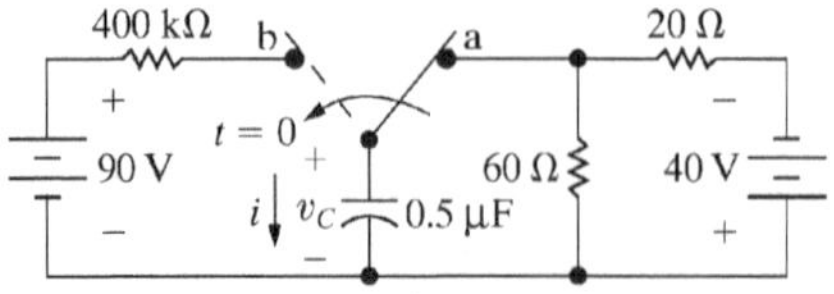

图 7.25　例 7.7 的电路

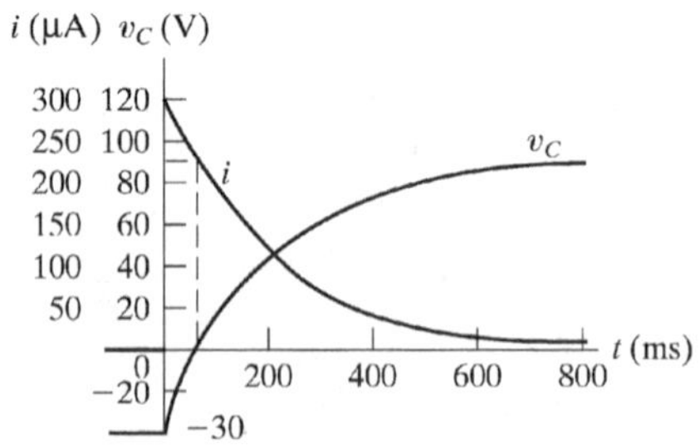

图 7.26　例 7.7 的电流和电压波形

例 7.8　在零初始条件下使用一般解法

图 7.27 所示电路中的开关已打开很长时间。在电容上的初始电荷为零。在 $t=0$ 时，开关关闭。求下面的表达式：

(a) $t \geqslant 0^+$ 时的 $i(t)$。(b) $t \geqslant 0^+$ 时的 $v(t)$。

解：

(a) 由于电容上的初始电压为零，在开关关闭瞬间，30 kΩ 中的电流是

$$i(0^+) = \frac{(7.5)\times(20)}{50} = 3\ \text{mA}$$

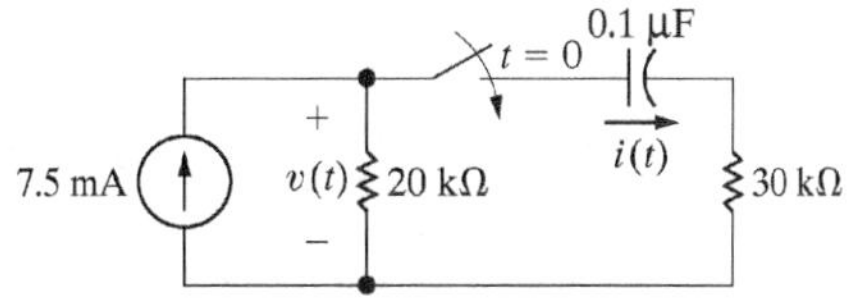

图 7.27　例 7.8 的电路

由于电容最终将对直流电流开路，因此电容电流终值将为零，$i_f = 0$。电路的时间常数将等于戴维南电阻(从电容两端看到)与电容容量的乘积，所以 $\tau = (20+30)\times10^3\times(0.1)\times10^{-6} = 5$ ms。将这些值代入式(7.60)得到表达式

$$i(t) = 0 + (3-0)\mathrm{e}^{-t/5\times10^{-3}} = 3\mathrm{e}^{-200t}\ \text{mA},\quad t \geqslant 0^+$$

(b) 对于 $v(t)$，从电路得知它等于电容电压与 30 kΩ 电阻电压之和。电容电压(电压降方向与电流方向一致)初值为零，终值为(7.5)×(20)，即 150 V。时间常数与前面相同，为 5 ms。因此用式(7.60)得到

$$v_C(t) = 150 + (0-150)\mathrm{e}^{-200t} = (150 - 150\mathrm{e}^{-200t})\ \text{V},\quad t \geqslant 0$$

因此，电压 $v(t)$ 的表达式为

$$v(t) = 150 - 150\mathrm{e}^{-200t} + (30)\times(3)\mathrm{e}^{-200t} = (150 - 60\mathrm{e}^{-200t})\ \text{V},\quad t \geqslant 0^+$$

检查该表达式，20 Ω 电阻电压的初值为 150－60，即 90 V。开关关闭瞬间，在 20 kΩ 电阻中的电流是(7.5)×(30/50)，即 4.5 mA。这个电流在 20 kΩ 电阻产生一个 90 V 的压降，证实了解中预测的值。

例 7.9　使用一般解法求 RL 电路的阶跃响应

图 7.28 所示电路中开关已打开很长时间。在 $t=0$ 时开关关闭。求下面的表达式：

(a) $t\geqslant0^+$ 时的 $v(t)$。(b) $t\geqslant0$ 时的 $i(t)$。

解：

(a) 开关已打开很长时间，则电感中的初始电流为 5 A，方向从上到下。开关瞬间关闭后，电流仍然是 5 A，因此电感的初始电压变成 20－5×(1)，即 15 V。电感电压终值是 0 V。由于开关关闭，时间常数为 80/1，即 80 ms。用式(7.60)写出 $v(t)$ 表达式

$$v(t) = 0 + (15-0)\mathrm{e}^{-t/80\times10^{-3}} = 15\mathrm{e}^{-12.5t}\ \text{V},\quad t \geqslant 0^+$$

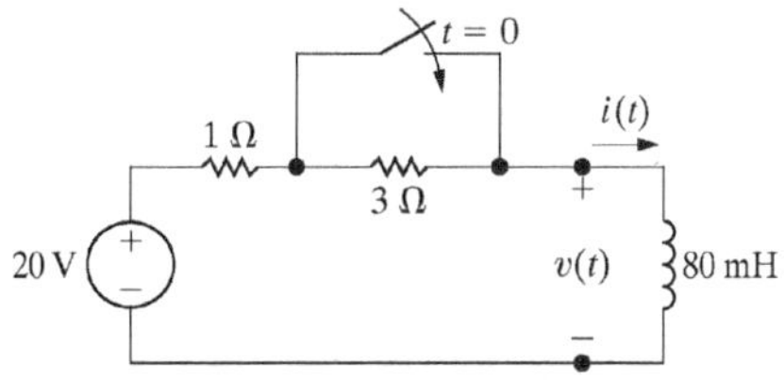

图 7.28　例 7.9 的电路

(b) 已知电感电流初始值为 5 A。开关关闭长时间后，电感电流达到 20/1，即 20 A。电路的时间常数是 80 ms，则 $i(t)$ 表达式为

$$i(t) = 20 + (5-20)\mathrm{e}^{-12.5t} = (20 - 15\mathrm{e}^{-12.5t})\ \text{A},\quad t \geqslant 0$$

注意到下面的公式，确定 $v(t)$ 和 $i(t)$ 的解相符合。

$$v(t) = L\frac{\mathrm{d}i}{\mathrm{d}t} = 80\times10^{-3}[15\times(12.5)\mathrm{e}^{-12.5t}] = 15\mathrm{e}^{-12.5t}\ \text{V},\quad t \geqslant 0^+$$

提示：为了评估对一般解法的理解，试求本章习题 7.51 和习题 7.53。

例 7.10 表明式(7.60)还可以用来求一些含有磁耦合线圈电路的阶跃响应。

例 7.10　确定含有磁耦合线圈电路的阶跃响应

图 7.29 电路在开关关闭时无能量存储。

(a) 求 i_o，v_o，i_1，i_2 的解。(b) 证明在(a)中所获得的解对已知电路特性有意义。

解：

(a) 对于图 7.29 电路，磁耦合线圈可以由单个具有感应的电感代替

$$L_{eq} = \frac{L_1L_2 - M^2}{L_1 + L_2 - 2M} = \frac{45 - 36}{18 - 12} = 1.5\ \text{H}$$

(参见习题6.41)图7.29电路可以简化成图7.30所示电路。

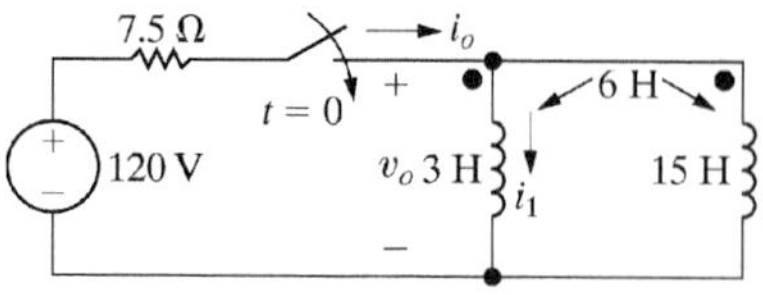

图7.29　例7.10的电路

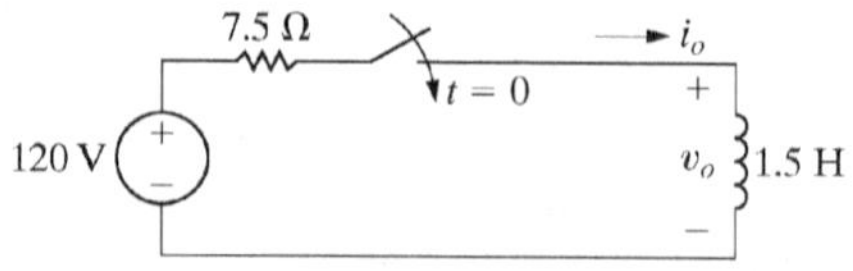

图7.30　图7.29电路磁耦合线圈由等效线圈代替的简化电路

假设 i_o 的初始值是零。从图7.30可以看出 i_o 的终值是120/7.5，即16 A。电路的时间常数是1.5/7.5，即0.2 s。直接从式(7.60)得到

$$i_o = 16 - 16e^{-5t}\ \text{A}, \quad t \geqslant 0$$

电压 v_o 遵循基尔霍夫电压定律，因此有

$$v_o = 120 - 7.5i_o = 120e^{-5t}\ \text{V}, \quad t \geqslant 0^+$$

为了求 i_1 和 i_2，根据图7.29所示

$$3 \times \frac{di_1}{dt} + 6 \times \frac{di_2}{dt} = 6 \times \frac{di_1}{dt} + 15 \times \frac{di_2}{dt}$$

或

$$\frac{di_1}{dt} = -3 \times \frac{di_2}{dt}$$

由于 $i_o = i_1 + i_2$(参见图7.29)

$$\frac{di_o}{dt} = \frac{di_1}{dt} + \frac{di_2}{dt}$$

所以

$$80e^{-5t} = -2 \times \frac{di_2}{dt}$$

由于 $i_2(0)$ 是零，有

$$i_2 = \int_0^t -40e^{-5x}dx = -8 + 8e^{-5t}\ \text{A}, \quad t \geqslant 0$$

利用基尔霍夫电流定律，得到

$$i_1 = 24 - 24e^{-5t}\ \text{A}, \quad t \geqslant 0$$

(b)首先注意到 $i_o(0)$，$i_1(0)$ 和 $i_2(0)$ 都是零，这与开关关闭瞬间电路中无能量存储的叙述一致。其次，观察到 $v_o(0^+) = 120$ V，它与 $i_o(0) = 0$ 的实际情况相符。

现在观察 i_1，i_2 的解，注意到下面的 v_o，它们与 v_o 的解一致

$$v_o = 3 \times \frac{di_1}{dt} + 6 \times \frac{di_2}{dt} = 360e^{-5t} - 240e^{-5t} = 120e^{-5t}\ \text{V}, \quad t \geqslant 0^+$$

或

$$v_o = 6 \times \frac{di_1}{dt} + 15 \times \frac{di_2}{dt} = 720e^{-5t} - 600e^{-5t} = 120e^{-5t}\ \text{V}, \quad t \geqslant 0^+$$

i_1 和 i_2 的终值可以用磁链检查。3 H线圈的磁链(λ_1)必须等于15 H线圈的磁链(λ_2)。由于

$$v_o = \frac{d\lambda_1}{dt} = \frac{d\lambda_2}{dt}$$

现在

$$\lambda_1 = 3i_1 + 6i_2\ \text{韦伯·匝}$$

以及

$$\lambda_2 = 6i_1 + 15i_2 \text{ 韦伯·匝}$$

不管用哪个表达式，都可以得到

$$\lambda_1 = \lambda_2 = 24 - 24e^{-5t} \text{ 韦伯·匝}$$

注意λ_1或λ_2的解与 v_o 的解相符。

线圈 1 或者线圈 2 的磁链终值是 24 韦伯·匝，即

$$\lambda_1(\infty) = \lambda_2(\infty) = 24 \text{ 韦伯·匝}$$

i_1 的终值是

$$i_1(\infty) = 24 \text{ A}$$

i_2 的终值是

$$i_2(\infty) = -8 \text{ A}$$

i_1 和 i_2 这些终值与磁链终值之间的一致性可以从下面的表达式看出：

$$\lambda_1(\infty) = 3i_1(\infty) + 6i_2(\infty) = 3 \times (24) + 6 \times (-8) = 24 \text{ 韦伯·匝}$$

$$\lambda_2(\infty) = 6i_1(\infty) + 15i_2(\infty) = 6 \times (24) + 15 \times (-8) = 24 \text{ 韦伯·匝}$$

值得注意的是，由于在 $t = \infty$ 时，两个线圈是理想的短路，i_1 和 i_2 的终值仅可通过磁链检查。理想短路之间电流的分配从欧姆定律不能得出。

提示：试用一般解法求本章习题 7.68 和习题 7.71 来评估对这部分材料的理解。

7.5 按序换路

电路中如果发生多次换路，则称之为按序换路。例如，一个双置开关可以来回转换，或多重开关可以按顺序开或关。对于所有换路，时间参考点不能是 $t = 0$。用本章前面所描述的方法，可以确定由按序换路产生的电压和电流，推导给定开关位置的 $v(t)$ 和 $i(t)$ 表达式，然后用这些解确定下一个开关位置的初始条件。

对于按序换路问题，重要的是获得初值 $x(t_0)$，换路时电感电流和电容电压不能跃变。首先要解决的是按序换路时电感电流和电容电压的问题。画出每个时间段对应的电路，在求解过程中很有帮助。

例 7.11 和例 7.12 说明了按序换路电路的分析方法。第一个是两次换路的固有响应问题，第二个是阶跃响应问题。

例 7.11　分析按序换路的 RL

电路图 7.31 所示电路中两个开关已经关闭很长时间。在 $t = 0$ 时，开关 1 打开。过 35 ms 后，开关 2 打开。

(a) 求 $i_L(t)$，$0 \leq t \leq 35$ ms。(b) 求 $i_L(t)$，$t \geq 35$ ms。(c) 存储在 150 mH 电感中的初始能量消耗在 18 Ω 电阻上的百分比是多少？(d) 电阻是 3 Ω，重复(c)。(e) 电阻是 6 Ω，重复(c)。

解：

(a) $t < 0$ 时，两个开关是闭合的，导致 150 mH 电感将 18 Ω 电阻短路。它的等效电路如图 7.32 所示。通过求解图 7.32 所示电路中的 $i_L(0^-)$ 来确定初始电流。经过电源转换之后，求出 $i_L(0^-)$ 为 6 A。在 $0 \leq t \leq 35$ ms 时，开关 1 打开(开关 2 关闭)，60 V 电压源和 4 Ω，12 Ω 电阻与电路断开。电感不再表现为短路(由于电路中无直流电源)，18 Ω 电阻也不会短接，等效电路如图 7.33 所示。电感两端的等效电阻是 9 Ω 和 18 Ω 的并联，阻值为 6 Ω。电路的时间常数是 $(150/6) \times 10^{-3}$，即 25 ms。因此 i_L 的表达式是

$$i_L = 6e^{-40t} \text{ A}, \quad 0 \leq t \leq 35 \text{ ms}$$

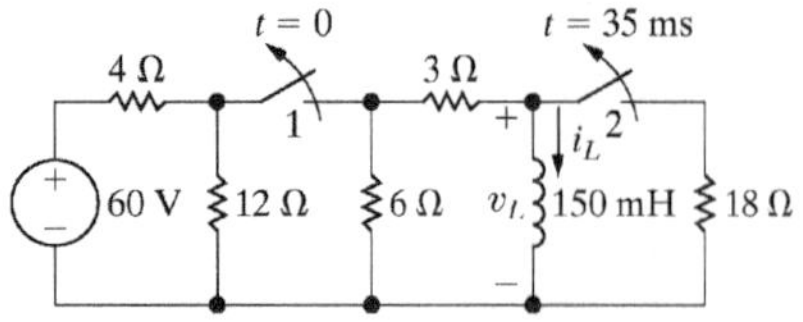

图 7.31　例 7.11 的电路

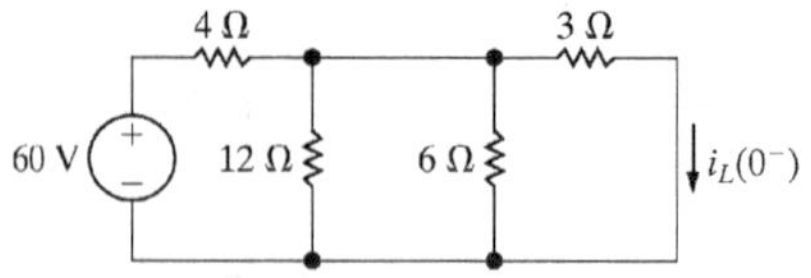

图 7.32　$t<0$ 时的图 7.31 电路

(b) 当 $t=35$ ms 时，电感电流值为

$$i_L = 6e^{-1.4} = 1.48 \text{ A}$$

当开关 2 打开时，电路简化为图 7.34 所示电路形式，时间常数变成 $(150/9)\times10^{-3}$，即 16.67 ms 。i_L 的表达式变成

$$i_L = 1.48e^{-60\times(t-0.035)} \text{ A}, \quad t \geqslant 35 \text{ ms}$$

指数函数在 35 ms 时变化。

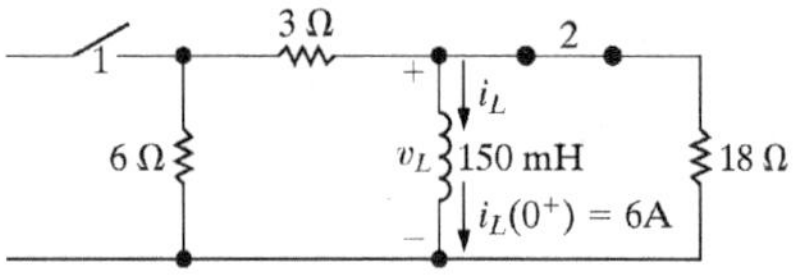

图 7.33　$0\leqslant t\leqslant35$ ms 时的图 7.31 电路

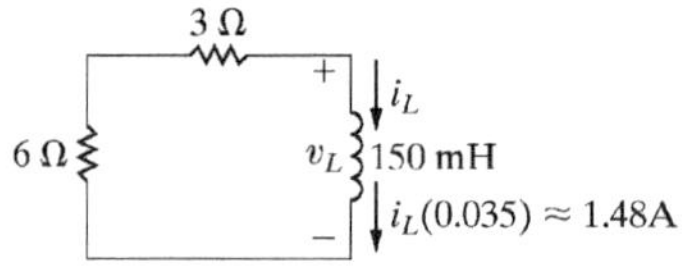

图 7.34　$t\geqslant35$ ms 时的图 7.31 电路

(c) 18 Ω 电阻仅在换路序列的前 35 ms 期间处于电路中。在这段时间里，电阻的电压是

$$v_L = 0.15\times\frac{d}{dt}(6e^{-40t}) = -36e^{-40t} \text{ V}, \quad 0<t<35 \text{ ms}$$

18 Ω 电阻的功率损耗为

$$p = \frac{v_L^2}{18} = 72e^{-80t} \text{ W}, \quad 0<t<35 \text{ ms}$$

因此消耗的能量是

$$w = \int_0^{0.035} 72e^{-80t}dt = \frac{72}{-80}e^{-80t}\Big|_0^{0.035} = 0.9(1-e^{-2.8}) = 845.27 \text{ mJ}$$

存储在 150 mH 电感中的初始能量是

$$w_i = \frac{1}{2}\times(0.15)\times(36) = 2.7 \text{ J} = 2700 \text{ mJ}$$

因此 150 mH 电感中存储的初始能量消耗在 18 Ω 电阻上的为 $(845.27/2700)\times100$，即 31.31%。

(d) 在 $0<t<35$ ms 时，3 Ω 电阻的电压为

$$v_{3\Omega} = \left(\frac{v_L}{9}\right)\times(3) = \frac{1}{3}v_L = -12e^{-40t} \text{ V}$$

因此在前 35 ms，3 Ω 电阻消耗的能量是

$$w_{3\Omega} = \int_0^{0.035}\frac{144e^{-80t}}{3}dt = 0.6\times(1-e^{-2.8}) = 563.51 \text{ mJ}$$

对于 $t>35$ ms，3 Ω 电阻的电流为

$$i_{3\Omega} = i_L = (6e^{-1.4})e^{-60\times(t-0.035)} \text{ A}$$

因此，$t>35$ ms 时，3 Ω 电阻消耗的能量是

$$w_{3\Omega} = \int_{0.035}^{\infty} i_{3\Omega}^2\times3dt = \int_{0.035}^{\infty}3\times(36)e^{-2.8}e^{-120\times(t-0.035)}dt$$

$$= 108e^{-2.8}\times\frac{e^{-120\times(t-0.035)}}{-120}\Big|_{0.035}^{\infty} = \frac{108}{120}e^{-2.8} = 54.73 \text{ mJ}$$

3 Ω 电阻消耗的总能量是

$$w_{3\Omega}(\text{总能量}) = 563.51 + 54.73 = 618.24\ \text{mJ}$$

所存储的初始能量的百分比是

$$\frac{618.24}{2700} \times 100\% = 22.90\%$$

(e)由于6 Ω 电阻与3 Ω 电阻串联，因此所消耗的能量和所存储的初始能量的百分比是3 Ω 电阻的两倍

$$w_{6\Omega}(\text{总能量}) = 1236.48\ \text{mJ}$$

所存储的初始能量的百分比是45.80%。通过观察下面的式子检验这些计算：

$$1236.48 + 618.24 + 845.27 = 2699.99\ \text{mJ}$$

和

$$31.31 + 22.90 + 45.80 = 100.01\%$$

总和的微小误差是四舍五入产生的。

例7.12 分析按序换路的RC

电路图7.35所示电路中，无电荷的电容初始接在三位置开关的a端。在 $t=0$ 时，开关移到位置b并保持15 ms。15 ms延迟后，开关移到位置c并保持。

(a)推导电容电压表达式。(b)画出电容电压对应时间的波形图。(c)电容电压何时等于200 V?

解：

(a)开关移到位置b的瞬间，电容的初始电压为零。如果开关保持在位置b，电容最后充电到400 V。开关在位置b时，电路的时间常数为10 ms。可以使用式(7.59)，设 $t_0=0$，写出电容电压的表达式

$$v = 400 + (0-400)e^{-100t} = (400 - 400e^{-100t})\ \text{V}, \quad 0 \leqslant t \leqslant 15\ \text{ms}$$

注意：由于开关在位置b仅保持15 ms，因此这个表达式仅在0到15 ms时间内有效。开关在该位置15 ms之后，电容电压将是

$$v(15\ \text{ms}) = 400 - 400e^{-1.5} = 310.75\ \text{V}$$

因此，当开关移到位置c时，电容的初始电压是310.75 V。开关在位置c时，电容的终值是零，时间常数是5 ms。再用式(7.59)，写出电容电压的表达式

$$v = 0 + (310.75 - 0)e^{-200(t-0.015)} = 310.75e^{-200(t-0.015)}\ \text{V}, \quad 15\ \text{ms} \leqslant t$$

在 v 的表达式中，$t_0=15$ ms，该表达式只在 $t \geqslant 15$ ms时才有效。

(b)图7.36给出了 v 对应于 t 的波形图。

(c)电容电压等于200 V，图7.36显示出在两个不同的时间段出现：一个时间段发生在0～15 ms之间，另一个时间段发生在15 ms之后。通过求解下面的表达式求出第一个时间段

$$200 = 400 - 400e^{-100t_1}$$

得到 $t_1=6.93$ ms。通过解下面的表达式求出第二个时间段

$$200 = 310.75e^{-200\times(t_2-0.015)}$$

得到 $t_2=17.20$ ms。

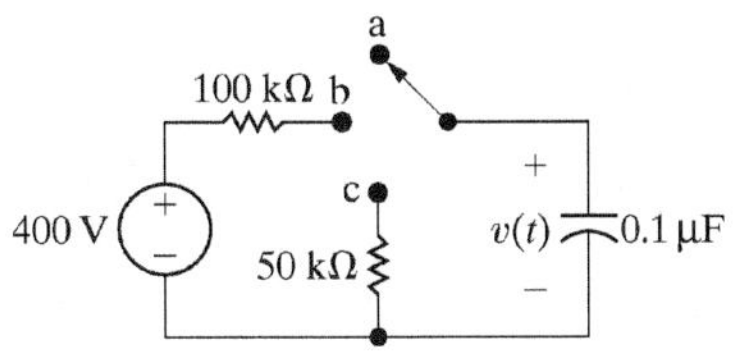

图7.35 例7.12的电路

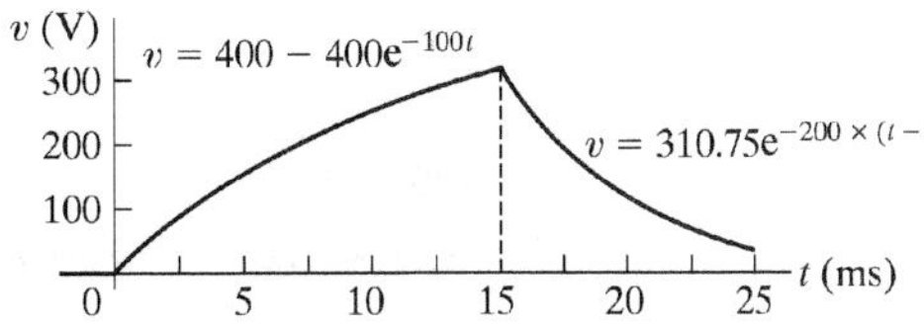

图7.36 例7.12的电容电压

评测目标 3 知道如何分析电路按序换路。

7.7 在右图所示电路中，开关 1 关闭且开关 2 打开已有很长时间。在 $t=0$ 时，开关 1 打开。10 ms 后，开关 2 关闭。求：

(a)$v_C(t)$，$0\leqslant t\leqslant 0.01$ s 。(b)$v_C(t)$，$t\geqslant 0.01$ s 。(c)消耗在 25 kΩ 电阻中的总能量。(d)消耗在 100 kΩ 电阻中的总能量。

答：(a) $80e^{-40t}$ V；(b) $53.63e^{-50\times(t-0.01)}$ V；

(c) 2.91 mJ；(d) 0.29 mJ 。

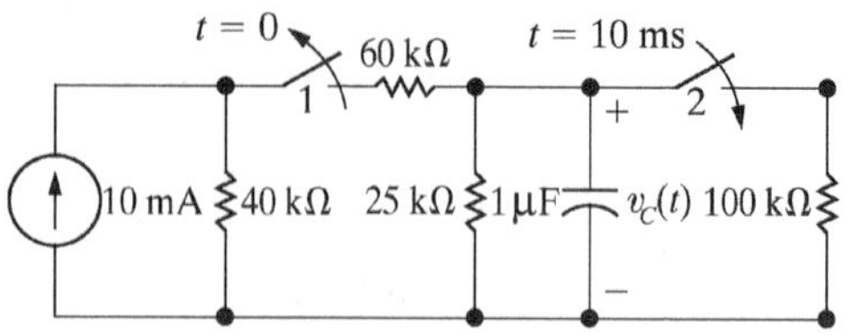

7.8 在右图所示电路中，开关 a 已经打开很长时间，开关 b 已经关闭很长时间。在 $t=0$ 时，开关 a 关闭，在保持 1 s 后再次打开。开关 b 同时打开，两开关保持打开一定时间。确定电感电流 i 的表达式：(a) $0\leqslant t\leqslant 1$ s；(b) $t\geqslant 1$ s 。

答：(a) $(3-3e^{-0.5t})$ A，$0\leqslant t\leqslant 1$ s；

(b) $(-4.8+5.98e^{-1.25(t-1)})$ A，$t\geqslant 1$ s 。

提示：试求本章习题 7.72 和习题 7.80。

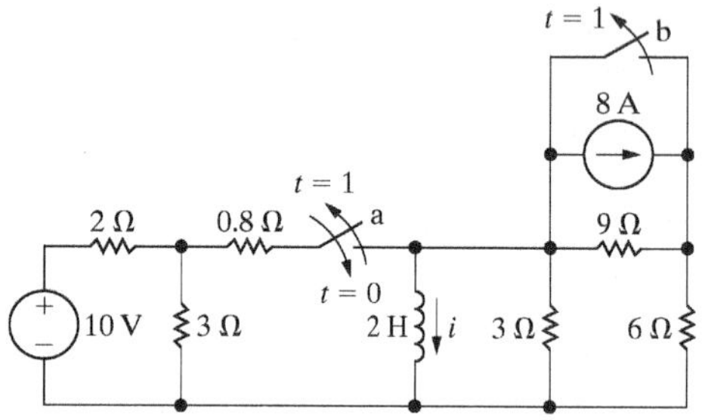

7.6 无限响应

一个电路响应随时间按指数规律增长而不是衰减，这种类型的响应称之为无限响应，如果电路含有非独立源可能会出现无限响应。在这种情况下，电感或电容端的戴维南等效电阻可以是负的。这个负电阻产生一个负的时间常数，结果是电流和电压无限制增长。在实际电路中，当元件毁坏或进入饱和状态时，响应最后达到一个限定值，阻止电压或电流的进一步增长。

考虑无限响应时，终值的概念变得有些混淆。因此可以用式(7.59)给出的阶跃响应解，推导出含有负电阻电路的微分方程，然后用变量分离方法求解。例 7.13 显示了电容电压的指数增长响应。

例 7.13 求 RC 电路的无限响应

(a)当图 7.37 所示电路中开关关闭时，电容电压是 10 V。求 $t\geqslant 0$ 时的 v_o 表达式。(b)假设当电容的端电压达到 150 V 时电容短路。在电容短路之前经过多少毫秒？

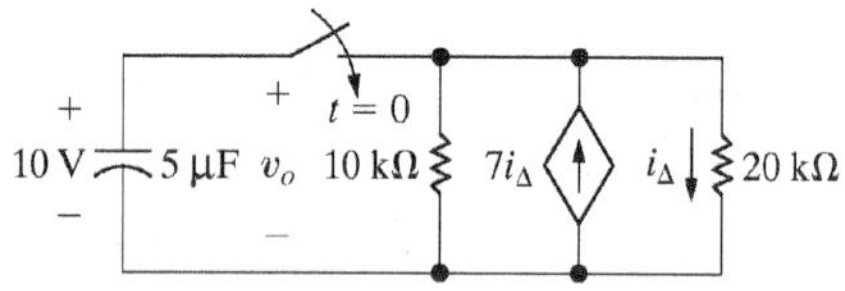

图 7.37 例 7.13 的电路

解：

(a)为求电容端的戴维南等效电阻，利用第 4 章所述的测试电源法，电路如图 7.38 所示。其中 v_T 是测试电压，i_T 为测试电流，v_T 用伏特表示，得到

$$i_T=\frac{v_T}{10}-7\left(\frac{v_T}{20}\right)+\frac{v_T}{20}\text{ mA}$$

求出比值 v_T/i_T，得到戴维南电阻

$$R_{\text{Th}}=\frac{v_T}{i_T}=-5\text{ k}\Omega$$

有了戴维南电阻，可以将图 7.37 所示电路简化成图 7.39 所示的电路。

对于 $t\geqslant 0$，图 7.39 所示电路的微分方程式是

$$(5\times10^{-6})\times\frac{dv_o}{dt}-\frac{v_o}{5}\times10^{-3}=0$$

除以第一项的系数得到

$$\frac{\mathrm{d}v_o}{\mathrm{d}t} - 40v_o = 0$$

现在用变量分离方法求 $v_o(t)$

$$v_o(t) = 10\mathrm{e}^{40t}\ \mathrm{V}, \quad t \geqslant 0$$

(b) 当 $\mathrm{e}^{40t} = 15$ 时 $v_o = 150$ V。因此，$40t = \ln 15$ 并且 $t = 67.70$ ms。

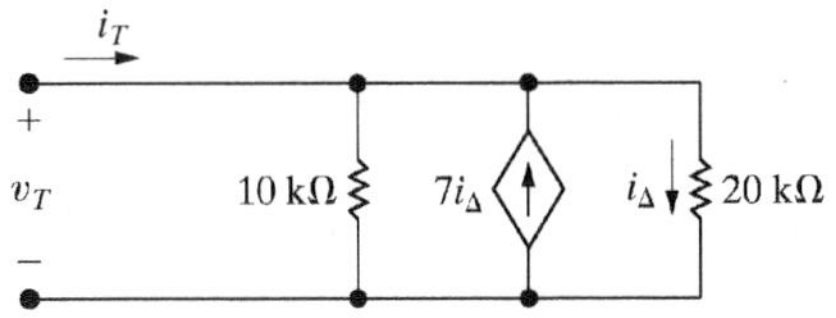

图 7.38　求 R_{Th} 的测试电源法

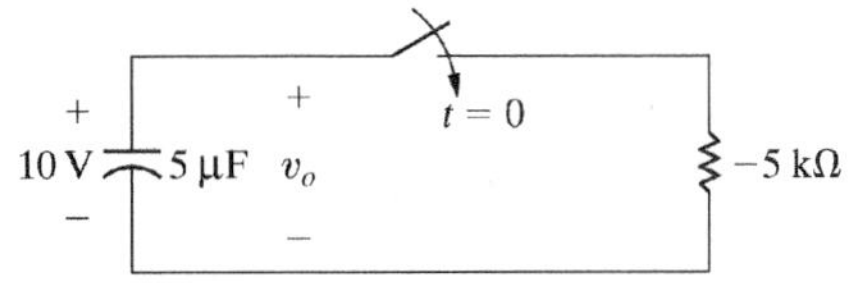

图 7.39　图 7.37 电路的简化形式

提示：试求本章习题 7.86 和习题 7.88 以评估对这部分内容的理解。

互连电路元件可以导致电流和电压不断增长，这个事实对于工程师是重要的。如果这样的互连是无意识的，其结果是电路可能产生意想不到的、具有潜在危险的故障。

7.7 积分放大器

第 5 章已经介绍过运算放大器，运算放大器可以构成积分放大器。现在准备分析一个积分放大器电路，电路如图 7.40 所示。这个电路是要产生一个与输入电压积分成比例的输出电压。在图 7.40 中，添加支路电流 i_f 和 i_s，以及节点电压 v_n 和 v_p 将有助于对电路的分析。

假设运算放大器是理想的，利用下面的约束：

$$i_f + i_s = 0 \tag{7.61}$$

$$v_n = v_p \tag{7.62}$$

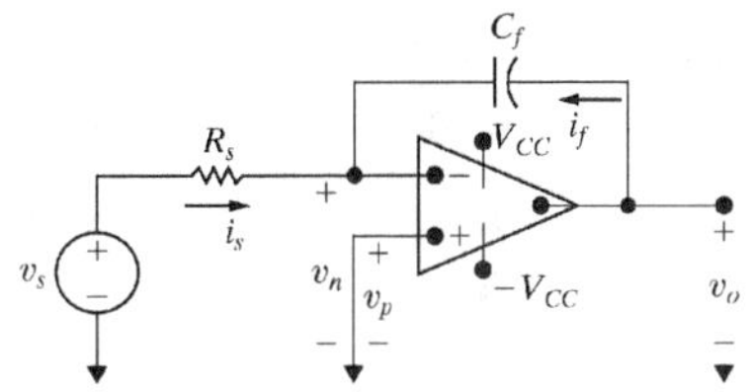

图 7.40　积分放大器

由于 $v_p = 0$

$$i_s = \frac{v_s}{R_s} \tag{7.63}$$

$$i_f = C_f\frac{\mathrm{d}v_o}{\mathrm{d}t} \tag{7.64}$$

根据式(7.61)，式(7.63)和式(7.64)，得到

$$\frac{\mathrm{d}v_o}{\mathrm{d}t} = -\frac{1}{R_sC_f}v_s \tag{7.65}$$

式(7.65)两边乘以一个微分时间 dt，然后从 t_0 到 t 的积分产生方程

$$v_o(t) = -\frac{1}{R_sC_f}\int_{t_0}^{t} v_s\,\mathrm{d}y + v_o(t_0) \tag{7.66}$$

在式(7.66)中，t_0 表示开始积分时的瞬间。这样 $v_o(t_0)$ 就是此时的输出电压。由于 $v_n = v_p = 0$，$v_o(t_0)$ 与反馈电容 C_f 的初始电压是相同的。

式(7.66)表明，积分放大器的输出电压等于电容的电压初值再加上反相(负号)的、成比例($1/R_sC_f$)的输入电压积分。如果积分开始时，无能量存储在电容中，则式(7.66)简化为

$$v_o(t) = -\frac{1}{R_sC_f}\int_{t_0}^{t} v_s\,\mathrm{d}y \tag{7.67}$$

如果 v_s 是直流电平的阶跃变化，输出电压将随时间线性变化。例如，假设输入电压是矩形

电压脉冲，如图 7.41 所示，同时假设 v_s 从 0 跳跃到 V_m 的瞬间，$v_o(t)$ 的初值是零。直接应用式(7.66)产生

$$v_o = -\frac{1}{R_s C_f} V_m t + 0, \quad 0 \leqslant t \leqslant t_1 \tag{7.68}$$

当 t 在 t_1 和 $2t_1$ 之间时

$$v_o = -\frac{1}{R_s C_f} \int_{t_1}^{t} (-V_m) \mathrm{d}y - \frac{1}{R_s C_f} V_m t_1 = \frac{V_m}{R_s C_f} t - \frac{2V_m}{R_s C_f} t_1, \quad t_1 \leqslant t \leqslant 2t_1 \tag{7.69}$$

图 7.42 显示了 $v_o(t)$ 对应于 t 的波形图。显然，输出电压是与输入电压的积分反相且成比例的。

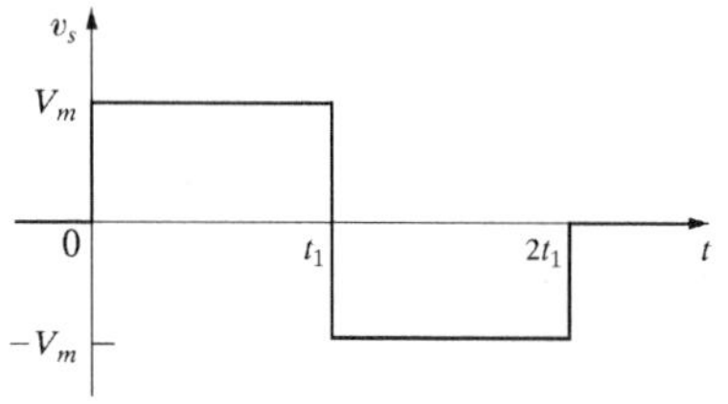

图 7.41 输入电压信号

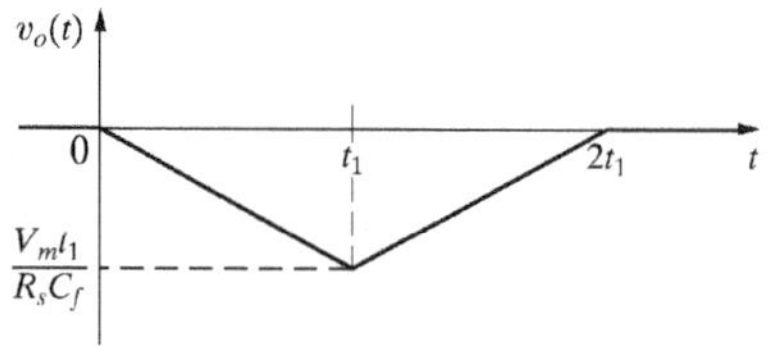

图 7.42 积分放大器的输出电压

只有运算放大器工作在线性区，也就是工作在不饱和状态，输出电压才与输入电压积分成比例。例 7.14 和例 7.15 进一步给出了积分放大器的分析。

例 7.14 分析积分放大器

假设图 7.41 所示信号电压值是 $V_m = 50$ mV 以及 $t_1 = 1$ s。这个信号电压应用于图 7.40 所示积分放大器电路中。放大器的电路参数是 $R_s = 100$ kΩ，$C_f = 0.1$ μF，$V_{CC} = 6$ V。电容的初始电压为零。

(a) 计算 $v_o(t)$。(b) 画出 $v_o(t)$ 对应于 t 的波形图。

解:

(a) 对于 $0 \leqslant t \leqslant 1$ s

$$v_o = \frac{-1}{(100 \times 10^3) \times (0.1 \times 10^{-6})} \times 50 \times 10^{-3} t + 0 = -5t \text{ V}, \quad 0 \leqslant t \leqslant 1 \text{ s}$$

对于 $1 \text{ s} \leqslant t \leqslant 2$ s

$$v_o = (5t - 10) \text{ V}$$

(b) 图 7.43 显示出 $v_o(t)$ 对应于 t 的波形图。

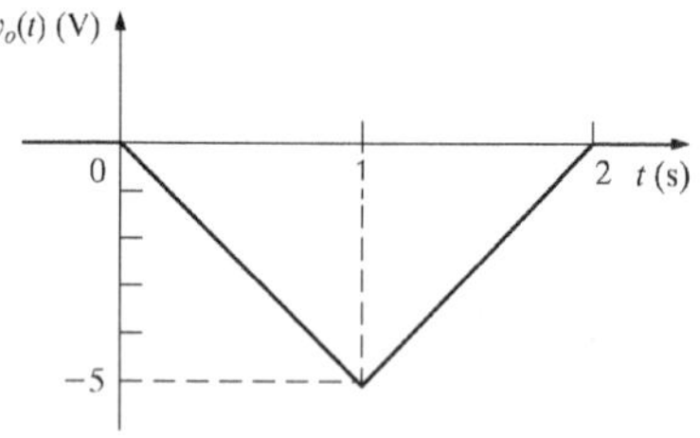

图 7.43 例 7.14 的输出电压

例 7.15 分析按序换路的积分放大器

图 7.44 所示电路中，开关接触到 a 端的瞬间，在 0.1 μF 电容上的电压是 5 V。开关在 a 端保持 9 ms，然后瞬间移到 b 端。开关接触到 a 端后多少毫秒运算放大器饱和?

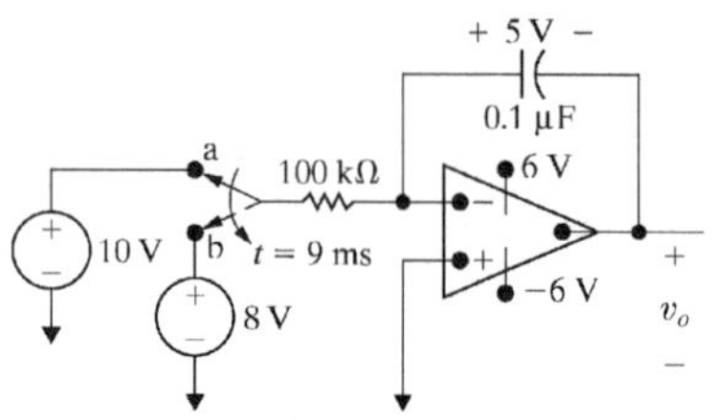

图 7.44 例 7.15 的电路

解:

开关在 a 端时的输出电压表达式

$$v_o = -5 - \frac{1}{10^{-2}} \int_0^t (-10) \mathrm{d}y = (-5 + 1000t) \text{ V}$$

开关接触到 a 端后 9 ms，输出电压是 −5 + 9 = 4 V。

开关移到 b 端后输出电压表达式是

$$v_o = 4 - \frac{1}{10^{-2}} \int_{9\times10^{-3}}^{t} 8 \mathrm{d}y = 4 - 800 \times (t - 9 \times 10^{-3}) = (11.2 - 800t) \text{ V}$$

在这期间，电压减少，运算放大器最后在 −6 V 饱和。因此设定 v_o 表达式等于 −6 V 来获得饱和时间 t_s

$$11.2 - 800t_s = -6$$

即

$$t_s = 21.5 \text{ ms}$$

因此积分放大器接触到 b 端后 21.5 ms 饱和。

从例子中看出积分放大器可以很好地完成积分作用，不过在指定范围内应避免运放饱和。运放饱和是由于反馈电容上的电荷积累造成的。可以加一个电阻与电容的并联防止饱和。在第 8 章将介绍该电路。

可以通过互换输入电阻 R_s 和反馈电容 C_f，将一个积分放大器转换成一个微分放大器，得到

$$v_o = -R_s C_f \frac{dv_s}{dt} \tag{7.70}$$

将式(7.70)的推导留给读者作为一个练习。微分放大器很少使用，因为在实践中，它是一个有害源或噪声信号。

最后说一句，可以用电感代替电容来设计积分和微分放大器。然而在集成电路器件中，构造电容更简单，所以电感很少用在积分放大器中。

评测目标 4　能够分析包含电阻和一个电容的运放电路。

7.9　右图所示电路中的开关在接触到 a 端时，电容中无能量存储。开关在位置 a 保持 32 ms，然后瞬间移到 b 端。在接触 a 端后多少毫秒运放达到饱和状态？

答： 262 ms。

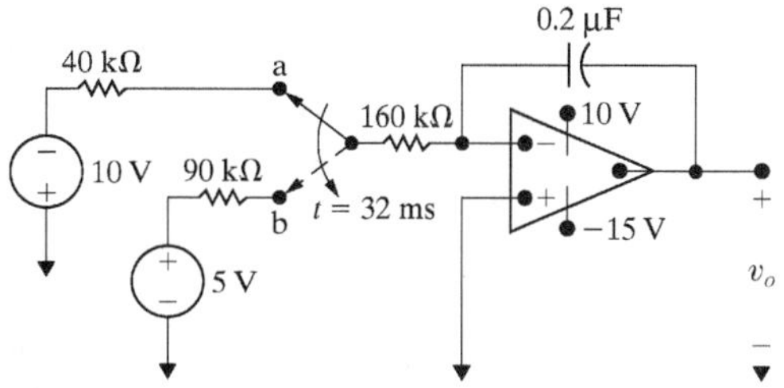

7.10　(a) 右图所示电路中，开关关闭时电容无能量存储。运算放大器经过多长时间饱和？(b) 电容的初始电压为 1 V，上端为正，重复(a)。

答： (a) 1.11 ms；(b) 1.76 ms。

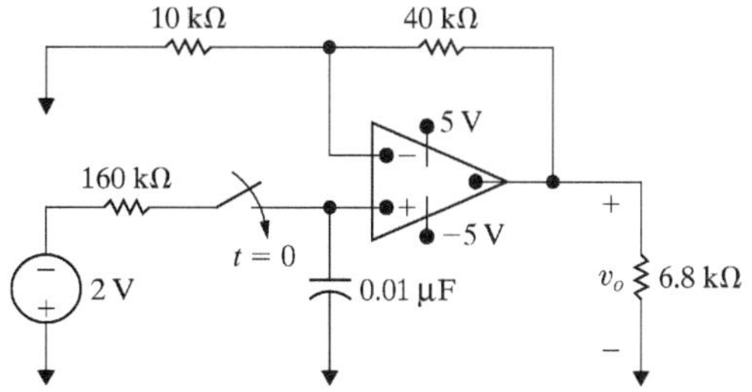

提示： 试求本章习题 7.94 和习题 7.95。

实例应用

人工心脏起搏器(二)

现在来分析一个简单的 RC 电路，如图 7.45 所示，它能够产生周期性的电脉冲。这种 RC 电路可以用于人工心脏起搏器，用来建立正常的心律。标有“控制器”的框图在电容器上的电压未达到预设的限制值时，相当于开路。一旦达到限制值，电容器通过放电释放其存储的能量，为心脏提供电脉冲，然后开始重新充电，并重复这个过程。

在推导描述这个电路行为的解析表达式之前，先来看看电路是如何工作的。首先，直流电压源通过电阻器 R 对电容器充电，使其接近 V_s 值，在这过程中，控制器的行为相当于开路；但是一旦电容器上的电压达到最大值 V_{max} 时，控制器的行为相当于短路，以使电容器放电。一旦电容器放电完成，控制器再次相当于开路，使电容器重新开始充电。电容器充电和放电的周期建立了所需的心律，如图 7.46 所示。

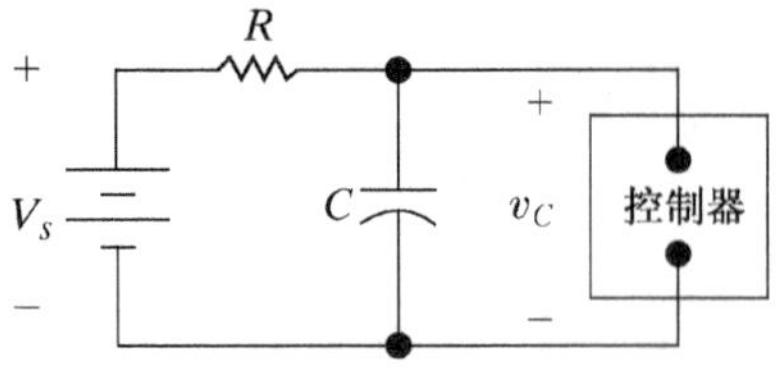

图 7.45 人工心脏起搏器电路

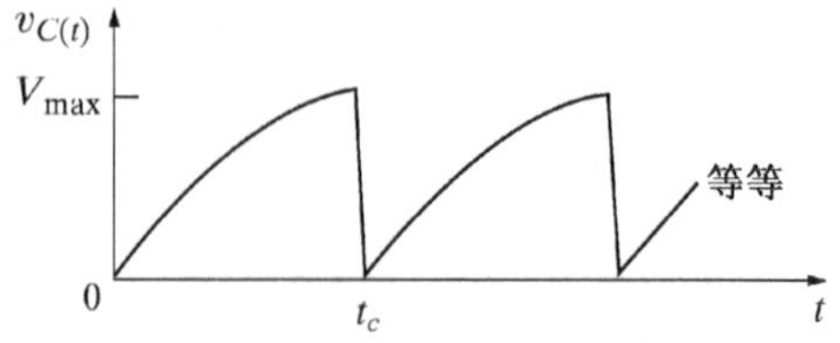

图 7.46 图 7.45 中电容器电压随时间的变化图

在绘制图 7.46 时，选择了 $t=0$ 时刻电容器开始充电。这个图也假定电路已经运行在重复阶段，电容器的放电时间相比于充电时间可以忽略不计。这个人工心脏起搏器电路的设计需要一个 $v_C(t)$ 方程，它是 $V_{\max}$，R 和 C 的函数。

分析之前，先假定电路已经运行了很长时间，$t=0$ 时刻选择在电容器正好放完电，控制器处于开路状态。根据电路求得

$$v_C(\infty) = V_s$$
$$v_C(0) = 0$$
$$\tau = RC$$

因此，电容器充电时

$$v_C(t) = V_s(1 - e^{-t/RC})$$

假定控制器已经通过编程，在 $v_C = 0.75V_s$ 时发送一个电脉冲刺激心脏。已知 R 和 C 的值，就可以通过下式求得每分钟心跳。

$$H = \frac{60}{-RC\ln 0.25}[\text{每分钟心跳}]$$

一个更现实的实际问题是在已知 $V_{\max}$ 占 V_s 的百分比，已知 C，并已知期望的每分钟心跳的情况下，需要计算电阻的值。推导电阻方程的问题留在习题 7.106。

提示：试求本章习题 7.104 至习题 7.107，以评估对该实例应用的理解。

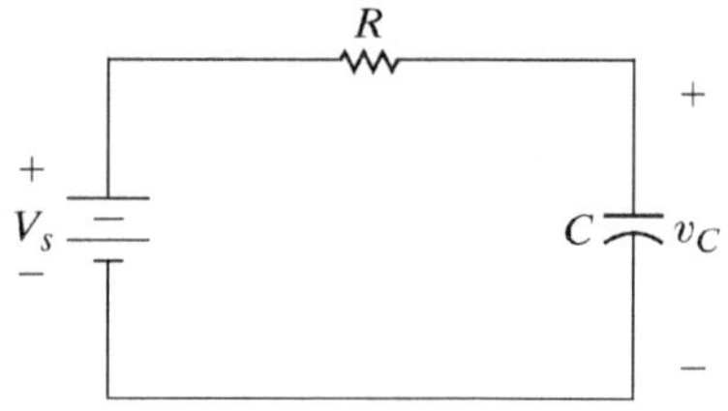

图 7.47 人工心脏起搏器电路在 $t=0$ 时刻，电容器开始充电

小结

- 一阶电路可以简化为与单个等效电感或电容相连接的戴维南(或诺顿)等效电路。
- 固有响应是当存储的能量释放到一个不含独立源的电路时所产生的电流和电压。
- RL 电路的时间常数等于等效电感除以等效电感两端看到的戴维南电阻。
- RC 电路的时间常数等于等效电容乘以等效电容两端看到的戴维南电阻。
- 阶跃响应是连到电路的直流源发生突变所产生的电流和电压。在突变发生时，存储的能量可能存在也可能不存在。
- RL 和 RC 电路的固有响应或阶跃响应的求解涉及求解有关电流或电压的初值、终值及电路的时间常数。式(7.59)和式(7.60)归纳了这一方法。
- 一阶电路中的按序换路是通过划分对应于指定开关位置的时间段来分析的。对于一个特定间隔初值的计算，应根据前面相邻间隔的解来确定。
- 当戴维南电阻是负的时，将发生无限响应，在含有非独立源的一阶电路中有可能发生。
- 积分放大器是由理想运算放大器、处在负反馈支路的电容和与信号源相串联的电阻组成的。电路输出是信号源的积分，在指定范围内应避免运放饱和。

习题

7.1P 图 P7.1 电路中的开关已经打开很长时间，在 $t=0$ 时开关关闭。

(a)确定 $i_o(0)$ 和 $i_o(\infty)$。(b)确定 $t\geqslant 0$ 时的 $i_o(t)$。(c)当开关中的电流 i_o 等于 100 mA 时，开关已关闭多少毫秒？

7.2P 图 P7.2 电路中的开关已经关闭很长时间，在 $t=0$ 时打开。

(a)写出 $t\geqslant 0$ 时的 $i_o(t)$ 表达式。(b)写出 $t\geqslant 0^+$ 时的 $v_o(t)$ 表达式。

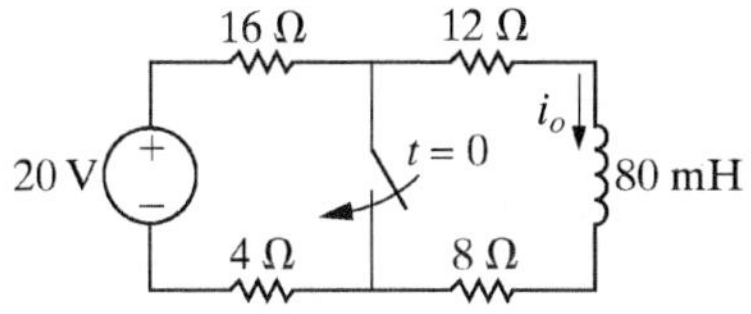

图 P7.1

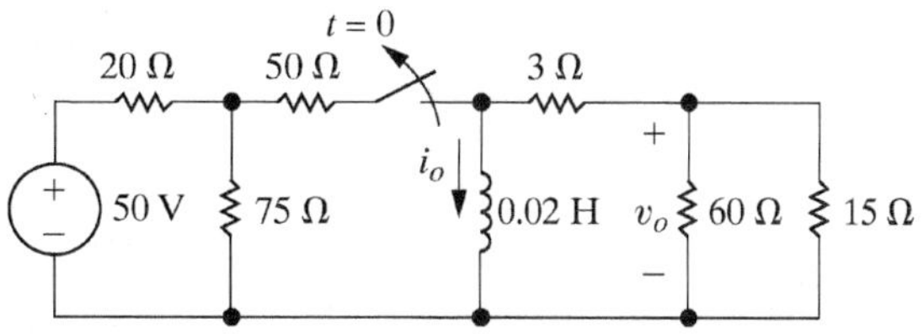

图 P7.2

7.3 在图 P7.3 所示电路中，开关在断开位置 a 之前与位置 b 接通。正如已经提到的，这是熟知的断前接通型开关，开关这样设计不会中断电感电路中的电流。在“接通”和“断开”之间的时间假设可以忽略不计。开关已经在位置 a 长时间。在 $t=0$ 时开关从位置 a 掷向位置 b。

(a)确定电感的初始电流。(b)确定 $t>0$ 时电路的时间常数。(c)求 $t\geqslant 0$ 时的 i、v_1 和 v_2。(d)开关从位置 a 掷向位置 b 后 1 ms，消耗在 90 Ω 电阻中的能量是存储在电感中初始能量的百分之多少？

7.4P 图 P7.4 电路中的开关已经在位置 1 很长时间。在 $t=0$ 时，开关瞬间移到位置 2。求 $t\geqslant 0^+$ 时的 $v_o(t)$。

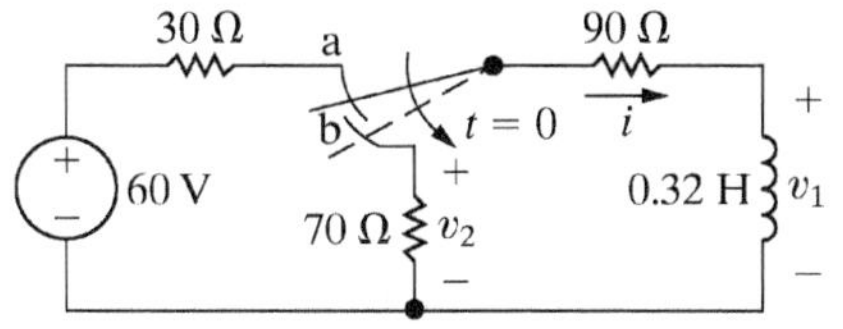

图 P7.3

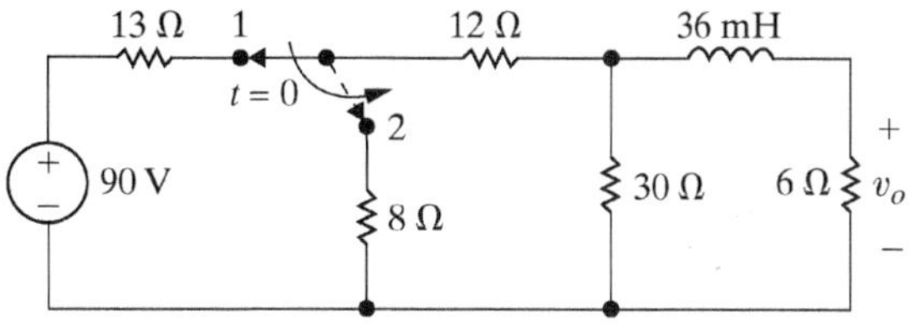

图 P7.4

7.5 在图 P7.4 电路中，存储在电感中的初始能量的百分之多少最终消耗在 6 Ω 电阻中？

7.6 图 P7.6 电路中的两个开关同步动作。开关在 $t=0$ 打开之前，已经关闭很长时间。

(a)开关打开后多少微秒，消耗在 4 kΩ 电阻中的能量是存储在 6 H 电感中初始能量的 10%？(b)在(a)所计算的时间中，存储在电感中的总能量已经消耗了百分之多少？

7.7 在图 P7.7 电路中，开关在 $t=0$ 时打开，打开之前已经关闭很长时间。

(a)在 $t=1$ ms 时，$v_o(t)$ 等于 $0.5v_o(0^+)$。求 L 的值。(b)求 $t=1$ ms 时，消耗在 10 Ω 电阻中的存储能量百分数。

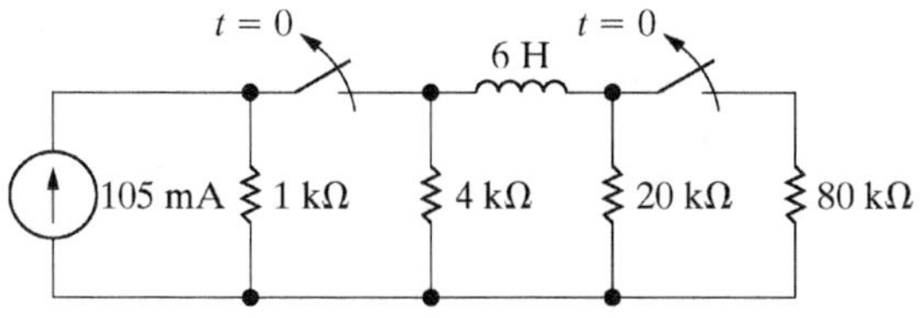

图 P7.6

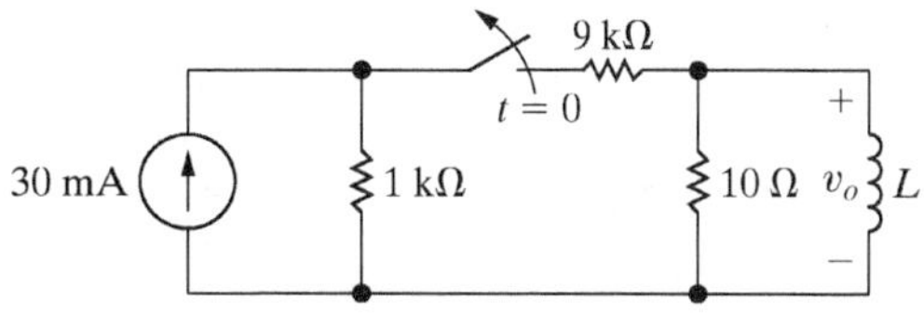

图 P7.7

7.8P 图 P7.8 电路中的开关在 $t=0$ 时打开，打开之前已经关闭很长时间。

(a)求 $i_1(0^-)$和 $i_2(0^-)$。(b)求 $i_1(0^+)$和 $i_2(0^+)$。(c)求 $i_1(t)$，$t\geqslant 0$。(d)求 $i_2(t)$，$t\geqslant 0^+$。(e)解释为什么 $i_2(0^-)\neq i_2(0^+)$。

7.9 图 P7.9 电路中的开关在 $t=0$ 时关闭，关闭之前已经打开很长时间。
(a)求 $i_o(0^-)$，$i_L(0^-)$和 $v_L(0^-)$。(b)求 $i_o(0^+)$，$i_L(0^+)$和 $v_L(0^+)$。(c)求 $i_o(\infty)$，$i_L(\infty)$和 $v_L(\infty)$。(d)写出 $t\geqslant 0$ 时的 $i_L(t)$表达式。(e)写出 $t\geqslant 0^+$时的 $i_o(t)$表达式。(f)写出 $t\geqslant 0^+$时的 $v_L(t)$表达式。

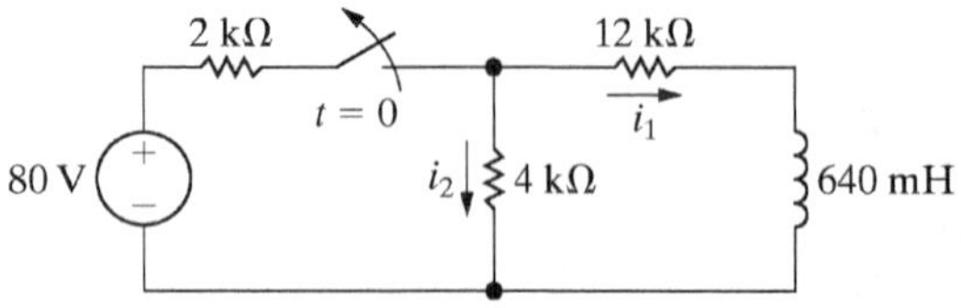

图 P7.8

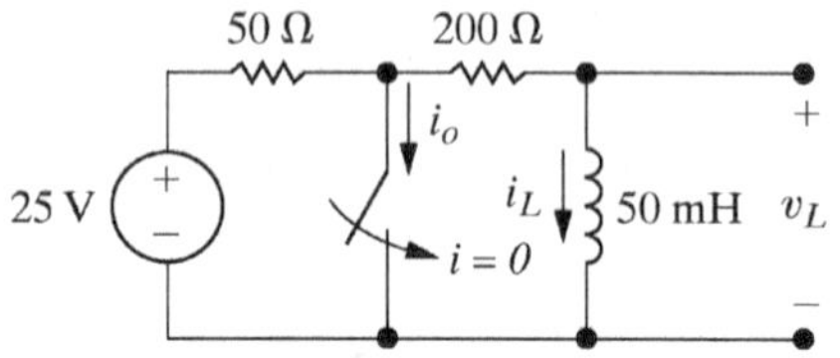

图 P7.9

7.10 在图 P7.10 电路中，开关已经在位置 1 很长时间。在 $t=0$ 时，开关瞬间移到位置 2。在 10 μs 的时间内，存储在 10 mH 电感中初始能量的 10% 消耗在 R 中，求 R 值。

7.11 在图 P7.10 电路中，I_g表示直流电流源，σ 表示电感中初始能量经过 t_o秒消耗的百分数，L 表示电感。
(a)证明

$$R=\frac{L\ln[1/(1-\sigma)]}{2t_o}$$

(b)用习题 7.10 所求得的 R 值检验(a)中表达式。

7.12 在图 P7.12 的电路中，电压和电流表达式是

$$v=160e^{-10t}\ \text{V},\quad t\geqslant 0^+$$

$$i=6.4e^{-10t}\ \text{A},\quad t\geqslant 0$$

求：(a)R。(b)τ(单位用 ms)。(c)L。(d)存储在电感中的初始能量。(e)消耗初始能量 60% 所需要的时间(单位用 ms)。

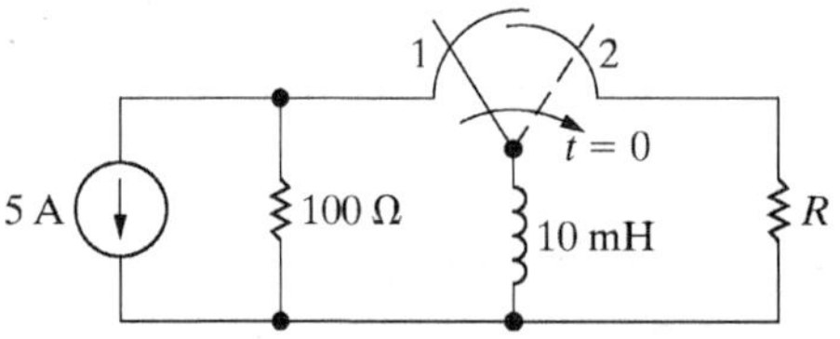

图 P7.10

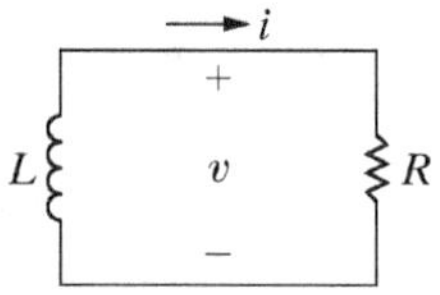

图 P7.12

7.13 (a)使用附录 H 中的元件值，创建一个时间常数为 1 ms 的一阶 RL 电路(参见图 7.4)，如果需要的话，使用单个电感和一个电阻网络。画出相应电路图。(b)假定在(a)中选择的电感有 10 mA 的初始电流，写出 $t\geqslant 0$ 时，通过电感的电流表达式。(c)使用(b)中得到的结果，计算存储在电感中的初始能量被电阻消耗一半时的时间。

7.14P 图 P7.14 电路中的开关在 $t=0$ 时打开，打开之前已经关闭很长时间。求 $t\geqslant 0^+$时的 $v_o(t)$。

7.15 图 P7.15 中的开关在 $t=0$ 时打开，打开之前已经关闭很长时间。求：
(a)$i_L(t)$，$t\geqslant 0$。(b)$v_L(t)$，$t\geqslant 0^+$。(c)$i_\Delta(t)$，$t\geqslant 0^+$。

7.16 在图 P7.15 电路中，存储在电感中初始能量的百分之多少消耗在 60 Ω 电阻上？

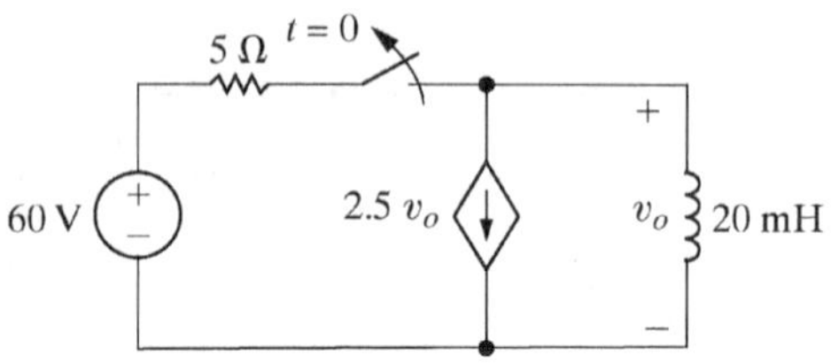

图 P7.14

7.17P 图 P7.17 电路中的两个开关同步动作。$t=0$ 前，每个开关在指定的位置已很长时间。在 $t=0$ 时，两个开关同时瞬间移到新的位置。求：

(a)$v_o(t)$，$t\geqslant 0^+$。(b)$i_o(t)$，$t\geqslant 0$。

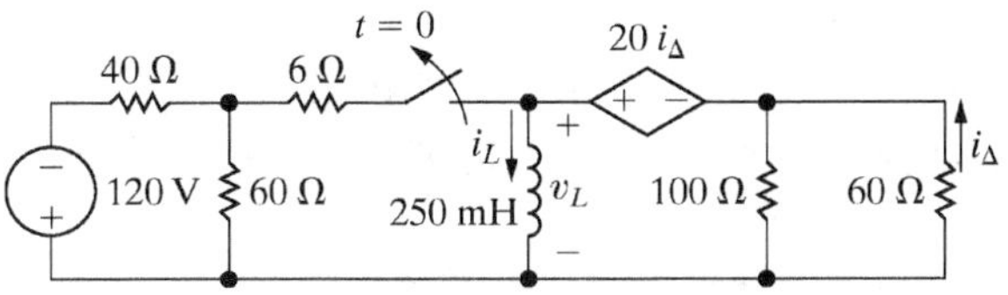

图 P7.15

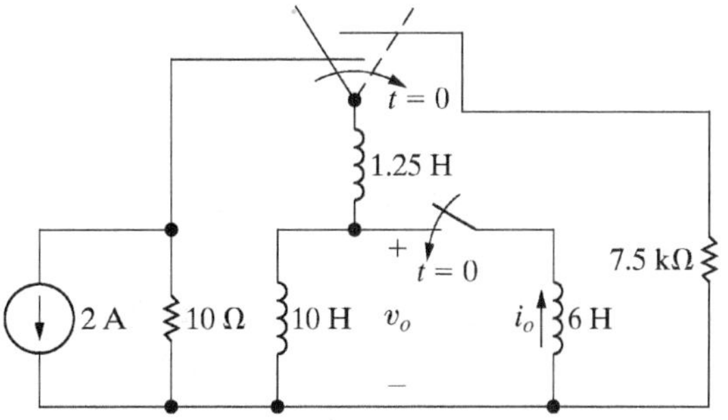

图 P7.17

7.18 在图 P7.17 电路中，求：

(a)消耗在 7.5 kΩ 电阻中的总能量。(b)理想电感捕获的能量。

7.19P 在图 P7.19 电路中，开关已经在位置 a 很长时间。在 $t=0$ 时，它瞬间从 a 移到 b。

(a)求 $i_o(t)$，$t\geqslant 0$。(b)释放到 8 Ω 电阻上的总能量是多少？(c)若释放能量是(b)中所求的 95% 时，时间常数是多少？

7.20P 在图 P7.20 电路中，240 V，2 Ω 电源 a，b 端无意中被短路，事故发生时，电路已运行很长时间。

(a)a，b 端短路电流 i_{ab} 初始值为多少？(b)电流 i_{ab} 终值为多少？(c)短路发生后经过多少微秒时，短路电流等于 114 A？

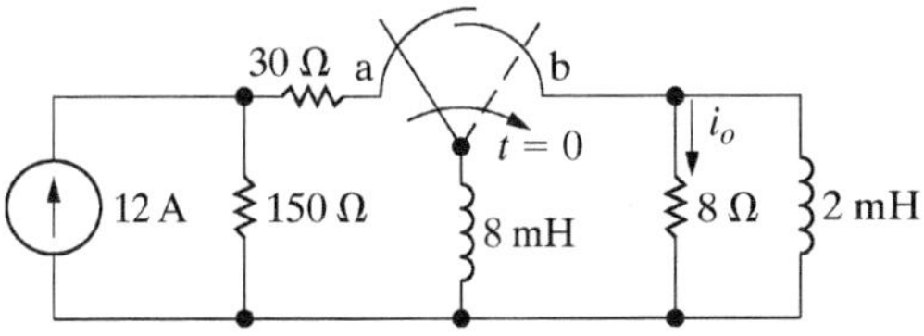

图 P7.19

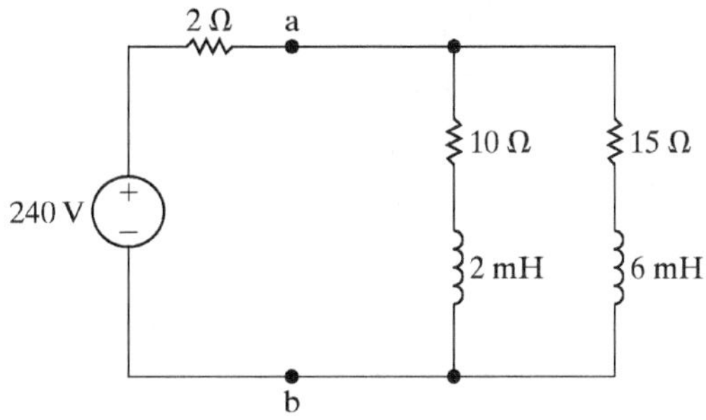

图 P7.20

7.21 在图 P7.21 电路中，开关已经在左边位置很长时间。在 $t=0$ 时，它移到右边位置并保持。

(a)求电容上的电压初始值。(b)求电容上存储的初始能量。(c)求 $t>0$ 时电路的时间常数。(d)写出 $t\geqslant 0$ 时电容电压 $v(t)$ 的表达式。

7.22 图 P7.22 电路中的开关已经打开很长时间，在 $t=0$ 时关闭。写 $t\geqslant 0$ 时电容电压 $v(t)$ 的表达式。

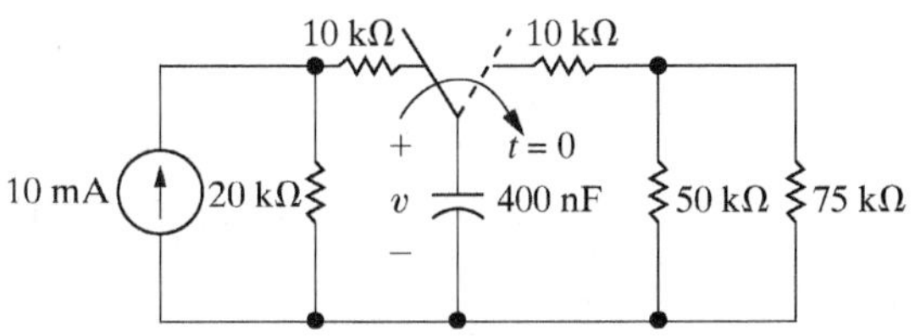

图 P7.21

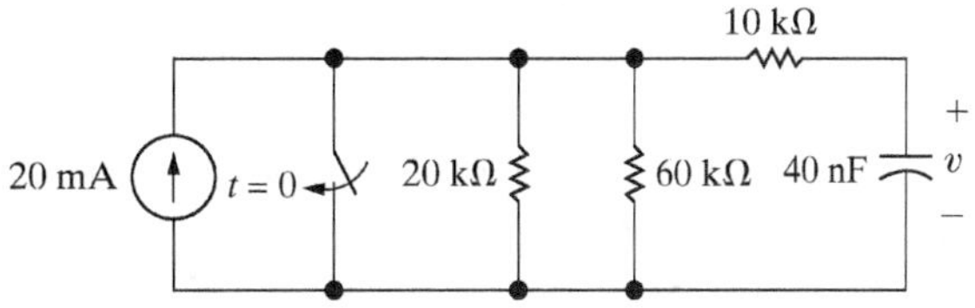

图 P7.22

7.23 在图 P7.23 电路中，开关已经在左边位置很长时间。在 $t=0$ 时，它移到右边位置并保持。

(a)写出 $t\geqslant 0$ 时电容电压 $v(t)$ 的表达式。(b)写出 $t\geqslant 0^+$ 时，通过 40 kΩ 电阻电流 $i(t)$ 的表达式。

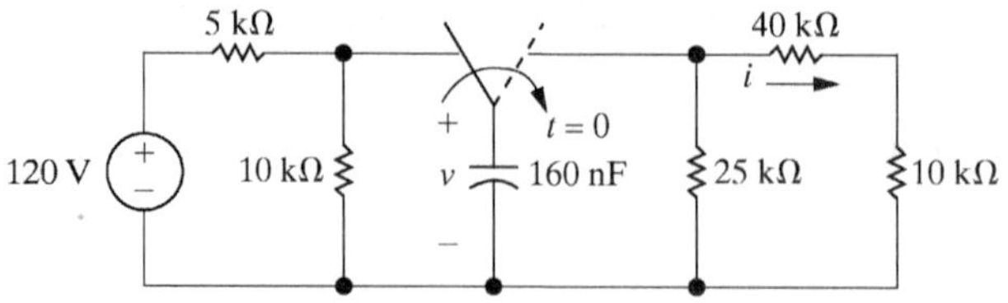

图 P7.23

7.24 在图 P7.23 电路中，存储在电容中初始能量的百分之多少消耗在 40 kΩ 电阻上？

7.25 在图 P7.25 电路中，开关已经在位置 a 很长时间，并且 $v_2 = 0$ V，在 $t = 0$ 时，开关瞬间移到位置 b。计算(a)在 $t \geqslant 0^+$ 时的 i，v_1 和 v_2。(b)在 $t = 0$ 时，30 μF 电容存储的能量。(c)如果开关永久保持在位置 b，电路捕获的能量和 2.5 kΩ 电阻消耗的能量。

7.26 在图 P7.26 电路中，两个开关同时动作，即它们同时打开或关闭。开关已经关闭了很长时间，在 $t = 0$ 时打开。

(a)开关打开后 2 ms，12 kΩ 电阻消耗的能量是多少微焦耳？(b)消耗初始存储能量的 75% 需多长时间？

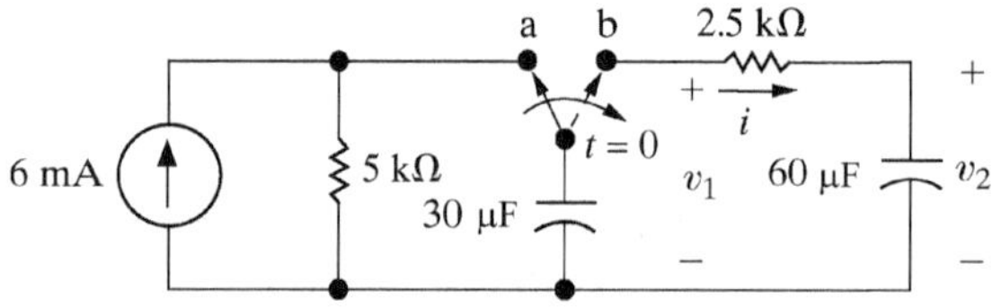

图 P7.25

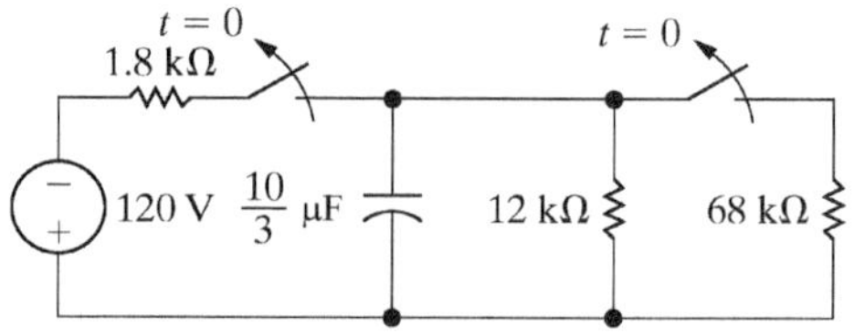

图 P7.26

7.27P 在图 P7.27 电路中，开关已经打开很长时间，在 $t = 0$ 时关闭。

(a)求 $i_1(0^-)$ 和 $i_2(0^-)$。(b)求 $i_1(0^+)$ 和 $i_2(0^+)$。(c)解释为什么 $i_1(0^-) = i_1(0^+)$。(d)解释为什么 $i_2(0^-) \neq i_2(0^+)$。(e)求 $t \geqslant 0$ 时的 $i_1(t)$。(f)求 $t \geqslant 0^+$ 时的 $i_2(t)$。

7.28P 在图 P7.28 电路中，开关已在位置 1 很长时间，在 $t = 0$ 时移到位置 2。求 $t \geqslant 0^+$ 时的 $i_o(t)$。

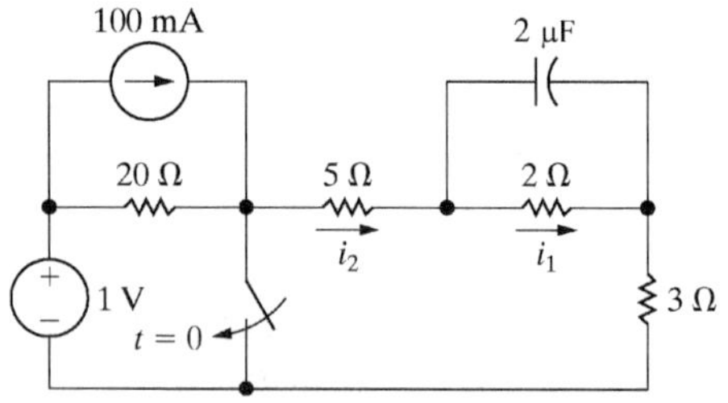

图 P7.27

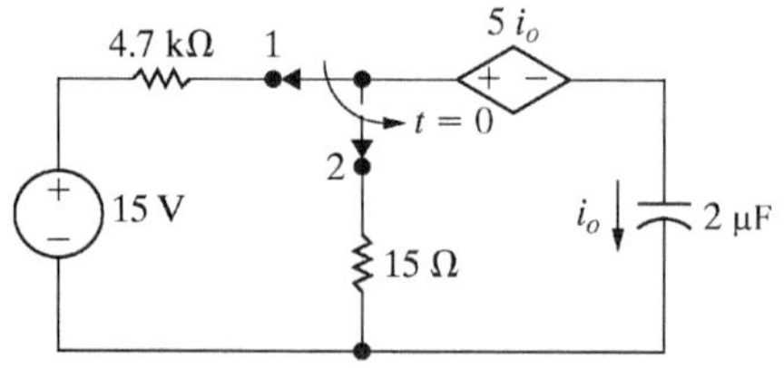

图 P7.28

7.29 在图 P7.29 电路中，电压和电流表达式是

$$v = 72e^{-500t} \text{ V}, \quad t \geqslant 0$$

$$i = 9e^{-500t} \text{ mA}, \quad t \geqslant 0^+$$

(a)R。(b)C。(c)τ(单位用毫秒)。(d)电容上存储的初始能量。(e)消耗电容上存储的初始能量的 68% 需多少微秒？

7.30 (a)使用附录 H 中的元件值，创建一个时间常数为 50 ms 的一阶 RC 电路(参见图 7.11)，如果需要的话，使用单个电容和一个电阻网络。画出相应电路图。(b)假定在(a)中选择的电容有 50 V 的初始电压，写出在 $t \geqslant 0$ 时，电容上的电压表达式。(c)使用(b)中得到的结果，计算电容电压达到 10 V 时的时间。

7.31　在图 P7.31 电路中，开关已经在位置 x 很长时间，在 $t=0$ 时开关瞬间移到位置 y。

(a)如果 $t>0$ 时，时间常数为 40 ms，求 α。(b)根据(a)中所求的 α，求 v_Δ。

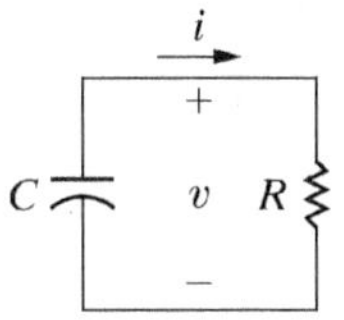

图 P7.29

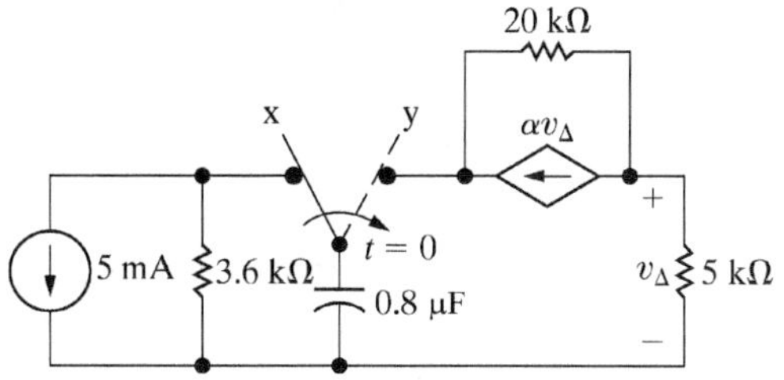

图 P7.31

7.32　(a)在习题 7.31 中，电容放电至 0 V 这段时间，非独立电流源产生的能量是多少微焦耳？(b)证明 $t\geq0$ 时，电容电路存储和产生的总能量等于消耗的总能量。

7.33P　图 P7.33 电路已运行很长时间，一个螺丝刀无意中连接 a，b 端。假设螺丝刀电阻可忽略不计。

(a)求在 $t=0^+$ 和 $t=\infty$ 时，螺丝刀中的电流。(b)推导 $t\geq0^+$ 时螺丝刀中电流的表达式。

7.34P　图 P7.34 电路中的开关关闭时，并联电容上的电压是 50 V，在 250 nF 电容上的电压是 40 V。

(a)存储在三个电容中初始能量的百分之多少消耗在 24 kΩ 电阻上？(b)对于 400 Ω 和 16 kΩ 电阻，重复(a)的问题。(c)初始能量的百分之多少被电容捕获？

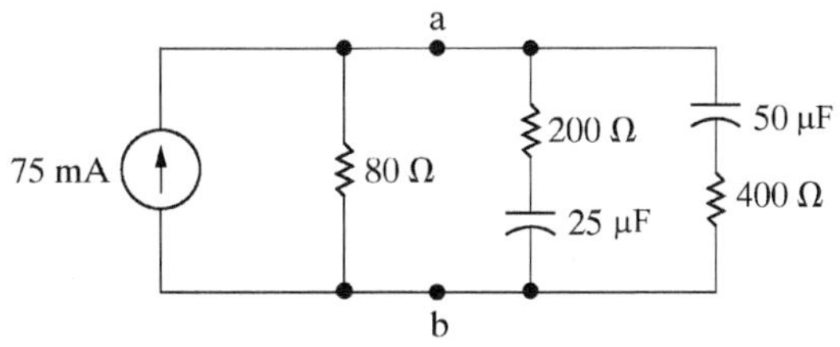

图 P7.33

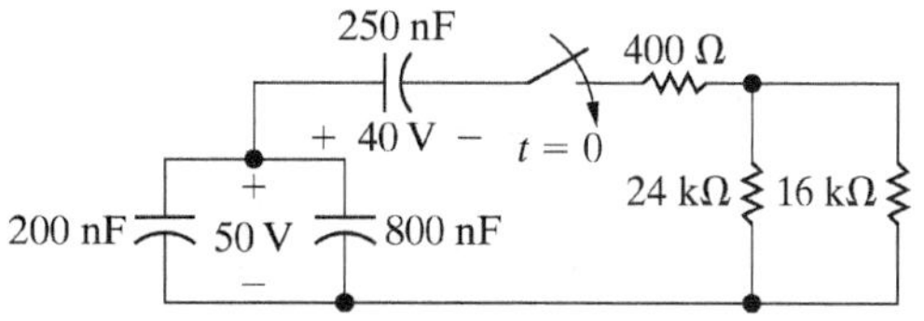

图 P7.34

7.35　在图 P7.35 电路中的开关已打开很长时间，在 $t=0$ 时关闭。试计算

(a) i 的初始值；(b) i 的终值；(c) $t\geq0$ 时，电路的时间常数；(d) $t\geq0$ 时，$i(t)$ 的表达式。

7.36P　在图 P7.36 电路中，开关已经在位置 a 很长时间。在 $t=0$ 时，它从 a 移到 b。

(a)求 $t\geq0$ 时的 $i_L(t)$ 和 $v_o(t)$ 的表达式。(b)求 $v_L(0^+)$ 和 $v_o(0^+)$。

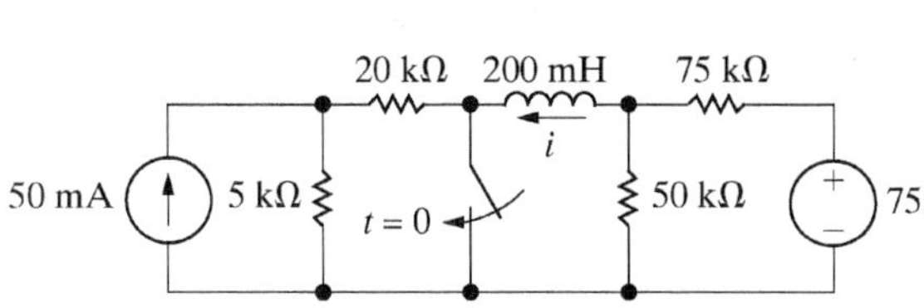

图 P7.35

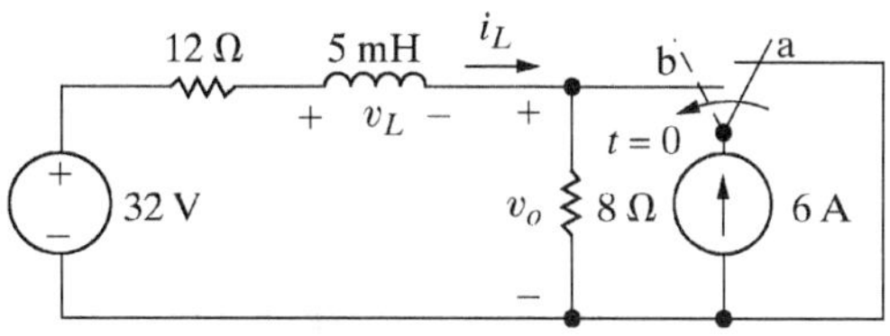

图 P7.36

7.37P　在图 P7.37 电路中，开关已在位置 a 很长时间。在 $t=0$ 时开关瞬间移到位置 b。

(a)求 $t\geq0$ 时 $i_o(t)$ 的表达式。(b)求 $t\geq0^+$ 时 $v_o(t)$ 的表达式。

7.38　假定在图 P7.37 电路中，开关已在位置 b 很长时间。在 $t=0$ 时开关瞬间移到位置 a，并保持在那里。重复习题 7.37 的问题。

7.39　在图 7.16 电路中，电感端的电流和电压是

$$i(t)=(4+4e^{-40t})\ \text{A},\quad t\geq0$$

$$v(t)=-80e^{-40t}\ \text{V},\quad t\geq0^+$$

(a)指定 V_s，R，I_o 和 L 的数值。(b)当开关关闭后多少毫秒，存储在电感中的能量达到 9 J？

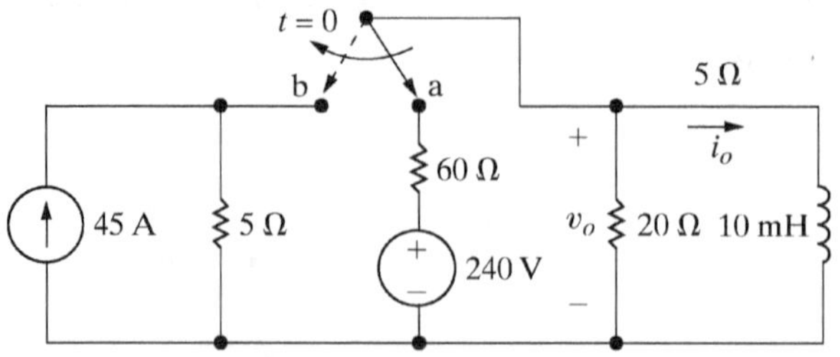

图 P7.37

7.40 (a)使用附录 H 中的元件值，创建一个时间常数为 8 μs 的一阶 RL 电路(参见图 7.16)，如果需要的话，使用单个电感和一个电阻网络。画出相应电路图。(b)假定在(a)中选择的电感无初始能量存储，在 $t=0$ 时，开关将一个 25 V 电压源与电感和等效电阻串联，写出在 $t\geqslant 0$ 时，通过电感的电流表达式。(c)使用(b)中得到的结果，计算通过电感的电流达到终值的 75% 时的时间。

7.41 图 P7.41 电路中开关已关闭很长时间，在 $t=0$ 时开关打开。对于 $t\geqslant 0^+$
(a)求作为 I_g, R_1, R_2 和 L 的函数的 $v_o(t)$。(b)解释随着 R_2 越来越大，$v_o(t)$ 会发生什么现象？(c)求作为 I_g, R_1, R_2 和 L 的函数的 v_{SW}。(d)解释随着 R_2 越来越大，v_{SW} 会发生什么现象？

7.42 在图 P7.42 电路中，开关已关闭很长时间。一个学生突然打开开关并报告她的教师，当开关打开时，在开关端出现持续电弧，同时，与线圈并联的电压表毁坏。在对习题 7.41 电路分析的基础上，能否向学生解释为什么会发生这种现象？

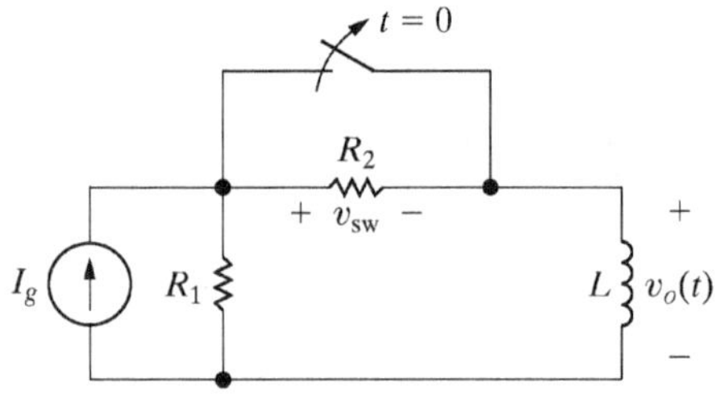

图 P7.41

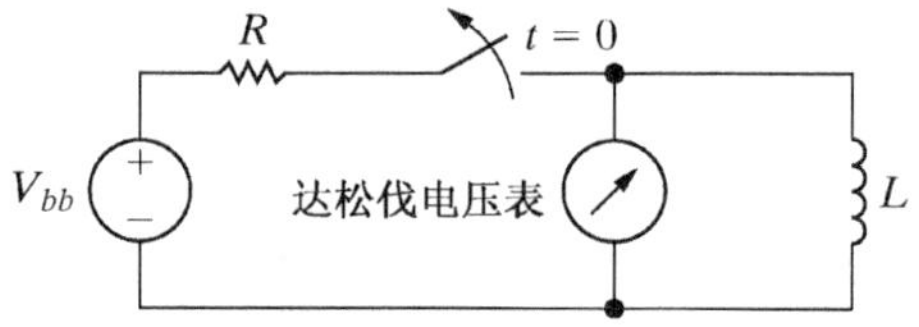

图 P7.42

7.43 (a)推导式(7.47)。先将图 7.16 的戴维南等效电路转换成诺顿等效电路，然后对离开上端节点的电流求和，用电感电压 v 作为变量。(b)用变量分离方法求式(7.47)的解。检验解是否与式(7.42)给出的解一致。

7.44P 图 P7.44 电路中的开关在 $t=0$ 时关闭，关闭前已打开很长时间。求 $t\geqslant 0$ 时的 $i_o(t)$。

7.45P 图 P7.45 电路中的开关在 $t=0$ 时关闭，关闭前已打开很长时间。求 $t\geqslant 0^+$ 时的 $v_o(t)$。

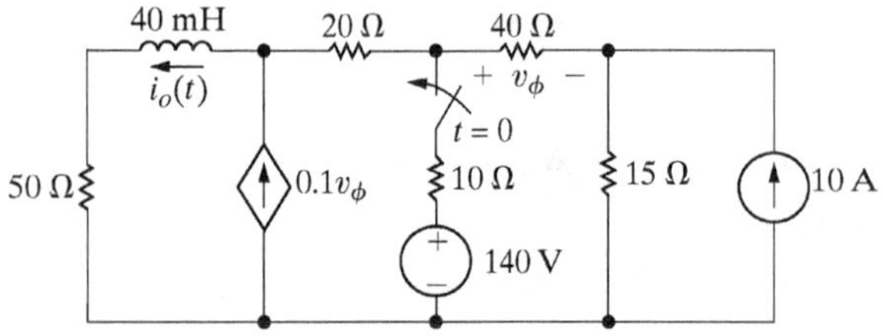

图 P7.44

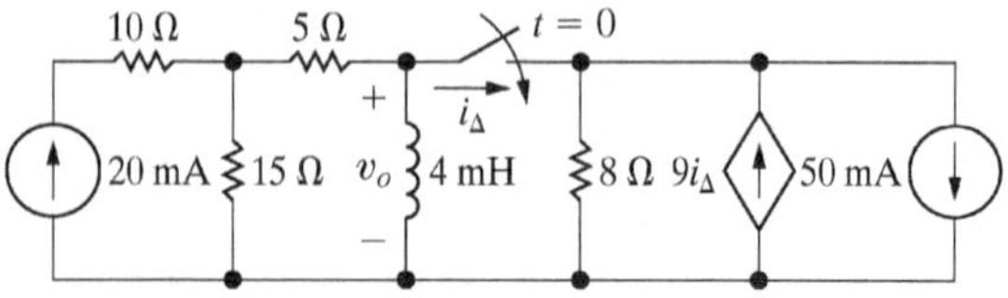

图 P7.45

7.46P 图 P7.46 电路中的开关在 $t=0$ 时关闭，关闭前已打开很长时间。求 $t\geqslant 0^+$ 时的 $v_o(t)$。

7.47P 在图 P7.47 中，开关已在位置 1 很长时间。在 $t=0$ 时，开关瞬间移到位置 2。开关动作后需多少毫秒使得 v_o 等于 100 V？

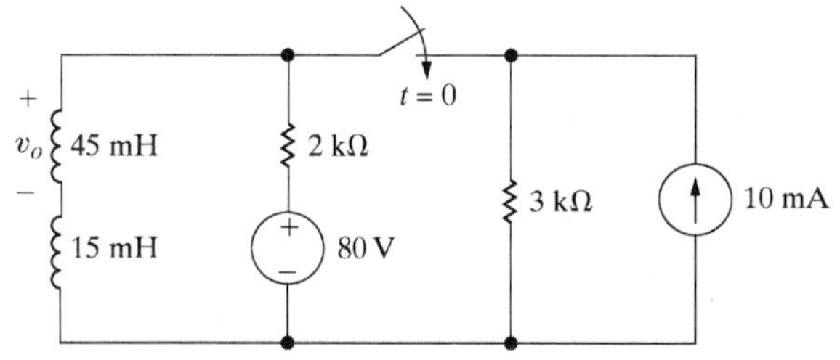

图 P7.46

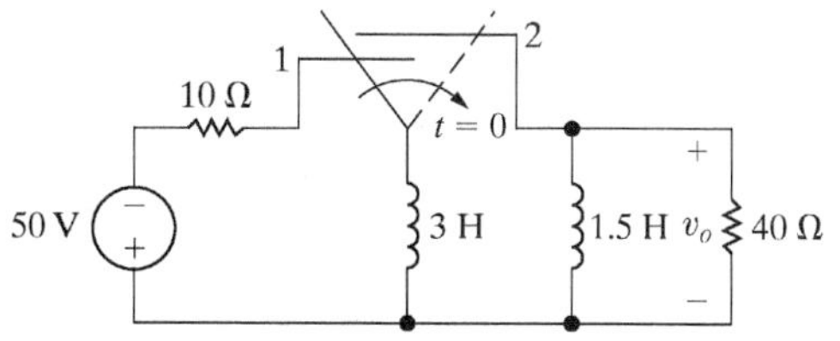

图 P7.47

7.48　对于图 P7.47，求(单位用 J)：

(a)40 Ω 电阻消耗的总能量。(b)电感捕获的能量。(c)存储在电感中的初始能量。

7.49P　在图 P7.49 电路中，断前接通型开关已在位置 a 很长时间。在 $t=0$ 时，开关瞬间移到位置 b。求：

(a)$t \geq 0^+$ 时的 $v_o(t)$。(b)$t \geq 0$ 时的 $i_1(t)$。(c)$t \geq 0$ 时的 $i_2(t)$。

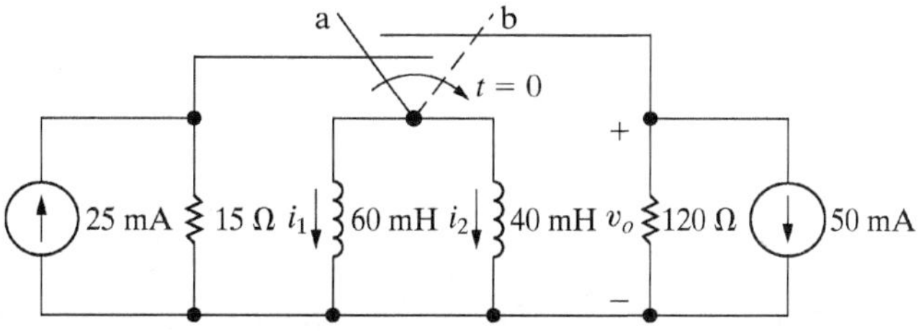

图 P7.49

7.50　图 P7.50 电路中的开关在打开时，无能量存储在电感 L_1 和 L_2 中。

(a)推导 $t \geq 0$ 时电流 $i_1(t)$ 和 $i_2(t)$ 的表达式。(b)用(a)中推导的表达式求 $i_1(\infty)$ 和 $i_2(\infty)$。

7.51　在图 P7.51 电路中，开关已在位置 a 很长时间。在 $t=0$ 时，开关瞬间移到位置 b。求：

(a)$v_C(0^+)$。(b)$v_C(\infty)$。(c)$t>0$ 时的τ。(d)$i(0^+)$。(e)$t \geq 0$ 时的 v_C。(f)$t \geq 0^+$ 时的 i。

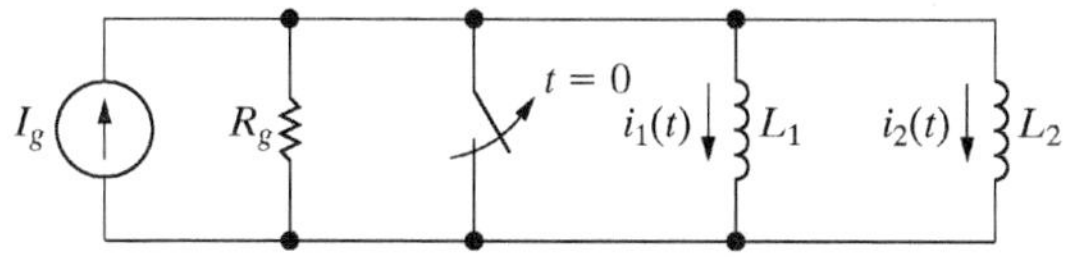

图 P7.50

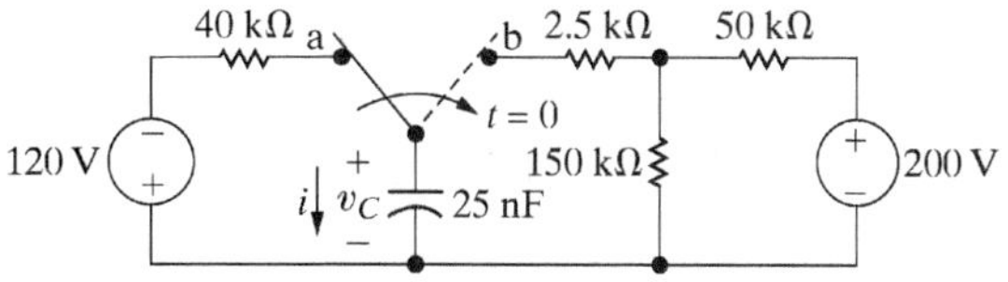

图 P7.51

7.52　(a)在图 P7.52 电路中，开关已在位置 a 很长时间。在 $t=0$ 时，开关瞬间移到位置 b，并保持。求电容上电压的初始值和终值，求 $t \geq 0$ 时的时间常数，并求 $t \geq 0$ 时的电容电压表达式。(b)现在假定在图 P7.52 电路中，开关已在位置 b 很长时间。在 $t=0$ 时，开关瞬间移到位置 a，并保持。求电容上电压的初始值和终值，求 $t \geq 0$ 时的时间常数，并求 $t \geq 0$ 时的电容电压表达式。

7.53　在图 P7.53 电路中的开关已在位置 a 很长时间，在 $t=0$ 时移到位置 b。计算(a)电容上的初始电压；(b)电容上的最终电压；(c)$t>0$ 时的时间常数(单位用 μs)；(d)开关移到位置 b 后多长时间(单位用 μs)，电容电压达到零。

7.54P　在图 P7.54 电路中，开关已在位置 a 很长时间。在 $t=0$ 时，开关瞬间移到位置 b。在 $t \geq 0^+$ 时，求：

(a)$v_o(t)$。(b)$i_o(t)$。

7.55P　在图 P7.55 电路中，开关已在位置 a 很长时间。在 $t=0$ 时，开关瞬间移到位置 b。在 $t \geq 0^+$ 时，求$v_o(t)$ 和 $i_o(t)$。

7.56P　图 P7.56 电路已经运行很长时间。在 $t=0$ 时，电压源极性颠倒，电流源从 3 mA 下降到 2 mA。求 $t \geq 0$ 时的 $v_o(t)$。

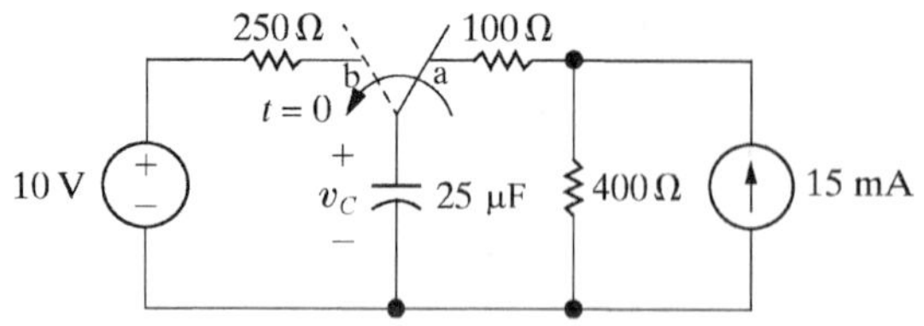

图 P7.52

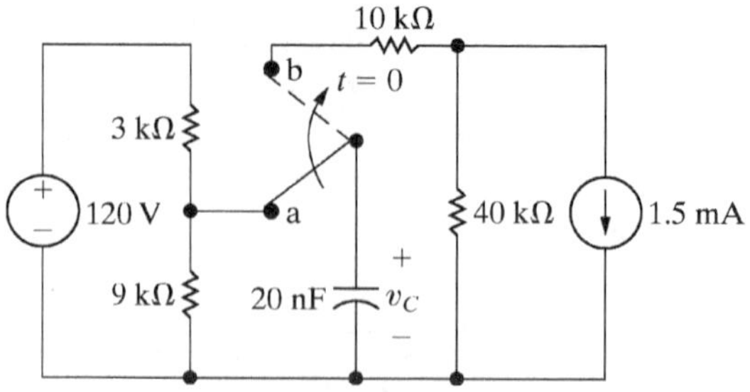

图 P7.53

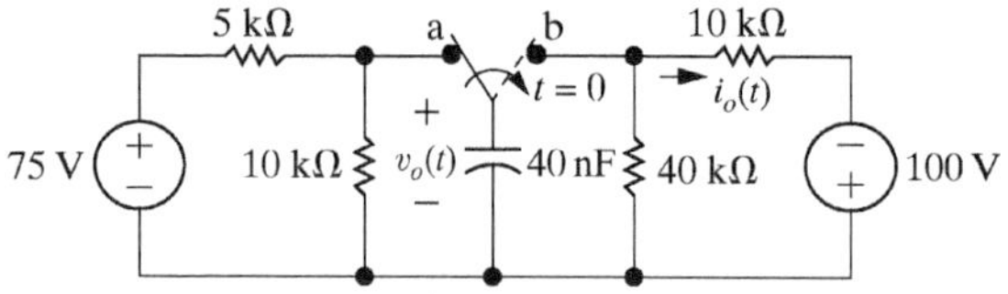

图 P7.54

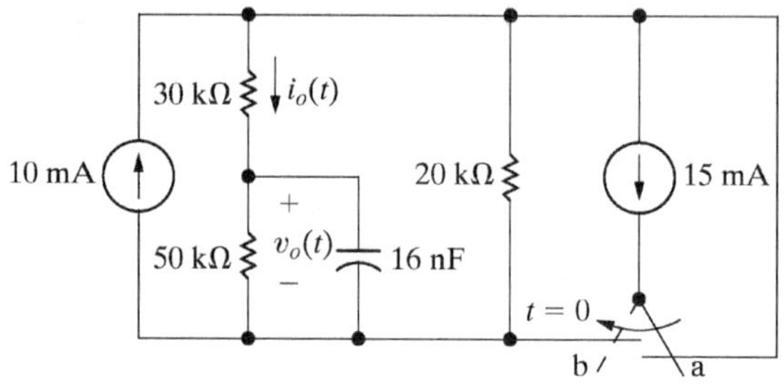

图 P7.55

7.57P 在图 P7.57 电路中，开关 1 已在位置 a 很长时间。在 $t=0$ 时，开关瞬间移到位置 b。在开关 1 接触 b 端瞬间，开关 2 打开。求 $t\geqslant0$ 时的 $v_o(t)$。

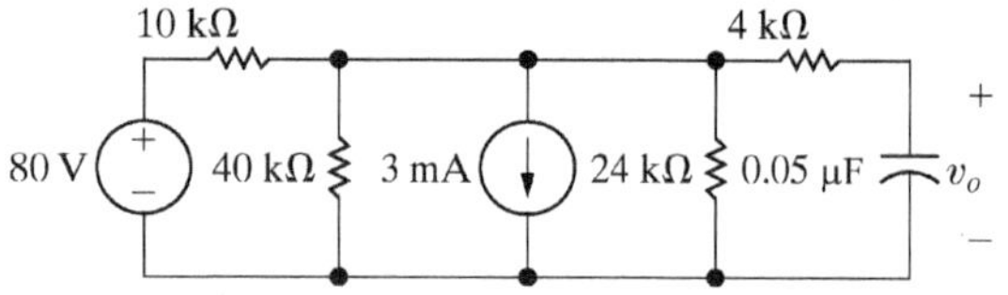

图 P7.56

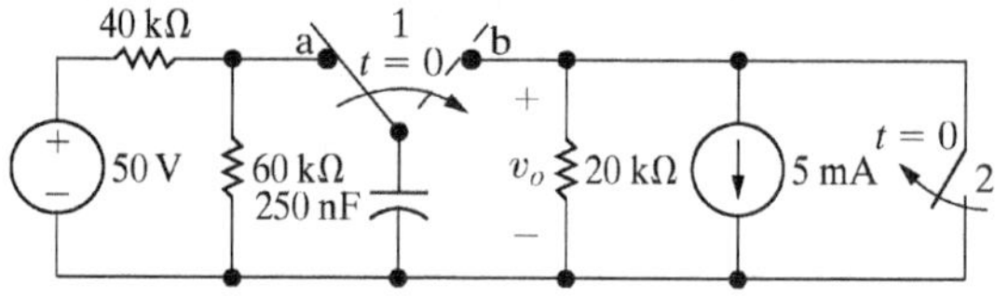

图 P7.57

7.58 在图 7.21 电路中，电容端的电流和电压是

$$i(t) = 3e^{-2500t}\ \text{mA}, \qquad t \geqslant 0^+$$

$$v(t) = (40 - 24e^{-2500t})\ \text{V}, \qquad t \geqslant 0$$

(a)求 I_s，V_o，R，C 和τ的数值。(b)当开关关闭后多少微秒，存储在电容中的能量达到它终值的 81%？

7.59 (a)使用附录 H 中的元件值，创建一个时间常数为 250 ms 的一阶 RC 电路(参见图 7.21)，如果需要的话，使用单个电容和一个电阻网络。画出相应电路图。(b)假定在(a)中选择的电容有 100 V 的初始电压，在 $t=0$ 时，开关将一个 1 mA 电流源与电容和等效电阻并联，写出在 $t\geqslant0$ 时，电容上的电压表达式。(c)使用(b)中得到的结果，计算电容电压达到 50 V 时的时间。

7.60P 在图 P7.60 电路中，开关关闭很长时间，$t=0$ 时打开。开关打开后多少毫秒，存储在电容中的能量是它终值的 36%？

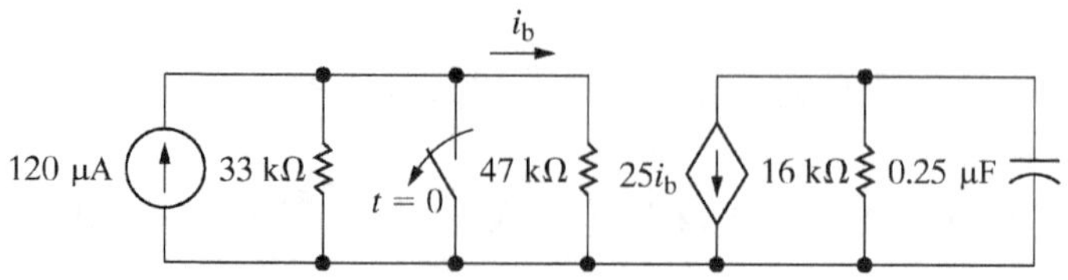

图 P7.60

7.61P　在图 P7.61 电路中，开关已在 OFF 位置很长时间。在 $t=0$ 时，开关瞬间移到 ON 位置。求 $t\geqslant 0$ 时的 $v_o(t)$。

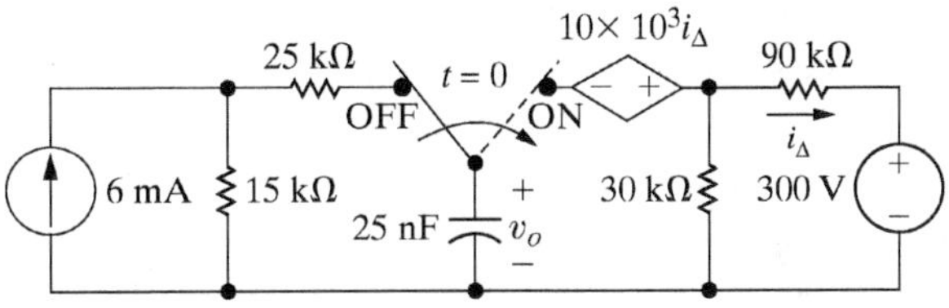

图 P7.61

7.62P　假定在图 P7.61 电路中，开关已在 ON 位置很长时间。在 $t=0$ 时，开关瞬间移到 OFF 位置。求 $t\geqslant 0$ 时的 $v_o(t)$。

7.63　(a) 推导式(7.52)：首先将图 7.21 所示诺顿等效电路转换成戴维南等效电路，然后将电容电流 i 作为变量，对闭合回路求电压之和。(b) 用变量分离方法求式(7.52)的解。检验解是否符合式(7.53)。

7.64　在图 P7.64 电路中，开关已在位置 x 很长时间。在 60 nF 电容上的初始电荷是零。在 $t=0$ 时开关瞬间移到位置 y。

(a) 求 $t\geqslant 0^+$ 时的 $v_o(t)$。(b) 求 $t\geqslant 0$ 时的 $v_1(t)$。

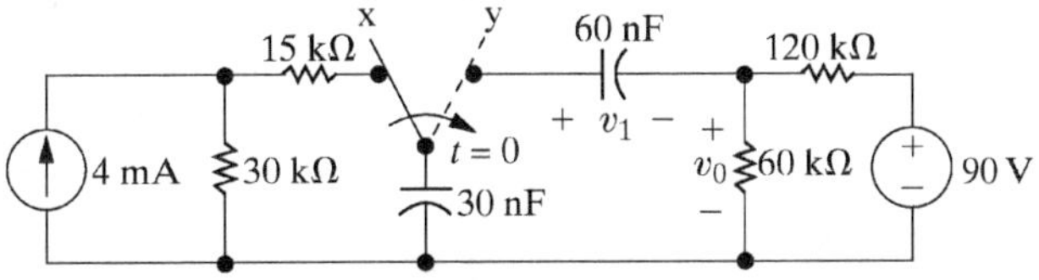

图 P7.64

7.65P　在图 P7.65 电路中，开关已在位置 a 很长时间。在 $t=0$ 时，开关瞬间移到位置 b。在 $t\geqslant 0^+$ 时，求：(a) $v_o(t)$。(b) $i_o(t)$。(c) $v_1(t)$。(d) $v_2(t)$。(e) 当 $t\to\infty$ 时，电容捕获的能量。

7.66　图 P7.66 电路中的开关在关闭时，无能量存储在电容 C_1 和 C_2 中。

(a) 在 $t\geqslant 0$ 时，推导 $v_1(t)$ 和 $v_2(t)$ 表达式。(b) 用(a)推导的表达式求 $v_1(\infty)$ 和 $v_2(\infty)$。

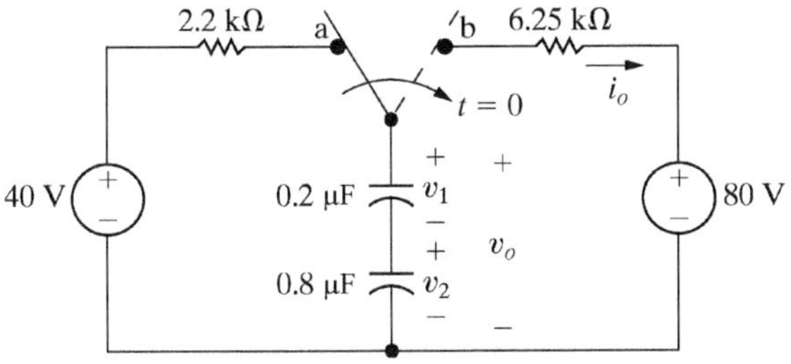

图 P7.65

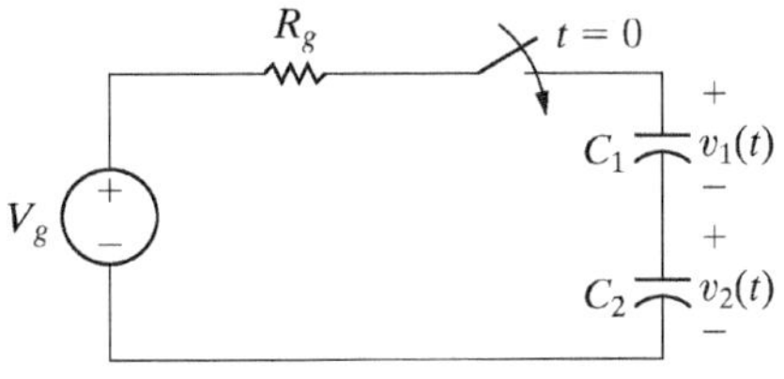

图 P7.66

7.67　如果互感减小到零，重复例 7.10 中的(a)和(b)。

7.68P　图 P7.68 所示电路在开关关闭时无能量存储。

(a) 求 $i_o(t)$，$t\geqslant 0$。(b) 求 $v_o(t)$，$t\geqslant 0^+$。(c) 求 $i_1(t)$，$t\geqslant 0$。(d) 求 $i_2(t)$，$t\geqslant 0$。(e) 对于已知电路特性，答案有意义吗？

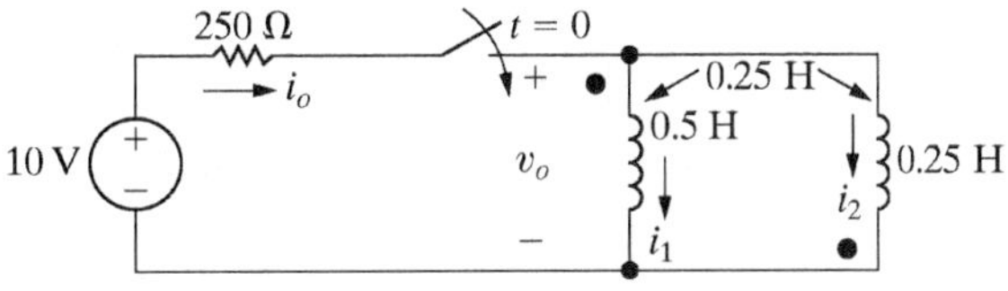

图 P7.68

7.69P　图 P7.69 所示电路在开关关闭时无能量存储。

(a) 求 $i(t)$，$t\geqslant 0$。(b) 求 $v_1(t)$，$t\geqslant 0^+$。(c) 求 $v_2(t)$，$t\geqslant 0$。(d) 对于已知电路特性，答案有意义吗？

7.70P 如果 40 mH 线圈上的点是在线圈下端，重复习题 7.69。

7.71 图 P7.71 所示电路在开关关闭时无能量存储。

(a)求 $i_o(t)$，$t\geqslant0$。(b)求 $v_o(t)$，$t\geqslant0^+$。(c)求 $i_1(t)$，$t\geqslant0$。(d)求 $i_2(t)$，$t\geqslant0$。(e)对于已知电路特性，答案有意义吗?

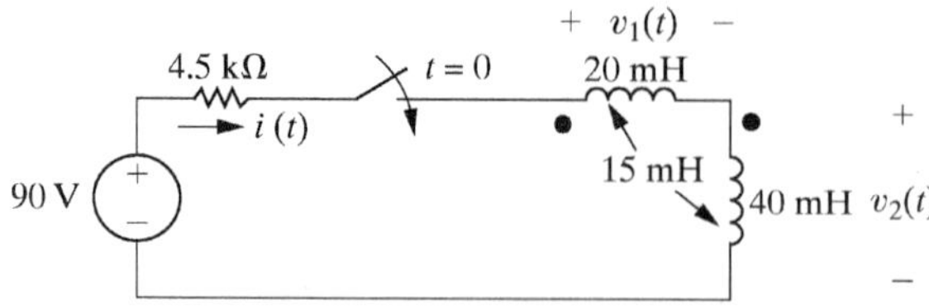

图 P7.69

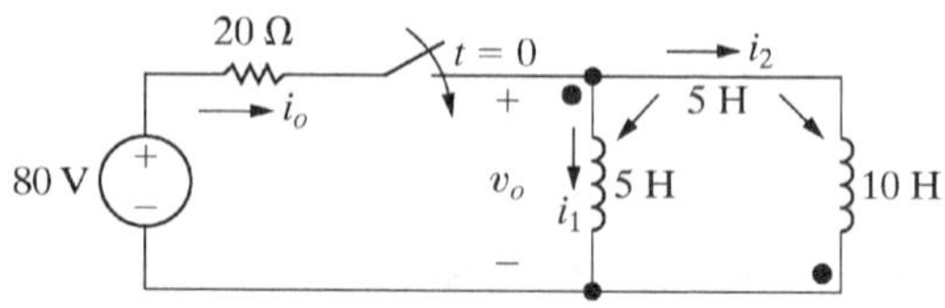

图 P7.71

7.72P 在图 P7.72 电路中，两个开关动作如下。对于 $t<0$，开关 1 在位置 a，开关 2 打开。这种状态已存在很长时间。在 $t=0$ 时，开关 1 瞬间从位置 a 移到位置 b，而开关 2 保持打开。开关 1 动作后 10 ms，开关 2 关闭，开关 2 保持关闭 10 ms 再次打开。求开关 1 移到位置 b 25 ms 后的 $v_o(t)$。

7.73 在图 P7.72 电路中，开关 1 移到位置 b 后多少毫秒，存储在电感中的能量是它的初始值的 4%?

7.74P 在图 P7.74 电路中，开关 A 打开且开关 B 关闭已很长时间。在 $t=0$ 时，开关 A 关闭。开关 A 关闭后 25 ms，开关 B 打开。求 $t\geqslant0$ 时的 $i_L(t)$。

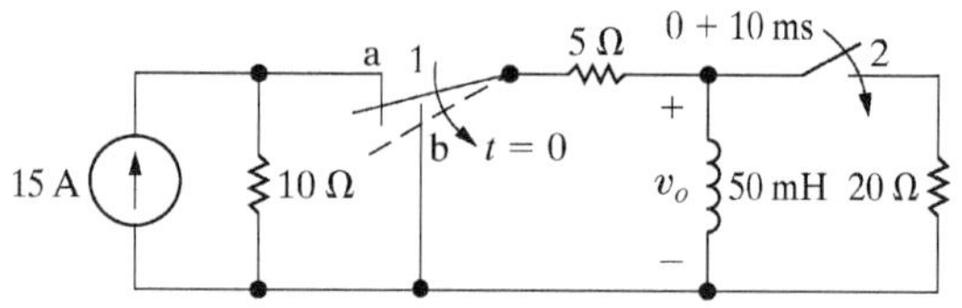

图 P7.72

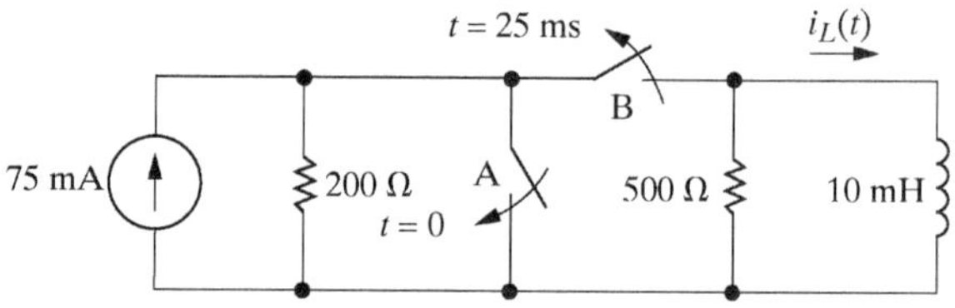

图 P7.74

7.75P 在图 P7.75 电路中开关已在位置 a 很长时间。在 $t=0$ 时，开关移到位置 b。保持 1 ms 后，开关移到位置 c。之后它一直保持下去。求：

(a)$i(0^+)$。(b)$i(200\ \mu s)$。(c)$i(6\ ms)$。(d)$v(1^-\ ms)$。(e)$v(1^+\ ms)$。

7.76P 在图 P7.76 电路中，电容已充电到 300 V。在 $t=0$ 时，开关 1 关闭，引起电容放电到电阻网络。开关 1 关闭后 200 μs，开关 2 关闭。求开关 1 关闭后 300 μs 时，开关 2 中的电流大小和方向。

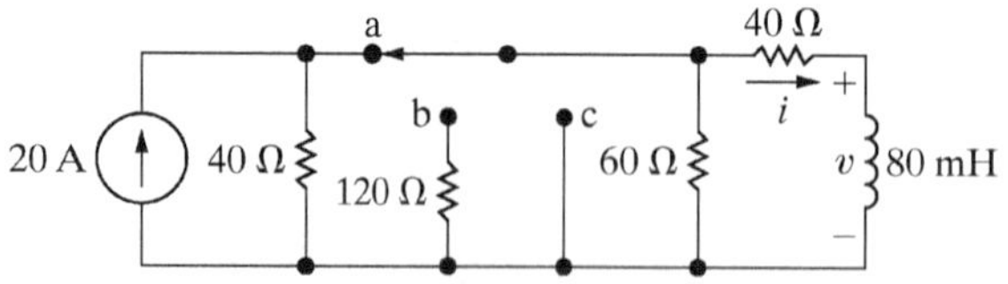

图 P7.75

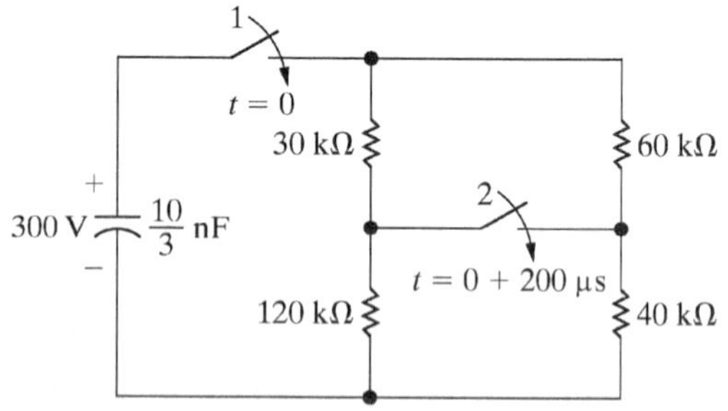

图 P7.76

7.77P 图 P7.77 电路中，电容中无能量存储。在 $t=0$ 时开关 1 关闭，2.5 ms 后，开关 2 关闭。求 $t\geqslant0$ 时的 $v_o(t)$。

7.78 在图 P7.78 电路中，开关 1 在位置 a 并且开关 2 关闭均已很长时间。在 $t=0$ 时，开关 1 瞬间移到位置 b。200 ms 后，开关 2 打开，并持续 600 μs，然后再次关闭。求开关 1 接触 b 端 1 ms 后的 v_o。

7.79P 在图 P7.78 电路中，存储在 25 nF 电容中初始能量的百分之多少消耗在 30 kΩ 电阻中?

7.80P 在图 P7.80 电路中，开关在位置 a 已很长时间。在 $t=0$ 时，开关瞬间移到位置 b。保持 5 s 后，在瞬间移到位置 c。求 $t\geqslant0$ 时的 v_o。

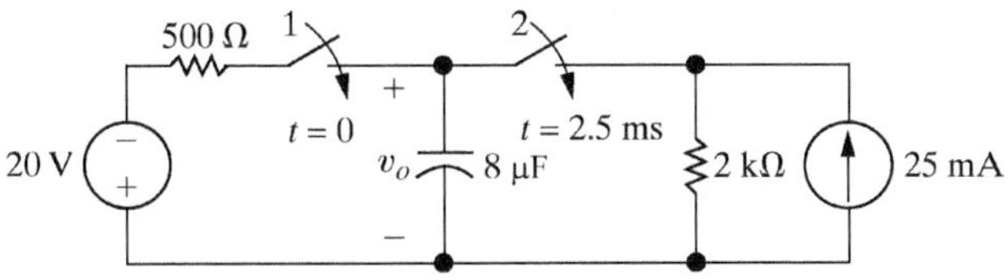

图 P7.77

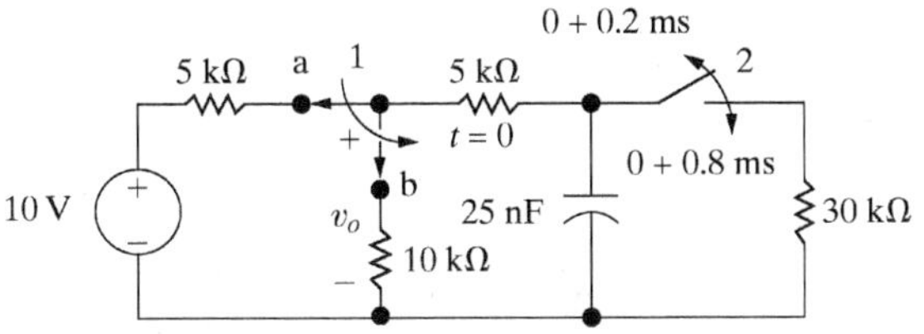

图 P7.78

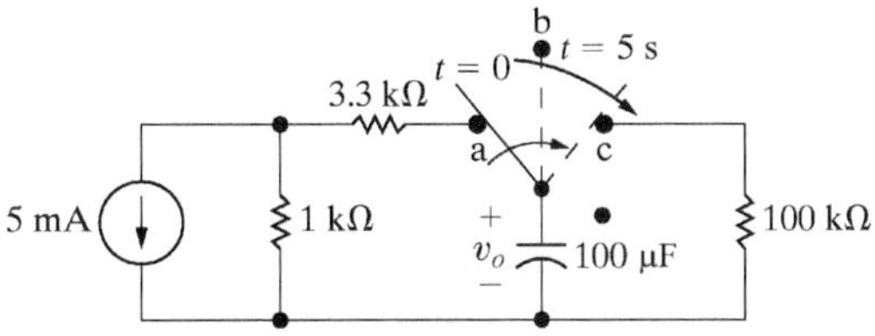

图 P7.80

7.81P 在图 P7.81(a)电路中，电流源产生如图 P7.81(b)所示的电流脉冲。在 $t=0$ 时，无能量存储。
(a)推导在 $t<0$，$0\leq t\leq 25$ μs，25 μs$\leq t<\infty$ 期间的 $v_o(t)$ 表达式。(b)计算 $v_o(25^-$ μs)，$v_o(25^+$ μs)。
(c)计算 $i_o(25^-$ μs)，$i_o(25^+$ μs)。

7.82P 图 P7.82(a)中的电压波形作用在图 P7.82(b)电路中。电感中的初始电流是零。
(a)计算 $v_o(t)$。(b)画出 $v_o(t)$ 对应于 t 的波形图。(c)求在 $t=5$ ms 时的 i_o。

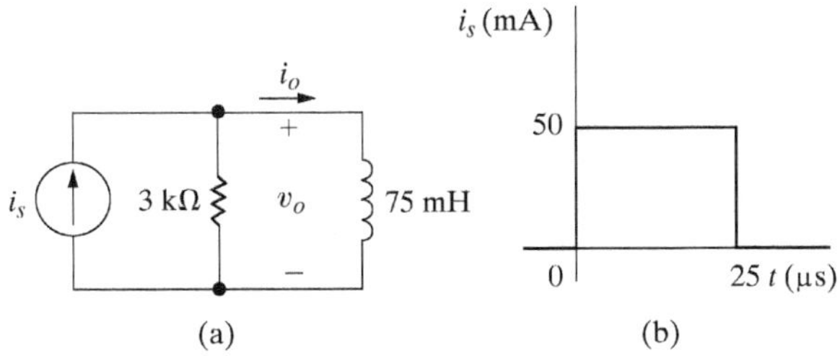

图 P7.81

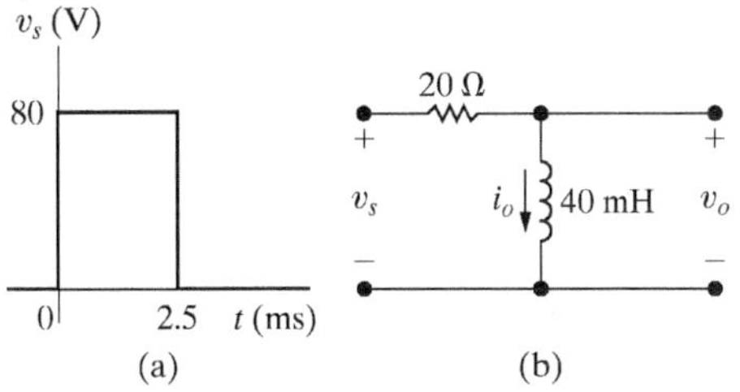

图 P7.82

7.83P 图 P7.83(a)电路中电压信号源，产生图 P7.83(b)所示的信号。在 $t=0$ 时，无能量存储。
(a)推导 $t<0$；$0\leq t\leq 25$ μs；25 μs$\leq t\leq 50$ μs；50 μs$\leq t<\infty$ 期间的 $v_o(t)$ 表达式。(b)在同一坐标轴下，画出 v_o 和 v_s 波形图。(c)当 R 减小为 800 Ω，重复(a)和(b)的问题。

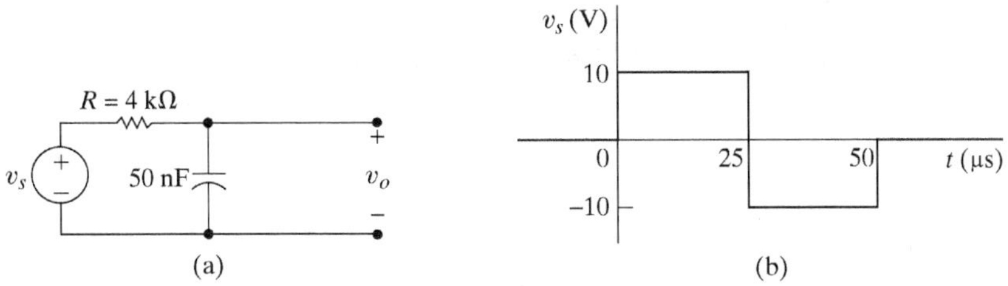

图 P7.83

7.84P 图 P7.84(a)所示电压波形作用在图 P7.84(b)电路中。电容上的初始电压是零。
(a)计算 $v_o(t)$。(b)画出 $v_o(t)$ 对应于 t 的波形图。

7.85P 图 P7.85 电路中，电感电流在开关瞬间是 25 mA。电感电流值等于或超过 5 A 时，电感将出现故障。开关打开后多长时间电感出现故障?

7.86P 图 P7.86 电路中间隙两端的电压达到 30 kV 时，将出现电弧。电感中的初始电流为零。通过调整 β 值使得电感端的戴维南电阻为 −4 kΩ。

(a)β 值是多少?(b)开关关闭后多少微秒,间隙出现电弧?

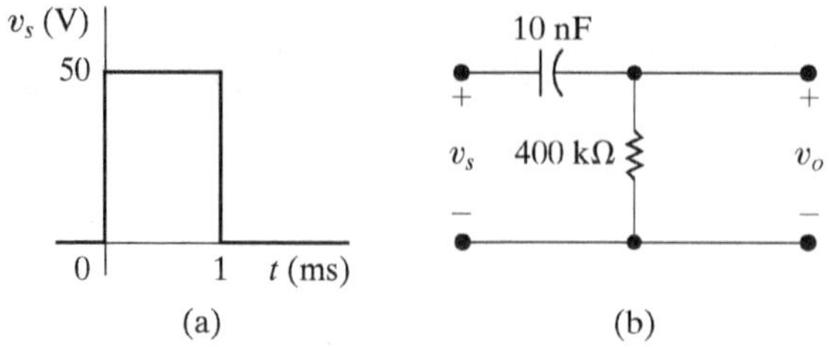

图 P7.84

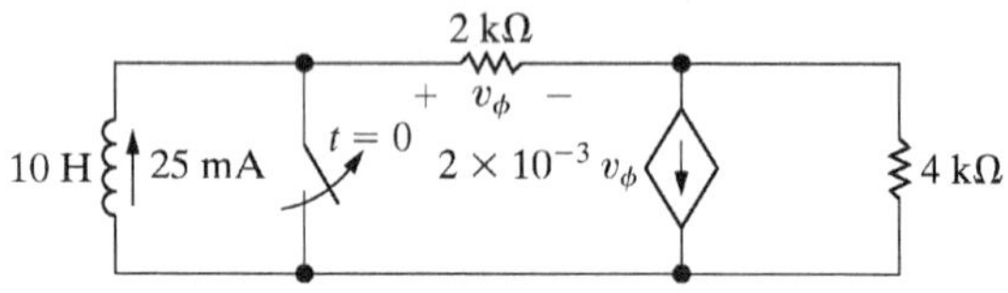

图 P7.85

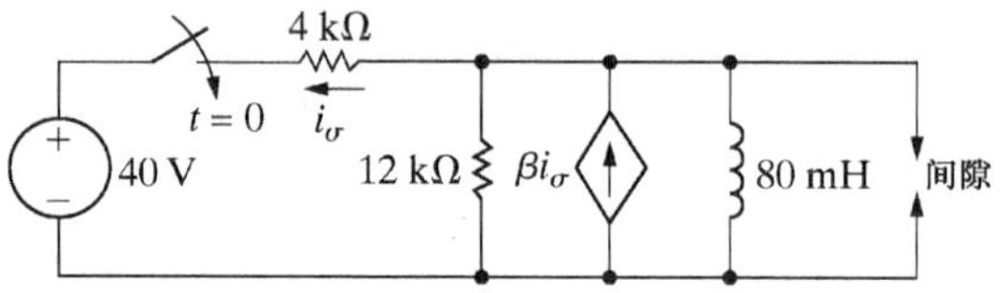

图 P7.86

7.87P 图 P7.87 所示电路中的电容,在开关关闭时已充电到 20 V。如果它的端电压等于或超过 20 kV,则电容绝缘击穿。问需多长时间电容绝缘击穿?

7.88P 图 P7.88 电路中的开关已经关闭很长时间。1.6 μF 电容的最大额定电压是 14.4 kV。开关打开后多长时间,电容端的电压达到最大额定电压?

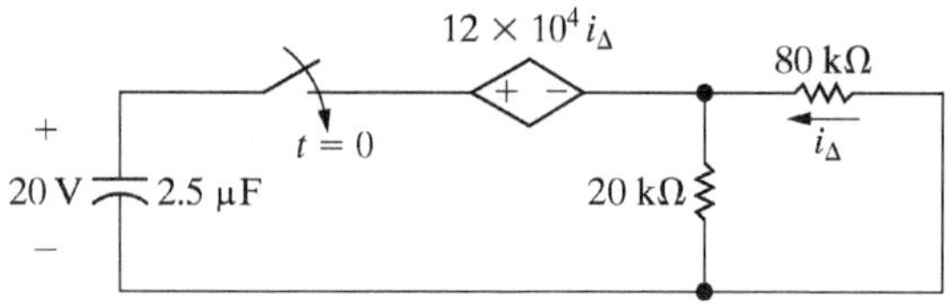

图 P7.87

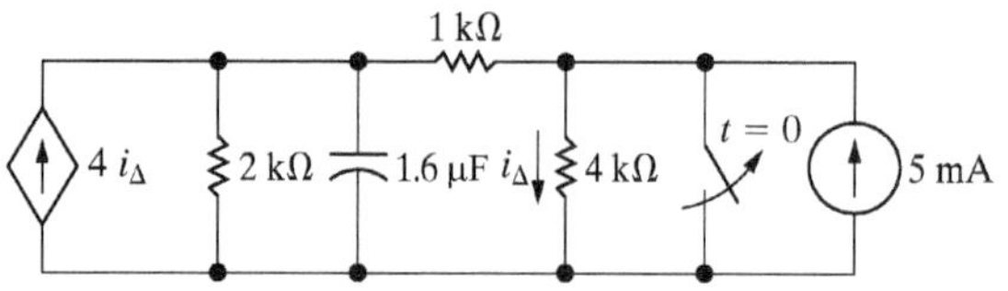

图 P7.88

7.89 图 P7.89 所示电路用来关闭 a 和 b 之间的开关,关闭时间长度可预定。只要继电器线圈的电压超过 5 V,继电器将保持它的接触臂在下方。当线圈电压等于 5 V,继电器接触臂通过一个机械弹簧作用返回到初始位置。a 和 b 之间的开关通过按下按钮立刻关闭。假设当按钮第一次按下时电容已充满电。继电器线圈的电阻是 25 kΩ,线圈的电感忽略不计。

(a)a 和 b 之间的开关关闭将维持多长时间?(b)写出从继电器触点开始打开到电容充满电时的 i 表达式。(c)电容达到它终值的 85% 需要多少毫秒(a 和 b 之间电路中断后)?

7.90P 图 P7.90 所示电路中开关关闭瞬间,电容中存储的能量为零。理想运算放大器在 15 ms 时达到饱和。R 的值(单位用千欧)是多少?

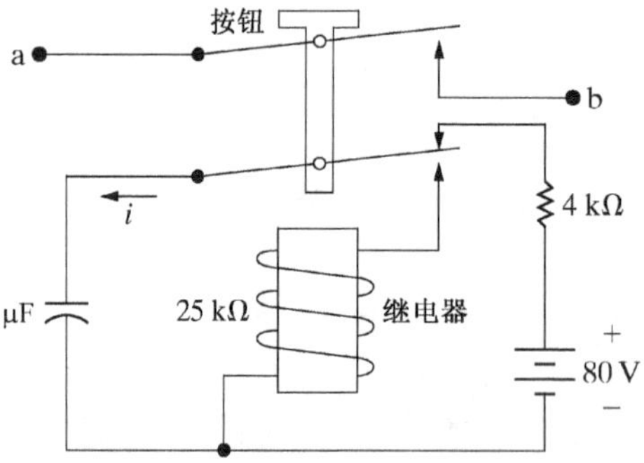

图 P7.89

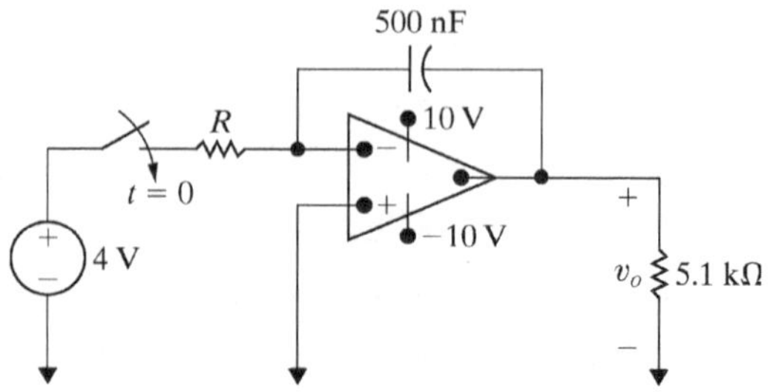

图 P7.90

7.91P 图 P7.90 所示电路的开关关闭瞬间，电容充电到 6 V，在右手端为正。如果理想运算放大器在 40 ms 时达到饱和，R 的值是多少？

7.92P 图 P7.92(a)所示电压脉冲作用于图 P7.92(b)所示的理想积分放大器上。在 $v_o(0)=0$ 时，推导下述条件下 $v_o(t)$ 的表达式。

(a)$t<0$。(b)$0\leqslant t\leqslant 2$ s。(c)2 s$\leqslant t\leqslant$4 s。(d)4 s$\leqslant t$。

7.93P 若将 4 MΩ 电阻跨接在 250 nF 反馈电容两端，重复习题 7.92。

7.94P 图 P7.94 所示电路中的两个开关关闭瞬间，电容中无能量存储。假定运放是理想的。

(a)求作为 v_a，v_b，R 和 C 函数的 v_o。(b)在(a)中所得结果的基础上，描述电路的工作过程。(c)如果 $v_a=40$ mV，$v_b=15$ mV，$R=50$ kΩ，$C=10$ nF，$V_{CC}=6$ V，运放经过多长时间饱和？

7.95P 图 P7.95 中的开关关闭瞬间，电容上的电压是 56 V。假设是理想运算放大器。开关关闭后多少毫秒，输出电压 v_o 等于零？

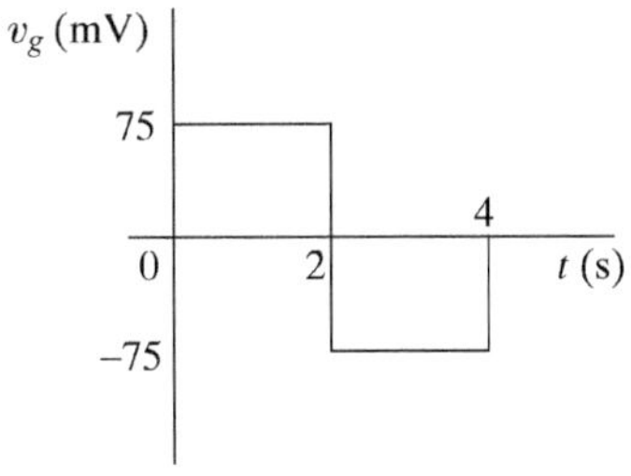

(a)

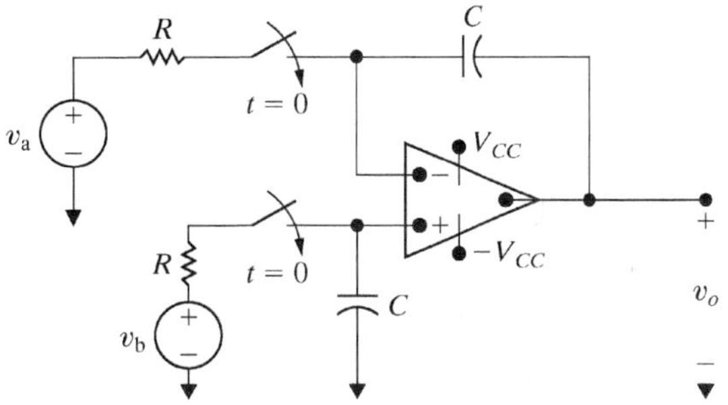

图 P7.94

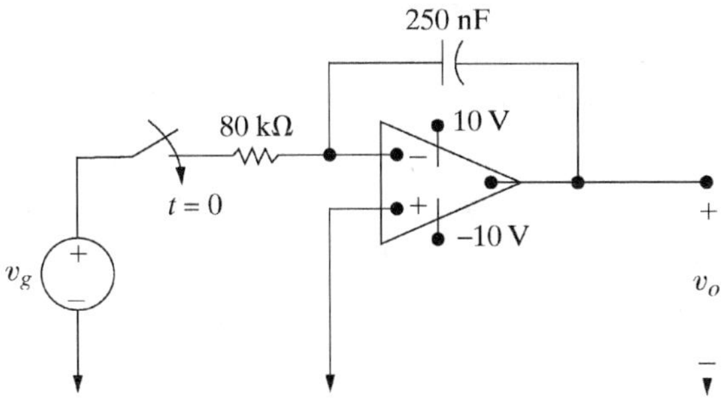

(b)

图 P7.92

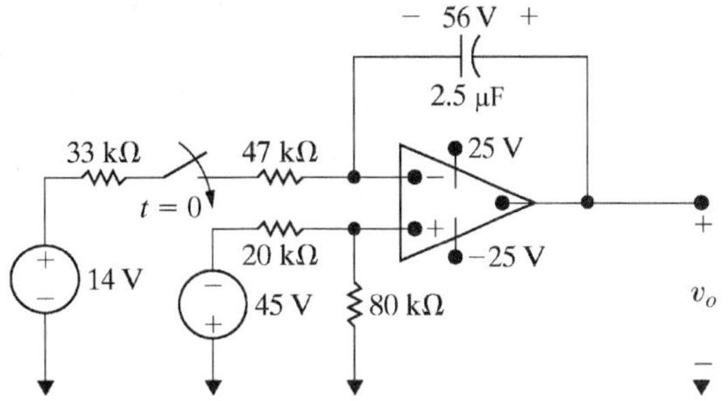

图 P7.95

7.96P 图 P7.96(a)电路中的电压源产生图 P7.96(b)所示的三角波。假设在 $t=0$ 时电容中存储的能量为零，且运放属于理想运放。

(a)在 $0\leqslant t\leqslant 1$ μs；1 μs$\leqslant t\leqslant$3 μs；3 μs$\leqslant t\leqslant$4 μs 期间，求 $v_o(t)$ 的表达式。(b)画出 0 ~ 4 μs 之间的输出波形图。(c)如果 $t>4$ μs 后，三角波输入电压连续重复自己，请问输出电压是何种形式？请解释。

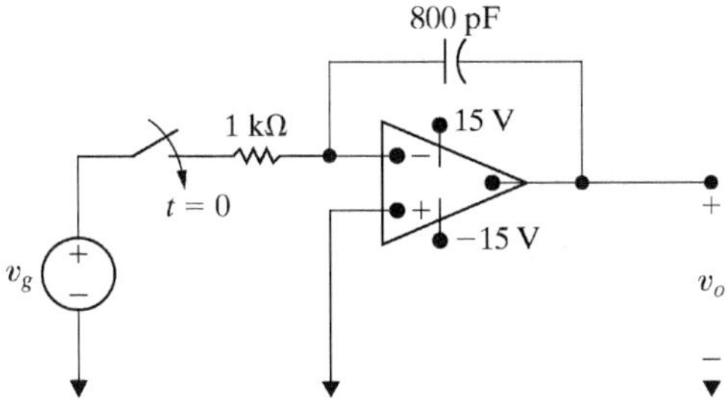

(a)

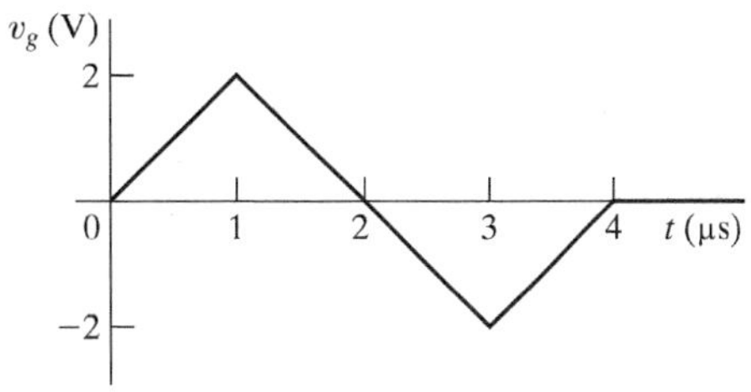

(b)

图 P7.96

7.97P 图 P7.97 所示电路是一个单稳多谐振荡器。单稳一词用来描述电路有一个稳定状态。如果它处在稳定状态，电子开关 T_2 为 ON，T_1 为 OFF(习题 7.99 描述了理想晶体管开关的工作情况)。瞬间关闭开关 S，T_2 转换成 OFF。S 返回到打开位置后，T_2 将返回到它的 ON 状态。

(a)证明如果 T_2 为 ON，则 T_1 为 OFF，并保持在 OFF。(b)解释为什么当 S 瞬间关闭时，T_2 转成 OFF。(c)证明 T_2 在 OFF 状态下保持为 $RC\ln 2$ s。

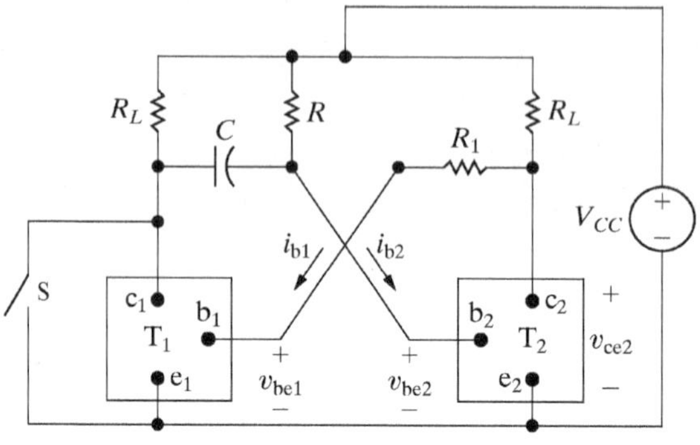

图 P7.97

7.98 图 P7.97 所示电路中的参数值是，$V_{CC}=6$ V，$R_1=5.0$ kΩ，$R_L=20$ kΩ，$C_1=250$ pF，$R=23\ 083$ Ω。

(a)假设 S 打开时电路已经达到稳定状态，S 瞬间关闭后，绘制 v_{ce2} 对应于 t 的波形图。假设在 $t=0$ 时 S 关闭。绘制在 -5 μs≤t≤10 μs 期间的波形图。(b)对于 i_{b2}，重复(a)的问题。

7.99P 图 P7.99 所示电路称为多谐振荡器，在脉冲电路中有广泛的应用。该习题目的是将电容的充电和放电与该电路的工作联系起来。分析电路的关键是要理解理想晶体管开关 T_1 和 T_2 的特性。电路的设计使得开关在 ON 和 OFF 之间自动转换。当 T_1 为 OFF 时，T_2 为 ON；反之亦然。在分析该电路时，假设开关是 ON 或是 OFF，并假设理想晶体管开关可以在瞬间改变状态。换句话说，它可以从 OFF 瞬间转到 ON，反之亦然。当晶体管开关是 ON，(1)基极电流 i_b 大于零，(2)端电压 v_{be} 为零，(3)端电压 v_{ce} 为零。因此，晶体管开关是 ON 时，b、e 之间和 c、e 之间表现为短路。当晶体管开关是 OFF 时，(1)端电压 v_{be} 是负值；(2)基极电流是 0；(3)在 c，e 端开路。因此，晶体管开关是 OFF 时，b、e 之间和 c、e 之间表现为开路。假设 T_2 从 ON 刚转换到 OFF，而 T_1 从 OFF 刚转换到 ON，可以假设在这个瞬间，C_2 已充电到电源电压 V_{CC}，C_1 上的电荷为 0。同时假设 $C_1=C_2$ 以及 $R_1=R_2=10R_L$。

(a)推导在 T_2 为 OFF 期间的 v_{be2} 表达式。(b)推导在 T_2 为 OFF 期间的 v_{ce2} 表达式。(c)求 T_2 为 OFF 的时间长度。(d)求 T_2 为 OFF 期间末的 v_{ce2} 值。(e)推导在 T_2 为 OFF 期间的 i_{b1} 表达式。(f)求 T_2 为 OFF 期间末的 i_{b1} 值。(g)绘制在 T_2 为 OFF 期间，v_{ce2} 对应于 t 的波形图。(h)绘制在 T_2 为 OFF 期间，i_{b1} 对应于 t 的波形图。

7.100 图 P7.99 电路中元件值是 $V_{CC}=9$ V，$R_L=3$ kΩ，$C_1=C_2=2$ nF，$R_1=R_2=18$ kΩ。

(a)在一个周期内，T_2 在 OFF 状态多长时间？(b)在一个周期内，T_2 在 ON 状态多长时间？(c)对于 T_1 重复(a)的问题。(d)对于 T_1 重复(b)的问题。(e)在 T_1 转向 ON 后的瞬间，i_{b1} 的值是多少？(f)在 T_1 转向 OFF 之前的瞬间，i_{b1} 的值是多少？(g)在 T_2 转向 ON 之前的瞬间 v_{ce2} 的值是多少？

7.101 若 $C_1=3$ nF，$C_2=2.8$ nF，其他元件值不变。重复习题 7.100。

7.102 图 P7.99 中的多谐振荡器电路满足下列条件：(1)晶体管开关在一个周期中，在 ON 状态为 48 μs，在 OFF 状态为 36 μs；(2)$R_L=2$ kΩ；(3)$V_{CC}=5$ V；(4)$R_1=R_2$；(5)$6R_L\leq R_1\leq 50R_L$。电容 C_1 和 C_2 的取值范围是多少？

7.103 **(实例应用)**图 P7.103 所示继电器，当它的电流大于 0.4 A 时，30 V 的直流发电机连接到直流总线上。若继电器电流下降到 0.4 A 或更低，则弹簧负载的继电器立即将直流总线连接到 30 V 备用电池上。继电器的线圈电阻为 60 Ω，继电器线圈的电感需要确定。

(a)假定驱动 30 V 直流发电机的原始动力机突然慢下来，引起电压突然下降到 21 V，为确保备用电池在 0.5 s 内连接到直流总线，L 值是多少？(b)使用(a)中所确定的 L 值，说明如果发电机产生的电压突然下降为零，则它使继电器多长时间动作。

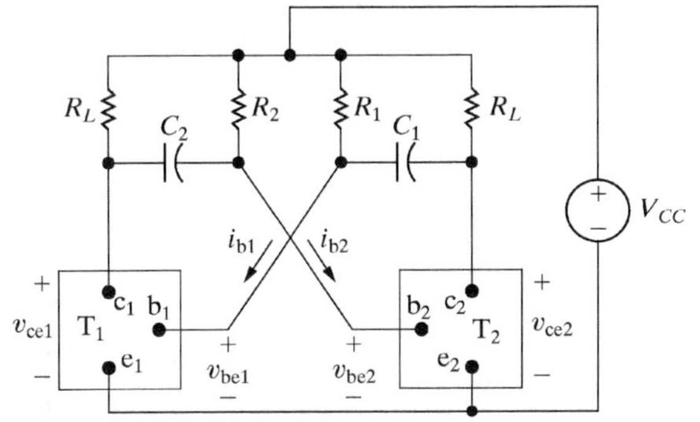

图 P7.99

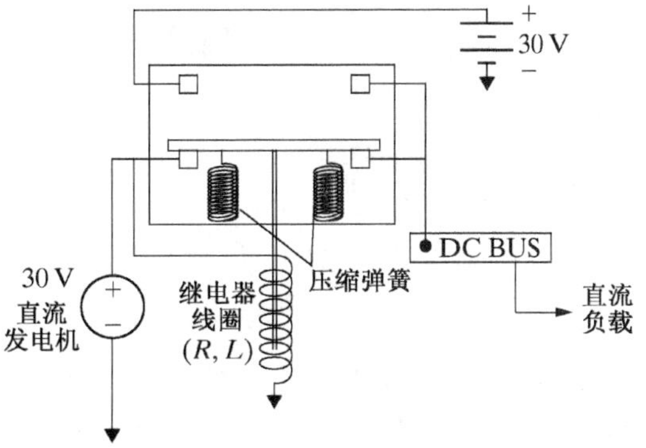

图 P7.103

7.104　已知 R 和 C 的值，并假定电容电压到达 75% 电源电压 V_s 时，电容放电，推导每分钟心率跳动表达式。表达式已经在实例应用中给出，为了方便，再次写在这里：

$$H = \frac{60}{-RC\ln 0.25}\ [\text{每分钟心跳}]$$

7.105　如果 $R = 150\ \text{k}\Omega$，$C = 6\ \mu\text{F}$，且当电容电压到达 60% 电源电压 V_s 时，电容放电，用类似于习题 7.104 推导的表达式，计算每分钟心跳。

7.106　证明要获得每分钟心率 H，电阻必须由下式给定：

$$R = \frac{-60}{HC\ln\left(1 - \frac{V_{\max}}{V_s}\right)}$$

其中 C 是电容，V_s 是电源电压，$V_{\max}$ 是放电发生时的电容电压。

7.107　如果电容为 2.5 μF，电容电压到达 68% 电源电压时，电容放电，若要获得每分钟心跳为 70，试用习题 7.106 推导的表达式计算相应的电阻。

第 8 章　RLC 电路的固有响应和阶跃响应

本章目标

- 能够确定并联 RLC 电路的固有响应和阶跃响应。
- 能够确定串联 RLC 电路的固有响应和阶跃响应。

本章将讨论两种电路的固有响应和阶跃响应：并联 RLC 电路和串联 RLC 电路。对于并联 RLC 电路来说，存储在电感、电容中的能量释放将在并联支路上产生电压。为了求出并联电路的固有响应，需要先求出并联支路的电压，电路如图 8.1 所示。电容上的初始电压 V_0 表示存储在电容上的初始能量，流过电感的初始电流 I_0 表示存储于电感上的初始能量。要想得到各支路的电流，就必须求得各支路的电压。

并联 RLC 电路的阶跃响应如图 8.2 所示。当给电路突然施加一个直流信号时，并联支路将产生电压，至于此时是否有能量存储于电路中要看具体的电路。

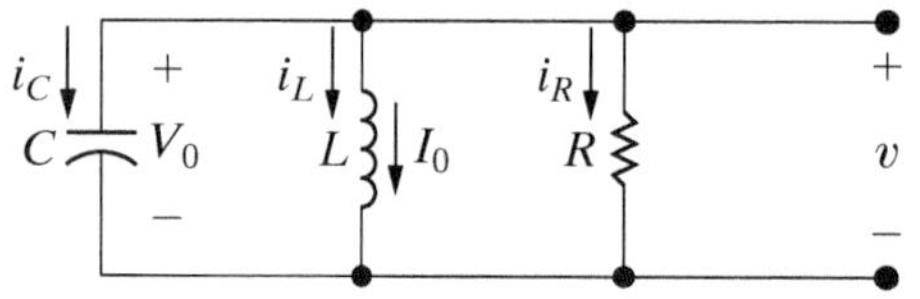

图 8.1　并联 RLC 电路固有响应电路图

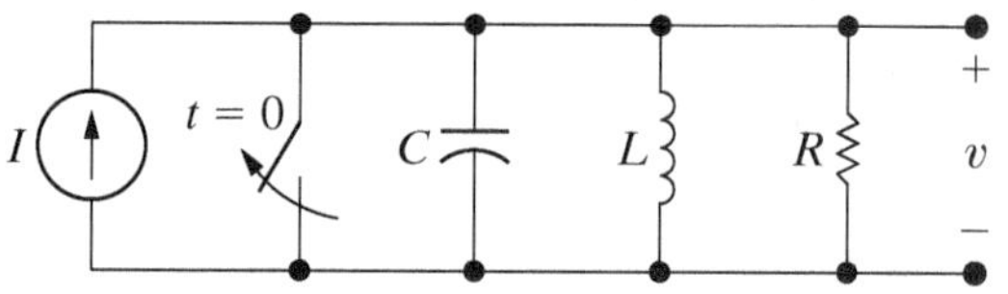

图 8.2　并联 RLC 电路阶跃响应电路图

如图 8.3 所示，为了求出串联 RLC 电路的固有响应，需要求出串联元件上的电流，而这一电流的产生取决于初始状态下存储在电感、电容上的能量的释放。如前所述，初始电感电流 I_0 和初始电容电压 V_0 代表初始存储的能量。要求得各分立元件上的电压值，必须先求出流过分立元件的电流值。

图 8.4 表示串联 RLC 电路的阶跃响应，令人感兴趣的是，当一个直流电压源突然加到电路上后电路中产生的电流。开关闭合时是否有能量存储于电路中也要看具体的电路。

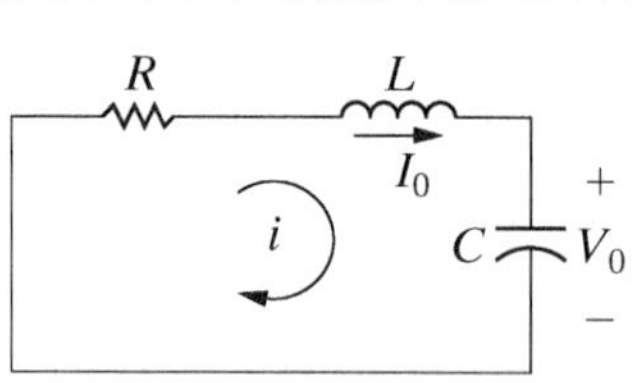

图 8.3　串联 RLC 电路固有响应电路图

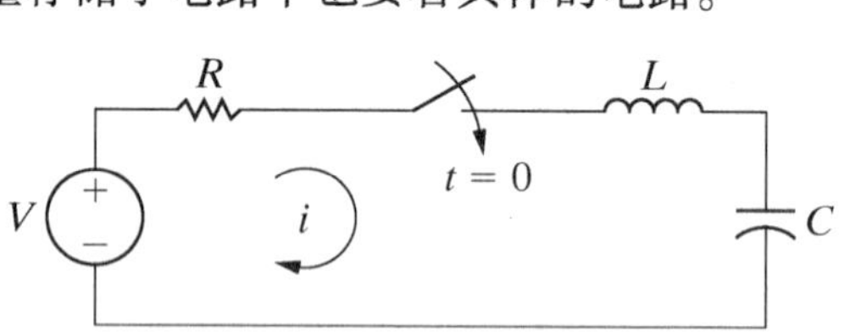

图 8.4　串联 RLC 电路阶跃响应电路图

如果读者没有学过微分方程，对并联或串联 RLC 电路的分析会有一定的困难，因此介绍微分方程的求解是非常有必要的。这里，首先分析并联 RLC 电路的固有响应，主要内容包括两部分：第一，讨论用来描述电路的微分方程的求解方法；第二，讨论解的 3 种不同形式。然后，再介绍并联 RLC 电路同样 3 种不同形式的阶跃响应，最后介绍串联 RLC 电路的固有响应和阶跃响应。

实例应用

CPU 频率(一)

大部分计算机中的数字电路都需要一个时钟信号来同步电路的操作。例如笔记本电脑的处理速度是 2 GHz，那就意味着 CPU 的处理速度为每秒钟执行 2×10^9 个单步操作。

时钟信号由时钟发生器芯片产生，它通常是一个特定时钟频率的方波信号。通常，这个方波信号是由正弦波转换而来，而正弦波由加有一定电压的晶振产生。晶振能产生适合同步数字电路的稳定频率。

同时我们也能用带有电感和电容的电路产生正弦波。通过选择电感和电容的值，能够产生具有特定频率的正弦波。在提出二阶电路的基本概念后，我们将检验这样的设计。

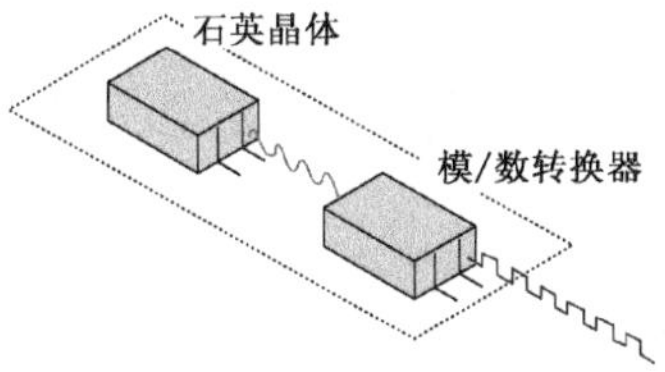

8.1　并联 RLC 电路固有响应简介

求解图 8.1 所示电路的固有响应，首先要推出电压 v 的微分方程。因为每个元件上的电压都相同，所以先求电压，然后利用伏安关系求每条支路上的电流。由于流出节点的电流和为 0，所以可以很轻松地获得所需电压的微分方程

$$\frac{v}{R}+\frac{1}{L}\int_0^t v\,\mathrm{d}\tau+I_0+C\frac{\mathrm{d}v}{\mathrm{d}t}=0 \tag{8.1}$$

在式(8.1)中，对 t 取一次微分，去掉微分符，由于 I_0 是一个常数，得到

$$\frac{1}{R}\frac{\mathrm{d}v}{\mathrm{d}t}+\frac{v}{L}+C\frac{\mathrm{d}^2v}{\mathrm{d}t^2}=0 \tag{8.2}$$

将式(8.2)除以电容 C 并整理得

$$\frac{\mathrm{d}^2v}{\mathrm{d}t^2}+\frac{1}{RC}\frac{\mathrm{d}v}{\mathrm{d}t}+\frac{v}{LC}=0 \tag{8.3}$$

将式(8.3)与第 7 章中的微分方程比较，可以发现不同之处在于出现了二次微分，式(8.3)为含常数的常规二次微分方程。第 8 章的电路既包含电容也包含电感，所以微分方程为二次微分方程，这种电路又称为二阶电路。

8.1.1　二次微分方程的一般解法

第 7 章中曾采用分离变量再积分的方法求解一阶微分方程，对于式(8.3)典型的解法是假

定解为指数形式，也就是说，假设电压为

$$v = Ae^{st} \tag{8.4}$$

其中 A 和 s 都是未知常数。

在说明怎样通过这个假设得出式(8.3)的解之前，先来证明假设的合理性。首先观察式(8.3)：解的二次微分加上常数与解的一次微分之积再加上常数与解本身之积，结果对于任何一个 t 来说都必须等于0。只有当解的高阶微分与解具有相同形式时，才能满足这一情况，指数函数正好满足这一规律。另外由于第7章里推出的一阶方程解为指数形式，故假设二阶方程的解也包含指数是合理的。

如果式(8.4)是式(8.3)的解，那么对于任何一个 t 都必须满足式(8.3)，将式(8.4)代入式(8.3)中整理得

$$As^2e^{st} + \frac{As}{RC}e^{st} + \frac{Ae^{st}}{LC} = 0$$

或者写成

$$Ae^{st}\left(s^2 + \frac{s}{RC} + \frac{1}{LC}\right) = 0 \tag{8.5}$$

由于对于任意的 t 取值，$e^{st} \neq 0$，所以只有当 $A = 0$ 或括号内的分式为0时，方程式才成立。如果用 $A = 0$ 作为方程的通解，则意味着电压在任何时候均为0 ——当电感或电容中有能量存储时，实际上是不可能的。因此，要使式(8.4)成为式(8.3)的解，式(8.5)括号中的项必须为0，或者说

$$s^2 + \frac{s}{RC} + \frac{1}{LC} = 0 \tag{8.6}$$

式(8.6)称为微分方程的特性方程，因为这个二次方程的解将决定 $v(t)$ 的数学特性。

式(8.6)的两个解分别为

$$s_1 = -\frac{1}{2RC} + \sqrt{\left(\frac{1}{2RC}\right)^2 - \frac{1}{LC}} \tag{8.7}$$

$$s_2 = -\frac{1}{2RC} - \sqrt{\left(\frac{1}{2RC}\right)^2 - \frac{1}{LC}} \tag{8.8}$$

将 s_1，s_2 代入式(8.4)中，所得的结果将满足微分方程(8.3)。注意在式(8.5)中忽略了 A 的值，即两个解

$$v = A_1e^{s_1t}$$

$$v = A_2e^{s_2t}$$

均满足式(8.3)，分别用 v_1，v_2 表示。可以看出它们的和也是方程的一个解，如果令

$$v = v_1 + v_2 = A_1e^{s_1t} + A_2e^{s_2t} \tag{8.9}$$

那么

$$\frac{dv}{dt} = A_1s_1e^{s_1t} + A_2s_2e^{s_2t} \tag{8.10}$$

$$\frac{d^2v}{dt^2} = A_1s_1^2e^{s_1t} + A_2s_2^2e^{s_2t} \tag{8.11}$$

将式(8.9)至式(8.11)代入到式(8.3)可得

$$A_1 e^{s_1 t}\left(s_1^2+\frac{1}{RC}s_1+\frac{1}{LC}\right)+A_2 e^{s_2 t}\left(s_2^2+\frac{1}{RC}s_2+\frac{1}{LC}\right)=0 \tag{8.12}$$

由于 s_1 和 s_2 均为特征方程的根，所以括号内的部分均为 0，由此得出图 8.1 所示的并联 RLC 电路的固有响应为

$$v=A_1 e^{s_1 t}+A_2 e^{s_2 t} \tag{8.13}$$

式(8.13)是式(8.9)的重复。v_1，v_2，v_1+v_2 均为微分方程的解，因此式(8.3)的解如式(8.13)所示。特征方程的根(s_1，s_2)由电路参数 R，L，C 决定，初始状态决定常数 A_1，A_2 的取值。如果 s_1，s_2 相等，式(8.13)的形式必须修改，将在 8.2 节的临界阻尼电压响应中讨论这个问题。

$v(t)$的变化取决于 s_1，s_2，因此求解固有响应的第一步是确定特征方程的根。用文献中普遍使用的符号描述式(8.7)和式(8.8)，即

$$s_1=-\alpha+\sqrt{\alpha^2-\omega_0^2} \tag{8.14}$$

$$s_2=-\alpha-\sqrt{\alpha^2-\omega_0^2} \tag{8.15}$$

其中

$$\alpha=\frac{1}{2RC} \tag{8.16}$$

$$\omega_0=\frac{1}{\sqrt{LC}} \tag{8.17}$$

如表 8.1 所示。

表 8.1　并联 RLC 电路的固有响应参数

参数	名称	在固有响应中的取值
s_1, s_2	特征根	$s_1=-\alpha+\sqrt{\alpha^2-\omega_0^2}$
		$s_2=-\alpha-\sqrt{\alpha^2-\omega_0^2}$
α	奈培频率	$\alpha=\frac{1}{2RC}$
ω_0	谐振角频率	$\omega_0=\frac{1}{\sqrt{LC}}$

由于指数 e 是无量纲的，所以 s_1 和 s_2(以及 α 和 ω_0)具有时间的倒数(或者说频率)的量纲。为了区分这些频率，采用以下这些术语：s_1 和 s_2 称为复频率，α 称为奈培频率，ω_0 称为谐振角频率。这些术语的明确含义将随着这一章内容的逐渐深入而越加清晰，所有这些频率都具有角频率的量纲，故采用统一单位：弧度每秒(rad/s)。特征根 s_1 和 s_2 的值取决于 α 和 ω_0，这里有 3 种可能的输出，如果 $\omega_0^2<\alpha^2$，两根为不相同的实数，为讨论的需要，称这种电压响应为过阻尼响应；如果 $\omega_0^2>\alpha^2$，两根为复数且为共轭复数，这时的电压响应称为欠阻尼响应；如果 $\omega_0^2=\alpha^2$，两根为相等的实数，此时的电压响应称为临界阻尼响应。通过下面的讨论读者将会看到，不同的阻尼状态将影响电压响应过渡到稳态的过程，对于这 3 种情况将在 8.2 节中分别予以介绍。

例 8.1 说明了 s_1 和 s_2 的值如何由 R，L 和 C 决定。

例 8.1　求解并联 RLC 电路特征方程的根

(a)如果 $R=200\ \Omega$，$L=50$ mH，$C=0.2\ \mu$F，求决定图 8.5 所示电路电压响应的特征方程的根。(b)电压响应将是过阻尼、欠阻尼还是临界阻尼？(c)如果 $R=312.5\ \Omega$，重复(a)和(b)两问。(d)电压响应为临界阻尼时，求电阻 R。

解：

(a) 对于给定的 R, L 和 C 值

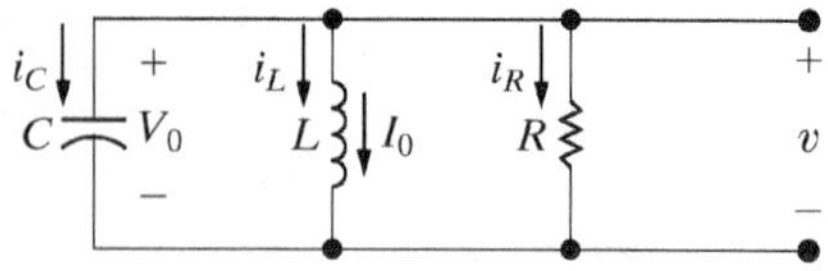

图 8.5 并联 RLC 电路固有响应电路图

$$\alpha = \frac{1}{2RC} = \frac{10^6}{(400)\times(0.2)} = 1.25\times10^4\ \text{rad/s}$$

$$\omega_0^2 = \frac{1}{LC} = \frac{(10^3)\times(10^6)}{(50)\times(0.2)} = 10^8\ \text{rad}^2/\text{s}^2$$

由式(8.14)和式(8.15)

$$s_1 = -1.25\times10^4 + \sqrt{1.5625\times10^8 - 10^8} = -12\,500 + 7500 = -5000\ \text{rad/s}$$

$$s_2 = -1.25\times10^4 - \sqrt{1.5625\times10^8 - 10^8} = -12\,500 - 7500 = -20\,000\ \text{rad/s}$$

(b) 因为 $\omega_0^2 < \alpha^2$，所以电压响应为过阻尼。

(c) 如果 $R = 312.5\ \Omega$

$$\alpha = \frac{10^6}{(625)\times(0.2)} = 8000\ \text{rad/s}$$

$$\alpha^2 = 64\times10^6 = 0.64\times10^8\ \text{rad}^2/\text{s}^2$$

由于 ω_0^2 仍为 $10^8\ \text{rad}^2/\text{s}^2$

$$s_1 = -8000 + \text{j}6000\ \text{rad/s}$$

$$s_2 = -8000 - \text{j}6000\ \text{rad/s}$$

(在电子工程中，由于 i 已被用来表示电流，所以虚数 $\sqrt{-1}$ 用字母 j 表示。)

由于 $\omega_0^2 > \alpha^2$，所以电压响应为欠阻尼响应。

(d) 对于临界阻尼，因为 $\omega_0^2 = \alpha^2$，因此

$$\left(\frac{1}{2RC}\right)^2 = \frac{1}{LC} = 10^8$$

或者

$$\frac{1}{2RC} = 10^4$$

则

$$R = \frac{10^6}{(2\times10^4)\times(0.2)} = 250\ \Omega$$

评测目标 1 掌握并联 RLC 电路的固有响应和阶跃响应的求解。

8.1 图 8.5 所示电路的电阻电感分别为 100 Ω 和 20 mH。

(a) 求出使电压响应为临界阻尼时的电容(C)值。(b) 要使奈培频率为 5 krad/s，求此时的 C 值以及特征方程的根。(c) 要使谐振频率为 20 krad/s，求此时的 C 值以及特征方程的根。

答： (a) 500 nF；(b) $C = 1\ \mu\text{F}$，$s_1 = -5000 + \text{j}5000$ rad/s，$s_2 = -5000 - \text{j}5000$ rad/s；(c) $C = 125$ nF，$s_1 = -5359$ rad/s，$s_2 = -74\,641$ rad/s。

提示： 试求本章习题 8.4。

8.2 并联 RLC 电路固有响应的形式

现在，读者已知二阶 RLC 电路的响应取决于 s_1 和 s_2 的值，而 s_1 和 s_2 又取决于电路的参数 R, L 和 C，因此，求解固有响应的第一步是先确定 s_1 和 s_2 的值，然后确定响应是过阻尼、欠阻尼还是临界阻尼。

要完整地描述固有响应，还需要确定式(8.13)中的参数 A_1 和 A_2 的值，求解方法是利用初

始条件，即初始电流（或电压）以及电流（或电压）一次微分后的初始值。求二阶电路的阶跃响应时，同样会用到初始条件以及变量的稳态值。

这一节将分别分析 3 种阻尼状态的固有响应，首先从过阻尼响应开始。对于 3 种阻尼状态，其响应方程与求解参数的方程略有不同，这就是为什么要在问题的开头确定响应为过阻尼、欠阻尼还是临界阻尼的原因。

8.2.1　过阻尼电压响应

当特征方程的根为两个不同的实数时，称并联 RLC 电路的电压响应为过阻尼的，电压的解具有以下形式：

$$v = A_1 e^{s_1 t} + A_2 e^{s_2 t} \tag{8.18}$$

其中 s_1 和 s_2 为特征方程的根，A_1 和 A_2 由初始状态决定，确切地说是由 $v(0^+)$ 和 $\mathrm{d}v(0^+)/\mathrm{d}t$ 决定的，而 $v(0^+)$ 和 $\mathrm{d}v(0^+)/\mathrm{d}t$ 又是由电容上的初始电压 V_0 和电感上的初始电流 I_0 决定的。

下面将介绍如何用电容上的初始电压和电感上的初始电流来确定 A_1 和 A_2 的值。由式（8.18）得到

$$v(0^+) = A_1 + A_2 \tag{8.19}$$

$$\frac{\mathrm{d}v(0^+)}{\mathrm{d}t} = s_1 A_1 + s_2 A_2 \tag{8.20}$$

s_1 和 s_2 已知，求解 A_1 和 A_2 的任务就变为求解 $v(0^+)$ 和 $\mathrm{d}v(0^+)/\mathrm{d}t$，$v(0^+)$ 是电容上的初始电压，$\mathrm{d}v/\mathrm{d}t$ 的值可以通过求 $t=0^+$ 时电容支路上的初始电流得到，即

$$\frac{\mathrm{d}v(0^+)}{\mathrm{d}t} = \frac{i_C(0^+)}{C} \tag{8.21}$$

用基尔霍夫电流定律求电容支路上的初始电流。在 $t=0^+$ 时刻，3 条支路上的电流之和必定为 0，电阻支路上的电流为初始电压 V_0 除以电阻，电感支路上的电流为 I_0，由图 8.5 得到

$$i_C(0^+) = \frac{-V_0}{R} - I_0 \tag{8.22}$$

有了 $i_C(0^+)$，利用式（8.21）即可求得 $\mathrm{d}v/\mathrm{d}t$。

总结过阻尼电压响应 $v(t)$ 的求解过程如下：

1. 由 R，L 和 C 确定特征方程的根 s_1 和 s_2。
2. 通过分析电路求出 $v(0^+)$ 和 $\mathrm{d}v(0^+)/\mathrm{d}t$。
3. 解式（8.23）和式（8.24）即可求得 A_1 和 A_2 的值。

$$v(0^+) = A_1 + A_2 \tag{8.23}$$

$$\frac{\mathrm{d}v(0^+)}{\mathrm{d}t} = \frac{i_C(0^+)}{C} = s_1 A_1 + s_2 A_2 \tag{8.24}$$

4. 将 s_1，s_2，A_1 和 A_2 代入方程式（8.18）中，求出 $t \geqslant 0$ 时的 $v(t)$。

例 8.2 和例 8.3 给出了求解并联 RLC 电路过阻尼响应的过程。

例 8.2　求并联 RLC 电路的过阻尼响应

对图 8.6 所示电路，$v(0^+) = 12$ V，$i_L(0^+) = 30$ mA。

(a) 求各条支路上的初始电流。(b) 求 $\mathrm{d}v/\mathrm{d}t$ 的初值。(c) 求 $v(t)$ 的表达式。(d) 粗略画出 $0 \leqslant t \leqslant 250$ ms 时的 $v(t)$ 曲线。

解：

(a) 因为电感上的电流不能突变，所以电感上的初始电流为 30 mA

$$i_L(0^-) = i_L(0) = i_L(0^+) = 30\ \text{mA}$$

电容使并联元器件两端的电压为 12 V，因此电阻支路上的电流 $i_R(0^+)$ 为 12/200，即 60 mA，利用基尔霍夫电流定律，每一瞬间流出节点的电流之和为 0，因此

$$i_C(0^+) = -i_L(0^+) - i_R(0^+) = -90\ \text{mA}$$

如果假设电感电流和电容电压在能量释放的瞬间就达到直流稳态值，则 $i_C(0^-)=0$，也就是说，电容上的电流在 $t=0$ 时刻有一个瞬间突变。

(b) 由于 $i_C = C(\mathrm{d}v/\mathrm{d}t)$

$$\frac{\mathrm{d}v(0^+)}{\mathrm{d}t} = \frac{-90\times 10^{-3}}{0.2\times 10^{-6}} = -450\ \text{kV/s}$$

(c) 特征方程的根 s_1 和 s_2 由 R, L 和 C 确定，利用式(8.14)，式(8.15)，式(8.16)和式(8.17)可得

$$s_1 = -1.25\times 10^4 + \sqrt{1.5625\times 10^8 - 10^8} = -12\ 500 + 7500 = -5000\ \text{rad/s}$$

$$s_2 = -1.25\times 10^4 - \sqrt{1.5625\times 10^8 - 10^8} = -12\ 500 - 7500 = -20\ 000\ \text{rad/s}$$

因为根为不相同的实数，所以响应为过阻尼响应，具有式(8.18)的形式，A_1 和 A_2 的值由式(8.23)和式(8.24)确定，由于已经得到 s_1，s_2，$v(0^+)$ 和 $\mathrm{d}v(0^+)/\mathrm{d}t$ 的值，所以

$$12 = A_1 + A_2$$
$$-450\times 10^3 = -5000A_1 - 20\ 000A_2$$

求解两个方程得 $A_1 = -14$ V，$A_2 = 26$ V，将这些值代入方程式(8.18)中，得到过阻尼电压响应为

$$v(t) = (-14\mathrm{e}^{-5000t} + 26\mathrm{e}^{-20\ 000t})\ \text{V}, \quad t\geqslant 0$$

检验上述计算，其解满足 $v(0) = 12$ V 和 $\mathrm{d}v(0^+)/\mathrm{d}t = -450\ 000$ V/s。

(d) 图 8.7 给出了 $0\leqslant t\leqslant 250$ ms 区间的 $v(t)$ 变化曲线。

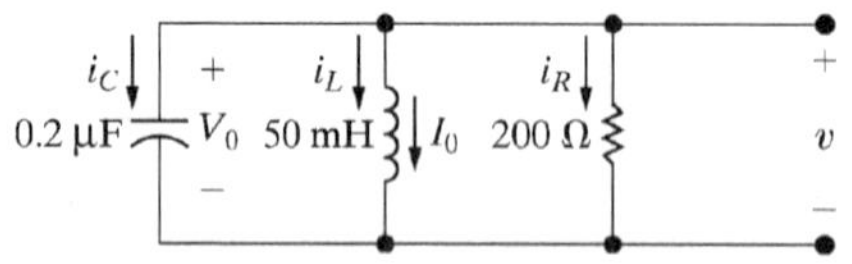

图 8.6 例 8.2 的电路图

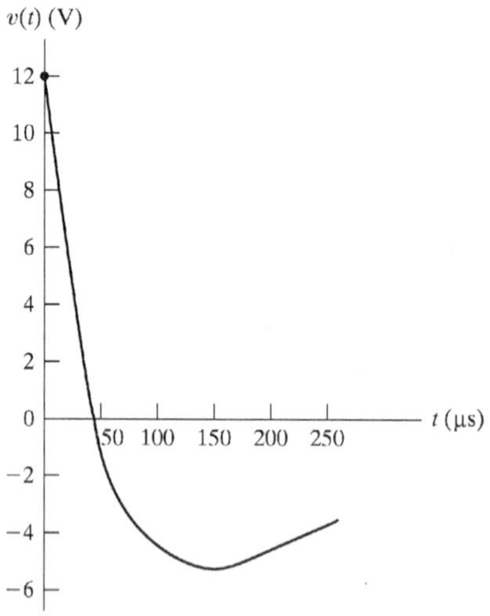

图 8.7 例 8.2 的电压响应

例 8.3 计算并联 RLC 电路支路电流的固有响应

推导例 8.2(参见图 8.6)中存储的能量释放过程中的各支路电流 i_R，i_L，i_C 的表达式。

解：

由例 8.2 已知 3 条支路上的电压为

$$v(t) = (-14\mathrm{e}^{-5000t} + 26\mathrm{e}^{-20\ 000t})\ \text{V}, \quad t\geqslant 0$$

则电阻支路上的电流为

$$i_R(t)=\frac{v(t)}{200}=(-70\mathrm{e}^{-5000t}+130\mathrm{e}^{-20\,000t})\ \mathrm{mA},\quad t\geqslant 0$$

求解电感支路上的电流有两种方法，一种是利用电感两端的电压与电流间的积分关系，即

$$i_L(t)=\frac{1}{L}\int_0^t v_L(x)\mathrm{d}x+I_0$$

另一种方法是先求电容支路上的电流，再利用基尔霍夫电流定律 $i_R+i_L+i_C=0$。采用后一种方法，电容支路上的电流为

$$\begin{aligned}i_C(t)&=C\frac{\mathrm{d}v}{\mathrm{d}t}\\&=0.2\times10^{-6}\times(70\,000\mathrm{e}^{-5000t}-520\,000\mathrm{e}^{-20\,000t})\\&=(14\mathrm{e}^{-5000t}-104\mathrm{e}^{-20\,000t})\ \mathrm{mA},\quad t\geqslant 0^+\end{aligned}$$

$i_C(0^+)=-90$ mA，符合例 8.2 中的结果，则可求得电感支路上的电流为

$$i_L(t)=-i_R(t)-i_C(t)=(56\mathrm{e}^{-5000t}-26\mathrm{e}^{-20\,000t})\ \mathrm{mA},\quad t\geqslant 0$$

在下面的评测目标练习 8.2 中，把用积分法求电感电流的问题留给读者。注意 i_L 的表达式必须满足初始电感电流。

评测目标 1　求解并联 RLC 电路的固有响应和阶跃响应。

8.2　利用 i_L 与 v 之间的积分关系求图 8.6 所示电路的 i_L 表达式。

答：$i_L(t)=(56\mathrm{e}^{-5000t}-26\mathrm{e}^{-20\,000t})$ mA，$t\geqslant 0$。

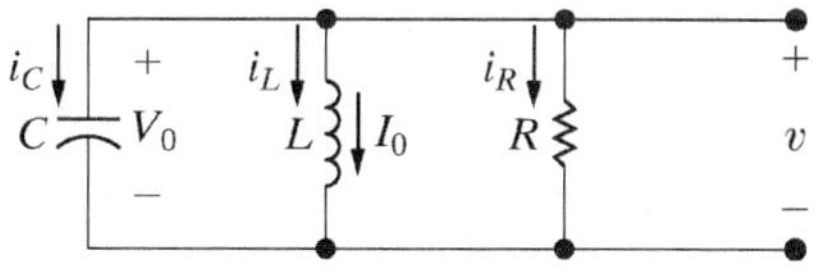

8.3　如右图所示，电路中的各元件参数分别为 $R=2$ kΩ，$L=250$ mH，$C=10$ nF，电感上的初始电流 $I_0=-4$ A，电容上的初始电压为 0 V，输出信号为电压 v，求：

(a) $i_R(0^+)$；(b) $i_C(0^+)$；(c) $\mathrm{d}v(0^+)/\mathrm{d}t$；(d) A_1；(e) A_2，以及 (f) 当 $t\geqslant 0$ 时的 $v(t)$。

答：(a) 0；(b) 4 A；(c) 4×10^8 V/s；(d) 13 333 V；(e) −13 333 V；(f) $13\,333(\mathrm{e}^{-10\,000t}-\mathrm{e}^{-40\,000t})$ V。

提示：试求本章习题 8.5 和习题 8.13。

8.2.2　欠阻尼电压响应

当 $\omega_0^2>\alpha^2$ 时，特征方程的根为复数，此时的响应为欠阻尼响应。为方便起见，把 s_1，s_2 表示为

$$s_1=-\alpha+\sqrt{-(\omega_0^2-\alpha^2)}=-\alpha+\mathrm{j}\sqrt{\omega_0^2-\alpha^2}=-\alpha+\mathrm{j}\omega_d \tag{8.25}$$

$$s_2=-\alpha-\mathrm{j}\omega_d \tag{8.26}$$

其中

$$\omega_d=\sqrt{\omega_0^2-\alpha^2} \tag{8.27}$$

ω_d 称为阻尼角频率，后面将解释这个名称的含义。

并联 RLC 电路的欠阻尼电压响应为

$$v(t)=B_1\mathrm{e}^{-\alpha t}\cos\omega_d t+B_2\mathrm{e}^{-\alpha t}\sin\omega_d t \tag{8.28}$$

符合式(8.18)。在将式(8.18)变换到式(8.28)的过程中利用了欧拉变换

$$\mathrm{e}^{\pm\mathrm{j}\theta}=\cos\theta\pm\mathrm{j}\sin\theta \tag{8.29}$$

因此

$$\begin{aligned} v(t) &= A_1 e^{(-\alpha + j\omega_d)t} + A_2 e^{-(\alpha + j\omega_d)t} \\ &= A_1 e^{-\alpha t} e^{j\omega_d t} + A_2 e^{-\alpha t} e^{-j\omega_d t} \\ &= e^{-\alpha t}(A_1 \cos\omega_d t + jA_1 \sin\omega_d t + A_2 \cos\omega_d t - jA_2 \sin\omega_d t) \\ &= e^{-\alpha t}[(A_1 + A_2)\cos\omega_d t + j(A_1 - A_2)\sin\omega_d t] \end{aligned}$$

用 B_1，B_2 来代替 A_1+A_2 和 $j(A_1-A_2)$ 这两个任意常数，即可得到

$$v = e^{-\alpha t}(B_1 \cos\omega_d t + B_2 \sin\omega_d t) = B_1 e^{-\alpha t}\cos\omega_d t + B_2 e^{-\alpha t}\sin\omega_d t$$

由于电压是实数，所以常数 B_1，B_2 是实数，而不是复数，但不要被 $B_2=j(A_1-A_2)$ 的表面现象所迷惑。因为在欠阻尼状态下，A_1 和 A_2 是共轭复数，所以 B_1，B_2 是实数(参见习题 8.12 和习题 8.13)。之所以采用参数 B_1，B_2 来描述欠阻尼响应，是因为它们可以使电压 v 的表达式较为简单。通过求解 $t=0^+$ 时刻的 v 值以及微分值，存储在电路中的初始能量将决定 B_1，B_2 和 A_1，A_2 的大小。与 s_1，s_2 一样，α 和 ω_d 是与电路参数 R，L，C 紧密关联的。

对于欠阻尼响应，决定 B_1，B_2 的两个联立方程为

$$v(0^+) = V_0 = B_1 \tag{8.30}$$

$$\frac{dv(0^+)}{dt} = \frac{i_C(0^+)}{C} = -\alpha B_1 + \omega_d B_2 \tag{8.31}$$

先分析一下欠阻尼响应的性质。首先，三角函数决定了响应具有振荡性，也就是说，电压在正负值之间变换，电压振荡的速率与 ω_d 有关。其次，振荡的幅度以指数形式衰减。幅度衰减速率由 α 决定。由于 α 决定振荡的衰减速率，所以 α 又被称为阻尼系数或衰减系数，这就是 ω_d 为什么被称为阻尼角频率的原因。如果无阻尼，则 $\alpha=0$，且振荡频率为 ω_0。只要电路中有一个损耗元件 R，α 就不等于 0，并且振荡频率 $\omega_d<\omega_0$。因此当 $\alpha\neq0$ 时，振荡频率就是阻尼的。

由于电路中存在两个能量存储元件：电感和电容，所以振荡可能发生(这个电路的机械分析可以用悬挂于弹簧上的质量块来解释，当能量存储于弹簧和运动着的质量块中时就会产生振荡)。例 8.4 所示为一欠阻尼响应电路，以此来说明欠阻尼响应的特性。总之，读者会注意到求欠阻尼响应的过程与求过阻尼响应的过程非常相似，只是响应方程和获取常量的联立方程略有不同。

例 8.4 求解并联 RLC 电路的欠阻尼响应

图 8.8 所示电路，$V_0=0$，$I_0=-12.25$ mA。

(a) 计算特征方程的根。(b) 计算 $t=0^+$ 时的 v 和 dv/dt。(c) 计算 $t\geq0$ 时的电压响应。(d) 画出 $0\leq t\leq$ 11 ms时的 $v(t)$ 曲线。

解：

(a) 因为

$$\alpha = \frac{1}{2RC} = \frac{10^6}{2\times(20)\times10^3\times(0.125)} = 200 \text{ rad/s}$$

$$\omega_0 = \frac{1}{\sqrt{LC}} = \sqrt{\frac{10^6}{(8)\times(0.125)}} = 10^3 \text{ rad/s}$$

所以

$$\omega_0^2 > \alpha^2$$

响应为欠阻尼。此时

$$\omega_d = \sqrt{\omega_0^2 - \alpha^2} = \sqrt{10^6 - 4\times10^4} = 100\sqrt{96} = 979.80 \text{ rad/s}$$
$$s_1 = -\alpha + \mathrm{j}\omega_d = -200 + \mathrm{j}979.80 \text{ rad/s}$$
$$s_2 = -\alpha - \mathrm{j}\omega_d = -200 - \mathrm{j}979.80 \text{ rad/s}$$

对于欠阻尼的情况，一般不直接采用 s_1 和 s_2，因此可以不求，这里求出它们的目的是为了明确 s_1 和 s_2 在欠阻尼状况下为复频率。

(b) 因为 v 是电容的端电压，所以有

$$v(0) = v(0^+) = V_0 = 0$$

因为 $v(0^+)=0$，在 $t=0^+$ 时刻电阻支路上的电流为 0，因此，$t=0^+$ 时刻电容上的电流是负的电感电流

$$i_C(0^+) = -(-12.25) = 12.25 \text{ mA}$$

因此初始电压的微分值为

$$\frac{\mathrm{d}v(0^+)}{\mathrm{d}t} = \frac{(12.25)\times(10^{-3})}{(0.125)\times(10^{-6})} = 98\,000 \text{ V/s}$$

(c) 由式(8.30)和式(8.31)可知，$B_1=0$ 并且

$$B_2 = \frac{98\,000}{\omega_d} \approx 100 \text{ V}$$

将 α，ω_d，B_1，B_2 的值代入 $v(t)$ 的表达式中得

$$v(t) = 100\mathrm{e}^{-200t}\sin 979.80t \text{ V}, \quad t \geqslant 0$$

(d) 图 8.9 给出了能量释放的 11 ms 内电压 $v(t)$ 的变化曲线。曲线清晰地显示了欠阻尼响应的阻尼振荡特性。电压 $v(t)$ 通过在稳态值处的上下变动最终趋于稳定，此外，相对于稳态值的摆动幅度随着时间的推移逐渐减小。

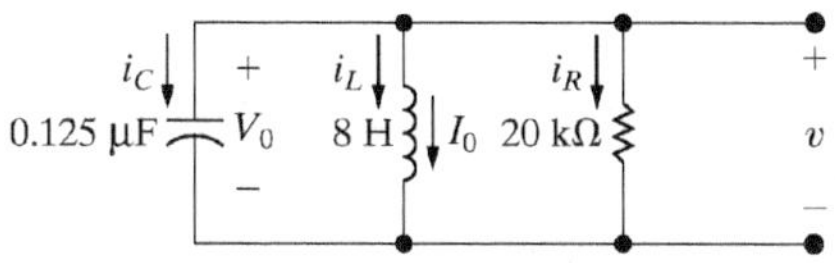

图 8.8　例 8.4 的电路图

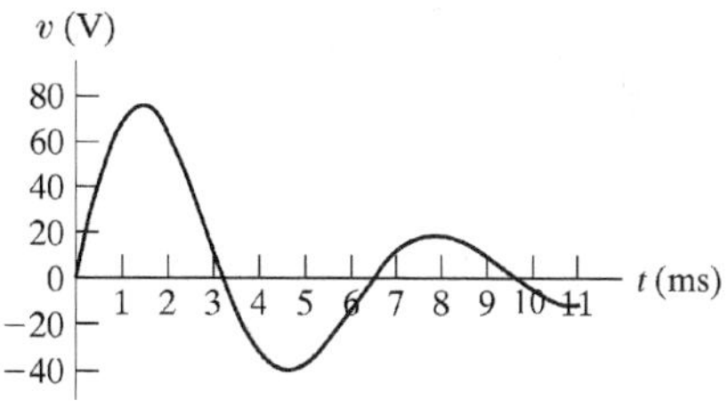

图 8.9　例 8.4 的电压响应

8.2.3　欠阻尼响应特性

欠阻尼响应具有几个重要的特性。首先，当电路中的损耗减小时，振荡持续的时间将增加，且振荡频率接近于 ω_0。换句话说，当 $R\to\infty$ 时，图 8.8 所示电路的损耗将趋于 0，因为 $p=v^2/R$。$R\to\infty$，$\alpha\to 0$，说明 $\omega_d\to\omega_0$，当 $\alpha=0$ 时，电压的幅值将保持为常数，并且以 ω_0 为角频率振荡下去。例 8.4 中，如果 R 变为无限大，则 $v(t)$ 的解为

$$v(t) = 98\sin 1000t \text{ V}, \quad t \geqslant 0$$

在这种情况下，振荡为持久振荡，电压幅值为 98 V，频率为 1000 rad/s。

现在，可以定性地描述欠阻尼响应和过阻尼响应之间的区别了。在一个欠阻尼系统里，响应是振荡的，或者说是在最终值处上下“弹跳”的，这个振荡也被称为“振铃”。在一个过阻尼系统里，响应趋于最终值的过程没有振铃，或者描述为一个“缓慢”的过程。对于一个二阶系统，如果希望能在尽可能短的时间里得到一个稳定响应输出值，而不关心在响应达到稳态过程

中出现的振铃，就应该设计一个欠阻尼响应系统。另一方面，如果希望响应不超过稳态值(或许是为了确保元件不被损坏)，则就需要设计一个过阻尼系统，因此，不得不接受趋于稳态的相对较慢的上升过程。

评测目标1 求解并联 RLC 电路的固有响应和阶跃响应。

8.4 10 mH 电感、1 μF 电容和可变电阻连接成右图所示的并联电路，调整电阻值使特征方程的根为 $-8000 \pm j6000$ rad/s，电容上的初始电压为 10 V，电感上的初始电流为 80 mA。求(a) R；(b) $dv(0^+)/dt$；(c) B_1 和 B_2；(d) $i_L(t)$。

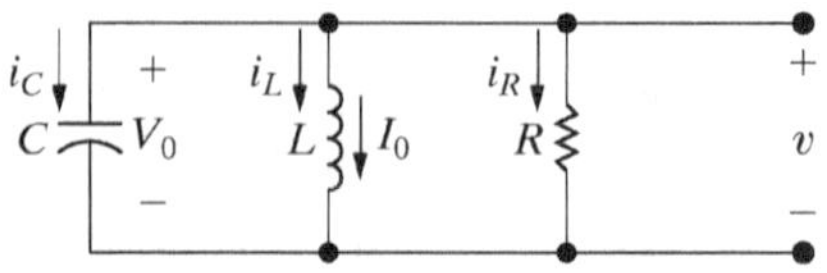

答：(a)62.5 Ω；(b) −240 000 V/s；(c) $B_1 = 10$ V，$B_2 = -80/3$ V；(d)当 $t \geq 0$ 时，$i_L(t) = 10e^{-8000t}[8\cos 6000t + (82/3)\sin 6000t]$ mA。

提示：试求本章习题8.6和习题8.11。

8.2.4 临界阻尼电压响应

当 $\omega_0^2 = \alpha^2$ 或者 $\omega_0 = \alpha$ 时，图8.8所示二阶电路为临界阻尼电路。当电路是临界阻尼时，其响应在振荡的边缘，两个特征方程的根为相等的实数，即

$$s_1 = s_2 = -\alpha = -\frac{1}{2RC} \tag{8.32}$$

此时，电压的形式不再如式(8.18)所示，由于 $s_1 = s_2 = -\alpha$，式(8.18)将变为

$$v = (A_1 + A_2)e^{-\alpha t} = A_0 e^{-\alpha t} \tag{8.33}$$

其中 A_0 是一个任意常数，考虑到电路的参数 R 和 C 与 α 之间的关系，在只有一个任意参数 A_0 的条件下，式(8.33)不能满足两个独立的初始条件(V_0，I_0)。

为解决这个问题，回到最初的假设，假设解为式(8.18)的形式。当特征根相等时，微分方程的解应具有不同的形式，即

$$v(t) = D_1 t e^{-\alpha t} + D_2 e^{-\alpha t} \tag{8.34}$$

在具有相同根的情况下，解为一个简单的指数项与一个线性因子和指数因子乘积之和的形式，在微分方程的介绍中，将对式(8.34)进行证明。要得到微分方程的解，先要求出 D_1 和 D_2，其求解方法类似于欠阻尼和过阻尼的情况，利用电压的初始值和电压一次微分的初始值，得到包含 D_1 和 D_2 的两个方程。

由式(8.34)可得出确定 D_1，D_2 的两个联立方程为

$$v(0^+) = V_0 = D_2 \tag{8.35}$$

$$\frac{dv(0^+)}{dt} = \frac{i_C(0^+)}{C} = D_1 - \alpha D_2 \tag{8.36}$$

可以看出，对于临界阻尼响应，$v(t)$ 以及关于 D_1，D_2 的两个联立方程的形式不同于过阻尼和欠阻尼的情况，但求解的方法相同。实际情况中，临界阻尼的情况很少遇到，主要原因是临界阻尼要求 ω_0 和 α 完全相等，而 ω_0 和 α 的取值依赖于电路参数，实际电路中很难选取到满足 $\omega_0 = \alpha$ 要求的元件。

例8.5说明了求解并联 RLC 电路临界阻尼响应的方法。

例8.5 求解并联 RLC 电路的临界阻尼响应

(a)对于例8.4(参见图8.8)中的电路，求解电路响应为临界阻尼的电阻 R。(b)求 $t \geq 0$ 时的 $v(t)$。(c)画出 $0 \leq t \leq 7$ ms 区间的 $v(t)$ 曲线。

解：

(a) 由例 8.4，已知 $\omega_0^2 = 10^6$，所以对于临界阻尼

$$\alpha = 10^3 = \frac{1}{2RC}$$

或者

$$R = \frac{10^6}{(2000)\times(0.125)} = 4000\ \Omega$$

(b) 由例 8.4 已知 $v(0^+) = 0$，$dv(0^+)/dt = 98\ 000$ V/s。由式(8.35)，式(8.36)可得 $D_2 = 0$，$D_1 = 98\ 000$ V/s，将 α，D_1，D_2 代入到式(8.34)中，得

$$v(t) = 98\ 000te^{-1000t}\ \text{V},\quad t \geq 0$$

(c) 图 8.10 显示了 $0 \leq t \leq 7$ ms 区间内的 $v(t)$ 变化曲线。

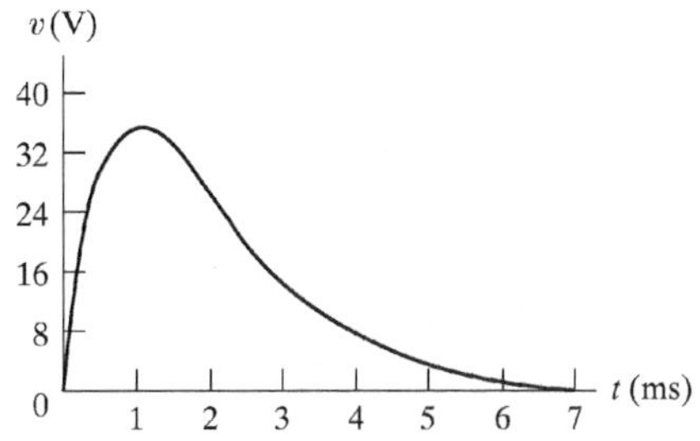

图 8.10　例 8.5 的电压响应

评测目标 1　求解并联 RLC 电路的固有响应和阶跃响应。

8.5　调整评测目标练习 8.4 中的电阻值，使电路处于临界阻尼状态。已知电感和电容分别为 0.4 H 和 10 μF。电路中的初始能量为 25 mJ，平均分布在电感和电容中。

求： (a) R；(b) V_0；(c) I_0；(d) D_1 和 D_2；(e) i_R，$t \geq 0^+$。

答： (a) 100 Ω；(b) 50 V；(c) 250 mA；(d) −50 000 V/s，50 V；(e) $i_R(t) = (-500te^{-500t} + 0.50e^{-500t})$ A，$t \geq 0^+$。

提示： 试求本章习题 8.7 和习题 8.12。

本节小结

这里，通过简单地总结归纳了并联 RLC 电路的分析结果。求取固有响应的第一步需要计算特征方程的根，了解电路是过阻尼、欠阻尼还是临界阻尼。

如果特征根是不相等的实数($\omega_0^2 < \alpha^2$)，响应就是过阻尼的并且电压为

$$v(t) = A_1e^{s_1t} + A_2e^{s_2t}$$

其中

$$s_1 = -\alpha + \sqrt{\alpha^2 - \omega_0^2}$$

$$s_2 = -\alpha - \sqrt{\alpha^2 - \omega_0^2}$$

$$\alpha = \frac{1}{2RC}$$

$$\omega_0^2 = \frac{1}{LC}$$

A_1，A_2 的值由下面两个联立方程求得

$$v(0^+) = A_1 + A_2$$

$$\frac{dv(0^+)}{dt} = \frac{i_C(0^+)}{C} = s_1A_1 + s_2A_2$$

如果根为复数($\omega_0^2 > \alpha^2$)，则响应为欠阻尼且电压为

$$v(t) = B_1e^{-\alpha t}\cos\omega_d t + B_2e^{-\alpha t}\sin\omega_d t$$

其中

$$\omega_d = \sqrt{\omega_0^2 - \alpha^2}$$

B_1 和 B_2 的值由下面两个联立方程求得

$$v(0^+) = V_0 = B_1$$

$$\frac{\mathrm{d}v(0^+)}{\mathrm{d}t} = \frac{i_C(0^+)}{C} = -\alpha B_1 + \omega_d B_2$$

如果特征方程的根为相等的实数($\omega_0^2 = \alpha^2$)，则电压响应为临界阻尼响应，即

$$v(t) = D_1 t\mathrm{e}^{-\alpha t} + D_2 \mathrm{e}^{-\alpha t}$$

其中 α 的形式如前所述。D_1，D_2 的值由下面两个联立方程求得

$$v(0^+) = V_0 = D_2$$

$$\frac{\mathrm{d}v(0^+)}{\mathrm{d}t} = \frac{i_C(0^+)}{C} = D_1 - \alpha D_2$$

8.3 并联 RLC 电路的阶跃响应

求并联 RLC 电路的阶跃响应，就是给电路突然施加一个直流电流后求解并联支路两端产生的电压信号或者在各支路上产生的电流信号。此时是否有能量存储在电路中，要看具体电路。电路如图 8.11 所示，为了找出求解二阶电路阶跃响应的一般方法，重点应求解电感支路上的电流(i_L)。之所以关心电感支路上的电流是因为随着 t 的增加，该电流不会趋于 0，相反，当开关打开一段时间后，电流值会趋于直流电流源信号 I。由于希望找出求解阶跃响应的一般方法，所以假设电路中的初始能量为 0，这将简化计算同时又不会影响求解的过程。例 8.10 将介绍如何将初始状态引入到求解过程中。

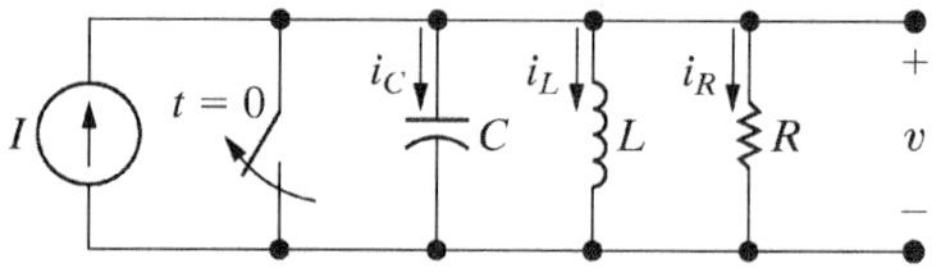

图 8.11 并联 RLC 电路阶跃响应电路图示例

为了求出电感电流 i_L，必须求解下面推导出的二阶微分方程。由基尔霍夫电流定律有

$$i_L + i_R + i_C = I$$

或者

$$i_L + \frac{v}{R} + C\frac{\mathrm{d}v}{\mathrm{d}t} = I \tag{8.37}$$

因为

$$v = L\frac{\mathrm{d}i_L}{\mathrm{d}t} \tag{8.38}$$

所以

$$\frac{\mathrm{d}v}{\mathrm{d}t} = L\frac{\mathrm{d}^2 i_L}{\mathrm{d}t^2} \tag{8.39}$$

将式(8.38)和式(8.39)代入到式(8.37)中得

$$i_L + \frac{L}{R}\frac{\mathrm{d}i_L}{\mathrm{d}t} + LC\frac{\mathrm{d}^2 i_L}{\mathrm{d}t^2} = I \tag{8.40}$$

为方便起见，将上式两边除以 LC 并整理得

$$\frac{d^2 i_L}{dt^2}+\frac{1}{RC}\frac{di_L}{dt}+\frac{i_L}{LC}=\frac{I}{LC} \tag{8.41}$$

比较式(8.41)和式(8.3)，可以看出区别在于式(8.41)的右边不为0。在说明如何求解式(8.41)之前，先用间接方法获得它的解。已知式(8.41)的解之后，再解释直接求解法将会容易理解一些。

8.3.1 间接法

可以通过求电压 v 来间接求解 i_L。由于 v 满足的微分方程和式(8.3)是相同的，所以可以利用 8.2 节介绍的方法。为了说明这一点，将式(8.37)中的 i_L 表示为 v 的函数，可得

$$\frac{1}{L}\int_0^t v\,d\tau+\frac{v}{R}+C\frac{dv}{dt}=I \tag{8.42}$$

由于 I 是一个常数，故将式(8.42)对 t 做一次微分可得

$$\frac{v}{L}+\frac{1}{R}\frac{dv}{dt}+C\frac{d^2 v}{dt^2}=0$$

或者表示为

$$\frac{d^2 v}{dt^2}+\frac{1}{RC}\frac{dv}{dt}+\frac{v}{LC}=0 \tag{8.43}$$

同 8.2 节中讨论的一样，v 的解由特征方程的根决定。3 种可能解的形式为

$$v=A_1 e^{s_1 t}+A_2 e^{s_2 t} \tag{8.44}$$

$$v=B_1 e^{-\alpha t}\cos\omega_d t+B_2 e^{-\alpha t}\sin\omega_d t \tag{8.45}$$

$$v=D_1 t e^{-\alpha t}+D_2 e^{-\alpha t} \tag{8.46}$$

注意：由于 $t>0$ 时，电路中有电源存在，所以在计算式(8.44)至式(8.46)的参数时必须考虑在 $t=0^+$ 时刻电源上的电流。

将式(8.44)至式(8.46)代入到式(8.37)中，可以求得 i_L 3 种可能的解为

$$i_L=I+A_1' e^{s_1 t}+A_2' e^{s_2 t} \tag{8.47}$$

$$i_L=I+B_1' e^{-\alpha t}\cos\omega_d t+B_2' e^{-\alpha t}\sin\omega_d t \tag{8.48}$$

$$i_L=I+D_1' t e^{-\alpha t}+D_2' e^{-\alpha t} \tag{8.49}$$

其中 A_1'，A_2'，B_1'，B_2'，D_1'，D_2'为任意常数。

每一种情况都可以通过求解电压来间接获取这些任意常数的最佳取值，但是这种方法有些复杂。

8.3.2 直接法

如果利用响应的初始值求解常数的最佳解，则要简单得多。讨论电路时，可以用 $i_L(0)$ 和 $di_L(0)/dt$ 求解最佳参数。

带常数的二阶微分方程的解等于一个强制响应加上一个固有响应，因此阶跃响应的解可以表示为

$$i=I_f+\{\text{固有响应}\} \tag{8.50}$$

或者

$$v = V_f + \{固有响应\} \tag{8.51}$$

其中 I_f 和 V_f 表示响应的终值，这个值可能为0，例如图 8.8 所示电路中的电压 v。

例 8.6 至例 8.10 说明了用直接法求解并联 RLC 电路的阶跃响应的步骤。

例 8.6　求解并联 RLC 电路的过阻尼阶跃响应

图 8.12 所示电路中的初始能量为 0，$t=0$ 时刻，将一个 24 mA 的直流源作用到电路上，电阻值为 400 Ω。

(a) 求 i_L 的初值。(b) 求 di_L/dt 的初值。(c) 求特征方程的根。(d) 求 $t \geqslant 0$ 时 $i_L(t)$ 的数学表达式。

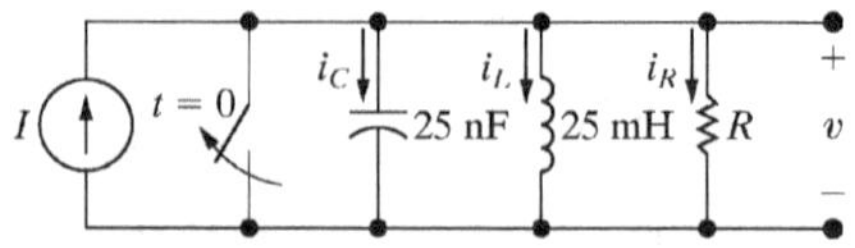

图 8.12　例 8.6 的电路图

解：

(a) 直流电流源加到电路之前，电路中没有储存能量。因此电感上的初始电流为 0，由于电感上的电流不能突变，因此开关打开后的瞬间 $i_L(0)=0$。

(b) 开关打开之前，电容上的初始电压为 0，因此开关闭合后的瞬间它也为 0。

由于

$$v = L\mathrm{d}i_L/\mathrm{d}t$$

所以

$$\frac{\mathrm{d}i_L}{\mathrm{d}t}(0^+) = 0$$

(c) 由电路参数得

$$\omega_0^2 = \frac{1}{LC} = \frac{10^{12}}{(25)\times(25)} = 16\times10^8$$

$$\alpha = \frac{1}{2RC} = \frac{10^9}{(2)\times(400)\times(25)} = 5\times10^4 \text{ rad/s}$$

或者

$$\alpha^2 = 25\times10^8$$

因为 $\omega_0^2 < \alpha^2$，所以特征方程的根为两个不相等的实数，因此

$$s_1 = -5\times10^4 + 3\times10^4 = -20\ 000 \text{ rad/s}$$

$$s_2 = -5\times10^4 - 3\times10^4 = -80\ 000 \text{ rad/s}$$

(d) 由于特征方程的根为两个不相等的实数，所以电感电流响应为过阻尼响应，$i_L(t)$ 具有式(8.47)的形式，即

$$i_L = I_f + A_1' e^{s_1 t} + A_2' e^{s_2 t}$$

A_1'，A_2' 由下面两个联立方程确定

$$i_L(0) = I_f + A_1' + A_2' = 0$$

$$\frac{\mathrm{d}i_L}{\mathrm{d}t}(0) = s_1 A_1' + s_2 A_2' = 0$$

解方程得

$$A_1' = -32 \text{ mA} \ 和 \ A_2' = 8 \text{ mA}$$

$i_L(t)$ 的表达式为

$$i_L(t) = (24 - 32e^{-20\ 000t} + 8e^{-80\ 000t}) \text{ mA}, \quad t \geqslant 0$$

例 8.7　求解并联 RLC 电路的欠阻尼阶跃响应

例 8.6(参见图 8.12)所示电路中的电阻 $R=625$ Ω，求 $t \geqslant 0$ 时的 $i_L(t)$。

解：

由于 L 和 C 保持不变，故 ω_0^2 具有与例 8.6 相同的值，即 $\omega_0^2 = 16\times10^8$。$R$ 上升到 625 Ω，使 α 下降为

3.2×10^4 rad/s。由于 $\omega_0^2>\alpha^2$，特征方程的根为复数，所以有

$$s_1=-3.2\times10^4+\text{j}2.4\times10^4\ \text{rad/s}$$

$$s_2=-3.2\times10^4-\text{j}2.4\times10^4\ \text{rad/s}$$

电流响应为欠阻尼响应，并且具有式(8.48)的形式

$$i_L(t)=I_f+B_1'\text{e}^{-\alpha t}\cos\omega_d t+B_2'\text{e}^{-\alpha t}\sin\omega_d t$$

其中 $\alpha=32\ 000$ rad/s，$\omega_d=24\ 000$ rad/s，$I_f=24$ mA。

与例 8.6 一样，B_1'，B_2'的值由初始状态决定，联立方程为

$$i_L(0)=I_f+B_1'=0$$

$$\frac{\text{d}i_L}{\text{d}t}(0)=\omega_d B_2'-\alpha B_1'=0$$

所以

$$B_1'=-24\ \text{mA}$$

和

$$B_2'=-32\ \text{mA}$$

$i_L(t)$的表达式为

$$i_L(t)=(24-24\text{e}^{-32\ 000t}\cos 24\ 000t-32\text{e}^{-32\ 000t}\sin 24\ 000t)\ \text{mA},\qquad t\geqslant0$$

例 8.8　求解并联 RLC 电路的临界阻尼阶跃响应

将例 8.6(参见图 8.12)所示电路中的电阻设为 500 Ω，求 $t\geqslant0$ 时的 i_L。

解：

ω_0^2 保持为 16×10^8，因为 R 变为 500 Ω，所以 $\alpha=4\times10^4\ \text{s}^{-1}$。因此，响应为临界阻尼响应，$i_L(t)$的形式如式(8.49)所示

$$i_L(t)=I_f+D_1't\text{e}^{-\alpha t}+D_2'\text{e}^{-\alpha t}$$

同样，D_1'，D_2'的值由初始条件确定

$$i_L(0)=I_f+D_2'=0$$

$$\frac{\text{d}i_L}{\text{d}t}(0)=D_1'-\alpha D_2'=0$$

因此

$$D_1'=-960\ 000\ \text{mA/s}\quad 和\quad D_2'=-24\ \text{mA}$$

$i_L(t)$的表达式为

$$i_L(t)=(24-960\ 000t\text{e}^{-40\ 000t}-24\text{e}^{-40\ 000t})\ \text{mA},\qquad t\geqslant0$$

例 8.9　比较 3 种阶跃响应的形式

(a) 在同一张图上画出例 8.6 至例 8.8 所示电路的过阻尼、欠阻尼和临界阻尼响应，要求时间范围为 0 ~ 220 μs。

(b) 从(a)的图中找出 i_L 到达最终值的 90% 所需的时间。

(c) 在(b)结果的基础上，读者认为哪种响应方式能在最短的时间里使输出达到最终值的 90%？

(d) 若要求确保电流值不超过最终稳定值，读者倾向于设计哪种响应方式？

解：

(a) 参见图 8.13。

(b) i_L 的稳态值为 24 mA，由图可以得出当 $i_L=21.6$ mA 时，$t_{od}=130$ μs，$t_{cd}=97$ μs，$t_{ud}=74$ μs。

(c) 欠阻尼响应到达稳态值的 90% 需要的时间最短，在对速度要求较高的设计中常采用这种响应方式。

(d) 从图中可以看出，欠阻尼响应会超出稳态值，而过阻尼和临界阻尼响应则不会超过 24 mA。虽然后两

种状态都满足设计要求，但采用过阻尼响应最好，因为只有在元件参数非常精确的条件下，才能够获得临界阻尼响应，而这是不实际的。

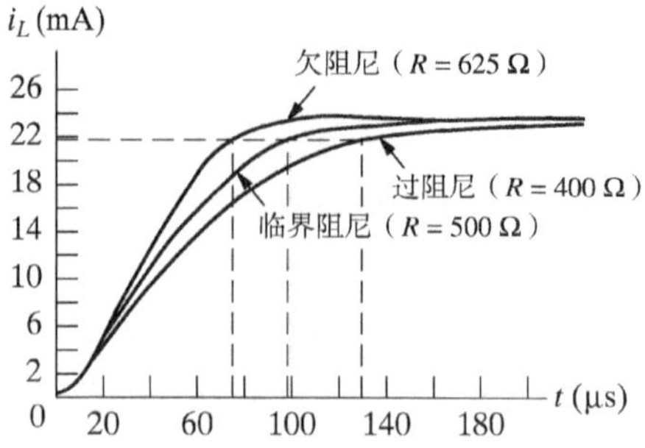

图 8.13　例 8.9 的电流变化曲线

例 8.10　求解并联 RLC 电路在非零初始条件下的阶跃响应

例 8.8 中所示电路(参见图 8.12，$R = 500\ \Omega$)，电感上的初始电流为 29 mA，电容上的初始电压为 50 V，求(a)$i_L(0)$；(b)$di_L(0)/dt$；(c)$i_L(t)$，$t \geq 0$；(d)$v(t)$，$t \geq 0$。

解：

(a)由于电感上的电流不能突变，所以当直流电流源突然加到电路上时，电感上的初始电流 i_L 为 29 mA。

(b)电感两端的初始电压 50 V 由电容决定，因此

$$L\frac{di_L}{dt}(0^+) = 50$$

$$\frac{di_L}{dt}(0^+) = \frac{50}{25} \times 10^3 = 2000\ \text{A/s}$$

(c)由例 8.8 的解可知，电流响应为临界阻尼响应，因此

$$i_L(t) = I_f + D_1'te^{-\alpha t} + D_2'e^{-\alpha t}$$

其中

$$\alpha = \frac{1}{2RC} = 40\,000\ \text{rad/s} \quad 和 \quad I_f = 24\ \text{mA}$$

D_1'，D_2'的值由电路的初始状态决定，首先由初始电感电流

$$i_L(0) = I_f + D_2' = 29\ \text{mA}$$

可得 D_2'的解为

$$D_2' = 29 - 24 = 5\ \text{mA}$$

D_1'的解为

$$\frac{di_L}{dt}(0^+) = D_1' - \alpha D_2' = 2000$$

或

$$\begin{aligned} D_1' &= 2000 + \alpha D_2' \\ &= 2000 + (40\,000) \times (5 \times 10^{-3}) \\ &= 2200\ \text{A/s} = 2.2 \times 10^6\ \text{mA/s} \end{aligned}$$

因此，$i_L(t)$的表达式为

$$i_L(t) = (24 + 2.2 \times 10^6 te^{-40\,000t} + 5e^{-40\,000t})\ \text{mA}, \quad t \geq 0$$

(d)由电感上电压和电流间的伏安关系可以求出 $t \geq 0$ 时，$v(t)$的表达式为

$$\begin{aligned} v(t) &= L\frac{di_L}{dt} \\ &= (25 \times 10^{-3}) \times \left[(2.2 \times 10^6) \times (-40\,000)te^{-40\,000t} + 2.2 \times 10^6 e^{-40\,000t} + (5) \times (-40\,000)e^{-40\,000t}\right] \times 10^{-3} \\ &= -2.2 \times 10^6 te^{-40\,000t} + 50e^{-40\,000t}\ \text{V}, \quad t \geq 0 \end{aligned}$$

为了验证结果的正确性，要求电感上的初始电压是否为 50 V

$$v(0) = -2.2 \times 10^6 \times (0) \times (1) + 50 \times (1) = 50\ \text{V}$$

评测目标 1　求解并联 RLC 电路的固有响应和阶跃响应。

8.6　电路如下图所示，$R = 500\ \Omega$，$L = 0.64$ H，$C = 1\ \mu$F，$I = -1$ A，电容两端的初始电压为 40 V，流过电感的初始电流为 0.5 A。

求：(a)$i_R(0^+)$；(b)$i_C(0^+)$；(c)$\mathrm{d}i_L(0^+)/\mathrm{d}t$；(d)$s_1$，$s_2$；
(e)$t\geqslant 0$ 时的 $i_L(t)$；(f)$t\geqslant 0^+$ 时的 $v(t)$。

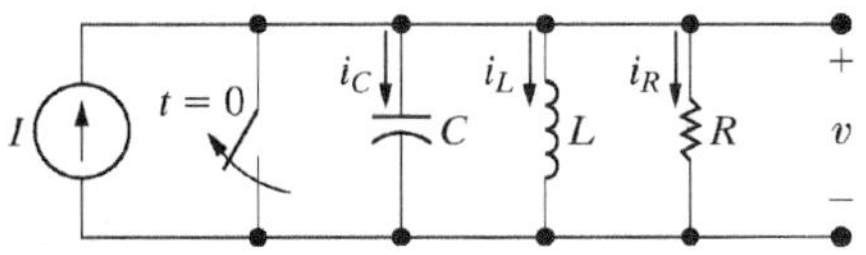

答：(a)80 mA；(b) −1.58 A；(c)62.5 A/s；
(d)(−1000+j750) rad/s，(−1000−j750) rad/s；
(e)$[-1+e^{-1000t}(1.5\cos 750t+2.0833\sin 750t)]$ A，其中 $t\geqslant 0$；
(f)$e^{-1000t}(40\cos 750t-2053.33\sin 750t)$ V，其中 $t\geqslant 0^+$。

提示：试求本章习题 8.27 至习题 8.29。

8.4　串联 RLC 电路的固有响应和阶跃响应

由于串联 RLC 电路和并联 RLC 电路可以用相同形式的微分方程来描述，所以两种电路的固有响应和阶跃响应的求解过程类似。对于图 8.14 所示电路，闭合回路的电压方程为

$$Ri+L\frac{\mathrm{d}i}{\mathrm{d}t}+\frac{1}{C}\int_0^t i\,\mathrm{d}\tau+V_0=0 \tag{8.52}$$

对 t 求一次微分得

$$R\frac{\mathrm{d}i}{\mathrm{d}t}+L\frac{\mathrm{d}^2 i}{\mathrm{d}t^2}+\frac{i}{C}=0 \tag{8.53}$$

整理得

$$\frac{\mathrm{d}^2 i}{\mathrm{d}t^2}+\frac{R}{L}\frac{\mathrm{d}i}{\mathrm{d}t}+\frac{i}{LC}=0 \tag{8.54}$$

比较式(8.54)和式(8.3)，可以发现两方程的形式相同。因此，可以采用式(8.3)的求解方法来解式(8.54)。

由式(8.54)可知串联 RLC 电路的特征方程为

$$s^2+\frac{R}{L}s+\frac{1}{LC}=0 \tag{8.55}$$

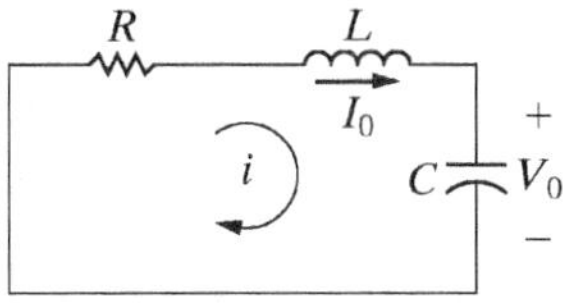

图 8.14　串联 RLC 电路的固有响应电路图

特征根为

$$s_{1,2}=-\frac{R}{2L}\pm\sqrt{\left(\frac{R}{2L}\right)^2-\frac{1}{LC}} \tag{8.56}$$

或者

$$s_{1,2}=-\alpha\pm\sqrt{\alpha^2-\omega_0^2} \tag{8.57}$$

串联 RLC 电路的奈培频率为

$$\alpha=\frac{R}{2L}\ \mathrm{rad/s} \tag{8.58}$$

谐振角频率为

$$\omega_0=\frac{1}{\sqrt{LC}}\ \mathrm{rad/s} \tag{8.59}$$

可以注意到虽然串联 RLC 电路的奈培频率公式与并联 RLC 电路的奈培频率公式不同，但是，其谐振角频率和阻尼角频率的公式都是相同的。

根据 ω 和 α 间的关系：$\omega_0^2<\alpha^2$，$\omega_0^2>\alpha^2$ 或者 $\omega_0^2=\alpha^2$，把电流响应分为过阻尼、欠阻尼和临界阻尼 3 种，响应形式如下：

$$i(t) = A_1 e^{s_1 t} + A_2 e^{s_2 t}\text{(过阻尼)} \tag{8.60}$$

$$i(t) = B_1 e^{-\alpha t}\cos\omega_d t + B_2 e^{-\alpha t}\sin\omega_d t\text{(欠阻尼)} \tag{8.61}$$

$$i(t) = D_1 t e^{-\alpha t} + D_2 e^{-\alpha t}\text{(临界阻尼)} \tag{8.62}$$

在固有电流响应的基础上，通过任何一个电路元件即可推出固有电压响应。

为了说明串联 RLC 电路阶跃响应的求解过程与并联 RLC 电路的求解过程相同，列写图 8.15 所示电路的电容电压的微分方程，与图 8.11 所示电路的电感电流的微分方程进行比较，会发现两者具有相同的形式。为了讨论问题的方便起见，假设开关闭合时，电路的初始能量为 0。

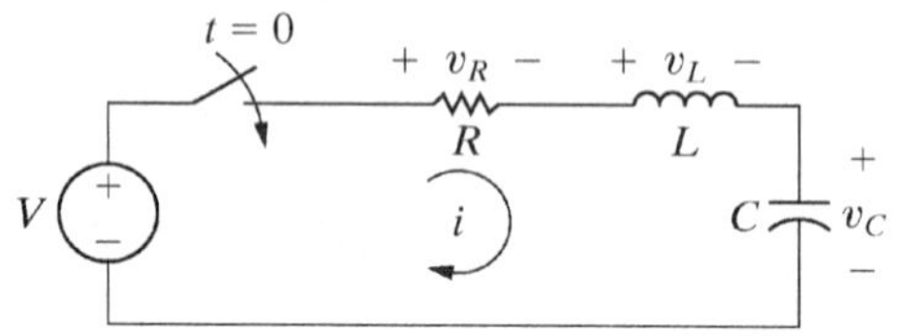

图 8.15 串联 RLC 电路阶跃响应电路图

对于图 8.15，由基尔霍夫电压定律可得

$$V = Ri + L\frac{di}{dt} + v_C \tag{8.63}$$

电流(i)与电容电压(v_C)的关系为

$$i = C\frac{dv_C}{dt} \tag{8.64}$$

由此得

$$\frac{di}{dt} = C\frac{d^2 v_C}{dt^2} \tag{8.65}$$

将式(8.64)与式(8.65)代入到式(8.63)中并整理得

$$\frac{d^2 v_C}{dt^2} + \frac{R}{L}\frac{dv_C}{dt} + \frac{v_C}{LC} = \frac{V}{LC} \tag{8.66}$$

式(8.66)同式(8.41)具有相同的形式，因此 v_C 的求解过程同 i_L 一样，其 3 种可能的解为

$$v_C = V_f + A_1' e^{s_1 t} + A_2' e^{s_2 t}\text{(过阻尼)} \tag{8.67}$$

$$v_C = V_f + B_1' e^{-\alpha t}\cos\omega_d t + B_2' e^{-\alpha t}\sin\omega_d t\text{(欠阻尼)} \tag{8.68}$$

$$v_C = V_f + D_1' t e^{-\alpha t} + D_2' e^{-\alpha t}\text{(临界阻尼)} \tag{8.69}$$

其中 V_f 是 v_C 的稳态值，由图 8.15 可知，v_C 的稳态值为直流电压 V。

例 8.11 和例 8.12 给出了求解串联 RLC 电路固有响应和阶跃响应的方法与技巧。

例 8.11 求解串联 RLC 电路的欠阻尼固有响应

图 8.16 所示电路，电容为 0.1 μF，电容电压为 100 V，在 $t=0$ 时，电容通过 100 mH 的电感和 560 Ω 的电阻放电。求：(a) $t\geqslant 0$ 时的 $i(t)$。(b) $t\geqslant 0$ 时的 $v_C(t)$。

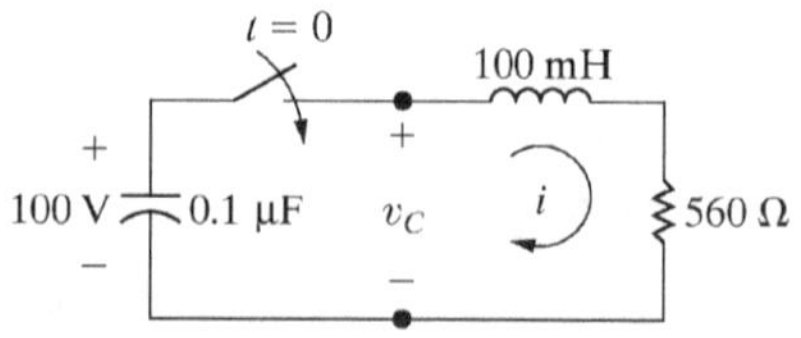

图 8.16 例 8.11 的电路图

解：

(a) 首先，求特征方程的根 $i(t)$，由给定参数可知

$$\omega_0^2 = \frac{1}{LC} = \frac{(10^3)\times(10^6)}{(100)\times(0.1)} = 10^8$$

$$\alpha = \frac{R}{2L} = \frac{560}{2\times(100)}\times 10^3 = 2800 \text{ rad/s}$$

比较 ω_0^2 和 α^2，由于

$$\alpha^2 = 7.84 \times 10^6 = 0.0784 \times 10^8$$

$\omega_0^2 > \alpha^2$，所以响应为欠阻尼响应，$i(t)$的表达式为

$$i(t) = B_1 e^{-\alpha t} \cos \omega_d t + B_2 e^{-\alpha t} \sin \omega_d t$$

其中 $\alpha = 2800$ rad/s，$\omega_d = 9600$ rad/s，B_1 和 B_2 的值由初始条件确定，由于开关闭合前，电感电流为 0，所以开关闭合后的瞬间，电感电流也为 0，即

$$i(0) = 0 = B_1$$

为了求 B_2，先计算 $\mathrm{d}i(0^+)/\mathrm{d}t$。由电路可知，开关闭合的瞬间，$i(0)=0$，电阻上没有电压降，因此电感两端的电压等于电容上的初始电压，即

$$L\frac{\mathrm{d}i(0^+)}{\mathrm{d}t} = V_0$$

或者

$$\frac{\mathrm{d}i(0^+)}{\mathrm{d}t} = \frac{V_0}{L} = \frac{100}{100} \times 10^3 = 1000 \text{ A/s}$$

因为 $B_1 = 0$

$$\frac{\mathrm{d}i}{\mathrm{d}t} = 400 B_2 e^{-2800t}(24\cos 9600t - 7\sin 9600t)$$

因此

$$\frac{\mathrm{d}i(0^+)}{\mathrm{d}t} = 9600 B_2$$

$$B_2 = \frac{1000}{9600} \approx 0.1042 \text{ A}$$

$i(t)$的解为

$$i(t) = 0.1042 e^{-2800t} \sin 9600t \text{ A}, \quad t \geqslant 0$$

(b)$v_C(t)$可利用下面的任一个关系式求解

$$v_C = -\frac{1}{C}\int_0^t i\,\mathrm{d}\tau + 100$$

或

$$v_C = iR + L\frac{\mathrm{d}i}{\mathrm{d}t}$$

不论使用哪个关系式(推荐使用第二个关系式)都可以求得 $v_C(t)$ 的解为

$$v_C(t) = (100\cos 9600t + 29.17\sin 9600t)e^{-2800t} \text{ V}, \quad t \geqslant 0$$

例 8.12　求解串联 RLC 电路的欠阻尼阶跃响应

图 8.17 所示电路，电感为 100 mH，电容为 0.4 μF，电路中没有初始能量，求 $t \geqslant 0$ 时的 $v_C(t)$。

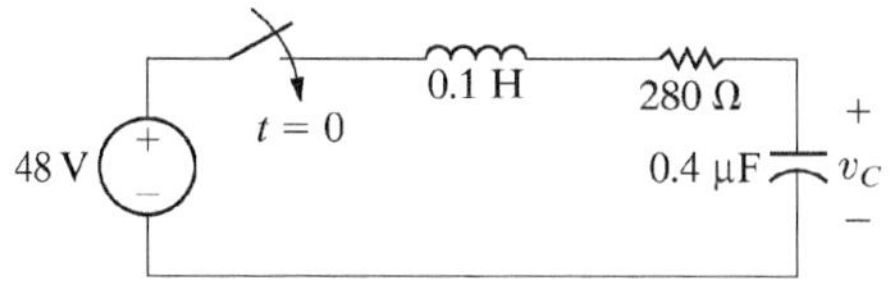

图 8.17　例 8.12 的电路图

解：

特征方程的根为

$$s_1 = -\frac{280}{0.2} + \sqrt{\left(\frac{280}{0.2}\right)^2 - \frac{10^6}{(0.1)\times(0.4)}} = (-1400 + \mathrm{j}4800) \text{ rad/s}$$

$$s_2 = (-1400 - \mathrm{j}4800) \text{ rad/s}$$

根为复数，所以电压响应为欠阻尼响应

$$v_C(t) = 48 + B_1' e^{-1400t}\cos 4800t + B_2' e^{-1400t}\sin 4800t, \quad t \geqslant 0$$

由于电路中没有初始能量，所以 $v_C(0)$ 和 $\mathrm{d}v_C(0^+)/\mathrm{d}t$ 均为 0。

因此

$$v_C(0) = 0 = 48 + B_1'$$

$$\frac{dv_C(0^+)}{dt} = 0 = 4800B_2' - 1400B_1'$$

解方程得 B_1' 和 B_2' 为

$$B_1' = -48 \text{ V}$$

$$B_2' = -14 \text{ V}$$

因此 $v_C(t)$ 的解为

$$v_C(t) = (48 - 48e^{-1400t}\cos 4800t - 14e^{-1400t}\sin 4800t) \text{ V}, \quad t \geq 0$$

评测目标 2　求解串联 RLC 电路的固有响应和阶跃响应。

8.7　开关在右图所示电路的 a 处已停留很长时间，$t=0$ 时刻，将开关置于 b 处，求(a)$i(0^+)$；(b)$v_C(0^+)$；(c)$di(0^+)/dt$；(d)s_1，s_2；(e)$t\geq0$ 时的 $i(t)$。

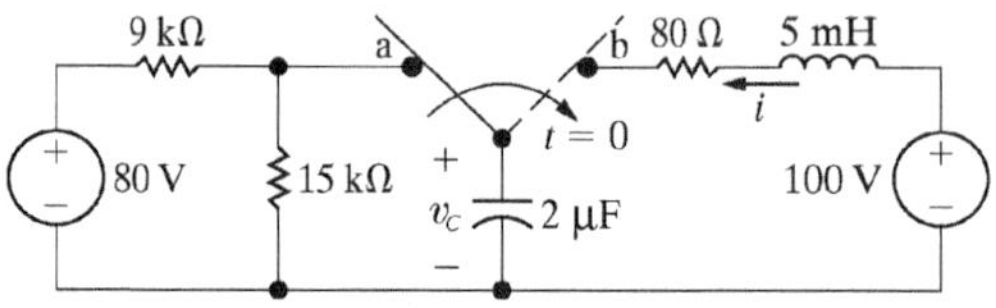

答：(a)0；(b)50 V；(c)10 000 A/s；(d)$(-8000+j6000)$ rad/s，$(-8000-j6000)$ rad/s；(e)$(1.67e^{-8000t}\sin 6000t)$ A，其中 $t\geq0$。

8.8　求 $t\geq0$ 时，评测目标练习 8.7 中电路的 $v_C(t)$。

答：$[100 - e^{-8000t}(50\cos 6000t + 66.67\sin 6000t)]$ V，其中 $t\geq0$。

提示：试求解本章习题 8.49 至习题 8.51。

8.5　双集成运放电路

若一个电路包含两个级联的运算放大器，则这个电路是一个二阶电路①。也就是说，第二个运放的输出电压与第一个运放的输入电压间为二阶微分方程的关系，图 8.18 是一个包含两个级联运放的电路，下面对该电路进行分析。

假设运算放大器为理想运算放大器，试推导出描述 v_o 与 v_g 关系的微分方程。先求第一个运算放大器反相输入端的电流和，由于运放为理想运放，因此有

$$\frac{0 - v_g}{R_1} + C_1\frac{d}{dt}(0 - v_{o1}) = 0 \qquad (8.70)$$

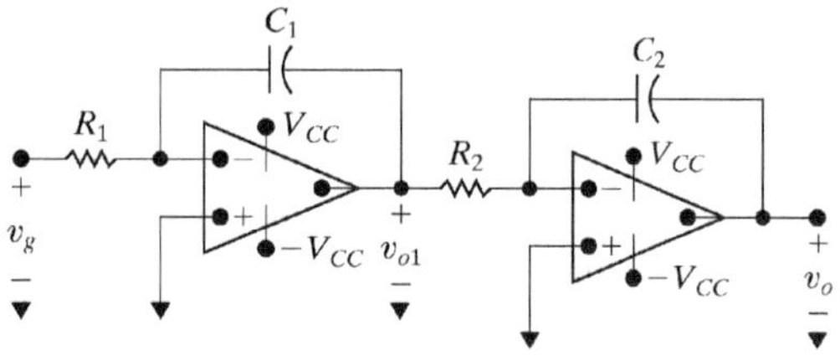

图 8.18　两级联运算放大器电路

整理得

$$\frac{dv_{o1}}{dt} = -\frac{1}{R_1C_1}v_g \qquad (8.71)$$

再求流出第二个运算放大器反相输入端的电流和，即

$$\frac{0 - v_{o1}}{R_2} + C_2\frac{d}{dt}(0 - v_o) = 0 \qquad (8.72)$$

或者写为

$$\frac{dv_o}{dt} = -\frac{1}{R_2C_2}v_{o1} \qquad (8.73)$$

对式(8.73)取微分得

① 在级联中，第一个运算放大器的输出信号(如图 8.18 中的 v_{o1})是第二个运算放大器的输入信号。

$$\frac{d^2 v_o}{dt^2} = -\frac{1}{R_2 C_2}\frac{dv_{o1}}{dt} \tag{8.74}$$

将式(8.71)代入式(8.74)中，可得 v_o 与 v_g 之间的微分方程为

$$\frac{d^2 v_o}{dt^2} = \frac{1}{R_1 C_1}\frac{1}{R_2 C_2} v_g \tag{8.75}$$

例 8.13 给出了两级联运算放大器电路阶跃响应的求解方法。

例 8.13　分析两级联集成运放电路

图 8.19 所示电路，没有初始能量，当输入电压 v_g 突然从 0 V 变为 25 mV 时，求：

(a) $0 \leqslant t \leqslant t_{sat}$ 时，$v_o(t)$ 的表达式。(b) 经过多长时间，电路达到饱和状态？

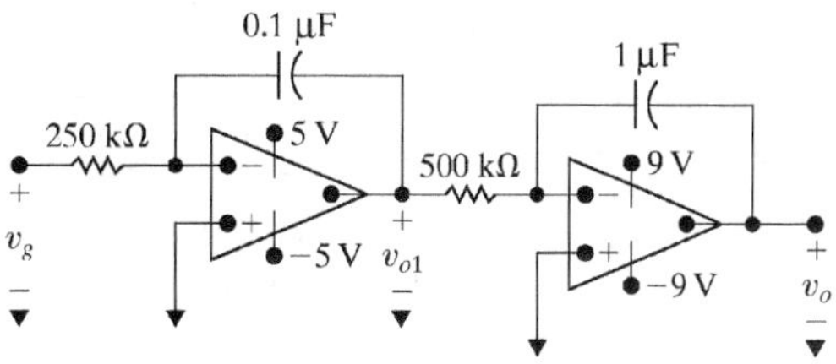

图 8.19　例 8.13 的电路图

解：

(a) 由图 8.19 可知，运算放大器的比例系数为

$$\frac{1}{R_1 C_1} = \frac{1000}{(250)\times(0.1)} = 40$$

$$\frac{1}{R_2 C_2} = \frac{1000}{(500)\times(1)} = 2$$

又由于 $t>0$ 时，$v_g = 25$ mV，代入到式(8.75)中可得

$$\frac{d^2 v_o}{dt^2} = (40)\times(2)\times(25\times10^{-3}) = 2$$

令

$$g(t) = \frac{dv_o}{dt}$$

则

$$\frac{dg(t)}{dt} = 2,\quad \text{即 } dg(t) = 2dt$$

所以

$$\int_{g(0)}^{g(t)} dy = 2\int_0^t dx$$

因此

$$g(t) - g(0) = 2t$$

由于

$$g(0) = \frac{dv_o(0)}{dt} = 0$$

电路中的初始能量为 0，且运放为理想运放(参见习题 8.57)，所以

$$\frac{dv_o}{dt} = 2t \quad \text{和} \quad v_o = t^2 + v_o(0)$$

由于 $v_o(0) = 0$，所以 v_o 的表达式为

$$v_o = t^2, \quad 0 \leqslant t \leqslant t_{sat}$$

(b) 当 $v_o = 9$ V 或 $t = 3$ s 时，第二个放大器达到饱和状态。但也可能出现这种情况，即在 $t = 3$ s 之前，第一个运放达到饱和，为了证明这种可能性，由方程式(8.71)来求 dv_{o1}/dt

$$\frac{dv_{o1}}{dt} = -40\times(25)\times10^{-3} = -1$$

解 v_{o1} 得

$$v_{o1} = -t$$

因此，当 $t=3$ s 时，$v_{o1}=-3$ V，由于第一个运放的电源电压为 ±5 V，所以当第二个运放达到饱和时，第一个运放未达到饱和状态。一旦电路达到饱和状态，就不能再用线性模型分析电路了。

提示：试求解本章习题 8.63，以此来评估你对此类问题的理解程度。

8.5.1 具有反馈电阻的两级运算放大电路

图 8.20 所示电路对图 8.18 的电路做了一定的改进，由 7.7 节的内容已知，集成放大器电流达到饱和是由于反馈电容上电荷的积累造成的，而如果在反馈电容(C_1 和 C_2)上并联一个电阻就可以克服这个问题，下面推导输出电压 v_o 的方程，并通过例 8.13 介绍集成放大器反馈电阻的重要作用。

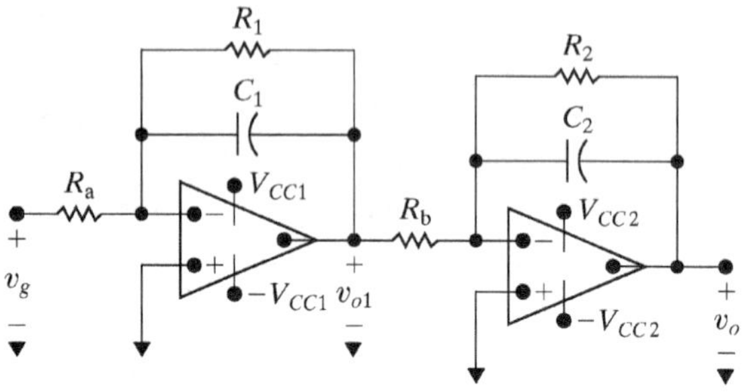

图 8.20 带有反馈电阻的级联运算放大器电路

为了得到 v_{o1} 与 v_g 之间的二阶微分方程式，先求第一级运放反相输入端的电流方程

$$\frac{0-v_g}{R_a}+\frac{0-v_{o1}}{R_1}+C_1\frac{\mathrm{d}}{\mathrm{d}t}(0-v_{o1})=0 \tag{8.76}$$

化简得

$$\frac{\mathrm{d}v_{o1}}{\mathrm{d}t}+\frac{1}{R_1C_1}v_{o1}=\frac{-v_g}{R_aC_1} \tag{8.77}$$

为方便起见，令 $\tau_1=R_1C_1$，上式可写为

$$\frac{\mathrm{d}v_{o1}}{\mathrm{d}t}+\frac{v_{o1}}{\tau_1}=\frac{-v_g}{R_aC_1} \tag{8.78}$$

下一步求第二级运放反相输入端的电流和

$$\frac{0-v_{o1}}{R_b}+\frac{0-v_o}{R_2}+C_2\frac{\mathrm{d}}{\mathrm{d}t}(0-v_o)=0 \tag{8.79}$$

整理得

$$\frac{\mathrm{d}v_o}{\mathrm{d}t}+\frac{v_o}{\tau_2}=\frac{-v_{o1}}{R_bC_2} \tag{8.80}$$

其中 $\tau_2=R_2C_2$，对式(8.80)取微分得

$$\frac{\mathrm{d}^2v_o}{\mathrm{d}t^2}+\frac{1}{\tau_2}\frac{\mathrm{d}v_o}{\mathrm{d}t}=-\frac{1}{R_bC_2}\frac{\mathrm{d}v_{o1}}{\mathrm{d}t} \tag{8.81}$$

由式(8.78)得

$$\frac{\mathrm{d}v_{o1}}{\mathrm{d}t}=\frac{-v_{o1}}{\tau_1}-\frac{v_g}{R_aC_1} \tag{8.82}$$

由式(8.80)得

$$v_{o1}=-R_bC_2\frac{\mathrm{d}v_o}{\mathrm{d}t}-\frac{R_bC_2}{\tau_2}v_o \tag{8.83}$$

利用式(8.82)和式(8.83)消去式(8.81)中的 $\mathrm{d}v_{o1}/\mathrm{d}t$，即可得需要的关系式

$$\frac{\mathrm{d}^2v_o}{\mathrm{d}t^2}+\left(\frac{1}{\tau_1}+\frac{1}{\tau_2}\right)\frac{\mathrm{d}v_o}{\mathrm{d}t}+\left(\frac{1}{\tau_1\tau_2}\right)v_o=\frac{v_g}{R_aC_1R_bC_2} \tag{8.84}$$

由式(8.84)可得特征方程为

$$s^2+\left(\frac{1}{\tau_1}+\frac{1}{\tau_2}\right)s+\frac{1}{\tau_1\tau_2}=0 \tag{8.85}$$

可以求得特征根为实数

$$s_1=\frac{-1}{\tau_1} \tag{8.86}$$

$$s_2=\frac{-1}{\tau_2} \tag{8.87}$$

例 8.14 分析了两级运算放大器阶跃响应的求解方法，其中电路的反馈电容被反馈电阻旁路。

例 8.14　分析带反馈电阻的两级运算放大电路

图 8.20 所示电路，$R_a=100\ \text{k}\Omega$，$R_1=500\ \text{k}\Omega$，$C_1=0.1\ \mu\text{F}$，$R_b=25\ \text{k}\Omega$，$R_2=100\ \text{k}\Omega$，$C_2=1\ \mu\text{F}$，运放的电源电压为 ±6 V，在 $t=0$ 时刻，运算电路输入一个 0 ~ 250 mV 的电压信号(v_g)，反馈电容上没有初始能量存储。

(a)求 v_o 的微分方程表达式。(b)求 $t\geqslant 0$ 时的 $v_o(t)$。(c)求 v_{o1} 的微分方程表达式。(d)求 $t\geqslant 0$ 时的 $v_{o1}(t)$。

解：

(a)由电路参数已知 $\tau_1=R_1C_1=0.05$ s，$\tau_2=R_2C_2=0.10$ s 以及 $v_g/R_aC_1R_bC_2=1000\ \text{V/s}^2$，将这些值代入到式(8.84)中得

$$\frac{\text{d}^2v_o}{\text{d}t^2}+30\times\frac{\text{d}v_o}{\text{d}t}+200v_o=1000$$

(b)特征方程的根为 $s_1=-20$ rad/s，$s_2=-10$ rad/s，由于 $t\to\infty$ 时，电容相当于开路，所以 v_o 的稳态值为输入电压乘以各级电压增益，即

$$v_o(\infty)=(250\times10^{-3})\times\frac{(-500)}{100}\times\frac{(-100)}{25}=5\ \text{V}$$

所以 v_o 具有如下形式：

$$v_o=5+A_1'\text{e}^{-10t}+A_2'\text{e}^{-20t}$$

因为 $v_o(0)=0$，$\text{d}v_o(0)/\text{d}t=0$，所以 $A_1'=-10$ V，$A_2'=5$ V，则 v_o 为

$$v_o(t)=(5-10\text{e}^{-10t}+5\text{e}^{-20t})\ \text{V},\quad t\geqslant 0$$

该解是在假设两个运放都没有饱和的基础上得出的。可以得出 v_o 的终值为 5 V，小于电源电压 6 V，所以第二个运放不会饱和，v_{o1} 的稳态值为 $(250\times10^{-3})\times(-500/100)$，或者说是 -1.25 V，因此第一个运放也不会饱和，所以最初的假设以及所得到的解都是正确的。

(c)将电路各参数的值代入式(8.78)中，得到 v_o 的微分方程为

$$\frac{\text{d}v_{o1}}{\text{d}t}+20v_{o1}=-25$$

(d)由于 v_{o1} 的初值和终值都与时间常数 τ_1 有关，因此根据 7.4 节中介绍的方法将解写为

$$v_{o1}=-1.25+[0-(-1.25)]\text{e}^{-20t}=-1.25+1.25\text{e}^{-20t}\ \text{V},\quad t\geqslant 0$$

提示：试求本章习题 8.64 来评估你对此类问题的理解程度。

实例应用

CPU 频率(二)

观察图 8.21，电路的输出为电容上的电压降。当 $t\geqslant 0$ 时，这个电路类似于图 8.3 去掉电阻时的串联 RCL 固有响应电路。仔细分析这个 LC 电路，会发现它的输出是无阻尼的正弦波。此正弦波可以用来产生计算机的时钟信号，从而代替典型的晶振产生电路。通过选择合适的电感和电容值可以获得所需的时钟频率。

当 $t\geqslant 0$ 时，由电流 i 写图 8.21 的 KVL 公式，可得

$$L\frac{\mathrm{d}i(t)}{\mathrm{d}t}+\frac{1}{C}\int_0^t i(x)\mathrm{d}x=0$$

两边同时对 t 求导去掉积分符号，得

$$L\frac{\mathrm{d}^2i(t)}{\mathrm{d}t^2}+\frac{1}{C}i(t)=0$$

也可以写为

$$\frac{\mathrm{d}^2i(t)}{\mathrm{d}t^2}+\frac{1}{LC}i(t)=0$$

什么形式的数学函数能满足此式呢？当电流 $i(t)$ 为正弦函数：$i(t)=A\cos\omega_0 t$ 时，代入上式得

$$\frac{\mathrm{d}^2}{\mathrm{d}t^2}A\cos\omega_0 t+\frac{1}{LC}A\cos\omega_0 t=-\omega_0^2A\cos\omega_0 t+\frac{1}{LC}A\cos\omega_0 t=0$$

此等式成立，当

$$\omega_0^2=\frac{1}{LC}\quad\text{或}\quad\omega_0=\sqrt{\frac{1}{LC}}$$

其中频率 ω_0 即为我们熟悉的串联和并联 RLC 电路的谐振角频率，单位为弧度/秒。注意：LC 电路没有奈培频率 α。

由电路电感上电流的初始条件确定 A 的取值

$$i(0)=A\cos\omega_0(0)=\frac{V}{R}\quad\text{所以 }A=\frac{V}{R}$$

因此，图 8.21 的电流为

$$i(t)=\frac{V}{R}\cos\omega_0(t),\qquad\text{当 }\omega_0=\sqrt{\frac{1}{LC}}$$

由电路中电流表达式得电容的输出电压为

$$v_C(t)=\frac{1}{C}\int_0^t i(x)\mathrm{d}x=\frac{1}{C}\int_0^t\frac{V}{R}\cos\omega_0x\mathrm{d}x=\frac{V}{\omega_0RC}\sin\omega_0 t$$

通过选择 L 和 C 的值，当 $t\geqslant 0$ 时，利用图 8.21 的电路可以为电脑的时钟发生器产生无阻尼的正弦波信号。

为什么电脑时钟发生器采用晶振产生的正弦波，而不用图 8.21 的 LC 电路？分析原因如下：LC 电路假定电感和电容是理想的，但是理想的电感和电容是不存在的，真实的电感和电容都有一定的阻值。在本章节习题中，将向你验证这一小部分阻值对 LC 振荡器的影响。

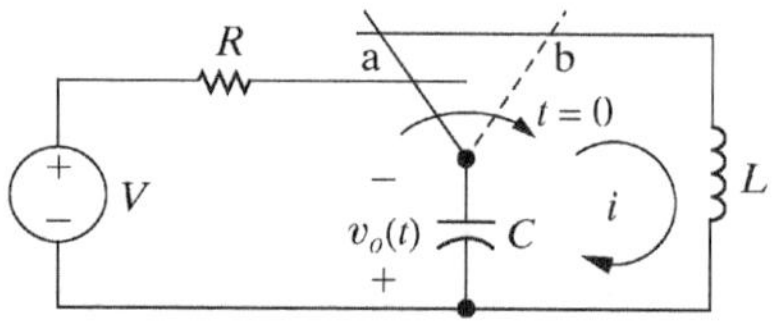

图 8.21 LC 固有响应电路

提示：试求本章节习题 8.66 至习题 8.68 来评估你对此实例的理解程度。

小结

- 并联 RLC 电路和串联 RLC 电路具有相同形式的特征方程，即

$$s^2+2\alpha s+\omega_0^2=0$$

  其中对并联 RLC 电路，$\alpha=1/2RC$，对串联 RLC 电路，$\alpha=R/2L$。不论是并联还是串联 RLC 电路，$\omega_0^2=1/LC$。
- 特征方程的根为

$$s_{1,2}=-\alpha\pm\sqrt{\alpha^2-\omega_0^2}$$

- 串并联 RLC 电路的固有响应和阶跃响应的形式取决于 α^2 和 ω_0^2 的取值，分为过阻尼、欠阻尼以及临界阻尼响应 3 种类型，这些名称描述了耗能元件(R)对电路响应的作用。奈培频率 α 也与电阻 R 的大小有关。
- 二阶电路响应特性有过阻尼、欠阻尼和临界阻尼 3 种，分别如表 8.2 所示。

表 8.2　二阶电路的过阻尼、欠阻尼和临界阻尼响应

电路状态	条件	响应特性
过阻尼	$\alpha^2 > \omega_0^2$	电压或电流在趋于稳态值的过程中，没有振荡
欠阻尼	$\alpha^2 < \omega_0^2$	电压或电流在趋于稳态值的过程中，有振荡
临界阻尼	$\alpha^2 = \omega_0^2$	电压或电流在趋于稳态值的过程中，处于振荡的临界状态

- 求二阶电路的固有响应，首先要确定响应为过阻尼、欠阻尼还是临界阻尼响应，然后再根据表 8.3 中的相应方程求解。

表 8.3　根据阻尼情况利用相应的方程求解二阶电路的固有响应

电路状态	固有响应	参数方程
过阻尼	$x(t) = A_1 e^{s_1 t} + A_2 e^{s_2 t}$	$x(0) = A_1 + A_2$ $dx/dt(0) = A_1 s_1 + A_2 s_2$
欠阻尼	$x(t) = (B_1 \cos\omega_d t + B_2 \sin\omega_d t)e^{-\alpha t}$	$x(0) = B_1$ $dx/dt(0) = -\alpha B_1 + \omega_d B_2$ 其中 $\omega_d = \sqrt{\omega_0^2 - \alpha^2}$
临界阻尼	$x(t) = (D_1 t + D_2)e^{-\alpha t}$	$x(0) = D_2$ $dx/dt(0) = D_1 - \alpha D_2$

- 求二阶电路的阶跃响应，同样要根据阻尼情况分别求解表 8.4 中的相应方程。

表 8.4　根据阻尼情况利用相应的方程求解二阶电路的阶跃响应

电路状态	阶跃响应 *	参数方程
过阻尼	$x(t) = X_f + A_1' e^{s_1 t} + A_2' e^{s_2 t}$	$x(0) = X_f + A_1' + A_2'$ $dx/dt(0) = A_1' s_1 + A_2' s_2$
欠阻尼	$x(t) = X_f + (B_1' \cos\omega_d t + B_2' \sin\omega_d t)e^{-\alpha t}$	$x(0) = X_f + B_1'$ $dx/dt(0) = -\alpha B_1' + \omega_d B_2'$
临界阻尼	$x(t) = X_f + D_1' t e^{-\alpha t} + D_2' e^{-\alpha t}$	$x(0) = X_f + D_2'$ $dx/dt(0) = D_1' - \alpha D_2'$

* 其中，X_f 为 $x(t)$ 的稳态值。

- 对于 3 种响应中的未知参数(例如 A，B 和 D)，可以通过计算响应的初值以及初值的一次微分 $dx(0)/dt$ 求得。
- 两个理想集成运放电路级联之后，第二个运放的输出与第一个运放的输入信号之间是二次微分方程，因此，本章所用到的方法可以用来分析级联集成运放电路的行为特征。
- 简单集成运放电路随着其反馈电容上电荷的积聚，放大倍数会达到饱和，通过在反馈电容上并联一个反馈电阻就可以克服运放的这一局限性。

习题

8.1P 图 8.1 所示电路，$R = 125\ \Omega$，$L = 200$ mH，$C = 5\ \mu$F，初始电感电流为 −0.3 A，初始电容电压为 25 V。(a)求电路各支路上的初始电流。(b)求 $t \geq 0$ 时的 $v(t)$。(c)求 $t \geq 0$ 时的 $i_L(t)$。

8.2P 将习题 8.1 中的电阻减小为 100 Ω，求 $t \geq 0$ 时的 $v(t)$。

8.3P 将习题 8.1 中的电阻减小为 80 Ω，求 $t \geq 0$ 时的 $v(t)$。

8.4　并联 RLC 电路，$R = 2000\ \Omega$，$L = 250$ mH，$C = 10$ nF。

(a)计算描述电路电压响应的特征方程的根。(b)响应是过阻尼，欠阻尼还是临界阻尼？(c)阻尼频率为 12 krad/s 时，$R=$？(d)在(c)中 R 的取值下，特征方程的根为多少？(e)响应为临界阻尼时，R 为何值？

8.5 图 8.1 所示电路，$L=10$ mH，$t\geqslant 0$ 时的电压响应为

$$v(t) = 40e^{-1000t} - 90e^{-4000t}\ \text{V}$$

(a)求 ω_0, α, C, R。(b)求 $t\geqslant 0^+$ 时的 $i_R(t)$，$i_L(t)$，以及 $i_C(t)$。

8.6 当 $C=250\ \mu$F 时，图 8.1 所示电路的固有电压响应为

$$v(t) = 120e^{-400t}\cos 300t + 80e^{-400t}\sin 300t\ \text{V}$$

求(a)L；(b)R；(C)V_0；(d)I_0；(e)$i_L(t)$。

8.7 图 8.1 所示电路的电压响应为

$$v(t) = D_1te^{-80t} + D_2e^{-80t}, \quad t \geqslant 0$$

电感上的初始电流(I_0)为 −25 mA，电容上的初始电压(V_0)为 5 V，电阻为 50 Ω。

(a)求 C, L, D_1, D_2 的值。(b)求 $t\geqslant 0^+$ 时的 $i_C(t)$。

8.8P 图 8.1 所示电路，20 mH 的电感被一个 500 nF 的电容旁路，调整电阻 R 的取值，使响应为临界阻尼响应，$I_0=120$ mA。

(a)求 R 值。(b)求 $t\geqslant 0$ 时的 $v(t)$。(c)当 $i_C(t)=0$ 时，求 $v(t)$。(d)当 $i_C(t)=0$ 时，电路中存储的能量是初始能量的百分之几？

8.9 图 8.1 所示电路的固有响应为

$$v(t) = -11e^{-100t} + 20e^{-400t}\ \text{V}, \quad t \geqslant 0$$

如果 $C=2\ \mu$F，$L=12.5$ H，求 $i_L(0^+)$(单位为 mA)。

8.10P 将例 8.4 电路中的电阻值改为 3200 Ω。

(a)求 $t\geqslant 0$ 时的 $v(t)$。(b)画出 $0\leqslant t\leqslant 7$ ms 时的 $v(t)$ 曲线。与例 8.4($R=20$ kΩ)以及例 8.5($R=4$ kΩ)中的结果进行比较，注意 $v(t)$ 的峰值，以及出现峰值的时间。

8.11P 图 P8.11 所示电路，两开关同时动作，当开关 1 位于 a 位置时开关 2 位于 d 位置，当把开关 1 移至 b 位置时，开关 2 移至 c 位置，假设开关 1 已长期位于位置 a。$t=0$ 时，开关 1，2 均移至另一位置，求 $t\geqslant 0$ 时的 $v_o(t)$。

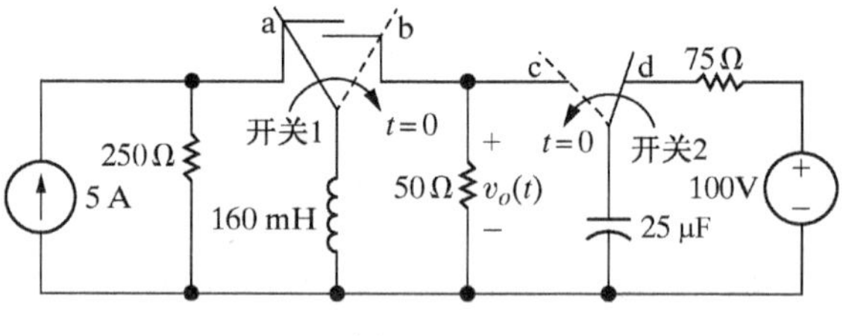

图 P8.11

8.12P 图 P8.11 所示电路，电阻由 50 Ω 减小为 40 Ω，求 $t\geqslant 0$ 时的 $v_o(t)$。

8.13P 图 P8.11 所示电路，电阻由 50 Ω 减小为 32 Ω，求 $t\geqslant 0$ 时的 $v_o(t)$。

8.14P 电路如图 P8.14 所示，且已处于稳态，在 $t=0$ 时刻，开关由 a 到 b。求 $t\geqslant 0$ 时的 $v_o(t)$。

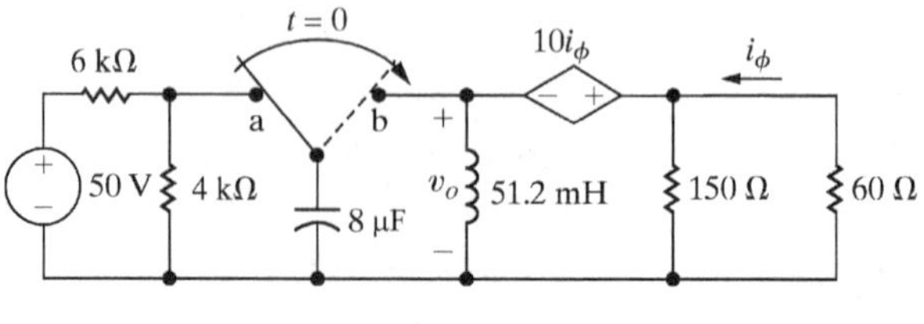

图 P8.14

8.15　图 P8.14 所示电路，电感增大为 80 mH，求 $t \geq 0$ 时的 $v_o(t)$。

8.16　图 P8.14 所示电路，电感增大为 125 mH，求 $t \geq 0$ 时的 $v_o(t)$。

8.17　(a)使用附录 H 中的元件值，设计一个谐振角频率为 5000 rad/s 的串联 RLC 电路(参见图 8.1)，选择或设计一个电阻网络以使电路的响应为临界阻尼响应。画出这个电路。(b)在(a)中阻值的作用下，求电路特征方程的根。

8.18　(a)使用附录 H 中的元件值，修改习题 8.5(a)中电路的电阻值，使电路的响应变为欠阻尼响应，求此时特征方程的根。(b)使用附录 H 中的元件值，修改习题 8.5(a)中电路的电阻值，使电路的响应变为过阻尼响应，求此时特征方程的根。

8.19P　图 8.1 所示电路，$R = 5\ \text{k}\Omega$，$L = 8$ H，$C = 125$ nF，$V_0 = 30$ V，$I_0 = 6$ mA。
(a)求 $t \geq 0$ 时的 $v(t)$。(b)求使 $dv/dt = 0$ 的前三个 t 值，分别记为 t_1，t_2，t_3。(c)证明 $t_3 - t_1 = T_d$。(d)证明 $t_2 = t_1 = T_d/2$。(e)计算 $v(t_1)$，$v(t_2)$，$v(t_3)$。(f)画出 $0 \leq t \leq t_2$ 的 $v(t)$ 曲线。

8.20P　(a)如果将习题 8.19 中的 5 kΩ 的电阻去掉，求 $t \geq 0$ 时的 $v(t)$。
(b)计算 $v(t)$ 的频率，单位为赫兹。(c)计算 $v(t)$ 的最大幅值。

8.21　假设图 8.1 所示电路的欠阻尼电压响应为

$$v(t) = (A_1 + A_2)e^{-\alpha t}\cos\omega_d t + j(A_1 - A_2)e^{-\alpha t}\sin\omega_d t$$

初始电感电流为 I_0，初始电容电压为 V_0。证明 A_2 是 A_1 的共轭数(提示：采用与文中展示的求 A_1 和 A_2 相同的分析过程)。

8.22　证明习题 8.21 的结论，即 A_1 和 A_2 的表达式与式(8.30)和式(8.31)一致。

8.23　图 8.1 所示电路的初始电压 $v = 0$ V，电容上的初始电流 $i_C(0^+) = 45$ mA，电容电流的表达式如下：

$$i_c(t) = A_1 e^{-200t} + A_2 e^{-800t}, \quad t \geq 0^+$$

当 $R = 250\ \Omega$ 时，求：

(a)求 α，ω_0，L，C，A_1，A_2

$$\left(\text{提示：}\frac{di_C(0^+)}{dt} = -\frac{di_L(0^+)}{dt} - \frac{di_R(0^+)}{dt} = \frac{-v(0)}{L} - \frac{1}{R}\frac{i_C(0^+)}{C}\right)$$

(b)求 $t \geq 0$ 时的 $v(t)$。

(c)求 $t \geq 0$ 时的 $i_R(t)$。

(d)求 $t \geq 0$ 时的 $i_L(t)$。

8.24P　例 8.6 所示电路，求 $t \geq 0$ 时，(a)$v(t)$；(b)$i_R(t)$；(c)$i_C(t)$。

8.25P　例 8.7 所示电路，求 $t \geq 0$ 时，(a)$v(t)$；(b)$i_C(t)$。

8.26P　例 8.8 所示电路，求 $t \geq 0$ 时的 $v(t)$。

8.27P　图 P8.27 所示电路，25 mH 电感上的初始电流为 1 A，电容上的初始电压为 50 V(上端为正)。假设突然给电路施加一个 2 A 的直流电流源，若 $R = 12.5\ \Omega$，求 $t \geq 0$ 时的 $i_L(t)$。

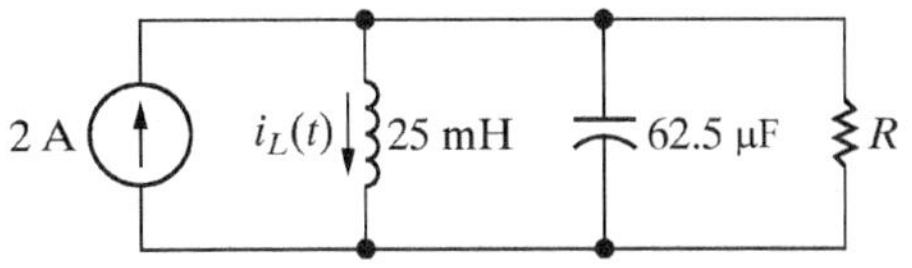

图 P8.27

8.28P　图 P8.27 电路的电阻变为 8 Ω，求 $t \geq 0$ 时的 $i_L(t)$。

8.29P　图 P8.27 电路的电阻变为 10 Ω，求 $t \geq 0$ 时的 $i_L(t)$。

8.30P　图 P8.30 所示电路已处于稳态，$t = 0$ 时，开关闭合。当开关闭合时，电容上没有能量储存。求 $t \geq 0$ 时的 $v_o(t)$。

8.31P　图 P8.31 所示电路已处于稳态，$t = 0$ 时刻，开关闭合，求 $t \geq 0$ 时的 $i_o(t)$。

8.32P　(a)图 P8.31 所示电路，求 $t \geq 0$ 时的 v_o。(b)证明 v_o 的解与习题 8.31 中 i_o 的解一致。

8.33P　图 P8.33 所示电路，初始能量为 0，$t = 0$ 时开关闭合，求 $t \geq 0$ 时的 $i_o(t)$。

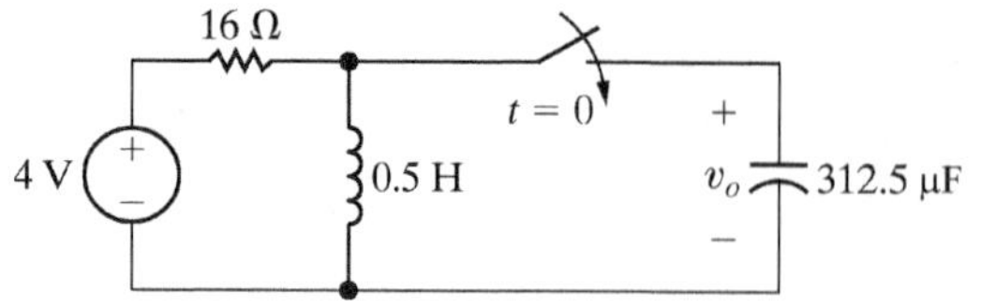

图 P8.30

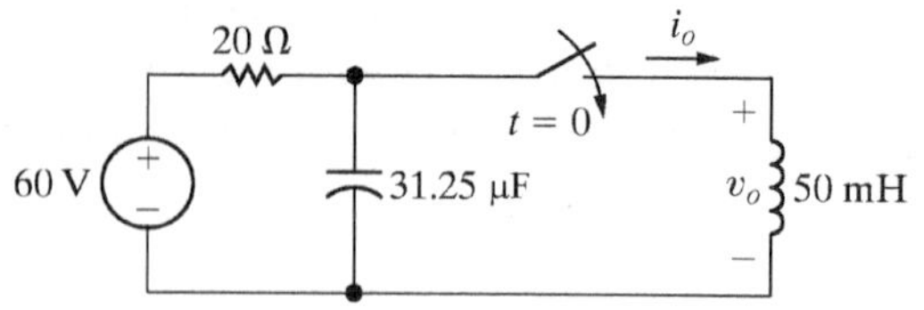

图 P8.31

8.34P (a)图 P8.33 所示电路，求 $t \geqslant 0$ 的 v_o。(b)证明 v_o的解与习题 8.33 中 i_o的解一致。

8.35P 图 P8.35 所示，开关在左边，电路处于稳定状态，$t=0$ 时开关拨到右边，求：
(a)$t \geqslant 0$ 时的 $i_L(t)$。(b)$t \geqslant 0$ 时的 $v_C(t)$。

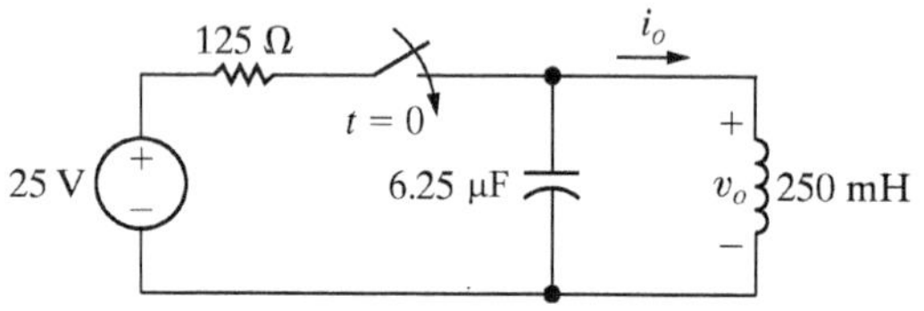

图 P8.33

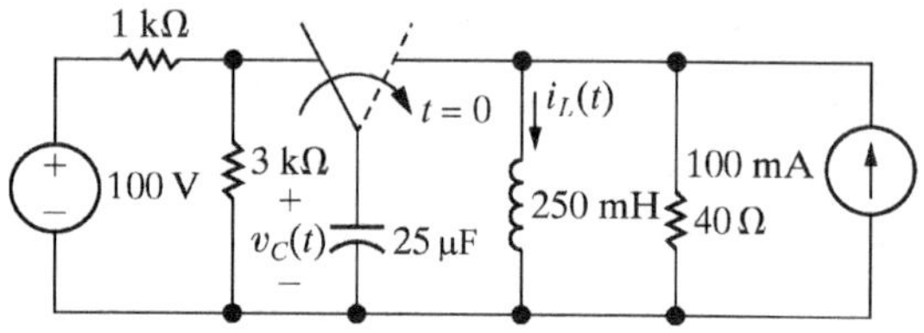

图 P8.35

8.36P 由图 P8.35 所示电路。
(a)求传输到电感上的总能量。(b)求传输到 40 Ω 电阻上的总能量。(c)求传输到电容上的总能量。(d)求电流源发出的总能量。(e)检查(a)至(d)的结果是否符合能量守恒定理。

8.37P 图 P8.37 所示电路已处于稳态，$t=0$ 时刻开关闭合，求 $t \geqslant 0$ 时的 $i_L(t)$。

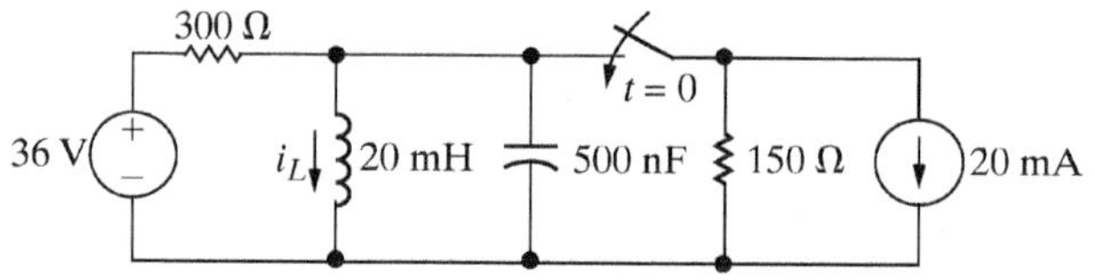

图 P8.37

8.38P 图 P8.38 所示电路，开关 1 和开关 2 同时动作，当开关 1 打开时，开关 2 闭合，反之亦然。电路已处于稳态，$t=0$ 时刻开关 1 闭合，求 $t \geqslant 0$ 时的 $i_L(t)$。

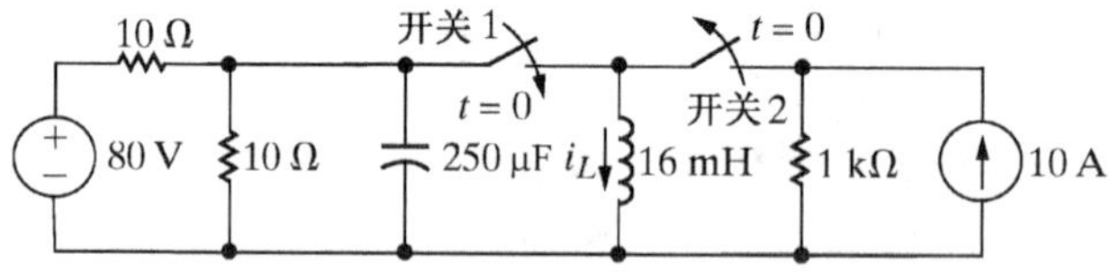

图 P8.38

8.39 图 8.3 所示电路的电流为

$$i = B_1 e^{-2000t} \cos 1500t + B_2 e^{-2000t} \sin 1500t, \quad t \geqslant 0$$

电容值为 80 nF，初始电流为 7.5 mA，初始电容电压为 −30 V，求 R，L，B_1 和 B_2。

8.40 求习题 8.39 电路中 80 nF 电容两端的电压，假设电容上端的电压极性为正。

8.41 图 P8.41 所示，31.25 nF 电容上存储有 9 μJ 的初始能量，电感上的初始能量为 0，描述固有电流 i 响应的特征方程的根为 $-4000\ \mathrm{s}^{-1}$ 和 $-16\ 000\ \mathrm{s}^{-1}$。
(a)求 R 和 L。(b)求开关闭合瞬间的 $i(0)$ 以及 $\mathrm{d}i(0)/\mathrm{d}t$。(c)求 $t \geqslant 0$ 时的 $i(t)$。(d)开关闭合多少微秒后，电流达到最大值。(e)电流 i 最大为多少毫安？(f)求 $t \geqslant 0$ 时的 $v_L(t)$。

8.42P 图 P8.42 所示电路，调整电阻值使响应为临界阻尼响应，初始电容电压为 15 V，初始电感电流为 6 mA。

(a)求 R 值。(b)求开关闭合瞬间的 i 和 di/dt。(c)求 $t \geqslant 0$ 时的 $v_C(t)$。

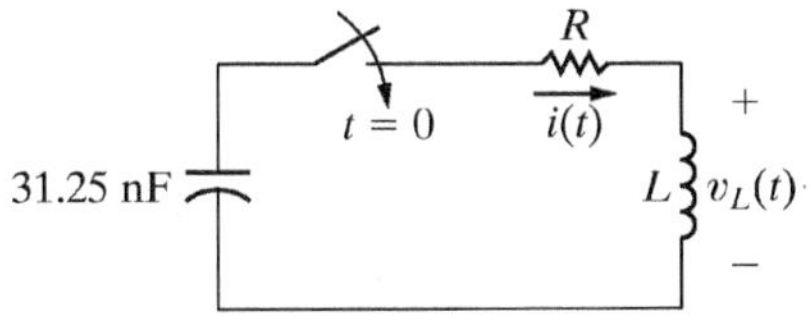

图 P8.41

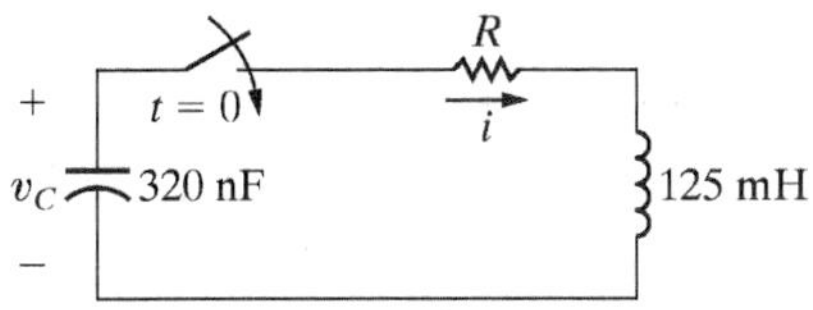

图 P8.42

8.43 (a)使用附录 H 中的元件值，设计一个谐振角频率为 20 krad/s 的串联 RLC 电路(参见图 8.3)，选择或设计一个电阻网络以使电路的响应为临界阻尼响应，画出这个电路。(b)在(a)中阻值的作用下，求电路特征方程的根。

8.44 (a)使用附录 H 中的元件值，修改习题 8.43(a)中电路的电阻值，使电路的响应变为欠阻尼响应，求此时特征方程的根。(b)使用附录 H 中的元件值，修改习题 8.43(a)中电路的电阻值，使电路的响应变为过阻尼响应，求此时特征方程的根。

8.45P 如图 P8.45 所示，电路处于稳定状态，当 $t=0$ 时，两个开关拨到如图所示的新的位置。求：

(a)$t \geqslant 0$ 时的 $i_o(t)$。(b)$t \geqslant 0$ 时的 $v_o(t)$。

8.46P 图 P8.46 所示，电路已处于稳态，$t=0$ 时刻，开关由 a 处置于 b 处，求 $t \geqslant 0$ 时的 $i(t)$。

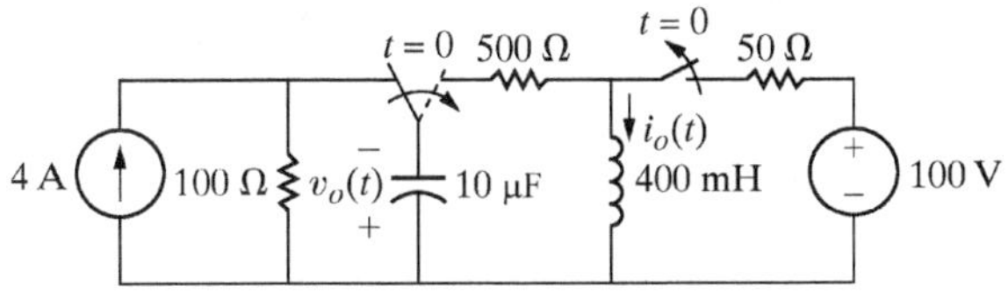

图 P8.45

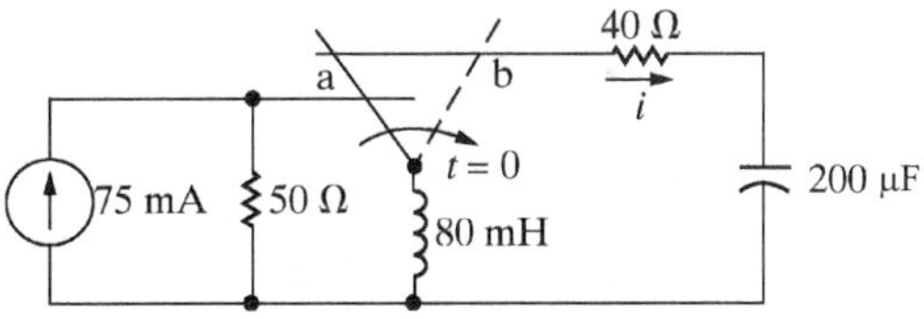

图 P8.46

8.47 图 P8.47 所示电路，开关已闭合很长时间，$t=0$ 时，开关断开，求 $t \geqslant 0^+$ 时的 $v_o(t)$。

8.48P 图 P8.48 所示电路，开关已在 a 处很长时间，$t=0$ 时，开关移至位置 b。求：

(a)v_a的初始值。(b)dv_a/dt 的初始值。(c)写出 $t \geqslant 0$ 时的 $v_a(t)$的表达式。

8.49P 图 P8.49 所示电路中的初始能量为 0，求 $t \geqslant 0$ 时的 $v_o(t)$。

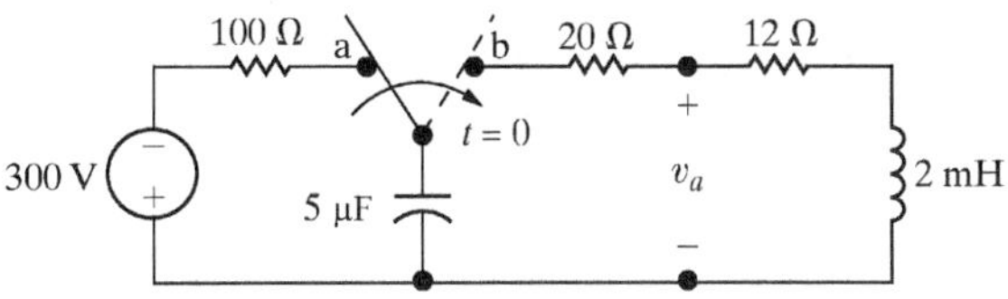

图 P8.48

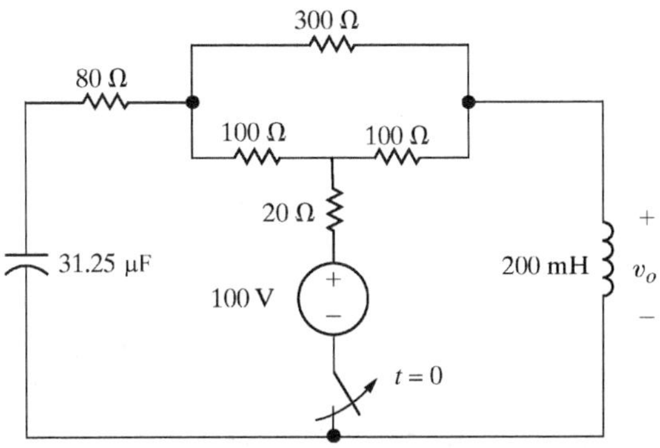

图 P8.47

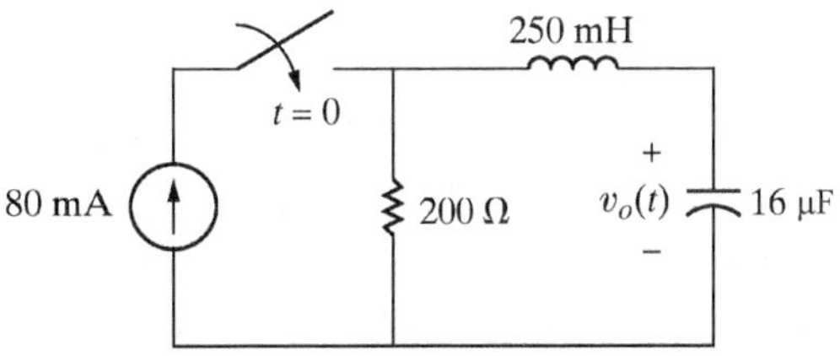

图 P8.49

8.50P 图 P8.49 所示电路中的电阻变为 250 Ω，初始能量为 0，求 $t \geqslant 0$ 时的 $v_o(t)$。

8.51 图 P8.49 所示电路中的电阻变为 312.5 Ω，初始能量为 0，求 $t \geqslant 0$ 时的 $v_o(t)$。

8.52P 图 P8.52 所示，电路已处于稳态，$t=0$ 时刻，开关由 a 置于 b 处，求 $t\geqslant 0$ 时的 $v_o(t)$。

8.53P 图 P8.53 所示，电路已处于稳态，$t=0$ 时刻，电源电压突然变为 150 V，求 $t\geqslant 0$ 时的 $v_o(t)$。

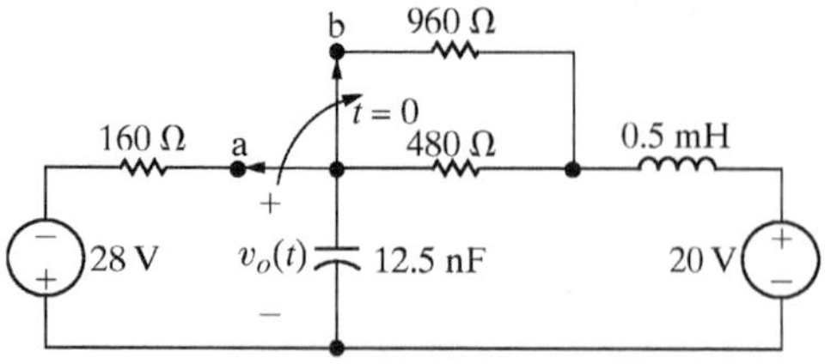

图 P8.52

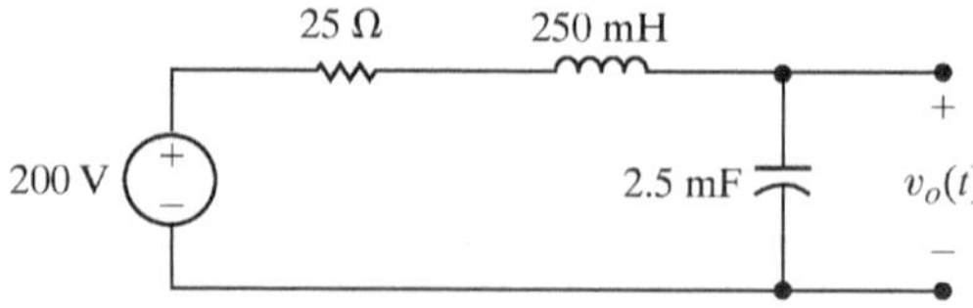

图 P8.53

8.54P 图 P8.54 所示电路两开关同时动作，当开关 1 位于位置 a 时，开关 2 闭合，当开关 1 位于位置 b，开关 2 断开。电路已处于稳态，$t=0$ 时，开关 1 由位置 a 移至位置 b，求 $t\geqslant 0$ 时的 $v_C(t)$。

8.55 图 P8.55 所示，电路已处于稳态，$t=0$ 时开关断开，假设在图示电路参数的作用下，响应为欠阻尼响应。

(a)推导 $t\geqslant 0$ 时刻，以 V_g,α,ω_d,C 和 R 为参数的 $v_o(t)$ 的函数表达式。(b)推导 v_o 幅值最大时的 t 的表达式。

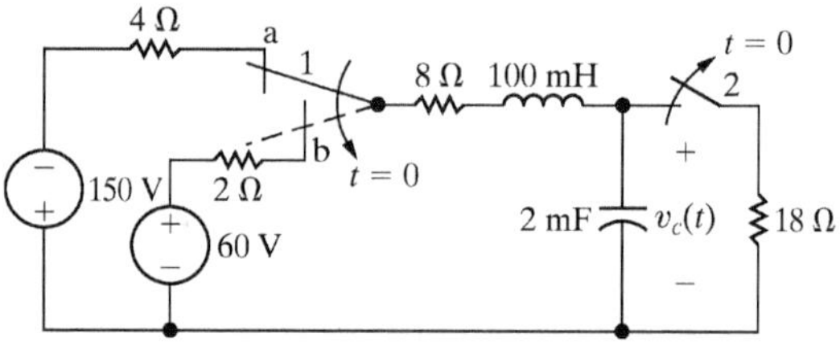

图 P8.54

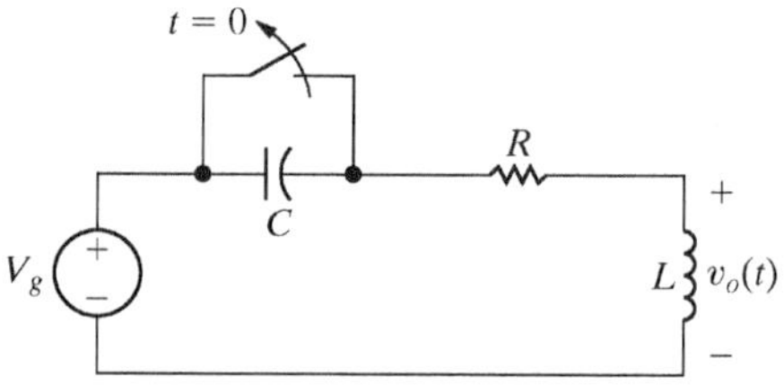

图 P8.55

8.56P 图 P8.55 所示电路参数为 $R=480\ \Omega$，$L=8\ \text{mH}$，$C=50\ \text{nF}$，$v_g=-24\ \text{V}$。

(a)求 $t\geqslant 0$ 时的 $v_o(t)$ 表达式？(b)开关断开多长时间，电感电压最大？(c)电感电压的最大值？(d)R 减小为 96 Ω，重复解答(a)，(b)，(c)的 3 个问题。

8.57 假设图 8.15 所示电路的电容电压响应为欠阻尼响应，同时假设开关闭合时，电路元件上没有存储能量。

(a)证明 $\mathrm{d}v_C/\mathrm{d}t=(\omega_0^2/\omega_d)Ve^{-\alpha t}\sin\omega_d t$。

(b)证明当 $t=n\pi/\omega_d$ 时，$\mathrm{d}v_C/\mathrm{d}t=0$，其中 $n=0,1,2,\cdots$。

(c)令 $t_n=n\pi/\omega_d$，证明：$v_C(t_n)=V-V(-1)^n e^{-\alpha n\pi/\omega_d}$。

(d)证明

$$\alpha=\frac{1}{T_d}\ln\frac{v_C(t_1)-V}{v_C(t_3)-V}$$

其中 $T_d=t_3-t_1$。

8.58 图 8.15 所示电路，100 nF 电容两端的电压具有如下特点：开关闭合几秒钟后，电压达到 100 V，当电压第一次超过 100 V 时，其峰值电压为 163.84 V，且出现在开关闭合 $\pi/7$ ms 的时刻，当开关闭合 $3\pi/7$ ms 后，出现第二次超过 100 V 的峰值电压 126.02 V。假设开关闭合时，没有能量存储于电容或电感中，求电路参数 R 和 L(提示：先求解习题 8.57)。

8.59 证明如果在 v_g 跳变的瞬间，图 8.19 所示电路中没有初始能量，则 $t=0$ 时 $\mathrm{d}v_o/\mathrm{d}t=0$。

8.60P (a)如果 $v_{o1}(0)=5$ V，$v_o(0)=8$ V，求图 8.19 所示电路的 $v_o(t)$，$0\leqslant t\leqslant t_{sat}$。(b)电路需要多长时间达到饱和状态？

8.61　(a)将例 8.14 中的反馈电阻 R_1 和 R_2 去掉，重新计算例 8.14。(b)如果 $v_{o1}(0) = -2$ V，$v_o(0) = 4$ V，重新计算例 8.14。

8.62　(a)推导图 P8.62 所示电路输出电压与输入电压之间的微分方程。(b)若图 8.18 所示电路中 $R_1C_1 = R_2C_2 = RC$，将(a)的结果与方程(8.75)进行比较。(c)图 P8.62 电路有何优点？

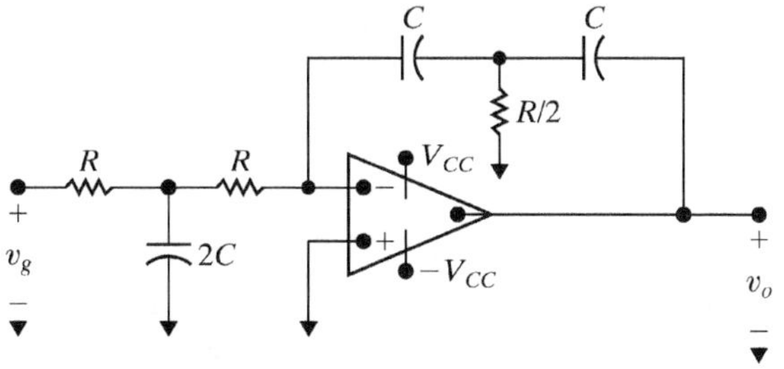

图 P8.62

8.63P　将图 P8.63(a)所示电压信号加到图 P8.63(b)所示的级联运算放大器电路上，电容上的初始能量为 0。(a)分别求出 $0 \le t \le 0.5$ s 和 $0.5\ \text{s} \le t \le t_{sat}$ 时的 $v_o(t)$ 和 $v_{o1}(t)$。(b)求 t_{sat}。

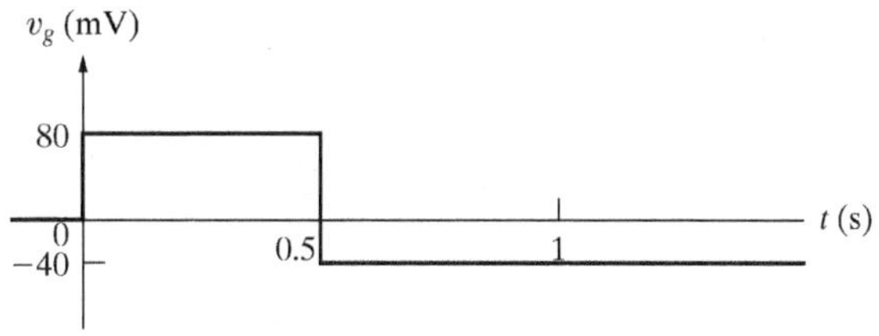

(a)

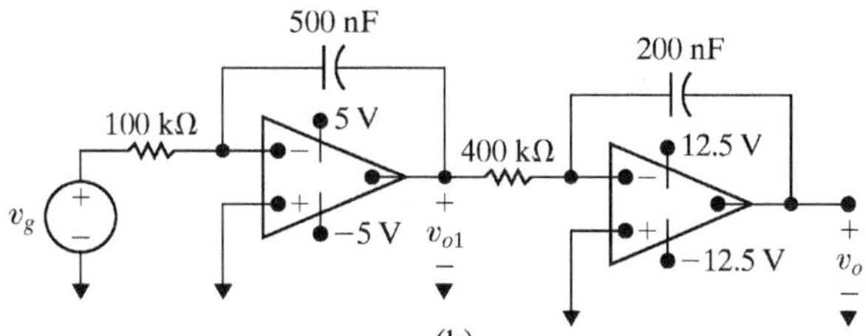

(b)

图 P8.63

8.64P　图 P8.63(b)所示电路，将 1 MΩ 的电阻并联到 500 nF 的电容上，5 MΩ 的电阻并联到 200 nF 的电容上，同习题 8.63 一样，电容上的初始能量为 0，求 $0 \le t \le 0.5$ s 以及 $t \ge 0.5$ s 时的 $v_o(t)$ 和 $v_{o1}(t)$。

8.65　下面我们来举例说明如何通过多个理想运放的连接来求解一个微分方程。

(a)推导图 P8.65(a)所示弹簧－质量系统的微分方程，假设弹簧产生的力与它的变形成正比，质量为常数，摩擦力与质量块移动的速度成正比。

(b)整理(a)中的推导式，将高阶因子表示为其他参数的函数。假设电压等于 d^2x/dt^2，积分后将生成 dx/dt 和 x，我们可以通过比较器综合获得方程中的系数，用加法器电路组合生成 d^2x/dt^2 所需的各项，依据这些想法，分析图 P8.65(b)所示电路，尤其需要说明每一个阴影部分电路的功能。假设节点 A 的信号为 d^2x/dt^2，描述 B，C，D，E，F 各节点的信号，同时讨论在微分方程各系数项中的参数 R，R_1，C_1，R_2，C_2，R_3，R_4，R_5，R_6 以及 R_7，R_8 的作用。

8.66　(a)假设图 8.21 电路中电感值为 5 nH，电容值为 2 pF，计算 $t \ge 0$ 时输出正弦波的频率是多少，单位为 GHz。(b)图 8.21 上的直流电压源和串联电阻的作用是为了建立电感的初始能量，如果 $V = 10$ V，$R = 25\ \Omega$，计算电感上存储的初始能量。(c)$t \ge 0$ 的任意时刻，LC 电路中存储的总能量是多少？

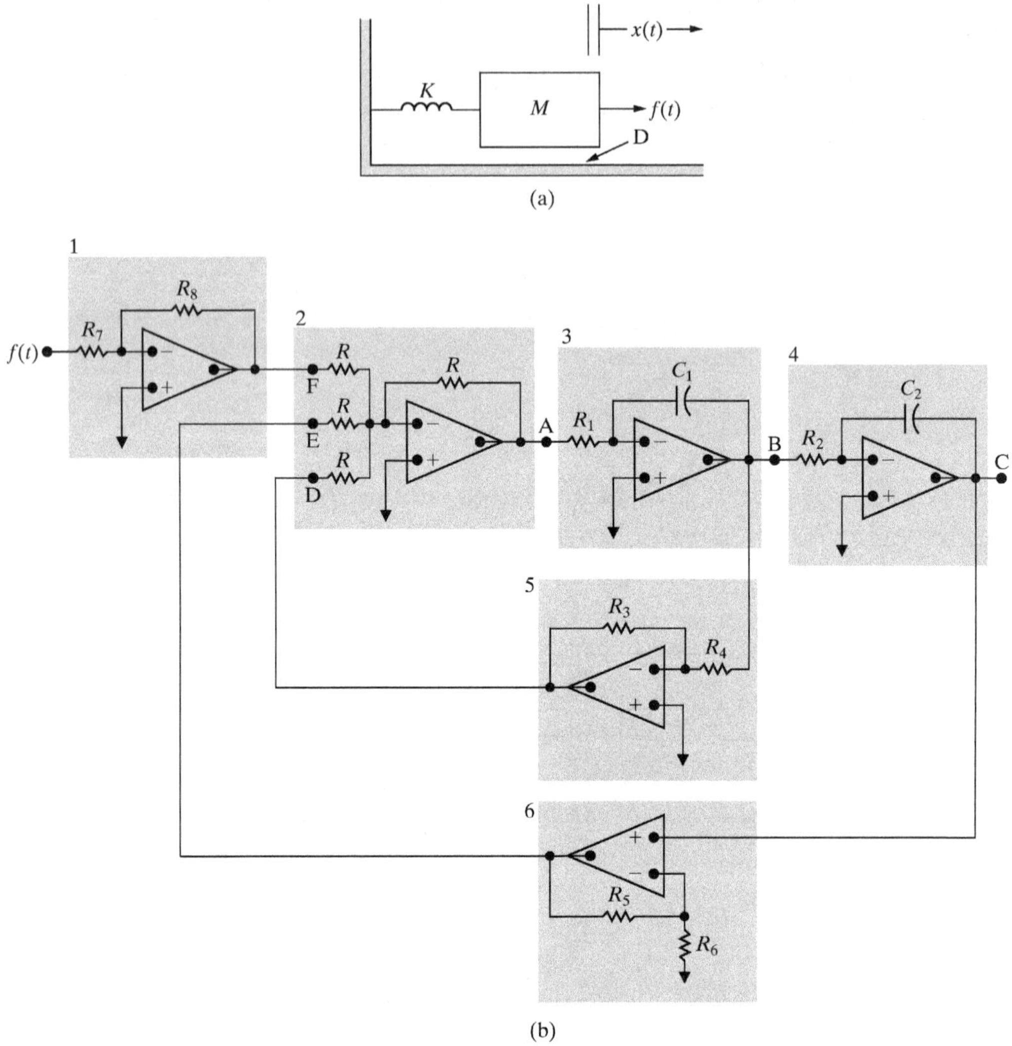

图 P8.65

8.67 根据图 8.21 的 LC 振荡电路，假设 $V=4$ V，$R=10$ Ω，$L=1$ nH。

(a)在 $t\geqslant0$ 时，电容 C 为何值，能产生 2 GHz 的正弦波。(b)写出 $t\geqslant0$ 时输出电压 $v_o(t)$ 的表达式。

8.68 若图 8.21 的 LC 振荡电路中的电感和电容不是理想元件，而是具有一定的电阻。假设 $V=10$ V，$R=25$ Ω，$L=5$ nH，$C=2$ pF，电感和电容上的总电阻为 10 mΩ。

(a)计算奈培频率 α 和谐振角频率 ω_0。(b)这个电路的响应是高于、低于还是等于阻尼值？(c)真实的振荡频率是多少(单位为 GHz)？(d)电路振荡大约维持多长时间？

第9章　正弦稳态分析

本章目标

- 理解相量的概念，能够进行相量变换和反相量变换。
- 能够将正弦电路变换到频域下。
- 知道如何用下面的电路分析方法来求解频域下的电路。
  - 基尔霍夫定律
  - 串联、并联和三角形–星形变换
  - 分压与分流定理
  - 戴维南和诺顿等效电路
  - 节点电压法
  - 网孔电流法
- 能够使用相量法分析线性变压器电路。
- 理解理想变压器约束并能够使用相量法分析理想变压器电路。

到目前为止，讨论的电路一直都是恒定信号源电路，而在这一章将要研究时变电流源或电压源电路。重点讨论电压源或电流源正弦变化时的电路，把正弦变化的电压源或电流源，以及它们对电路行为的影响作为重点研究对象，主要有以下几点原因：首先，发电、传输、供电，以及耗电基本上都发生在正弦稳态的条件下；其次，掌握正弦电路的行为是分析非正弦电路的前提；第三，正弦稳态可以简化电力系统的设计。因此，设计者可以根据正弦稳态响应的各种技术指标，设计出满足条件的电路或系统。如果设计满足要求，则对于非正弦输入信号，电路也能产生满意的响应。

后面章节所讲述的内容主要依赖于对正弦稳态电路分析方法的全面理解。第1章至第4章中介绍的分析和简化直流电路的方法同样适用于正弦电路，因此第9章中的许多内容读者都会觉得很熟悉，正弦分析遇到的主要困难是，合理的电路建模以及数学领域中的复数运算。

实例应用

家庭配电线路(一)

用来产生、传输和分配电能的电力系统常被设计成工作于正弦稳态信号下。在美国，标准的市电配电电路是如下图所示的三线、240/120 V 的供电电路。

其中变压器将传输过来的有效电压由13.2 kV 降为240 V，120 V 电压由次级线圈的中间抽头提供。在美国，电力系统的工作频率为60 Hz，其他国家采用的电力系统的工作频率有50 Hz 也有60 Hz 的。上面提到的电压值均为均方根值(rms)，将在第10章介绍采用时变信号的均方根值的原因。

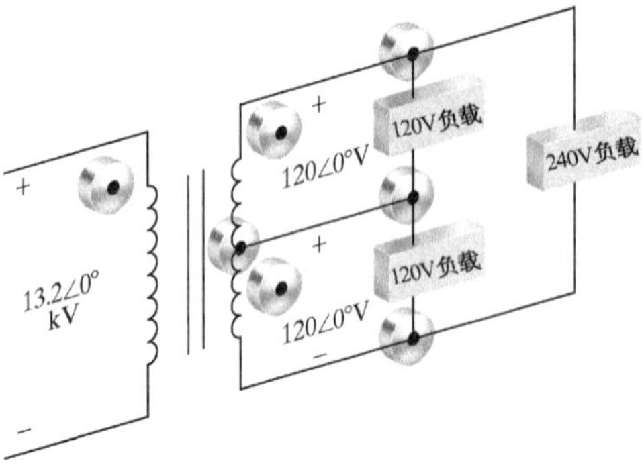

9.1 正弦信号源

正弦电压源(独立电压源和非独立电压源)能够产生随时间正弦变化的电压信号。正弦电流源(独立电流源和非独立电流源)能够产生随时间正弦变化的电流信号。先复习一下正弦函数，以电压信号为例(对于电流信号同样适用)。

一个按正弦规律变化的函数既可以用正弦函数表示也可以用余弦函数表示。下面的讨论中采用余弦函数，因此正弦电压可以表示为

$$v = V_m \cos(\omega t + \phi) \tag{9.1}$$

为了有助于讨论式(9.1)中的各个参数，给出了电压随时间变化的曲线，如图9.1所示。

应当注意到正弦函数按一定的时间间隔重复，这样的函数称为周期函数。将正弦函数出现所有可能的值所需要的时间称为周期，用 T 表示，单位为 s(秒)。T 的倒数给出了每秒内的周期数，称为频率，用 f 表示，即

$$f = \frac{1}{T} \tag{9.2}$$

f 的单位为 Hz。式(9.1)中 t 的系数由 T 或 f 决定，ω 表示正弦函数的角频率，即

$$\omega = 2\pi f = 2\pi/T \text{ (rad/s)} \tag{9.3}$$

式(9.3)基于这样一个事实，余弦(或正弦)函数每经过一个周期，ωt 都要转过 2π 弧度(360°)。由式(9.3)可知，如果时间 t 是周期 T 的整数倍，则 ωt 将是 2π 弧度的整数倍。

系数 V_m 给出了正弦电压的最大值，$\pm V_m$ 是电压的上下限(幅值)，各参数如图9.1所示。

式(9.1)中的角 ϕ 称为正弦电压的相位角，它决定了 $t=0$ 时，正弦函数的值，改变相位角 ϕ，将使正弦函数沿时间轴平移，但不会影响幅值(V_m)和角频率(ω)。例如，如果将 ϕ 降为0，则图9.1所示的余弦函数将右移至图9.2所示的位置。如果 ϕ 为正，则正弦函数左移；如果 ϕ 为负，则正弦函数右移(参见习题9.5)。

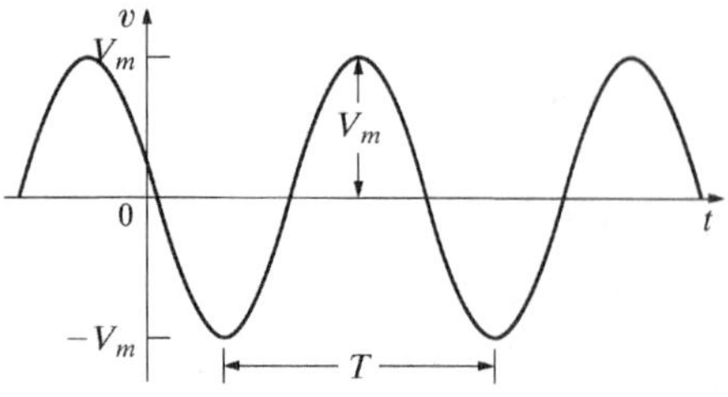

图9.1 正弦电压

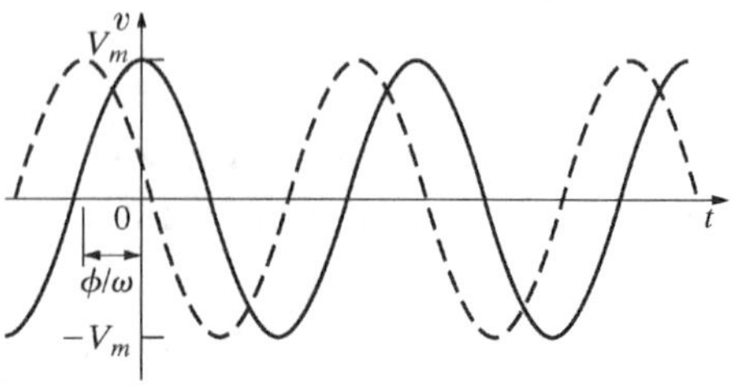

图9.2 当 $\phi=0$ 时，图9.1的正弦电压右移

ωt 和 ϕ 必须有相同的单位，因为在正弦函数中它们是直接相加的。由于 ωt 用弧度表示，所以希望 ϕ 也用弧度表示，但是 ϕ 通常用度来表示，因此当两个量相加时，应该将 ωt 由弧度转化为度。由三角学的知识可知，弧度与度之间的关系式为

$$(\text{度数})=\frac{180^{\circ}}{\pi}(\text{弧度}) \tag{9.4}$$

正弦电压(电流)函数的另一个重要特征是它的均方根。一个函数平方的平均值再开方称为该函数的均方根。因此，如果 $v=V_m\cos(\omega t+\phi)$，则 v 的均方根为

$$V_{\mathrm{rms}}=\sqrt{\frac{1}{T}\int_{t_0}^{t_0+T}V_m^2\cos^2(\omega t+\phi)\mathrm{d}t} \tag{9.5}$$

由式(9.5)可知，函数平方的平均值是通过对 v^2 在一个周期(即 t_0 到 t_0+T)上积分再除以积分时间 T 得到的，积分起始时间 t_0 任意。

式(9.5)中，根号下的值为 $V_m^2/2$(参见习题 9.6)，因此 v 的均方根为

$$V_{\mathrm{rms}}=\frac{V_m}{\sqrt{2}} \tag{9.6}$$

正弦电压的均方根仅仅取决于 v 的最大幅值，也就是 V_m。均方根既不是频率的函数，也不是相位角的函数。强调这一点是由于它关系到第 10 章(参见 10.3 节)中功率的计算。

因此，知道了功率、相位角和幅值(或者说是均方根值)，就可以完整地描述一个正弦信号。例 9.1、例 9.2 和例 9.3 说明了正弦函数的基本特征，例 9.4 给出了一个周期函数均方根值的计算过程，目的是为了进一步明确均方根的含义。

例 9.1　求正弦电流的特征参数

幅值为 20 A 的正弦电流，周期为 1 ms，0 时刻电流的幅值为 10 A 。(a)求电流的频率，单位为 Hz。(b)求电流的频率，单位为 rad/s。(c)求 $i(t)$ 的余弦函数表达式，其中 ϕ 的单位为度。(d)求电流的均方根。

解：

(a)由题意可知，$T=1$ ms，因此 $f=1/T=1000$ Hz。

(b)$\omega=2\pi f=2000\pi$ rad/s。

(c)由于 $i(t)=I_m\cos(\omega t+\phi)=20\cos(2000\pi t+\phi)$ 且 $i(0)=10$ A，所以 $10=20\cos\phi$，$\phi=60^{\circ}$。电流 $i(t)$ 的表达式为

$$i(t)=20\cos(2000\pi t+60^{\circ})$$

(d)由式(9.6)的推导可知，正弦电流的均方根为 $I_m/\sqrt{2}$，所以电流均方根为 $20/\sqrt{2}$，即 14.14 A 。

例 9.2　求正弦电压的特征参数

已知正弦电压 $v=300\cos(120\pi t+30^{\circ})$

(a)求正弦电压的周期，单位为 ms。(b)频率为多少赫兹？(c)求 $t=2.778$ ms 时 v 的幅值。(d)求 v 的均方根。

解：

(a)由 v 的表达式可得，$\omega=120\pi$ rad/s，因为 $\omega=2\pi/T$，所以 $T=2\pi/\omega=1/60$ s，即 16.667 ms 。

(b)$f=1/T=60$ Hz 。

(c)由(a)知 $\omega=2\pi/16.667$，在 $t=2.778$ ms 时刻，ωt 接近 1.047 rad，即 60°，因此 $v(2.778\text{ ms})=300\cos(60^{\circ}+30^{\circ})=0$ V 。

(d)$V_{\mathrm{rms}}=300/\sqrt{2}=212.13$ V。

例 9.3　正弦-余弦变换

通过将相位角减去90°(π/2 rad)，可以把一个正弦函数变换为余弦函数。

(a)证明下面的变换是成立的。

$$\sin(\omega t+\theta)=\cos(\omega t+\theta-90^\circ)$$

(b)用(a)的结论将 $\sin(\omega t+30^\circ)$ 变为余弦函数。

解：

(a)公式的证明可以利用三角函数

$$\cos(\alpha-\beta)=\cos\alpha\cos\beta+\sin\alpha\sin\beta$$

令 $\alpha=\omega t+\theta$，$\beta=90^\circ$，由于 $\cos 90^\circ=0$，$\sin 90^\circ=1$，所以

$$\cos(\alpha-\beta)=\sin\alpha=\sin(\omega t+\theta)=\cos(\omega t+\theta-90^\circ)$$

(b)由(a)得

$$\sin(\omega t+30^\circ)=\cos(\omega t+30^\circ-90^\circ)=\cos(\omega t-60^\circ)$$

例 9.4　计算三角波的均方根

计算图9.3所示三角波电流的均方根，用电流峰值 I_p 表示。

解：

由式(9.5)已知 i 的均方根为

$$I_{\rm rms}=\sqrt{\frac{1}{T}\int_{t_0}^{t_0+T}i^2{\rm d}t}$$

平方根下的积分值即为 i^2 在一个周期上的面积。平方函数 i^2 在0到 T 时间段上的面积如图9.4中的阴影所示。可见，i^2 在一个周期上的面积为0到 $T/4$ 时间段上面积的4倍，即

$$\int_{t_0}^{t_0+T}i^2{\rm d}t=4\int_0^{T/4}i^2{\rm d}t$$

在0到 $T/4$ 时间段上，i 的表达式为

$$i=\frac{4I_p}{T}t,\quad 0<t<T/4$$

一个周期上的面积为

$$\int_{t_0}^{t_0+T}i^2{\rm d}t=4\int_0^{T/4}\frac{16I_p^2}{T^2}t^2{\rm d}t=\frac{I_p^2T}{3}$$

函数的平均值即为一个周期上的面积除以周期，即

$$i_{\rm mean}=\frac{1}{T}\frac{I_p^2T}{3}=\frac{1}{3}I_p^2$$

电流的均方根为电流平均值的平方根，即

$$I_{\rm rms}=\frac{I_p}{\sqrt{3}}$$

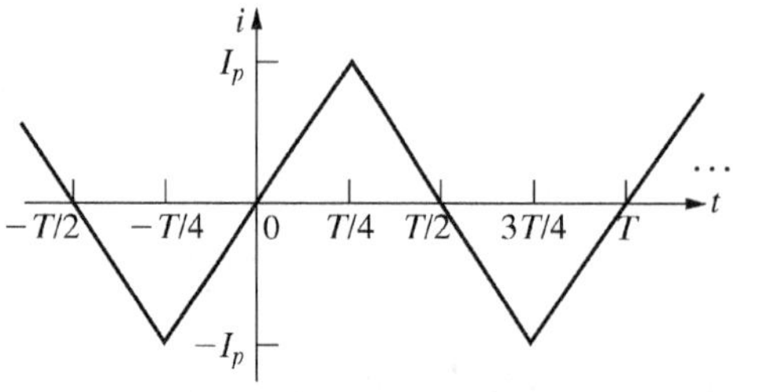

图9.3　周期三角波电流

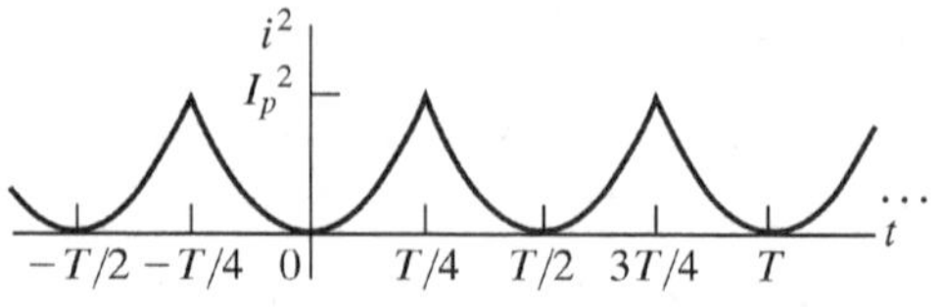

图9.4　i^2 与 t 的关系图

提示：试求本章习题9.1，习题9.3和习题9.7，来测试你对上述问题的理解程度。

9.2　正弦响应

在研究正弦信号源的稳态响应之前，先从大的范围讨论一下这个问题，首先看电路的全响应，这将有助于理解电路的稳态响应。电路如图 9.5 所示，其中 v_s 为一正弦电压，即

$$v_s = V_m \cos(\omega t + \phi) \tag{9.7}$$

为方便起见，假设电路中的初始电流为 0，推导出 $t \geqslant 0$ 时的 $i(t)$ 表达式。这类似于第 7 章中所求 RL 电路的阶跃响应，唯一的区别在于这里的电压源是随时间变化的正弦电压，而不是常数，或者说不是直流电压。对图 9.5 直接利用基尔霍夫电压定律，得到微分方程式(9.8)

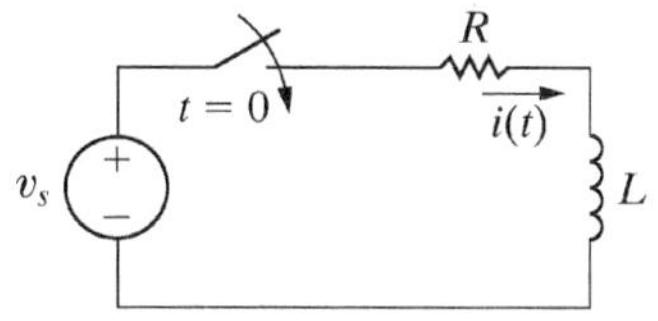

图 9.5　正弦电压源激励下的 RL 电路

$$L\frac{\mathrm{d}i}{\mathrm{d}t} + Ri = V_m \cos(\omega t + \phi) \tag{9.8}$$

此式的解在有关微分式的课程中讨论过，可直接使用结论，得到 i 的解为

$$i = \frac{-V_m}{\sqrt{R^2 + \omega^2 L^2}}\cos(\phi - \theta)\mathrm{e}^{-(R/L)t} + \frac{V_m}{\sqrt{R^2 + \omega^2 L^2}}\cos(\omega t + \phi - \theta) \tag{9.9}$$

其中 $\theta = \omega L/R$，若正弦信号源的频率已知，即可方便地求出电路的初相角 θ。

为了验证式(9.9)的正确性，可以将其代入到式(9.8)中，看看对于 $t \geqslant 0$ 是否满足，在习题 9.10 中将此留做练习，让读者自己证明。

式(9.9)右边的第一个分量称为电流的暂态分量，因为随着时间的推移，它将趋于无穷小；第二个分量称为稳态分量，只要开关保持闭合状态且信号源为正弦电压，这个分量就一直存在，暂态分量响应和稳态分量响应合称为全响应。在这一章里，避开微分式的求解方法，直接讨论稳态响应的求解方法，将有助于求解暂态响应和全响应。

研究式(9.9)中的稳态分量，得到下面几条关于稳态响应的性质：

1. 稳态响应为一正弦函数。
2. 响应频率与信号源频率相同，这一性质适用于电路参数 R，L，C 均为常数的任一线性电路(如果响应频率与信号源频率不同，则电路中含有非线性元件)。
3. 稳态响应的最大值通常与信号源的幅值不同，以上面讨论的电路为例，响应的最大幅值为 $V_m/\sqrt{R^2 + \omega^2 L^2}$，而信号源的幅值为 V_m。
4. 稳态响应的相位角通常与信号源不同，以上面讨论的电路为例，电流的相位角为 $\phi - \theta$，而电压源的相位角是 ϕ。

记住这些性质，有利于理解 9.3 节中介绍的相量求解法。求电路的稳态响应实际上是求响应的幅值及相位角，因为响应的形状及其频率已知。

提示：试求解本章习题 9.9，来测试你对上述问题的理解程度。

9.3　相量

正弦函数的相量是含幅值和相位角的复数①。相量的概念可以追溯到欧拉定理，欧拉定理描述了指数函数与三角函数的关系

① 有关复数的内容，可参见附录 B。

$$e^{\pm j\theta} = \cos\theta \pm j\sin\theta \tag{9.10}$$

式(9.10)非常重要，它给出了正弦和余弦函数的另一种表示方法。将余弦函数作为指数函数的实数部分，将正弦函数作为指数函数的虚数部分，即

$$\cos\theta = \Re\{e^{j\theta}\} \tag{9.11}$$

和

$$\sin\theta = \Im\{e^{j\theta}\} \tag{9.12}$$

其中 $\Re$ 表示实数部分；$\Im$ 表示虚数部分。

在分析正弦稳态响应的过程中，采用余弦函数(参见 9.1 节)。利用式(9.11)，可以将式(9.1)中的正弦电压用式(9.11)表示为

$$v = V_m\cos(\omega t + \phi) = V_m\Re\{e^{j(\omega t+\phi)}\} = V_m\Re\{e^{j\omega t}e^{j\phi}\} \tag{9.13}$$

将 V_m 移到括号内部并且将两个指数函数的位置互换，结果保持不变，式(9.13)变形为

$$v = \Re\{V_m e^{j\phi}e^{j\omega t}\} \tag{9.14}$$

在式(9.14)中，可以注意到 $V_m e^{j\phi}$是一个包含给定正弦函数的幅值以及相位角的复数，称这个复数为给定正弦函数的相量，则

$$\boldsymbol{V} = V_m e^{j\phi} = \mathcal{P}\{V_m\cos(\omega t + \phi)\} \tag{9.15}$$

其中符号$\mathcal{P}\{V_m\cos(\omega t+\phi)\}$读为“$V_m\cos(\omega t+\phi)$的相量变换”，通过相量变换可以将时域上的正弦函数变换到复数域，有时也称为频率域，因为响应的大小依赖于 ω。同式(9.15)一样。

式(9.15)是相量的极坐标形式，也可以将相量表示成三角函数的形式，重写式(9.15)为

$$\boldsymbol{V} = V_m\cos\phi + jV_m\sin\phi \tag{9.16}$$

这两种表示方法在相量法中都非常有用。

关于式(9.15)还有一点需要说明的是，由于指数函数 $e^{j\phi}$经常出现，所以文献中常用一个简化的符号来表示

$$1\angle\phi^\circ \equiv 1e^{j\phi}$$

在后面的讨论中，将采用这一表示方法。

9.3.1 反相量变换

前面已经讨论了怎样将一个正弦函数变换为相量形式，有时还需要用到逆变换，也就是说需要用正弦函数来描述相量。例如 $\boldsymbol{V}=100\angle-26^\circ$，其正弦表达式为 $v=100\cos(\omega t-26^\circ)$。由于相量仅仅包含幅值和相位信息，所以不能从相量中推导出 ω 的值。由相量形式变换为时域表达式的形式称为反相量变换过程，用公式描述为

$$\mathcal{P}^{-1}\{V_m e^{j\phi}\} = \Re\{V_m e^{j\phi}e^{j\omega t}\} \tag{9.17}$$

其中符号$\mathcal{P}^{-1}\{V_m e^{j\phi}\}$读为“$V_m e^{j\phi}$的反相量变换”。式(9.17)表明要求反相量变换，需要用 $e^{j\omega t}$乘以相量并提取实数部分。

相量变换法在电路分析中非常有用，因为它将求取电路正弦稳态响应的幅值和相位角的过程简化为求代数学中复数的过程。下面几点能说明这一结论：

1. 暂态分量随时间的推移逐渐消失，因此稳态分量的解必须满足微分式[参见习题9.10(b)]。
2. 正弦信号源驱动的线性电路，其稳态响应仍然是一个与信号源同频率的正弦信号。

3. 由式(9.11)的表示方法可以假设稳态响应解的形式为 $\Re\{Ae^{j\beta}e^{j\omega t}\}$，其中 A 为响应的幅值，β 为响应的相位角。
4. 将假设的稳态响应代入到微分式中，可以消除指数分量 $e^{j\omega t}$，留下复数域下的 A 和 β。

图 9.5 所示电路可以说明以上几点。已知电流 i 的稳态响应解为

$$i_{ss}(t) = \Re\{I_m e^{j\beta} e^{j\omega t}\} \tag{9.18}$$

其中下角标“ss”表示解为稳态解。将式(9.18)代入式(9.8)中可得表达式

$$\Re\{j\omega L I_m e^{j\beta} e^{j\omega t}\} + \Re\{R I_m e^{j\beta} e^{j\omega t}\} = \Re\{V_m e^{j\phi} e^{j\omega t}\} \tag{9.19}$$

由式(9.19)的推导可知实数符号可以进行与常数的相乘或相除运算。利用式(9.11)重写式(9.8)的右边部分，由代数学中复数的理论可知实部的和等于和的实部，因此可以将式(9.19)整理为

$$\Re\{(j\omega L + R) I_m e^{j\beta} e^{j\omega t}\} = \Re\{V_m e^{j\phi} e^{j\omega t}\} \tag{9.20}$$

在求正弦稳态响应的过程中由于使用的是余弦函数，因此可得出的推导式(9.20)是用 $\Re$ 算子表示的。如果采用正弦函数来求正弦稳态响应，那就应该利用式(9.12)，而不是式(9.11)，得出的推导式如式(9.21)所示

$$\Im\{(j\omega L + R) I_m e^{j\beta} e^{j\omega t}\} = \Im\{V_m e^{j\phi} e^{j\omega t}\} \tag{9.21}$$

可以看出式(9.21)两边的复数与式(9.20)两边的复数完全相同。若复数的实部和虚部分别相等，则这两个实数也相等。因此，由式(9.20)和式(9.21)可知

$$(j\omega L + R) I_m e^{j\beta} = V_m e^{j\phi}$$

或者

$$I_m e^{j\beta} = \frac{V_m e^{j\phi}}{R + j\omega L} \tag{9.22}$$

$e^{j\omega t}$在求响应的幅值(I_m)和相位角(β)的过程中已被消去了。因此，对电路而言，求 I_m 和 β 的任务就转变为求复数 $V_m e^{j\phi}$和 $R + j\omega L$ 的代数问题了，前面已经讨论过极坐标和三角函数两种形式。

有一点需要注意：相量变换和反相量变换允许函数在时域和频域之间转换，因此对于电路的解，既可以表示为时域的形式，也可以表示为频域的形式。但是，既包含时域又包含频域的混合解是没有实际物理意义的。

相量法的另一个优点是它可以直接用来计算正弦函数的和。电路分析中经常需要计算电流和电压的和，从这一点上看，相量法的优越性是显而易见的。关于这一特性可以这样来描述：

如果

$$v = v_1 + v_2 + \cdots + v_n \tag{9.23}$$

其中等式右边所有的电压都是相同频率的正弦电压，则

$$\mathbf{V} = \mathbf{V}_1 + \mathbf{V}_2 + \cdots + \mathbf{V}_n \tag{9.24}$$

总相量是所有分量的相量之和。9.5 节中将讨论式(9.24)的推导。

在用相量法分析电路之前，先通过一个例子来说明相量法的优势，以读者熟悉的用三角定理求正弦函数和的问题为例。例 9.5 给出了利用相量法简化问题求解的过程。

例 9.5　用相量求解余弦函数之和

如果 $y_1 = 20\cos(\omega t - 30°)$，$y_2 = 40\cos(\omega t + 60°)$，求 $y = y_1 + y_2$ 的正弦函数表达式。

(a)利用三角定理求解。(b)利用相量法求解。

解：

(a)利用两角之和的余弦函数，将 y_1，y_2 展开为

$$y_1 = 20\cos\omega t\cos 30^\circ + 20\sin\omega t\sin 30^\circ$$
$$y_2 = 40\cos\omega t\cos 60^\circ - 40\sin\omega t\sin 60^\circ$$

y_1，y_2 相加，得

$$y = (20\cos 30 + 40\cos 60)\cos\omega t + (20\sin 30 - 40\sin 60)\sin\omega t$$
$$= 37.32\cos\omega t - 24.64\sin\omega t$$

将两个分量看成是直角三角形的两个直角边(参见图9.6)，将式的右边乘以和除以直角三角形的斜边，y 的表达式变为

$$y = 44.72\times\left(\frac{37.32}{44.72}\cos\omega t - \frac{24.64}{44.72}\sin\omega t\right)$$
$$= 44.72\times(\cos 33.43^\circ\cos\omega t - \sin 33.43^\circ\sin\omega t)$$

再次运用两角之和的余弦函数，可得

$$y = 44.72\cos(\omega t + 33.43^\circ)$$

(b)用如下所示的相量法求解，因为

$$y = y_1 + y_2$$

所以由式(9.24)得

$$\mathbf{Y} = \mathbf{Y}_1 + \mathbf{Y}_2$$
$$= 20\ \angle{-30^\circ} + 40\ \angle 60^\circ$$
$$= (17.32 - \mathrm{j}10) + (20 + \mathrm{j}34.64)$$
$$= 37.32 + \mathrm{j}24.64$$
$$= 44.72\ \angle 33.43^\circ$$

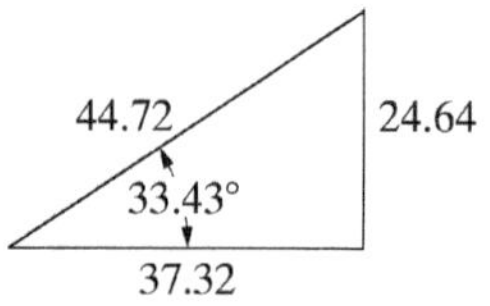

图9.6 求解 y 的直角三角形

只要知道了相量 $\mathbf{Y}$，就可以利用相量变换写出相应的三角函数表达式

$$y = \mathcal{P}^{-1}\{44.72\mathrm{e}^{\mathrm{j}33.43}\} = \Re\{44.72\mathrm{e}^{\mathrm{j}33.43}\mathrm{e}^{\mathrm{j}\omega t}\} = 44.72\cos(\omega t + 33.43^\circ)$$

由此可以看出相量法求解正弦函数和的优越性，其中需要掌握的是复数在极坐标和三角函数表示法之间的相互转换。

评测目标1　理解相量的概念，并且能够进行相量变换和反相量变换。

9.1　求下列三角函数的相量：

(a) $v = 170\cos(377t - 40^\circ)$ V

(b) $i = 10\sin(1000t + 20^\circ)$ A

(c) $i = [5\cos(\omega t + 36.87^\circ) + 10\cos(\omega t - 53.13^\circ)]$ A

(d) $v = [300\cos(20\ 000\pi t + 45^\circ) - 100\sin(20\ 000\pi t + 30^\circ)]$ mV

答：(a) $170\ \angle{-40^\circ}$ V; (b) $10\ \angle{-70^\circ}$ A; (c) $11.18\ \angle{-26.57^\circ}$ A; (d) $339.90\ \angle 61.51^\circ$ mV。

9.2　求下列相量的时域表达式：

(a) $\mathbf{V} = 18.6\ \angle{-54^\circ}$ V

(b) $\mathbf{I} = (20\ \angle 45^\circ - 50\ \angle{-30^\circ})$ mA

(c) $\mathbf{V} = (20 + \mathrm{j}80 - 30\ \angle 15^\circ)$ V

答：(a) $18.6\cos(\omega t - 54^\circ)$ V; (b) $48.81\cos(\omega t + 126.68^\circ)$ mA; (c) $72.79\cos(\omega t + 97.08^\circ)$ V。

提示： 试求本章习题9.11。

9.4　频域下的无源电路元件

在电路分析中，应用相量变换法需要两个步骤。首先，需要建立电流相量与无源电路元件两端的电压相量之间的关系式；其次，需要建立相量域下的基尔霍夫定律，这将在9.5节中讨

论。本节中，将建立电流相量与电阻、电容、电感两端的电压相量之间的关系式。从电阻开始，推导过程中采用常规的符号表示法。

9.4.1　电阻的伏安特性

由欧姆定律可知，当电阻上的电流随时间呈正弦变化时，即如果 $i = I_m \cos(\omega t + \theta_i)$，电阻两端的电压(如图 9.7 所示)为

$$v = R[I_m \cos(\omega t + \theta_i)] = RI_m[\cos(\omega t + \theta_i)] \tag{9.25}$$

其中 I_m 为电流的幅值，单位为 A，θ_i 为电流的相位角。

电压相量为

$$\boldsymbol{V} = RI_m e^{j\theta_i} = RI_m \underline{/\theta_i} \tag{9.26}$$

由于 $I_m \underline{/\theta_i}$ 是正弦电流相量，所以式(9.26)可写为

$$\boldsymbol{V} = R\boldsymbol{I} \tag{9.27}$$

即电阻两端的电压相量等于电阻乘以电流相量，图 9.8 为频域下电阻的电路图。

式(9.25)和式(9.27)都包含了一个重要的信息——电阻两端的电压和电流之间没有相位移动。图 9.9 描述了这一相位关系，其中电流和电压的初相角均为 60°。因为每条曲线都是在相同的时间达到它们的对应值，所以称信号是同相的(例如，在相同的时刻，信号都能达到负的最大值)。

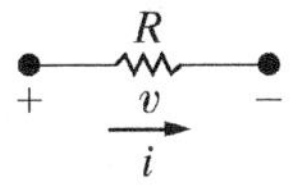

图 9.7　有正弦电流的电阻元件

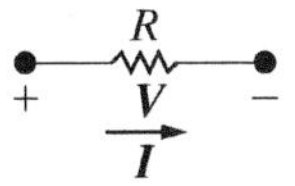

图 9.8　电阻的频域等效电路

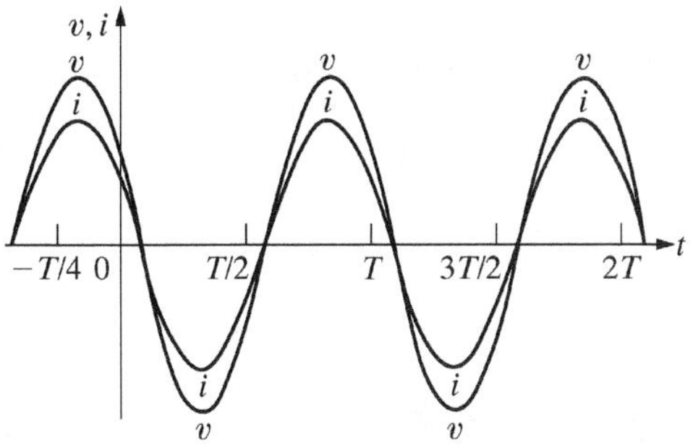

图 9.9　电阻两端的电压和电流同相

9.4.2　电感的伏安特性

下面来推导电感的电流相量与它两端的电压相量之间的关系式。在电感上加一正弦电流，产生的相应电压为 $L\mathrm{d}i/\mathrm{d}t$。因此，如果所加电流为 $i = I_m \cos(\omega t + \theta_i)$，则电压的表达式就为

$$v = L\frac{\mathrm{d}i}{\mathrm{d}t} = -\omega L I_m \sin(\omega t + \theta_i) \tag{9.28}$$

将式(9.28)变换为余弦函数的形式

$$v = -\omega L I_m \cos(\omega t + \theta_i - 90^\circ) \tag{9.29}$$

由式(9.29)可知电压相量为

$$\begin{aligned}\boldsymbol{V} &= -\omega L I_m e^{j(\theta_i - 90^\circ)} \\ &= -\omega L I_m e^{j\theta_i} e^{-j90^\circ} \\ &= j\omega L I_m e^{j\theta_i} \\ &= j\omega L \boldsymbol{I}\end{aligned} \tag{9.30}$$

注意在式(9.30)的推导过程中，采用了定理

$$e^{-j90^\circ} = \cos 90^\circ - j\sin 90^\circ = -j$$

式(9.30)表明电感两端的电压相量等于 $j\omega L$ 与电流相量之积。图 9.10 为频域下的电感等效电路，注意电感两端的电压相量与电流相量之间的关系同样适用于互感线圈。由于互感系数的存在，耦合线圈中有电流时，线圈上将产生互感电压，这个互感电压相量等于 $j\omega M$ 乘以耦合线圈中的电流相量。

将式(9.30)变换为

$$\mathbf{V} = (\omega L \angle 90^\circ) I_m \angle \theta_i = \omega L I_m \angle (\theta_i + 90)^\circ \tag{9.31}$$

可以看出电压与电流间的相位正好相差 90°。图 9.11 说明了电压超前电流或者说电流滞后电压的概念。例如，电压到达负的峰值刚好比电流到达负的峰值提前 90°。同样可以观察两波形幅值为 0 或者为正的峰值时的相位。

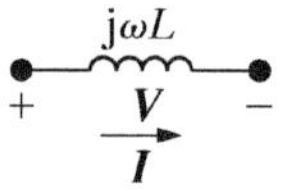

图 9.10 电感的频域等效电路

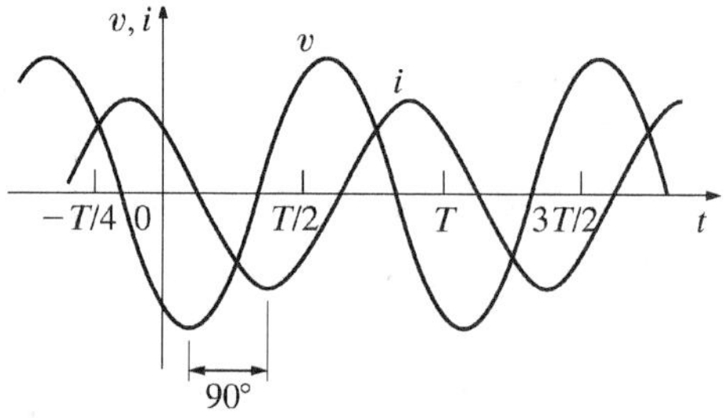

图 9.11 电感两端的电流和电压相位间的关系($\theta_i = 60^\circ$)

相移也可以用秒来表示。90° 的相移等于 1/4 周期，也就是说，电压超前电流 $T/4$，即 $1/(4f)$ 秒。

9.4.3 电容的伏安特性

模仿式(9.30)的推导过程，可以得到电容两端的电压相量与电流相量之间的关系式，注意到电容具有如下关系式：

$$i = C\frac{dv}{dt}$$

若

$$v = V_m \cos(\omega t + \theta_v)$$

则

$$\mathbf{I} = j\omega C \mathbf{V} \tag{9.32}$$

如果将电压表示为电流的函数，可得

$$\mathbf{V} = \frac{1}{j\omega C}\mathbf{I} \tag{9.33}$$

式(9.33)描述了图 9.12 所示频域下电容等效电路的伏安特性。

将式(9.33)适当地变换可以看出电容两端的电压滞后于电流 90°。

$$\mathbf{V} = \frac{1}{\omega C} \angle -90^\circ I_m \angle \theta_i^\circ = \frac{I_m}{\omega C} \angle (\theta_i - 90)^\circ \tag{9.34}$$

或者说电流超前电压 90°，图 9.13 说明了电容两端电压和电流间的相位关系。

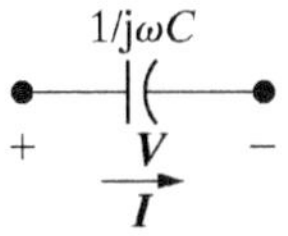

图 9.12　电容的频域等效电路

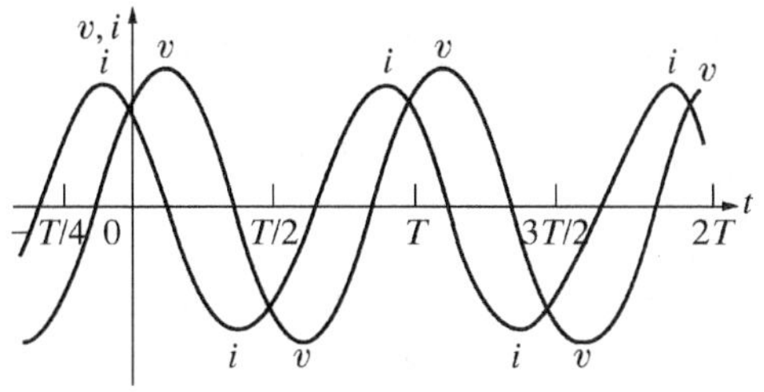

图 9.13　电容两端的电流和电压相位间的关系($\theta_i = 60°$)

9.4.4　阻抗和电抗

总结前面讨论的无源电路元件，比较式(9.27)，式(9.30)和式(9.33)，可以发现这些公式都有一个统一的形式

$$\boldsymbol{V} = Z\boldsymbol{I} \tag{9.35}$$

其中 Z 表示电路元件的阻抗。由式(9.35)可知，阻抗等于电路元件的电压相量与电流相量之比，因此电阻的阻抗为 R，电感的阻抗为 $j\omega L$，互感线圈的阻抗为 $j\omega M$，电容的阻抗为 $1/j\omega C$。无论哪种情况，阻抗的单位均为欧姆。虽然阻抗为复数，但它不是相量，相量是以 $e^{j\omega t}$ 为系数形式出现的复数。因此，虽然所有的相量都是复数，但并不是所有的复数都是相量。

频域下的阻抗类似于时域下的电阻、电容和电感，阻抗的虚部称为电抗，每一个无源元件的阻抗和电抗如表 9.1 所示。

表 9.1　阻抗和电抗

电路元件	阻抗	电抗
电阻	R	–
电感	$j\omega L$	ωL
电容	$j(-1/\omega C)$	$-1/\omega C$

需要注意的是，如果无源电路元件电流的参考方向是电压升的方向，那么电压和电流的关系式中就要加上负号。

评测目标 2　运用相量的概念，将正弦电路由时域变换为频域。

9.3　20 mH 电感上的电流为 $10\cos(10\,000t + 30°)$ mA 。计算：(a)电感的电抗；(b)电感的阻抗；(c)电压相量 $\boldsymbol{V}$；(d)$v(t)$的稳态表达式。

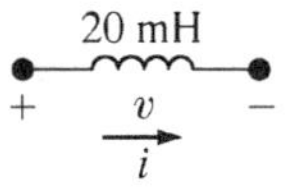

答： (a)200 Ω；(b)j200 Ω；(c)$2\,\underline{/120°}$ V；(d) $2\cos(10\,000t + 120°)$ V 。

9.4　5 μF 电容两端的电压为 $30\cos(4000t + 25°)$ V 。求(a)电容的电抗；(b)电容的阻抗；(c)电流相量 $\boldsymbol{I}$；(d)$i(t)$的稳态表达式。

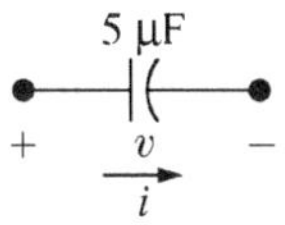

答： (a) −50 Ω；(b) −j50 Ω；(c)$0.6\,\underline{/115°}$ A；(d) 0°6 $\cos(4000t + 115°)$ A 。

提示： 试求本章习题 9.12 和习题 9.13。

9.5　频域下的基尔霍夫定律

参考 9.3 节推导的式(9.23)和式(9.24)，由于常常需要计算正弦函数之和，因此相量法在电路分析中很有用，例 9.5 证明了这一点。下面通过推导频域下的基尔霍夫定律来使之正规化。

9.5.1 频域下的基尔霍夫电压定律

假设 $v_1 \sim v_n$ 为一闭合回路上的电压，并且假设电路工作于正弦稳定状态，由基尔霍夫定律得

$$v_1 + v_2 + \cdots + v_n = 0 \tag{9.36}$$

在正弦稳态下可以写成复数形式

$$V_{m_1}\cos(\omega t + \theta_1) + V_{m_2}\cos(\omega t + \theta_2) + \cdots + V_{m_n}\cos(\omega t + \theta_n) = 0 \tag{9.37}$$

引入欧拉定理得

$$\Re\{V_{m_1}e^{j\theta_1}e^{j\omega t}\} + \Re\{V_{m_2}e^{j\theta_2}e^{j\omega t}\} + \cdots + \Re\{V_{m_n}e^{j\theta_n}e^{j\omega t}\} \tag{9.38}$$

整理得

$$\Re\{V_{m_1}e^{j\theta_1}e^{j\omega t} + V_{m_2}e^{j\theta_2}e^{j\omega t} + \cdots + V_{m_n}e^{j\theta_n}e^{j\omega t}\} = 0 \tag{9.39}$$

提取 $e^{j\omega t}$得

$$\Re\{(V_{m_1}e^{j\theta_1} + V_{m_2}e^{j\theta_2} + \cdots + V_{m_n}e^{j\theta_n})e^{j\omega t}\} = 0$$

或者

$$\Re\{(\mathbf{V}_1 + \mathbf{V}_2 + \cdots + \mathbf{V}_n)e^{j\omega t}\} = 0 \tag{9.40}$$

由于 $e^{j\omega t} \neq 0$，所以

$$\mathbf{V}_1 + \mathbf{V}_2 + \cdots + \mathbf{V}_n = 0 \tag{9.41}$$

这就是应用于电压相量的基尔霍夫电压定律。换句话说，式(9.36)适用于时域下的正弦电压，而式(9.41)是其频域下的等效公式。

9.5.2 频域下的基尔霍夫电流定律

对于正弦电流可以采用类似的推导方法，如果

$$i_1 + i_2 + \cdots + i_n = 0 \tag{9.42}$$

则

$$\mathbf{I}_1 + \mathbf{I}_2 + \cdots + \mathbf{I}_n = 0 \tag{9.43}$$

其中 $\mathbf{I}_1$，$\mathbf{I}_2$，…，$\mathbf{I}_n$ 为电流 i_1，i_2，…，i_n 的相量。

式(9.35)，式(9.41)和式(9.43)是频域下电路分析的基础。读者应当注意到式(9.35)与欧姆定律具有相同的形式，而式(9.41)和式(9.43)描述了基尔霍夫定律的相量形式，因此可以用分析电阻电路的各种方法求电流相量和电压相量，不需要新的分析方法。第2章至第4章中介绍的基本电路分析方法以及各种简化法都可以用来分析频域下的电路。电路的相量分析法包括两个基本任务：(1) 必须建立电路的频域模型；(2) 必须能够熟练地进行复数或者代数计算。在后面的讨论中，将给出相量分析的应用，首先从串联、并联和三角形–星形变换开始。

评测目标3 理解如何采用电路分析方法来解决频域下的电路问题。

9.5 一个节点有4条支路，支路电流(i_1，i_2，i_3，i_4)的参考方向为流入节点，求 i_4。假设：$i_1 = 100\cos(\omega t + 25°)$ A，$i_2 = 100\cos(\omega t + 145°)$ A，$i_3 = 100\cos(\omega t - 95°)$ A。

答： $i_4 = 0$。

提示： 试求本章习题9.15。

9.6　串联、并联和三角形-星形变换

串联阻抗或者并联阻抗的合并方法以及戴维南等效变换同电阻电路一样，唯一的区别在于阻抗合并时需要对复数进行熟练的代数运算。

9.6.1　并联阻抗和串联阻抗的合并

将各阻抗相加可以将串联阻抗等效为一个阻抗。电路如图 9.14 所示，a，b 两端点间的阻抗 Z_1，Z_2，…，Z_n 相互串联。阻抗串联时，它们具有相同的电流相量 $\boldsymbol{I}$，由式(9.35)可知，阻抗上的压降分别为 $Z_1\boldsymbol{I}$，$Z_2\boldsymbol{I}$，…，$Z_n\boldsymbol{I}$，根据基尔霍夫电压定律

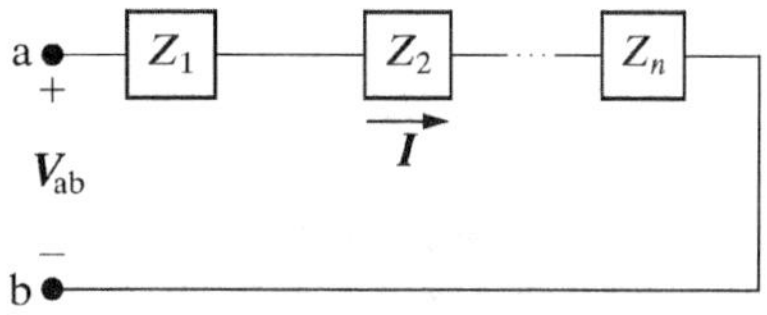

图 9.14　串联阻抗

$$\boldsymbol{V}_{ab} = Z_1\boldsymbol{I} + Z_2\boldsymbol{I} + \cdots + Z_n\boldsymbol{I} = (Z_1 + Z_2 + \cdots + Z_n)\boldsymbol{I} \tag{9.44}$$

a，b 两端点间的等效阻抗为

$$Z_{ab} = \frac{\boldsymbol{V}_{ab}}{\boldsymbol{I}} = Z_1 + Z_2 + \cdots + Z_n \tag{9.45}$$

例 9.6 给出了式(9.45)的具体应用。

例 9.6　求解串联阻抗之和

正弦电压源的两端串联有 90 Ω 的电阻、32 mH 的电感和一个 5 μF 的电容，电路如图 9.15 所示，电源电压 v_s 为 $750\cos(5000t + 30°)$ V。

(a) 求频域下的等效电路。(b) 用相量法求稳态电流 i。

解：

(a) 由 v_s 的表达式已知，$\omega = 5000$ rad/s，因此 32 mH 电感的阻抗为

$$Z_L = \mathrm{j}\omega L = \mathrm{j}(5000) \times (32 \times 10^{-3}) = \mathrm{j}160\ \Omega$$

电容阻抗为

$$Z_C = \mathrm{j}\frac{-1}{\omega C} = -\mathrm{j}\frac{10^6}{(5000) \times (5)} = -\mathrm{j}40\ \Omega$$

v_s 的相量为

$$\boldsymbol{V}_s = 750\ \angle 30°\ \mathrm{V}$$

图 9.16 为图 9.15 所示电路频域下的等效电路。

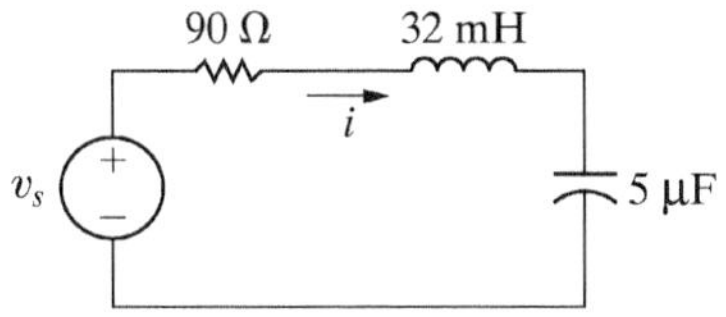

图 9.15　例 9.6 的电路图

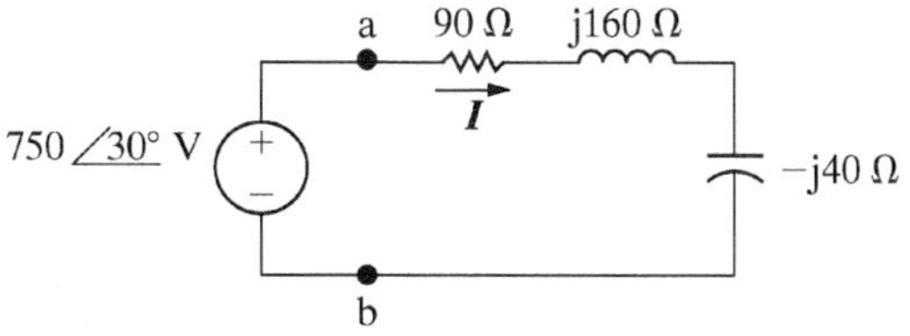

图 9.16　图 9.15 所示电路的频域等效电路

(b) 电流相量可以通过用电压源的电压除以 a，b 两端间的等效阻抗来求出。由式(9.45)得

$$Z_{ab} = 90 + \mathrm{j}160 - \mathrm{j}40 = 90 + \mathrm{j}120 = 150\ \angle 53.13°\ \Omega$$

所以

$$\boldsymbol{I} = \frac{750\ \angle 30°}{150\ \angle 53.13°} = 5\ \angle -23.13°\ \mathrm{A}$$

直接写出 i 的稳态表达式

$$i = 5\cos(5000t - 23.13°)\ \mathrm{A}$$

评测目标3 理解如何采用电路分析方法来解决频域下的电路问题。

9.6 如图 9.15 所示电路，$\mathbf{V}_S = 125\,\underline{/-60^\circ}$ V，$\omega = 5000$ rad/s，求：

(a)使稳态输出电流 i 的相位角为 $-105°$时的电容值。(b)稳态输出电流 i 的幅值。

答：(a)2.86 μF；(b)0.982 A。

提示：试求本章习题9.17。

并联阻抗可以通过下面的关系式等效为一个阻抗

$$\frac{1}{Z_{ab}} = \frac{1}{Z_1} + \frac{1}{Z_2} + \cdots + \frac{1}{Z_n} \tag{9.46}$$

图 9.17 为阻抗并联连接图，可以看出当阻抗并联时，各阻抗具有相同的端电压。由基尔霍夫电流定律和频域下的欧姆定律可以很容易地推导出式(9.46)，由图 9.17 得

$$\mathbf{I} = \mathbf{I}_1 + \mathbf{I}_2 + \cdots + \mathbf{I}_n$$

或者

$$\frac{\mathbf{V}}{Z_{ab}} = \frac{\mathbf{V}}{Z_1} + \frac{\mathbf{V}}{Z_2} + \cdots + \frac{\mathbf{V}}{Z_n} \tag{9.47}$$

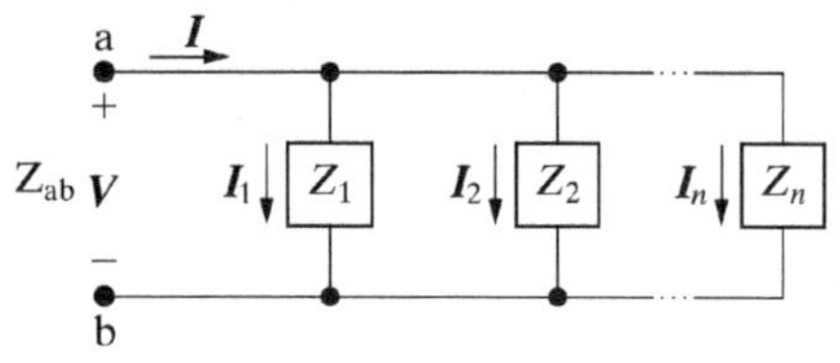

图 9.17 并联阻抗

消去式(9.47)中的电压，即可得到式(9.46)。

由式(9.46)可知对于两个阻抗并联的特殊情况

$$Z_{ab} = \frac{Z_1 Z_2}{Z_1 + Z_2} \tag{9.48}$$

式(9.46)也可以表示成导纳的形式，导纳定义为阻抗的倒数，记为 Y，因此有

$$Y = \frac{1}{Z} = G + \mathrm{j}B\,(\mathrm{S}) \tag{9.49}$$

当然，导纳也是一个复数。其中实部 G 称为电导，虚部 B 称为电纳。导纳、电导、电纳的单位均为西门子(S)。将式(9.49)代入到式(9.46)中可得

$$Y_{ab} = Y_1 + Y_2 + \cdots + Y_n \tag{9.50}$$

无源电路元件的导纳也是值得注意的，归纳如表 9.2 所示。

表 9.2 导纳和电纳

电路参数	导纳	电纳
电阻	G(电导)	–
电感	$\mathrm{j}(-1/\omega L)$	$-1/\omega L$
电容	$\mathrm{j}\omega C$	ωC

例 9.7 给出了式(9.49)和式(9.50)的具体应用。

例 9.7 串并联阻抗之和的求解

图 9.18 所示电路，正弦电流源 $i_s = 8\cos 200\,000t$ A。

(a)求频域下的等效电路。(b)求 i_1，i_2，i_3 和 v 的稳态表达式。

解：

(a)电流源相量为 $8\,\underline{/0^\circ}$，频域下电阻的阻抗为 10 Ω 和 6 Ω，在给定频率 200 000 rad/s 下 40 μH 电感的阻抗为 j8 Ω，1 μF 电容的阻抗为 −j5 Ω。图 9.19 为频域下的等效电路，图上标的电流表示未知量。

(b)如图 9.19 所示，只要求出 3 条并联支路的等效阻抗，就可以方便地求出电流源两端的电压了，一旦知道了电压 $\mathbf{V}$，由式(9.35)就可求出 3 个电流相量 $\mathbf{I}_1$，$\mathbf{I}_2$，$\mathbf{I}_3$。为了求出 3 条支路的等效阻抗，可以

将 3 条支路的导纳相加，求等效导纳，再求其等效阻抗。第一条支路的导纳为

$$Y_1 = \frac{1}{10} = 0.1\ \mathrm{S}$$

第二条支路的导纳为

$$Y_2 = \frac{1}{6 + \mathrm{j}8} = \frac{6 - \mathrm{j}8}{100} = 0.06 - \mathrm{j}0.08\ \mathrm{S}$$

第三条支路的导纳为

$$Y_3 = \frac{1}{-\mathrm{j}5} = \mathrm{j}0.2\ \mathrm{S}$$

三条支路的等效导纳为

$$Y = Y_1 + Y_2 + Y_3 = 0.16 + \mathrm{j}0.12 = 0.2\ \angle 36.87^\circ\ \mathrm{S}$$

电流源上的阻抗为

$$Z = \frac{1}{Y} = 5\ \angle -36.87^\circ\ \Omega$$

电压 $\boldsymbol{V}$ 为

$$\boldsymbol{V} = Z\boldsymbol{I} = 40\ \angle -36.87^\circ\ \mathrm{V}$$

因此

$$\boldsymbol{I}_1 = \frac{40\ \angle -36.87^\circ}{10} = 4\ \angle -36.87^\circ = 3.2 - \mathrm{j}2.4\ \mathrm{A}$$

$$\boldsymbol{I}_2 = \frac{40\ \angle -36.87^\circ}{6 + \mathrm{j}8} = 4\ \angle -90^\circ = -\mathrm{j}4\ \mathrm{A}$$

$$\boldsymbol{I}_3 = \frac{40\ \angle -36.87^\circ}{5\ \angle -90^\circ} = 8\ \angle 53.13^\circ = 4.8 + \mathrm{j}6.4\ \mathrm{A}$$

为了证明结果的正确性，进行下面的验证

$$\boldsymbol{I}_1 + \boldsymbol{I}_2 + \boldsymbol{I}_3 = \boldsymbol{I}$$

代入数值

$$3.2 - \mathrm{j}2.4 - \mathrm{j}4 + 4.8 + \mathrm{j}6.4 = 8 + \mathrm{j}0$$

稳态响应的时域表达式为

$$v = 40\cos(200\,000t - 36.87^\circ)\ \mathrm{V}$$

$$i_1 = 4\cos(200\,000t - 36.87^\circ)\ \mathrm{A}$$

$$i_2 = 4\cos(200\,000t - 90^\circ)\ \mathrm{A}$$

$$i_3 = 8\cos(200\,000t + 53.13^\circ)\ \mathrm{A}$$

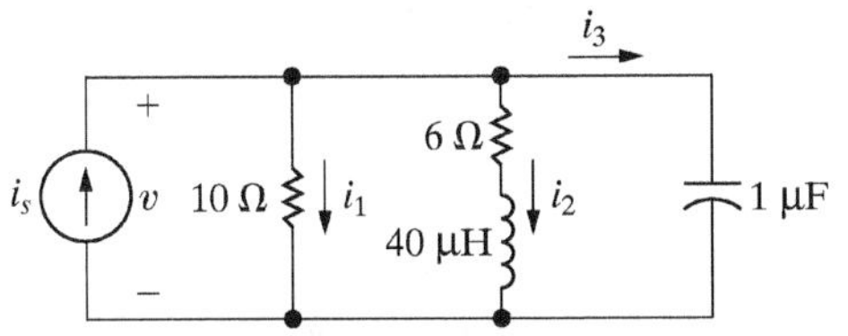

图 9.18　例 9.7 的电路图

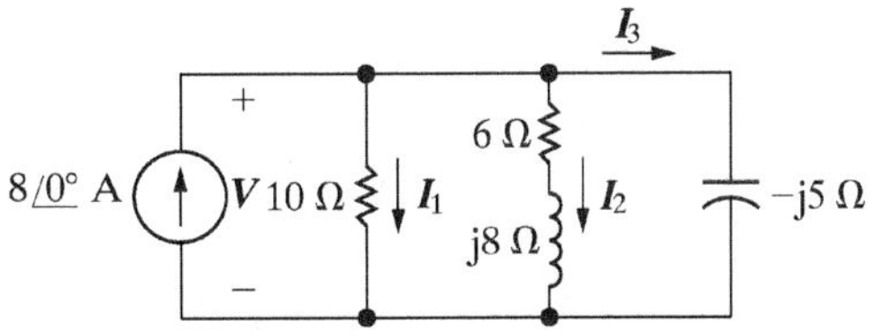

图 9.19　频域等效电路

评测目标 3　理解如何采用电路分析方法来解决频域下的电路问题。

9.7　20 Ω 的电阻与 5 mH 的电感并联，再与一个 5 Ω 的电阻和一个 25 μF 的电容串联。

(a) 如果频率是 2 krad/s，求电路的等效阻抗。

(b) 如果频率是 8 krad/s，求电路的等效阻抗。

(c) 在哪个频率点上，电路的阻抗为纯电阻性？

(d)在(c)所求出的频率处，电路的阻抗是多少？

答：(a) $9-j12\ \Omega$；(b) $21+j3\ \Omega$；(c) 4 krad/s；(d) $15\ \Omega$。

9.8 将评测目标练习9.7中的电路接到一个电压为 $v=150\cos 4000t$ V 的电压源两端。求5 mH电感上电流的最大值。

答：7.07 A。

提示：试求本章习题9.29，习题9.34和习题9.35。

9.6.2 三角形-星形变换

在3.7节中，讨论的电阻电路的Δ-Y变换仍然适用于阻抗电路。图9.20给出了一个三角形连接的阻抗电路及其星形等效电路。星形连接的阻抗用三角形连接的阻抗表示为

$$Z_1=\frac{Z_bZ_c}{Z_a+Z_b+Z_c} \tag{9.51}$$

$$Z_2=\frac{Z_cZ_a}{Z_a+Z_b+Z_c} \tag{9.52}$$

$$Z_3=\frac{Z_aZ_b}{Z_a+Z_b+Z_c} \tag{9.53}$$

上述变换也可以倒过来，也就是说，可以将星形电路替换为三角形电路。三角形连接的阻抗用星形连接阻抗表示为

$$Z_a=\frac{Z_1Z_2+Z_2Z_3+Z_3Z_1}{Z_1} \tag{9.54}$$

$$Z_b=\frac{Z_1Z_2+Z_2Z_3+Z_3Z_1}{Z_2} \tag{9.55}$$

$$Z_c=\frac{Z_1Z_2+Z_2Z_3+Z_3Z_1}{Z_3} \tag{9.56}$$

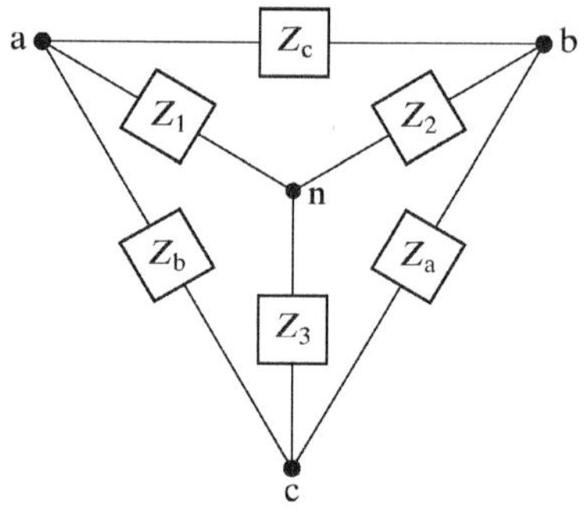

图9.20 三角形向星形变换

式(9.51)至式(9.53)及式(9.54)至式(9.56)的推导过程同纯电阻电路公式的推导过程一样。实际上，将式(3.44)至式(3.46)与式(9.51)至式(9.53)，式(3.47)至式(3.49)与式(9.54)至式(9.56)比较可以看出，它们的区别仅在于用字母 Z 代替了字母 R。回忆习题3.62，复习一下三角形向星形变换的推导过程。

例9.8说明了三角形向星形变换的过程，将有助于理解电路的相量分析法。

例9.8 频域下的三角形-星形变换

采用三角形到星形的阻抗变换求图9.21所示电路的 $\boldsymbol{I}_0$，$\boldsymbol{I}_1$，$\boldsymbol{I}_2$，$\boldsymbol{I}_3$，$\boldsymbol{I}_4$，$\boldsymbol{I}_5$，$\boldsymbol{V}_1$和 $\boldsymbol{V}_2$。

解：

首先应当注意到，该电路不能直接变换为串联或并联的形式。将三角形阻抗变换为星形阻抗，就可以不用节点电压法或网孔电流法求解每条支路的电流了。将上三角形(abc)或下三角形(bcd)替换为等效星形阻抗可得到串并联组合电路，并能继续简化。在决定替换哪一个三角形之前，需要注意三角形的阻抗之和，因为这个值是等效星形阻抗的分母，下三角形的阻抗和为 $30+j40$，选择将它从电路中替换掉。与端子b相连的星形阻抗为

$$Z_1=\frac{(20+j60)\times(10)}{30+j40}=12+j4\ \Omega$$

与端子 c 相连的星形阻抗为

$$Z_2 = \frac{10 \times (-\mathrm{j}20)}{30 + \mathrm{j}40} = -3.2 - \mathrm{j}2.4\ \Omega$$

与端子 d 相连的星形阻抗为

$$Z_3 = \frac{(20 + \mathrm{j}60) \times (-\mathrm{j}20)}{30 + \mathrm{j}40} = 8 - \mathrm{j}24\ \Omega$$

将星形等效阻抗代入电路，就得到图 9.22 所示的电路。继续对电路进行简化，abn 支路上的阻抗为

$$Z_{\mathrm{abn}} = 12 + \mathrm{j}4 - \mathrm{j}4 = 12\ \Omega$$

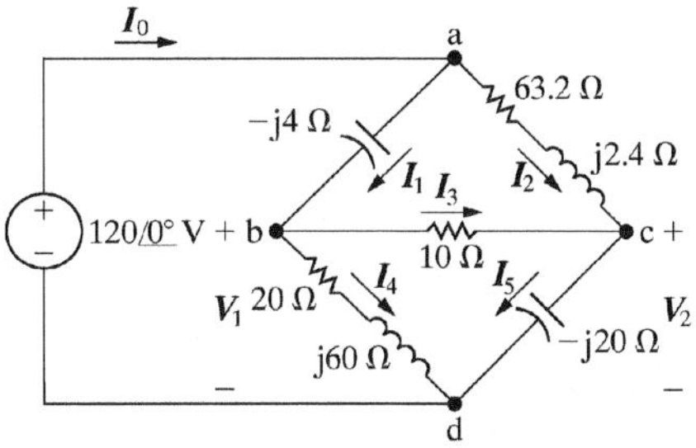

图 9.21　例 9.8 的电路图

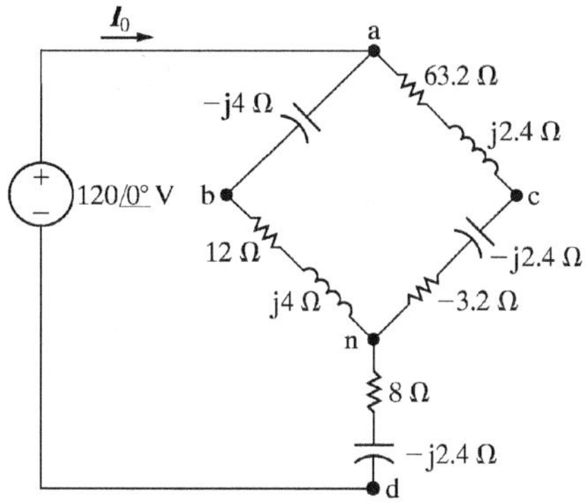

图 9.22　图 9.21 电路中的下三角形用等效星形电阻代替后的电路

acn 支路上的阻抗为

$$Z_{\mathrm{acn}} = 63.2 + \mathrm{j}2.4 - \mathrm{j}2.4 - 3.2 = 60\ \Omega$$

注意 abn 支路和 acn 支路并联等效为一个阻抗

$$Z_{\mathrm{an}} = \frac{(60) \times (12)}{72} = 10\ \Omega$$

将 10 Ω 电阻与 n，d 之间的阻抗合并，可将图 9.22 简化为图 9.23 所示的电路，由图 9.23 的电路得

$$\boldsymbol{I}_0 = \frac{120\ \angle 0^\circ}{18 - \mathrm{j}24} = 4\ \angle 53.13^\circ = 2.4 + \mathrm{j}3.2\ \mathrm{A}$$

一旦知道了 $\boldsymbol{I}_0$，就可以通过等效电路求原电路上的各支路电流了。

首先 $\boldsymbol{I}_0$ 是图 9.22 所示电路 nd 支路上的电流，因此

$$\boldsymbol{V}_{\mathrm{nd}} = (8 - \mathrm{j}24)\boldsymbol{I}_0 = 96 - \mathrm{j}32\ \mathrm{V}$$

求电压 $\boldsymbol{V}_{\mathrm{an}}$，因为

$$\boldsymbol{V} = \boldsymbol{V}_{\mathrm{an}} + \boldsymbol{V}_{\mathrm{nd}}$$

而 $\boldsymbol{V}$ 和 $\boldsymbol{V}_{\mathrm{nd}}$ 已知，所以

$$\boldsymbol{V}_{\mathrm{an}} = 120 - 96 + \mathrm{j}32 = 24 + \mathrm{j}32\ \mathrm{V}$$

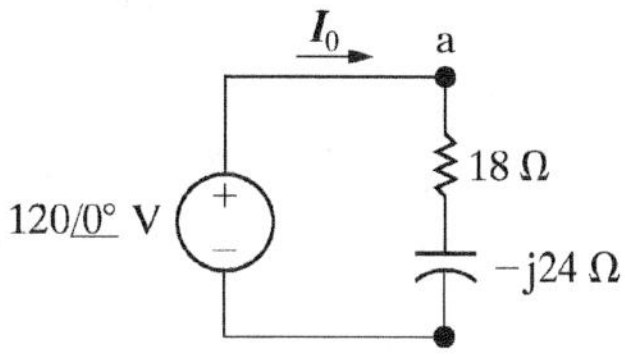

图 9.23　图 9.22 电路的简化形式

计算支路电流 $\boldsymbol{I}_{\mathrm{abn}}$ 和 $\boldsymbol{I}_{\mathrm{acn}}$

$$\boldsymbol{I}_{\mathrm{abn}} = \frac{24 + \mathrm{j}32}{12} = 2 + \mathrm{j}\frac{8}{3}\ \mathrm{A}$$

$$\boldsymbol{I}_{\mathrm{acn}} = \frac{24 + \mathrm{j}32}{60} = \frac{4}{10} + \mathrm{j}\frac{8}{15}\ \mathrm{A}$$

由图 9.21 所示参数可知

$$\boldsymbol{I}_1 = \boldsymbol{I}_{\mathrm{abn}} = 2 + \mathrm{j}\frac{8}{3}\ \mathrm{A}$$

$$\boldsymbol{I}_2 = \boldsymbol{I}_{\mathrm{acn}} = \frac{4}{10} + \mathrm{j}\frac{8}{15}\ \mathrm{A}$$

利用下式检查 $\boldsymbol{I}_1$ 和 $\boldsymbol{I}_2$ 的结果

$$\boldsymbol{I}_1+\boldsymbol{I}_2=2.4+\mathrm{j}3.2=\boldsymbol{I}_0$$

要求出支路电流 $\boldsymbol{I}_3$，$\boldsymbol{I}_4$ 和 $\boldsymbol{I}_5$，必须先计算电压 $\boldsymbol{V}_1$ 和 $\boldsymbol{V}_2$。由图 9.21 可知

$$\boldsymbol{V}_1=120\angle 0^\circ-(-\mathrm{j}4)\boldsymbol{I}_1=\frac{328}{3}+\mathrm{j}8\ \mathrm{V}$$

$$\boldsymbol{V}_2=120\angle 0^\circ-(63.2+\mathrm{j}2.4)\boldsymbol{I}_2=96-\mathrm{j}\frac{104}{3}\ \mathrm{V}$$

下面计算支路电流 $\boldsymbol{I}_3$，$\boldsymbol{I}_4$ 和 $\boldsymbol{I}_5$

$$\boldsymbol{I}_3=\frac{\boldsymbol{V}_1-\boldsymbol{V}_2}{10}=\frac{4}{3}+\mathrm{j}\frac{12.8}{3}\ \mathrm{A}$$

$$\boldsymbol{I}_4=\frac{\boldsymbol{V}_1}{20+\mathrm{j}60}=\frac{2}{3}-\mathrm{j}1.6\ \mathrm{A}$$

$$\boldsymbol{I}_5=\frac{\boldsymbol{V}_2}{-\mathrm{j}20}=\frac{26}{15}+\mathrm{j}4.8\ \mathrm{A}$$

通过下式验证结果

$$\boldsymbol{I}_4+\boldsymbol{I}_5=\frac{2}{3}+\frac{26}{15}-\mathrm{j}1.6+\mathrm{j}4.8=2.4+\mathrm{j}3.2=\boldsymbol{I}_0$$

$$\boldsymbol{I}_3+\boldsymbol{I}_4=\frac{4}{3}+\frac{2}{3}+\mathrm{j}\frac{12.8}{3}-\mathrm{j}1.6=2+\mathrm{j}\frac{8}{3}=\boldsymbol{I}_1$$

$$\boldsymbol{I}_3+\boldsymbol{I}_2=\frac{4}{3}+\frac{4}{10}+\mathrm{j}\frac{12.8}{3}+\mathrm{j}\frac{8}{15}=\frac{26}{15}+\mathrm{j}4.8=\boldsymbol{I}_5$$

评测目标 3　理解如何采用电路分析方法来解决频域下的电路问题。

9.9　利用 Δ-Y 变换求右图所示电路的电流 $\boldsymbol{I}$。

答： $\boldsymbol{I}=4\angle 28.07^\circ$ A。

提示： 试求本章习题 9.42。

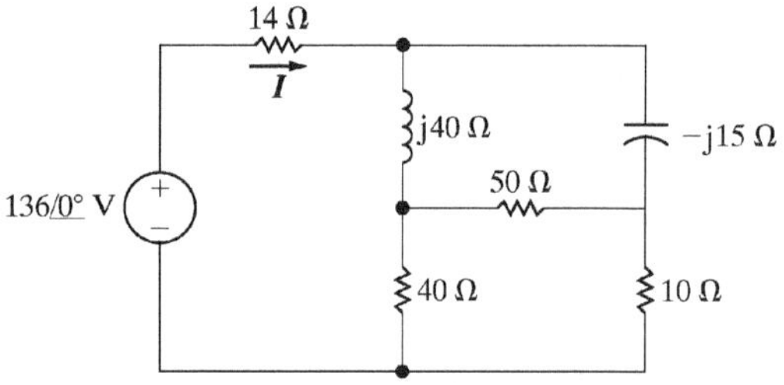

9.7　电源变换以及戴维南–诺顿等效电路

4.9 节介绍的电源变换以及 4.10 节中介绍的戴维南–诺顿等效电路的分析方法仍然适用于频域下的电路。采用与 4.9 节和 4.10 节相同的证明过程可以证明这些方法的适用性，唯一的区别在于用阻抗(Z)代替了电阻(R)。图 9.24 给出了频域参数电路的电源变换等效电路。

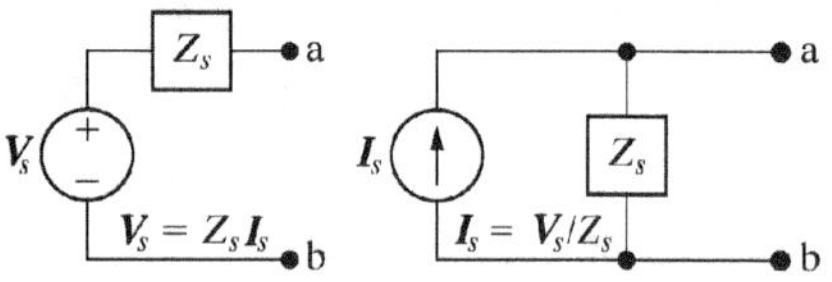

图 9.24　频域下的电源变换等效电路

图 9.25 是频域下的戴维南等效电路，图 9.26 是频域下的诺顿等效电路。求解戴维南等效电压和等效阻抗的方法与电阻电路的求解方法一样，区别在于频域下等效电路的求解需要对复数的熟练计算，诺顿等效电流和等效电阻的求解也是一样的。

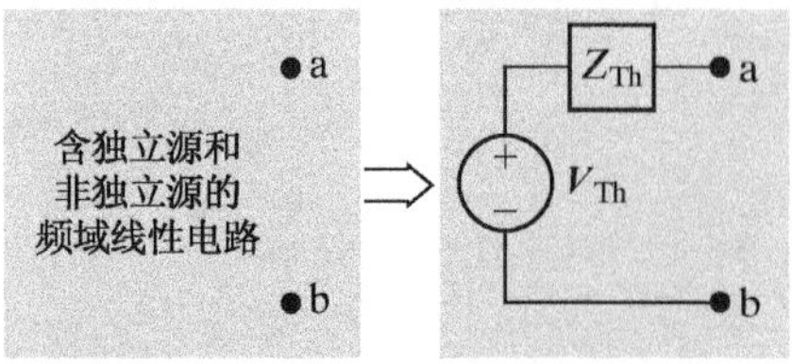

图 9.25　频域下的戴维南等效电路

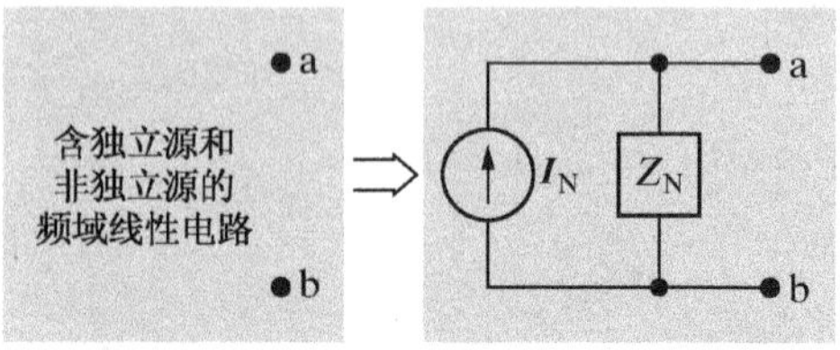

图 9.26　频域下的诺顿等效电路

例9.9说明了频域分析中电源变换等效电路的应用。例9.10说明了求解频域下戴维南等效电路的具体步骤。

例9.9 频域下的电源变换

利用电源变换的概念求图9.27所示电路的电压相量 V_0。

解:

将电压源 $40\underline{/0^\circ}$ 与阻抗 $1+\text{j}3\ \Omega$ 的串联电路用一个电流源与阻抗 $1+\text{j}3\ \Omega$ 的并联电路来代替，电流源为

$$I=\frac{40}{1+\text{j}3}=\frac{40}{10}\times(1-\text{j}3)=4-\text{j}12\ \text{A}$$

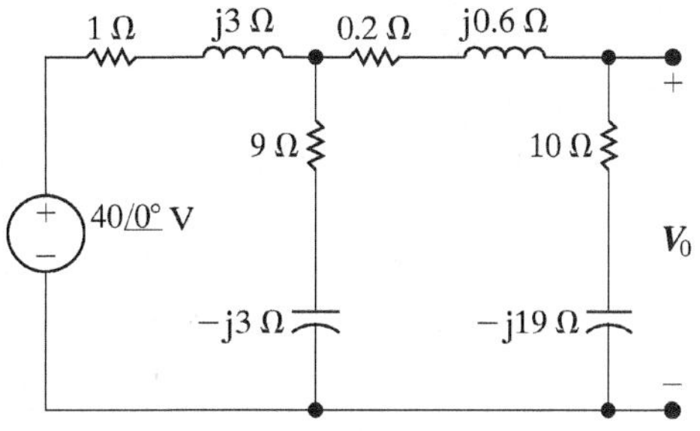

图9.27 例9.9的电路图

电路由图9.27变换为图9.28的形式，需要注意的是，40 V电压源的参考方向决定了电流源 I 的参考方向。将两条并联支路等效为一个阻抗

$$Z=\frac{(1+\text{j}3)\times(9-\text{j}3)}{10}=1.8+\text{j}2.4\ \Omega$$

该阻抗与 $4-\text{j}12$ A 的电流源并联。再次运用电源变换，将并联网络替换为电压源与阻抗 $1.8+\text{j}2.4\ \Omega$ 串联的电路，电压源的电压为

$$V=(4-\text{j}12)\times(1.8+\text{j}2.4)=36-\text{j}12\ \text{V}$$

电路变为图9.29所示电路的形式，同样需要注意电压源的极性。为了求解 V_0，在电路图上标出了电流 I_0。现在电路已化简为一个简单串联电路的形式，电压源的电压除以串联阻抗之和即得电流 I_0

$$I_0=\frac{36-\text{j}12}{12-\text{j}16}=\frac{12\times(3-\text{j}1)}{4\times(3-\text{j}4)}=\frac{39+\text{j}27}{25}=1.56+\text{j}1.08\ \text{A}$$

将 I_0 与阻抗 $10-\text{j}19$ 相乘即得电压 V_0

$$V_0=(1.56+\text{j}1.08)\times(10-\text{j}19)=36.12-\text{j}18.84\ \text{V}$$

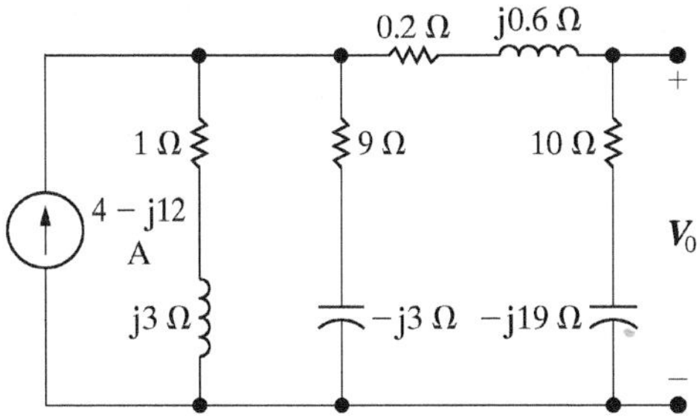

图9.28 图9.27电路化简的第一步

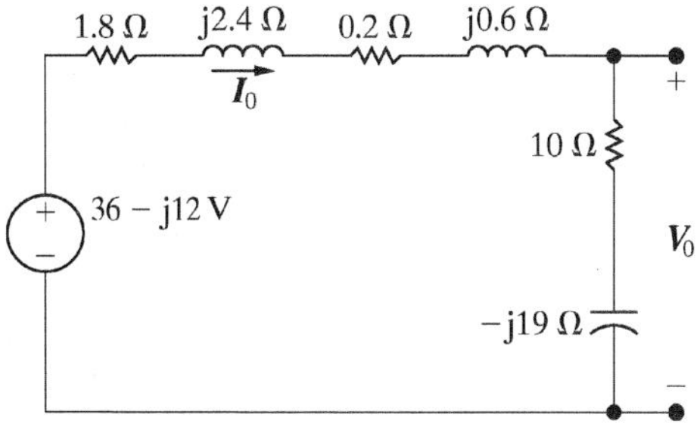

图9.29 图9.27电路化简的第二步

例9.10 求解频域下的戴维南等效电路

求图9.30所示电路a, b两端间的戴维南等效电路。

解:

首先求戴维南等效电压，即求a, b两点间的开路电压，选择a端为正，作为戴维南电压的参数方向。由120 V, 12 Ω和60 Ω的电路元件组成的电路，可以通过两次电源变换等效。在进行电源变换的同时，应特别注意，由于受控源的存在，控制电压 V_x 必须保留。

电源变换的第一步是将120 V的电压源与12 Ω电阻串联的网络用一个10 A的电流源和12 Ω电阻的并联来替换，第二步是将12 Ω和60 Ω电阻的并联等效为一个10 Ω电阻，最后，再将10 A电流源与10 Ω电阻的并联网络替换为100 V电压源与10 Ω电阻的串联，得到图9.31所示电路。

在图9.31上标出电流 I，通过电流 I，可以求出戴维南等效电压。由图9.31中闭合回路的电压代数和计算 I

$$100=10I-\text{j}40I+120I+10V_x=(130-\text{j}40)I+10V_x$$

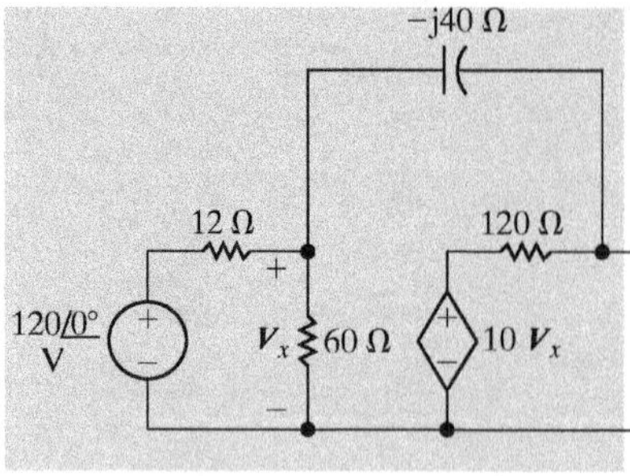

图 9.30 例 9.10 的电路图

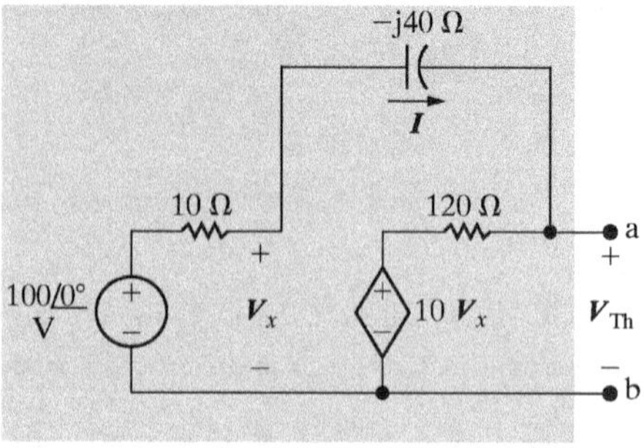

图 9.31 图 9.30 化简后的电路

图 9.31 中控制电压 $\boldsymbol{V}_x$ 与电流 $\boldsymbol{I}$ 具有如下关系式

$$\boldsymbol{V}_x = 100 - 10\boldsymbol{I}$$

因此，得到

$$\boldsymbol{I} = \frac{-900}{30 - \mathrm{j}40} = 18\ \angle -126.87^\circ\ \mathrm{A}$$

下面计算 $\boldsymbol{V}_x$

$$\boldsymbol{V}_x = 100 - 180\ \angle -126.87^\circ = 208 + \mathrm{j}144\ \mathrm{V}$$

最后得出

$$\begin{aligned} \boldsymbol{V}_{\mathrm{Th}} &= 10\boldsymbol{V}_x + 120\boldsymbol{I} \\ &= 2080 + \mathrm{j}1440 + 120 \times (18)\ \angle -126.87^\circ \\ &= 784 - \mathrm{j}288 = 835.22\ \angle -20.17^\circ\ \mathrm{V} \end{aligned}$$

下面求戴维南等效阻抗。前面介绍的求戴维南等效电阻的方法在这里仍然适用。本例中采用测试电源的方法，这种方法是将电路中所有的独立源去掉，再在其研究的两端点间加上测试电压源或测试电流源，这个电源两端的电压和电流的比值即为戴维南阻抗。图 9.32 是图 9.30 运用上述方法后得到的电路。这里采用的是测试电压源 $\boldsymbol{V}_T$，独立电压源短路，并且保留了受控电压 $\boldsymbol{V}_x$。

为了便于计算电流 $\boldsymbol{I}_T$，在图上标出了支路电流 $\boldsymbol{I}_a$ 和 $\boldsymbol{I}_b$。由基尔霍夫电流定律可得出以下关系式：

$$\boldsymbol{I}_a = \frac{\boldsymbol{V}_T}{10 - \mathrm{j}40}, \quad \boldsymbol{V}_x = 10\boldsymbol{I}_a$$

$$\boldsymbol{I}_b = \frac{\boldsymbol{V}_T - 10\boldsymbol{V}_x}{120} = \frac{-\boldsymbol{V}_T(9 + \mathrm{j}4)}{120(1 - \mathrm{j}4)}$$

$$\boldsymbol{I}_T = \boldsymbol{I}_a + \boldsymbol{I}_b = \frac{\boldsymbol{V}_T}{10 - \mathrm{j}40} \times \left(1 - \frac{9 + \mathrm{j}4}{12}\right) = \frac{\boldsymbol{V}_T(3 - \mathrm{j}4)}{12 \times (10 - \mathrm{j}40)}$$

$$Z_{\mathrm{Th}} = \frac{\boldsymbol{V}_T}{\boldsymbol{I}_T} = 91.2 - \mathrm{j}38.4\ \Omega$$

图 9.33 即为戴维南等效电路。

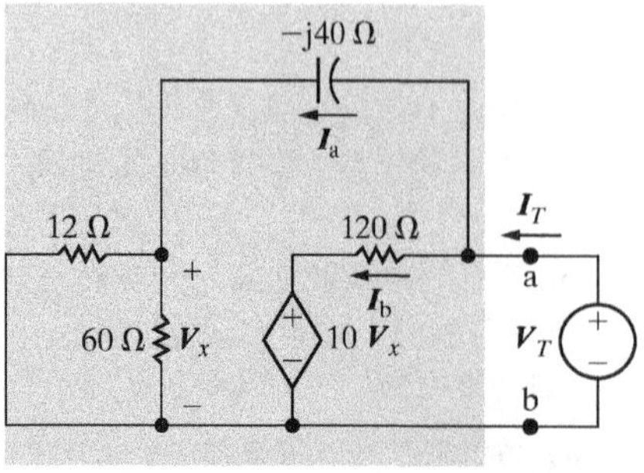

图 9.32 求戴维南等效阻抗的电路

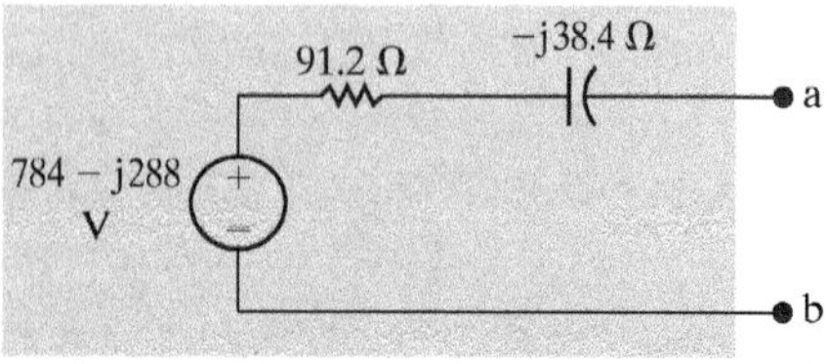

图 9.33 图 9.30 的戴维南等效电路

评测目标 3　理解如何采用电路分析方法来解决频域下的电路问题。

9.10　利用电源变换法求解右图所示电路 $v_o(t)$ 的稳态表达式。其中两个正弦电压源分别为

$v_1 = 240\cos(4000t + 53.13°)$ V

$v_2 = 96\sin 4000t$ V

答： $48\cos(4000t + 36.87°)$ V 。

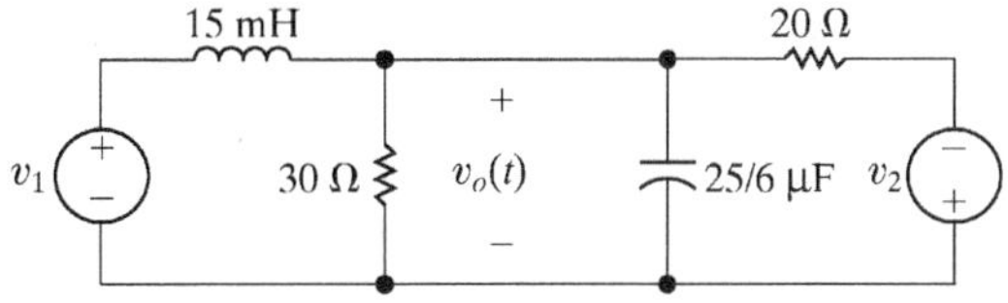

9.11　求右图所示 a，b 两点间的戴维南等效电路。

答： $\boldsymbol{V}_{Th} = \boldsymbol{V}_{ab} = 10\angle 45°$ V；$Z_{Th} = 5 - j5$ Ω。

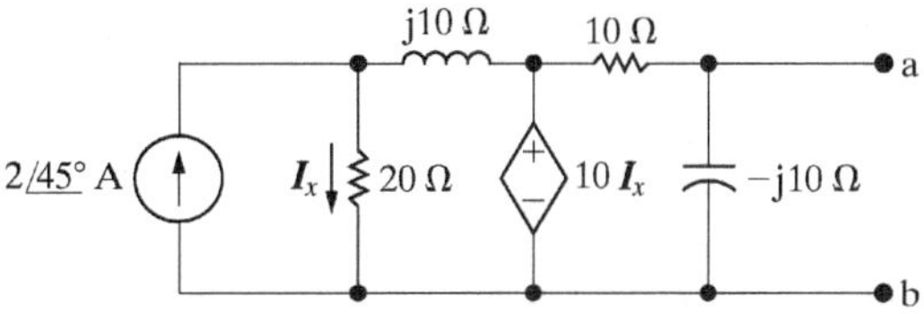

提示： 试求本章习题 9.44，习题 9.45 和习题 9.48。

9.8　节点电压法

在 4.2 节至 4.4 节中，已经介绍了节点电压法的基本概念，对于频域下的节点电压分析，这些概念同样适用。例 9.11 给出了用节点电压分析电路的方法。评测目标练习 9.12 和其他章节里的许多习题都可以运用节点电压法求电路的正弦稳态响应。

例 9.11　频域下的节点电压法

用节点电压法求图 9.34 所示电路的支路电流 $\boldsymbol{I}_a$，$\boldsymbol{I}_b$ 和 $\boldsymbol{I}_c$。

解：

电路包含 3 个独立节点，所以可用两个节点电压来描述电路。选下端节点为参考节点，另外两个独立节点记为节点 1 和节点 2，相应节点电压为 $\boldsymbol{V}_1$ 和 $\boldsymbol{V}_2$，如图 9.35 所示。

流出节点 1 的电流式为

$$-10.6 + \frac{\boldsymbol{V}_1}{10} + \frac{\boldsymbol{V}_1 - \boldsymbol{V}_2}{1 + j2} = 0$$

乘以 1 + j2 ，并且整理得

$$\boldsymbol{V}_1(1.1 + j0.2) - \boldsymbol{V}_2 = 10.6 + j21.2$$

流出节点 2 的电流式为

$$\frac{\boldsymbol{V}_2 - \boldsymbol{V}_1}{1 + j2} + \frac{\boldsymbol{V}_2}{-j5} + \frac{\boldsymbol{V}_2 - 20\boldsymbol{I}_x}{5} = 0$$

控制电流 $\boldsymbol{I}_x$ 为

$$\boldsymbol{I}_x = \frac{\boldsymbol{V}_1 - \boldsymbol{V}_2}{1 + j2}$$

将 $\boldsymbol{I}_x$ 代入到节点 2 的式中，式两边乘以 1 + j2，并且整理得

$$-5\boldsymbol{V}_1 + (4.8 + j0.6)\boldsymbol{V}_2 = 0$$

$\boldsymbol{V}_1$ 和 $\boldsymbol{V}_2$ 的解为

$$\boldsymbol{V}_1 = 68.40 - j16.80 \text{ V}$$

$$\boldsymbol{V}_2 = 68 - j26 \text{ V}$$

则支路电流为

$$\boldsymbol{I}_a = \frac{\boldsymbol{V}_1}{10} = 6.84 - j1.68 \text{ A}$$

$$\boldsymbol{I}_x = \frac{\boldsymbol{V}_1 - \boldsymbol{V}_2}{1 + j2} = 3.76 + j1.68 \text{ A}$$

$$\boldsymbol{I}_b = \frac{\boldsymbol{V}_2 - 20\boldsymbol{I}_x}{5} = -1.44 - j11.92 \text{ A}$$

$$\boldsymbol{I}_c = \frac{\boldsymbol{V}_2}{-j5} = 5.2 + j13.6 \text{ A}$$

检验结果的正确性

$$I_a + I_x = 6.84 - j1.68 + 3.76 + j1.68 = 10.6\ \text{A}$$
$$I_x = I_b + I_c = -1.44 - j11.92 + 5.2 + j13.6 = 3.76 + j1.68\ \text{A}$$

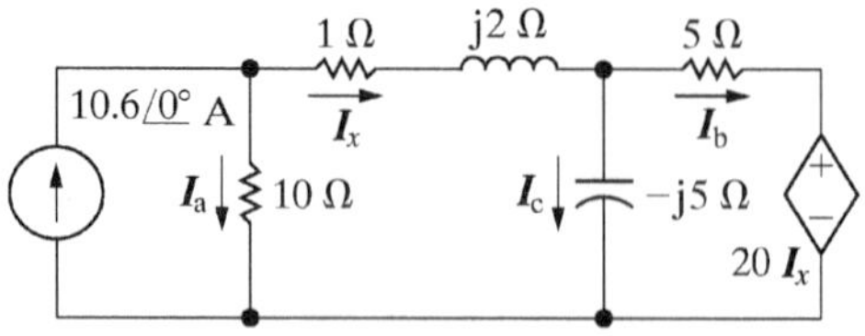

图 9.34　例 9.11 的电路图

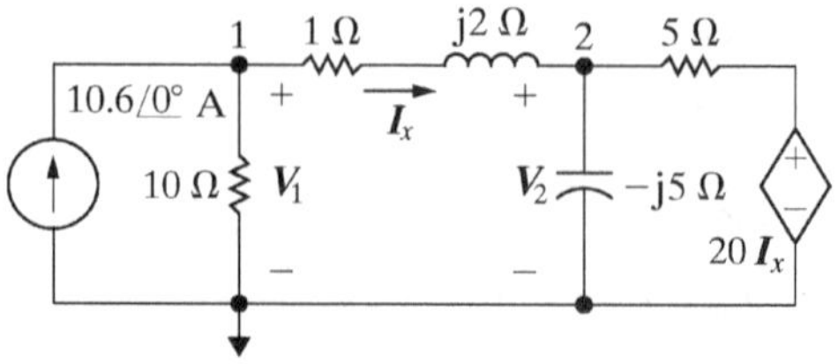

图 9.35　定义了节点电压的图 9.34 的电路

评测目标 3　理解如何采用电路分析方法来解决频域下的电路问题。

9.12　用节点电压法求右图所示电路的 $v(t)$ 表达式。正弦电源分别为 $i_s = 10\cos\omega t$ A，$v_s = 100\sin\omega t$ V，其中 $\omega = 50$ krad/s 。

答： $v(t) = 31.62\cos(50\,000t - 71.57°)$ V 。

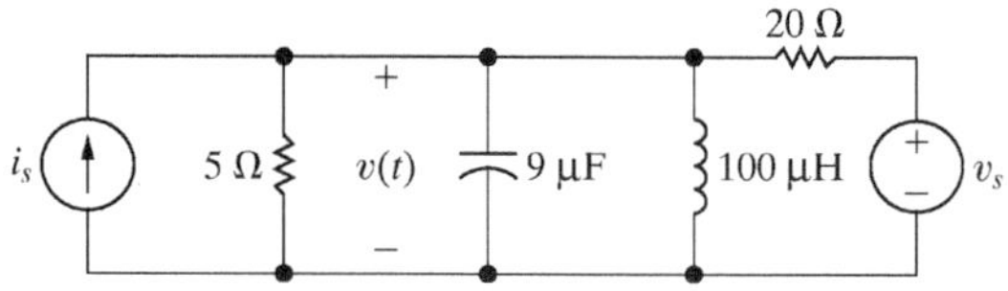

提示： 试求本章习题 9.54 和习题 9.58。

9.9　网孔电流法

可以用网孔电流法来分析频域下的电路，分析过程同电阻电路的分析完全一样。在 4.5 节至 4.7 节中，已经介绍了网孔电流法的基本技巧，下面通过例 9.12 说明这种方法在频域电路分析中的运用。

例 9.12　频域下的网孔电流分析法

用网孔电流法求图 9.36 所示电路的电压 V_1，V_2和 V_3。

解：

由于电路有两个网孔和一个受控电压源，所以需要列出两个网孔式和一个约束式。设网孔电流 I_1和 I_2的方向为顺时针方向，如图 9.37 所示。一旦有了 I_1 和 I_2，就可以方便地求出未知电压了。网孔 1 的电压式为

$$150 = (1 + j2)I_1 + (12 - j16)(I_1 - I_2)$$

或者

$$150 = (13 - j14)I_1 - (12 - j16)I_2$$

网孔 2 的电压式为

$$0 = (12 - j16)(I_2 - I_1) + (1 + j3)I_2 + 39I_x$$

由图 9.37 可以看出控制电流 I_x 为 I_1 和 I_2 的差，因此，控制式为

$$I_x = I_1 - I_2$$

将控制式代入到网孔 2 的式中并且整理得

$$0 = (27 + j16)I_1 - (26 + j13)I_2$$

解 I_1 和 I_2 得

$$I_1 = -26 - j52\ \text{A}$$
$$I_2 = -24 - j58\ \text{A}$$
$$I_x = -2 + j6\ \text{A}$$

3 个电压分别为

$$V_1 = (1 + j2)I_1 = 78 - j104\ \text{V}$$

$$V_2 = (12 - j16)I_x = 72 + j104\ \text{V}$$

$$V_3 = (1 + j3)I_2 = 150 - j130\ \text{V}$$

$$39I_x = -78 + j234\ \text{V}$$

求闭合回路电压的代数和，验证结果的正确性

$$-150 + V_1 + V_2 = -150 + 78 - j104 + 72 + j104 = 0$$

$$-V_2 + V_3 + 39I_x = -72 - j104 + 150 - j130 - 78 + j234 = 0$$

$$-150 + V_1 + V_3 + 39I_x = -150 + 78 - j104 + 150 - j130 - 78 + j234 = 0$$

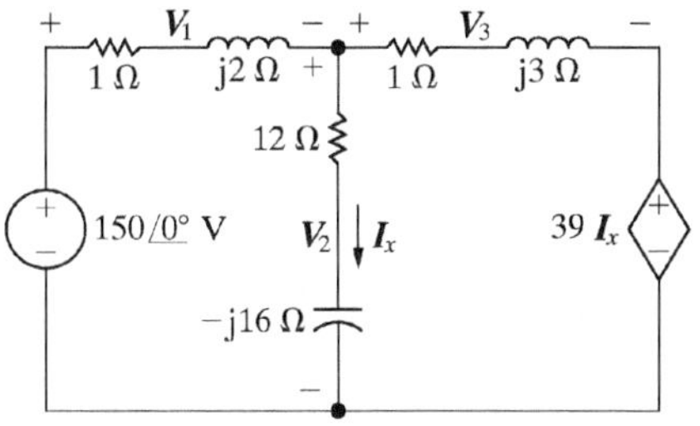

图 9.36　例 9.12 的电路图

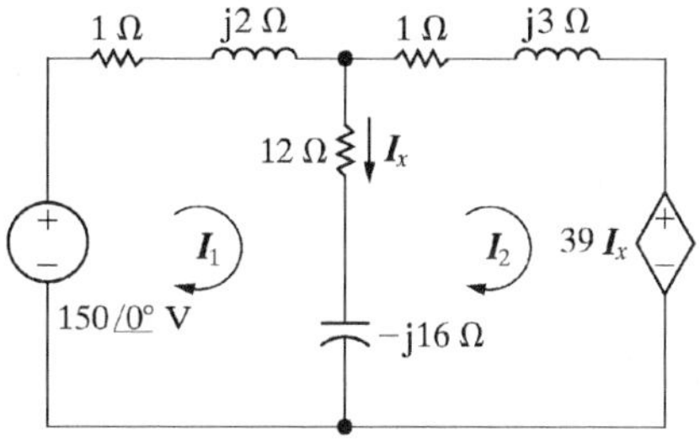

图 9.37　图 9.36 电路的网孔电流

评测目标 3　理解如何采用电路分析方法来解决频域下的电路问题。

9.13　用网孔电流法求右图所示电路的电流相量 I。

答： $I = 29 + j2 = 29.07\,\underline{/3.95°}$ A。

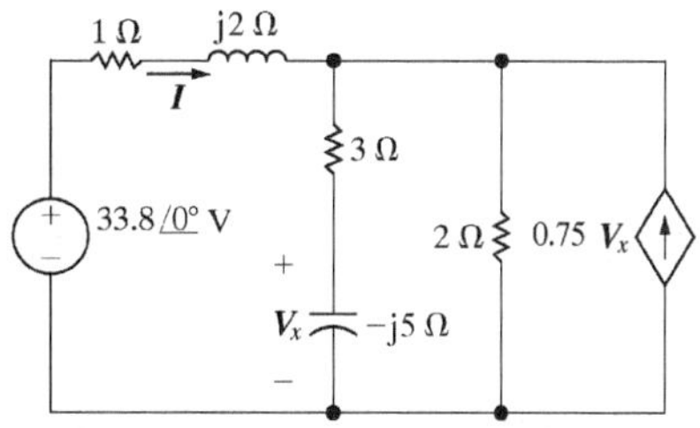

提示： 试求本章习题 9.60 和习题 9.64。

9.10　变压器

变压器是一个基于磁耦合的电路，主要应用于通信和电力电路中。在通信电路中，变压器用来进行阻抗匹配以及隔离系统中的直流信号；在电力系统中，变压器用来变换交流电压以利于电力信号的传输、分配及使用。对通信系统和电力系统的分析都需要了解变压器的正弦稳态行为特性。这一节将讨论线性变压器的正弦稳态行为特性，线性变压器主要用于通信电路。在 9.11 节将研究理想变压器的特性，理想变压器常用来模拟电力系统中的铁磁变压器。

在分析之前，先进行一个有用的观察。如果所分析的电路中含有互感线圈，则应该采用网孔法或回路电流法列写电路式，而节点电压法会显得有些复杂，这是因为在不同线圈上的电流不能写成节点电压的函数。

9.10.1　线性变压器电路分析

在磁心上绕两个线圈，确保磁耦合，就构成了一个简单的变压器。图 9.38 为一系统的频域电路模型，这个系统通过变压器将负载连到电源上。将与电源相连的线圈称为初级线圈，与负载相连的线圈称为次级线圈，基于这个称呼，变压器的参数为：

R_1——初级线圈的电阻；R_2——次级线圈的电阻；L_1——初级线圈上的自感；L_2——次级线圈上的自感；M——互感。

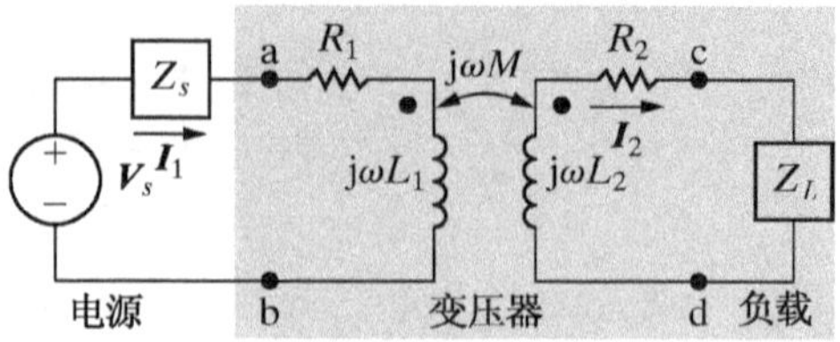

图 9.38 连接电源与负载的变压器频域电路模型

正弦电压源的内部电压为 $\boldsymbol{V}_s$，内部电阻为 Z_s，与次级线圈相连的负载阻抗为 Z_L，变压器初级线圈和次级线圈的电流相量分别为 $\boldsymbol{I}_1$ 和 $\boldsymbol{I}_2$。

对图 9.38 的电路进行分析，包括求取 $\boldsymbol{I}_1$，$\boldsymbol{I}_2$ 在电路参数 $\boldsymbol{V}_s$，Z_s，R_1，L_1，L_2，R_2，M，Z_L 和 ω 下的表达式，以及从 a，b 两端点看进去的变压器阻抗。为了求得 $\boldsymbol{I}_1$ 和 $\boldsymbol{I}_2$，先写出电路的网孔式

$$\boldsymbol{V}_s = (Z_s + R_1 + \mathrm{j}\omega L_1)\boldsymbol{I}_1 - \mathrm{j}\omega M\boldsymbol{I}_2 \tag{9.57}$$

$$0 = -\mathrm{j}\omega M\boldsymbol{I}_1 + (R_2 + \mathrm{j}\omega L_2 + Z_L)\boldsymbol{I}_2 \tag{9.58}$$

为了便于式(9.57)和式(9.58)的代数运算，令

$$Z_{11} = Z_s + R_1 + \mathrm{j}\omega L_1 \tag{9.59}$$

$$Z_{22} = R_2 + \mathrm{j}\omega L_2 + Z_L \tag{9.60}$$

其中 Z_{11} 为变压器初级线圈网孔的自阻抗，Z_{22} 是变压器次级线圈网孔的自阻抗。将式(9.59)，式(9.60)代入到式(9.57)和式(9.58)中，得 $\boldsymbol{I}_1$ 和 $\boldsymbol{I}_2$ 的解为

$$\boldsymbol{I}_1 = \frac{Z_{22}}{Z_{11}Z_{22} + \omega^2 M^2}\boldsymbol{V}_s \tag{9.61}$$

$$\boldsymbol{I}_2 = \frac{\mathrm{j}\omega M}{Z_{11}Z_{22} + \omega^2 M^2}\boldsymbol{V}_s = \frac{\mathrm{j}\omega M}{Z_{22}}\boldsymbol{I}_1 \tag{9.62}$$

对于电源内部电压 $\boldsymbol{V}_s$，阻抗为 $\boldsymbol{V}_s/\boldsymbol{I}_1$，即

$$\frac{\boldsymbol{V}_s}{\boldsymbol{I}_1} = Z_{\text{int}} = \frac{Z_{11}Z_{22} + \omega^2 M^2}{Z_{22}} = Z_{11} + \frac{\omega^2 M^2}{Z_{22}} \tag{9.63}$$

电源两端的阻抗则为 $Z_{\text{int}} - Z_s$，即

$$Z_{\text{ab}} = Z_{11} + \frac{\omega^2 M^2}{Z_{22}} - Z_s = R_1 + \mathrm{j}\omega L_1 + \frac{\omega^2 M^2}{(R_2 + \mathrm{j}\omega L_2 + Z_L)} \tag{9.64}$$

由于式(9.64)中的互感是以平方量的形式出现的，所以阻抗 Z_{ab} 与变压器的磁极性无关。之所以关心这个阻抗，是为了说明从电源两端看进去，变压器是如何影响负载阻抗的。没有变压器，负载就直接加到电源上，对电源来说，负载阻抗为 Z_L，加上变压器后，对电源而言，负载阻抗将变为式(9.64)所示的结果。

9.10.2 反射阻抗

式(9.64)的第三部分称为反射阻抗(Z_r)，因为它是次级线圈和负载阻抗传递(或者说是反射)到变压器初级电路上的等效阻抗。注意，只有互感存在时才有反射阻抗，也就是说，如果两个线圈间没有耦合，$M=0$，Z_r 将为 0，Z_{ab} 即为初级线圈的自阻抗。

为了更详细地研究反射阻抗，用直角坐标形式表示负载阻抗

$$Z_L = R_L + \mathrm{j}X_L \tag{9.65}$$

其中负载电抗 X_L 有自己的代数符号，换句话说，如果负载是感性的，则 X_L 为正数，如果负载是容性的，则 X_L 为负数。利用式(9.65)将反射阻抗表示成直角坐标形式

$$Z_r = \frac{\omega^2 M^2}{R_2 + R_L + \mathrm{j}(\omega L_2 + X_L)} = \frac{\omega^2 M^2[(R_2 + R_L) - \mathrm{j}(\omega L_2 + X_L)]}{(R_2 + R_L)^2 + (\omega L_2 + X_L)^2} = \frac{\omega^2 M^2}{|Z_{22}|^2}[(R_2 + R_L) - \mathrm{j}(\omega L_2 + X_L)] \tag{9.66}$$

式(9.66)的导出基于以下条件：若将 Z_L 表示成直角坐标形式，则次级线圈网孔的自阻抗为

$$Z_{22} = R_2 + R_L + \mathrm{j}(\omega L_2 + X_L) \tag{9.67}$$

观察式(9.66)可以看出次级线圈电路的自阻抗以水平因子$(\omega M / |Z_{22}|)^2$映射到初级线圈电路上，并且电抗分量$(\omega L_2 + X_L)$的符号取反。因此线性变压器可以将次级电路的自阻抗的共轭复数(Z_{22}^*)以一定的倍数关系映射到初级电路上。例 9.13 给出了一个线性变压器电路的网孔电流分析法。

例 9.13　频域下线性变压器的分析

某一线性变压器的参数如下：$R_1 = 200\ \Omega$，$R_2 = 100\ \Omega$，$L_1 = 9\ \mathrm{H}$，$L_2 = 4\ \mathrm{H}$，$k = 0.5$，变压器将 800 Ω 的电阻和 1 μF 的电容以串联的形式耦合到正弦电压源上。电压源的均方根为 300 V，内部阻抗为 500 + j100 Ω，频率为 400 rad/s。(a) 求系统的频域等效电路。(b) 求初级电路的自阻抗。(c) 求次级电路的自阻抗。(d) 求映射到初级电路的反射阻抗。(e) 求反射阻抗的水平因子。(f) 求从变压器初级线圈看过去的等效阻抗。(g) 求 c，d 两端的戴维南等效电路。

解：

(a) 图 9.39 为频域等效电路，其中以电源的内部电压作为参考电压，V_1和 V_2 表示变压器的端电压。在建立图 9.39 所示电路时，进行如下计算：

$$\mathrm{j}\omega L_1 = \mathrm{j}(400) \times (9) = \mathrm{j}3600\ \Omega$$

$$\mathrm{j}\omega L_2 = \mathrm{j}(400) \times (4) = \mathrm{j}1600\ \Omega$$

$$M = 0.5\sqrt{(9) \times (4)} = 3\ \mathrm{H}$$

$$\mathrm{j}\omega M = \mathrm{j}(400) \times (3) = \mathrm{j}1200\ \Omega$$

$$\frac{1}{\mathrm{j}\omega C} = \frac{10^6}{\mathrm{j}400} = -\mathrm{j}2500\ \Omega$$

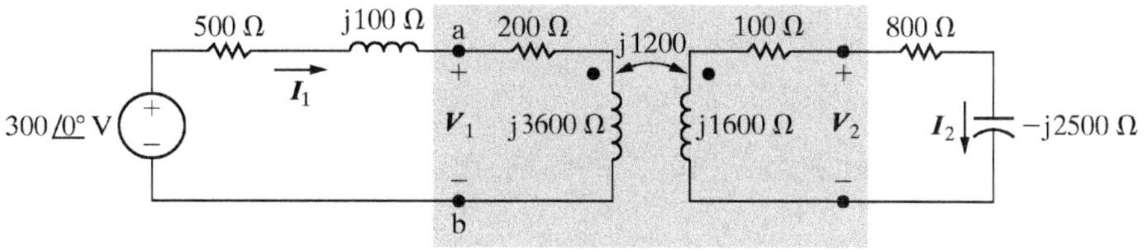

图 9.39　例 9.13 的频域等效电路

(b) 主电路的自阻抗为

$$Z_{11} = 500 + \mathrm{j}100 + 200 + \mathrm{j}3600 = 700 + \mathrm{j}3700\ \Omega$$

(c) 次级电路的自阻抗为

$$Z_{22} = 100 + \mathrm{j}1600 + 800 - \mathrm{j}2500 = 900 - \mathrm{j}900\ \Omega$$

(d) 映射到初级线圈的阻抗为

$$Z_r = \left(\frac{1200}{|900 - \mathrm{j}900|}\right)^2 \times (900 + \mathrm{j}900) = \frac{8}{9} \times (900 + \mathrm{j}900) = 800 + \mathrm{j}800\ \Omega$$

(e) Z_{22}^* 反射的水平因子为 8/9。

(f)从变压器初级线圈的两端看进去的等效阻抗为初级线圈的阻抗加上反射阻抗，即

$$Z_{ab} = 200 + j3600 + 800 + j800 = 1000 + j4400\ \Omega$$

(g)戴维南等效电压应等于开路电压 V_{cd}。而开路电压 V_{cd} 等于 j1200 乘以开路时的电流 I_1，I_1 为

$$I_1 = \frac{300\ \angle 0^\circ}{700 + j3700} = 79.67\ \angle -79.29^\circ\ \text{mA}$$

因此

$$V_{Th} = j1200(79.67\ \angle -79.29^\circ) \times 10^{-3} = 95.60\ \angle 10.71^\circ\ \text{V}$$

戴维南阻抗等于次级线圈的阻抗加上电压源短路时由初级线圈反射过来的阻抗，即

$$Z_{Th} = 100 + j1600 + \left(\frac{1200}{|700 + j3700|}\right)^2 \times (700 - j3700)$$
$$= 171.09 + j1224.26\ \Omega$$

戴维南等效电路如图 9.40 所示。

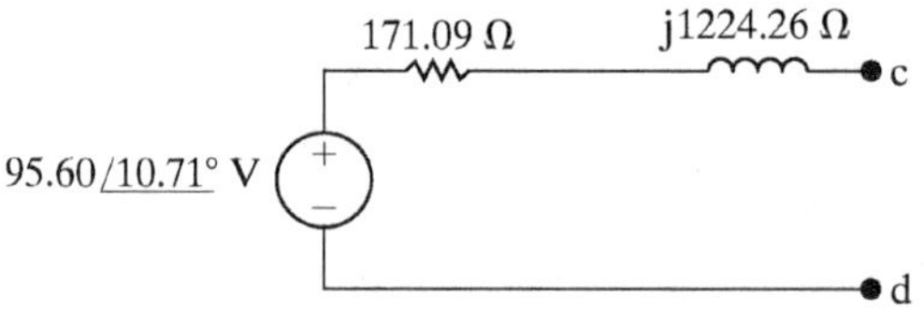

图 9.40 例 9.13 的戴维南等效电路

评测目标 4 理解线性变压器电路的相量法分析。

9.14 线性变压器将 360 Ω 电阻和 0.25 H 电感串联的负载耦合到电压源上，如右图所示。电压源的内部阻抗为 184 + j0 Ω，最大电压为 245.20 V，工作频率为 800 rad/s。变压器的参数为 $R_1 = 100\ \Omega$，$L_1 = 0.5$ H，$R_2 = 40\ \Omega$，$L_2 = 0.125$ H，$k = 0.4$。求(a) 反射阻抗；(b) 初级线圈电流；(c) 次级线圈电流。

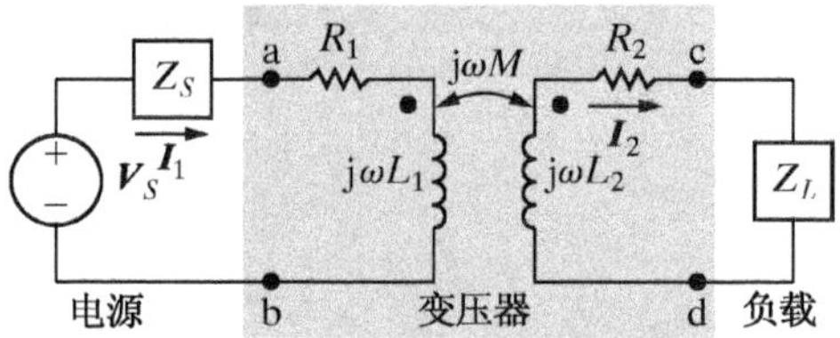

答：(a)10.24 − j7.68 Ω；(b)0.5 cos(800t − 53.13°) A；(c)0.08 cos 800t A。

提示：试求习题 9.76 和习题 9.77。

9.11 理想变压器

理想变压器由两个匝数分别为 N_1 和 N_2 的磁耦合线圈构成，具有以下性质：

1. 耦合系数为 1($k = 1$)。
2. 每个线圈的自感都是无穷大($L_1 = L_2 = \infty$)。
3. 由寄生电阻造成的线圈损失可以忽略不计。

式(9.64)描述了与线性变压器相连的电源两端的阻抗，根据这个等式来理解理想变压器的特性。下面会将公式重新叙述，并做进一步的研究。

9.11.1 探索极限值

当 L_1 和 L_2 无限大，同时耦合系数为 1 时，式(9.68)关于 Z_{ab} 的表达式将给出输入阻抗与

负载阻抗间的一个非常有用的关系式

$$Z_{ab}=Z_{11}+\frac{\omega^2M^2}{Z_{22}}-Z_s=R_1+j\omega L_1+\frac{\omega^2M^2}{(R_2+j\omega L_2+Z_L)} \tag{9.68}$$

铁心变压器可以满足上述条件。虽然这种变压器是非线性的，但仍然可以通过忽略非线性，建立一个理想变压器来获取一些有用的信息。

为了说明当 $k=1$，L_1 和 L_2 趋于无穷大时 Z_{ab} 如何变化，首先介绍

$$Z_{22}=R_2+R_L+j(\omega L_2+X_L)=R_{22}+jX_{22}$$

整理式(9.68)

$$\begin{aligned}Z_{ab}&=R_1+\frac{\omega^2M^2R_{22}}{R_{22}^2+X_{22}^2}+j\left(\omega L_1-\frac{\omega^2M^2X_{22}}{R_{22}^2+X_{22}^2}\right)\\&=R_{ab}+jX_{ab}\end{aligned} \tag{9.69}$$

此时注意式(9.69)中 j 的系数，当 L_1 和 L_2 趋于无穷大时，该系数将为两个无限大量的差。因此，在 L_1 和 L_2 增大之前，应将系数改写为

$$X_{ab}=\omega L_1-\frac{(\omega L_1)(\omega L_2)X_{22}}{R_{22}^2+X_{22}^2}=\omega L_1\left(1-\frac{\omega L_2X_{22}}{R_{22}^2+X_{22}^2}\right) \tag{9.70}$$

当 $k=1$ 时，$M^2=L_1L_2$。分母有理化得

$$X_{ab}=\omega L_1\left(\frac{R_{22}^2+\omega L_2X_L+X_L^2}{R_{22}^2+X_{22}^2}\right) \tag{9.71}$$

分子分母同除以 ωL_2 得

$$X_{ab}=\frac{L_1}{L_2}\frac{X_L+(R_{22}^2+X_L^2)/\omega L_2}{(R_{22}/\omega L_2)^2+[1+(X_L/\omega L_2)]^2} \tag{9.72}$$

由式(6.54)和式(6.55)可知，当 k 近似为 1.0 时，比值 L_1/L_2 近似为常数 $(N_1/N_2)^2$，原因是当耦合为紧耦合时，两磁通 $\mathscr{P}_1$ 和 $\mathscr{P}_2$ 相等。当 $L_1\to\infty$，$L_2\to\infty$，$k\to1.0$ 时，式(9.72)简化为

$$X_{ab}=\left(\frac{N_1}{N_2}\right)^2X_L \tag{9.73}$$

同样，也可以简化式(9.69)的反射阻抗

$$\frac{\omega^2M^2R_{22}}{R_{22}^2+X_{22}^2}=\frac{L_1}{L_2}R_{22}=\left(\frac{N_1}{N_2}\right)^2R_{22} \tag{9.74}$$

将式(9.73)和式(9.74)应用于式(9.69)得

$$Z_{ab}=R_1+\left(\frac{N_1}{N_2}\right)^2R_2+\left(\frac{N_1}{N_2}\right)^2(R_L+jX_L) \tag{9.75}$$

将结果与式(9.68)比较可以看出，当耦合系数近似于 1，耦合线圈的自感趋于无穷大时，变压器将次级线圈阻抗和负载阻抗映射到初级，其水平因子等于线圈匝数比 (N_1/N_2) 的平方。可以用两个特性来描述理想变压器特性。首先，两个线圈每匝电压的绝对值相等，即

$$\left|\frac{\boldsymbol{V}_1}{N_1}\right|=\left|\frac{\boldsymbol{V}_2}{N_2}\right| \tag{9.76}$$

其次，每个线圈上安培乘匝数的绝对值相等，即

$$|\boldsymbol{I}_1N_1|=|\boldsymbol{I}_2N_2| \tag{9.77}$$

式(9.76)和式(9.77)中使用了绝对值符号，因为电压和电流都没有考虑参考方向。下面讨论如何去掉绝对值符号。

图9.41所示为两个无损耗($R_1=R_2=0$)的磁耦合线圈，用图9.41说明了式(9.76)和式(9.77)的正确性。在图9.41(a)中，线圈2开路，在图9.41(b)中，线圈2短路。虽然下面所做的分析基于正弦稳态的操作，但所得结果对瞬态电压 v 和电流 i 同样适用。

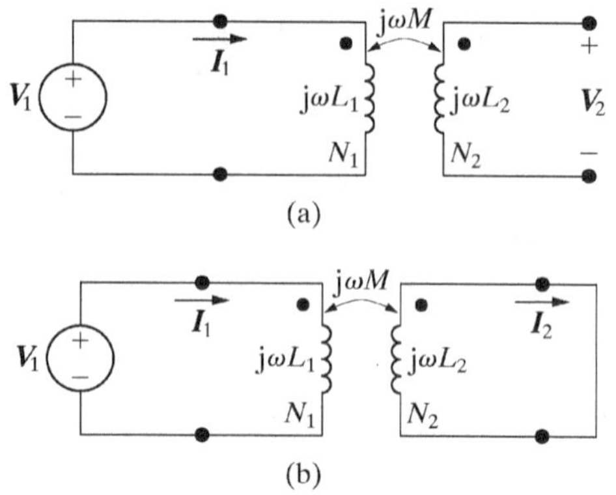

图9.41 验证理想变压器伏特-匝数和安培-匝数关系的电路

9.11.2 确定电压和电流比

注意图9.41(a)中开路线圈的端电压完全是由线圈1的电流引起的，因此

$$\boldsymbol{V}_2 = \mathrm{j}\omega M\boldsymbol{I}_1 \tag{9.78}$$

线圈1中的电流为

$$\boldsymbol{I}_1 = \frac{\boldsymbol{V}_1}{\mathrm{j}\omega L_1} \tag{9.79}$$

由式(9.78)和式(9.79)得

$$\boldsymbol{V}_2 = \frac{M}{L_1}\boldsymbol{V}_1 \tag{9.80}$$

对于全耦合来说，互感等于 $\sqrt{L_1L_2}$，因此式(9.80)变为

$$\boldsymbol{V}_2 = \sqrt{\frac{L_2}{L_1}}\boldsymbol{V}_1 \tag{9.81}$$

全耦合时，线圈1与线圈2的磁通相同。因此，只需要一个磁通来描述每个线圈的自感。由此，式(9.81)变为

$$\boldsymbol{V}_2 = \sqrt{\frac{N_2^2\mathscr{P}}{N_1^2\mathscr{P}}}\boldsymbol{V}_1 = \frac{N_2}{N_1}\boldsymbol{V}_1 \tag{9.82}$$

或者

$$\frac{\boldsymbol{V}_1}{N_1} = \frac{\boldsymbol{V}_2}{N_2} \tag{9.83}$$

由图9.41(b)的闭合线圈的电压代数和得

$$0 = -\mathrm{j}\omega M\boldsymbol{I}_1 + \mathrm{j}\omega L_2\boldsymbol{I}_2 \tag{9.84}$$

因为 $k=1$

$$\frac{\boldsymbol{I}_1}{\boldsymbol{I}_2} = \frac{L_2}{M} = \frac{L_2}{\sqrt{L_1L_2}} = \sqrt{\frac{L_2}{L_1}} = \frac{N_2}{N_1} \tag{9.85}$$

式(9.85)与下面的公式等效：

$$\boldsymbol{I}_1N_1 = \boldsymbol{I}_2N_2 \tag{9.86}$$

图9.42为理想变压器的图形符号，符号中的竖线表示磁性物质层，通常为铁心。这个表示符号用来提醒读者，铁心线圈近似于理想变压器。

铁心线圈近似于理想变压器，有几方面的原因。铁磁材料能够产生一个高磁通的空间，因此大部分的磁通量被吸引到了铁心材料的内部，在共享同一个铁心的线圈之间建立起紧耦合。高磁通同时意味着高自感，因为 $L = N^2 \mathscr{P}$。铁心耦合线圈能够有效地将电压从一个线圈传递到另一个线圈，有效率通常可以达到95%，因此大多数情况下忽略损耗是没有影响的。

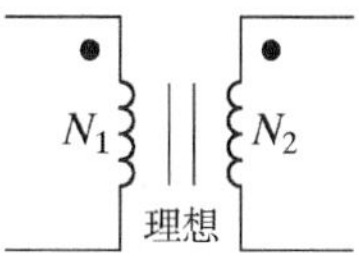

图 9.42　理想变压器的图形符号

9.11.3　确定电压和电流比的极性

再回到式(9.76)和式(9.77)的绝对值符号的消除问题上。读者已经注意到在式(9.83)和式(9.86)的推导中没有使用绝对值符号，这是因为已经设定了电压和电流的参考方向，所以不需要绝对值符号。此外，也知道了两线圈的耦合极性。

在式(9.76)和式(9.77)中设置合理的代数符号的规则如下：

1. 在黑点标记的那一端上，如果线圈电压 $\boldsymbol{V}_1$ 和 $\boldsymbol{V}_2$ 均为正或者均为负，那么式(9.76)中就使用正号，否则使用负号。
2. 如果线圈电流 $\boldsymbol{I}_1$ 和 $\boldsymbol{I}_2$ 均流向或者流出黑点标记的端子，那么式(9.77)中就使用负号，否则使用正号。

图 9.43 所示的 4 个电路说明了以上这些规则。

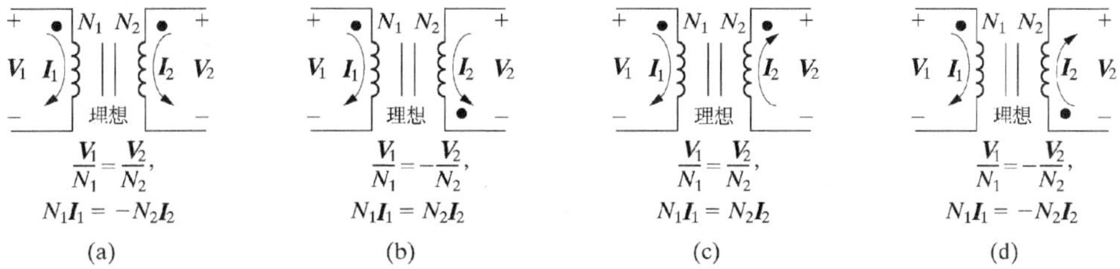

图 9.43　理想变压器端电压和电流的正确代数符号表示

两线圈的匝数比是理想变压器的重要参数。匝数比定义为 N_1/N_2 或者 N_2/N_1，这两个比值在不同的文献中都出现过，在本书中，采用 a 来表示 N_2/N_1，即

$$a = \frac{N_2}{N_1} \tag{9.87}$$

图 9.44 给出了 3 种表示变压器匝数比的方法。图 9.44(a)指出了每个线圈的匝数，图 9.44(b)指出匝数比 N_2/N_1 为 5∶1，图 9.44(c)指出匝数比 N_2/N_1 为 $1:\frac{1}{5}$。

例 9.14 给出了含有理想变压器电路的分析方法。

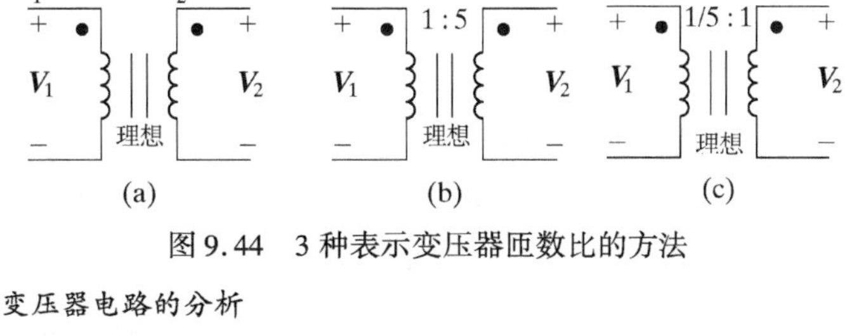

图 9.44　3 种表示变压器匝数比的方法

例 9.14　频域下理想变压器电路的分析

理想变压器次级线圈上的阻抗如图 9.45 所示，为 237.5 mΩ 电阻和 125 μH 电感串联的电路。若正弦电压源(v_g)为 2500 cos 400t V，试求各稳态表达式：(a)i_1；(b)v_1；(c)i_2；(d)v_2。

解:

(a) 建立电路的等效相量电路。电压源为 $2500\angle 0°$ V, 5 mH 电感的阻抗为 j2 Ω, 125 μH 电感的阻抗为 j0.05 Ω。等效相量电路如图 9.46 所示。由图 9.46 可得

$$2500\angle 0° = (0.25 + \text{j}2)\boldsymbol{I}_1 + \boldsymbol{V}_1$$

和

$$\boldsymbol{V}_1 = 10\boldsymbol{V}_2 = 10 \times [(0.2375 + \text{j}0.05)\boldsymbol{I}_2]$$

因为

$$\boldsymbol{I}_2 = 10\boldsymbol{I}_1$$

故有

$$\boldsymbol{V}_1 = 10 \times (0.2375 + \text{j}0.05)10\boldsymbol{I}_1 = (23.75 + \text{j}5)\boldsymbol{I}_1$$

因此

$$2500\angle 0° = (24 + \text{j}7)\boldsymbol{I}_1$$

即

$$\boldsymbol{I}_1 = 100\angle -16.26° \text{ A}$$

则 i_1 的稳态表达式为

$$i_1 = 100\cos(400t - 16.26°) \text{ A}$$

(b)

$$\boldsymbol{V}_1 = 2500\angle 0° - (100\angle -16.26°) \times (0.25 + \text{j}2) = 2500 - 80 - \text{j}185$$
$$= 2420 - \text{j}185 = 2427.06\angle -4.37° \text{ V}$$

因此

$$v_1 = 2427.06\cos(400t - 4.37°) \text{ V}$$

(c) $\boldsymbol{I}_2 = 10\boldsymbol{I}_1 = 1000\angle -16.26°$ A

因此

$$i_2 = 1000\cos(400t - 16.26°) \text{ A}$$

(d) $\boldsymbol{V}_2 = 0.1\boldsymbol{V}_1 = 242.71\angle -4.37°$V

因此

$$v_2 = 242.71\cos(400t - 4.37°) \text{ V}$$

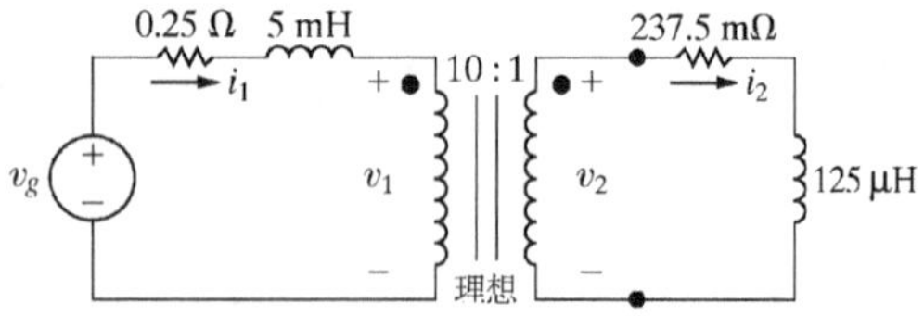

图 9.45 例 9.14 的电路图

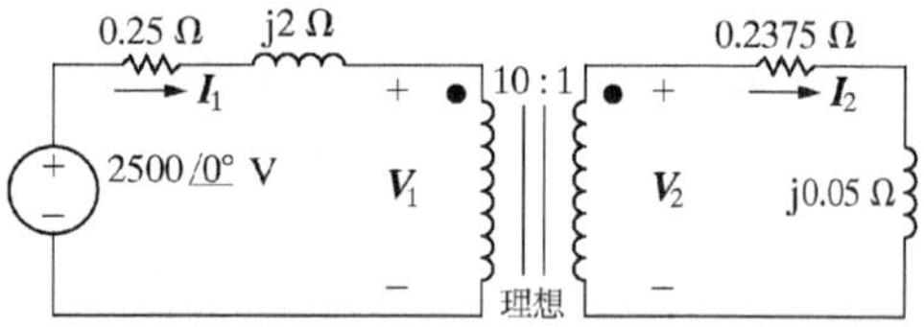

图 9.46 例 9.14 的相量电路

9.11.4 理想变压器的阻抗匹配

理想变压器可以用来增加或者降低负载阻抗。图 9.47 所示的电路可以说明这一点。由实际电压源($\boldsymbol{V}_s$ 与 $\boldsymbol{Z}_s$ 串联)看过去的阻抗为 $\boldsymbol{V}_1/\boldsymbol{I}_1$。负载阻抗两端的电压和电流($\boldsymbol{V}_2$ 和 $\boldsymbol{I}_2$)与 $\boldsymbol{V}_1$ 和 $\boldsymbol{I}_1$ 之间具有如下关系:

$$\boldsymbol{V}_1 = \frac{\boldsymbol{V}_2}{a} \tag{9.88}$$

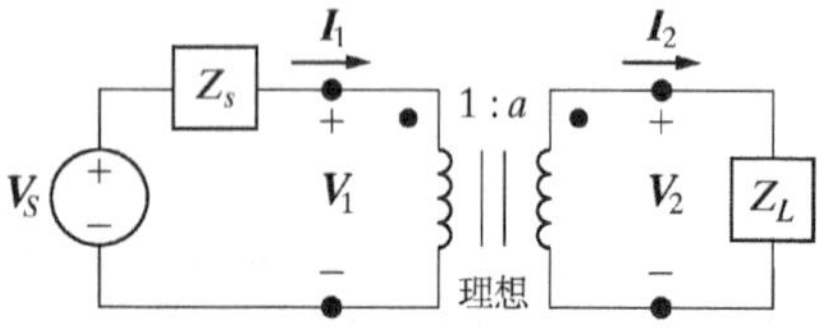

图 9.47 连接电源与负载的理想变压器

和

$$I_1 = aI_2 \tag{9.89}$$

因此，从实际电源端看过去的阻抗为

$$Z_{IN} = \frac{V_1}{I_1} = \frac{1}{a^2}\frac{V_2}{I_2} \tag{9.90}$$

由于比值 V_2/I_2 为负载阻抗 Z_L，所以式(9.90)变为

$$Z_{IN} = \frac{1}{a^2}Z_L \tag{9.91}$$

因此理想变压器的次级线圈将负载阻抗以水平因子 $1/a^2$ 反映到了初级线圈上。

理想变压器虽然改变了 Z_L 的大小，但是没有改变它的相位角。Z_{IN} 比 Z_L 大还是小取决于匝数比 a。

通过理想变压器或者它的实际对应物，铁心变压器可以将阻抗 Z_L 匹配成 Z_s 的大小。在第 10 章将解释为什么希望这样做。

评测目标 5　掌握理想变压器电路的分析。

9.15　右图所示的频域下电路的电源电压为 25 $\angle 0°$ kV。求 V_2 和 I_2 的幅值以及相位角。

答： $V_2 = 1868.15\angle 142.39°$ V；$I_2 = 125\angle 216.87°$ A。

提示： 试求习题 9.82。

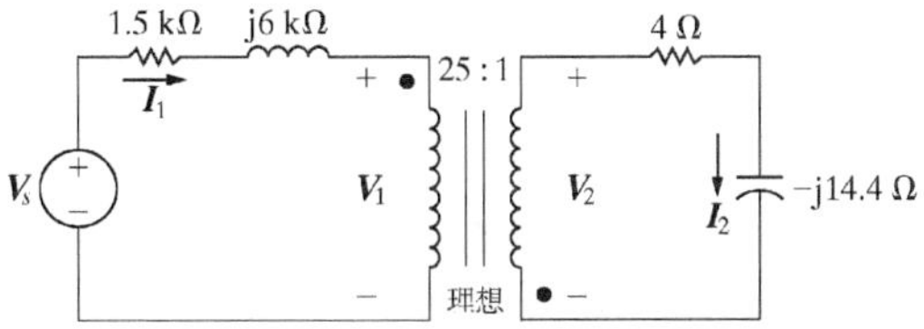

理想变压器可以增大或者减小给负载供电的电源电压。因此，理想变压器被广泛应用于供电系统中，可将电源线上的电压降至较低的居民用电水平上。

9.12　相量图

用相量法分析电路的正弦稳态响应时，电流相量图和电压相量图将会提供更多电路特性的信息。相量图在复平面上给出了相量的幅值以及相位角信息。相位角从正实轴的方向顺时针测量，幅值从坐标轴的原点处测量。例如，图 9.48 所示的相量分别为 10 $\angle 30°$，12 $\angle 150°$，5 $\angle -45°$和 8 $\angle -170°$。

构造电路参数的相量图通常要包括电流和电压，因此有两个不同的幅度刻度是必要的，一个用于电流，一个用于电压。在复平面上将相量画出来有利于检查计算器的计算结果。当计算的角度显示出来时，可以将计算结果与想象的结果比较来确定键入的数值是否正确。例如，假设要计算 −7 − j3 的极坐标形式，则不需要通过任何计算就可以预想出一个幅值大于 7、相位角在第三象限且比 −135°或 225° 小的相量，如图 9.49 所示。

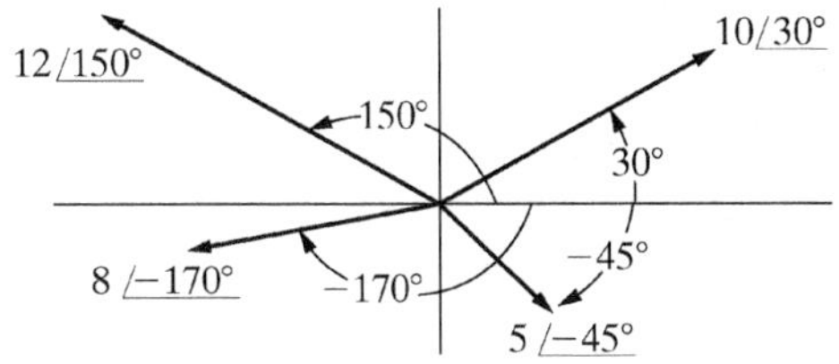

图 9.48　相量的图形表示

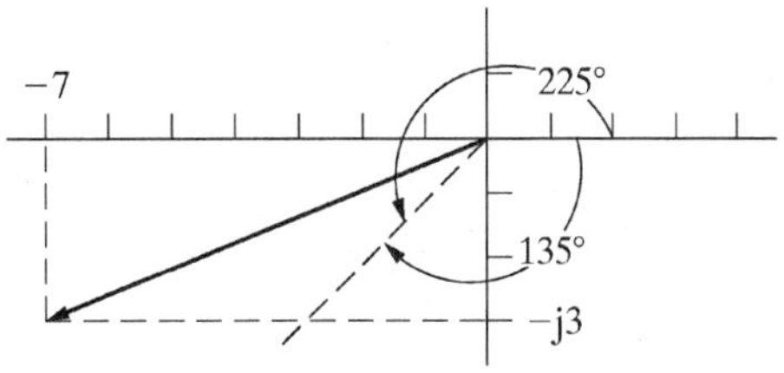

图 9.49　复数 −7 − j3 = 7.62 $\angle -156.80°$

例 9.15 和例 9.16 展示了相量图如何建立及使用。在后面的章节中，将利用相量图对

电路的正弦稳态响应做进一步的研究。习题 9.84 给出了如何用相量法来解决电路的相移问题。

例 9.15 利用相量图分析电路

如图 9.50 所示电路，用相量图求使电阻电流 i_R 滞后于电源电流 i_s 45°的电阻值 R，其中 $\omega=5$ krad/s 。

解：

由基尔霍夫电流定律可知，电流 $\boldsymbol{I}_R$，$\boldsymbol{I}_L$ 和 $\boldsymbol{I}_C$ 之和等于电源电流 $\boldsymbol{I}_s$。假设电压 $\boldsymbol{V}_m$ 的相位角为 0，则可以画出每一个元件的电流相量。电感的电流相量为

$$\boldsymbol{I}_L=\frac{V_m\angle 0^\circ}{\mathrm{j}(5000)\times(0.2\times10^{-3})}=V_m\angle -90^\circ$$

电容的电流相量为

$$\boldsymbol{I}_C=\frac{V_m\angle 0^\circ}{-\mathrm{j}/(5000)\times(800\times10^{-6})}=4V_m\angle 90^\circ$$

电阻的电流相量为

$$\boldsymbol{I}_R=\frac{V_m\angle 0^\circ}{R}=\frac{V_m}{R}\angle 0^\circ$$

这些相量如图 9.51 所示。相量图中也画出了电源的电流相量，如图中虚线所示，它一定是 3 个电路元件的电流相量之和，并且相位角比电阻的电流相量的相位角多 45°。可以看出，相量和为等边三角形。因此，电阻的电流相量的长度为 3 V_m，所以电阻值应为 1/3 Ω。

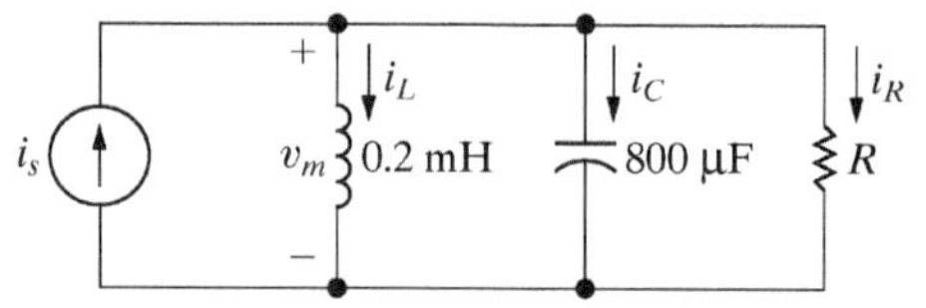

图 9.50 例 9.15 的电路图

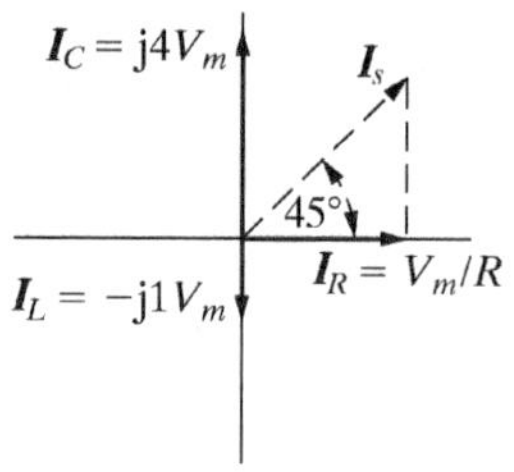

图 9.51 图 9.50 的电流相量

例 9.16 利用相量图分析容性负载的影响

图 9.52 所示电路的负载为电阻与电感的并联。用相量图分析，如果调整 $\boldsymbol{V}_s$ 使 $\boldsymbol{V}_L$ 保持常数，则在负载两端加上一个电容会对 $\boldsymbol{V}_s$ 的幅值产生什么影响？电力公司常常采用这种技术控制线路上的压降。

解：

假设负载两端的电容为 0，先建立零电容情况的相量图，再添加电容，在保持 $\boldsymbol{V}_L$ 为常数的情况下，研究它对电压幅值 $\boldsymbol{V}_s$ 的影响。图 9.53 为图 9.52 的频域等效电路图。为便于讨论，设支路电流相量为 $\boldsymbol{I}$，$\boldsymbol{I}_a$ 和 $\boldsymbol{I}_b$。图 9.54 给出了相量图求解的步骤。要注意在本例中，不是关心具体的相量值及其位置，而是关心在负载两端加上电容之后对电路产生的影响，因此需要得出相量在电容加上之前及之后的相对位置。将相量图以及图 9.53 所示电路联系起来，可以得出以下几点：

(1) 因为负载电压的幅值保持常数，所以选 $\boldsymbol{V}_L$ 作为参考量。为方便起见，将这个相量放在正实轴上。

(2) $\boldsymbol{I}_a$ 与 $\boldsymbol{V}_L$ 同相且幅值为 $|\boldsymbol{V}_L|/R_2$(在相量图中，电流相量的标尺与电压相量的标尺是相互独立的)。

(3) $\boldsymbol{I}_b$ 滞后于 $\boldsymbol{V}_L$ 90°，并且幅值为 $|\boldsymbol{V}_L|/\omega L_2$。

(4) 电流 $\boldsymbol{I}$ 为 $\boldsymbol{I}_a$ 与 $\boldsymbol{I}_b$ 之和。

(5) R_1 上的压降与电流同相，$\mathrm{j}\omega L_1$ 上的压降超前电流 90°。

(6) 电源电压为负载电压与线路上的压降之和，即 $\boldsymbol{V}_s=\boldsymbol{V}_L+(R_1+\mathrm{j}\omega L_1)\boldsymbol{I}$。

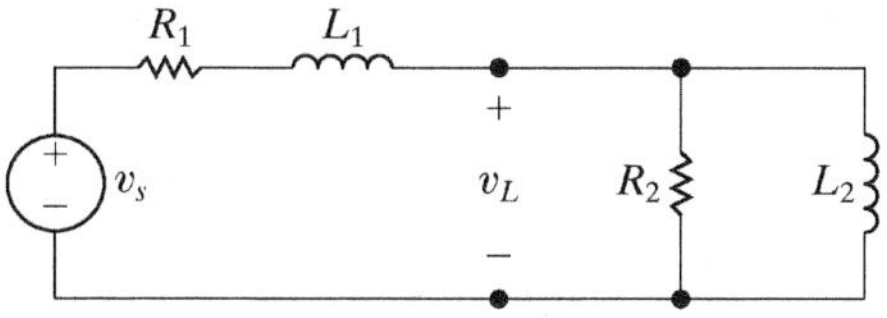

图 9.52　例 9.16 的电路图

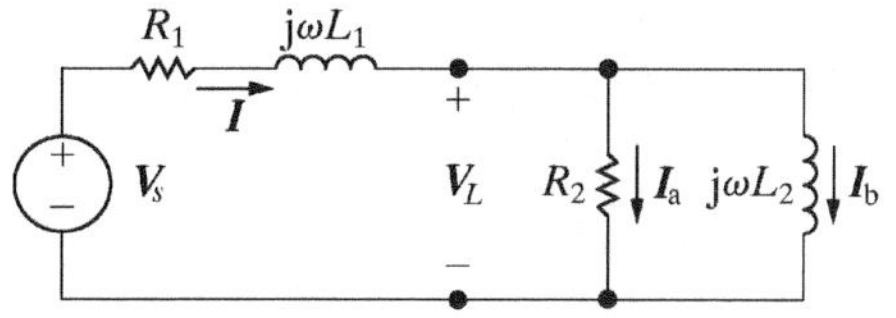

图 9.53　图 9.52 的频域等效电路图

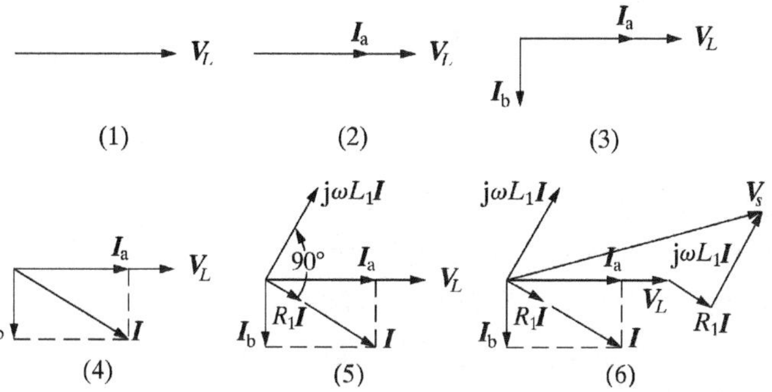

图 9.54　图 9.53 所示电路相量图的求解步骤

图 9.54 第 6 步所示的完整相量图表示了图 9.53 所示电路的所有电压和电流的幅值以及与相位间的关系。现在加入电容支路，得到图 9.55 所示电路。保持 V_L 为常数，用与图 9.54 相同的步骤构造图 9.55 电路的相量图，另外，在第 4 步中，在相量图上加入电容电流 I_c，I_c 超前于 V_L 90°且其幅值为 $|V_L\omega C|$。图 9.56 说明了 I_c 对线路电流 I 的影响：线路电流 I 的幅值和相位随着 I_c 的幅值的改变而改变。当 I 改变时，线路上压降的幅值和相位也将发生变化。随着压降的变化，V_s 的幅值和相位会跟着改变。图 9.57 所示的相量图描述了这些情况。虚线所示的相量表示的是加入电容之前的电流和电压。

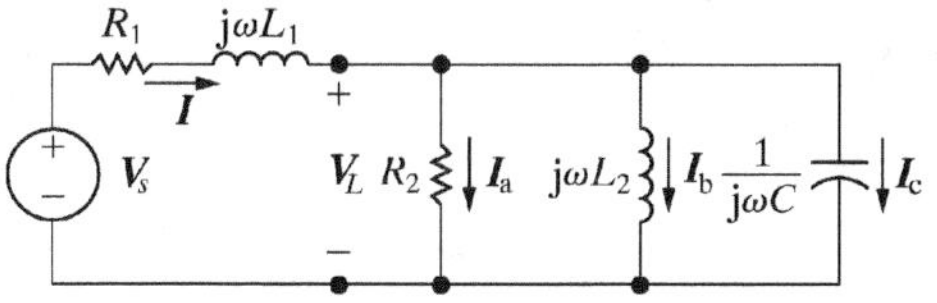

图 9.55　图 9.53 增加电容之后的电路图

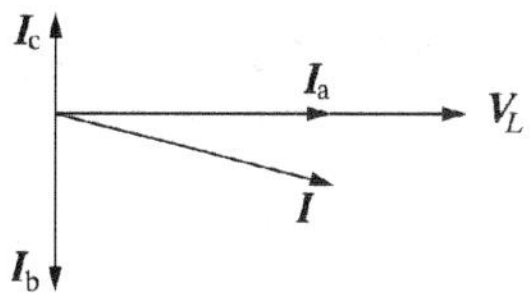

图 9.56　电容电流 I_c 对线路电流 I 的影响

比较虚线相量 I，$R_1 I$，$j\omega L_1 I$ 和 V_s 与相应的实线相量，可以清楚地看到加入电容 C 对电路的影响。尤其需要注意的是，这样减小了电源电压的幅值，同时又保持了负载电压的幅值。实际上，这个结果意味着当负载增加(例如 I_a 和 I_b 增加)时，可以通过对系统增加一个电容使重负荷情况下的 V_L 保持不变。

提示：试求本章习题 9.83 和习题 9.84，来测试你对上述问题的理解程度。

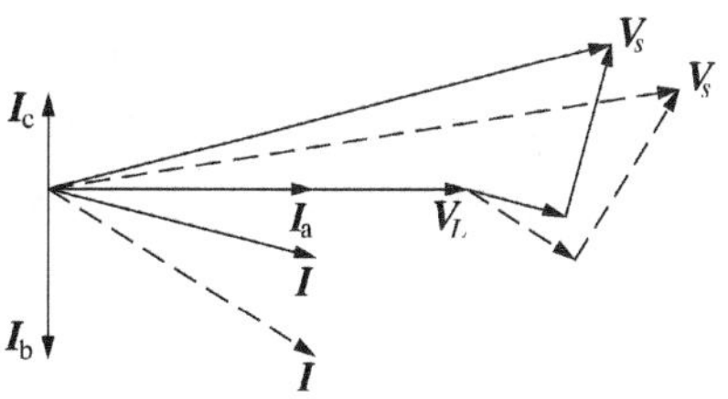

图 9.57　若 V_L 保持为常数，在增加负载旁路电容后对图9.53所示电路的影响

实例应用

家庭配电线路(二)

继续讨论在本章开头介绍过的家庭配电电路，通过在变压器次级线圈的每个电感上增加一个电阻的方法可以更精确地仿真用户的线路电感，修改的电路如图 9.58 所示。在习题 9.88 中，将计算配电变压器次边上 6 条支路的电流并且说明如何计算初级线圈上的电流。

提示： 试求本章习题9.87和习题9.88，来测试你对实例的理解程度。

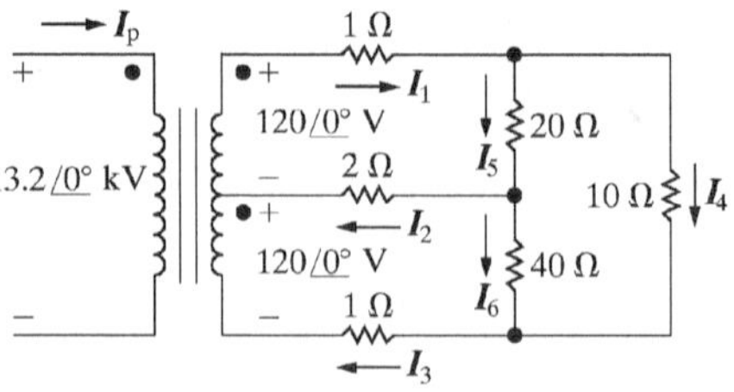

图 9.58 输电线路

小结

- 正弦电源的一般表达式为

$$v = V_m \cos(\omega t + \phi)\text{(电压源)}$$

或者

$$i = I_m \cos(\omega t + \phi)\text{(电流源)}$$

其中 V_m(或 I_m)为最大幅值，ω 为频率，ϕ 为相位角。

- 正弦响应的频率 ω 驱动电路正弦电源的频率相同，而幅值和相位角通常与电源的不同。求解正弦电路的稳态电压和电流的最好方法是采用频域分析法。
- 时域和频域间的相互变换需要用到下面的数学变换。
  - 相量变换(从时域到频域)

$$\boldsymbol{V} = V_m e^{j\phi} = \mathscr{P}\{V_m \cos(\omega t + \phi)\}$$

  - 反相量变换(从频域到时域)

$$\mathscr{P}^{-1}\{V_m e^{j\phi}\} = \Re\{V_m e^{j\phi} e^{j\omega t}\}$$

- 在处理正弦变化的信号时，要记住电感两端的电压超前电流90°，电容两端的电流超前电压90°。
- 频域阻抗与时域电阻、电感和电容一样，对电阻、电感、电容来说，电流相量和电压相量间具有如下关系式(阻抗及相关参数如表9.3所示)：

$$\boldsymbol{V} = Z\boldsymbol{I}$$

其中 $\boldsymbol{I}$ 的参考方向按习惯规定，阻抗的倒数称为导纳(Y)，因此，频域下另一个描述电阻、电感、电容的电流电压关系的表达式为

$$\boldsymbol{V} = \boldsymbol{I}/Y$$

- 所有在第2章至第4章中提出的对纯电阻电路的分析方法也适用于频域下的正弦稳态电路。这些方法包括KVL，KCL，串联阻抗之和，并联阻抗之和，分压与分流定理，节点电压和网孔电流法，电源变换，戴维南和诺顿等效变换等。
- 线性变压器是两个线圈缠绕在同一个非磁性物质上构成的耦合器件，线圈的次级电路在初级上产生的阻抗称为反射阻抗，反之亦然。从线性变压器的初级看过去的反射阻抗为次级电路的自阻抗经过变换得到的，即$(\omega M/|Z_{22}|)^2$。
- 理想变压器是线性变压器，具有如下特性：为最佳耦合($k=1$)，每个线圈的自感均为无穷大($L_1 = L_2 = \infty$)，以及线圈损耗为0($R_1 = R_2 = 0$)。电路的行为受变压器的匝数比 $a = N_2/N_1$ 的控制，对每个线圈来说每匝的电压相等，即

$$\frac{\boldsymbol{V}_1}{N_1} = \pm\frac{\boldsymbol{V}_2}{N_2}$$

且每个线圈上的电流匝数相等，即

$$N_1\boldsymbol{I}_1 = \pm N_2\boldsymbol{I}_2$$

表 9.3　阻抗及相关参数值

元件	阻抗（Z）	电抗	导纳（Y）	电纳
电阻	R（电阻）	—	G（电导）	—
电容	$j(-1/\omega C)$	$-1/\omega C$	$j\omega C$	ωC
电感	$j\omega L$	ωL	$j(-1/\omega L)$	$-1/\omega L$

习题

9.1　正弦电流

$$i = 125\cos(800t + 36.87°)\ \text{mA}$$

求：(a) f（单位为 Hz）；(b) T（单位为 ms）；(c) I_m；(d) $i(0)$；(e) ϕ，分别用度和弧度表示；(f) 使 $i=0$ 的最小的时间值 t；(g) $di/dt=0$ 时的最小时间值，要求 $t>0$。

9.2　在一张图上，画出 $\phi = 90°, 45°, 0°, -45°$ 和 $-90°$ 时，$v=100\cos(\omega t+\phi)$ 的曲线，其横坐标为 ωt。(a) 说明随着 ϕ 的逐渐向负值方向移动，电压函数将向右还是向左移动。(b) 当 ϕ 由 0 变到 45°时，电压朝哪个方向移动。

9.3　对于正弦电压

$$v(t) = 25\cos(400\pi t + 60°)\ \text{V}$$

(a) 电压的最大幅值？(b) 以赫兹为单位的频率值？(c) 以 rad/s 为单位的频率值？(d) 以弧度为单位的相位角？(e) 以度为单位的相位角？(f) 以毫秒为单位的周期？(g) $t=0$ 后第一次达到 $v=0$ V 的时间？(h) 正弦函数沿着时间轴右移 5/6 ms，求 $v(t)$ 的表达式？(i) 要使 $v(t)=25\sin 400\pi t$ V，函数必须最少左移多少毫秒？

9.4　正弦电压在 $t=(40/3)$ ms 时为 0，并且以 750π V/s 的速率上升，电压的最大幅值为 50 V。
(a) 求 v 的频率，单位为 rad/s？(b) 求 v 的表达式？

9.5　在 $t=5$ ms 时，正弦电流为 0，且有负向增大的趋势，电流下一个为 0 的时间点为 25 ms，并且知道 $t=0$ 时，电流值为 50 mA。
(a) 求 i 的频率（单位为 Hz）？(b) 求 i 的表达式？

9.6　供给苏格兰家庭使用的正弦电压的均方根值为 240 V，求这个电压的最大值？

9.7　求图 P9.7 所示半波正弦电压的均方根值。

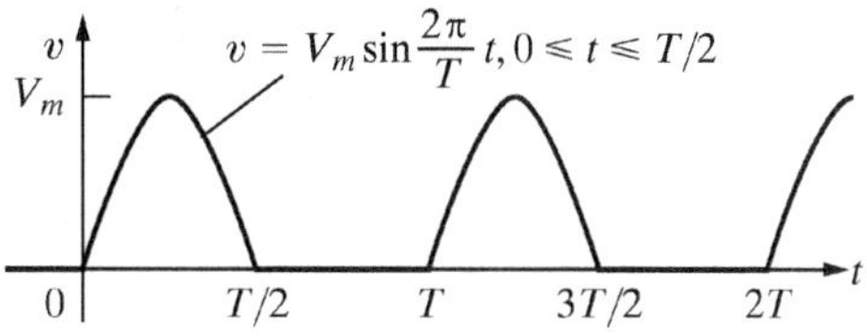

图 P9.7

9.8　证明

$$\int_{t_0}^{t_0+T} V_m^2\cos^2(\omega t+\phi)\,dt = \frac{V_m^2 T}{2}$$

9.9　在 $t=0$ 时刻，将电压 $75\cos(4000t-60°)$ V 加到图 9.5 所示的电路上，电路的电阻为 400 Ω，电感为 75 mH，电感上的初始电流为 0。
(a) 求 $t\geq 0$ 时的电流 $i(t)$。(b) 求 $i(t)$ 的稳态分量和暂态分量表达式。(c) 求开关闭合 750 μs 时的电流 i。(d) 求稳态电流响应的幅值、频率（用弧度/秒表示）以及相位角。(e) 电压和稳态电流的相位相差多少度？

9.10　(a) 证明式(9.9)为式(9.8)的解。可以通过将式(9.9)代入到式(9.8)的左边，证明对于任何 $t>0$ 的值，左边都等于右边。在 $t=0$ 时刻，式(9.9)的值为初始电流值。(b) 由于暂态分量随着时间的推移而消失，又由于电路的解在任何时刻 t 都必须满足微分方程，因此稳态分量也必须满足微分方程。通过证明式(9.9)的稳态分量满足式(9.8)来证明这一观察。

9.11　用相量的概念将下列的正弦函数写成三角函数的形式。
(a) $y=30\cos(200t-160°)+15\cos(200t+70°)$
(b) $y=90\sin(50t-20°)+60\cos(200t-70°)$

(c) $y = 50\cos(5000t - 60°) + 25\sin(5000t + 110°) - 75\cos(5000t - 30°)$

(d) $y = 10\cos(\omega t + 30°) + 10\sin\omega t + 10\cos(\omega t + 150°)$

9.12 400 Hz 的正弦电压，最大幅值为 100 V，在 $t = 0$ 时刻，加到电感的两端，电感上的稳态电流的最大幅值为 20 A。

(a)求电感电流的频率。(b)如果电压的相位角为 0，求电流的相位角。(c)求电感的感抗。(d)求电感值，单位为微亨。(e)求电感的阻抗。

9.13 频率为 80 kHz 的正弦电压，相位角为 0，幅值为 25 mV，将此电压加到电容两端，稳态电流的幅值为 628.32 μA。

(a)求电流的频率(单位为 rad/s)。(b)求电流的相位角。(c)求电容的容抗。(d)求电容值，单位为微法。(e)求电容的阻抗。

9.14 图 P9.14 所示电路两端的稳态电压和电流的表达式为

$$v_g = 300\cos(5000\pi t + 78°)\ \text{V}$$

$$i_g = 6\sin(5000\pi t + 123°)\ \text{A}$$

(a)求从电源看进去的等效阻抗。(b)多少毫秒之后，电流与电压相位不同?

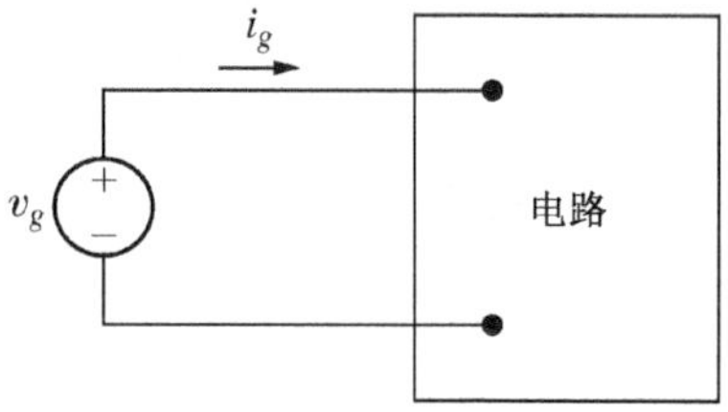

图 P9.14

9.15P 25 Ω 的电阻、50 mH 的电感和 32 μF 的电容串联，接在正弦电压源 $25\cos(500t - 60°)$ V 的两端。

(a)画出电路的频域等效电路。(b)求电源电压升的方向作为电流的参考方向，求电流相量。(c)求 $i(t)$ 的稳态表达式。

9.16P 一个 25 Ω 的电阻和一个 10 mH 的电感并联，再与 30 Ω 的电阻与 10 μF 的电容串联的电路并联，三条并联支路的驱动源为正弦电流源 $125\sin(2500t + 60°)$ A。

(a)画出电路的频域等效电路。(b)以电流源的方向作为电流源两端电压升的参考方向，求电压相量。(c)求 $v(t)$ 的稳态表达式。

9.17 三条并联支路的阻抗分别为 $3 + j4\Omega$，$16 - j12\Omega$，$-j4\Omega$。求(a)等效导纳；(b)等效电导；(c)以 mS 为单位的等效导纳；(d)给电路施加一个 $i = 8\cos\omega t$ A 的正弦电流源，求纯电容支路上电流的最大幅值。

9.18 (a)证明：对于给定的频率 ω，若

$$R_1 = \frac{\omega^2 L_2^2 R_2}{R_2^2 + \omega^2 L_2^2}, \quad L_1 = \frac{R_2^2 L_2}{R_2^2 + \omega^2 L_2^2}$$

则图 P9.18(a)和(b)所示电路 a,b 两端的阻抗相同。

(b)当频率为 4 krad/s 时，若并联电路的电阻和电感值分别为 5 kΩ 和 1.25 H，求与它有相同阻抗的串联电路的电阻和电感值。

9.19 (a)证明：对于给定的频率 ω，若

$$R_2 = \frac{R_1^2 + \omega^2 L_1^2}{R_1}, \quad L_2 = \frac{R_1^2 + \omega^2 L_1^2}{\omega^2 L_1}$$

则图 P9.18(a)和(b)所示电路 a,b 两端的阻抗相同(提示：如果两电路的导纳相同，则它们的阻抗相同)。

(b)当频率为 1 krad/s 时，若串联电路的电阻和电感值分别为 8 kΩ 和 4 H，求与它具有相同阻抗的并联电路的电阻和电感值。

9.20 (a)证明：对于给定的频率 ω，若

$$R_1 = \frac{R_2}{1 + \omega^2 R_2^2 C_2^2}$$

$$C_1 = \frac{1 + \omega^2 R_2^2 C_2^2}{\omega^2 R_2^2 C_2}$$

则图 P9.20(a)和(b)所示电路 a,b 两端的阻抗相同。

(b)当频率为 40 krad/s 时，若并联电路 $R=1000\ \Omega$，$C=50$ nF，求与并联电路具有相同阻抗的串联电路的电阻和电容值。

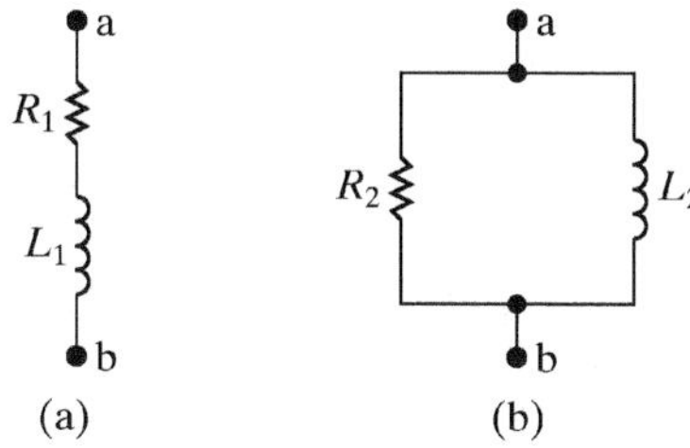

图 P9.18

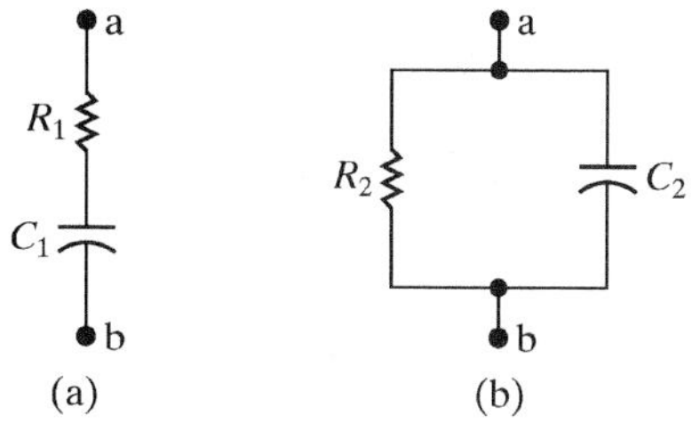

图 P9.20

9.21　(a)证明：对于给定的频率 ω，若

$$R_2=\frac{1+\omega^2R_1^2C_1^2}{\omega^2R_1C_1^2}$$

$$C_2=\frac{C_1}{1+\omega^2R_1^2C_1^2}$$

则图 P9.20(a)和(b)所示电路 a,b 两端的阻抗相同(提示：如果两电路的导纳相同，则它们的阻抗相同)。

(b)当频率为 50 krad/s 时，若串联电路 $R=1\ \text{k}\Omega$，$C=40$ nF，求与串联电路具有相同阻抗的并联电路的电阻和电容值。

9.22　求图 P9.22 所示电路的阻抗 Z_{ab}，分别用极坐标和三角函数的形式表示。

9.23　求图 P9.23 所示电路的导纳 Y_{ab}，分别用极坐标和三角函数的形式表示，Y_{ab}的单位为 mS。

9.24P　(a)如图 P9.24 所示电路，当阻抗 Z_{ab}为纯电阻时，求电路的频率(单位为 rad/s)。(b)求在(a)频率下 Z_{ab}的值。

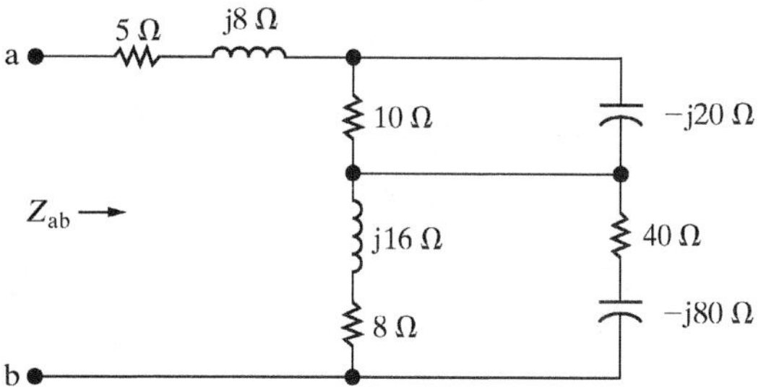

图 P9.22

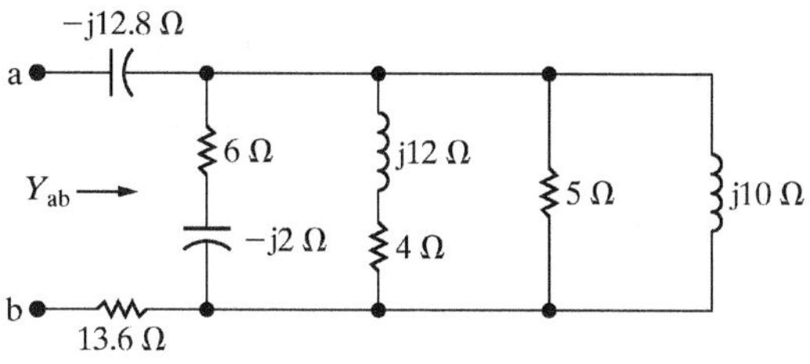

图 P9.23

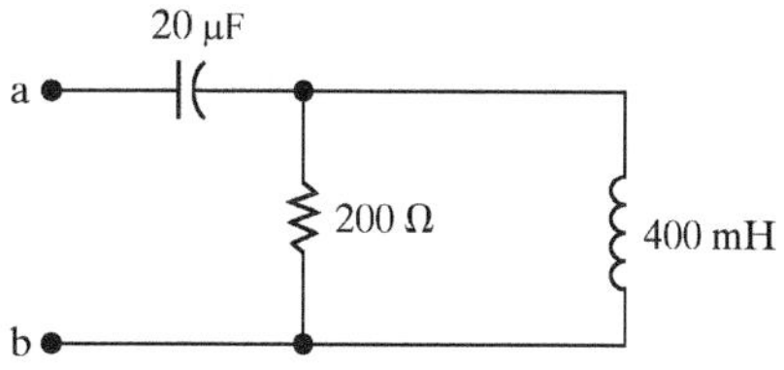

图 P9.24

9.25　(a)使用附录 H 中的元件值，至少串联一个电阻、一个电感和一个电容，设计一个在频率为 10 000 rad/s 时，阻抗为 300 − j400 Ω 的电路。(b)在何频率下，(a)中设计的电路阻抗是纯电阻性的?

9.26　(a)使用附录 H 中的元件值，至少并联一个电阻和一个电感，设计一个在频率为 5000 rad/s 时，阻抗为 40 + j20 Ω 的电路(提示：使用习题 9.19 中的结论)。(b)使用附录 H 中的元件值，至少并联一个电阻和一个电容，设计一个在频率为 5000 rad/s 时，阻抗为 40 − j20 Ω 的电路(提示：使用习题 9.21 中的结论)。

9.27 (a)使用附录 H 中的元件值，找出一个电容或一个电容网络，使其与习题 9.26(a)中的 RL 电路并联，在频率为 5000 rad/s 时，其等效阻抗是纯电阻性的。(b)使用附录 H 中的元件值，找出一个电感或一个电感网络，使其与习题 9.26(b)中的 RC 电路并联，在频率为 5000 rad/s 时，其等效阻抗是纯电阻性的。

9.28P 若 $v_s = 80\cos 2000t$ V，求图 P9.28 电路 $i_o(t)$ 的稳态表达式。

9.29P 如图 P9.29 所示电路工作于正弦稳态。若 $v_g = 60\sin 8000t$ V，求 $v_o(t)$ 的稳态表达式。

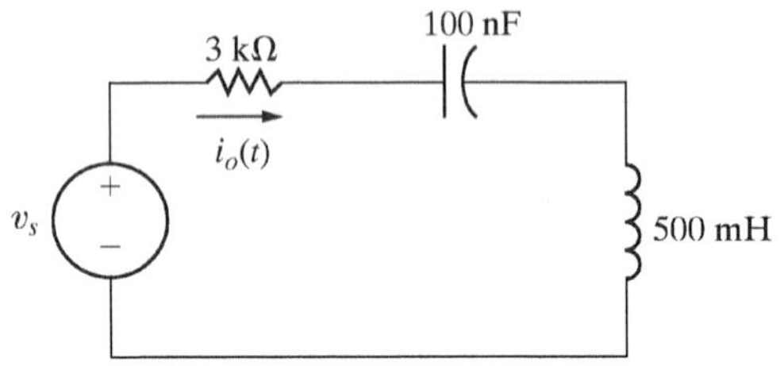

图 P9.28

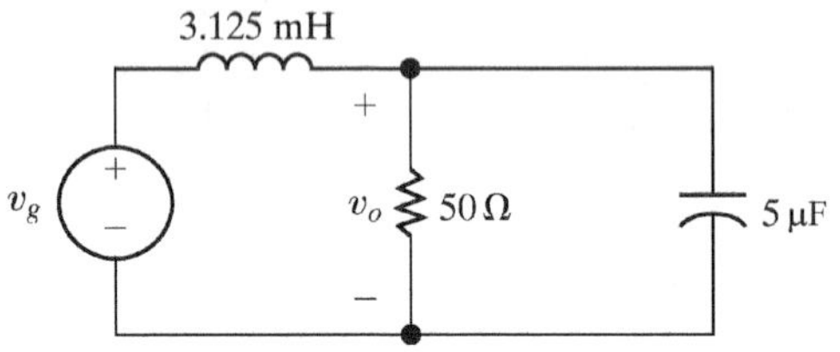

图 P9.29

9.30P 如图 P9.30 所示电路工作于正弦稳态。若 $v_s(t) = 25\sin 4000t$ V，求 $i_o(t)$。

9.31P (a)如图 P9.31 所示电路，若 $i_g = 25\cos 50\,000t$ mA，求 v_o 的稳态表达式。(b)v_o 超前 i_g 多少纳秒？

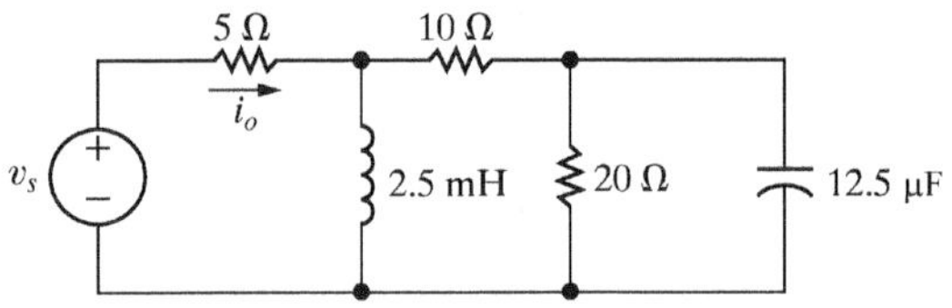

图 P9.30

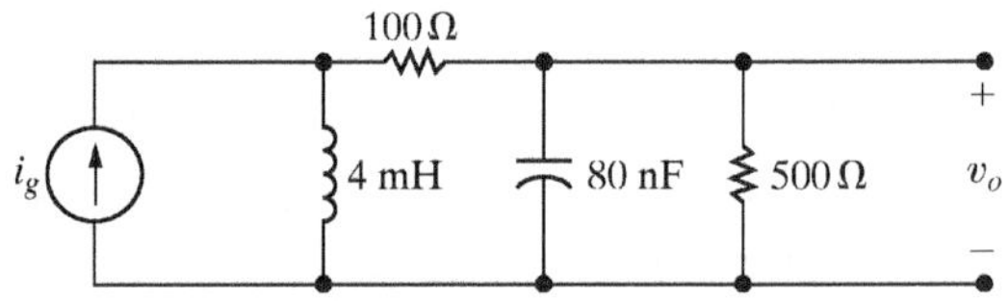

图 P9.31

9.32 若 $\boldsymbol{V}_g = 25\angle 0°$ V，$\boldsymbol{I}_a = 5\angle 90°$ A，求图 P9.32 所示电路的 $\boldsymbol{I}_b$ 和 Z。

9.33 如图 P9.33 所示电路，若 $\boldsymbol{V}_g = 100 - j50$ V，$\boldsymbol{I}_g = 30 + j20$ A 和 $\boldsymbol{V}_1 = 140 + j30$ V，求 Z 值。

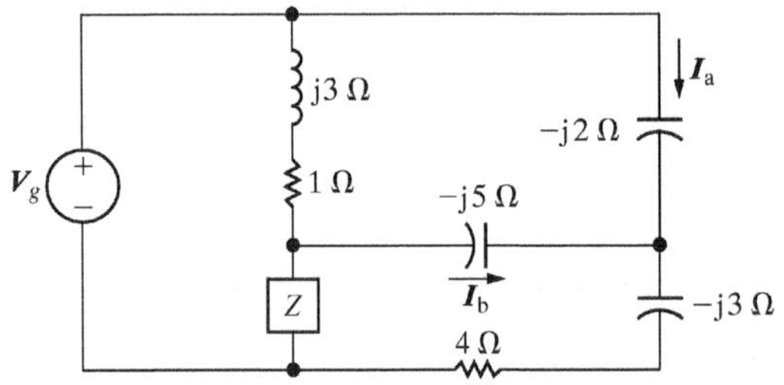

图 P9.32

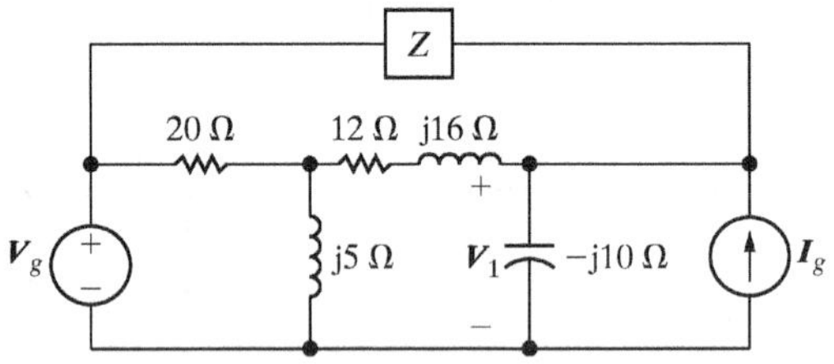

图 P9.33

9.34 如图 P9.34 所示电路，若 $i_g = 60\cos 10\,000$ mA，求 v_o 的稳态表达式。

9.35 如图 P9.35 所示电路工作于正弦稳态，求满足于下式的 ω 值。

$$i_o = 40\sin(\omega t + 21.87°)\ \text{mA}$$

$$v_g = 40\cos(\omega t - 15°)\ \text{V}$$

9.36P 图 P9.36 的电流相量 $\boldsymbol{I}_b$ 为 $25\angle 0°$ mA。

(a)求 $\boldsymbol{I}_a$，$\boldsymbol{I}_c$ 和 $\boldsymbol{I}_g$。(b)若 $\omega = 1500$ rad/s，求 $i_a(t)$，$i_c(t)$ 和 $i_g(t)$ 的表达式。

9.37P 调整图 P9.37 所示电路正弦电压源的频率，以使 i_o 与 v_g 同相。

(a)求频率(单位为 Hz)。(b)在(a)的频率下，若 $v_g = 90\cos\omega t$ V，求 i_g 的稳态表达式。

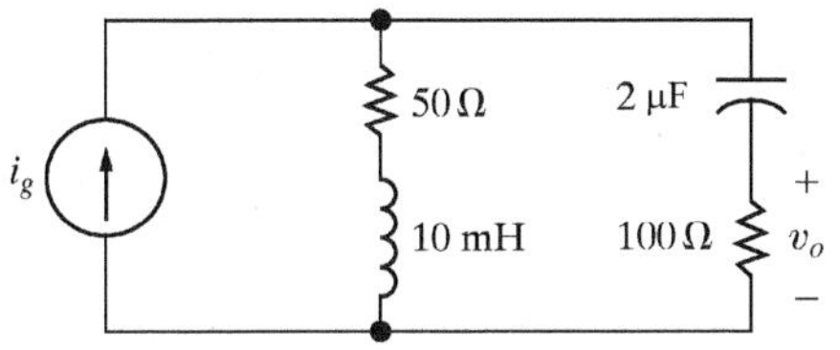

图 P9.34

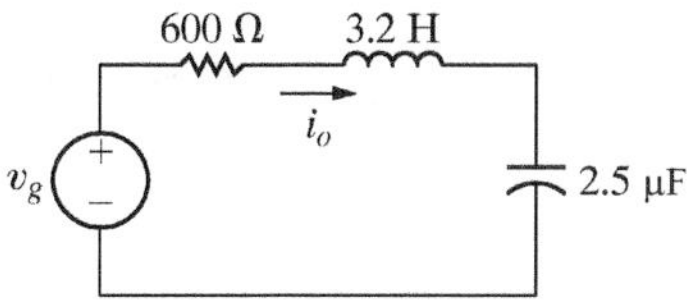

图 P9.35

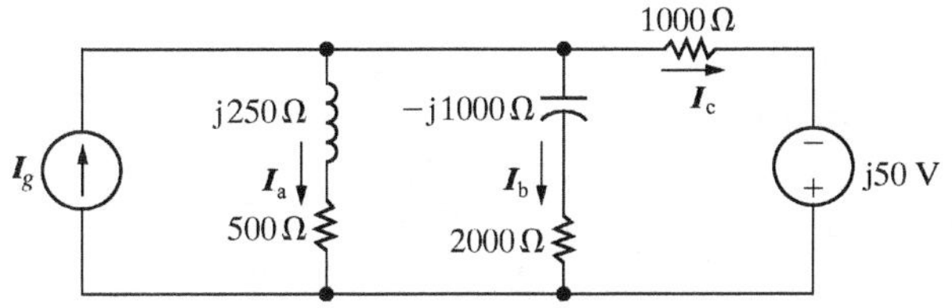

图 P9.36

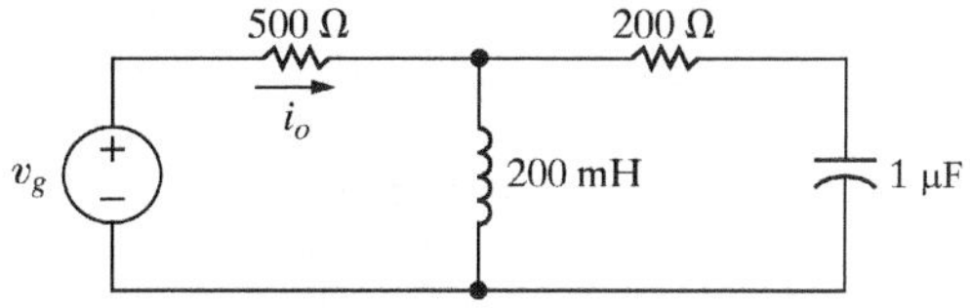

图 P9.37

9.38P (a)调整图 P9.38 所示电路正弦电压源的频率，以使 i_g与 v_g同相。求 ω 的值(单位为 rad/s)。(b)在(a)的频率下，若 $i_g = 60\cos\omega t$ mA，求 v_g的稳态表达式。

9.39P 调整图 P9.39 所示电路正弦电压源的频率，以使 i_g与 v_g同相。
(a)求频率 ω(单位为 Hz)。(b)在(a)的频率下，若 $v_g = 15\cos\omega t$ V，求 i_g的稳态表达式。

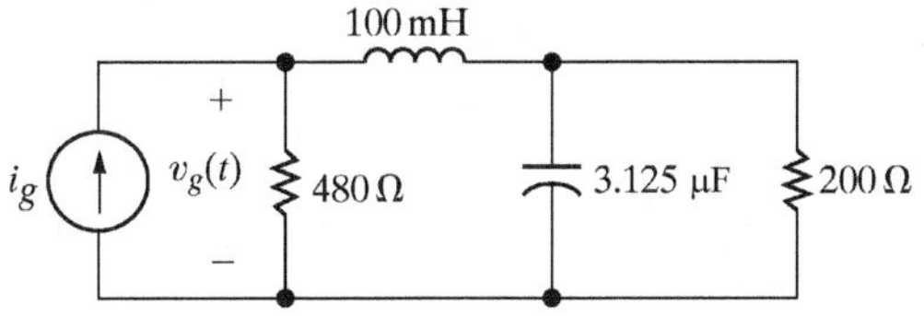

图 P9.38

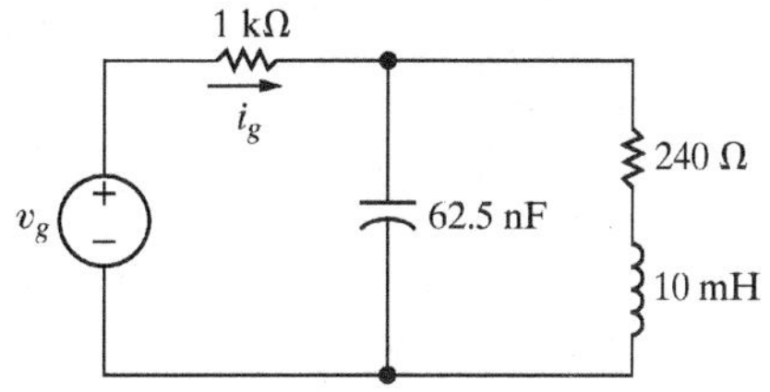

图 P9.39

9.40P (a)如图 P9.40 所示，电压源为 $v_g = 40\cos 1000t$ V，求当电路工作于稳态时，使 i_g与 v_g同相的 L 的取值。(b)用(a)中求出的 L，求 i_g的稳态表达式。

9.41P 图 P9.41 所示电路工作在正弦稳态，调整电容 C，以使电流 i_g与正弦电压 v_g同相。
(a)若 $v_g = 80\cos 5000t$ V，求其电容值(单位为 mF)。(b)当电容 C 为(a)中所求值时，求 i_g的稳态表达式。

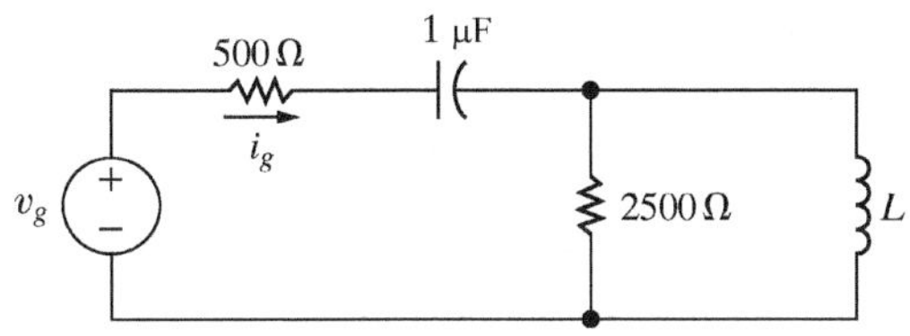

图 P9.40

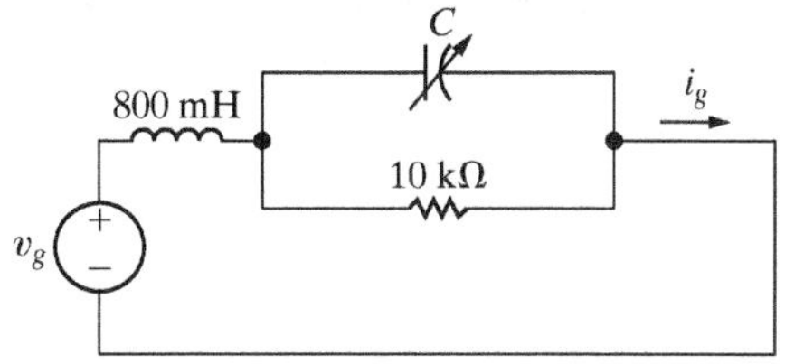

图 P9.41

9.42 求图 P9.42 所示电路的 Z_{ab}。

9.43 如图 P9.43 所示电路的正弦电压为 $50\sin 400t$ V。
(a)求 a、b 两点间的戴维南等效电压。(b)求 a、b 两点间的戴维南等效阻抗。(c)画出戴维南等效电路。

9.44 利用电源变换，求图 P9.44 所示电路 a、b 两点间的诺顿等效电路。

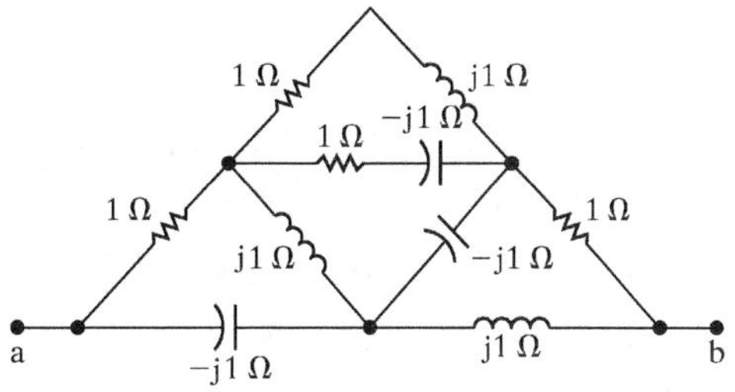

图 P9.42

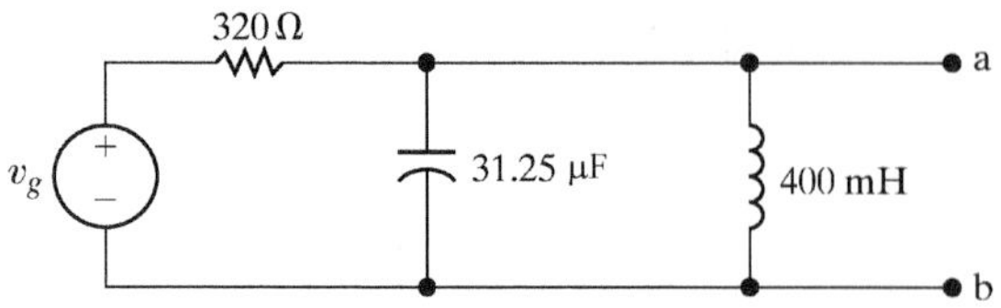

图 P9.43

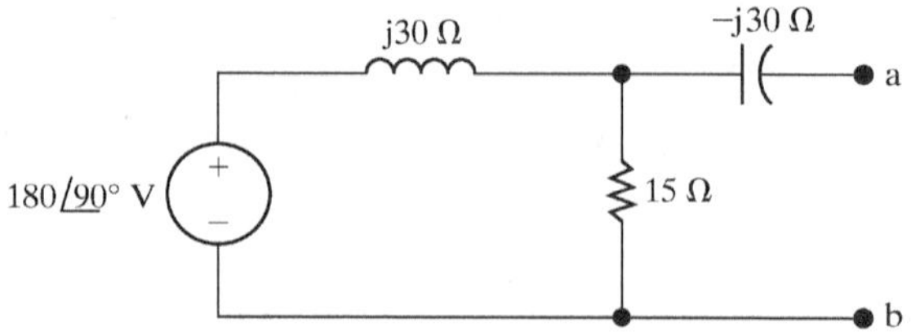

图 P9.44

9.45 利用电源变换，求图 P9.45 所示电路 a、b 两点间的戴维南等效电路。

9.46 利用电源变换，求图 P9.46 所示电路 a、b 两点间的诺顿等效电路。

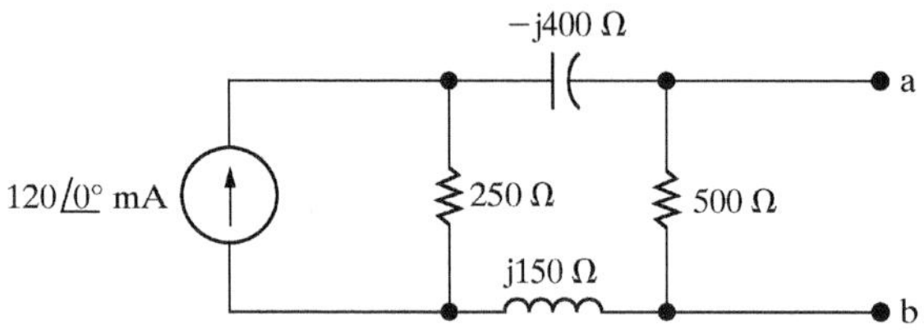

图 P9.45

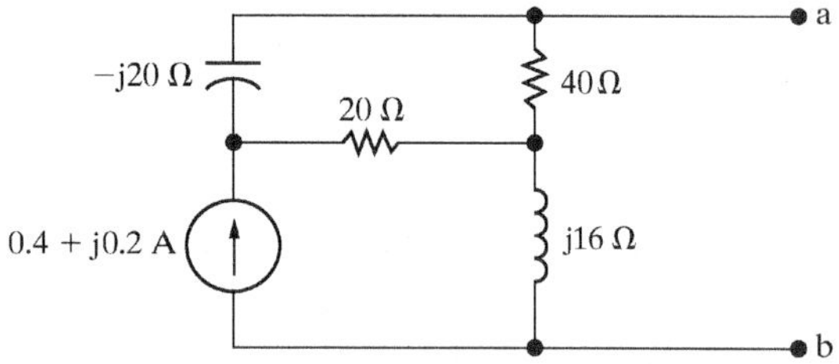

图 P9.46

9.47 如图 P9.47 所示。若将阻抗为 200 Ω 的电阻跨接到设备上，I_0为(−150 + j150) mA；若将阻抗为 j200 Ω 的电感跨接到设备上，V_0为(−40 − j40) V。求戴维南电压 V_{th}和戴维南阻抗 Z_{th}。

9.48 求图 P9.48 所示电路 a、b 两点间的诺顿等效电路。

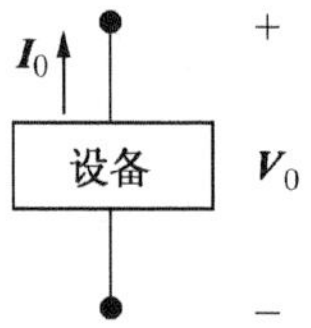

图 P9.47

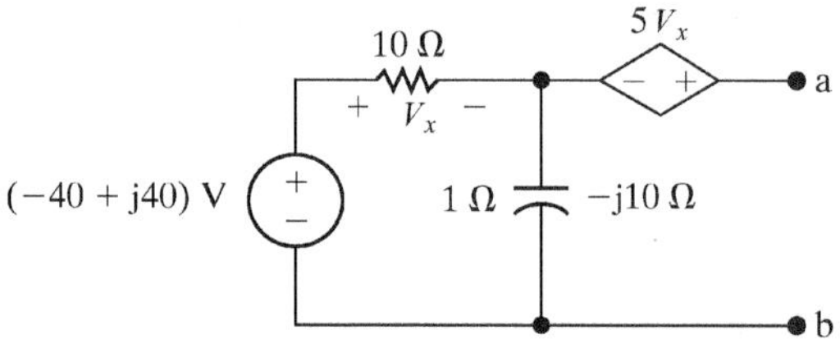

图 P9.48

9.49 如图 P9.49 所示，求电路 a、b 两点间的戴维南等效电路。

9.50 如图 P9.50 所示，$V_s = 5\,\underline{/0°}$ V，求电路 a、b 两点间的诺顿等效电路。

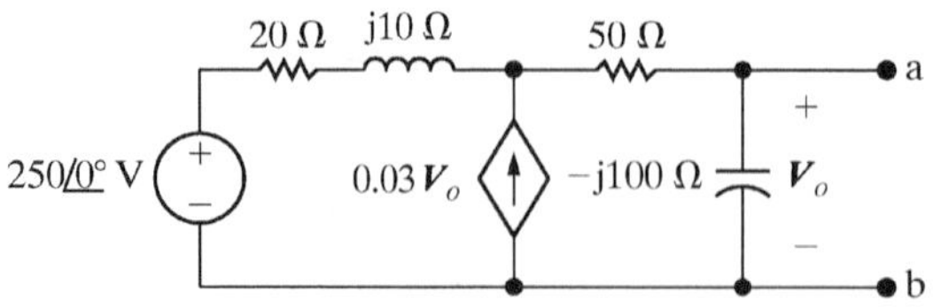

图 P9.49

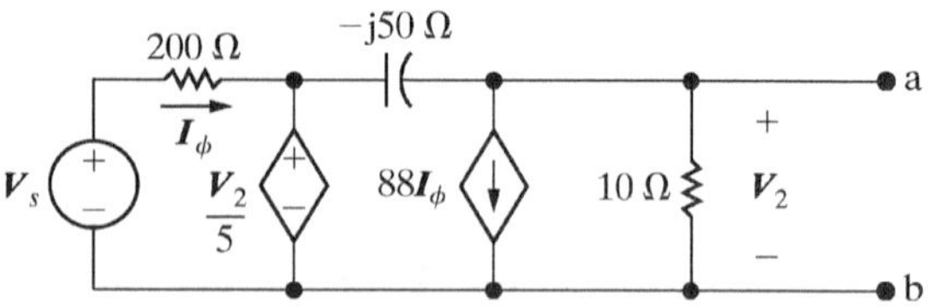

图 P9.50

9.51 如图 P9.51 所示电路，工作频率为 10 rad/s，假设 α 是一个介于 −10 和 10 之间的实数，即 $-10 \leq \alpha \leq 10$。(a)求使 a、b 两点间的戴维南等效电阻为纯电阻时 α 的值。(b)在(a)求得的 α 值下，戴维南阻抗为多少？(c)α 值能否调整至使戴维南等效阻抗为 500 − j500 Ω？如果可以，求此时的 α。(d)α 为何值时，戴维南等效阻抗为感性的。

9.52 如图 P9.52 所示，当电路的工作频率为 100 krad/s 时，求 Z_{ab}。

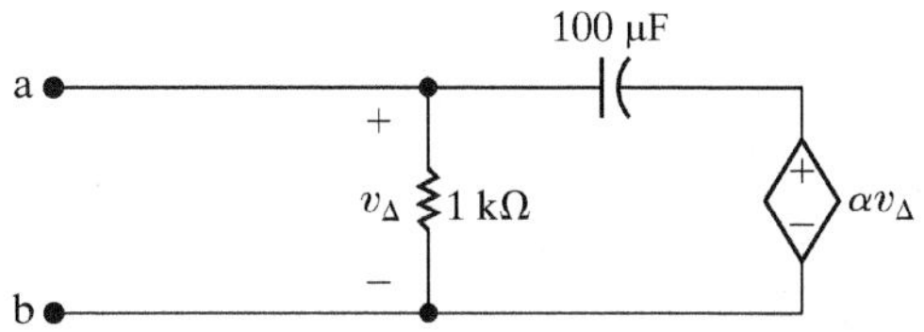

图 P9.51

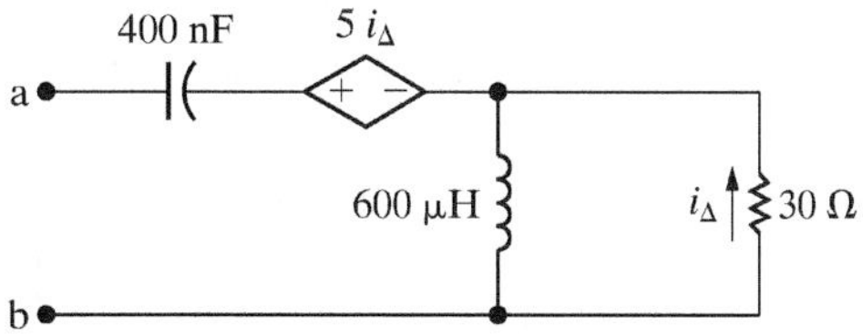

图 P9.52

9.53　如图 P9.53 所示，若工作频率为(25/π) kHz 时，求从 a、b 两端看进去的戴维南等效阻抗。

9.54　用节点电压法求图 P9.54 所示电路的 $\boldsymbol{V}_o$。

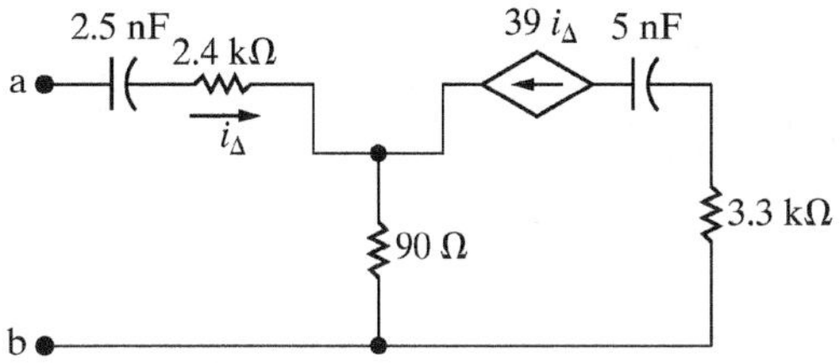

图 P9.53

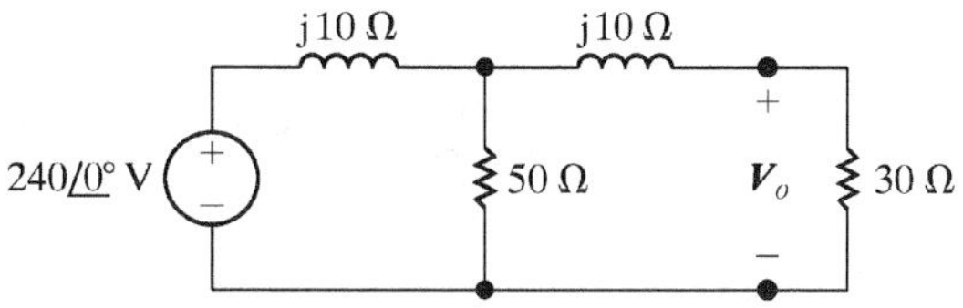

图 P9.54

9.55　用节点电压法求图 P9.55 所示电路的相电压 $\boldsymbol{V}_g$。

9.56P　如图 P9.56 所示，若 $i_g = 5\cos 2500t$ A，$v_g = 20\cos(2500t + 90°)$ V，用节点电压法求电流 i_o 的稳态表达式。

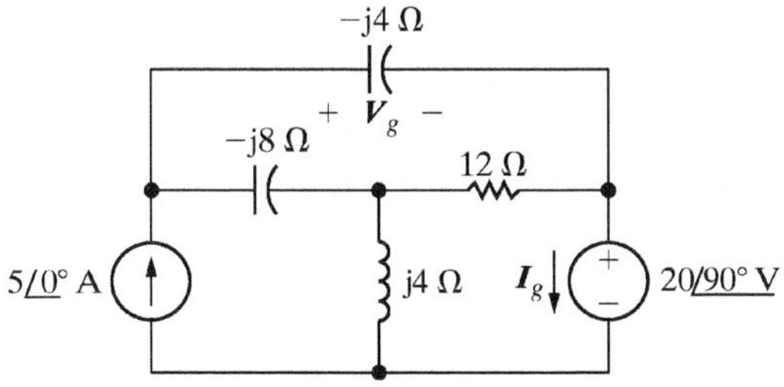

图 P9.55

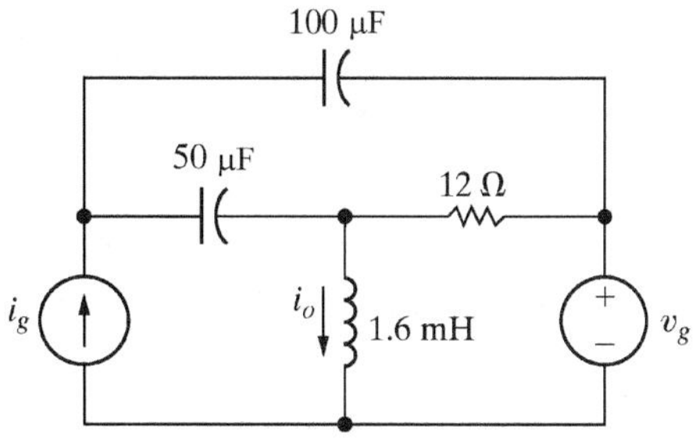

图 P9.56

9.57P　如图 P9.57 所示，若

$$v_{g1} = 25\sin(400t + 143.13°)\ \text{V}$$

$$v_{g2} = 18.03\cos(400t + 33.69°)\ \text{V}$$

用节点电压法求 $v_o(t)$ 的稳态表达式。

9.58　用节点电压法求图 P9.58 所示电路的相电压 $\boldsymbol{V}_o$，分别用极坐标和三角函数的形式表示。

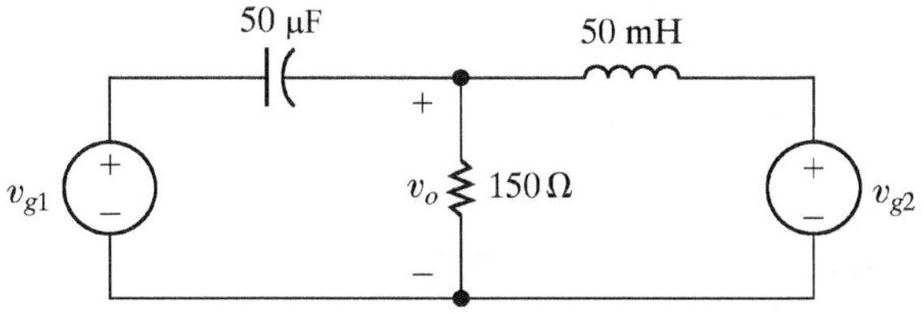

图 P9.57

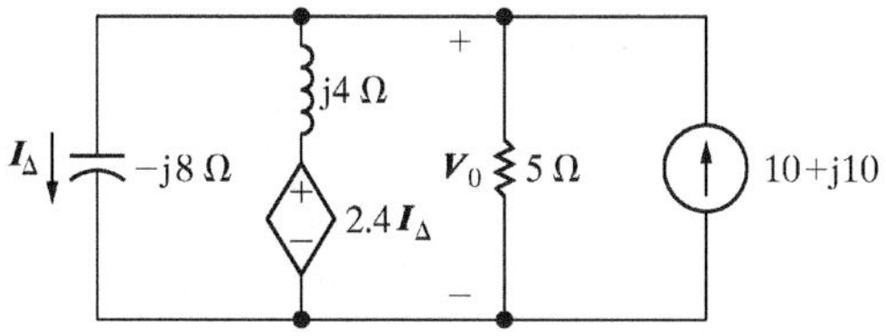

图 P9.58

9.59　用节点电压法求图 P9.59 所示电路的 $\boldsymbol{V}_o$ 和 $\boldsymbol{I}_o$。

9.60　用网孔电流法求图 P9.55 所示电路的相电流 $\boldsymbol{I}_g$。

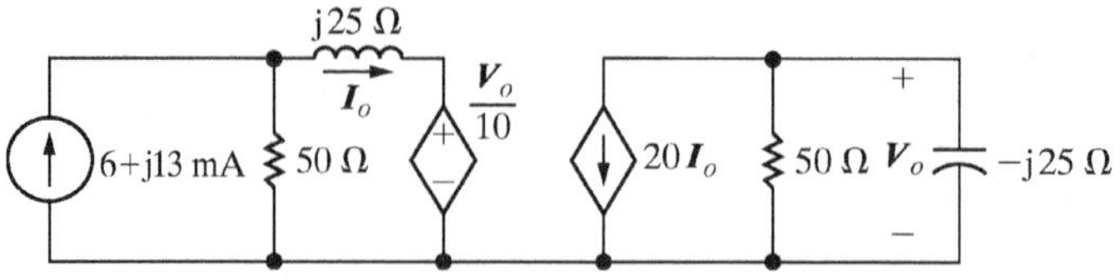

图 P9.59

9.61 用网孔电流法求图 P9.57 所示电压 $v_o(t)$ 的稳态表达式。

9.62 如图 P9.62 所示，用网孔电流法求各支路电流 $\boldsymbol{I}_a$、$\boldsymbol{I}_b$、$\boldsymbol{I}_c$、$\boldsymbol{I}_d$。

9.63 如图 P9.63 所示，若

$$v_a = 18\sin 4000t \text{ V}$$

$$v_b = 12\cos 4000t \text{ V}$$

用网孔电流法求 $v_o(t)$ 的稳态表达式。

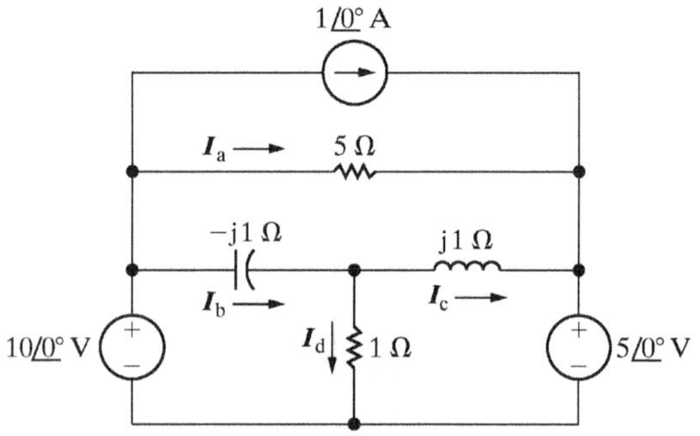

图 P9.62

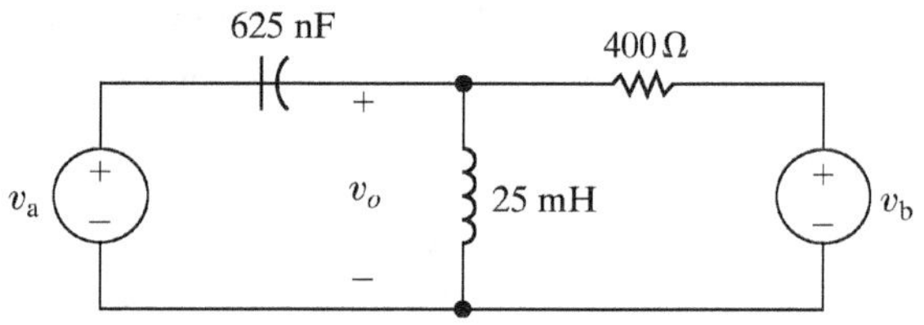

图 P9.63

9.64P 如图 P9.64 所示电路，若 $v_g = 75\cos 5000t$ V，用网孔电流法求 v_o 的稳态表达式。

9.65P 如图 P9.65 所示电路，若 $v_g = 120\cos 100\,000t$ V，运用分压的概念求 $v_o(t)$ 的稳态表达式。

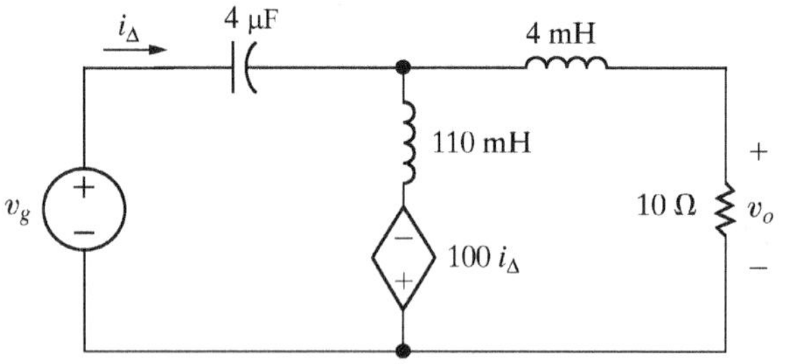

图 P9.64

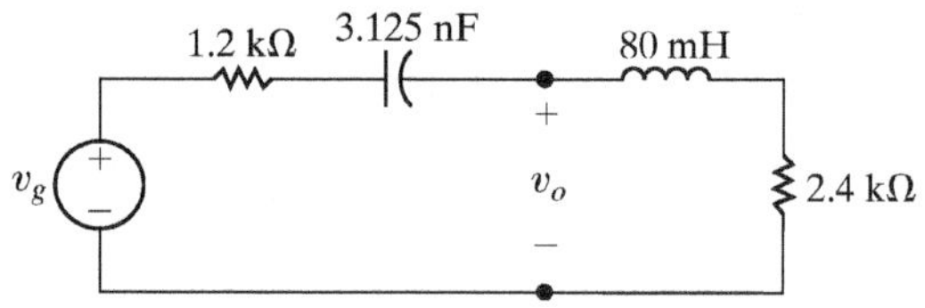

图 P9.65

9.66P 如图 P9.66 所示电路，若 $i_g = 60\cos 250t$ mA，运用分流的概念求 i_o 的稳态表达式。

9.67 电路如图 P9.67 所示，若

$$v_1 = 20\cos(2000t - 36.87°) \text{ V}$$

$$v_2 = 10\cos(5000t + 16.26°) \text{ V}$$

(a)必须使用哪种电路分析方法来求解 $v_o(t)$ 的稳态表达式？(b)求 $v_o(t)$ 的稳态表达式。

9.68 电路如图 P9.63 所示，若

$$v_a = 10\cos 16\,000t \text{ V}$$

$$v_b = 20\cos 4000t \text{ V}$$

(a)必须使用哪种电路分析方法来求解 $i_o(t)$ 的稳态表达式？(b)求 $i_o(t)$ 的稳态表达式。

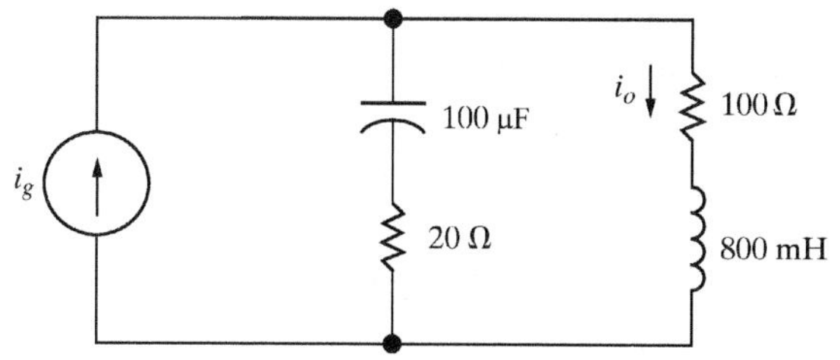

图 P9.66

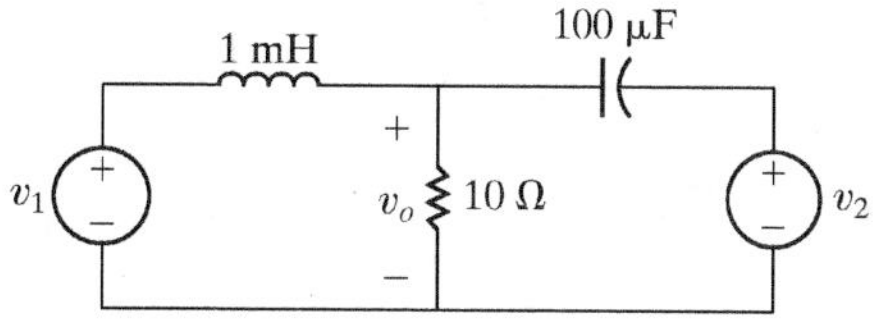

图 P9.67

9.69P 如图 P9.69 所示正弦电压为 $v_g=20\cos 5000t$ V，若运放为理想运放，求 $v_o(t)$的稳态表达式。

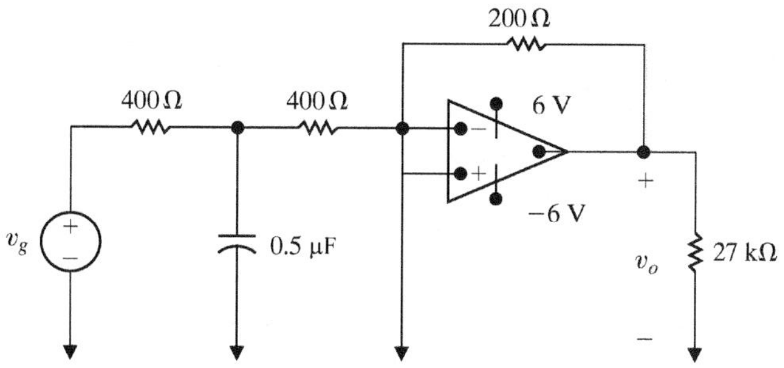

图 P9.69

9.70P 将图 P9.69 所示电路中的 0.5 μF 电容用一可变电容代替，调整电容使输出电压超前输入电压 135°。

(a)求 C 的值，单位为 μF。(b)当 C 为(a)中所求的值时，求 $v_o(t)$的稳态表达式。

9.71P 如图 P9.71 所示为理想运放。

(a)求 $v_o(t)$的稳态表达式。(b)在放大器饱和之前，v_g的最大幅值为多少？

9.72P 如图 P9.72 所示，$v_g=2\cos 10^6 t$ V，运放为理想运放，求 $v_o(t)$的稳态表达式。

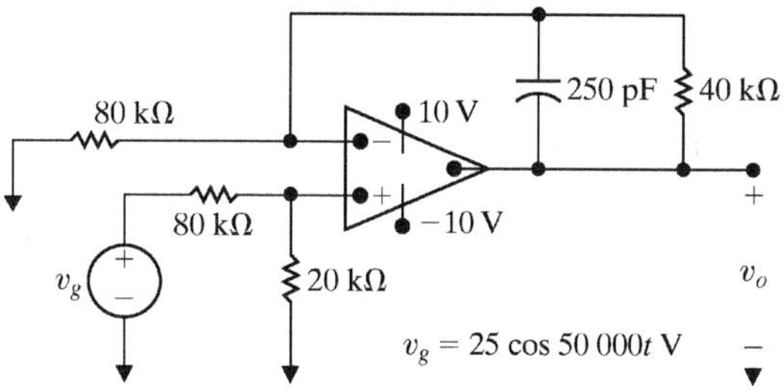

图 P9.71

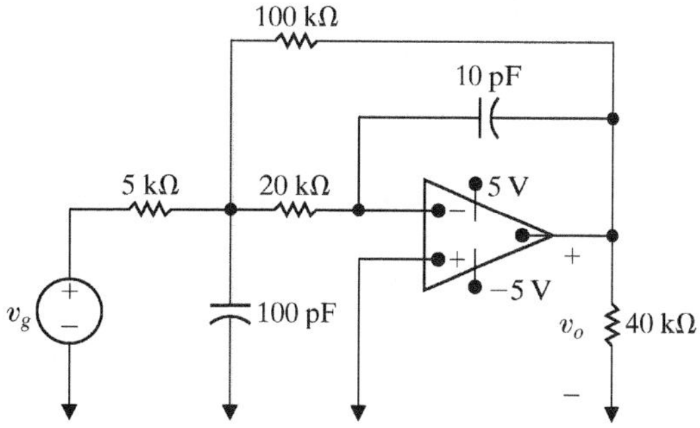

图 P9.72

9.73P 如图 P9.73 所示为理想运算放大器，理想电压源的电压为 $v_g=30\cos 10^6 t$ V。

(a)在稳态输出电压不再是纯正弦波形之前，C_o 的最小值是多少？(b)根据(a)中求出的 C_o 值，求 v_o 的稳态表达式。

9.74 电路如图 P9.74 所示，$\omega=4$ krad/s，调整 k 值使 Z_{ab}为纯电阻，求此时的 Z_{ab}。

9.75 如图 P9.75 所示电路，求 c、d 两点间的戴维南等效电路。

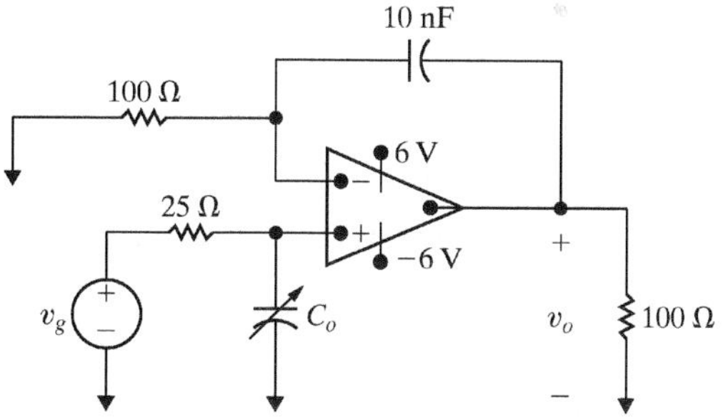

图 P9.73

9.76P (a)电路如图 P9.76 所示，当 $v_g = 168\cos 800t$ V 时，求 i_g和 i_L的稳态表达式。(b)求耦合系数。(c)求 $t = 625\pi$ μs 和 $t = 1250\pi$ μs 时，存储于磁耦合线圈中的能量。

9.77P 如图 P9.77 所示，正弦电压源的工作频率为 200 krad/s，调整耦合导数使 i_1的幅值达到最大。(a)求 k 的值。(b)若 $v_g = 560\cos(2\times10^5 t)$ V，i_1的峰值为多少?

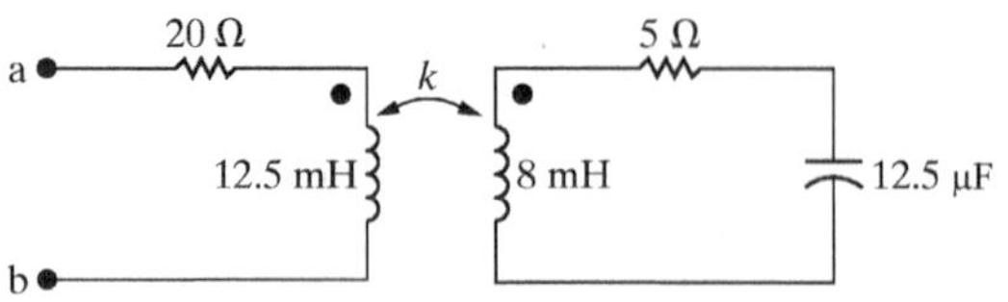

图 P9.74

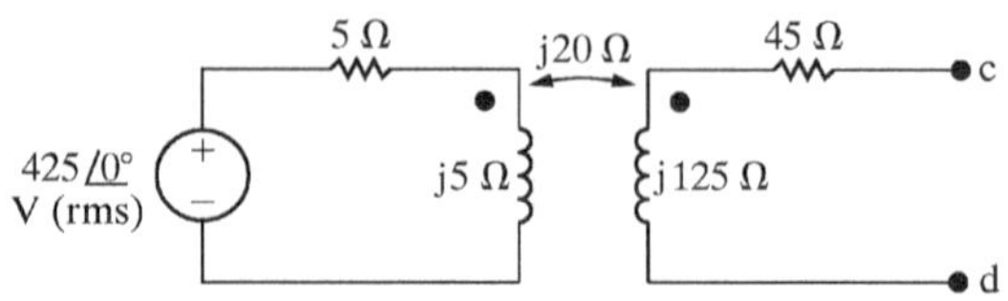

图 P9.75

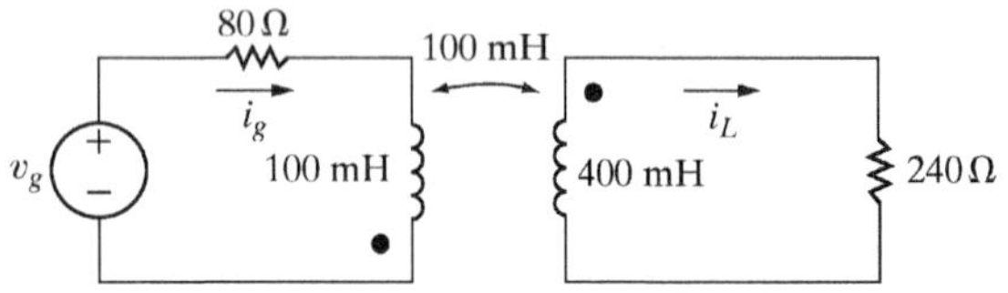

图 P9.76

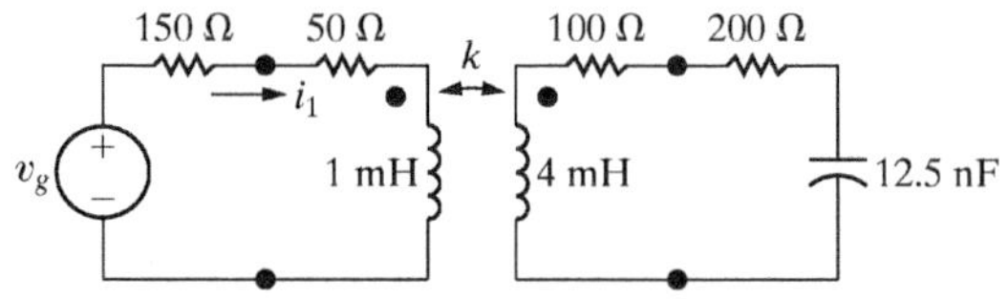

图 P9.77

9.78 60 Ω 电阻和 50 mH 的电感串联，通过线性变压器与一正弦电压源相连，电源的工作频率为 400 rad/s，此时电源的内部阻抗为(10 + j12.75)Ω，无负载时，电源两端电压的均方根值为 75 V，线性变压器的参数为 $R_1 = 8.34$ Ω，$L_1 = 90$ mH，$R_2 = 100$ Ω，$L_2 = 250$ mH，$M = 135$ mH。
(a)求反射到初级线圈的阻抗值。(b)求从实际电源的两端看过去的等效阻抗。

9.79 初看式(9.69)容易让人产生错觉，认为从初级线圈两端(如 X_{ab})看进去的感性负载的电抗呈容性，事实上，我们知道不是这样的。试证明：若 X_L是感性电抗，则 X_{ab}不能为负。

9.80 (a)证明：图 P9.80 所示电路，从 a、b 端口看进去的等效阻抗为

$$Z_{ab} = \left(1 + \frac{N_1}{N_2}\right)^2 Z_L$$

(b)证明：如果将两线圈的同名端变为异名端，则

$$Z_{ab} = \left(1 - \frac{N_1}{N_2}\right)^2 Z_L$$

9.81 (a)证明：图 P9.81 所示电路，从 a、b 端口看进去的等效阻抗为

$$Z_{ab} = \frac{Z_L}{\left(1 + \frac{N_1}{N_2}\right)^2}$$

(b)证明：如果将两线圈的同名端变为异名端，则

$$Z_{ab} = \frac{Z_L}{\left(1 - \frac{N_1}{N_2}\right)^2}$$

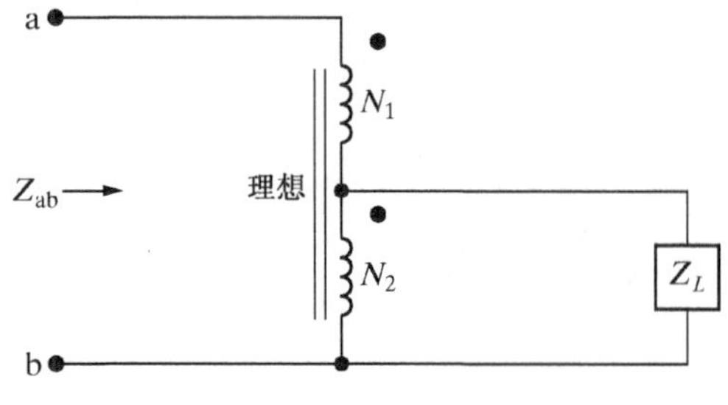

图 P9.80

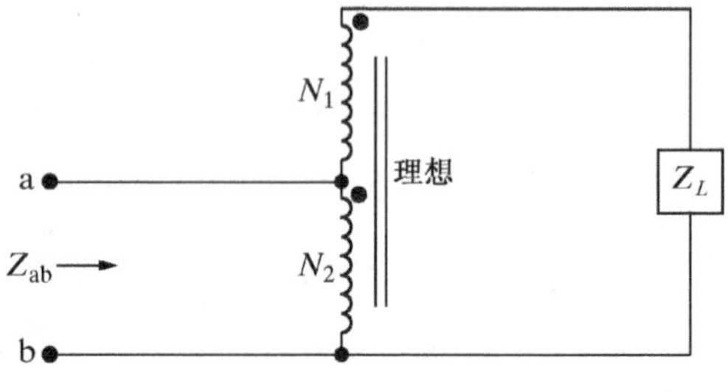

图 P9.81

9.82　若 $Z_L = 200\,\angle{-45^\circ}\ \Omega$，求图 P9.82 所示电路的阻抗 Z_{ab}。

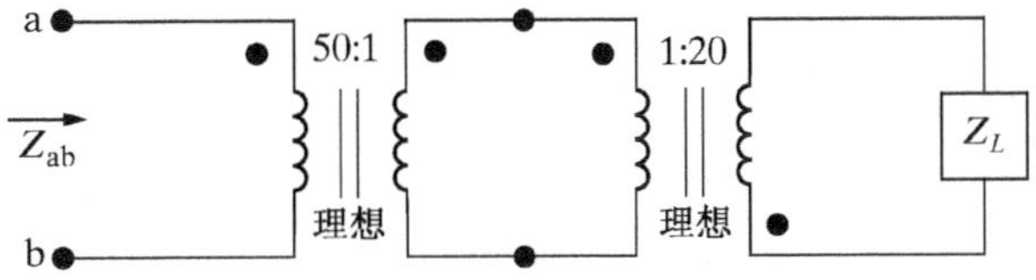

图 P9.82

9.83P　图 P9.83 所示电路，当 R_x 由 0 变为无穷大时，用相量图说明电压 v_o 的幅值和相位角将如何变化。R_x 变化时，电源电压的幅值和相位角保持不变。

9.84　图 P9.53 所示电路的参数为 $R_1 = 0.1\ \Omega$，$\omega L_1 = 0.8\ \Omega$，$R_2 = 24\ \Omega$，$\omega L_2 = 32\ \Omega$，$\boldsymbol{V}_L = 240 + \mathrm{j}0$ V。(a)求相电压 $\boldsymbol{V}_s$。(b)在电感两端并联一个电容，使 $\boldsymbol{V}_L$ 保持常数，调整电容大小，使 $\boldsymbol{I}$ 最小，求此时电容的电抗为多少？此时电压 $\boldsymbol{V}_s$ 的值又为多少？(c)求使 $\boldsymbol{I}$ 尽可能小，并且满足下面等式的容抗

$$|\boldsymbol{V}_s| = |\boldsymbol{V}_L| = 240\ \mathrm{V}$$

9.85　(a)求图 P9.85 电路的 $\boldsymbol{V}_s$ 和 $\boldsymbol{V}_l$。(b)画出描述 $\boldsymbol{V}_s$ 和 $\boldsymbol{V}_l$ 关系的相量图，负载电压为 $240\,\angle{0^\circ}$ V。(c)负载电压保持为 $240\,\angle{0^\circ}$ V，将容抗为 −5 Ω 的电容跨接于负载的两端，重复(a)(b)两问的问题。

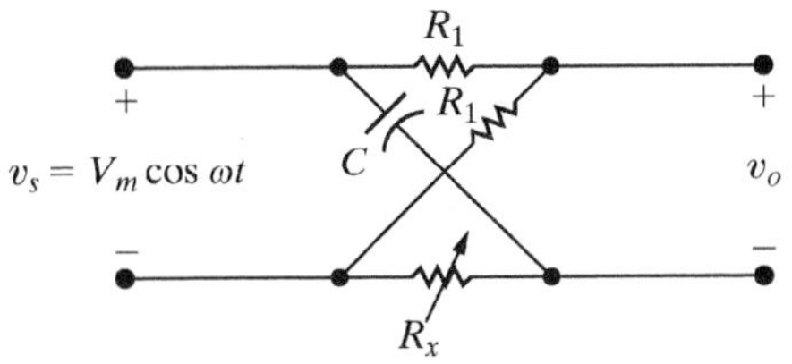

图 P9.83

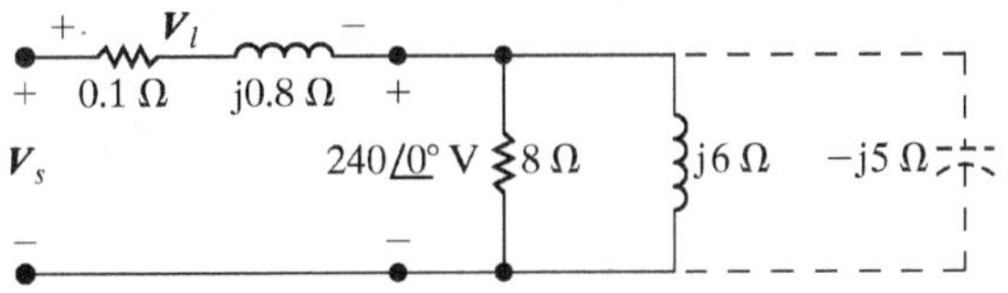

图 P9.85

9.86　作为一名工程学专业毕业的学生，你也许有机会为一桩牵涉人身伤害或财产损失的法律事件进行专家鉴证，给出一些你的观点。作为这类问题的一个例子，考虑下面的事件：一天，野外工作后，农场主回到自己的农场，检查饲养的猪，让他震惊的是他的猪都死了，原因是由于保险丝烧断导致 240 V 风扇停止工作，无法通风致使牲畜窒息死亡。烧断的保险丝位于连接农场与供电设备的主开关上，在保险公司处理这个事件之前，希望弄清楚农场的供电线路连接是否合理。令保险公司的律师疑惑的是，在事件发生的当天，农场主的妻子，刚做过手术，在家休养，整个下午都在看电视，在她去厨房准备晚餐的时候，电表显示正确的时间。因此律师雇佣你解决以下问题：(1)为什么厨房里的电表以及卧室中的电视在主开关的保险丝烧断后仍然工作；(2)为什么主开关的第二个保险丝在风扇停止工作时没被烧断。保险丝 A 断开之前，可以建立如图 P9.86 所示的三相负载电路模型，线路上的电容以及互感电容的阻抗忽略不计。

(a)求保险丝 A 断开之前的支路电流 $\boldsymbol{I}_1$、$\boldsymbol{I}_2$、$\boldsymbol{I}_3$、$\boldsymbol{I}_4$、$\boldsymbol{I}_5$ 和 $\boldsymbol{I}_6$。(b)若风扇停止，相当于短路，求保险丝 A 熔断后的各支路电流。(c)保险丝 A 熔断时将产生瞬间短路电流，解释电表和电视为什么不受短路电流的影响。(d)假设风扇电动机上安装有热切换开关，当电动机电流过大时，会切断电动机电路，解释一下热切换开关应该如何工作。(e)解释为什么风扇电动机停止后，保险丝 B 不会烧断。

9.87　**(实例应用)**(a)求图 P9.58 所示电路的支路电流 $\boldsymbol{I}_1 - \boldsymbol{I}_6$。(b)求初级线圈电流 $\boldsymbol{I}_p$。

9.88　**(实例应用)**将图 P9.58 电路中的 40 Ω 电阻用一个 20 Ω 电阻代替。

(a)重新计算 2 Ω 电阻支路电流 $\boldsymbol{I}_2$。(b)重新计算初级电流 $\boldsymbol{I}_p$。(c)在计算前两项的基础上，说明两个 120 V 负载是否需要大小一样？

9.89　**(实例应用)**一个家庭供电线路如图 P9.89 所示，在这个模型中，R_3 表示 250 V 设备(如灶炉)，电阻 R_1 和 R_2 表示 125 V 的设备(如电灯、烤箱和熨斗)，电流 $\boldsymbol{I}_1$ 和 $\boldsymbol{I}_2$ 的支路表示火线，电流 $\boldsymbol{I}_n$ 的支路表示零线。分析的目的是要说明零线对电路性能的重要性，分析方法自定。

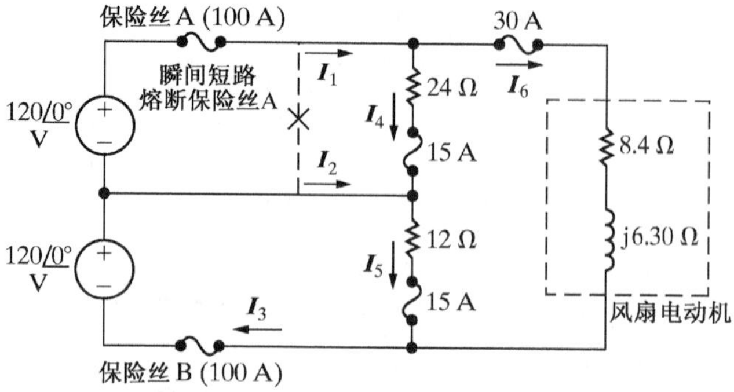

图 P9.86

(a)证明若 $R_1 = R_2$，则 $\boldsymbol{I}_n = 0$。(b)证明若 $R_1 = R_2$，则 $\boldsymbol{V}_1 = \boldsymbol{V}_2$。(c)若 $R_1 = 40\ \Omega$，$R_2 = 400\ \Omega$，$R_3 = 8\ \Omega$，断开零线，求 $\boldsymbol{V}_1$ 和 $\boldsymbol{V}_2$。(d)将零线接上，重复(c)的问题。(e)在上述计算的基础上，说明为什么零线不会被烧断，当火线上有电流时，它也可以断开？

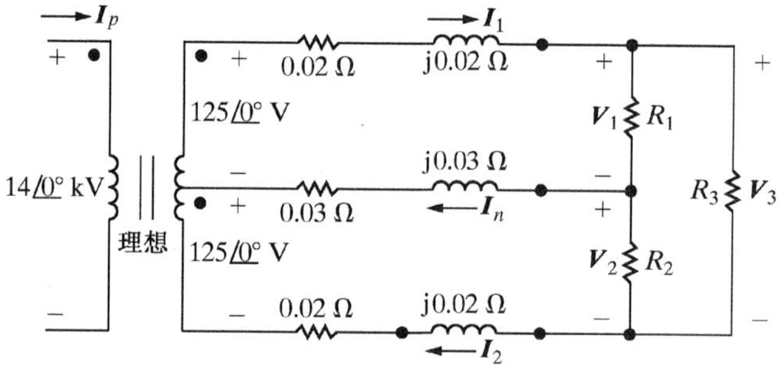

图 P9.89

9.90 **(实例应用)**(a)求习题 9.89(c)和(d)的初级线圈电流 $\boldsymbol{I}_p$。(b)根据已知电路特性分析答案的合理性。

第 10 章　正弦稳态功率计算

本章目标

- 理解下面交流功率的概念、相互间的关系以及如何在电路中进行计算：
  - 瞬时功率
  - 平均功率(实功率)
  - 无功功率
  - 复功率
  - 功率因数
- 理解在交流电路中传输最大负载平均功率的条件，并且能够计算最大负载平均功率传输时需要的负载阻抗。
- 能够计算线性变压器交流电路和理想变压器交流电路上的任何形式的交流功率。

电力工程是电气工程的一个重要分支，能量传输问题的涉及范围非常广，从能使设备安全有效运行的功率范围，一直到设计一个机组、变压器以及向居民和工业消费者提供电能都属于电力工程的范围。

几乎所有的电能都是以正弦电压和电流的形式供给的，因此在学完第 9 章正弦稳态电路的分析后，在这里讨论正弦稳态功率的计算非常合适。人们感兴趣的主要是两端子间发送或接收的平均功率，其他参数，诸如无功功率、复功率和视在功率等也将提到。

用前几章中读者已非常熟悉的两个概念来开始和结束这一章的学习：功率守恒(参见 10.1 节)和最大功率的传输(参见 10.6 节)。读者会注意到，虽然相对于直流信号来说，正弦函数的计算需要一些额外的数学技巧，但功率分析的过程与第 1 章至第 4 章中学习的电路分析方法仍有许多相似之处。

实例应用

“吸血鬼功率”(一)

第 9 章中计算了正弦电路的稳态电压和稳态电流，在接下来的章节里将讨论正弦电路的功率。在家中、学校以及商业中使用的设备都是由正弦电源驱动的，因此这里研究的方法适用于日常生活中所接触的大多数电气设备的分析。

在家庭、学校和商业场所中使用的这些通用电子设备，即使在我们不使用的情况下，仍然可能消耗功率。这种“待机功率”可能用于运行一个内部时钟，给电池充电，显示时间或其他参数，监控温度或其他环境指标，或用于搜索接收信号。如微波炉、录像机、电视机、遥控器和计算机等的所有设备，它们在不使用时都要消耗功率。

这种用于给许多便携式设备充电的交流适配器是一种常见的具有待机功率的设备。如果适配器插在墙上的插座里，即使没有设备连在适配器上，适配器也会继续耗电。适配器上的插头看起来就像是吸血鬼的獠牙，所以这个待机功率又被称为“吸血鬼功率”。即使在我们睡觉时它也在消耗功率。

到底家庭中的电气设备在一年中会消耗多少“吸血鬼功率”？有没有一种减少或消除吸血鬼功率的方法呢？这些问题将在本章结尾的实例应用和习题中进行探讨。

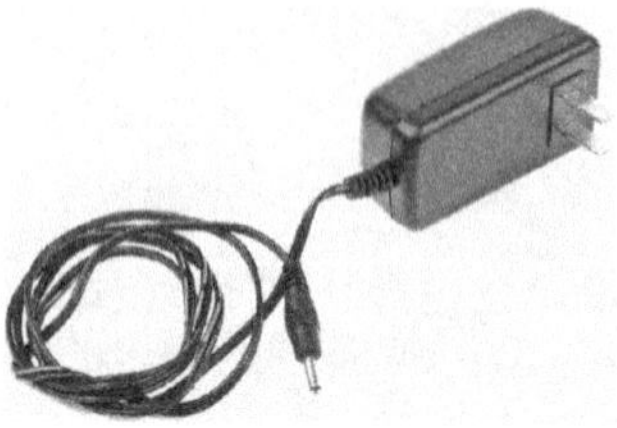

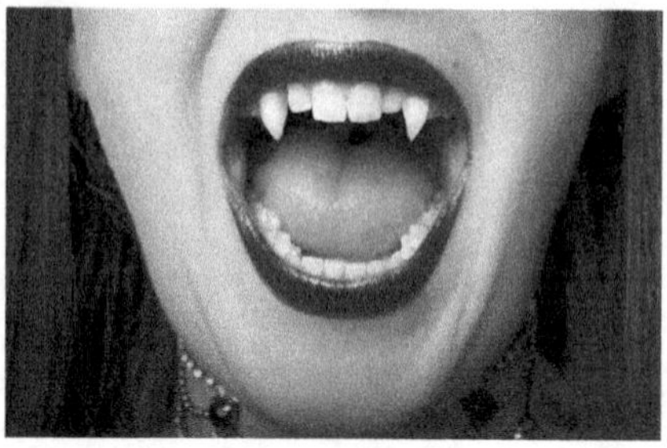

10.1 瞬时功率

由图10.1开始对正弦功率的分析，v 和 i 是正弦稳态信号，在图示参考方向下，任一时刻的功率为

$$p = vi \tag{10.1}$$

这就是瞬时功率。如果电流的参考方向是电压升的方向，则在式(10.1)前要加负号，当电压单位为V，电流单位为A时，瞬时功率的单位为W，v 和 i 的表达式为

$$v = V_m \cos(\omega t + \theta_v) \tag{10.2}$$

$$i = I_m \cos(\omega t + \theta_i) \tag{10.3}$$

其中 θ_v 是电压的相位角，θ_i 是电流的相位角。

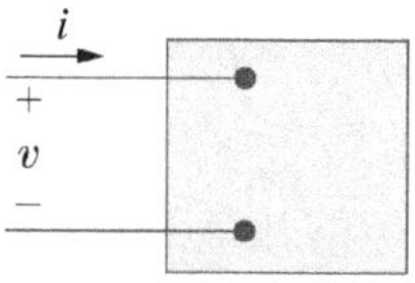

图10.1 功率计算中表示电路的黑盒子

由于所有的分析都是在正弦稳态下进行的，所以可以选择一个合适的参考点作为零时刻，工程师发现对于大功率的传输，选择正弦电流为正的最大值时的时间作为零时刻最为方便，因此对式(10.2)和式(10.3)进行适当变换得

$$v = V_m \cos(\omega t + \theta_v - \theta_i) \tag{10.4}$$

$$i = I_m \cos \omega t \tag{10.5}$$

将式(10.4)和式(10.5)代入式(10.1)中，得到瞬时功率表达式

$$p = V_m I_m \cos(\omega t + \theta_v - \theta_i) \cos \omega t \tag{10.6}$$

由式(10.6)可以直接求得平均功率，但是，如果对式(10.6)简单地运用一下三角变换，则可以变成更有用的形式。

由三角函数①

$$\cos\alpha \cos\beta = \frac{1}{2}\cos(\alpha - \beta) + \frac{1}{2}\cos(\alpha + \beta)$$

① 参见附录F中的第8条。

将式(10.6)展开，令 $\alpha=\omega t+\theta_v-\theta_i$，$\beta=\omega t$，可得

$$p=\frac{V_m I_m}{2}\cos(\theta_v-\theta_i)+\frac{V_m I_m}{2}\cos(2\omega t+\theta_v-\theta_i) \tag{10.7}$$

由三角函数

$$\cos(\alpha+\beta)=\cos\alpha\cos\beta-\sin\alpha\sin\beta$$

将式(10.7)的第二个分量展开得

$$p=\frac{V_m I_m}{2}\cos(\theta_v-\theta_i)+\frac{V_m I_m}{2}\cos(\theta_v-\theta_i)\cos 2\omega t-\frac{V_m I_m}{2}\sin(\theta_v-\theta_i)\sin 2\omega t \tag{10.8}$$

图 10.2 画出了当 $\theta_v=60°$，$\theta_i=0°$时的 v，i 以及 p 间的关系。可以看出瞬时功率的频率是电压和电流频率的两倍，即电压或者电流完成一个周期，瞬时功率完成两个周期，同时还要注意到即使网络是无源网络，瞬时功率在一个周期的某一时间段里也可能是负的，对于一个完全无源网络，负功率意味着存储于电容或者电感中的能量的释放。正弦稳态电路的瞬时功率随时间变化，可以用来解释某些电动机驱动的设备(如电冰箱)的震动，这些设备需要使用减震系统来防止过大的震动。

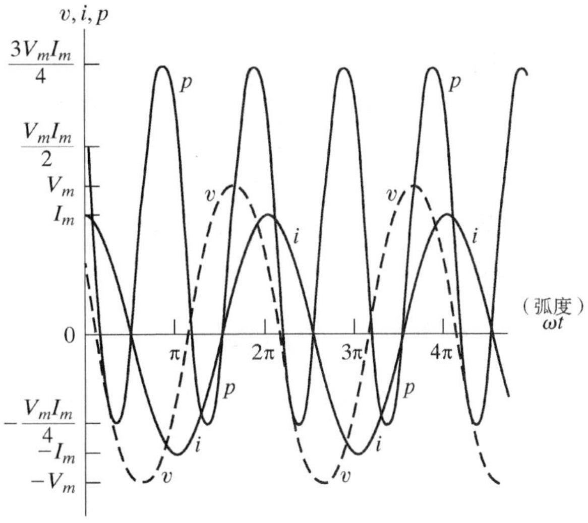

图 10.2　正弦稳态下的瞬时功率、电压和电流与ωt的关系曲线

下面用式(10.8)求图 10.1 所示电路两端的平均功率，同时引出无功功率的概念。

10.2　平均功率和无功功率

式(10.8)具有三个分量，重写为

$$p=P+P\cos 2\omega t-Q\sin 2\omega t \tag{10.9}$$

其中

$$P=\frac{V_m I_m}{2}\cos(\theta_v-\theta_i) \tag{10.10}$$

$$Q=\frac{V_m I_m}{2}\sin(\theta_v-\theta_i) \tag{10.11}$$

P 称为平均功率，Q 称为无功功率，平均功率有时又称为实功率，因为它描述了电路将电能转变为其他形式能量的功率，由于这两个参数可以相互变换，所以这里主要采用平均功率。

P 称为平均功率的原因很简单，用公式表示为

$$P=\frac{1}{T}\int_{t_0}^{t_0+T} p\,\mathrm{d}t \tag{10.12}$$

式中 T 为正弦信号的周期，积分上下限表明，可以在任意时刻 t_0 处开始积分，但必须是在一个周期内积分，也可以在 n 个周期内积分，其中 n 为整数，此时的分母应变为 $1/nT$。

将式(10.9)代入式(10.12)中计算即可求得平均功率，$\cos 2\omega t$ 和 $\sin 2\omega t$ 在一个周期上的积分为 0，所以平均功率为式(10.9)右边的第一个分量，因此平均功率即为式(10.10)。

通过将电路设为纯电阻、纯电感和纯电容电路，可以更好地理解式(10.9)中各功率参数的含义及其相互关系。

10.2.1 纯电阻电路的功率

若两端点间的电路为纯电阻电路，则电压和电流同相，即 $\theta_v=\theta_i$，式(10.9)变为

$$p = P + P\cos 2\omega t \tag{10.13}$$

式(10.13)描述的瞬时功率又称为瞬时实功率，图 10.3 描述了当 $\omega=377$ rad/s 时的纯电阻电路的瞬时功率。由定义知平均功率 P 为 p 在一个周期内的平均值，因此由图可以直接看出平均功率为 $P=1$，同时，由图 10.3 和式(10.13)也可以看到瞬时功率不可能为负。换句话说，能量不可能从一个纯电阻电路中输出，即所有的电能都以热能的形式消耗掉了。

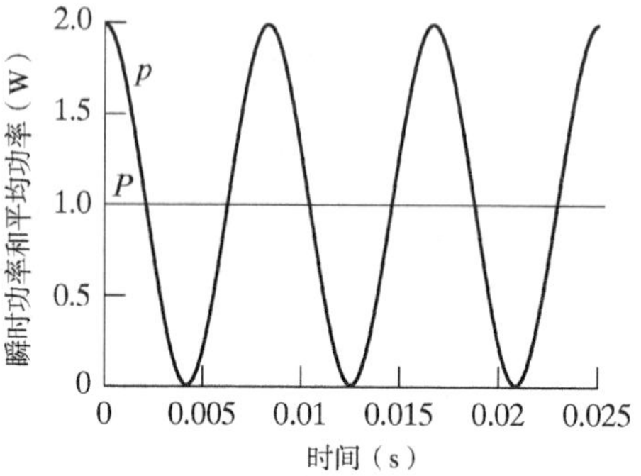

图 10.3 纯电阻电路的瞬时功率和平均功率

10.2.2 纯电感电路的功率

若两端点间的电路为纯电感电路，则电压和电流的相位差 90°，确切地说，电流滞后电压 90°(即 $\theta_i=\theta_v-90°$)，因此 $\theta_v-\theta_i=+90°$，瞬时功率的表达式为

$$p = -Q\sin 2\omega t \tag{10.14}$$

可见纯电感电路的平均功率为零，因此电能没有变为其他形式的能量，纯电感电路上的瞬时功率始终是以 2ω 的频率在电路与驱动源之间转换。换句话说，当 p 为正时，能量存储于电感元件的磁场中，当 p 为负时，能量从磁场中释放。

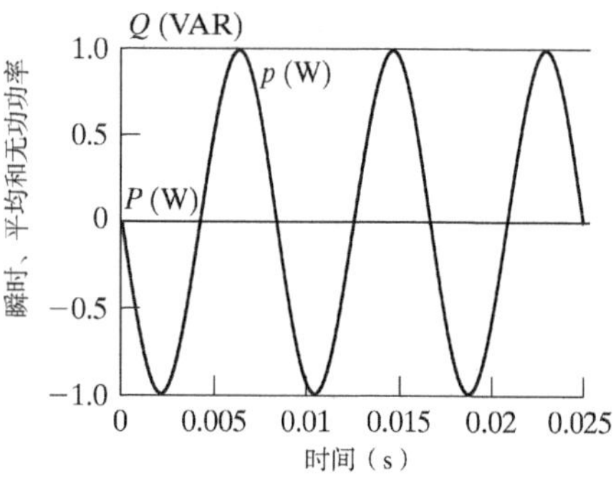

图 10.4 纯电感网络的瞬时功率、平均功率和无功功率

与纯电感电路相关的功率是无功功率 Q，无功功率的名称是由电感的无功特性得出的，电感的阻抗为纯虚数。由于平均功率 P 和无功功率 Q 具有相同的量纲，故为了区分，用瓦特(W)作为平均功率的单位，乏(无功伏安或者 VAR)作为无功功率的单位。图 10.4 画出了 $\omega=377$ rad/s，$Q=1$ VAR 时，纯电感单端口网络的瞬时功率。

10.2.3 纯电容电路的功率

若单端口网络为纯电容性，则电压和电流的相位差 90°，电流超前电压 90°(即 $\theta_i=\theta_v+90°$)，因此 $\theta_v-\theta_i=-90°$，瞬时功率的表达式为

$$p = -Q\sin 2\omega t \tag{10.15}$$

可见平均功率为零，没有发生电能与其他形式能量间的转换。纯电容电路中，能量始终是在驱动电源与容性元件的磁场间相互转换，图 10.5 画出了 $\omega=377$ rad/s，$Q=-1$ VAR 时，纯电容单端口网络的瞬时功率。

应当注意的是，以电流作为参考得出的电感的无功功率为正($\theta_v-\theta_i=90°$)，电容的无功功率为负($\theta_v-\theta_i=-90°$)。电力工程师用 Q 的代数符号来表明这一不同，目的是为了说明电感吸收无功功率而电容释放无功功率，在后面的章节中将继续讨论这一特性。

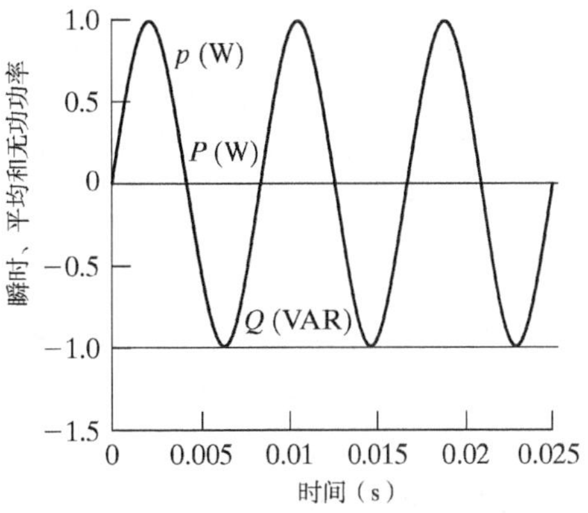

图 10.5　纯电容网络的瞬时功率和平均功率

10.2.4　功率因数

在计算平均功率和无功功率时用到的角 $\theta_v-\theta_i$ 称为功率因数角，这个角的余弦函数称为功率因数，简写为 pf，正弦函数称为无功功率因数(无功因数)，简写为 rf，因此

$$\mathrm{pf}=\cos(\theta_v-\theta_i) \tag{10.16}$$

$$\mathrm{rf}=\sin(\theta_v-\theta_i) \tag{10.17}$$

注意由功率因数并不能确定功率因数角的大小，因为 $\cos(\theta_v-\theta_i)=\cos(\theta_i-\theta_v)$，为了完整地描述功率因数角，用相位滞后功率因数和超前功率因数来描述，滞后功率因数表示电流滞后电压——是感性负载，超前功率因数表示电流超前电压——是容性负载，功率因数和无功因数都是描述电路负载的有用参数。

例 10.1 在数学计算的基础上，说明了 P 和 Q 的物理含义。

例 10.1　计算平均功率和无功功率

(a)计算图 10.6 所示单端口网络的平均功率和无功功率，若

$$v=100\cos(\omega t+15°)\ \mathrm{V}$$

$$i=4\sin(\omega t-15°)\ \mathrm{A}$$

(b)说明单端口网络是吸收还是释放平均功率?

(c)说明单端口网络是吸收还是释放无功功率?

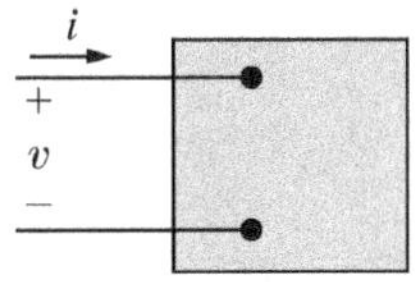

图 10.6　计算平均功率的两端子

解:

(a)因为 i 为正弦函数，所以在计算 P 和 Q 之前，先将 i 表示为余弦函数

$$i=4\cos(\omega t-105°)\ \mathrm{A}$$

由式(10.10)和式(10.11)直接计算 P, Q 得

$$P=\frac{1}{2}\times(100)\times(4)\cos[15-(-105)]=-100\ \mathrm{W}$$

$$Q=\frac{1}{2}\times100\times(4)\sin[15-(-105)]=173.21\ \mathrm{VAR}$$

(b)由于图 10.6 中采用的是无源符号约定表示法，因此 −100 W 意味着平均功率是从单端口网络释放出来的。

(c)因为 Q 为正数，所以单端口网络吸收无功功率。

评测目标 1　理解交流功率的概念、相互间的关系以及如何计算。

10.1　对于下列给出的电压和电流值，计算如右图所示的单端口网络 A 和 B 的平均功率以及无功功率，并且说明平均功率和无功功率是从 A 流入 B 还是从 B 流入 A。

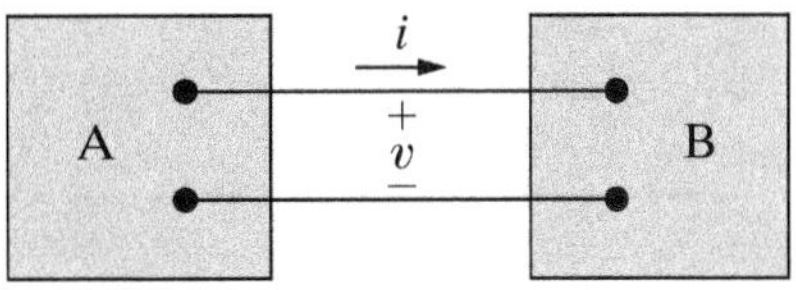

(a) $v=100\cos(\omega t-45°)$ V；$i=20\cos(\omega t+15°)$ A。

(b) $v=100\cos(\omega t-45°)$ V；$i=20\cos(\omega t+165°)$ A。

(c) $v=100\cos(\omega t-45°)$ V；$i=20\cos(\omega t-105°)$ A。

(d) $v=100\cos\omega t$ V；$i=20\cos(\omega t+120°)$ A。

答：(a) $P=500$ W (A 到 B)，$Q=-866.03$ VAR(B 到 A)。

(b) $P=-866.03$ W (B 到 A)，$Q=500$ VAR(A 到 B)。

(c) $P=500$ W(A 到 B)，$Q=866.03$ VAR(A 到 B)。

(d) $P=-500$ W(B 到 A)，$Q=-866.03$ VAR(B 到 A)。

10.2 计算图 10.6 所示单端口网络的功率因数和无功因数，其中电压和电流值如例 10.1 所示。提示：用 $-i$ 来计算功率因数和无功因数。

答：pf = 0.5(超前)，rf = −0.866

提示：试求本章习题 10.1。

10.2.5 应用范围

平均功率常常用来表示家用电器的功率，表 10.1 列出了一些常用家用电器的平均功率以及大约每年的耗电量。耗电量是通过估算每年的使用时间得出的。例如，估计咖啡壶每年工作 140/1.2(或 116.67)小时，大约每天使用 19 分钟。

表 10.1 家用电器每年需要的电能

电器	平均功率	估算的每年耗电量(kWh)[a]
厨房用具		
咖啡机	1200	140
洗碗机	1201	165
煮蛋器	516	14
炒锅	1196	100
搅拌器	127	2
微波炉	1450	190
带灶的烤炉	12 200	596
烤箱	1146	39
洗熨		
烘干机	4856	993
自动洗衣机	512	103
热水器	2475	4219
快热型	4474	4811
室内环境调节		
空调(房间)	860	860[b]
除湿器	257	377
电风扇(循环)	88	43
加热器(便携式)	1322	176
保健和美容		
吹风机	600	25
剃须刀	15	0.5
日光灯	279	16
家庭娱乐		
收音机	71	86

（续表）

电器	平均功率	估算的每年耗电量(kWh)[a]
彩色电视机(电子管式)	240	528
晶体管式	145	320
家用器皿		
电子计时器	2	17
吸尘器	630	46

[a] 基于正常使用。在用这些数据做计划时，诸如具体器具的型号、应用的地理范围以及是否单独使用等因素都必须考虑进去，因为设备通常不是在同一时刻工作，故瓦特没有相加性。

[b] 基于每年 1000 小时的使用。使用面积和型号的不同都会使数据发生很大变化。

(资料来源：爱迪生电气公司)

例 10.2 在表 10.1 的基础上，说明了在不增加居民电流负载能力的条件下是否可以同时使用 4 个常用电器。

例 10.2　家用电器的功率计算

典型的厨房开关是由 12 号导线以及 20 A 的熔断丝或者 20 A 的断路器构成的。假设 120 V 的设备如咖啡壶、煮蛋器、炒锅和烤箱在同一时间工作，那么电路会因为负荷太高而断开吗？

解：

由表 10.1 得，4 个电器的总平均功率为

$$P = 1200 + 516 + 1196 + 1146 = 4058 \text{ W}$$

线路上的电流为

$$I_{\text{eff}} = \frac{4058}{120} \approx 33.82 \text{ A}$$

所以线路会断开。

提示： 试求本章习题 10.2 来测试你对上述问题的理解程度。

10.3　均方根及功率计算

在 9.1 节介绍正弦电压(或者电流)的均方根时指出均方根在功率计算中担任着重要的角色，现在就来分析一下。

假设电阻两端的电压为正弦电压，如图 10.7 所示，求电阻上的平均功率。由式(10.12)得

$$P = \frac{1}{T}\int_{t_0}^{t_0+T} \frac{V_m^2 \cos^2(\omega t + \phi_v)}{R}\mathrm{d}t = \frac{1}{R}\left[\frac{1}{T}\int_{t_0}^{t_0+T} V_m^2 \cos^2(\omega t + \phi_v)\mathrm{d}t\right] \tag{10.18}$$

比较式(10.18)和式(9.5)可知，电阻 R 上的平均功率就是电压均方根的平方除以 R，即

$$P = \frac{V_{\text{rms}}^2}{R} \tag{10.19}$$

如果电阻上的电流为正弦电流 $I_m \cos(\omega t + \phi_i)$，则 R 的平均功率为

$$P = I_{\text{rms}}^2 R \tag{10.20}$$

均方根值也称电压(或者电流)的有效值。均方根值有一个有趣的特性，即对于给定的等效电阻负载 R 和时间周期 T，正弦电源供给电阻的能量等于与正弦电源均方根相同的直流电源供给电阻 R 的能量。例如，假设负载相同，则 100 V 的直流电源在 T 秒内提供的能量与均方根为 100 V_{rms}的正弦电源提供的能量相同(参见习题 10.12)。图 10.8 说明了这一等效性，也就是说，两个电源产生的效果相同，因此，均方根值也称为有效值。

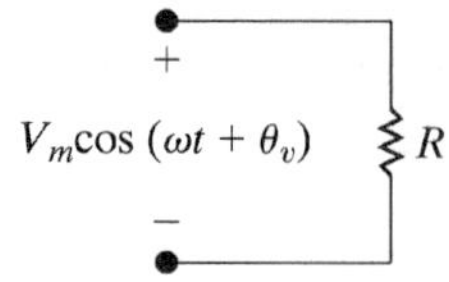

图 10.7 加在电阻两端的正弦电压

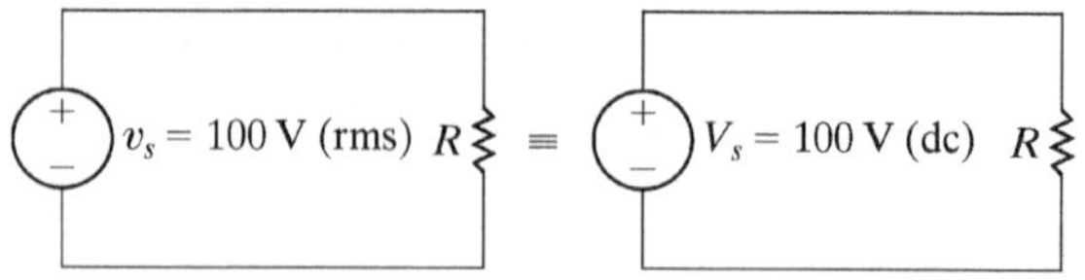

图 10.8 有效值为 v_S(100 V_{rms})的电压对电阻 R 提供的功率与直流电压 V_s(100 V_{dc})提供的功率相同

式(10.10)给出的平均功率和式(10.11)给出的无功功率可以用有效值表示为

$$P=\frac{V_mI_m}{2}\cos(\theta_v-\theta_i)=\frac{V_m}{\sqrt{2}}\frac{I_m}{\sqrt{2}}\cos(\theta_v-\theta_i)=V_{\rm eff}I_{\rm eff}\cos(\theta_v-\theta_i) \quad (10.21)$$

和

$$Q=V_{\rm eff}I_{\rm eff}\sin(\theta_v-\theta_i) \quad (10.22)$$

有效值在正弦信号的功率计算中非常有用，因此一般电路中的电压、电流以及各种功率设备都是以有效值的形式给出的。例如，居民区线路上的电压一般是 240 V/120 V，这个电压值就是指电力公司供给的正弦电压的均方根值，其中两种电压值分别给低压电器(如电视机)和高压电器(如电炉)供电，各种电器，如电灯、熨斗、烤箱等在铭牌上标识的也都是均方根值，例如，一个 120 V、100 W 的灯泡电阻为 $120^2/100$，或者说 144 Ω，产生一个均方根值为 120/144，即 0.833 A 的电流，电流的峰值为 $0.833\sqrt{2}$，即 1.18 A。

正弦函数的相量变换也可用均方根的形式给出，均方根相量的幅值等于正弦函数的均方根，如果一个相量是均方根相量，会明确地予以说明，或者在向量上加一个下脚标 rms(或者是 eff)，如式(10.21)所示。

例 10.3 给出了均方根值在功率计算中的应用。

例 10.3 确定正弦电压传输到电阻上的平均功率

(a)正弦电压的幅值为 625 V，加到 50 Ω 电阻两端，求电阻的平均功率。

(b)通过先求电阻电流，重复(a)问。

解：

(a)正弦电压的均方根值为 $625/\sqrt{2}$，即大约 441.94 V，由式(10.19)可知，50 Ω 电阻上的平均功率为

$$P=\frac{(441.94)^2}{50}=3906.25\ \text{W}$$

(b)电阻电流的幅值为 625/50，即 12.5 A，均方根值为 $12.5/\sqrt{2}$，即大约 8.84 A，因此电阻的平均功率为

$$P=(8.84)^2\times 50=3906.25\ \text{W}$$

评测目标 1 理解交流功率的概念、相互间的关系以及如何进行计算。

10.3 例 9.4 中的周期三角波如右图所示，峰值为 180 mA，加在 5 kΩ的电阻上，求平均功率。

答： 54 W。

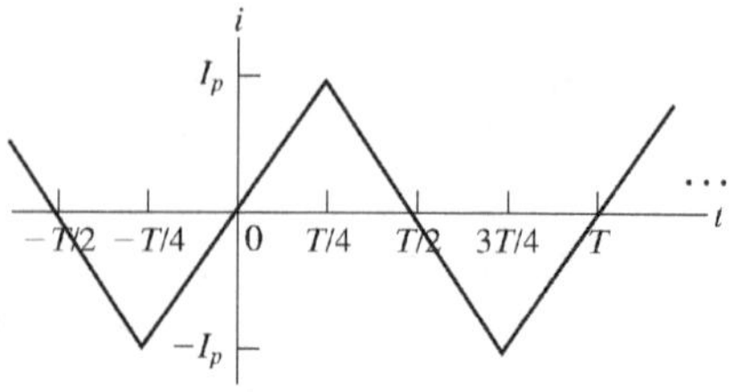

提示： 试求本章习题 10.15。

10.4 复功率

在介绍正弦稳态电路的平均功率和无功功率的其他计算方法之前，有必要介绍一下复功率。复功率是平均功率和无功功率的复数和，即

$$S = P + jQ \tag{10.23}$$

可以直接利用电路的电压相量和电流相量来计算复功率，因此式(10.23)可以用来计算平均功率和无功功率，因为 $P = \Re\{S\}$，$Q = \Im\{S\}$。

复功率与平均功率和无功功率的量纲相同，为了将复功率与之区分开，复功率的单位为伏安(VA)，因此用 VA 表示复功率，W 表示平均功率，VAR 表示无功功率，总结如表 10.2 所示。

使用复功率的另一个优点是由它的几何特性决定的。当用式(10.23)计算时，可以将 P，Q 和 $|S|$ 作为直角三角形的 3 个边，如图 10.9 所示。能够非常容易地推出功率三角形的角 θ 是功率因数角 $\theta_v - \theta_i$，由图 10.9 可知

$$\tan\theta = \frac{Q}{P} \tag{10.24}$$

又由 P 和 Q 的定义式[分别参见式(10.10)和式(10.11)]得

$$\frac{Q}{P} = \frac{(V_m I_m/2)\sin(\theta_v - \theta_i)}{(V_m I_m/2)\cos(\theta_v - \theta_i)} = \tan(\theta_v - \theta_i) \tag{10.25}$$

所以 $\theta = \theta_v - \theta_i$。由直角三角形的几何关系可知，功率三角形的四维(3 个边和一个功率因数角)，如果知道了其中的两个值，就可以确定其余的两个值。

表 10.2　三种功率及其单位

功率	单位
复功率	伏安
平均功率	瓦特
无功功率	乏

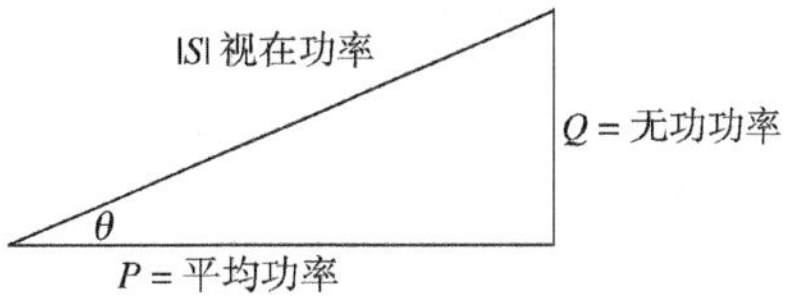

图 10.9　功率三角形

复功率的模称为视在功率，即

$$|S| = \sqrt{P^2 + Q^2} \tag{10.26}$$

同复功率一样，视在功率的单位为 VA，若设计一个将电能转变为其他形式能量的设备，则视在功率比平均功率还要重要。平均功率表示能量转换设备的有用输出，视在功率表示提供这样的平均功率需要多大的伏安容量。由图 10.9 的功率三角形可以看出，除非功率因数角为 0°(即设备为纯电阻性，pf = 1，$Q = 0$)，否则设备的视在功率将大于平均功率。由例 10.6 可以看出，当功率因数接近于 1 时，无功功率趋近于零。

许多有用的电器设备(如电冰箱、电风扇、空调、荧光灯和洗衣机)和大多数工业负载都是工作在滞后的功率因数情况下，通常需要通过在设备上增加一个电容或者在线路上增加电容来修正功率因数，后一种方法常用在大工业负载上。本章的许多题目都要求读者计算修正功率因数，以提高电路的性能。

例 10.4 给出了用功率三角形来计算多个负载参数的例子。

例 10.4　复功率的计算

负载工作在 240 V rms 下，吸收的平均功率为 8 kW，滞后功率因数为 0.8。

(a) 求负载的复功率。(b) 求负载阻抗。

解：

(a) 由于功率因数滞后，所以负载为感性负载，无功功率为正。由图 10.10 的功率三角形得

$$P = |S|\cos\theta$$

$$Q = |S|\sin\theta$$

因为 $\cos\theta=0.8$，$\sin\theta=0.6$，所以

$$|S|=\frac{P}{\cos\theta}=\frac{8\ \text{kW}}{0.8}=10\ \text{kVA}$$

$$Q=10\sin\theta=6\ \text{kVAR}$$

以及

$$S=8+\text{j}6\ \text{kVA}$$

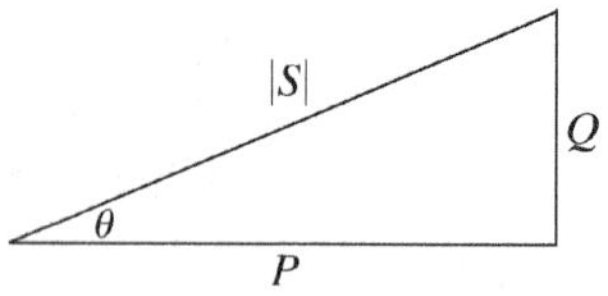

图 10.10 功率三角形

(b) 由负载复功率的计算可知 $P=8\ \text{kW}$，由式(10.21)可知

$$P=V_{\text{eff}}I_{\text{eff}}\cos(\theta_v-\theta_i)=(240)I_{\text{eff}}(0.8)=8000\ \text{W}$$

解 I_{eff} 得

$$I_{\text{eff}}=41.67\ \text{A}$$

负载阻抗角即为功率因数角

$$\theta=\arccos(0.8)=36.87^\circ$$

由于功率因数滞后，负载为感性，θ 为正。负载阻抗的幅值由电压幅值与电流幅值之比得到

$$|Z|=\frac{|V_{\text{eff}}|}{|I_{\text{eff}}|}=\frac{240}{41.67}=5.76$$

因此

$$Z=5.76\ \angle 36.87^\circ\ \Omega=4.608+\text{j}3.456\ \Omega$$

10.5 功率计算

下面推导求平均功率、无功功率和复功率的公式。将式(10.10)，式(10.11)和式(10.23)合并得

$$\begin{aligned}S&=\frac{V_mI_m}{2}\cos(\theta_v-\theta_i)+\text{j}\frac{V_mI_m}{2}\sin(\theta_v-\theta_i)\\&=\frac{V_mI_m}{2}[\cos(\theta_v-\theta_i)+\text{j}\sin(\theta_v-\theta_i)]\\&=\frac{V_mI_m}{2}\text{e}^{\text{j}(\theta_v-\theta_i)}=\frac{1}{2}V_mI_m\angle(\theta_v-\theta_i)\end{aligned}\tag{10.27}$$

采用正弦电压和电流的有效值，式(10.27)变为

$$S=V_{\text{eff}}I_{\text{eff}}\angle(\theta_v-\theta_i)\tag{10.28}$$

式(10.27)和式(10.28)是功率计算中的重要关系式，这些关系式表明若已知单端口网络两端的电压相量和电流相量，复功率就可以由电压和电流共轭复数乘积的一半求得，也可以由电压的均方根和电流共轭复数的均方根的乘积求得。图 10.11 所示的电压相量和电流相量可以用下式说明

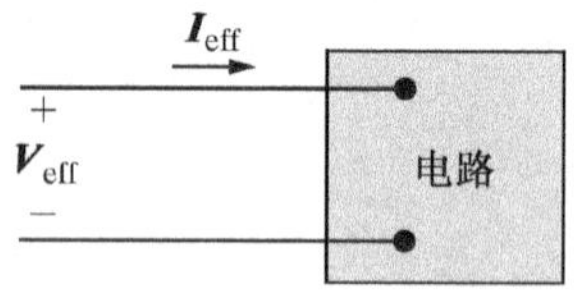

图 10.11 单端口网络的电压相量和电流相量

$$\begin{aligned}S&=V_{\text{eff}}I_{\text{eff}}\angle(\theta_v-\theta_i)\\&=V_{\text{eff}}I_{\text{eff}}\text{e}^{\text{j}(\theta_v-\theta_i)}\\&=V_{\text{eff}}\text{e}^{\text{j}\theta_v}I_{\text{eff}}\text{e}^{-\text{j}\theta_i}\\&=\boldsymbol{V}_{\text{eff}}\boldsymbol{I}_{\text{eff}}^{*}\end{aligned}\tag{10.29}$$

注意 $\boldsymbol{I}_{\text{eff}}^{*}=I_{\text{eff}}\text{e}^{-\text{j}\theta_i}$ 是由欧拉定理以及 $\cos(-\theta)=\cos(\theta)$，$\sin(-\theta)=-\sin(\theta)$ 得到的

$$\begin{aligned}I_{\text{eff}}\text{e}^{-\text{j}\theta_i}&=I_{\text{eff}}\cos(-\theta_i)+\text{j}I_{\text{eff}}\sin(-\theta_i)\\&=I_{\text{eff}}\cos(\theta_i)-\text{j}I_{\text{eff}}\sin(\theta_i)\\&=\boldsymbol{I}_{\text{eff}}^{*}\end{aligned}$$

对式(10.27)进行同样的推导得

$$S=\frac{1}{2}\boldsymbol{VI}^{*} \tag{10.30}$$

式(10.29)和式(10.30)都是基于图示无源符号约定的参考方向。若电流的参考方向是单端口网络电压升的方向，则每个方程的右边都要加上一个负号。

用例 10.1 中的电路来说明式(10.30)在功率计算中的应用。写出端电压和端电流的相量

$$\boldsymbol{V}=100\ \angle 15^{\circ}\ \mathrm{V}$$

$$\boldsymbol{I}=4\ \angle -105^{\circ}\ \mathrm{A}$$

因此

$$S=\frac{1}{2}\times(100\ \angle 15^{\circ})\times(4\ \angle +105^{\circ})=200\ \angle 120^{\circ}=-100+\mathrm{j}173.21\ \mathrm{VA}$$

一旦计算出复功率，就知道平均功率和无功功率了。因为 $S=P+\mathrm{j}Q$，所以

$$P=-100\ \mathrm{W}$$

$$Q=173.21\ \mathrm{VAR}$$

其中 P 和 Q 中的代数符号的含义同例 10.1 解中给出的含义一致。

10.5.1　复功率的变换形式

式(10.29)和式(10.30)有多种表达方式，这里用均方根的形式，因为均方根是功率计算中电压和电流最常见的表示方法。

式(10.29)的第一种变形是将电压用电流和阻抗的乘积来替代，换句话说，是将图 10.11 中的单端口网络用一个等效阻抗来表示，如图 10.12 所示，则

$$\boldsymbol{V}_{\mathrm{eff}}=Z\boldsymbol{I}_{\mathrm{eff}} \tag{10.31}$$

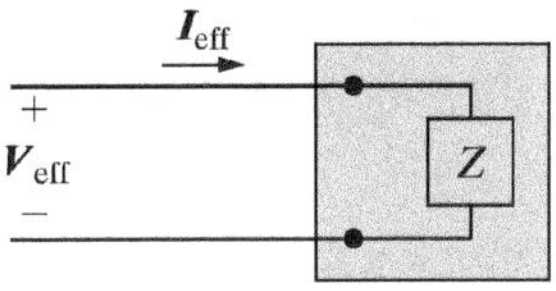

图 10.12　图 10.11 中的单端口网络用一个等效阻抗代替之后的电路

将式(10.31)代入式(10.29)中得到

$$\begin{aligned}S&=Z\boldsymbol{I}_{\mathrm{eff}}\boldsymbol{I}_{\mathrm{eff}}^{*}\\&=|\boldsymbol{I}_{\mathrm{eff}}|^{2}Z\\&=|\boldsymbol{I}_{\mathrm{eff}}|^{2}(R+\mathrm{j}X)\\&=|\boldsymbol{I}_{\mathrm{eff}}|^{2}R+\mathrm{j}|\boldsymbol{I}_{\mathrm{eff}}|^{2}X=P+\mathrm{j}Q\end{aligned} \tag{10.32}$$

所以

$$P=|\boldsymbol{I}_{\mathrm{eff}}|^{2}R=\frac{1}{2}I_{m}^{2}R \tag{10.33}$$

$$Q=|\boldsymbol{I}_{\mathrm{eff}}|^{2}X=\frac{1}{2}I_{m}^{2}X \tag{10.34}$$

式(10.34)中 X 表示电路的等效电感或者等效电容的电抗。由前面的讨论可知，感性电路的电抗为正，容性电路的电抗为负。

式(10.29)的另一种有用的形式是将电流用电压和阻抗的商来代替。

$$S=\boldsymbol{V}_{\mathrm{eff}}\left(\frac{\boldsymbol{V}_{\mathrm{eff}}}{Z}\right)^{*}=\frac{|\boldsymbol{V}_{\mathrm{eff}}|^{2}}{Z^{*}}=P+\mathrm{j}Q \tag{10.35}$$

注意如果 Z 是纯电阻元件

$$P = \frac{|V_{\mathrm{eff}}|^2}{R} \tag{10.36}$$

如果 Z 是纯电抗元件

$$Q = \frac{|V_{\mathrm{eff}}|^2}{X} \tag{10.37}$$

式(10.37)中，若 Z 为电感，则 X 为正，若 Z 为电容，则 X 为负。

下面的例子展示了正弦稳态电路不同的功率计算方法。

例 10.5 平均功率和无功功率的计算

如图 10.13 所示电路，负载阻抗为 39 + j26 Ω，线阻抗为 1 + j4 Ω，电压源的有效值或者说均方根为 250 V。

(a) 求负载电流 I_L 和电压 V_L。

(b) 求负载的平均功率和无功功率。

(c) 求线路的平均功率和无功功率。

(d) 求电源的平均功率和无功功率。

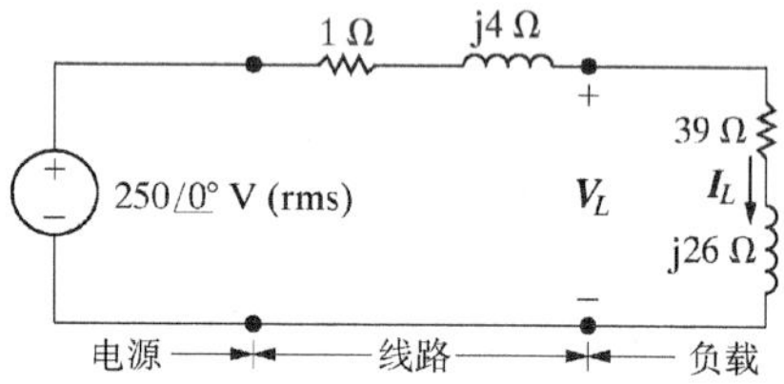

图 10.13 例 10.5 的电路图

解：

(a) 负载阻抗和线阻抗串联，负载电流等于电压除以总阻抗，即

$$I_L = \frac{250\angle 0^\circ}{40 + \mathrm{j}30} = 4 - \mathrm{j}3 = 5\angle -36.87^\circ \text{ A (rms)}$$

由于电压为均方根值，所以这个电流也是均方根值，负载电压为负载电流和负载阻抗的乘积

$$V_L = (39 + \mathrm{j}26)I_L = 234 - \mathrm{j}13$$
$$= 234.36\angle -3.18^\circ \text{ V (rms)}$$

(b) 用式(10.29)求负载的平均功率和无功功率，因此

$$S = V_L I_L^* = (234 - \mathrm{j}13)(4 + \mathrm{j}3) = 975 + \mathrm{j}650 \text{ VA}$$

所以负载吸收的平均功率是 975 W，无功功率是 650 VAR。

(c) 由式(10.33)和式(10.34)可以求出线路上的平均功率和无功功率，因此已知线路电流，于是

$$P = (5)^2 \times (1) = 25 \text{ W}$$

$$Q = (5)^2 \times (4) = 100 \text{ VAR}$$

由于线路的电抗是感性的，所以线路的无功功率为正。

(d) 计算电源平均功率和无功功率的方法之一是将线路和负载上的复功率相加，即

$$S = 25 + \mathrm{j}100 + 975 + \mathrm{j}650 = 1000 + \mathrm{j}750 \text{ VA}$$

也可以由式(10.29)计算得到

$$S_s = -250 I_L^*$$

当电流的参考方向与电压升的方向一致时，式(10.29)中要加一个负号，因此

$$S_s = -250 \times (4 + \mathrm{j}3) = -(1000 + \mathrm{j}750) \text{ VA}$$

负号意味着平均功率和无功功率都是从电源释放出来的，这个结果与前面计算的 S 值一致，因为线路和负载的平均功率以及无功功率都由电源提供。

例 10.6 并联负载功率的计算

如图 10.14 所示电路的两负载中负载 1 吸收 8 kW 的平均功率，超前功率因数为 0.8；负载 2 吸收 20 kVA 的功率，滞后功率因数为 0.6。

(a) 求两并联负载的功率因数。

(b) 求供给负载的视在功率、电流 I_s 以及传输线上的平均功率损失。

(c) 若电源频率为 60 Hz，求能将两个并联负载的功率因数修正为 1 的电容值。在修正后的功率因数下，重新计算(b)。

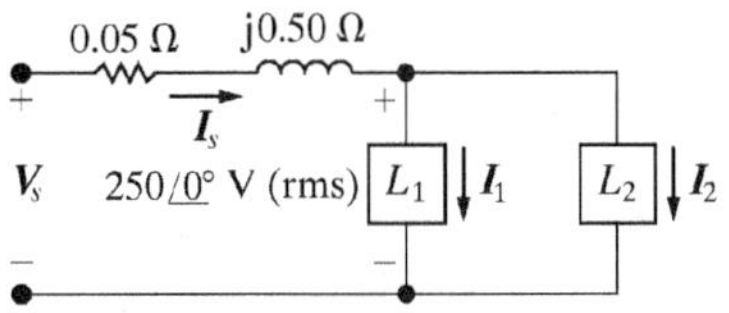

图 10.14　例 10.6 的电路图

解：

(a) 此题中所有的电压和电流相量都设为有效值。由图 10.14 可知 $I_S = I_1 + I_2$，两负载吸收的总复功率为

$$S = (250)I_s^* = (250) \times (I_1 + I_2)^* = (250)I_1^* + (250)I_2^* = S_1 + S_2$$

也可以通过将两个负载的复功率相加来求总的复功率，由图 10.15 的功率三角形得

$$S_1 = 8000 - \mathrm{j}\frac{8000 \times (0.6)}{(0.8)} = 8000 - \mathrm{j}6000 \text{ VA}$$

$$S_2 = 20\,000 \times (0.6) + \mathrm{j}20\,000 \times (0.8) = 12\,000 + \mathrm{j}16\,000 \text{ VA}$$

因此

$$S = 20\,000 + \mathrm{j}10\,000 \text{ VA}$$

则

$$I_s^* = \frac{20\,000 + \mathrm{j}10\,000}{250} = 80 + \mathrm{j}40 \text{ A}$$

所以

$$I_s = 80 - \mathrm{j}40 = 89.44 \angle{-26.57^\circ} \text{ A}$$

所以合并之后负载的功率因数为

$$\text{pf} = \cos(0 + 26.57^\circ) = 0.8944 \text{ 滞后}$$

由于无功功率为正，所以两个负载并联的功率因数滞后。

(b) 供给负载的视在功率为

$$|S| = |20 + \mathrm{j}10| = 22.36 \text{ kVA}$$

提供视在功率的电流幅值为

$$|I_s| = |80 - \mathrm{j}40| = 89.44 \text{ A}$$

由线路上的电流与线阻抗可以得出线路上损失的平均功率为

$$P_{\text{line}} = |I_s|^2 R = (89.44)^2 \times (0.05) = 400 \text{ W}$$

虽然负载只需要 20 000 W 的功率，但电源还是要提供 20 000 + 400 = 20 400 W 的功率。

(c) 由图 10.15(c) 的功率三角形可知，如果在负载上并联一个无功功率为 10 kVAR 的电容，就可以将功率因数修正为 1，电容值的计算如下所述。首先，由式(10.37)得容抗为

$$X = \frac{|V_{\text{eff}}|^2}{Q} = \frac{(250)^2}{-10\,000} = -6.25\ \Omega$$

由于电容的容抗为 $-1/\omega C$，若电源频率为 60 Hz，则 $\omega = 2\pi(60) = 376.99$ rad/s，所以

$$C = \frac{-1}{\omega X} = \frac{-1}{(376.99) \times (-6.25)} = 424.4\ \mu\text{F}$$

电容作为第三个负载加入到电路中，所得的功率三角形如图 10.16 所示。由图 10.16(c) 的功率三角形可知，当功率因数为 1 时，视在功率和平均功率相同。因此功率因数修正后的视在功率为

$$|S| = P = 20 \text{ kVA}$$

提供这个视在功率的电流幅值为

$$|I_s| = \frac{20\,000}{250} = 80 \text{ A}$$

线路上的平均功率损耗减少为

$$P_{\text{line}} = |I_s|^2 R = (80)^2 \times (0.05) = 320 \text{ W}$$

此时，电源供给的总功率为 20 000 + 320 = 20 320 W，可以看到，电容的加入使线路损耗由 400 W 降至 320 W。

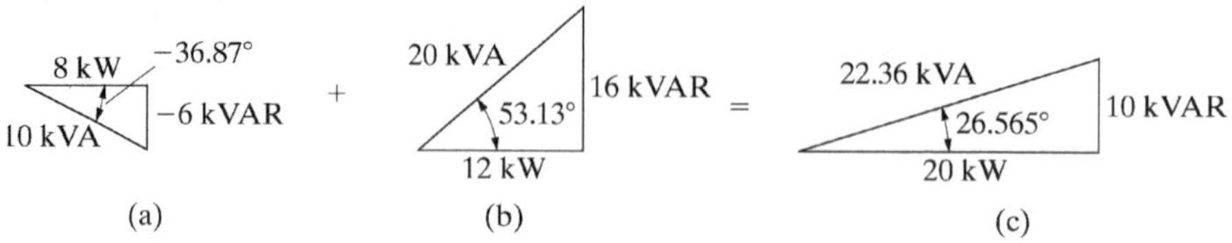

图 10.15 (a)负载 1 的功率三角形；(b)负载 2 的功率三角形；(c)功率三角形之和

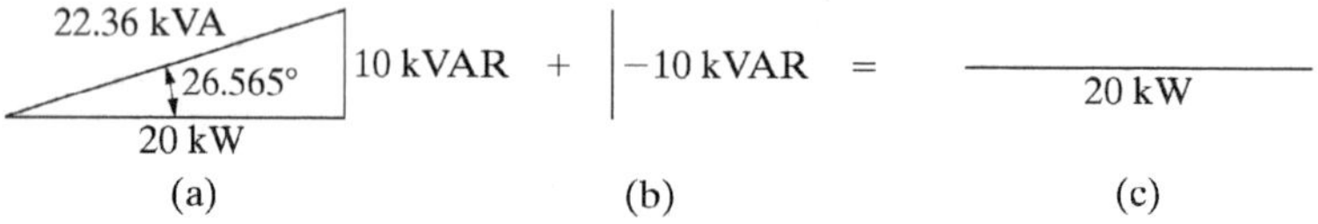

图 10.16 (a)负载 1 和负载 2 的功率三角形之和；(b)工作在 60 Hz 下的 424.4 μF电容的功率三角形；(c)(a)和(b)的功率三角形之和

例 10.7 交流电路中产生功率和吸收功率的守恒

(a)求发送到图 10.17 各支路阻抗的平均功率和无功功率。

(b)计算电路中电源的平均功率和无功功率。

(c)证明发送的平均功率等于吸收的平均功率，发送的无功功率等于吸收的无功功率。

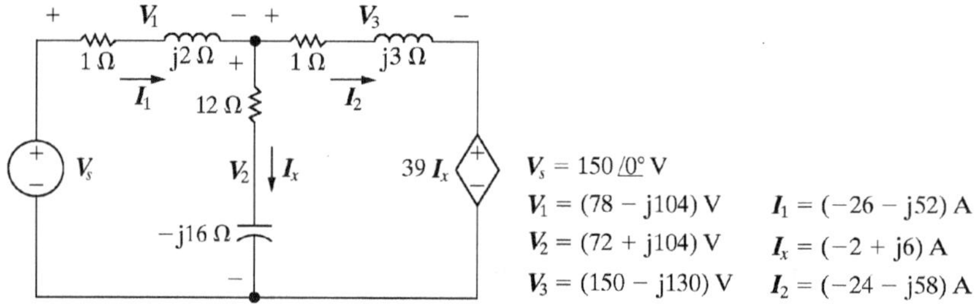

图 10.17 例 10.7 的电路图及其解

解：

(a)发送到(1 + j2)Ω 阻抗上的复功率为

$$S_1 = \frac{1}{2}\boldsymbol{V}_1\boldsymbol{I}_1^* = P_1 + \mathrm{j}Q_1$$
$$= \frac{1}{2} \times (78 - \mathrm{j}104)(-26 + \mathrm{j}52)$$
$$= \frac{1}{2} \times (3380 + \mathrm{j}6760)$$
$$= 1690 + \mathrm{j}3380 \text{ VA}$$

因此这个阻抗吸收的平均功率为 1690 W，无功功率为 3380 VAR，发送到(12 − j16)Ω 阻抗上的复功率为

$$S_2 = \frac{1}{2}\boldsymbol{V}_2\boldsymbol{I}_x^* = P_2 + \mathrm{j}Q_2$$
$$= \frac{1}{2} \times (72 + \mathrm{j}104) \times (-2 - \mathrm{j}6)$$
$$= 240 - \mathrm{j}320 \text{ VA}$$

因此垂直支路上的阻抗吸收的平均功率为 240 W，无功功率为 320 VAR，发送到(1 + j3)Ω 阻抗上的复功率为

$$S_3 = \frac{1}{2}\boldsymbol{V}_3\boldsymbol{I}_2^* = P_3 + \mathrm{j}Q_3$$
$$= \frac{1}{2}\times(150-\mathrm{j}130)\times(-24+\mathrm{j}58)$$
$$= 1970 + \mathrm{j}5910\ \mathrm{VA}$$

这个阻抗吸收的功率分别为 1970 W 和 5910 VAR。

(b)独立电压源的复功率为

$$S_s = -\frac{1}{2}\boldsymbol{V}_s\boldsymbol{I}_1^* = P_s + \mathrm{j}Q_s$$
$$= -\frac{1}{2}\times(150)\times(-26+\mathrm{j}52)$$
$$= 1950 - \mathrm{j}3900\ \mathrm{VA}$$

可以看出，独立电压源吸收 1950 W 的平均功率，发送 3900 VAR 的无功功率，电流控制电压源的复功率为

$$S_x = \frac{1}{2}\times(39\boldsymbol{I}_x)\times(\boldsymbol{I}_2^*) = P_x + \mathrm{j}Q_x$$
$$= \frac{1}{2}\times(-78+\mathrm{j}234)\times(-24+\mathrm{j}58)$$
$$= -5850 - \mathrm{j}5070\ \mathrm{VA}$$

受控源的平均功率和无功功率都是向外发送的。

(c)无源阻抗和独立电压源吸收的总平均功率为

$$P_{\text{absorbed}} = P_1 + P_2 + P_3 + P_s = 5850\ \mathrm{W}$$

受控电压源是电路中唯一释放平均功率的元件，因此

$$P_{\text{delivered}} = 5850\ \mathrm{W}$$

两个水平支路吸收的无功功率为

$$Q_{\text{absorbed}} = Q_1 + Q_3 = 9290\ \mathrm{VAR}$$

独立电压源、垂直支路上的电容以及受控电压源都发送无功功率，因此

$$Q_{\text{delivered}} = 9290\ \mathrm{VAR}$$

评测目标 1　理解交流功率的概念、相互间的关系以及如何进行计算。

10.4　如右图所示电路的阻抗被一个容抗为 -52 Ω 的电容旁路，求：

(a) $\boldsymbol{V}_L$ 和 $\boldsymbol{I}_L$ 的均方根相量。

(b) (39 + j26) Ω 阻抗吸收的平均功率和无功功率。

(c) (1 + j4) Ω 线阻抗吸收的平均功率和无功功率。

(d)电源发送的平均功率和无功功率。

(e)旁路电容发送的无功功率。

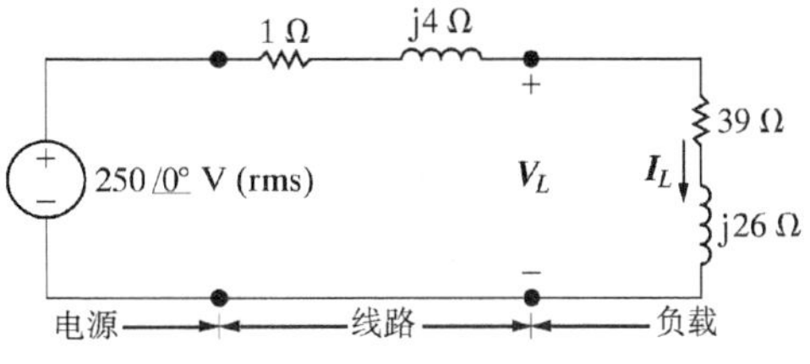

答：(a)252.20 $\angle{-4.54°}$ V(rms)，5.38 $\angle{-38.23°}$ A(rms)。

(b)1129.09 W，752.73 VAR。

(c)23.52 W，94.09 VAR。

(d)1152.62 W，-376.36 VAR。

(e)1223.18 VAR。

10.5　负载两端电压的均方根值为 250 V，吸收的平均功率为 40 kW，发送的无功功率为 30 kVAR，试推导负载的两个等效阻抗模型。

答：1 Ω 电阻与容抗为 0.75 Ω 的电容串联，1.5625 Ω 电阻与容抗为 2.083 Ω 的电容并联。

10.6 若负载L_1和L_2吸收的功率分别为15 kVA和6 kVA，且功率因数分别为滞后0.6和超前0.8，求图示电路的电压相量$\boldsymbol{V}_s$(rms)，用极坐标形式表示。

答：251.64 $\underline{/15.91°}$ V。

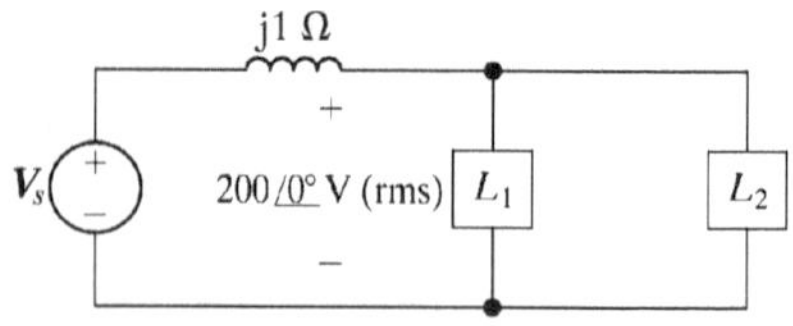

提示：试求本章习题10.20，习题10.28和习题10.30。

10.6 最大功率传输定理

第4章中曾讨论过一个系统——例如，通过电信号传输信息的系统能够将最大功率从电源传输到负载。对于正弦稳态系统，重新考虑一下最大功率的传输问题。如图10.18所示，需确定能使a，b两点之间的平均功率最大的负载阻抗值Z_L。任何一个线性网络从负载两端看过去都可以等效为一个戴维南电路，这样问题就简化为求取图10.19的负载阻抗Z_L，以使最大平均功率传输到Z_L。

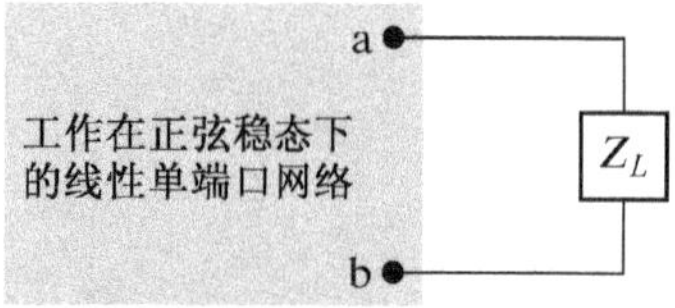

图10.18 最大功率的传输电路图

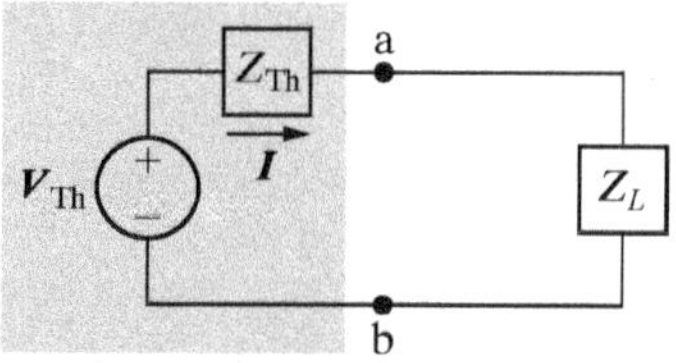

图10.19 图10.18所示的电路网络用戴维南等效电路代替

为了传输最大平均功率，Z_L必须等于戴维南阻抗的共轭复数，即

$$Z_L = Z_{Th}^* \qquad (10.38)$$

利用微积分原理推导式(10.38)，首先将Z_{Th}和Z_L表示成复数形式

$$Z_{Th} = R_{Th} + jX_{Th} \qquad (10.39)$$

$$Z_L = R_L + jX_L \qquad (10.40)$$

式(10.39)和式(10.40)的虚数部分有自己的代数符号，正表示电感，负表示电容，因为要计算平均功率，所以戴维南电压的幅值用均方根表示，并且把它作为参考相量，由图10.19可以得到负载电流的均方根值$\boldsymbol{I}$为

$$\boldsymbol{I} = \frac{\boldsymbol{V}_{Th}}{(R_{Th} + R_L) + j(X_{Th} + X_L)} \qquad (10.41)$$

传输到负载上的平均功率为

$$P = |\boldsymbol{I}|^2 R_L \qquad (10.42)$$

将式(10.41)代入式(10.42)中得

$$P = \frac{|\boldsymbol{V}_{Th}|^2 R_L}{(R_{Th} + R_L)^2 + (X_{Th} + X_L)^2} \qquad (10.43)$$

其中，V_{Th}，R_{Th}和X_{Th}为固定值，而R_L和X_L是独立变量，因此，要求P的最大值就必须求出使$\partial P/\partial R_L$和$\partial P/\partial X_L$均为0的R_L及X_L。由式(10.43)得

$$\frac{\partial P}{\partial X_L} = \frac{-|\boldsymbol{V}_{Th}|^2 2R_L(X_L + X_{Th})}{[(R_L + R_{Th})^2 + (X_L + X_{Th})^2]^2} \qquad (10.44)$$

$$\frac{\partial P}{\partial R_L} = \frac{|\boldsymbol{V}_{Th}|^2[(R_L + R_{Th})^2 + (X_L + X_{Th})^2 - 2R_L(R_L + R_{Th})]}{[(R_L + R_{Th})^2 + (X_L + X_{Th})^2]^2} \qquad (10.45)$$

由式(10.44)可知，当下面等式成立时，等于 0

$$X_L = -X_{Th} \tag{10.46}$$

由式(10.45)可知，当下面等式成立时，$\partial P/\partial R_L$ 等于 0

$$R_L = \sqrt{R_{Th}^2 + (X_L + X_{Th})^2} \tag{10.47}$$

综合考虑式(10.46)和式(10.47)可以注意到，当 $Z_L = Z_{Th}^*$ 时，两个微分式为 0。

10.6.1　吸收的最大平均功率

当 Z_L 等于 Z_{Th} 的共轭复数时，最大平均功率可以传递到 Z_L 上，由图 10.19 所示电路计算其平均功率。当 $Z_L = Z_{Th}^*$ 时，负载电流的均方根值为 $\boldsymbol{V}_{Th}/2R_L$，传输到负载上的最大平均功率为

$$P_{max} = \frac{|\boldsymbol{V}_{Th}|^2 R_L}{4R_L^2} = \frac{1}{4}\frac{|\boldsymbol{V}_{Th}|^2}{R_L} \tag{10.48}$$

若戴维南等效电压是由最大幅值而非均方根值来表示的，则式(10.48)变为

$$P_{max} = \frac{1}{8}\frac{\boldsymbol{V}_m^2}{R_L} \tag{10.49}$$

10.6.2　限制 *Z* 时的最大功率传输

只有当 Z_L 等于 Z_{Th} 的共轭复数时，最大平均功率才能够传输到 Z_L 上，而在有些情况下，这是不可能的。首先，R_L 和 X_L 可能被限制在一定的范围内，这时，R_L 和 X_L 的最优值应是调整 X_L 使其尽可能地接近 $-X_{Th}$，同时调整 R_L 使其尽可能地接近 $\sqrt{R_{Th}^2 + (X_L + X_{Th})^2}$(参见例 10.9)。

另一种情况发生在 Z_L 的幅值可以变化而相位角固定的情况下。此时，只有当 Z_L 的模和 Z_{Th} 的模相等时，最大平均功率才可以传输到负载上，也就是说

$$|Z_L| = |Z_{Th}| \tag{10.50}$$

式(10.50)的证明作为习题 10.45 留给读者。

对于纯电阻网络，当负载电阻等于戴维南电阻时传输最大功率，可以看出这是在第 4 章介绍过的最大功率传输定理。

例 10.8 至例 10.11 给出了上述讨论的各种情况下获得最大传输功率的方式。

例 10.8　无负载限制的条件下，确定最大传输功率

(a) 图 10.20 所示的电路，若使 Z_L 获得最大平均功率传输，则 Z_L 应该是多少？

(b) 在(a)的基础上，求负载的最大平均功率。

解：

(a) 首先求 a，b 两端的戴维南等效电路。通过对 20 V 电源、5 Ω 电阻和 20 Ω 电阻组成的电路进行两次电源变换，可得到图 10.21 所示的简化电路。因此

$$\boldsymbol{V}_{Th} = \frac{16\angle 0^\circ}{4 + j3 - j6}(-j6) = 19.2\angle -53.13^\circ = 11.52 - j15.36\ \text{V}$$

将独立源短路，则从 a，b 两端看进去的戴维南等效阻抗为

$$Z_{Th} = \frac{(-j6)\times(4 + j3)}{4 + j3 - j6} = 5.76 - j1.68\ \Omega$$

要满足最大功率传输，负载阻抗应为 Z_{Th} 的共轭复数，即

$$Z_L = 5.76 + j1.68\ \Omega$$

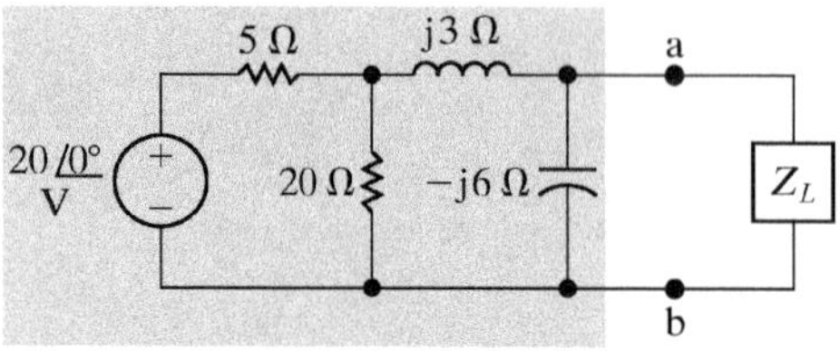

图 10.20 例 10.8 的电路图

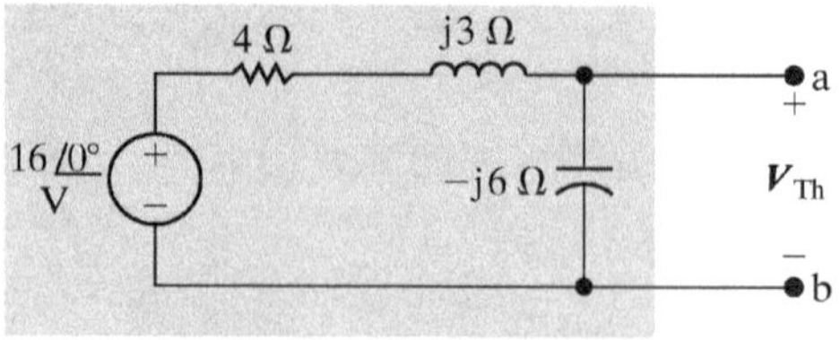

图 10.21 经过电源变换后的图 10.20 的简化电路

(b)用图 10.22 所示电路来求传输到 Z_L 上的最大功率。由图 10.22 知负载电流的均方根为

$$I_{eff} = \frac{19.2/\sqrt{2}}{2 \times (5.76)} = 1.1785\ \text{A}$$

传输到负载上的平均功率为

$$P = I_{eff}^2(5.76) = 8\ \text{W}$$

例 10.9 有负载阻抗限制的条件下，确定最大传输功率

(a)如图 10.23 所示电路，Z_L 为何值时获得最大平均功率传输？此时的最大功率是多少毫瓦？

(b)假设负载电阻可以在 0~4000 Ω 之间变化，容抗可以在 0 ~ −2000 Ω 之间变化，则 R_L 和 X_L 分别为何值时可以获得最大平均功率传输？最大平均传输功率是多少？

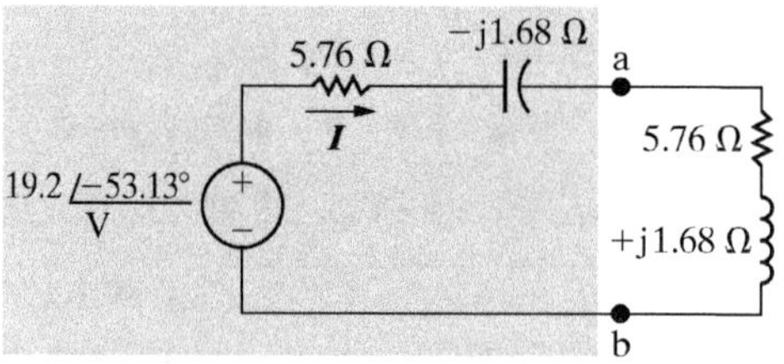

图 10.22 将网络用戴维南等效电路代替后的图10.20的电路

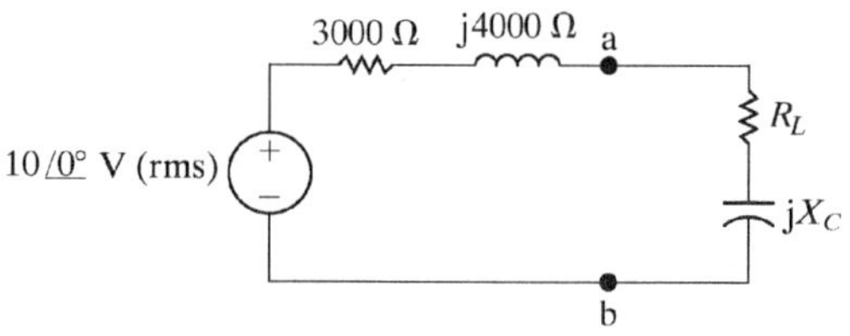

图 10.23 例 10.9 和例 10.10 的电路图

解：

(a)如果 R_L 和 X_L 没有任何限制，则负载阻抗应为戴维南等效阻抗的共轭复数。因此，令

$$R_L = 3000\ \Omega \quad 和 \quad X_L = -4000\ \Omega$$

或者

$$Z_L = 3000 - \text{j}4000\ \Omega$$

由于电源电压是以均方根形式给出的，故传递到 Z_L 上的平均功率为

$$P = \frac{1}{4} \times \frac{10^2}{3000} = \frac{25}{3}\ \text{mW} = 8.33\ \text{mW}$$

(b)R_L 和 X_L 受到限制，所以应使 X_L 尽可能地接近 −4000 Ω，故令 X_L = −2000 Ω，并且使 R_L 尽可能地接近 $\sqrt{R_{Th}^2 + (X_L + X_{Th})^2}$

$$R_L = \sqrt{3000^2 + (-2000 + 4000)^2} = 3605.55\ \Omega$$

因为 R_L 能够在 0~4000 Ω 之间变化，所以可以令 R_L 为 3605.55 Ω，此时的阻抗值为

$$Z_L = 3605.55 - \text{j}2000\ \Omega$$

负载电流为

$$I_{eff} = \frac{10\ \angle 0^\circ}{6605.55 + \text{j}2000} = 1.4489\ \angle -16.85^\circ\ \text{mA}$$

负载上的平均功率为

$$P=(1.4489\times10^{-3})^2(3605.55)=7.57\ \text{mW}$$

这个值是在给定的 R_L 和 X_L 的限制条件下能够传递到负载上的最大功率，可以看出这个值要比没有限制条件时传递的功率小，在(a)中可以传递 8.33 mW。

例 10.10　有阻抗角限制的条件下，确定最大传输功率

相位角为 –36.87°的负载阻抗接于图 10.23 所示电路的 a，b 两端，在给定的限制条件下，调整 Z_L 的幅值，使得能够传递的平均功率最大。

(a)将 Z_L 表示成复数形式。

(b)求 Z_L 上的平均功率。

解：

(a)由式(10.50)可知 Z_L 的模应等于 Z_{Th}的模，即

$$|Z_L|=|Z_{\text{Th}}|=|3000+\text{j}4000|=5000\ \Omega$$

因为 Z_L 的相位角为 –36.87°，所以

$$Z_L=5000\angle{-36.87^\circ}=4000-\text{j}3000\ \Omega$$

(b)由于 Z_L 等于 4000 – j3000 Ω，所以负载电流为

$$\boldsymbol{I}_{\text{eff}}=\frac{10}{7000+\text{j}1000}=1.4142\angle{-8.13^\circ}\ \text{mA}$$

负载上的平均功率为

$$P=(1.4142\times10^{-3})^2\times(4000)=8\ \text{mW}$$

这个功率是当负载阻抗的相位角固定在常数 –36.87°时，能够传递的最大功率。同样可以看出该值比没有限制条件时的最大传输功率要小。

评测目标 2　掌握交流电路中，最大负载平均功率传输的条件。

10.7　右图所示电路的电流源为 3 cos 5000t A。

(a)为了获得最大传输功率，a，b 两点间的阻抗应为多少？

(b)在(a)的阻抗下，传输的平均功率是多少？

(c)若负载为纯电阻，要使传输的平均功率最大，电阻值应为多少？

(d)在(c)的阻值下，平均功率是多少？

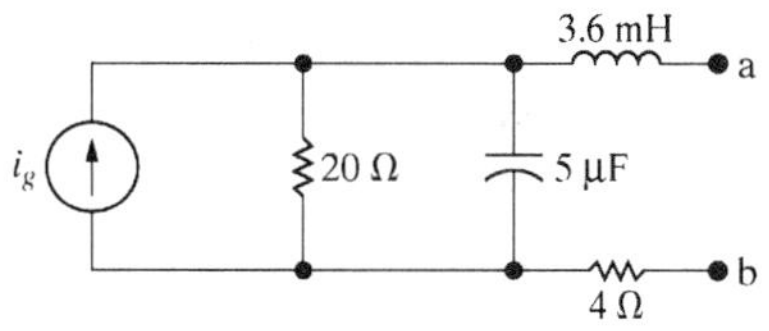

答：(a)20 – j10 Ω (b)18 W；(c)22.36 Ω；(d)17.00 W。

提示：试求本章习题 10.41，习题 10.48 和习题 10.62。

例 10.11　理想变压器电路最大传输功率的求取

调整图 10.24 所示电路中的可变电阻，使 R_L 上获得最大平均功率。

(a)R_L 为多少欧姆？(b)R_L 的最大平均功率是多少瓦特？

解：

(a)求 R_L 两端的戴维南等效电路。求开路电压的电路如图 10.25 所示，为便于讨论，图中标出了变量 $\boldsymbol{V}_1$，$\boldsymbol{V}_2$，$\boldsymbol{I}_1$ 和 $\boldsymbol{I}_2$。

理想变压器使 $\boldsymbol{V}_1$，$\boldsymbol{V}_2$，$\boldsymbol{I}_1$ 和 $\boldsymbol{I}_2$ 间有如下约束关系：

$$\boldsymbol{V}_2=\frac{1}{4}\boldsymbol{V}_1,\qquad \boldsymbol{I}_1=-\frac{1}{4}\boldsymbol{I}_2$$

开路电流 $\boldsymbol{I}_2$ 为 0，所以 $\boldsymbol{I}_1$ 为 0，由此可得

$$\boldsymbol{V}_1=840\angle{0^\circ}\ \text{V},\qquad \boldsymbol{V}_2=210\angle{0^\circ}\ \text{V}$$

由图 10.25 可知 $\boldsymbol{V}_{\text{Th}}$为负的 $\boldsymbol{V}_2$，即

$$\boldsymbol{V}_{\text{Th}}=-210\angle{0^\circ}\ \text{V}$$

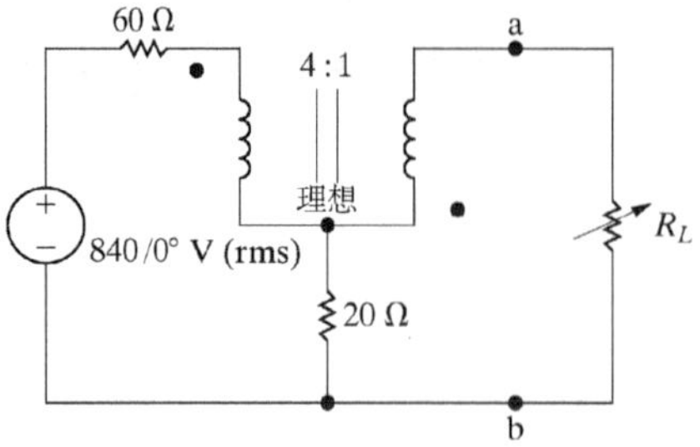

图 10.24 例 10.11 的电路图

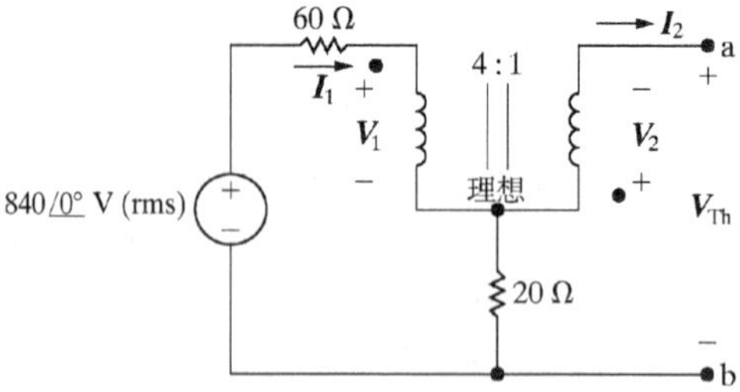

图 10.25 求戴维南电压的电路图

图 10.26 用来求短路电流。将 I_1 和 I_2 作为网孔电流，得两网孔方程为

$$840\,\angle 0^\circ = 80I_1 - 20I_2 + V_1$$

$$0 = 20I_2 - 20I_1 + V_2$$

将理想变压器的约束关系式代入得

$$840\,\angle 0^\circ = -40I_2 + V_1$$

$$0 = 25I_2 + \frac{V_1}{4}$$

解方程得短路电流 I_2 为

$$I_2 = -6\ \text{A}$$

因此戴维南阻抗为

$$R_{\text{Th}} = \frac{-210}{-6} = 35\ \Omega$$

当 R_L 等于 35 Ω 时，能够传递最大功率。

(b) 由戴维南等效电路可以方便地求出最大传输功率。由图 10.27 得到

$$P_{\max} = \left(\frac{-210}{70}\right)^2 \times (35) = 315\ \text{W}$$

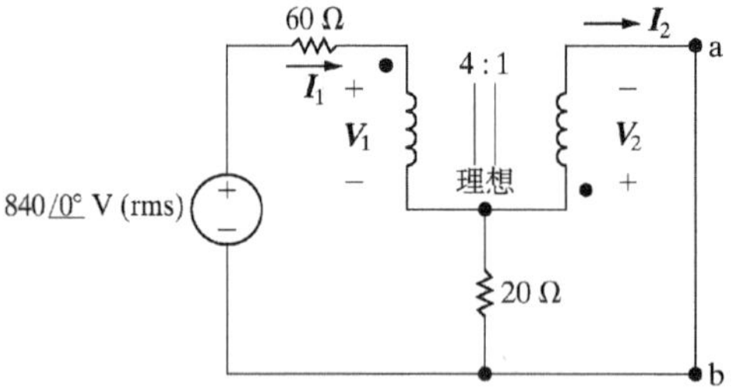

图 10.26 求短路电流的电路图

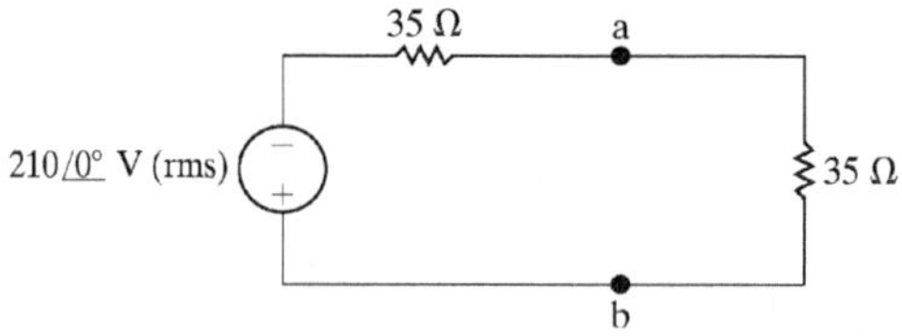

图 10.27 最大功率传输时的戴维南等效负载

评测目标 3 掌握线性变压器电路和理想变压器电路的功率计算。

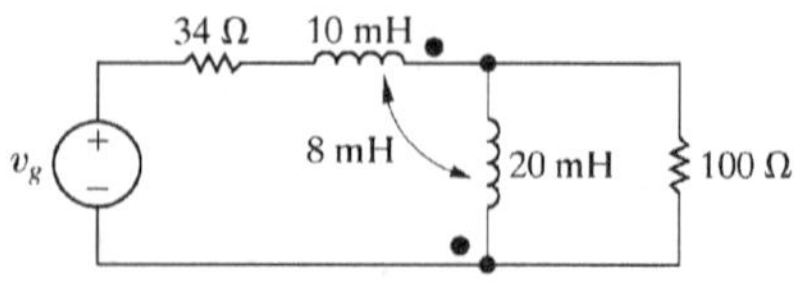

10.8 若 $v_g = 660\cos 5000t$ V，求右图所示电路 100 Ω 电阻上的平均功率。

答：612.5 W。

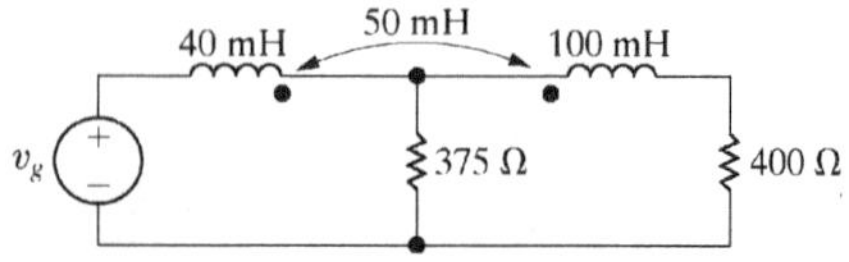

10.9 (a) 若 $v_g = 248\cos 10\,000t$ V，求右图所示电路 400 Ω 电阻上的平均功率。

(b) 求 375 Ω 电阻上的平均功率。

(c) 计算理想电压源的发送功率，通过观察电路的吸收功率是否等于电源的发送功率，并检查计算结果。

答：(a) 50 W；(b) 49.2 W；(c) 99.2 W，50 + 49.2 = 99.2 W。

10.10　例 10.11 中若与端子 a 相连的线圈的极点位于线圈的顶部，重求例 10.11。

答： (a)15 Ω；(b)735 W。

10.11　若电压源为 146 $\underline{/0^\circ}$ V，线圈匝数比为 1∶4，求例 10.11。

答： (a)1460 Ω；(b)58.4 W。

提示： 试求本章习题 10.61 和习题 10.62。

实例应用

“吸血鬼功率”(二)

“吸血鬼功率”，或待机功率的消耗可能会比想象的消耗多。平均每个家庭大约有 40 个在关机状态下依然消耗功率的电器产品。约 5% 的典型住宅功耗是作为待机功率消耗的。表 10.3 提供了几种不同设备的功率消耗。需要注意的是，关闭状态下的设备仍然是要消耗功率的。

表 10.3　通用电子设备的平均消耗功率

电子设备⁺	功率(W)*
手机充电器	
连接手机，手机充电	3.68
不连接手机，插在插座上	0.26
笔记本电脑交流电变压器	
连接电脑，电脑充电	44.28
连接电脑，电脑休眠	15.77
连接电脑，电脑关闭	8.9
不连接电脑，插在插座上	4.42
DVD 播放机	
打开并运行	9.91
打开不运行	7.54
关闭	1.55
微波炉	
闭门预备状态	3.08
开门预备状态	25.79
烹饪状态	1433.0
多功能喷墨打印机	
打开	9.16
关闭	5.26

* 表中数据来自劳伦斯伯克利国家实验室的报告(http://standby.lbl.gov/standby.html)。

⁺ 这是多类设备所测量的平均功率。

考虑典型的手机充电器，根据表 10.3，当充电器与手机分离时，充电器所消耗的功率只是给手机充电所消耗功率的一小部分。假设每天给手机充电 3 小时，但充电器插在插座上是每天 24 小时。回顾一下在某个月份所消耗了多少千瓦的电量，一个功率为 1000 W 的设备连续使用一个小时就会消耗 1 kWh 的电。可以计算一下一个月内使用手机充电器所消耗的电量。

$$P(\text{kWh}) = \frac{30[3(3.68) + 21(0.26)]}{1000} = 1.8\ \text{kWh}$$

假设手机充电器插在插座上，但未给手机充电，重新计算上式

$$P(\text{kWh}) = \frac{30[3(3.68) + 21(0)]}{1000} = 0.33\ \text{kWh}$$

不充电时仍把充电器插在电源上，会比每天给手机充电多消耗 5 倍以上的功率。因此，在不使用电气设备时，将电器设备的电源线从电源插座上拔下来，会使“吸血鬼功率”减少到最小。

手机充电器不连接手机时是怎样消耗功率的呢?由于手机中的电子电路用 5 V 的直流电源供电,因此手机充电器必须把插座上 120 V 的交流电转换为给手机充电的电信号。手机充电器一般用线性变压器和其他电路一起输出适合于手机的电压。

考虑图 10.28 中的电路,线性变压器作为电路的一部分,用于把电源电压降低到适合于手机的电压,电路中没有画出实现这一功能所需的附加组件。如图 10.29 所示,把图 10.28 中的手机去掉后电路仍连接120 V 的电源。当前的电流为

$$I = \frac{120}{R_s + R_1 + j\omega L_1}$$

由电压源传送并提供给电阻的实际功率为

$$P = (R_s + R_1)|I|^2$$

这就是没有连接手机时,手机充电器所消耗的吸血鬼功率。

提示:试求本章习题 10.66 至习题 10.68 来测试你对这个实例应用的理解。

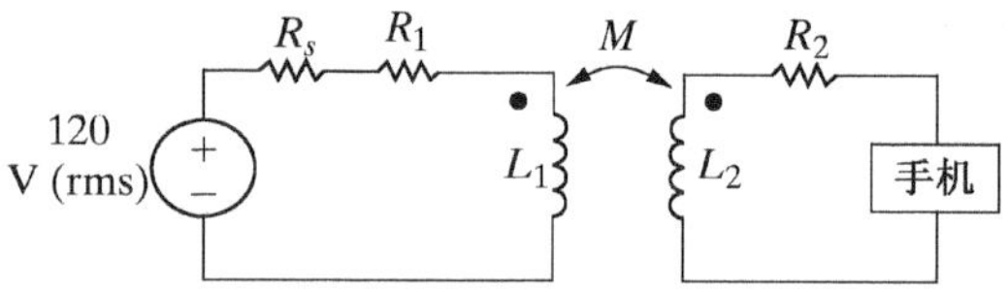

图 10.28 线性变换的手机充电器

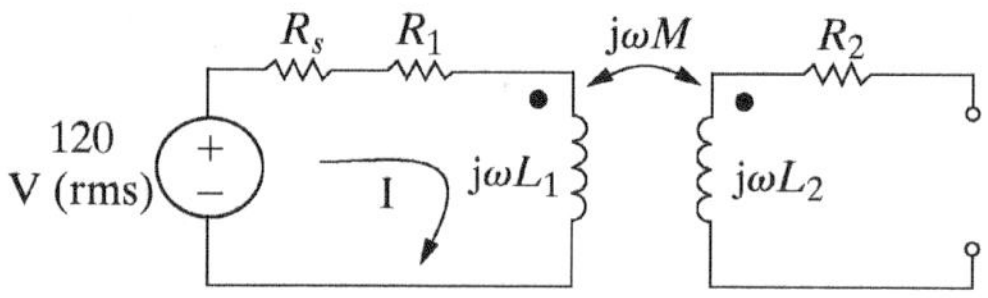

图 10.29 未连接手机的手机充电器电路

小结

- 瞬时功率是瞬时端电压和端电流的乘积,即 $p = \pm vi$。当电流的参考方向是从电压的正端流向负端时用正号。瞬时功率的频率是电压(或者电流)频率的两倍。
- 平均功率是瞬时功率在一个周期上的平均值。它是电能转变为其他形式能量或者其他形式能量转变为电能的功率。由于这个原因平均功率又称为实功率,在无源符号约定下,平均功率表示为

$$P = \frac{1}{2}V_m I_m \cos(\theta_v - \theta_i) = V_{\text{eff}} I_{\text{eff}} \cos(\theta_v - \theta_i)$$

- 无功功率是在电感磁场和电源之间,或电容磁场和电源之间相互传递的电能,无功功率不会转变为其他形式的能量,在无源符号约定下,无功功率的表达式为

$$Q = \frac{1}{2}V_m I_m \sin(\theta_v - \theta_i) = V_{\text{eff}} I_{\text{eff}} \sin(\theta_v - \theta_i)$$

  平均功率和无功功率都可以用电流和电压的峰值(V_m, I_m)或者有效值(V_{eff}, I_{eff})表示。有效值广泛应用在家用电器和工业设备中,有效值和均方根值是同一物理值的不同称呼。
- 功率因数是电压和电流相位角差的余弦函数

$$\text{pf} = \cos(\theta_v - \theta_i)$$

  为了说明电流是滞后还是超前电压,在功率因数的描述中加入了滞后和超前,以确定负载是感性还是容性的。
- 无功因数是电压和电流相位角之差的正弦函数

$$\text{rf} = \sin(\theta_v - \theta_i)$$

- 复功率是平均功率和无功功率的复数和,即

$$S = P + jQ = \frac{1}{2}\boldsymbol{V}\boldsymbol{I}^* = \boldsymbol{V}_{\text{eff}}\boldsymbol{I}_{\text{eff}}^* = I_{\text{eff}}^2 Z = \frac{V_{\text{eff}}^2}{Z^*}$$

- 视在功率是复功率的模

$$|S| = \sqrt{P^2 + Q^2}$$

- 瓦特是平均功率和瞬时功率的单位。乏(无功伏安或者 VAR)是无功功率的单位。伏安(VA)是复功率和视在功率的单位。
- 最大功率传输。当负载阻抗等于从负载阻抗两端看过去的等效戴维南阻抗的共轭复数时，正弦稳态电流传递给负载的平均功率最大。

习题

10.1　将下列各组 v 和 i 加到图 10.1 所示单端口网络上，分别计算 P 和 Q 的值，并说明单端口网络是吸收还是释放(1)平均功率和(2)无功功率。

(a) $v = 250\cos(\omega t + 45°)$ V，$i = 4\sin(\omega t + 60°)$ A。

(b) $v = 18\cos(\omega t - 30°)$ V，$i = 5\cos(\omega t - 75°)$ A。

(c) $v = 150\sin(\omega t + 25°)$ V，$i = 2\cos(\omega t + 50°)$ A。

(d) $v = 80\cos(\omega t + 120°)$ V，$i = 10\cos(\omega t + 170°)$ A。

10.2　(a)一个大学生醒来后发觉有些饿，他打开咖啡壶，放了一些燕麦片在微波炉中煮，放了几个面包片在烤面包机中烤，并开始在电煎锅中做煎蛋。如果在他的宿舍里的所有这些设备都是由一个 120 V 的电路供电，且由 50 A 断路器保护，问此断路器会中断他的早餐吗？(b)这个学生的室友醒来打开了空调，他意识到房间有点杂乱，于是开始用吸尘器进行打扫，问此断路器会中断他的早餐吗？

10.3　证明式(10.9)给出的瞬时功率最大值为 $P + \sqrt{P^2 + Q^2}$，最小值为 $P - \sqrt{P^2 + Q^2}$。

10.4　若正弦电压源 $v_g = 240\cos 5000t$ V，负载为 480 Ω 电阻和一个(5/9) μF 的电容并联。

(a)求电源发送的瞬时功率的最大值。(b)求电源吸收的瞬时功率的最大值。(c)求负载的平均功率。(d)求负载的无功功率。(e)负载是吸收还是产生无功功率。(f)负载的功率因数是多少？(g)负载的无功因数是多少？

10.5P　若理想电流源 $i_g = 4\cos 5000t$ mA，求图 P10.5 所示电路电流源发送的平均功率。

10.6P　若 $i_g = 6\cos 20\,000t$ A，求图 P10.6 所示电路 30 Ω 电阻消耗的平均功率。

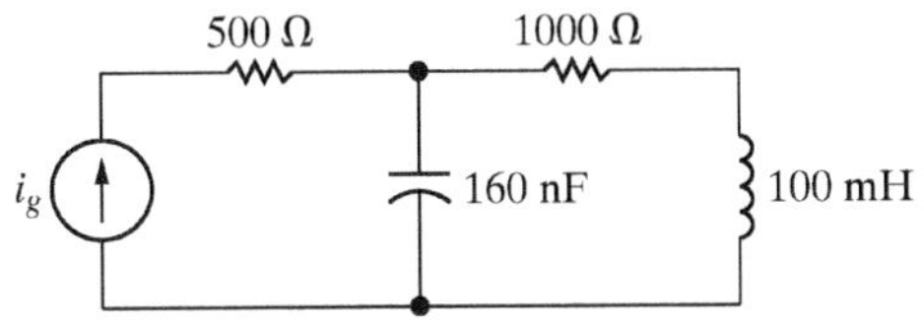

图 P10.5

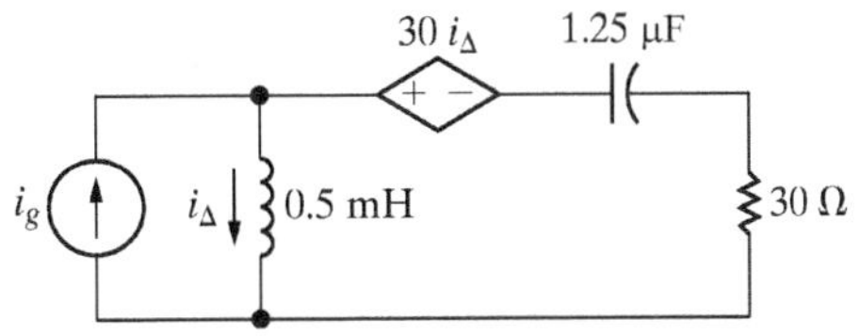

图 P10.6

10.7P　图 P10.7 所示为理想运算放大器电路，若 $v_g = \cos 1000t$ V，求发送到 1 kΩ 电阻上的平均功率。

10.8　(a)图 P9.63 所示电路，计算每一个电路元件的平均功率和无功功率。(b)证明平均功率守恒。(c)证明无功功率守恒。

10.9　电路如图 P9.64 所示，重复习题 10.8 的各问。

10.10　图 P10.10 所示，负载吸收的平均功率为 6 kW，释放的无功功率为 8 kVAR，正弦电压源产生的功率为 8 kW。(a)求满足上述条件的线路电感的电抗。(b)对于(a)中求得的每一个线路电抗值，证明发送的无功功率等于吸收的无功功率。

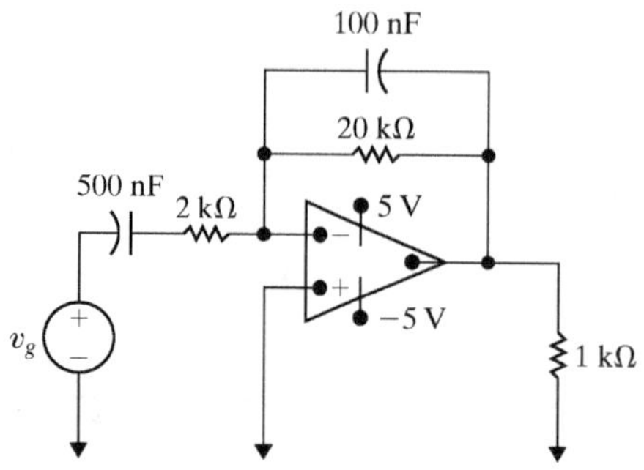

图 P10.7

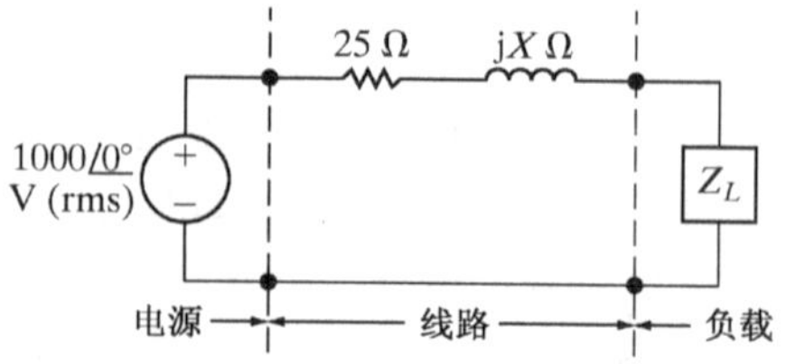

图 P10.10

10.11 (a)一个带有显示器和键盘的计算机在 115 V(rms)电压下工作，功率为 40 W，计算电源线上电流的均方根值。(b)激光打印机在 115 V(rms)电压下的功率为 90 W，若此打印机与(a)中的计算机插在同一个壁装电源插座上，计算此时插座上电流的均方根值。

10.12 求图 P10.12 所示周期电流的均方根。

10.13 若图 P10.12 所示周期电流发送到某一电阻上的平均功率为 1280 W，求电阻值。

10.14 (a)求图 P10.14 所示周期电压的均方根。(b)假设(a)中的电压施加于一个 40 Ω 电阻的两端。计算电阻消耗的平均功率。(c)若(a)中的电压施加到某电阻的两端，电阻消耗的平均功率为 10 mW，该电阻的阻值是多少？

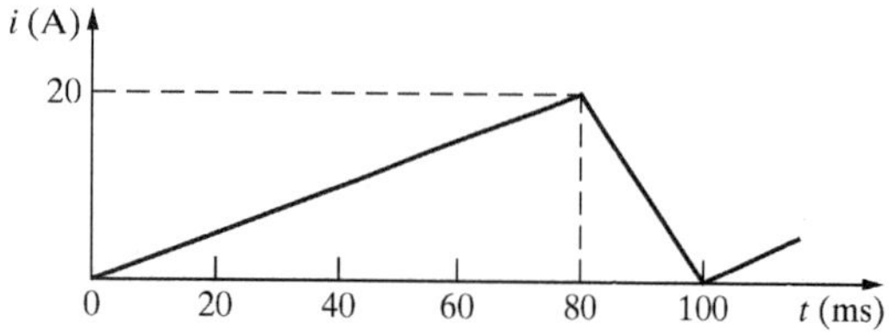

图 P10.12

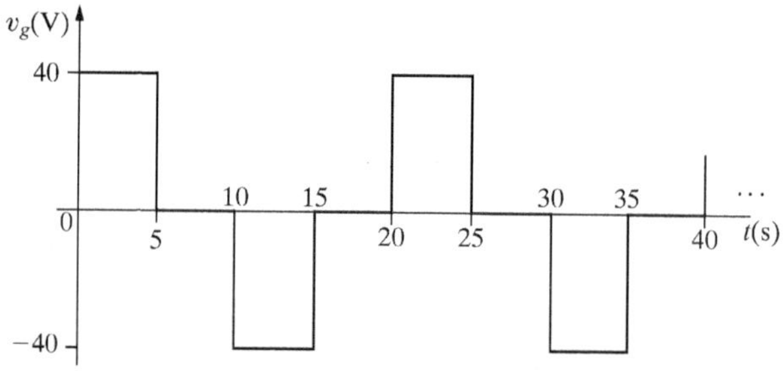

图 P10.14

10.15 (a)求图 P10.15 所示周期电压的均方根。(b)将此电压加于 4 Ω 的电阻两端，求电阻上的平均功率。

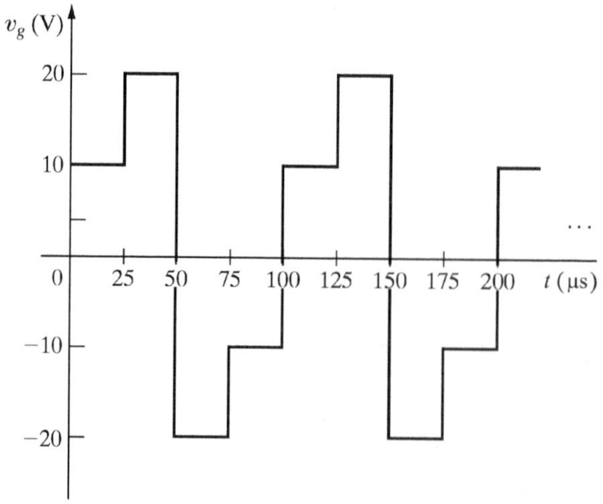

图 P10.15

10.16　V_{dc} V 的直流电压加在阻值为 R Ω 的电阻两端，电压值为 v_s V 的正弦电压也加于阻值为 R Ω 的电阻两端。证明在 T 秒内（T 为正弦电压的周期），直流电压和正弦电压释放的能量相同。其中 v_s 的均方根值等于 V_{dc}（提示：释放到电阻上的能量的两表达式相等）。

10.17　图 P10.17 所示的频域电路，电流 $\boldsymbol{I}_g$ 为 $50\angle 0°$ mA(rms)。
(a)求电流源的平均功率和无功功率。(b)该电流源吸收平均功率还是释放平均功率？(c)该电流源吸收无功功率还是释放无功功率？(d)求电路每个阻抗支路上的平均功率和无功功率。(e)验证吸收和释放的平均功率是否平衡。(f)验证吸收和释放的无功功率是否平衡。

10.18P　若 $v_g = 150\cos 250t$ V，求图 P10.18 所示负载吸收的平均功率、无功功率以及视在功率。

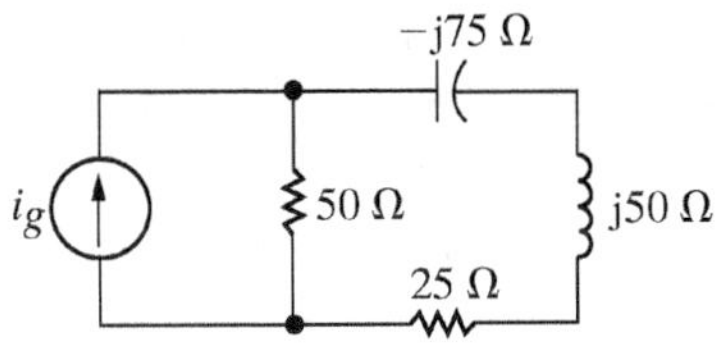

图 P10.17

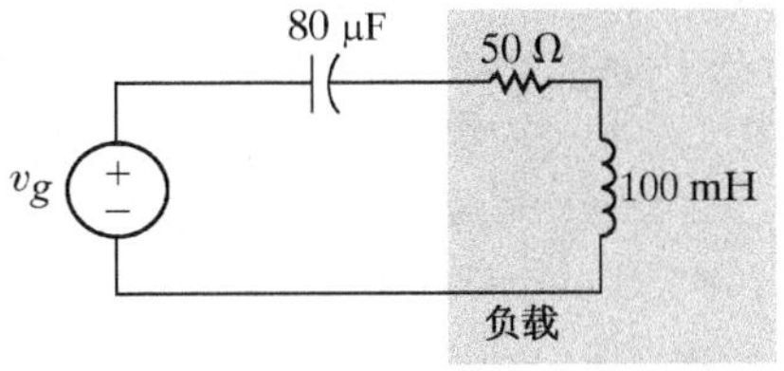

图 P10.18

10.19P　(a)图 P10.19 所示电路，若负载吸收的功率为 2500 VA，功率因数为 0.8 滞后，求 V_L(rms)以及 θ。
(b)画出(a)中各个解的相量图。

10.20P　(a)图 P10.20 所示电路，若 $v_g = 40\cos 10^6 t$ V，求电压源的平均功率、无功功率和视在功率。(b)通过证明 $P_{dev} = \Sigma P_{abs}$，验证(a)中答案的正确性。(c)通过证明 $Q_{dev} = \Sigma Q_{abs}$，验证(a)中答案的正确性。

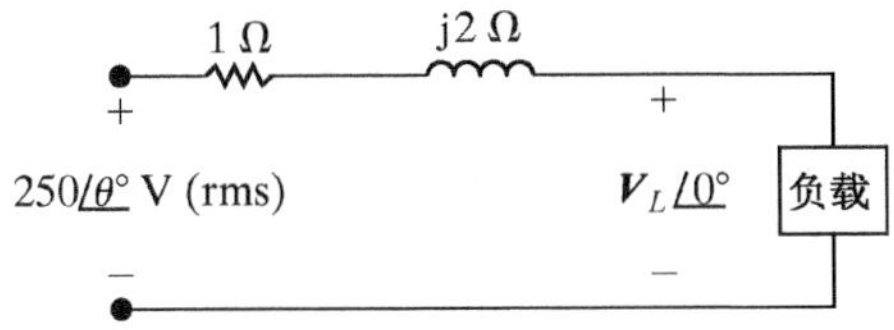

图 P10.19

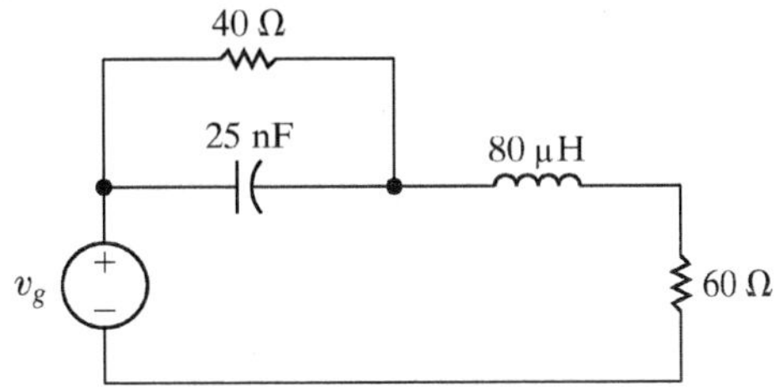

图 P10.20

10.21　两个 480 V(rms)的负载并联，负载吸收的总平均功率为 40 800 W，且功率因数为 0.8 滞后，其中一个负载吸收 20 kVA 的功率，功率因数为 0.96 超前，求另一个负载的功率因数？

10.22　图 P10.22 所示电路的两负载描述如下：负载 1 吸收 10 kW 的平均功率，并且释放 4 kVAR 的无功功率；负载 2 的阻抗为(60 + j80)Ω，负载的端电压为 $1000\sqrt{2}\cos 100\pi t$ V。
(a)求电源电压的均方根值。(b)经过多少毫秒，负载电压和电源电压的相位不同？(c)负载电压是超前还是滞后电源电压。

10.23　图 P10.23 的三个负载分别为：$S_1 = 6 + \text{j}3$ kVA，$S_2 = 7.5 - \text{j}4.5$ kVA，$S_3 = 12 + \text{j}9$ kVA。(a)求电压源 $\boldsymbol{V}_{g1}$ 和 $\boldsymbol{V}_{g2}$ 上的复功率。(b)证明电源发送的总的平均功率和无功功率等于网络吸收的总的平均功率和无功功率。

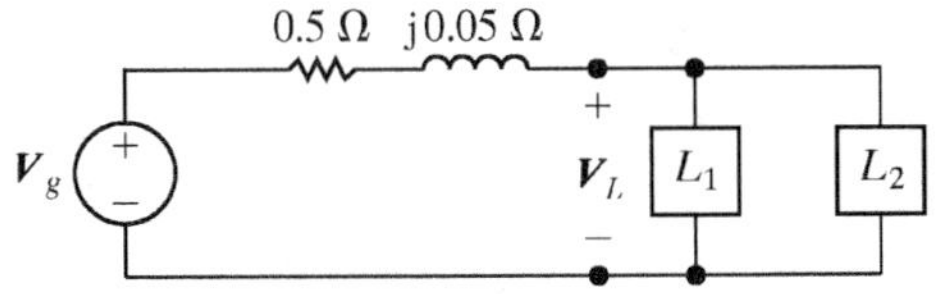

图 P10.22

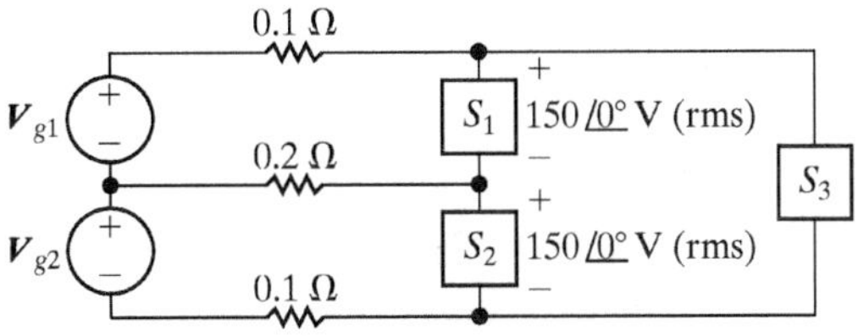

图 P10.23

10.24 图 P10.24 所示电路的三个负载描述如下：负载 1 吸收的功率为 4.8 kW 和释放的功率为 2.4 kVAR；功率因数为 0.8(滞后)的负载 2 吸收的功率为 6 kVA，，负载 3 由 24 Ω 电阻与电抗为 6 Ω 的电感并联。

(a)若 $\boldsymbol{V}_{g1}=\boldsymbol{V}_{g2}=120\,\underline{/0^\circ}$ V(rms)，求两电压源发送的平均功率和无功功率。

(b)证明下式，验证结果的正确性

$$\sum P_{\text{dev}}=\sum P_{\text{abs}}$$

$$\sum Q_{\text{dev}}=\sum Q_{\text{abs}}$$

10.25 假设图 P10.24 为一居民供电线路，$\boldsymbol{V}_{g1}=\boldsymbol{V}_{g2}=110\,\underline{/0^\circ}$ V(rms)，导线的阻抗忽略不计，电路的三个负载是 L_1(烤面包机、咖啡壶和微波炉)、L_2(晶体管电视机、真空吸尘器和便携式加热器)、L_3(自动洗衣机和烘干机)。假设所有的设备在同一时间使用，保护线路的熔断器为 50 A，电路会被切断吗？为什么。

10.26 图 P10.26 所示三负载描述如下：负载 1 吸收的平均功率为 6 kW，无功功率为 8 kVAR；负载 2 吸收的平均功率为 9 kW，同时释放 3 kVAR 的无功功率；负载 3 为 25 Ω 电阻与感抗为 −5 Ω 的电感并联。若 $\boldsymbol{V}_o=250\,\underline{/0^\circ}$ V(rms)，求 $\boldsymbol{V}_g$ 均方根的幅值和相位角。

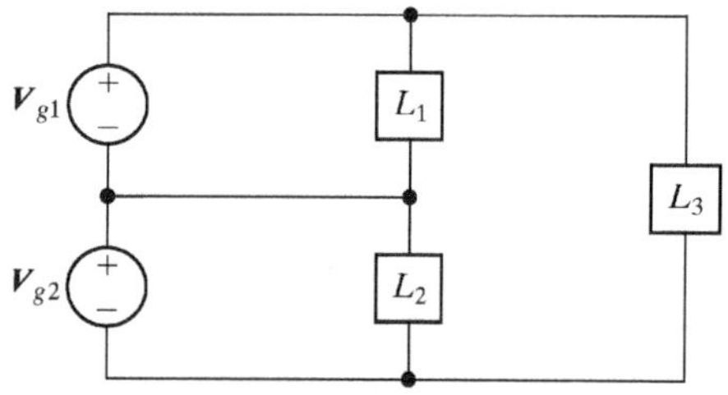

图 P10.24

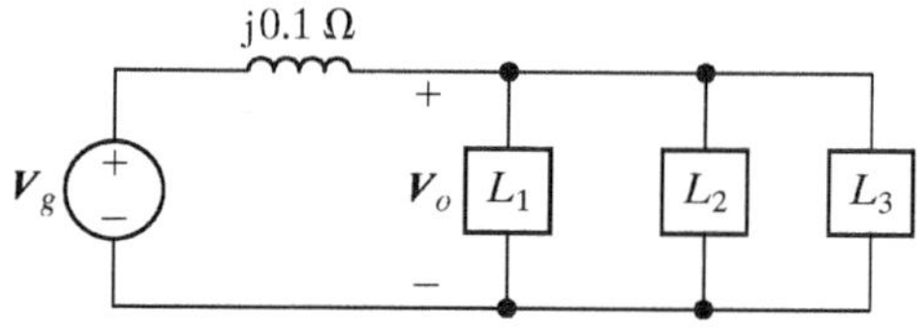

图 P10.26

10.27 在习题 9.78 描述的电路中。

(a)负载阻抗端电压的均方根值。(b)实际电源发送功率的百分之多少传递到了负载阻抗上？

10.28 3 个负载并联连接于 300 V(rms)电压两端，如图 P10.28 所示，负载 1 吸收的功率为 3 kW；负载 2 吸收的功率为 5 kVA，功率因数为 0.8 超前；负载 3 吸收的功率为 5 kW，释放的功率为 6 kVAR。

(a)求 3 个并联负载的等效阻抗。(b)求从电路的输入端看过去的等效负载的功率因数。

10.29 如图 P10.29 所示三负载电路，线路阻抗为 0.02 + j0.05 Ω。

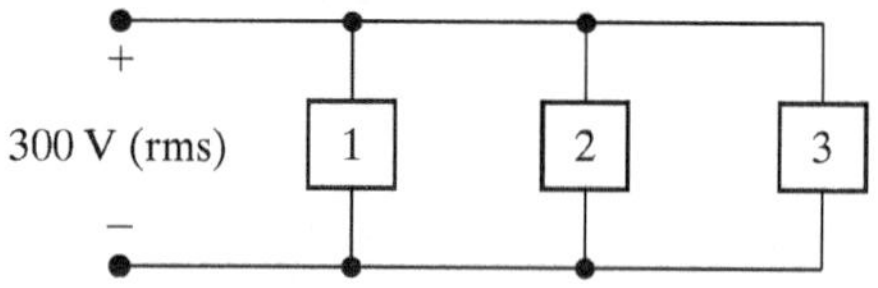

图 P10.28

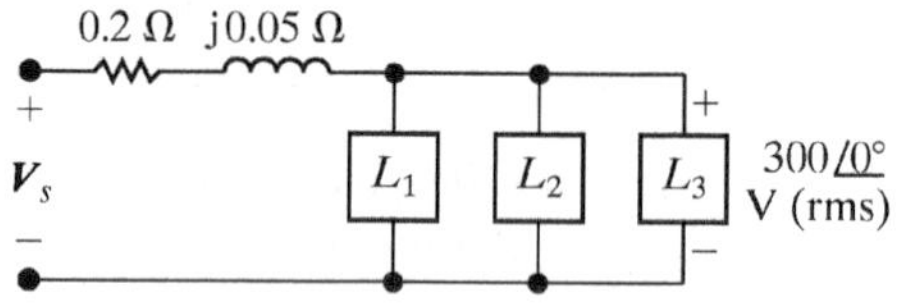

图 P10.29

(a)计算发送端电压 $\boldsymbol{V}_s$ 的均方根值。

(b)计算线路上的平均功率和无功功率。

(c)计算电路两端子间的平均功率和无功功率。

(d)若效率定义为

$$\eta=(P_{\text{load}}/P_{\text{sending end}})\times 100$$

求线路的效率 η。

10.30 图 P10.30 所示电路的 3 个负载描述如下：负载 1 为 240 Ω 电阻和感抗为 70 Ω 的电感串联，负载 2 为容抗为 120 Ω 的电容和 160 Ω 电阻串联；负载 3 为 30 Ω 的电阻与容抗为 40 Ω 的电容串联，电压源频率为 60 Hz。

(a)求每个负载的功率因数及无功因数。(b)求从电压源端看过去的等效负载的功率因数及无功因数。

10.31　(a)求图 P10.31 线路上的平均功率。(b)在负载两端并联一个电容，使负载呈纯阻性，求电容的容抗。(c)求(b)中的负载等效阻抗。(d)求加上电容之后的线路的平均功率。(e)(d)中求得的功耗为(a)中功耗的百分之几？

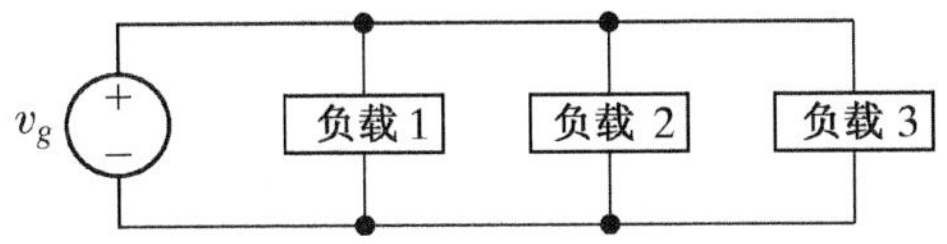

图 P10.30

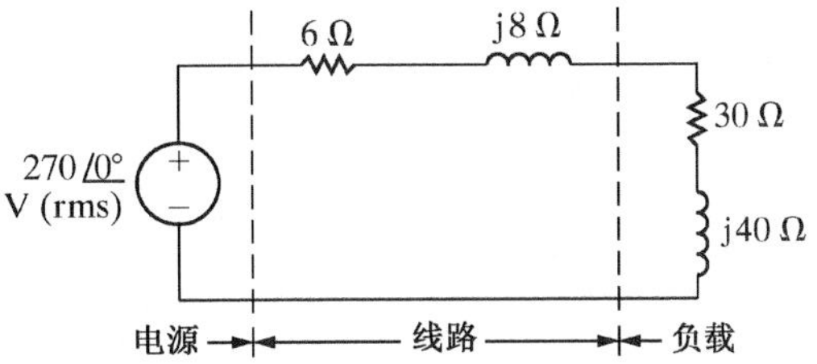

图 P10.31

10.32　一稳态电源加于负载与传输线的两端，如图 P10.32 所示，在 150 kVA 负载上并联一个电容，使线路两端稳态电压的幅值等于负载两端电压的幅值，即均为 4800 V(rms)，150 kVA 负载的功率因数为 0.8(滞后)，若电路工作在 60 Hz 频率下，计算电容值，单位为毫法。在选择电容时，时刻要记住应使线路的功耗损失保持在一个合理范围内。

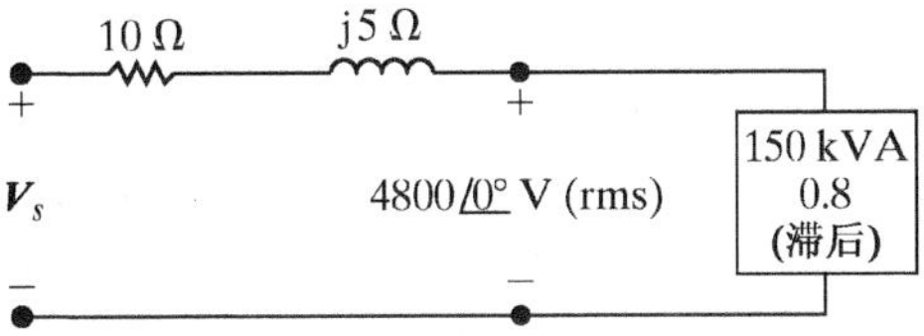

图 P10.32

10.33　一组工作频率为 60 Hz 的小型器具在 125 V(rms)工作电压下需要 20 kVA 的功率，且功率因数为 0.85(滞后)，器具的线路阻抗为 0.01 + j0.08 Ω，端电压为 125 V(rms)。

(a)电源电压的均方根为多少？(b)系统的平均功率损耗？(c)在负载两端需加入多大的电容(单位为 mF)，才能将功率因数提高到 1？(d)加入电容后，若负载端电压保持为 125 V(rms)，电源电压的均方根为多少？(e)求(d)的平均功率损失。

10.34　某工厂有一个功率因数为 0.8(滞后)，功率为 1600 kW 的电负载，现在要添加一个可变功率因数的负载，它将使工厂的平均功率增加 320 kW，调整添加负载的功率因数，以使工厂整体的功率因数为 0.96(滞后)。

(a)求新增负载的无功功率。(b)新增负载是吸收还是发送无功功率？(c)新增负载的功率因数是多少？(d)假设工厂的输入电压为 2400 V(rms)，求在可变功率因数的负载加入之前，电流幅值的均方根。(e)可变功率因数的负载加入之后电流幅值的均方根是多少？

10.35　假设习题 10.34 的线路阻抗为 0.25 + j0.1 Ω，工厂电压为 2400 V(rms)。

(a)求负载加入之前和之后的线路平均功率损耗。(b)求负载加入之前和之后发送端的电压的幅值。

10.36　(a)求图 P10.36 所示电路 6 条支路的电流 $\boldsymbol{I}_a - \boldsymbol{I}_f$。(b)求每条支路的复功率。(c)通过平均功率守恒验证结果的正确性。(d)通过无功功率守恒验证结果的正确性。

10.37　(a)求图 P10.37 电路中，传输到 8 Ω 电阻上的平均功率。(b)求理想正弦电压源发送的平均功率。(c)求 Z_{ab}。(d)证明发送的平均功率等于吸收的平均功率。

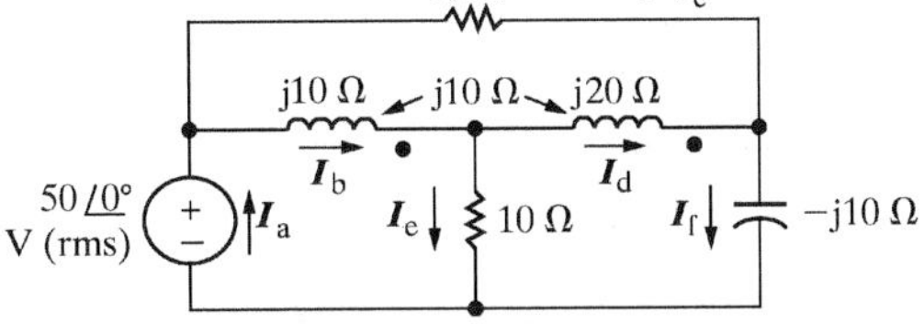

图 P10.36

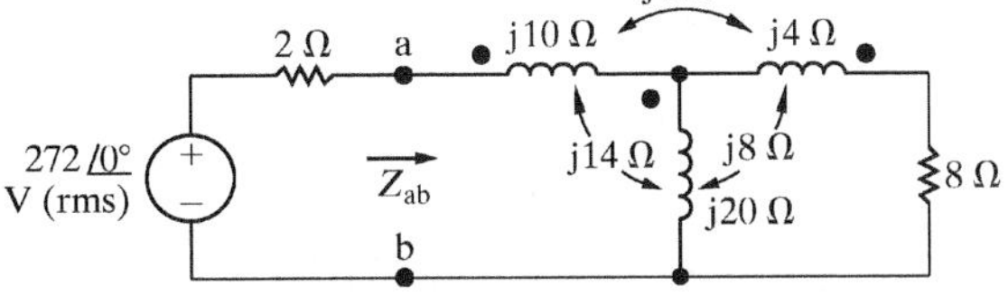

图 P10.37

10.38　(a)如图 P10.38 所示电路，求正弦电流源释放的平均功率。(b)求 20 Ω 电阻的平均功率。

10.39　(a)求图 P10.39 电路中每个电阻的平均功率。(b)通过证明总发送功率等于总吸收功率来检验答案的正确性。

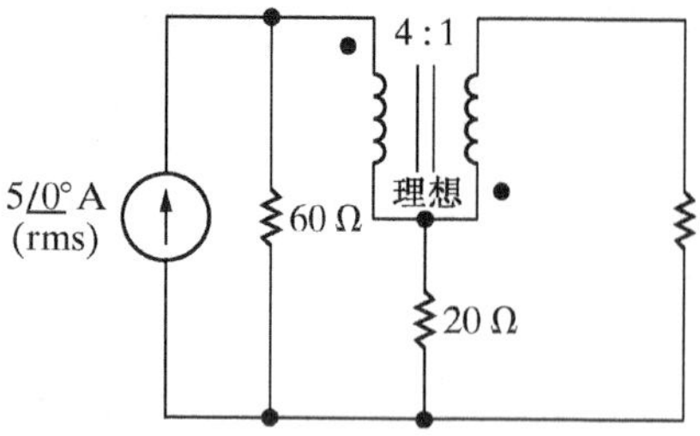

图 P10.38

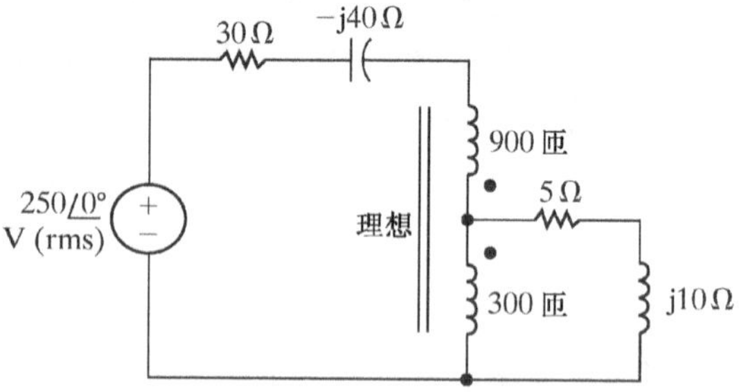

图 P10.39

10.40 图 P10.40 所示正弦电压源的均方根为 2000 V，4 Ω 电阻吸收的平均功率是 25 Ω 电阻的 4 倍，正弦电压源的内部阻抗为 500 $\underline{/0^\circ}$ kΩ。

(a)求 a_1 和 a_2 的值。(b)求发送到 25 Ω 负载上的功率。(c)求 4 Ω 电阻上电压的均方根值。

10.41 (a)图 P10.41 所示电路，若 $\omega = 8$ krad/s，当负载阻抗为多大时，传递到负载上的平均功率最大？(b)若 $v_g = 10\cos 8000t$ V，求最大平均功率。(c)重复(a)问，从附录 H 中选择两个元件作为阻抗 Z_L，使其上的最大平均功率与(a)中计算获得的值最接近，求 Z_L。

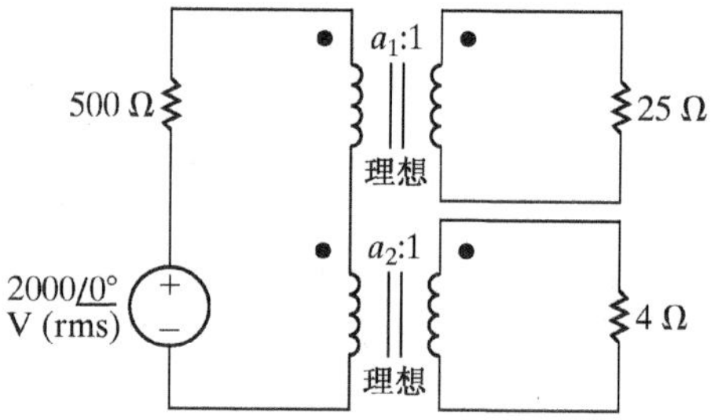

图 P10.40

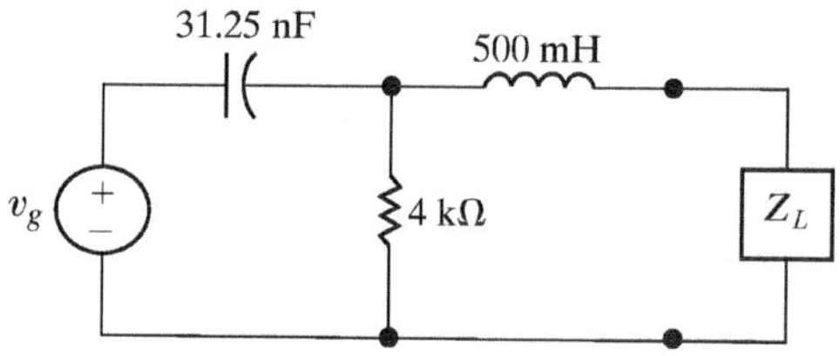

图 P10.41

10.42 图 P9.75 所示电路，在 c、d 端加入一阻抗，其值等于戴维南阻抗的共轭复数，求：

(a)正弦电压源总的平均功率。(b)电压源发送的功率百分之多少在线性变压器上损耗掉了？

10.43 图 P10.43 所示电路，当 a、b 两端间无负载时，电压相量 V_{ab} 为 300 $\underline{/0^\circ}$ V(rms)，当 a、b 间的负载阻抗为 200 − j500 Ω 时，V_{ab} 为 156 − j42 V(rms)。

(a)为获得最大平均功率传输，a、b 间的阻抗应为多少？(b)在(a)的阻抗下，求传输的最大平均功率。(c)若电源频率为 50 Hz，试用附录 H 中的元件构建(a)中的阻抗。

10.44 调整图 P10.44 所示电路的负载阻抗 Z_L，使 Z_L 上的平均功率最大。

(a)求 Z_L 上的最大平均功率。(b)总功率的百分之几传递到了负载阻抗 Z_L 上？

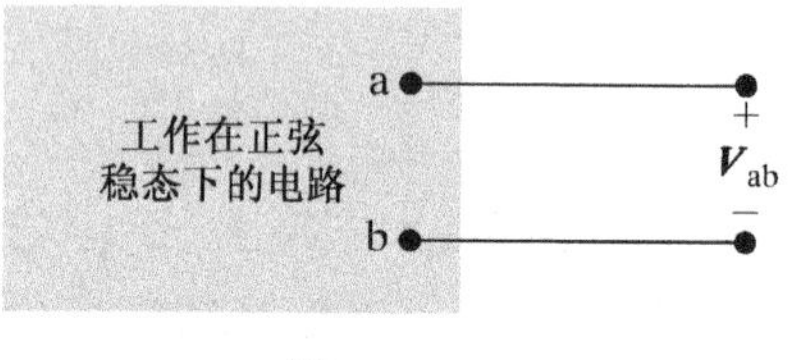

图 P10.43

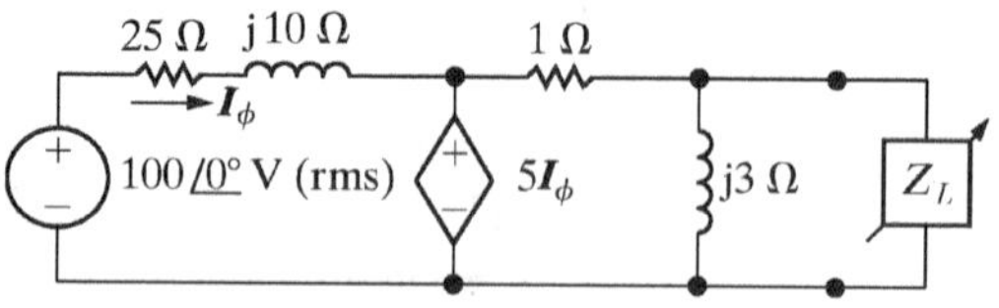

图 P10.44

10.45 证明：若负载阻抗的幅值可变，当 $|Z_L| = |Z_{Th}|$ 时，传输的平均功率最大(提示：在推导负载平均功率的表达式时，用 $Z_L = |Z_L|\cos\theta + j|Z_L|\sin\theta$ 表示负载阻抗 Z_L，且只有 $|Z_L|$ 是可变的)。

10.46 调整图 P10.46 所示电路中的可变电阻，使其上的平均功率最大。

(a)求 R。(b)求最大平均功率。(c)从附录 H 中寻找一个电阻，使其能够获得最大平均功率。

10.47 调整图 P10.47 中的可变电阻 R_o，使传递到 R_o 上的平均功率最大。

(a)求 R_o(单位为 Ω)。(b)求 R_o 的平均功率。(c)若 R_o 被一可变阻抗 Z_o 代替，求 Z_o 可能获得的最大平均功率。(d)在(c)中电路发送的功率有百分之几传递到负载 Z_o 上？

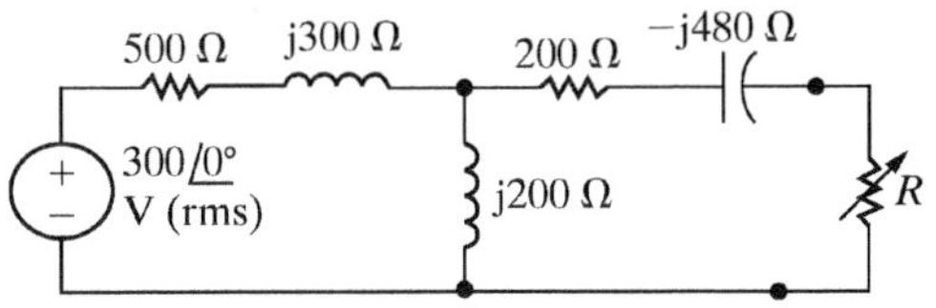

图 P10.46

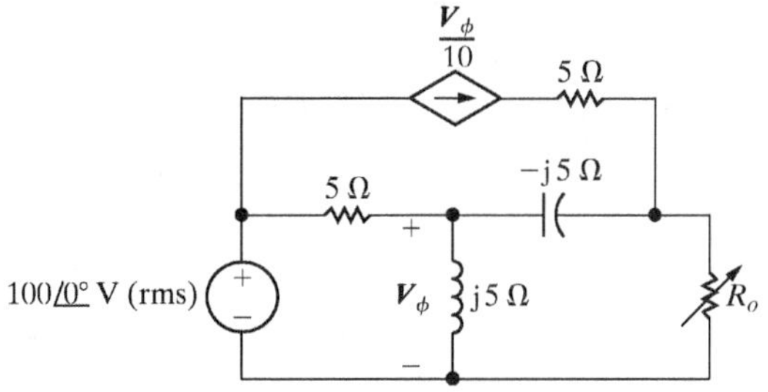

图 P10.47

10.48P 图 P10.48 所示正弦电压源的峰值为 180 V，频率是 5000 rad/s，负载电阻可在 0 ~ 4000 Ω 间变化，负载电容可在 0.1 μF 至 0.5 μF 间变化。

(a)当 R_o = 2000 Ω，C_o = 0.2 μF 时，求负载的平均功率。(b)确定能将最大平均功率传递到 R_o 上的 R_o 和 C_o 的值。(c)(b)中的最大平均功率是多少？它比(a)中求得的平均功率大吗？(d)若 R_o 和 C_o 不受限制，传输的最大平均功率是多少？(e)在(d)的条件下，R_o 和 C_o 的值为多少？(f)(d)值求得的平均功率比(c)中的平均功率大吗？

10.49P (a)假设图 P10.48 电路中的 R_o 可以在 0 ~ 10 kΩ 间变换，重复习题 10.48 中的(b)和(c)两问。(b)(a)中计算的新的平均功率比习题 10.48(a)中求得的平均功率大吗？(c)(a)中求得的平均功率比习题 10.48(d)中的平均功率小吗？

10.50 调整图 P10.50 所示电路的端电压以使负载电压的均方根值保持为 4000 V，调整可变电容使线路电阻上消耗的平均功率最小。

(a)若正弦电源的频率为 60 Hz，求电容值(单位为 mF)。(b)若将电容从电路中移走，为保持负载电压为 4000 V，电源电压的幅值 V_s 应增加百分之多少？(c)若将电容从电路中移走，线路损耗将增加百分之多少？

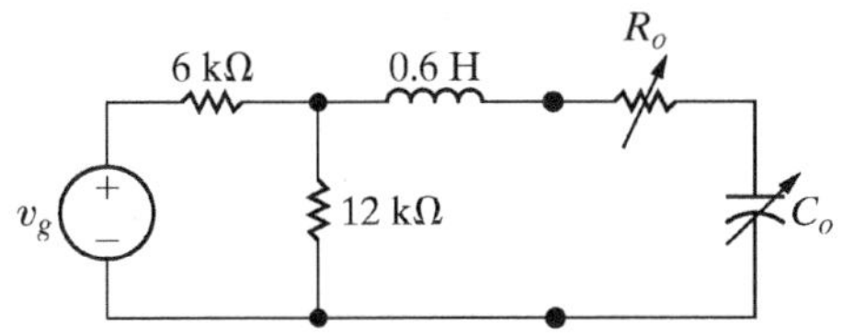

图 P10.48

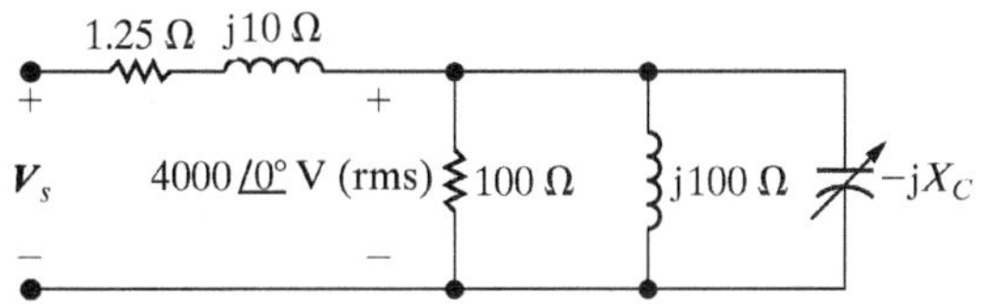

图 P10.50

10.51 由图 P10.51 所示的频域电路，求：(a)V_o 的均方根幅值。(b)160 Ω 电阻的平均功率。(c)9 Ω 的电阻上的平均功率是理想电压源发送的平均功率的百分之多少。

10.52 将图 P10.51 中的 160 Ω 电阻替换为可变阻抗 Z_o，调整 Z_o使 Z_o上的平均功率最大。(a)传输到 Z_o的最大平均功率是多少？(b)Z_o的平均功率最大时，理想电压源产生的平均功率是多少？(c)假设电源频率为 60 Hz，试从附录 H 中选择单一元件，组成一个与(a)中消耗的平均功率最接近的阻抗。

10.53 图 P10.53 所示电路，调整 Z_o的值，使其平均功率最大，求由理想电压源的两端看过去的等效阻抗。

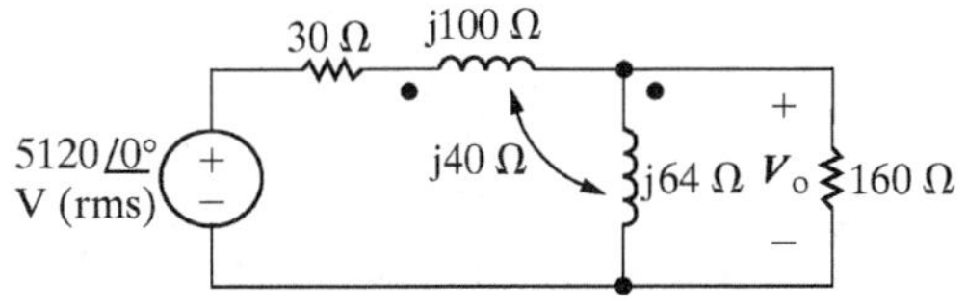

图 P10.51

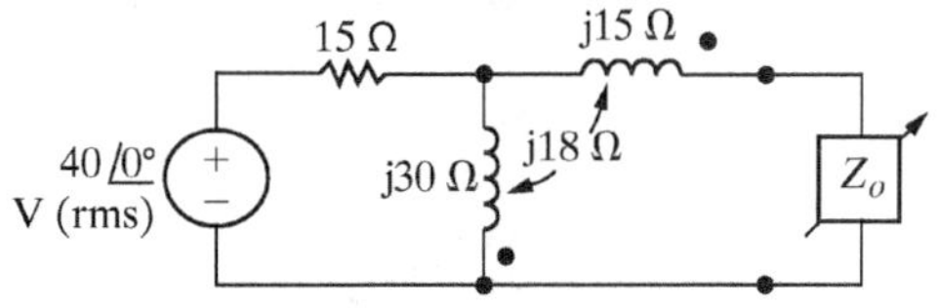

图 P10.53

10.54 调整图 P10.54 所示电路的阻抗 Z_L，使 Z_L上的平均功率最大，正弦电压源的内部阻抗为 4 + j7 Ω。(a)求 Z_L上的最大平均功率。(b)传递到线性变压器上的平均功率的百分之多少传递到了 Z_L上？

10.55P (a)图 P10.55 所示电路，若 $v_g = 400\cos 400t$ V，求电流 i_g和 i_L的稳态表达式。(b)求耦合系数。(c)当 $t = 1.25\pi$ ms 和 $t = 2.5\pi$ ms 时，求存储于耦合线圈中的能量。(d)求 375 Ω 电阻上的功率。(e)将 375 Ω 的电阻替换为可变电阻 R_L，求 R_L为何值时，其平均功率最大？(f)求(e)的最大平均功率。(g)将 375 Ω 的电阻替换为一可变阻抗 Z_L，求 Z_L为何值时，其平均功率最大？(h)求(g)的最大平均功率。

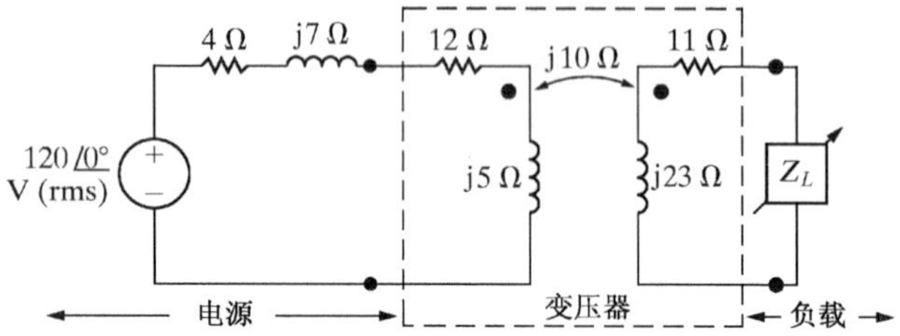

图 P10.54

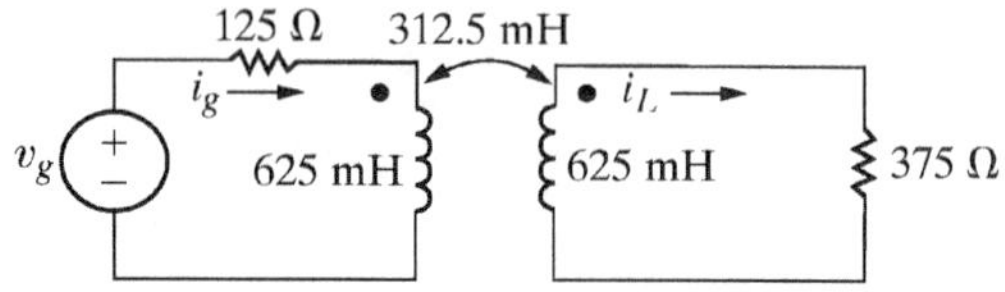

图 P10.55

10.56 图 P10.56 所示电路的参数如下：$L_1 = 8$ mH，$L_2 = 2$ mH，$k = 0.75$，$R_g = 1$ Ω，$R_L = 7$ Ω，若 $v_g = 54\sqrt{2}\cos 1000t$ V，求：(a)v_o 的均方根值。(b)R_L上的平均功率。(c)传递到 R_L上的平均功率是理想电压源发送平均功率的百分之几？

10.57 若图 P10.56 电路中耦合系数可调。(a)求使 v_o等于 0 的 k 值。(b)当 k 为(a)中计算的值时，求电源的输出功率。

10.58 若图 P10.56 电路中的负载电阻(R_L)可调。(a)R_L为何值时，其上平均功率最大？(b)传输的最大平均功率是多少？

10.59 调整图 P10.59 中的负载阻抗 Z_L，使 Z_L上的平均功率最大。(a)若 $N_1 = 3600$ 匝，$N_2 = 600$ 匝，求 Z_L。(b)Z_L吸收的平均功率最大时，求 $\boldsymbol{I}_L$和 $\boldsymbol{V}_L$的值。

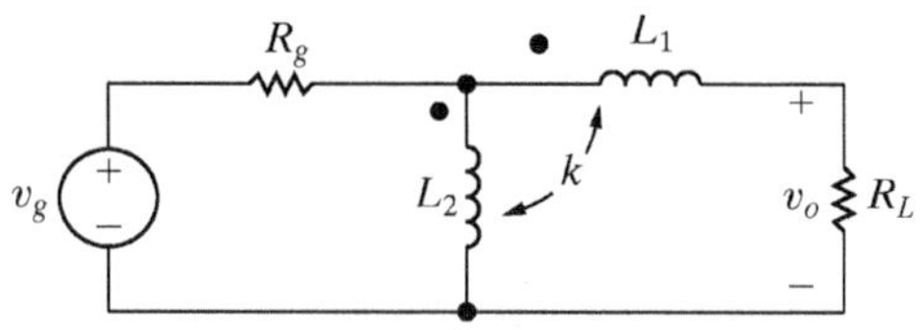

图 P10.56

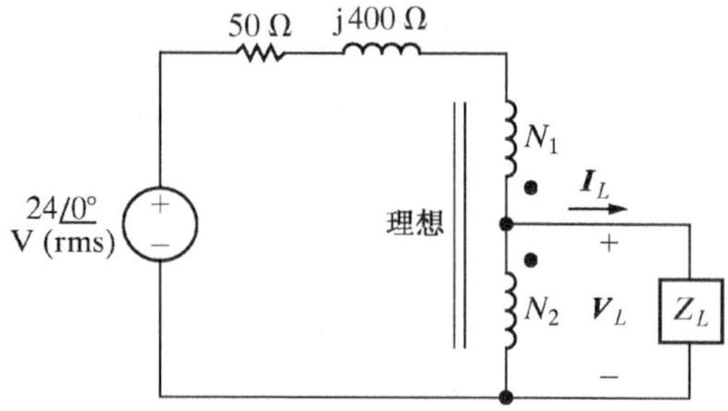

图 P10.59

10.60 图 P10.60 所示电路正弦电压源的频率为 20 krad/s，调整可变电容的容抗值，使 100 Ω 电阻上的平均功率最大。(a)求 C 值(单位为 mF)。(b)若 C 为(a)中求得的值，求 100 Ω 电阻上的平均功率。(c)将 100 Ω 电阻用一个可变电阻 R_o 代替，R_o 为何值时，其上的平均功率最大？(d)R_o 上的最大平均功率是多少？

10.61 求图 P10.61 所示电路 5 kΩ 电阻上的平均功率。

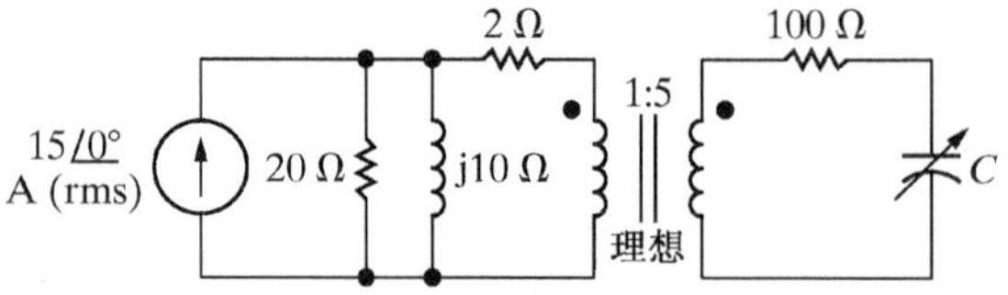

图 P10.60

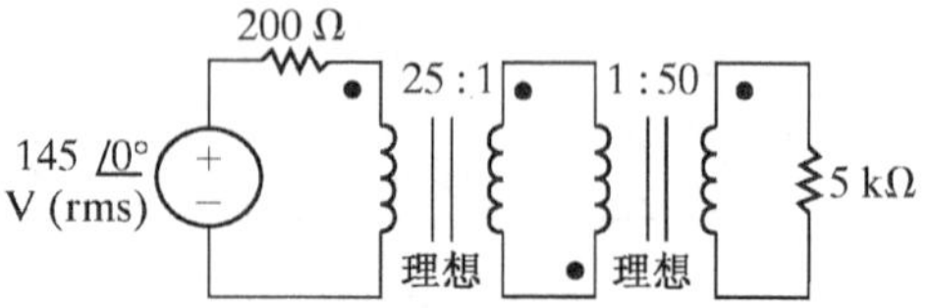

图 P10.61

10.62　将习题 10.61 电路中与 5 kΩ 电阻相连的理想变压器的匝数比改为 1 : a。
(a) a 取何值时，5 kΩ 电阻上能获得最大平均功率？(b)最大平均功率是多少？

10.63　(a)图 P10.63 所示电路，求理想变压器的匝数比 N_1/N_2，以使传递到 400 Ω 负载上的平均功率最大？(b)求 400 Ω 负载上的平均功率。(c)求电压 $\boldsymbol{V}_1$。(d)理想电流源发送功率的百分之几传递到了 400 Ω 电阻上？

10.64　(a)图 P10.64 所示电路，若理想变压器 $N_1 = 1000$ 匝，N_2 应为多少匝才能使 6800 Ω 负载上的平均功率最大？(b)求 6800 Ω 电阻上的平均功率。(c)线性变压器吸收的平均功率是理想电压源发送平均功率的百分之几？

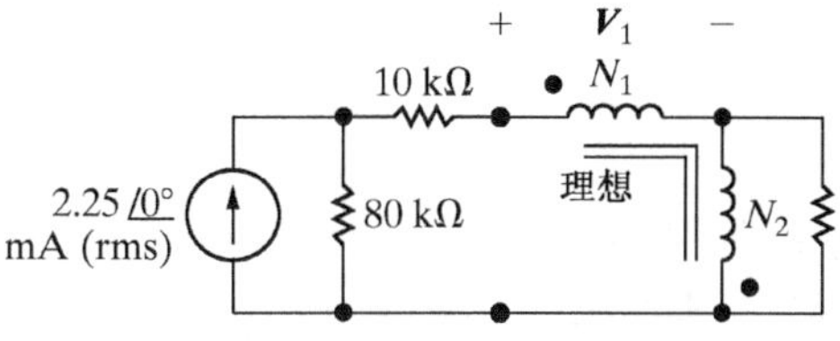

图 P10.63

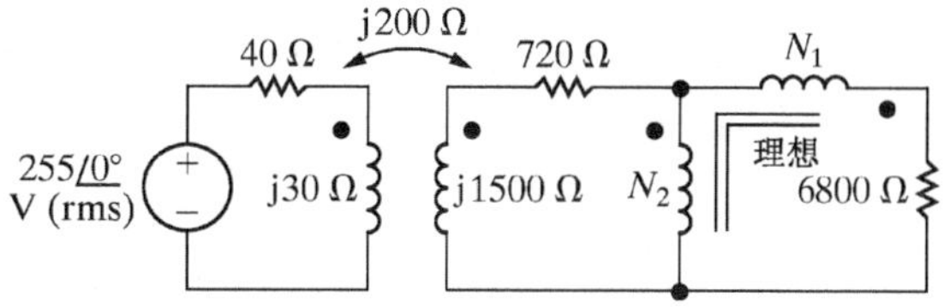

图 P10.64

10.65P　调整图 P10.65 所示可变负载电阻 R_L，使其平均功率最大。
(a)求最大平均功率。(b)当 R_L 吸收的平均功率最大时，该功率是理想电压源发送的平均功率的百分之几？(c)通过证明理想电压源发送功率等于电路吸收功率，验证结果的正确性。

10.66P　对于图 P10.66 所示电路，重复习题 10.65 中的各问题。

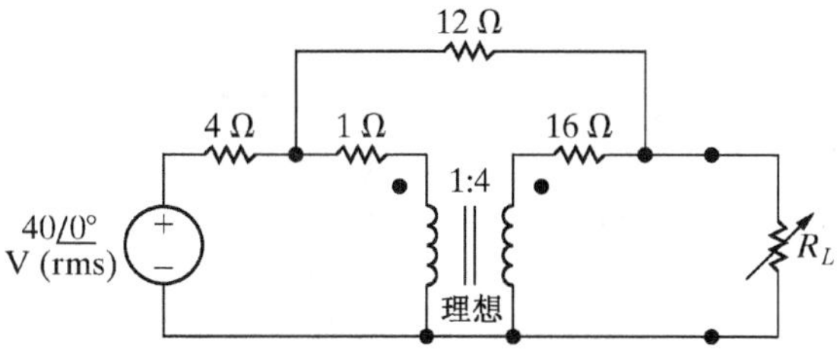

图 P10.65

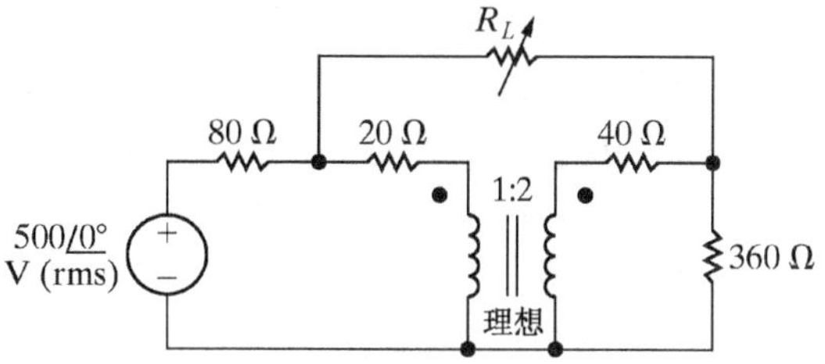

图 P10.66

10.67　(a)使用表 10.3 中的值，计算一台笔记本电脑的交流适配器在一个月内消耗的度数，该电脑每天充电 5 小时，休眠 19 小时。(b)重新计算(a)中的度数，假设该计算机充电 5 小时，关闭 19 小时。(c)重新计算(a)中的度数，假设该计算机充电 5 小时，与交流适配器断开 19 小时，但此时交流适配器仍插在插座上。(d)重新计算(a)中的度数，假设该计算机充电 5 小时，其余 19 小时交流适配器均未插于插座上。

10.68　(a)假设你每天使用微波炉 12 分钟，其余时间微波炉闭门处于预备状态，用表 10.3 中的值，计算一台微波炉在一个月内消耗的度数。(b)当处于闭门预备状态时，计算一个月内微波炉耗电的百分比。

10.69　假设电压是理想值($R_s = 0$ Ω)，$R_1 = 5$ Ω，$L_1 = 250$ mH，120 V(rms)信号源的频率为 60 Hz。计算图 10.29 中变压器消耗的功率(单位为 W)。

10.70　假设线性变压器进行了改进，$R_s = 50$ mΩ，其他参数不变。重复习题 10.69 中的问题。

10.71　假设图 10.29 中的线性变压器换成一个 30 : 1 匝数比的理想变压器，重复习题 10.69 中的问题(提示：不需要确定电源消耗量)。

第 11 章　平衡三相电路

本章目标

- 掌握如何分析平衡三相 Y-Y 形连接电路。
- 掌握如何分析平衡三相 Y-Δ 形连接电路。
- 任意三相电路中功率(平均功率、无功功率和复功率)的计算。

三相电路用来产生、传输和分配大功率电能，这种系统的分析有其自己的专业研究领域，不可能用一章的内容来概括，不过对于一个非电力专业的工程师来说，掌握平衡三相电路的正弦稳态特性就足够了，下面的分析都是在平衡电路的基础上进行的。前面章节中介绍过的电路分析方法既适用于平衡三相电路，也适用于非平衡三相电路。这里将利用读者熟悉的方法寻找平衡三相电路分析的捷径。

从经济方面考虑，三相电路通常都设计并运行在平衡状态下，因此这里只考虑平衡电路，在后面的课程学习中，可能会遇到非平衡三相电路的分析，非平衡三相电路的分析在很大程度上将依赖于对平衡电路的理解。

三相电路的基本结构包括电压源、负载、变压器以及传输线，对于这种电路的分析，可以简化为电压源与负载通过导线相连的电路，忽略变压器可以简化分析，同时也不会影响对涉及运算的基本理解。图 11.1 是一个基本三相电路，所谓平衡三相电路是指电路的电源为一组平衡三相电压。首先研究平衡三相电压，然后再推出 Y-Y 电路和 Y-Δ 电路的电压与电流关系，最后总结功率和功率的测量。

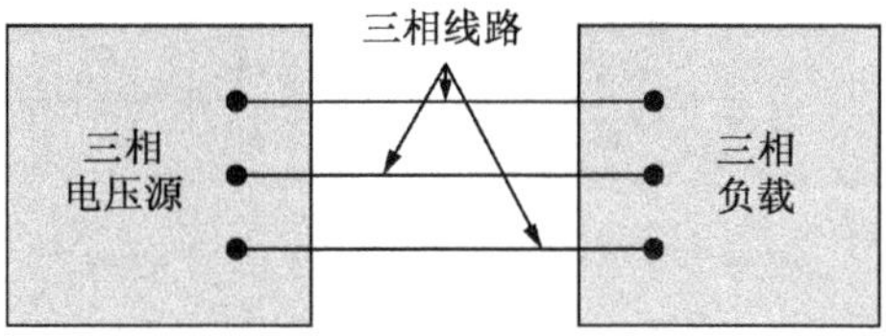

图 11.1　基本三相电路

实例应用

电力的传输与分配(一)

本章将介绍大功率电路的设计，这些电路常用来将发电厂的电能传输到工业区或者居民区。第 9 章的实例应用中曾经介绍过典型的家用线路，现在要向读者介绍整个社区的供电电路。

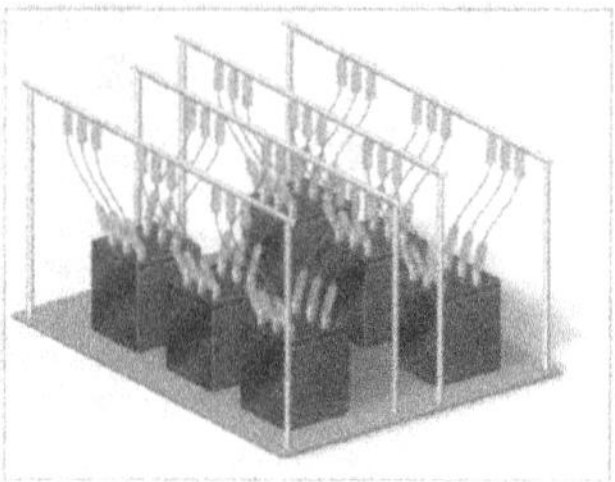

电力设备在设计和运行时需要关注的一个方面就是维持居民区有效电压的稳定，不论是在凌晨 3:00 的小负荷下，还是在酷热潮湿的下午，都要求设备能够提供同样大小的有效电压。由第 10 章的内容可知，电容可以看成是无功功率的发送源，因此保证电力系统电压不变的一个方法就是在传输线路的关键位置上加电容。这种做法的依据是让电容产生负载需要的无功功率，作为从发电厂供给的能量。在介绍完三相电路的分析之后，将会解释这个概念。

11.1　平衡三相电压

所谓平衡三相电压是指三个幅值相同但相位相差 120°的正弦电压，其中三相电压分别称为 a 相电压、b 相电压和 c 相电压。

a，b，c 三相电压只可能存在两种相位关系，一种是 b 相电压滞后于 a 相电压 120°，c 相电压超前 a 相电压 120°，这种相位关系称为 abc(或正)相序。另一种相位关系是 b 相电压超前 a 相电压 120°，c 相电压滞后 a 相电压 120°，这种相位关系称为 acb(或负)相序。这两组平衡相电压分别用相量表示为

$$\begin{aligned}\mathbf{V}_a &= V_m \angle 0^\circ \\ \mathbf{V}_b &= V_m \angle -120^\circ \\ \mathbf{V}_c &= V_m \angle +120^\circ\end{aligned} \tag{11.1}$$

和

$$\begin{aligned}\mathbf{V}_a &= V_m \angle 0^\circ \\ \mathbf{V}_b &= V_m \angle +120^\circ \\ \mathbf{V}_c &= V_m \angle -120^\circ\end{aligned} \tag{11.2}$$

其中式(11.1)表示 abc 或正相序，式(11.2)表示 acb 或负相序。图 11.2 描述了式(11.1)和式(11.2)的电压相量图。相序是从 $\mathbf{V}_a$ 开始顺时针排列的，当两个三相电压并联工作时，必须考虑三相电路的相序，只有当它们具有相同的相序时才能并联工作。

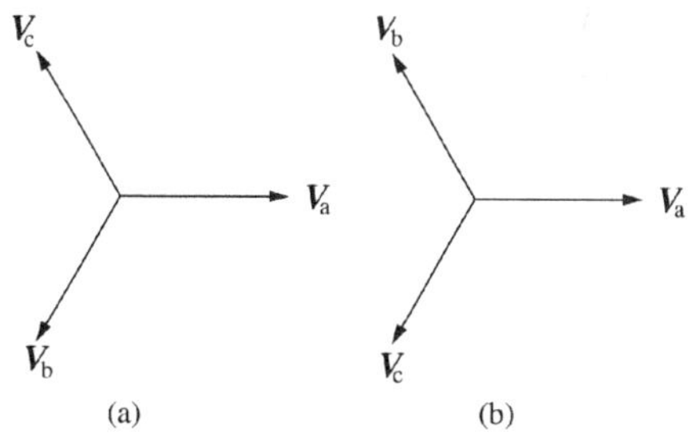

图 11.2　平衡三相电压的相量图：(a) abc (正) 相序；(b) acb (负) 相序

平衡三相电压的另一个重要特性是电压之和为 0，因此由式(11.1)和式(11.2)可知

$$\mathbf{V}_a + \mathbf{V}_b + \mathbf{V}_c = 0 \tag{11.3}$$

由于相量电压之和为 0，所以瞬时电压之和也为 0，即

$$v_a + v_b + v_c = 0 \tag{11.4}$$

了解了平衡三相电压的上述特性后，根据本章的介绍可以得出第一个分析方法：如果已知相序和其中的一个电压，就知道了整个系统的电压。因此对于平衡三相电路，只需确定一相的电压(或电流)即可，因为已知一相的值，就可以由此确定其余两相的值。

提示：试求本章习题 11.1 和习题 11.2 测试你对三相电压的理解程度。

11.2　三相电压源

三相电压源由发电机产生，发电机由 3 个缠绕在定子外围的独立线圈构成。每个线圈即为发电机的一相。发电机的转子是由一个原始动力(如水轮机或汽轮机)驱动的匀速转动的电

磁铁，电磁铁的转动使每个线圈上产生一个正弦电压，将线圈的位置设计成使线圈上产生的正弦电压幅值相同、相位角相差120°，电磁铁转动时线圈的位置保持不变，因此每个线圈上电压的频率一致，图11.3画出了一个两极三相电压源的轮廓图。

三相电压源的构成有两种连接方式：Y结构和Δ结构。图11.4用理想电压源模拟三相发电机的线圈给出了两种结构。Y形连接中的公共节点称为中点n[参见图11.4(a)]，外部的连接决定了中点是否有效。

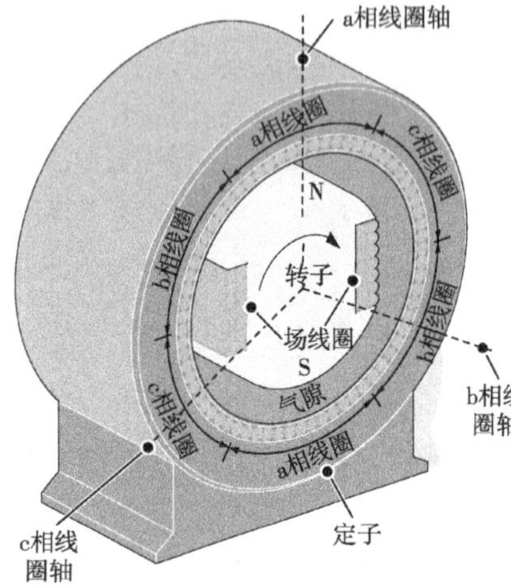

图11.3 三相电压源的轮廓图

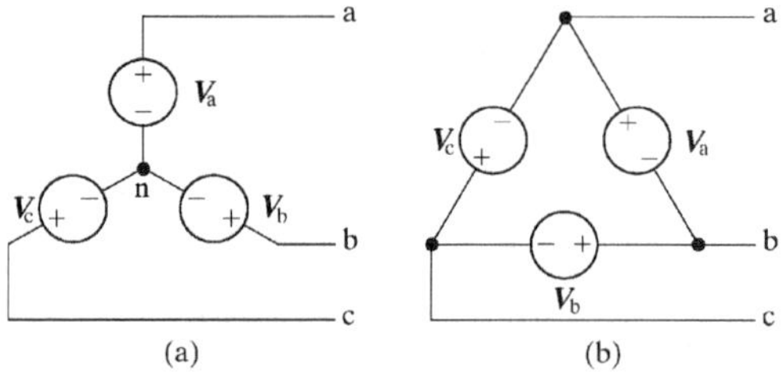

图11.4 理想三相电压源的两种基本连接方式：(a)Y形电源；(b)Δ形电源

有时，线圈的阻抗非常小(同电路中的其他阻抗相比)，在模拟发电机时可以忽略不计，因此电路模型中只包含理想电压源，如图11.4所示。但是，如果线圈的阻抗不能忽略，那么理想正弦电压源上就必须串联一个线圈阻抗，由于定子上所有线圈结构相同，所以假设线圈阻抗相同且为感性阻抗，这样图11.5就是三相发电机的等效电路，其中R_w是线圈电阻，X_w是线圈感抗。

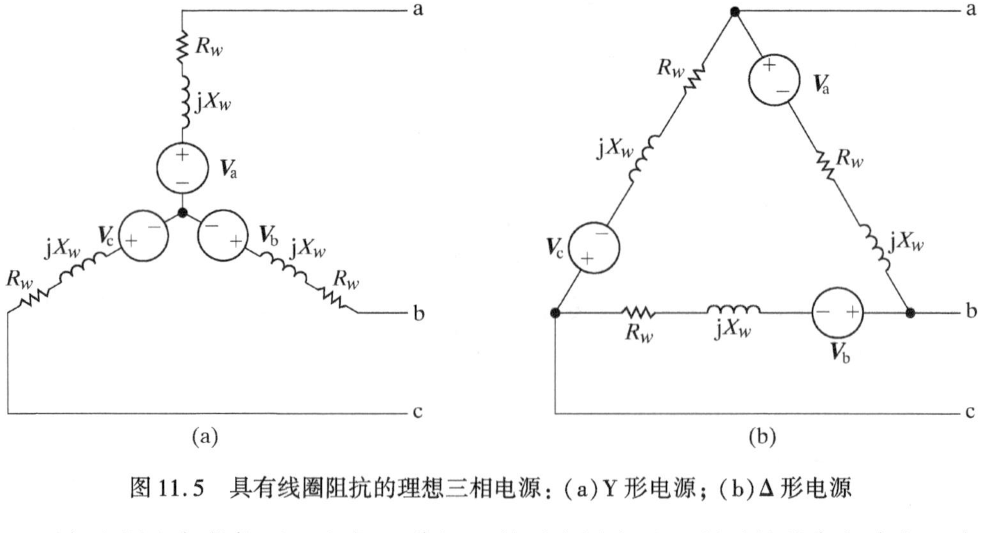

图11.5 具有线圈阻抗的理想三相电源：(a)Y形电源；(b)Δ形电源

由于三相电源和负载都可以连成Y形和Δ形，因此图11.1所示的基本电路有4种不同的结构。

电源	负载
Y	Y
Y	Δ
Δ	Y
Δ	Δ

先分析 Y-Y 电路，由于其余的三种电路都可以等效为 Y-Y 电路，因此 Y-Y 电路是平衡三相电路分析的重点。然后，将介绍 Y-Δ 结构电路的等效性，Δ-Y 和 Δ-Δ 结构电路的分析在习题中留给读者。

11.3　Y-Y 形电路分析

图 11.6 为常见的 Y-Y 形电路。其中，电源中点和负载中点间有四根导线，四根导线结构只有在 Y-Y 结构中才可能出现(后面将详细讨论)。为方便起见，Y 形电路变换为如图 11.6 所示的 T 形电路，其中 Z_{ga}，Z_{gb}，Z_{gc}表示发电机每一相线圈的内部阻抗；Z_{1a}，Z_{1b}，Z_{1c}表示线阻抗；Z_0 表示与电源中点和负载中点相连的零线阻抗；Z_A，Z_B 和 Z_C 表示每相负载的阻抗。

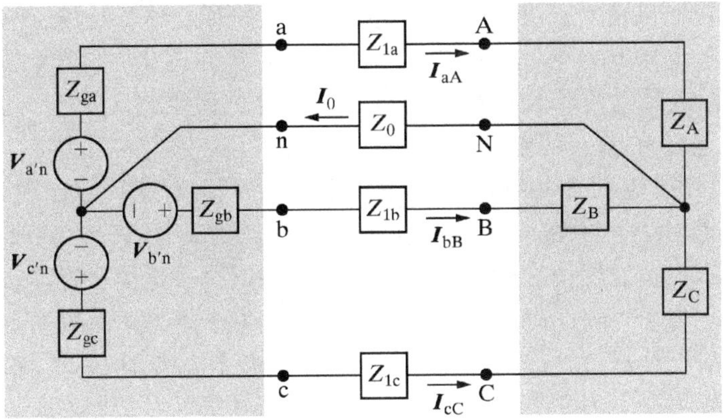

图 11.6　三相 Y-Y 系统

该电路可以用一个节点电压方程描述。以电源中点为参考点，V_N 表示节点 N 和节点 n 之间的电压，可得节点电压方程为

$$\frac{V_N}{Z_0}+\frac{V_N-V_{a'n}}{Z_A+Z_{1a}+Z_{ga}}+\frac{V_N-V_{b'n}}{Z_B+Z_{1b}+Z_{gb}}+\frac{V_N-V_{c'n}}{Z_C+Z_{1c}+Z_{gc}}=0 \tag{11.5}$$

该方程为图 11.6 所示的所有 Y-Y 结构电路的一般方程，如果考虑平衡三相电压的常规定义，式(11.5)可以化简为简单的形式。此时电路满足如下规定：

1. 电压源为一组平衡三相电压，即图 11.6 中的 $V_{a'n}$，$V_{b'n}$，$V_{c'n}$是一组平衡三相电压。
2. 每相电压源的阻抗相同，即图 11.6 中 $Z_{ga}=Z_{gb}=Z_{gc}$。
3. 导线阻抗相同，即图 11.6 中 $Z_{1a}=Z_{1b}=Z_{1c}$。
4. 每相负载阻抗相同，即图 11.6 中 $Z_A=Z_B=Z_C$。

零线上的阻抗没有限制要求，它的值对电路是否平衡不会产生影响。

因此，若图 11.6 所示电路平衡，式(11.5)可以重写为

$$V_N\left(\frac{1}{Z_0}+\frac{3}{Z_\phi}\right)=\frac{V_{a'n}+V_{b'n}+V_{c'n}}{Z_\phi} \tag{11.6}$$

其中

$$Z_\phi = Z_A + Z_{1a} + Z_{ga} = Z_B + Z_{1b} + Z_{gb} = Z_C + Z_{1c} + Z_{gc}$$

式(11.6)右边部分为0，因为右边为一组平衡三相电压之和且 Z_ϕ 不为零，要满足式(11.6)只有 V_N 为零，因此，对于平衡三相电路

$$V_N = 0 \tag{11.7}$$

式(11.7)非常重要。如果 V_N 为0，则在电源中点 n 和负载中点 N 之间没有电位差，也就是说，零线上的电流为0，因此可以把零线去掉，也可以在节点 n 和 N 之间短路。处理平衡三相电路时，这两种等效方法非常方便。

下面考虑平衡条件对线电流的影响，由图11.6可知，当系统平衡时线电流为

$$I_{aA} = \frac{V_{a'n} - V_N}{Z_A + Z_{1a} + Z_{ga}} = \frac{V_{a'n}}{Z_\phi} \tag{11.8}$$

$$I_{bB} = \frac{V_{b'n} - V_N}{Z_B + Z_{1b} + Z_{gb}} = \frac{V_{b'n}}{Z_\phi} \tag{11.9}$$

$$I_{cC} = \frac{V_{c'n} - V_N}{Z_C + Z_{1c} + Z_{gc}} = \frac{V_{c'n}}{Z_\phi} \tag{11.10}$$

可以看出这三个线电流构成了一组平衡三相电流，也就是说，每条线路上电流的幅值和频率相同且相位相互之间相差120°。因此，如果求出电流 I_{aA} 并且知道相序，就可以直接求得 I_{bB} 和 I_{cC}，这个过程与通过 a 相电源电压求 b 相和 c 相电源电压的过程相同。

对于平衡 Y-Y 电路中的 a 相电路，可以利用式(11.8)建立一个等效电路，由方程可知，a 相导线上的电流等于发电机 a 相线圈产生的电压除以 a 相电路的总阻抗。因此式(11.8)描述的电路如图11.7所示，其中零线已被替换为一根短路线。图11.7所示电路称为平衡三相电路的单相等效电路。根据相位之间的关系，一旦求解出这个电路，就可以很容易地写出另外两相电路的电压和电流了。因此画出单相等效电路是分析三相电路重要的第一步。

有一点需要注意，图11.7中零线上的电流为 I_{aA}，这个电流与平衡三相电路中的零线电流不是一回事，后者为

$$I_o = I_{aA} + I_{bB} + I_{cC} \tag{11.11}$$

因此图11.7所示的电流是线电流，并且仅仅是 a 相电源在零线上的电流。只要能够应用单相等效电路，线电流就能够形成三相平衡电流，这时式(11.11)右边之和为0。

有了图11.7的线电流，就可以容易地求出任何一个电压了。其中线电压以及线到中点的电压是最重要的电压，可以通过负载来确立电压之间的关系，这种关系同样适用于电源两端。图11.8所示负载的端电压为 V_{AB}，V_{BC} 和 V_{CA}，下脚标表明电压降从一个节点到另一个节点(由于讨论平衡状态，所以不考虑图11.8中的零线)。

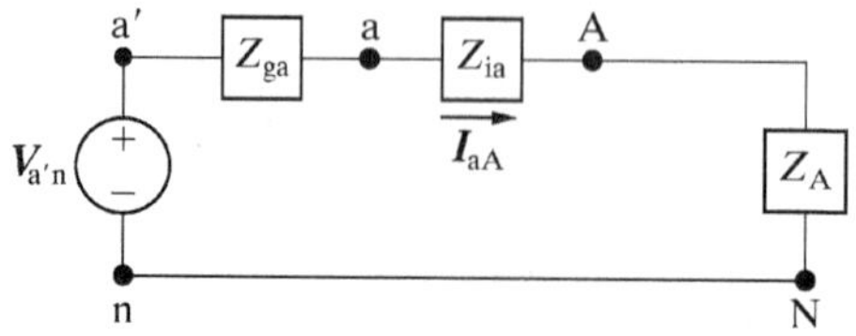

图11.7　单相等效电路

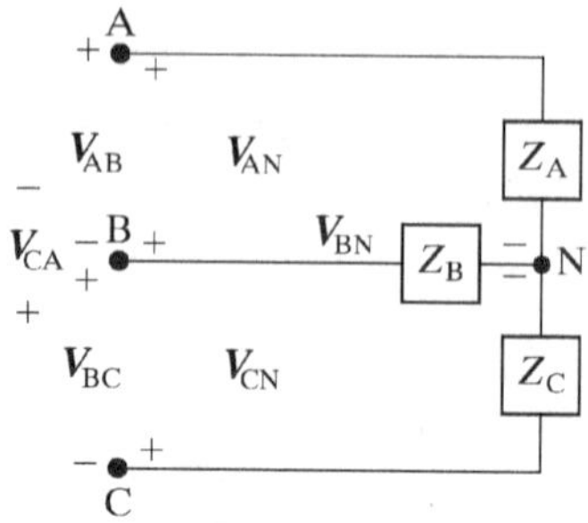

图11.8　线电压和线到中点的电压

线到中点的电压分别为 $\mathbf{V}_{AN}$，$\mathbf{V}_{BN}$ 和 $\mathbf{V}_{CN}$。由基尔霍夫电压定律，线电压用线到中点的电压表示为

$$\mathbf{V}_{AB} = \mathbf{V}_{AN} - \mathbf{V}_{BN} \quad (11.12)$$

$$\mathbf{V}_{BC} = \mathbf{V}_{BN} - \mathbf{V}_{CN} \quad (11.13)$$

$$\mathbf{V}_{CA} = \mathbf{V}_{CN} - \mathbf{V}_{AN} \quad (11.14)$$

为了说明线电压与线到中点的电压间的关系，假设相序为正，即 abc，且以 a 相的线到中点电压作为参考电压

$$\mathbf{V}_{AN} = V_{\phi} \angle 0° \quad (11.15)$$

$$\mathbf{V}_{BN} = V_{\phi} \angle -120° \quad (11.16)$$

$$\mathbf{V}_{CN} = V_{\phi} \angle +120° \quad (11.17)$$

其中 V_{ϕ} 表示线到中点的电压幅值，将式(11.15)至式(11.17)分别代入式(11.12)至式(11.14)中得

$$\mathbf{V}_{AB} = V_{\phi} \angle 0° - V_{\phi} \angle -120° = \sqrt{3}V_{\phi} \angle 30° \quad (11.18)$$

$$\mathbf{V}_{BC} = V_{\phi} \angle -120° - V_{\phi} \angle 120° = \sqrt{3}V_{\phi} \angle -90° \quad (11.19)$$

$$\mathbf{V}_{CA} = V_{\phi} \angle 120° - V_{\phi} \angle 0° = \sqrt{3}V_{\phi} \angle 150° \quad (11.20)$$

式(11.18)至式(11.20)表明：

1. 线电压的幅值是线到中点电压幅值的 $\sqrt{3}$ 倍。
2. 线电压为一组平衡三相电压。
3. 线电压超前线到中点电压 30°。

对于负相序来说，唯一的区别在于线电压滞后线到中点电压 30°，这一情况留给读者证明。图 11.9 的相量图归纳了上述结论，这里得出了另一个分析平衡三相系统的方法：如果知道了电路某点的线到中点电压，就可以容易地求出该点的线电压，反之亦然。

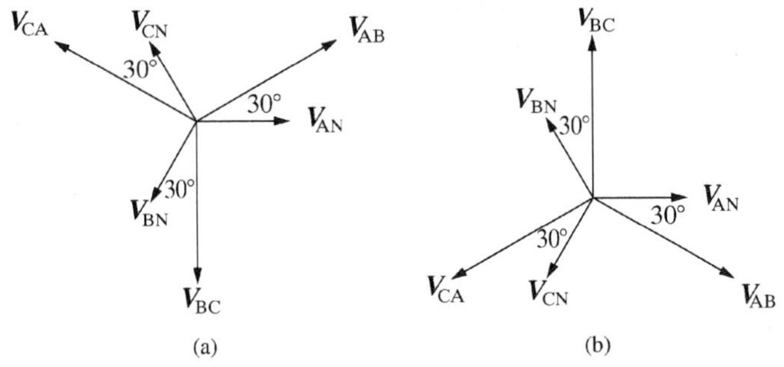

图 11.9　平衡系统线电压以及线到中点电压的相量图：(a) abc 相序；(b) acb 相序

各术语描述如下：线电压表示导线上的电压，相电压表示每相电源的电压，线电流表示导线上的电流，相电流表示每相电源的电流。在 Δ 形连接中线电压和相电压相同，在 Y 形连接中线电流和相电流相同。

由于三相系统是为大功率电力系统设计的，因此所有的电压和电流给出的都是均方根值，给定的电压也常常是指线电压。于是当说一个三相传输线为 345 kV 时，是指线电压的均方根值为 345 000 V。在本章，所有的电压和电流都用有效值表示。

文献中常用希腊字母 ϕ 表示每相位，因此 V_ϕ，I_ϕ，Z_ϕ，P_ϕ 和 Q_ϕ 分别表示每相电压、每相电流、每相阻抗、每相功率和每相无功功率。

例 11.1 说明了如何利用上述结论求解一个平衡三相 Y-Y 电路。

例 11.1 Y-Y 形电路的分析

一个平衡三相 Y 形连接的发电机，相序为正，阻抗为 $0.2 + j0.5\ \Omega/\phi$，内部电压为 $120\ V/\phi$，平衡三相 Y 形连接的负载阻抗为 $39 + j28\ \Omega/\phi$，连接发电机与负载的线阻抗为 $0.8 + j1.5\ \Omega/\phi$。以发电机的 a 相内部电压为参考相量。

(a) 求系统的 a 相等效电路。(b) 求线电流 I_{aA}，I_{bB} 和 I_{cC}。(c) 求负载的相电压 V_{AN}，V_{BN} 和 V_{CN}。(d) 求负载两端的线电压 V_{AB}，V_{BC} 和 V_{CA}。(e) 求发电机两端的相电压 V_{an}，V_{bn} 和 V_{cn}。(f) 求发电机两端的线电压 V_{ab}，V_{bc} 和 V_{ca}。(g) 相序为负时，重复 (a) ~ (f) 的问题。

解：

(a) 图 11.10 为单相等效电路。

(b) a 相线电流为

$$I_{aA} = \frac{120\angle 0^\circ}{(0.2+0.8+39)+j(0.5+1.5+28)} = \frac{120\angle 0^\circ}{40+j30} = 2.4\angle -36.87^\circ\ A$$

相序为正时

$$I_{bB} = 2.4\angle -156.87^\circ\ A$$

$$I_{cC} = 2.4\angle 83.13^\circ\ A$$

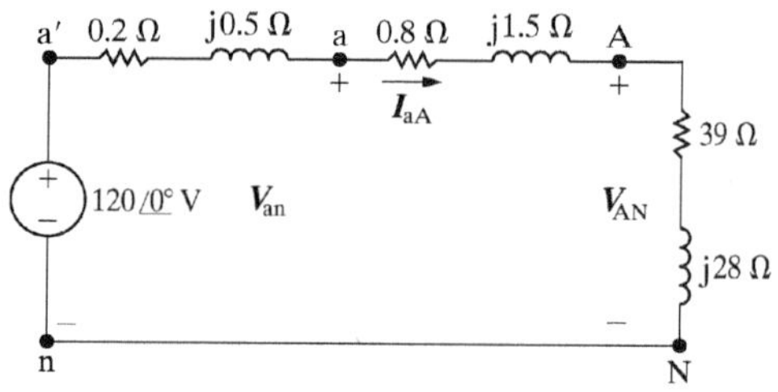

图 11.10 例 11.1 的单相等效电路

(c) 负载 A 端的相电压为

$$V_{AN} = (39+j28)(2.4\angle -36.87^\circ) = 115.22\angle -1.19^\circ\ V$$

相序为正时

$$V_{BN} = 115.22\angle -121.19^\circ\ V$$

$$V_{CN} = 115.22\angle 118.81^\circ\ V$$

(d) 相序为正时，线电压超前相电压 30°，因此

$$V_{AB} = (\sqrt{3}\angle 30^\circ)V_{AN} = 199.58\angle 28.81^\circ\ V$$

$$V_{BC} = 199.58\angle -91.19^\circ\ V$$

$$V_{CA} = 199.58\angle 148.81^\circ\ V$$

(e) 电源两端的相电压为

$$\begin{aligned} V_{an} &= 120-(0.2+j0.5)\times(2.4\angle -36.87^\circ) \\ &= 120-1.29\angle 31.33^\circ \\ &= 118.90-j0.67 \\ &= 118.90\angle -0.32^\circ\ V \end{aligned}$$

相序为正时

$$V_{bn} = 118.90\angle -120.32^\circ\ V$$

$$V_{cn} = 118.90\angle 119.68^\circ\ V$$

(f) 电源两端的线电压为

$$V_{ab} = (\sqrt{3}\angle 30^\circ)V_{an} = 205.94\angle 29.68^\circ\ V$$

$$V_{bc} = 205.94\angle -90.32^\circ\ V$$

$$V_{ca} = 205.94\angle 149.68^\circ\ V$$

(g)改变相序对单相等效电路没有影响，线电流为

$$I_{aA} = 2.4\ \angle -36.87^\circ\ \text{A}$$

$$I_{bB} = 2.4\ \angle 83.13^\circ\ \text{A}$$

$$I_{cC} = 2.4\ \angle -156.87^\circ\ \text{A}$$

负载上的相电压为

$$V_{AN} = 115.22\ \angle -1.19^\circ\ \text{V}$$

$$V_{BN} = 115.22\ \angle 118.81^\circ\ \text{V}$$

$$V_{CN} = 115.22\ \angle -121.19^\circ\ \text{V}$$

相序为负时，线电压滞后相电压 30°

$$V_{AB} = (\sqrt{3}\ \angle -30^\circ)\ V_{AN} = 199.58\ \angle -31.19^\circ\ \text{V}$$

$$V_{BC} = 199.58\ \angle 88.81^\circ\ \text{V}$$

$$V_{CA} = 199.58\ \angle -151.19^\circ\ \text{V}$$

发电机端子上的相电压为

$$V_{an} = 118.90\ \angle -0.32^\circ\ \text{V}$$

$$V_{bn} = 118.90\ \angle 119.68^\circ\ \text{V}$$

$$V_{cn} = 118.90\ \angle -120.32^\circ\ \text{V}$$

发电机端子上的线电压为

$$V_{ab} = (\sqrt{3}\ \angle -30^\circ)\ V_{an} = 205.94\ \angle -30.32^\circ\ \text{V}$$

$$V_{bc} = 205.94\ \angle 89.68^\circ\ \text{V}$$

$$V_{ca} = 205.94\ \angle -150.32^\circ\ \text{V}$$

评测目标 1　掌握如何分析一个平衡三相 Y-Y 形电路。

11.1　平衡三相电路从 A 到 N 的电压为 $240\ \angle -30^\circ$ V，若相序为正，求 V_{BC}。

答： $415.69\ \angle -120^\circ$ V。

11.2　Y 形连接的平衡三相电压，c 相的电压为 $450\ \angle -25^\circ$ V，若相序为负，求 V_{AB}。

答： $779.42\ \angle 65^\circ$ V。

11.3　Y 形连接的平衡三相电路，负载两端的相电压为 2400 V，负载阻抗为 $16 + j12\ \Omega/\phi$，线阻抗为 $0.10 + j0.80\ \Omega/\phi$，Y 形连接的电源相序为 acb，初始阻抗为 $0.02 + j0.16\ \Omega/\phi$，以负载的 a 相电压作为参考电压。计算：(a)线电流 I_{aA}，I_{bB}和 I_{cC}；(b)电源处的线电压 V_{ab}，V_{bc}和 V_{ca}；(c)电源处的相到中点电压 $V_{a'n}$，$V_{b'n}$和 $V_{c'n}$。

答：

(a) $I_{aA} = 120\ \angle -36.87^\circ$ A，$I_{bB} = 120\ \angle 83.13^\circ$ A，$I_{cC} = 120\ \angle -156.87^\circ$ A；

(b) $V_{ab} = 4275.02\ \angle -28.38^\circ$ V，$V_{bc} = 4275.02\ \angle 91.62^\circ$ V，$V_{ca} = 4275.02\ \angle -148.38^\circ$ V；

(c) $I_{a'n} = 2482.05\ \angle 1.93^\circ$ V，$V_{b'n} = 2482.05\ \angle 121.93^\circ$ A，$V_{c'n} = 2482.05\ \angle -118.07^\circ$ V。

提示： 试求本章习题 11.9、习题 11.11 和习题 11.12。

11.4　Y-Δ 形电路分析

如果三相电路中的负载是三角形连接，则可以通过 9.6 节介绍的三角形到星形变换将它变换为星形电路。当负载平衡时，星形负载每条支路上的阻抗等于三角形负载每条支路上阻抗的 1/3，即

$$Z_Y = \frac{Z_\Delta}{3} \tag{11.21}$$

上式完全符合式(9.51)至式(9.53)。将 Δ 负载替换为等效 Y 形负载后，a 相电路可以用图 11.11 的单相等效电路等效。

先求等效电路的线电流，再求 Δ 负载每条支路的线电流。这两个电流之间的关系可以通过图 11.12 所示电路推出。

当一个负载(或电源)按三角形连接时，支路上的电流即为相电流，支路电压即为相电压。由图 11.12 可以看出，在 Δ 形结构中，相电压等于线电压。

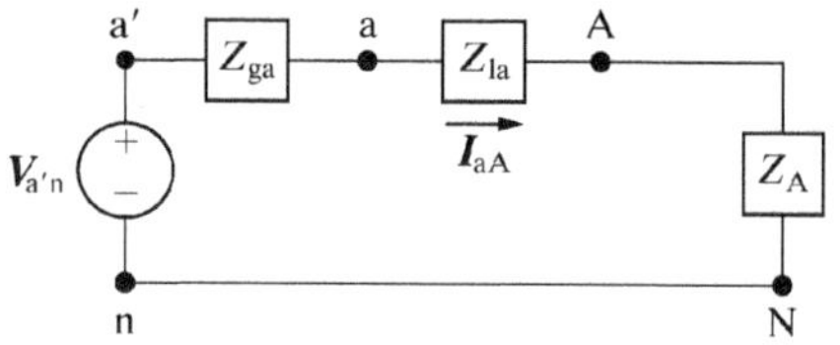

图 11.11　单相等效电路

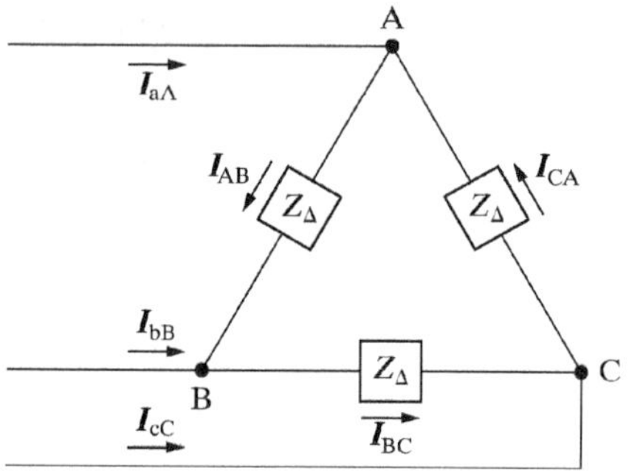

图 11.12　描述平衡 Δ 形负载线电流和相电流关系的电路图

为了推出相电流和线电流之间的关系，假设相序为正且相电流幅值为 I_ϕ，则

$$\boldsymbol{I}_{AB} = I_\phi \angle 0^\circ \tag{11.22}$$

$$\boldsymbol{I}_{BC} = I_\phi \angle -120^\circ \tag{11.23}$$

$$\boldsymbol{I}_{CA} = I_\phi \angle 120^\circ \tag{11.24}$$

上述等式是在以 $\boldsymbol{I}_{AB}$ 为参考相量的条件下得出的。

由基尔霍夫电流定律得到线电流的相电流表达式为

$$\boldsymbol{I}_{aA} = \boldsymbol{I}_{AB} - \boldsymbol{I}_{CA} = I_\phi \angle 0^\circ - I_\phi \angle 120^\circ = \sqrt{3} I_\phi \angle -30^\circ \tag{11.25}$$

$$\boldsymbol{I}_{bB} = \boldsymbol{I}_{BC} - \boldsymbol{I}_{AB} = I_\phi \angle -120^\circ - I_\phi \angle 0^\circ = \sqrt{3} I_\phi \angle -150^\circ \tag{11.26}$$

$$\boldsymbol{I}_{cC} = \boldsymbol{I}_{CA} - \boldsymbol{I}_{BC} = I_\phi \angle 120^\circ - I_\phi \angle -120^\circ = \sqrt{3} I_\phi \angle 90^\circ \tag{11.27}$$

比较式(11.25)至式(11.27)和式(11.22)至式(11.24)可以发现，线电流的幅值是相电流幅值的$\sqrt{3}$倍，且线电流滞后相电流 30°。

请读者证明：若相序为负，则线电流为相电流的$\sqrt{3}$倍，且线电流超前相电流 30°。因此对于一个平衡三相 Δ 连接的负载来说，由相电流可以方便地求出线电流(反之亦然)。图 11.13 用图形说明了这一点。例 11.2 给出了一个 Y 形电源、Δ 形负载的平衡三相电路的分析。

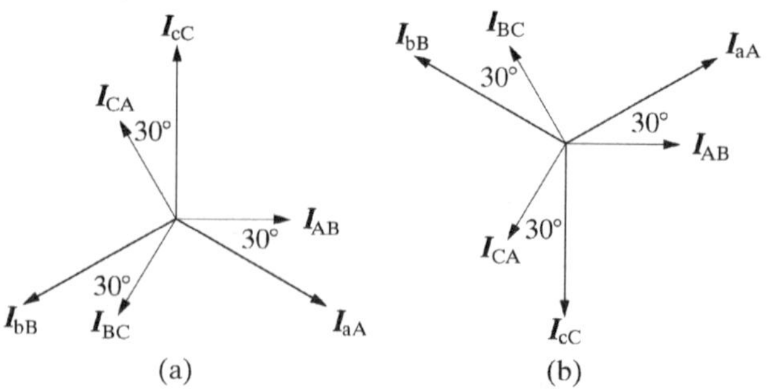

图 11.13　描述 Δ 形负载线电流和相电流关系的相量图：(a)正相序；(b)负相序

例 11.2　Y-Δ 形电路的分析

将例 11.1 中的 Y 形连接的电源接到一个 Δ 连接的负载上，线阻抗为 0.3 + j0.9 Ω/ϕ，负载阻抗为 118.5 + j85.8 Ω/ϕ，以发电机的 a 相电压作为参考电压。

(a) 建立三相电路的单相等效电路。

(b) 求线电流 $\boldsymbol{I}_{aA}$，$\boldsymbol{I}_{bB}$和 $\boldsymbol{I}_{cC}$。

(c) 求负载两端的相电压。

(d) 求负载两端的相电流。

(e) 求电源两端的线电压。

解：

(a) 单相等效电路如图 11.14 所示，负载的 Y 形等效阻抗为

$$\frac{118.5 + j85.8}{3} = 39.5 + j28.6\ \Omega/\phi$$

(b) a 相线电流为

$$\boldsymbol{I}_{aA} = \frac{120\ \angle 0^\circ}{(0.2 + 0.3 + 39.5) + j(0.5 + 0.9 + 28.6)} = \frac{120\ \angle 0^\circ}{40 + j30} = 2.4\ \angle -36.87^\circ\ \text{A}$$

因此

$$\boldsymbol{I}_{bB} = 2.4\ \angle -156.87^\circ\ \text{A}$$

$$\boldsymbol{I}_{cC} = 2.4\ \angle 83.13^\circ\ \text{A}$$

(c) 由于负载为 Δ 连接，所以相电压即为线电压。为求线电压，先求 $\boldsymbol{V}_{AN}$

$$\boldsymbol{V}_{AN} = (39.5 + j28.6)(2.4\ \angle -36.87^\circ) = 117.04\ \angle -0.96^\circ\ \text{V}$$

因为相序为正，所以线电压 $\boldsymbol{V}_{AB}$ 为

$$\boldsymbol{V}_{AB} = (\sqrt{3}\ \angle 30^\circ)\ \boldsymbol{V}_{AN} = 202.72\ \angle 29.04^\circ\ \text{V}$$

因此

$$\boldsymbol{V}_{BC} = 202.72\ \angle -90.96^\circ\ \text{V}$$

$$\boldsymbol{V}_{CA} = 202.72\ \angle 149.04^\circ\ \text{V}$$

(d) 负载的相电流直接由线电流求得为

$$\boldsymbol{I}_{AB} = \left(\frac{1}{\sqrt{3}}\ \angle 30^\circ\right)\ \boldsymbol{I}_{aA} = 1.39\ \angle -6.87^\circ\ \text{A}$$

有了 $\boldsymbol{I}_{AB}$，即可得出其余负载的相电流为

$$\boldsymbol{I}_{BC} = 1.39\ \angle -126.87^\circ\ \text{A}$$

$$\boldsymbol{I}_{CA} = 1.39\ \angle 113.13^\circ\ \text{A}$$

由前面求得的 $\boldsymbol{V}_{AB}$和 Δ 形连接的负载验证 $\boldsymbol{I}_{AB}$的正确性，即

$$\boldsymbol{I}_{AB} = \frac{\boldsymbol{V}_{AB}}{Z_\phi} = \frac{202.72\ \angle 29.04^\circ}{118.5 + j85.8} = 1.39\ \angle -6.87^\circ\ \text{A}$$

(e) 要求电源两端线电压，先求 $\boldsymbol{V}_{an}$。图 11.14 表明 $\boldsymbol{V}_{an}$ 为线阻抗和负载阻抗两端的电压降，即

$$\boldsymbol{V}_{an} = (39.8 + j29.5)(2.4\ \angle -36.87^\circ) = 118.90\ \angle -0.32^\circ\ \text{V}$$

线电压 $\boldsymbol{V}_{ab}$ 为

$$\boldsymbol{V}_{ab} = (\sqrt{3}\ \angle 30^\circ)\ \boldsymbol{V}_{an}$$

或者

$$\boldsymbol{V}_{ab} = 205.94\ \angle 29.68^\circ\ \text{V}$$

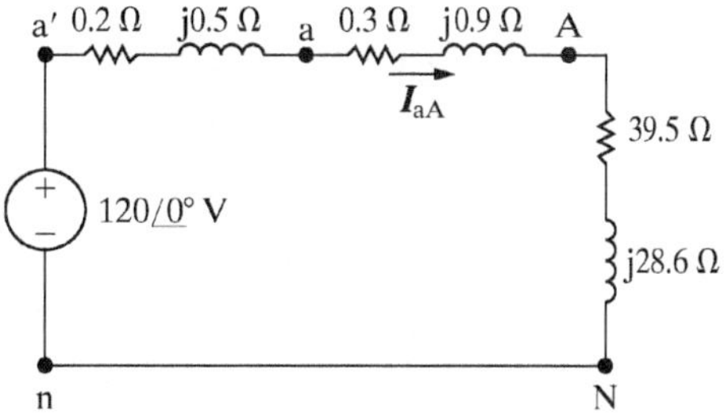

图 11.14　例 11.2 的单相等效电路

因此

$$V_{bc} = 205.94 \angle -90.32^\circ \text{ V}$$

$$V_{ca} = 205.94 \angle 149.68^\circ \text{ V}$$

评测目标 2 掌握平衡三相 Y-Δ 形电路的分析。

11.4 平衡三相 Δ 连接的负载上的线电流 $\boldsymbol{I}_{CA}$ 为 $8\angle -15^\circ$ A,若相序为正，求 $\boldsymbol{I}_{cC}$。

答： $13.86\angle -45^\circ$ A。

11.5 平衡三相电路中的负载为平衡三相 Δ 形负载，b 相线电流的参考方向为流入负载，电流值为 $12\angle 65^\circ$ A，若相序为负，求 $\boldsymbol{I}_{AB}$。

答： $6.93\angle -85^\circ$ A。

11.6 平衡三相电路 Δ 形连接的负载端的线电压 $\boldsymbol{V}_{AB}$ 为 $4160\angle 0^\circ$ V，线电流 $\boldsymbol{I}_{aA}$ 为 $69.28\angle -10^\circ$ A。

(a)若相序为正，求负载每相的阻抗。

(b)若相序为负，重复(a)的问题。

答： (a)$104\angle -20^\circ$ Ω；(b)$104\angle +40^\circ$ Ω。

11.7 平衡 Δ 形连接的负载两端的线电压为 110 V，每相负载由 3.667 Ω 电阻和 2.75 Ω 感抗并联组成，求线电流的幅值。

答： 86.60 A。

提示： 试求本章习题 11.14 至习题 11.16。

11.5 平衡三相电路功率的计算

前面分析了平衡三相电路的电压和电流，本节讨论三相电路的功率计算。首先分析平衡 Y 形连接负载的平均功率。

11.5.1 平衡 Y 形负载的平均功率

图 11.15 为一 Y 形负载，电压、电流如图所示。用第 10 章中介绍的方法求每相的平均功率，由式(10.21)可得 a 相平均功率的表达式为

$$P_A = |\boldsymbol{V}_{AN}||\boldsymbol{I}_{aA}|\cos(\theta_{vA} - \theta_{iA}) \tag{11.28}$$

其中 θ_{vA}，θ_{iA} 分别为 $\boldsymbol{V}_{AN}$ 和 $\boldsymbol{I}_{aA}$ 的相位角。用式(11.28)的表示方法可得 b 相和 c 相的平均功率为

$$P_B = |\boldsymbol{V}_{BN}||\boldsymbol{I}_{bB}|\cos(\theta_{vB} - \theta_{iB}) \tag{11.29}$$

$$P_C = |\boldsymbol{V}_{CN}||\boldsymbol{I}_{cC}|\cos(\theta_{vC} - \theta_{iC}) \tag{11.30}$$

在式(11.28)至式(11.30)中，所有的电压和电流相量都是正弦函数的均方根相量。

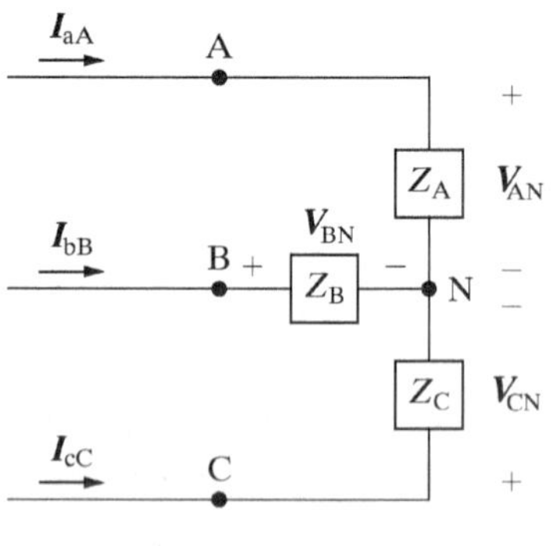

图 11.15 介绍三相电路平均功率计算的平衡Y形负载

在平衡三相系统中，每相线到中点电压的幅值都相同，每相电流的幅值也相同，并且每相上的余弦函数的相位差也相等，这些特点用符号表示为

$$V_\phi = |\boldsymbol{V}_{AN}| = |\boldsymbol{V}_{BN}| = |\boldsymbol{V}_{CN}| \tag{11.31}$$

$$I_\phi = |\boldsymbol{I}_{aA}| = |\boldsymbol{I}_{bB}| = |\boldsymbol{I}_{cC}| \tag{11.32}$$

$$\theta_\phi = \theta_{vA} - \theta_{iA} = \theta_{vB} - \theta_{iB} = \theta_{vC} - \theta_{iC} \tag{11.33}$$

另外，对于一个平衡系统，每相负载接收的功率也相同，即

$$P_A = P_B = P_C = P_\phi = V_\phi I_\phi \cos\theta_\phi \tag{11.34}$$

其中 P_ϕ 表示每相的平均功率。

平衡 Y 形负载吸收的总平均功率为每相功率的 3 倍

$$P_T = 3P_\phi = 3V_\phi I_\phi \cos\theta_\phi \tag{11.35}$$

为了得到总功率与线电压、线电流有效值间的关系式，令 V_L，I_L 分别为线电压和线电流的有效值，式(11.35)可变为

$$P_T = 3\times\left(\frac{V_L}{\sqrt{3}}\right) I_L \cos\theta_\phi = \sqrt{3} V_L I_L \cos\theta_\phi \tag{11.36}$$

从推导式(11.36)的过程中可以注意到，对于一个平衡 Y 形负载，相电压的幅值为线电压幅值除以$\sqrt{3}$，而线电流与相电流的幅值相等。在运用式(11.36)求负载总功率的时候，要记住 θ_ϕ 是相电压和相电流之间的相位差。

11.5.2　平衡 Y 形负载的复功率

运用第 10 章中介绍的方法求 Y 形负载每相的无功功率和复功率。对于平衡负载，无功功率的表达式为

$$Q_\phi = V_\phi I_\phi \sin\theta_\phi \tag{11.37}$$

$$Q_T = 3Q_\phi = \sqrt{3} V_L I_L \sin\theta_\phi \quad \text{（三相平衡负载的无功功率）} \tag{11.38}$$

式(10.29)是每相负载复功率的基本表达式。对平衡负载来说

$$S_\phi = \boldsymbol{V}_{AN}\boldsymbol{I}_{aA}^* = \boldsymbol{V}_{BN}\boldsymbol{I}_{bB}^* = \boldsymbol{V}_{CN}\boldsymbol{I}_{cC}^* = \boldsymbol{V}_\phi \boldsymbol{I}_\phi^* \tag{11.39}$$

其中 $\boldsymbol{V}_\phi$ 和 $\boldsymbol{I}_\phi$ 表示每相的相电压和相电流，因此

$$S_\phi = P_\phi + jQ_\phi = \boldsymbol{V}_\phi \boldsymbol{I}_\phi^* \tag{11.40}$$

$$S_T = 3S_\phi = \sqrt{3} V_L I_L \angle\theta_\phi^\circ \quad \text{（三相平衡负载的复功率）} \tag{11.41}$$

11.5.3　平衡 Δ 形负载的功率计算

若一个负载为 Δ 形连接，则其功率的计算(无功功率或复功率)与 Y 形负载的求解过程基本相同，图 11.16 为标注有相应电压、电流的 Δ 形连接的负载，每相的电压为

$$P_A = |\boldsymbol{V}_{AB}||\boldsymbol{I}_{AB}|\cos(\theta_{vAB} - \theta_{iAB}) \tag{11.42}$$

$$P_B = |\boldsymbol{V}_{BC}||\boldsymbol{I}_{BC}|\cos(\theta_{vBC} - \theta_{iBC}) \tag{11.43}$$

$$P_C = |\boldsymbol{V}_{CA}||\boldsymbol{I}_{CA}|\cos(\theta_{vCA} - \theta_{iCA}) \tag{11.44}$$

对于平衡负载

$$|\boldsymbol{V}_{AB}| = |\boldsymbol{V}_{BC}| = |\boldsymbol{V}_{CA}| = V_\phi \tag{11.45}$$

$$|\boldsymbol{I}_{AB}| = |\boldsymbol{I}_{BC}| = |\boldsymbol{I}_{CA}| = I_\phi \tag{11.46}$$

$$\theta_{vAB} - \theta_{iAB} = \theta_{vBC} - \theta_{iBC} = \theta_{vCA} - \theta_{iCA} = \theta_\phi \tag{11.47}$$

且

$$P_A = P_B = P_C = P_\phi = V_\phi I_\phi \cos\theta_\phi \tag{11.48}$$

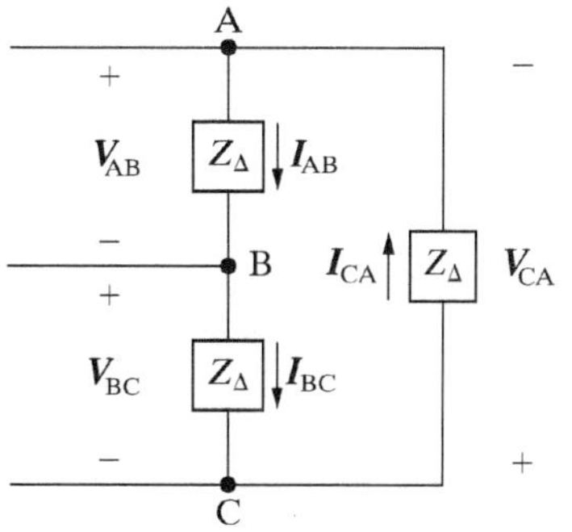

图 11.16　Δ 形连接的负载

注意到式(11.48)与式(11.34)相同，因此对于一个平衡负载，不管它是 Y 形连接还是 Δ 形连接，每相的平均功率都等

于相电压的有效值、相电流的有效值以及相电压和相电流相位角差的余弦函数三者的乘积。

平衡 Δ 形负载吸收的总功率为

$$P_T = 3P_\phi = 3V_\phi I_\phi \cos\theta_\phi = 3V_L\left(\frac{I_L}{\sqrt{3}}\right)\cos\theta_\phi = \sqrt{3}V_L I_L \cos\theta_\phi \tag{11.49}$$

注意到式(11.49)与式(11.36)相同。无功功率和复功率的表达式同样与 Y 形负载的相应表达式相同

$$Q_\phi = V_\phi I_\phi \sin\theta_\phi \tag{11.50}$$

$$Q_T = 3Q_\phi = 3V_\phi I_\phi \sin\theta_\phi \tag{11.51}$$

$$S_\phi = P_\phi + \mathrm{j}Q_\phi = \mathbf{V}_\phi \mathbf{I}_\phi^* \tag{11.52}$$

$$S_T = 3S_\phi = \sqrt{3}V_L I_L \underline{/\theta_\phi} \tag{11.53}$$

11.5.4 三相电路的瞬时功率

虽然关心平均功率、无功功率和复功率的计算，但总的瞬时功率的计算也是非常重要的。在平衡三相电路中，瞬时功率有个有趣的特性：时不变！因此三相电动机轴上的转矩为常数，这反过来意味着三相电动机的振动非常小。

以线到中点电压 v_{AN}为参考电压，并且同前面一样 θ_ϕ 为相位角 $\theta_{vA} - \theta_{iA}$，那么，若相序为正，则每相上的瞬时功率为

$$p_A = v_{AN}i_{aA} = V_m I_m \cos\omega t\cos(\omega t - \theta_\phi)$$

$$p_B = v_{BN}i_{bB} = V_m I_m \cos(\omega t - 120^\circ)\cos(\omega t - \theta_\phi - 120^\circ)$$

$$p_C = v_{CN}i_{cC} = V_m I_m \cos(\omega t + 120^\circ)\cos(\omega t - \theta_\phi + 120^\circ)$$

其中 V_m 和 I_m 分别表示相电压和相电流的最大幅值。总的瞬时功率为每相的瞬时功率之和，其值为 $1.5\,V_m I_m \cos\theta_\phi$，即

$$p_T = p_A + p_B + p_C = 1.5V_m I_m \cos\theta_\phi$$

注意：由于 $V_m = \sqrt{2}V_\phi$，$I_m = \sqrt{2}I_\phi$(参见习题 11.31)，所以这个结果与式(11.35)一致。

例 11.3 至例 11.5 举例说明了平衡三相电路的功率计算。

例 11.3 三相 Y-Y 电路功率的计算

(a)求例 11.1 中 Y 形负载每相上的平均功率。(b)求负载上的总平均功率。(c)求线路上损失的总平均功率。(d)求发电机上损失的总平均功率。(e)求负载吸收的总无功功率。(f)求电源的总复功率。

解：

(a)由例 11.1 可知，$V_\phi = 115.22$ V，$I_\phi = 2.4$ A，$\theta_\phi = -1.19-(-36.87) = 35.68^\circ$，因此

$$P_\phi = (115.22)\times(2.4)\cos 35.68^\circ = 224.64\ \text{W}$$

每相的功率由 $I_\phi^2 R_\phi$ 得

$$P_\phi = (2.4)^2\times(39) = 224.64\ \text{W}$$

(b)负载上的总平均功率为 $P_T = 3P_\phi = 673.92$ W，例 11.1 中已计算出线电压，因此可以利用式(11.36)求

$$P_T = \sqrt{3}\times(199.58)\times(2.4)\cos 35.68^\circ = 673.92\ \text{W}$$

(c)线路上的总功率为

$$P_{\text{line}} = 3\times(2.4)^2\times(0.8) = 13.824\ \text{W}$$

(d)发电机的总功耗为

$$P_{gen} = 3 \times (2.4)^2 \times (0.2) = 3.456 \text{ W}$$

(e) 负载上的总无功功率为

$$Q_T = \sqrt{3} \times (199.58) \times (2.4) \sin 35.68^\circ = 483.84 \text{ VAR}$$

(f) 电源的总复功率为

$$S_T = 3S_\phi = -3 \times (120) \times (2.4) \angle 36.87^\circ = -691.20 - j518.40 \text{ VA}$$

负号表示内部功率和无功功率是发送到电路上去的。通过计算电路吸收的总功率和无功功率来检查结果的正确性

$$P = 673.92 + 13.824 + 3.456$$
$$= 691.20 \text{ W} \quad （检查）$$
$$Q = 483.84 + 3 \times (2.4)^2 \times (1.5) + 3 \times (2.4)^2 \times (0.5)$$
$$= 483.84 + 25.92 + 8.64$$
$$= 518.40 \text{ VAR} \quad （检查）$$

例 11.4　三相 Y-Δ 电路功率的计算

(a) 求例 11.2 中 Δ 形负载上的总复功率。

(b) 线路发送端平均功率的百分之几传送到了负载上？

解：

(a) 利用例 11.2 中求出的 a 相的解得

$$\boldsymbol{V}_\phi = \boldsymbol{V}_{AB} = 202.72 \angle 29.04^\circ \text{ V}$$
$$\boldsymbol{I}_\phi = \boldsymbol{I}_{AB} = 1.39 \angle -6.87^\circ \text{ A}$$

由式(11.52)和式(11.53)有

$$S_T = 3 \times (202.72 \angle 29.04^\circ) \times (1.39 \angle 6.87^\circ) = 682.56 + j494.21 \text{ VA}$$

(b) 传输线发送端的总功率等于发送到负载上的总功率与线路上损失的总功率之和，因此

$$P_{input} = 682.56 + 3 \times (2.4)^2 \times (0.3) = 687.74 \text{ W}$$

到达负载的功率的百分数为 682.56/687.74，或者 99.25%。由于线阻抗同负载阻抗相比非常小，所以输入端将近 100% 的平均功率被送到了负载上。

例 11.5　未指明负载的三相电路功率的计算

一平衡三相负载需要 480 kW 的功率且功率因数为 0.8(滞后)，线阻抗为 0.005 + j0.025 Ω/φ，负载两端的线电压为 600 V。

(a) 求系统的单相等效电路。(b) 求线电流的幅值。(c) 求线路发送端线电压的幅值。(d) 求线路发送端的功率因数。

解：

(a) 图 11.17 为单相等效电路，参考电压为负载处线到中点的电压。

(b) 线电流 $\boldsymbol{I}_{aA}^*$ 为

$$\left(\frac{600}{\sqrt{3}}\right) \boldsymbol{I}_{aA}^* = (160 + j120) \times 10^3$$

或者

$$\boldsymbol{I}_{aA}^* = 577.35 \angle 36.87^\circ \text{ A}$$

因此 $\boldsymbol{I}_{aA} = 577.35 \angle -36.87^\circ$ A。线电流的幅值即为 $\boldsymbol{I}_{aA}$ 的模

$$I_L = 577.35 \text{ A}$$

另一种求 I_L 的方法如下：

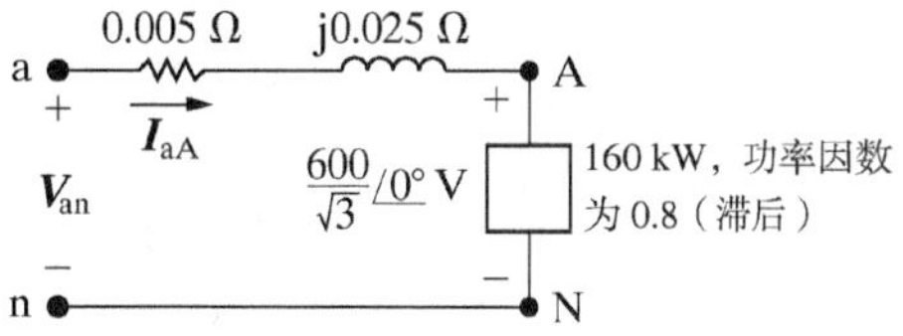

图 11.17　例 11.5 单相等效电路

$$P_T = \sqrt{3}V_L I_L \cos\theta_p = \sqrt{3} \times (600) I_L (0.8) = 480\ 000\ \mathrm{W}$$

$$I_L = \frac{480\ 000}{\sqrt{3} \times (600) \times (0.8)} = \frac{1000}{\sqrt{3}} = 577.35\ \mathrm{A}$$

(c)为了求线路发送端线电压的幅值,先求 $\boldsymbol{V}_{\mathrm{an}}$,电路如图 11.17 所示。

$$\begin{aligned} \boldsymbol{V}_{\mathrm{an}} &= \boldsymbol{V}_{\mathrm{AN}} + Z_\ell \boldsymbol{I}_{\mathrm{aA}} \\ &= \frac{600}{\sqrt{3}} + (0.005 + \mathrm{j}0.025) \times (577.35 \angle{-36.87^\circ}) \\ &= 357.51 \angle{1.57^\circ}\ \mathrm{V} \end{aligned}$$

因此

$$V_L = \sqrt{3}|\boldsymbol{V}_{\mathrm{an}}| = 619.23\ \mathrm{V}$$

(d)线路发送端的功率因数为 $\boldsymbol{V}_{\mathrm{an}}$ 和 $\boldsymbol{I}_{\mathrm{aA}}$ 相位角之差的余弦函数

$$\mathrm{pf} = \cos[1.57^\circ - (-36.87^\circ)] = \cos 38.44^\circ = 0.783\ (\text{滞后})$$

另一种求功率因数的方法是先求线路发送端的复功率

$$\begin{aligned} S_\phi &= (160 + \mathrm{j}120) \times 10^3 + (577.35)^2 \times (0.005 + \mathrm{j}0.025) \\ &= 161.67 + \mathrm{j}128.33\ \mathrm{kVA} \\ &= 206.41 \angle{38.44^\circ}\ \mathrm{kVA} \end{aligned}$$

则功率因数为

$$\mathrm{pf} = \cos 38.44^\circ = 0.783\ (\text{滞后})$$

如果在求出线电流的幅值之后,又求出了发送端的总复功率,则可以利用这个值来求 V_L,即

$$\sqrt{3}V_L I_L = 3 \times (206.41) \times 10^3$$

$$V_L = \frac{3 \times (206.41) \times 10^3}{\sqrt{3} \times (577.35)} = 619.23\ \mathrm{V}$$

评测目标 3 掌握任意三相电路功率(平均功率、无功功率和复功率)的计算。

11.8 大型数字计算机的中央处理单元(CPU)所需的三相平均功率为 22 659 W。计算机的三相传输线的电压为 208 V (rms),线电流为 73.8 A (rms),计算机吸收无功功率。

(a)求 CPU 吸收的总功率。

(b)求功率因数。

答:(a)13 909.50 VAR;(b)0.852(滞后)。

11.9 平衡负载每相的复功率为 144 + j192 kVA,负载两端的线电压为 2450 V。

(a)求线电流的幅值。

(b)负载为 Δ 形连接且每相阻抗由一电阻和一电抗并联组成,求 R 和 X。

(c)负载为 Y 形连接且每相阻抗由一电阻和一电抗串联组成,计算 R 和 X。

答:(a)169.67 A;(b)R = 41.68 Ω,X = 31.26 Ω;(c)R = 5 Ω,X = 6.67 Ω。

提示:试求本章习题 11.25 和习题 11.27。

11.6 三相电流平均功率的测量

测量三相电路功率的基本仪器是电动瓦特计,瓦特计包含两个线圈。一个线圈固定,称为电流线圈,其上的电流与负载电流成正比,另一个线圈可动,称为电位线圈,其上的电流与负载电压成正比。瓦特计的主要部件如图 11.18 所示。

可动线圈上指针的平均偏移量正比于以下参数的乘积：电流线圈上的电流有效值、电位线圈上的电压有效值以及电压和电流相位角差的余弦值。指针偏移的方向取决于电流线圈电流和电位线圈电压的瞬时极性。因此每个线圈都有一个端子标有极性标志(通常是一个加号)但有时也使用双极性标志 ± 号。瓦特计在下列情况向高端刻度偏移：(1)电流线圈标有极性符号的端子朝向电源；(2)电位线圈标有极性的端子接在与电流线圈相连的导线上。

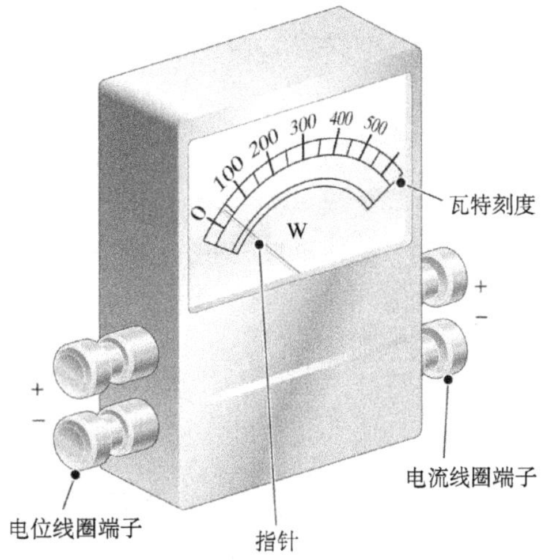

图 11.18　电动瓦特计的轮廓图

11.6.1　双瓦特计方法

n 条导线供电的网络，系统图如图 11.19 所示。

若想测量网络端子上的总电压，必须知道 $n-1$ 个电流和电压值，因为若选一个端子为参考点，则就有 $n-1$ 个独立电压。同样，有 n 个导线输入的网络，只有 $n-1$ 个独立电流，因此总功率为 $n-1$ 个分量之和，即 $p=v_1i_1+v_2i_2+\cdots+v_{n-1}i_{n-1}$。

运用上述结论可以得出三导线电路，不管其是否平衡，只需两个瓦特计就可测出总功率。对于四导线电路来说，若三相电路不平衡，则就需要三个瓦特计，若三相电路平衡，就只需两个瓦特计，对于后一种情况，中线上没有电流。因此对于任何平衡三相电路都只需两个瓦特计即可测出总功率。

双瓦特计方法就是确定每个瓦特计显示的平均功率的大小及代数符号。图 11.20 所示电路描述了双瓦特计测量功率的方法，其中瓦特计用阴影块表示，分别记为 W_1 和 W_2，标注有 cc 和 pc 的线圈分别代表电流线圈和电位线圈。将瓦特计的电流线圈置于导线 aA 和 cC 上，导线 bB 为两电位线圈的参考线。负载是 Δ 形连接，每相的负载阻抗为 $Z_\phi=|Z|\underline{/\ \theta}$。由于任何 Δ 形负载都可以等效为 Y 形负载，所以通常采用这种表示方法。另外，对于平衡电路，阻抗角 θ 不受 Δ 形到 Y 形变换的影响。

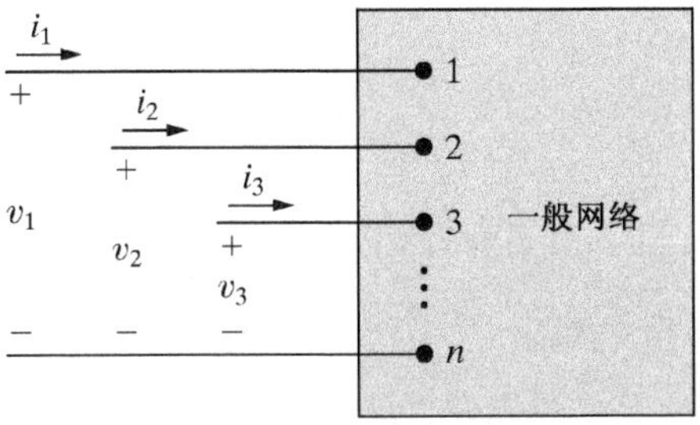

图 11.19　n 个导线提供功率的电路

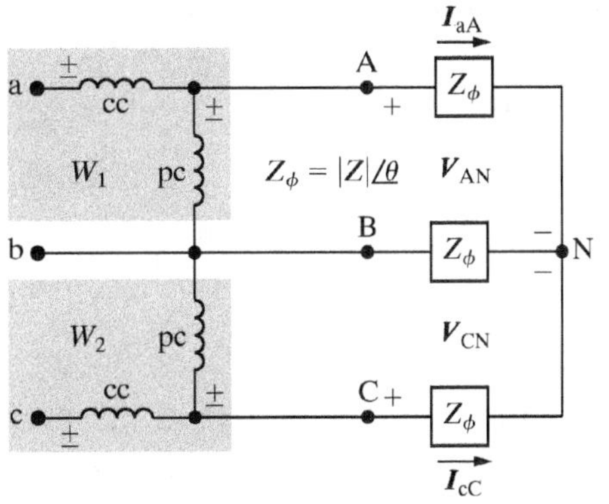

图 11.20　用双瓦特计方法测量平衡负载的平均功率

现在要推导求双瓦特计读数的一般方程。首先假设瓦特计电位线圈的电流与电流线圈测量的线电流相比是可以忽略的，另外假设负载可以模拟为无源电路元件，因此负载阻抗的相位角(如图 11.20 中的 θ)在 $-90°$(纯容性)和 $+90°$(纯感性)之间，最后假设相序为正。

由对瓦特计平均偏移量的说明可知，瓦特计 1 与 $|\boldsymbol{V}_{AB}|$，$|\boldsymbol{I}_{aA}|$以及 $\boldsymbol{V}_{AB}$和 $\boldsymbol{I}_{aA}$相位角差的余弦的乘积有关，若瓦特计的读数为 W_1，则

$$W_1 = |\boldsymbol{V}_{AB}||\boldsymbol{I}_{aA}|\cos\theta_1 = V_L I_L \cos\theta_1 \tag{11.54}$$

并可得

$$W_2 = |\boldsymbol{V}_{CB}||\boldsymbol{I}_{cC}|\cos\theta_2 = V_L I_L \cos\theta_2 \tag{11.55}$$

在式(11.54)和式(11.55)中，θ_1 为 $\boldsymbol{V}_{AB}$和 $\boldsymbol{I}_{aA}$的相位角差，θ_2 为 $\boldsymbol{V}_{CB}$和 $\boldsymbol{I}_{cC}$的相位角差。

为了计算 W_1 和 W_2，将 θ_1 和 θ_2 用阻抗角 θ 表示，注意 θ 也是相电压和相电流的相角差。若相序为正，则

$$\theta_1 = \theta + 30^\circ = \theta_\phi + 30^\circ \tag{11.56}$$

$$\theta_2 = \theta - 30^\circ = \theta_\phi - 30^\circ \tag{11.57}$$

式(11.56)和式(11.57)的推导留做练习(参见习题 11.35)。将式(11.56)和式(11.57)分别代入式(11.54)和式(11.55)中得

$$W_1 = V_L I_L \cos(\theta_\phi + 30^\circ) \tag{11.58}$$

$$W_2 = V_L I_L \cos(\theta_\phi - 30^\circ) \tag{11.59}$$

将 W_1 和 W_2 相加即得总功率

$$P_T = W_1 + W_2 = 2V_L I_L \cos\theta_\phi \cos 30^\circ = \sqrt{3}V_L I_L \cos\theta_\phi \tag{11.60}$$

此即三相电路总功率的表达式，因此可知两个瓦特计读数之和即为总平均功率。

仔细观察式(11.58)和式(11.59)可得到有关瓦特计读数的特点：

1. 若功率因数大于 0.5，两瓦特计读数均为正。
2. 若功率因数等于 0.5，两瓦特计读数为 0。
3. 若功率因数小于 0.5，两瓦特计读数均为负。
4. 若相序改变，两瓦特计上的读数也互换。

下面的例子及习题 11.41 至习题 11.52 将说明这几点。

例 11.6 三相电路瓦特计读数的计算

求图 11.20 所示电路每个瓦特计的读数。假设负载上的相电压为 120 V，并且(a) $Z_\phi = 8 + j6\ \Omega$，(b) $Z_\phi = 8 - j6\ \Omega$，(c) $Z_\phi = 5 + j5\sqrt{3}\Omega$，(d) $Z_\phi = 10\underline{/-75^\circ}\ \Omega$，(e)通过判断瓦特计读数之和是否等于负载上的总功率来检查(a)~(d)的解。

解：

(a) $Z_\phi = 10\underline{/36.87^\circ}\ \Omega$，$V_L = 120\sqrt{3}$ V，$I_L = 120/10 = 12$ A

$$W_1 = (120\sqrt{3}) \times (12)\cos(36.87^\circ + 30^\circ) = 979.75\ \text{W}$$

$$W_2 = (120\sqrt{3}) \times (12)\cos(36.87^\circ - 30^\circ) = 2476.25\ \text{W}$$

(b) $Z_\phi = 10\underline{/-36.87^\circ}\ \Omega$，$V_L = 120\sqrt{3}$ V，$I_L = 120/10 = 12$ A

$$W_1 = (120\sqrt{3}) \times (12)\cos(-36.87^\circ + 30^\circ) = 2476.25\ \text{W}$$

$$W_2 = (120\sqrt{3}) \times (12)\cos(-36.87^\circ - 30^\circ) = 979.75\ \text{W}$$

(c) $Z_\phi = 5(1 + j\sqrt{3}) = 10\underline{/60^\circ}\ \Omega$，$V_L = 120\sqrt{3}$ V，$I_L = 12$ A

$$W_1 = (120\sqrt{3}) \times (12)\cos(60^\circ + 30^\circ) = 0$$

$$W_2 = (120\sqrt{3}) \times (12)\cos(60^\circ - 30^\circ) = 2160\ \text{W}$$

(d) $Z_\phi = 10\angle -75°\ \Omega$, $V_L = 120\sqrt{3}$ V, $I_L = 12$ A

$$W_1 = (120\sqrt{3}) \times (12)\cos(-75° + 30°) = 1763.63 \text{ W}$$

$$W_2 = (120\sqrt{3}) \times (12)\cos(-75° - 30°) = -645.53 \text{ W}$$

(e)

$$P_T(\text{a}) = 3 \times (12)^2 \times (8) = 3456 \text{ W}$$
$$W_1 + W_2 = 979.75 + 2476.25 = 3456 \text{ W}$$
$$P_T(\text{b}) = P_T(\text{a}) = 3456 \text{ W}$$
$$W_1 + W_2 = 2476.25 + 979.75 = 3456 \text{ W}$$
$$P_T(\text{c}) = 3 \times (12)^2 \times (5) = 2160 \text{ W}$$
$$W_1 + W_2 = 0 + 2160 = 2160 \text{ W}$$
$$P_T(\text{d}) = 3 \times (12)^2 \times (2.5882) = 1118.10 \text{ W}$$
$$W_1 + W_2 = 1763.63 - 645.53 = 1118.10 \text{ W}$$

提示： 试求本章习题 11.41 和习题 11.45 测试你对双瓦特计法的理解程度。

实例应用

电力的传输与分配(二)

在本章的开始曾指出保持社区用户端有效电压的稳定是电力公司的义务。对于不同的电力系统，允许的电压偏移量有所差别，为了便于讨论，假设允许偏差为 ±5.8%，即对一个常规的 120 V 有效电压来说，可以在 113 V 到 127 V 间变动。同时指出在系统中策略性地放置电容可以维持电压稳定。

图 11.21 的电路表示美国中西部市政系统的变电站。假设系统平衡，变电站的线电压为 13.8 kV，每条传输线的阻抗为 0.6 + j4.8 Ω，在 7 月份一个酷热潮湿的下午，3 点钟时负载上的功率为 3.6 MW 和 3.6 MVAR。

以变电站线到中点电压为参考电压，图 11.21 的单相等效电路如图 11.22 所示。由变电站复功率的表达式可以求出线电流，因此

$$\frac{13\,800}{\sqrt{3}}\boldsymbol{I}_{\text{aA}}^* = (1.2 + \text{j}1.2) \times 10^6$$

则

$$\boldsymbol{I}_{\text{aA}}^* = 150.61 + \text{j}150.61 \text{ A}$$

或者

$$\boldsymbol{I}_{\text{aA}} = 150.61 - \text{j}150.61 \text{ A}$$

发电厂的线到中点电压为

$$\begin{aligned}\boldsymbol{V}_{\text{an}} &= \frac{13\,800}{\sqrt{3}}\angle 0° + (0.6 + \text{j}4.8) \times (150.61 - \text{j}150.61) \\ &= 8780.74 + \text{j}632.58 \\ &= 8803.50\angle 4.12° \text{ V}\end{aligned}$$

因此发电厂线电压的模为

$$|\boldsymbol{V}_{\text{ab}}| = \sqrt{3} \times (8803.50) = 15\,248.11 \text{ V}$$

假设要求电压保持在正常值的 ±5.8% 范围内才具有实用性，即发电厂线电压的幅值不能大于 14.6 kV 和小于 13 kV，则这个发电厂的线电压将会给消费者带来问题。

将一个电容器组加到变电站上提供感性无功功率后，线电流 $\boldsymbol{I}_{\text{aA}}$ 变为

$$\boldsymbol{I}_{\text{aA}} = 150.61 + \text{j}0 \text{ A}$$

因此能使变电站的线电压保持 13 800 V 的发电厂的线电压为

$$V_{an} = \frac{13\ 800}{\sqrt{3}} \angle 0^\circ + (0.6 + j4.8) \times (150.61 + j0)$$

$$= 8057.80 + j722.94$$

$$= 8090.17 \angle 5.13^\circ \text{ V}$$

于是

$$|V_{ab}| = \sqrt{3} \times (8090.17) = 14\ 012.58 \text{ V}$$

这个电压在允许的 13 kV 到 14.6 kV 的范围内。

提示：试求本章习题 11.53(a) ~ (b)和习题 11.54、习题 11.57、习题 11.58。

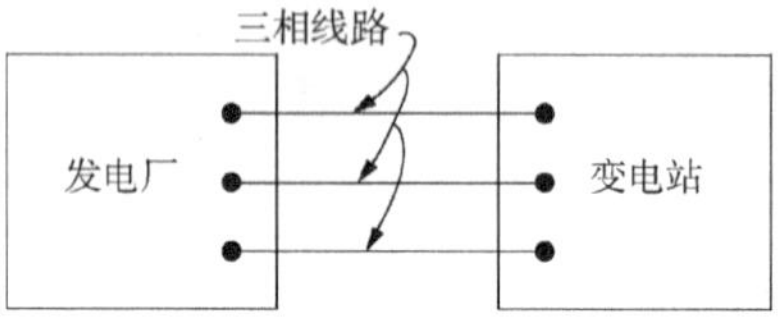

图 11.21 通过三相线路与发电厂相连的变电站

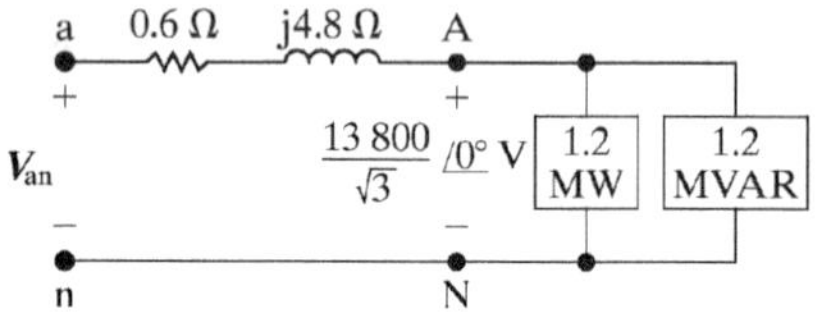

图 11.22 图 11.21 的单相等效电路

小结

- 分析平衡三相电路时，第一步是将所有的 Δ 形连接变换为 Y 形连接，使电路变为 Y-Y 形结构。
- 单相等效电路用来分析 Y-Y 结构单相的线电流和相电压，通常选择 a 相。
- 已知 a 相等效电路的线电流和相电压，在下面事实的基础上可以求出平衡三相电路的任何电流和电压。
  - b 相和 c 相的电流和电压与 a 相的电流和电压相同，除了相位相差 120°。在正相序电路中，b 相的值滞后于 a 相 120°，c 相的值超前于 a 相 120°。在负相序电路中，b 和 c 相与 a 相的关系同上面的相反。
  - 线电压与相电压相位相差 ±30°，正负号分别取决于相序为正还是为负。
  - 在 Y-Y 电路中，线电压的幅值是相电压幅值的$\sqrt{3}$倍。
  - 在电源和负载为 Δ 连接的系统中，线电流和相电流的相位相差 ±30°。正负号分别取决于相序为正还是为负。
  - 在电源和负载为 Δ 连接的系统中，线电流的幅值是相电流幅值的$\sqrt{3}$倍。
- 求每相平均功率、无功功率和负功率的方法同第 10 章介绍的方法一样。
- 总平均功率、无功功率和复功率既可以通过将每相的相应值乘以 3 得到，也可以通过基于线电流和线电压的表达式得到，如式(11.36)，式(11.38)，式(11.41)所示。
- 平衡三相电路的总瞬时功率为常数且等于 1.5 $V_m I_m$ pf。
- 瓦特计通过将电流线圈与负载串联，电位线圈与负载并联，测出发送到负载上的平均功率。
- 平衡三相电路中的总平均功率可以通过连接在电路不同相上的两个瓦特计的读数相加得到。

习题

下列习题中所涉及的相电压均指均方根值。

11.1 下列各组电压的相序是什么？

(a) $v_a = 137\cos(\omega t + 63^\circ)$ V，$v_b = 137\cos(\omega t - 57^\circ)$ V，$v_c = 137\cos(\omega t + 183^\circ)$ V。

(b) $v_a = 820\cos(\omega t - 36^\circ)$ V，$v_b = 820\cos(\omega t + 84^\circ)$ V，$v_c = 820\sin(\omega t - 66^\circ)$ V。

11.2P 对于每组电压，说明能否构成平衡三相系统。若系统平衡，说明相序为正还是为负，若不平衡，解释原因。

(a) $v_a = 48\cos(314t - 45°)$ V，$v_b = 48\cos(314t - 165°)$ V，$v_c = 48\cos(314t + 75°)$ V。

(b) $v_a = 188\cos(250t + 60°)$ V，$v_b = -188\cos 250t$ V，$v_c = 188\cos(250t - 60°)$ V。

(c) $v_a = 426\cos 100t$ V，$v_b = 462\cos(100t + 120°)$ V，$v_c = 426\cos(100t - 120°)$ V。

(d) $v_a = 1121\cos(2000t - 20°)$ V，$v_b = 1121\sin(2000t - 50°)$ V，$v_c = 1121\cos(2000t + 100°)$ V。

(e) $v_a = 540\sin 630t$ V，$v_b = 540\cos(630t - 120°)$ V，$v_c = 540\cos(630t + 120°)$ V。

(f) $v_a = 144\cos(800t + 80°)$ V，$v_b = 144\sin(800t - 70°)$ V，$v_c = 144\sin(800t + 50°)$ V。

11.3　证明式(11.3)对于式(11.1)和式(11.2)都成立。

11.4　参考图 11.5(b)电路。假设端子 a、b、c 无外部连接，并且三个线圈构成一个三相发电机，其电压值为习题 11.2(b)所描述的电压，试确定这个 Δ 形发电机的环路电流？

11.5　重复习题 11.4 的问题，当三相电压为习题 11.2(c)描述的电压。

11.6P (a)图 P11.6 电路是否是平衡系统？请解释。(b)求 $\boldsymbol{I}_o$。

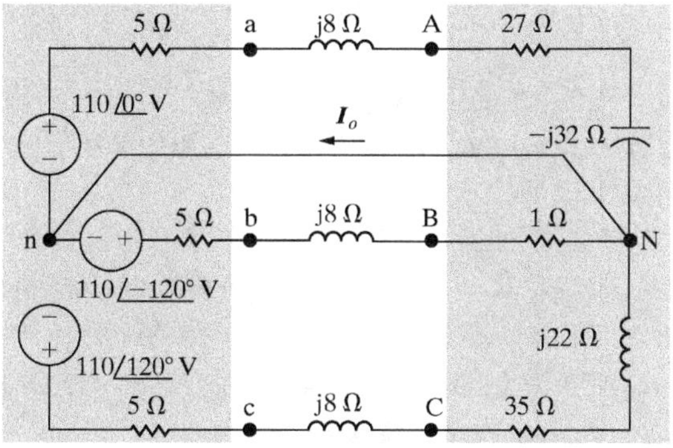

图 P11.6

11.7P (a)求图 P11.7 所示电路的 $\boldsymbol{I}_o$。(b)求 $\boldsymbol{V}_{AN}$。(c)求 $\boldsymbol{V}_{AB}$。(d)电路是不是平衡三相系统？

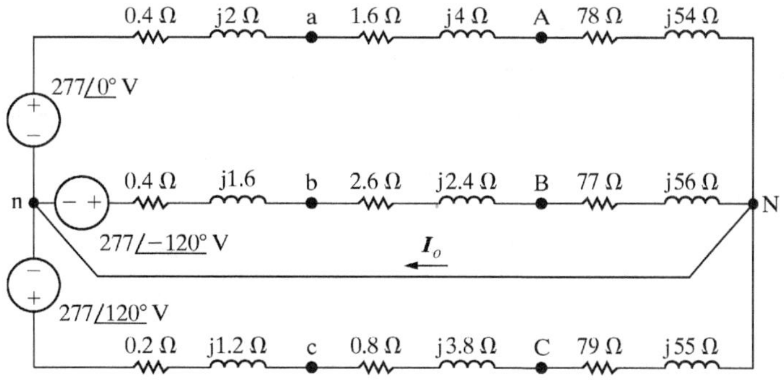

图 P11.7

11.8　求图 P11.8 所示非平衡三相电路的 $\boldsymbol{I}_o$ 的均方根值。

11.9　Y 形负载三个线到中点电压的时域表达式分别为

$$v_{AN} = 288\cos(\omega t - 45°)\ \text{V},$$
$$v_{BN} = 288\cos(\omega t - 165°)\ \text{V},$$
$$v_{CN} = 288\cos(\omega t + 75°)\ \text{V}$$

求三个线电压 v_{AB}，v_{BC}和 v_{CA}的时域表达式。

11.10　一平衡三相负载具有如下特性：Y 形连接，电源的线电压 $\boldsymbol{V}_{ab}$为 $110\sqrt{3}\,/\!-60°$ V，相序为负，线路阻抗为 3 + j2 Ω/ϕ，负载阻抗为 37 + j28 Ω/ϕ。(a)画出 a 相的等效电路。(b)求 a 相的线电流。(c)求 a 相负载端的线电压。

11.11 平衡 Y 形负载线电压的幅值为 6600 V，负载阻抗为 240 - j70 Ω/ϕ，线路阻抗为 0.5 + j4 Ω/ϕ。(a)求线电流的幅值。(b)电源两端线电压的幅值。

11.12 理想平衡三相 Y 形电源的相电压幅值为 125 V，通过阻抗为 0.1 + j0.8 Ω/ϕ 的线路与平衡 Y 形负载相连，负载阻抗为 19.9 + j14.2 Ω/ϕ。电源相序为 acb，以电源的 a 相电压为参考，求下列参量的幅值和相位角：(a)三个线电流。(b)电源处的三个线电压。(c)负载处的三个相电压。(d)负载处的三个线电压。

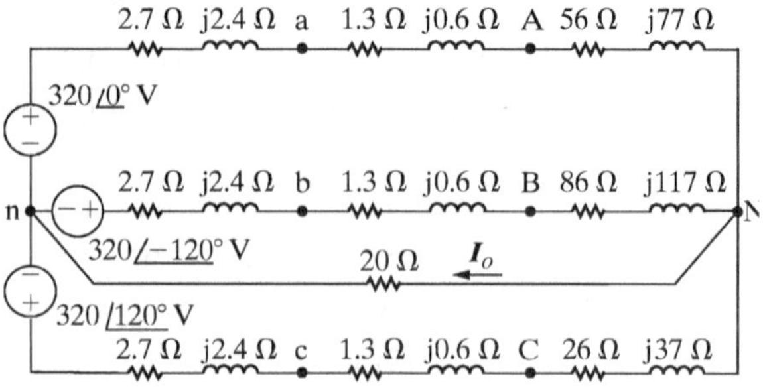

图 P11.8

11.13 平衡 Δ 形负载的阻抗为 216 - j288 Ω/ϕ，线路阻抗为 3 + j5 Ω/ϕ，负载两端的相电压为 7.2 kV，相序为正，以 V_{AB} 为参考。(a)求负载的三个相电流。(b)求三个线电流。(c)求线路发送端的三个线电压。

11.14 一平衡三相负载具有如下特性：Y-△形连接，b 相的电源电压为 $150\underline{/135°}$ V，相序为 acb，线路阻抗为 2 + j3 Ω/ϕ，负载阻抗为 129 + j171 Ω/ϕ。(a)画出 a 相的单相等效电路。(b)求 a 相的线电流。(c)求三相负载的 a 相线电压。

11.15 Y 形平衡三相电源，相序为 acb，负载为平衡三相 Δ 形负载，阻抗为 12 + j9 Ω/ϕ，电源 b 相的电压为 $240\underline{/-50°}$ V，线路阻抗为 1 + j1 Ω/ϕ。试画出 a 相的单相等效电路，并计算负载端 a 相的电流。

11.16 一平衡三相系统，电源 Y 形连接，相序为 abc，线电压 $V_{ab} = 208\underline{/50°}$ V，负载为平衡 Y 形负载和平衡 Δ 形负载并联，Y 形负载的阻抗为 4 + j3 Ω/ϕ，Δ 形负载的阻抗为 3 - j9 Ω/ϕ，线路阻抗为 1.4 + j0.8 Ω/ϕ。试画出单相等效电路，并计算负载端 a 相的线电压。

11.17 平衡 Y 形负载阻抗为 60 - j45 Ω/ϕ，与一阻抗为 $90\sqrt{2}\underline{/45°}$ Ω/ϕ 的平衡 Δ 形负载并联，线路阻抗为 2 + j2 Ω/ϕ，Δ 形负载的线到线电压幅值为 $300\sqrt{3}$ V。
(a)求 Y 形负载相电流的幅值。(b)求 Δ 形负载相电流的幅值。(c)求供给负载的线电流的幅值。(d)求线路发送端线电压的幅值。

11.18 三相 Δ 连接的发电机内部阻抗为 9 + j90 mΩ/ϕ，当负载从发电机中移走后，端电压的幅值为 13 800 V。发电机通过阻抗为 20 + j180 mΩ/ϕ 的传输线与 Δ 形连接的负载相连，负载每相的阻抗为 7.056 + j3.417 Ω。(a)求单相等效电路。(b)求线电流的幅值。(c)求负载端线电压的幅值。(d)求电源端线电压的幅值。(e)求负载端相电流的幅值。(f)求电源端相电流的幅值。

11.19 图 P11.19 平衡三相电路的阻抗 Z 为 100 - j75 Ω，求：(a)I_{AB}、I_{BC}和I_{CA}。(b)I_{aA}、I_{bB}和I_{cC}。(c)I_{ba}、I_{cb}和I_{ac}。

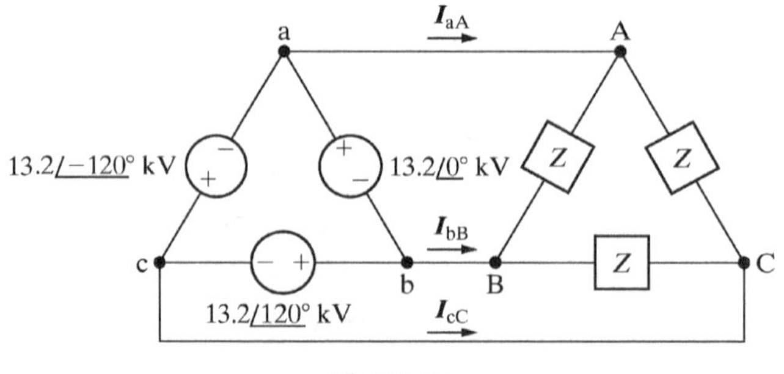

图 P11.19

11.20P 图 P11.20 所示电路，当 $Z_1 = 2.4 - j0.7$ Ω，$Z_2 = 8 + j6$ Ω 和 $Z_3 = 20 + j0$ Ω 时，求：(a)相电流 I_{AB}，I_{BC}和 I_{CA}。(b)线电流 I_{aA}，I_{bB}和 I_{cC}。

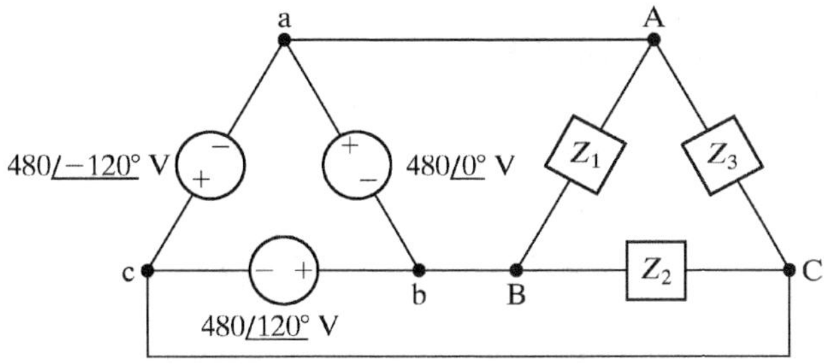

图 P11.20

11.21　平衡三相 Δ 连接的电源如图 P11.21 所示。(a)求 Y 形等效电路。(b)证明 Y 形等效电路与原 Δ 形电源的开路电压相同。(c)将 A、B、C 三端子短接，求 Δ 形电源的三个线电流 $\boldsymbol{I}_{aA}$，$\boldsymbol{I}_{bB}$ 和 $\boldsymbol{I}_{cC}$。(d)利用 Y 形等效电源重复(c)的问题，求三个线电流。

11.22　习题 11.21 的 Δ 形电源与 Y 形连接的负载相连构成一个平衡三相配电线路。负载阻抗为 1192 + j1584 Ω/φ，线路阻抗为 6.5 + j15 Ω/φ。(a)求系统的单相等效电路。(b)求负载两端线电压的幅值。(c)求 Δ 形电源相电流的幅值。(d)求电源两端线电压的幅值。

11.23　(a)图 P11.23 所示电路，求 $\boldsymbol{I}_{CA}$ 的均方根幅值和相位角。(b)三相电源发送平均功率的百分之几被传送至负载上？

11.24　平衡三相电源，功率为 60 kVA，功率因数 0.6(滞后)，负载为 2 个并联 Y 形平衡负载，电源与负载间的线路阻抗忽略不计。负载 1 为纯电阻，吸收功率为 30 kW。若线电压为 120 $\sqrt{3}$ V，阻抗元件串联，求负载 2 每相的阻抗。

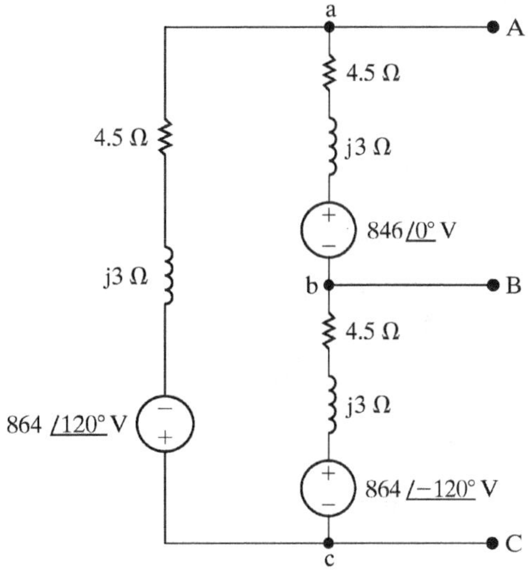

图 P11.21

11.25　一平衡三相系统，电源 Y 形连接，相序为 abc，$\boldsymbol{V}_{an}$ = 120 /20° V，有 2 个 Y 形连接的负载，其中负载 1 的阻抗为 8 + j6 Ω/φ，负载 2 的 a 相复功率为 600 /36° VA。求电源供给的总复功率。

11.26　平衡三相负载的线到中点电压如图 P11.26 所示为 1600 V。在这个电压下，负载吸收的功率为 480 kVA，0.8 pf(滞后)。(a)以 $\boldsymbol{V}_{AN}$ 为参考电压，求 $\boldsymbol{I}_{na}$ 的极坐标表达式。(b)求理想三相电源的复功率。(c)证明发送的总平均功率等于吸收的总平均功率。(d)证明发送的总无功功率等于吸收的总无功功率。

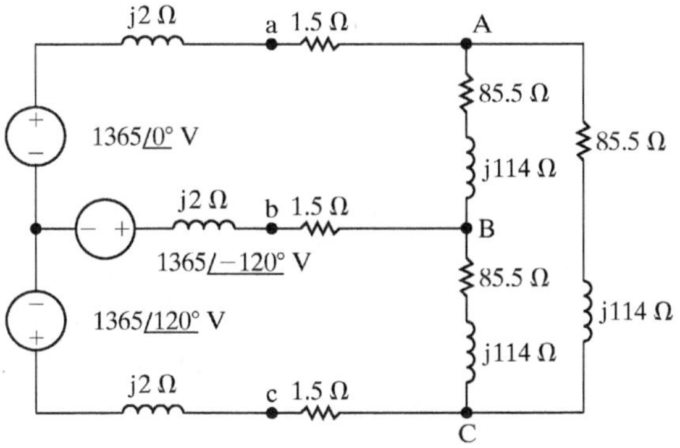

图 P11.23

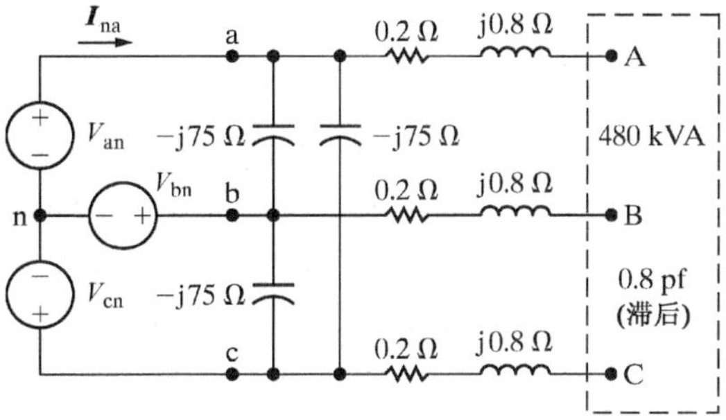

图 P11.26

11.27 三相正序电源，Y 形连接，功率为 14 kVA，功率因数 0.75(滞后)，负载为 Y 形负载和 Δ 形负载并联，其中 Y 形负载的功率为 9 kVA，功率因数 0.6(滞后)，a 相电流为 $10\underline{/-30°}$ A。(a)求 Δ 形负载每相的复功率。(b)求线电压的幅值。

11.28 平衡三相传输线的阻抗为 $5+j10\ \Omega/\phi$，用来与三个并联的平衡三相负载相连，三个负载分别为 $L_1=180$ kVA，滞后功率因数为 0.866，$L_2=150$ kVA，超前功率因数为 0.28，$L_3=72.12$ kW。负载端线电压的幅值为 $1800\sqrt{3}$ V。(a)求传输线两端线电压的幅值。(b)参照平均功率，传输线的效率是百分之多少?

11.29 下面是三个在大学机械工厂里使用的设备，每个设备都是工作在 220 V(rms)的平衡三相负载。求：(a)三个设备线电流的幅值；(b)合并后的负载的功率因数。

- 钻床：10.2 kVA，功率因数为 0.87(滞后)
- 机床驱动：4.2 kW，功率因数为 0.91(滞后)
- 带锯机：线电流 36.8 A(rms)，7.25 kVAR。

11.30 求习题 11.20 非平衡负载每相的复功率。

11.31 证明平衡三相电路的总瞬时功率为常数，并且等于 $1.5\ V_m I_m \cos\theta_\phi$，其中 V_m 和 I_m 分别表示 θ 相电压和相电流的最大幅值。

11.32 一平衡三相 Y-Δ 系统的总视在功率为 4800 VA，线电压 240 V。若线路阻抗忽略，负载的功率因数角为 −50°，求负载阻抗。

11.33 平衡三相负载吸收的功率为 150 kVA，功率因数为 0.96(超前)，负载端线电压为 600 V，找出 4 个可以用来模拟此负载的等效电路。

11.34 在全负载的情况下，商业提供的功率为 100 hp，三相感应电机的工作效率为 97%，功率因数为 0.88(滞后)，电机由一个三相感应插头供电，插座上线电压为 208 V。

(a)求 208 V 插座上线电流的幅值(1 hp = 746 W)。(b)求提供给电机的无功功率。

11.35 三相线路阻抗为 $0.1+j\,0.8\Omega/\phi$，两平衡三相负载并联，第一个负载吸收的总功率为 630 kW，无功功率为 840 kVAR，第二个负载 Y 形连接，阻抗为 $15.36-j4.48\ \Omega/\phi$，负载处的线到中点电压为 4000 V，求电源端线电压的幅值。

11.36 三个平衡三相电路并联。负载 1 Y 形连接，阻抗为 $400+j300\ \Omega/\phi$，负载 2 Δ 形连接，阻抗为 $2400-j1800\ \Omega/\phi$，负载 3 功率为 $172.8+j2203.2$ kVA，传输线阻抗为 $2+j16\ \Omega/\phi$，负载端线到中点电压为 $24\sqrt{3}$ kV。(a)求线路发送端的总复功率。(b)线路发送端平均功率的百分之几传送到了负载上?

11.37 图 P11.37 所示的平衡三相正序电源，输出的功率为 41.6 kVA，功率因数为 0.707(滞后)，电源端的线电压为 240 V。(a)求负载端线电压的幅值。(b)求负载的总复功率。

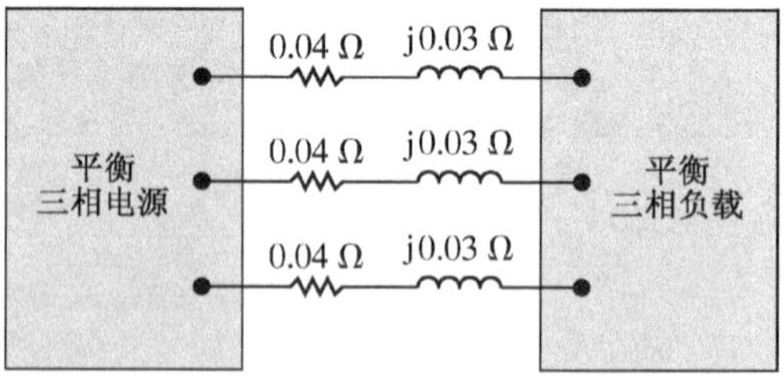

图 P11.37

11.38 平衡三相电源功率为 540 kVA，功率因数为 0.96(滞后)，两平衡 Δ 形负载并联。传输线阻抗忽略不计，负载 1 上的功率为 $38.4-j208.8$ kVA。(a)若线电压为 $1600\sqrt{3}$ V，且阻抗元件串联，求负载 2 元件的类型以及每相的阻抗。(b)若阻抗并联，重复(a)的问题。

11.39 当线电压为 $2500\sqrt{3}$ V 时，平衡三相负载的总功率为 900 kW，功率因数为 0.6(滞后)。传输线阻抗为 $1+j3\ \Omega/\phi$，在这种条件下，传输线上的压降过大，为了补偿，将一个 Y 形连接的电容器组并联于负载上，当线电压为 $2500\sqrt{3}$ V 时，电容器组的无功功率为 1125 kVAR。(a)当线电压为 $2500\sqrt{3}$ V，且电容器组未连接时，求传输线发送端电压的幅值。(b)将电容器组接上，重复(a)的问题。(c)求(a)中传输线平均功率的有效值。(d)求(b)中传输线平均功率的有效值。(e)若系统频率为 60 Hz，求每个电容的容值(单位为 mF)。

11.40　平衡三角形连接的电容器组与习题 11.9 中描述的负载并联，其效果如同在负载的每相上并联一个电容，负载端的线电压保持为 2450 V，电路的工作频率为 60 Hz，调整电容的取值，以使并联后负载上的线电流的幅值最小。(a) 求电容值为多少毫法？(b) 若电容星形连接，重复 (a) 的问题。(c) 求线电流的幅值。

11.41　用双瓦特计方法测量例 11.1 电路负载上的功率，求每个瓦特计的读数。

11.42　图 11.20 电路中瓦特计的读数如下：$W_1 = 40\ 823.09$ W，$W_2 = 103\ 176.91$ W。线电压幅值为 $2400\sqrt{3}$ V，相序为正，求 Z_ϕ。

11.43　图 P11.43 所示的平衡三相电路，瓦特计的电流线圈接在 aA 线上，电位线圈跨接于导线 b 和 c 上。相序为正，证明瓦特计读数的$\sqrt{3}$倍等于负载的总无功功率。

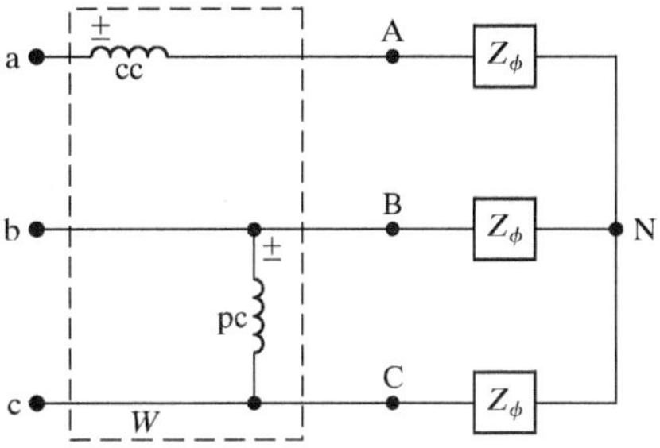

图 P11.43

11.44　图 P11.43 电路的线到中点电压为 680 V，相序为正，负载阻抗为 16 − j12 Ω/ϕ。(a) 求瓦特计的读数。(b) 求负载的总无功功率。

11.45　图 11.20 的双瓦特计可以用来计算负载上的总无功功率。(a) 通过推导说明$\sqrt{3}(W_2 - W_1) = \sqrt{3}V_L I_L \sin\theta_\phi$ 来证明上面的论断。(b) 利用瓦特计对例 11.6 中各个负载的读数求总无功功率。并且通过由给定的电压和阻抗直接求总无功功率来验证结果的正确性。

11.46　推导式 (11.56) 和式 (11.57)。

11.47　(a) 求习题 11.19 平衡负载每相的总复功率。(b) 若用双瓦特计的方法测负载上的平均功率，求每个瓦特计的读数。

11.48　用双瓦特计方法求习题 11.20 非平衡负载的功率。瓦特计 1 的电流线圈置于导线 aA 上，瓦特计 2 的电流线圈置于导线 bB 上。(a) 求瓦特计 1 的读数。(b) 求瓦特计 2 的读数。(c) 证明两瓦特计的读数之和等于非平衡负载上的总功率。

11.49　图 P11.49 所示为平衡三相负载与平衡三相 Y 形电源相连，电源相序为正。传输线阻抗忽略，电源线到中点电压为 7200 V。(a) 求瓦特计读数为多少瓦？(b) 为了测量总功率，说明第二个瓦特计应如何放在电路中。(c) 求第二个瓦特计的读数。(d) 证明两瓦特计的读数之和等于传递给负载的总平均功率。

11.50　(a) 求图 P11.50 所示电路每个瓦特计的读数。Z_ϕ 的值为 40 /30° Ω。(b) 确认瓦特计读数之和等于发送到 Δ 形负载上的总平均功率。

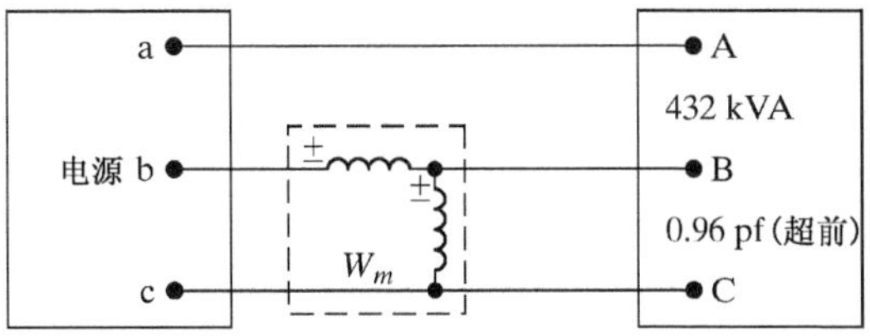

图 P11.49

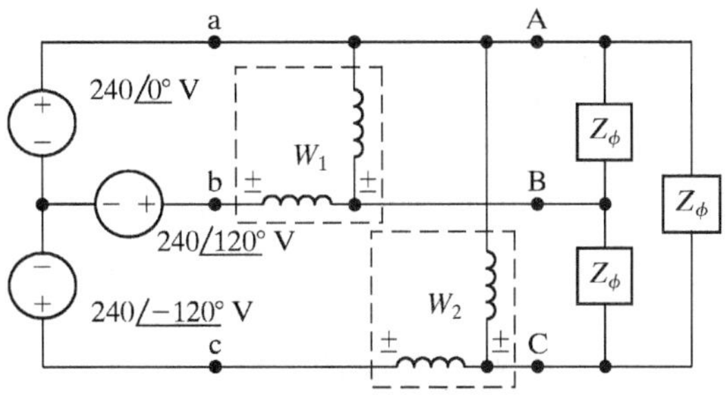

图 P11.50

11.51　(a) 若 $Z = 13.44 + \mathrm{j}46.08$ Ω，求图 P11.51 所示电路每个瓦特计的读数。(b) 检查两瓦特计的读数之和是否等于传递到负载上的总功率。(c) 确认$\sqrt{3}(W_1 - W_2)$等于负载的总无功功率。

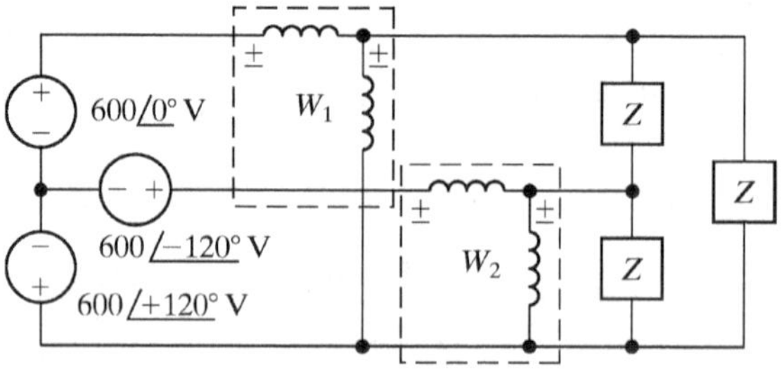

图 P11.51

11.52 (a) 若 $Z_A = 20\angle 30°\ \Omega$, $Z_B = 60\angle 0°\ \Omega$, $Z_C = 40\angle -30°\ \Omega$, 求图 P11.52 电路中每个瓦特计的读数。(b)证明两瓦特计的读数之和等于非平衡三相负载的总平均功率。

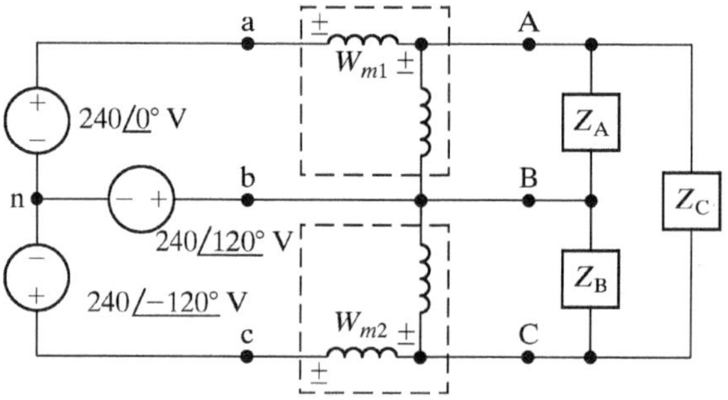

图 P11.52

11.53 **(实例应用)**参考"实例应用"的问题:(a)建立在电容加入到线路上之前的变电站负载的功率三角形。(b)将电容加入到线路中,重复(a)的问题。(c)在添加电容之前,以变电站线到中点电压为参考,建立一个描述 $\boldsymbol{V}_{AN}$和 $\boldsymbol{V}_{an}$关系的相量表。(d)若相序为正,建立一个描述 $\boldsymbol{V}_{AB}$和 $\boldsymbol{V}_{ab}$关系的相量表。

11.54 **(实例应用)**参考"实例应用",假设频率为 60 Hz。(a)若电容为 Δ 形连接,求每个电容的容值,单位为 μF。(b)若电容为 Y 形连接,求每个电容的容值(单位为 μF)。

11.55 从附录 H 中选取一个单一电容,其容值最接近习题 11.54(b)中 Y 形连接的电容值。(a)采用这个新容值,则电容组能提供多少无功功率?(b)当这个新电容组加入变电站线路上后,需要发电厂提供多大的线电压?

11.56 从附录 H 中选取一个单一电容,其容值最接近习题 11.54(a)中 Δ 形连接的电容值。(a)采用这个新容值,则电容组能提供多少无功功率?(b)当这个新电容组加入变电站线路上后,需要发电厂提供多大的线电压?

11.57 **(实例应用)**在"实例应用"中,若变电站保持在 13.8 kV,将变电站负载减少为 0,而电容器组保持连接,发电厂的电压会如何变化?

11.58 **(实例应用)**在"实例应用"中,在电容组连入变电站线路之前和之后,线路上总的功率损耗各为多少千瓦?

11.59 **(实例应用)**参考"实例应用",若变电站负载功耗降为 180 kW 和 480 kVAR,并假设电容一直接在变电站上。

(a)若要使变电站的线电压保持为 13.8 kV,求发电厂线电压的幅值。(b)发电厂这时的电压会不会对其他用户造成影响?

11.60 **(实例应用)**在习题 11.59 中,假设当负载功率降至 180 kW 和 480 kVAR 时,变电站的电容器组断开,并且假设变电站线电压保持为 13.8 kV。(a)求发电厂线电压幅值。(b)(a)中求得的电压值是在允许变化的范围内吗?(c)当负载功率降至 180 + j480 kVA 后,若电容保持在线路上,总的线路损耗为多少 kW?(d)当负载功率降至 180 + j480 kVA 后,若将电容从线路上移走,总的线路损耗为多少 kW?(e)基于上面的计算,当负载功率降至 180 + j480 kVA 后,是否可以将电容去掉?请解释。

第 12 章　拉普拉斯变换简介

本章目标

- 能用拉普拉斯(简称拉氏)变换定义、拉氏变换表和算子变换表计算函数的拉氏变换。
- 能用部分分式法和拉氏变换表计算拉氏逆变换。
- 理解并知道如何使用初值定理和终值定理。

本章将介绍一种强有力的分析工具，这种工具广泛地应用于线性集总电路的分析中，它是建立在拉氏变换基础上的。拉氏变换将在 12.1 节中给予定义。在定义拉氏变换之前，需要解释为什么需要这种分析方法。首先，在讨论电路的暂态特性时，电路的方程里包含许多节点电压和网孔电流的微分方程。换句话说，在研究多节点和多网孔电路时，列写的电路方程都是由一系列线性微分方程描述的。

第二，要研究更复杂信号源作用下，而不是第 7 章和第 8 章讨论的简单直流及阶跃信号作用下的暂态响应。第三，用拉氏变换引入转移函数的概念。转移函数是分析正弦电源的频率变化时电路正弦稳态响应的工具，第 13 章将讨论转移函数。最后，希望以系统的方式将电路的时域特性与频域特性联系起来，拉氏变换可以加深对电路功能的理解。

本章介绍拉氏变换，讨论它的自身特点，提出从频域向时域转化的系统方法。

实例应用

暂态效应(一)

在第 9 章中已经学习到，美国墙壁上电源插座输出的电能可以用正弦电压源或电流源作为其模型，其中正弦电源的频率为 60 Hz，第 9 章介绍的相量概念可用来求解正弦电路的稳态响应。

对于正弦电路，注意完全响应更有意义，我们知道，完全响应包括两部分，一部分是与电路输入形式相同的稳态响应，另一部分是随时间衰减为零的暂态响应，当电源模型化为一个 60 Hz 的正弦波时，则稳态响应也是同频率的正弦波，其幅度和相位可以用相量法计算出来，暂态响应和电路的元件性质、元件值、连接方式有关，电源一旦连接到电路中，则电路中每个元件上的电压和电流都是由暂态部分和稳态部分组成的。

尽管暂态电压或者电流最终会衰减到零，但是在一开始叠加到稳态分量上的时候，总的电压或者电流可能会超过元器件的额定值，这就是为什么要确定电路完全响应的重要原因，本章介绍的拉普拉斯变换技术能用来确定电路对正弦电源的完全响应。

考虑如下图所示的 RLC 串联电路，由附录 H 中选出的元件构成，电源为 60 Hz 正弦波，根据附录 H 查得，10 mH 电感的额定电流为 40 mA，电源满足稳态时元件额定值的要求(参见习题 12.54)，通过拉普拉斯变换技术，我们就可以确定当电源作用到电路中的时候，电感上的电流是否超过其额定值。

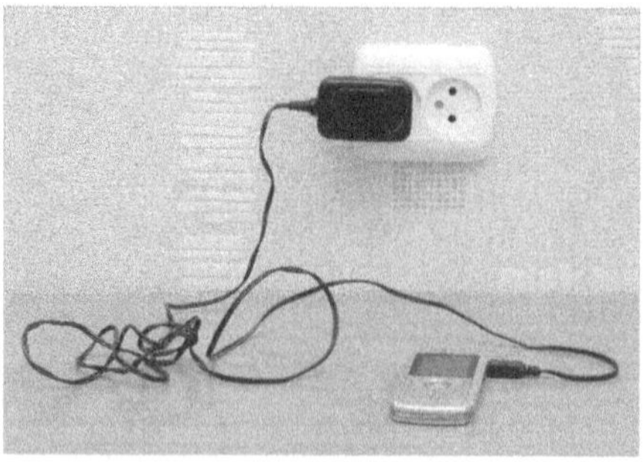

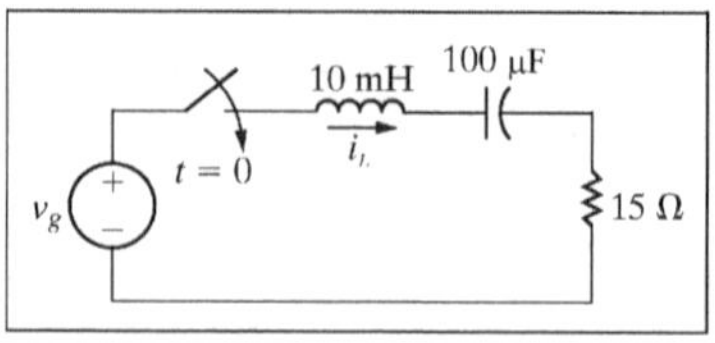

12.1 拉氏变换的定义

函数拉氏变换的定义为

$$\mathcal{L}\{f(t)\} = \int_0^\infty f(t)\mathrm{e}^{-st}\,\mathrm{d}t \tag{12.1}$$

式中的符号$\mathcal{L}\{f(t)\}$读为“$f(t)$的拉氏变换”。

$f(t)$的拉氏变换也记为$F(s)$，即

$$F(s) = \mathcal{L}\{f(t)\} \tag{12.2}$$

该表达式说明，当方程(12.1)中的积分运算完成后，结果就是s的函数。在实际应用中，t代表时域，同时，因方程(12.1)积分式中的指数e必须是无量纲的，所以s必须具有时间的倒数的量纲，即频率。

拉氏变换将问题从时域变换到频域，若得到了未知函数的频域表达式，则可通过逆变换回到时域表达式，若对拉氏变换的含义不清楚，可讨论另一种数学变换。对数可以将乘除法问题转化为加减法问题，如将$A = BC$转化为$\log A = \log BC = \log B + \log C$，反对数则用来完成相反的运算过程。相量是另一种变换，正如第9章讨论的，它将正弦信号转化为复数，以便于对电路参数进行简单的代数运算，在得出信号的相量值后，再转化为时域表达式。这两个例子都说明了数学变换的特点：建立一种新的域，简化数学运算，在找到了新域中的未知数后，再逆变换到原来的域。在电路分析中，利用拉氏变换将时域的微积分方程转化为频域的代数方程，通过处理一套代数方程使未知量的求解过程得到简化。

在介绍拉氏变换的一些重要特性之前，要先说明某些一般性的问题。第一，方程(12.1)是不严密的，因为其积分上限为无穷大，因此，读者会想到是否积分有界等问题，或者说$f(t)$是否存在拉氏变换？显然，在工程分析中有意义的初等函数都存在拉氏变换，否则就不会对拉氏变换感兴趣了，在线性电路分析中，用存在拉氏变换的电源激励系统，不存在拉氏变换的激励函数如t^t或e^{t^2}在电路分析中是没有意义的。

第二，因积分下限为0，拉氏变换忽略了$t<0$时的$f(t)$，或者说$F(s)$仅由$t>0$时的$f(t)$的特性决定。为强调积分下限为0，方程(12.1)常被称为单边拉氏变换。在双边拉氏变换中，积分下限为$-\infty$，此处不使用双边拉氏变换。

另外一点就是当$f(t)$在原点不连续时，积分下限的位置问题。如果$f(t)$在原点是不连续的，如图12.1(a)所示，则$f(0)$是有意义的，但当$f(t)$在原点有有限的不连续值时，如图12.1(b)所示，就出现了拉氏变换的积分是否包含不连续点的问题，换句话说，是应该令积分下限为0^-，包含不连续点，还是令积分下限为0^+，不包含不连续点(0^-和0^+分别表示t在原点的左侧和右侧)？实际上只要一致，选择哪一边都可以，现在选0^-为积分下限，原因以后再解释。

因为选 0^- 作为积分下限，所以马上会发现积分从 0^- 到 0^+ 为 0，但如果在原点处有一冲激函数，积分结果就不为 0 了，这种情况在 12.3 节中讨论。非常重要的一点就是，由于在原点处没有冲激函数，所以图 12.1 所示的两个函数的拉氏变换相等。

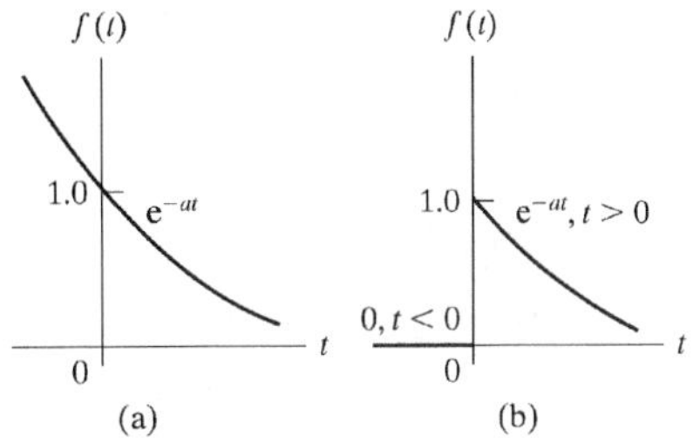

图 12.1　在原点连续和不连续的函数：(a) $f(t)$ 在原点连续；(b) $f(t)$ 在原点不连续

单边拉氏变换忽略了 $t<0^-$ 时的 $f(t)$，而 0^- 以前的状态可以通过初始条件来考虑，这样就可以用拉氏变换确定初始条件建立后出现的激励所产生的响应。

在讨论下面的问题时，将拉氏变换分为两种：函数变换和算子变换。函数变换是特殊函数的拉氏变换，如 $\sin\omega t$，t，e^{-at}等。算子变换定义了拉氏变换的一般数学特性，如求 $f(t)$ 派生函数的拉氏变换，但在讨论函数拉氏变换和算子变换之前，先介绍阶跃函数和冲激函数。

12.2　阶跃函数

实际中，可能会遇到在原点不连续的或有跳变的函数，例如，曾经讨论过的暂态特性，开关的动作会使电流或电压产生突变，如果引入阶跃或冲激函数，就可以用数学的方法表达这种不连续性。

图 12.2 表示了阶跃函数，当 $t<0$ 时，其值为零。阶跃函数的符号用 $Ku(t)$ 表示。这样，阶跃函数的数学定义就是

$$
\begin{aligned}
Ku(t) &= 0, \quad t<0 \\
Ku(t) &= K, \quad t>0
\end{aligned} \tag{12.3}
$$

若 $K=1$，则方程(12.3)定义的函数就称为单位阶跃函数。

阶跃函数在 $t=0$ 时无定义，当需要定义 0^- 与 0^+ 之间的过渡过程时，就假设函数是线性的，且

$$Ku(0) = 0.5K \tag{12.4}$$

图 12.3 表示了从 0^- 到 0^+ 的线性变化过程。

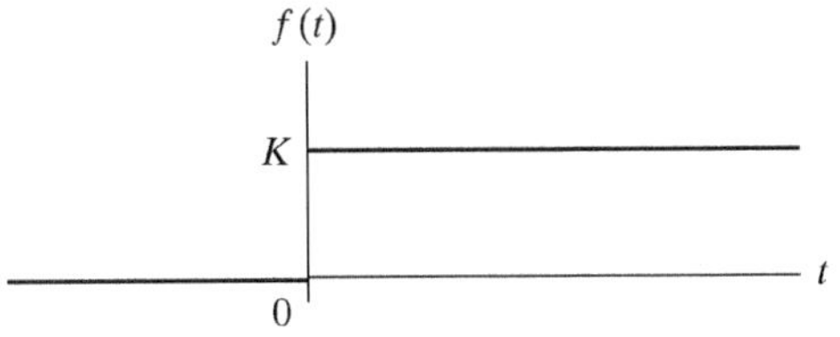

图 12.2　阶跃函数

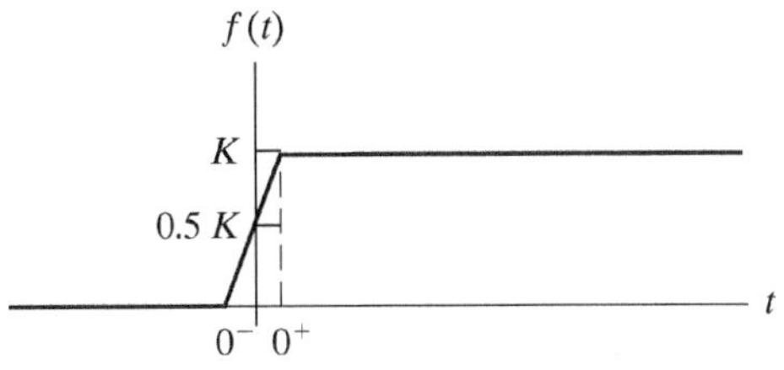

图 12.3　阶跃函数的线性近似

不连续点也可能出现在 t 不等于零的其他点，例如在顺序开关电路中，在 $t=a$ 处出现的阶跃函数表示为 $Ku(t-a)$，这样

$$
\begin{aligned}
Ku(t-a) &= 0, \quad t<a \\
Ku(t-a) &= K, \quad t>a
\end{aligned} \tag{12.5}
$$

若 $a>0$，阶跃就出现在原点的右侧，否则出现在左侧。图 12.4 表示了方程(12.5)，当 $t-a<0$ 时，阶跃函数值为 0，当 $t-a>0$ 时阶跃函数值为 K。

当 $t<a$ 时，阶跃函数为 K，这种函数表示为 $Ku(a-t)$，因此

$$Ku(a-t)=K,\quad t<a$$
$$Ku(a-t)=0,\quad t>a \tag{12.6}$$

当 $a<0$ 时，间断点出现在原点的左侧，图 12.5 表示了方程(12.6)。

利用阶跃函数可以写出在整个正半轴上有定义且连续有界的函数的数学表达式，例如在电路分析中非常有用的有限宽度的脉冲，可用两个阶跃函数来表达。函数 $K[u(t-1)-u(t-3)]$ 在 $1<t<3$ 时其值为 K，在其他处其值为 0，因此，它是一个高为 K，从 $t=1$ 处开始，在 $t=3$ 时结束的有限脉冲，用阶跃函数定义这个脉冲时，可以将函数 $u(t-1)$ 看成是在 $t=1$ 时常数值为 K 的开关闭合，而阶跃函数 $-u(t-3)$ 可以看成是在 $t=3$ 时常数值为 K 的开关打开，在例 12.1 中，用阶跃函数在规定的时间里打开和关闭线性函数。

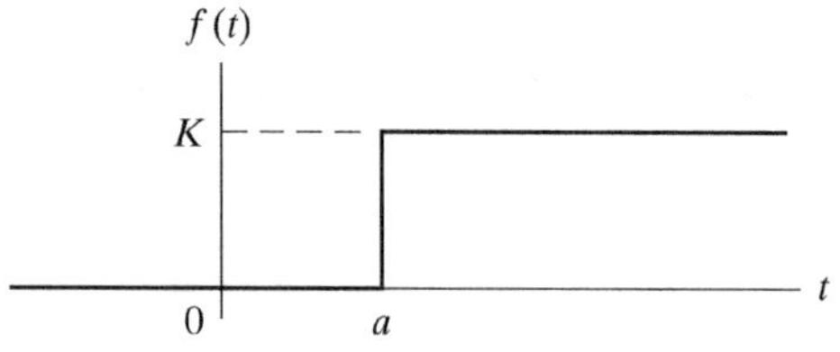

图 12.4　在 $t=a$ 处出现的阶跃函数($a>0$)

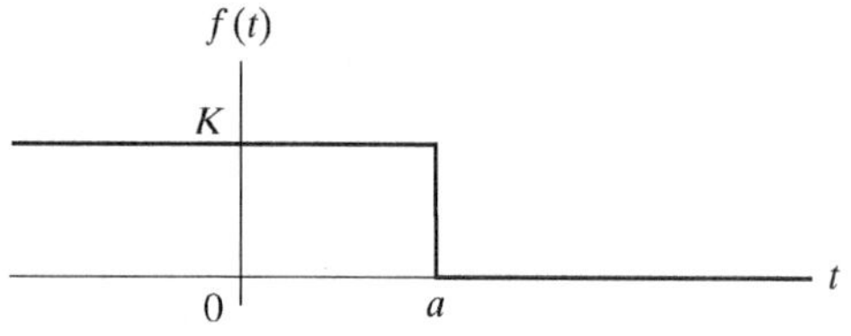

图 12.5　阶跃函数 $Ku(a-t)$($a>0$)

例 12.1　用阶跃函数表示时间有限的函数

用阶跃函数表示图 12.6 所示的函数。

解：

图 12.6 所示的函数是由 0，1，3，4 点分成的直线组成，为建立该函数，必须加或减某些斜率下的线性函数，用阶跃函数在某些适当的点开始和结束这些线段，即利用阶跃函数来打开和关闭方程所表示的直线：$+2t$，在 $t=0$ 时打开，在 $t=1$ 时关闭；$-2t+4$，在 $t=1$ 时打开，在 $t=3$ 时关闭；$+2t-8$，在 $t=3$ 时打开，在 $t=4$ 时关闭。各直线段及其方程如图 12.7 所示，$f(t)$ 的表达式为

$$f(t)=2t[u(t)-u(t-1)]+(-2t+4)[u(t-1)-u(t-3)]+(2t-8)[u(t-3)-u(t-4)]$$

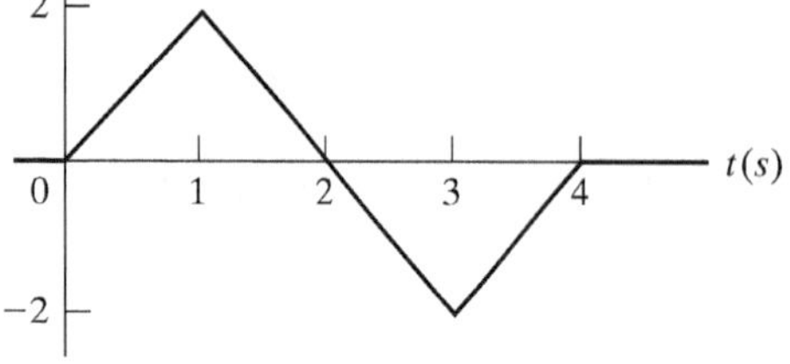

图 12.6　例 12.1 的函数

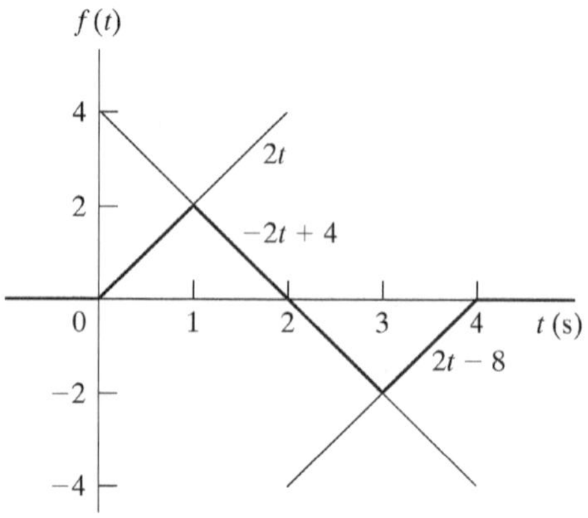

图 12.7　用阶跃函数的开和关生成图 12.6 的函数

提示： 若想检验对阶跃函数的理解程度，请求解本章习题 12.3 和习题 12.4。

12.3　冲激函数

当函数存在有界间断点时，如图 12.1(b)所示，函数的导数在间断点处没有定义，可以用冲激函数①的概念定义间断点处的导数，并由此可定义导数的拉氏变换。冲激是具有无穷大的幅值而持续时间为零的信号，自然界中并不存在这种信号，但一些电路中的信号与这种定义非常接近，因此，冲激函数的数学模型非常有用，在电路分析中开关操作或在电路中加入冲激函数会出现冲激电压或电流，第 13 章将讨论这种情况，这里只对冲激函数的定义做一般性的介绍。

为定义函数在间断点的斜率，先假设函数通过间断点时是线性变化的，如图 12.8 所示，可以看出，当 $\epsilon \to 0$ 时，在原点处出现了突变间断点，对函数取微分后，在 $-\epsilon$ 和 $+\epsilon$ 之间的斜率为常数 $1/2\epsilon$，$t>\epsilon$ 时，斜率为 $-a\mathrm{e}^{-a(t-\epsilon)}$。图 12.9 用曲线表示了这种情况，当 $\epsilon \to 0$ 时，在 $+\epsilon$ 与 $-\epsilon$ 之间，$f'(t)$的值趋于无穷大，同时这个极大值的持续时间也趋于 0。当 $\epsilon \to 0$ 时，在 $+\epsilon$ 与 $-\epsilon$ 之间，$f'(t)$下的面积保持常数。在该例中，面积为 1，当 $\epsilon \to 0$ 时，在 $+\epsilon$ 与 $-\epsilon$ 之间的函数趋近于单位冲激函数，用 $\delta(t)$ 表示。因此，当 $\epsilon \to 0$ 时，函数 $f(t)$ 的导数在原点处趋近于单位冲激函数，或者

$$f'(0) \to \delta(t) \quad , \quad \epsilon \to 0$$

若冲激函数曲线下的面积不等于 1，冲激函数就用 $K\delta(t)$ 表示，其中 K 是面积，指的是冲激函数的强度。

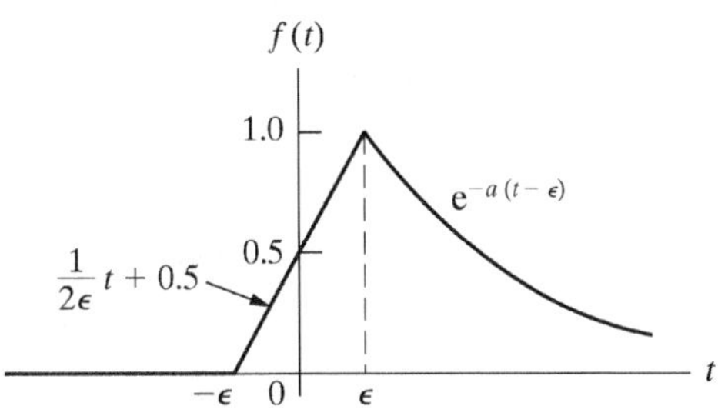

图 12.8　图 12.1(b)中间断点的放大图，假设 $\pm\epsilon$ 间是线性变化

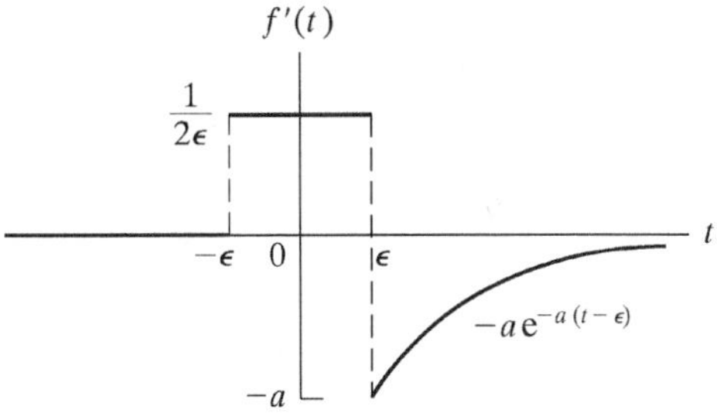

图 12.9　图 12.8 所示函数的导数

总之，冲激函数是由可变参数函数中的参数趋于 0 时形成的。当参数趋于 0 时，可变参数函数表现出以下三个特性：

1. 幅值趋于无穷大。
2. 函数的持续时间趋于 0。
3. 当参数变化时，函数下的面积为常数。

许多变参函数都具有上述特点。在图 12.8 中，使用的是线性函数 $f(t)=0.5t/\epsilon+0.5$，图中使用的另一函数就是变参数指数函数

$$f(t)=\frac{K}{2\epsilon}\mathrm{e}^{-|t|/\epsilon} \tag{12.7}$$

当 $\epsilon \to 0$ 时，函数在原点处变为无穷大，同时在无穷短时间内，函数衰减至 0。图 12.10 表明了

① 冲激函数也称为 Dirac delta 函数。

$\epsilon \to 0$ 时 $f(t)$ 的特点，为证明当 $\epsilon \to 0$ 时，产生的是冲激函数，必须求出与 ϵ 无关的函数下的面积，这样

$$
\begin{aligned}
\text{面积} &= \int_{-\infty}^{0} \frac{K}{2\epsilon} e^{t/\epsilon} dt + \int_{0}^{\infty} \frac{K}{2\epsilon} e^{-t/\epsilon} dt \\
&= \frac{K}{2\epsilon} \cdot \frac{e^{t/\epsilon}}{1/\epsilon} \bigg|_{-\infty}^{0} + \frac{K}{2\epsilon} \cdot \frac{e^{-t/\epsilon}}{-1/\epsilon} \bigg|_{0}^{\infty} \\
&= \frac{K}{2} + \frac{K}{2} = K
\end{aligned}
\tag{12.8}
$$

该式说明，曲线下的面积为常数 K，因此，当 $\epsilon \to 0$ 时，$f(t) \to K\delta(t)$。

数学上冲激函数的定义为

$$\int_{-\infty}^{\infty} K\delta(t) dt = K \tag{12.9}$$

$$\delta(t) = 0, \quad t \neq 0 \tag{12.10}$$

方程(12.9)说明了冲激函数下的面积为常数，该面积代表了冲激强度，方程(12.10)说明了在 $t \neq 0$ 的任何时候，冲激函数均为0，在 $t = a$ 处出现的冲激函数表示为 $K\delta(t-a)$。

冲激函数的波形符号为一箭头，冲激的强度用靠近箭头的数值给出，图12.11给出了冲激函数 $K\delta(t)$ 和 $K\delta(t-a)$。

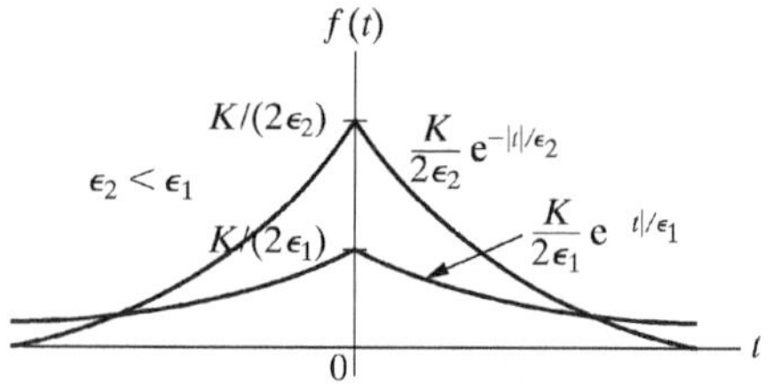

图12.10 用于生成冲激函数的变参数函数

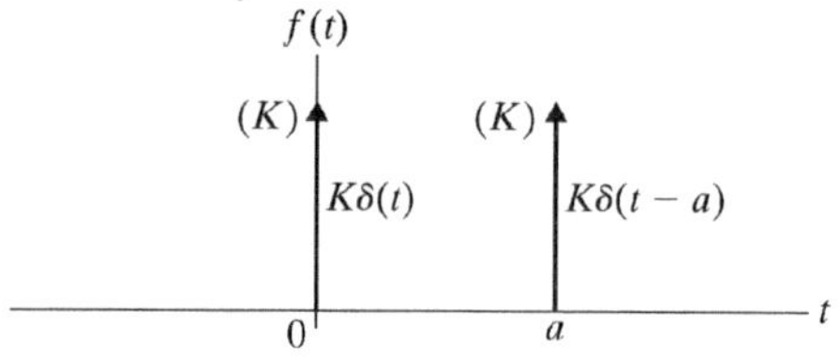

图12.11 用图形表示的冲激函数 $K\delta(t)$ 和 $K\delta(t-a)$

冲激函数的一个重要特性就是筛选特性，其表达式为

$$\int_{-\infty}^{\infty} f(t)\delta(t-a) dt = f(a) \tag{12.11}$$

其中函数 $f(t)$ 在 $t = a$ 处假设为连续的。方程(12.11)说明，冲激函数筛选掉了 $t = a$ 以外所有 $f(t)$ 的值，在 $t \neq a$ 的任一点，$\delta(t-a)$ 均为0，因此方程(12.11)的积分结果写为

$$I = \int_{-\infty}^{\infty} f(t)\delta(t-a) dt = \int_{a-\epsilon}^{a+\epsilon} f(t)\delta(t-a) dt \tag{12.12}$$

但是，因为 $f(t)$ 在 a 处连续，故当 $t \to a$ 时，它取 $f(a)$ 的值，所以

$$I = \int_{a-\epsilon}^{a+\epsilon} f(a)\delta(t-a) dt = f(a)\int_{a-\epsilon}^{a+\epsilon} \delta(t-a) dt = f(a) \tag{12.13}$$

利用冲激函数的筛选特性求出其拉氏变换

$$\mathcal{L}\{\delta(t)\} = \int_{0^-}^{\infty} \delta(t) e^{-st} dt = \int_{0^-}^{\infty} \delta(t) dt = 1 \tag{12.14}$$

这就是电路分析中非常有用的一个重要拉氏变换对。

也可以定义冲激函数的微分及高阶微分的拉氏变换，先讨论一阶微分及其拉氏变换，然后再讨论对高阶微分的结论。

图 12.12(a)中说明了当 $\epsilon \to 0$ 时生成冲激函数的过程。图 12.12(b)表示了冲激函数微分生成的函数，也就是当 $\epsilon \to 0$ 时冲激函数的微分[$\delta'(t)$]。冲激函数的微分常常称为单位冲激偶。

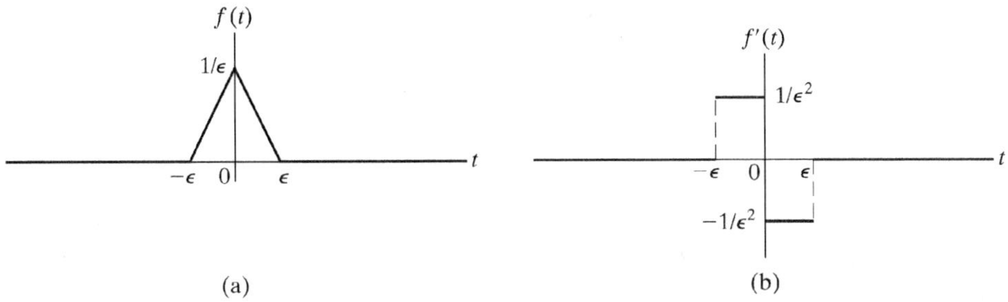

图 12.12　冲激函数的一阶微分：(a)用于定义一阶微分的冲激函数模型；(b)冲激函数模型的一阶导数，当 $\epsilon \to 0$ 时为 $\delta'(t)$

为求 $\delta'(t)$ 的拉氏变换，用定义式对函数进行积分运算，如图 12.12(b)所示，积分后令 $\epsilon \to 0$，则

$$
\begin{aligned}
\mathcal{L}\{\delta'(t)\} &= \lim_{\epsilon \to 0}\left[\int_{-\epsilon}^{0^-}\frac{1}{\epsilon^2}\mathrm{e}^{-st}\,\mathrm{d}t + \int_{0^+}^{\epsilon}\left(-\frac{1}{\epsilon^2}\right)\mathrm{e}^{-st}\,\mathrm{d}t\right] \\
&= \lim_{\epsilon \to 0}\frac{\mathrm{e}^{s\epsilon} + \mathrm{e}^{-s\epsilon} - 2}{s\epsilon^2} \\
&= \lim_{\epsilon \to 0}\frac{s\mathrm{e}^{s\epsilon} - s\mathrm{e}^{-s\epsilon}}{2\epsilon s} \\
&= \lim_{\epsilon \to 0}\frac{s^2\mathrm{e}^{s\epsilon} + s^2\mathrm{e}^{-s\epsilon}}{2s} \\
&= s
\end{aligned}
\tag{12.15}
$$

在求解方程(12.15)时，两次用到了罗必塔法则。

与一阶微分的生成方法一样，也可以生成高阶微分并确定其拉氏变换(参见习题 12.6)。对冲激函数的 n 阶微分，其拉氏变换为 s^n，即

$$
\mathcal{L}\{\delta^{(n)}(t)\} = s^n \tag{12.16}
$$

因此，冲激函数可看成是阶跃函数的导数，即

$$
\delta(t) = \frac{\mathrm{d}u(t)}{\mathrm{d}t} \tag{12.17}
$$

图 12.13 是方程(12.17)的图形解释。当 $\epsilon \to 0$ 时，图 12.13(a)中的函数趋近于阶跃函数，图 12.13(b)中的函数在 $\epsilon \to 0$ 时趋近于单位冲激函数。

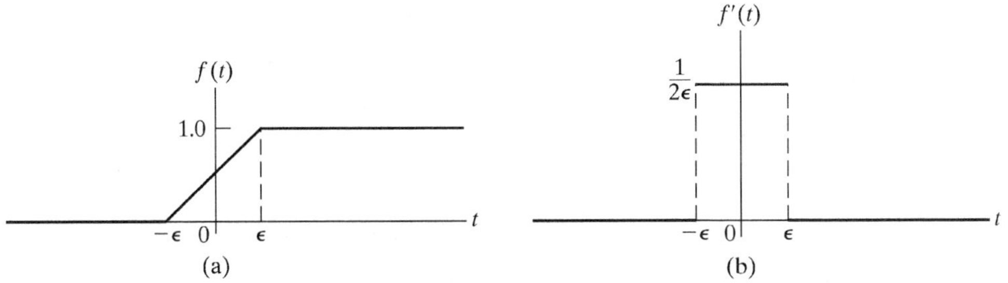

图 12.13　作为阶跃函数导数的冲激函数：(a)当 $\epsilon \to 0$ 时，$f(t) \to u(t)$；(b)当 $\epsilon \to 0$ 时，$f'(t) \to \delta(t)$

在电路分析中，冲激函数是一个非常有用的概念，在后面的章节中会进一步讨论，这里引入冲激函数，目的是为了在求函数的拉氏变换时将不连续的原点包含到积分限中。

提示： 若想检验对冲激函数的理解程度，请求解本章习题 12.6，习题 12.8 和习题 12.10。

12.4 函数变换

函数变换是典型时域函数的拉氏变换，因为限制拉氏变换为单边的，所以设所有函数在 $t<0^-$ 时的值为 0。

12.3 节已经得出了函数变换对，并证明了单位冲激函数的拉氏变换为 1，参见方程(12.14)。然后要说明如图 12.13(a)所示的单位阶跃函数

$$\mathcal{L}\{u(t)\}=\int_{0^-}^{\infty}f(t)\mathrm{e}^{-st}\,\mathrm{d}t=\int_{0^+}^{\infty}1\mathrm{e}^{-st}\,\mathrm{d}t=\left.\frac{\mathrm{e}^{-st}}{-s}\right|_{0^+}^{\infty}=\frac{1}{s}\tag{12.18}$$

方程(12.18)表明单位阶跃函数的拉氏变换为 $1/s$。

衰减指数函数如图 12.14 所示，其拉氏变换为

$$\mathcal{L}\{\mathrm{e}^{-at}\}=\int_{0^+}^{\infty}\mathrm{e}^{-at}\mathrm{e}^{-st}\,\mathrm{d}t=\int_{0^+}^{\infty}\mathrm{e}^{-(a+s)t}\,\mathrm{d}t=\frac{1}{s+a}\tag{12.19}$$

在推导方程(12.18)和方程(12.19)的过程中，用到通过原点(间断点)的积分为 0 的事实。

第三是求图 12.15 所示正弦函数的拉氏变换，当 $t>0^-$ 时，$f(t)$ 为 $\sin\omega t$，因此，其拉氏变换为

$$\begin{aligned}\mathcal{L}\{\sin\omega t\}&=\int_{0^-}^{\infty}(\sin\omega t)\mathrm{e}^{-st}\,\mathrm{d}t\\&=\int_{0^-}^{\infty}\left(\frac{\mathrm{e}^{\mathrm{j}\omega t}-\mathrm{e}^{-\mathrm{j}\omega t}}{2\mathrm{j}}\right)\mathrm{e}^{-st}\,\mathrm{d}t\\&=\int_{0^-}^{\infty}\frac{\mathrm{e}^{-(s-\mathrm{j}\omega)t}-\mathrm{e}^{-(s+\mathrm{j}\omega)t}}{2\mathrm{j}}\mathrm{d}t\\&=\frac{1}{2\mathrm{j}}\left(\frac{1}{s-\mathrm{j}\omega}-\frac{1}{s+\mathrm{j}\omega}\right)\\&=\frac{\omega}{s^2+\omega^2}\end{aligned}\tag{12.20}$$

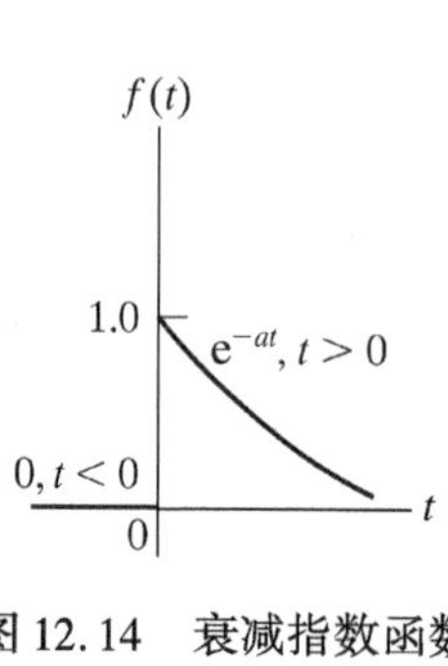

图 12.14 衰减指数函数

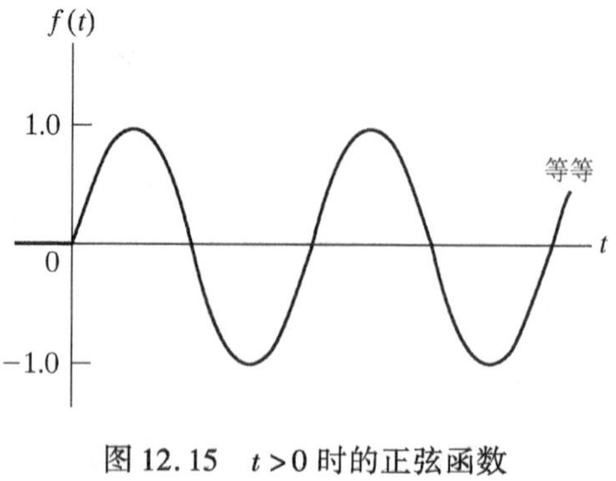

图 12.15 $t>0$ 时的正弦函数

表 12.1 给出了拉氏变换对的简表，其中包含了许多在电路中有用的函数。

表 12.1　拉氏变换对简表

类型	$f(t)\ (t>0^-)$	$F(s)$
冲激函数	$\delta(t)$	1
阶跃函数	$u(t)$	$\frac{1}{s}$
斜坡函数	t	$\frac{1}{s^2}$
指数函数	e^{-at}	$\frac{1}{s+a}$
正弦函数	$\sin\omega t$	$\frac{\omega}{s^2+\omega^2}$
余弦函数	$\cos\omega t$	$\frac{s}{s^2+\omega^2}$
衰减斜坡函数	te^{-at}	$\frac{1}{(s+a)^2}$
衰减正弦函数	$e^{-at}\sin\omega t$	$\frac{\omega}{(s+a)^2+\omega^2}$
衰减余弦函数	$e^{-at}\cos\omega t$	$\frac{s+a}{(s+a)^2+\omega^2}$

评测目标 1　能用拉氏变换的定义计算函数的拉氏变换。

12.1　用积分形式的定义式

(a)计算 $\cosh\beta t$ 的拉氏变换。(b)计算 $\sinh\beta t$ 的拉氏变换。

答：(a)$s/(s^2-\beta^2)$；(b)$\beta/(s^2-\beta^2)$。

提示：也可以求本章习题 12.20。

12.5　算子变换

算子变换说明了如何将 $f(t)$ 或 $F(s)$ 的数学算子转化为其对应域的函数，重要的初等变换包括(1)乘以常数；(2)加减；(3)微分；(4)积分；(5)时域平移；(6)频域平移；(7)尺度变换。

12.5.1　乘以常数

根据积分定义，若

$$\mathcal{L}\{f(t)\}=F(s)$$

则

$$\mathcal{L}\{Kf(t)\}=KF(s) \tag{12.21}$$

这样，$f(t)$ 乘以常数将变换为 $F(s)$ 乘以同样的常数。

12.5.2　加(减)运算特性

时域的加(减)对应于频域的加(减)，因此，若

$$\mathcal{L}\{f_1(t)\}=F_1(s)$$

$$\mathcal{L}\{f_2(t)\}=F_2(s)$$

$$\mathcal{L}\{f_3(t)\}=F_3(s)$$

则

$$\mathcal{L}\{f_1(t)+f_2(t)-f_3(t)\}=F_1(s)+F_2(s)-F_3(s) \tag{12.22}$$

这是直接将时域的加法代入到积分定义式中得到的。

12.5.3 微分

时域的微分与 $F(s)$ 乘以 s 后再减去 $f(t)$ 的初始值相对应，即从乘积中减去 $f(0^-)$

$$\mathcal{L}\left\{\frac{\mathrm{d}f(t)}{\mathrm{d}t}\right\}=sF(s)-f(0^-) \tag{12.23}$$

这是直接从拉氏变换定义得出的，或

$$\mathcal{L}\left\{\frac{\mathrm{d}f(t)}{\mathrm{d}t}\right\}=\int_{0^-}^{\infty}\left[\frac{\mathrm{d}f(t)}{\mathrm{d}t}\right]\mathrm{e}^{-st}\mathrm{d}t \tag{12.24}$$

用分部积分法求式(12.24)，令 $u=\mathrm{e}^{-st}$，$\mathrm{d}v=[\mathrm{d}f(t)/\mathrm{d}t]\mathrm{d}t$，得

$$\mathcal{L}\left\{\frac{\mathrm{d}f(t)}{\mathrm{d}t}\right\}=\mathrm{e}^{-st}f(t)\Big|_{0^-}^{\infty}-\int_{0^-}^{\infty}f(t)(-s\mathrm{e}^{-st}\mathrm{d}t) \tag{12.25}$$

假设 $f(t)$ 的拉氏变换存在，当 $t=\infty$ 时，$\mathrm{e}^{-st}f(t)=0$，因此，方程(12.25)的右边化简为

$$-f(0^-)+s\int_{0^-}^{\infty}f(t)\mathrm{e}^{-st}\mathrm{d}t=sF(s)-f(0^-)$$

于是就证明了方程(12.23)的成立，这是一个非常重要的结论，说明时域的微分可化为 s 域的代数运算。

以方程(12.23)为基础，可以求得高阶导数的拉氏变换，例如求 $f(t)$ 的二阶导数的拉氏变换。首先令

$$g(t)=\frac{\mathrm{d}f(t)}{\mathrm{d}t} \tag{12.26}$$

根据方程(12.23)写出

$$G(s)=sF(s)-f(0^-) \tag{12.27}$$

但因

$$\frac{\mathrm{d}g(t)}{\mathrm{d}t}=\frac{\mathrm{d}^2f(t)}{\mathrm{d}t^2}$$

故可写为

$$\mathcal{L}\left\{\frac{\mathrm{d}g(t)}{\mathrm{d}t}\right\}=\mathcal{L}\left\{\frac{\mathrm{d}^2f(t)}{\mathrm{d}t^2}\right\}=sG(s)-g(0^-) \tag{12.28}$$

联立方程(12.26)，方程(12.27)，方程(12.28)得

$$\mathcal{L}\left\{\frac{\mathrm{d}^2f(t)}{\mathrm{d}t^2}\right\}=s^2F(s)-sf(0^-)-\frac{\mathrm{d}f(0^-)}{\mathrm{d}t} \tag{12.29}$$

连续应用上述方法可求得 n 阶导数的拉氏变换，其一般结果为

$$\mathcal{L}\left\{\frac{\mathrm{d}^nf(t)}{\mathrm{d}t^n}\right\}=s^nF(s)-s^{n-1}f(0^-)-s^{n-2}\frac{\mathrm{d}f(0^-)}{\mathrm{d}t}-s^{n-3}\frac{\mathrm{d}^2f(0^-)}{\mathrm{d}t^2}-\cdots-\frac{\mathrm{d}^{n-1}f(0^-)}{\mathrm{d}t^{n-1}} \tag{12.30}$$

12.5.4 积分

时域内的积分对应于 s 域中除以 s。采用上述方法，通过积分定义建立关系式

$$\mathcal{L}\left\{\int_{0^-}^{t} f(x)\mathrm{d}x\right\} = \int_{0^-}^{\infty}\left[\int_{0^-}^{t} f(x)\mathrm{d}x\right]\mathrm{e}^{-st}\mathrm{d}t \tag{12.31}$$

用分部积分法求出方程(12.31)右边的积分，首先令

$$u = \int_{0^-}^{t} f(x)\mathrm{d}x$$

$$\mathrm{d}v = \mathrm{e}^{-st}\mathrm{d}t$$

于是

$$\mathrm{d}u = f(t)\mathrm{d}t$$

$$v = -\frac{\mathrm{e}^{-st}}{s}$$

由分部积分公式得

$$\mathcal{L}\left\{\int_{0^-}^{t} f(x)\mathrm{d}x\right\} = -\frac{\mathrm{e}^{-st}}{s}\int_{0^-}^{t} f(x)\mathrm{d}x\Big|_{0^-}^{\infty} + \int_{0^-}^{\infty}\frac{\mathrm{e}^{-st}}{s}f(t)\mathrm{d}t \tag{12.32}$$

方程(12.32)右侧的第一项在上下限处的结果很明显为0，下限为0是因为假设$f(t)$的拉氏变换存在，第二项为$F(s)/s$，因此

$$\mathcal{L}\left\{\int_{0^-}^{t} f(x)\mathrm{d}x\right\} = \frac{F(s)}{s} \tag{12.33}$$

该式表明时域中的积分运算转化为s域中的除法运算，即乘以$1/s$，方程(12.33)和方程(12.30)证明了这一点。

12.5.5　时域平移

对于任意函数$f(t)u(t)$①，若在时间轴上平移一个常数a，则可用同一种形式的函数表示，即$f(t-a)u(t-a)$。时域中的平移对应于频域中乘以一个指数，因此

$$\mathcal{L}\{f(t-a)u(t-a)\} = \mathrm{e}^{-as}F(s),\quad a>0 \tag{12.34}$$

例如，已知

$$\mathcal{L}\{tu(t)\} = \frac{1}{s^2}$$

根据积分定义式，方程(12.34)直接得出$(t-a)u(t-a)$的拉氏变换

$$\mathcal{L}\{(t-a)u(t-a)\} = \frac{\mathrm{e}^{-as}}{s^2}$$

根据积分定义式，方程(12.34)证明如下：

$$\begin{aligned}\mathcal{L}\{f(t-a)u(t-a)\} &= \int_{0^-}^{\infty} u(t-a)f(t-a)\mathrm{e}^{-st}\mathrm{d}t \\ &= \int_{a}^{\infty} f(t-a)\mathrm{e}^{-st}\mathrm{d}t\end{aligned} \tag{12.35}$$

在推导方程(12.35)时，利用了$t>a$时$u(t-a)=1$。改变积分变量，令$x=t-a$，则当$t=a$时$x=0$，当$t=\infty$时，$x=\infty$，并且$\mathrm{d}x=\mathrm{d}t$。因此，可以将方程(12.35)中的积分写为

① 任意函数$f(t)$与单位阶跃函数$u(t)$的乘积结果表示该函数定义在正的时间内。

$$\mathcal{L}\{f(t-a)u(t-a)\} = \int_0^\infty f(x)\mathrm{e}^{-s(x+a)}\mathrm{d}x$$
$$= \mathrm{e}^{-sa}\int_0^\infty f(x)\mathrm{e}^{-sx}\mathrm{d}x$$
$$= \mathrm{e}^{-as}F(s)$$

这就是要证明的结论。

12.5.6 频域平移特性

频域中的平移对应于时域中乘以指数

$$\mathcal{L}\{\mathrm{e}^{-at}f(t)\} = F(s+a) \tag{12.36}$$

该式可根据积分定义得到，它的证明留做习题 12.15。

利用方程(12.36)的关系式可以得出新的变换对，因此，若已知

$$\mathcal{L}\{\cos\omega t\} = \frac{s}{s^2+\omega^2}$$

则可以根据方程(12.36)得出

$$\mathcal{L}\{\mathrm{e}^{-at}\cos\omega t\} = \frac{s+a}{(s+a)^2+\omega^2}$$

12.5.7 尺度变换

当时间变量乘以一个常数后，尺度变换特性给出了 $f(t)$ 和 $F(s)$ 之间的关系

$$\mathcal{L}\{f(at)\} = \frac{1}{a}F\left(\frac{s}{a}\right),\quad a>0 \tag{12.37}$$

该式的证明留做习题 12.16，尺度变换特性在实际工作中特别有用，尤其是在建立系统模型时非常方便。

利用方程(12.37)可建立一个新的变换对，若已知

$$\mathcal{L}\{\cos t\} = \frac{s}{s^2+1}$$

则由方程(12.37)可推导出

$$\mathcal{L}\{\cos\omega t\} = \frac{1}{\omega}\frac{s/\omega}{(s/\omega)^2+1} = \frac{s}{s^2+\omega^2}$$

表 12.2 给出了算子变换的简表。

表 12.2 算子变换简表

算子	$f(t)$	$F(s)$
数乘	$Kf(t)$	$KF(s)$
加减	$f_1(t)+f_2(t)-f_3(t)+\cdots$	$F_1(s)+F_2(s)-F_3(s)+\cdots$
一阶微分(时域)	$\frac{\mathrm{d}f(t)}{\mathrm{d}t}$	$sF(s)-f(0^-)$
二阶微分(时域)	$\frac{\mathrm{d}^2f(t)}{\mathrm{d}t^2}$	$s^2F(s)-sf(0^-)-\frac{\mathrm{d}f(0^-)}{\mathrm{d}t}$
n 阶微分(时域)	$\frac{\mathrm{d}^nf(t)}{\mathrm{d}t^n}$	$s^nF(s)-s^{n-1}f(0^-)-s^{n-2}\frac{\mathrm{d}f(0^-)}{\mathrm{d}t}-s^{n-3}\frac{\mathrm{d}f^2(0^-)}{\mathrm{d}t^2}-\cdots-\frac{\mathrm{d}^{n-1}f(0^-)}{\mathrm{d}t^{n-1}}$

（续表）

算子	$f(t)$	$F(s)$
时域积分	$\int_0^t f(x)\,dt$	$\frac{F(s)}{s}$
时移	$f(t-a)u(t-a),\ a>0$	$e^{-as}F(s)$
频移	$e^{-at}f(t)$	$F(s+a)$
尺度变换	$f(at),\ a>0$	$\frac{1}{a}F\left(\frac{s}{a}\right)$
一阶微分（s 域）	$tf(t)$	$-\frac{dF(s)}{ds}$
n 阶微分（s 域）	$t^n f(t)$	$(-1)^n \frac{d^n F(s)}{ds^n}$
s 域积分	$\frac{f(t)}{t}$	$\int_s^{\infty} F(u)\,dt$

评测目标 1　能用拉氏变换表或算子变换表计算函数的拉氏变换。

12.2　利用表 12.2 求出下列函数的拉氏变换：(a) $t^2 e^{-at}$；(b) $\frac{d}{dt}(e^{-at}\sinh\beta t)$；(c) $t\cos\omega t$。

答：(a) $\frac{2}{(s+a)^3}$；(b) $\frac{\beta s}{(s+a)^2-\beta^2}$；(c) $\frac{s^2-\omega^2}{(s^2-\omega^2)^2}$。

提示：也可以求本章习题 12.18 和习题 12.22。

12.6　拉氏变换的应用

本节将用拉氏变换求解表示集总电路特性的一般微积分方程。电路如图 12.16 所示，假设在开关打开时，电路中没有初始储能，求当 $t \geq 0$ 时电路的时域响应 $v(t)$。

首先，列写 $v(t)$ 需满足的微积分方程，这时只需要列出一个节点的节点电压方程。将电路中流出上部节点的电流相加，得到方程

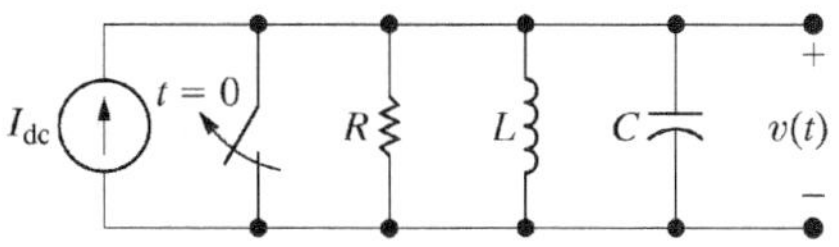

图 12.16　并联 RLC 电路

$$\frac{v(t)}{R} + \frac{1}{L}\int_0^t v(x)dx + C\frac{dv(t)}{dt} = I_{dc}u(t) \quad (12.38)$$

在写方程(12.38)时，已经表示出开关打开时，电流源电流由 0 跃到 I_{dc}。

得到微积分方程后（此处只有一个），将其转化为 s 域方程，此处不再详细讲述每一步具体的过程，在第 13 章将讨论直接建立 s 域方程的方法，简单对方程(12.38)进行拉氏变换得

$$\frac{V(s)}{R} + \frac{1}{L}\frac{V(s)}{s} + C[sV(s) - v(0^-)] = I_{dc}\left(\frac{1}{s}\right) \quad (12.39)$$

该代数方程中只有 $V(s)$ 是未知变量。假设电路参数 R，L，C 以及电源电流 I_{dc} 已知，因初始储能 $v(0^-)$ 为零，所以电容的初始电压为零，于是将问题简化为求解代数方程。

下面解方程(12.39)，求未知数得

$$V(s)\left(\frac{1}{R} + \frac{1}{sL} + sC\right) = \frac{I_{dc}}{s}$$
$$V(s) = \frac{I_{dc}/C}{s^2 + (1/RC)s + (1/LC)} \quad (12.40)$$

为求得 $v(t)$，必须对 $V(s)$进行逆变换，将逆变换表示为

$$v(t) = \mathcal{L}^{-1}\{V(s)\} \tag{12.41}$$

接着，求出 s 域表达式的逆变换，这是 12.7 节重点讨论的问题，在那一节还给出了最后关键的一步：检验时域表达式的正确性。不仅仅是拉氏变换需要检验，谨慎的工程师也要检查所求的结果，以保证能充分了解未知系统的特性。

简化符号有许多好处。将时域表达式中带括号的 t 省略，频域表达式中带括号的 s 省略，用小写字母表示所有时域变量，用大写字母表示相应的 s 域变量，就得到

$$\mathcal{L}\{v\} = V, \qquad v = \mathcal{L}^{-1}\{V\}$$

$$\mathcal{L}\{i\} = I, \qquad i = \mathcal{L}^{-1}\{I\}$$

$$\mathcal{L}\{f\} = F, \qquad f = \mathcal{L}^{-1}\{F\}$$

提示：试求本章习题 12.26 来检验对本节内容的掌握情况。

12.7 拉氏逆变换

方程(12.40)中 $V(s)$表达式是 s 的有理函数，即为两个 s 的多项式之比，在多项式中不会出现 s 的非整数次方。实际上，对线性集总电路，其元件值是常数，因此，其未知电压和电流的 s 域表达式也是 s 的有理函数(可以求解本章习题 12.27 至习题 12.30 加以验证)，如果能求出 s 的有理函数的逆变换，就可以求出电流和电压的时域表达式，这里将提出一种简单而又系统的求有理函数逆变换的方法。

通常需要求以下形式的函数逆变换：

$$F(s) = \frac{N(s)}{D(s)} = \frac{a_n s^n + a_{n-1}s^{n-1} + \cdots + a_1 s + a_0}{b_m s^m + b_{m-1}s^{m-1} + \cdots + b_1 s + b_0} \tag{12.42}$$

系数 a 和 b 是实常数，指数 m 和 n 为正整数，若 $m > n$，则 $N(s)/D(s)$ 称为有理真分式，若 $m \leqslant n$，则称为有理假分式，只有有理真分式才可以展开为部分分式之和的形式，这种限制不会产生其他影响，本节后面会加以说明。

12.7.1 部分分式展开法：有理真分式

对每个 $D(s)$的根，有理真分式可以展开为部分分式之和的形式。在进行部分分式展开之前，应对 $D(s)$进行因式分解，对每个 $D(s)$的不等根，部分分式之和中都会出现一项，对 $D(s)$的 r 阶重根，展开式中就会含有 r 项。例如，在下面的真分式中：

$$\frac{s+6}{s(s+3)(s+1)^2}$$

分母有 4 个根，两个独立的根，即 $s=0$，$s=-3$，一个二阶重根出现在 $s=-1$ 处，这样，其展开式的形式为

$$\frac{s+6}{s(s+3)(s+1)^2} \equiv \frac{K_1}{s} + \frac{K_2}{s+3} + \frac{K_3}{(s+1)^2} + \frac{K_4}{s+1} \tag{12.43}$$

部分分式法的关键就是要找到展开式中每一项所对应的时域函数 $f(t)$，根据表 12.1 可以得到

$$\mathcal{L}^{-1}\left\{\frac{s+6}{s(s+3)(s+1)^2}\right\} = (K_1 + K_2 e^{-3t} + K_3 t e^{-t} + K_4 e^{-t})u(t) \tag{12.44}$$

剩下的问题就是确定部分分式展开式中的系数(K_1, K_2, K_3, K_4, …)。$D(s)$的根会有 4 种

可能的情况：(1)实数的单根；(2)复数的单根；(3)实数的重根；(4)复数的重根。在顺序讨论每种情况之前，先说明以下几点。

在方程(12.43)中用恒等式符号(≡)是要强调，在将分式展开为部分分式时建立的是恒等方程，也就是 s 取任何值时，方程两边都相等，并且在对方程两边进行同一个数学运算时恒等关系也成立。下面将会看到，这种特点适合于求系数。

首先要检查分式是否为有理真分式，这步检查很重要。因为，如果分式是假分式，求得的 K 值可能没有意义，这里提出了校核 K 的过程，以免老是问自己"$F(s)$ 是真分式吗"。

12.7.2　部分分式展开式：$D(s)$ 具有独立的实根

先讨论当 $D(s)$ 具有不等实根时，部分分式展开式中常数的求解方法，为求得展开式中的系数 K，在方程两边同时乘以一个因式，该因式是所求 K 值对应的分母。然后令 s 等于所乘因式的根，再计算方程两边的值，方程右边就是所求的 K，左边就是其值，例如

$$F(s)=\frac{96\times(s+5)(s+12)}{s(s+8)(s+6)}\equiv\frac{K_1}{s}+\frac{K_2}{s+8}+\frac{K_3}{s+6}\tag{12.45}$$

为求得 K_1 的值，两边同时乘以 s，然后计算 $s=0$ 时方程两边的值

$$\left.\frac{96\times(s+5)(s+12)}{(s+8)(s+6)}\right|_{s=0}\equiv K_1+\left.\frac{K_2 s}{s+8}\right|_{s=0}+\left.\frac{K_3 s}{s+6}\right|_{s=0}$$

或

$$\frac{96\times(5)\times(12)}{8\times(6)}\equiv K_1=120\tag{12.46}$$

为求得 K_2 的值，两边同乘以 $s+8$，然后计算 $s=-8$ 时两边的值

$$\left.\frac{96\times(s+5)(s+12)}{s(s+6)}\right|_{s=-8}\equiv\left.\frac{K_1(s+8)}{s}\right|_{s=-8}+K_2+\left.\frac{K_3(s+8)}{(s+6)}\right|_{s=-8}$$

或者

$$\frac{96\times(-3)\times(4)}{(-8)\times(-2)}=K_2=-72\tag{12.47}$$

则 K_3 为

$$\left.\frac{96\times(s+5)(s+12)}{s(s+8)}\right|_{s=-6}=K_3=48\tag{12.48}$$

由方程(12.45)和所得的 K 值

$$\frac{96\times(s+5)(s+12)}{s(s+8)(s+6)}\equiv\frac{120}{s}+\frac{48}{s+6}-\frac{72}{s+8}\tag{12.49}$$

此时再验算计算结果，以免出错。前面已经提到，部分分式展开建立了一个恒等式，因此方程(12.49)在 s 取任何值时都应相等，验算值的选择完全是任意的，故选择容易算的值，例如在方程(12.49)中，选 $s=-5$ 和 $s=-12$ 进行验算，因两边都是 0，选 -5 得

$$\frac{120}{-5}+\frac{48}{1}-\frac{72}{3}=-24+48-24=0$$

选 -12 得

$$\frac{120}{-12}+\frac{48}{-6}-\frac{72}{-4}=-10-8+18=0$$

可以保证这些 K 值都是正确的。下面继续求逆变换

$$\mathscr{L}^{-1}\left\{\frac{96\times(s+5)(s+12)}{s(s+8)(s+6)}\right\}=(120+48\mathrm{e}^{-6t}-72\mathrm{e}^{-8t})u(t) \tag{12.50}$$

评测目标 2　能够用部分分式法和拉氏变换表计算拉氏逆变换。

12.3　若 $F(s)=\dfrac{6s^2+26s+26}{(s+1)(s+2)(s+3)}$，求 $f(t)$。

答： $f(t)=(3\mathrm{e}^{-t}+2\mathrm{e}^{-2t}+\mathrm{e}^{-3t})u(t)$。

12.4　若 $F(s)=\dfrac{7s^2+63s+134}{(s+3)(s+4)(s+5)}$，求 $f(t)$。

答： $f(t)=(4\mathrm{e}^{-3t}+6\mathrm{e}^{-4t}-3\mathrm{e}^{-5t})u(t)$。

提示： 也可以求本章习题 12.40(a)和(b)。

12.7.3　部分分式展开式：*D*(*s*)具有不等的复根

$D(s)$具有单复根时，展开式系数的求法和单实根的求法相同，唯一差别是前者包含复数的代数运算。下面通过分式展开式加以说明。

$$F(s)=\frac{100\times(s+3)}{(s+6)(s^2+6s+25)} \tag{12.51}$$

注意到 $F(s)$是有理真分式，下面求二次项 $s^2+6s+25$ 的根

$$s^2+6s+25=(s+3-\mathrm{j}4)(s+3+\mathrm{j}4) \tag{12.52}$$

对分母因式分解后

$$\frac{100\times(s+3)}{(s+6)(s^2+6s+25)}\equiv\frac{K_1}{s+6}+\frac{K_2}{s+3-\mathrm{j}4}+\frac{K_3}{s+3+\mathrm{j}4} \tag{12.53}$$

用同样的方法求 K_1，K_2，K_3：

$$K_1=\left.\frac{100\times(s+3)}{s^2+6s+25}\right|_{s=-6}=\frac{100\times(-3)}{25}=-12 \tag{12.54}$$

$$\begin{aligned}K_2&=\left.\frac{100\times(s+3)}{(s+6)(s+3+\mathrm{j}4)}\right|_{s=-3+\mathrm{j}4}=\frac{100\times(\mathrm{j}4)}{(3+\mathrm{j}4)(\mathrm{j}8)}\\&=6-\mathrm{j}8=10\mathrm{e}^{-\mathrm{j}53.13^\circ}\end{aligned} \tag{12.55}$$

$$\begin{aligned}K_3&=\left.\frac{100\times(s+3)}{(s+6)(s+3-\mathrm{j}4)}\right|_{s=-3-\mathrm{j}4}=\frac{100\times(-\mathrm{j}4)}{(3-\mathrm{j}4)(-\mathrm{j}8)}\\&=6+\mathrm{j}8=10\mathrm{e}^{\mathrm{j}53.13^\circ}\end{aligned} \tag{12.56}$$

得

$$\frac{100\times(s+3)}{(s+6)(s^2+6s+25)}=\frac{-12}{s+6}+\frac{10\ \angle-53.13^\circ}{s+3-\mathrm{j}4}+\frac{10\ \angle53.13^\circ}{s+3+\mathrm{j}4} \tag{12.57}$$

需要说明的是，第一，在物理可实现的电路中，复根总是以共轭复数对出现的；第二，与共轭复数对相对应的系数也是共轭复数，例如，K_3[参见式(12.56)]就是 K_2[参见式(12.55)]的共轭复数，因此，对于共轭复根，实际上只需要计算一半参数。

在对方程(12.57)进行逆变换之前，要验算部分分式展开式，选 −3 时验算比较方便，因为此时左边为零

$$F(s)=\frac{-12}{3}+\frac{10\ \angle -53.13^\circ}{-\mathrm{j}4}+\frac{10\ \angle 53.13^\circ}{\mathrm{j}4}$$
$$=-4+2.5\ \angle 36.87^\circ+2.5\ \angle -36.87^\circ$$
$$=-4+2.0+\mathrm{j}1.5+2.0-\mathrm{j}1.5=0$$

现在进行逆变换

$$\mathcal{L}^{-1}\left\{\frac{100\times(s+3)}{(s+6)(s^2+6s+25)}\right\}=(-12\mathrm{e}^{-6t}+10\mathrm{e}^{-\mathrm{j}53.13^\circ}\mathrm{e}^{-(3-\mathrm{j}4)t}+10\mathrm{e}^{\mathrm{j}53.13^\circ}\mathrm{e}^{-(3+\mathrm{j}4)t})u(t) \tag{12.58}$$

一般来说，使函数在时域中包含虚部是不现实的，而恰好含有虚部的项总是成对出现的，因此可以将出现的虚数相加并消掉

$$\begin{aligned}10\mathrm{e}^{-\mathrm{j}53.13^\circ}\mathrm{e}^{-(3-\mathrm{j}4)t}&+10\mathrm{e}^{\mathrm{j}53.13^\circ}\mathrm{e}^{-(3+\mathrm{j}4)t}\\&=10\mathrm{e}^{-3t}\left(\mathrm{e}^{\mathrm{j}(4t-53.13^\circ)}+\mathrm{e}^{-\mathrm{j}(4t-53.13^\circ)}\right)\\&=20\mathrm{e}^{-3t}\cos(4t-53.13^\circ)\end{aligned} \tag{12.59}$$

再简化方程(12.58)

$$\mathcal{L}^{-1}\left\{\frac{100\times(s+3)}{(s+6)(s^2+6s+25)}\right\}=[-12\mathrm{e}^{-6t}+20\mathrm{e}^{-3t}\cos(4t-53.13^\circ)]u(t) \tag{12.60}$$

因为在集总参数线性电路分析中，经常出现不等复根，所以需要用一个新的变换来简化计算结果，当 $D(s)$ 含有不等复根时[即 $(s+\alpha-\mathrm{j}\beta)$，$(s+\alpha+\mathrm{j}\beta)$]，展开式中就会含有

$$\frac{K}{s+\alpha-\mathrm{j}\beta}+\frac{K^*}{s+\alpha+\mathrm{j}\beta} \tag{12.61}$$

其中系数一般为复数，极数形式为

$$K=|K|\mathrm{e}^{\mathrm{j}\theta}=|K|\ \angle \theta^\circ \tag{12.62}$$

于是

$$K^*=|K|\mathrm{e}^{-\mathrm{j}\theta}=|K|\ \angle -\theta^\circ \tag{12.63}$$

方程(12.61)的逆变换总具有如下这种形式：

$$\mathcal{L}^{-1}\left\{\frac{K}{s+\alpha-\mathrm{j}\beta}+\frac{K^*}{s+\alpha+\mathrm{j}\beta}\right\}=2|K|\mathrm{e}^{-\alpha t}\cos(\beta t+\theta) \tag{12.64}$$

在应用方程(12.64)时，一定要注意，系数 K 与分母项 $s+\alpha-\mathrm{j}\beta$ 对应，K^* 与分母项 $s+\alpha+\mathrm{j}\beta$ 对应。

评测目标 2　能够用部分分式法和拉氏变换表计算拉氏逆变换。

12.5　若 $F(s)=\dfrac{10\times(s^2+119)}{(s+5)(s^2+10s+169)}$，求 $f(t)$。

答： $f(t)=(10\mathrm{e}^{-5t}-8.33\mathrm{e}^{-5t}\sin 12t)u(t)$。

提示： 也可以求本章习题 12.41(c)和(d)。

12.7.4　部分分式展开式：$D(s)$ 具有实重根

为求得与 r 阶重根相对应项的系数，将方程两边同乘以重根多项式的 r 次方，再令 K 等于重根，计算方程两边的值，求得一个系数。为求得剩下的 $r-1$ 个系数，对方程两边求导 $r-1$

次，在每次微分后，计算在重根处方程两边的值，右边是要求的 K，而左边就是它的值，例如

$$\frac{100\times(s+25)}{s(s+5)^3}=\frac{K_1}{s}+\frac{K_2}{(s+5)^3}+\frac{K_3}{(s+5)^2}+\frac{K_4}{s+5} \tag{12.65}$$

K_1 已经讲过，即

$$K_1=\left.\frac{100\times(s+25)}{(s+5)^3}\right|_{s=0}=\frac{100\times(25)}{125}=20 \tag{12.66}$$

为求得 K_2，两边先乘以 $(s+5)^3$，然后在 $s=-5$ 处计算两边的值

$$\begin{aligned}\left.\frac{100\times(s+25)}{s}\right|_{s=-5}=&\left.\frac{K_1(s+5)^3}{s}\right|_{s=-5}+K_2+K_3(s+5)|_{s=-5}\\&+K_4(s+5)^2\Big|_{s=-5}\end{aligned} \tag{12.67}$$

$$\frac{100\times(20)}{(-5)}=K_1\times 0+K_2+K_3\times 0+K_4\times 0=K_2=-400 \tag{12.68}$$

为求得 K_3，式(12.65)两边先乘以 $(s+5)^3$，然后两边同时对 s 取一次微分，再计算 $s=-5$ 时的值

$$\begin{aligned}\frac{\mathrm{d}}{\mathrm{d}s}\left[\frac{100(s+25)}{s}\right]_{s=-5}=&\frac{\mathrm{d}}{\mathrm{d}s}\left[\frac{K_1(s+5)^3}{s}\right]_{s=-5}\\&+\frac{\mathrm{d}}{\mathrm{d}s}[K_2]_{s=-5}\\&+\frac{\mathrm{d}}{\mathrm{d}s}[K_3(s+5)]_{s=-5}\\&+\frac{\mathrm{d}}{\mathrm{d}s}[K_4(s+5)^2]_{s=-5}\end{aligned} \tag{12.69}$$

$$100\times\left[\frac{s-(s+25)}{s^2}\right]_{s=-5}=K_3=-100 \tag{12.70}$$

为求 K_4，式(12.65)两边同乘以 $(s+5)^3$，然后两边同时对 s 取二次微分，再计算 $s=-5$ 时的值。第一次微分化简后，再进行一次微分得

$$\begin{aligned}100\frac{\mathrm{d}}{\mathrm{d}s}\left[-\frac{25}{s^2}\right]_{s=-5}=&K_1\frac{\mathrm{d}}{\mathrm{d}s}\left[\frac{(s+5)^2(2s-5)}{s^2}\right]_{s=-5}\\&+0+\frac{\mathrm{d}}{\mathrm{d}s}[K_3]_{s=-5}+\frac{\mathrm{d}}{\mathrm{d}s}[2K_4(s+5)]_{s=-5}\end{aligned}$$

或

$$-40=2K_4 \tag{12.71}$$

解方程(12.71)得

$$K_4=-20 \tag{12.72}$$

于是

$$\frac{100\times(s+25)}{s(s+5)^3}=\frac{20}{s}-\frac{400}{(s+5)^3}-\frac{100}{(s+5)^2}-\frac{20}{s+5} \tag{12.73}$$

现在将 $s=-25$ 代入方程(12.73)，验证展开式(12.73)。经计算证明展开式是正确的，方程的逆变换为

$$\mathscr{L}^{-1}\left\{\frac{100\times(s+25)}{s(s+5)^3}\right\}=[20-200t^2e^{-5t}-100te^{-5t}-20e^{-5t}]u(t) \tag{12.74}$$

评测目标 2　能够用部分分式法和拉氏变换表计算拉氏逆变换。

12.6　若 $F(s)=\dfrac{(4s^2+7s+1)}{s(s+1)^2}$，求 $f(t)$。

答：$f(t)=(1+2te^{-t}+3e^{-t})u(t)$。

提示：也可以求本章习题 12.41(a)和(b)。

12.7.5　部分分式展开式：D(s)具有多重复数根

具有多重复根的处理方法与具有重实根的处理方法相同，只是运算中含有复数。考虑到复数根总是以共轭形式出现的，并且对应的系数也为共轭复数对，因此只需计算一半的 K，例如

$$F(s)=\frac{768}{(s^2+6s+25)^2} \tag{12.75}$$

对分母多项式进行因式分解后，得到

$$\begin{aligned}F(s)&=\frac{768}{(s+3-j4)^2(s+3+j4)^2}\\&=\frac{K_1}{(s+3-j4)^2}+\frac{K_2}{s+3-j4}+\frac{K_1^*}{(s+3+j4)^2}+\frac{K_2^*}{s+3+j4}\end{aligned} \tag{12.76}$$

这里只需要计算 K_1 和 K_2，因为 K_1^* 和 K_2^* 是它们的共轭复数，K_1 值为

$$\begin{aligned}K_1&=\left.\frac{768}{(s+3+j4)^2}\right|_{s=-3+j4}\\&=\frac{768}{(j8)^2}=-12\end{aligned} \tag{12.77}$$

K_2 值为

$$\begin{aligned}K_2&=\frac{d}{ds}\left[\frac{768}{(s+3+j4)^2}\right]_{s=-3+j4}\\&=-\left.\frac{2\times(768)}{(s+3+j4)^3}\right|_{s=-3+j4}\\&=-\frac{2\times(768)}{(j8)^3}\\&=-j3=3\ \angle -90^\circ\end{aligned} \tag{12.78}$$

由方程(12.77)和方程(12.78)得

$$K_1^*=-12 \tag{12.79}$$

$$K_2^*=j3=3\ \angle 90^\circ \tag{12.80}$$

现在根据共轭项将展开式分组得到

$$F(s)=\left[\frac{-12}{(s+3-j4)^2}+\frac{-12}{(s+3+j4)^2}\right]+\left(\frac{3\ \angle -90^\circ}{s+3-j4}+\frac{3\ \angle 90^\circ}{s+3+j4}\right) \tag{12.81}$$

求得 $F(s)$ 的逆变换为

$$f(t)=[-24te^{-3t}\cos 4t+6e^{-3t}\cos(4t-90^\circ)]u(t) \tag{12.82}$$

如果 $F(s)$ 分母多项式中有 r 阶重实根 a，则展开式中项的形式为

$$\frac{K}{(s+a)^r}$$

该项的逆变换为

$$\mathcal{L}^{-1}\left\{\frac{K}{(s+a)^r}\right\}=\frac{Kt^{r-1}\mathrm{e}^{-at}}{(r-1)!}u(t) \tag{12.83}$$

若 $F(s)$ 分母中含有 r 重复根，则展开式中的项是共轭对

$$\frac{K}{(s+\alpha-\mathrm{j}\beta)^r}+\frac{K^*}{(s+\alpha+\mathrm{j}\beta)^r}$$

其逆变换为

$$\mathcal{L}^{-1}\left\{\frac{K}{(s+\alpha-\mathrm{j}\beta)^r}+\frac{K^*}{(s+\alpha+\mathrm{j}\beta)^r}\right\}=\left[\frac{2|K|t^{r-1}}{(r-1)!}\mathrm{e}^{-\alpha t}\cos(\beta t+\theta)\right]u(t) \tag{12.84}$$

对任何部分分式求逆变换时，方程(12.83)和方程(12.84)都是关键。关于这两个方程，还要说明的是：在大多数电路分析中，r 很少会大于2，因此用表12.3所示的4个变换对就可以求出分式的逆变换。

表 12.3 4 个有用的变换

序号	根的形式	$F(s)$	$f(t)$
1	单实根	$\frac{K}{s+a}$	$K\mathrm{e}^{-at}u(t)$
2	重实根	$\frac{K}{(s+a)^2}$	$Kt\mathrm{e}^{-at}u(t)$
3	单复根	$\frac{K}{s+\alpha-\mathrm{j}\beta}+\frac{K^*}{s+\alpha+\mathrm{j}\beta}$	$2\|K\|\mathrm{e}^{-\alpha t}\cos(\beta t+\theta)u(t)$
4	重复根	$\frac{K}{(s+\alpha-\mathrm{j}\beta)^2}+\frac{K^*}{(s+\alpha+\mathrm{j}\beta)^2}$	$2t\|K\|\mathrm{e}^{-\alpha t}\cos(\beta t+\theta)u(t)$

注：在1和2变换对中，K 是实数，而3和4中，$|K|\underline{/\theta}$ 是复数。

评测目标 2 能够用部分分式法和拉氏变换表计算拉氏逆变换。

12.7 若 $F(s)=\dfrac{40}{(s^2+4s+5)^2}$，求 $f(t)$。

答：$f(t)=(-20t\mathrm{e}^{-2t}\cos t+20\mathrm{e}^{-2t}\sin t)u(t)$。

提示：也可以求本章习题12.43(b)。

12.7.6 部分分式展开：假分式

在本节开始时曾叙述过，求逆变换时假分式不会对求解有多大影响。假分式总可以展开为一个多项式与有理真分式之和，多项式可以逆变换为冲激函数和冲激函数的导数，而真分式的逆变换可以用本章前面讨论过的方法求解，下面说明求解过程，对函数

$$F(s)=\frac{s^4+13s^3+66s^2+200s+300}{s^2+9s+20} \tag{12.85}$$

用分子除以分母得到多项式与真分式之和

$$F(s)=s^2+4s+10+\frac{30s+100}{s^2+9s+20} \tag{12.86}$$

然后将真分式$(30s+100)/(s^2+9s+20)$展开为部分分式的和

$$\frac{30s+100}{s^2+9s+20}=\frac{30s+100}{(s+4)(s+5)}=\frac{-20}{s+4}+\frac{50}{s+5} \tag{12.87}$$

将方程(12.87)代入方程(12.86)得

$$F(s)=s^2+4s+10-\frac{20}{s+4}+\frac{50}{s+5} \tag{12.88}$$

现在求方程(12.88)的逆变换得

$$f(t)=\frac{d^2\delta(t)}{dt^2}+4\frac{d\delta(t)}{dt}+10\delta(t)-(20e^{-4t}-50e^{-5t})u(t) \tag{12.89}$$

评测目标 2　能够用部分分式法和拉氏变换表计算拉氏逆变换。

12.8　若 $F(s)=\dfrac{(5s^2+29s+32)}{(s+2)(s+4)}$，求$f(t)$。

答：$f(t)=5\delta(t)-(3e^{-2t}-2e^{-4t})u(t)$。

12.9　若 $F(s)=\dfrac{(2s^3+8s^2+2s-4)}{(s^2+5s+4)}$，求$f(t)$。

答：$f(t)=2\dfrac{d\delta(t)}{dt}-2\delta(t)+4e^{-4t}u(t)$。

提示：也可以求本章习题 12.43(c)。

12.8　$F(s)$的零极点

方程(12.42)也可以表示为两个多项式因式分解的比，也就是说可以写为

$$F(s)=\frac{K(s+z_1)(s+z_2)\cdots(s+z_n)}{(s+p_1)(s+p_2)\cdots(s+p_m)} \tag{12.90}$$

式中 K 是常数 a_n/b_m，例如，可将函数

$$F(s)=\frac{8s^2+120s+400}{2s^4+20s^3+70s^2+100s+48}$$

写成

$$\begin{aligned}F(s)&=\frac{8(s^2+15s+50)}{2\times(s^4+10s^3+35s^2+50s+24)}\\&=\frac{4\times(s+5)(s+10)}{(s+1)(s+2)(s+3)(s+4)}\end{aligned} \tag{12.91}$$

分母多项式的根，即 $-p_1$，$-p_2$，$-p_3$，…，$-p_m$ 称为 $F(s)$的极点，当 s 为这些值时，函数 $F(s)$趋于无穷大，方程(12.91)所描述的函数 $F(s)$的极点为 -1，-2，-3，-4。

分子多项式的根，即 $-z_1$，$-z_2$，$-z_3$，…，$-z_n$ 称为 $F(s)$的零点，它们使 $F(s)$值为零，方程(12.91)所示函数的零点为 -5，-10。

经过下述内容的讨论读者会发现，可以将 $F(s)$的零、极点看成是 s 平面上的点，因为多项式的根可能是复数，因此要用到复平面，在复平面中，用横轴表示 s 实部的值，纵轴表示 s 虚部的值。

下面举例说明 $F(s)$零极点的画法，若函数为

$$F(s)=\frac{10\times(s+5)(s+3-j4)(s+3+j4)}{s(s+10)(s+6-j8)(s+6+j8)} \tag{12.92}$$

其极点为 0，-10，-6+j8，-6-j8，零点为 -5，-3+j4，-3-j4，图 12.17 中画出了函数在 s 平面上的零点和极点图，图中 × 代表极点，○代表零点。

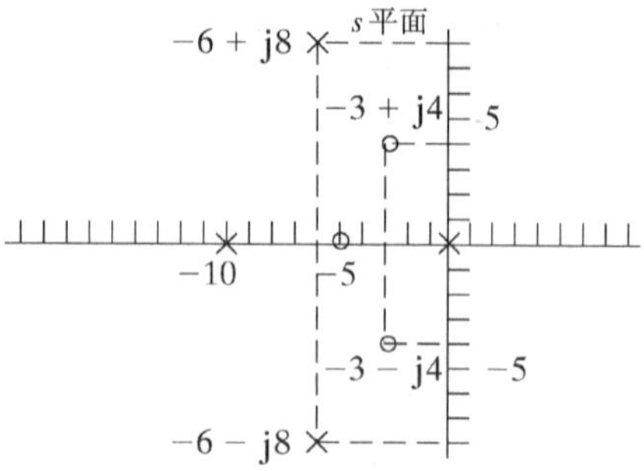

图 12.17 在 s 平面上画的零极点图

方程(12.90)的零点和极点已在有限的 s 平面上画出了，$F(s)$ 在 s 平面上的无穷远处也可以有 r 阶零点和 r 阶极点。例如方程(12.91)在 s 平面的无穷远处有一个二阶零点，因为当 s 很大时，方程近似为 $4/s^2$，且当 $s=\infty$ 时，$F(s)=0$。此外，这里主要研究有限 s 平面上的零极点位置，因此，以后所说的零极点均指有限 s 平面内的零极点。

12.9 初值定理和终值定理

初值定理和终值定理非常有用，它能根据 $F(s)$ 确定，当 $t=0$ 和 $t=\infty$ 时 $f(t)$ 的值，因此，在求 $F(s)$ 的逆变换之前，可利用初值定理和终值定理来验证拉氏变换是否与电路的已知特性一致。

初值定理为

$$\lim_{t\to 0^+} f(t) = \lim_{s\to\infty} sF(s) \tag{12.93}$$

终值定理为

$$\lim_{t\to\infty} f(t) = \lim_{s\to 0} sF(s) \tag{12.94}$$

若 $f(t)$ 在原点处无冲激函数，即只有 $F(s)$ 的极点置于 s 平面的左半面(原点处的一阶极点除外)时，终值定理才成立。

下面证明方程(12.93)，首先，一阶导数的算子变换为

$$\mathscr{L}\left\{\frac{\mathrm{d}f}{\mathrm{d}t}\right\} = sF(s) - f(0^-) = \int_{0^-}^{\infty} \frac{\mathrm{d}f}{\mathrm{d}t}\mathrm{e}^{-st}\mathrm{d}t \tag{12.95}$$

取 $s\to\infty$ 时的极限

$$\lim_{s\to\infty}[sF(s) - f(0^-)] = \lim_{s\to\infty}\int_{0^-}^{\infty} \frac{\mathrm{d}f}{\mathrm{d}t}\mathrm{e}^{-st}\mathrm{d}t \tag{12.96}$$

方程(12.96)的右边可表示为

$$\lim_{s\to\infty}\left(\int_{0^-}^{0^+} \frac{\mathrm{d}f}{\mathrm{d}t}\mathrm{e}^{0}\mathrm{d}t + \int_{0^+}^{\infty} \frac{\mathrm{d}f}{\mathrm{d}t}\mathrm{e}^{-st}\mathrm{d}t\right)$$

当 $s\to\infty$ 时，$(\mathrm{d}f/\mathrm{d}t)\mathrm{e}^{-st}\to 0$，因此第二个积分式的极限消失，第一个积分式变为 $f(0^+)-f(0^-)$ 且与 s 无关，因此方程(12.96)的右边变为

$$\lim_{s\to\infty}\int_{0^-}^{\infty} \frac{\mathrm{d}f}{\mathrm{d}t}\mathrm{e}^{-st}\mathrm{d}t = f(0^+) - f(0^-) \tag{12.97}$$

因 $f(0^-)$ 与 s 无关，故方程(12.96)的左边可以写成

$$\lim_{s\to\infty}[sF(s) - f(0^-)] = \lim_{s\to\infty}[sF(s)] - f(0^-) \tag{12.98}$$

根据方程(12.97)和方程(12.98)得

$$\lim_{s\to\infty} sF(s) = f(0^+) = \lim_{t\to 0^+} f(t)$$

于是就完成了初值定理的证明。

终值定理的证明也是先从方程(12.95)开始，只是取 $s \to 0$ 时的极限

$$\lim_{s\to 0}[sF(s) - f(0^-)] = \lim_{s\to 0}\left(\int_{0^-}^{\infty}\frac{\mathrm{d}f}{\mathrm{d}t}\mathrm{e}^{-st}\mathrm{d}t\right) \tag{12.99}$$

对 t 积分，对 s 求极限，方程(12.99)的右边就化为

$$\lim_{s\to 0}\left(\int_{0^-}^{\infty}\frac{\mathrm{d}f}{\mathrm{d}t}\mathrm{e}^{-st}\mathrm{d}t\right) = \int_{0^-}^{\infty}\frac{\mathrm{d}f}{\mathrm{d}t}\mathrm{d}t \tag{12.100}$$

因式中的积分上限为无穷大，该积分也可以写成极限形式

$$\int_{0^-}^{\infty}\frac{\mathrm{d}f}{\mathrm{d}t}\mathrm{d}t = \lim_{t\to\infty}\int_{0^-}^{t}\frac{\mathrm{d}f}{\mathrm{d}y}\mathrm{d}y \tag{12.101}$$

式中用 y 做积分符号以避免与积分上限混淆，做积分运算得

$$\lim_{t\to\infty}[f(t) - f(0^-)] = \lim_{t\to\infty}[f(t)] - f(0^-) \tag{12.102}$$

将方程(12.102)代入方程(12.99)得

$$\lim_{s\to 0}[sF(s)] - f(0^-) = \lim_{t\to\infty}[f(t)] - f(0^-) \tag{12.103}$$

因为 $f(0^-)$ 消掉了，故方程(12.103)就化简为终值定理，即

$$\lim_{s\to 0} sF(s) = \lim_{t\to\infty} f(t)$$

若 $f(\infty)$ 存在，则终值定理将非常有用。只有当 $F(s)$ 的所有极点(原点处的单极点除外)都位于 s 平面的左半面时，该定理才成立。

12.9.1　初值定理和终值定理的应用

为了说明初值定理和终值定理的应用，现将其应用到部分分式展开式中。对方程(12.60)所示的变换对，根据初值定理得

$$\lim_{s\to\infty} sF(s) = \lim_{s\to\infty}\frac{100s^2[1+(3/s)]}{s^3[1+(6/s)][1+(6/s)+(25/s^2)]} = 0$$

$$\lim_{t\to 0^+} f(t) = [-12 + 20\cos(-53.13^\circ)] \times (1) = -12 + 12 = 0$$

由终值定理得

$$\lim_{s\to 0} sF(s) = \lim_{s\to 0}\frac{100s(s+3)}{(s+6)(s^2+6s+25)} = 0$$

$$\lim_{t\to\infty} f(t) = \lim_{t\to\infty}[-12\mathrm{e}^{-6t} + 20\mathrm{e}^{-3t}\cos(4t - 53.13^\circ)]u(t) = 0$$

前边已经知道了该式的时域表达式，应用初值定理和终值定理是为了证明其正确性，其实际意义是在求逆变换之前能验证 s 域表达式的正确性。例如式(12.40)给出的表达式 $V(s)$，虽然在电路参数确定之前，无法计算出 $v(t)$，但可以应用定理，通过 $V(s)$ 验证 $v(0^+)$ 和 $v(\infty)$ 是否正确。根据题意求得 $V(s)$，进而求得 $v(0^+)=0$。在直流电源作用下，理想电感相当于短路，因此，$v(\infty)$ 必为零。因为 R，L，C 是正的常数，所以 $V(s)$ 的极点必然位于 s 平面的左半面，这样 $sV(s)$ 的极点也位于 s 平面的左半面。

根据初值定理得

$$\lim_{s\to\infty} sV(s) = \lim_{s\to\infty}\frac{s(I_{\mathrm{dc}}/C)}{s^2[1+1/(RCs)+1/(LCs^2)]} = 0$$

根据终值定理得

$$\lim_{s\to 0} sV(s) = \lim_{s\to 0} \frac{s(I_{dc}/C)}{s^2 + (s/RC) + (1/LC)} = 0$$

这样就由所得的 $V(s)$ 表达式正确地求出了 $v(t)$ 的初值和终值。

评测目标 3　理解并知道如何使用初值定理和终值定理。

12.10　对评测目标练习 12.4，练习 12.6 和练习 12.7，应用初值定理和终值定理求出 $f(t)$ 的初值和终值。

答：7，0；4，1；0，0。

提示：也可以求本章习题 12.50。

实例应用

暂态效应(二)

现在讲本章开头介绍的实例应用电路再次以图 12.18 展示如下，其中电源为正弦电源，开关已经闭合。用拉氏变换法确定电感电流 $i_L(t)$ 的完全响应，首先按照顺时针方向列出电路的电压降，结果如下：

$$15i_L(t) + 0.01\frac{di_L(t)}{dt} + \frac{1}{100\times 10^{-6}}\int_0^t i_L(x)dx = \cos 120\pi t \quad (12.104)$$

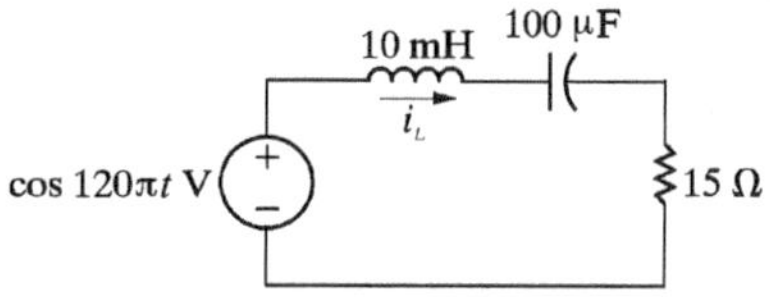

图 12.18　RLC 串联电路，正弦电源的频率为60 Hz

现在利用表 12.1 和表 12.2 对方程(12.104)进行拉氏变换得

$$15I_L(s) + 0.01sI_L(s) + 10^4\frac{I_L(s)}{s} = \frac{s}{s^2 + (120\pi)^2} \quad (12.105)$$

化简方程(12.105)，求出 $I_L(s)$

$$I_L(s) = \frac{100s^2}{[s^2 + 1500s + 10^6][s^2 + (120\pi^2)]} \quad (12.106)$$

注意到表达式 $I_L(s)$ 含有两个复共轭极点，因此其部分分式展开式中有 4 项，即

$$I_L(s) = \frac{K_1}{(s + 750 - j661.44)} + \frac{K_1^*}{(s + 750 + j661.44)} + \frac{K_2}{(s - j120\pi)} + \frac{K_2^*}{(s + j120\pi)} \quad (12.107)$$

确定 K_1，K_2的值

$$K_1 = \left.\frac{100s^2}{[s + 750s + j661.44][s^2 + (120\pi)^2]}\right|_{s=-750+j661.44} = 0.07357\angle -97.89^\circ$$

$$K_2 = \left.\frac{100s^2}{[s^2 + 1500s + 10^6][s + j120\pi]}\right|_{s=j120\pi} = 0.018345\angle 56.61^\circ \quad (12.108)$$

最后，利用表 12.3 计算式(12.107)的逆变换，求出 $i_L(t)$

$$i_L(t) = 147.14e^{-750t}\cos(661.44t - 97.89^\circ) + 36.69\cos(120\pi t + 56.61^\circ)\text{ mA} \quad (12.109)$$

暂态响应经过 7 ms 后衰减为零，稳态部分的频率为 60 Hz，只要电源连接到电路中，则该响应会一直存在。注意到稳态响应的幅度为 36.69 mA，小于电感元件的额定值 40 mA，但是暂态响应的初始值为 147.14 mA，远大于电感的额定值。在 $t=0$ 时，计算得电感的电流为

$$i_L(0) = 147.14(1)\cos(-97.89^\circ) + 36.69\cos(56.61^\circ) = -6.21\,\mu\text{A}$$

很显然，暂态分量并没有使电感的初始电流超过额定值，电流是否有超过额定值的情况发生需要画出完全响应的波形曲线，如图 12.19 所示，波形曲线表明，在 1 ms 时刻，电流值较大，需要验证

$$i_L(0.001) = 147.14e^{-0.75}\cos(-59.99^\circ) + 36.69\cos(78.21^\circ) = 42.4\text{ mA}$$

因此，电流至少是暂时地超过了额定值，如果要求绝对不能超过额定值，则必须减小电源的幅度。该例表明，对于正弦输入电源，尽管稳态响应能够满足要求，但是考虑完全响应是很重要的。

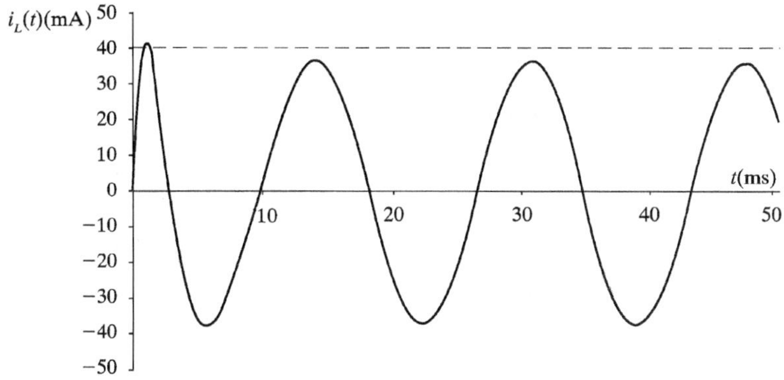

图 12.19　图 12.18 所示电路电感电流的波形曲线

提示：若想考察对实例应用理解的程度，可以试求本章习题 12.55 和习题 12.56。

小结

- 拉氏变换是时域到频域的变换工具，其定义如下：

$$\mathscr{L}\{f(t)\} = \int_0^{\infty} f(t)e^{-st}dt = F(s)$$

其中 $f(t)$ 是时域表达式，$F(s)$ 是频域表达式。

- 阶跃函数 $Ku(t)$ 表示一个函数在时域变量经过间断点时，函数值从一个值跳变到另一个值。K 是跳变的幅度，若 $K=1$，则 $Ku(t)$ 就是单位阶跃函数。
- 冲激函数 $K\delta(t)$ 的定义是

$$\int_{-\infty}^{\infty} K\delta(t)dt = K$$

$$\delta(t) = 0, \quad t \neq 0$$

K 为冲激强度；若 $K=1$，则 $K\delta(t)$ 就是单位冲激函数。

- 函数变换是一些典型函数的拉氏变换，表 12.1 列出了重要的变换对。
- 算子变换定义了拉氏变换的普通数学特性，表 12.2 列出了重要的算子变换对。
- 在线性集总电路中，$F(s)$ 是 s 的分式。
- 若 $F(s)$ 是有理真分式，则逆变换可以通过部分分式法求得。
- 若 $F(s)$ 是假分式，则可先将其化为多项式与有理真分式之和，进而再求得逆变换。
- $F(s)$ 可以表示成两个因式相乘形式多项式的比，分母的根为极点，在 s 平面上用 × 表示，分子的根为零点，在 s 平面上用○表示。
- 初值定理表示为

$$\lim_{t\to 0^+} f(t) = \lim_{s\to\infty} sF(s)$$

在这些定理中假设 $f(t)$ 不包含冲激函数。

- 终值定理表示为

$$\lim_{t\to\infty} f(t) = \lim_{s\to 0^+} sF(s)$$

当 $F(s)$ 的所有极点（除原点处的一阶极点外）位于 s 平面的左半面时，该定理成立。

- 初值和终值定理可由 s 域表达式求出 $f(t)$ 的初值和终值。

习题

12.1 阶跃函数可用来定义窗函数，例如 $u(t+2)-u(t-3)$ 就定义了一个高为1，宽为5，时轴上 -2 和3 之间的一个窗函数。函数 $f(t)$ 定义如下式所示：

$$\begin{aligned} f(t) &= 0, & t \leqslant 0 \\ &= 5t, & 0 \leqslant t \leqslant 10\,\text{s} \\ &= -5t + 100, & 10\,\text{s} \leqslant t \leqslant 30\,\text{s} \\ &= -50, & 30\,\text{s} \leqslant t \leqslant 40\,\text{s}; \\ &= 2.5t - 150 & 40\,\text{s} \leqslant t \leqslant 60\,\text{s} \\ &= 0, & 60\,\text{s} \leqslant t < \infty \end{aligned}$$

(a)试画出函数 $f(t)$ 在 $0\text{ s}\leqslant t\leqslant 60\text{ s}$ 之间的波形；(b)用窗函数的概念写出 $f(t)$ 的一个表达式。

12.2 当 $f(t)$ 由下式给出时，画出函数在 $-3\text{ s}\leqslant t\leqslant 18\text{ s}$ 的波形

$$\begin{aligned} f(t) = &(-10t - 30)u(t + 3) + 10tu(t) \\ &+ (10t - 30)u(t - 3) \\ &+ (90 - 10t)u(t - 9) + (150 - 10t)u(t - 15) \\ &+ (10t - 180)u(t - 18) \end{aligned}$$

12.3 用阶跃函数表示图 P12.3 中每个函数的表达式

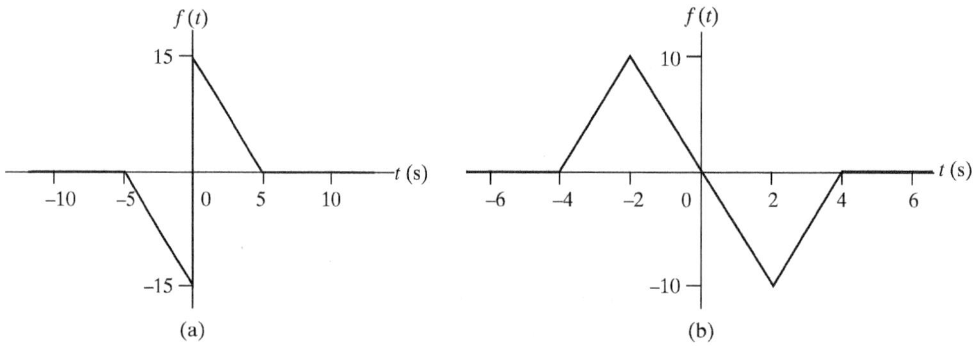

图 P12.3

12.4 用阶跃函数表示图 P12.4 中每个函数的表达式

12.5 请解释为什么当 $\epsilon\to 0$ 时下面的函数能生成一个冲激函数：

$$f(t) = \frac{\epsilon/\pi}{\epsilon^2 + t^2}, \quad -\infty \leqslant t \leqslant \infty$$

12.6 (a)求图 12.12(a)中所示函数下的面积。(b)当 $\epsilon=0$ 时，该函数的持续时间是多少？(c)当 $\epsilon=0$ 时，$f(0)$ 的幅值是多少？

12.7 图 P12.7 中的三角脉冲函数与图 12.12(b)中的矩形脉冲函数是等效的，因为当 $\epsilon\to 0$ 时，两个脉冲下的面积都等于 $1/\epsilon$，函数值都接近无穷 $1/\epsilon^2$，用这个三角脉冲表示的 $\delta'(t)$ 求 $\delta''(t)$ 的拉氏变换。

12.8 计算下列积分：

(a) $I = \int_{-1}^{3}(t^3 + 2)[\delta(t) + 8\delta(t - 1)]\,\mathrm{d}t$；(b) $I = \int_{-2}^{2}t^2[\delta(t) + \delta(t + 1.5) + \delta(t - 3)]\,\mathrm{d}t$

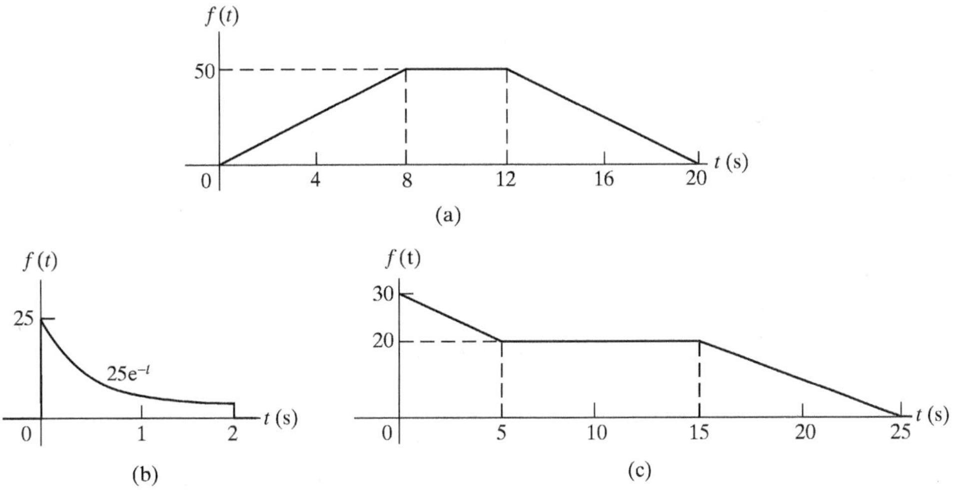

图 P12.4

12.9 在 12.3 节中，已经用脉冲函数的筛选特性证明了 $\mathcal{L}\{\delta(t)\}=1$，请证明先求出图 12.9 中位于 $\pm\epsilon$ 之间的矩形脉冲的拉氏变换，然后再取该变换在 $\epsilon\to 0$ 时的极限，其结果相同。

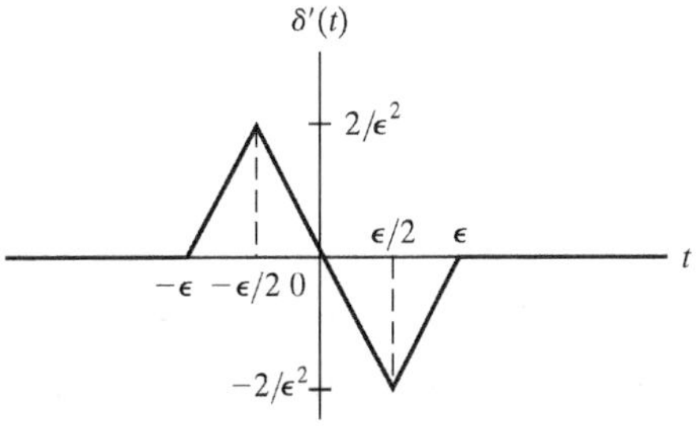

图 P12.7

12.10 若 $f(t)=\dfrac{1}{2\pi}\displaystyle\int_{-\infty}^{\infty}F(\omega)\mathrm{e}^{\mathrm{j}t\omega}\,\mathrm{d}\omega$ 且 $F(\omega)=\dfrac{4+\mathrm{j}\omega}{9+\mathrm{j}\omega}\pi\delta(\omega)$，求 $f(t)$。

12.11 证明 $\mathcal{L}\{\delta^{(n)}(t)\}=s^n$。

12.12 (a)证明 $\displaystyle\int_{-\infty}^{\infty}f(t)\delta'(t-a)\,\mathrm{d}t=-f'(a)$（提示：用分步积分法）；(b)用(a)中的公式证明 $\mathcal{L}\{\delta'(t)\}=s$。

12.13 求下列个函数的拉氏变换：(a) $f(t)=20\mathrm{e}^{-500(t-10)}u(t-10)$；(b) $f(t)=(5t+20)[u(t+4)-u(t+2)]-5t[u(t+2)-u(t-2)]+(5t-20)[u(t-2)-u(t-4)]$。

12.14 (a)求图 P12.14 中所示信号的拉氏变换。(b)求图 P12.14 中所示信号的一阶导数的拉氏变换。(c)求图 P12.14 中所示信号的二阶导数的拉氏变换。

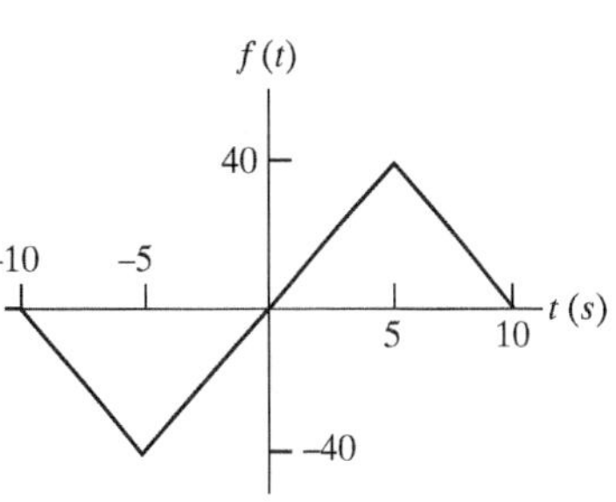

图 P12.14

12.15 证明 $\mathcal{L}\{\mathrm{e}^{-at}f(t)\}=F(s+a)$。

12.16 证明 $\mathcal{L}\{f(at)\}=\dfrac{1}{a}F\left(\dfrac{s}{a}\right)$。

12.17 (a)求 $t\mathrm{e}^{-at}$ 的拉氏变换。(b)用方程(12.23)给出的算子变换求 $\dfrac{\mathrm{d}}{\mathrm{d}t}(t\mathrm{e}^{-at})$ 的拉氏变换。(c)通过先微分，然后再计算拉氏变换的方法验证上步结果。

12.18 (a)求解 $\mathcal{L}\left\{\displaystyle\int_{0^-}^{t}\mathrm{e}^{-ax}\mathrm{d}x\right\}$；(b)通过先积分，后变换的方法验证上步结果。

12.19 (a)先进行积分，然后进行变换求 $\displaystyle\int_{0^-}^{t}x\mathrm{d}x$ 的拉氏变换。(b)用方程(12.33)给出的算子变换验证上步计算结果。

12.20 求下列函数的拉氏变换：

(a) $f(t) = te^{-at}$; (b) $f(t) = \sin \omega t$; (c) $f(t) = \sin(\omega t + \theta)$; (d) $f(t) = t$; (e) $f(t) = \cosh(t + \theta)$（提示：参见评测目标练习 12.1）。

12.21 (a)已知 $F(s) = \mathscr{L}\{f(t)\}$，证明$-\dfrac{dF(s)}{ds} = \mathscr{L}\{tf(t)\}$。(b)证明$(-1)^n\dfrac{d^nF(s)}{ds^n} = \mathscr{L}\{t^nf(t)\}$。(c)用(b)的结果求$\mathscr{L}\{t^5\}$，$\mathscr{L}\{t\sin\beta t\}$和$\mathscr{L}\{te^{-t}\cosh t\}$的拉氏变换。

12.22 (a)求$\mathscr{L}\left\{\dfrac{d}{dt}\sin\omega t\right\}$。(b)求$\mathscr{L}\left\{\dfrac{d}{dt}\cos\omega t\right\}$。(c)求$\mathscr{L}\left\{\dfrac{d^3}{dt^3}t^2u(t)\right\}$。(d)通过先微分后变换的方法验证(a)，(b)和(c)的结果。

12.23 用以下两种方法求图 12.8 中所示指数函数微分拉氏变换(当 $\epsilon \to 0$)：
(a)先微分后变换；(b)用方程(12.23)给出的算子变换。

12.24 求(a)和(b)的拉普拉斯变换。

(a)$f(t) = \dfrac{d}{dt}(e^{-at}\cos\omega t)$; (b)$f(t) = \displaystyle\int_{0^-}^{t} e^{-ax}\sin\omega x\,dx$; (c)通过先计算表达式的数学运算，然后再求拉氏变换的方法验证以上结果。

12.25 (a)证明，如果 $F(s) = \mathscr{L}\{f(t)\}$，且$\{f(t)/t\}$的拉氏变换存在，则

$$\int_s^{\infty} F(u)du = \mathscr{L}\left\{\frac{f(t)}{t}\right\}$$

（提示：用分定义式写出$\displaystyle\int_s^{\infty} F(u)du = \int_s^{\infty}\left(\int_{0^-}^{\infty} f(t)e^{-ut}dt\right)du$，然后再交换积分次序）。

(b)利用习题 12.21(c)关于$\mathscr{L}\{t\sin\beta t\}$的结论以及本题(a)中给出的算子变换求$\mathscr{L}\{\sin\beta t\}$。

12.26 在图 12.16 所示的电路中，直流电源用正弦电源替代，其电流为 $5\cos 20t$ A，电路元件值为 $R = 1.25\ \Omega$，$C = 50$ mF 和$L = 200$ mH，求 $V(s)$的数值表达式。

12.27 电路如图 P12.27 所示，当开关打开的时候电路中无储能。

(a)求电压 v_o 的微积分方程。

(b)证明$V_o(s) = \dfrac{I_{dc}/C}{s^2 + (1/RC)s + (1/LC)}$。

(c)证明$I_o(s) = \dfrac{sI_{dc}}{s^2 + (1/RC)s + (1/LC)}$。

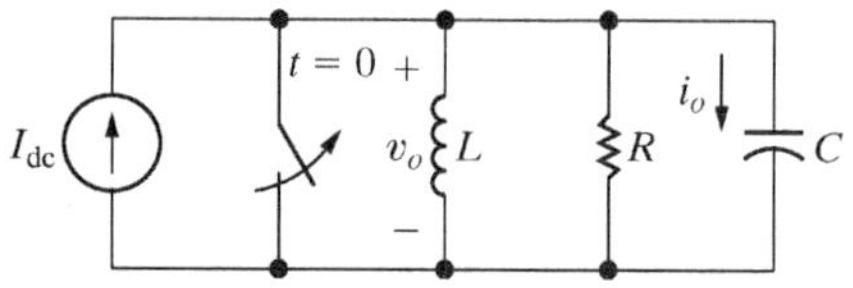

图 P12.27

12.28 图 P12.28 中的开关处在位置 a 已经很久，在 $t = 0$ 时，开关瞬间移动到 b 位置。

(a)推导关于电流 i_o 在 $t \geq 0^+$时的微积分方程。(b)证明$I_o(s) = \dfrac{I_{dc}[s + (1/RC)]}{[s^2 + (1/RC)s + (1/LC)]}$。

12.29 图 P12.29 中的开关在位置 a 已经很久，在 $t = 0$ 时，开关瞬间移动到 b 位置。

(a)推导关于电压 v_o 在 $t \geq 0^+$时的微积分方程。(b)证明$V_o(s) = \dfrac{V_{dc}[s + (R/L)]}{[s^2 + (R/L)s + (1/LC)]}$。

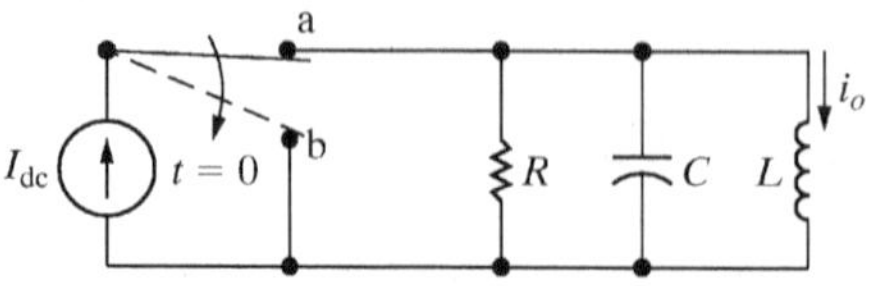

图 P12.28

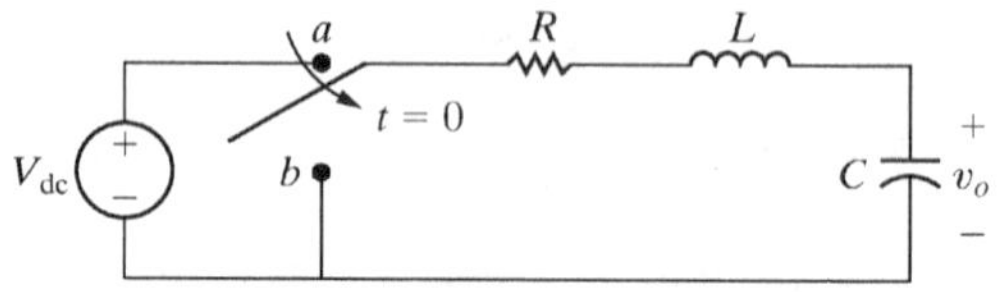

图 P12.29

12.30　图 P12.30 中的开关在已经打开很久，在 $t=0$ 时，开关闭合。

(a)推导关于电压 v_o 在 $t\geqslant 0$ 时的微积分方程。

(b)证明 $V_o(s)=\dfrac{V_{dc}/RC}{s^2+(1/RC)s+(1/LC)}$。

(c)证明 $I_o(s)=\dfrac{V_{dc}/RLC}{s[s^2+(1/RC)s+(1/LC)]}$。

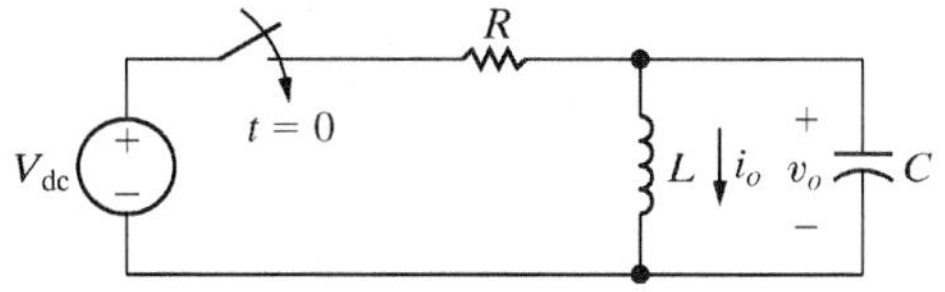

图 P12.30

12.31　图 P12.31 所示的电路中，开关打开时电路无储能。

(a)推导关于节点电压 v_1 和 v_2 的微积分方程。(b)证明 $V_2(s)=\dfrac{sI_g(s)}{C[s^2+(R/L)s+(1/LC)]}$。

12.32P　(a)写出图 P12.32 所示电路关于网孔电流 i_1 和 i_2 联立微分方程组。(b)假设电路的初始储能为零，求(a)中得到的方程的拉氏变换。(c)解方程组，求出(b)中的 $I_1(s)$ 和 $I_2(s)$。

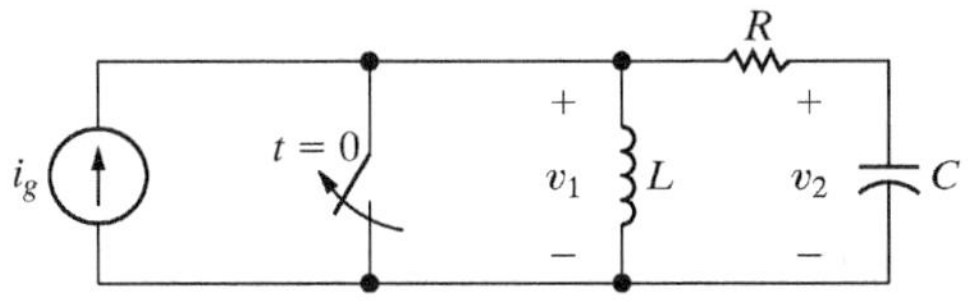

图 P12.31

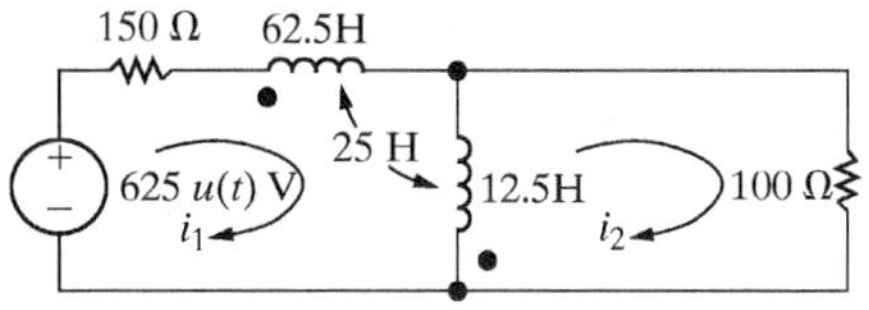

图 P12.32

12.33　求习题 12.26 中的 $v(t)$。

12.34P　图 P12.27 所示电路中各电路参数为 $R=20\ \Omega$，$L=50\ \text{mH}$，$C=20\ \mu\text{F}$ 和 $I_{dc}=75\ \text{mA}$。

(a)求 $t\geqslant 0$ 时的 $v_o(t)$。(b)求 $t\geqslant 0$ 时的 $i_o(t)$。(c)得出的结论与 $t=0$ 时的 $i_o(t)$一致吗？请解释。

12.35P　图 P12.28 所示电路中的电路参数为 $R=2.5\ \text{k}\Omega$，$L=50\ \text{mH}$ 和 $C=2\ \text{nF}$，若 $I_{dc}=40\ \text{mA}$，求 $t\geqslant 0$ 时的 $i_o(t)$。

12.36　图 P12.29 所示电路中的电路参数为 $R=4\ \text{k}\Omega$，$L=400\ \text{mH}$，$C=156.25\ \text{nF}$，若 $V_{dc}=120\ \text{V}$，求 $t\geqslant 0$ 时的 $v_o(t)$。

12.37P　图 P12.30 所示电路中的电路参数为 $R=2\ \text{k}\Omega$，$L=1.6\ \text{H}$，$C=5\ \mu\text{F}$，若 V_{dc} 为 56 V，(a) 求 $t\geqslant 0$ 时 $v_o(t)$；(b) 求 $t\geqslant 0$ 时的 $i_o(t)$。

12.38P　图 P12.31 所示电路中的电路参数为 $R=4000\ \Omega$，$L=40\ \text{mH}$ 和 $C=15.625\ \text{nF}$，若 $i_g(t)=150\ \text{mA}$，求 $v_2(t)$。

12.39　用图 P12.32 中所示电路和习题 12.32 得出的结论。

(a)求 $i_1(t)$ 和 $i_2(t)$；(b)求 $i_1(\infty)$ 和 $i_2(\infty)$；(c)关于两个电流的结论正确吗？请解释。

12.40　求出下列各函数的 $f(t)$：

(a) $F(s)=\dfrac{6(s+10)}{(s+5)(s+8)}$；　(b) $F(s)=\dfrac{20s^2+141s+315}{s(s^2+10s+21)}$

(c) $F(s)=\dfrac{15s^2+112s+228}{(s+2)(s+4)(s+6)}$；　(d) $F(s)=\dfrac{2s^3+33s^2+93s+54}{s(s+1)(s^2+5s+6)}$

12.41　求出下列各函数的 $f(t)$：

(a) $F(s)=\dfrac{280}{s^2+14s+245}$；　(b) $F(s)=\dfrac{-s^2+52s+445}{s(s^2+10s+89)}$

(c) $F(s)=\dfrac{14s^2+56s+152}{(s+6)(s^2+4s+20)}$；　(d) $F(s)=\dfrac{8(s+1)^2}{(s^2+10s+34)(s^2+8s+20)}$

12.42　求出下列各函数的 $f(t)$：

(a) $F(s)=\dfrac{320}{s^2(s+8)}$；　(b) $F(s)=\dfrac{80(s+3)}{s(s+2)^2}$

(c) $F(s)=\dfrac{60(s+5)}{(s+1)^2(s^2+6s+25)}$;　(d) $F(s)=\dfrac{25(s+4)^2}{s^2(s+5)^2}$

12.43 求出下列各函数的 $f(t)$:

(a) $F(s)=\dfrac{135}{s(s+3)^3}$;　(b) $F(s)=\dfrac{10(s+2)^2}{(s^2+2s+2)^2}$

(c) $F(s)=\dfrac{25s^2+395s+1494}{s^2+15s+54}$;　(d) $F(s)=\dfrac{5s^3+20s^2-49s-108}{s^2+7s+10}$

12.44 推导方程(12.64)所给出的变换对。

12.45 (a)推导方程(12.83)所给出的变换对。(b)推导方程(12.84)所给出的变换对。

12.46 (a)用初始值定理求习题 12.26 中 v 的初值。(b)能用终值定理求电压 v 的稳态值吗？为什么？

12.47 用初值定理和终值定理验证习题 12.27 中的电流、电压的初值和终值。

12.48 用初值定理和终值定理验证习题 12.28 中的电流的初值和终值。

12.49 用初值定理和终值定理验证习题 12.30 中的电流、电压的初值和终值。

12.50 将初值定理和终值定理应用到习题 12.40 中的每个变换对。

12.51 将初值定理和终值定理应用到习题 12.41 中的每个变换对。

12.52 将初值定理和终值定理应用到习题 12.42 中的每个变换对。

12.53 将初值定理和终值定理应用到习题 12.43 中的每个变换对。

12.54 (a)用第 9 章的相量分析法求图 12.18 所示电路中电感电流的稳态表达式。(b)由(a)中得到的结论与方程(12.109)给出的完全响应相比较，结果如何？

12.55 求图 12.18 中正弦电源的最大幅度，使电感中的电流的完全响应在 $t=1$ ms 时不超过 40 mA 的额定值。

12.56 假设图 12.18 电路中的输入电压是 Kte^{-100t} V，为保证电感的电流值不超过 40 mA 的额定值，求 K 的最大值。

第 13 章　拉氏变换在电路分析中的应用

本章目标

- 能用拉氏变换将电路转换为 s 域电路，并能正确理解 s 域中储能元件初始条件的表示方法。
- 知道 s 域中电路的分析方法，知道怎样将 s 域的结果转换到时域。
- 理解转移函数的定义和意义，能用 s 域分析法求转移函数。
- 知道如何用转移函数计算电路的单位冲激响应、单位阶跃响应和正弦稳态响应。

拉氏变换是电路分析中一个有效的工具，它有两个特点。第一，拉氏变换将线性常系数微分方程转化为容易处理的线性多项式方程。第二，拉氏变换将电流和电压变量的初始值自动引入到多项式方程中，这样在变换处理过程中，初始条件就成为变换的一部分(在经典的微分方程求解中，初始条件是在求未知系数时要考虑的)。

下面将要说明如何跳过列写时域微积分方程这一步，直接转换到 s 域中。在 13.1 节中，将建立电阻、电感、电容的 s 域电路模型，直接对所有电路写出 s 域模型。在 13.2 节中还会学习 s 域中的基尔霍夫电流定律和电压定律。在此基础上，就可以将拉氏变换应用到 13.3 节中的各种电路分析中了。

前面介绍的关于电阻电路的分析方法和化简方法，如网孔电流分析法、节点电压分析法以及电源变换也都可以用到 s 域中，在求出电路的 s 域响应后，应用部分分式法逆变换到时域(如第 12 章提到的)，同以往一样，在求解过程中根据初始条件和终值，验证最终的时域方程是非常重要的一个环节。

在 13.4 节中，s 域电路的输入输出描述法引出了转移函数的概念。某一电路的转移函数是输出拉氏变换与输入拉氏变换之比，在第 14 章和第 15 章中将讨论转移函数在设计中的应用。现在，将集中讨论作为一种分析工具的应用，接着要讨论在电路分析中使用转移函数时部分分式展开法(参见 13.5 节)和卷积积分(参见 13.6 节)的作用，最后讨论电路分析中的冲激函数。

实例应用

浪涌抑制器(一)

随着个人计算机、调制解调器、传真机和灵敏电子元件的发展，必须对设备加以保护，以防止家电设备被开关过程中产生的电压浪涌损坏。

开灯或关电吹风怎么会引起电压浪涌呢？在本章结尾会用拉氏变换法分析电路给出解释，会仔细说明在正弦稳态电路中，关闭电阻性负载为什么会产生电压浪涌。

13.1 s 域中的电路元件

对每个电路元件，建立其 s 域等效电路的过程非常简单。首先，写出关于输出端电压和电流的时域方程，然后对方程进行拉氏变换，产生一个 s 域电流和电压的代数方程式。注意到变换后电压的单位为伏·秒(V·s)，电流变换后的单位为安·秒(A·s)。s 域中电压和电流之比的单位为伏/安(V/A)，s 域阻抗的单位为 Ω，导纳的单位为 S。最后建立一个满足 s 域电压和电流间关系的电路模型。在所有的导出式中，规定采用正号。

13.1.1 s 域中的电阻

对电阻元件，由欧姆定律得

$$v = Ri \tag{13.1}$$

因 R 为常数，所以式(13.1)的拉氏变换为

$$V = RI \tag{13.2}$$

其中

$$V = \mathscr{L}\{v\} \quad 和 \quad I = \mathscr{L}\{i\}$$

式(13.2)表明，电阻在 s 域中的等效电路仍然是一个 R 欧姆的电阻，它两端的电压为 V(伏·秒)，流过的电流为 I(安·秒)。

图 13.1 中画出了电阻的时域和频域电路，注意到从时域转到频域，电阻元件不变。

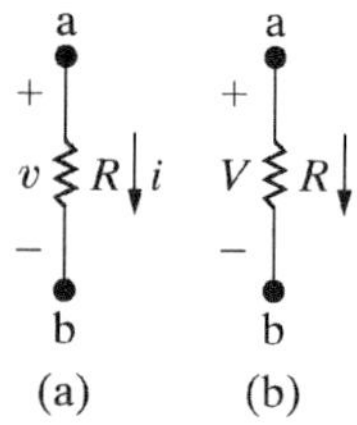

图 13.1 电阻元件：(a)时域；(b)频域

13.1.2 s 域中的电感

图 13.2 所示电感，其初始电流为 I_0 安，两端电压和电流的时域方程为

$$v = L\frac{\mathrm{d}i}{\mathrm{d}t} \tag{13.3}$$

其拉氏变换为

$$V = L[sI - i(0^-)] = sLI - LI_0 \tag{13.4}$$

两个不同的电路形式均满足式(13.4)，第一个等式包含一个 sL 欧姆的阻抗串联一个 LI_0 V·s 的电压源。如图 13.3 所示，电压源的极性与式(13.4)中的减号一致，LI_0 有自己的代数符号，也就是说，如果 i 的初始值与 i 的参考方向相反，则 I_0 为负值。

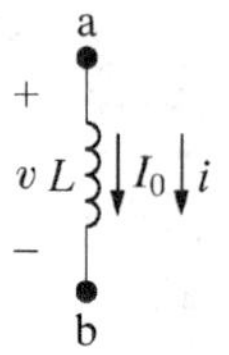

图 13.2 电感 L，它的初始电流为 I_0

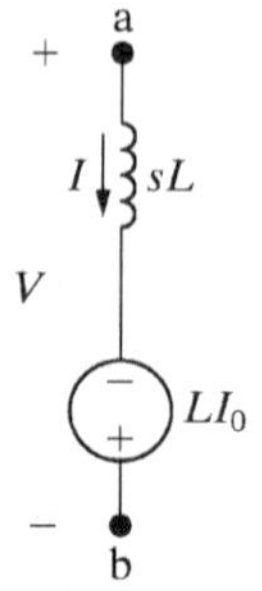

图 13.3 具有初始电流 I_0 的电感元件 L 的串联等效电路

第二个等效电路中包含一个 sL 欧姆的阻抗和一个 I_0/s 安·秒的电流源并联，如图 13.4 所示。可用多种方法求出图 13.4 所示电路的等效电路，其中最简单的方法就是求解式(13.4)中的电流 I，然后建立一个满足所求方程的电路。这样

$$I = \frac{V + LI_0}{sL} = \frac{V}{sL} + \frac{I_0}{s} \tag{13.5}$$

另外两种方法是：(1)求图 13.3 所示电路的等效电路；(2)将电感的电流转化为电感电压的函数，然后对所求的积分式取拉氏变换，这两种方法留在习题 13.1 和习题 13.2 中。

若电感的初始储能为 0，即如果 $I_0=0$，则电感的 s 域等效电路就简化为一个具有 sL 欧姆阻抗的电感，如图 13.5 所示电路。

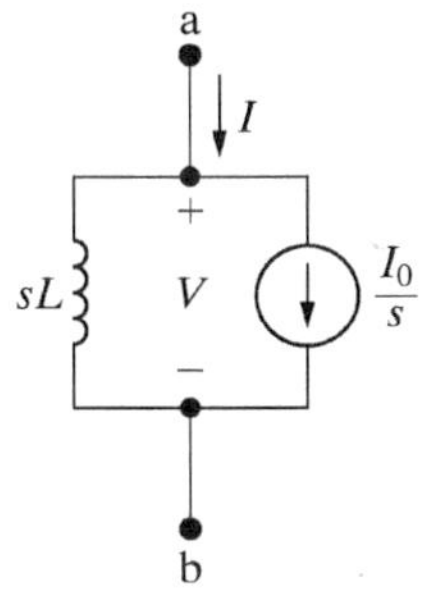

图 13.4　具有初始电流 I_0 的电感元件 L 的并联等效电路

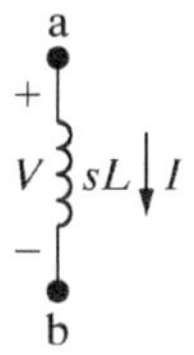

图 13.5　无初始储能的电感的 s 域电路

13.1.3　s 域中的电容

具有初始电压的电容也有两个 s 域等效电路。图 13.6 是一个初始电压为 V_0 伏的电容，端口电流为

$$i = C\frac{dv}{dt} \tag{13.6}$$

对其进行拉氏变换得

$$I = C[sV - v(0^-)]$$

或

$$I = sCV - CV_0 \tag{13.7}$$

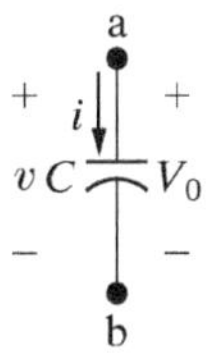

图 13.6　初始电压为 V_0 伏的电容 C

它表明 s 域的电流 I 是两个支路电流之和。一条支路上的导纳为 sC 西门子，另一条支路上的独立电流源为 CV_0 安·秒，图 13.7 显示了这个并联等效电路。

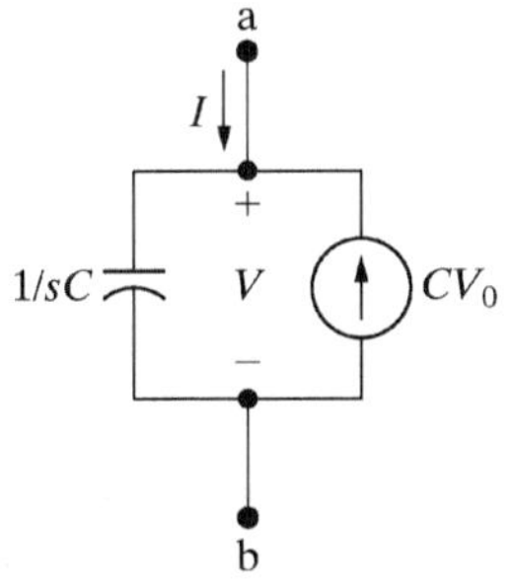

图 13.7　初始电压为 V_0 伏电容的并联等效电路

求式(13.7)中的电压 V 可得到电容的串联等效电路

$$V = \left(\frac{1}{sC}\right)I + \frac{V_0}{s} \tag{13.8}$$

图 13.8 中给出了满足式(13.8)的电路。

图 13.7 和图 13.8 的等效电路中，V_0 有自己的符号，也就是说，如果 V_0 的极性与 v 的参考方向相反，那么 V_0 就是负的。如果电容的初始电压为 0，那么两个等效电路可化简为一个 $1/sC$ 欧姆的阻抗，如图 13.9 所示。

本章中，当电路中存在电容和电感时，首先必须选择等

效电路的形式，或者串联或者并联，这是求解问题的重要一步。经过学习和练习，做出正确的选择还是非常容易的。表 13.1 对等效电路进行了总结。

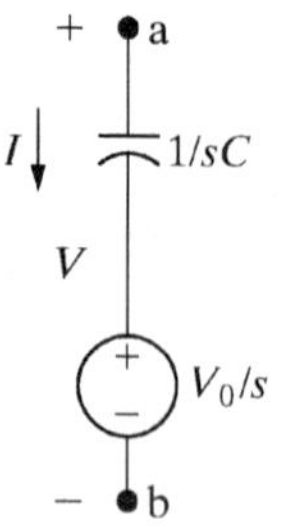

图 13.8　具有初始电压 V_0 的电容的串联等效电路

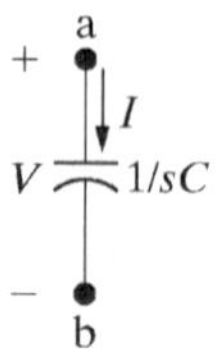

图 13.9　初始电压为 0 时电容的等效电路

表 13.1　s 域等效电路总结

时域	频域	
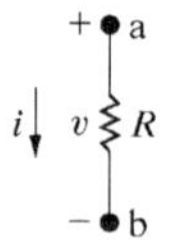 $v = Ri$	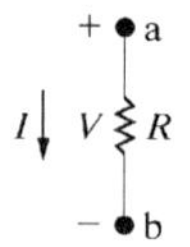 $V = RI$	
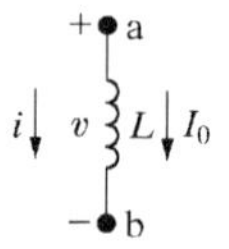 $v = L\,\mathrm{d}i/\mathrm{d}t$, $i = \frac{1}{L}\int_{0^-}^{t} v\mathrm{d}x + I_0$	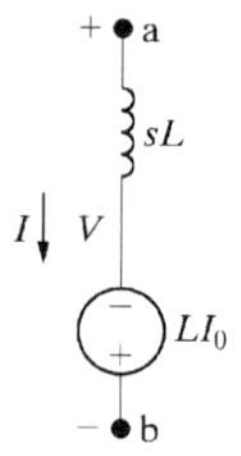 $V = sLI - LI_0$	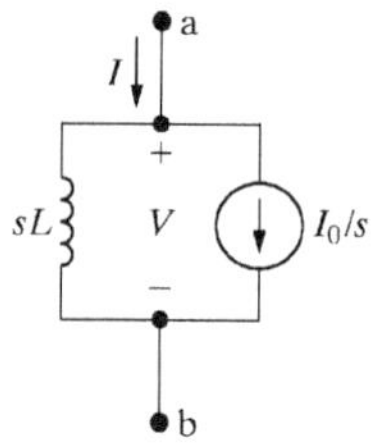 $I = \frac{V}{sL} + \frac{I_0}{s}$
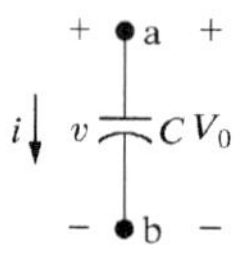 $i = C\,\mathrm{d}v/\mathrm{d}t$, $v = \frac{1}{C}\int_{0^-}^{t} i\mathrm{d}x + V_0$	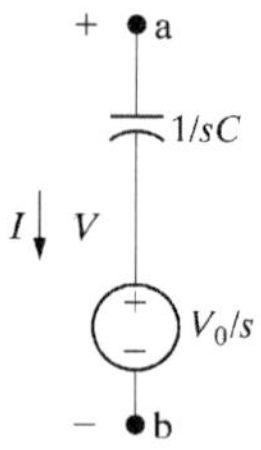 $V = \frac{1}{sC} + \frac{V_0}{s}$	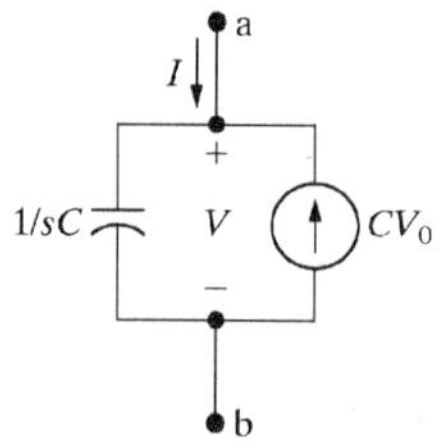 $I = sCV - CV_0$

13.2　s 域中的电路分析

说明如何在电路分析中使用 s 域等效电路之前，需要做些准备工作。

首先，若电感或电容中无初始储能，则对每个无源元件，其伏安关系的形式均为

$$V = ZI \tag{13.9}$$

其中 Z 是元件的 s 域阻抗。因此，电阻元件的阻抗为 R，电感的阻抗为 sL 欧姆。电容的阻抗为 $1/sC$ 欧姆。式(13.9)中的这种关系在图 13.1(b)，图 13.5，图 13.9 中也都存在。式(13.9)常常指 s 域的欧姆定律。

阻抗的倒数是导纳，因此，s 域电阻的导纳为 $1/R$ 西门子，电感的导纳为 $1/sL$ 西门子，电容的导纳为 sC 西门子。

s 域中阻抗和导纳结合的规则与频域相同。因此，串并联化简和 Δ-Y 转换对 s 域分析也同样适用。

另外，基尔霍夫定律对 s 域的电流和电压也适用，这种适用性是根据拉氏变换的线性特性得出的(参见表 12.2)。因为时域中节点上电流的代数和为零，所以电流变换的代数和也为零。同理，闭合回路中电压变换式的代数和也为零。基尔霍夫定律的 s 域形式为

$$\text{alg}\sum I = 0 \tag{13.10}$$

$$\text{alg}\sum V = 0 \tag{13.11}$$

因为无源元件端口电压和电流的关系是由代数方程确定的，基尔霍夫定律始终成立，故所有电阻电路的分析方法均可用到 s 域电路的分析中。这样，节点电压、网孔电流、电源变换和戴维南-诺顿等效都是正确的方法，甚至电感和电容含有初始储能时也可以应用。当有初始储能时，需要在式(13.9)中加上一个串联或并联电源来修正方程。所加的电源要与基尔霍夫定律相符合。

评测目标 1　能用拉氏变换将电路转换为 s 域电路。

13.1　一个 500 Ω 电阻和 6 mH 电感、25 nF 电容并联。

(a)将该并联电路的导纳表示成 s 的分式。(b)计算极点和零点。

答：(a)$25\times10^{-9}(s^2+80\,000\,s+25\times10^8)/s$；(b) $-z_1=-40\,000-\text{j}30\,000$；$-z_2=-40\,000+\text{j}30\,000$；$p_1=0$。

13.2　用 2000 Ω 电阻与上题中的并联电路串联。

(a)将串联电路的阻抗表示为 s 的分式。(b)计算极点和零点。

答：(a)$2000(s+50\,000)^2/(s^2+80\,000\,s+25\times10^8)$；(b) $-z_1=-z_2=-50\,000$；$-p_1=-40\,000-\text{j}30\,000$，$-p_2=-40\,000+\text{j}30\,000$。

提示：也可以求本章习题 13.4 和习题 13.5。

13.3　应用

本节将介绍如何用拉氏变换确定多个线性集总电路的暂态特性。首先分析第 7 章和第 8 章中熟悉的电路，因为这些电路比较简单，并且可以证明使用拉氏变换方法能得到同样的结果。显然，在所有的例题中将用容易求解的代数方程代替微分方程。

13.3.1　RC 电路的固有响应

首先，用拉氏变换法求 RC 电路(参见图 13.10)的固有响应(复习 7.2 节对同一个电路的经典分析方法)。

电容的初始电压为 V_0 伏，求 i 和 v 的时域表达式。先求 i，将图 13.10 中的电路转化为 s 域时，对充电电容的等效电路有两种选择，因为要求电流，所以选串联等效电路比较好，这样会产生一个频域单回路。建立的 s 域电路如图 13.11 所示。

将网孔电压取和得

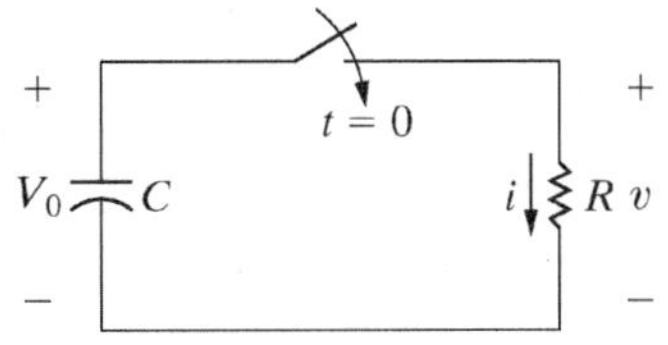

图 13.10　电容放电电路

$$\frac{V_0}{s}=\frac{1}{sC}I+RI \tag{13.12}$$

解方程求 I 得

$$I=\frac{CV_0}{RCs+1}=\frac{V_0/R}{s+(1/RC)} \tag{13.13}$$

注意到 I 的表达式是 s 的真分式，故可逆变换为

$$i=\frac{V_0}{R}e^{-t/RC}u(t) \tag{13.14}$$

这与经典时域分析法所得的结果相同[参见式(7.26)，该方程中的 τ 与 RC 等价]。

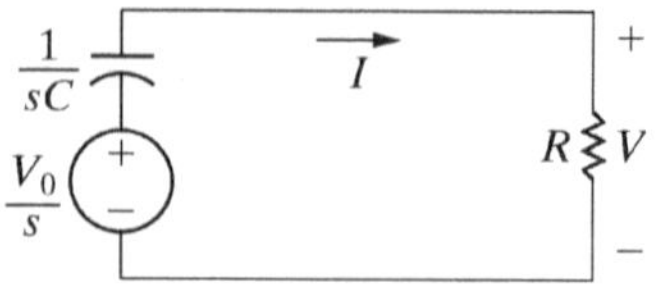

图 13.11　图 13.10 电路的 s 域等效电路

求得 i 后，确定 v 的最容易方法是应用欧姆定律，即根据电路得到

$$v=Ri=V_0e^{-t/RC}u(t) \tag{13.15}$$

这里要介绍不通过 i，直接由电路求 v 的方法。在这种方法中，将最初的电路转化为并联的 s 域模型(参见图 13.10)。此时可得到一个单节点等效电路，如图 13.12 所示。

新电路的节点电压方程为

$$\frac{V}{R}+sCV=CV_0 \tag{13.16}$$

解该方程，求 V 得

$$V=\frac{V_0}{s+(1/RC)} \tag{13.17}$$

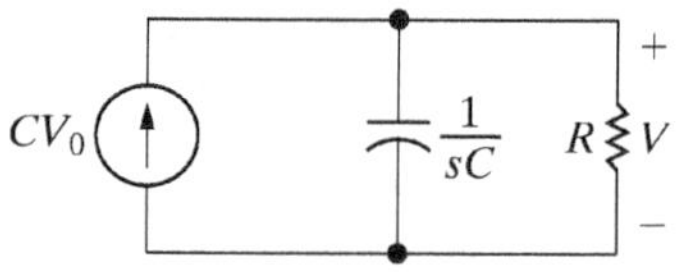

图 13.12　图 13.10 电路的 s 域并联等效电路

对式(13.17)进行逆变换，得到与式(13.15)相同的表达式，即

$$v=V_0e^{-t/RC}=V_0e^{-t/\tau}u(t) \tag{13.18}$$

这里就直接用变换域法求出了 v，这说明选择哪种 s 域等效电路求解与所求参数有关。

评测目标 2　知道如何在 s 域中分析电路，能够将 s 域的结果转换到时域。

13.3　右图所示电路中的开关已在 a 位置很久，$t=0$ 时开关置到 b 点。

(a)求 I，V_1，V_2 的 s 域表达式。

(b)求 i，v_1，v_2 的时域表达式。

答：(a)$I=0.02/(s+1250)$，$V_1=80/(s+1250)$，$V_2=20/(s+1250)$；(b)$i=20e^{-1250t}u(t)$ mA，$v_1=80e^{-1250t}u(t)$ V，$v_2=20e^{-1250t}u(t)$ V。

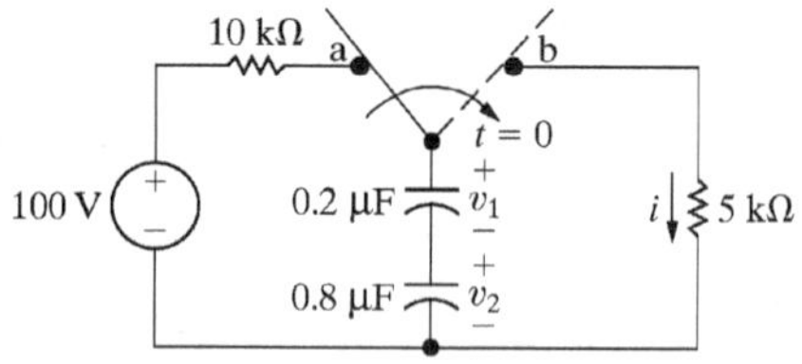

提示：也可以求本章习题 13.11 和习题 13.14。

13.3.2　并联电路的阶跃响应

现在分析 RLC 并联电路，如图 13.13 所示，在例 8.7 中已经分析过该电路了。要推出开关打开后 i_L 的表达式。电路的初始储能为零。

首先建立 s 域等效电路，如图 13.14 所示，将独立电源从时域转换到频域很容易，只要将其时域函数进行拉氏变换就可得到 s 域的值，该电路中开关打开会使电路产生一个阶跃变化。因此，s 域的电源为 $\mathcal{L}\{I_{dc}u(t)\}$ 或 I_{dc}/s，为求得 I_L，要先求得 V，然后用下式求出 I_L 的 s 域表达式。

$$I_L = \frac{V}{sL} \tag{13.19}$$

将流出上部节点的电流相加得表达式

$$sCV + \frac{V}{R} + \frac{V}{sL} = \frac{I_{dc}}{s} \tag{13.20}$$

解方程求得 V

$$V = \frac{I_{dc}/C}{s^2 + (1/RC)s + (1/LC)} \tag{13.21}$$

将式(13.21)代入式(13.19)得

$$I_L = \frac{I_{dc}/LC}{s[s^2 + (1/RC)s + (1/LC)]} \tag{13.22}$$

将 R，L，C，I_{dc}值代入上式得

$$I_L = \frac{384 \times 10^5}{s(s^2 + 64\ 000s + 16 \times 10^8)} \tag{13.23}$$

在将式(13.23)展开成部分分式和之前，对分母中的二次项进行因式分解

$$I_L = \frac{384 \times 10^5}{s(s + 32\ 000 - \mathrm{j}24\ 000)(s + 32\ 000 + \mathrm{j}24\ 000)} \tag{13.24}$$

现在就可以验证 I_L 的 s 域表达式正确与否了，验证方法是用终值定理求出 $t = \infty$ 时 i_L 的值。I_L 的所有极点，除原点处的一阶极点外均在 s 平面的左半面，因此，可以应用终值定理。由电路特性可知，在开关打开很长时间后，电感将使电流源短路。因此 i_L 的终值必然为 24 mA，当 $s \to 0$ 时，极限为

$$\lim_{s \to 0} sI_L = \frac{384 \times 10^5}{16 \times 10^8} = 24\ \text{mA} \tag{13.25}$$

这表明 s 域表达式是正确的。

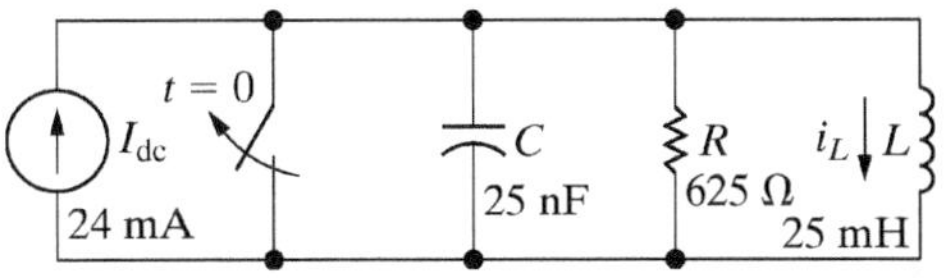

图 13.13　并联 RLC 电路的阶跃响应

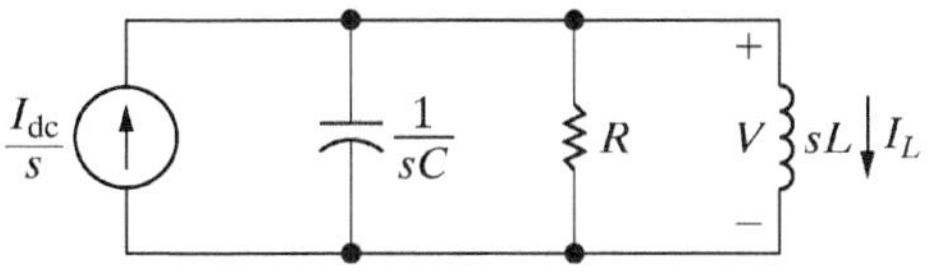

图 13.14　图 13.13 电路的 s 域等效电路

现在对式(13.24)进行部分分式展开

$$I_L = \frac{K_1}{s} + \frac{K_2}{s + 32\ 000 - \mathrm{j}24\ 000} + \frac{K_2^*}{s + 32\ 000 + \mathrm{j}24\ 000} \tag{13.26}$$

部分分式系数为

$$K_1 = \frac{384 \times 10^5}{16 \times 10^8} = 24 \times 10^{-3} \tag{13.27}$$

$$\begin{aligned} K_2 &= \frac{384 \times 10^5}{(-32\ 000 + \mathrm{j}24\ 000)(\mathrm{j}48\ 000)} \\ &= 20 \times 10^{-3}\ \underline{/126.87^\circ} \end{aligned} \tag{13.28}$$

将 K_1 和 K_2 值代入式(13.26)并进行逆变换得

$$i_L = [24 + 40\mathrm{e}^{-32\ 000t}\cos(24\ 000t + 126.87^\circ)]u(t)\ \text{mA} \tag{13.29}$$

式(13.29)给出的答案与例 8.7 给出的答案一致，因为

$$40\cos(24\,000t + 126.87°) = -24\cos 24\,000t - 32\sin 24\,000t$$

如果没有前面的答案做对比校核，就应该用式(13.29)来验证 $i_L(0)$ 满足初值定理和 $i_L(\infty)$ 满足已知电路的正确性。

评测目标 2　知道如何在 *s* 域中分析电路，能够将 *s* 域的结果转换到时域。

13.4　右图所示电路的初始储能为零，$t=0$ 时开关闭合。

(a)求 I 的 s 域表达式。

(b)求 $t>0$ 时 i 的时域表达式。

(c)求 V 的 s 域表达式。

(d)求 $t>0$ 时 v 的时域表达式。

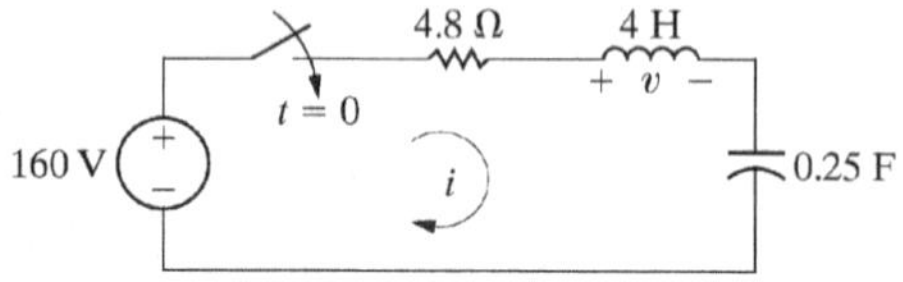

答：(a)$I=40/(s^2+1.2s+1)$；(b)$i=(50e^{-0.6t}\sin 0.8t)u(t)$ A；(c)$V=160s/(s^2+1.2s+1)$；(d)$v=[200e^{-0.6t}\cos(0.8t+36.87°)]u(t)$ V。

提示：也可以求本章习题 13.13 和习题 13.25。

13.3.3　并联 RLC 电路的暂态响应

将图 13.13 中的直流电流源用正弦电流源代替可得到一个新的电路，用拉氏变换分析法可求得该电路的暂态特性，新电源为

$$i_g = I_m\cos\omega t \text{ A} \tag{13.30}$$

其中 $I_m=24$ mA，$\omega=40\,000$ rad/s，假设初始储能为零。

正弦电流源的 s 域表达式为

$$I_g = \frac{sI_m}{s^2+\omega^2} \tag{13.31}$$

并联元件的电压为

$$V = \frac{(I_g/C)s}{s^2+(1/RC)s+(1/LC)} \tag{13.32}$$

将式(13.31)代入式(13.32)得

$$V = \frac{(I_m/C)s^2}{(s^2+\omega^2)[s^2+(1/RC)s+(1/LC)]} \tag{13.33}$$

由此得

$$I_L = \frac{V}{sL} = \frac{(I_m/LC)s}{(s^2+\omega^2)[s^2+(1/RC)s+(1/LC)]} \tag{13.34}$$

将 I_m，ω，R，L，C 的值代入式(13.34)得

$$I_L = \frac{384\times10^5 s}{(s^2+16\times10^8)(s^2+64\,000s+16\times10^8)} \tag{13.35}$$

现将分母展开成因式形式

$$I_L = \frac{384\times10^5 s}{(s-j\omega)(s+j\omega)(s+\alpha-j\beta)(s+\alpha+j\beta)} \tag{13.36}$$

其中 $\omega=40\,000$，$\alpha=32\,000$，$\beta=24\,000$。

不能用终值定理验证 i_L 的终值，因为 I_L 有一对极点在虚轴上，极点为 $\pm j4\times10^4$。必须先求出 i_L，然后根据电路的已知值验证表达式的正确性。

将式(13.36)展开成部分分式和的形式，得到方程

$$I_L = \frac{K_1}{s - \text{j}40\ 000} + \frac{K_1^*}{s + \text{j}40\ 000} + \frac{K_2}{s + 32\ 000 - \text{j}24\ 000} + \frac{K_2^*}{s + 32\ 000 + \text{j}24\ 000} \tag{13.37}$$

系数 K_1 和 K_2 的值为

$$K_1 = \frac{384 \times 10^5(\text{j}40\ 000)}{(\text{j}80\ 000)(32\ 000 + \text{j}16\ 000)(32\ 000 + \text{j}64\ 000)} = 7.5 \times 10^{-3} \angle{-90^\circ} \tag{13.38}$$

$$K_2 = \frac{384 \times 10^5(-32\ 000 + \text{j}24\ 000)}{(-32\ 000 - \text{j}16\ 000)(-32\ 000 + \text{j}64\ 000)(\text{j}48\ 000)} = 12.5 \times 10^{-3} \angle 90^\circ \tag{13.39}$$

将式(13.38)，式(13.39)代入式(13.37)进行逆变换，就得到表达式

$$\begin{aligned} i_L &= [15\cos(40\ 000t - 90^\circ) + 25\text{e}^{-32\ 000t}\cos(24\ 000t + 90^\circ)]\ \text{mA} \\ &= (15\sin 40\ 000t - 25\text{e}^{-32\ 000t}\sin 24\ 000t)u(t)\ \text{mA} \end{aligned} \tag{13.40}$$

验证式(13.40)，看是否满足初始条件和给定特性。当 $t=0$ 时，式(13.40)的初始值为 0，符合电路为零状态的初始条件，式(13.40)也确定了一个稳态电流

$$i_{L_{ss}} = 15\sin 40\ 000t\ \text{mA} \tag{13.41}$$

该式也可由第 9 章的相量法求得。

13.3.4　多网孔电路的阶跃响应

到目前为止，一直没有遇到需要列多个节点电压或网孔电流方程的电路，因为解联立微分方程组的方法已经超出了本书范围，但应用拉氏变换可以求解如图 13.15 所示的电路。

在该题中，336 V 直流电压源突然作用到电路中，求支路电流 i_1，i_2，初始储能为零。图 13.16 表示的是图 13.15 的 s 域等效电路，两个网孔方程为

$$\frac{336}{s} = (42 + 8.4s)I_1 - 42I_2 \tag{13.42}$$

$$0 = -42I_1 + (90 + 10s)I_2 \tag{13.43}$$

用克拉默法则求 I_1 和 I_2 得

$$\Delta = \begin{vmatrix} 42 + 8.4s & -42 \\ -42 & 90 + 10s \end{vmatrix} = 84 \times (s^2 + 14s + 24) = 84 \times (s + 2)(s + 12) \tag{13.44}$$

$$N_1 = \begin{vmatrix} 336/s & -42 \\ 0 & 90 + 10s \end{vmatrix} = \frac{3360 \times (s + 9)}{s} \tag{13.45}$$

$$N_2 = \begin{vmatrix} 42 + 8.4s & 336/s \\ -42 & 0 \end{vmatrix} = \frac{14\ 112}{s} \tag{13.46}$$

根据以上 3 个方程得

$$I_1 = \frac{N_1}{\Delta} = \frac{40 \times (s + 9)}{s(s + 2)(s + 12)} \tag{13.47}$$

$$I_2 = \frac{N_2}{\Delta} = \frac{168}{s(s + 2)(s + 12)} \tag{13.48}$$

将 I_1 和 I_2 展开为部分分式和的形式得

$$I_1 = \frac{15}{s} - \frac{14}{s+2} - \frac{1}{s+12} \tag{13.49}$$

$$I_2 = \frac{7}{s} - \frac{8.4}{s+2} + \frac{1.4}{s+12} \tag{13.50}$$

分别进行逆变换得 i_1 和 i_2 的表达式

$$i_1 = (15 - 14e^{-2t} - e^{-12t})u(t)\ \text{A} \tag{13.51}$$

$$i_2 = (7 - 8.4e^{-2t} + 1.4e^{-12t})u(t)\ \text{A} \tag{13.52}$$

验证以上结果，看是否与电路相符，因初始储能为零，故 $i_1(0^-)$ 和 $i_2(0^-)$ 必为零。结果与初始值一致，开关打开较长时间后，两电感相当于短路，因此两终值为

$$i_1(\infty) = \frac{336 \times (90)}{42 \times (48)} = 15\ \text{A} \tag{13.53}$$

$$i_2(\infty) = \frac{15 \times (42)}{90} = 7\ \text{A} \tag{13.54}$$

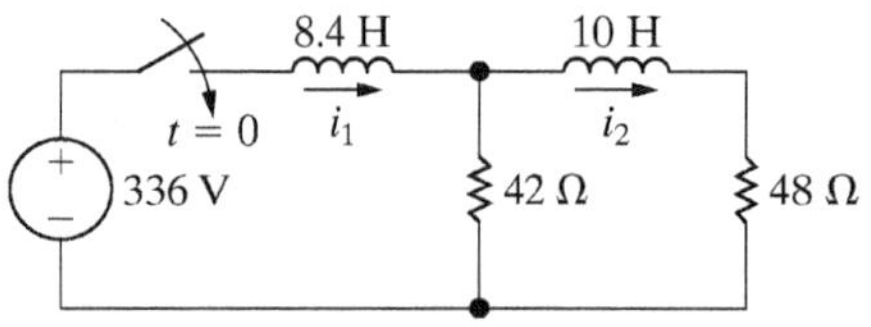

图 13.15 多网孔 RL 电路

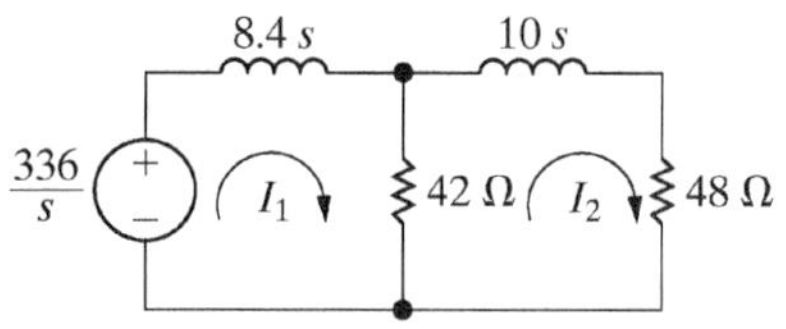

图 13.16 图 13.15 的 s 域等效电路

最后的验证包括指数部分的值和计算 42 Ω 电阻的电压降，这可用 3 种不同的方法。由电路可知，通过 42 Ω 电阻的电压为

$$v = 42(i_1 - i_2) = 336 - 8.4\frac{di_1}{dt} = 48i_2 + 10\frac{di_2}{dt} \tag{13.55}$$

应该保证不论式(13.55)采用哪种形式，电压都是

$$v = (336 - 235.2e^{-2t} - 100.80e^{-12t})u(t)\ \text{V}$$

从而保证了网孔电流 i_1 和 i_2 的解是正确的。

评测目标 2 知道如何在 s 域中分析电路，能够将 s 域的结果转换到时域。

13.5 直流电流源和电压源同时加到右图所示的电路中，加电时刻无初始储能，求：

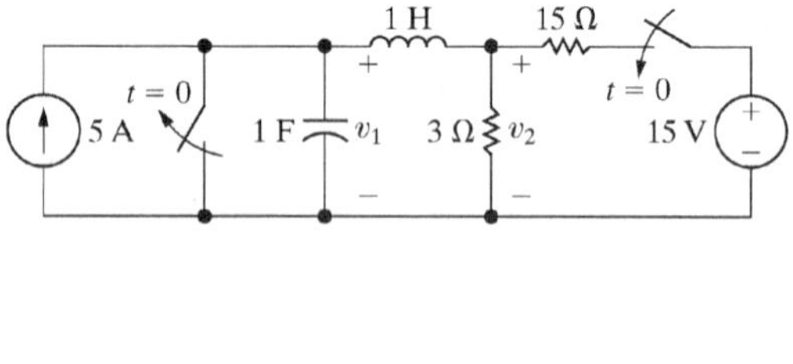

(a) V_1 和 V_2 的 s 域表达式。

(b) 求 $t>0$ 时，v_1 和 v_2 的时域表达式。

(c) 计算 $v_1(0^+)$ 和 $v_2(0^+)$。

(d) 计算 v_1 和 v_2 的稳态值。

答：

(a) $V_1 = [5(s+3)]/[s(s+0.5)(s+2)]$，$V_2 = [2.5(s^2+6)]/[s(s+0.5)(s+2)]$

(b) $v_1 = (15 - \frac{50}{3}e^{-0.5t} + \frac{5}{3}e^{-2t})u(t)$ V，$v_2 = (15 - \frac{125}{6}e^{-0.5t} + \frac{25}{3}e^{-2t})u(t)$ V

(c) $v_1(0^+) = 0$，$v_2(0^+) = 2.5$ V

(d) $v_1 = v_2 = 15$ V

提示：也可以求本章习题 13.19 和习题 13.21。

13.3.5 戴维南等效电路的应用

本节将说明如何在 s 域中使用戴维南等效电路。图 13.17 画出了要分析的电路，求开关闭合后电容的电流。开关闭合前电路无储能。

为求得 i_C，先建立 s 域等效电路，然后再求出电容端口的戴维南等效电路。图 13.18 为 s 域电路。

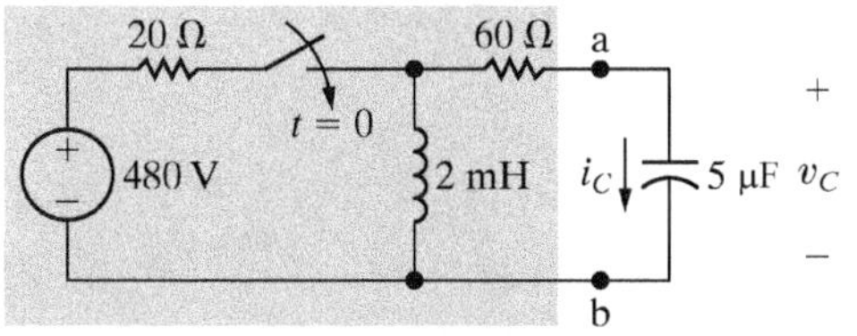

图 13.17 用 s 域戴维南等效电路分析的电路

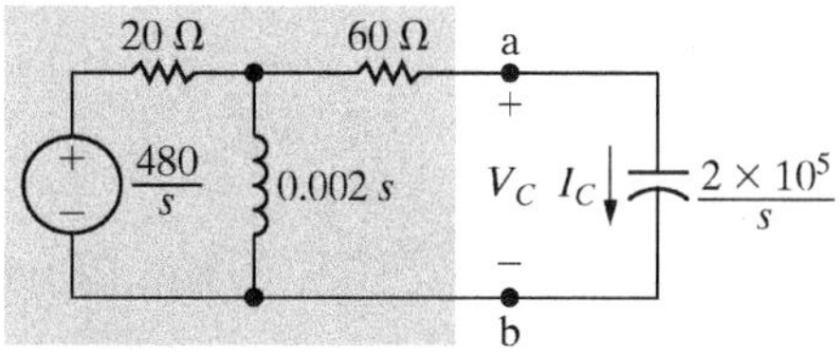

图 13.18 图 13.17 的 s 域电路模型

戴维南电压是 a，b 端口的开路电压。开路时 60 Ω 电阻两端无电压，所以

$$V_{\mathrm{Th}} = \frac{(480/s)(0.002s)}{20 + 0.002s} = \frac{480}{s + 10^4} \tag{13.56}$$

从 a，b 端口看，戴维南等效阻抗是 60 Ω 电阻串联上 20 Ω 电阻与 2 mH 电感的并联，其阻抗为

$$Z_{\mathrm{Th}} = 60 + \frac{0.002s(20)}{20 + 0.002s} = \frac{80 \times (s + 7500)}{s + 10^4} \tag{13.57}$$

利用戴维南等效定理，将图 13.18 所示电路化简为图 13.19 所示的电路，表明电容电流 I_C 等于戴维南电压除以全部串联阻抗，于是

$$I_C = \frac{480/(s + 10^4)}{[80(s + 7500)/(s + 10^4)] + [(2 \times 10^5)/s]} \tag{13.58}$$

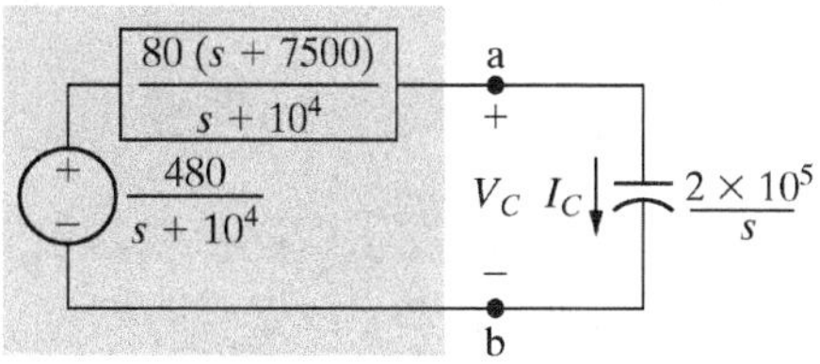

图 13.19 将图 13.18 电路用戴维南等效定理化简后的电路

化简上式得

$$I_C = \frac{6s}{s^2 + 10\,000s + 25 \times 10^6} = \frac{6s}{(s + 5000)^2} \tag{13.59}$$

该方程的部分分式展开式为

$$I_C = \frac{-30\,000}{(s + 5000)^2} + \frac{6}{s + 5000} \tag{13.60}$$

其逆变换为

$$i_C = (-30\,000te^{-5000t} + 6e^{-5000t})u(t)\ \mathrm{A} \tag{13.61}$$

下面验证式(13.61)是否与已知电路相一致，由式(13.61)得

$$i_C(0) = 6\ \mathrm{A} \tag{13.62}$$

正如图 13.17 所示的电路，这个结果与电容的电流初值一致。电感的初始电流和电容的初始电压为零，因此电容的初始电流为 480/80 或者 6 A。电容的电流终值为零，与式(13.61)一致。由方程可知，当 t 大于 200 μs 时，电流取反号，这是因为在开关闭合时，电容开始充电。当 $t=\infty$ 时，电感为短路，电容电压为零。i_C 符号的改变恰好反映了电容充放电的变化。

如果读者对电容两端的电压降感兴趣，则可在求得 i_C 后，通过时域积分求得 v_C，即

$$v_C = 2\times10^5\int_{0^-}^{t}(6-30\ 000x)e^{-5000x}dx \tag{13.63}$$

虽然上式的积分计算并不难，但还是希望先求出 v_C 的 s 域表达式，再求逆变换得到 v_C 的表达式。这样可以避免积分运算，于是 V_C 的表达式为

$$V_C = \frac{1}{sC}I_C = \frac{2\times10^5}{s}\frac{6s}{(s+5000)^2} = \frac{12\times10^5}{(s+5000)^2} \tag{13.64}$$

由此得出

$$v_C = 12\times10^5 te^{-5000t}u(t) \tag{13.65}$$

读者应当验证式(13.65)是否与式(13.63)相符，是否与 i_C 的特性一致(参见习题 13.33)。

评测目标 2　知道如何在 s 域中分析电路，能够将 s 域的结果转换到时域。

13.6　电路如右图所示，电路中电容的初始储能为零。

(a)求端口 a，b 处的 s 域戴维南等效电路。

(b)在端口处加一个和 1 H 电感相串联的 2 Ω 负载电阻，求电流 I_{ab} 的 s 域表达式。

答：(a) $V_{Th}=V_{ab}=[20(s+2.4)]/[s(s+2)]$，$Z_{Th}=5(s+2.8)/(s+2)$；(b) $I_{ab}=[20(s+2.4)]/[s(s+3)(s+6)]$。

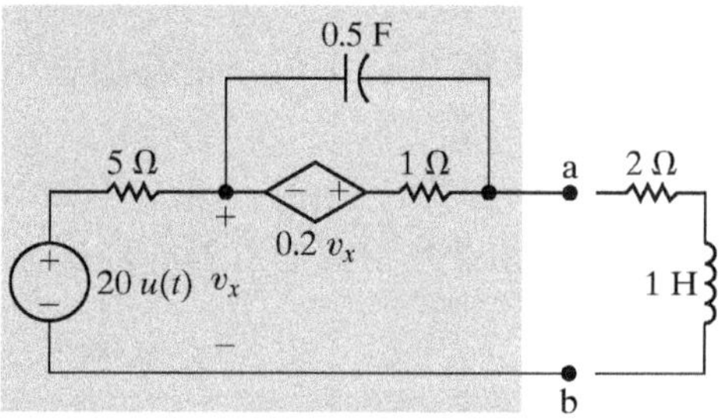

提示：也可以求本章习题 13.35。

13.3.6　含耦合电感的电路

下面的例子叙述了含耦合电感电路的暂态响应的拉氏变换分析法。电路如图 13.20 所示，开关断开之前已处于 a 位置较长时间，在 $t=0$ 时，开关瞬间移到 b 点。求 i_2 的时域表达式。

将图 13.20 电路中的耦合电感用其 T 形等效电路①代替，开关在位置 b，如图 13.21 所示。

现在将电路转换到 s 域。转换过程中注意到

$$i_1(0^-) = \frac{60}{12} = 5\ \text{A} \tag{13.66}$$

$$i_2(0^-) = 0 \tag{13.67}$$

为应用 s 域的网孔分析法，将电感(带有初始电流)化为串联等效电路。s 域电路如图 13.22 所示，注意到电路中只有一个独立电压源。这个电源出现在 T 形电路中的垂直支路上，用来计入 2 H 电感中的初始电流 $i_1(0^-)+i_2(0^-)$ 或 5 A。电流 i_1 所在的支路中无电压源，因为 $L_1-M=0$。

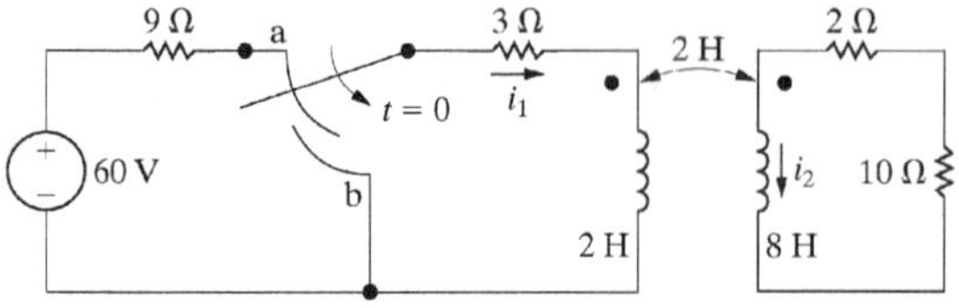

图 13.20　含耦合电感的电路

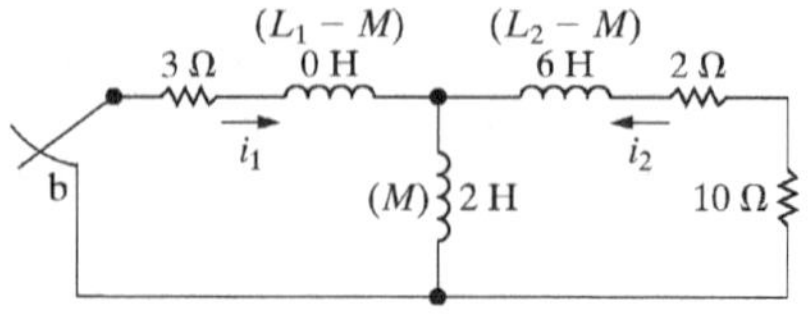

图 13.21　图 13.20 的耦合电感用其 T形等效电路代替后的电路

① 参见附录 C。

描述图 13.22 所示电路的两个 s 域网孔方程为

$$(3+2s)I_1+2sI_2=10 \tag{13.68}$$

$$2sI_1+(12+8s)I_2=10 \tag{13.69}$$

求 I_2 得

$$I_2=\frac{2.5}{(s+1)(s+3)} \tag{13.70}$$

将上式展开为部分分式和的形式得

$$I_2=\frac{1.25}{s+1}-\frac{1.25}{s+3} \tag{13.71}$$

从而

$$i_2=(1.25\mathrm{e}^{-t}-1.25\mathrm{e}^{-3t})u(t)\ \mathrm{A} \tag{13.72}$$

式(13.72)表明，在开关移到 b 点之后 549.31 ms 时，i_2 的值从零增大到最大值 481.13 mA，之后，按指数衰减到零。图 13.23 为 i_2 的时间曲线。这个响应与耦合电感的已知物理特性一致，只有 L_1 电感中有时变电流时，L_2 中才会存在电压。当 i_1 从其初始电流 5 A 开始减小时，i_2 中的电流从零开始增加，之后又随 i_1 趋于零。

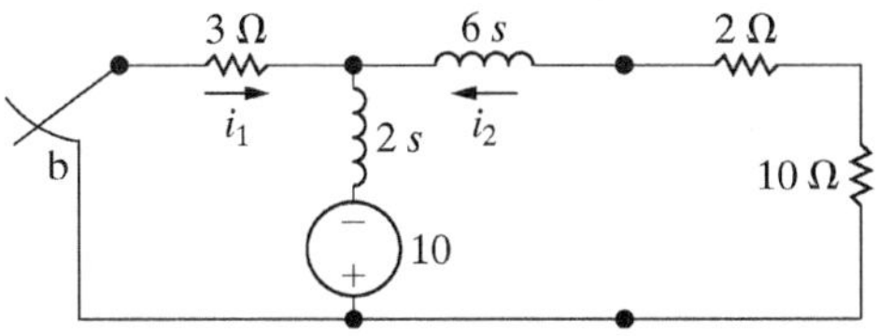

图 13.22　图 13.21 电路的 s 域等效电路

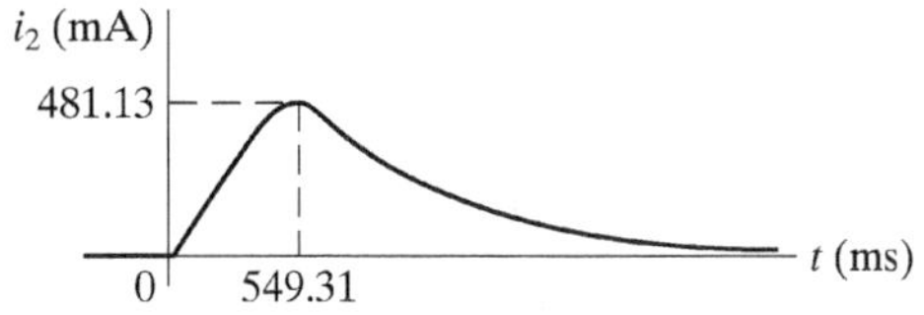

图 13.23　图 13.20 中 i_2 的时间曲线

评测目标 2　知道如何在 s 域中分析电路，能够将 s 域的结果转换到时域。

13.7　(a)根据式(13.72)验证，在 $t=549.31$ ms 时，i_2 达到其最大值 481.13 mA。

(b)求图 13.20 电路中 $t>0$ 时的电流 i_1。

(c)当 i_2 为其最大值时，计算 di_1/dt。

(d)当 i_2 为其最大值时，将 i_2 表示成 di_1/dt 的函数。

(e)用(c)和(d)的结果计算 i_2 的峰值。

答：(a)$di_2/dt=0$，$t=1/2\ln 3$ (s)；(b)$i_1=2.5(\mathrm{e}^{-t}+\mathrm{e}^{-3t})u(t)$ A；(c) −2.89 A/s；(d)$i_2=-(Mdi_1/dt)/12$；(e)481.13 mA。

提示：也可以求本章习题 13.36 和习题 13.37。

13.3.7　叠加原理的应用

所分析的电路都是线性集总电路，所以可以用叠加原理将响应分解为几个部分，每个部分可根据初始条件和单个电源求出。为了使用转移函数，将响应分成几个部分是非常重要的，下一节将会介绍。

分析图 13.24 所示电路，假设在两个电源作用到电路这一时刻，电感的初始电流为 ρ A，电容的初始电压为 γ V。所求的响应为电阻 R_2 两端的电压 v_2。

图 13.25 所示为 s 域等效电路，因为要用节点电压法求 V_2，所以选用 L 和 C 的并联等效 s 域电路模型。

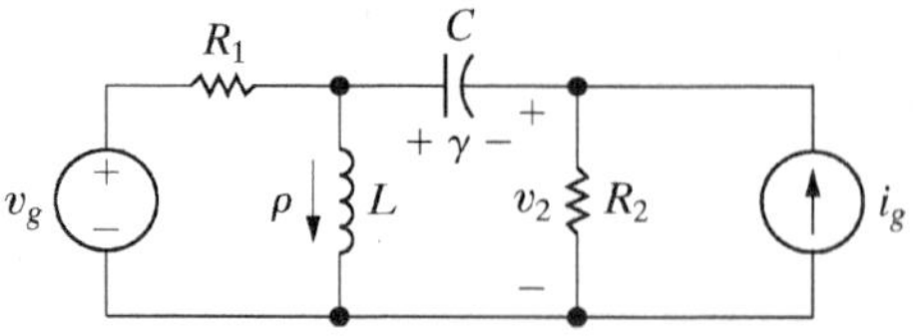

图 13.24 说明 s 域分析中应用了叠加原理的电路

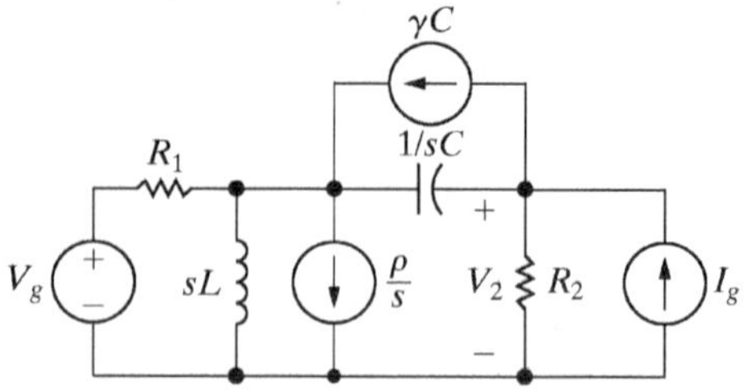

图 13.25 图 13.24 所示电路的 s 域等效电路

用叠加法求 V_2，计算每个电源单独作用时响应 V_2 的各部分分量，然后将各部分相加。先令 V_g 单独作用，使 3 个电流源开路，如图 13.26 所示。加一个节点电压 V_1' 以便分析。V_1 和 V_2 上的撇号表示它们是 V_g 单独作用时分配到 V_1 和 V_2 的分量。图 13.26 所示电路的两个方程为

$$\left(\frac{1}{R_1}+\frac{1}{sL}+sC\right)V_1'-sCV_2'=\frac{V_g}{R_1} \quad (13.73)$$

$$-sCV_1'+\left(\frac{1}{R_2}+sC\right)V_2'=0 \quad (13.74)$$

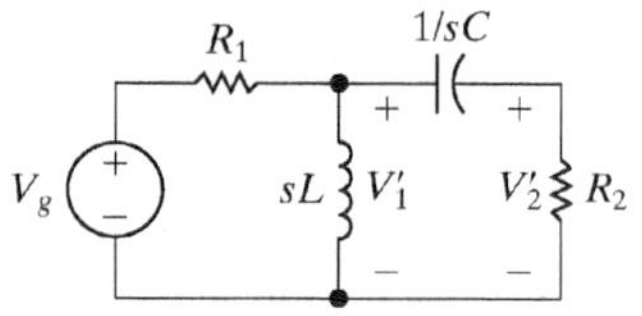

图 13.26 图 13.25 电路中 V_g 单独作用时的电路

为方便起见，引入符号

$$Y_{11}=\frac{1}{R_1}+\frac{1}{sL}+sC \quad (13.75)$$

$$Y_{12}=-sC \quad (13.76)$$

$$Y_{22}=\frac{1}{R_2}+sC \quad (13.77)$$

将式(13.75)至式(13.77)代入式(13.73)和式(13.74)中得

$$Y_{11}V_1'+Y_{12}V_2'=V_g/R_1 \quad (13.78)$$

$$Y_{12}V_1'+Y_{22}V_2'=0 \quad (13.79)$$

解式(13.78)和式(13.79)得 V_2'

$$V_2'=\frac{-Y_{12}/R_1}{Y_{11}Y_{22}-Y_{12}^2}V_g \quad (13.80)$$

当电流源 I_g 单独作用时，图 13.25 的电路化为图 13.27 的电路，其中 V_1'' 和 V_2'' 是 I_g 单独作用时 V_1 和 V_2 上产生的分量。若使用式(13.75)至式(13.77)引入的符号，则图 13.27 所示电路的两个节点方程为

$$Y_{11}V_1''+Y_{12}V_2''=0 \quad (13.81)$$

$$Y_{12}V_1''+Y_{22}V_2''=I_g \quad (13.82)$$

由式(13.81)和式(13.82)求 V_2''

$$V_2''=\frac{Y_{11}}{Y_{11}Y_{22}-Y_{12}^2}I_g \quad (13.83)$$

为求得电感的初始储能所产生的 V_2 的分量(V_2''')，必须求解图 13.28 所示的电路，其中

$$Y_{11}V_1'''+Y_{12}V_2'''=-\rho/s \quad (13.84)$$

$$Y_{12}V_1'''+Y_{22}V_2'''=0 \quad (13.85)$$

因此

$$V_2''' = \frac{Y_{12}/s}{Y_{11}Y_{22} - Y_{12}^2}\rho \tag{13.86}$$

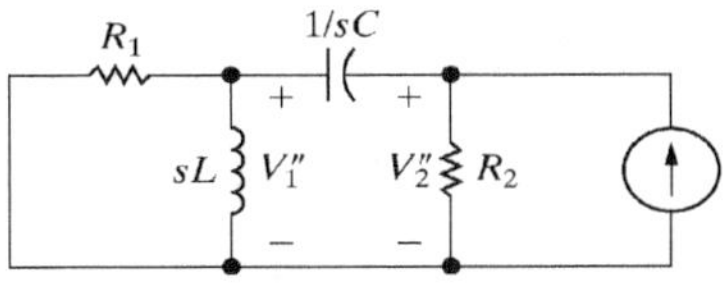

图 13.27　图 13.25 电路中 I_g 单独作用时的电路

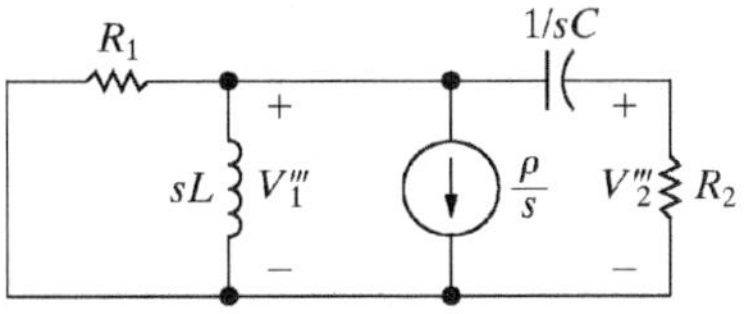

图 13.28　图 13.25 具有初始储能的电感单独作用时的电路

根据图 13.29 所示的电路，可以求得电容的初始储能产生的 V_2 的分量(V_2'''')，该电路的节点方程为

$$Y_{11}V_1'''' + Y_{12}V_2'''' = \gamma C \tag{13.87}$$

$$Y_{12}V_1'''' + Y_{22}V_2'''' = -\gamma C \tag{13.88}$$

求 V_2'''' 得

$$V_2'''' = \frac{-(Y_{11}+Y_{12})C}{Y_{11}Y_{22} - Y_{12}^2}\gamma \tag{13.89}$$

所以 V_2 的表达式为

$$\begin{aligned} V_2 &= V_2' + V_2'' + V_2''' + V_2'''' \\ &= \frac{-(Y_{12}/R_1)}{Y_{11}Y_{22} - Y_{12}^2}V_g + \frac{Y_{11}}{Y_{11}Y_{22} - Y_{12}^2}I_g + \\ &\quad \frac{Y_{12}/s}{Y_{11}Y_{22} - Y_{12}^2}\rho + \frac{-C(Y_{11}+Y_{12})}{Y_{11}Y_{22} - Y_{12}^2}\gamma \end{aligned} \tag{13.90}$$

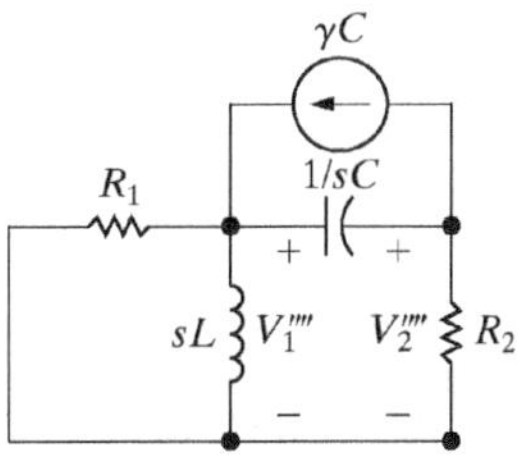

图 13.29　图 13.25 具有初始储能的电容单独作用时的电路

另外，也可以对图 13.25 所示的电路直接列出两个节点方程来求 V_2，而不用叠加法。

$$Y_{11}V_1 + Y_{12}V_2 = \frac{V_g}{R_1} + \gamma C - \frac{\rho}{s} \tag{13.91}$$

$$Y_{12}V_1 + Y_{22}V_2 = I_g - \gamma C \tag{13.92}$$

习题 13.42 要求验证，由式(13.91)和式(13.92)得出的 V_2 与式(13.90)给出的解相等。

评测目标 2　知道如何在 s 域中分析电路，能够将 s 域的结果转换到时域。

13.8　当两电源作用到电路中时，电路的初始储能为零，电路如右图所示。

(a)求 $t>0$ 时，电压源所产生的电压 v 的分量。

(b)求 $t>0$ 时，电流源所产生的电压 v 的分量。

(c)求 $t>0$ 时，v 的表达式。

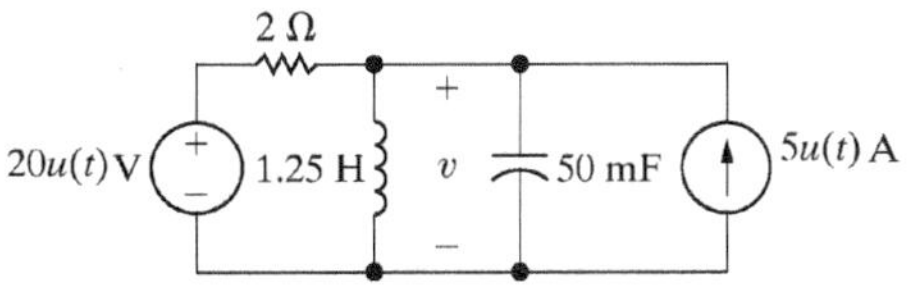

答：(a)$[(100/3)e^{-2t} - (100/3)e^{-8t}]u(t)$ V；(b)$[(50/3)e^{-2t} - (50/3)e^{-8t}]u(t)$ V；(c)$[50e^{-2t} - 50e^{-8t}]u(t)$ V。

提示：也可以求本章习题 13.43。

13.4 转移函数

转移函数定义为 s 域中输出响应的拉氏变换与输入激励的拉氏变换之比。在求转移函数时，要注意电路的限制条件，即初始条件为零，若电路中存在多个独立电源，那么可以为每个电源都求出一个转移函数，并用叠加原理求出所有电源作用时的响应。

转移函数为

$$H(s)=\frac{Y(s)}{X(s)} \tag{13.93}$$

其中 $Y(s)$ 是输出信号的拉氏变换，$X(s)$ 是输入信号的拉氏变换。转移函数与所定义的输出信号有关，例如，图 13.30 所示电路，若电路的电流定义为响应信号，那么

$$H(s)=\frac{I}{V_g}=\frac{1}{R+sL+1/sC}=\frac{sC}{s^2LC+RCs+1} \tag{13.94}$$

求解式(13.94)时，注意 I 对应于输出信号 $Y(s)$，V_g 则对应于输入信号 $X(s)$。

若将电容电压定义为图 13.30 所示电路的输出信号，则转移函数为

$$H(s)=\frac{V}{V_g}=\frac{1/sC}{R+sL+1/sC}=\frac{1}{s^2LC+RCs+1} \tag{13.95}$$

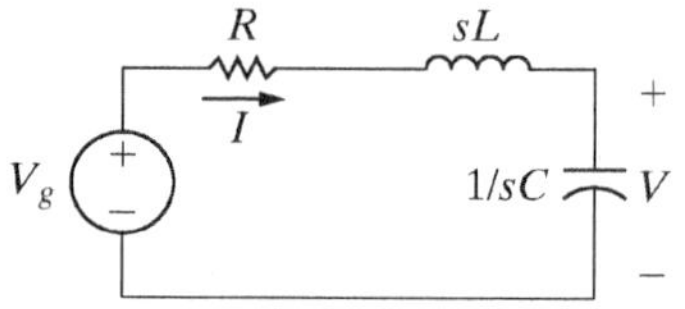

图 13.30 RLC 串联电路

因电路中可能含有多个电源，感兴趣的输出信号定义也可能会有所不同，故一个电路可能有多个转移函数。当电路中含有多个电源时，一个转移函数不能表达所有的输出信号。因此，必须将与每个电源相关的转移函数结合起来，再用叠加法求全部响应。例 13.1 叙述了已知 R，L，C，求转移函数的过程。

例 13.1 求出电路的转移函数

电压源 v_g 作用到图 13.31 所示电路，响应信号是电容两端的电压 v_o。

(a) 计算转移函数的数字表达式。

(b) 计算转移函数零极点的值。

解：

(a) 求转移函数的第一步是建立电路的 s 域等效电路模型，如图 13.32 所示。根据定义，转移函数是 V_o 与 V_g 之比，可由单节点方程求得。将流出该节点的电流相加得

$$\frac{V_o-V_g}{1000}+\frac{V_o}{250+0.05s}+\frac{V_o s}{10^6}=0$$

解方程求 V_o 得

$$V_o=\frac{1000\times(s+5000)V_g}{s^2+6000s+25\times10^6}$$

所以转移函数为

$$H(s)=\frac{V_o}{V_g}=\frac{1000\times(s+5000)}{s^2+6000s+25\times10^6}$$

(b) $H(s)$ 的极点是分母多项式的根，因此

$$-p_1=-3000-\mathrm{j}4000$$

$$-p_2=-3000+\mathrm{j}4000$$

$H(s)$ 的零点是分子多项式的根，因此 $H(s)$ 的零点在

$$-z_1=-5000$$

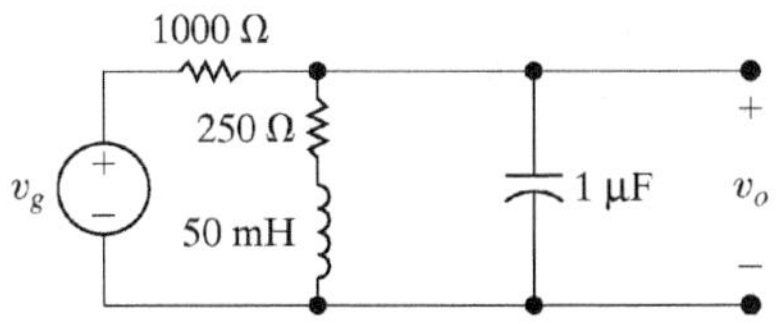

图 13.31 例 13.1 的电路

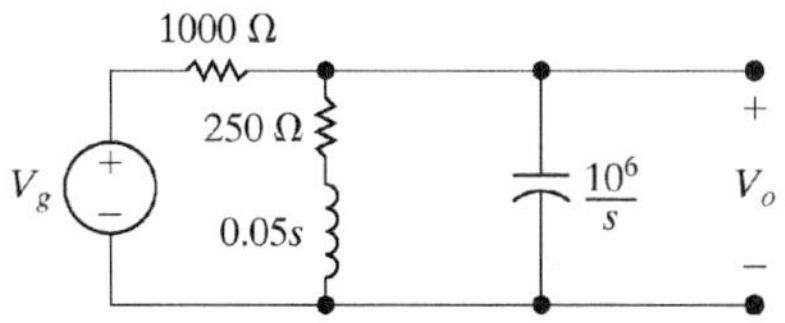

图 13.32 图 13.31 的 s 域等效电路

评测目标 3 理解转移函数的定义和意义，能计算转移函数。

13.9 (a)电路如右图所示，求转移函数 V_o/I_g 的数值表达式。

(b)求出 $H(s)$零极点的值。

答：(a) $H(s)=10(s+2)/(s^2+2s+10)$

(b) $-p_1=-1+j3$, $-p_2=-1-j3$, $-z=-2$

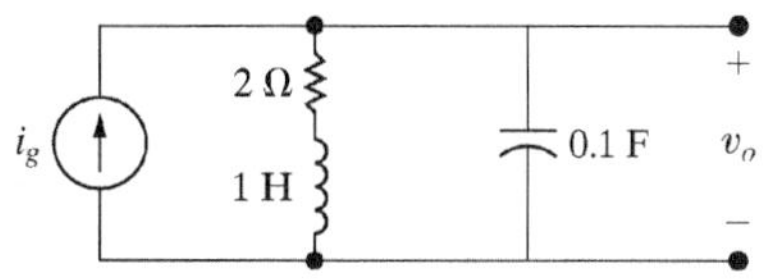

提示：也可以求本章习题 13.52。

13.4.1 *H*(*s*)零极点的位置

对于线性集总电路，$H(s)$是 s 的有理式，复极点和复零点总是成对出现的。如果有界电源（电源值在某一有限范围内）的响应也是有界的，则 $H(s)$的极点必然在 s 平面的左半面内。$H(s)$的零点则在左右平面内均可以。

记住这些特点就可以继续讨论在确定响应函数时 $H(s)$的作用了。求响应 $y(t)$时用部分分式展开法。

13.5 转移函数的部分分式的展开式形式

根据式(13.93)，可将电路的输出写为转移函数与激励函数之积的形式

$$Y(s)=H(s)X(s) \tag{13.96}$$

其中，$H(s)$是 s 的分式，参考表 13.1 可知 $X(s)$也是 s 的分式，在电路分析中，感兴趣的激励函数中大多也是 s 的分式。

将方程(13.96)的右边展开成部分分式之和，$H(s)$和 $X(s)$的每个极点都会产生一个分式项。由第 12 章的讨论结果已知，极点是分母多项式的根，零点是分子多项式的根，由 $H(s)$的极点产生的分式项求出的响应，是完全响应中的暂态分量，而 $X(s)$的极点项求出的响应是完全响应中的稳态分量。所谓稳态响应是指暂态响应分量忽略后仍然存在的响应。例 13.2 说明了这些结论。

例 13.2 分析电路的转移函数

图 13.31 的激励为一个电压源 $v_g=50tu(t)$。

(a)用转移函数求 v_o。(b)求暂态响应分量。(c)求稳态响应分量。(d)画出 $0\leqslant t\leqslant 1.5$ ms 间的 v_o 曲线。

解：

(a)由例 13.1 得

$$H(s)=\frac{1000\times(s+5000)}{s^2+6000s+25\times10^6}$$

激励源的转移函数为 $50/s^2$，所以输出电压的 s 域表达式为

$$V_o=\frac{1000\times(s+5000)}{(s^2+6000s+25\times10^6)}\frac{50}{s^2}$$

其部分分式展开为

$$V_o = \frac{K_1}{s+3000-\mathrm{j}4000} + \frac{K_1^*}{s+3000+\mathrm{j}4000} + \frac{K_2}{s^2} + \frac{K_3}{s}$$

用 12.7 节所述方法求系数 K_1，K_2 和 K_3

$$K_1 = 5\sqrt{5}\times10^{-4}\ \angle 79.70^\circ$$

$$K_1^* = 5\sqrt{5}\times10^{-4}\ \angle -79.70^\circ$$

$$K_2 = 10$$

$$K_3 = -4\times10^{-4}$$

v_o 的时域表达式为

$$v_o = [10\sqrt{5}\times10^{-4}\mathrm{e}^{-3000t}\cos(4000t+79.70^\circ) + 10t - 4\times10^{-4}]u(t)\ \mathrm{V}$$

(b)v_o 的暂态分量为

$$10\sqrt{5}\times10^{-4}\mathrm{e}^{-3000t}\cos(4000t+79.70^\circ)$$

该项是转移函数的极点(-3000 + j4000)和(-3000 - j4000)产生的。

(c)响应的稳态分量为

$$(10t - 4\times10^{-4})u(t)$$

这两项是由激励电压的二阶极点(K/s^2)产生的。

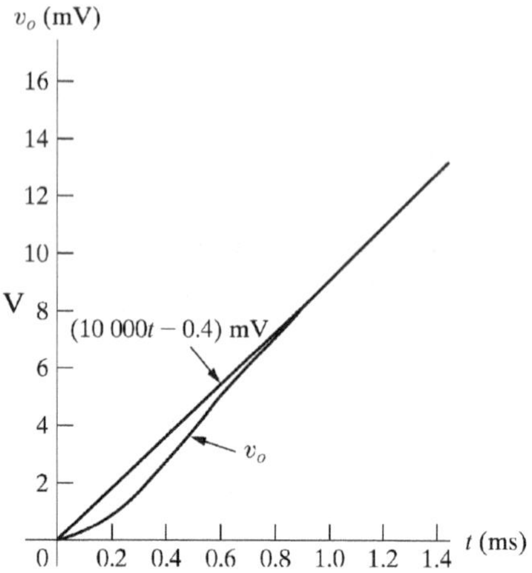

图 13.33　例 13.2 中的 v_o-t 曲线

(d)v_o 的曲线如图 13.33 所示，大约在 1 ms 后，就看不到与稳态值(10 000t - 0.4) mV 之间的误差了。

评测目标 4　知道如何用转移函数计算电路的单位冲激响应、单位阶跃响应和正弦稳态响应。

13.10　(a)求评测目标练习 13.9 中电路的单位阶跃响应。

(b)求评测目标练习 13.9 中电路的单位冲激响应。

答：(a)$[2+(10/3)\mathrm{e}^{-t}\cos(3t-126.87^\circ)]u(t)$ V；(b)$10.54\mathrm{e}^{-t}\cos(3t-18.43^\circ)u(t)$ V。

13.11　一个电路的单位冲激响应为

$$v_o(t) = 10\,000\mathrm{e}^{-70t}\cos(240t+\theta)\ \mathrm{V}$$

其中 $\tan\theta = 7/24$。

(a)求电路的转移函数。

(b)求电路的单位阶跃响应。

答：(a)$9600s/(s^2+140s+62\,500)$；(b)$40\mathrm{e}^{-70t}\sin 240t$ V。

提示：也可以求本章习题 13.77(a)和(b)。

13.5.1　*H*(*s*)在电路分析中的应用

例 13.2 清楚地表明了如何通过部分分式将转移函数 $H(s)$ 与电路响应联系起来。但是例题中也提出了一个问题，即当增幅斜坡电压激励电路时会产生增幅斜坡响应，这有实用性吗？最终在强大的电压作用下，电路元件会损坏，而且当上述情况发生后，线性模型就不再成立了。斜坡函数经过有限时间间隔增加到一个最大值，这种斜坡响应是有实用意义的。如果达到最大值所需要的时间比电路的时间常数长，那么在这个有限时间间隔内就可以将斜坡函数假设为无界的斜坡函数。

关于式(13.96)有两点需要补充。第一，是在讨论延时输入下电路的响应。若输入延时 a 秒，则

$$\mathscr{L}\{x(t-a)u(t-a)\} = \mathrm{e}^{-as}X(s)$$

再结合式(13.96)得到响应为

$$Y(s) = H(s)X(s)e^{-as} \tag{13.97}$$

若 $y(t) = \mathcal{L}^{-1}\{H(s)X(s)\}$，那么由式(13.97)得

$$y(t-a)u(t-a) = \mathcal{L}^{-1}\{H(s)X(s)e^{-as}\} \tag{13.98}$$

因此，输入延时 a 秒，响应也延时 a 秒，电路的这种特性称为时不变性。

第二，若是单位冲激电源激励电路，则电路的响应等于转移函数的逆变换。于是，若

$$x(t) = \delta(t)$$

则

$$X(s) = 1$$

以及

$$Y(s) = H(s) \tag{13.99}$$

因此，由式(13.99)得

$$y(t) = h(t) \tag{13.100}$$

转移函数的逆变换等于电路的单位冲激响应，它也是电路的固有响应，因为冲激电源相当于电路中的瞬时储能(参见 13.8 节)。随着储能的释放就引起固有响应(参见习题 13.82)。

实际上，电路的冲激响应 $h(t)$ 包含很多信息，可以用来计算任何激励源激励下电路的响应。下一节中将介绍，卷积积分可用来求任何电源激励下电路的响应。

13.6　转移函数和卷积积分

卷积积分把线性非时变电路的响应 $y(t)$ 与电路的输入 $x(t)$ 以及电路的单位冲激响应 $h(t)$ 联系在一起。积分关系可用两种方式表示

$$y(t) = \int_{-\infty}^{\infty} h(\lambda)x(t-\lambda)\,d\lambda = \int_{-\infty}^{\infty} h(t-\lambda)x(\lambda)\,d\lambda \tag{13.101}$$

卷积积分的重要性可以从几个方面说明。首先，能完全在时域内求解。如果 $x(t)$ 和 $h(t)$ 只能通过实验得出，那么卷积积分会带来方便，但是，变换法可能会很烦琐甚至不可能，因为这时必须对实验数据进行拉氏变换。第二，卷积积分将记忆的概念和加权函数的概念引入分析中。记忆的概念能使读者清楚冲激响应(加权函数)$h(t)$，并可以看出输出波形是在某种程度上对输入波形的复制。第三，卷积积分为拉氏变换乘积的逆变换提供了一般方法。

根据式(13.101)的结果，假设电路是线性时不变电路。因为电路是线性的，所以可以应用叠加原理，由于它是时不变的，故输出延时与输入延时相等。参见图 13.34，含 $h(t)$ 的方框代表任一线性非时变电路，其冲激响应已知。$x(t)$ 代表激励信号，$y(t)$ 是要求解的输出信号。

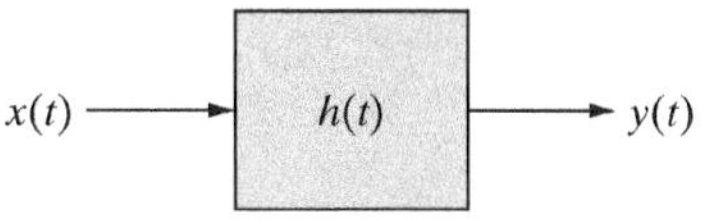

图 13.34　一般电路的方框图

假设 $x(t)$ 是一个一般的激励信号，如图 13.35(a)所示。为方便起见，假设 $t<0^-$ 时，$x(t)=0$，一旦清楚 $t<0^-$ 时 $x(t)=0$ 的卷积积分结果后，再扩展积分区间，以便包含在整个时域内都存在的激励函数，理解卷积积分就非常简单了。同时还要注意，输入信号 $x(t)$ 在原点可以不连续，也就是在 0^- 和 0^+ 之间存在跳变。

现在用一系列等宽为 $\Delta\lambda$ 的矩形脉冲近似表示 $x(t)$，如图 13.35(b)所示，即

$$x(t) = x_0(t) + x_1(t) + \cdots + x_i(t) + \cdots \tag{13.102}$$

其中 $x_i(t)$ 是一个矩形脉冲，它在 λ_i 和 λ_{i+1} 之间等于 $x(\lambda_i)$，其他处为零。第 i 个脉冲可以用阶

跃函数表示，即

$$x_i(t) = x(\lambda_i)\{u(t-\lambda_i) - u[t-(\lambda_i+\Delta\lambda)]\}$$

令 $x(t)$ 近似表达式中的 $\Delta\lambda$ 够小，使第 i 个部分可以近似看成是一个强度为 $x(\lambda_i)\Delta\lambda$ 的冲激函数，图 13.35(c) 给出了冲激表达式，每个冲激强度显示在箭头旁的括号中。$x(t)$ 的冲激表达式为

$$x(t) = x(\lambda_0)\Delta\lambda\delta(t-\lambda_0) + x(\lambda_1)\Delta\lambda\delta(t-\lambda_1) + \cdots + x(\lambda_i)\Delta\lambda\delta(t-\lambda_i) + \cdots \quad (13.103)$$

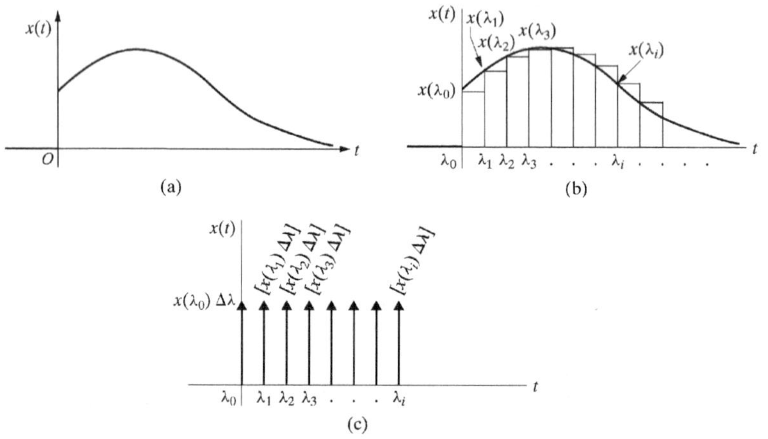

图 13.35 激励信号 $x(t)$：(a)一般的激励信号；(b)用一系列脉冲信号近似 $x(t)$；(c)用一系列冲激信号近似 $x(t)$

当 $x(t)$ 表示为一系列冲激函数的时候(冲激以相等的时间间隔出现)，响应 $y(t)$ 就包含一系列相等延时的冲激响应之和，每个响应的强度与输入到电路中的冲激强度有关。例如，图 13.34 的方框中电路的单位冲激响应是延时的指数函数，如图 13.36(a) 所示。$y(t)$ 近似为冲激响应之和，如图 13.36(b) 所示。

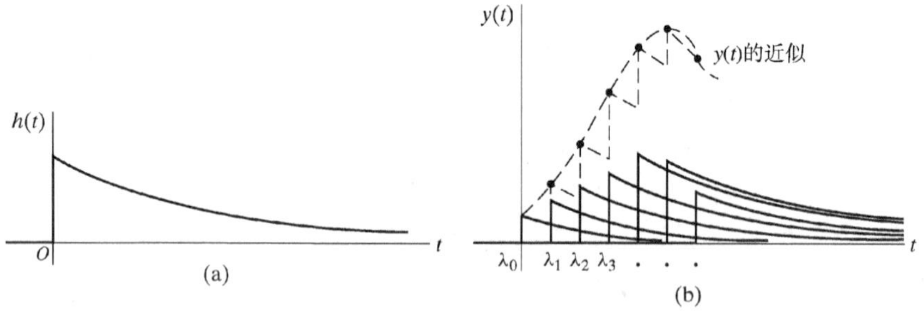

图 13.36 $y(t)$ 的近似计算：(a)图 13.34 中方框图的冲激响应；(b)将冲激响应取和

$y(t)$ 的表达式为

$$\begin{aligned} y(t) = {} & x(\lambda_0)\Delta\lambda h(t-\lambda_0) + x(\lambda_1)\Delta\lambda h(t-\lambda_1) \\ & + x(\lambda_2)\Delta\lambda h(t-\lambda_2) + \cdots \\ & + x(\lambda_i)\Delta\lambda h(t-\lambda_i) + \cdots \end{aligned} \quad (13.104)$$

当 $\Delta\lambda \to 0$ 时，式(13.104)中的和趋近于一个连续的积分式，或者为

$$\sum_{i=0}^{\infty} x(\lambda_i)h(t-\lambda_i)\Delta\lambda \to \int_0^{\infty} x(\lambda)h(t-\lambda)\mathrm{d}\lambda \quad (13.105)$$

因此

$$y(t)=\int_0^{\infty}x(\lambda)h(t-\lambda)\mathrm{d}\lambda \tag{13.106}$$

如果 $x(t)$ 存在于整个时间轴内，则式(13.106)的下限变为 $-\infty$，于是，一般情况下

$$y(t)=\int_{-\infty}^{\infty}x(\lambda)h(t-\lambda)\mathrm{d}\lambda \tag{13.107}$$

这是由式(13.101)给出的卷积积分的另一种形式，对式(13.107)进行积分变量代换，可得出第一种积分形式。令 $u=t-\lambda$，则 $\mathrm{d}u=-\mathrm{d}\lambda$，当 $\lambda=\infty$ 时，$u=-\infty$，当 $\lambda=-\infty$ 时，$u=\infty$，于是可写出方程

$$y(t)=\int_{\infty}^{-\infty}x(t-u)h(u)(-\mathrm{d}u)$$

或

$$y(t)=\int_{-\infty}^{\infty}x(t-u)h(u)(\mathrm{d}u) \tag{13.108}$$

但是因 u 只是积分变量，所以式(13.108)与式(13.101)是等效的，其中式(13.101)是第一种卷积积分的形式。

式(13.101)所表示的 3 个函数 $y(t)$，$h(t)$，$x(t)$ 之间的积分关系常写为下面的简化符号：

$$y(t)=h(t)\ *\ x(t)=x(t)\ *\ h(t) \tag{13.109}$$

式中的星号表明 $h(t)$ 和 $x(t)$ 之间是卷积积分关系，其含义是

$$h(t)\ *\ x(t)=\int_{-\infty}^{\infty}h(\lambda)x(t-\lambda)\mathrm{d}\lambda$$

而 $x(t)*h(t)$ 则表示为

$$x(t)\ *\ h(t)=\int_{-\infty}^{\infty}x(\lambda)h(t-\lambda)\mathrm{d}\lambda$$

式(13.101)中的积分式给出了两个函数卷积的一般关系式。但是在卷积应用中，可以将下限改为零，上限改为 t，这样式(13.101)可写为

$$y(t)=\int_0^{t}h(\lambda)x(t-\lambda)\mathrm{d}\lambda=\int_0^{t}x(\lambda)h(t-\lambda)\mathrm{d}\lambda \tag{13.110}$$

改变积分限的原因有两个。第一，对物理可实现的电路而言，当 $t<0$ 时，$h(t)=0$，也就是说，在冲激信号作用前不存在冲激响应。第二，从激励作用到系统这一时刻开始计时，因此，当 $t<0^-$ 时，$x(t)=0$。

当将积分作为一种计算工具的时候，式(13.110)中包含的卷积积分的图解非常重要。先从第一种积分开始，为讨论方便，假设电路的冲激响应是指数延时函数，如图 13.37(a)所示，同时激励函数的波形如图 13.37(b)所示，在两个图中均用λ代替 t 作为积分变量。用 $-\lambda$代替λ，就是将激励以纵轴为对称轴翻转，用 $t-\lambda$代替 $-\lambda$，就是将翻转后的函数向右移，如图 13.37(c)和图 13.37(d)所示。这种翻转操作就引出了“卷”的概念。对任一给定的 t，响应函数 $y(t)$ 就是乘积函数 $h(\lambda)x(t-\lambda)$ 曲线下的面积，如图 13.37(e)所示。显然，从曲线可以看出卷积积分的下限为 0，上限为 t 的原因。当$\lambda<0$ 时，因 $h(\lambda)$ 为零，所以乘积 $h(\lambda)x(t-\lambda)$ 也为零，当$\lambda>t$ 时，因 $x(t-\lambda)$ 为零，所以乘积 $h(\lambda)x(t-\lambda)$ 也为零。

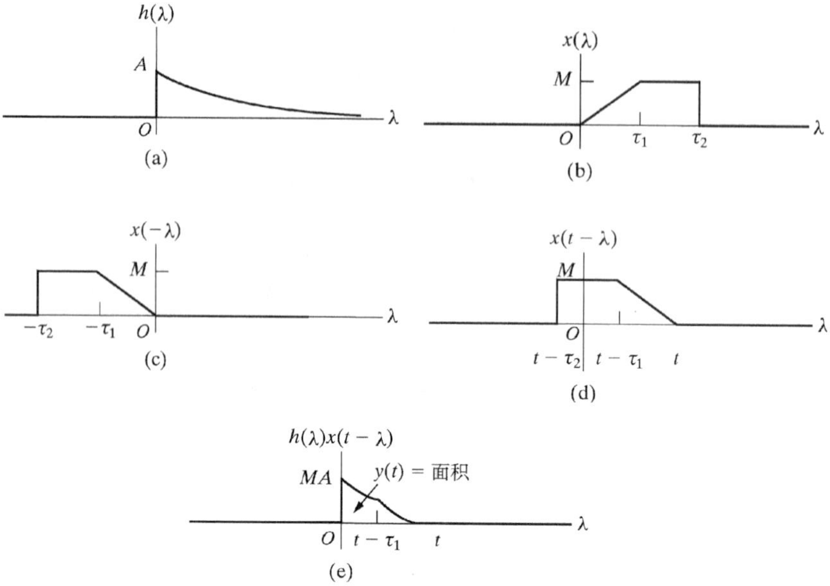

图 13.37 卷积积分 $\int_0^t h(\lambda)x(t-\lambda)\,d\lambda$ 的图解：(a)冲激响应；(b)激励函数；(c)激励函数的翻转；(d)翻转后的激励函数移动 t 个时间单位；(e)乘积 $h(\lambda)x(t-\lambda)$

图 13.38 展示了卷积积分的第二种形式，注意图 13.38(e)中的乘积函数确定了积分下限为 0，积分上限为 t。

例 13.3 说明了如何用卷积以及单位冲激响应求电路的响应。

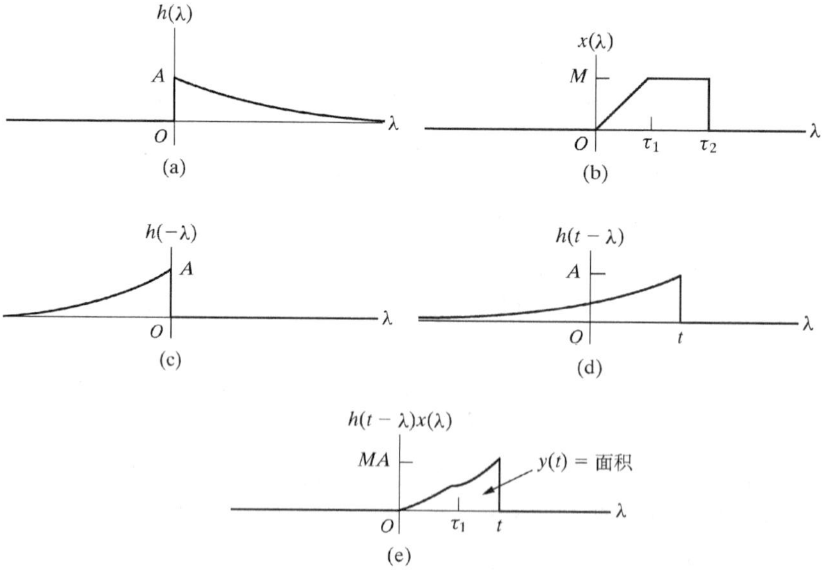

图 13.38 卷积积分 $\int_0^t h(t-\lambda)x(\lambda)\,d\lambda$ 的图解：(a)冲激响应；(b)激励信号；(c)激励信号的翻转；(d)翻转后的激励信号延时 t 个时间单位；(e) $h(t-\lambda)$ 与 $x(\lambda)$ 的乘积

例 13.3　用卷积求输出信号

图 13.39(a)中电路的激励电压 v_i 如图 13.39(b)所示，(a)用卷积求 v_o；(b)画出 v_o 在 $0 \leqslant t \leqslant 15$ s 间的曲线。

解：

(a)用卷积法求电路响应的第一步是求电路的冲激响应，由图 13.39(a)的 s 域等效电路求 V_o 的表达式

$$V_o = \frac{V_i}{s+1}(1)$$

当 v_i 是单位冲激函数 $\delta(t)$ 时

$$v_o = h(t) = \mathrm{e}^{-t}u(t)$$

因此

$$h(\lambda) = \mathrm{e}^{-\lambda}u(\lambda)$$

用第一种卷积形式建立冲激响应和翻转后的激励函数，参见式(13.110)，如图 13.40 所示，这对确定卷积积分限很有帮助。移动翻转后的激励函数将积分分成 3 个间隔：$0 \leqslant t \leqslant 5$；$5 \leqslant t \leqslant 10$；$10 \leqslant t \leqslant \infty$。激励函数的 3 个间断点就确定了这些断点。图 13.41 表明了每个阶段激励函数所在的位置。在 $0 \leqslant t \leqslant 5$ 时间内，v_i 的解析表达式为

$$v_i = 4t, \quad 0 \leqslant t \leqslant 5\ \mathrm{s}$$

因此，在 $t-5 \leqslant \lambda \leqslant t$ 内，翻转的激励函数的解析表达式为

$$v_i(t-\lambda) = 4(t-\lambda), \quad t-5 \leqslant \lambda \leqslant t$$

现在可以建立 3 个 v_o 的积分表达式。当 $0 \leqslant t \leqslant 5$ s 时

$$v_o = \int_0^t 4(t-\lambda)\mathrm{e}^{-\lambda}\mathrm{d}\lambda = 4(\mathrm{e}^{-t} + t - 1)\ \mathrm{V}$$

当 5 s$\leqslant t \leqslant$10 s 时

$$v_o = \int_0^{t-5} 20\mathrm{e}^{-\lambda}\mathrm{d}\lambda + \int_{t-5}^{t} 4(t-\lambda)\mathrm{e}^{-\lambda}\mathrm{d}\lambda = 4 \times (5 + \mathrm{e}^{-t} - \mathrm{e}^{-(t-5)})\ \mathrm{V}$$

当 10 s$\leqslant t \leqslant \infty$ 时

$$v_o = \int_{t-10}^{t-5} 20\mathrm{e}^{-\lambda}\mathrm{d}\lambda + \int_{t-5}^{t} 4(t-\lambda)\mathrm{e}^{-\lambda}\mathrm{d}\lambda = 4 \times (\mathrm{e}^{-t} - \mathrm{e}^{-(t-5)} + 5\mathrm{e}^{-(t-10)})\ \mathrm{V}$$

(b)用适当的方程，每隔 1 s 间隔计算出 v_o，结果放在表 13.2 中，图 13.42 表示其波形。

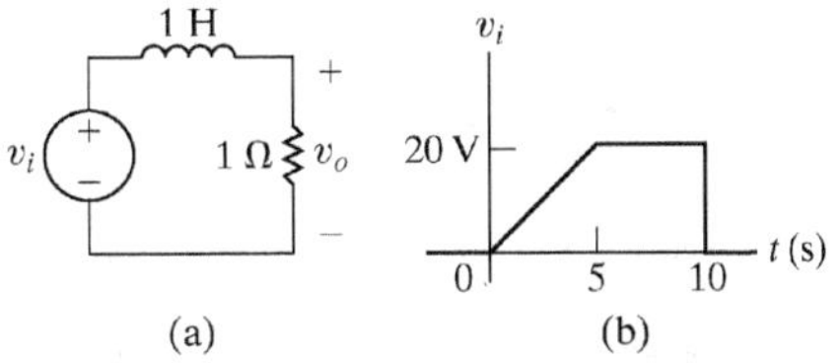

图 13.39　例 13.3 的电路和激励电源：(a)电路；(b)激励电压

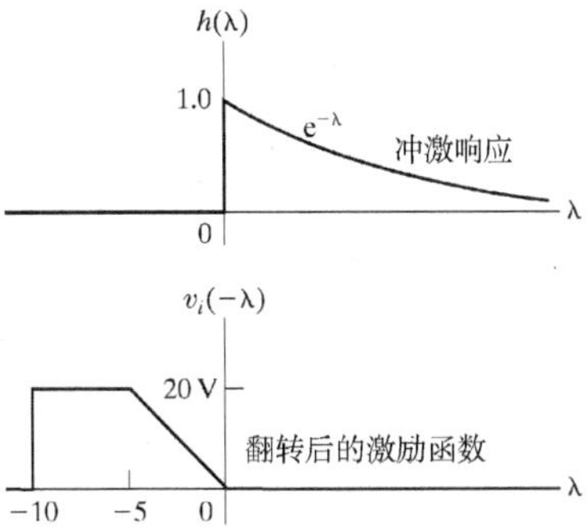

图 13.40　例 13.3 的冲激响应和翻转后的激励函数

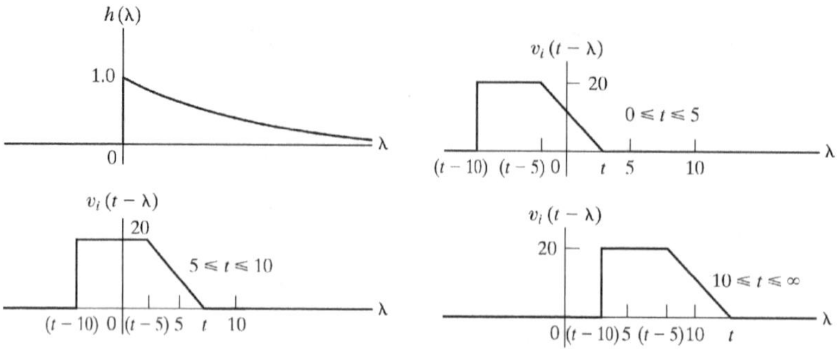

图 13.41 3 个不同时间间隔的 $v_i(t-\lambda)$ 的延时

表 13.2 $v_0(t)$ 的数值

t	v_o	t	v_o	t	v_o
1	1.47	6	18.54	11	7.35
2	4.54	7	19.56	12	2.70
3	8.20	8	19.80	13	0.99
4	12.07	9	19.93	14	0.37
5	16.03	10	19.97	15	0.13

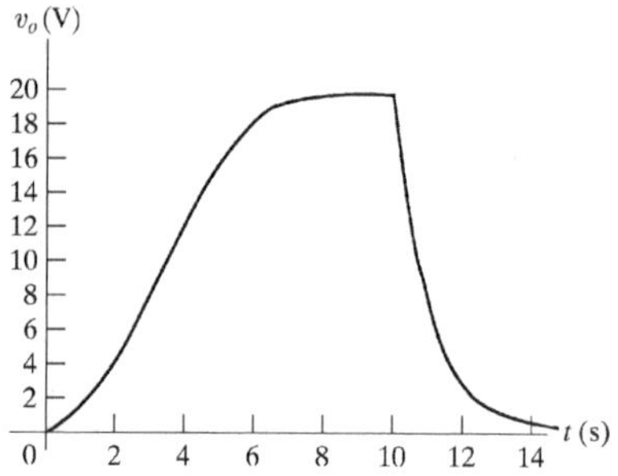

图 13.42 例 13.3 的电压响应时间曲线

提示：若想测试对卷积的理解程度，试求本章习题 13.52 和习题 13.60。

13.6.1 记忆性和加权函数的概念

在本节开始曾经提到过，卷积积分将记忆和加权函数的概念引入到电路分析中。卷积积分的图形解释是掌握这些概念最容易的方法，可以用时间尺度的方式将激励函数的翻转和平移描述为过去、现在和未来，纵轴代表目前值，纵轴的左边代表未来值，右边代表过去值，如图 13.43 所示。为了说明问题的方便，采用例 13.3 的激励函数。

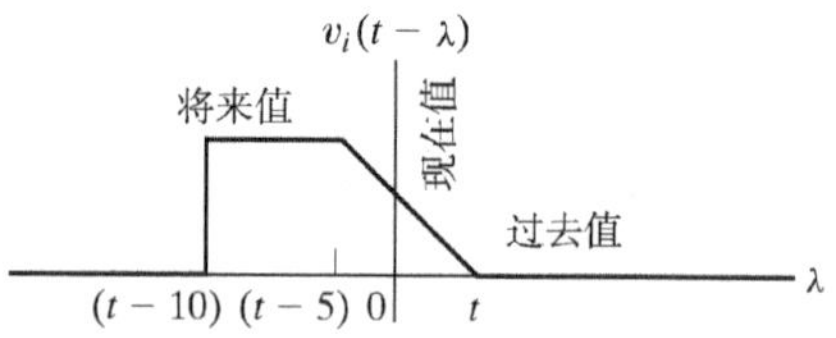

图 13.43 激励信号的过去、现在和将来值

把 $x(t-\tau)$ 波形的过去、现在和将来与电路的冲激响应结合起来观察会发现，冲激响应根据目前和过去值对 $x(t)$ 加权，如图 13.41 所示，冲激响应(参见例 13.3)对 $x(t)$ 的过去值加的权比对 $x(t)$ 的当前值加的权要小得多，换句话说，电路对过去的输入值保留得越来越少，因此，对图 13.42 中的 v_o，当输入的当前值为零($t>10$ s)时，v_o 很快趋向于零，也就是说，输入的当前值比过去值接受到较多的加权，所以输出很快地会接近输入的当前值。

$x(t-\lambda)$ 乘以 $h(\lambda)$ 就是将冲激响应看做电路的加权函数。反之，加权函数决定了电路记忆性的大小。记忆是指电路的响应与输入相似的程度，例如，如果冲激响应或者加权函数是水平的，如图 13.44(a)所示，对所有的 $x(t)$ 值，无论是过去还是当前，都会得到相等的加权，则这种电路就具有完全的记忆。但如果冲激响应是冲激函数，如图 13.44(b)所示，则它对 $x(t)$ 的过去值就没有加权，这种电路就没有记忆。因此，电路的记忆性越强，激励函数的波形和响应函数波形之间的差别就越大。证明这种关系时可以假设电路没有记忆，即 $h(t)=A\delta(t)$，然后根据卷积积分的定义记为

$$y(t)=\int_0^t h(\lambda)x(t-\lambda)\mathrm{d}\lambda=\int_0^t A\delta(\lambda)x(t-\lambda)\mathrm{d}\lambda=Ax(t) \tag{13.111}$$

式(13.111)表明，如果电路无记忆，则输出是输入的成比例复制。

例 13.3 所示电路表明，对于有记忆的电路，输出和输入之间存在误差，若将输出和输入画到同一个图中，会看到误差非常清楚，如图 13.45 所示。

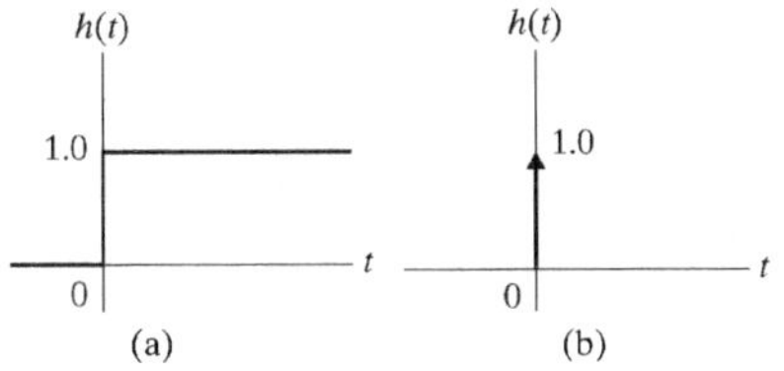

图 13.44　加权函数：(a)完全记忆；(b)无记忆

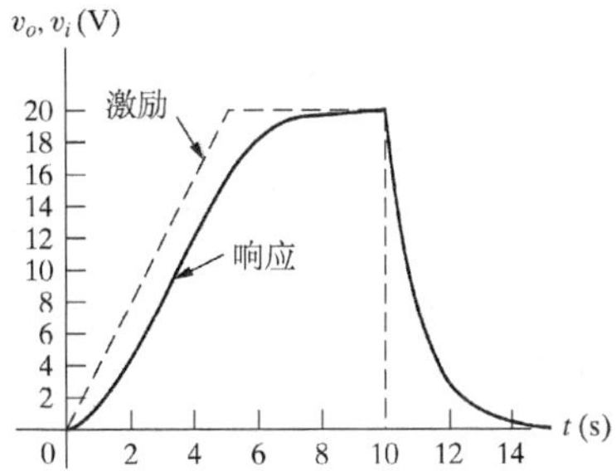

图 13.45　例 13.3 的输入和输出波形

13.7　转移函数和正弦稳态响应

如果已经求出电路的转移函数，就不需要单独对电路进行相量分析来求稳态响应了，而可以直接用转移函数来建立激励源和稳态响应的关系。首先假设

$$x(t)=A\cos(\omega t+\phi) \tag{13.112}$$

然后，用式(13.96)求 $y(t)$ 的稳态响应。为求 $x(t)$ 的拉氏变换，先将 $x(t)$ 写成

$$x(t)=A\cos\omega t\cos\phi-A\sin\omega t\sin\phi \tag{13.113}$$

从而得到

$$X(s)=\frac{(A\cos\phi)s}{s^2+\omega^2}-\frac{(A\sin\phi)\omega}{s^2+\omega^2}=\frac{A(s\cos\phi-\omega\sin\phi)}{s^2+\omega^2} \tag{13.114}$$

将式(13.114)代入式(13.96)得出响应的 s 域表达式

$$Y(s)=H(s)\frac{A(s\cos\phi-\omega\sin\phi)}{s^2+\omega^2} \tag{13.115}$$

观察式(13.115)的部分分式展开式。展开式的项数与 $H(s)$ 的极点有关，因为 $H(s)$ 作为物理可实现电路的转移函数是不难确定的。式(13.115)的展开式为

$$Y(s)=\frac{K_1}{s-\mathrm{j}\omega}+\frac{K_1^*}{s+\mathrm{j}\omega}+\sum \text{由 } H(s) \text{极点产生的项} \tag{13.116}$$

在式(13.116)中，前两项是由激励源的共轭复极点产生的，即 $s^2+\omega^2=(s-\mathrm{j}\omega)(s+\mathrm{j}\omega)$，但 $H(s)$ 的极点产生的响应对 $y(t)$ 的稳态响应没有影响，因为，所有的 $H(s)$ 的极点都位于左半 s 平面，所以当 t 增加时，相应的时域项趋向于零，因此式(13.116)右边的前两项决定了稳态响应。剩下的问题就是求部分分式的系数 K_1

$$\begin{aligned}K_1&=\left.\frac{H(s)A(s\cos\phi-\omega\sin\phi)}{s+\mathrm{j}\omega}\right|_{s=\mathrm{j}\omega}\\&=\frac{H(\mathrm{j}\omega)A(\mathrm{j}\omega\cos\phi-\omega\sin\phi)}{2\mathrm{j}\omega}\\&=\frac{H(\mathrm{j}\omega)A(\cos\phi+\mathrm{j}\sin\phi)}{2}=\frac{1}{2}H(\mathrm{j}\omega)A\mathrm{e}^{\mathrm{j}\phi}\end{aligned} \tag{13.117}$$

一般情况下，$H(\mathrm{j}\omega)$是一个复数，可以写成极数形式，即

$$H(\mathrm{j}\omega) = |H(\mathrm{j}\omega)|\mathrm{e}^{\mathrm{j}\theta(\omega)} \tag{13.118}$$

式(13.118)中的转移函数的幅值$|H(\mathrm{j}\omega)|$和相位角$\theta(\omega)$均随着ω而变化。当把式(13.118)代入式(13.117)时，K_1的表达式为

$$K_1 = \frac{A}{2}|H(\mathrm{j}\omega)|\mathrm{e}^{\mathrm{j}[\theta(\omega)+\phi]} \tag{13.119}$$

将式(13.116)进行逆变换，求得$y(t)$的稳态解。在逆变换过程中忽略$H(s)$的极点产生的项，得

$$y_{\mathrm{ss}}(t) = A|H(\mathrm{j}\omega)|\cos[\omega t + \phi + \theta(\omega)] \tag{13.120}$$

该式说明了如何用转移函数求电路的正弦稳态响应，响应的幅值等于电源的幅值乘以转移函数$|H(\mathrm{j}\omega)|$的幅值，相角$\phi+\theta(\omega)$等于电源的相角ϕ加上转移函数的相角$\theta(\omega)$，$|H(\mathrm{j}\omega)|$和$\theta(\omega)$的值要根据电源的频率计算。

例13.4说明了如何用转移函数求电路的正弦稳态响应。

例13.4 用转移函数求正弦稳态响应

电路如图13.46所示，正弦电压源为120 cos(5000t+30°) V，求稳态响应v_o。

解：由例13.1得

$$H(s) = \frac{1000 \times (s+5000)}{s^2 + 6000s + 25 \times 10^6}$$

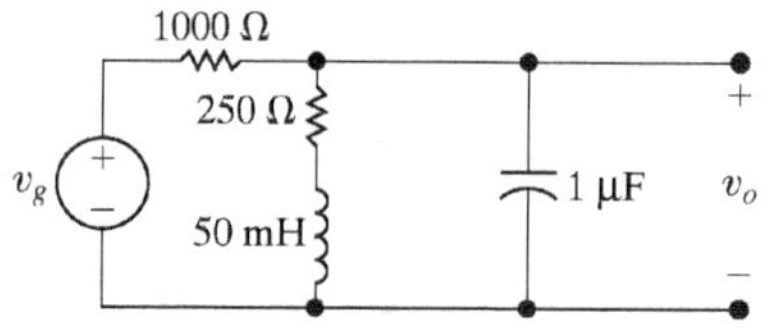

图13.46 例13.4的电路

电源频率为5000 rad/s，所以$H(\mathrm{j}5000)$的值为

$$H(\mathrm{j}5000) = \frac{1000 \times (5000 + \mathrm{j}5000)}{-25 \times 10^6 + \mathrm{j}5000 \times (6000) + 25 \times 10^6}$$

$$= \frac{1+\mathrm{j}1}{\mathrm{j}6} = \frac{1-\mathrm{j}1}{6} = \frac{\sqrt{2}}{6}\angle{-45^\circ}$$

再由式(13.120)得

$$v_{o_{\mathrm{ss}}} = \frac{(120)\sqrt{2}}{6}\cos(5000t + 30^\circ - 45^\circ)$$

$$= 20\sqrt{2}\cos(5000t - 15^\circ)\ \mathrm{V}$$

利用转移函数求电路的稳态响应非常重要，如果知道$H(\mathrm{j}\omega)$，则至少在理论上可以知道$H(s)$。换句话说，可以反过来进行，不是由$H(s)$求$H(\mathrm{j}\omega)$，而是由$H(\mathrm{j}\omega)$求$H(s)$，一旦知道了$H(s)$，就可以求其他激励源产生的响应。在应用方面，可以用实验方法确定$H(\mathrm{j}\omega)$，然后由数据求得$H(s)$。实际上，这种实验方法不一定是可行的，但在有些情况下，可以推导$H(s)$。理论上说，$H(s)$和$H(\mathrm{j}\omega)$的关系将时域和频域联系起来，在电路频率响应的问题中，转移函数是一个非常有用的工具，下一章将会继续介绍。

评测目标4 知道如何用转移函数计算电路的单位冲激响应、单位阶跃响应和正弦稳态响应。

13.12 电路中电流源的电流为10 cos 4t A。用转移函数求v_o的稳态响应。

答：44.7 cos(4t−63.43°) V。

13.13 (a)如下图所示电路，当v_g=10 cos 50 000t V时，求v_o稳态响应的表达式。

(b)用一个可变电阻代替50 kΩ电阻，为使v_o超前v_g 120°，需要多大的电阻值？

答：(a)10 cos(50 000t+90°) V；(b)28 867.51 Ω。

提示：也可以试求本章习题13.76和习题13.78。

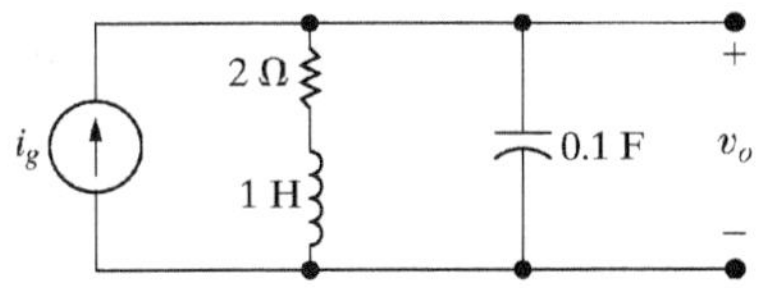

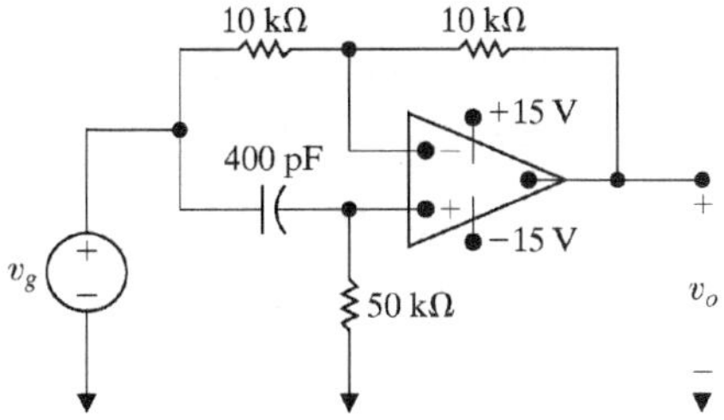

13.8　电路分析中的冲激响应

若电路分析中出现冲激函数，则或者是因为开关操作产生的，或者是因为电路中有冲激电源。拉氏变换可用于求解开关操作产生的冲激电流或者冲激电压，也可以求解冲激电源产生的电路响应。这里首先讨论如何用开关操作产生冲激函数。

13.8.1　开关操作

用两个不同的电路说明如何通过开关操作产生冲激函数：一个是电容电路，一个是串联电感电路。

电容电路

如图 13.47 所示电路，开关闭合时，电容 C_1 已有初始电压 V_0，C_2 初始电压为零。求 R 趋于 0 时，$i(t)$ 的表达式，图 13.48 为其 s 域等效模型。

由图 13.48 得

$$I = \frac{V_0/s}{R + (1/sC_1) + (1/sC_2)} = \frac{V_0/R}{s + (1/RC_e)} \tag{13.121}$$

其中，C_e 代替等效电容 $C_1C_2/(C_1+C_2)$。

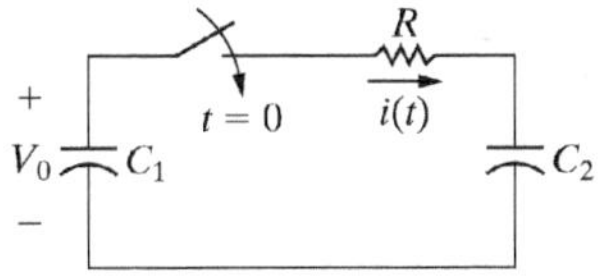

图 13.47　产生冲激电流的电路

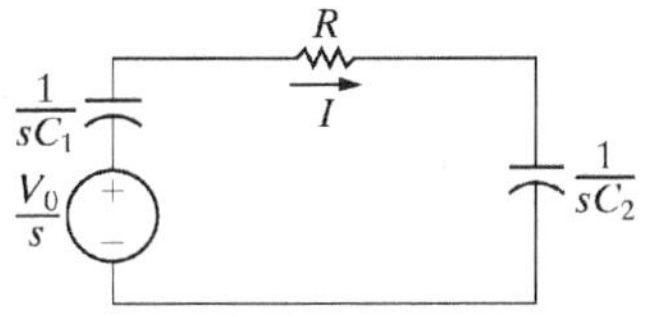

图 13.48　图 13.47 的 s 域等效模型

对式(13.121)检查后进行逆变换得

$$i = \left(\frac{V_0}{R}e^{-t/RC_e}\right)u(t) \tag{13.122}$$

该式表明，随着 R 的减小，初始电流(V_0/R)增大和时间常数(RC_e)减小，因此，随着 R 变小，电流从一个比大的初始值迅速下降，图 13.49 说明了 i 的这种特性。

显然，当 R 趋于 0 的时候，电流 i 趋向于冲激函数，因为 i 的初值趋于无穷大，而持续时间趋向于零。下面确定曲线下的面积是否与 R 无关。从物理角度而言，i-t 曲线下的全部面积代表开关闭合后转移给 C_2 的全部电荷，即

$$面积 = q = \int_{0^-}^{\infty}\frac{V_0}{R}e^{-t/RC_e}dt = V_0C_e \tag{13.123}$$

该式说明转移到 C_2 上的所有电荷与 R 无关且等于 V_0C_e 库仑，所以当 R 趋于 0 的时候，电流趋于一个强度为 V_0C_e 的冲激，即

$$i \rightarrow V_0C_e\delta(t) \tag{13.124}$$

该式的物理解释为：当 $R=0$ 时，有限量的电荷立即被转移到 C_2 上，图 13.47 所示电路中，令 $R=0$ 说明了为何 C_2 会立即得到电荷。当 $R=0$ 时，开关闭合后就建立了一种相互制约关系，给初始电压为零的电容加上了电压，使电容电压瞬时发生变化的唯一途径就是瞬时电荷的转移。开关闭合后，电容 C_2 的电压不会跳变到 V_0，而是跃变到它的终值，即

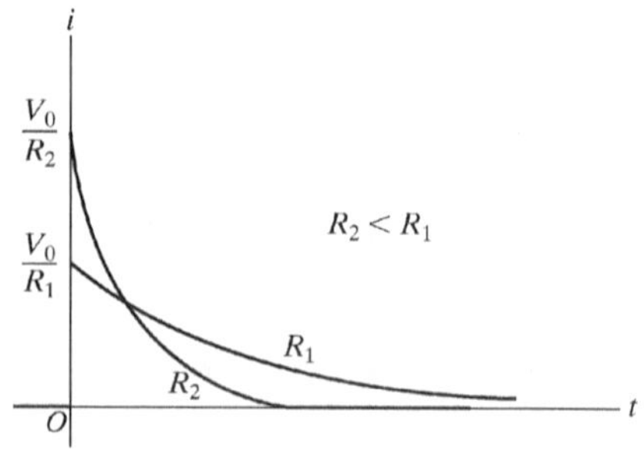

图 13.49 不同 R 值时电流 $i(t)$ 对时间 t 的曲线

$$v_2 = \frac{C_1V_0}{C_1+C_2} \tag{13.125}$$

方程的求解留给读者(参见习题 13.81)。

如果在一开始就令 $R=0$，则可以用拉氏变换求出冲激电流响应，即

$$I = \frac{V_0/s}{(1/sC_1)+(1/sC_2)} = \frac{C_1C_2V_0}{C_1+C_2} = C_eV_0 \tag{13.126}$$

在写式(13.126)的时候，用到了 $t=0^-$ 时电容的电压，常数的逆变换是常数乘以冲激函数，因此，由式(13.126)得

$$i = C_eV_0\delta(t) \tag{13.127}$$

为什么拉氏变换被广泛地应用于线性非时变集总电路的暂态分析中呢？其原因就是拉氏变换能正确地求出冲激响应。

串联电感电路

图 13.50 所示电路说明了瞬间的开关转换操作会产生冲激响应，这里要求开关打开后 v_o 的时域表达式，打开开关会使电感 L_2 上的电流产生瞬时变化，进而使 v_o 含有冲激分量。

图 13.51 表示开关打开时的 s 域等效电路，在求解该电路时，3 H 电感上的电流在 $t=0^-$ 时为 10 A，2 H 电感的电流为零，使用 $t=0^-$ 为初始条件是因为在拉氏变换定义中，积分下限为 0^-。

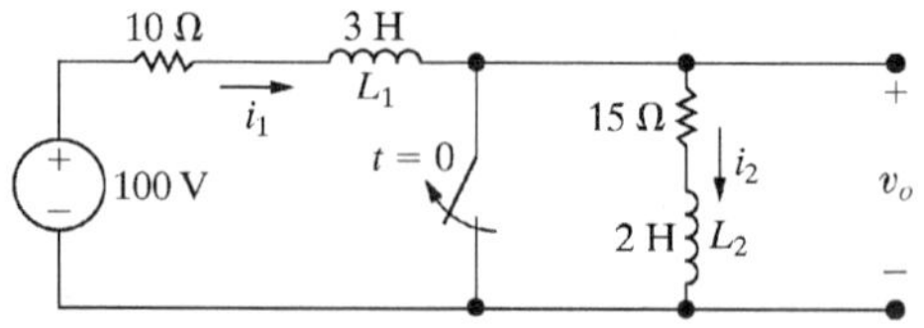

图 13.50 说明产生了冲激电压的电路

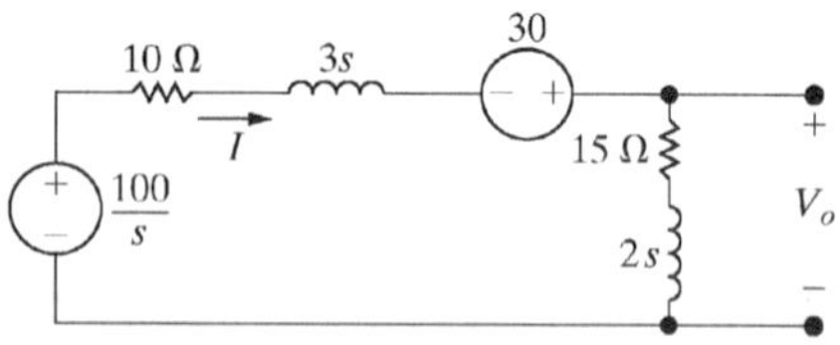

图 13.51 图 13.50 的 s 域等效电路

由单节点方程得到 V_o 的表达式，将流出 15 Ω 电阻与 30 V 电源间公共节点的电流求和得

$$\frac{V_o}{2s+15} + \frac{V_o - [(100/s)+30]}{3s+10} = 0 \tag{13.128}$$

解方程求 V_o 得

$$V_o = \frac{40\times(s+7.5)}{s(s+5)} + \frac{12\times(s+7.5)}{s+5} \tag{13.129}$$

方程右边第二项为假分式，v_o 中含有冲激项，可以将该假分式分解为常数与真分式之和，即

$$\frac{12\times(s+7.5)}{s+5}=12+\frac{30}{s+5} \tag{13.130}$$

结合上式，并将式(13.129)的右边第一项化为部分分式得到

$$V_o=\frac{60}{s}-\frac{20}{s+5}+12+\frac{30}{s+5}=12+\frac{60}{s}+\frac{10}{s+5} \tag{13.131}$$

由此式得

$$v_o=12\delta(t)+(60+10\mathrm{e}^{-5t})u(t)\ \mathrm{V} \tag{13.132}$$

结果正确吗？在回答该问题前，先求出 $t>0^-$ 时电流的表达式。在开关打开后，L_1 和 L_2 上的电流相等。若将顺时针方向作为电流参考方向，则 s 域的表达式为

$$\begin{aligned}I&=\frac{(100/s)+30}{5s+25}=\frac{20}{s(s+5)}+\frac{6}{s+5}\\&=\frac{4}{s}-\frac{4}{s+5}+\frac{6}{s+5}\\&=\frac{4}{s}+\frac{2}{s+5}\end{aligned} \tag{13.133}$$

逆变换得

$$i=(4+2\mathrm{e}^{-5t})u(t)\ \mathrm{A} \tag{13.134}$$

开关打开前，L_1 上的电流为 10 A，L_2 上的电流为 0 A，根据式(13.134)可知 $t=0^+$ 时，两个电感上的电流均为 6 A。在开关打开时，L_1 上的电流立即由 10 A 变到 6 A，而 L_2 由 0 A 变到 6 A。然后，电流从 6 A 开始以指数形式减小到终值 4 A，该终值很容易根据电路得以验证，图 13.52 表明了 i_1 和 i_2 的这些特点。

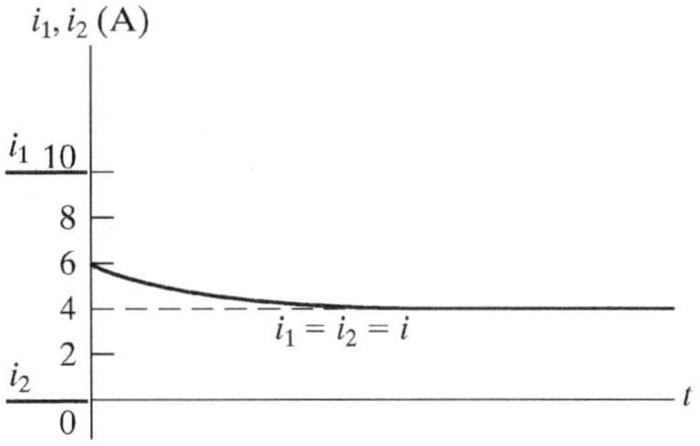

图 13.52　图 13.50 电路中电感电流的时间曲线

根据电路的物理特性，可以验证电感电流的这种瞬时跃变是合理的。首先，注意到开关操作使两个电感成为串联关系，于是，在 3 H 电感上出现的电压冲激与 2 H 电感上电压的冲激相抵消，因为沿回路电压之和为零。法拉第定理表明，感生电压与磁链的变化率成正比($v=\mathrm{d}\lambda/\mathrm{d}t$)。所以，磁链的变化之和必然为零，就是说开关闭合的前后瞬间磁链相等，对于这个电路，开关动作前的磁链为

$$\lambda=L_1i_1+L_2i_2=3\times(10)+2\times(0)=30\ \text{韦伯·匝} \tag{13.135}$$

开关动作后一瞬间

$$\lambda=(L_1+L_2)i(0^+)=5i(0^+) \tag{13.136}$$

由以上两个方程得到

$$i(0^+)=30/5=6\ \mathrm{A} \tag{13.137}$$

所以，电流 i[参见式(13.134)]的结果符合磁链守恒定律。

验证式(13.132)，先校核冲激项 $12\delta(t)$，在 $t=0$ 的时候，i_2 从 0 A 跃变到 6 A，使 i_2 出现一个冲激 $6\delta(t)$，该电流冲激使 2 H 电感的电压产生一个冲激 $12\delta(t)$，当 $t>0^+$ 的时候，$\mathrm{d}i_2/\mathrm{d}t$

为 $-10e^{-5t}$ A/s，因此，v_o 为

$$v_o = 15(4+2e^{-5t}) + 2(-10e^{-5t}) = (60+10e^{-5t})u(t)\ \text{V} \tag{13.138}$$

式(13.138)与式(13.132)右边的后两项相等，因此，可以确定式(13.132)与电路的特性一致。

还要验证 i_1 从 10 A 到 6 A 的瞬时下降值，瞬时下降使 i_1 产生一个冲激 $-4\delta(t)$，因此 L_1 的电压在原点处包含一个冲激 $-12\delta(t)$。该电压恰好与 L_2 上的冲激平衡，即沿闭合回路冲激电压之和为零。

13.8.2 冲激电源

电源中以及响应中都能出现冲激函数，这种电源称为冲激电源，作用到电路中的冲激电源瞬时给系统输入有限的能量，与其相似的力学模型就是撞钟，当能量传输给钟后，钟的固有响应决定了所发出的音调(即声波的频率)和持续时间。

在图 13.53 所示的电路中，强度为 V_0 伏·秒的冲激电压源作用到 RL 串联电路中。电压源开始作用时，电感初始储能为零，因此初始电流为零，电阻 R 两端无电压，冲激电压源全部作用到电感 L 上，电感两端的冲激电压会在瞬间建立电流，电流为

$$i = \frac{1}{L}\int_{0^-}^{t} V_0\delta(x)\mathrm{d}x \tag{13.139}$$

已知，$\delta(t)$的积分在包含原点的间隔内为 1，由式(13.139)得

$$i(0^+) = \frac{V_0}{L}\ \text{A} \tag{13.140}$$

这样，在极其短的时间里，冲激电压源在电感中就存储了一定的能量，该能量为

$$w = \frac{1}{2}L\left(\frac{V_0}{L}\right)^2 = \frac{1}{2}\frac{V_0^2}{L}\ \text{J} \tag{13.141}$$

电流 V_0/L 随着电路的固有响应衰减为零，即

$$i = \frac{V_0}{L}e^{-t/\tau}u(t) \tag{13.142}$$

其中 $\tau = L/R$。由第 7 章可以知道，固有响应是由动态元件的储能和释放能量引起的，不是由电源的作用引起的。当电路只受冲激源作用时，完全响应由固有响应决定，冲激源的持续时间太短，不会引起任何强制响应。

直接用拉氏变换法也可以得到式(13.142)。图 13.54 是图 13.53 所示电路的 s 域等效电路，由图可得

$$I = \frac{V_0}{R+sL} = \frac{V_0/L}{s+(R/L)} \tag{13.143}$$

$$i = \frac{V_0}{L}e^{-(R/L)t} = \frac{V_0}{L}e^{-t/\tau}u(t) \tag{13.144}$$

这样，拉氏变换法也给出了 $t\geqslant 0^+$ 时 i 的正确结果。

最后，讨论内部产生的冲激和外部施加的冲激同时出现时的情况。如果在建立电路 s 域等效模型时考虑了 $t=0^-$ 时电感的电流和电容电压且外施冲激也用变换式，那么拉氏变换法就能自动保证 $t>0^+$ 时结论的正确性。为说明该问题，在图 13.50 所示电路中加了一个与 100 V 电源相串联的冲激电压源 $50\delta(t)$，如图 13.55 所示。

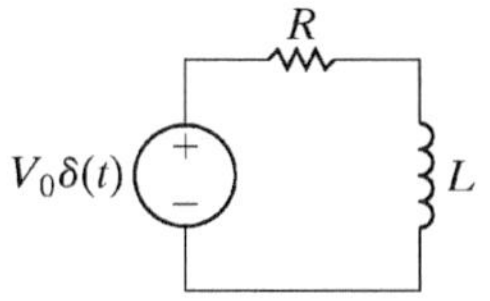

图 13.53　冲激电压源作用下的 RL 电路

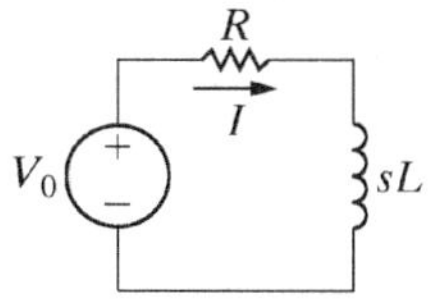

图 13.54　图 13.53 中电路的 s 域等效电路

$t=0^-$ 时，$i_1(0^-)=10$ A，$i_2(0^-)=0$ A，$50\delta(t)$ 的拉氏变换为 50，这时 s 域等效电路如图 13.56 所示。

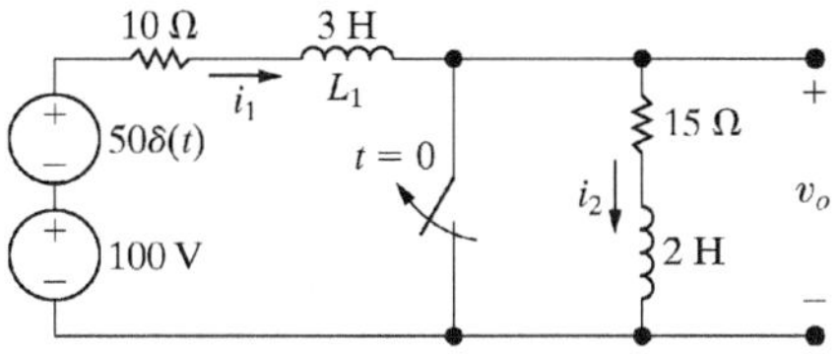

图 13.55　图 13.50 的电路中增加了一个与 100 V电源相串联的冲激电压源

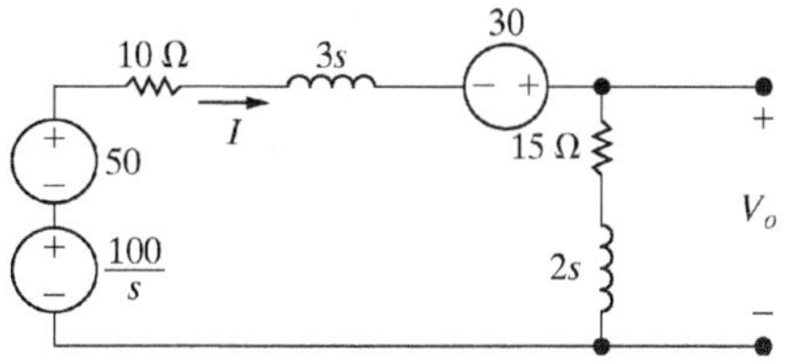

图 13.56　图 13.55 中电路的 s 域等效电路

I 的表达式为

$$
\begin{aligned}
I &= \frac{50+(100/s)+30}{25+5s} \\
&= \frac{16}{s+5}+\frac{20}{s(s+5)} \\
&= \frac{16}{s+5}+\frac{4}{s}-\frac{4}{s+5} \\
&= \frac{12}{s+5}+\frac{4}{s}
\end{aligned}
\tag{13.145}
$$

于是得出

$$i(t)=(12\mathrm{e}^{-5t}+4)u(t)\ \mathrm{A} \tag{13.146}$$

V_o 的表达式为

$$
\begin{aligned}
V_o = (15+2s)I &= \frac{32\times(s+7.5)}{s+5}+\frac{40\times(s+7.5)}{s(s+5)} \\
&= 32\times\left(1+\frac{2.5}{s+5}\right)+\frac{60}{s}-\frac{20}{s+5} \\
&= 32+\frac{60}{s+5}+\frac{60}{s}
\end{aligned}
\tag{13.147}
$$

由此得到

$$v_o=32\delta(t)+(60\mathrm{e}^{-5t}+60)u(t)\ \mathrm{V} \tag{13.148}$$

下面验证结果是否正确，由式(13.146)可以看到，当 $t=0^+$ 时，L_1 和 L_2 上的电流为 16 A。和前面情况一样，开关动作使电流 i_1 从 10 A 突然下降到 6 A，同时 i_2 电流从 0 A 突然增加到 6 A，冲激电压源在 L_1 和 L_2 上建立了 10 A 的电流，即

$$i=\frac{1}{3+2}\int_{0^-}^{t}50\delta(x)\mathrm{d}x=10\ \mathrm{A} \tag{13.149}$$

因此，i_1 从 10 A 突然增加到 16 A，i_2 从 0 A 突然增加到 16 A，电流 i 的终值是 4 A。图 13.57 表示了 i_1、i_2 和 i 的曲线。

也可以不采用叠加法求 i_1 和 i_2 的突变值。L_1 和 L_2 上的电压总和为 $50\delta(t)$，因此磁链的变化必然为 50，即

$$\Delta\lambda_1 + \Delta\lambda_2 = 50 \tag{13.150}$$

由于$\lambda = Li$，故上式可以表示为

$$3\Delta i_1 + 2\Delta i_2 = 50 \tag{13.151}$$

但是，在开关打开后 i_1 和 i_2 必须是相等的，所以

$$i_1(0^-) + \Delta i_1 = i_2(0^-) + \Delta i_2 \tag{13.152}$$

于是

$$10 + \Delta i_1 = 0 + \Delta i_2 \tag{13.153}$$

根据式(13.151)和式(13.153)求 Δi_1 和 Δi_2 得

$$\Delta i_1 = 6\ \text{A} \tag{13.154}$$

$$\Delta i_2 = 16\ \text{A} \tag{13.155}$$

这个表达式和前面的结果一致。

图 13.57 也表明，i_1 和 i_2 所得的结果在 $t=0$ 处将包含冲激。准确地说，i_1 包含 $6\delta(t)$，而 i_2 包含 $16\delta(t)$，图 13.58(a)和图 13.58(b)分别表示了 i_1 和 i_2 的求导结果。

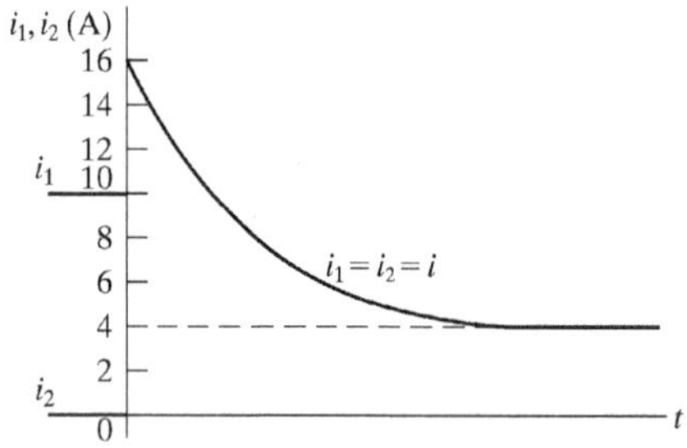

图 13.57　图 13.55 电路中电感电流对时间的曲线

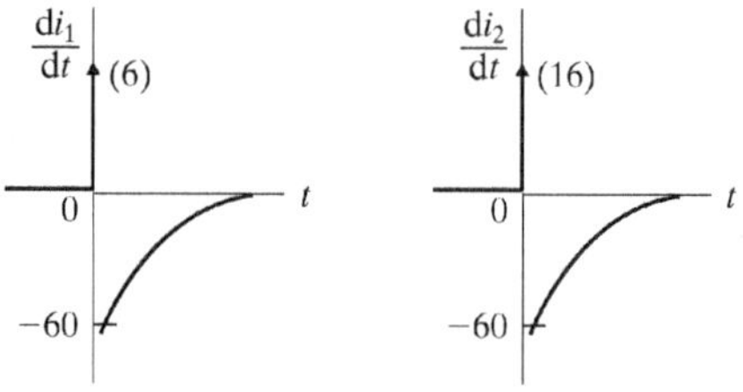

图 13.58　i_1 和 i_2 的求导结果

观察式(13.148)，电压的冲激分量 $32\delta(t)$ 与 di_2/dt 在原点的冲激 $16\delta(t)$ 相符合，$60e^{-5t} + 60$ 这一项与 $t > 0^+$ 时的响应一致。

$$v_o = 15i + 2\frac{di}{dt}$$

在测试 di_1/dt 脉冲分量时，L_1 两端产生的电压冲激为 $18\delta(t)$，L_2 两端产生的冲激为 $32\delta(t)$，两个冲激之和为$50\delta(t)$，因此，沿着网孔所有冲激的代数和为零。

总之，拉氏变换能正确计算开关动作产生的冲激电流和冲激电压，然而，s 域等效电路必须是建立在 $t=0^-$ 时的初始条件下，也就是建立在开关引起干扰前就存在的初始条件下。只要简单地在 s 域中用电源的正确变换式代替电源，就可以用拉氏变换法正确地求出冲激源引起的响应。

提示： 试求本章习题 13.88 和习题 13.90 来测试对冲激函数应用的理解程度。

实例应用

浪涌抑制器(二)

本章开始提到过正弦稳态电路中能够出现电压浪涌，目的是想说明怎样利用拉氏变换来确定家用电路中的浪涌现象，以及在正弦稳态电路的工作过程中，当开关关闭负载时，供电线路和中间负载之间是如何产生电压浪涌的。

考虑如图 13.59 所示电路，图中电路是家用电路的模型，有 3 个负载，其中之一在 $t=0$ 时被关闭。为简化电路的分析，设电压 $\boldsymbol{V}_o$ 为标准电压 $120\underline{/0^\circ}$ V (rms)，并且在 $t=0$、开关打开时 $\boldsymbol{V}_g$ 不变。开关打开后，构建 s 域等效电路，如图 13.60 所示。注意：感性负载电压的相位角为零，所以电感负载的初始电流为零。因此，只有供电线路上的电感具有非零初始条件，其 s 域的等效电路为一个附加电压源 $L_l I_0$，如图 13.60 所示。

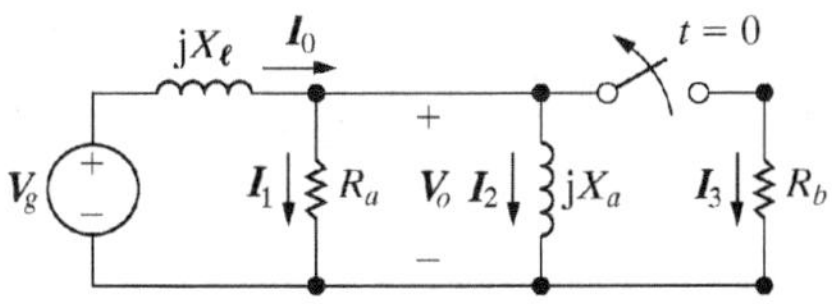

图 13.59　用于介绍因开关操作而产生电压浪涌的电路

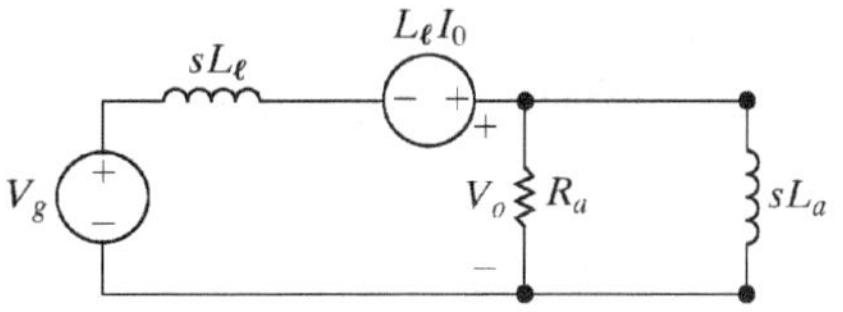

图 13.60　s 域电路模型

在开关打开之前，每个负载都具有正弦稳态电压，电压峰值为 $120\sqrt{2}=169.7$ V，电源 V_g 流出的电流在 3 个负载之间分配。当开关在 $t=0$ 时刻打开时，因为在 $t=0$ 时电感负载的电流为零，而且电感中的电流不会跃变，因此所有的电流都流过负载电阻。这样，当供电线路中的电流直接流过电阻负载时，其余的负载就会经过一个电压浪涌的过程。例如，假设供电线路中的初始电流为 25 A(rms)，阻性负载的阻抗为 12 Ω，则当开关打开时，电阻的电压会从 169.7 V 跃变到 $25\times\sqrt{2}\times 12=424.3$ V，如果电阻性负载无法承受这样大的电压，就应该采取保护措施，使用本章开始介绍的浪涌抑制器。

提示：试求本章习题 13.92 和习题 13.93 来测试对应用实例的理解程度。

小结

- 将元件伏安关系进行拉氏变换，可以将每个电路元件表示成 s 域的等效电路。
  - 电阻：$V=RI$
  - 电感：$V=sLI-LI_0$
  - 电容：$V=(1/sC)I+V_o/s$

  方程中 $V=\mathcal{L}\{v\}$，$I=\mathcal{L}\{i\}$，I_0 是电感的初始电流，V_0 是电容的初始电压。
- 将电路的每个元件都用 s 域等效电路来代替，就可以对电路进行 s 域分析了。用电阻电路分析方法写出电路的代数方程就可以对所得的电路进行分析，表 13.1 总结了电阻、电感、电容的 s 域等效电路。
- 当已知电路初始条件时，对线性集总电路用 s 域分析法最适合求暂态响应，因为这种方法将微分方程化为了代数方程，所以对含有多网孔和多节点方程问题的求解，可以先变换后求解，非常方便。
- 转移函数是电路输出与输入的 s 域的比值，可以表示为

$$H(s)=\frac{Y(s)}{X(s)}$$

  其中 $Y(s)$ 为输出信号的拉氏变换，$X(s)$ 是输入信号的拉氏变换。

- $H(s)$和$X(s)$的积可以展开为部分分式的形式，$H(s)$和$X(s)$的每个极点都对应展开式中的一项。展开式中$H(s)$的极点对应的项为暂态响应分量，$X(s)$极点对应的项为稳态响应分量。
- 如果电路的激励为单位冲激$x(t)=\delta(t)$，那么电路的响应就等于转移函数的拉氏逆变换$y(t)=\mathcal{L}^{-1}\{H(s)\}=h(t)$。
- 对非时变电路，如果输入延时a秒，那么输出函数也将延时a秒。
- 电路的输出$y(t)$可以通过输入函数$x(t)$与电路单位冲激响应$h(t)$的卷积来计算

$$y(t)=h(t)*x(t)=\int_0^t h(\lambda)x(t-\lambda)\mathrm{d}\lambda$$

$$=x(t)*h(t)=\int_0^t x(\lambda)h(t-\lambda)\mathrm{d}\lambda$$

卷积积分的图解法为响应的求解提供了非常方便的计算方法。

- 可以用电路的转移函数来计算正弦电源激励下电路的稳态响应，方法是将$H(s)$中的s用$\mathrm{j}\omega$代替，然后用复数表示幅值和相位，如果

$$x(t)=A\cos(\omega t+\phi)$$

$$H(\mathrm{j}\omega)=|H(\mathrm{j}\omega)|\mathrm{e}^{\mathrm{j}\theta(\omega)}$$

那么

$$y_{ss}(t)=A|H(\mathrm{j}\omega)|\cos[\omega t+\phi+\theta(\omega)]$$

- 拉氏变换分析法能正确计算开关操作和冲激电源引起的冲激电流与电压，但必须保证在$t=0^-$时刻的初始条件基础上建立s域等效电路。也就是说，以开关动作之前电路所处状态下的条件为基础，建立s域的等效电路。

习题

13.1 对于图 13.4 所示的电路，将电感电流i表示为电压v的函数，然后求出该时域积分方程的拉普拉斯变换，最后推导出该电路的s域等效电路。

13.2 求出图 13.7 所示电路的戴维南等效电路。

13.3 求出图 13.3 所示电路的诺顿等效电路。

13.4 一个 400 Ω 电阻，12.5 mH 电感和 0.5 μF 电容相串联。(a)将该串联电路的s域阻抗表示为一个有理函数。(b)求出该阻抗的零点和极点的数值解。

13.5 一个 8 kΩ 电阻，25 mH 电感和 62.5 pF 电容相并联。(a)将该并联电路的s域阻抗表示为一个有理函数。(b)求出该阻抗的零点和极点的数值解。

13.6 一个 200 Ω 电阻与一个 62.5 μF 电容相串联，该串联支路与一个 400 mH 电感相并联。(a)将该并联电路的s域阻抗表示为一个有理函数。(b)求出该阻抗的零点和极点的数值解。

13.7 电路如图 P13.7 所示，求从端口 a,b 看进去的阻抗的零点和极点。

13.8 电路如图 P13.8 所示，求从端口 a,b 看进去的阻抗的零点和极点。

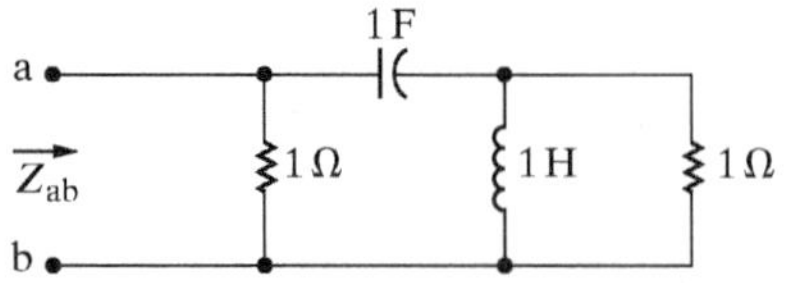

图 P13.7

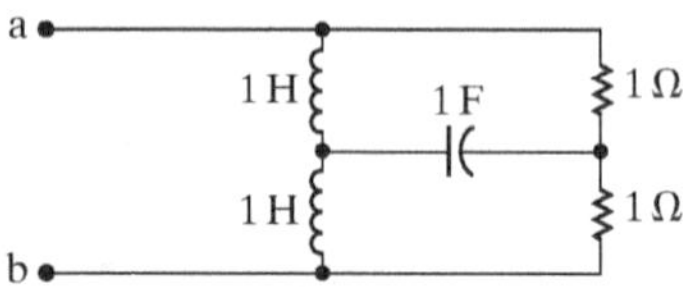

图 P13.8

13.9P 电路如图 P13.9 所示，如果电路的初始储能为零，且在 $t=0$ 时开关闭合，求 V_o 和 v_o。

13.10P 如果电容上的初始电压为 150 V，上端为正，请再求习题 13.9。

13.11P 图 P13.11 所示电路中的开关在 x 位置已经很长时间，在 $t=0$ 时刻，开关瞬间移动到 y 位置。(a)建立 $t>0$ 时的 s 域电路；(b)求 I_o；(c)求 i_o。

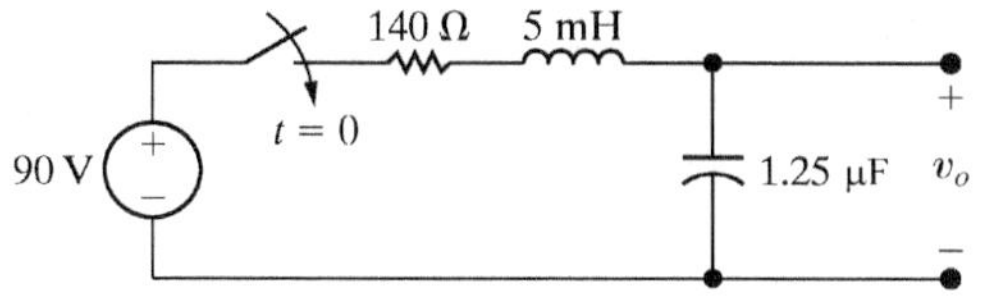

图 P13.9

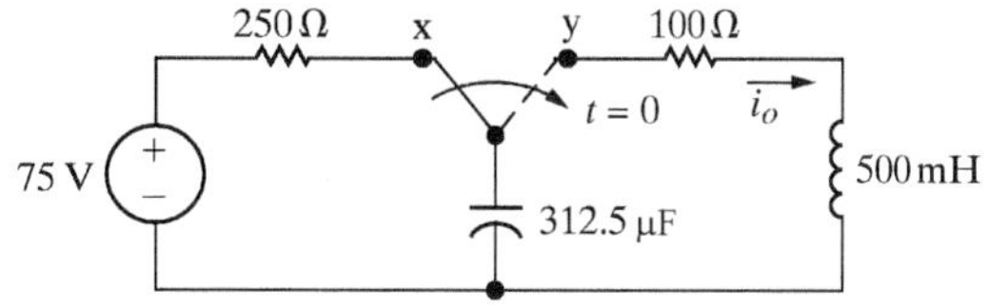

图 P13.11

13.12P 图 P13.12 中所示电路中的开关闭合很久，在 $t=0$ 时开关打开。(a)求 $t\geqslant 0$ 时的 i_o。(b)求 $t\geqslant 0$ 时的 v_o。

13.13 图 P13.13 所示电路中的开关在 a 位置已经很长时间，在 $t=0$ 时刻，开关瞬间移动到 b 位置。(a)建立 $t>0$ 时的 s 域电路；(b)求 $V_o(s)$；(c)求 $v_o(t)$，$t\geqslant 0$。

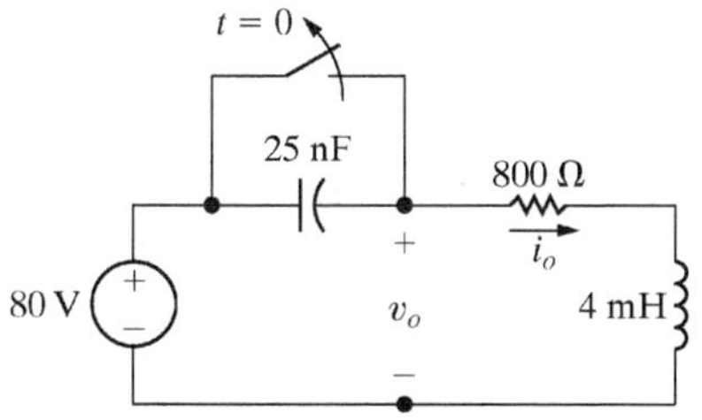

图 P13.12

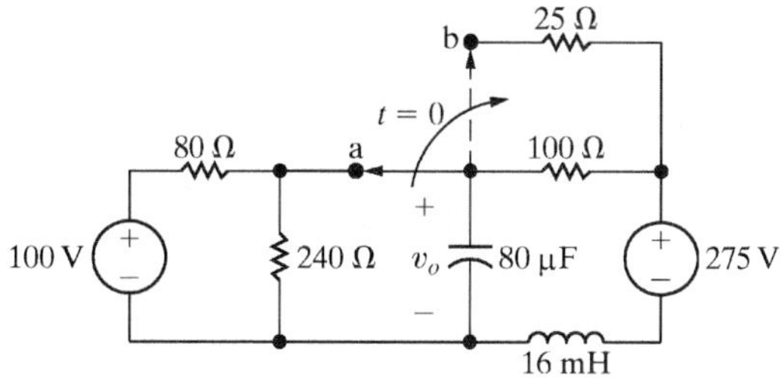

图 P13.13

13.14P 图 P13.14 所示电路中的开关在 a 位置已经很长时间，在 $t=0$ 时刻，开关瞬间移动到 b 位置。(a)建立 $t>0$ 时的 s 域电路；(b)求 V_o。(c)求 I_L。(d)求 v_o，$t>0$。(e)求 i_L，$t\geqslant 0$。

13.15P 图 P13.15 中所示电路中的开关闭合很久，在 $t=0$ 时开关打开。(a)建立 $t>0$ 时的 s 域等效电路；(b)求 I_o；(c)求 i_o 时的 $t\geqslant 0$。

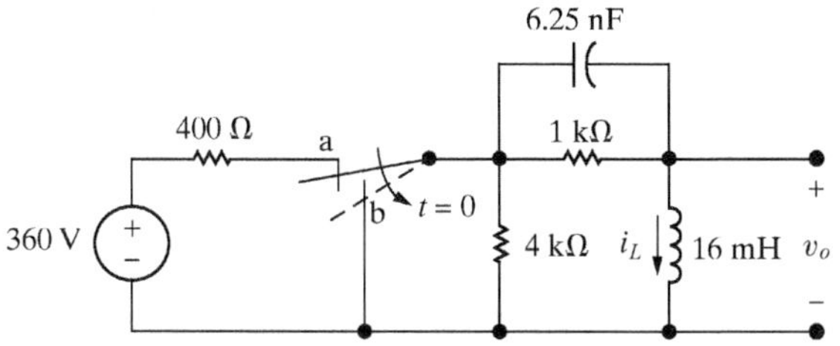

图 P13.14

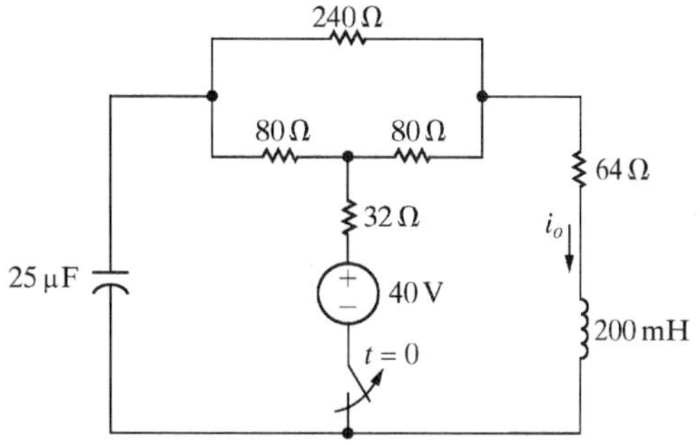

图 P13.15

13.16P 图 P13.16 所示电路中的先合后断开关处在位置 a 很久，当 $t=0$ 时开关瞬间移动到 b 位置，求 v_o 时的 $t\geqslant 0$。

13.17P (a)求图 P13.17 所示电路中 v_o 的 s 域表达式。(b)用上一步求出的表达式确定 v_o 的初值和终值。(c)求出 v_o 的时域表达式。

13.18P 求出图 P13.17 中电容上电流 i_C 的时域表达式，假设其参考方向为向下。

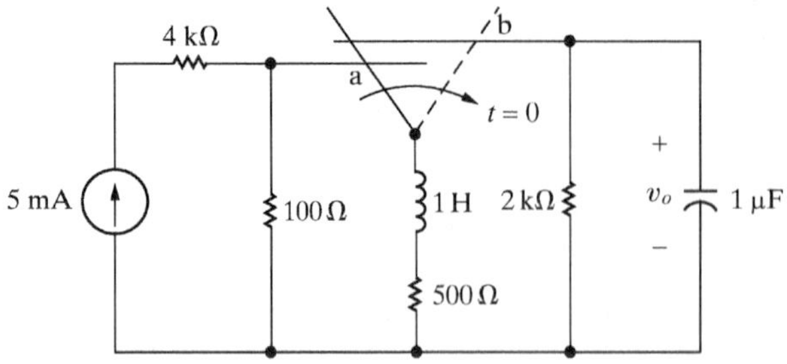

图 P13.16

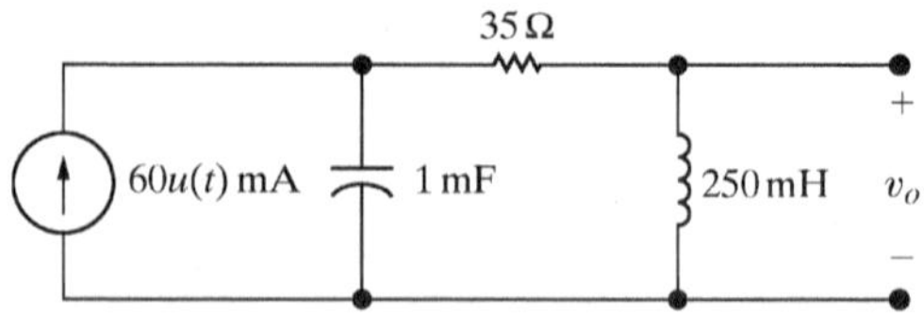

图 P13.17

13.19P 图 P13.19 所示电路在 $t=0^-$ 时的储能为零。

(a)用网孔电流法求 i_o。(b)求 v_o 的时域表达式。(c)上两步的结果与电路的已知特性一致吗？请解释。

13.20P 电路如图 P13.20 所示，当电压源接入电路时，电路无储能，且 $v_g=325u(t)$ V。

(a)求 V_o 和 I_o。(b)求 v_o 和 i_o。(c)求得的 v_o 和 i_o 与已知的电路特性一致吗？请解释。

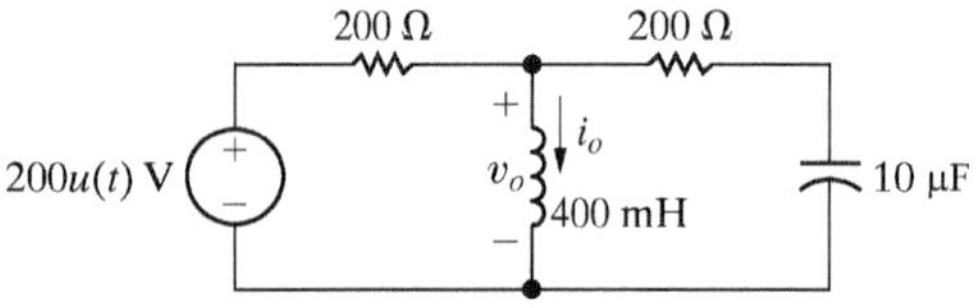

图 P13.19

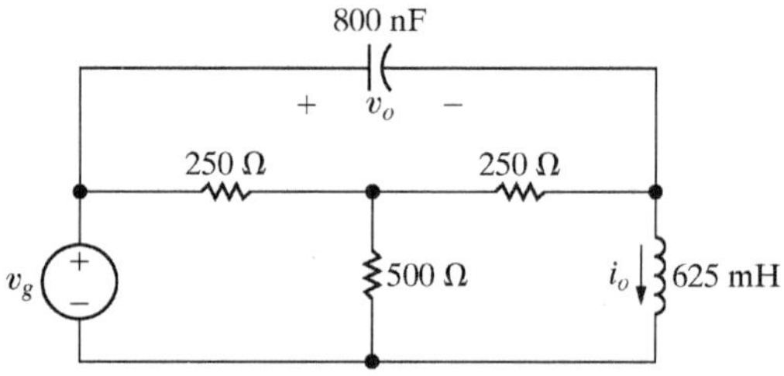

图 P13.20

13.21P 电路如图 P13.21 所示，当电源接入电路时，电路无储能。

(a)求 $I_1(s)$ 和 $I_2(s)$。(b)用初值定理和终值定理验证 $i_1(t)$ 和 $i_2(t)$ 的初值和终值。(c)求 $i_1(t)$ 时的 $i_2(t)$ 和 $t\geqslant 0$。

13.22P 电路 P13.22 所示电路，在 $t=0^-$ 时电路无储能。

(a)求 V_o；(b)求 v_o；(c)求得的 v_o 与已知的电路特性一致吗？请解释。

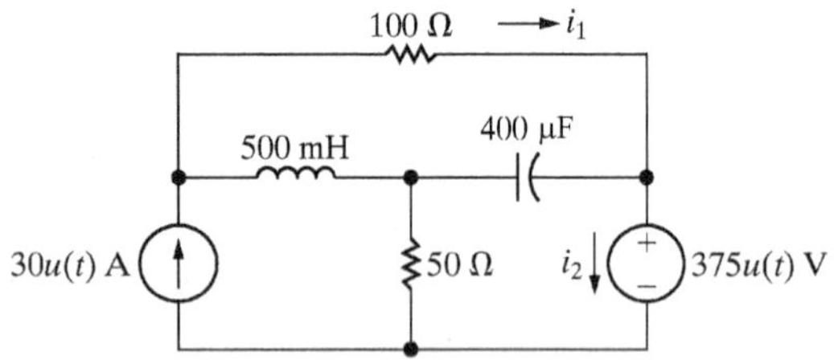

图 P13.21

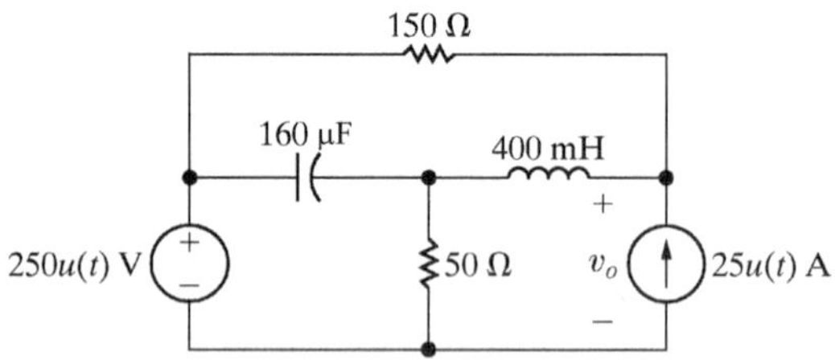

图 P13.22

13.23P 电路如图 P13.23 所示，当 $t=0$ 时电路中无储能，若 $i_g=20u(t)$ mA，求 $t=0$。

13.24P 电路如图 P13.24 所示，当 $t=0$ 时开关打开之前开关已经闭合很久，求 $t\geqslant 0$ 时的 v_o。

13.25P 电路如图 P13.25 所示，开关闭合时电路中无储能。

(a)求 $t\geqslant 0$ 时的 v_o。(b)所求结果与电路的特性一致吗？请解释。

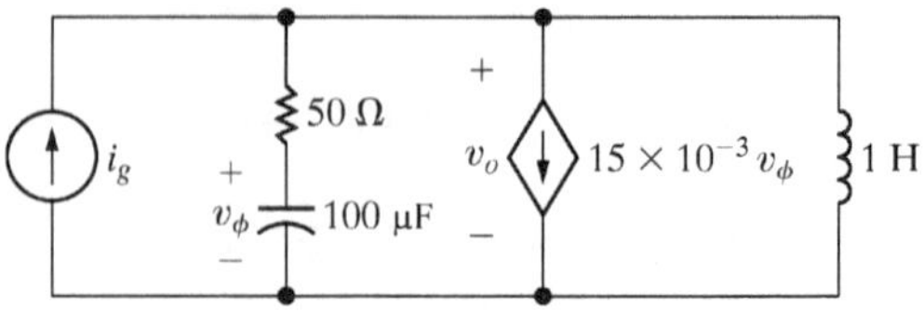

图 P13.23

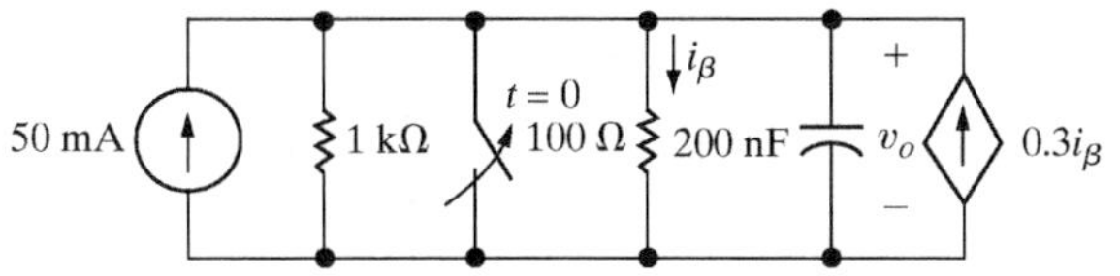

图 P13.24

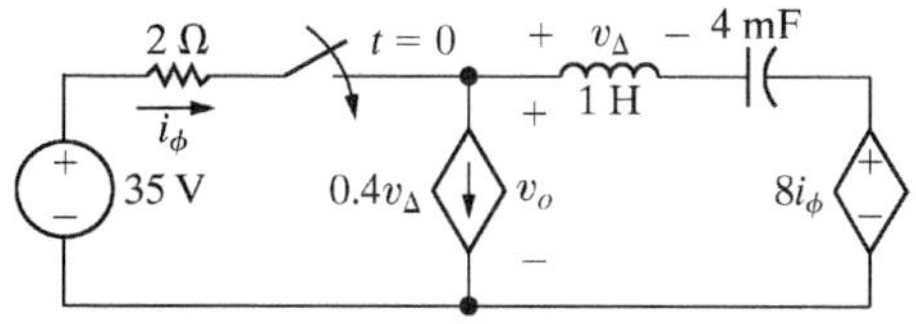

图 P13.25

13.26P 电路如图 P13.26 所示，电路中无储能，理想电压源电压为 $600u(t)$ V。

(a)求 $V_o(s)$。(b)用初值定理和终值定理求 $v_o(0^+)$ 和 $v_o(\infty)$。(c)上步所求结果与电路的特性一致吗？请解释。(d)求 $v_o(t)$。

13.27P 电路如图 P13.27 所示，当电流源作用到电路中时，电路中无储能，已知 $i_g = 100u(t)$ A。

(a)求 $I_o(s)$。(b)用初值定理和终值定理求 $i_o(0^+)$ 和 $i_o(\infty)$。(c)上步所求结果与电路的特性一致吗？请解释。(d)求 $i_o(t)$。

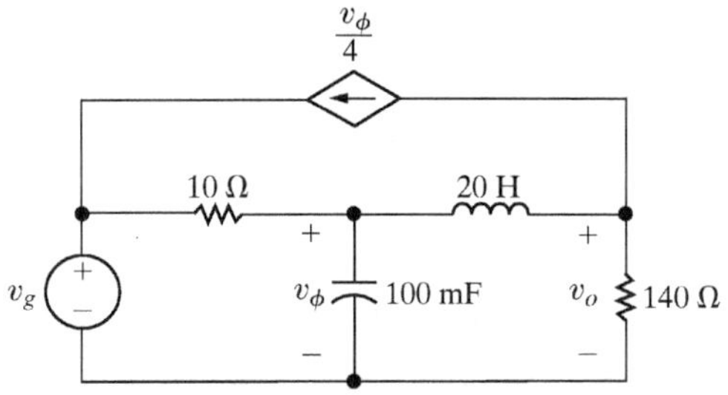

图 P13.26

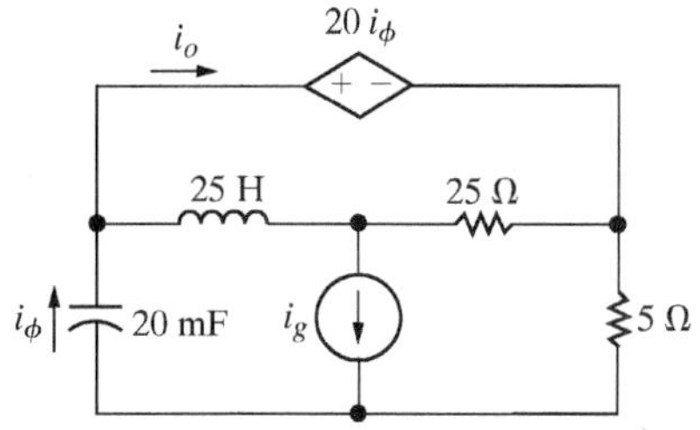

图 P13.27

13.28P 图 P13.28 所示电路中的开关在 a 位置已经很长时间，在 $t=0$ 时刻，开关瞬间移动到 b 位置。

(a)求 V_o。(b)求 v_o。

13.29P 图 P13.29 所示电路中的开关在 a 位置已经很长时间，在 $t=0$ 时刻，开关瞬间移动到 b 位置。

(a)建立 $t>0$ 时电路的 s 域等效电路。(b)求 V_1 和 v_1。(c)求 V_2 和 v_2。

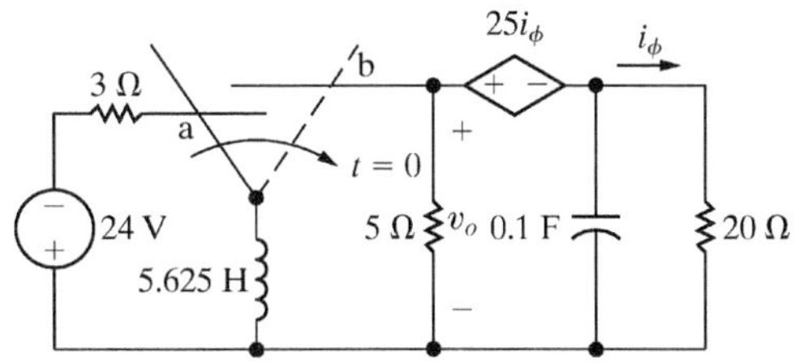

图 P13.28

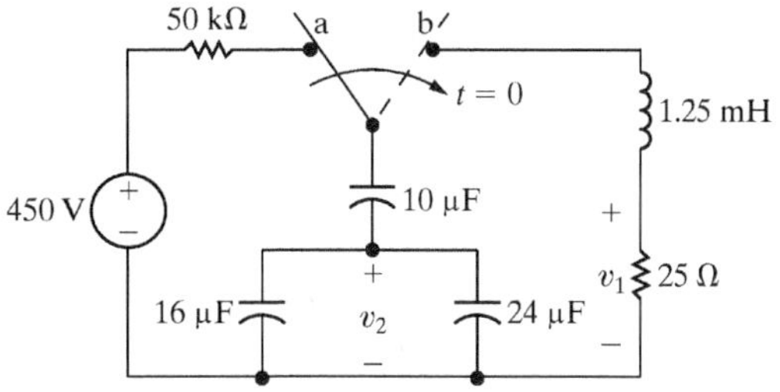

图 P13.29

13.30P 图 P13.30 所示电路中的开关闭合时刻，电容中无储能。

(a)建立 $t>0$ 时电路的 s 域等效电路。(b)求 I_1，V_1 和 V_2。(c)求 i_1，v_1 和 v_2。(d)上步结果与电路特性一致吗？请解释。

13.31P 图 P13.31 所示电路中，当电流源作用到电路时，电路中无储能。

(a)求 I_a 和 I_b。(b)求 i_a 和 i_b。(c)求 V_a，V_b 和 V_c。(d)求 v_a，v_b 和 v_c。(d)假设电容的端电压达到 1000 V 就会击穿，请问电流源作用到电路多长时间，其中哪一个电容会击穿？

13.32 图 P13.32 所示电路中开关已经打开很久，正弦电压源为 $v_g = V_m\sin(\omega t+\phi)$，$t=0$ 时刻开关闭合，需要注意的是开关闭合时刻电压表达式中的相位 ϕ 决定了此刻的电压值，即 $v_g(0) = V_m\sin\phi$。

(a)用拉氏变换方法求 i，$t>0$。(b)用上步得出的表达式写出开关闭合很久后电流的表达式。(c)用(a)步得出的表达式写出电流 i 的暂态响应分量。(d)用相量法求出 i 的稳态响应表达式，并验证该表达式与(b)步获得的表达式等效。(e)确定 ϕ 的值，使开关闭合时，电路直接进入稳态。

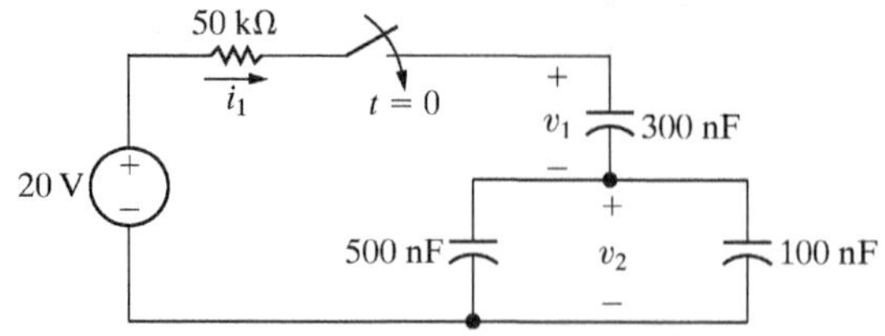

图 P13.30

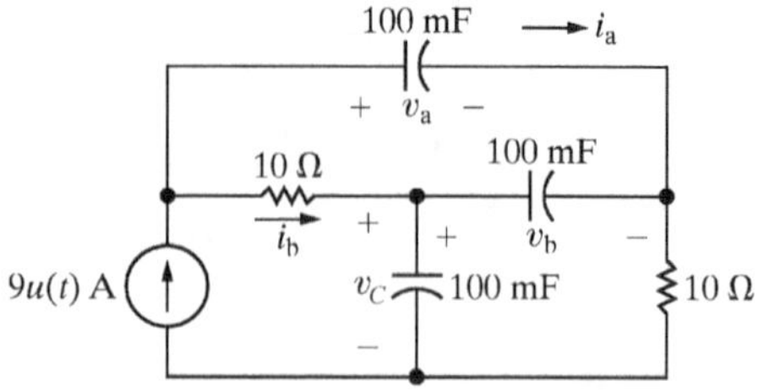

图 P13.31

13.33 根据方程(13.65)证明，图 13.19 所示电路中电容电流在 $0<t<200$ μs 时间内为正，$t>200$ μs 时为负，并证明在 200 μs 时电流为零且与 dv_C/dt 时一致。

13.34P 电路如图 P13.34 所示，当电压源作用到电路中时电路中无储能。

(a)求 V_o，I_o 和 I_L；(b)求当 $t \geq 0$ 时的 v_o，i_o 和 i_L。

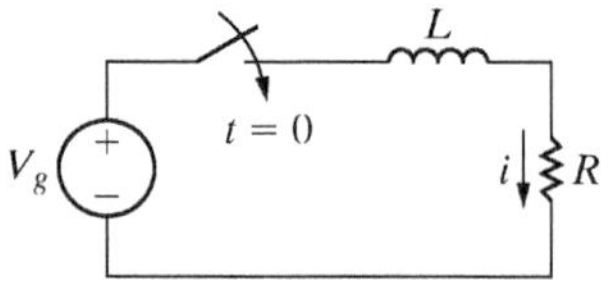

图 P13.32

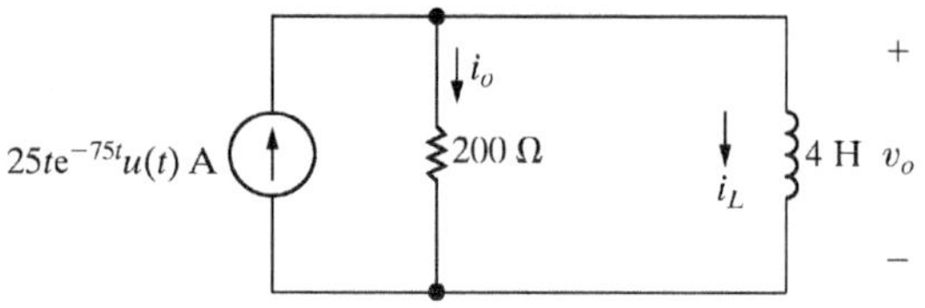

图 P13.34

13.35P 电路如图 P13.35 所示，电路中两个开关同时动作，开关闭合时电路中无储能，先求出 a,b 端钮左侧的 s 域等效电路，然后求出 $t \geq 0^+$ 时的 $i(t)$。

13.36P 电路如图 P13.36 所示，开关闭合时刻电路中无储能。

(a)求 I_1；(b)用初值定理和终值定理求 $i_1(0^+)$ 和 $i_1(\infty)$；(c)求 i_1。

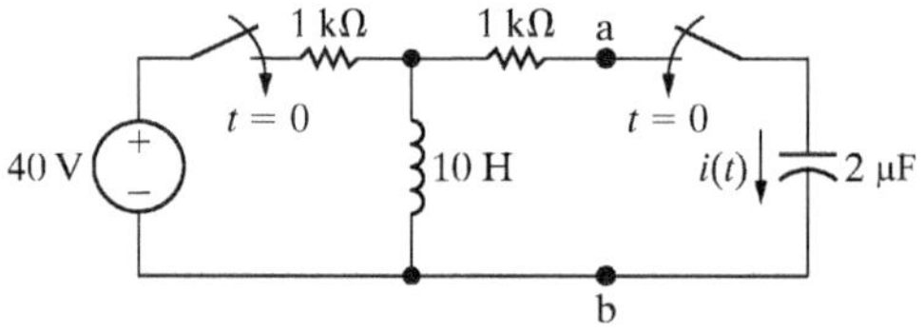

图 P13.35

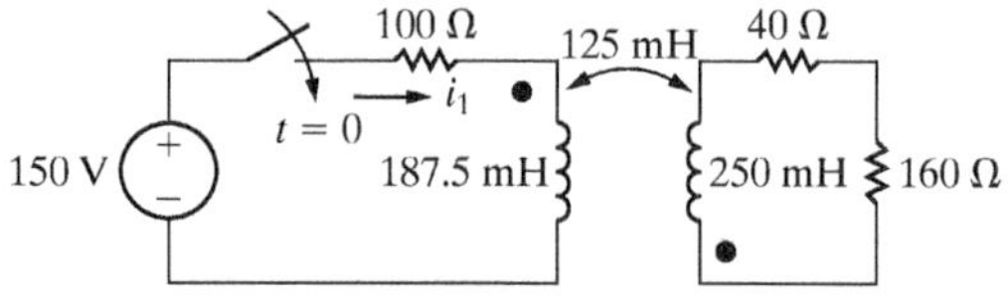

图 P13.36

13.37P (a)求电路 P13.36 中 160 Ω 上的电流，参考方向为向下穿过电阻。(b)如果 250 mH 线圈上的点位置相反，重复(a)的问题。

13.38P 电路 P13.38 中的耦合线圈初始电流为 300 A 和 200 A。

(a)求电路中的初始储能。(b)求 I_1 和 I_2。(c)求 i_1 和 i_2。(d)求 240 Ω 和 540 Ω 电阻上的能量消耗；(e)当 720 mH 电感上的点在下端时，重复(a)~(d)的问题。

13.39P 电路如图 P13.39 所示，先合后断开关处在 a 位置很久，在 $t=0$ 时刻，开关瞬间移动到 b 位置，求 i_o，$t \geq 0$。

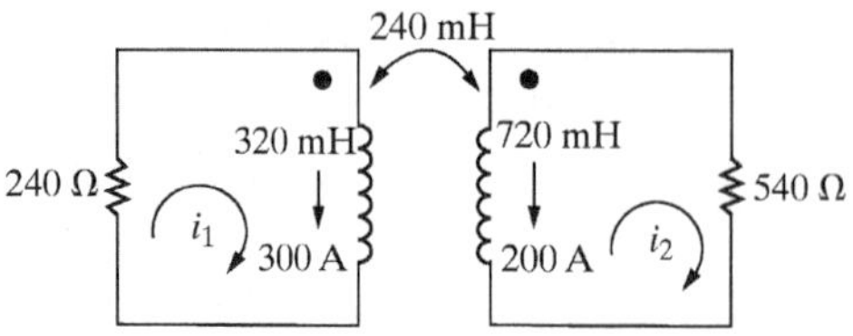

图 P13.38

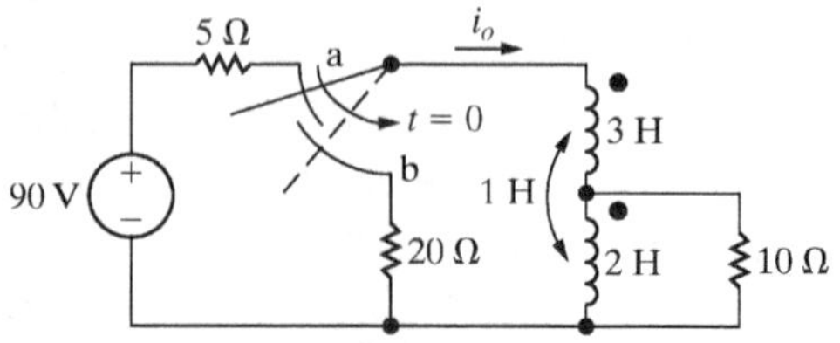

图 P13.39

13.40P 电路如图 P13.40 所示，在 $t=0$ 时刻开关打开，打开前已经闭合很久，用拉普拉斯变换法求 v_o。

13.41P 电路如图 P13.41 所示，在 $t=0$ 时刻开关 1 闭合，而先合后断开关瞬时由 a 移动到 b。

(a)建立电路的 s 域等效电路，$t>0$。(b)求 I_1。(c)用初值定理和终值定理验证 i_1 的初值和终值。(d)求 i_1，$t\geqslant 0^+$。

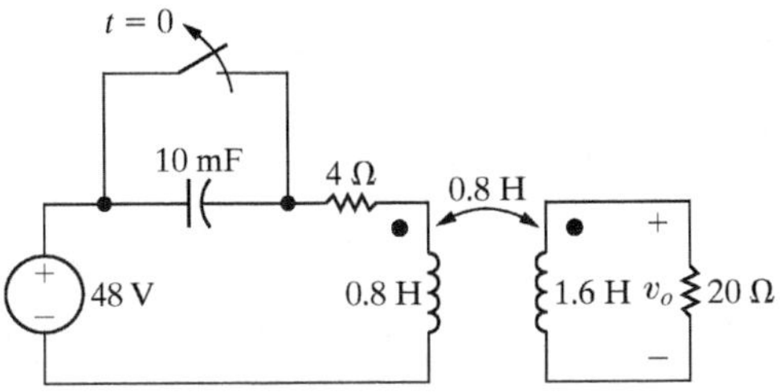

图 P13.40

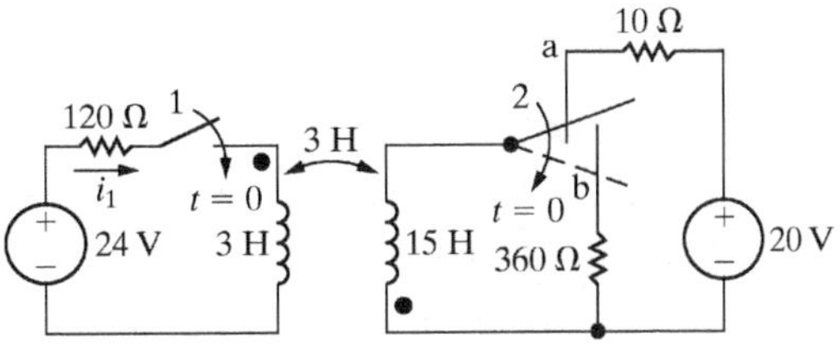

图 P13.41

13.42P 验证由方程(13.91)和方程(13.92)求得的 V_2 和方程(13.90)给出的表达式相同。

13.43P 电路如图 P13.43 所示，当两个电源作用到电路上时，电路中无储能。

(a)用叠加定理求 V_o。(b)求 v_o，$t>0$。

13.44P 电路如图 P13.44 所示，运放是理想运放，当电路加电的时候电路中无储能，若 $v_g=5000tu(t)$ V，(a) 求 V_o，(b) 求 v_o，(c)需要多久能使运放饱和，(d)为阻止饱和，v_g 增长的速率最大是多少？

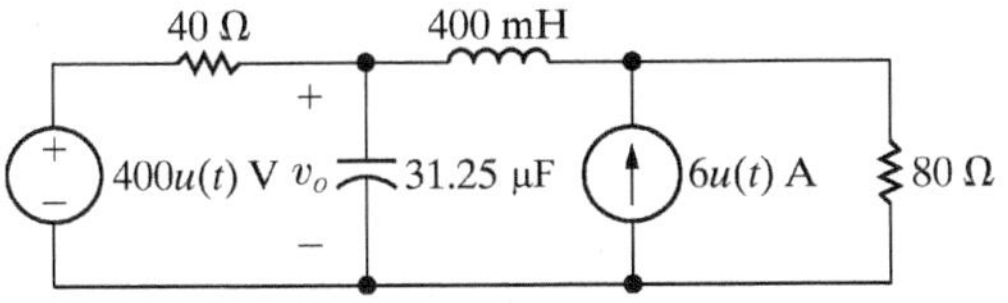

图 P13.43

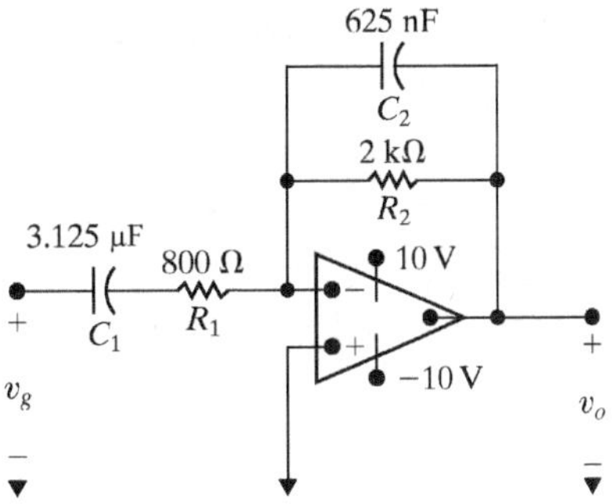

图 P13.44

13.45P 电路如图 P13.45 所示，若理想运放工作在线性范围内，且 $v_g=16u(t)$ mV。求 $v_o(t)$。

13.46P 电路如图 P13.46 所示，图中的运算放大器是理想运放，当电路加电的时候电路中的电容无储能。

(a)若 $v_{g1}=40u(t)$ V，$v_{g2}=16u(t)$ V，求 v_o。(b)在两个电压源作用到电路后多少毫秒的时候，理想运放饱和？

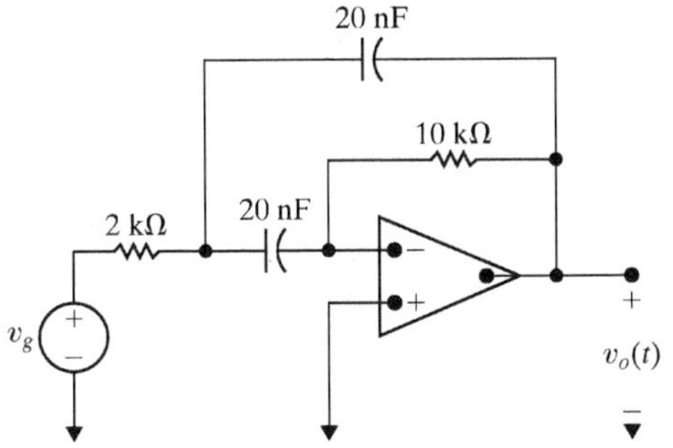

图 P13.45

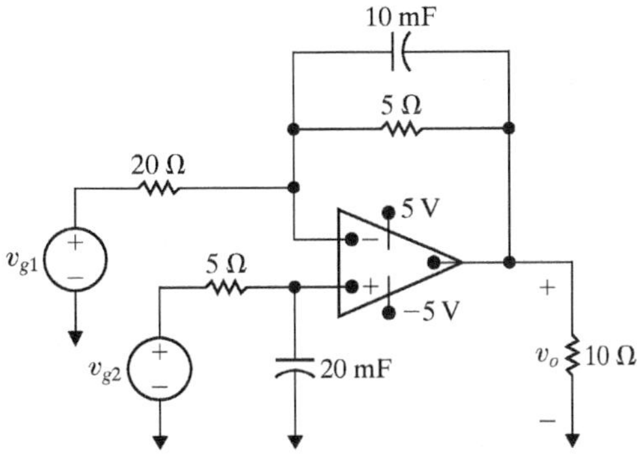

图 P13.46

13.47P 电路如图 P13.47 所示，图中的运算放大器是理想运放，当电路上电的时候电路中的电容无储能。试确定(a)V_o，(b) v_o，(c)需要多久能使理想运放饱和？

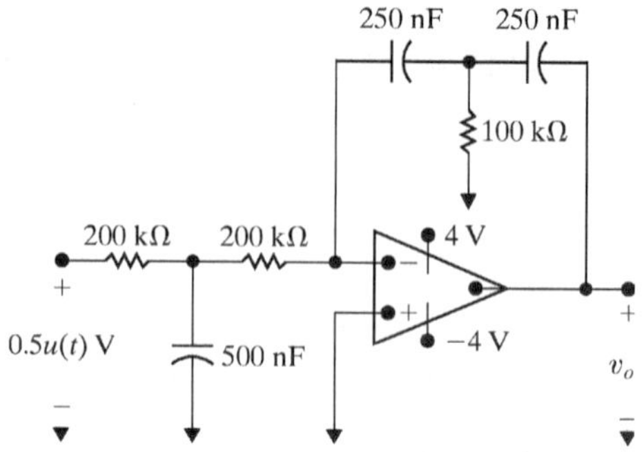

图 P13.47

13.48P (a)求图 P13.48(a)中电路的转移函数 $H(s) = V_o/V_i$。(b)求图 P13.48(b)中电路的转移函数 $H(s) = V_o/V_i$。(c)用图 P13.48(a)和(b)以及附录 H 中选择的元件构造两个不同的电路，使其具有转移函数 $H(s) = V_o/V_i = 1000/(s+1000)$。

13.49 (a)求图 P13.49(a)中电路的转移函数 $H(s) = V_o/V_i$。(b)求图 P13.49(b)中电路的转移函数 $H(s) = V_o/V_i$。(c)用图 P13.49(a)和(b)以及附录 H 中选择的元件构造两个不同的电路，使其具有转移函数 $H(s) = V_o/V_i = s/(s+10\,000)$。

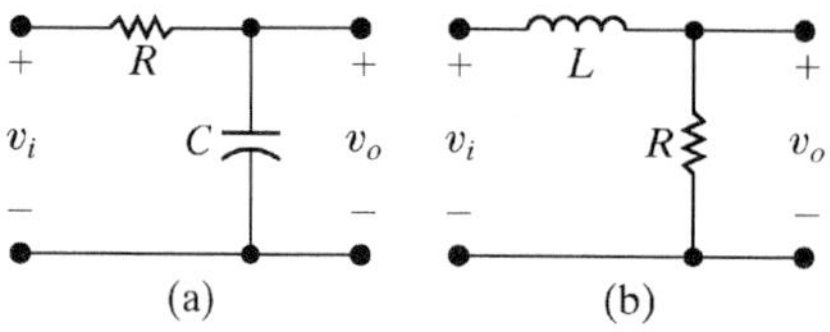

图 P13.48

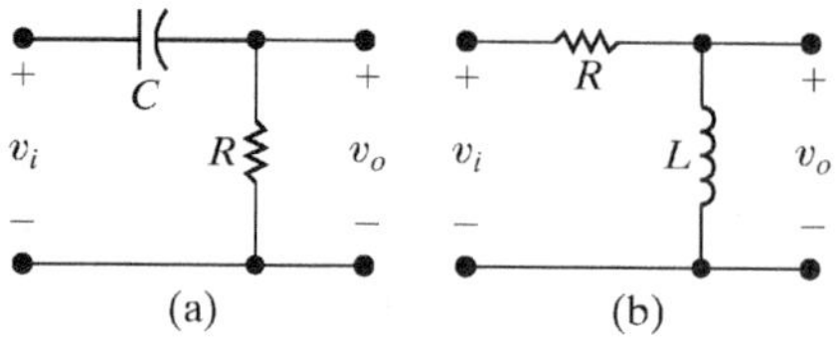

图 P13.49

13.50 (a)求图 P13.50 中电路的转移函数 $H(s) = V_o/V_i$，确定该函数的零极点。(b)从附录 H 中选择三个元件，当这三个元件用到图 P13.50 所示的电路中时，会使该转移函数具有两个不等的实极点，计算极点的值。(c)从附录 H 中选择三个元件，当这三个元件用到图 P13.50 所示的电路中时，会使该转移函数具有两个相等的极点，计算极点的值。(d)从附录 H 中选择三个元件，当这三个元件用到图 P13.50 所示的电路中时，会使该转移函数具有一对共轭复极点，计算极点的值。

13.51 (a)求图 P13.51 中电路的转移函数 $H(s) = V_o/V_i$ 的数值表达式。(b)给出该函数的零极点。

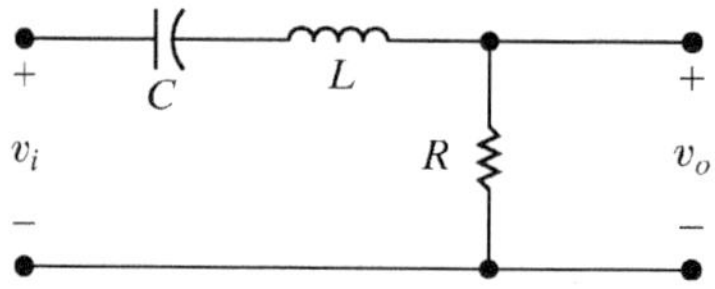

图 P13.50

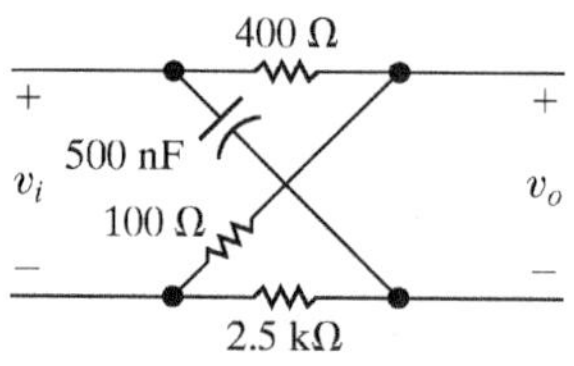

图 P13.51

13.52P 求图 P13.52 中所示电路的转移函数(V_o/V_i)的数值表达式并给出每个转移函数的零极点。

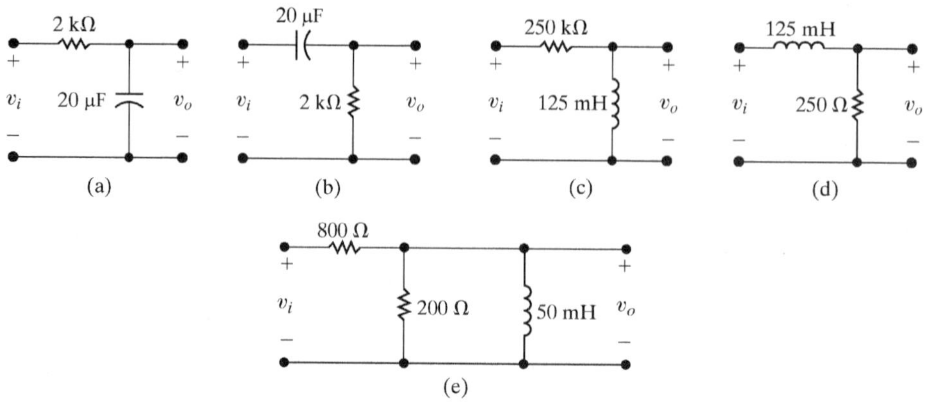

图 P13.52

13.53　图 P13.53 所示电路中的是理想运放。(a)求转移函数 $H(s)=V_o/V_g$ 的数值表达式；(b)给出该函数的每个零极点的数值。

13.54　图 P13.54 所示电路中的运算放大器是理想的。

(a)求转移函数 $H(s)=V_o/V_g$ 的数值表达式；(b)给出该函数的每个零极点的数值。

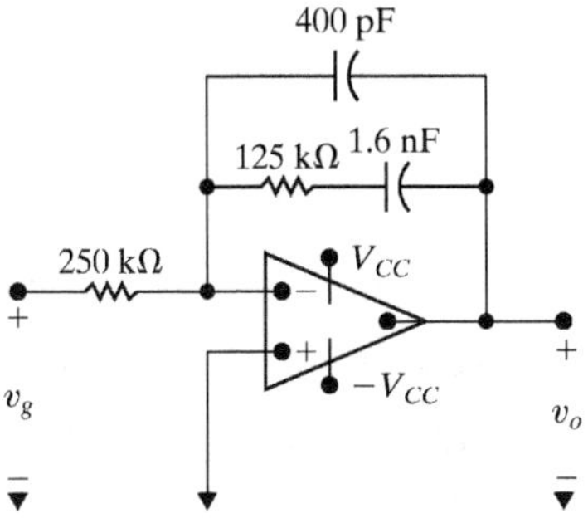

图 P13.53

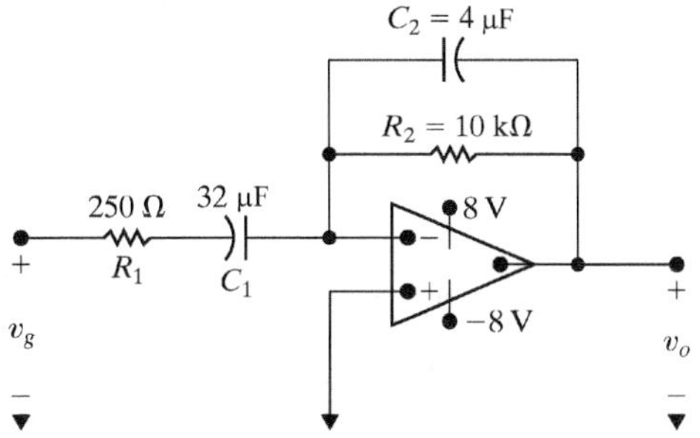

图 P13.54

13.55　图 P13.55 所示电路中的运算放大器是理想的。

(a)求转移函数 $H(s)=V_o/V_g$ 的数值表达式；(b)给出该函数的每个零极点的数值。

13.56P　电路如图 P13.56 所示，开关打开时电路中无储能，正线电流源的电流为 25cos 200t mA，响应信号为电流 i_o。

(a)求转移函数 I_o/I_g；(b)求 $I_o(s)$；(c)不需要求解出电流 $i_o(t)$ 的情况下，描述 $i_o(t)$ 的暂态响应分量的特点；(d)不需要求解出电流 $i_o(t)$ 的情况下，描述 $i_o(t)$ 的稳态响应分量的特点；(e)求解出电流 $i_o(t)$，验证在(c)和(d)步得出的结论。

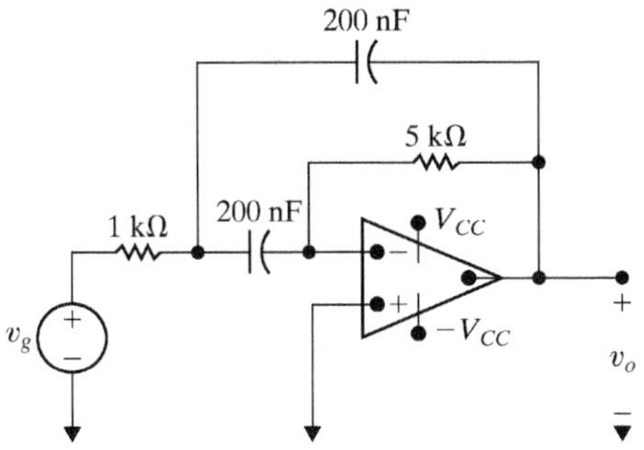

图 P13.55

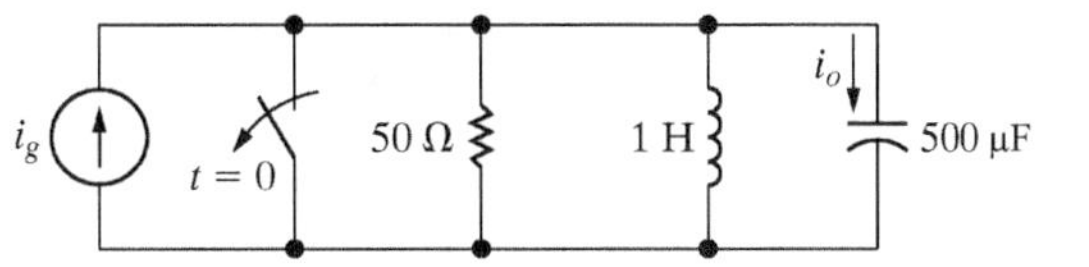

图 P13.56

13.57P　(a)电路如图 P13.57 所示，求电路的转移函数 I_o/I_g 关于 μ 的表达式；(b)求系统对有界输入能产生有界输出时，μ 的最大值；(c)若 $i_g=5u(t)$ A，$\mu=-3, 0, 4, 5$ 和 6 时，求 i_o。

13.58　在图 P13.58 所示电路中，i_o 是输出，v_g 是输入，假设电容中无初始储能，求转移函数的零极点。

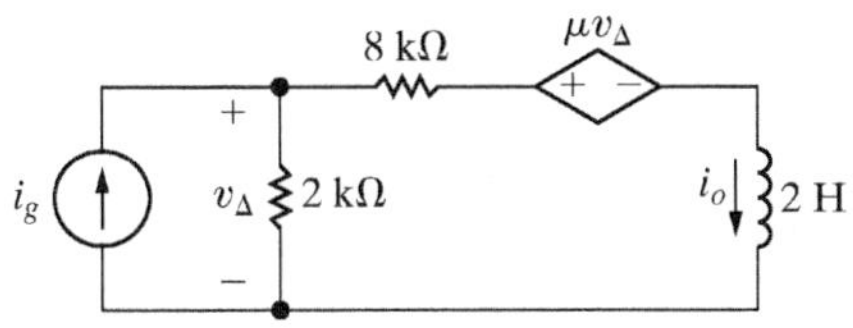

图 P13.57

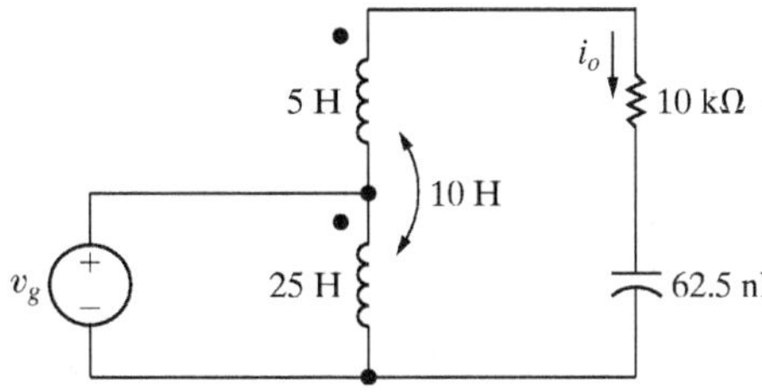

图 P13.58

13.59 一个矩形电压脉冲 $v_i=[u(t)-u(t-1)]$ V 作用到图 P13.59 所示的电路上，用卷积积分求 v_o。

13.60 将习题 13.59 中的电阻和电感互换，再用卷积积分求 v_o。

13.61 (a)电路如图 P13.52(a)所示，如果输入电压为如图 P13.61 所示的矩形脉冲，用卷积积分求输出电压；(b)画出 $v_o(t)$ 对时间 t 的波形，其中 $0\leq t\leq 100$ ms。

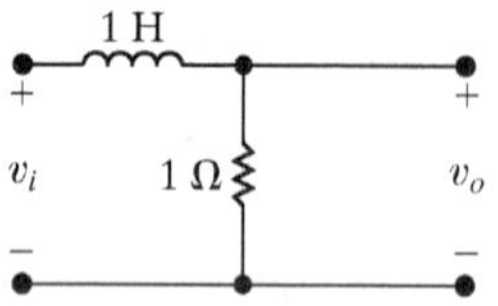

图 P13.59

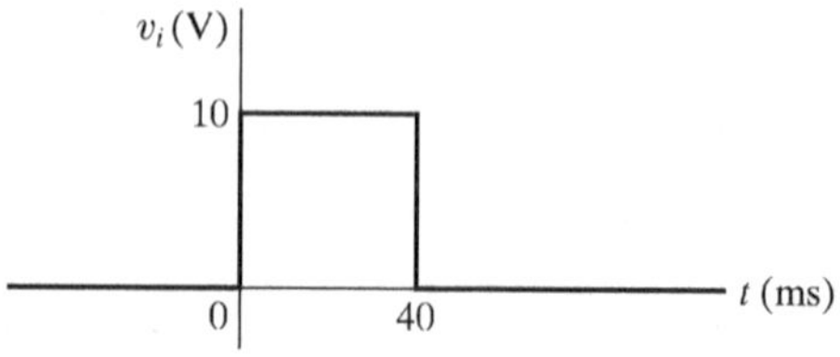

图 P13.61

13.62 (a)假设图 P13.52(a)所示电路中的电阻降低为 200 Ω，重做习题 13.61；(b)减小电阻能增加或减小电路的记忆性吗？(c)哪个电路更接近于将输入电压不加改变地直接输出？

13.63 (a)假设 $y(t)=h(t)*x(t)$，当 $h(t)$ 和 $x(t)$ 都是如图 P13.63(a)所示的矩形脉冲时，求 $y(t)$；(b)当 $h(t)$ 变为如图 P13.63(b)所示的矩形脉冲时，求 $y(t)$；(c)当 $h(t)$ 变为如图 P13.63(c)所示的矩形脉冲时，求 $y(t)$；(d)在一个图中画出(a)～(c)步中的 $y(t)$ 对 t 的波形；(e)在(d)步所画出的波形合理吗？请解释。

13.64 (a)当 $h(t)$ 和 $x(t)$ 均是如图 P13.64(a)所示的矩形脉冲时，求 $h(t)*x(t)$；(b)当 $x(t)$ 变为如图 P13.64(b)所示的矩形脉冲时，求 $h(t)*x(t)$；(c)当 $h(t)$ 变为如图 P13.64(c)所示的矩形脉冲时，求 $h(t)*x(t)$。

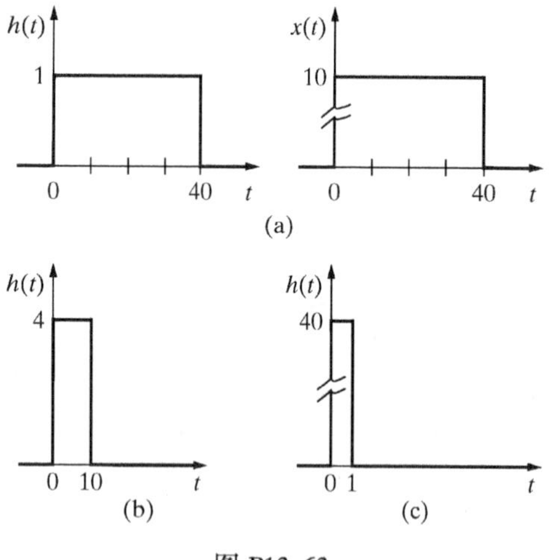

图 P13.63

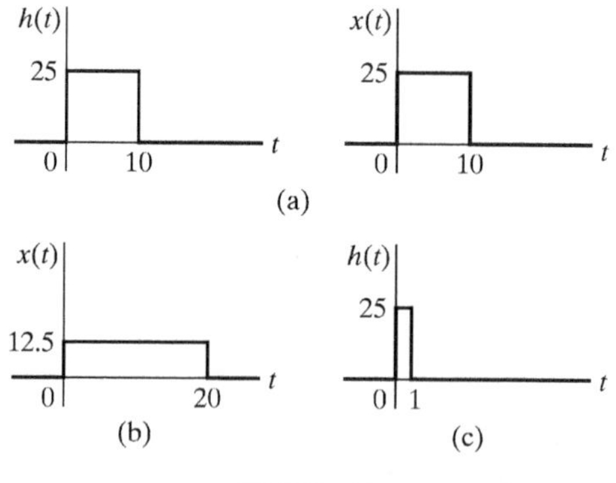

图 P13.64

13.65 电路的电压冲激响应如图 P13.65(a)所示，电路的输入信号是如图 P13.65(b)所示的矩形电压脉冲。(a)推导出输出电压的方程，注意每个方程适用的时间范围；(b)画出 v_o 在 -1 s$\leq t\leq$34 s 范围内的波形。

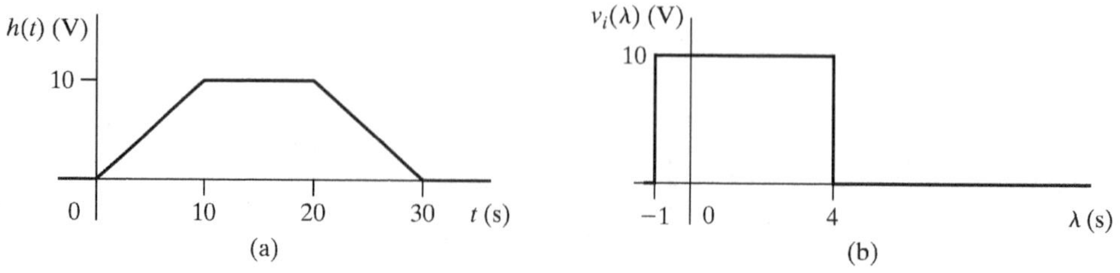

图 P13.65

13.66　假设电路的电压冲激响应如图 P13.66 所示的三角形脉冲，电路的电压输出信号为阶跃信号 $10u(t)$ V。(a)用卷积积分求出输出电压的表达式；(b)画出输出电压在 0 ~ 15 s 范围内的波形；(c)如果电压冲激响应下的面积保持不变，但是脉冲宽度变为 4 s，重复做(a)和(b)步；(d)在(b)和(c)中，哪个输出波形更接近于输入的波形？请解释。

13.67　(a)假设电路的电压冲激响应为

$$h(t) = \begin{cases} 0, & t < 0 \\ 10e^{-4t}, & t \geqslant 0 \end{cases}$$

若输入信号为 $10u(t)$ V，用卷积积分求出输出电压。

(b)若电压脉冲响应为

$$h(t) = \begin{cases} 0, & t < 0; \\ 10(1 - 2t), & 0 \leqslant t \leqslant 0.5\ \text{s} \\ 0, & t \geqslant 0.5\ \text{s} \end{cases}$$

用卷积积分求出输出电压。

(c)画出(a)和(b)中输出电压对 t 的波形，$0 \leqslant t \leqslant 1$ s。

13.68　电路如图 P13.68 所示，如果 $v_i = 75u(t)$ V，用卷积积分求 v_o。

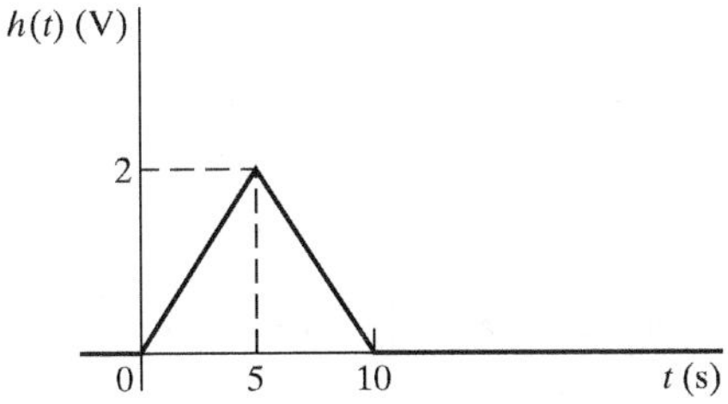

图 P13.66

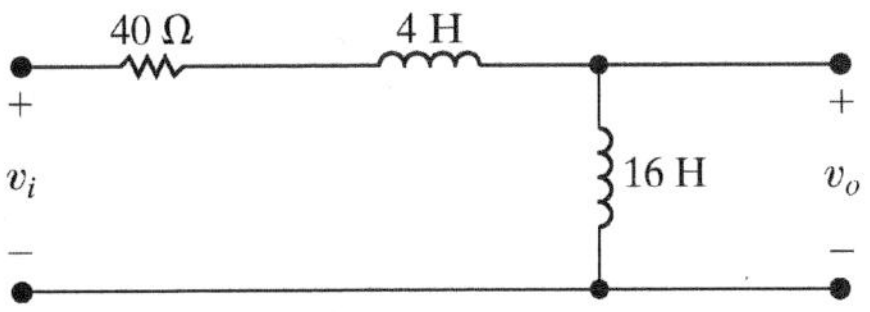

图 P13.68

13.69　(a)电路如图 P13.69(a)所示，如果 i_g 是如图 P13.69(b)所示的脉冲，用卷积积分求 v_o；(b)用卷积积分求 i_o；(c)证明上述所得的 v_o 和 i_o 与在 100^- ms，100^+ ms，200^- ms 和 200^+ ms 处计算所得的结果相等。

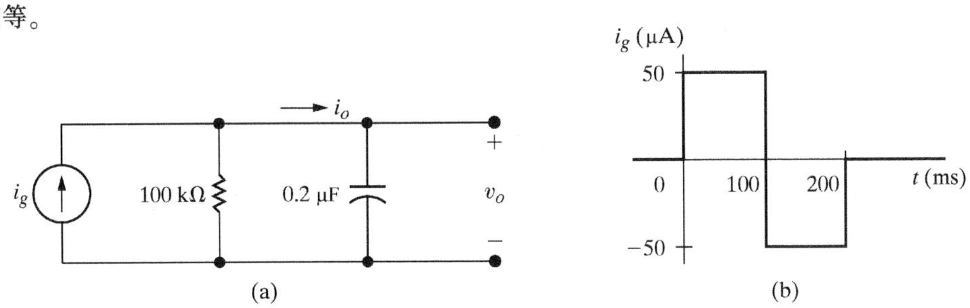

图 P13.69

13.70　电路如图 P13.70 所示，输入电压为 $v_i = 5[u(t) - u(t - 0.5)]$ V。

(a) 用卷积积分求 v_o；(b)画出 $0 \leqslant t \leqslant 1$ s 内 v_o 的波形。

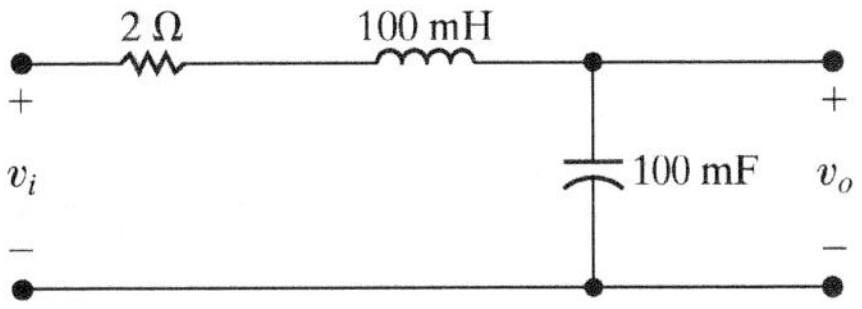

图 P13.70

13.71　(a)电路如图 P13.71(a)所示，输入信号为 v_g，输出信号为 v_o，求电路的冲激响应；(b)假如 v_g 的波形如图 P13.71(b)所示，用卷积积分求 v_o；(c)v_o 的波形和 v_g 的波形完全相同吗？为什么？

13.72　(a)电路如图 P13.72 所示，输入信号为 v_g，输出信号为 v_o，求电路的冲激响应；(b)假如 v_g 的波形如图 P13.71(b)所示，用卷积积分求 v_o；(c)画出 $0 \leqslant t \leqslant 2$ s 内的 v_o 的波形；(d)v_o 的波形和 v_g 的波形完全相同吗？为什么？

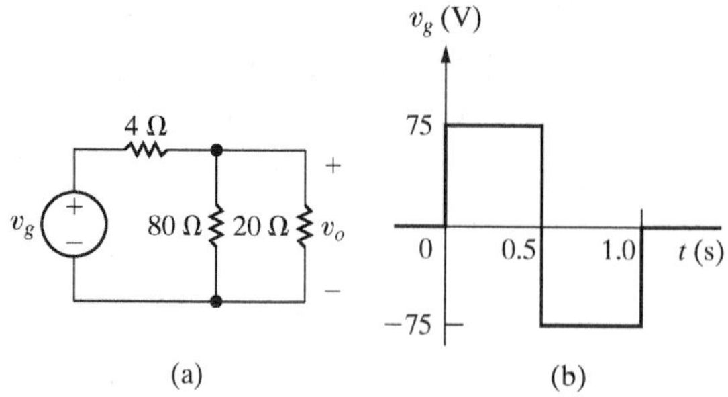

图 P13.71

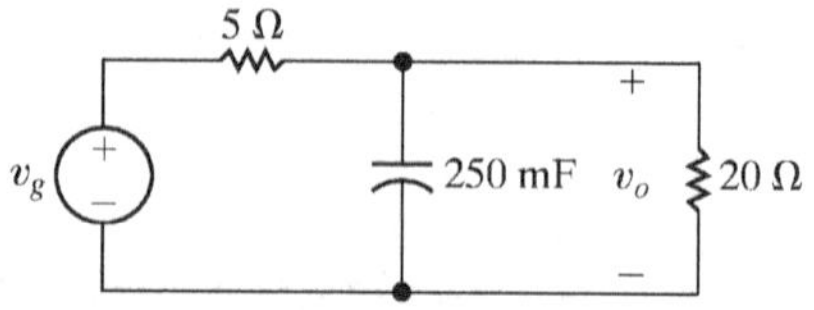

图 P13.72

13.73 图 P13.73(a)中的电流源的波形如图 P13.73(b)所示，用卷积积分求 $t=5$ ms 时的 v_o。

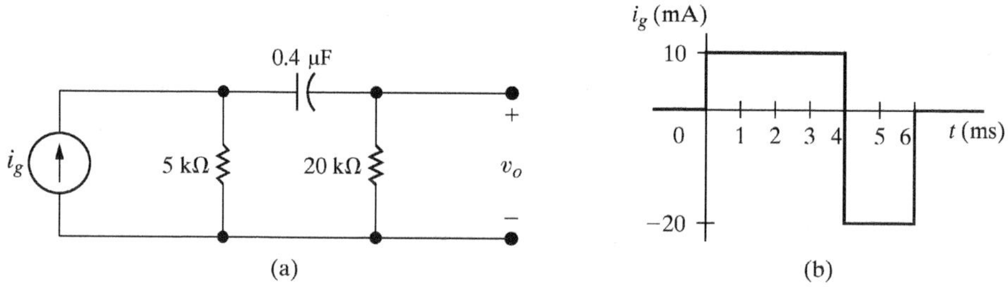

图 P13.73

13.74 图 P13.74(a)中的正弦电压脉冲作用到图 P13.74(b)所示的电路中，用卷积积分求 v_o 时的 $t=75$ ms。

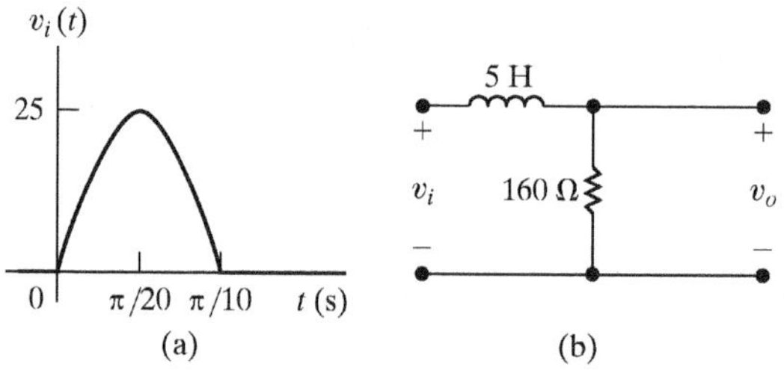

图 P13.74

13.75 (a)证明，若 $y(t)=h(t)*x(t)$，则 $Y(s)=H(s)X(s)$；(b)若 $f(t)$，用(a)步的结果求 $F(s)=\dfrac{a}{s(s+a)^2}$。

13.76P 图 P13.76 中的运算放大器是理想的，且工作在线性范围内。

(a)计算转移函数 V_o/V_g；(b)若 $v_g=\cos 3000t$ V，求 v_o 的稳态响应表达式。

13.77P 图 P13.77 中的运算放大器是理想的。

(a)计算转移函数 V_o/V_g；(b)若 $v_g=0.6u(t)$ V，求 v_o；(c)若 $v_g=2\cos 10\,000t$ V，求 v_o 的稳态响应表达式。

13.78 一个线性非时变电路的转移函数为

$$H(s)=\frac{V_o}{V_g}=\frac{25(s+8)}{s^2+60s+150}$$

若 $v_g=10\cos 20t$ V，求 v_o 的稳态响应表达式。

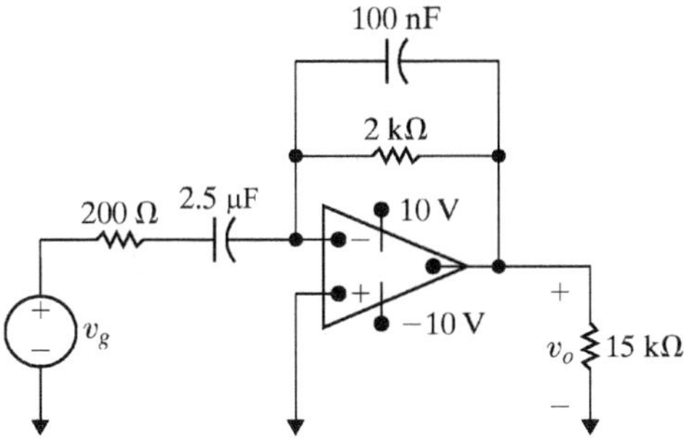

图 P13.76

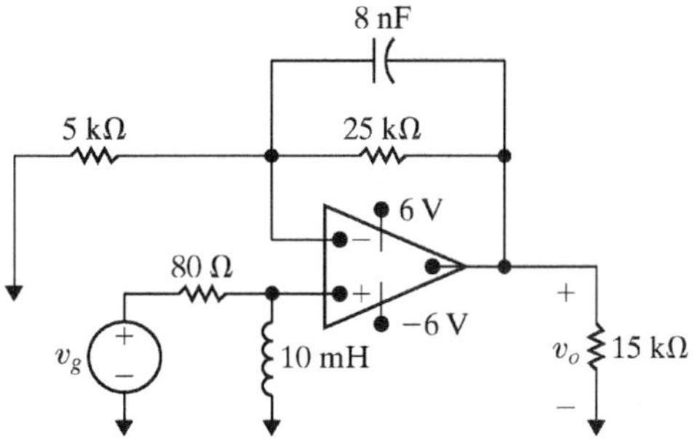

图 P13.77

13.79　一个线性非时变电路的转移函数为

$$H(s)=\frac{I_o}{I_g}=\frac{125(s+400)}{s(s^2+200s+10^4)}$$

若 $i_g=80\cos 500t$ A，求 i_o 的稳态响应表达式。

13.80　当输入电压 $30u(t)$ V 作用到电路中时，其响应为

$$v_o=(50e^{-8000t}-20e^{-5000t})u(t)\ \text{V}$$

若 $v_g=120\cos 6000t$ V，求其稳态响应？

13.81　电路如图 13.47 所示，证明：在 V_0C_e 库仑的电荷从 C_1 转移到 C_2 后，每个电容上的电压降均为 $C_1V_0/(C_1+C_2)$（提示：用电荷守恒定理）。

13.82　在实例 13.1 的电路中，其电压源改为一个单位冲激，即 $v_g=\delta(t)$。
(a)冲激性电压源在电容中存储了多少能量？(b)电感中存储了多少能量？(c)用转移函数求 $v_o(t)$；(d)证明：上步所得的响应与先将电容充电到 1000 V，然后再向电路放电所得结果一致，电路如图 P13.82 所示。

13.83　当冲激电压源作用到如图 P13.83 所示电路中时，电路无储能。
(a)求 $v_o(t)$，$t\geq 0$。(b)上述结果是否符合电路的已知特性？请解释。

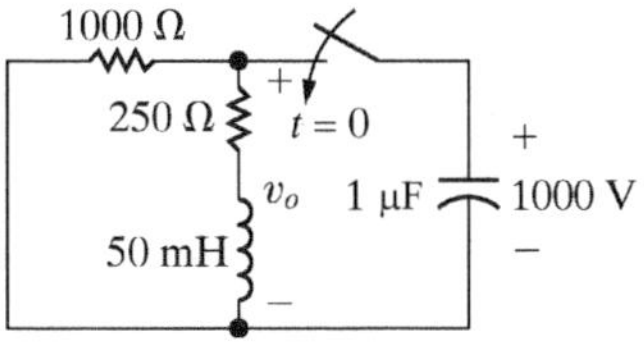

图 P13.82

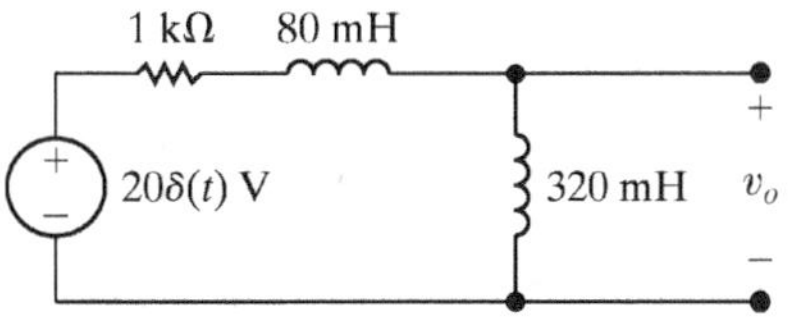

图 P13.83

13.84　图 P13.84 所示电路中的电感 L_1 在开关打开的时候具有初始电流 ρ A，求(a)$v(t)$；(b)$i_1(t)$；(c)$i_2(t)$ 和(d)$\lambda(t)$，其中 $\lambda(t)$ 是电路中的总磁链。

13.85　(a)令图 P13.84 所示电路中的 $R\to\infty$，用习题 13.84 所得的结论求 $v(t)$，$i_1(t)$ 和 $i_2(t)$；(b)令图 P13.84 所示电路中的 $R\to\infty$，用拉氏变换法求 $v(t)$，$i_1(t)$ 和 $i_2(t)$。

13.86　在图 P13.86 所示电路中，R_2 和 C_2 的并联支路代表阴极射线显示器的输入电路，R_1 和 C_1 并联支路构成与阴极射线显示器电源项链的补偿导线模块，当 10 V 电压源通过补偿导线连接到阴极射线显示器的时候，两个电容上均无储能，电路元件参数为 $C_1=4$ pF，$C_2=16$ pF，$R_1=1.25$ MΩ 和 $R_2=5$ MΩ。
(a)求 v_o；(b)求 i_o；(c)假设 C_1 改为 64 pF，重复(a)和(b)的问题。

13.87　证明在图 P13.86 所示电路中，若 $R_1C_1=R_2C_2$，则 v_o 与电源电压成比例。

13.88 图 P13.88 所示电路中的开关已经闭合很久，开关在 $t=0$ 时打开，计算(a) $i_1(0^-)$；(b) $i_1(0^+)$；(c) $i_2(0^-)$；(d) $i_2(0^+)$；(e) $i_1(t)$；(f) $i_2(t)$；(g) $v(t)$。

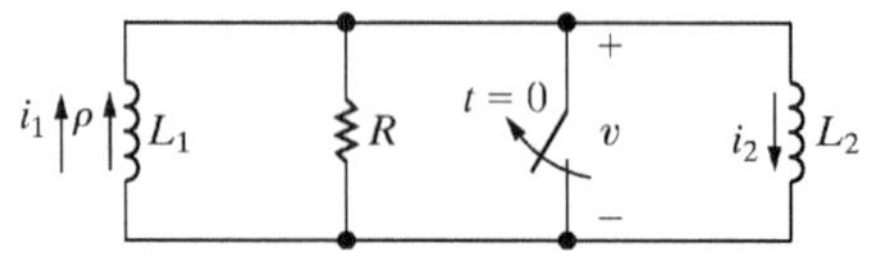

图 P13.84

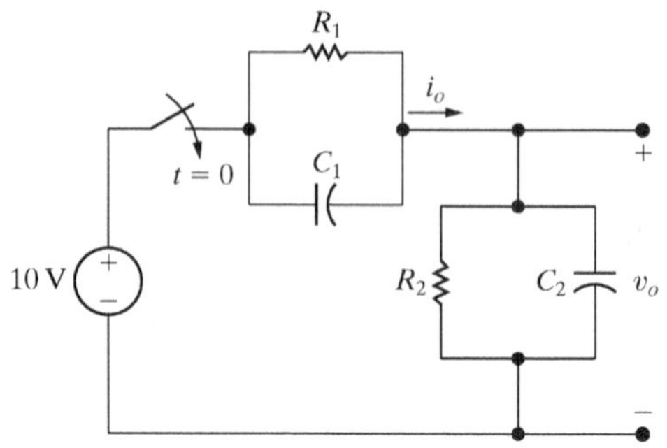

图 P13.86

13.89 电路如图 P13.89 所示，当冲激电压源作用到电路上时，电路中无储能。

(a)求 i_1，$t\geqslant 0^+$；(b)求 i_2，$t\geqslant 0^+$；(c)求 v_o，$t\geqslant 0^+$；(d)上述所得的三个结果与电路的已知特性一致吗？请解释。

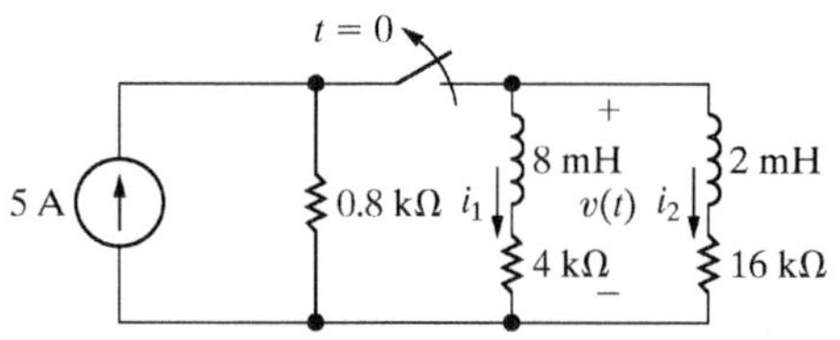

图 P13.88

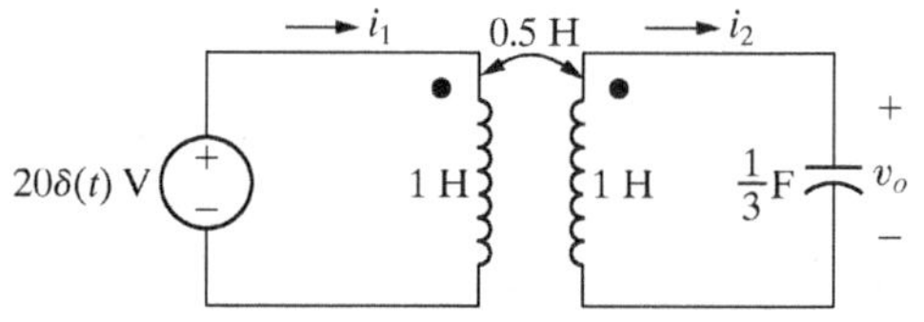

图 P13.89

13.90 电路如图 P13.90 所示，开关在 a 位置已经很久了，在 $t=0$ 时刻，开关移动到 b 位置，计算(a) $v_1(0^-)$；(b) $v_2(0^-)$；(c) $v_3(0^-)$；(d) $i(t)$；(e) $v_1(0^+)$；(f) $v_2(0^+)$；(g) $v_3(0^+)$。

13.91 电路如图 P13.91 所示，当冲激电流源作用到电路上时，电路中无储能。

(a)求 v_o，$t\geqslant 0^+$；(b)上述所得的结果与电路的已知特性一致吗？请解释。

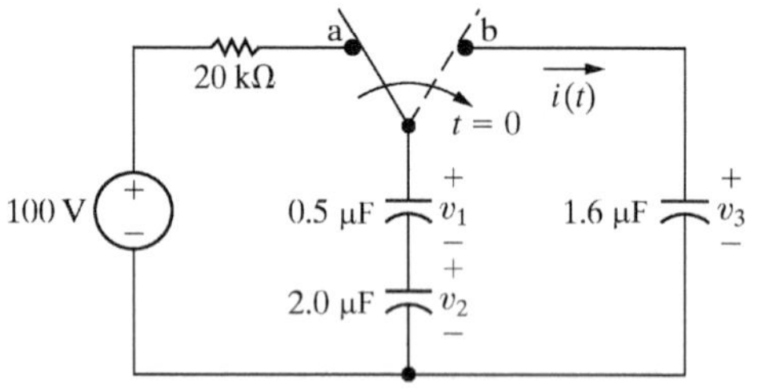

图 P13.90

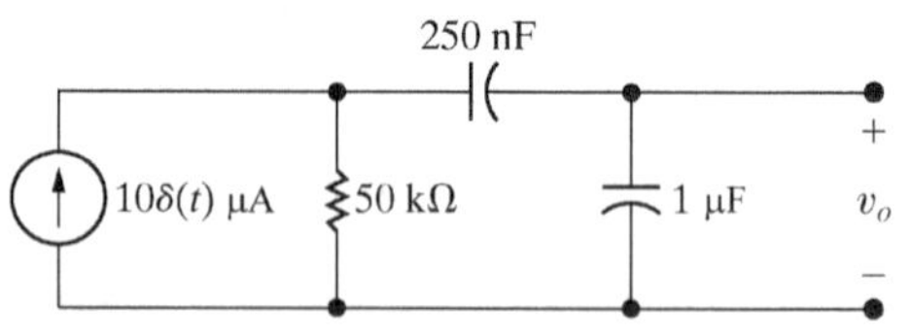

图 P13.91

13.92 **(实例应用)**假设图 13.59 电路的频率为 60 Hz，线对中性点电压 $\mathbf{V}_o$ 为 $120\underline{/0^\circ}$ V(rms)，负载 R_a 吸收功率 1200 W，负载 R_b 吸收功率 1800 W，负载 X_a 的励磁无功功率为 350 VAR，线(X_1)的感抗为 1 Ω，假设开关打开后 $\mathbf{V}_g$ 不变。

(a)计算 $i_2(t)$ 和 $i_o(t)$ 的初始值；(b)用图 13.60 的 s 域电路求 $\mathbf{V}_o$，$v_o(t)$ 和 $v_o(0^+)$；(c)用相量法分析 v_o 的稳态响应；(d)选择一种计算机程序画出 v_o-t 的波形，$0\leqslant t\leqslant 20$ ms。

13.93 **(实例应用)**假设图 13.59 所示电路中的开关在正弦稳态电压上升并过零的时候打开，即 $v_o=120\sqrt{2}\sin 120\pi t$ V。

(a)求 $v_o(t)$，$t \geqslant 0$；(b)选择一种计算机程序画出 $v_o(t)$-t 的波形，$0 \leqslant t \leqslant 20$ ms。(c)比较(a)步和习题 13.92 的(c)步所得电压的波动情况。

13.94 **(实例应用)** 本题的目的是想说明在图 13.59 所示电路中，当负载 R_b 在某个恰当时刻与电路断开时，线对中性点电压可以直接进入稳态，令 $v_o = V_m\cos(120\pi t - \theta°)$ V，其中 $V_m = 120\sqrt{2}$，假设 v_g 与电路断开后，R_b 不变。

(a)当 R_b 与电路断开时，为使 v_o 直接进入稳态，求 θ 的值(度)。(b)根据上步所求的 θ 值，求当 $t \geqslant 0$ 时的 $v_o(t)$。(c)选择一种计算机程序，在 -10 ms $\leqslant t \leqslant 10$ ms 时间内，画出一条线表示 $v_o(t)$ 在 R_b 断开前后的波形。

第 14 章　选 频 电 路

本章目标

- 知道如何将 RL 和 RC 电路配置成低通滤波器，能设计 RL 和 RC 电路中的元件值，使电路具有指定的截止频率。
- 知道如何将 RL 和 RC 电路配置成高通滤波器，能设计 RL 和 RC 电路中的元件值，使电路具有指定的截止频率。
- 知道如何将 RLC 电路配置成带通滤波器，理解带通滤波器的定义及品质因数、带宽、截止频率和中心频率的关系，能设计 RLC 电路中的元件值，使电路满足设计要求。
- 知道如何将 RLC 电路配置成带阻滤波器，理解带阻滤波器的定义及品质因数、带宽、截止频率和中心频率的关系，能设计 RLC 电路中的元件值，使电路满足设计要求。

到目前为止，在正弦电路分析中，电源的频率都是常数。第 14 章将分析电源频率的变化对电路中电压和电流的影响，分析结果就是电路的频率响应。

通过前面几章的学习，读者已经知道，电路的响应与电路中的元件类型、连接方式、阻抗等有关。尽管正弦电源频率的改变没有使电子元件的类型或连接方式改变，但却改变了电容和电感的阻抗，因为这些元件的阻抗是频率的函数。正如后面将会看到的，如果正确选择电路元件、元件参数及与其他元件的连接方式，就能构造出一种电路，这个电路能使处于某个频率范围内的输入信号得到输出，这种电路称为选频电路。许多通过电信号进行通信的设备，如电话机、收音机、电视机及卫星设备等都需要选频电路。

选频电路也称为滤波器，因为它能滤掉某些频率的信号，图 14.1 用简化方式表示了这种功能。严格地说，实际的选频电路并不能完全滤掉所选频率的信号，也就是说，滤波器只是衰减信号，即削弱或减小所有指定频带之外的输入信号。家用立体声音响设备可能有一个图形均衡器，这就是滤波器电路组的最好例子。图形均衡器中的每个频带就是一个滤波器，它能放大处于频带内的声音，削弱频带外的声音。因此，图形均衡器能改变每个频带内的音量。

图 14.1　滤波器对输入信号进行处理产生输出信号

本章的分析将从四种主要类型的滤波器开始，即低通滤波器、高通滤波器、带通滤波器和带阻滤波器。频率响应的分析以电路转移函数为起点，具有相同滤波功能的电路，其电路转移函数也相似。在第 15 章对滤波器电路的设计中将要用到这种相似性。

实例应用

按键电话电路(一)

本章将讨论电源频率变化时电路的性质。当电源频率变化时，电路特性也会发生变化，因为动态元件的阻抗是频率的函数。这种与频率相关的电路称为滤波器，滤波器在许多电子设备中都得到了应用。收音机中，滤波器的作用是选择电台的信号，滤掉以不同频率传输的其他电台信号。在立体声设备中，滤波器用于调节高、低频声音信号的相对强度，滤波器还可用在电话电路中。

在按键电话中，按键的时候会听到不同的音调，读者可能想知道这些音调是怎么告诉电话按了哪个键的。究竟为什么使用音调？为什么音调听起来像音乐？电话是如何分辨按键音调和谈话或唱歌声音的？

电话用来处理频率在 300～3000 Hz 的音频信号。因此，所有从电话到使用者的信号必须是可以听到的信号，包括拨号音和占线(忙)音。同样，所有从使用者到电话的信号也必须是可以听到的信号，包括用户按键信号。区分是按键信号还是一般的声音信号非常重要，因此，采用了双音多频(DTMF)设计方法。当一个数字键被按下时，一个具有精确频率的独一无二的正弦波双音由电话端发送到电话系统中。DTMF 频率和计时特性将其与人的声音相区别。在交换系统中，电子电路检测音频信号，监听发送数字的双音信号。在本章最后对实例的讨论中，将给出 DTMF 滤波器的设计，以确定按了哪个键。

14.1 预备知识

回顾 13.7 节讨论过的内容，电路的转移函数为正弦激励下稳态响应的计算提供了简便的方法。当时，只考虑具有固定频率的电源。为研究电路的频率响应，用频率可变的正弦电源代替固定频率的正弦电源。因输出信号的振幅和相位与 $H(\mathrm{j}\omega)$ 的振幅和相位有关，所以转移函数仍然是非常有用的工具。

假设改变正弦电源的频率，而不改变其振幅和相位角，那么正弦电源频率的改变，会使转移函数的振幅和相位角发生变化，因此，输出信号的振幅和相位角也会变化。

为简便起见，先看选频电路，只关心输入和输出信号均为正弦电压的情况，如图 14.2 所示。感兴趣的转移函数是输出电压和输入电压的拉氏变换之比，即 $H(s) = V_o(s)/V_i(s)$。但是读者应该知道，在某些情况下，输入、输出信号也可以是电流。

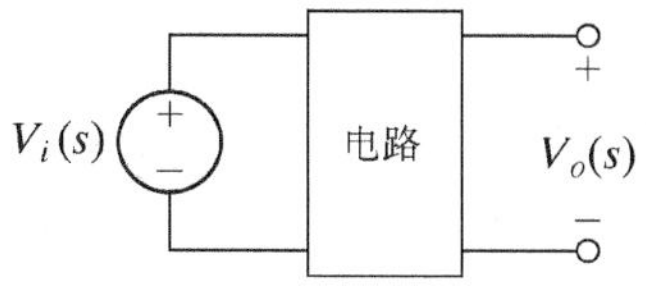

图 14.2 具有输入电压和输出电压的电路

从输入端到输出端能够通过的信号频带称为通频带。电路将削弱并有效地阻止处于这个频带之外的输入电压且不能在输出端输出。不在电路通频带内的频率范围称为阻带。选频电路是按通频带的位置分类的。

确定选频电路类型的方法之一是根据频率响应曲线，频率响应曲线表明了电路转移函数(幅值和相位)随电源频率的变化情况。频率响应曲线包含两个部分：一是 $|H(\mathrm{j}\omega)|$ 对频率 ω 的曲线，称为幅频特性曲线；二是相位角 $\theta(\mathrm{j}\omega)$ 对频率 ω 的曲线，称为相频特性曲线。

四种主要滤波器的理想频率响应曲线如图 14.3 所示。图中(a)和(b)分别表示低通滤波器和高通滤波器的理想情况。这两种滤波器只有一个截止频率，该频率将频域分为一个通带和一个阻带。低通和高通的定义就是根据幅频特性得出的。低通滤波器将低于截止频率的信号从输入端传输到输出端，而高通滤波器则将高于截止频率的信号从输入端传输到输出端。因此，这里所说的高和低并不是指绝对的频率值，而是对截止频率而言的相对频率。

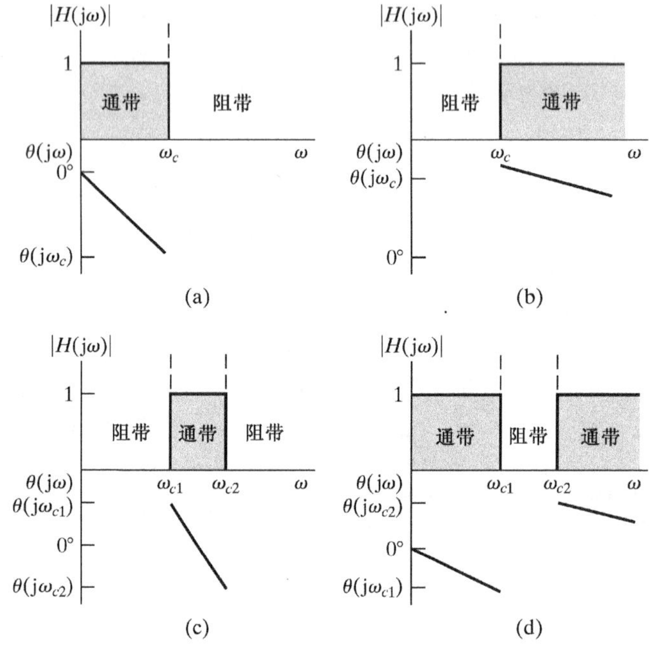

图 14.3　四种滤波电路的理想频率响应曲线：(a)理想低通滤波器；(b)理想高通滤波器；(c)理想带通滤波器；(d)理想带阻滤波器

要注意的是，从两条滤波曲线(以及带通和带阻滤波器)可以看出，理想滤波器的相位特性曲线在通带内与频率是线性关系，而在通带外没有意义，因为在通带外其幅值为 0。为避免失真，相位变化必须是线性的。

另外两种滤波器都有两个截止频率。图 14.3(c)为带通滤波器的理想频率响应曲线。这种滤波器只能将处于两个截止频率之间的电源电压传输到输出端，图 14.3(d)是理想带阻滤波器的频率响应曲线，它只能将处于两个截止频率之外的电源电压传输到输出端，阻止处于两个截止频率之间的电源电压的传输。

用本章讨论的电路可构造滤波器，一定要注意，幅频特性和相频特性不是无关的。也就是说，能满足某种幅频特性曲线的电路同时就会产生相应的相频特性曲线，反之亦然。例如，一旦选择了具有某种指定形式的幅频特性电路，那么，相频特性相应地也就确定了。反过来说，如果选择了具有某种指定形式的相频特性电路，那么，幅频特性也就确定了。尽管有些选频电路的幅值和相位特性可以独立确定，互不影响，但这里不去讨论。

14.2 节将讨论四种类型滤波器中的一部分电路，它们只是可以起到滤波器作用的许多电路中的一小部分。要注意区分电路的哪些特点决定了滤波器的性质。仔细观察有相同滤波功能电路的转移函数形式。区分滤波器转移函数的形式对设计某种应用型的滤波电路会有很大的帮助。

本章讨论的所有滤波器均为无源滤波器。所谓无源滤波器是指滤波功能只与无源元件有关。无源元件是指电阻、电容和电感。这种滤波器能实现的最大输出振幅是 1，如果将阻抗与电源串联或与负载并联会使输出振幅减小。许多实际的滤波器要求增大输出的振幅，所以，无源滤波器有一些明显的缺点。本章讨论的无源滤波器中唯一能放大输出的是串联 RLC 谐振滤波器。第 15 章的主要内容是有源滤波电路，将会介绍许多具有放大作用的滤波器。

14.2　低通滤波器

本节讨论两个低通滤波器电路，即串联 RL 电路和 RC 电路，要讨论是电路的什么特性决定了截止频率。

14.2.1　串联 RL 电路的定性分析

串联 RL 电路如图 14.4(a)所示。电路输入的是频率变化的正弦电压源。输出为电阻两端的电压。假设电源的频率从很小开始逐渐增加，理想电阻的阻抗与频率无关，所以电阻的作用不会改变，但要考虑电感的作用是如何改变的。

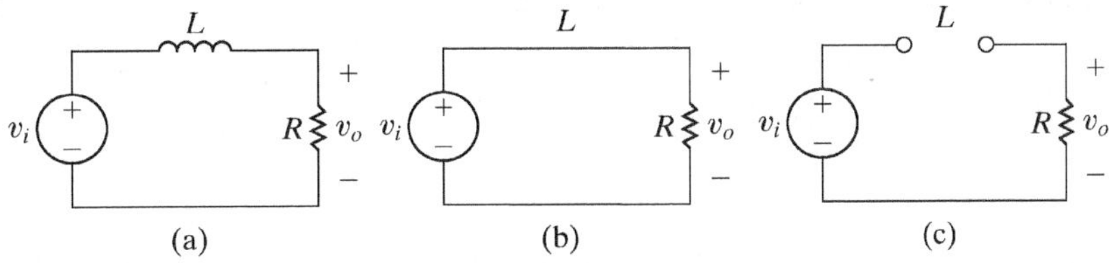

图 14.4　(a)串联 RL 低通滤波器；(b)频率 $\omega=0$ 时的等效电路；(c)频率 ω 无穷大时的等效电路

电感的阻抗为 $j\omega L$，频率很低时，电感的阻抗相对于电阻的阻抗非常小，电感相当于短路。此时的低频是指满足 $\omega L \ll R$ 的任何频率。$\omega=0$ 时的等效电路如图 14.4(b)所示，在该等效电路中，输出电压和输入电压无论是幅度还是相位角都相等。

随着频率的增加，电感的阻抗相对于电阻的阻抗将增加。电感阻抗的增加会使电感两端的电压幅值增加且输出电压幅值减小，同时，还使电感的电压和电流间的相位差发生变化，结果导致输入和输出电压的相位不同。输出电压的相位滞后于输入电压，并且随着频率的增加，相位滞后接近 90°。

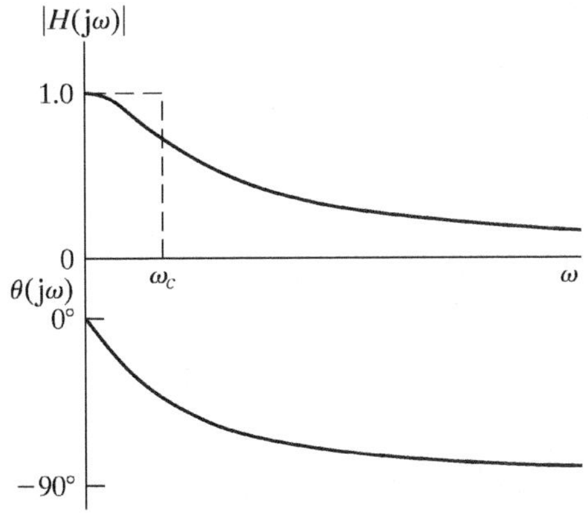

图 14.5　图 14.4(a)所示的串联 RL 电路的频率响应曲线

高频时，电感的阻抗相对于电阻的阻抗非常大，电感的作用相当于开路，完全切断了电路中的电流。高频是指满足 $\omega L \gg R$ 的所有频率。$\omega=\infty$ 时的等效电路如图 14.4(c)所示，其输出电压的幅值为 0，且相位角比输入的相位角滞后 90°。

根据输出电压幅值的情况分析，该串联 RL 电路有选择性地将低频信号从输入端传输到了输出端，并阻止了高频信号到达输出端。因此，该电路对不同频率输入的频率响应如图 14.5 所示，这两条曲线构成了图 14.4(a)的频率响应曲线，其中上面的曲线表示 $|H(j\omega)|$ 随频率变化的情

况，下面的曲线表示 $\theta(\mathrm{j}\omega)$ 随频率变化的情况。附录 E 将给出频率响应曲线的正规画法。

经过将图 14.3(a)和图 14.5 进行对比，发现两者有明显差别。理想滤波器的幅度在截止频率 ω_c 处是不连续的，在通带内或通带外过渡时产生了跃变。人们希望滤波器能有这样的特性，但实际上是不可能的，不可能用实际的元件构造出这样的电路。因此，低通滤波器电路的幅频特性曲线需要定义截止频率 ω_c 的含义。

14.2.2 截止频率的定义

实际滤波电路的幅频特性曲线无法找到一个频率将通带和阻带明显区分开，因此需要定义截止频率 ω_c。电子工程人员广泛使用的截止频率定义是：转移函数的幅度由其最大值降为最大值的 $1/\sqrt{2}$ 时的频率。

$$|H(\mathrm{j}\omega_c)| = \frac{1}{\sqrt{2}}H_{\max} \tag{14.1}$$

其中，$H_{\max}$ 是转移函数的最大幅值。由方程(14.1)可知，实际滤波器的通带定义为幅值最大时的频率到幅值为最大值 70.7% 时的频率范围。

定义截止频率时，用到的常数 $1/\sqrt{2}$ 看起来像是任意选择的，但其实考虑到截止频率的其他方面时会发现这是一个合理的选择。回忆 10.5 节中提到，任意电路提供给负载的平均功率都与 V_L^2 成比例。此处 V_L 是负载两端电压的幅值

$$P = \frac{1}{2}\frac{V_L^2}{R} \tag{14.2}$$

如果电源是一个正弦电压源 $V_i(\mathrm{j}\omega)$，则负载电压也是一个正弦波，而且其幅值是频率 ω 的函数，将 $P_{\max}$ 定义为负载电压幅值为最大时负载所获得的平均功率，即

$$P_{\max} = \frac{1}{2}\frac{V_{L\max}^2}{R} \tag{14.3}$$

如果调整正弦电压源 $V_i(\mathrm{j}\omega)$ 的频率，则当电路转移函数的幅值达到最大值时，负载电压也达到最大值

$$V_{L\max} = H_{\max}|V_i| \tag{14.4}$$

下面考察电压源频率为 ω_c 时平均功率是多少。根据方程(14.1)可以确定负载电压幅值在 ω_c 时为

$$|V_L(\mathrm{j}\omega_c)| = |H(\mathrm{j}\omega_c)||V_i| = \frac{1}{\sqrt{2}}H_{\max}|V_i| = \frac{1}{\sqrt{2}}V_{L\max} \tag{14.5}$$

将方程(14.5)代入方程(14.2)得

$$P(\mathrm{j}\omega_c) = \frac{1}{2}\frac{|V_L^2(\mathrm{j}\omega_c)|}{R} = \frac{1}{2}\frac{\left(\frac{1}{\sqrt{2}}V_{L\max}\right)^2}{R} = \frac{1}{2}\frac{V_{L\max}^2/2}{R} = \frac{P_{\max}}{2} \tag{14.6}$$

方程(14.6)表明，当频率为 ω_c 时，电路提供的平均功率是最大平均功率的 1/2。因此，ω_c 也称为半功率点频率，所以，在通带内，传递给负载的功率至少是其最大平均功率的 50%。

14.2.3 串联 RL 电路——定性分析

既然已经定义了实际滤波电路的截止频率，就可以分析串联 RL 电路，找出低通滤波器的元件参数与截止频率的关系了。根据图 14.4(a)所示的 s 域等效电路模型，假设初始条件为零，其等效电路如图 14.6 所示。

该电路的电压转移函数为

$$H(s) = \frac{R/L}{s + R/L} \tag{14.7}$$

为研究频率响应，令式(14.7)中的 $s = \mathrm{j}\omega$，则

$$H(\mathrm{j}\omega) = \frac{R/L}{\mathrm{j}\omega + R/L} \tag{14.8}$$

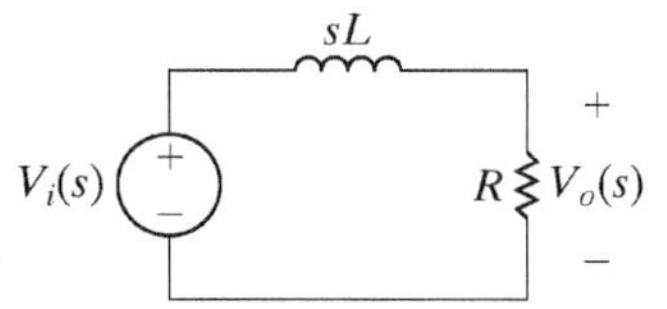

图 14.6　图 14.4(a)的 s 域等效电路模型

将式(14.8)分为两个方程。第一个方程定义转移函数的振幅，是频率的函数，第二个方程定义转移函数的相位，也是频率的函数，即

$$|H(\mathrm{j}\omega)| = \frac{R/L}{\sqrt{\omega^2 + (R/L)^2}} \tag{14.9}$$

$$\theta(\mathrm{j}\omega) = -\arctan\left(\frac{\omega L}{R}\right) \tag{14.10}$$

仔细观察式(14.9)，该式为图 14.5 所示的幅频特性曲线提供了量化依据。当 $\omega = 0$ 时，分子和分母相等，所以 $|H(\mathrm{j}0)| = 1$。这表明，当 $\omega = 0$ 时，输入电压完全传输到输出端，电压的幅值没有任何变化。

当频率增加时，式(14.9)的分子不变，分母变大，这样 $|H(\mathrm{j}\omega)|$ 的值将随频率的增加而减小，如图 14.5 所示。同样，随着频率的增加，相位角也会从直流时的 0°开始减小，其值为负，正如式(14.10)所示。

当 $\omega = \infty$ 时，式(14.9)的分母趋于无穷大，所以 $|H(\mathrm{j}\infty)| = 0$，如图 14.5 所示。在 $\omega = \infty$ 时，相位角达到了极限值 −90°，正如式(14.10)所示，相位曲线如图 14.5 所示。

利用式(14.9)可以计算截止频率 ω_c。记住 ω_c 是 $|H(\mathrm{j}\omega_c)| = (1/\sqrt{2})H_{\max}$ 时的频率。对于低通滤波器，$H_{\max} = |H(\mathrm{j}0)|$，如图 14.5 所示。因此，对图 14.4(a)所示的电路

$$|H(\mathrm{j}\omega_c)| = \frac{1}{\sqrt{2}}|1| = \frac{R/L}{\sqrt{\omega_c^2 + (R/L)^2}} \tag{14.11}$$

解方程(14.11)求得 ω_c 为

$$\omega_c = \frac{R}{L} \tag{14.12}$$

式(14.12)得出了重要的结论。只要适当选择 R 和 L 的参数，截止频率 ω_c 可以设置成任意值。因此，可以设计出具有任意截止频率的低通滤波器。例 14.1 说明了式(14.12)的设计作用。

例 14.1　低通滤波器的设计

心电图研究心脏产生的电信号，这些信号含有心脏跳动的节律，节律可用心电图仪测出，这种仪器要监测到频率为 1 Hz 的周期信号(正常的心律是 72 次/分)。这种仪器工作在具有正弦波噪声信号的环境中，这些噪声信号的基频为 60 Hz，噪声信号的能量集中在该频率下。

试选择图 14.4(a)电路中的 R 和 L 值，使电路能用在心电图仪中，滤掉频率在 10 Hz 以上的所有信号，且传输频率在 1 Hz 左右来自心脏的电信号。然后计算频率为 1 Hz，10 Hz，60 Hz 时输出电压 V_o 的振幅，并考察滤波器的性能。

解：

该问题是选择 R，L 的值构成低通滤波器，使其截止频率为 10 Hz，由式(14.12)可知，要产生截止频率 ω_c，R 和 L 值不能单独确定，为此，选择电感值 L 为 100 mH。利用式(14.12)计算 R 值得到所要求的截止

频率之前，需将截止频率的单位从 Hz 转换为 rad/s

$$\omega_c = 2\pi \times (10) = 20\pi \text{ rad/s}$$

结合 $L = 100$ mH 计算 R 的值，使低通滤波器的截止频率为 10 Hz

$$R = \omega_c L = (20\pi)(100 \times 10^{-3}) = 6.28\ \Omega$$

用方程 $|V_o| = |H(j\omega)||V_i|$ 计算 V_o 的幅值

$$|V_o(\omega)| = \frac{R/L}{\sqrt{\omega^2 + (R/L)^2}}|V_i| = \frac{20\pi}{\sqrt{\omega^2 + 400\pi^2}}|V_i|$$

表 14.1 列出了频率分别为 1 Hz，10 Hz 和 60 Hz 时计算出的幅值。正如所预料的一样，因为电路是低通滤波器，所以低频时输入和输出的幅值相等。在截止频率处，输出电压的幅值已从通带幅值 1 降为 $1/\sqrt{2}$。在 60 Hz 时，输出电压的幅值已降为 1/6，完成了削弱噪声的功能，不会干扰心电图的测量信号。

表 14.1　各种频率下输入和输出电压的幅值

f(Hz)	$\|V_i\|$(V)	$\|V_o\|$ (V)
1	1.0	0.995
10	1.0	0.707
60	1.0	0.164

14.2.4　串联 RC 电路

串联 RC 电路如图 14.7 所示，该电路能起到低通滤波器的作用。可以通过定性分析手段对串联 RC 电路进行分析。定性分析是解决问题的重要步骤，在滤波器分析中应该养成定性分析的习惯。定性分析可以预测滤波器的特性(低通、高通等)，也能预测转移函数的一般形式。如果计算出的转移函数与定性预测的形式一样，那么就可以继续进行重要的精确分析。

电路的输出定义为电容两端的电压。与串联 RL 电路的定性分析一样，用三个频率考察图 14.7 中串联 RC 电路的特性：

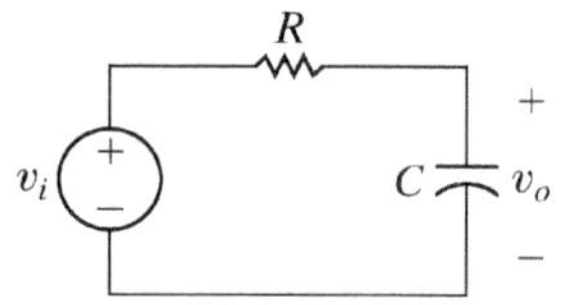

图 14.7　串联 RC 低通滤波器

1. **频率为 0**：电容的阻抗无穷大，相当于开路，因此输入和输出电压相等。
2. **频率从 0 开始增加**：电容的阻抗相对于电阻的阻抗减小，电源电压在阻性阻抗和容性阻抗之间进行分压。输出电压因此小于电源电压。
3. **无穷大频率 $\omega \to \infty$**，电容的阻抗为 0，相当于短路，因此输出电压为 0。

根据输出电压相对于频率变化的分析，可知串联 RC 电路是一个低通滤波器。例 14.2 定量地讨论了该电路。

例 14.2　RC 低通滤波器的设计

如图 14.7 所示的串联 RC 电路：

(a) 求电源电压和输出电压间的转移函数。

(b) 求串联 RC 电路截止频率的方程。

(c) 选择 R 和 C 值，构成一个截止频率为 3 kHz 的低通滤波器。

解：

(a) 为求转移函数的表达式，首先建立图 14.7 电路的 s 域等效模型，如图 14.8 所示。

根据 s 域等效电路的分压公式得

$$H(s) = \frac{\frac{1}{RC}}{s + \frac{1}{RC}}$$

再用 jω 代替 s，计算替换后复数表达式的幅值

$$|H(j\omega)| = \frac{\frac{1}{RC}}{\sqrt{\omega^2 + \left(\frac{1}{RC}\right)^2}}$$

(b) 在截止频率 ω_c 处 $|H(j\omega)| = (1/\sqrt{2})H_{max}$。对低通滤波器而言，$H_{max} = H(j0)$，图 14.8 所示电路 $H(j0) = 1$，于是可得出 R，C 和 ω_c 间的定量关系

$$|H(j\omega_c)| = \frac{1}{\sqrt{2}} \times (1) = \frac{\frac{1}{RC}}{\sqrt{\omega_c^2 + \left(\frac{1}{RC}\right)^2}}$$

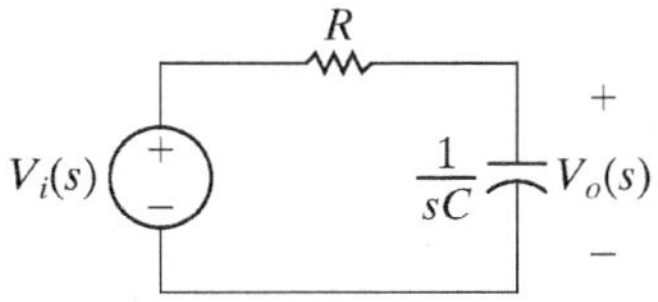

图 14.8　图 14.7 所示电路的 s 域等效模型

解该方程，求出 ω_c

$$\omega_c = \frac{1}{RC}$$

(c) 由 (b) 的结果可知：截止频率由 R 和 C 确定，故 R 和 C 不能同时计算，因此选 C = 1 μF。如果要选择一个元件的值，首先应选择电容 C，而不是选择 R 或 L，因为现有电容的值要比电阻和电感的值小得多。注意一定要将给定的频率 3 kHz 转换为 (2π)3 krad/s

$$R = \frac{1}{\omega_c C} = \frac{1}{(2\pi)(3\times 10^3)(1\times 10^{-6})} = 53.05\ \Omega$$

图 14.9 列出了讨论过的两种低通滤波器。注意它们的转移函数在形式上非常相似，只是截止频率的定义不同。事实上，可用一般的形式来表达。两个低通滤波器的转移函数为

$$H(s) = \frac{\omega_c}{s + \omega_c} \tag{14.13}$$

任何具有式 (14.13) 形式的电压比的电路都可以作为低通滤波器，其截止频率为 ω_c。在本章习题中给出了具有这种电压比的其他电路。

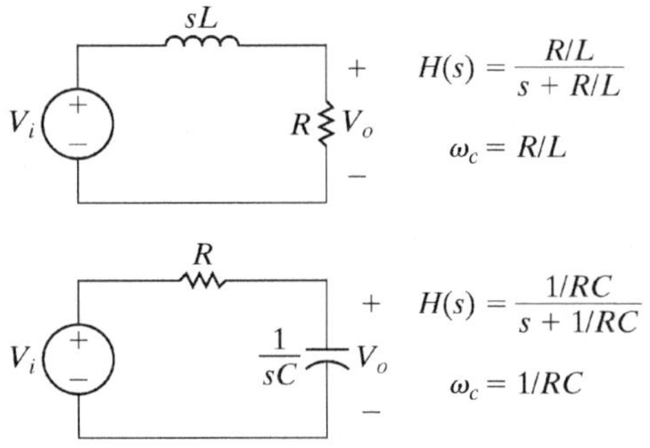

图 14.9　两个低通滤波器，串联 RL 电路和串联 RC 电路以及各自的转移函数和截止频率

14.2.5　频域和时域的关系

特别要注意另一个非常重要的关系，记得在第 6 章讨论过一阶 RL 和 RC 电路的固有响应，这些电路的一个重要参数是时间常数 τ，该参数描述了时间响应的特点。RL 电路的时间常数为 L/R [参见式 (7.14)]，RC 电路的时间常数为 RC [参见式 (7.24)]。比较这些电路的时间常数和截止频率注意到

$$\tau = 1/\omega_c \tag{14.14}$$

与拉氏变换讨论的结果一样，这是电路的时间响应和频率响应之间相互关系的直接结论。在 13.6 节的卷积积分中讨论的记忆性和加权性表明，当 $\omega_c \to \infty$ 时滤波器没有记忆性，输出近

似于输入信号的比例复制，也就是没有表现滤波器功能。当 $\omega_c \to 0$ 时，滤波器增加了记忆性，因为表现了滤波功能，输出是输入信号的失真。

评测目标 1　知道如何将 RL 和 RC 电路配置成低通滤波器。

14.1　串联 RC 低通滤波器，要求截止频率为 8 kHz，电阻 $R = 10\ \text{k}\Omega$，计算电容 C 值。

答：1.99 nF。

14.2　串联 RL 低通滤波器，截止频率为 2 kHz，电阻为 $R = 5\ \text{k}\Omega$。

求：(a)L；(b)50 kHz 时的$|H(j\omega)|$；(c)50 kHz 时的 $\theta(j\omega)$。

答：(a)0.40 H；(b)0.04；(c) −87.71°。

提示：试求本章习题 14.1 和习题 14.7。

14.3　高通滤波器

下面讨论作为高通滤波器的两个电路，仍然是串联 RL 电路和串联 RC 电路。同是串联电路，根据所选的输出电压的不同，既可以作为高通滤波器，又可以作为低通滤波器。这里同样要确定元件值与这种滤波器截止频率的关系。

14.3.1　串联 RC 电路——定性分析

串联 RC 电路如图 14.10(a)所示，与图 14.7 的低通电路比较可以看出该电路的输出为电阻两端的电压，而非电容的电压，因此，改变电容阻抗对输出的影响与低通电路不同。

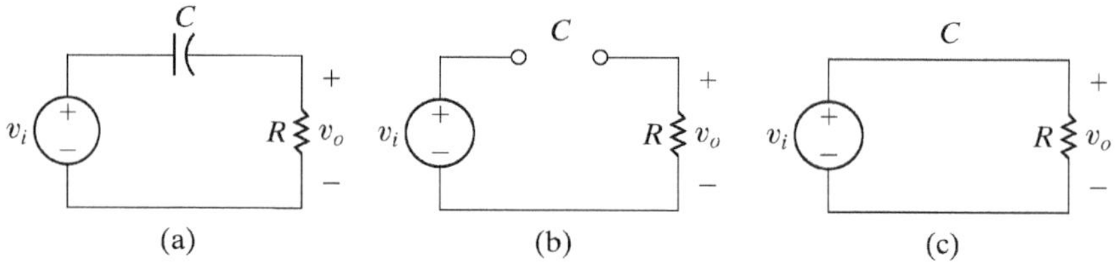

图 14.10　(a)串联 RC 高通滤波器；(b)$\omega = 0$ 时的等效电路；(c)$\omega \to \infty$ 时的等效电路

当 $\omega = 0$ 时，电容相当于开路，因此电阻上无电流通过，如图 14.10(b)所示，在该电路中，电阻上无电压降，电路将低频电源电压滤掉了。

当电压电源频率增加时，电容的阻抗相对于电阻的阻抗减小，且因电源电压分配到电容和电阻上，所以输出电压的幅值开始增加。

当电源频率 $\omega \to \infty$ 时，电容相当于短路，所以电容两端没有电压，如图 14.10(c)所示，在该电路中，输入和输出电压相等。

当电源频率变化时，电源和输出电压之间的相位也变化。当 $\omega \to \infty$ 时，输出电压等于输入电压，所以，相位差为 0。当电源频率减小且电容的阻抗增加时，电容的电压和电流间产生相移。这使电源与输出电压之间产生了相位差，输出电压的相位超前于电源电压的相位。当 $\omega = 0$ 时，这个相位差达到其最大值 90°。

根据上述定性分析可知，当输出定义为电阻两端的电压时，串联 RC 电路相当于一个高通滤波器。元件和连接方式与低通串联 RC 电路一样，只是输出端不同。因此，电路的滤波特性与输出端定义、电路元件、元件参数以及连接方式有关。

图 14.11 表示串联 RC 高通滤波器的频率响应曲线，其中，虚线代表理想高通滤波器的幅度特性。下面将对该电路进行定量分析。

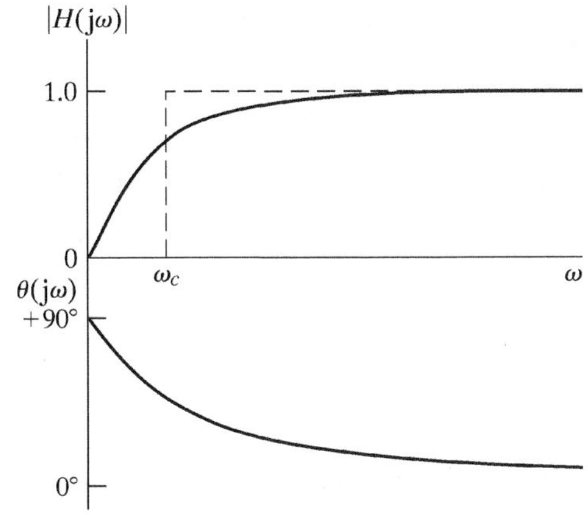

图 14.11　图 14.10(a)所示串联 RC 电路的频率响应曲线

14.3.2　串联 RC 电路——定量分析

建立图 14.10(a)所示电路的 s 域等效模型，该模型如图 14.12 所示。应用 s 域分压公式写出转移函数

$$H(s) = \frac{s}{s + 1/RC}$$

令 $s = \mathrm{j}\omega$，得

$$H(\mathrm{j}\omega) = \frac{\mathrm{j}\omega}{\mathrm{j}\omega + 1/RC} \tag{14.15}$$

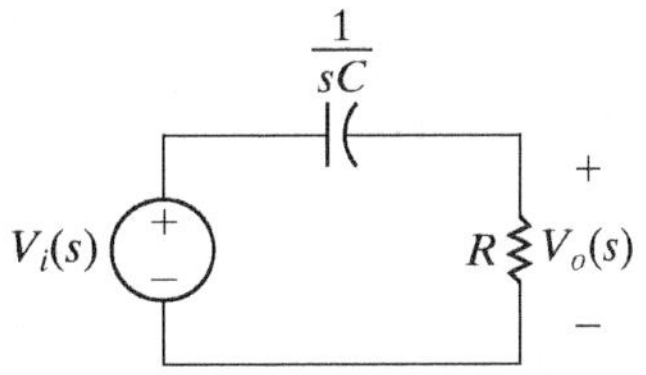

图 14.12　图 14.10(a)的 s 域等效电路

将式(14.15)分为两个方程，一个是描述转移函数幅值的方程，另一个是描述转移函数相位角的方程

$$|H(\mathrm{j}\omega)| = \frac{\omega}{\sqrt{\omega^2 + (1/RC)^2}} \tag{14.16}$$

$$\theta(\mathrm{j}\omega) = 90° - \arctan \omega RC \tag{14.17}$$

式(14.16)和式(14.17)确定了频率响应的形式，如图 14.11 所示。根据式(14.16)可以计算出串联 RC 高通滤波器的截止频率。在截止频率处，转移函数的幅值是 $(1/\sqrt{2})H_{\max}$。对于高通滤波器，$H_{\max} = |H(\mathrm{j}\omega)|_{\omega\to\infty} = |H(\mathrm{j}\infty)|$，如图 14.11 所示。设式(14.16)的左边等于 $(1/\sqrt{2})|H(\mathrm{j}\infty)|$，我们可以建立起关于 ω_c 的方程。对于该串联 RC 电路，$|H(\mathrm{j}\infty)| = 1$

$$\frac{1}{\sqrt{2}} = \frac{\omega_c}{\sqrt{\omega_c^2 + (1/RC)^2}} \tag{14.18}$$

解方程(14.18)求得 ω_c 为

$$\omega_c = \frac{1}{RC} \tag{14.19}$$

方程(14.19)表明串联 RC 电路的截止频率为 1/RC。不论该电路配置为低通滤波器如图 14.7 所示，还是配置为高通滤波器如图 14.10(a)所示，截止频率都不变。这是必然的，因为前面已经得出了电路时间常数 τ 和截止频率 ω_c 之间的关系。

例 14.3 分析了串联 RL 电路，该电路配置为高通滤波器。例 14.4 讨论了电感并联一个负载电阻时的情况。

例 14.3　串联 RL 高通滤波器的设计

图 14.13 所示的串联 RL 电路也可以起到高通滤波的作用。

(a)求电路转移函数的表达式。

(b)用(a)得出的结果求串联 RL 电路截止频率的方程。

(c)选择 R 和 L 值，使该电路为高通滤波器，其截止频率为 15 kHz。

解:

(a)首先建立串联 RL 电路的 s 域等效模型如图 14.14 所示，再利用 s 域等效模型的分压公式求得转移函数

$$H(s)=\frac{s}{s+R/L}$$

令 $s=\mathrm{j}\omega$ 得

$$H(\mathrm{j}\omega)=\frac{\mathrm{j}\omega}{\mathrm{j}\omega+R/L}$$

该方程与式(14.15)串联 RC 高通滤波器的转移函数形式相同。

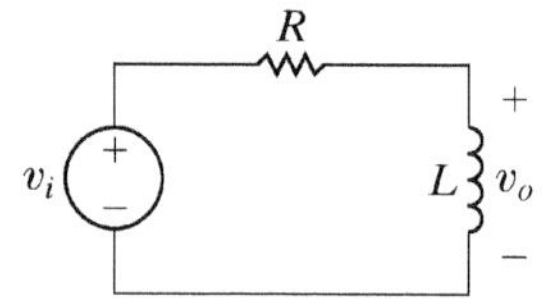

图 14.13　例 14.3 的电路

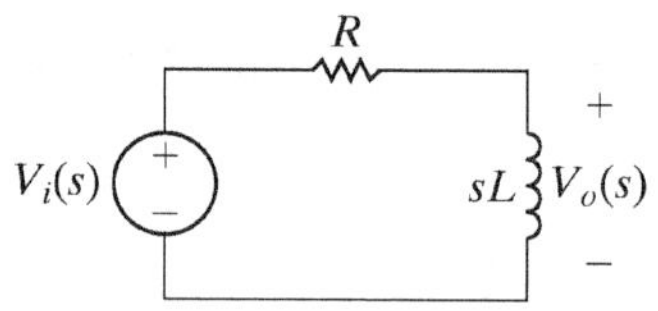

图 14.14　图 14.13 所示电路的 s 域等效模型

(b)为求截止频率的表达式，先计算 $H(\mathrm{j}\omega)$ 的幅值

$$|H(\mathrm{j}\omega)|=\frac{\omega}{\sqrt{\omega^2+(R/L)^2}}$$

然后，与前面的方法一样，根据截止频率 ω_c 的含义，使方程的左边等于 $(1/\sqrt{2})H_{\max}$。注意到对于高通滤波器 $H_{\max}=|H(\mathrm{j}\infty)|$，对于串联 RL 电路 $|H(\mathrm{j}\infty)|=1$。解方程，求截止频率

$$\frac{1}{\sqrt{2}}=\frac{\omega_c}{\sqrt{\omega_c^2+(R/L)^2}},\quad \omega_c=\frac{R}{L}$$

结果与计算出的串联 RL 低通滤波器的截止频率相同。

(c)由上式所得的 ω_c 的方程可知，单独确定 R 和 L 值是不可能的，因此，任选一个电阻值 R 为 500 Ω，注意将截止频率的单位转换为 rad/s

$$L=\frac{R}{\omega_c}=\frac{500}{(2\pi)\times(15\ 000)}=5.31\ \mathrm{mH}$$

例 14.4　带负载的串联 RL 高通滤波器

在 RL 高通滤波器的电感两端并联一个负载电阻，如图 14.15 所示，计算带负载时的影响。

(a)确定图 14.15 电路的转移函数。

(b)使用例 14.3(c)电路中的 R 及 L 值并令 $R_L=R$，画出带负载的 RL 高通滤波器的幅值曲线。

解:

(a)将图 14.15 所示电路转化为 s 域模型，如图 14.16 所示，利用电感和负载并联后的分压作用，计算转移函数

$$H(s)=\frac{\dfrac{R_L sL}{R_L+sL}}{R+\dfrac{R_L sL}{R_L+sL}}=\frac{\left(\dfrac{R_L}{R+R_L}\right)s}{s+\left(\dfrac{R_L}{R+R_L}\right)\dfrac{R}{L}}=\frac{Ks}{s+\omega_c}$$

其中

$$K = \frac{R_L}{R + R_L}, \quad \omega_c = KR/L$$

注意，ω_c 是带负载滤波器的截止频率。

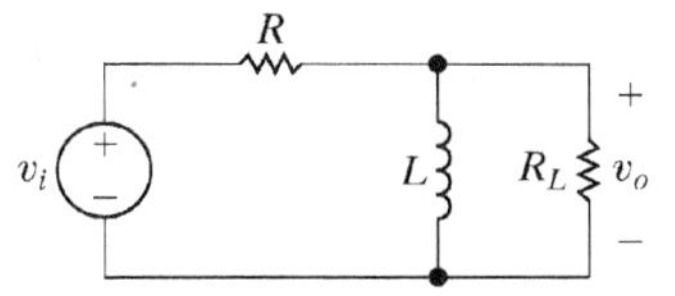

图 14.15　例 14.4 的电路

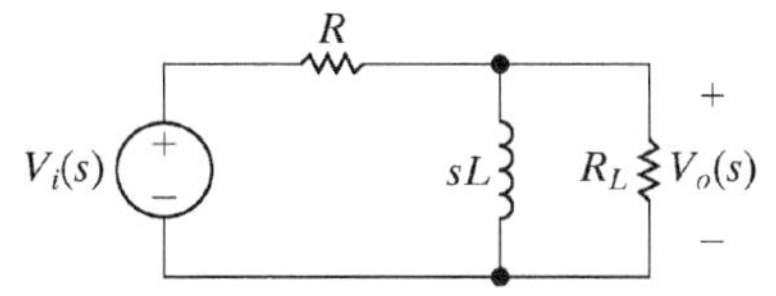

图 14.16　图 14.15 电路的 s 域等效模型

(b) 对于例 14.3(c) 所示的无负载 RL 高通滤波器，通带的幅值为 1，截止频率为 15 kHz。对于带负载的 RL 高通滤波器，$R = R_L = 500\ \Omega$，所以 $K = 1/2$。这样，带负载滤波器的通带幅值为 $(1) \times (1/2) = 1/2$，截止频率为 $(15\ 000) \times (1/2) = 7.5$ kHz。带负载和无负载电路的幅值曲线如图 14.17 所示。

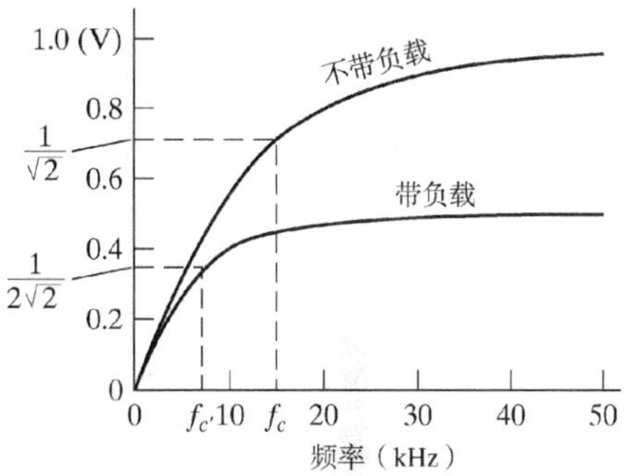

图 14.17　图 14.13 的无负载 RL 高通滤波器和图14.15的带负载RL高通滤波器的幅值特性曲线

将例 14.3 的无负载滤波器和例 14.4 的带负载滤波器的转移数进行对比，会发现有相同的形式

$$H(s) = \frac{Ks}{s + K(R/L)}$$

对于无负载滤波器 $K = 1$，而对于有负载滤波器 $K = R_L/(R + R_L)$。当 $R_L \to \infty$ 时，即相当于电路无负载电阻时，有负载电路的 K 值会增大并与无负载的 K 值相等。两种滤波器的截止频率可直接由其转移函数求出，即 $\omega_c = K(R/L)$，对于无负载电路 $K = 1$，对于有负载电路 $K = R_L/(R + R_L)$。另外，当 $R_L \to \infty$ 时，有负载电路的截止频率会增大为无负载电路的截止频率。因 $R_L/(R + R_L) < 1$，故负载电阻的作用是使通带的幅值减小 K 倍，使截止频率也减小相同的倍数。在本章开始时已经分析并得到了这个结论。无源高通滤波器能得到的最大输出幅值是 1，而在滤波器中加一负载（如例 14.4 所示）就会减小输出幅值，当需要增加通带内信号的幅值时，必须使用有源滤波器，这将在第 15 章讨论。

负载对滤波器转移函数的影响给电路的设计带来了困难。一般是首先选择一个具有代表性的转移函数，然后设计一个具有该转移函数的滤波器。也许我们并不知道带负载后滤波器会有何变化，但不管怎样，无论带不带负载，总是希望滤波器的转移函数没有变化，而本章所讨论的无源滤波器无法实现这种要求。

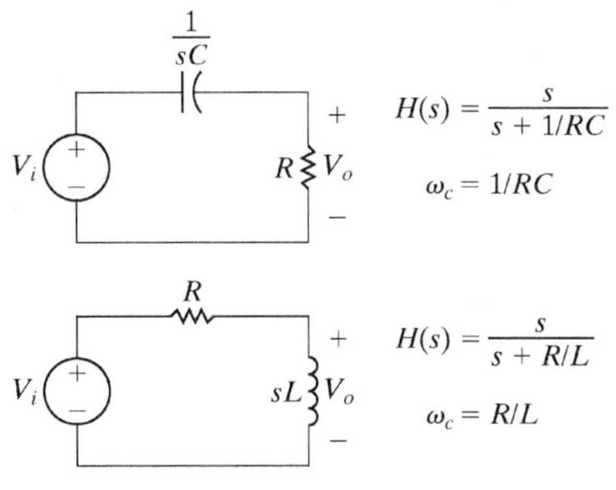

图 14.18　两个高通滤波器，串联 RC 和串联 RL电路以及其转移函数和截止频率

图 14.18 总结了讨论过的高通滤波电路。仔细观察两个高通滤波器的表达式 $H(s)$，发现它们在形式上非常相似，只是分母不同。与方程(14.13)做一样的处理，将两个高通滤波器转移函数用一般形式表示为

$$H(s) = \frac{s}{s + \omega_c} \tag{14.20}$$

对于任何电路，只要具有式(14.20)形式的转移

函数，该电路就是一个截止频率为 ω_c 的高通滤波器。本章最后将给出具有这种电压比的电路。

需要注意到其他方面的重要关系。如串联 RC 电路，无论是用做高通滤波器还是低通滤波器，其截止频率都是不变的，串联 RL 电路也一样。前边已经提到过同一个滤波器电路的时间常数和截止频率的关系，因此，截止频率是电路的特征参数。它的值只和电路的元件、元件的值以及元件的连接关系有关。

评测目标 2　知道如何将 RL 和 RC 电路配置成高通滤波器。

14.3　串联 RL 高通滤波器，$R=5\ \text{k}\Omega$，$L=3.5\ \text{mH}$，该滤波器的截止频率 ω_c 为多少？

答：1.43 Mrad/s。

14.4　串联高通滤波器，电容 $C=1\ \mu\text{F}$，当 R 为(a)100 Ω，(b)5 kΩ，(c)30 kΩ 时分别计算其截止频率。

答：(a)10 krad/s；(b)200 rad/s；(c)33.33 rad/s。

14.5　串联 RC 低通滤波器，其负载电阻 R_L 与电容并联，求其转移函数。

答：$H(s)=\dfrac{\dfrac{1}{RC}}{s+\dfrac{1}{KRC}}$，其中 $K=\dfrac{R_L}{R+R_L}$。

提示：也可以求本章习题 14.13 和习题 14.17。

14.4　带通滤波器

下面讨论的是带通滤波器，带通滤波器能将某一频率范围内的电压传输到输出端，滤掉该频率范围外的电压，这种滤波器要比前面讨论的低通和高通滤波器复杂得多。在图 14.3(c)中已经看到理想带通滤波器有两个截止频率 ω_{c1} 和 ω_{c2}，这两个频率确定了通带。对实际的带通滤波器而言，其截止频率是转移函数的幅值等于 $(1/\sqrt{2})H_{\max}$ 时的频率。

14.4.1　中心频率、带宽和品质因数

表征带通滤波器性质的重要参数有三个，第一个参数是中心频率 ω_o，定义为当电路的转移函数分母为纯实数时的频率值。中心频率也称为谐振频率，与第 8 章中二阶电路固有响应的频率相同，其实它们是同一个频率。当电源的频率等于谐振频率时，激励函数的频率与电路固有响应的频率相等，称电路处于谐振状态。中心频率是通带的几何中心，即 $\omega_o=\sqrt{\omega_{c1}\omega_{c2}}$。对于带通滤波器，在中心频率处转移函数的幅值最大($H_{\max}=|H(\text{j}\omega_o)|$)。

第二个参数是带宽 β，即通带的宽度。第三个参数是品质因数 Q，它是中心频率与带宽的比，品质因数表明了通带宽度与频率在横轴上的位置无关，同时也表明了幅度特性曲线的形状与频率无关。

带通滤波器有 5 个特征参数：ω_{c1}，ω_{c2}，ω_o，β 和 Q，但只有其中的两个参数是独立的。换句话说，一旦能确定其中任何两个参数，就可以根据它们之间的依赖关系计算出另外三个参数。这里，先分析一个带通滤波器，再仔细确定其数值。下面讨论两个 RLC 带通滤波电路，然后得出所有的特征参数表达式。

14.4.2　串联 RLC 电路——定性分析

图 14.19(a)所示为串联 RLC 电路。下面讨论改变电源频率对输出电压的影响。和前面讨

论的电路相同，电源频率的改变会导致电容和电感阻抗的变化。因为电路中既含有电感又含有电容，因此定性分析将比较复杂。

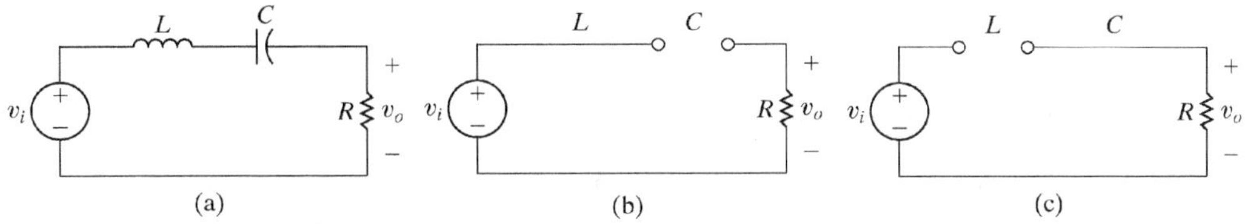

图 14.19 (a)串联 RLC 带通滤波器；(b)$\omega=0$ 时的等效电路；(c)$\omega\to\infty$ 时的等效电路

当 $\omega=0$ 时，电容相当于开路，电感相当于短路，其等效电路如图 14.19(b)所示，电容的阻抗阻止电流到达电阻，导致输出电压为 0。

当 $\omega\to\infty$ 时，电容相当于短路，而电感相当于开路，其等效电路如图 14.19(c)所示，电感阻止电流到达电阻，输出电压仍然为 0。

但频率 ω 在 $0\sim\infty$ 范围内时会如何变化呢？在这两个极限之间，电容和电感均有有限的阻抗。在此区间内，电源提供的电压在电容和电感上均有压降，但一些电压会到达电阻上。考虑到电容的阻抗为负，电感的阻抗为正，因此，在某一频率上，电容的阻抗和电感的阻抗会大小相等，符号相反，两部分阻抗抵消，造成输出电压等于电源电压。这一特殊频率就是中心频率 ω_o。在中心频率 ω_c 的两边，输出电压均小于电源电压。注意，在 ω_o 处，电容和电感的串联相当于短路。

电压幅值比的曲线如图 14.20 所示。图中重叠在串联 RLC 转移函数幅度特性曲线上的是理想带通滤波器的幅值曲线。

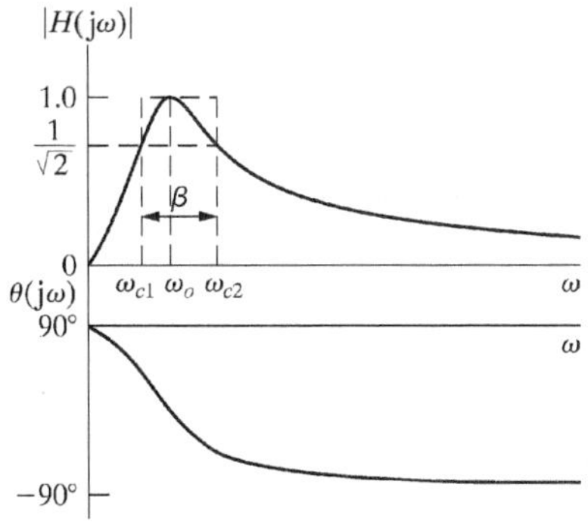

图 14.20 图 14.19 所示的串联 RLC 带通滤波器的频率响应曲线

现在，讨论输出电压相位的变化情况。在输出电压与电源电压相等的频率点，输出电压的相位角与电源电压的相位角相等。当频率降低时，电容造成的相位角大于电感造成的相位角。因电容产生的相移为正，所以输出电压的总相位角为正。当频率非常低时，输出电压的相位角的最大值为 90°。

相反，如果频率从中心频率开始增加，则电感造成的相位角比电容造成的相位角大。而电感是负相移，所以输出电压的总相位为负。当频率非常高时，输出电压的相位角达到负的最大值 −90°，相位曲线如图 14.20 所示。

14.4.3 串联 RLC 电路——定量分析

首先，画出串联 RLC 电路的 s 域等效模型如图 14.21 所示。用 s 域分压公式写出转移函数方程

$$H(s)=\frac{(R/L)s}{s^2+(R/L)s+(1/LC)} \tag{14.21}$$

同样，令 $s=j\omega$ 并代入方程(14.21)，得出转移函数的幅值和相位角方程

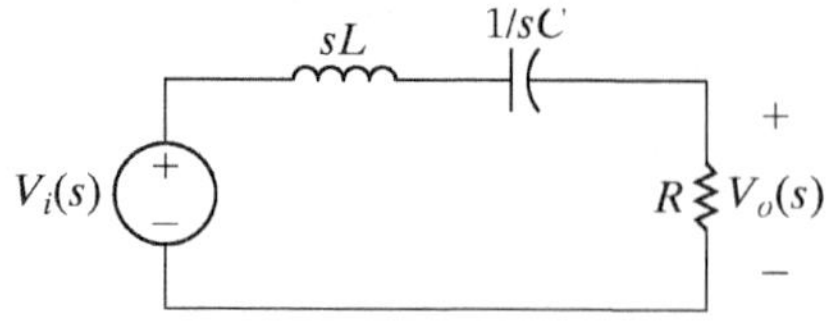

图 14.21　图 14.19(a)所示的 s 域等效模型

$$|H(\mathrm{j}\omega)| = \frac{\omega(R/L)}{\sqrt{[(1/LC)-\omega^2]^2+[\omega(R/L)]^2}} \tag{14.22}$$

$$\theta(\mathrm{j}\omega) = 90^\circ - \arctan\left[\frac{\omega(R/L)}{(1/LC)-\omega^2}\right] \tag{14.23}$$

计算 RLC 带通滤波器的 5 个特征参数。中心频率 ω_o 定义为电路转移函数的分母为纯实数时的频率，当电压源的频率使电容与电感阻抗之和为 0 时，图 14.19(a)所示的串联 RLC 电路的转移函数为实数

$$\mathrm{j}\omega_o L + \frac{1}{\mathrm{j}\omega_o C} = 0 \tag{14.24}$$

解方程，求 ω_o 为

$$\omega_o = \sqrt{\frac{1}{LC}} \tag{14.25}$$

下面计算截止频率 ω_{c1} 和 ω_{c2}。在截止频率处，转移函数的幅值为$(1/\sqrt{2})H_{\max}$。因 $H_{\max}=|H(\mathrm{j}\omega_o)|$，故将方程(14.25)代入方程(14.22)中可计算出 $H_{\max}$

$$\begin{aligned}H_{\max} &= |H(\mathrm{j}\omega_o)| \\ &= \frac{\omega_o(R/L)}{\sqrt{[(1/LC)-\omega_o^2]^2+(\omega_o R/L)^2}} \\ &= \frac{\sqrt{(1/LC)}\,(R/L)}{\sqrt{[(1/LC)-(1/LC)]^2+\left[\sqrt{(1/LC)}\,(R/L)\right]^2}} = 1\end{aligned}$$

设方程(14.22)的左侧等于$(1/\sqrt{2})H_{\max}$(就等于 $1/\sqrt{2}$)，下面开始计算 ω_c

$$\begin{aligned}\frac{1}{\sqrt{2}} &= \frac{\omega_c(R/L)}{\sqrt{[(1/LC)-\omega_c^2]^2+(\omega_c R/L)^2}} \\ &= \frac{1}{\sqrt{[(\omega_c L/R)-(1/\omega_c RC)]^2+1}}\end{aligned} \tag{14.26}$$

整理式(14.26)得

$$\pm 1 = \omega_c\frac{L}{R} - \frac{1}{\omega_c RC} \tag{14.27}$$

将式(14.27)整理为二次方程

$$\omega_c^2 L \pm \omega_c R - 1/C = 0 \tag{14.28}$$

由方程(14.28)可求得 4 个截止频率值。其中两个为正数，有意义，这两个频率定义了这个滤波器的通带

$$\omega_{c1} = -\frac{R}{2L} + \sqrt{\left(\frac{R}{2L}\right)^2 + \left(\frac{1}{LC}\right)} \tag{14.29}$$

$$\omega_{c2} = \frac{R}{2L} + \sqrt{\left(\frac{R}{2L}\right)^2 + \left(\frac{1}{LC}\right)} \tag{14.30}$$

可用式(14.29)和式(14.30)验证中心频率 ω_o 是两个截止频率的几何平均值

$$\omega_o = \sqrt{\omega_{c1}\cdot\omega_{c2}} = \sqrt{\left[-\frac{R}{2L}+\sqrt{\left(\frac{R}{2L}\right)^2+\left(\frac{1}{LC}\right)}\right]\left[\frac{R}{2L}+\sqrt{\left(\frac{R}{2L}\right)^2+\left(\frac{1}{LC}\right)}\right]} = \sqrt{\frac{1}{LC}} \tag{14.31}$$

带通滤波器的带宽定义为两个截止频率之差。因 $\omega_{c2} > \omega_{c1}$，故用方程(14.30)减去式(14.29)计算带宽

$$\beta = \omega_{c2}-\omega_{c1} = \left[\frac{R}{2L}+\sqrt{\left(\frac{R}{2L}\right)^2+\left(\frac{1}{LC}\right)}\right]-\left[-\frac{R}{2L}+\sqrt{\left(\frac{R}{2L}\right)^2+\left(\frac{1}{LC}\right)}\right] = \frac{R}{L} \tag{14.32}$$

品质因数(5 个特征参数的最后一个)定义为中心频率与带宽之比，利用式(14.25)和式(14.32)得

$$Q = \omega_o/\beta = \frac{(1/LC)}{(R/L)} = \sqrt{\frac{L}{CR^2}} \tag{14.33}$$

现在，已得到了串联 RLC 带通滤波器的 5 个特性参数：(1)两个截止频率 ω_{c1} 和 ω_{c2}，确定了通带；(2)中心频率 ω_o，此频率处的转移函数幅值最大；(3)带宽 β，是通带宽度的指标；(4)品质因数 Q，带宽的第二个指标。前面已经提到，在设计中只有两个参数能够独立定义，并且已知道品质因数是根据中心频率和带宽定义的，因此，可以根据中心频率和带宽写出截止频率的方程

$$\omega_{c1} = -\frac{\beta}{2}+\sqrt{\left(\frac{\beta}{2}\right)^2+\omega_o^2} \tag{14.34}$$

$$\omega_{c2} = \frac{\beta}{2}+\sqrt{\left(\frac{\beta}{2}\right)^2+\omega_o^2} \tag{14.35}$$

该方程的变换式表达了截止频率与品质因数和中心频率的关系

$$\omega_{c1} = \omega_o\cdot\left[-\frac{1}{2Q}+\sqrt{1+\left(\frac{1}{2Q}\right)^2}\right] \tag{14.36}$$

$$\omega_{c2} = \omega_o\cdot\left[\frac{1}{2Q}+\sqrt{1+\left(\frac{1}{2Q}\right)^2}\right] \tag{14.37}$$

此问题在本章的习题 14.24 中有论述。

下面的例子说明了带通滤波器的设计，介绍了另一个 RLC 带通滤波器电路，并讨论了电源内电阻对串联 RLC 带通滤波器特性参数的影响。

例 14.5 带通滤波器的设计

图形均衡器是一个音频放大器，它可以选择不同频域内的信号进行不同级别的放大。对图 14.19(a)的串

联 RLC 电路，选择 R, L, C 值构成带通电路，使其能通过的输入信号的频率范围在 1 ～ 10 kHz 之间。该电路可用在图形均衡器中，在放大之前从较宽的音频带(0～20 kHz)中选择 1～10 kHz 内的信号。

解:

要计算 R, L, C 的值来构成带通滤波器，其截止频率为 1 kHz 和 10 kHz，这有多种解法。例如利用式(14.29)和式(14.30)，即根据 R, L, C 确定 ω_{c1} 和 ω_{c2}。这些方程的形式较复杂，代数运算也比较复杂。因此，下面用式(14.31)计算中心频率 ω_o，然后用品质因数的定义计算 Q，最后用方程(14.33)计算 R。尽管这种方法包含多个独立的计算步骤，但每步计算都相当简单。

无论用什么方法，只能提供两个方程，不足以求出三个未知数。因此需要选择一个 R, L 或 C 值，然后用两个所选择的值计算出其他元件的值。此处选择电容值为 1 μF，因为选择电容受到更多的限制条件，而电感、电阻受到的限制较少。

计算中心频率为

$$f_o = \sqrt{f_{c1} f_{c2}} = \sqrt{(1000) \times (10\,000)} = 3162.28 \text{ Hz}$$

然后，用所得的中心频率和所选择的电容值 C 计算电感值 L，使用方程(14.31)前必须将频率的单位转换为 rad/s

$$L = \frac{1}{\omega_o^2 C} = \frac{1}{[2\pi(3162.28)]^2 \times (10^{-6})} = 2.533 \text{ mH}$$

品质因数 Q 是中心频率与带宽之比，而带宽是两截止频率之差，所以

$$Q = \frac{f_o}{f_{c2} - f_{c1}} = \frac{3162.28}{10\,000 - 1000} = 0.3514$$

用式(14.33)计算电阻 R

$$R = \sqrt{\frac{L}{CQ^2}} = \sqrt{\frac{0.0025}{(10^{-6}) \times (0.3514)^2}} = 143.24\ \Omega$$

为验证所有元件是否符合要求，将元件代入方程(14.29)和方程(14.30)后发现

$$\omega_{c1} = 6283.19 \text{ rad/s } (1000 \text{ Hz})$$

$$\omega_{c2} = 62\,831.85 \text{ rad/s } (10\,000 \text{ Hz})$$

满足计算要求。

此例再次说明了滤波器的 5 个参数中只有两个可以独立确定，其余三个参数总可以由所给定的两个参数计算得出。同样，这 5 个参数都与 5 个元件的值有关，而其中只有两个元件值可以独立确定。

例 14.6 并联 RLC 带通滤波器的设计

(a) 计算转移函数 $H(s)$ 的表达式，说明图 14.22 所示的 RLC 电路也是一个带通滤波器。

(b) 计算中心频率 ω_o。

(c) 计算截止频率 ω_{c1}，ω_{c2}，带宽 β 和品质因数 Q。

(d) 若已知中心频率为 5 kHz，带宽为 200 Hz，电容 $C = 5$ μF，求元件 R 和 L 的值。

解:

(a) 画出图 14.22 电路的 s 域等效模型，如图 14.23 所示。首先计算出 L 和 C 并联部分的等效阻抗 $Z_{eq}(s)$，如图 14.23 所示。再利用分压公式就可以计算出等效模型的转移函数

$$Z_{eq}(s) = \frac{\frac{L}{C}}{sL + \frac{1}{sC}}$$

现在

$$H(s) = \frac{\frac{s}{RC}}{s^2 + \frac{s}{RC} + \frac{1}{LC}}$$

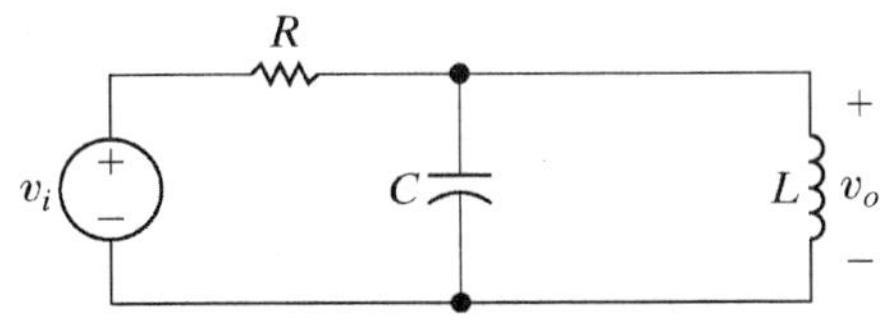

图 14.22 例 14.6 的电路

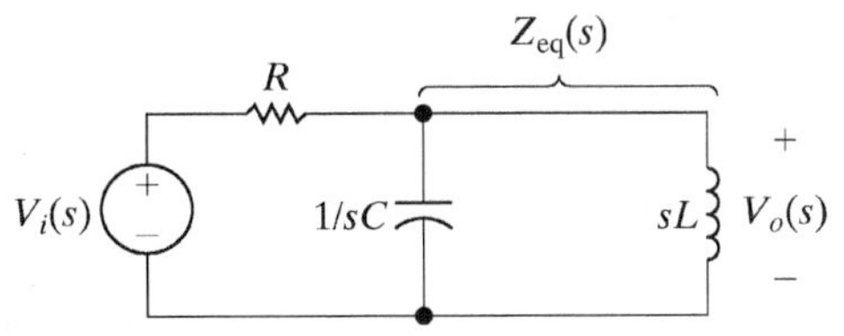

图 14.23 图 14.22 所示电路的 s 域等效模型

(b) 为计算中心频率 ω_o，需要计算转移函数幅值的最大值，将 $s=j\omega$ 代入 $H(s)$ 中

$$|H(j\omega)| = \frac{\frac{\omega}{RC}}{\sqrt{\left(\frac{1}{LC}-\omega^2\right)^2+\left(\frac{\omega}{RC}\right)^2}} = \frac{1}{\sqrt{1+\left(\omega RC-\frac{1}{\omega\frac{L}{R}}\right)^2}}$$

当式

$$\left(\frac{1}{LC}-\omega^2\right)^2$$

值为 0 时，转移函数的幅值最大，因此

$$\omega_o = \sqrt{\frac{1}{LC}}$$

并且

$$H_{max} = |H(j\omega_o)| = 1$$

(c) 在截止频率处，转移函数的幅值为 $(1/\sqrt{2})H_{max}=(1/\sqrt{2})$，将该常数代入幅值方程的左侧然后化简，得到

$$\left[\omega_c RC - \frac{1}{\omega_c\frac{L}{R}}\right] = \pm 1$$

将上式两端平方，就得到两个截止频率的二次方程，于是可得到 4 个解。其中两个解为正，具有物理意义，有意义的两项为

$$\omega_{c1} = -\frac{1}{2RC}+\sqrt{\left(\frac{1}{2RC}\right)^2+\frac{1}{LC}}$$

$$\omega_{c2} = \frac{1}{2RC}+\sqrt{\left(\frac{1}{2RC}\right)^2+\frac{1}{LC}}$$

再由截止频率计算带宽

$$\beta = \omega_{c2}-\omega_{c1}$$
$$= \frac{1}{RC}$$

最后，用品质因数的定义求品质因数 Q

$$Q = \omega_o/\beta = \sqrt{\frac{R^2C}{L}}$$

需要再一次注意的是，对带通滤波器而言，根据中心频率和带宽可以确定截止频率

$$\omega_{c1} = -\frac{\beta}{2}+\sqrt{\left(\frac{\beta}{2}\right)^2+\omega_o^2}$$

$$\omega_{c2} = \frac{\beta}{2}+\sqrt{\left(\frac{\beta}{2}\right)^2+\omega_o^2}$$

(d) 用(c)中关于带宽的方程计算电阻 R 值，设给定电容为 5 μF，注意单位的转换

$$R=\frac{1}{\beta C}=\frac{1}{(2\pi)\times(200)\times(5\times10^{-6})}=159.15\ \Omega$$

用(c)中关于中心频率的方程和电容值计算电感值

$$L=\frac{1}{\omega_o^2 C}=\frac{1}{[2\pi(5000)]^2\times(5\times10^{-6})}=202.64\ \mu\text{H}$$

例 14.7 分析 RLC 带通滤波器中非理想电压源的影响

对讨论过的带通滤波器，假设电压源为理想电源，即电源无串联电阻。尽管这种假设常常是合理的，但有些时候并不尽然，比如当 R, L, C 的等效阻抗的模与电源阻抗接近时。下面讨论电源电阻 R_i 不等于 0 时对串联 RLC 带通滤波器性质的影响。

(a) 确定图 14.24 所示电路的转移函数。

(b) 画出图 14.24 电路的幅值曲线，R, L, C 取值与例 14.5 相同且设 $R_i=R$。在同一坐标中画出例 14.5 中电路的幅值特性曲线。

解：

(a) 画出图 14.24 所示电路的 s 域等效模型，如图 14.25 所示，现在用分压公式求得转移函数为

$$H(s)=\frac{\frac{R}{L}s}{s^2+\left(\frac{R+R_i}{L}\right)s+\frac{1}{LC}}$$

令 $s=\text{j}\omega$ 并计算转移函数的幅值

$$|H(\text{j}\omega)|=\frac{\frac{R}{L}\omega}{\sqrt{\left(\frac{1}{LC}-\omega^2\right)^2+\left(\omega\frac{R+R_i}{L}\right)^2}}$$

当转移函数幅值最大时，频率为中心频率 ω_o，即

$$\omega_o=\sqrt{\frac{1}{LC}}$$

在中心频率处，最大幅值为

$$H_{\max}=|H(\text{j}\omega_o)|=\frac{R}{R_i+R}$$

设转移函数的幅值等于 $(1/\sqrt{2})H_{\max}$，可计算出截止频率

$$\omega_{c1}=-\frac{R+R_i}{2L}+\sqrt{\left(\frac{R+R_i}{2L}\right)^2+\frac{1}{LC}}$$

$$\omega_{c2}=\frac{R+R_i}{2L}+\sqrt{\left(\frac{R+R_i}{2L}\right)^2+\frac{1}{LC}}$$

根据截止频率计算的带宽为

$$\beta=\frac{R+R_i}{L}$$

最后，根据中心频率和带宽计算品质因数得

$$Q=\frac{\sqrt{L/C}}{R+R_i}$$

通过以上分析，可以写出电源电阻非零时，串联 RLC 带通滤波器的转移函数为

$$H(s)=\frac{K\beta s}{s^2+\beta s+\omega_o^2}$$

其中

$$K = \frac{R}{R + R_i}$$

注意到当 $R_i = 0$ 时，$K = 1$，且转移函数为

$$H(s) = \frac{\beta s}{s^2 + \beta s + \omega_o^2}$$

(b) 例 14.5 的电路中，其中心频率为 3162.28 Hz，带宽为 9 kHz，最大幅值 H_{max} 为 1。而对同一个电路，R，L，C 值不变，令 $R_i = R$，则中心频率为 3162.28 kHz，带宽 $\beta = (R + R_i)/L = 18$ kHz 且 $H_{max} = R/(R + R_i) = 1/2$。将这两个带通滤波器的幅值特性曲线画在同一个图 14.26 中。

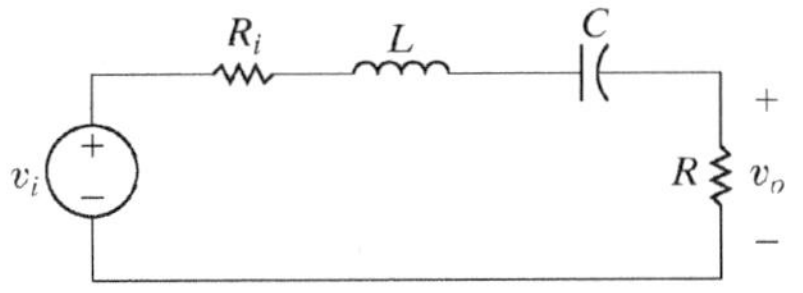

图 14.24　例 14.7 的电路

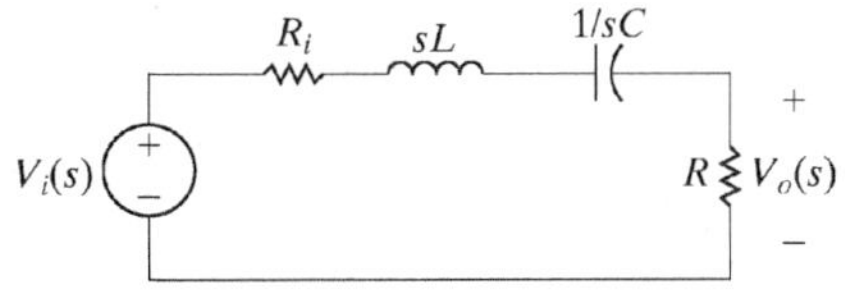

图 14.25　图 14.24 电路的 s 域等效模型

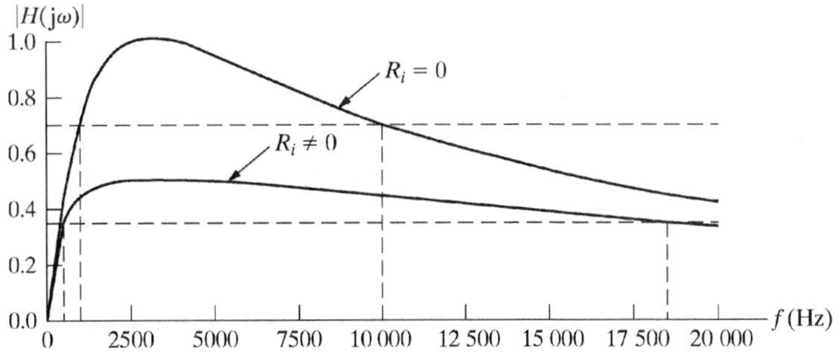

图 14.26　串联 RLC 带通滤波器电源内阻值为零和非零时的幅值特性曲线

如果将 $R_i = 0$ 和 $R_i \neq 0$ 时两个带通滤波器的特性参数进行比较，则会发现：

- 中心频率相同。
- $R_i \neq 0$ 时，转移函数的最大幅值比 $R_i = 0$ 时的小。
- $R_i \neq 0$ 时，其带宽比 $R_i = 0$ 时的大，因此，这两种电路的截止频率和品质因数也不同。

串联 RLC 带通滤波器增加非零电源内阻后，不会改变其中心频率，但会使带宽增加，通带的幅值减小。

如果将高通滤波器加上负载电阻，会遇到同样的问题。在进行滤波器设计时，希望无论与电压源相关的内阻如何，滤波器的滤波特性都没有变化。但实际上，由于附加了电源的电阻，由无源元件构成的滤波器的滤波特性会发生改变。在第 15 章讨论后会发现，有源滤波器的设计方法非常合适这种要求。

图 14.27 总结了上面讨论过的两种 RLC 带通滤波器，它们的转移函数具有相同的形式，可用一般式来表示这两种带通滤波器的转移函数

$$H(s) = \frac{\beta s}{s^2 + \beta s + \omega_o^2} \tag{14.38}$$

任何具有式(14.38)形式转移函数的电路都是带通滤波器，其中 ω_o 为中心频率，β 为带宽。

例 14.7 表明转移函数也可以写成下面的形式

$$H(s)=\frac{K\beta s}{s^2+\beta s+\omega_o^2} \tag{14.39}$$

其中 K 和 β 的取值与电压源的串联内电阻为零或非零有关。

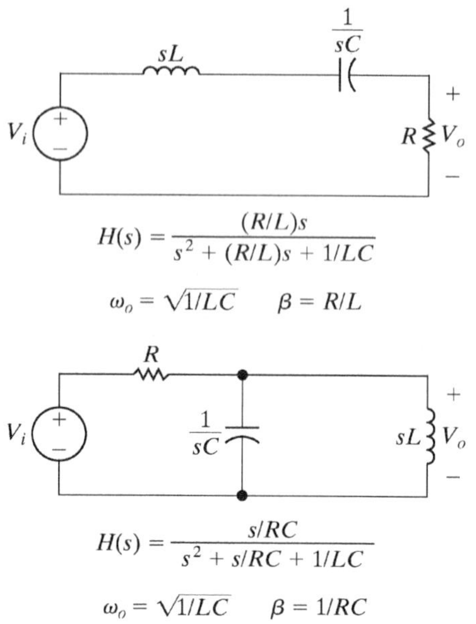

图 14.27 两种 RLC 带通滤波器和转移函数表达式、中心频率及其带宽

14.4.4 时域与频域的关系

通过对图 14.19(a) RLC 串联电路的讨论发现，描述 RLC 带通滤波器频率响应的参数与描述时域响应的参数间有一定的关系。第 8 章的分析说明电路的固有响应是由衰减系数 α 和谐振频率 ω_o 确定的，这些参数是根据式(8.58)和式(8.59)中的电路元件确定的。为方便起见，将其列出

$$\alpha=\frac{R}{2L}\ \text{rad/s} \tag{14.40}$$

$$\omega_o=\sqrt{\frac{1}{LC}}\ \text{rad/s} \tag{14.41}$$

因此，同一个参数 ω_o 既可用来描述时域响应特性，又可用来描述频率响应特性，这就是中心频率又称为谐振频率的原因。带宽与衰减系数间的关系可表示为如下关系

$$\beta=2\alpha \tag{14.42}$$

串联 RLC 电路的固有响应有三种形式：欠阻尼、过阻尼和临界阻尼。从过阻尼向欠阻尼的转化点为 $\omega_o^2=\alpha^2$。根据式(14.42)中 α 与 β 的关系以及品质因数的定义可知，当 $Q=1/2$ 时，响应从过阻尼向欠阻尼转化。因此，如果电路的频率响应在 ω_o 处具有尖锋，则表明该电路具有高品质因数 Q 和窄带宽，其固有响应必为欠阻尼情况。相反，如果电路的频率响应具有宽的带宽和低的品质因数 Q，则其固有响应必为过阻尼情况。

评测目标 3 知道如何将 RLC 电路配置成带通滤波器。

14.6 带通滤波器电路如图 14.19(a)所示，$C=0.1\ \mu F$，$\omega_o=12$ kHz，$Q=6$，计算 R，L 值。

答：$L=1.76$ mH，$R=22.1\ \Omega$。

14.7 带通滤波器电路如图 14.22 所示，$R=250\ \Omega$，$\omega_o=2$ kHz，$\beta=500$ Hz，求 L，C 值。

答：$L=4.97$ mH，$C=1.27\ \mu F$。

14.8 重新计算例 14.6(d)电路中的元件值，使电路的频率响应不变。已知 $C=0.2\ \mu F$。

答：$L=5.07$ mH，$R=3.98$ kΩ。

14.9 重新计算例 14.6(d)电路中的元件值，使该电路的品质因数不变。中心频率为 2 kHz，已知 $C=0.2\ \mu F$。

答：$R=9.95$ kΩ，$L=31.66$ mH。

提示：也可以做本章习题 14.18 和习题 14.25。

14.5 带阻滤波器

这里将讨论滤波器的第四种形式——带阻滤波器。带阻滤波器可以将两个截止频率外侧的电源电压信号传输到输出端，将截止频率内的电源电压在传输到输出端之前衰减。带通滤波器和带阻滤波器在频域中的功能是互补的。

带阻滤波器和带通滤波器一样，也具有同样的特性参数，即两个截止频率、中心频率、带宽和品质因数。另外，其中的两个可以独立确定。

下一节将讨论两个带阻滤波器电路，然后计算每个电路的元件值与特性参数之间关系的方程。

14.5.1　串联 RLC 电路——定性分析

图 14.28(a)画出了串联 RLC 电路，尽管电路元件和连接方式与图 14.19(a)所示的串联 RLC 带通滤波器相同，但与图 14.28(a)的电路有一重要差别，即输出电压是电容与电感串联的电压。它与高通和低通滤波器讨论的结论相同，但输出电压的定义不同，同一电路可产生不同的滤波作用。

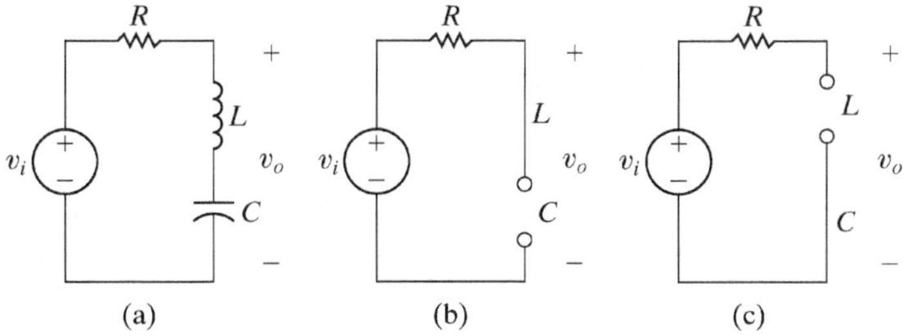

图 14.28　(a)串联 RLC 带阻滤波器；(b)$\omega=0$ 时的等效电路；(c)$\omega\to\infty$ 时的等效电路

当 $\omega=0$ 时，电感相当于短路，电容相当于开路，当 $\omega\to\infty$ 时情况正好相反。图 14.28(b)为 $\omega=0$ 时的等效电路。图 14.28(c)为 $\omega\to\infty$ 时的等效电路。在两个等效电路中，输出电压均为开路电压，因此，输出和输入电压具有相等的幅值。该串联 RLC 带阻滤波器电路具有两个通带，一个是小于低截止频率段，另一个是大于高截止频率段。

在两个通带之间，两元件串联后具有无穷大的符号相反的阻抗。当频率从零开始增加时，电感阻抗增加，电容阻抗减小。当 ωL 接近 $1/\omega C$ 时，输出与输入之间的相位差也趋近于 $-90°$。一旦 ωL 超过 $1/\omega C$，相位差就会跳变为 $90°$，并且当 ω 继续增加时相位差又会接近零。

在两通带之间的某一处，电感和电容的阻抗大小相等但符号相反，在该频率处，电容和电感的串联组合相当于短路。因此，输出电压的幅值必为 0，这个频率就是串联 RLC 带阻滤波器的中心频率。

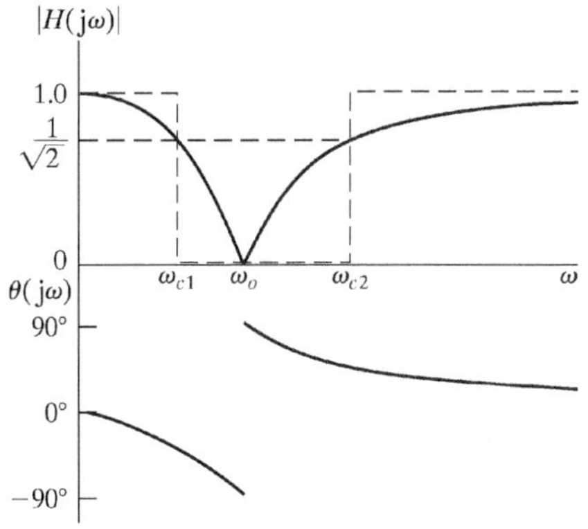

图 14.29　图 14.28(a)所示的串联 RLC 带阻滤波器电路的频率响应曲线

图 14.29 是图 14.28(a)串联 RLC 带阻滤波器的频率响应曲线，其幅值曲线和图 14.3(d)的理想带阻滤波器的幅值曲线相重叠。通过定性分析确定幅值和相位角曲线的形状，下面进行电路的定量分析以确定其频率响应并计算描述这些响应特性的参数。

14.5.2　串联 RLC 电路——定量分析

如图 14.30 所示是转换后的 s 域模型，用分压公式写出转移函数

$$H(s)=\frac{sL+\dfrac{1}{sC}}{R+sL+\dfrac{1}{sC}}=\frac{s^2+\dfrac{1}{LC}}{s^2+\dfrac{R}{L}s+\dfrac{1}{LC}} \tag{14.43}$$

令 $s=\mathrm{j}\omega$ 并代入式(14.43)得出转移函数的幅值和相位角方程

$$|H(\mathrm{j}\omega)|=\frac{\left|\dfrac{1}{LC}-\omega^2\right|}{\sqrt{\left(\dfrac{1}{LC}-\omega^2\right)^2+\left(\dfrac{\omega R}{L}\right)^2}} \tag{14.44}$$

$$\theta(\mathrm{j}\omega)=-\arctan\left(\frac{\dfrac{\omega R}{L}}{\dfrac{1}{LC}-\omega^2}\right) \tag{14.45}$$

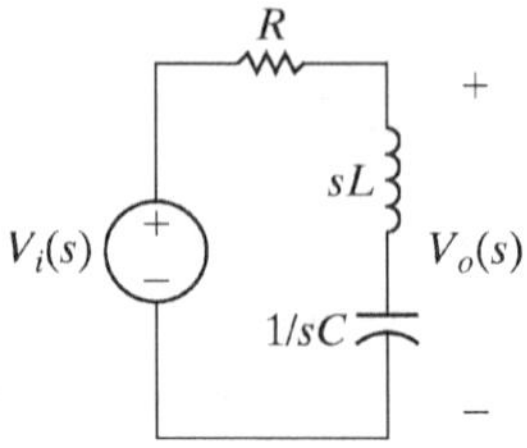

图 14.30 图 14.28(a)电路的 s 域模型

方程(14.44)和方程(14.45)确定了频率响应的形状，如图 14.29 所示。

用图 14.30 的电路计算中心频率。带阻滤波器中心频率的定义为电容与电感的阻抗之和为零时的频率，而带通滤波器在中心频率点的幅值最大。带阻滤波器的中心频率不在通带内，而是在阻带内，其中心频率为

$$\omega_o=\sqrt{\frac{1}{LC}} \tag{14.46}$$

将方程(14.46)代入方程(14.44)得到 $|H(\mathrm{j}\omega_o)|=0$。

截止频率、带宽和品质因数的定义方式与带通滤波器中的定义完全相同。将方程(14.44)的左侧用 $(1/\sqrt{2})H_{max}$ 代替，然后计算出截止频率 ω_{c1} 和 ω_{c2}。带阻滤波器的 $H_{max}=|H(\mathrm{j}0)|=|H(\mathrm{j}\infty)|$，且图 14.28(a)的串联 RLC 带阻滤波器的 $H_{max}=1$，因此得

$$\omega_{c1}=-\frac{R}{2L}+\sqrt{\left(\frac{R}{2L}\right)^2+\frac{1}{LC}} \tag{14.47}$$

$$\omega_{c2}=\frac{R}{2L}+\sqrt{\left(\frac{R}{2L}\right)^2+\frac{1}{LC}} \tag{14.48}$$

用截止频率求出带宽的表达式 β

$$\beta=R/L \tag{14.49}$$

最后，用中心频率和带宽求出品质因数 Q 的方程为

$$Q=\sqrt{\frac{L}{R^2C}} \tag{14.50}$$

与带通滤波器一样，也可以用带宽和中心频率来表示截止频率

$$\omega_{c1}=-\frac{\beta}{2}+\sqrt{\left(\frac{\beta}{2}\right)^2+\omega_o^2} \tag{14.51}$$

$$\omega_{c2}=\frac{\beta}{2}+\sqrt{\left(\frac{\beta}{2}\right)^2+\omega_o^2} \tag{14.52}$$

变换该方程，用中心频率和品质因数表达截止频率

$$\omega_{c1} = \omega_o \cdot \left[-\frac{1}{2Q} + \sqrt{1 + \left(\frac{1}{2Q}\right)^2} \right] \tag{14.53}$$

$$\omega_{c2} = \omega_o \cdot \left[\frac{1}{2Q} + \sqrt{1 + \left(\frac{1}{2Q}\right)^2} \right] \tag{14.54}$$

例 14.8 说明了串联 RLC 带阻滤波器的设计过程。

例 14.8 串联 RLC 带阻滤波器的设计

电路如图 14.28(a)所示，试计算 R, L, ω_{c1}, ω_{c2}和 Q 值，使其构成带阻滤波器且带宽为 250 Hz，中心频率为 750 Hz，电容取 100 nF。

解：

先计算该滤波器的品质因数，由品质因数定义得

$$Q = \omega_o / \beta = 3$$

用式(14.46)计算 L 值，将 ω_o 的单位转换为 rad/s

$$L = \frac{1}{\omega_o^2 C}$$

$$= \frac{1}{[2\pi(750)]^2 \times (100 \times 10^{-9})}$$

$$= 450 \text{ mH}$$

用式(14.49)计算 R 值

$$R = \beta L$$

$$= 2\pi(250) \times (450 \times 10^{-3})$$

$$= 707\ \Omega$$

根据式(14.51)和式(14.52)计算两个截止频率为

$$\omega_{c1} = -\frac{\beta}{2} + \sqrt{\left(\frac{\beta}{2}\right)^2 + \omega_o^2}$$

$$= 3992.0 \text{ rad/s}$$

$$\omega_{c2} = \frac{\beta}{2} + \sqrt{\left(\frac{\beta}{2}\right)^2 + \omega_o^2}$$

$$= 5562.8 \text{ rad/s}$$

其截止频率为 635.3 Hz 和 885.3 Hz。截止频率的差为 250 Hz，与定义的带宽一致。截止频率的几何平均值为 $\sqrt{(635.3)\times(885.3)} = 750$ Hz，与定义的中心频率一致。

可以猜到，另一个带阻滤波器电路是并联 RLC 电路，并联 RLC 电路的分析留在本章习题 14.37 中。并联 RLC 和串联 RLC 带阻滤波器的结果列在图 14.31 中。与其他类型的滤波器分析一样，带阻滤波器的转移函数有其一般形式，其中的常数项用 β 和 ω_o 表示

$$H(s) = \frac{s^2 + \omega_o^2}{s^2 + \beta s + \omega_o^2} \tag{14.55}$$

该方程在滤波器设计中非常有用，任何具有这种转移函数的电路均可作为带阻滤波器。

评测目标 4　知道如何将 RLC 电路配置成带阻滤波器。

14.10　利用图 14.28(a)所示电路设计一带阻滤波器，其中心频率为 4 kHz，品质因数为 5，电容值取 500 nF，求 R, L 值。

答：$L = 3.17$ mH，$R = 15.92\ \Omega$。

14.11 用上题的电路重新设计一带阻滤波器，其中心频率为 20 kHz，品质因数仍为 5，电阻取 100 Ω，试计算 L 和 C 值。

答：$L = 3.98$ mH，$C = 15.92$ nF。

提示：也可以做本章习题 14.38 和习题 14.42。

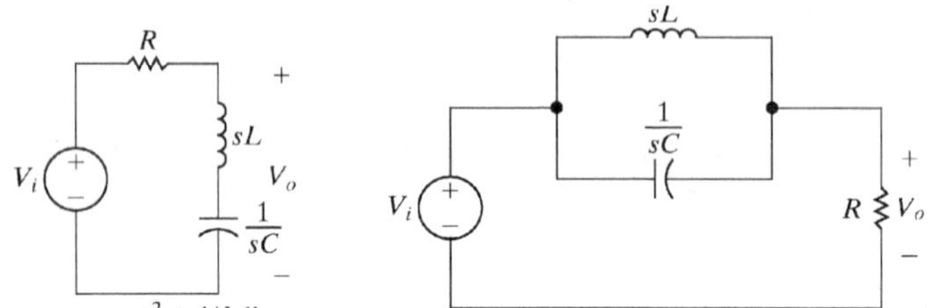

$$H(s) = \frac{s^2 + 1/LC}{s^2 + (R/L)s + 1/LC}$$

$$\omega_o = \sqrt{1/LC} \qquad \beta = R/L$$

$$H(s) = \frac{s^2 + 1/LC}{s^2 + s/RC + 1/LC}$$

$$\omega_o = \sqrt{1/LC} \qquad \beta = 1/RC$$

图 14.31 两个 RLC 带阻滤波器和两个转移函数方程、中心频率及带宽

实例应用

按键电话电路(二)

在本章开始的实例中，已经描述了“双音多频”系统(DTMF)。当按键电话的键被按过后，该系统会发送信号。下面的例子设计了一个 DTMF 接收器，即一个解码电路，该电路能将按键发出的声音解码，并确定是哪个键被按过。

设计前，需要更好地理解 DTMF 系统。正如图 14.32 所示，电话上的键排列成了行和列，通过按键产生的双音与键所在的行和列有关。键所在的行确定了它的低频音，所在的列确定了它的高频音①。例如，按“6”键会产生频率为 770 Hz 和 1477 Hz 的正弦信号。

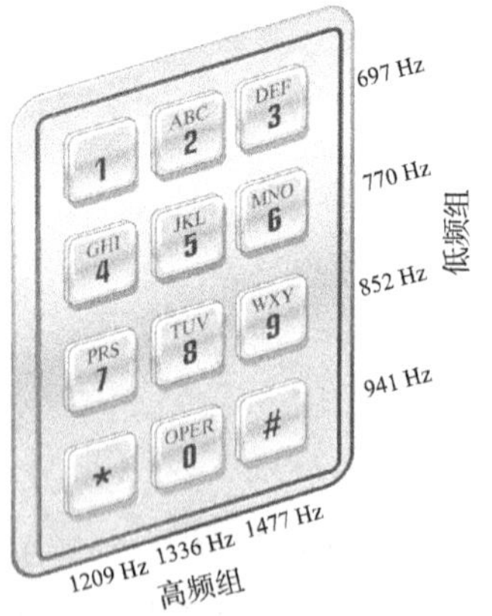

图 14.32 电话按键所在的行和列产生的不同声音

在电话交换设备中，DTMF 中的带通滤波器首先检测来自低频组和高频组的音量是否是同步出现的，排除许多不是 DTMF 的无关音频信号，如果双音存在于两个频带中，就可以用滤波器选择每个频带中可能出现的音频，使频率解码对单一按键信号进行判断，为防止误判断，还需要进行其他必要的检测。这些检测包括：每个频带只有一种音是合法的；高频音和低频音的开始与结束的同步误差在几毫秒之内是合法的；高频和低频信号的振幅相互之间非常接近。

有读者可能会问，对 DTMF 音的高频组为什么用带通滤波器而不用高通滤波器，对低频组为什么不用低通滤波器？这是因为电话系统将 300 Hz ~ 3 kHz 以外的频带用于其他信号的传输，如电话铃信号，所以带通滤波器可以防止检测到其他信号而造成误操作。

提示：若想了解对实例应用的理解程度，请做本章习题 14.51 至习题 14.53。

① 频率为 1633 Hz 的第四个高频音留做其他用途，这个高频音不常用到，而且也不是由 12 个普通电话按键产生的。

小结

- 选频电路(或称为滤波器)能使某些频率的信号到达输出端，而削弱其他频率的信号，使它们不能到达输出端。通带包含可通过信号的频率，阻带包含被削弱信号的频率。
- 截止频率 ω_c，是频率轴上定义的一个点，它将通带和阻带分开，在截止频率处，转移函数的幅值等于最大值的 $1/\sqrt{2}$倍。
- 低通滤波器，使频率低于 ω_c 的信号通过，削弱频率高于 ω_c 的信号，任何具有下列形式的转移函数都可作为低通滤波器

$$H(s)=\frac{\omega_c}{s+\omega_c}$$

- 高通滤波器，使频率高于 ω_c 的信号通过，削弱频率低于 ω_c 的信号，任何具有下面形式的转移函数的系统都可以作为高通滤波器

$$H(s)=\frac{s}{s+\omega_c}$$

- 带通滤波器和带阻滤波器都具有两个截止频率 ω_{c1}，ω_{c2}。这些滤波器的特性由中心频率 ω_o，带宽 β 和品质因数 Q 来描述，这些参数的定义如下：

$$\omega_o=\sqrt{\omega_{c1}\cdot\omega_{c2}}$$

$$\beta=\omega_{c2}-\omega_{c1}$$

$$Q=\omega_o/\beta$$

- 带通滤波器将处于通带之内(即 ω_{c1} 和 ω_{c2})的信号通过，而削弱通带以外的信号。任何具有下面形式转移函数的系统均可作为带通滤波器

$$H(s)=\frac{\beta s}{s^2+\beta s+\omega_o^2}$$

- 带阻滤波器，使频率在阻带之间(ω_{c1} 和 ω_{c2})的信号被削弱，并使阻带之外的信号通过，任何具有下列形式转移函数的系统均可作为带阻滤波器

$$H(s)=\frac{s^2+\omega_o^2}{s^2+\beta s+\omega_o^2}$$

- 无源滤波器的输出端加负载会改变通带的幅值和位置，从而改变其滤波器特性，以非零内阻的电源代替理想电压源也会改变通带的幅值和位置，从而改变电路的滤波特性。

习题

14.1　(a)求图 P14.1 所示 RL 滤波器的截止频率(Hz)；(b)计算 $H(j\omega)$ 在 ω_c，0.125ω_c 和 8ω_c 处的值；(c)若$v_i=20\cos\omega t$ V，写出 v_o 在 $\omega=\omega_c$，$\omega=0.125\omega_c$ 和 $\omega=8\omega_c$ 处的稳态表达式。

14.2　(a)求图 P14.2 所示低通滤波器的截止频率(Hz)；(b)计算 $H(j\omega)$ 在 ω_c，0.1ω_c 和 10ω_c 处的值；(c)若$v_i=25\cos\omega t$ mV，写出 v_o 在 ω_c，0.1ω_c 和 10ω_c 处的稳态表达式。

14.3　电路如图 14.4(a)所示，标注为 R_l 的电阻器与电感器串联，新的低通滤波器电路如图 P14.3 所示。(a)推导出系统函数 $H(s)=V_o/V_i$ 的表达式；(b)$H(j\omega)$的幅度最大处的频率是多少？(c)$H(j\omega)$的最大幅度是多少？(d)$H(j\omega)$的幅度是最大幅度除以$\sqrt{2}$处的频率是多少？(e)假设在如图 P14.1 所示电路中添加一个 300 Ω 的电阻与 50 mH 电感相串联，求 ω_c，$H(j0)$，$H(j\omega_c)$，$H(j0.2\omega_c)$和 $H(j5\omega_c)$。

14.4 电路如图 14.7 所示，标注为 R_L 的电阻器与电容器并联，带负载的低通滤波器电路如图 P14.7 所示。(a)推导出电压转移函数 V_o/V_i 的表达式；(b)$H(j\omega)$的幅度最大处的频率是多少？(c)$H(j\omega)$的最大幅度是多少？(d)$H(j\omega)$的幅度是最大幅度除以$\sqrt{2}$处的频率是多少？(e)假设在电路 P14.4 中添加一个 320 Ω 的电阻与 5 μF 电容相并联，求 ω_c，$H(j0)$，$H(j\omega_c)$，$H(j0.2\omega_c)$和 $H(j5\omega_c)$。

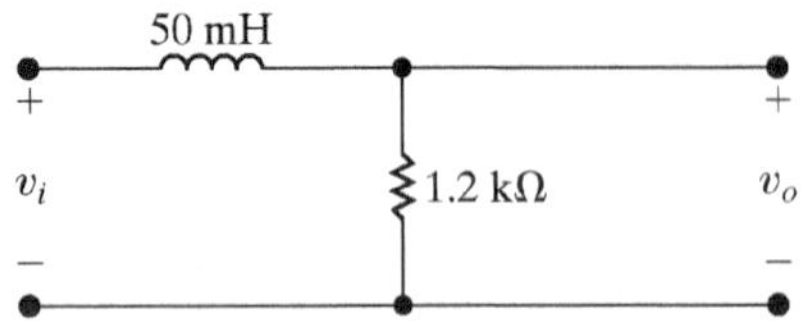

图 P14.1

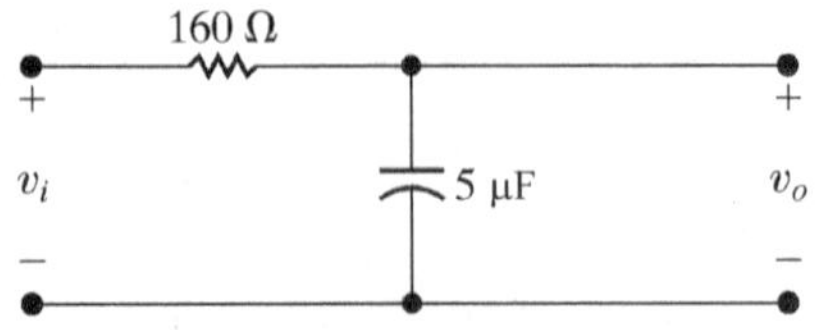

图 P14.2

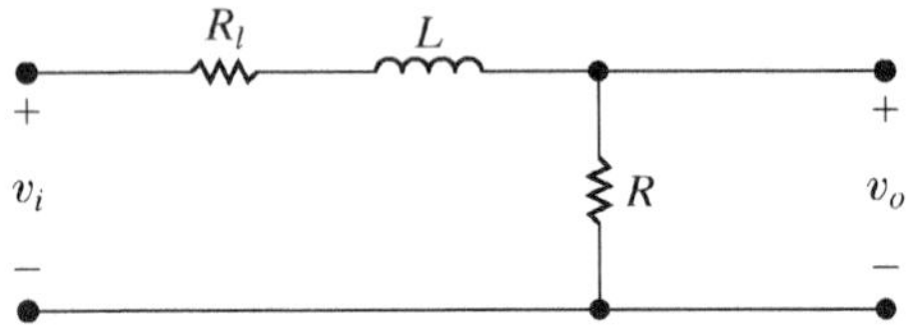

图 P14.3

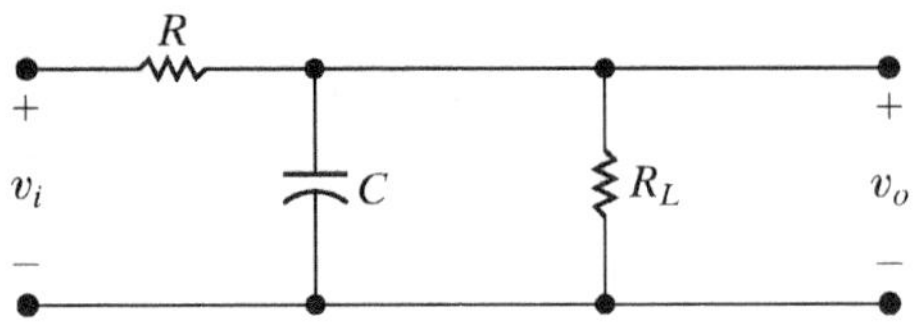

图 P14.4

14.5 研究图 P14.5(无负载电阻)所示电路。
(a)当 $\omega\to 0$ 的时候，电感相当于什么电路元件？输出电压 v_0 的值多大？(b)当 $\omega\to\infty$ 的时候，电感相当于什么电路元件？输出电压 v_0 的值多大？(c)根据上两步可以得出该电路具有什么滤波类型？(d)无负载滤波器的转移函数是什么？(e)如果 $R = 330$ Ω，$L = 10$ mH，则该滤波器的截止频率是多少 rad/s？

14.6 假设希望添加一个负载电阻与图 P14.5 所示电路的电阻相并联。
(a)带负载滤波器的转移函数是什么？(b)比较无负载滤波器[习题 14.5 的(d)]和带负载滤波器[习题 14.6 的(a)]的转移函数，截止频率不同吗？通带放大倍数不同吗？(c)对于习题 14.5(e)中的滤波器，为使带负载后的截止频率与无负载截止频率的误差不超过 5%，最小负载电阻是多大？

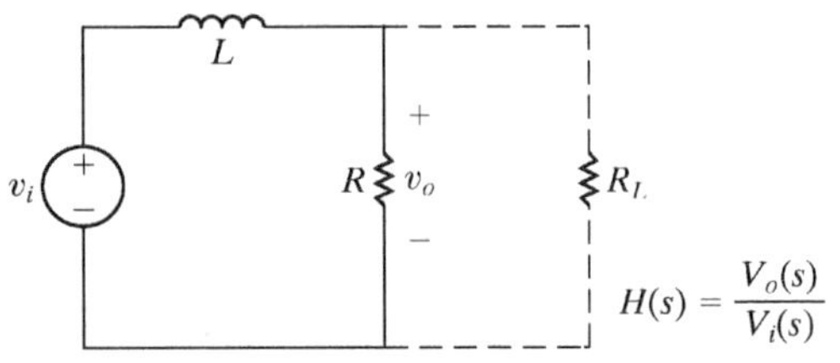

图 P14.5

14.7P **(设计问题)**用一个 1 mH 的电感设计一个低通、RL 无源滤波器，其截止频率为 5 kHz。
(a)确定电阻值；(b)具有 68 Ω 的负载电阻连接到滤波器的输出端，这个带负载的滤波器的转折频率、截止频率是多少 Hz？(c)如果必须从附录 H 中选一个电阻用于(a)步，应该使用什么电阻？连接后该滤波器的截止频率是多少？

14.8 用一个 10 mH 的电感设计一个低通无源滤波器，其截止频率为 1600 rad/s。
(a)确定截止频率是多少 Hz；(b)确定滤波器电阻的值；(c)假设截止频率下降值不能超过 10%，求跨接滤波器输出端的负载电阻的最小值；(d)上步所求的电阻跨接到滤波器输出端后，$H(j\omega)$在 $\omega = 0$ 处的幅度是多少？

14.9 用一个 4.7 μF 的电容设计一个低通无源 RC 低通滤波器(参见图 14.7)，其截止频率为 100 Hz。
(a)确定截止频率是多少 rad/s；(b)确定电阻的值；(c)画出一个电路，标出元件值和输出电压；(d)上步所求的滤波器的转移函数是什么？(e)如果(c)步所得的滤波器添加一个负载电阻，其阻值与(b)步中的相同，求这个带负载滤波器的转移函数；(f)上步所得带负载滤波器的截止频率是多少？(g)由(e)步所得带负载滤波器的通带放大倍数是多少？

14.10P **(设计问题)**用一个 500 nF 的电容设计一个低通无源滤波器，其截止频率为 50 krad/s。

(a)确定其截止频率的 Hz 值；(b)确定滤波器电阻的值；(c)假设截止频率增大值不能超过5%，求跨接滤波器输出端的负载电阻的最小值；(d)上步所求的电阻跨接到滤波器输出端后，$H(j\omega)$在 $\omega=0$ 处的幅度是多少？

14.11 (a)求图 P14.11 所示高通滤波器的截止频率(Hz)；(b)求 $H(j\omega)$在 ω_c，$0.125\omega_c$ 和 $8\omega_c$ 处的值；(c)如果 $v_i=75\cos\omega t$ V，写出 v_o 在 $\omega=\omega_c$，$\omega=0.125\omega_c$ 和 $\omega=8\omega_c$ 处的稳态表达式。

14.12 电路如图 14.11(a)所示，标注为 R_c 的电阻器与电容器串联，新的高通滤波器电路如图 P14.12 所示。(a)推导出电压转移函数 $H(s)=V_o/V_i$ 的表达式；(b)$H(j\omega)$的幅度最大处的频率是多少？(c)$H(j\omega)$的最大幅度是多少？(d)$H(j\omega)$的幅度等于最大幅度除以$\sqrt{2}$处的频率是多少？(e)假设在图 P14.11 所示的电路中添加一个 5 Ω 的电阻与 80 μF 电容相串联，求 ω_c，$H(j\omega_c)$，$H(j0.125\omega_c)$和 $H(j8\omega_c)$。

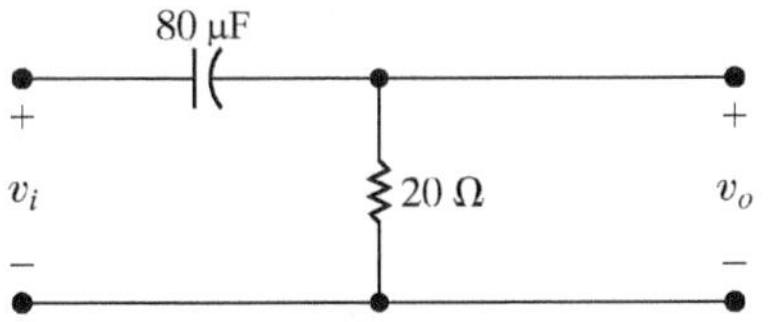

图 P14.11

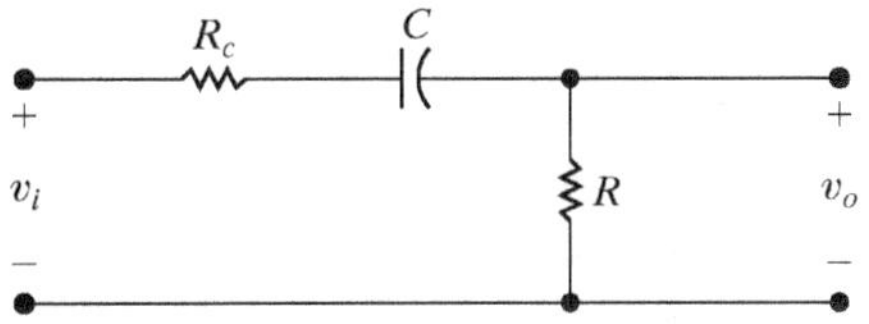

图 P14.12

14.13P **(设计问题)**用一个 100 nF 的电容设计一个高通无源滤波器，其截止频率为 300 Hz。

(a)确定电阻 R 的值(kΩ)；(b)一个 47 kΩ 的电阻跨接到滤波器的输出端，则该带负载滤波器的截止频率是多少？

14.14 电路如图 P14.14 所示。

(a)根据图示的输入和输出，判断该滤波器的类型；(b)求出该滤波器的转移函数 $H(s)=V_o(s)/V_i(s)$；(c)求出该滤波器的截止频率；(d)求出该滤波器的转移函数在 $s=j\omega_c$ 处的幅度。

14.15 假设将一个 150 Ω 的负载电阻附加到图 P14.14 所示的滤波器中。

(a)求该滤波器的转移函数 $H(s)=V_o(s)/V_i(s)$；(b)求滤波器的截止频率；(c)带负载滤波器的截止频率与图 P14.14 所示的无负载滤波器的截止频率相比较有何变化？(d)这两个滤波器有何不同？

14.16 用一个 220 pF 电容器设计一个无源 RC 高通滤波器[参见图 14.10(a)]，其截止频率为 500 Hz。

(a)截止频率是多少 rad/s？(b)电阻值是多少？(c)画出电路，标出元件值和输出电压；(d)求出上步中滤波器的转移函数；(e)如果在(c)步中的滤波器用一个电阻做负载，其阻值与(b)步中的相等，求带负载滤波器的转移函数；(f)求从(e)步得到的带负载滤波器的截止频率；(g)求从(e)步得到的带负载滤波器的通带放大倍数。

14.17P **(设计问题)**用一个 100 μH 的电感设计一个 RL 无源高通滤波器，其截止频率为 1500 krad/s。

(a)确定电阻 R 的值，从附录 H 中选择一个元件；(b)假设滤波器与一个纯阻性负载相连接，截止频率不低于 1200 krad/s，从附录 H 中选择一个电阻，可以连接到滤波器输出端的电阻最小值是多少？

14.18P 对于图 P14.18 所示的带通滤波器，求(a) ω_o，(b)f_o，(c)Q，(d)ω_{c1}，(e)f_{c1}，(f)ω_{c2}，(g)f_{c2}和(h)β。

14.19 带通滤波器的上截止频率为 121 krad/s，下截止频率为 100 krad/s，试计算其中心频率、带宽和品质因数。

14.20 带通滤波器的谐振频率或中心频率为 50 krad/s，品质因数为 4，求带宽、上截止频率和下截止频率，所有单位均使用 kHz 表示。

14.21 用一个 0.01 μF 的电容器设计一个串联的 RLC 带通滤波器[参见图 14.19(a)]，其品质因数为 8，中心频率为 50 krad/s。

(a)画出电路，标出元件值和输出电压；(b)对于上步得到的滤波器，计算带宽和两个截止频率的值。

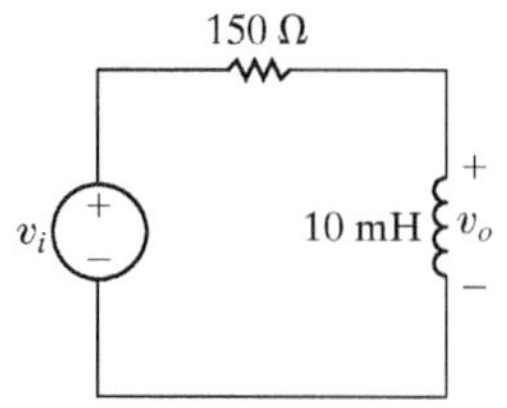

图 P14.14

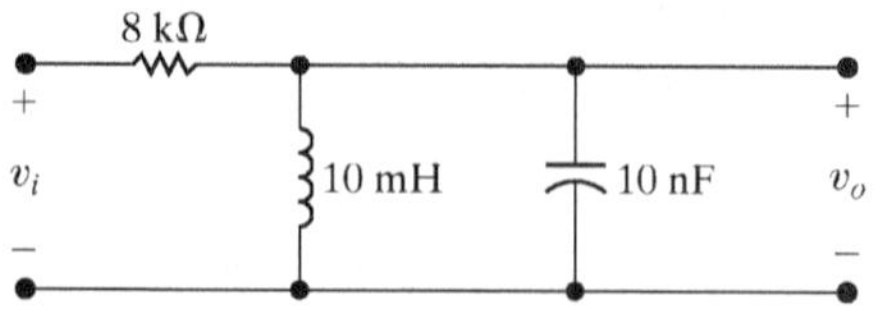

图 P14.18

14.22 对于习题 14.21 所设计的串联 RLC 带通滤波器，其输入为 $5\cos\omega t$ V，求当(a) $\omega=\omega_o$；(b) $\omega=\omega_{c1}$；(c) $\omega=\omega_{c2}$；(d) $\omega=0.1\omega_o$；(e) $\omega=10\omega_o$ 时，电阻两端的电压降。

14.23 对于习题 14.21 所设计的串联 RLC 带通滤波器，其输入为 $5\cos\omega t$ V，求当(a) $\omega=\omega_o$；(b) $\omega=\omega_{c1}$；(c) $\omega=\omega_{c2}$；(d) $\omega=0.1\omega_o$；(e) $\omega=10\omega_o$ 时，电容与电感相串联支路两端的电压降。

14.24 证明方程(14.36)和方程(14.37)所给出的带通滤波器截止频率表达式可以根据方程(14.34)和方程(14.35)推导得出。

14.25P **(设计问题)** 在图 14.22 所示的带通滤波器电路中，用一个 50 nF 的电容设计一个滤波器，使其品质因数为 5，中心频率为 20 krad/s。

(a)确定 R 和 L 的值；(b)计算上、下截止频率的 kHz 值；(c)计算带宽的 Hz 值。

14.26 从附录 H 中选择三个元件构成一个串联 RLC 带通滤波器，使其尽量满足习题 14.25 定义的滤波器。(a)画出滤波器电路，标出所有的元件值和输出电压；(b)与习题 14.25 进行比较，计算出新滤波器的中心频率和品质因数的误差百分比。

14.27P **(设计问题)** 用一个 5 nF 的电容设计一个串联 RLC 带通滤波器，如图 14.27 上部所示，使其品质因数为 2，中心频率为 8 kHz。

(a)确定 R 和 L 的值；(b)计算上截止频率是多少 kHz；(c)下截止频率是多少 kHz；(d)滤波器的带宽是多少 kHz?

14.28 从附录 H 中选择三个元件构成一个串联 RLC 带通滤波器，使其尽量满足习题 14.27 定义的滤波器。(a)画出滤波器电路，标出所有的元件值和输出电压；(b)与习题 14.27 进行比较，计算出新滤波器的中心频率和品质因数的误差百分比。

14.29P 对于图 P14.29 所示的带通滤波器，计算下列各值。

(a) f_o；(b) Q；(c) f_{c1}；(d) f_{c2} 和(e) β。

14.30 图 P14.29 所示电路的输入电压为 $10\cos\omega t$ V，当(a) $\omega=\omega_o$；(b) $\omega=\omega_{c1}$ 和(c) $\omega=\omega_{c2}$ 时，计算输出电压。

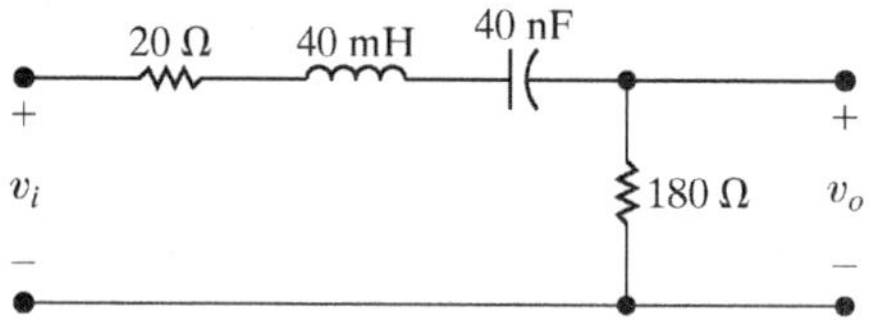

图 P14.29

14.31P 电路如图 P14.31 所示。

(a)求 ω_o；(b)求 β；(c)求 Q；(d)当 $v_i=250\cos\omega_o t$ mV 时，求 v_o 的稳态表达式。(e)证明：若 R_L 的单位用 kΩ 表示，则图 P14.31 所示电路的品质因数为

$$Q=\frac{20}{1+100/R_L}$$

(f)画出 Q-R_L 曲线，其中 20 kΩ ≤ R_L ≤ 2 MΩ。

14.32 一个系统包含一个正弦电压源、一个 RLC 串联带通滤波器和一个负载，如图 P14.32 所示，正弦电压源的内阻抗为 80 + j0 Ω，而负载阻抗为 480 + j0 Ω。RLC 串联带通滤波器中含有一个 20 nF 电容，中心频率为 50 krad/s，品质因数为 6.25。

(a)画出系统的电路框图；(b)确定系统的滤波器部分中的 R 和 L 的值；(c)互连系统的品质因数是多少?(d)互连系统的带宽是多少 Hz?

14.33 本习题的目的是测试连接到如图 14.19 所示的带通滤波器输出端的阻性负载怎样影响滤波器系统的品质因数和带宽，带负载滤波器电路如图 P14.33 所示。

(a)计算图 P14.33 所示电路的转移函数 V_o/V_i；(b)求系统带宽的表达式；(c)求出用无负载带宽(β_U)表示的带负载带宽(β_L)的表达式；(d)求系统品质因数的表达式；(e)求出用无负载品质因数(Q_U)表示的带负载品质因数(Q_L)的表达式；(f)求出截止频率 ω_{c1} 和 ω_{c2} 的表达式。

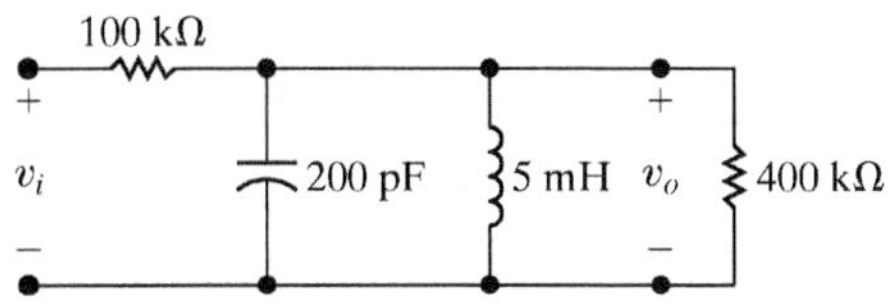

图 P14.31

图 P14.32

14.34　图 P14.33 所示电路中的参数为 $R=2.4\ \text{k}\Omega$，$C=50\ \text{pF}$ 和 $L=2\ \mu\text{H}$，电路的品质因数不能低于 7.5，求负载电阻 R_L 的最小允许值。

14.35　对于图 P14.35 所示的带阻滤波器，计算(a)ω_o；(b)f_o；(c)Q；(d)β 单位为 Hz；(e)ω_{c1}；(f) f_{c1}；(g)ω_{c2} 和(h)f_{c2}。

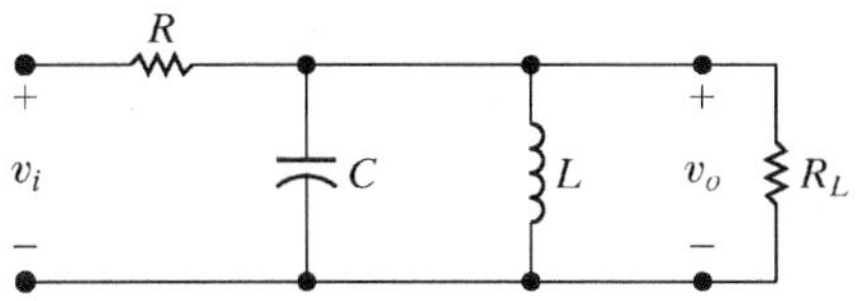

图 P14.33

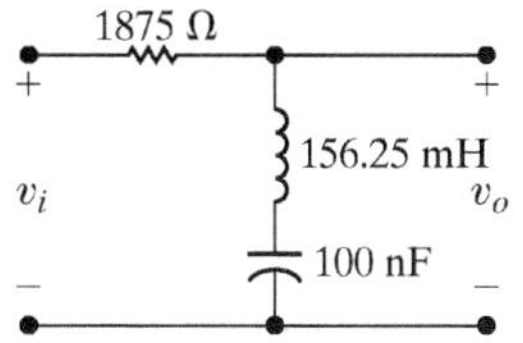

图 P14.35

14.36　对于图 P14.35 所示的带阻滤波器。

(a)求 $H(j\omega)$ 在 ω_o，ω_{c1}，ω_{c2}，$0.1\omega_o$ 和 $10\omega_o$ 处的值；(b)如果 $v_i=80\cos\omega t$ V，写出 v_o 在 $\omega=\omega_o$，$\omega=\omega_{c1}$，$\omega=\omega_{c2}$，$\omega=0.1\omega_o$ 和 $\omega=10\omega_o$ 等处的稳态表达式。

14.37　(a)说明(通过定性分析)图 P14.37 所示电路是一个带阻滤波器；(b)求出滤波器的转移函数来说明(a)步的定性分析结论；(c)求出滤波器的中心频率表达式；(d)求出滤波器截止频率 ω_{c1} 和 ω_{c2} 的表达式；(e)求出滤波器带宽的表达式；(f)求出电路品质因数的表达式。

14.38P　带阻滤波器如图 P14.38 所示，计算(a)ω_o；(b)f_o；(c)Q；(d)ω_{c1}；(e)f_{c1}；(f)ω_{c2}；(g)f_{c2}和(h)β 单位为 kHz。

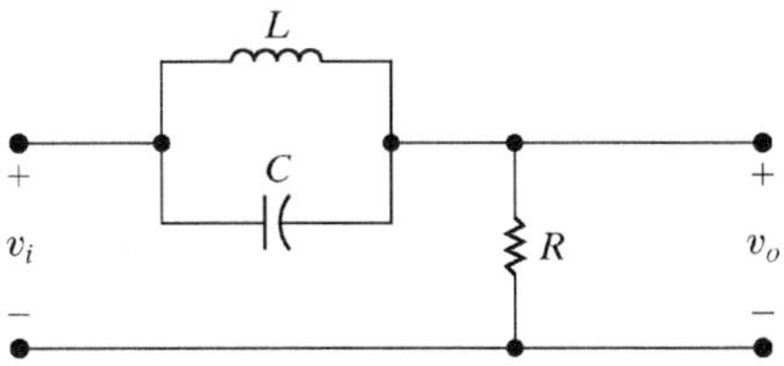

图 P14.37

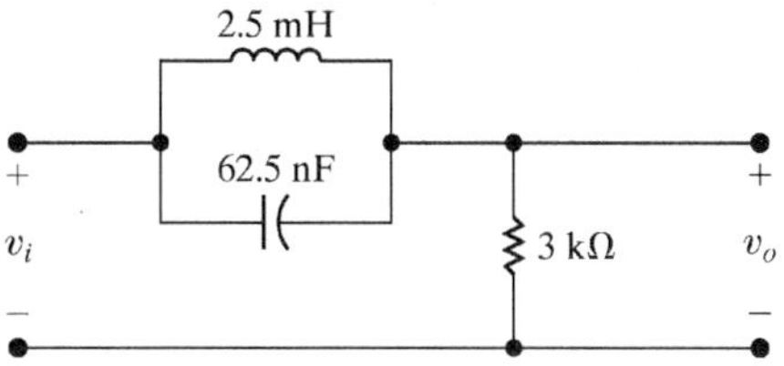

图 P14.38

14.39　用一个 200 nF 电容设计一个 RLC 带阻滤波器[参见图 14.28(a)]，使其品质因数为 2.5，中心频率为 25 krad/s。

(a)画出电路，标出元件值和输出电压；(b)对于(a)步得到的滤波器，计算带宽和两个截止频率的值。

14.40　对于习题 14.39 中设计的 RLC 带阻滤波器的输入为 $10\cos\omega t$ V，当(a) $\omega=\omega_o$；(b)$\omega=\omega_{c1}$；(c)$\omega=\omega_{c2}$；(d)$\omega=0.125\omega_o$；(e)$\omega=8\omega_o$ 时，求电容和电感串联支路上的电压降。

14.41　对于习题 14.39 中设计的 RLC 带阻滤波器的输入为 $10\cos\omega t$ V，当(a)$\omega=\omega_o$；(b)$\omega=\omega_{c1}$；(c)$\omega=\omega_{c2}$；(d)$\omega=0.125\omega_o$；(e)$\omega=8\omega_o$ 时，求电阻上的电压降。

14.42P　**(设计问题)**用一个 500 nF 的电容设计一个带阻滤波器，如图 P14.42 所示，使其品质因数为 5，中心频率为 4 kHz。

(a)确定 R 和 L 的值；(b)计算上、下截止频率是多少 kHz；(c)滤波器的带宽是多少 kHz?

14.43P 假设习题 14.42 中的带阻滤波器带有 1 kΩ 的负载电阻。

(a)求带负载电路的品质因数；(b)带负载电路的带宽(kHz)；(c)求上截止频率(kHz)；(d)求下截止频率(kHz)。

14.44 从附录 H 中选择三个元件构成一个串联 RLC 带通滤波器，使其尽量满足习题 14.42 定义的滤波器。

(a)画出滤波器电路，标出所有的元件值和输出电压；(b)与习题 14.42 进行比较，计算出新滤波器的中心频率和品质因数的误差百分比。

14.45 本习题的目的是测试连接到如图 14.28(a)所示的带阻滤波器输出端的阻性负载如何影响滤波器性能，带负载滤波器电路如图 P14.45 所示。

(a)计算转移函数 V_o/V_i；(b)求中心频率表达式；(c)求系统带宽的表达式；(d)求系统品质因数的表达式；(e)计算 $H(j\omega_o)$；(f)计算 $H(j0)$；(g)计算 $H(j\infty)$；(h)求转折频率 ω_{c1} 和 ω_{c2} 的表达式。

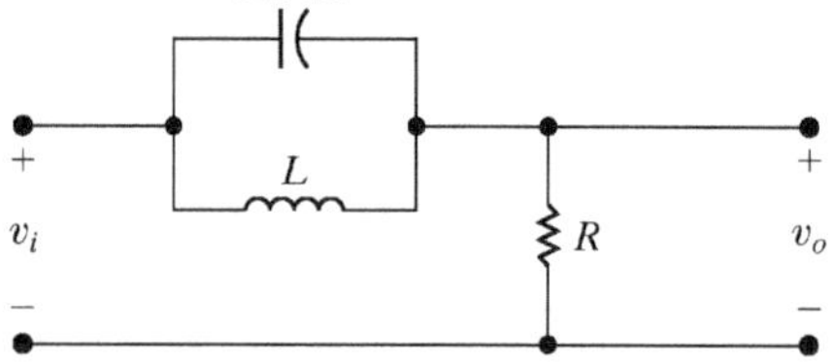

图 P14.42

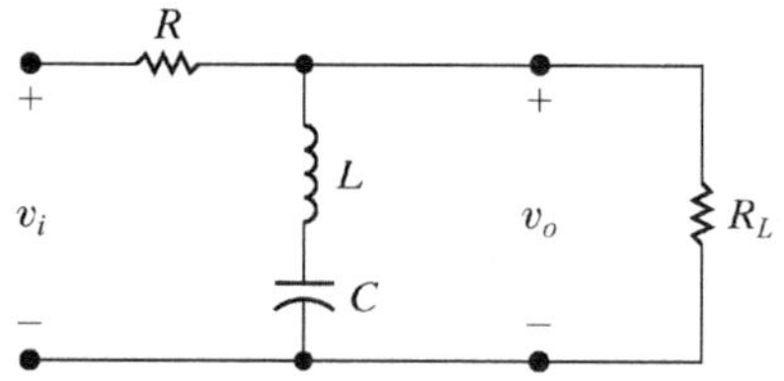

图 P14.45

14.46P 图 P14.45 所示电路中的参数为 $R=30\ \Omega$，$L=1\ \mu H$，$C=4$ pF 和 $R_L=150\ \Omega$。

(a)求 ω_o，β(kHz)和 Q。

(b)求 $H(j0)$和 $H(j\infty)$。

(c)求 f_{c2}和 f_{c1}。

(d)证明若 R_L 用 Ω 表示，则电路的品质因数为

$$Q=\frac{50}{3}[1+(30/R_L)]$$

(e)画出 $10\ \Omega \leqslant R_L \leqslant 300\ \Omega$ 区间，Q-R_L 曲线。

14.47P 电路如图 P14.42 所示，带阻滤波器的负载电阻为 500 Ω，滤波器中心频率为 25 krad/s，电容为 25 nF，在极低或极高频率处，正弦输出电压的幅度至少是正弦输入电压幅度的 90%。

(a)确定 R 和 L 的值；(b)求电路的品质因数。

14.48 已知电压转移函数为

$$H(s)=\frac{V_o}{V_i}$$

$$=\frac{25\times10^6}{s^2+1000s+25\times10^6}$$

(a)频率(rad/s)为何值时，转移函数的幅度等于 1?(b)频率为何值时，转移函数的幅度最大?(c)转移函数幅度的最大值是多少?

14.49 如图 P14.49 所示的串联 RLC 电路，当输出是电阻两端的电压时，此电路为带通滤波器，当输出是电容和电感串联支路上的电压时，该电路是一个带阻滤波器，本习题是想研究当输出是电感两端的电压时，电路的特性。

(a)当 $V_o(s)$是电感两端的电压时，求转移函数 $H(s)=V_o(s)/V_i(s)$；(b)求上步得到的转移函数在极低频时的幅度；(c)求(a)步得到的转移函数在极高频时的幅度；(d)基于(b)和(c)步的结论，确定滤波器的类型；(e)假设 $R=600\ \Omega$，$L=400$ mH，$C=2.5\ \mu F$ 计算滤波器的截止频率，也就是转移函数的幅度为 $1/\sqrt{2}$时的频率。

14.50　对图 P14.50 所示的电路，重复习题 14.49 中的(a)至(d)步，注意现在的输出电压是电容两端的电压。

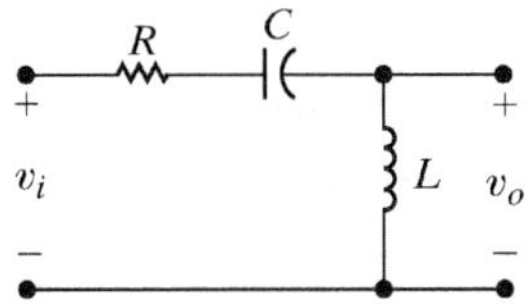

图 P14.49

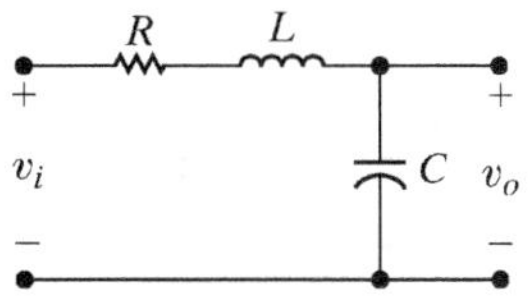

图 P14.50

14.51P　**(实例应用/设计问题)**设计一个 RLC 带通滤波器(参见图 14.27)，该滤波器是用来检测图 14.32 所示电话按键产生的低频音。

(a)计算 L 和 C 的值，使截止频率在 DTMF 低频带的边沿处，在标准电话电路中，该电阻阻值总是 600 Ω；(b)相对于带通滤波器的最大幅度而言，该电路在每个低音频率处的幅度是多少？(c)在高频组的最低频率处，电路输出的幅值是多少？

14.52P　**(实例应用/设计问题)**设计 DTMF 高频段带通滤波器与习题 14.51 中设计低频段带通滤波器一样，只是在设计中要包含第四个高频音 1633 Hz，对于 DTMF 低音中的最高音，滤波器响应的幅度是多少？

14.53P　**(实例应用/设计问题)**用于电话振铃的 20 Hz 信号必须具有足够大的幅度才能产生足够大的振铃信号，相对于低频段 DTMF 信号而言，响铃信号为多大时，才能使习题 14.51 中的滤波器响应不大于 DTMF 最大音量的一半？

第 15 章　有源滤波器电路

本章目标

- 理解作为一阶低通和高通滤波器的理想运算放大电路，能根据截止频率和通带放大系数的要求设计计算元件值。
- 能按照要求的频率响应特性用原型电路和比例放大法设计滤波器电路，并计算元件值。
- 知道如何用一阶和二阶巴特沃思滤波器的级联设计任何阶数的低通、高通、带通和带阻滤波器。
- 能按照要求用方程设计原型窄带带通和带阻滤波器的元件值。

到目前为止，已经讨论了无源滤波电路，即滤波器电路只是由电阻、电感、电容组成的，无源滤波电路的应用受到许多限制。有源滤波电路是使用了理想运算放大器的滤波电路，相比无源滤波器有许多优点。例如，有源滤波器不用电感就能形成带通和带阻滤波器。因电感通常较大、质量较大、成本高，而且磁场可能会影响期望的频率响应特性，所以有源滤波器正是大家所希望的电路。

分析第 14 章所有滤波器电路的转移函数，就会发现最大幅值不超过 1。尽管无源谐振滤波器在谐振频率处能进行电压和电流的放大，但一般情况下无源滤波器没有放大能力，其输出幅值不会超过输入幅值。这种结果并不奇怪，因为第 14 章中许多转移函数都是通过分压和分流公式得出的。而有源滤波器能对幅值进行控制放大，但这在无源滤波器中是无法进行的。

无源滤波器的截止频率和通带幅值会因阻性负载的加入而改变，但在有源滤波器中，由于理想运放的特性，这种情况不会出现。当放大倍数、负载种类、物理尺寸在设计中成为重要参数时，就会采用有源滤波器来实现。

第 15 章讨论了一部分采用理想运放的滤波器。读者将会看到这些理想运放电路克服了无源滤波电路的缺点，同时还能了解基本运放构成的滤波器电路如何连接，如何实现特定的频率响应并获得更理想的滤波特性。在整章中假定每个运放都是理想运放。

实例应用

低音音量控制（一）

本章继续讨论选频电路，正如第 14 章所述，电路的性质与正弦输入的频率有关。多数选频电路都可按第 14 章的定义分为以下四种，即低通、高通、带通和带阻滤波器。第 14 章讨论的电路由电源、电阻、电容和电感组成。本章的电路会用到理想运算放大器，读者会发现用理想运算放大器的许多优点。

音频电子系统如收音机、磁带机、CD 机都分别标有“高音”和“低音”等相互独立的音量控制钮。使用者可以独立选择高音或低音控制，独立控制高频和低频音量的特点可使听者按自己喜欢的方式调整，要比单一音量控制方式优越。因此，放大和削弱控制电路指的就是音调控制电路。

本章末尾的“实例应用”中，给出了由一个运算放大器、电阻、电容组成的低音控制电路，且能通过可调电阻控制低频信号的放大。

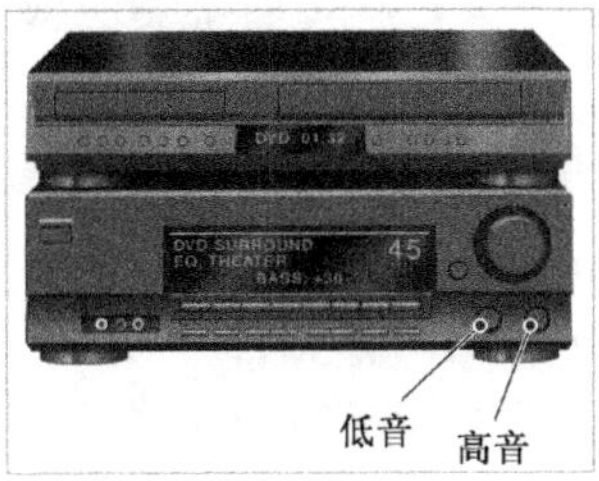

15.1　一阶低通和高通滤波器

如图 15.1 所示电路，对其进行定性分析，当电源频率变化时，只有电容的阻抗受到影响。在频率很低时，电容相当于开路，而运放相当于一个放大倍数为 $-R_2/R_1$ 的放大器，在较高频率处，电容相当于短路，运放的输出端接地。图 15.1 中的运放电路相当于一个通带放大倍数为 $-R_2/R_1$ 的低通滤波器。

为验证这一定性分析，计算转移函数 $H(s)=V_o(s)/V_i(s)$，将图 15.1 画成一般形式的电路，如图 15.2 所示。此处输入通道上的阻抗(Z_i)就是电阻 R_1，反馈通道上的阻抗(Z_f)是电阻 R_2与电容 C 的并联。

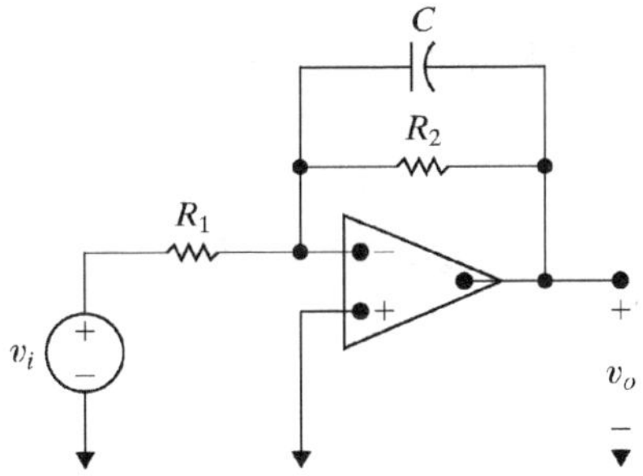

图 15.1　一阶低通滤波器

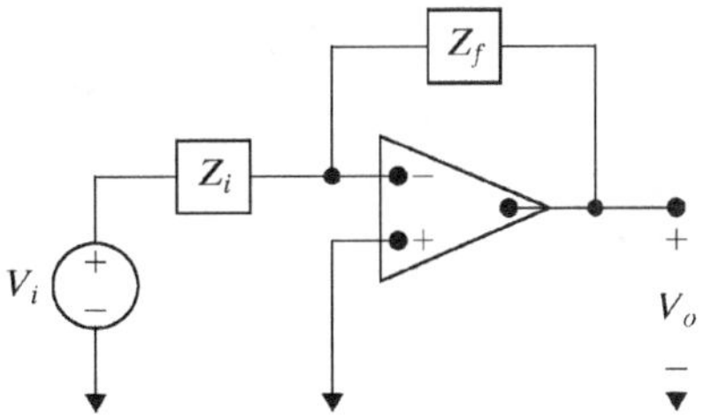

图 15.2　一般运放电路

图 15.2 的电路是第 5 章中的反相放大电路的模拟，因此转移函数为 $-Z_f/Z_i$，这样图 15.1 所示电路的转移函数为

$$H(s)=\frac{-Z_f}{Z_i}=\frac{-R_2\|\left(\dfrac{1}{sC}\right)}{R_1}=-K\frac{\omega_c}{s+\omega_c} \tag{15.1}$$

其中

$$K=\frac{R_2}{R_1} \tag{15.2}$$

和

$$\omega_c=\frac{1}{R_2C} \tag{15.3}$$

式(15.1)与第 14 章中低通滤波器方程的形式一样，重要的差别就是放大倍数 K 用 R_2/R_1 代替了，因此，运放构成的低通滤波器其通带放大系数和截止频率可以独立确定。

15.1.1　关于频率响应曲线的知识

第 14 章介绍的频率响应曲线提供了详细分析滤波器电路的方法，因此本章可以充分利用频率响应曲线。第 14 章的频率响应曲线包括两个独立的曲线——转移函数的幅频特性曲线和相频特性曲线。在使用这两条曲线时，通常画在同一个平面上，以便能共用频率轴。

本章使用一种特殊的频率响应曲线——伯德图，伯德图在附录 E 中有详细的讨论，附录 E 中还包括如何用手工绘制曲线的详细资料。也可以用计算机绘制伯德图，因此，下面总结了这种伯德图的特殊性质。伯德图与第 14 章介绍的频率响应曲线有两个重要的不同点。

第一，伯德图使用频率的对数坐标，而不是用线性坐标。这样可以画出较宽频率范围的曲线。通常要画出转移函数特性变化的频率范围，一般为三个十倍频程或四个十倍频程，即 $10^2 \sim 10^6$ rad/s 或 1 kHz ~ 1 MHz。如果同时画幅频特性和相频特性，则可以共用频率轴。

第二，伯德图的幅值特性是以分贝(dB)为纵轴的，以频率的对数为横轴，分贝的概念在附录 D 中讨论。简单地说，如果转移函数的幅值为 $|H(\mathrm{j}\omega)|$，则其分贝值为

$$A_{\mathrm{dB}} = 20\lg|H(\mathrm{j}\omega)|$$

一定要注意，$|H(\mathrm{j}\omega)|$ 是一个无符号的量，而 A_{dB} 是一个有符号的量。当 $A_{\mathrm{dB}}=0$ 时，转移函数的幅值为 1，因为 $20\lg(1)=0$。当 $A_{\mathrm{dB}}<0$ 时，转移函数的幅值在 0 ~ 1 之间，当 $A_{\mathrm{dB}}>0$ 时，转移函数的幅值大于 1。最后注意

$$20\lg|1/\sqrt{2}| = -3\ \mathrm{dB}$$

回顾滤波器截止频率的定义，滤波器的截止频率是指转移函数的幅值降为其最大值的 $1/\sqrt{2}$ 倍时的频率。如果将它用分贝表示，则滤波器的截止频率是指转移函数的幅值比最大值小 3 dB 时的频率，例如若低通滤波器的通带放大系数为 26 dB，则用于确定截止频率的幅值为 $26-3=23$ dB。

例 15.1 说明了如何根据要求的通带放大系数和截止频率设计一阶低通滤波器，以及如何画出滤波器转移函数的幅值伯德图。

例 15.2　理想低通运放滤波器的设计

如图 15.1 所示电路，计算 C 和 R_2 值且产生一个低通滤波器，已知 $R_1=1\ \Omega$，通带放大系数为 1，截止频率为 1 rad/s。求该滤波器的转移函数，并画出滤波器响应的伯德图幅值曲线。

解：

根据式(15.2)给出的通带放大系数以及 R_1 和 R_2 之间的关系式可以计算 R_2

$$R_2 = KR_1 = (1)\times(1) = 1\ \Omega$$

式(15.3)可用来计算指定频率下的电容

$$C = \frac{1}{R_2\omega_c} = \frac{1}{(1)\times(1)} = 1\ \mathrm{F}$$

由式(15.1)得出低通滤波器的转移函数

$$H(s) = -K\frac{\omega_c}{s+\omega_c} = \frac{-1}{s+1}$$

$|H(\mathrm{j}\omega)|$ 的伯德图如图 15.3 所示。这是所谓低通运放滤波器的原型，因为它用的电阻和电容均为 1，而且其截止频率也是 1 rad/s。在下一节读者会看到，在用实际元件值完成具有预定频率响应的滤波器设计时，原型滤波器是一个非常好的起点。

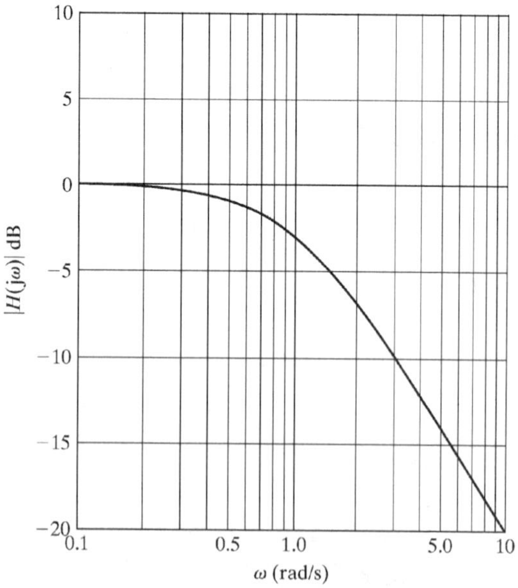

图 15.3　例 15.1 的低通滤波器的幅值伯德图曲线

读者可能会发现图 15.1 所示的电路和第 7 章介绍的积分放大器电路一样，其实它们的确是同一个电路，因此，时域中的积分和频域中的低通滤波器是一致的。积分和低通滤波器的关系可通过第 12 章中得出的积分式进行拉氏变换得出证明。

图 15.4 所示电路是一阶高通滤波器，该电路也具有图 15.2 所示电路的一般形式，只是它的输入通路阻抗是 R_1 和 C 的串联，而反馈通路阻抗是 R_2，因此该电路的转移函数为

$$H(s)=\frac{-Z_f}{Z_i}=\frac{-R_2}{R_1+\dfrac{1}{sC}}=-K\frac{s}{s+\omega_c} \tag{15.4}$$

其中

$$K=\frac{R_2}{R_1} \tag{15.5}$$

并且

$$\omega_c=\frac{1}{R_1C} \tag{15.6}$$

此外，式(15.4)表示的转移函数形式和式(14.20)表示的无源高通滤波器转移函数的形式相同，并且有源滤波器可以使通带放大系数大于 1。

例 15.2 讨论了有源滤波器的设计，它要求频率响应必须符合给定的伯德图。

例 15.2　有源滤波器的设计图 15.5 表示了高通滤波器伯德图的幅值曲线。用图 15.4 所示的有源高通滤波器电路计算 R_1 和 R_2 的值，使其产生指定的幅值响应。电容为 0.1 μF，若一个 10 kΩ 的负载加到这个滤波器上，幅值响应将如何变化？

解：

先写出图 15.5 所示幅值曲线的转移函数，通带放大系数是 20 dB，因此 $K=10$，此外，3 dB 点的频率为 500 rad/s。式(15.4)是高通滤波器的转移函数，因此该转移函数为

$$H(s)=\frac{-10s}{s+500}$$

令该式与式(15.4)相等，就可计算 R_1 和 R_2

$$H(s)=\frac{-10s}{s+500}=\frac{-(R_2/R_1)s}{s+(1/R_1C)}$$

令分子和分母相等并化简就得到两个方程

$$10=\frac{R_2}{R_1},\quad 500=\frac{1}{R_1C}$$

代入给定的电容 C(0.1 μF)值得

$$R_1=20\ \text{k}\Omega,\quad R_2=200\ \text{k}\Omega$$

电路如图 15.6 所示。

因为已假设高通滤波器电路中的运放是理想运放，所以，不管所加的负载电阻多大都不会对运放产生影响。这样高通滤波器的幅值响应不管是否有负载都与图 15.5 是一样的。

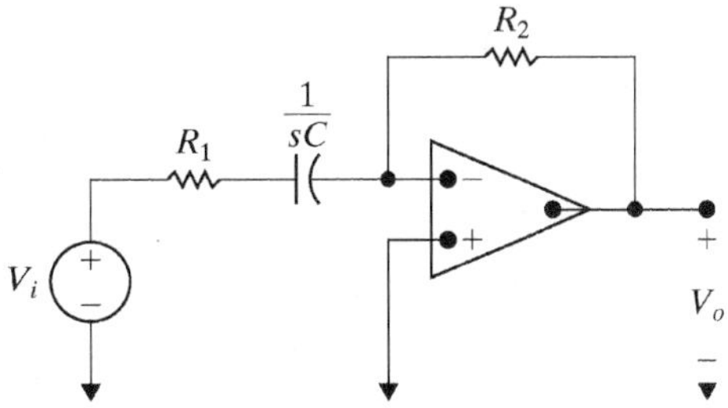

图 15.4　一阶高通滤波器

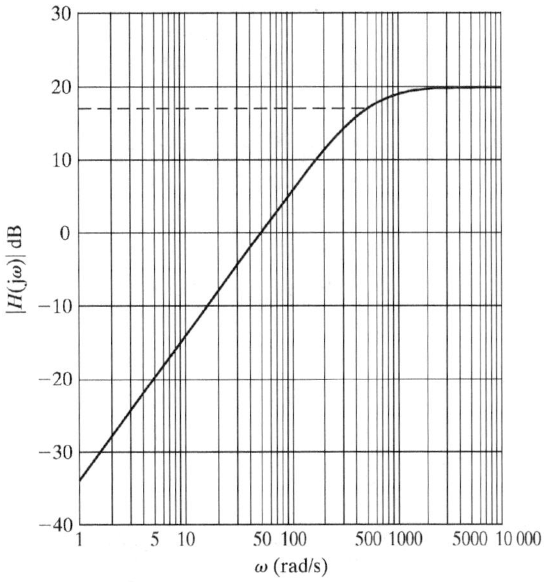

图 15.5　例 15.2 的高通滤波器的伯德图幅值响应曲线

评测目标 1　理解作为一阶低通和高通滤波器的理想运算放大电路，能根据截止频率和通带放大系数的要求计算元件值。

15.1　计算电阻 R_2 和 C 的值，使高通滤波器的放大系数为 1，截止频率为 1 rad/s，$R_1 = 1\ \Omega$(注意，这是原型高通滤波器)。

答： $R_2 = 1\ \Omega$，$C = 1$ F。

15.2　计算所需的电阻值，使图 15.1 所示的低通滤波器的转移函数为

$$H(s) = \frac{-20\ 000}{s + 5000}$$

已知 $C = 5\ \mu$F。

答： $R_1 = 10\ \Omega$，$R_2 = 40\ \Omega$。

提示： 也可以做本章习题 15.1 和习题 15.8。

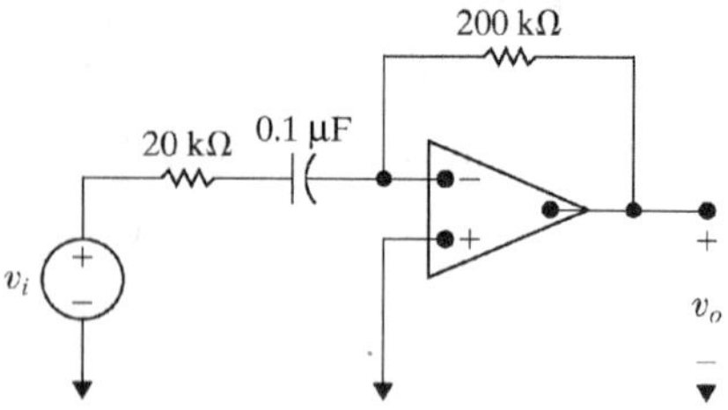

图 15.6　例 15.2 的高通滤波器

15.2　比例变换

在无源和有源滤波器电路的设计和分析中，若使用元件的值为 1 Ω，1 F 和 1 H 是非常方便的。尽管这些值对实际元件是不现实的，但却极大地简化了计算。在使用方便的 R，L，C 元件值计算完后，设计者就可以将方便的值转换成实际的值了，这就是所谓的比例变换方法。

有两种比例变换：幅值和频率。在给定频率下将阻抗乘以一个比例系数 k_m，电路的幅值就乘了一个比例值，这样就将所有的电阻和电感乘了一个系数 k_m，所有的电容乘了一个系数 $1/k_m$。若令不加撇的变量代表参数的初始值，加撇的参数代表变量乘系数后的值，就得到

$$R' = k_m R, \quad L' = k_m L, \quad C' = C/k_m \tag{15.7}$$

由定义可知 k_m 是一个正实数，其值可能小于 1，也可能大于 1。

在频率比例变换中，可以改变电路参数，以使各元件的阻抗在新频率下的值和原来的值相等。因电阻值与频率无关，故电阻不受频率比例变换的影响。若令 k_f 代表频率比例系数，电感和电容均乘以 $1/k_f$，则对于频率比例变换

$$R' = R, \quad L' = L/k_f, \quad C' = C/k_f \tag{15.8}$$

频率比例系数 k_f 也是一个可大于 1，也可小于 1 的正实数。

电路可同时进行幅值和频率比例变换，比例变换后的值(加撇)以及原值(不加撇)是

$$\begin{aligned} R' &= k_m R \\ L' &= \frac{k_m}{k_f} L \\ C' &= \frac{1}{k_m k_f} C \end{aligned} \tag{15.9}$$

15.2.1　比例变换在运放滤波器设计中的应用

为在运放滤波器设计中使用比例变换概念，应首先选择截止频率 ω_c 为 1 rad/s(若要设计低通或高通滤波器)，或选择中心频率 ω_o 为 1 rad/s(若设计带通或带阻滤波器)。然后选择

1 F 的电容，再根据要求的通带放大系数和 1 rad/s 的截止频率或中心频率计算出电阻值。最后，根据给定的截止频率或中心频率用比例变换计算实际的元件值。

例 15.3 给出了比例变换法的一般过程，例 15.4 则说明了如何在低通滤波器中使用比例变换法。

例 15.3　串联 RLC 电路

串联 RLC 电路如图 15.7 所示，若中心频率为 $\sqrt{1/LC}=1$ rad/s，带宽 $R/L=1$ rad/s，则品质因数为 1。用比例变换法计算新的 R 和 L 值，使电路具有同样的品质因数，中心频率为 500 Hz，采用的电容为 2 μF。

解：计算将中心频率从 1 rad/s 变换到 500 Hz 的频率比例系数，不加撇的变量代表比例值变换前的值，带撇的变量代表比例变换后的值

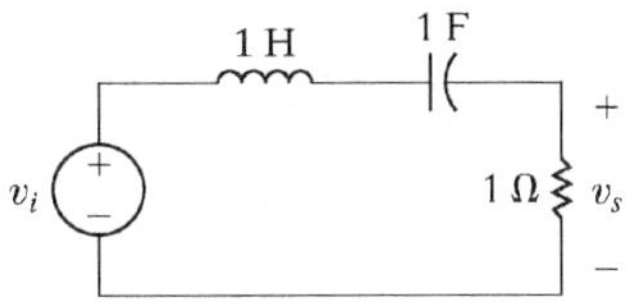

图 15.7　例 15.3 的串联 RLC 电路

$$k_f=\frac{\omega_o'}{\omega_o}=\frac{2\pi\times(500)}{1}=3141.59$$

用式(15.9)和频率比例系数及 2 μF 的电容计算幅值比例系数

$$k_m=\frac{1}{k_f}\frac{C}{C'}=\frac{1}{(3141.59)\times(2\times10^{-6})}=159.155$$

再用式(15.9)计算幅值和频率比例变换后的 R 和 L 值

$$R'=k_mR=159.155\ \Omega$$

$$L'=\frac{k_m}{k_f}L=50.66\ \text{mH}$$

使用这些元件值，串联 RLC 电路的中心频率为 $\sqrt{1/LC}=3141.61$ rad/s，带宽为 $R/L=3141.61$ rad/s 或 500 Hz，因此品质因数为 1。

例 15.4　理想运放低通滤波器原型的比例变换

用例 15.1 的低通运放滤波器原型以及幅值和频率比例变换计算低通滤波器的电阻值，使其放大系数为 5，截止频率为 1000 Hz，反馈电容为 0.01 μF，并画出其转移函数幅值的伯德图。

解：首先用频率的比例变换使截止频率为 1000 Hz

$$k_f=\omega_c'/\omega_c=2\pi(1000)/1=6283.185$$

此处，加撇变量具有新的截止频率值，未加撇变量具有截止频率初值，然后用 $k_f=6283.185$ 和 $C=0.01$ μF 计算幅值比例系数

$$k_m=\frac{1}{k_f}\frac{C}{C'}=\frac{1}{(6283.185)\times(10^{-8})}=15\,915.5$$

因为电阻只与幅值比例变换有关，故

$$R_1'=R_2'=k_mR=(15\,915.5)\times(1)=15\,915.5\ \Omega$$

最后，要满足通带放大系数的要求。因为 $K=R_2/R_1$，所以可以调整比例变换后的 R_1 和 R_2 值。若调整 R_2 将改变截止频率，因为 $\omega_c=1/R_2C$。调整 R_1 可以改变通带放大系数值

$$R_1=R_2/K=(15\,915.5)/(5)=3183.1\ \Omega$$

最终的元件值为

$$R_1=3183.1\ \Omega,\quad R_2=15\,915.5\ \Omega,\quad C=0.01\ \mu\text{F}$$

滤波器的转移函数为

$$H(s)=\frac{-31\,415.93}{s+6283.185}$$

转移函数幅值的伯德图如图 15.8 所示。

评测目标 2　能按照要求的频率响应特性用原型电路和比例放大法设计滤波器电路，计算元件值。

15.3　求幅值和频率比例系数，使原型高通滤波器变为高通滤波器，其电容为 0.5 μF，截止频率为 10 kHz。

答：$k_f = 62\ 831.85$，$k_m = 31.831$。

提示：也可以做本章习题 15.15 和习题 15.16。

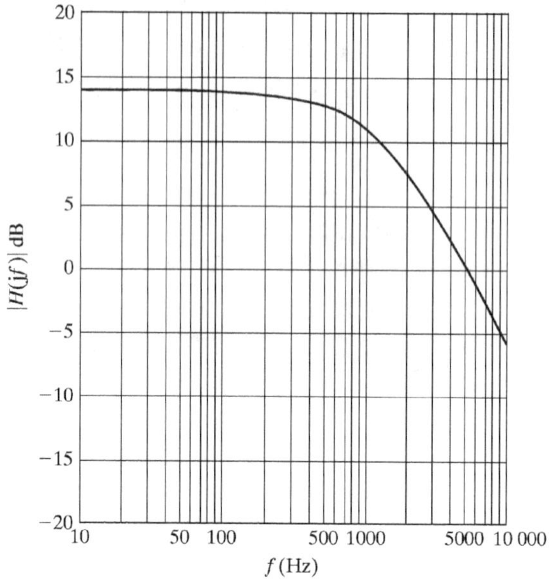

图 15.8　例 15.4 低通滤波器的伯德图幅值曲线

15.3　运放带通和带阻滤波器

下面开始对含运放的带通滤波器和带阻滤波器进行分析和设计。图 15.9 所示的伯德图结构说明电路中可以含有各种形式的运放电路，而且还可以发现，带通滤波器可以分成三个独立的部分：

1. 单位放大倍数的低通滤波器，它的截止频率为 ω_{c2}，即两个截止频率中的较大者。
2. 单位放大倍数的高通滤波器，它的截止频率为 ω_{c1}，即两个截止频率中的较小者。
3. 放大部分，提供了要求的通带放大倍数。

这三个部分是级联的，在伯德图结构中是叠加关系，在 s 域中是乘积关系。重要的是用这种方法构造带通幅值响应时，必须假设较低的截止频率 ω_{c1} 小于较高的截止频率 ω_{c2}。最终的滤波器称为宽带带通滤波器，因为通带很宽。宽带滤波器的一般定义要求两个截止频率满足下式：

$$\frac{\omega_{c2}}{\omega_{c1}} \geqslant 2$$

正如图 15.9 的伯德图结构所示，要求在低通滤波器的截止频率处，高通滤波器的幅值为 1，在高通滤波器的截止频率处，低通滤波器的幅值为 1。这样，带通滤波器才会有高通和低通滤波器的截止频率。要满足图 15.9 所示的要求，需要确定 ω_{c1} 和 ω_{c2} 之间的关系。

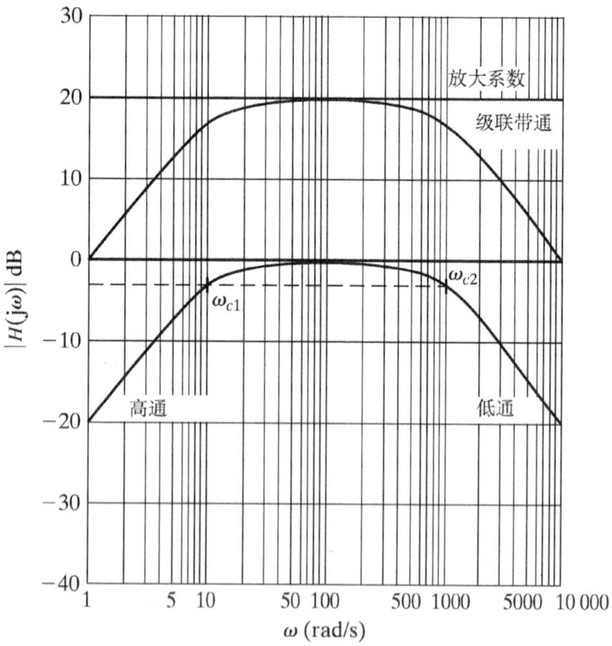

图 15.9　构造一个低通滤波器伯德图的幅值曲线

将上述三部分电路，即低通运放滤波器、高通运放滤波器、反相放大器(参见 5.3 节)级联，就构成了一个电路，如图 15.10(a)所示，该图是方框图表示形式。每块代表一个部分或一个子电路，每块的输出是下一块的输入，其方向如图所示。我们希望建立 ω_{c1} 和 ω_{c2} 的关系，以便能独立地设计每个子电路，而与其他级联子电路无关。这样，带通滤波器的设计就可以简化为设计三个电路，分别是单位放大一阶低通滤波器、单位放大一阶高通滤波器和反相放大器，而每个部分都是简单的电路。

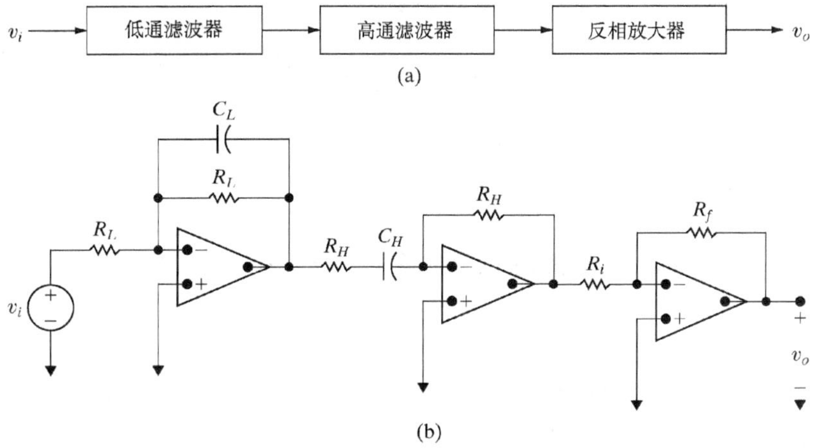

图 15.10　级联运放带通滤波器：(a)方框图；(b)电路

级联带通滤波器的转移函数是三个级联电路转移函数之积

$$\begin{aligned} H(s) &= \frac{V_o}{V_i} \\ &= \left(\frac{-\omega_{c2}}{s+\omega_{c2}}\right)\left(\frac{-s}{s+\omega_{c1}}\right)\left(\frac{-R_f}{R_i}\right) \\ &= \frac{-K\omega_{c2}s}{(s+\omega_{c1})(s+\omega_{c2})} \\ &= \frac{-K\omega_{c2}s}{s^2+(\omega_{c1}+\omega_{c2})s+\omega_{c1}\omega_{c2}} \end{aligned} \tag{15.10}$$

该方程与第 14 章讨论的带通滤波器转移函数的标准形式不同，取名为

$$H_{\mathrm{BP}} = \frac{\beta s}{s^2+\beta s+\omega_o^2}$$

将方程(15.10)转换为带通滤波器转移函数的标准形式，要求

$$\omega_{c2} \gg \omega_{c1} \tag{15.11}$$

当方程(15.11)满足下式时

$$(\omega_{c1}+\omega_{c2}) \approx \omega_{c2}$$

级联带通滤波器转移函数的方程(15.10)变为

$$H(s) = \frac{-K\omega_{c2}s}{s^2+\omega_{c2}s+\omega_{c1}\omega_{c2}}$$

一旦确定了带通滤波器的截止频率满足方程(15.11)，就可以对级联的每个电路进行独立设计了，并要满足滤波要求，计算低通滤波器中的 R_L 和 C_L 值以满足要求的上截止频率 ω_{c2}

$$\omega_{c2} = \frac{1}{R_L C_L} \tag{15.12}$$

计算高通滤波器中的 R_H 和 C_H 以满足下截止频率 ω_{c1} 的要求

$$\omega_{c1} = \frac{1}{R_H C_H} \tag{15.13}$$

计算反相放大器中的 R_i 和 R_f 值，使它的带通放大系数满足要求，为此，先考虑带通滤波器转移函数的幅值，计算其在中心频率 ω_o 处的值

$$\begin{aligned} |H(\mathrm{j}\omega_o)| &= \left| \frac{-K\omega_{c2}(\mathrm{j}\omega_o)}{(\mathrm{j}\omega_o)^2 + \omega_{c2}(\mathrm{j}\omega_o) + \omega_{c1}\omega_{c2}} \right| \\ &= \frac{K\omega_{c2}}{\omega_{c2}} \\ &= K \end{aligned} \tag{15.14}$$

由第 5 章可以知道，反相放大器的放大系数为 R_f/R_i，所以

$$|H(\mathrm{j}\omega_o)| = \frac{R_f}{R_i} \tag{15.15}$$

选择任何满足方程(15.15)的电阻都会产生预定的通带放大系数。例 15.5 给出了级联带通滤波器的设计过程。

例 15.5 例 15.5 宽带带通理想运放滤波器的设计

为图型均衡器设计一个带通滤波器，使它在 100 ~ 10 000 Hz 频带内的放大系数为 2，使用的电容为 0.2 μF。

解：

只有方程(15.11)得到满足时，才能独立设计级联电路中的子电路，并满足指定截止频率的要求。该题中，$\omega_{c2} = 100\omega_{c1}$，因此可以认为 $\omega_{c2} \gg \omega_{c1}$，这里先开始低通段设计，由方程(15.12)得

$$\omega_{c2} = \frac{1}{R_L C_L} = 2\pi(10\,000)$$

$$R_L = \frac{1}{[2\pi(10\,000)](0.2\times10^{-6})} \approx 80\ \Omega$$

然后，设计高通段，由方程(15.13)得

$$\omega_{c1} = \frac{1}{R_H C_H} = 2\pi(100)$$

$$R_H = \frac{1}{[2\pi(100)](0.2\times10^{-6})} \approx 7958\ \Omega$$

最后，进行放大阶段设计，由方程(15.15)可以知道，方程中有两个未知数，因此，可以任意选定一个电阻，选 $R_i = 1\ \mathrm{k\Omega}$，然后由方程(15.15)得

$$R_f = 2\times(1000) = 2000\ \Omega = 2\ \mathrm{k\Omega}$$

最后设计的电路如图 15.11 所示。下面的问题留给读者，即验证电路转移函数的幅值在两个截止频率处降为原来的 $1/\sqrt{2}$ 并验证假设 $\omega_{c2} \gg \omega_{c1}$ 的正确性。

带阻滤波器的设计也可以采用子电路的方法，如图 15.12 所示。与带通滤波器一样，带阻滤波器也可以分为三个独立的单元，但两者有着重要的差别：

1. 单位放大低通滤波器的截止频率为 ω_{c1}，它是两个截止频率中较小的。
2. 单位放大高通滤波器的截止频率为 ω_{c2}，它是两个截止频率中较大的。
3. 放大单元产生要求的通带放大系数。

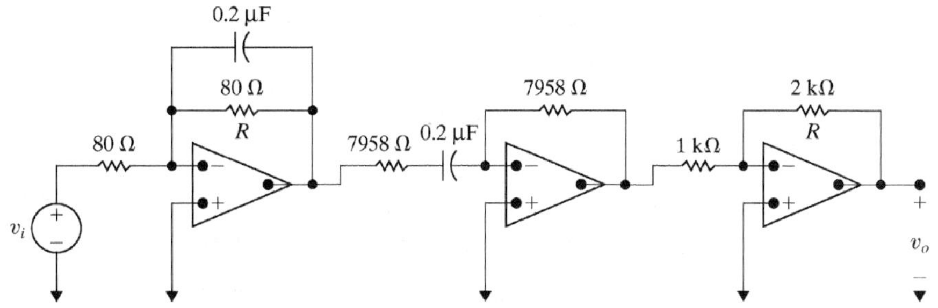

图 15.11　例 15.5 所设计的级联运放带通滤波器

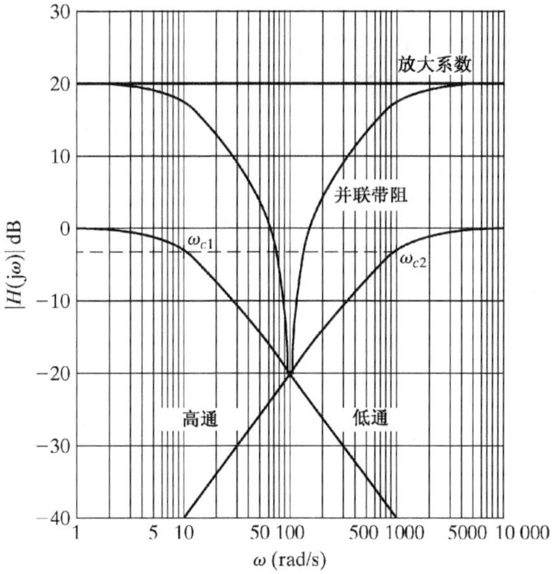

图 15.12　构成带阻滤波器伯德图的幅值曲线

最重要的差别是这三个单元不能级联，因为在伯德图中并不是叠加关系，而是用并联和求和放大器实现，如图 15.13 所示的方框图和电路。另外，假设两截止频率相距非常远，以使设计的结果是一个宽带带阻滤波器，且 $\omega_{c2} \gg \omega_{c1}$，每个并联单元的设计均可独立进行，并满足指定的截止频率要求，最终电路的转移函数是高通滤波器和低通滤波器转移函数之和，由图 15.13(b)得

$$\begin{aligned} H(s) &= \left(-\frac{R_f}{R_i}\right)\left[\frac{-\omega_{c1}}{s+\omega_{c1}}+\frac{-s}{s+\omega_{c2}}\right] \\ &= \frac{R_f}{R_i}\left(\frac{\omega_{c1}(s+\omega_{c2})+s(s+\omega_{c1})}{(s+\omega_{c1})(s+\omega_{c2})}\right) \\ &= \frac{R_f}{R_i}\left(\frac{s^2+2\omega_{c1}s+\omega_{c1}\omega_{c2}}{(s+\omega_{c1})(s+\omega_{c2})}\right) \end{aligned} \tag{15.16}$$

与级联带通滤波器转移函数的有理式一样，只有当 $\omega_{c2} \gg \omega_{c1}$ 时，方程(15.16)所示转移函数的两个截止频率是 ω_{c1} 和 ω_{c2}，这样，截止频率就由以下两个方程给出：

$$\omega_{c1} = \frac{1}{R_L C_L} \tag{15.17}$$

$$\omega_{c2} = \frac{1}{R_H C_H} \tag{15.18}$$

在两个通带中(当 $s\to 0$ 和 $s\to\infty$ 时)，转移函数的放大系数为 R_f/R_i，所以

$$K=\frac{R_f}{R_i} \tag{15.19}$$

和级联带通滤波器的设计一样，这种滤波器的设计有 6 个未知数和 3 个方程。一般选择市场上已有的电容 C_L 和 C_H，然后根据方程(15.17)和方程(15.18)计算出符合截止频率要求的 R_L 和 R_H，最后选择 R_f或 R_i。利用方程(15.19)计算剩下的电阻 R_i或 R_f。

方程(15.16)中转移函数在中心频率 $\omega_o=\sqrt{\omega_{c1},\omega_{c2}}$ 处的幅值为

$$|H(\mathrm{j}\omega_o)|=\left|\frac{R_f}{R_i}\left(\frac{(\mathrm{j}\omega_o)^2+2\omega_{c1}(\mathrm{j}\omega_o)+\omega_{c1}\omega_{c2}}{(\mathrm{j}\omega_o)^2+(\omega_{c1}+\omega_{c2})(\mathrm{j}\omega_o)+\omega_{c1}\omega_{c2}}\right)\right|=\frac{R_f}{R_i}\frac{2\omega_{c1}}{\omega_{c1}+\omega_{c2}}\approx\frac{R_f}{R_i}\frac{2\omega_{c1}}{\omega_{c2}} \tag{15.20}$$

若 $\omega_{c2}\gg\omega_{c1}$，则 $|H(\mathrm{j}\omega_o)|\ll 2R_f/R_i$(因为 $\omega_{c1}/\omega_{c2}\ll 1$)，所以在中心频率处的幅值远小于通带幅值。因此，带阻滤波器可以成功地消除中心频率附近的信号，此外证明了并联就是宽带带阻滤波器的设计方法。

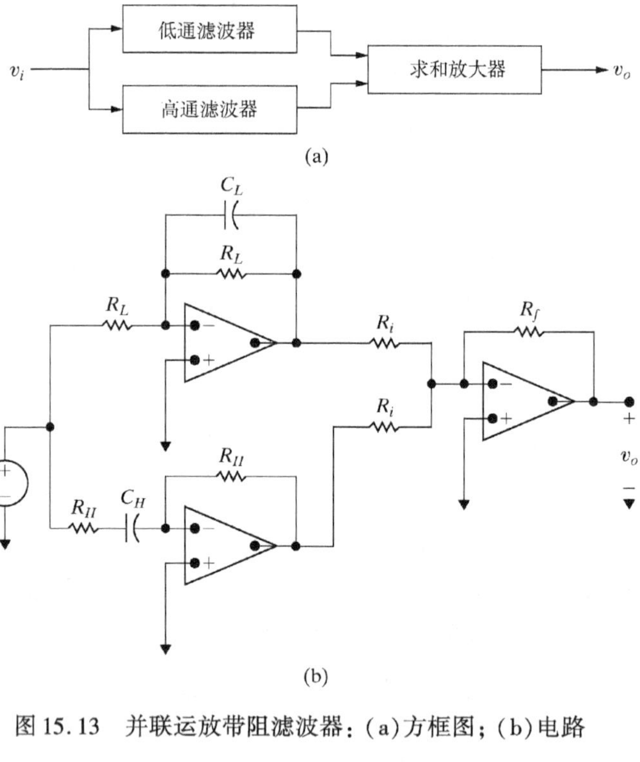

图 15.13 并联运放带阻滤波器：(a)方框图；(b)电路

例 15.6 给出了并联带阻滤波器设计的过程。

例 15.6 宽带带阻理想运放滤波器的设计

根据图 15.13(b)的并联带阻理想运放滤波器设计电路，使其幅值响应的伯德图如图 15.14 所示，所用电容为 0.5 μF。

解：

由图 15.14 所示的伯德图幅值曲线可以知道，带阻滤波器的截止频率为 100 rad/s 和 2000 rad/s，通带的放大系数为 3，因此 $\omega_{c2}=20\omega_{c1}$，于是，可以认为 $\omega_{c2}\gg\omega_{c1}$。首先从原型低通滤波器开始，利用比例变换法满足截止频率和电容值的要求。频率比例因数 k_f 为 100，它将截止频率从 1 rad/s 变换到 100 rad/s。幅值比例因数 k_m 为 20 000。允许采用的电容为 0.5 μF，用这些比例因数得到比例变换后的元件值

$$R_L = 20\ \text{k}\Omega$$

$$C_L = 0.5\ \mu\text{F}$$

低通滤波器单元的截止频率为

$$\omega_{c1} = \frac{1}{R_L C_L} = \frac{1}{(20\times10^3)(0.5\times10^{-6})} = 100\ \text{rad/s}$$

用同样的方法设计高通滤波器，以原型高通滤波器开始，这时，频率的比例因数 $k_f = 2000$，幅值比例因数 $k_m = 1000$，这样比例变换后的元件值为

$$R_H = 1\ \text{k}\Omega$$

$$C_H = 0.5\ \mu\text{F}$$

最后，因截止频率距离非常远，所以可以利用 R_f/R_i 的比值来满足要求的通带放大系数 3，选 $R_i = 1\ \text{k}\Omega$，于是 $R_f = 3\ \text{k}\Omega$，且 $K = R_f/R_i = 3000/1000 = 3$。最后的并联运放带阻滤波器电路如图 15.15 所示。

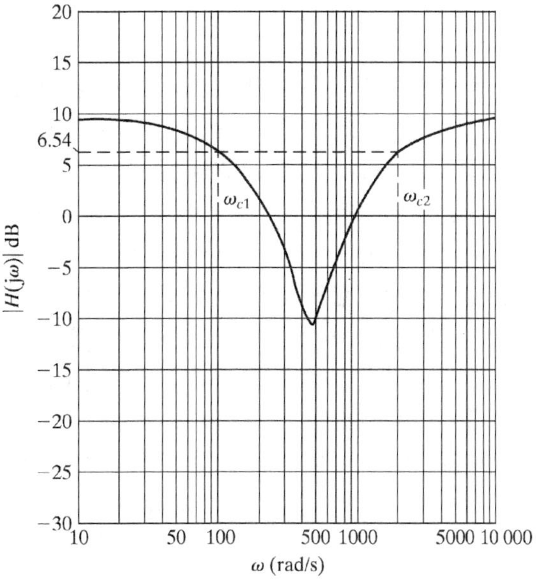

图 15.14 例 15.6 中用于电路设计的伯德图幅值曲线

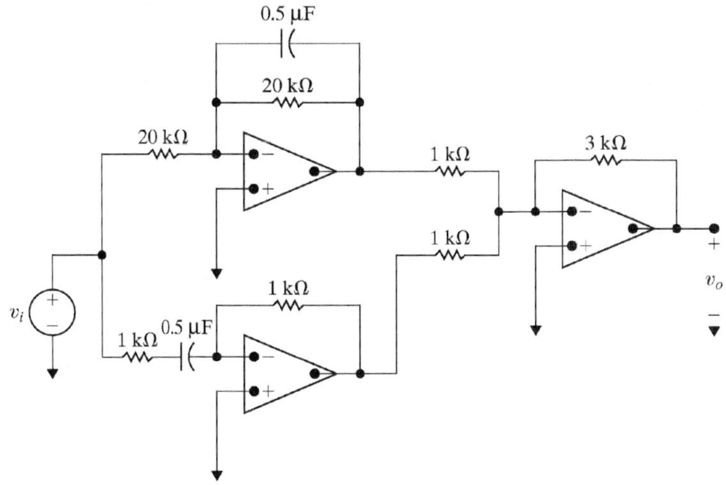

图 15.15 例 15.6 设计的带阻滤波器电路

下面通过在截止频率处的实际放大系数来验证 $\omega_{c2} \gg \omega_{c1}$ 假设的合理性。首先，令并联带阻滤波器转移函数的方程(15.16)中的 $s = \text{j}2\pi(100)$ 和 $\text{j}2\pi(2000)$，计算幅值。这一计算过程留给读者自行完成，其结果是 2.024，它比预期的幅值 $3/\sqrt{2} = 2.12$ 要小，因此，阻带要比题目中指定的阻带宽。

提示：若想评测对本节内容的理解程度，请做本章习题 15.30 和习题 15.31。

15.4 高阶运放滤波器

到目前为止，所讨论过的滤波器电路，不论是有源还是无源，都是非理想的。经过第 14 章的讨论已知，理想滤波器在截止频率处是不连续的，它将通带和阻带截然分开。尽管不可能建

立具有不连续频率响应的电路，但能使电路的频率响应在截止频率处有明显的变化又保持连续。

15.4.1 相同滤波器的级联

如何才能使通带和阻带之间的过渡带变化明显呢？图 15.16 的伯德图幅值曲线给出了一种方法，它表示相同的原型低通滤波器级联的伯德图幅值曲线，包含了一个滤波器的曲线、两个滤波器级联的曲线、三个或四个滤波器级联的曲线。显然，级联的滤波器越多，从通带到阻带的变化就越快，画伯德图的规则(参见附录 E)表明，一个滤波器的伯德图曲线的斜率近似为 20 dB/十倍频程，因为级联电路的伯德图是叠加关系，因此，两个滤波器级联后的斜率近似为 40 dB/十倍频程。三个滤波器级联时，为 60 dB/十倍频程。四个滤波器级联时，为 80 dB/十倍频程，如图 15.16 所示。

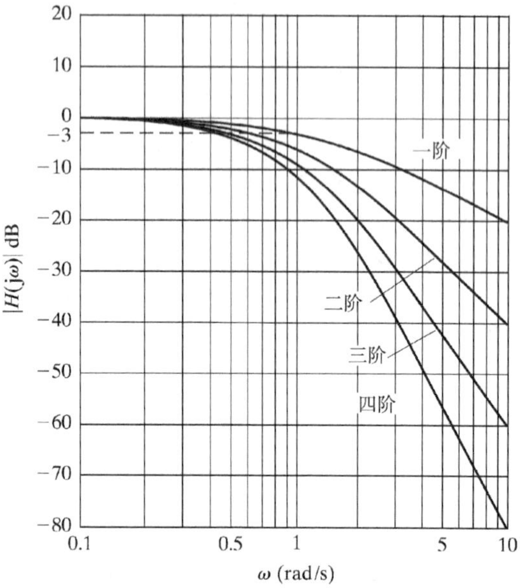

图 15.16 相同的原型一阶滤波器级联后的伯德图幅值曲线

总之，n 个同样的低通滤波器级联，从通带到阻带变化的斜率为 $20n$ dB/十倍频程，这种级联的方框图和电路图如图 15.17 所示，这种 n 个低通滤波器级联后的系统转移函数很容易计算，只要将各转移函数相乘

$$\begin{aligned} H(s) &= \left(\frac{-1}{s+1}\right)\left(\frac{-1}{s+1}\right)\cdots\left(\frac{-1}{s+1}\right) \\ &= \frac{(-1)^n}{(s+1)^n} \end{aligned} \tag{15.21}$$

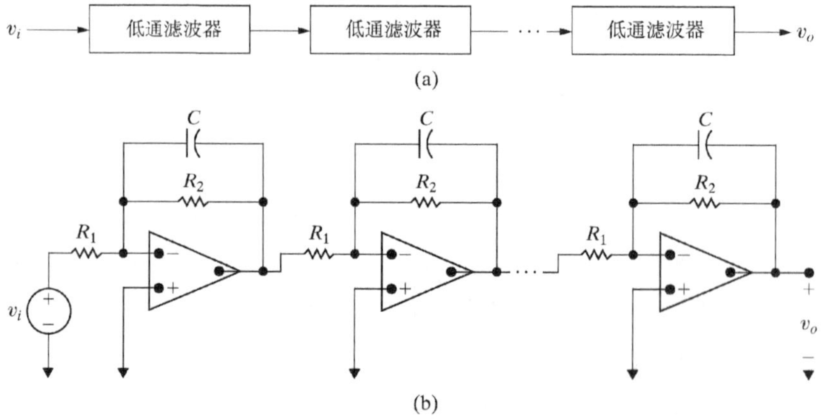

图 15.17 同样的单位放大低通滤波器级联：(a) 方框图；(b) 电路图

滤波器的阶数是由转移函数极点的数量决定的。由方程(15.21)可以看出，一阶低通滤波器级联后会生成高阶滤波器，实际上，n 个一阶低通滤波器的级联会产生一个 n 阶滤波器，它有 n 个极点，最后，在过渡频带内的斜率为 $20n$ dB/十倍频程。

还有非常重要的一点需要理解。请仔细观察图 15.16，当级联的原型低通滤波器增加时，截止频率也在变化。例如，有两个一阶低通滤波器级联时，所得的二阶低通滤波器在 ω_c 处的幅值为 -6 dB，所以，二阶滤波器的截止频率不是 ω_c，实际的截止频率比 ω_c 小。

只要能计算出一阶滤波器级联构成的高阶滤波器截止频率，就可以用频率比例变换法计算元件的值，使得截止频率移到指定的位置。首先，若有 n 个原型低通滤波器级联，就能计算出所得的 n 阶低通滤波器的截止频率，令 $|H(j\omega)| = 1/\sqrt{2}$，就可以求出截止频率 ω_{cn} 了

$$H(s) = \frac{(-1)^n}{(s+1)^n}$$

$$|H(j\omega_{cn})| = \left|\frac{1}{(j\omega_{cn}+1)^n}\right| = \frac{1}{\sqrt{2}}$$

$$\frac{1}{(\sqrt{\omega_{cn}^2+1})^n} = \frac{1}{\sqrt{2}} \tag{15.22}$$

$$\frac{1}{\omega_{cn}^2+1} = \left(\frac{1}{\sqrt{2}}\right)^{2/n}$$

$$\sqrt[n]{2} = \omega_{cn}^2 + 1$$

$$\omega_{cn} = \sqrt{\sqrt[n]{2}-1}$$

为了说明方程(15.22)的用法，下面计算一个四阶单位放大的低通滤波器的截止频率，它由四个原型低通滤波器级联形成

$$\omega_{c4} = \sqrt{\sqrt[4]{2}-1} = 0.435\ \text{rad/s} \tag{15.23}$$

设计出具有任意截止频率的四阶低通滤波器的步骤为：从 4 个原型低通滤波器级联组成的低通滤波器开始，然后以 $k_f = \omega_c/0.435$ 进行元件的比例变换，使截止频率 ω_c 处于任何所要求的频率处。

当然，也可以在级联系统中加入一个反相放大器，生成一个非单位放大倍数的高阶低通滤波器，例 15.7 给出了非单位放大倍数的四阶低通滤波器的设计。

例 15.7　四阶低通理想运放滤波器的设计

设计一个四阶低通滤波器，截止频率为 500 Hz，通带放大系数为 10，使用的电容为 1 μF，并画出该滤波器的幅值伯德图。

解：从 4 个原型低通滤波器的级联开始，用方程(15.23)计算出构成的四阶低通滤波器的截止频率为 0.435 rad/s 。频率变换比例系数 $k_f = 7222.39$ 将对元件进行比例变换以满足截止频率为 500 Hz，使用 1 μF 电容时，幅值比例系数 $k_m = 138.46$，这样，比例变换的元件值为

$$R = 138.46\ \Omega, \quad C = 1\ \mu\text{F}$$

最后，加一个放大系数为 $R_f/R_i = 10$ 的反相放大器，这里像往常一样可任选一个电阻值，因为已经使用了 138.46 Ω 的电阻，所以，令 $R_i = 138.46\ \Omega$，则

$$R_f = 10R_i = 1384.6\ \Omega$$

这个级联的四阶低通滤波器电路如图 15.18 所示。其转移函数为

$$H(s) = -10 \times \left[\frac{7222.39}{s+7222.39}\right]^4$$

该转移函数的幅值伯德图曲线如图 15.19 所示。

通过相同低通滤波器的级联，可以增加过渡区内的斜率并控制截止频率的位置。但也存在严重的缺点：即在 $0 \sim \omega_c$ 之间，滤波器的放大系数不是常数。理想低通滤波器在小于截止频率的所有频率处，通带幅值都是 1。但在图 15.16 中看到，在远低于截止频率处，幅值小于 1(0 dB)。

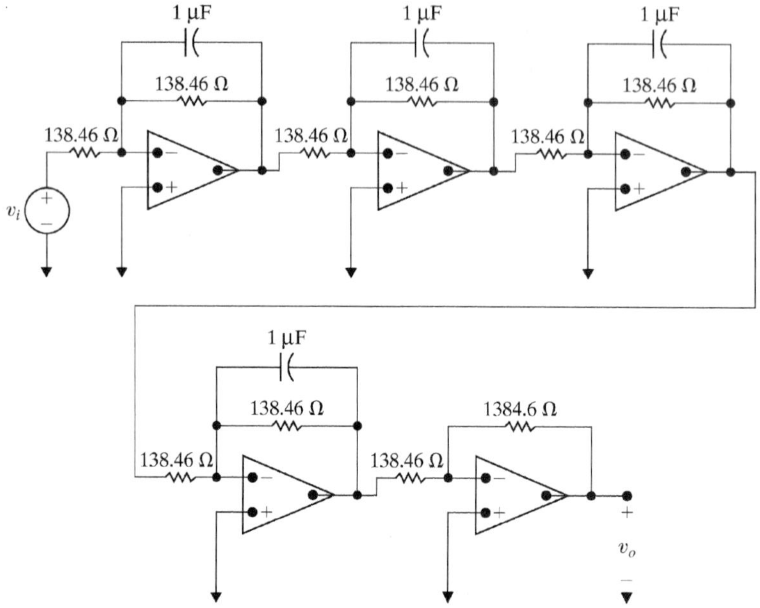

图 15.18 例 15.7 设计的四阶低通滤波器的级联电路

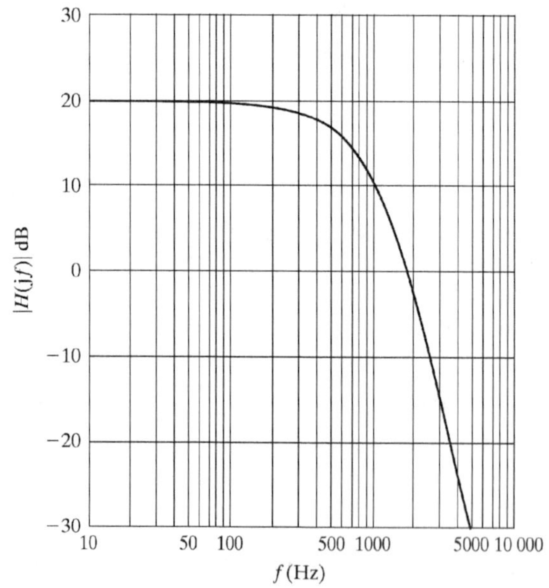

图 15.19 例 15.7 中设计的四阶低通滤波器的幅值伯德图

观察单位放大低通滤波器 n 阶级联系统的转移函数幅值，很容易能理解这种非理想的通带特性，因为

$$H(s) = \frac{\omega_{cn}^n}{(s+\omega_{cn})^n}$$

其幅值为

$$|H(\mathrm{j}\omega)| = \frac{\omega_{cn}^n}{\left(\sqrt{\omega^2+\omega_{cn}^2}\right)^n} = \frac{1}{\left(\sqrt{(\omega/\omega_{cn})^2+1}\right)^n} \tag{15.24}$$

正如方程(15.24)所示，当 $\omega \ll \omega_{cn}$时，其分母为 1，转移函数的幅值也为 1，但当 ω 趋向于 ω_{cn}时，分母变得比 1 大，所以，转移函数的幅值小于 1。因为级联低通滤波器造成了通带内的非理想特性，所以，在高通滤波器的设计中需要采用其他方法，下面讨论的就是其中的一种方法。

15.4.2　巴特沃思滤波器

单位放大系数的巴特沃思低通滤波器转移函数的幅值为

$$|H(\mathrm{j}\omega)| = \frac{1}{\sqrt{1+(\omega/\omega_c)^{2n}}} \tag{15.25}$$

式中 n 是代表滤波器阶次的整数①。

考察式(15.25)时，注意以下几点：

1. 对任何 n 值，截止频率均为 ω_c rad/s。
2. 若 n 足够大，当 $\omega < \omega_c$ 时，分母总是接近于 1。
3. $|H(\mathrm{j}\omega)|$ 的表达式中，ω/ω_c 的指数总为偶数。

最后一点非常重要，因为对物理可以实现的电路，偶次指数是必需的条件(参见习题 15.26)。

如果已知转移函数的幅值方程，如何求 $H(s)$？用原型滤波器可以极大地简化 $H(s)$ 的求解，因此，令方程(15.25)中的 $\omega_c = 1$ rad/s，用比例变换法将原型滤波器转化为满足给定滤波器特性的滤波器。

为求得 $H(s)$，先注意，若 N 是一个复数，那么 $|N|^2 = NN^*$，此处，N^* 是 N 的共轭复数。它满足下面的方程：

$$|H(\mathrm{j}\omega)|^2 = H(\mathrm{j}\omega)H(-\mathrm{j}\omega) \tag{15.26}$$

因为 $s = \mathrm{j}\omega$，所以可以写出

$$|H(\mathrm{j}\omega)|^2 = H(s)H(-s) \tag{15.27}$$

因为 $s^2 = -\omega^2$，因此

$$|H(\mathrm{j}\omega)|^2 = \frac{1}{1+\omega^{2n}} = \frac{1}{1+(\omega^2)^n} = \frac{1}{1+(-s^2)^n} = \frac{1}{1+(-1)^n s^{2n}}$$

或

$$H(s)H(-s) = \frac{1}{1+(-1)^n s^{2n}} \tag{15.28}$$

对给定的 n 值，求 $H(s)$ 的过程如下：

1. 找到多项式的根

$$1+(-1)^n s^{2n} = 0$$

2. 将处于左半平面的根分配给 $H(s)$，将右半平面上的根分配给 $H(-s)$。
3. 将各项结合在一起作为 $H(s)$ 的分母，形成一次和二次因式。

例 15.8 给出了求 $H(s)$ 的过程。

---

① 这个滤波器是由英国工程师 S. Butterworth 开发设计的，发表在 *Wireless Engineering* 第 7 期(1930 年)的 536 ~ 541 页上。

例 15.8 计算巴特沃思转移函数求出 $n=2$ 和 $n=3$ 时的巴特沃思转移函数。

解：$n=2$ 时，求多项式的根。

$$1+(-1)^2s^4=0$$

化简得到

$$s^4=-1=1\angle 180^\circ$$

因此，4 个根为

$$s_1=1\angle 45^\circ=1/\sqrt{2}+\mathrm{j}/\sqrt{2}$$
$$s_2=1\angle 135^\circ=-1/\sqrt{2}+\mathrm{j}/\sqrt{2}$$
$$s_3=1\angle 225^\circ=-1/\sqrt{2}+-\mathrm{j}/\sqrt{2}$$
$$s_4=1\angle 315^\circ=1/\sqrt{2}+-\mathrm{j}/\sqrt{2}$$

根 s_2 和 s_3 在左半平面，所以

$$H(s)=\frac{1}{(s+1/\sqrt{2}-\mathrm{j}/\sqrt{2})(s+1/\sqrt{2}+\mathrm{j}/\sqrt{2})}$$
$$=\frac{1}{(s^2+\sqrt{2}s+1)}$$

$n=3$ 时，求多项式的根

$$1+(-1)^3s^6=0$$

解得

$$s^6=1\angle 0^\circ=1\angle 360^\circ$$

因此，6 个根为

$$s_1=1\angle 0^\circ=1$$
$$s_2=1\angle 60^\circ=1/2+\mathrm{j}\sqrt{3}/2$$
$$s_3=1\angle 120^\circ=-1/2+\mathrm{j}\sqrt{3}/2$$
$$s_4=1\angle 180^\circ=-1+\mathrm{j}0$$
$$s_5=1\angle 240^\circ=-1/2+\mathrm{j}\sqrt{3}/2$$
$$s_6=1\angle 300^\circ=1/2-\mathrm{j}\sqrt{3}/2$$

s_3，s_4，s_5 在左半平面，这样

$$H(s)=\frac{1}{(s+1)(s+1/2-\mathrm{j}\sqrt{3}/2)(s+1/2+\mathrm{j}\sqrt{3}/2)}$$
$$=\frac{1}{(s+1)(s^2+s+1)}$$

需要注意的是，巴特沃思多项式的根总是均匀分布在 s 平面的单位圆上，为了有助于巴特沃思滤波器的设计，表 15.1 中列出了 $n=8$ 以下的巴特沃思多项式。

表 15.1 最多为 8 阶的归一化(使 $\omega_c=1$ rad/s)巴特沃思多项式

n	n 阶巴特沃思多项式
1	$(s+1)$
2	$(s^2+2\sqrt{2}s+1)$
3	$(s+1)(s^2+s+1)$
4	$(s^2+0.765s+1)(s^2+1.848s+1)$
5	$(s+1)(s^2+0.618s+1)(s^2+1.618s+1)$
6	$(s^2+0.518s+1)(s^2+\sqrt{2}+1)(s^2+1.932s+1)$
7	$(s+1)(s^2+0.445s+1)(s^2+1.247s+1)(s^2+1.802s+1)$
8	$(s^2+0.390s+1)(s^2+1.111s+1)(s^2+1.6663s+1)(s^2+1.962s+1)$

15.4.3　巴特沃思滤波器电路

现在已经知道了求解巴特沃思滤波器电路转移函数的方法(或者直接计算转移函数的极点，或者查表15.1)，接下来，开始设计具有这种转移函数的电路。注意表15.1 中巴特沃思多项式的形式都是一次和二次因式的乘积。因此，通过级联运放电路构成一个新电路，使得其转移函数的分母中含有巴特沃思多项式，其中每个级联的子电路提供了一个因式。以五阶巴特沃思多项式为例，列出了它的级联形式的方框图，如图 15.20 所示。

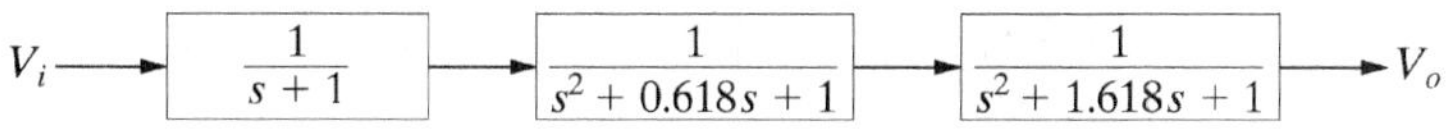

图 15.20　利用具有特定转移函数的一阶、二阶系统级联生成五阶低通巴特沃思滤波器，其中 $\omega_c = 1$ rad/s

由表 15.1 可知，所有奇次方的巴特沃思多项式中必定含有因式$(s+1)$，因此，所有的奇数阶巴特沃思滤波器电路中都包含有一个子电路，该子电路的转移函数为 $H(s)=1/(s+1)$，这就是图 15.1 的原型低通运放滤波器的转移函数。剩下的工作就是找一个电路，使其转移函数的形式为 $H(s)=1/(s^2+b_1s+1)$。

这种电路如图 15.21 所示，要分析该电路，首先写出 s 域的节点方程，选择在运放非负端的节点和标有 V_a的节点

$$\frac{V_a-V_i}{R}+(V_a-V_o)sC_1+\frac{V_a-V_o}{R}=0 \tag{15.29}$$

$$V_osC_2+\frac{V_o-V_a}{R}=0 \tag{15.30}$$

化简两个方程得到

$$(2+RC_1s)V_a-(1+RC_1s)V_o=V_i \tag{15.31}$$

$$-V_a+(1+RC_2s)V_o=0 \tag{15.32}$$

对方程(15.31)和方程(15.32)应用克拉默法则求得 V_o

$$\begin{aligned} V_o &= \frac{\begin{vmatrix} 2+RC_1s & V_i \\ -1 & 0 \end{vmatrix}}{\begin{vmatrix} 2+RC_1s & -(1+RC_1s) \\ -1 & 1+RC_2s \end{vmatrix}} \\ &= \frac{V_i}{R^2C_1C_2s^2+2RC_2s+1} \end{aligned} \tag{15.33}$$

重新整理方程(15.33)，写出图 15.21 所示电路的转移函数

$$H(s)=\frac{V_o}{V_i}=\frac{\frac{1}{R^2C_1C_2}}{s^2+\frac{2}{RC_1}s+\frac{1}{R^2C_1C_2}} \tag{15.34}$$

最后令方程(15.34)中的 $R=1\ \Omega$，于是

$$H(s)=\frac{\frac{1}{C_1C_2}}{s^2+\frac{2}{C_1}s+\frac{1}{C_1C_2}} \tag{15.35}$$

方程(15.35)具有巴特沃思级联系统中所要求的二阶电路系统函数的形式，即具有下面形

式的转移函数：

$$H(s) = \frac{1}{s^2 + b_1 s + 1}$$

利用图 15.21 所示电路并选择电容值，使其满足

$$b_1 = \frac{2}{C_1} \quad 和 \quad 1 = \frac{1}{C_1 C_2} \tag{15.36}$$

n 阶巴特沃思低通滤波器电路的设计过程如上所述，该电路具有 1 rad/s 的截止频率 ω_c，通带放大系数为 1。下面用频率比例变换计算校正电容以便产生任意的截止频率，也可以在设计当中用幅值比例变换提出更现实或者更实用的元件值，级联一个反相放大器电路能产生通带内非 1 的放大系数。

例 15.9 给出了这一设计过程。

例 15.9　四阶低通巴特沃思滤波器的设计

设计一个四阶巴特沃思低通滤波器，其截止频率为 500 Hz，通带放大系数为 10，尽可能地使用 1 kΩ 电阻，将该滤波器的幅值伯德图曲线与例 15.7 中的同一个级联滤波器的幅值伯德图曲线加以比较。

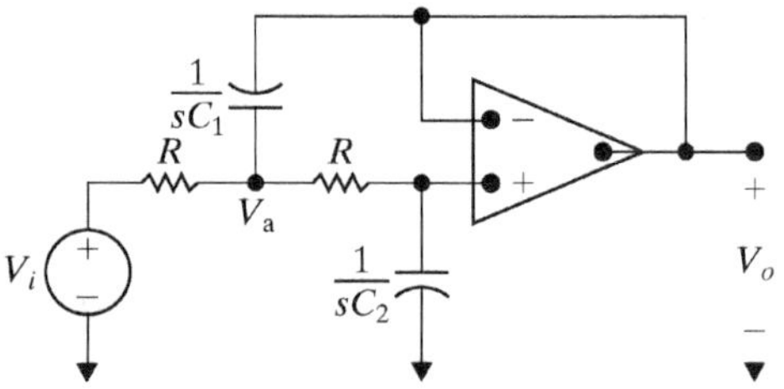

图 15.21　产生二阶转移函数的巴特沃思滤波器级联电路

解：

由表 15.1 查得，四阶巴特沃思多项式为

$$(s^2 + 0.765s + 1)(s^2 + 1.848s + 1)$$

需要两个二阶滤波器级联来生成四阶转移函数，再加一个反相放大器电路以产生通带放大系数 10，电路如图 15.22 所示。

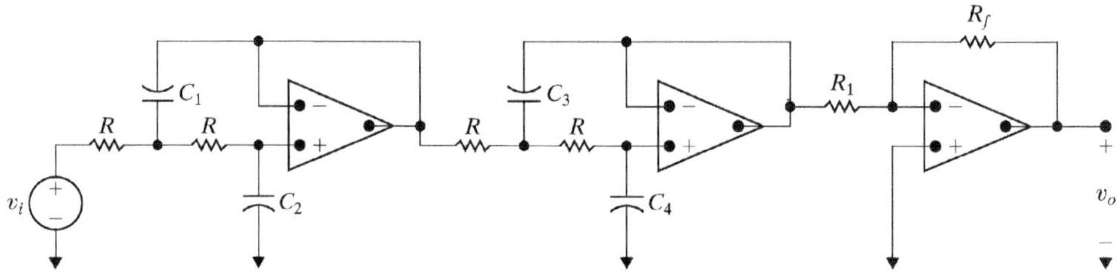

图 15.22　非单位放大系数的四阶巴特沃思滤波器

第一个级联电路实现多项式($s^2 + 0.765s + 1$)的转移函数，由方程(15.36)得到

$$C_1 = 2.61 \text{ F}$$

$$C_2 = 0.38 \text{ F}$$

第二个级联电路实现多项式($s^2 + 1.848s + 1$)的转移函数，由方程(15.36)得到

$$C_3 = 1.08 \text{ F}$$

$$C_4 = 0.924 \text{ F}$$

四个电容产生了一个截止频率为 1 rad/s 的四阶巴特沃思滤波器。频率比例系数 $k_f = 3141.6$ 使截止频率移到 500 Hz，幅值比例系数若为 $k_m = 1000$，就可以使用 1 kΩ 电阻代替 1 Ω 电阻，得到的放大元件值为

$$R = 1 \text{ k}\Omega$$

$$C_1 = 831 \text{ nF}$$

$$C_2 = 121 \text{ nF}$$

$$C_3 = 344 \text{ nF}$$

$$C_4 = 294 \text{ nF}$$

在反相放大器部分，要使通带放大系数为 10，需要校核电阻值，令 $R_1 = 1\ \text{k}\Omega$，则

$$R_f = 10R_1 = 10\ \text{k}\Omega$$

图 15.23 将例 15.7 中的四阶相同单元的级联滤波器的幅值响应和设计完成的四阶巴特沃思滤波器进行了比较，两个滤波器的通带放大系数均为 10(20 dB)，截止频率均为 500 Hz，而巴特沃思滤波器更接近理想低通滤波器，因为它在通带内比较平坦，在截止频率处下降得较快，因此，巴特沃思设计法要比相同单元级联的设计方法更好。

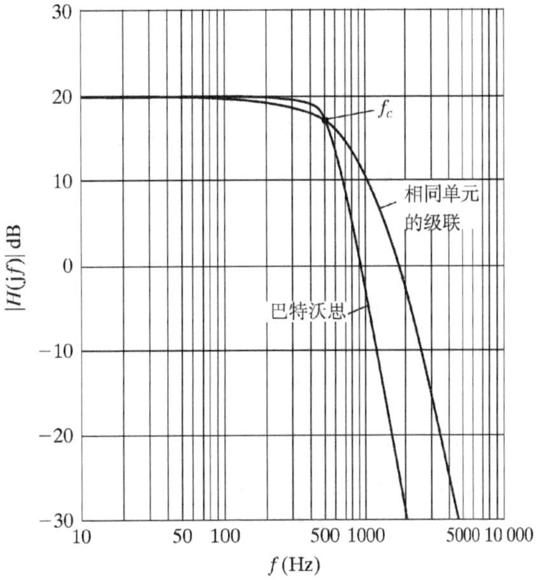

图 15.23　用相同单元级联法和巴特沃思设计法设计的四阶低通滤波器幅值响应的比较

15.4.4　巴特沃思滤波器的阶数

巴特沃思滤波器的阶数越高，其幅值特性就越接近于理想低通滤波器。也就是说，当 n 增加时，在通带内幅值趋近于 1，过渡域变窄，阻带内的幅值趋向于 0。同时，在阶数增加的时候，电路元件的数量也在增加。因此，滤波器设计的根本问题就是在满足滤波要求的条件下，尽量降低阶数 n。

在低通滤波器的设计中，滤波特性通常是根据过渡区间的变化快慢确定的。如图 15.24 所示，一旦 A_p，ω_p，A_s，ω_s 确定了，巴特沃思滤波器的阶数也就确定了。

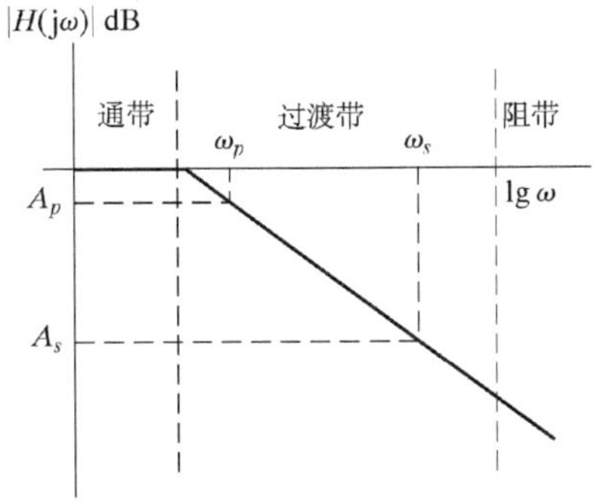

图 15.24　定义低通滤波器的过渡区间

对巴特沃思滤波器而言

$$A_p = 20\lg\frac{1}{\sqrt{1+\omega_p^{2n}}} = -10\lg(1+\omega_p^{2n}) \tag{15.37}$$

$$A_s = 20\lg\frac{1}{\sqrt{1+\omega_s^{2n}}} = -10\lg(1+\omega_s^{2n}) \tag{15.38}$$

根据对数的定义

$$10^{-0.1A_p} = 1+\omega_p^{2n} \tag{15.39}$$

$$10^{-0.1A_s} = 1+\omega_s^{2n} \tag{15.40}$$

求 ω_p^n 和 ω_s^n，然后求 $(\omega_s/\omega_p)^n$ 得到

$$\left(\frac{\omega_s}{\omega_p}\right)^n = \frac{\sqrt{10^{-0.1A_s}-1}}{\sqrt{10^{-0.1A_p}-1}} = \frac{\sigma_s}{\sigma_p} \tag{15.41}$$

为方便起见，式子中引入了符号 σ_s 和 σ_p，根据方程(15.41)可以写出

$$n\lg(\omega_s/\omega_p) = \lg(\sigma_s/\sigma_p)$$

或

$$n = \frac{\lg(\sigma_s/\sigma_p)}{\lg(\omega_s/\omega_p)} \tag{15.42}$$

如果 ω_p 是截止频率，则可以对式(15.42)进行简化，因为 $A_p = -20\lg\sqrt{2}$，$\sigma_p=1$，因此

$$n = \frac{\lg\sigma_s}{\lg(\omega_s/\omega_p)} \tag{15.43}$$

还可以进一步化简，现在设计的巴特沃思滤波器的过渡段非常陡，因此，滤波特性定义将使得 $10^{-0.1A_s} \gg 1$

$$\sigma_s \approx 10^{-0.05A_s} \tag{15.44}$$

$$\lg\sigma_s \approx -0.05A_s \tag{15.45}$$

因此，计算 n 的表达式为

$$n = \frac{-0.05A_s}{\lg(\omega_s/\omega_p)} \tag{15.46}$$

$\omega_s/\omega_p = f_s/f_p$，所以，计算 n 时，既可以用 rad/s 为单位，又可以用 Hz 为单位。

滤波器的阶数必须为整数，因此，使用方程(15.42)或者方程(15.46)时，应选择比方程结果大且最接近的整数值。下面的例子给出了方程(15.42)和方程(15.46)的用法。

例 15.10 确定巴特沃思滤波器的阶数

(a) 一个巴特沃思滤波器，截止频率为 1000 Hz，在 6000 Hz 频率处的放大系数小于或等于 −50 dB。试确定其阶数。

(b) 在频率为 6000 Hz 处的实际放大系数为多少？

解：

(a) 因为截止频率已经给定，而且已知 $\sigma_p=1$，同时由定义式注意到，$10^{-0.1\times(-50)}$ 远大于 1，因此，由方程(15.46)可确定

$$n = \frac{(-0.05)\times(-50)}{\lg(6000/1000)} = 3.21$$

所以，需要一个四阶巴特沃思滤波器。

(b) 用方程(15.25)计算在 6000 Hz 处的实际放大系数，实际放大系数的分贝数为

$$K = 20\lg\left(\frac{1}{\sqrt{1+6^8}}\right) = -62.25\ \text{dB}$$

例 15.11 确定巴特沃思滤波器阶数的另一种方法

(a) 一个巴特沃思滤波器，在 500 Hz 处的幅值比通带内的幅值小 10 dB，在 5000 Hz 处的幅值比通带内的幅值小 60 dB，试确定滤波器的阶数。

(b) 确定滤波器的截止频率(Hz)。

(c) 在 5000 Hz 处，滤波器的实际放大系数是多少分贝？

解：

(a) 因为截止频率没有给出，所以需要用方程(15.42)确定滤波器的阶数

$$\sigma_p = \sqrt{10^{-0.1\times(-10)}-1} = 3$$

$$\sigma_s = \sqrt{10^{-0.1\times(-60)}-1} \approx 1000$$

$$\omega_s/\omega_p = f_s/f_p = 5000/500 = 10$$

$$n = \frac{\lg(1000/3)}{\lg(10)} = 2.52$$

因此，三阶巴特沃思滤波器可以满足设计要求。

(b) 已知 500 Hz 处的放大系数为 −10 dB，可以确定截止频率，由方程(15.25)可以写出

$$-10\lg[1+(\omega/\omega_c)^6]=-10$$

式中 $\omega=1000\pi$rad/s，所以

$$1+(\omega/\omega_c)^6=10$$

和

$$\omega_c=\frac{\omega}{\sqrt[6]{9}}=2178.26\ \text{rad/s}$$

于是

$$f_c=346.68\ \text{Hz}$$

(c) 在 5000 Hz 处的滤波器的实际放大系数为

$$K=-10\lg[1+(5000/346.68)^6]=-69.54\ \text{dB}$$

15.4.5　巴特沃思高通、带通和带阻滤波器

n 阶巴特沃思高通滤波器的转移函数分母中含有 n 阶巴特沃思多项式，这一点和 n 阶巴特沃思低通滤波器一样。但是，在高通滤波器中，转移函数的分子是 s^n，而在低通滤波器中，分子是 1。这里同样采用级联方法设计巴特沃思高通滤波器，一阶因式用原型高通滤波器级联完成(参见图 15.4，$R_1=R_2=1\ \Omega$，$C=1$ F)。

为产生巴特沃思多项式中的二阶因式，要有一个电路，其转移函数的形式如下：

$$H(s)=\frac{s^2}{s^2+b_1s+1}$$

该电路如图 15.25 所示。

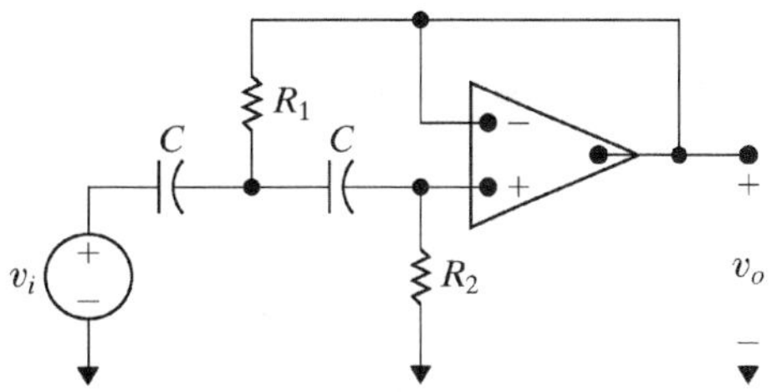

图 15.25　二阶巴特沃思滤波器电路

该电路的转移函数为

$$H(s)=\frac{V_o}{V_i}=\frac{s^2}{s^2+\dfrac{2}{R_2C}s+\dfrac{1}{R_1R_2C^2}}\qquad(15.47)$$

令 $C=1$ F，于是

$$H(s)=\frac{s^2}{s^2+\dfrac{2}{R_2}s+\dfrac{1}{R_1R_2}}\qquad(15.48)$$

只要在级联电路中级联如图 15.25 所示的二阶电路，就可以实现巴特沃思多项式中的二阶因式(s^2+b_1s+1)，其中，电阻值要满足方程(15.49)

$$b_1=\frac{2}{R_2}\quad 和\quad 1=\frac{1}{R_1R_2}\qquad(15.49)$$

需要注意的是，图 15.21 与图 15.25 及其原型转移函数 $1/(s^2+b_1s+1)$ 与 $s^2/(s^2+b_1s+1)$ 之间的关系，因为这是一个一般性的规律，非常重要。首先，将图 15.21 的低通电路中的电阻和电容对调后形成图 15.25 所示的高通电路，然后，将原型低通滤波器转移函数中的 s 用 $1/s$ 代替(参见习题 15.46)就得到原型高通滤波器的转移函数。

利用频率和幅值比例变换可以设计截止频率非 1 和具有实际元件值的巴特沃思高通滤波器，再级联一个反相放大器就可以设计出通带放大系数非 1 的滤波器，本章的最后讨论了多个巴特沃思高通滤波器的设计问题。

既然能设计任意截止频率和通带放大系数的 n 阶巴特沃思低通和高通滤波器，那么就能将这种滤波器级联成 n 阶巴特沃思带通滤波器(参见 15.3 节)。我们能将这种滤波器与求和放

大器并联构成 n 阶巴特沃思带阻滤波器(参见 15.3 节)。本章的习题包括巴特沃思带通滤波器和巴特沃思带阻滤波器的设计。

评测目标 3 知道如何用一阶和二阶巴特沃思滤波器的级联设计任何阶数的低通、高通、带通和带阻滤波器。

15.4 如图 15.25 所示电路，试确定 R_1 和 R_2 的值，使其成为二阶原型巴特沃思高通滤波器。

答： $R_1=0.707\ \Omega$，$R_2=1.41\ \Omega$。

提示： 也可以求本章习题 15.34，习题 15.36 和习题 15.40。

15.5 窄带带通和带阻滤波器

用最简单的低通和高通滤波器设计带通和带阻滤波器，一般采用级联和并联各单元的设计方法，但是这种方法受到限制，因为它只适合于宽带或者低品质因数 Q 的系统，这种限制是因为级联带通滤波器和并联带阻滤波器的转移函数具有离散的实极点。这种方法适合于截止频率距离非常远且具有极低品质因数系统的设计。当截止频率相等，即极点位置重合时，随着离散实极点的出现，能得到最大的品质因数。现在考虑这种情况的转移函数

$$H(s)=\left(\frac{-\omega_c}{s+\omega_c}\right)\left(\frac{-s}{s+\omega_c}\right)=\frac{s\omega_c}{s^2+2\omega_c s+\omega_c^2}=\frac{0.5\beta s}{s^2+\beta s+\omega_c^2} \tag{15.50}$$

该方程是带通滤波器转移函数的标准形式，因此，可以直接确定带宽和中心频率

$$\beta=2\omega_c \tag{15.51}$$

$$\omega_o^2=\omega_c^2 \tag{15.52}$$

根据方程(15.51)和方程(15.52)以及品质因数 Q 的定义，有

$$Q=\frac{\omega_o}{\beta}=\frac{\omega_c}{2\omega_c}=\frac{1}{2} \tag{15.53}$$

这样，具有离散实极点时，带通滤波器(或者带阻滤波器)的最大品质因数 $Q=1/2$。

为实现具有高品质因数值的有源滤波器，需要使用运放电路，它能使得转移函数具有共轭复极点，下面来分析图 15.26 所示的电路。

在运放的负端，取电流之和得

$$\frac{V_a}{1/sC}=\frac{-V_o}{R_3}$$

求解 V_a

$$V_a=\frac{-V_o}{sR_3C} \tag{15.54}$$

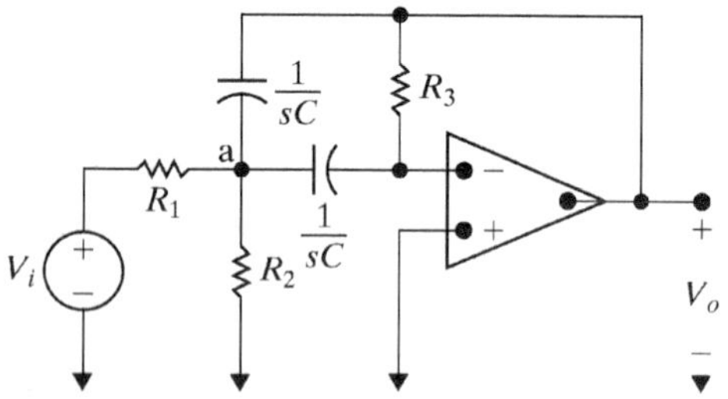

图 15.26 有源高品质因数带通滤波器

在标有 a 的节点，电流取和得

$$\frac{V_i-V_a}{R_1}=\frac{V_a-V_o}{1/sC}+\frac{V_a}{1/sC}+\frac{V_a}{R_2}$$

求解 V_i

$$V_i=(1+2sR_1C+R_1/R_2)V_a-sR_1CV_o \tag{15.55}$$

将方程(15.54)代入方程(15.55)中并整理，得到转移函数 V_o/V_i 的表达式

$$H(s)=\frac{\dfrac{-s}{R_1C}}{s^2+\dfrac{2}{R_3C}s+\dfrac{1}{R_{eq}R_3C^2}} \tag{15.56}$$

其中

$$R_{eq} = R_1 || R_2 = \frac{R_1 R_2}{R_1 + R_2}$$

因为方程(15.56)是带通滤波器转移函数的标准形式，即

$$H(s) = \frac{K\beta s}{s^2 + \beta s + \omega_o^2}$$

可以令两个等式相等求得电阻值，该电阻要满足指定中心频率(ω_o)、品质因数(Q)和通带放大系数(K)

$$\beta = \frac{2}{R_3 C} \tag{15.57}$$

$$K\beta = \frac{1}{R_1 C} \tag{15.58}$$

$$\omega_o^2 = \frac{1}{R_{eq} R_3 C^2} \tag{15.59}$$

定义图 15.25 所示电路的原型电路，该电路的 $\omega_o = 1$ rad/s，$C = 1$ F，根据要求的品质因数和通带放大系数就可以求出 R_1，R_2，R_3 的表达式。对原型电路，证明 R_1，R_2，R_3 的表达式为

$$R_1 = Q/K$$

$$R_2 = Q/(2Q^2 - K)$$

$$R_3 = 2Q$$

该证明留给读者完成(参见习题 15.48)。确定电路元件的实际值要用比例变换法，例 15.12 给出了这种设计过程。

例 15.12　高品质因数带通滤波器的设计

根据图 15.26 所示电路设计一个带通滤波器，其中心频率为 3000 Hz，品质因数为 10，通带放大系数为 2，所用的电容为 0.01 μF，计算所设计电路的转移函数，画出幅值响应的伯德图。

解：

因为 $Q = 10$，$K = 2$，所以，原型电路中的 R_1，R_2，R_3 的值为

$$R_1 = 10/2 = 5$$

$$R_2 = 10/(200 - 2) = 10/198$$

$$R_3 = 2 \times (10) = 20$$

比例系数为 $k_f = 6000\pi$，$k_m = 10^8/k_f$，经过比例放大后

$$R_1 = 26.5\ \text{k}\Omega$$

$$R_2 = 268.0\ \Omega$$

$$R_3 = 106.1\ \text{k}\Omega$$

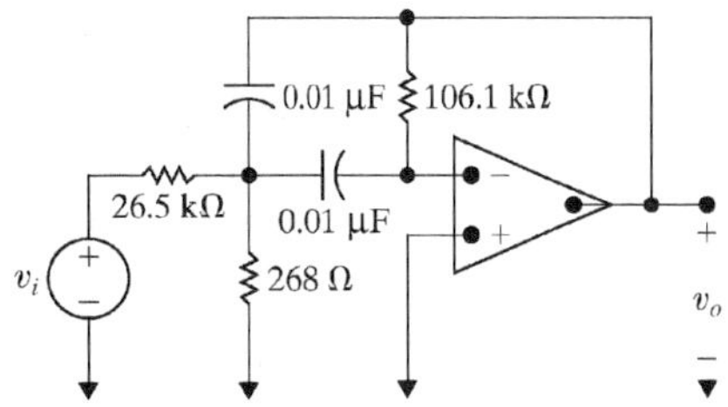

图 15.27　例 15.12 设计的高品质因数带通滤波器

电路如图 15.27 所示。

将电阻和电容值代入方程(15.56)中得到该电路的转移函数

$$H(s) = \frac{-3770s}{s^2 + 1885.0s + 355 \times 10^6}$$

显然，该转移函数满足例题中所定义的带通滤波器，其幅值响应的伯德图如图 15.28 所示。

与级联带通滤波器一样，用低通滤波器、高通滤波器及积分放大器通过并联方法实现带阻滤波器也有低品质因数 Q 的限制。图 15.29 所示的电路是一个被称为“双 T 陷波滤波器”(因为在节点 a 和 b 处有两个 T 形电路单元)的有源高品质因数 Q 的带阻滤波器。

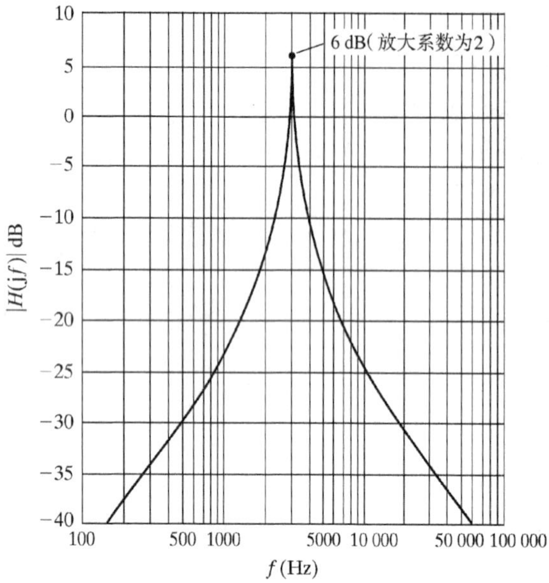

图 15.28 例 15.12 设计的高品质因数带通滤波器的伯德图幅值曲线

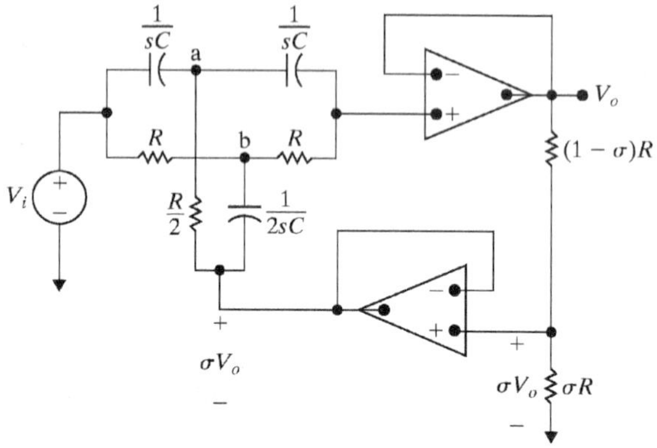

图 15.29 高品质因数的有源带阻滤波器

先将流出节点 a 的电流相加

$$(V_a - V_i)sC + (V_a - V_o)sC + \frac{2(V_a - \sigma V_o)}{R} = 0$$

或

$$V_a[2sCR + 2] - V_o[sCR + 2\sigma] = sCRV_i \tag{15.60}$$

流出节点 b 的电流之和为

$$\frac{V_b - V_i}{R} + \frac{V_b - V_o}{R} + (V_b - \sigma V_o)2sC = 0$$

或

$$V_b[2 + 2RCs] - V_o[1 + 2\sigma RCs] = V_i \tag{15.61}$$

将流出运放同相输入端的电流相加得

$$(V_o - V_a)sC + \frac{V_o - V_b}{R} = 0$$

或

$$-sRCV_a - V_b + (sRC + 1)V_o = 0 \tag{15.62}$$

根据方程(15.60)至方程(15.62)，用克拉默法则求 V_o

$$V_o = \frac{\begin{vmatrix} 2(RCs+1) & 0 & sCRV_i \\ 0 & 2(RCs+1) & V_i \\ -RCs & -1 & 0 \end{vmatrix}}{\begin{vmatrix} 2(RCs+1) & 0 & -(RCs+2\sigma) \\ 0 & 2(RCs+1) & -(2\sigma RCs+1) \\ -RCs & -1 & RCs+1 \end{vmatrix}} \tag{15.63}$$

$$= \frac{(R^2C^2s^2+1)V_i}{R^2C^2s^2 + 4RC(1-\sigma)s + 1}$$

整理方程(15.63)，得到转移函数

$$H(s) = \frac{V_o}{V_i} = \frac{\left(s^2 + \frac{1}{R^2C^2}\right)}{\left[s^2 + \frac{4(1-\sigma)}{RC}s + \frac{1}{R^2C^2}\right]} \tag{15.64}$$

该式是带阻滤波器转移函数的标准形式

$$H(s)=\frac{s^2+\omega_0^2}{s^2+\beta s+\omega_0^2} \tag{15.65}$$

令方程(15.64)等于方程 (15.65)得

$$\omega_o^2=\frac{1}{R^2C^2} \tag{15.66}$$

$$\beta=\frac{4(1-\sigma)}{RC} \tag{15.67}$$

该电路有三个参数(R, C 和 σ)和两个设计约束(ω_o 和 β)，因此，一个参数是可以任意选择的，通常是电容值任选，因为市场上电容的可选范围很小。当 C 选定之后得

$$R=\frac{1}{\omega_o C} \tag{15.68}$$

而

$$\sigma=1-\frac{\beta}{4\omega_o}=1-\frac{1}{4Q} \tag{15.69}$$

例 15.13 给出了高品质因数有源带阻滤波器的设计过程。

例 15.13　高品质因数有源带阻滤波器的设计

设计一个高品质因数的有源带阻滤波器(在图 15.29 电路的基础上)，其中心频率为 5000 rad/s，带宽为 1000 rad/s，所用的电容为 1 μF。

解：

在原型带阻滤波器中，ω_o = 1 rad/s，R = 1 Ω，C = 1 F，与前述的讨论一样，当 ω_o 和 Q 给定时，C 值可以任意选择，R 和 σ 可以根据方程(15.68)和方程(15.69)求得。根据题目中的定义，Q = 5，用方程(15.68)和方程(15.69)得出

$$R=200\ \Omega$$

$$\sigma=0.95$$

因此，所需要电阻的阻值分别为 200 Ω(R)，100 Ω($R/2$)，190 Ω(σR)，10 Ω[$(1-\sigma)R$]，最终的设计如图 15.30 所示，幅值伯德图如图 15.31 所示。

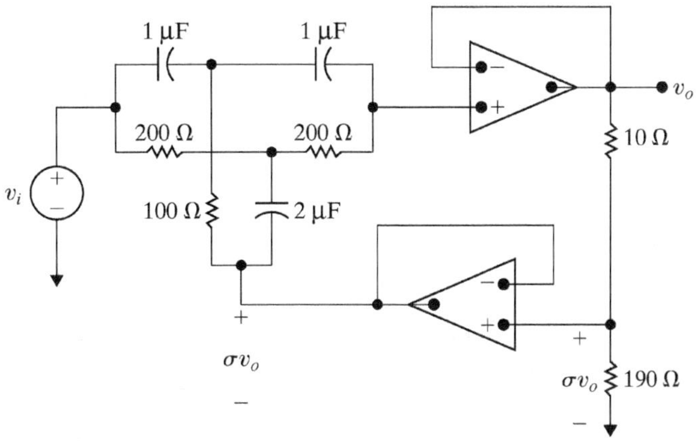

图 15.30　例 15.13 设计的高品质因数有源带阻滤波器

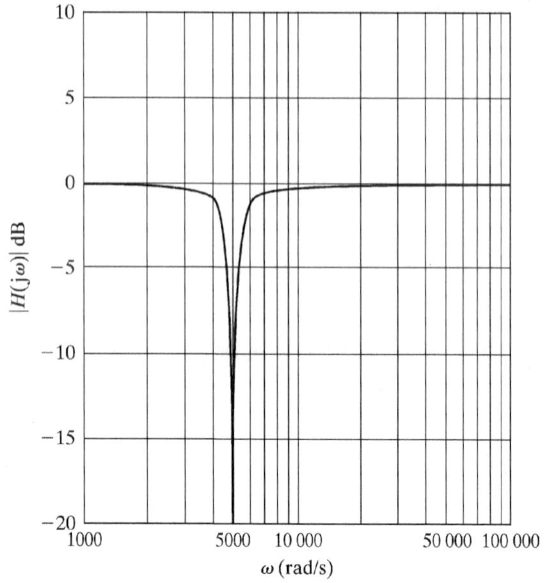

图 15.31　例 15.13 设计高品质因数带阻滤波器的幅值伯德图

评测目标 4　能按照要求用设计方程设计窄带带通和带阻滤波器的元件值。

15.5　设计一个有源带通滤波器，$Q=8$，$K=5$，$\omega_o=1000$ rad/s，$C=1$ μF，求所有电阻的值。

答：$R_1=1.6$ kΩ，$R_2=65.04$ Ω，$R_3=16$ kΩ。

15.6　设计一个有源单位放大系数的带阻滤波器，$\omega_o=1000$ rad/s，$Q=4$，$C=2$ μF，求 R 和 σ 的值。

答：$R=500$ Ω，$\sigma=0.9375$。

提示：也可以求本章习题 15.60。

实例应用

低音音量控制(二)

下面讨论用于低音信号放大的控制电路，音频指的是 20 Hz ~ 20 kHz 频率范围内的信号，低音指的是 20 ~ 300 Hz 范围内的信号。音量控制电路及其频率响应如图 15.32 所示。响应曲线簇中的每一条曲线可以通过调节电位器的设置值得到，如图 15.32(a)所示。

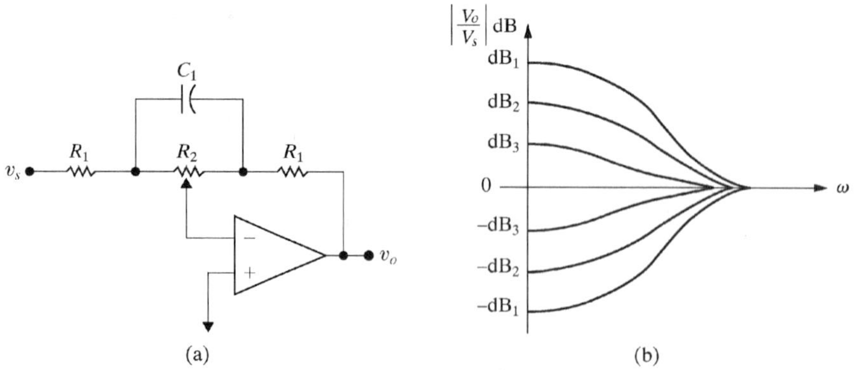

图 15.32　(a)低音控制电路；(b)低音控制电路的频率响应

研究图 15.32(b)的频率响应曲线时要注意以下几个问题。首先，放大系数的分贝值可以为正也可以为负，若放大系数为正，则低音信号被放大或者加强；若放大系数为负，则信号会被削弱或滤掉。第二，可以选择一个频率响应特性，使得在低音内所有频率的放大倍数为 1(0 dB)。下面会看到，若电位器放在中间位置，电路对低音信号将没有影响。第三，当频率增加的时候，所有响应的特性曲线都接近 0 dB 或者单位放大倍数。因此，对较高频率的信号或者音频中的高音，音量放大控制电路不起任何作用。

为分析图 15.32(a)所示电路的频率响应，先计算其转移函数 V_o/V_s，为了简化计算，图 15.33 给出了 s 域等效电路模型，为了进行节点电压分析，标出了节点电压 V_a 和 V_b，电位器的位置由 α 的值决定，如图 15.33 所示。

为求转移函数，先列写描述电流的三个节点方程，解方程，求得 V_o/V_s。节点电压方程为

$$\frac{V_a}{(1-\alpha)R_2}+\frac{V_a-V_s}{R_1}+(V_a-V_b)sC_1=0$$

$$\frac{V_b}{\alpha R_2}+(V_b-V_a)sC_1+\frac{V_b-V_o}{R_1}=0$$

$$\frac{V_a}{(1-\alpha)R_2}+\frac{V_b}{\alpha R_2}=0$$

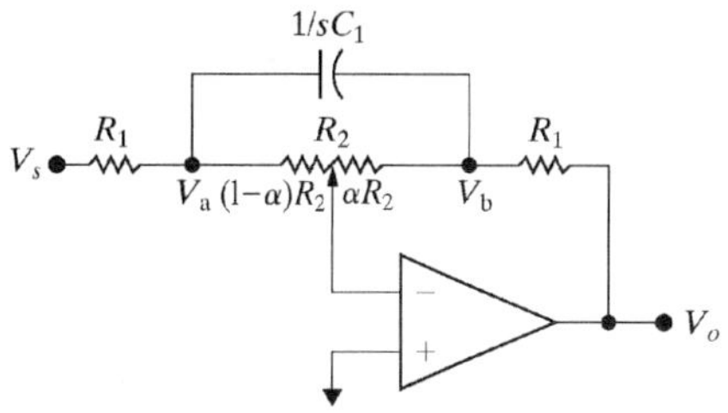

图 15.33　用于低音音量控制的 s 域电路模型，α 决定了电位器的位置，$0\leqslant\alpha\leqslant1$

可以将 V_o 看成是 V_s 的函数，解三个节点电压方程，从而求得转移函数 $H(s)$

$$H(s)=\frac{V_o}{V_s}=\frac{-(R_1+\alpha R_2+R_1R_2C_1s)}{R_1+(1-\alpha)R_2+R_1R_2C_1s}$$

直接得到

$$H(\mathrm{j}\omega)=\frac{-(R_1+\alpha R_2+\mathrm{j}\omega R_1R_2C_1)}{[R_1+(1-\alpha)R_2+\mathrm{j}\omega R_1R_2C_1]}$$

检验该转移函数，看是否能产生图 15.32(b)所示的频率响应曲线簇。在所有频率下，$\alpha=0.5$ 时，$H(\mathrm{j}\omega)$ 的幅值为 1。

$$|H(\mathrm{j}\omega)|=\frac{|R_1+0.5R_2+\mathrm{j}\omega R_1R_2C_1|}{|R_1+0.5R_2+\mathrm{j}\omega R_1R_2C_1|}=1$$

当 $\omega=0$ 时，得到

$$|H(\mathrm{j}0)|=\frac{R_1+\alpha R_2}{R_1+(1-\alpha)R_2}$$

$\alpha=1$ 时，$H(\mathrm{j}0)$ 是 $\alpha=0$ 时 $H(\mathrm{j}0)$ 的倒数，即

$$|H(\mathrm{j}0)|_{\alpha=1}=\frac{R_1+R_2}{R_1}=\frac{1}{|H(\mathrm{j}0)|_{\alpha=0}}$$

细心的读者会发现，不仅在 $\omega=0$ 时，而是在所有频率下，这种倒数关系都成立。例如，$\alpha=0.4$ 与 $\alpha=0.6$ 对于 $\alpha=0.5$ 是对称的，并且

$$H(\mathrm{j}\omega)_{\alpha=0.4}=\frac{-(R_1+0.4R_2)+\mathrm{j}\omega R_1R_2C_1}{(R_1+0.6R_2)+\mathrm{j}\omega R_1R_2C_1}$$

而

$$H(\mathrm{j}\omega)_{\alpha=0.6}=\frac{-(R_1+0.6R_2)+\mathrm{j}\omega R_1R_2C_1}{(R_1+0.4R_2)+\mathrm{j}\omega R_1R_2C_1}$$

因此

$$H(\mathrm{j}\omega)_{\alpha=0.4}=\frac{1}{H(\mathrm{j}\omega)_{\alpha=0.6}}$$

根据 α 值的不同，音量控制电路或者放大或者削弱输入信号。

R_1，R_2，C_1 的值是根据两个设计要求确定的。第一个设计要求是低音范围的(ω 趋近于 0 时)通带放大倍数，第二个是通带放大或者削弱 3 dB 时的频率。满足设计要求的元件值是在 $\alpha=0$ 或者 $\alpha=1$ 时计算出来的。

通过讨论已经知道，最大的放大系数为 $(R_1+R_2)/R_1$，最大的削弱系数是 $R_1/(R_1+R_2)$。若假设$(R_2+$

$R_1)/R_1 \gg 1$，则当 $\omega = 1/R_2C_1$ 时，放大倍数(或削弱系数)与最大值之间相差 3 dB，这一点通过以下方程就可以看到：

$$\left|H\left(\mathrm{j}\frac{1}{R_2C_1}\right)\right|_{\alpha=1} = \frac{|R_1 + R_2 + \mathrm{j}R_1|}{|R_1 + \mathrm{j}R_1|}$$

$$= \frac{\left|\frac{R_1 + R_2}{R_1} + \mathrm{j}1\right|}{|1 + \mathrm{j}1|} \approx \frac{1}{\sqrt{2}}\left(\frac{R_1 + R_2}{R_1}\right)$$

和

$$\left|H\left(\mathrm{j}\frac{1}{R_2C_1}\right)\right|_{\alpha=0} = \frac{|R_1 + \mathrm{j}R_1|}{|R_1 + R_2 + \mathrm{j}R_1|}$$

$$= \frac{|1 + \mathrm{j}1|}{\left|\frac{R_1 + R_2}{R_1} + \mathrm{j}1\right|} \approx \sqrt{2}\left(\frac{R_1}{R_1 + R_2}\right)$$

提示：若想了解对实例应用的掌握程度，请求本章习题 15.61 和习题 15.62。

小结

- 有源滤波器由理想运放、电阻和电容元件组成，可以构成低通、高通、带通和带阻滤波器，有源滤波器克服了无源滤波器的许多缺点。
- 原型低通滤波器，其元件值为 $R_1 = R_2 = 1\ \Omega$，$C = 1$ F，通带放大系数为 1，截止频率为 1 rad/s，原型高通滤波器也具有同样的元件、放大系数和截止频率。
- 幅值比例变换法，在不改变电路频率响应的情况下，改变元件的值，若幅值比例系数为 k_m，则比例放大前后元件值之间的关系为

$$R' = k_m R, \quad L' = k_m L, \qquad C' = C/k_m$$

- 频率比例变换法，在不改变频率响应形状的情况下，可以将电路频率响应的位置移到另一个频率区域，若频率比例因数为 k_f，则比例变换前后各元件间的关系为

$$R' = R, \quad L' = L/k_f, \qquad C' = C/k_f$$

- 元件值可以通过幅值和频率比例变换进行比例变换，比例变换前后各个元件的关系为

$$R' = k_m R, \quad L' = (k_m/k_f)L, \qquad C' = C/(k_m k_f)$$

- 有源高通和低通滤波器的设计都可以从原型滤波器电路开始，比例变换法可以用于将频率响应移动到要求的截止频率位置上，元件参数应选择市场上可以买到的元件值。
- 低通滤波器、高通滤波器和反相放大器通过级联就可以构成有源宽带带通滤波器，其中低通滤波器具有较高的截止频率，高通滤波器具有较低的频率，反相放大器用来完成通带放大系数非 1 的放大。用这种方式构成的带通滤波器必须是宽带滤波器($\omega_{c2} \gg \omega_{c1}$)，以便各级联单元可以相互间独立确定。
- 有源宽带带阻滤波器可以由低通滤波器、高通滤波器和积分放大器等单元的并联构成，低通滤波器的截止频率是带阻滤波器的较低截止频率。高通滤波器的截止频率是带阻滤波器的较高截止频率，其输出与积分放大器的输入相连，该积分放大器产生通带内的放大倍数，用这种方法构成的带阻滤波器必须是宽带滤波器($\omega_{c2} \gg \omega_{c1}$)，这样才能使得低通和高通滤波器之间实现相互独立的设计。
- 高阶有源滤波器的转移函数有多个极点，使得从通带向阻带的过渡非常快，因而更加接近于理想的频率响应。

- 截止频率为 1 rad/s 的 n 阶巴特沃思低通滤波器的转移函数可以由下面的方程确定。

$$H(s)H(-s)=\frac{1}{1+(-1)^n s^{2n}}$$

步骤为：

- 找到分母多项式的根。
- 将左半面的根赋给 $H(s)$ 。
- 写出一阶和二阶因式的乘积作为 $H(s)$ 的分母。

- 设计巴特沃思滤波器的基本问题是确定滤波器的阶数，滤波器通常根据 4 个量 A_p，ω_p，A_s和 ω_s定义过渡域的斜度，根据这几个量可以计算出比方程(15.42)或方程(15.46)的更大的最小整数。
- 二阶低通运放滤波器(如图 15.21 所示)具有 1 Ω 电阻值和可以选择的电容，能产生巴特沃思多项式的因式，这种滤波器的级联可以构成偶阶的巴特沃思低通滤波器，若加一个级联的原型低通运放滤波器就会构成奇阶的巴特沃思低通滤波器。
- 二阶高通滤波器(如图 15.25 所示) 具有 1 F 电容和可以选择的电阻，能构成巴特沃思多项式的因式，这种滤波器的级联能构成偶阶巴特沃思高通滤波器，若再级联一个原型高通运放滤波器就能构成奇阶巴特沃思高通滤波器。
- 在设计中，无论是高通滤波器还是低通滤波器，都可以用频率比例变换将截止频率从 1 rad/s 处移走，都可以用频率比例变换和幅值比例变换选择实际的元件值，级联一个反相放大器后将能产生非单位的通带放大系数。
- 将巴特沃思高通和低通滤波器进行级联，可以构成任意阶的巴特沃思带通滤波器，将巴特沃思高通和低通滤波器并联后再级联求和放大器，可以构成 n 阶的巴特沃思带阻滤波器。
- 若需要一个高品质因数、窄带的带通或带阻滤波器，那么级联和并联方法并不适用，此时要用图 15.26 和图 15.29 所示的电路及适当的设计方程。一般情况下，电容值要根据市场情况选定，而电阻值则根据设计方程确定。

习题

15.1　**(设计问题)**(a)用图 15.1 所示的电路设计一个低通滤波器，使其通带放大倍数为 10 dB，截止频率为 1 kHz，可用的电容为 750 nF。(b)画出电路图并标出所有元件值。

15.2　(a)从附录 H 中只选择三个元件，设计一个低通滤波器，截止频率和通带放大倍数尽可能满足习题 15.1(a)中的定义；(b)计算新的滤波器截止频率和通带放大倍数与习题 15.1(a)定义的值的误差百分比。

15.3　用 10 nF 的电容设计一个基于理想运放的低通滤波器，其截止频率为 2500 Hz，通带放大倍数为 5。(a)画出电路，标出元件值和输出电压；(b)如果滤波器反馈电阻值变化，但是前向支路电阻不变，那么滤波器的什么特性发生变化？

15.4　习题 15.3 所设计的低通滤波器输入为 $3.5\cos\omega t$ V。(a)假设输入电源为 $\pm V_{CC}$，若要使理想运放保持在线性范围内，则 V_{CC}的最小值是多少？(b)当 $\omega=\omega_c$ 时，求输出电压；(c)当 $\omega=0.125\omega_c$ 时，求输出电压；(d)当 $\omega=8\omega_c$ 时，求输出电压。

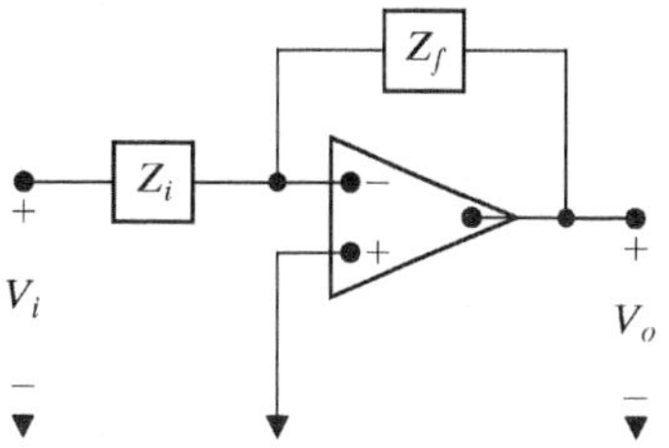

图 P15.5

15.5　求图 P15.5 所示电路的转移函数 V_o/V_i，Z_f 是反馈电路的等效阻抗，Z_i 是输入等效阻抗，运算放大器是理想的。

15.6　(a)用习题 15.5 的结果求图 P15.6 所示电路的转移函数；(b)当

$\omega \to 0$ 时电路的放大倍数；(c)当 $\omega \to \infty$ 时电路的放大倍数；(d)根据(b)和(c)的结果与已知电路的特性一致吗？

15.7　用图 P15.7 所示电路重做习题 15.6。

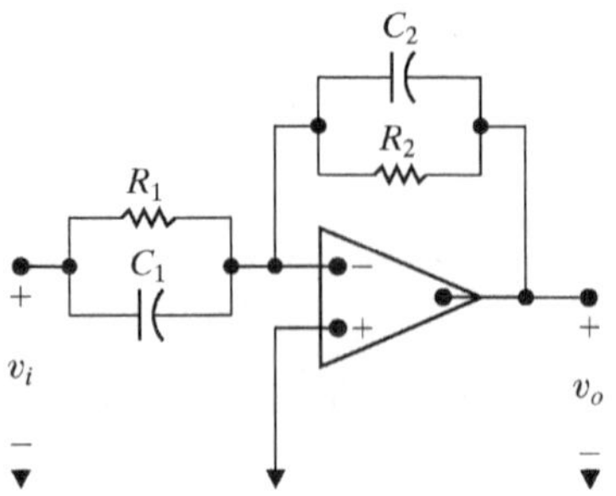

图 P15.6

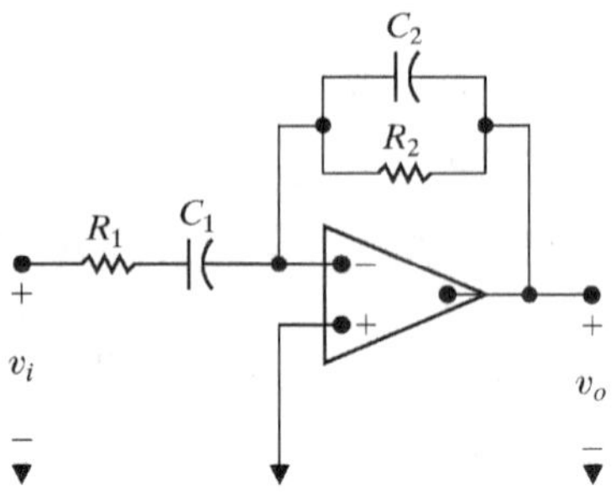

图 P15.7

15.8　**(设计问题)**(a)用图 15.4 中的电路设计一个高通滤波器，其截止频率为 8 kHz，通带放大倍数为 14 dB，设计中使用 3.9 nF 电容。(b)画出滤波器的电路图并标出全部的元件值。

15.9　从附录 H 中只选择三个元件，设计一个高通滤波器，截止频率和通带放大倍数尽可能满足习题 15.8 中的定义。

(a)画出电路图并标出所有元件值；(b)计算新的滤波器截止频率和通带放大倍数与习题 15.10(a)定义值的误差百分比。

15.10　设计一个基于理想运放的高通滤波器，截止频率为 4 kHz，带通放大倍数为 8，使用电容为 250 nF。

(a)画出电路图，标出所有元件值和输出电压；(b)如果滤波器反馈电阻值变化，但是前向支路电阻不变，那么滤波器的什么特性发生变化？

15.11　习题 15.10 中设计的高通滤波器输入为 $2.5\cos \omega t$ V。

(a)假设输入电源为 $\pm V_{cc}$，若要使理想运放保持在线性范围内，则 V_{cc} 的最小值是多少？(b)当 $\omega = \omega_c$ 时，求输出电压；(c)当 $\omega = 0.125\omega_c$ 时，求输出电压；(d)当 $\omega = 8\omega_c$ 时，求输出电压。

15.12　图 P15.12 所示的两个高通原型滤波器的电压转移函数均为

$$H(s) = \frac{s}{s+1}$$

证明如果两个电路都进行幅度和频率的比例变换，则变换后的转移函数为

$$H'(s) = \frac{(s/k_f)}{(s/k_f)+1}$$

15.13　图 P15.13 所示的两个低通原型滤波器的电压转移函数均为

$$H(s) = \frac{1}{s+1}$$

证明如果两个电路都进行幅度和频率的比例变换，则变换后的转移函数为

$$H'(s) = \frac{1}{(s/k_f)+1}$$

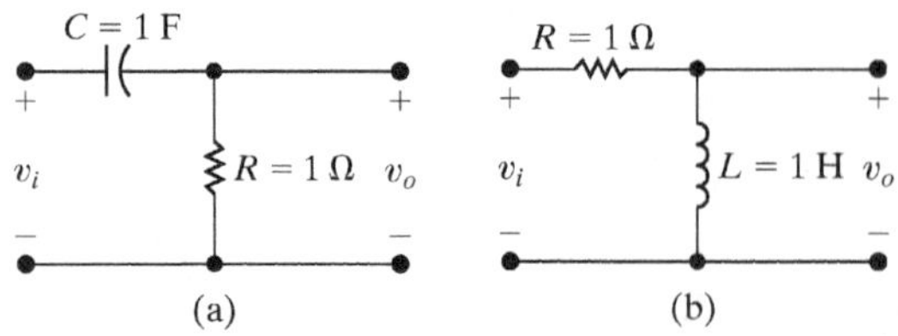

图 P15.12

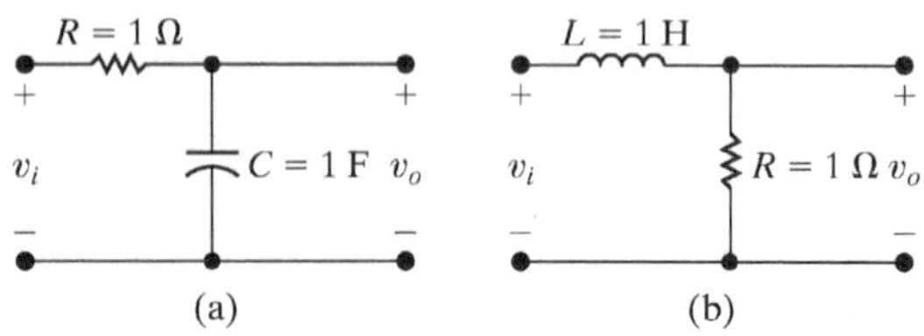

图 P15.13

15.14 图 P15.14 所示的带通原型滤波器的电压转移函数均为

$$H(s)=\frac{\left(\frac{1}{Q}\right)s}{s^2+\left(\frac{1}{Q}\right)s+1}$$

证明如果电路进行幅度和频率的比例变换，则变换后的转移函数为

$$H'(s)=\frac{\left(\frac{1}{Q}\right)\left(\frac{s}{k_f}\right)}{\left(\frac{s}{k_f}\right)^2+\left(\frac{1}{Q}\right)\left(\frac{s}{k_f}\right)+1}$$

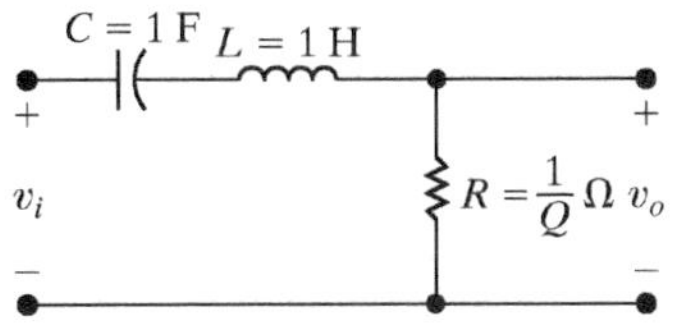

图 P15.14

15.15 (a)如果习题 15.14 所述原型无源带通滤波器的品质因数为 20，确定各元件值；(b)如果习题 15.14 所述比例变换后带通滤波器的品质因数为 20，中心频率或谐振频率为 40 krad/s，且谐振阻抗为 5 kΩ，试确定各元件值；(c)画出比例变换滤波器的电路图并标注所有元件值。

15.16 图 P15.14 的原型带通滤波器进行如下变化，$\omega_o=1$ rad/s，$R=1\ \Omega$，$L=Q$ H。
(a)在原型滤波器当中，C 的值是多少？(b)原型滤波器的转移函数是什么？(c)用上述原型电路的比例变换电路设计一个无源带通滤波器，使其品质因数为 16，中心频率为 25 krad/s，谐振阻抗为10 kΩ；(d)画出比例变换后的电路并标出所有元件值；(e)利用习题 15.14 得到的结果写出比例变换后电路的转移函数。

15.17 **(设计问题)**如图 14.22 所示的无源带通滤波器，该滤波器有两个原型电路，第一个原型电路中，$\omega_o=1$ rad/s，$C=1$ F，$L=1$ H，$R=Q\ \Omega$，第二个原型电路中，$\omega_o=1$ rad/s，$R=1\ \Omega$，$C=Q$ F，$L=(1/Q)$ H。(a)用其中之一(任选)设计一个无源带通滤波器，其品质因数为 25，中心频率为 50 krad/s，$R=40$ kΩ；(b)画出比例变换之后的电路图，标出所有元件的值。

15.18 图 14.28(a)所示的无源带阻滤波器有两个原型电路，电路如图 P15.18 所示。
(a)证明电路的转移函数为

$$H(s)=\frac{s^2+1}{s^2+\left(\frac{1}{Q}\right)s+1}$$

(b)写出一个带阻滤波器的转移函数，使其中心频率为 8000 rad/s，品质因数为 10。

15.19 图 14.28(a)所示的带阻滤波器的转移函数为

$$H(s)=\frac{s^2+\left(\frac{1}{LC}\right)}{s^2+\left(\frac{R}{L}\right)s+\left(\frac{1}{LC}\right)}$$

证明：电路经过频率和幅值比例变换后，其转移函数就是将未进行比例变换的电路转移函数中的 s 替换为(s/k_f)得到的函数，其中 k_f 是频率变换系数。

15.20 说明在习题 15.19 得到的关于图 14.28(a)电路的转移函数的结论对于图 14.31 所示的带阻滤波器电路(位于下部的图)同样适用。

15.21 图 14.31(下部电路)所示的无源带阻滤波器有两个原型电路，电路如图 P15.21(a)和(b)所示，证明两个电路的转移函数均为

$$H(s)=\frac{s^2+1}{s^2+\left(\frac{1}{Q}\right)s+1}$$

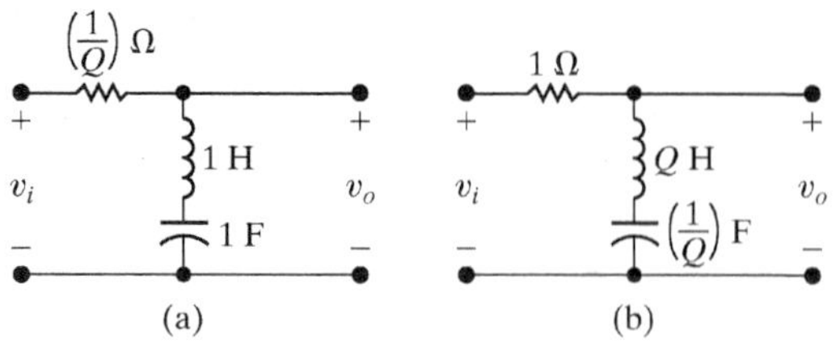

图 P15.18

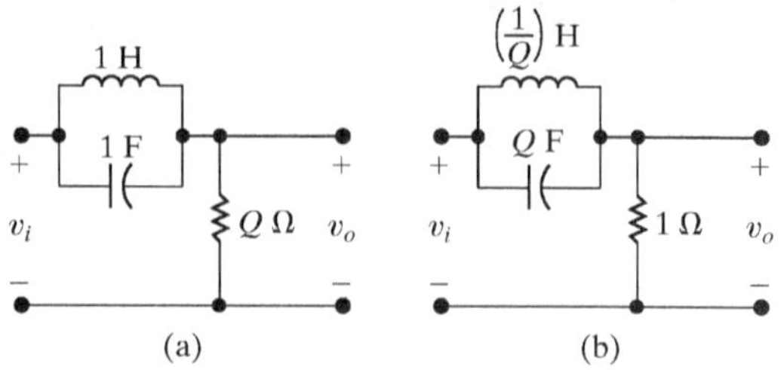

图 P15.21

15.22 对图 P9.24 中的电路进行比例变换，用 80 Ω 电阻代替 200 Ω，用 20 mH 电感代替 400 mH 电感。(a)求比例变换后的电容值；(b)求比例变换后电路的阻抗 Z_{ab} 为纯阻性时电路的频率；(c)上步中求出的频率与未进行比例变换电路中的阻抗 Z_{ab} 为纯阻性时的频率有何关系？

15.23 对图 P9.66 中的电容和电感进行比例变换，使得当输入频率由 250 rad/s 变为 10 000 rad/s 时，输出电流的幅度和相位不变。

(a)求电容和电感比例变换后的值；(b)当输入电流为 60cos 10 000t mA 时，求输出电流 i_o 的稳态响应。

15.24 对习题 14.18 中的带阻滤波器进行比例变换，使其中心频率为 25 kHz，品质因数仍然为 8，使用的电感为 25 μH，求比例变换后电容和电感的值以及两个截止频率。

15.25 对习题 14.38 中的带阻滤波器进行比例变换，使其中心频率为 16 krad/s，使用的电容为 50 nF，求比例变换后电容和电感的值以及带宽。

15.26 (a)证明：若对图 15.1 中的低通滤波器电路进行频率和幅度比例变换，则比例变换后电路的转移函数与方程(15.1)相同，只是用 s/k_f 代替 s，其中 k_f 是频率比例系数；(b)在图 15.1 的低通原型滤波器电路中，$\omega_c=1$ rad/s，$C=1$ F，$R_2=1$ Ω，$R_1=1/K$ Ω，求原型电路的转移函数；(c)用(a)的结论求比例变换后电路的转移函数。

15.27 (a)证明：若对图 15.4 中的高通滤波器电路进行频率和幅度比例变换，则比例变换后电路的转移函数与方程(15.4)相同，只是用 s/k_f 代替 s，其中 k_f 是频率比例系数；(b)在图 15.4 的高通原型滤波器电路中，$\omega_c=1$ rad/s，$R_1=1$ Ω，$C=1$ F，$R_2=K$ Ω，求原型电路的转移函数；(c)用(a)的结论求比例变换后电路的转移函数。

15.28P **(设计问题)**(a)用 50 nF 电容设计一个有源宽带一阶低通滤波器，使其下截止频率为 200 Hz，上截止频率为 2000 Hz，通带放大倍数为 20 dB，设计过程中使用低通和高通滤波器的原型电路(参见习题 15.26和习题 15.27)；(b)写出比例变换后电路的转移函数；(c)用上步得出的结论求 $H(j\omega_o)$，其中 ω_o 是滤波器的中心频率；(d)求在 ω_o 处，滤波器的放大倍数(dB)；(e)用所选计算机程序画出滤波器的幅值的伯德图曲线。

15.29P **(设计问题)**(a)用 2 μF 电容设计一个有源宽带一阶带阻滤波器，使其下截止频率为 80 Hz，上截止频率为 800 Hz，通带放大倍数为 0 dB，设计过程中使用低通和高通滤波器的原型电路(参见习题 15.26 和习题 15.27)；(b)画出滤波器的电路图并标出所有元件的值；(c)写出比例变换后电路的转移函数；(d)用上步得出的结论求滤波器在中心频率处的转移函数；(e)求中心频率处滤波器的放大倍数(dB)；(f)用所选计算机程序画出滤波器的幅值的伯德图曲线。

15.30 用级联方式设计一个单位放大倍数的带通滤波器，已知其中心频率为 200 Hz，带宽为 1000 Hz，电容为 5 μF，求 f_{c1}，f_{c2}，R_L 和 R_H。

15.31 用并联方式设计一个带阻滤波器，已知其中心频率为 1000 rad/s，带宽为 4000 rad/s，通带放大倍数为 6，电容为 0.2 μF，求所有电阻的值。

15.32 证明图 P15.32 所示电路相当于一个带通滤波器(提示：求出电路的转移函数，证明它和带通滤波器的转移函数具有相同的形式。用习题 15.1 的结论)。

(a)求滤波器的中心频率、带宽和通带放大倍数；

(b)求该滤波器的截止频率和品质因数。

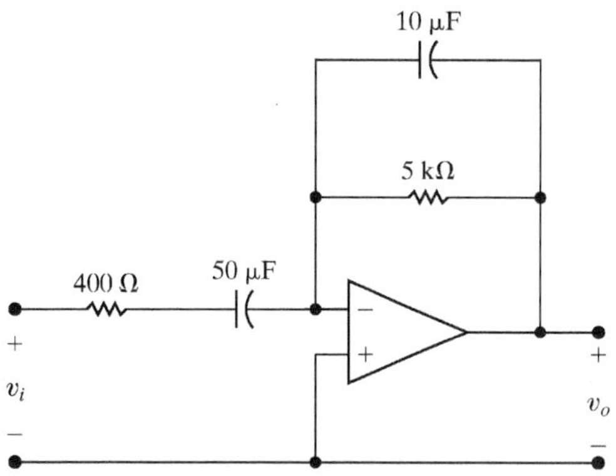

图 P15.32

15.33　对于由电阻、电容、电感和理想运放构成的电路，$|H(j\omega)|^2$ 只含有 ω 的偶次方，为说明该结论，试计算图 P15.33 中三个电路的 $|H(j\omega)|^2$，已知转移函数为

$$H(s) = \frac{V_o}{V_i}$$

15.34　(a)求低通巴特沃思滤波器的阶数，已知其截止频率为 2000 Hz，在 7000 Hz 处的放大倍数不大于 −30 dB；(b)频率在 7000 Hz 处，滤波器的实际放大倍数是多少 dB?

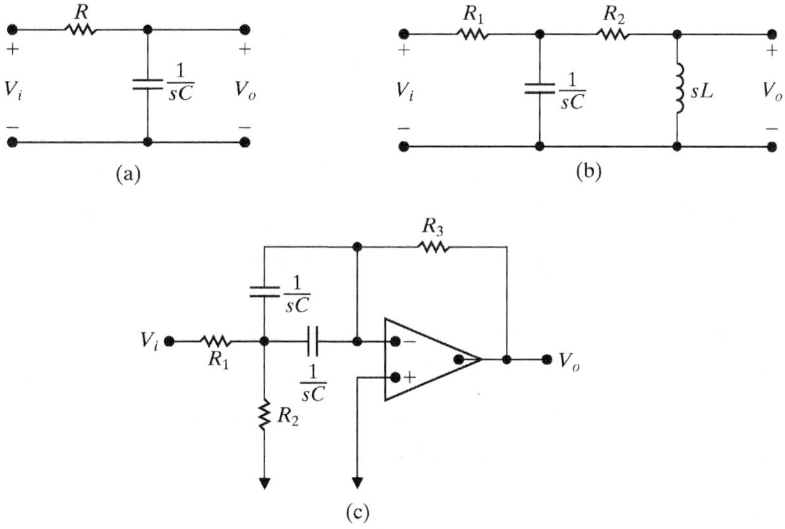

图 P15.33

15.35　图 15.21 所示电路的转移函数由方程(15.34)给出，证明：将图 15.21 的电路进行频率和幅值比例变换后，其转移函数为

$$H'(s) = \frac{\dfrac{1}{R^2C_1C_2}}{\left(\dfrac{s}{k_f}\right)^2 + \dfrac{2}{RC_1}\left(\dfrac{s}{k_f}\right) + \dfrac{1}{R^2C_1C_2}}$$

15.36　(a)写出习题 15.34(a)所得原型低通巴特沃思滤波器的转移函数；(b)写出上步中比例变换后滤波器的转移函数(参见习题 15.35)；(c)对于上步得出的表达式，通过用它来计算频率在 7000 Hz 处的放大倍数(dB)来验证表达式的正确性，将结果与习题 15.34(b)进行比较。

15.37　**(设计问题)**(a)用电阻和理想运放设计一个由习题 15.34 定义的巴特沃思低通滤波器，已知通带放大系数为 1；(b)画出电路图并标出所有元件值。

15.38　本题想通过计算转折频率处(ω_c)每个幅值曲线的斜率(dB/十倍频程)来说明，通过 n 个相同的低通滤波器级联构成的 n 阶低通巴特沃思滤波器的优点，为了简化计算，令 y 代表幅值曲线(以 dB 为单位)，令 $x = \lg\omega$，然后计算每个曲线在 ω_c 处的 dy/dx。

(a)证明：在转折频率处($\omega_c = 1$ rad/s)，n 阶低通原型巴特沃思滤波器的斜率为

$$\frac{dy}{dx} = -10n\ \text{dB/十倍频程}$$

(b)证明：n 个相同的原型低通单元级联后，在处的频率为

$$\frac{dy}{dx} = \frac{-20n(2^{1/n}-1)}{2^{1/n}}\ \text{dB/十倍频程}$$

(c)当 $n=1,2,3,\cdots,\infty$ 时，计算各种类型的滤波器的斜率 dy/dx。

(d)讨论(c)中所得结果的意义。

15.39 验证表 15.1 中 $n=5$ 和 $n=6$ 时，表中所列的内容。

15.40 图 15.25 中所示电路的转移函数由方程(15.47)给出，证明：若对电路进行频率和幅度比例变换，则其转移函数为

$$H'(s) = \frac{\left(\frac{s}{k_f}\right)^2}{\left(\frac{s}{k_f}\right)^2 + \frac{2}{R_2C}\left(\frac{s}{k_f}\right) + \frac{1}{R_1R_2C^2}}$$

由此可以得出结论，即比例变换后电路的转移函数可以由未比例变换的转移函数求得，只要将 s 换成 s/k_f，其中 k_f 是频率比例系数。

15.41 **(设计问题)**(a)用一个 8 kΩ 电阻和理想运放设计一个高通单位放大倍数的巴特沃思滤波器，其截止频率为 2.5 kHz，在 500 Hz 处的放大倍数不大于 -55 dB；(b)画出滤波器电路并标出所有元件值。

15.42 **(设计问题)**(a)用一个 250 nF 电容和理想运放设计一个低通单位放大倍数的巴特沃思滤波器，其截止频率为 40 kHz，在 200 kHz 处的放大倍数不大于 -55 dB；(b)画出滤波器电路并标出所有元件值。

15.43 将习题 15.41 设计的高通滤波器和习题 15.42 设计的低通滤波器级联。

(a)说明通过这种方式构成的滤波器的类型；(b)计算滤波器的截止频率、中心频率和品质因数；(c)用习题 15.35 和习题 15.40 的结果求出滤波器比例变换后的转移函数；(d)通过利用(c)的结果计算$H(j\omega_o)$来验证(c)所得结果的正确性，其中 ω_o 为中心频率。

15.44 **(设计问题)**(a)设计一个宽带巴特沃思带通滤波器，下截止频率为 200 Hz，上截止频率为 2500 Hz，通带放大倍数为 40 dB，在 40 Hz 和 12.5 kHz 时放大倍数至少下降 40 dB，在高通电路中使用 1 μF 电容，在低通电路中使用 2.5 kΩ 电阻；(b)画出滤波器的电路图并标出所有元件值。

15.45 (a)求出习题 15.44 所设计的滤波器的比例变换后的转移函数表达式；(b)用上步得到的表达式计算滤波器在 40 Hz 和 1000 Hz 处的放大倍数(dB)；(c)上步所求的值满足习题 15.44 定义的滤波条件吗？

15.46 先写出五阶低通原型巴特沃思滤波器的转移函数，然后在转移函数表达式中用 $1/s$ 代替 s，就可以得到五阶原型高通巴特沃思滤波器的转移函数。

15.47 习题 15.46 中的五阶巴特沃思滤波器用在一个截止频率为 800 rad/s 的系统中。(a)求该滤波器比例变换后的转移函数；(b)通过求截止频率处的放大倍数(dB)验证转移函数表达式的正确性。

15.48 证明(参见图 15.26 所示电路)：若 $\omega_o=1$ rad/s，$C=1$ F，则 R_1，R_2 和 R_3 分别为

$$R_1 = \frac{Q}{K}$$

$$R_2 = \frac{Q}{2Q^2-K}$$

$$R_3 = 2Q$$

15.49 **(设计问题)**(a)在图 15.26 的电路中，用一个 20 nF 电容设计一个带通滤波器，其品质因数为 16，中心频率为 6.4 kHz，通带放大倍数为 20 dB；(b)画出滤波器电路并标出所有元件值。

15.50 **(设计问题)**本题的目的是希望读者通过必要的分析，建立确定滤波电路中元件的设计步骤，分析电路如图 P15.50 所示。

(a)定性分析电路，确定该电路是一个低通滤波器，其通带放大系数为 R_2/R_1；(b)求转移函数 V_o/V_i，说明定性分析的正确性(提示：得出转移函数，用等效电导代替电阻，即 $G_1=1/R_1$ 等)，为了使转移函数与表 15.1 一致，将它化为下面形式：

$$H(s)=\frac{-Kb_o}{s^2+b_1s+b_o}$$

(c)有 5 个电路元件(R_1，R_2，R_3，C_1 和 C_2)和转移函数的三个约束条件(K，b_1 和 b_o)，似乎在 5 个元件中有 2 个可以任选，但是仔细研究电路参数和转移函数约束之间的关系就会发现，若 C_2选定了，那么为使 $R_2(G_2)$取得较实际的值，则 C_1就存在一个上限，因此，若 $C_2=1$ F，则三个电导就由下式给出：

$$G_1=KG_2$$

$$G_3=\left(\frac{b_o}{G_2}\right)C_1$$

$$G_2=\frac{b_1\pm\sqrt{b_1^2-4b_o(1+K)C_1}}{2(1+K)}$$

为使 G_2是实际的值，就要使

$$C_1\leqslant\frac{b_1^2}{4b_o(1+K)}$$

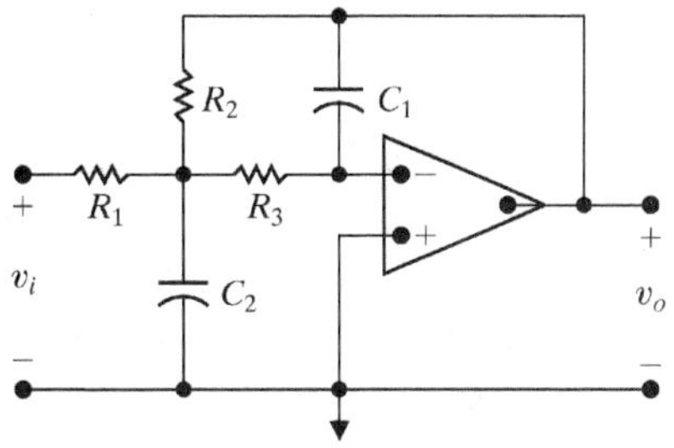

图 P15.50

(d)根据(c)中得到的结果，说明当 K，b_1 和 b_o 已知时，阐述选择电路元件的过程。

15.51　**(设计问题)**假设习题 15.50 分析的电路是一个通带放大倍数为 4 的三阶低通巴特沃思滤波器的一部分(提示：在滤波器的第二段实现 4 倍放大)。

(a)在原型电路的第二阶中 $C_2=1$ F，那么 C_1的上限是多少？(b)若 C_1的极限值已经确定，那么 R_1、R_2、R_3的原型值是多少？(c)若滤波器的转折频率为 2.5 kHz，$C_2=10$ nF，试计算比例变换后 C_1、R_1、R_2、R_3的值；(d)确定滤波器一阶部分的电阻和电容的原型值；(e)画出滤波器的电路图，标出所有元件的值。

15.52　**(设计问题)**如图 P15.50 所示电路，将电路中的各个 R 和 C 互换，即用 C_1代替 R_1，用 C_2代替 R_2，用 C_3代替 R_3，用 R_1代替 C_1，用 R_2代替 C_2。

(a)描述交换后电路所实现的滤波器的类型；(b)求出转移函数 V_o/V_i 以便验证(a)中得出的结论，用与表 15.1 相同的形式表示转移函数；(c)令 $C_3=C_2=1$ F，根据 K、b_0、b_1写出 C_1、R_1、R_2的表达式(参见习题 15.50 关于 b_0、b_1的定义)；(d)假设(a)中的滤波器用在了相同类型的三阶巴特沃思滤波器中，巴特沃思滤波器的通带放大倍数为 8，$C_2=C_3=1$ F，试计算滤波器中二阶部分的 C_1、R_1、R_2原型值。

15.53　**(设计问题)**(a)用习题 15.50 和习题 15.52 分析过的电路实现一个宽带带阻滤波器，该滤波器的通带放大倍数为 20 dB，下转折频率为 1 kHz，上转折频率为 8 kHz，在 2 kHz 和 4 kHz 处至少衰减 24 dB，尽可能使用 25 nF 的电容；(b)画出滤波器的电路图并标出所有参数的值。

15.54　(a)求出习题 15.53 描述的带阻滤波器的转移函数；(b)用(a)中得到的转移函数求滤波器中心频率处的衰减(dB)。

15.55　**(设计问题)**本习题的目的是找出图 P15.55 所示电路的设计方法(参见习题 15.50 中建立设计方程的提示)。

(a)根据定性分析，描述电路所实现的滤波器类型；(b)通过求转移函数 V_o/V_i 验证(a)中得出的结论，用与表 15.1 相同的形式表示转移函数；(c)在电路中，有多少个元件可以任选？(d)根据 C_1、C_2、b_0、b_1写出电导 $G_1=1/R_1$ 和 $G_2=1/R_2$ 的表达式(参见习题 15.50 关于 b_0、b_1的定义)；(e)对 C_1或 C_2有限制吗？(f)假设用图 P15.55 的电路设计一个四阶低通单位放大的巴特沃思滤波器，若在原型电路中用 1 F 的电容，试确定每个二阶单元电路中 R_1、R_2的原型值。

15.56　**(设计问题)**习题 15.55 中的四阶低通单位放大的巴特沃思滤波器用在一个系统中，该系统的截止频率为 3 kHz，电容为 4.7 nF。

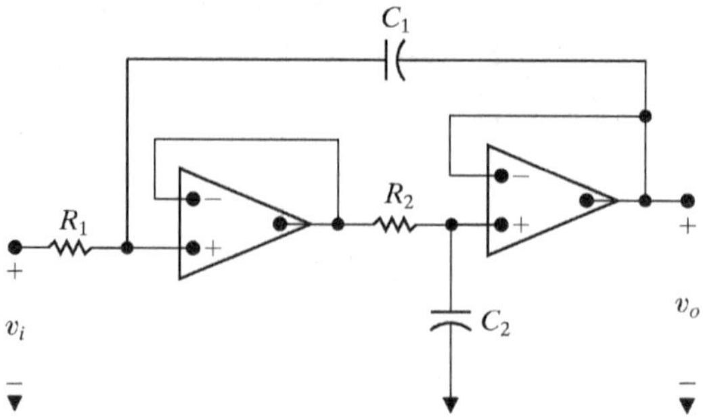

图 P15.55

(a)试确定滤波器每个段中的 R_1、R_2的值;(b)画出滤波器的电路图并标出所有元件的值。

15.57 **(设计问题)**如图 P15.55 所示电路,将电路中的各个 R 和 C 互换,即用 C_1代替 R_1,用 C_2代替 R_2,用 R_1代替 C_1,用 R_2代替 C_2。

(a)定性分析电路,确定交换后电路所实现的滤波器的类型;(b)通过求转移函数 V_o/V_i 验证(a)中得出的结论,用与表 15.1 相同的形式表示转移函数;(c)在选择电路元件时,有多少个元件可以任选?(d)求出 R_1和 R_2关于 b_0、b_1、C_1、C_2的表达式;(e)对 C_1和 C_2 有何限制?(f)假设(a)中的滤波器用在了相同类型的三阶巴特沃思滤波器中,若 $C_1 = C_2 = 1$ F,试计算滤波器中二阶部分的 R_1、R_2的原型值。

15.58 **(设计问题)**(a)在一个放大倍数为 1 的三阶高通巴特沃思滤波器中用到了习题 15.57 的电路,该滤波器的截止频率为 800 Hz,若构成滤波器的电容为 5 μF,试求 R_1和 R_2;(b)试确定滤波器一阶部分的电阻和电容值;(c)画出电路图并标出所有的元件值;(d)写出滤波器转移函数的表达式;(e)根据(d)中得到的比例变换转移函数,求出截止频率处的放大倍数(dB)。

15.59 (a)证明原型窄带带阻滤波器的转移函数为

$$H(s) = \frac{s^2 + 1}{s^2 + (1/Q)s + 1}$$

(b)用(a)中得到的结果求出例 15.13 中设计的滤波器的系统函数。

15.60 **(设计问题)**(a)用图 15.29 的电路设计一个窄带带阻滤波器,该滤波器的中心频率为 4 kHz,品质因数为 10,使用 0.5 μF 的电容;(b)画出滤波器的电路图并标出所有参数的值;(c)求比例变换后的转移函数。

15.61 **(实例应用/设计问题)**用图 15.32(a)所示电路设计一个音量控制电路,最大放大倍数为 14 dB,在 50 Hz 处的放大倍数为 11 dB,使用 10 kΩ 电阻和 50 kΩ 电位器。用所选定的 R_1,R_2 和 C_1 的值计算 $\omega = 0$ 时的最大放大倍数,$\omega = 1/R_2C_1$ 时的放大倍数来验证设计的正确性。

15.62 **(实例应用/设计问题)**用图 15.32(a)所示电路设计一个音量控制电路,最大放大倍数为 20 dB,在 75 Hz 处的放大倍数下降 3 dB。

15.63 **(实例应用)**在习题 15.61 设计的电路中,当 $\omega = 0$ 时,画出最大放大倍数的 dB 值随着 α 变化的曲线,令 α 从 0 变到 1,步长为 0.1。

15.64 **(实例应用)**(a)证明图 P15.64(a)和(b)中的电路是等效的;(b)证明在图 P15.64(b)中标有 x 和 y 的两点点位总是相等的;(c)根据(a)和(b)中的信息,证明图 15.33 中的电路可以画为图 P15.64(c)所示的电路;(d)证明图 P15.64(c)中的电路具有图 15.2 中电路的形式,其中

$$Z_i = \frac{R_1 + (1-\alpha)R_2 + R_1R_2C_1s}{1 + R_2C_1s}$$

$$Z_f = \frac{R_1 + \alpha R_2 + R_1R_2C_1s}{1 + R_2C_1s}$$

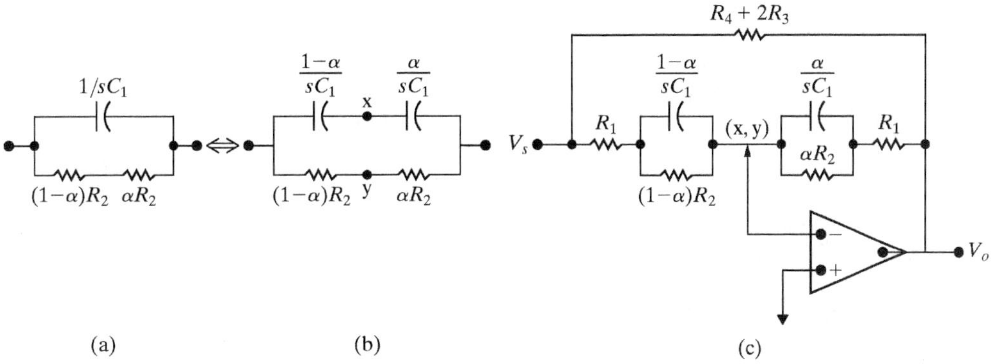

图 P15.64

15.65 **(实例应用)** 一个工程项目管理者收到了一个下属的建议，该下属认为，若图 P15.65 电路中的 $R_4 \gg R_1+R_3+2R_2$，那么该电路就可以用做高音音量控制电路，且电路的电压转移函数为

$$H(s)=\frac{V_o}{V_s}=\frac{-\{(2R_3+R_4)+[(1-\beta)R_4+R_o](\beta R_4+R_3)C_2 s\}}{\{(2R_3+R_4)+[(1-\beta)R_4+R_3](\beta R_4+R_o)C_2 s\}}$$

其中 $R_O=R_1+R_3+2R_2$，恰好有一位电子工程专业的硕士生在实习，于是管理者就让这个学生核对下属的说法，要求学生验证当 $\omega\to 0$ 以及 $\omega\to\infty$ 时转移函数的特性，以及 $\omega=\infty$，β 从 0 变到 1 时的特性。根据读者对转移函数的考察，你认为该电路能用做高音音量控制电路吗？请加以说明。

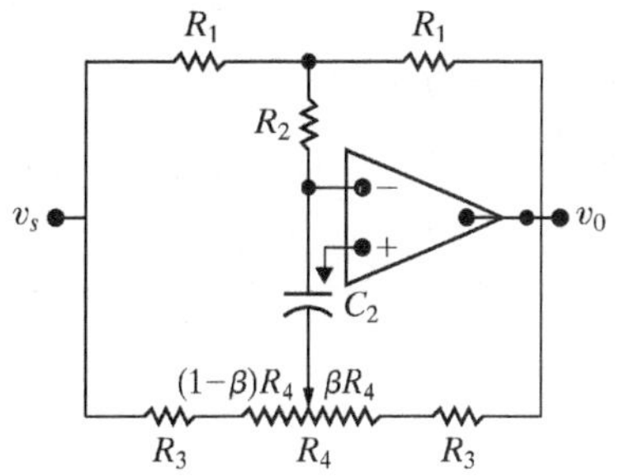

图 P15.65

15.66 **(实例应用)** 在图 P15.65 所示电路中，$R_1=R_2=20\ \text{k}\Omega$，$R_3=5.9\ \text{k}\Omega$，$R_4=500\ \text{k}\Omega$，$C_2=2.7\ \text{nF}$。

(a) 计算最大增益(dB)；(b) 计算最大衰减(dB)；(c) R_4 是否远大于 R_o？(d) 当 $\beta=1$，$\omega=1/R_3C_2$ 时，增益是多少 dB？(e) 当 $\beta=0$，$\omega=1/R_3C_2$ 时，衰减量是多少 dB？(f) 根据 (d) 和 (e) 的结论，当 $R_4\gg R_o$ 时，频率 $1/R_3C_2$ 有何意义？

15.67 **(实例应用)** 利用习题 15.66 给出的元件值，画出 ω 当无穷大时，最大增益的 dB 值随着 β 变化的曲线，令 β 从 0 变到 1，步长为 0.1。

第 16 章 傅里叶级数

本章目标

- 会利用系数定义计算周期信号的三角形式傅里叶级数的系数，并会利用信号的对称性简化计算。
- 会利用傅里叶系数和叠加原理分析电路对周期信号的响应。
- 会利用傅里叶系数的少数项估计电阻吸收的平均功率。
- 会计算周期信号的指数形式傅里叶级数的系数并会根据求得的系数绘出信号的幅值谱和相位谱。

在前面的章节中，用了很大篇幅讨论正弦稳态分析。人们对正弦激励函数感兴趣的一个原因是，通过它可以求得非正弦周期激励的稳态响应。周期函数是这样一种函数，它每隔 T 秒循环一次。例如图 16.1 所示的三角波就是一个非正弦的周期波形。

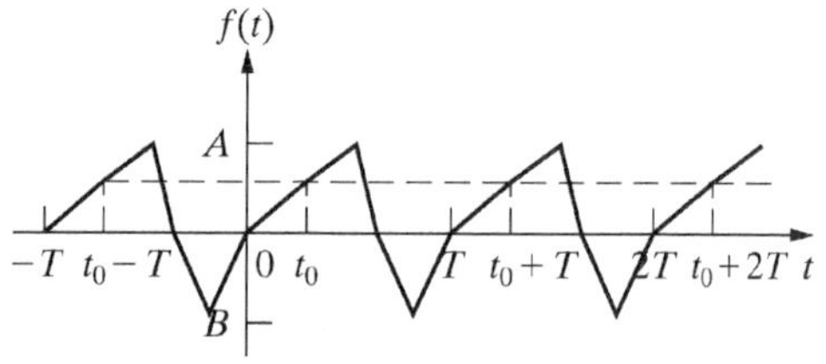

图 16.1 一个周期波形

周期函数是这样一种函数，它满足下面的关系式：

$$f(t)=f(t\pm nT) \tag{16.1}$$

式中，n 是整数(1, 2, 3, …)，T 是周期。图 16.1 中的函数是周期函数，因为对于任意 t_0 值都有

$$f(t_0)=f(t_0-T)=f(t_0+T)=f(t_0+2T)=\cdots$$

成立。注意这里的 T 是周期函数沿水平方向重复出现的最短时间间隔。

人们为什么对周期函数感兴趣呢？原因之一是，许多实用电源产生的波形都是周期的。例如，受正弦电源激励的整流电路产生的整流正弦波，其波形是非正弦的，但却是周期的。图 16.2(a)和图 16.2(b)分别显示了全波正弦整流和半波正弦整流的波形。

用于控制示波器阴极射线电子束的扫描发生器产生的周期三角波如图 16.3 所示。

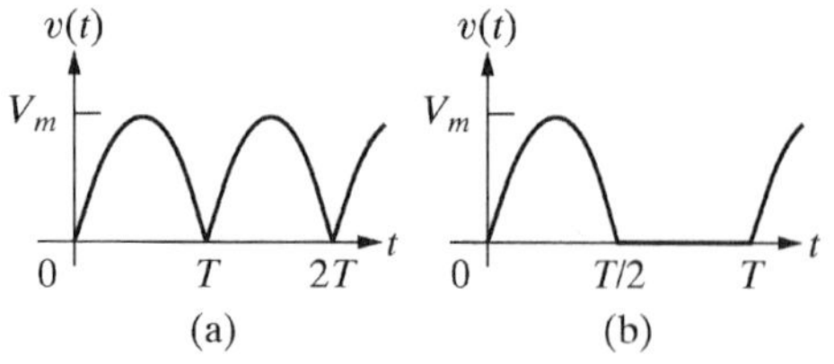

图 16.2 未滤波的正弦整流的输出波形：(a)全波整流；(b)半波整流

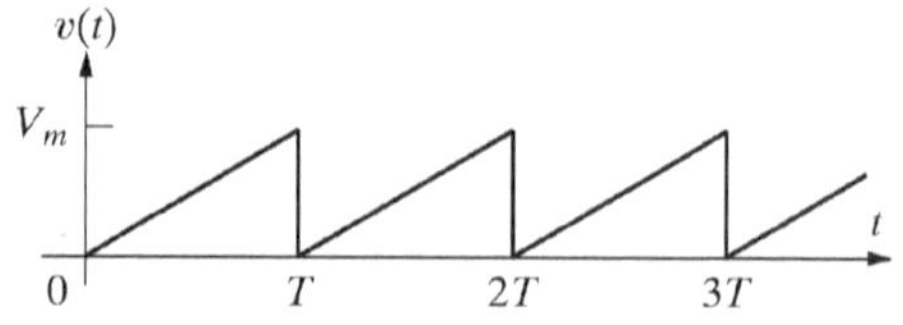

图 16.3 示波器显示的三角波形

实验室测试常用的振荡器可以产生非正弦的周期波形。在大多数测试实验室中，都可以找到能够产生方波、三角波和矩形脉冲波形的函数发生器。图 16.4 给出了几个典型波形的例子。

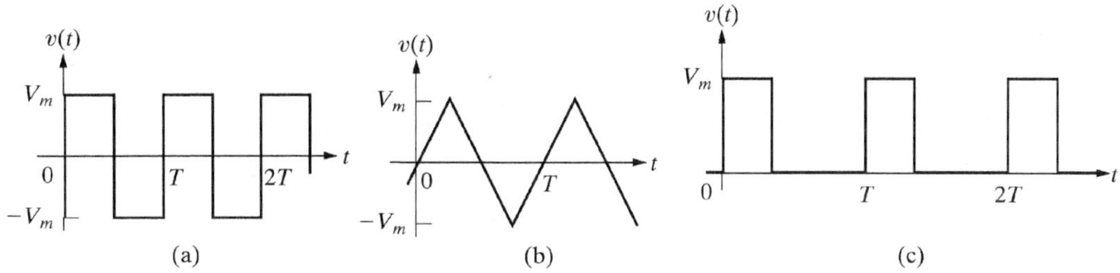

图 16.4　实验室测试用的函数发生器产生的波形：(a)方波；(b)三角波；(c)矩形脉冲

激发人们对周期函数感兴趣的另一个原因是，尽管发电机被设计用于产生正弦波形，但实际上它不能生成纯粹的正弦波。然而，畸变的正弦波是周期性的。因此，工程师们对产生轻微畸变的正弦电压的激励电源系统感兴趣。

对周期函数感兴趣也源于实际电路，因为各种线性电路中的任何非线性都会产生非正弦的周期函数。前面提到的整流电路就是这类现象的实例之一；机器和变压器中出现的磁饱和是产生非正弦周期函数的另一个实例；利用晶体管饱和的电子削波电路也会产生非正弦周期函数。

此外，非正弦周期函数对非电力系统的分析也很重要。机械振动、流体流动和热传导所涉及的问题都可以利用周期函数解决。在对金属棒热传导的研究和分析过程中，法国数学家傅里叶(1768 – 1830)发现了周期函数可以用三角级数来表示，而该级数也以他的名字命名，傅里叶级数是求电路周期激励稳态响应的出发点。

实例应用

有源高品质滤波器(一)

在第 14 章和第 15 章里，我们发现了带通滤波器和带阻滤波器的一个重要特性——品质因数 Q 值，品质因数是衡量滤波器在其中心频率处性能的一种指标。例如，一个具有较大 Q 值的带通滤波器在其中心频率处或附近放大信号而在其他频率范围内衰减信号。另一方面，一个具有较小 Q 值的带阻滤波器不能有效区分中心频率处的信号和距离中心频率较远的信号。

本章我们知道任意周期信号都能被表示为正弦波的和，其中正弦波的频率由周期信号的频率和该频率的整倍数组成。我们可以使用一个周期信号，如方波来检验带通滤波器或带阻滤波器的品质因数。譬如我们选择频率与带通滤波器中心频率相同的方波信号，如果带通滤波器具有较高的品质因数，其输出将是近正弦的，从而将输入方波变换为输出正弦波；如果滤波器的品质因数较低，其输出仍看起来像一个方波信号，这是因为滤波器不能在构成方波信号的正弦波中进行选择。本章末将给出一个例子进行说明。

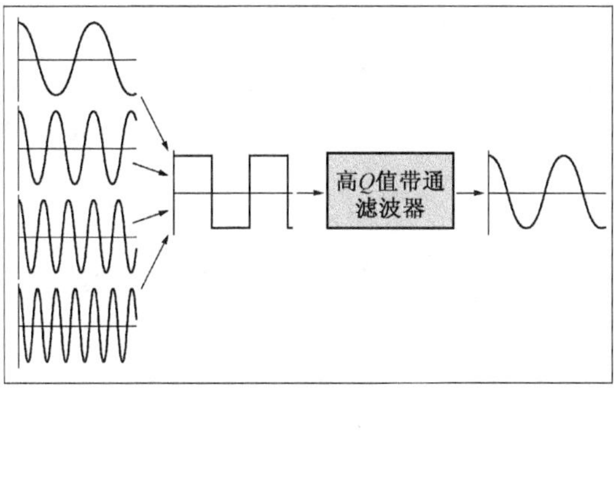

16.1 傅里叶级数分析：概述

傅里叶在研究热传导问题时发现，一个周期函数可以用正交的正弦函数或余弦函数的无穷多项和表示。换句话说，无穷级数的任意一个三角函数项的周期都是周期函数的基波周期 T 的整数倍或谐波。这样对于周期函数 $f(t)$，傅里叶指出 $f(t)$ 可用下面的公式表示：

$$f(t)=a_v+\sum_{n=1}^{\infty}a_n\cos n\omega_0 t+b_n\sin n\omega_0 t \tag{16.2}$$

其中，n 是整数序列 1，2，3…。

式(16.2)中，a_v，a_n 和 b_n 被称为傅里叶系数，可由 $f(t)$ 计算得到。ω_0($\omega_0=2\pi/T$)表示周期函数 $f(t)$ 的基频。ω_0 的整数倍，即 $2\omega_0$，$3\omega_0$，$4\omega_0$ 等称为周期函数 $f(t)$ 的谐波频率。$2\omega_0$ 是二次谐波，$3\omega_0$ 是三次谐波，$n\omega_0$ 是 $f(t)$ 的 n 次谐波。

在 16.2 节将讨论傅里叶系数的确定问题。在详细讨论利用傅里叶级数进行电路分析之前，先看看一般情况下的应用。从应用的观点出发，可以将所有周期函数表示成傅里叶级数的形式。在数学上，若一个周期函数 $f(t)$ 可以展开成傅里叶级数，应当满足如下条件[即狄利克雷(Dirichlet)条件]：

1. $f(t)$ 是单值的。
2. $f(t)$ 在一个周期内的间断点有限。
3. $f(t)$ 在一个周期内的极值点有限。
4. 积分

$$\int_{t_0}^{t_0+T}|f(t)|\,\mathrm{d}t$$

存在。

任何一个由物理可实现的信号源产生的周期函数都满足狄利克雷条件，它是充分条件而不是必要条件。因此，如果 $f(t)$ 满足这些条件，就可以将它表示成傅里叶级数。然而，如果 $f(t)$ 不满足这些条件，仍然可以将它表示成傅里叶级数。函数 $f(t)$ 展开成傅里叶级数的必要条件是未知的。

对给定函数 $f(t)$ 计算得到其傅里叶系数(a_v，a_n 和 b_n)后，可以将周期信号源分解为一个直流信号源(a_v)及许多正弦信号源(a_n 和 b_n)的和。对周期信号源激励的线性电路，可以用叠加原理求其稳态响应。具体计算时，先求出 $f(t)$ 的傅里叶级数表达式对应的各个信号源的响应，然后将单个响应相加得到总响应。利用相量分析法，可以很容易地求出正弦信号源的稳态响应。

该方法很简单，而且不涉及电路分析的新技术。利用该方法可以得到稳态响应的傅里叶级数表达式，但响应的实际形态是未知的。所以要估计响应的波形，需要增加足够的条件。虽然求稳态响应的傅里叶级数方法存在一些缺陷，但它引入了一种考虑问题的方法，这和获得定量结果是同样重要的。事实上，在某些方面定性描述甚至比定量描述更为重要。

16.2 傅里叶系数

给出周期函数的定义后，可以用下列关系式确定傅里叶级数的系数：

$$a_v=\frac{1}{T}\int_{t_0}^{t_0+T}f(t)\,\mathrm{d}t \tag{16.3}$$

$$a_k = \frac{2}{T}\int_{t_0}^{t_0+T} f(t)\cos k\omega_0 t\,\mathrm{d}t \tag{16.4}$$

$$b_k = \frac{2}{T}\int_{t_0}^{t_0+T} f(t)\sin k\omega_0 t\,\mathrm{d}t \tag{16.5}$$

在式(16.4)和式(16.5)中，下标 k 表示第 k 次系数，按整数顺序 1，2，3，…变化。注意这里 a_v 是 $f(t)$ 的平均值，a_k 是 $f(t)\cos k\omega_0 t$ 的平均值的两倍，b_k 是 $f(t)\sin k\omega_0 t$ 的平均值的两倍。

利用下列积分关系式：

$$\int_{t_0}^{t_0+T} \sin m\omega_0 t\,\mathrm{d}t = 0,\quad \text{对于所有 } m \tag{16.6}$$

$$\int_{t_0}^{t_0+T} \cos m\omega_0 t\,\mathrm{d}t = 0,\quad \text{对于所有 } m \tag{16.7}$$

$$\int_{t_0}^{t_0+T} \cos m\omega_0 t\sin n\omega_0 t\,\mathrm{d}t = 0,\quad \text{对于所有 } m \text{ 和 } n \tag{16.8}$$

$$\begin{aligned}\int_{t_0}^{t_0+T} \sin m\omega_0 t\sin n\omega_0 t\,\mathrm{d}t &= 0,\quad \text{对于所有 } m \neq n \\ &= \frac{T}{2},\quad \text{对于 } m = n\end{aligned} \tag{16.9}$$

$$\begin{aligned}\int_{t_0}^{t_0+T} \cos m\omega_0 t\,\cos n\omega_0 t\,\mathrm{d}t &= 0,\quad \text{对于所有 } m \neq n \\ &= \frac{T}{2},\quad \text{对于 } m = n\end{aligned} \tag{16.10}$$

其中 m 和 n 是整数，由式(16.2)很容易推导出式(16.3)至式(16.5)。这里将式(16.6)至式(16.10)的证明作为习题 16.5 留给读者。

为导出式(16.3)，对式(16.2)的两端在一个周期内同时积分

$$\begin{aligned}\int_{t_0}^{t_0+T} f(t)\,\mathrm{d}t &= \int_{t_0}^{t_0+T}\left(a_v + \sum_{n=1}^{\infty} a_n\cos n\omega_0 t + b_n\sin n\omega_0 t\right)\mathrm{d}t \\ &= \int_{t_0}^{t_0+T} a_v\,\mathrm{d}t + \sum_{n=1}^{\infty}\int_{t_0}^{t_0+T}(a_n\cos n\omega_0 t + b_n\sin n\omega_0 t)\,\mathrm{d}t \\ &= a_v T + 0\end{aligned} \tag{16.11}$$

由式(16.11)可以直接导出式(16.3)。

为导出 a_n 的第 k 次值的表达式，先将式(16.2)的两端同乘以 $\cos k\omega_0 t$，然后对其在 $f(t)$ 的一个周期内积分

$$\begin{aligned}\int_{t_0}^{t_0+T} f(t)\cos k\omega_0 t\,\mathrm{d}t &= \int_{t_0}^{t_0+T} a_v\cos k\omega_0 t\,\mathrm{d}t \\ &+ \sum_{n=1}^{\infty}\int_{t_0}^{t_0+T}(a_n\cos n\omega_0 t\,\cos k\omega_0 t + b_n\sin n\omega_0 t\cos k\omega_0 t)\,\mathrm{d}t \\ &= 0 + a_k\left(\frac{T}{2}\right) + 0\end{aligned} \tag{16.12}$$

求解式(16.12)中的 a_k，则得到式(16.4)的表达式。

将式(16.2)的两端同时乘以 $\sin k\omega_0 t$，然后对它在 $f(t)$ 的一个周期内积分，得到 b_n 的第 k 次值的表达式。例 16.1 将讲述如何利用式(16.3)至式(16.5)求一个周期函数的傅里叶级数的系数。

例 16.1 求不具有对称性的三角波的傅里叶级数

求图 16.5 所示周期电压的傅里叶级数。

解：

利用式(16.3)至式(16.5)计算 a_v，a_k 和 b_k 时，需要选择 t_0 的值。对于图 16.5 所示的周期电压，t_0 的值最好选为零，因为其他选择都会使积分变得更为麻烦。在 0 和 T 之间，$v(t)$ 的表达式是

$$v(t) = \left(\frac{V_m}{T}\right)t$$

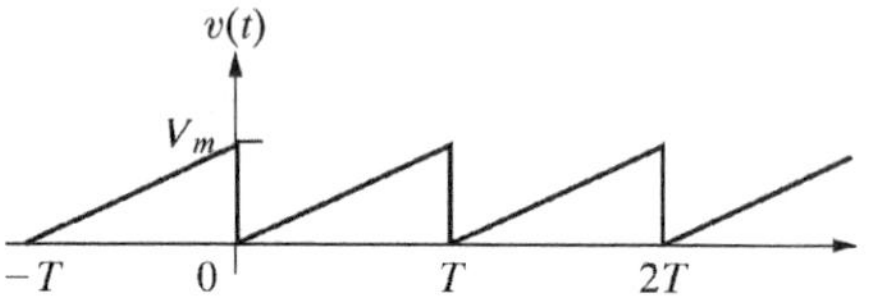

图 16.5 例 16.1 的周期电压

a_v 的表达式为

$$a_v = \frac{1}{T}\int_0^T \left(\frac{V_m}{T}\right)t\,\mathrm{d}t = \frac{1}{2}V_m$$

很明显，这是图 16.5 所示波形的平均值。

a_n 的 k 次值的表达式为

$$\begin{aligned} a_k &= \frac{2}{T}\int_0^T \left(\frac{V_m}{T}\right)t\cos k\omega_0 t\,\mathrm{d}t \\ &= \frac{2V_m}{T^2}\left(\frac{1}{k^2\omega_0^2}\cos k\omega_0 t + \frac{t}{k\omega_0}\sin k\omega_0 t\right)\Bigg|_0^T \\ &= \frac{2V_m}{T^2}\left[\frac{1}{k^2\omega_0^2}(\cos 2\pi k - 1)\right] = 0\text{，对于所有}k \end{aligned}$$

b_n 的 k 次值的表达式为

$$\begin{aligned} b_k &= \frac{2}{T}\int_0^T \left(\frac{V_m}{T}\right)t\sin k\omega_0 t\,\mathrm{d}t \\ &= \frac{2V_m}{T^2}\left(\frac{1}{k^2\omega_0^2}\sin k\omega_0 t - \frac{t}{k\omega_0}\cos k\omega_0 t\right)\Bigg|_0^T \\ &= \frac{2V_m}{T^2}\left(0 - \frac{T}{k\omega_0}\cos 2\pi k\right) \\ &= \frac{-V_m}{\pi k} \end{aligned}$$

$v(t)$ 的傅里叶级数为

$$\begin{aligned} v(t) &= \frac{V_m}{2} - \frac{V_m}{\pi}\sum_{n=1}^{\infty}\frac{1}{n}\sin n\omega_0 t \\ &= \frac{V_m}{2} - \frac{V_m}{\pi}\sin\omega_0 t - \frac{V_m}{2\pi}\sin 2\omega_0 t - \frac{V_m}{3\pi}\sin 3\omega_0 t - \cdots \end{aligned}$$

评测目标 1 会计算周期信号的三角形式傅里叶级数的系数。

16.1 求右图所示电压周期函数当 $V_m = 9\pi$ V 时 a_v，a_k 和 b_k 的表达式。

答： $a_v = 21.99$ V，$a_k = \frac{6}{k}\sin\frac{4k\pi}{3}$ V，$b_k = \frac{6}{k}\left(1-\cos\frac{4k\pi}{3}\right)$ V。

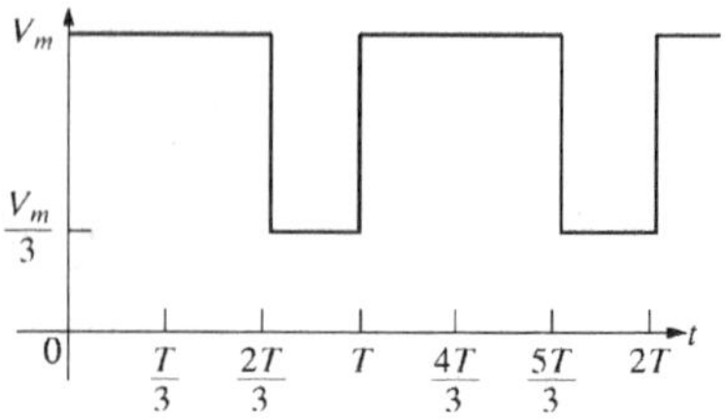

16.2 参考上一题回答下面的问题：

(a)周期电压的平均值是多少？(b)计算 $a_1 \sim a_5$ 和 $b_1 \sim b_5$ 的数值。(c)以弧度每秒为单位，如果 $T = 125.66$ ms，则基频是多少？(d)以赫兹为单位，三次谐波的频率是多少？(e)写出傅里叶级数的五次谐波之前的所有项。

答：(a)21.99 V；(b) −5.2 V，2.6 V，0 V，−1.3 V 和 1.04 V；9 V，4.5 V，0 V，2.25 V 和 1.8 V；(c)50 rad/s；(d)23.87 Hz；(e)$v(t)=21.99-5.2\cos 50t+9\sin 50t+2.6\cos 100t+4.5\sin 100t-1.3\cos 200t+2.25\sin 200t+1.04\cos 250t+1.8\sin 250t$ V。

提示：也可试求一下本章习题 16.1 至习题 16.3。

一般情况下，确定傅里叶系数的工作是冗长乏味的，因此对这项工作的任何简化都是有益的。幸运的是，具有某种对称性质的周期函数会大大降低确定傅里叶系数的工作量。在 16.3 节中，将讨论函数的对称性对傅里叶级数系数的影响。

16.3　对称性对傅里叶系数的影响

四种类型的对称可以用来简化傅里叶系数的计算：

- 偶函数对称
- 奇函数对称
- 半波对称
- 四分之一波对称

下面将分别讨论各种类型的对称对傅里叶系数的影响。

16.3.1　偶函数对称

将满足下式：

$$f(t)=f(-t) \tag{16.13}$$

的函数定义为偶函数，因为只含有偶指数的多项式函数才满足式(16.13)。对于一个周期偶函数，求傅里叶系数的公式可简化为

$$a_v=\frac{2}{T}\int_0^{T/2}f(t)\,\mathrm{d}t \tag{16.14}$$

$$a_k=\frac{4}{T}\int_0^{T/2}f(t)\cos k\omega_0 t\,\mathrm{d}t \tag{16.15}$$

$$b_k=0,\ \text{对于所有}\ k \tag{16.16}$$

注意当周期函数为偶函数时，所有系数 b 的值等于零。图 16.6 给出了一个周期偶函数的例子。式(16.14)至式(16.16)可以由式(16.3)至式(16.5)直接导出。在上述各式的推导过程中，令 $t_0=-T/2$，并将积分区间分成 $-T/2\sim 0$ 和 $0\sim T/2$ 两部分，或者

$$a_v=\frac{1}{T}\int_{-T/2}^{T/2}f(t)\,\mathrm{d}t=\frac{1}{T}\int_{-T/2}^{0}f(t)\,\mathrm{d}t+\frac{1}{T}\int_0^{T/2}f(t)\,\mathrm{d}t \tag{16.17}$$

现在改变式(16.17)右边第一个积分的变量。令 $t=-x$，注意，因为该函数是偶函数，所以 $f(t)=f(-x)=f(x)$。此外还有，当 $t=-T/2$ 时，$x=T/2$，$\mathrm{d}t=-\mathrm{d}x$，于是有

$$\int_{-T/2}^{0}f(t)\,\mathrm{d}t=\int_{T/2}^{0}f(x)(-\mathrm{d}x)=\int_0^{T/2}f(x)\,\mathrm{d}x \tag{16.18}$$

上式表明从 $-T/2$ 到 0 的积分与从 0 到 $T/2$ 的积分值相同，因此，式(16.17)和式(16.14)相

同。式(16.15)的推导过程与式(16.14)类似，这里

$$a_k = \frac{2}{T}\int_{-T/2}^{0} f(t)\cos k\omega_0 t\,\mathrm{d}t + \frac{2}{T}\int_{0}^{T/2} f(t)\cos k\omega_0 t\,\mathrm{d}t \tag{16.19}$$

而且

$$\begin{aligned}\int_{-T/2}^{0} f(t)\cos k\omega_0 t\,\mathrm{d}t &= \int_{T/2}^{0} f(x)\cos(-k\omega_0 x)(-\mathrm{d}x)\\ &= \int_{0}^{T/2} f(x)\cos k\omega_0 x\,\mathrm{d}x\end{aligned} \tag{16.20}$$

同前面一样，从 $-T/2$ 到 0 的积分与从 0 到 $T/2$ 的积分值相同。联立式(16.20)和式(16.19)可以导出式(16.15)。

当 $f(t)$ 为周期偶函数时，所有系数 b 的值等于零，因为从 $-T/2$ 到 0 的积分值恰好等于从 0 到 $T/2$ 的负积分值，即

$$\begin{aligned}\int_{-T/2}^{0} f(t)\sin k\omega_0 t\,\mathrm{d}t &= \int_{T/2}^{0} f(x)\sin(-k\omega_0 x)(-\mathrm{d}x)\\ &= -\int_{0}^{T/2} f(x)\sin k\omega_0 x\,\mathrm{d}x\end{aligned} \tag{16.21}$$

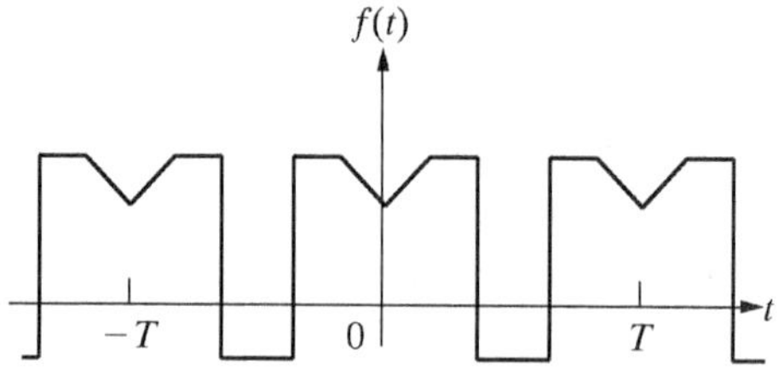

图 16.6 一个周期偶函数，$f(t)=f(-t)$

利用式(16.14)和式(16.15)求傅里叶级数的系数时，积分区间一定为 $0\sim T/2$。

16.3.2 奇函数对称

将满足下式：

$$f(t) = -f(-t) \tag{16.22}$$

的函数定义为奇函数，因为只含有奇指数的多项式函数才满足式(16.22)。对于一个周期奇函数，求傅里叶系数的公式为

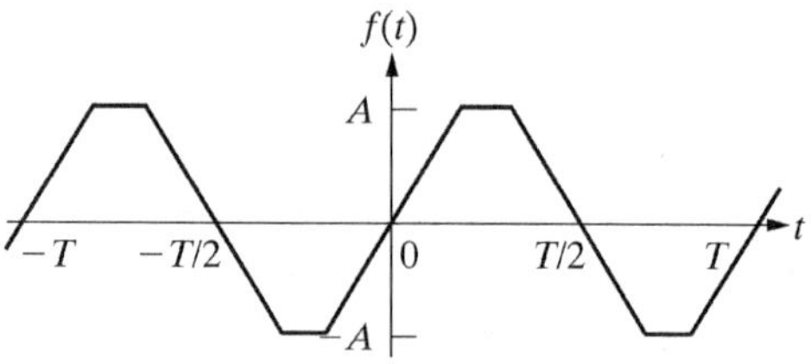

图 16.7 一个周期奇函数，$f(t)=-f(-t)$

$$a_v = 0 \tag{16.23}$$

$$a_k = 0,\quad 对于所有 k \tag{16.24}$$

$$b_k = \frac{4}{T}\int_{0}^{T/2} f(t)\sin k\omega_0 t\,\mathrm{d}t \tag{16.25}$$

注意，当周期函数是奇函数时，所有系数 a 的值等于零。图 16.7 给出了一个周期奇函数的例子。

利用与推导式(16.14)至式(16.16)相同的步骤，可以导出式(16.23)至式(16.25)。这里将式(16.23)至式(16.25)的推导留给读者，参见习题 16.7。

沿时间轴移动函数会破坏周期函数的奇偶性。换言之，适当地选择 $t=0$ 点的位置，可以将一个周期函数变成奇对称或偶对称。例如，图 16.8(a)所示的三角函数既不是奇函数也不是偶函数。然而，可以将该函数变成图 16.8(b)所示的偶函数，或将它变成图 16.8(c)所示的奇函数。

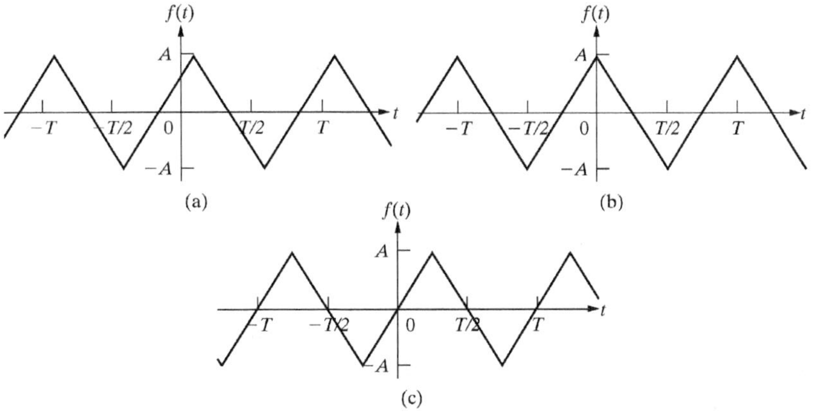

图 16.8　选择 $t=0$ 点的位置可以将一个周期函数变成偶函数、奇函数或非奇非偶函数：(a)既不是奇函数也不是偶函数的周期三角波；(b)将(a)中的周期三角波函数沿t轴平移，从而将其变成偶函数；(c)将(a)中的周期三角波函数沿t轴平移从而将其变成奇函数

16.3.3　半波对称

若一个周期函数满足

$$f(t)=-f(t-T/2) \tag{16.26}$$

则该函数称为半波对称函数。式(16.26)表明，半波对称周期函数沿时间轴平移半个周期并相对于该轴上下反转后，函数波形不发生变化。例如，图 16.7 和图 16.8 中所示的函数为半波对称函数，而图 16.5 和图 16.6 中的函数在 $t=0$ 时不是半波对称函数。

如果一个周期函数具有半波对称性，则当 k 取偶数值时，a_k 和 b_k 的值都为零。此外，因为半波对称函数的平均值等于零，所以 a_v 的值也为零。傅里叶系数的表达式如下：

$$a_v=0, \tag{16.27}$$

$$a_k=0,\quad \text{对于偶数 } k \tag{16.28}$$

$$a_k=\frac{4}{T}\int_0^{T/2} f(t)\cos k\omega_0 t\,\mathrm{d}t,\quad \text{对于奇数 } k \tag{16.29}$$

$$b_k=0,\quad \text{对于偶数 } k \tag{16.30}$$

$$b_k=\frac{4}{T}\int_0^{T/2} f(t)\sin k\omega_0 t\,\mathrm{d}t,\quad \text{对于奇数 } k \tag{16.31}$$

从式(16.3)至式(16.5)出发，积分区间选为 $-T/2\sim T/2$，并将其分为 $-T/2\sim 0$ 和 $0\sim T/2$ 两部分，经推导可得式(16.27)至式(16.31)。例如，推导 a_k 的过程如下：

$$\begin{aligned}a_k&=\frac{2}{T}\int_{t_0}^{t_0+T} f(t)\cos k\omega_0 t\,\mathrm{d}t\\&=\frac{2}{T}\int_{-T/2}^{T/2} f(t)\cos k\omega_0 t\,\mathrm{d}t\\&=\frac{2}{T}\int_{-T/2}^{0} f(t)\cos k\omega_0 t\,\mathrm{d}t+\frac{2}{T}\int_{0}^{T/2} f(t)\cos k\omega_0 t\,\mathrm{d}t\end{aligned} \tag{16.32}$$

现在改变式(16.32)右边第一个积分式的变量，令

$$t = x - T/2$$

则

$$x = T/2, \qquad t = 0$$

$$x = 0, \qquad t = -T/2$$

$$dt = dx$$

将第一个积分重写如下：

$$\int_{-T/2}^{0} f(t)\cos k\omega_0 t\,dt = \int_{0}^{T/2} f(x - T/2)\cos k\omega_0(x - T/2)\,dx \tag{16.33}$$

注意这里

$$\cos k\omega_0(x - T/2) = \cos(k\omega_0 x - k\pi) = \cos k\pi \cos k\omega_0 x$$

另外，利用假设

$$f(x - T/2) = -f(x)$$

则式(16.33)变为

$$\int_{-T/2}^{0} f(t)\cos k\omega_0 t\,dt = \int_{0}^{T/2} [-f(x)]\cos k\pi \cos k\omega_0 x\,dx \tag{16.34}$$

将式(16.34)代入式(16.32)得

$$a_k = \frac{2}{T}(1 - \cos k\pi)\int_{0}^{T/2} f(t)\cos k\omega_0 t\,dt \tag{16.35}$$

其中当 k 为偶数时，$\cos k\pi$等于 1，k 为奇数时，$\cos k\pi$等于 -1。这样，由式(16.35)可以得到式(16.28)和式(16.29)。

类似地，使用以上步骤可以导出式(16.30)和式(16.31)。式(16.30)和式(16.31)的证明作为习题 16.8 留给读者。

通过上述讨论可知，半波对称周期函数的傅里叶级数表达式只含有奇次谐波，直流分量为零。

16.3.4 四分之一波对称

四分之一波对称这个术语描述了这样一种周期函数，该函数具有半波对称性，且关于正、负半周期的中点对称。图 16.9(a)中的函数是关于正、负半周期的中点对称的四分之一波对称函数。图 16.9(b)的函数不是四分之一波对称函数，尽管它是半波对称函数。

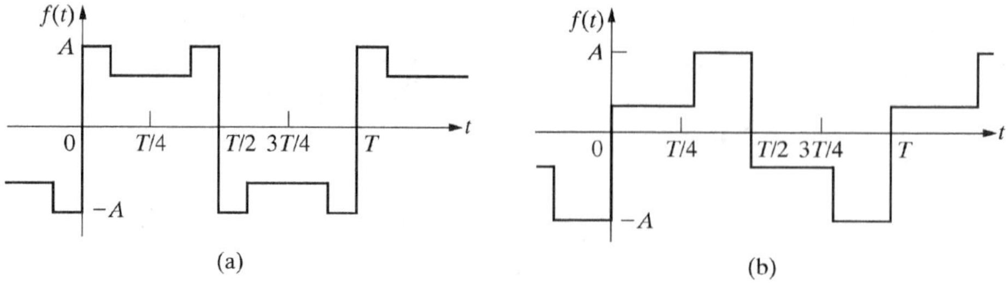

图 16.9 (a)具有四分之一波对称性的函数；(b)不具有四分之一波对称性的函数

适当地选择 $t=0$ 点的位置，总能把一个四分之一波对称周期函数变成偶函数或奇函数。例如，图 16.9(a)中所示的函数是奇函数，将它沿 t 轴向左或向右平移 $T/4$，该函数就变成了偶函数。然而，图 16.9(b)中所示的函数无论如何也不能变成奇函数或偶函数。计算傅里叶系数时，为了利用四分之一波对称性，必须选择使函数变成奇函数或偶函数的 $t=0$ 点的位置。

如果将四分之一波对称函数变成偶函数，则

$a_v=0$，因为函数是半波对称函数

$a_k=0$，因为 k 取偶数时，函数是半波对称函数

$a_k=\dfrac{8}{T}\int_0^{T/4} f(t)\cos k\omega_0 t\mathrm{d}t$，因为 k 是奇数

$b_k=0$，因为对所有 k 值，函数是偶函数　(16.36)

由函数的四分之一波对称性和它的偶函数性质就导出了式(16.36)。考虑到四分之一波对称和半波对称的相同之处，所以当 k 为偶数时，就不必计算 a_v 和 a_k 了。比较式(16.36)中 k 为奇数时 a_k 的表达式和式(16.29)，我们发现联合考虑四分之一波对称特性和偶函数特性可以把积分区间从 $0\sim T/2$ 缩短到 $0\sim T/4$。式(16.36)的推导作为习题 16.9 留给读者。

若将四分之一波对称函数变为奇函数，则有下式成立：

$a_v=0$，奇函数

$a_k=0$，奇函数，对于所有 k 值

$b_k=0$，k 为偶数，半波对称

$b_k=\dfrac{8}{T}\int_0^{T/4} f(t)\sin k\omega_0 t\mathrm{d}t$，$k$ 为奇数　(16.37)

式(16.37)是同时考虑函数的四分之一波对称性质和奇函数性质的直接结果。而且，四分之一波对称特性使积分区间从 $0\sim T/2$ 缩短到 $0\sim T/4$。式(16.37)的推导作为习题 16.10 留给读者。

例 16.2 举例说明了如何利用函数的对称性简化傅里叶系数的计算。

例 16.2　求具有对称性的奇函数的傅里叶级数

求图 16.10 所示波形的傅里叶级数的表达式。

解：从寻找波形的对称性开始。我们发现该函数是奇函数且为半波对称函数和四分之一波对称函数。因为该函数是奇函数，所以所有的系数 a 等于零，即 $a_v=0$，且对于所有 k 值 $a_k=0$。因为该函数是半波对称函数，所以当 k 取偶数值时，$b_k=0$。因为该函数是四分之一波对称函数，所以当 k 取奇数值时，b_k 的表达式为

$$b_k=\frac{8}{T}\int_0^{T/4} i(t)\sin k\omega_0 t\,\mathrm{d}t$$

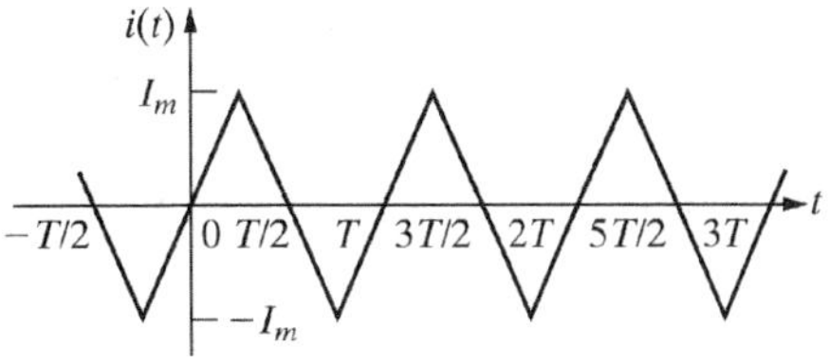

图 16.10　例 16.2 的周期波形

在 $0\leqslant t\leqslant T/4$ 内，$i(t)$ 的表达式为

$$i(t)=\frac{4I_m}{T}t$$

因此

$$\begin{aligned}b_k&=\frac{8}{T}\int_0^{T/4}\frac{4I_m}{T}t\sin k\omega_0 t\,\mathrm{d}t\\&=\frac{32I_m}{T^2}\left(\frac{\sin k\omega_0 t}{k^2\omega_0^2}-\frac{t\cos k\omega_0 t}{k\omega_0}\bigg|_0^{T/4}\right)\\&=\frac{8I_m}{\pi^2k^2}\sin\frac{k\pi}{2}\ (k\text{ 是奇数})\end{aligned}$$

$i(t)$的傅里叶级数表达式为

$$i(t)=\frac{8I_m}{\pi^2}\sum_{n=1,3,5,\ldots}^{\infty}\frac{1}{n^2}\sin\frac{n\pi}{2}\sin n\omega_0 t$$
$$=\frac{8I_m}{\pi^2}\left(\sin\omega_0 t-\frac{1}{9}\sin 3\omega_0 t+\frac{1}{25}\sin 5\omega_0 t-\frac{1}{49}\sin 7\omega_0 t+\cdots\right)$$

评测目标 1　会计算周期信号的三角函数形式傅里叶级数的系数。

16.3　求右图中所示周期电压信号的傅里叶级数。

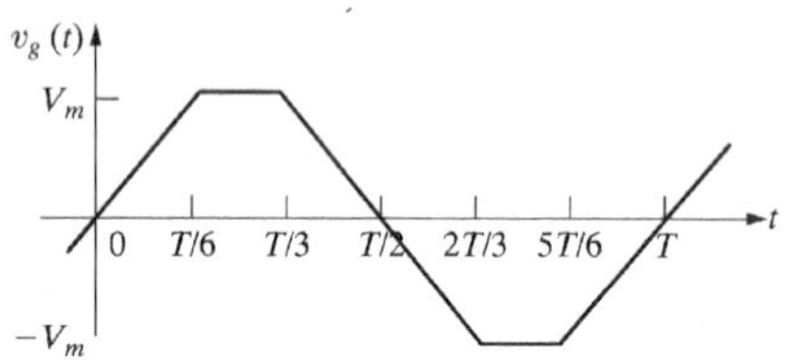

答： $v_g(t)=\frac{12V_m}{\pi^2}\sum_{n=1,3,5,\cdots}^{\infty}\frac{\sin(n\pi/3)}{n^3}\sin n\omega_0 t$。

提示： 也可以采用本章习题 16.11 和习题 16.12 对评测目标 1 进行评测。

16.4　傅里叶级数的另一种三角函数形式

在傅里叶级数的电路应用中，为方便起见，将傅里叶级数的余弦项和正弦项合并成单一项。这样，可以把$i(t)$或$v(t)$的各次谐波表示成单一的相量。可以将级数中的余弦项和正弦项合并成一个只含余弦项或只含正弦项的表达式。因为电路分析使用的相量法(参见第 9 章)选用余弦形式，所以这里将傅里叶级数的三角函数式用余弦式表示。因此，可以把式(16.2)中的傅里叶级数写成

$$f(t)=a_v+\sum_{n=1}^{\infty}A_n\cos(n\omega_0 t-\theta_n) \tag{16.38}$$

其中，A_n 和 θ_n 用下面的复变量定义为

$$a_n-\mathrm{j}b_n=\sqrt{a_n^2+b_n^2}\,\underline{/-\theta_n}=A_n\underline{/-\theta_n} \tag{16.39}$$

使用相量法，将式(16.2)中的余弦项和正弦项相加，就导出了式(16.38)和式(16.39)。首先将正弦函数表示成余弦函数，即将式(16.2)重写为

$$f(t)=a_v+\sum_{n=1}^{\infty}a_n\cos n\omega_0 t+b_n\cos(n\omega_0 t-90^\circ) \tag{16.40}$$

使用相量法，将求和符号下的各项相加得

$$\mathcal{P}\{a_n\cos n\omega_0 t\}=a_n\ \underline{/0^\circ} \tag{16.41}$$

和

$$\mathcal{P}\{b_n\cos(n\omega_0 t-90^\circ)\}=b_n\ \underline{/-90^\circ}=-\mathrm{j}b_n \tag{16.42}$$

则

$$\begin{aligned}\mathcal{P}\{a_n\cos n\omega_0 t+b_n\cos(n\omega_0 t-90^\circ)\}&=a_n-\mathrm{j}b_n\\&=\sqrt{a_n^2+b_n^2}\,\underline{/-\theta_n}\\&=A_n\underline{/-\theta_n}\end{aligned} \tag{16.43}$$

对式(16.43)进行逆变换，得到

$$\begin{aligned}a_n\cos n\omega_0 t+b_n\cos(n\omega_0 t-90^\circ)&=\mathcal{P}^{-1}\{A_n\underline{/-\theta_n}\}\\&=A_n\cos(n\omega_0 t-\theta_n)\end{aligned} \tag{16.44}$$

将式(16.44)代入式(16.40)可导出式(16.38)。式(16.43)与式(16.39)一致。若周期函数是偶函数或奇函数，则 A_n 变为 a_n(偶函数)或 b_n(奇函数)，θ_n 变为 0°(偶函数)或 90°(奇函数)。

例 16.3 举例说明了对给定周期函数求傅里叶级数的推导过程。

例 16.3　计算周期电压的三角形式的傅里叶级数

(a)推导图 16.11 所示周期函数的傅里叶系数 a_k 和 b_k 的表达式。

(b)利用式(16.38)写出 $v(t)$ 的傅里叶级数表达式的前四项。

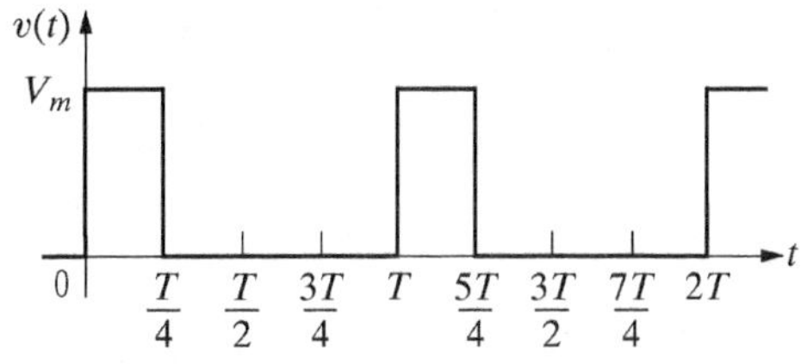

图 16.11　例 16.3 的周期函数

解：

(a)电压 $v(t)$ 既不是偶函数也不是奇函数，而且也不是半波对称函数，因此可以利用式(16.4)和式(16.5)求出 a_k 和 b_k 的值。将 t_0 选定为零，得到

$$a_k = \frac{2}{T}\left[\int_0^{T/4} V_m \cos k\omega_0 t \ \mathrm{d}t + \int_{T/4}^{T} (0)\cos k\omega_0 t \ \mathrm{d}t\right]$$

$$= \frac{2V_m}{T}\left.\frac{\sin k\omega_0 t}{k\omega_0}\right|_0^{T/4} = \frac{V_m}{k\pi}\sin\frac{k\pi}{2}$$

和

$$b_k = \frac{2}{T}\int_0^{T/4} V_m \sin k\omega_0 t \ \mathrm{d}t = \frac{2V_m}{T}\left(\left.\frac{-\cos k\omega_0 t}{k\omega_0}\right|_0^{T/4}\right) = \frac{V_m}{k\pi}\left(1-\cos\frac{k\pi}{2}\right)$$

(b)$v(t)$ 的平均值为

$$a_v = \frac{V_m(T/4)}{T} = \frac{V_m}{4}$$

$k=1$, 2 和 3 时，$a_k - \mathrm{j}b_k$ 的值分别为

$$a_1 - \mathrm{j}b_1 = \frac{V_m}{\pi} - \mathrm{j}\frac{V_m}{\pi} = \frac{\sqrt{2}V_m}{\pi}\ \angle -45^\circ$$

$$a_2 - \mathrm{j}b_2 = 0 - \mathrm{j}\frac{V_m}{\pi} = \frac{V_m}{\pi}\ \angle -90^\circ$$

$$a_3 - \mathrm{j}b_3 = \frac{-V_m}{3\pi} - \mathrm{j}\frac{V_m}{3\pi} = \frac{\sqrt{2}V_m}{3\pi}\ \angle -135^\circ$$

于是，$v(t)$ 的傅里叶级数表达式的前四项为

$$v(t) = \frac{V_m}{4} + \frac{\sqrt{2}V_m}{\pi}\cos(\omega_0 t - 45^\circ) + \frac{V_m}{\pi}\cos(2\omega_0 t - 90^\circ)$$
$$+ \frac{\sqrt{2}V_m}{3\pi}\cos(3\omega_0 t - 135^\circ) + \cdots$$

评测目标 1　会计算周期波形的三角函数形式的傅里叶系数。

16.4　(a)计算右图中所示周期函数当 $V_m = 9\pi$ V 时的 $A_1 \sim A_5$ 和 $\theta_1 \sim \theta_5$ 的值。

(b)采用式(16.38)的格式，若 $T = 125.66$ ms，写出 $v(t)$ 的傅里叶级数的五次谐波之前的所有项。

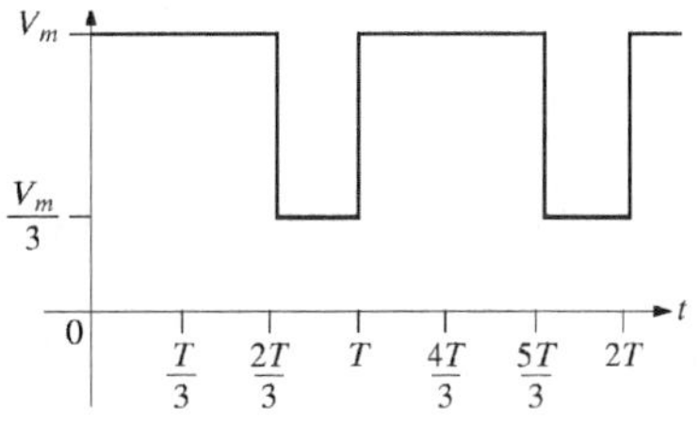

答：(a)10.4 V, 5.2 V, 0, 2.6 V, 2.1 V 和 −120°, −60°, 未定义, −120°, −60°; (b) $v(t) = 21.99 + 10.4\cos(50t - 120)^\circ + 5.2\cos(100t - 60^\circ + 2.6\cos(200t - 120^\circ) + 2.1\cos(250t - 60^\circ)$ V。

提示：也可试求本章习题 16.22。

16.5 应用

本节讲述如何利用周期激励函数的傅里叶级数表达式求一个线性电路的稳态响应。图 16.12(a)所示的 RC 电路给出了一个例子。电路的激励为图 16.12(b)所示的周期方波电压。电容器两端的电压为要求的响应，或者说是输出信号。

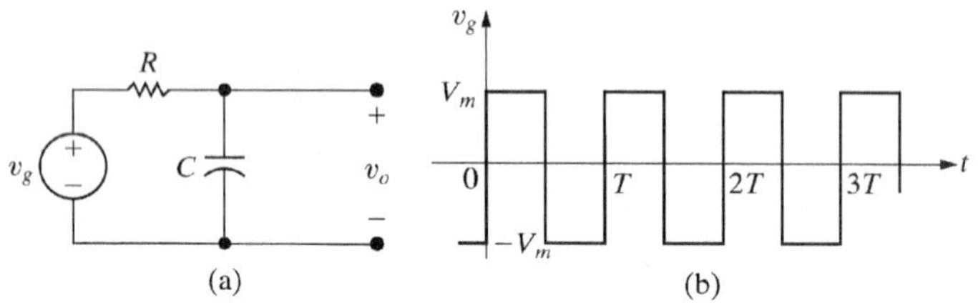

图 16.12 周期电压激励的 RC 电路：(a)RC 串联电路；(b)方波电压

求稳态响应的第一步是将周期激励源表示成它的傅里叶级数形式。因为该激励源为奇函数并且具有半波对称和四分之一波对称特性，所以其傅里叶级数的系数只剩下 b_k，且 k 只取奇整数值

$$b_k = \frac{8}{T}\int_0^{T/4} V_m \sin k\omega_0 t \, dt = \frac{4V_m}{\pi k} \quad (k\text{为奇数}) \tag{16.45}$$

于是，v_g 的傅里叶级数表达式为

$$v_g = \frac{4V_m}{\pi}\sum_{n=1,3,5,\cdots}^{\infty}\frac{1}{n}\sin n\omega_0 t \tag{16.46}$$

将级数展开得

$$v_g = \frac{4V_m}{\pi}\sin\omega_0 t + \frac{4V_m}{3\pi}\sin 3\omega_0 t + \frac{4V_m}{5\pi}\sin 5\omega_0 t + \frac{4V_m}{7\pi}\sin 7\omega_0 t + \cdots \tag{16.47}$$

式(16.47)表示的电压源与无穷多个级数相关的正弦源等效，每个正弦源都有自己的幅值和频率。为了求每个正弦源对输出电压的响应，可以使用叠加原理。

对于任一正弦源，输出电压的相量域表达式为

$$\mathbf{V}_o = \frac{\mathbf{V}_g}{1 + j\omega RC} \tag{16.48}$$

因为所有电压源都被表示成正弦函数，所以将相量表示成正弦形式而不是余弦形式。换句话说，从相量域返回时域时，将时域表达式写成 $\sin(\omega t + \theta)$ 而不是 $\cos(\omega t + \theta)$。

正弦源的基频对应的输出电压相量为

$$\mathbf{V}_{o1} = \frac{(4V_m/\pi)\angle 0^\circ}{1 + j\omega_0 RC} \tag{16.49}$$

将 $\mathbf{V}_{o1}$ 写成极坐标的形式

$$\mathbf{V}_{o1} = \frac{(4V_m)\angle -\beta_1}{\pi\sqrt{1 + \omega_0^2 R^2 C^2}} \tag{16.50}$$

其中

$$\beta_1 = \arctan \omega_0 RC \tag{16.51}$$

由式(16.50)得到 v_o 的基频分量的时域表达式为

$$v_{o1}=\frac{4V_m}{\pi\sqrt{1+\omega_0^2R^2C^2}}\sin(\omega_0 t-\beta_1) \tag{16.52}$$

用类似的方法可以导出输出电压的三次谐波分量，输出电压的三次谐波相量为

$$\boldsymbol{V}_{o3}=\frac{(4V_m/3\pi)\angle 0^\circ}{1+\mathrm{j}3\omega_0RC}=\frac{4V_m}{3\pi\sqrt{1+9\omega_0^2R^2C^2}}\angle -\beta_3 \tag{16.53}$$

其中

$$\beta_3=\arctan 3\omega_0RC \tag{16.54}$$

输出电压的三次谐波时域表达式为

$$v_{o3}=\frac{4V_m}{3\pi\sqrt{1+9\omega_0^2R^2C^2}}\sin(3\omega_0 t-\beta_3) \tag{16.55}$$

因此输出电压的 k 次谐波分量的表达式为

$$v_{ok}=\frac{4V_m}{k\pi\sqrt{1+k^2\omega_0^2R^2C^2}}\sin(k\omega_0 t-\beta_k)\ (k\text{ 为奇数}) \tag{16.56}$$

其中

$$\beta_k=\arctan k\omega_0RC\ \ (k\text{ 为奇数}) \tag{16.57}$$

现在写出输出电压的傅里叶级数表达式

$$v_o(t)=\frac{4V_m}{\pi}\sum_{n=1,3,5,\cdots}^{\infty}\frac{\sin(n\omega_0 t-\beta_n)}{n\sqrt{1+(n\omega_0RC)^2}} \tag{16.58}$$

式(16.58)的推导并不困难。但是，尽管得到了稳态输出的解析表达式，从式(16.58)也并不能直接看出函数 $v_o(t)$ 的波形。正如前面提到的，这个缺陷是傅里叶级数方法存在的一个问题。然而，式(16.58)并不是没有用，如果研究电路的频率响应，式(16.58)会有助于估计 $v_o(t)$ 的稳态波形。例如，如果 C 较大，对于高次谐波，$1/n\omega_0C$ 则较小。这时电容器将输入波形的高频分量滤掉，式(16.58)中的高次谐波同低次谐波相比可以忽略不计。式(16.58)本身反映了这种情况，当 C 值很大时

$$\begin{aligned}v_o&\approx\frac{4V_m}{\pi\omega_0RC}\sum_{n=1,3,5,\cdots}^{\infty}\frac{1}{n^2}\sin(n\omega_0 t-90^\circ)\\&\approx\frac{-4V_m}{\pi\omega_0RC}\sum_{n=1,3,5,\cdots}^{\infty}\frac{1}{n^2}\cos n\omega_0 t\end{aligned} \tag{16.59}$$

式(16.59)表明输出电压的谐波幅值以 $1/n^2$ 递减，与之相比输入谐波的幅值以 $1/n$ 递减。如果 C 足够大，以至于只有基波是有意义的，则对于一阶近似

$$v_o(t)\approx\frac{-4V_m}{\pi\omega_0RC}\cos\omega_0 t \tag{16.60}$$

对其进行傅里叶分析可知，该方波输入已被整形为正弦输出。

现在看看 $C\to 0$ 时的情况。电路显示当 $C=0$ 时，v_o 和 v_g 相等，因为这时对于所有频率而言，电容支路看起来像一个开路。式(16.58)给出了相同的结果，因为当 $C\to 0$ 时

$$v_o=\frac{4V_m}{\pi}\sum_{n=1,3,5,\cdots}^{\infty}\frac{1}{n}\sin n\omega_0 t \tag{16.61}$$

但式(16.61)与式(16.46)相同，因此当 $C\to 0$ 时，$v_o\to v_g$。

上述讨论说明式(16.58)是有用的，因为通过该式可以预知，当 C 较大时，输出波形是输入波形的高度畸变复制，而 C 较小时，复制的结果才是合理的。在第 13 章中是根据系统加权函数占用内存的大小，考虑输入和输出波形之间的畸变。在频域，根据电路传送过程中谐波幅值和相位的改变，考虑稳态输入和输出之间的畸变。当网络相对于输入谐波较大程度地改变了输出谐波间的幅值和相位关系时，输出谐波就是输入谐波的畸变形式。这样，在频域可以研究幅值畸变和相位畸变。

对于前面讨论的电路，由于输入谐波的幅值以 $1/n$ 递减，所以出现了幅值畸变，而输出谐波的幅值以下面的形式递减：

$$\frac{1}{n}\frac{1}{\sqrt{1+(n\omega_0 RC)^2}}$$

该电路也显示出了相位畸变，因为输入的各次谐波的相位角为零，而输出信号 n 次谐波的相位角为 $-\arctan n\omega_0 RC$。

16.5.1　直接法求稳态响应的应用

对于图 16.12(a)所示的简单 RC 电路，可以不用求助于激励函数的傅里叶级数表示法而求得稳态响应的表达式。下面将进行的分析有助于加深对傅里叶级数方法的理解。

为利用直接电路分析法求 v_o 的稳态表达式，进行如下的推理。方波激励函数给电容充电，充电电压在 $+V_m$ 和 $-V_m$ 之间变化。当电路到达稳态时，交替充电变成周期性的。从单个时间连续的 RC 电路(参见第 7 章)的分析得知激励电压的瞬时响应为指数形式，因此图 16.12(a)所示电路的电容电压的稳态波形如图 16.13 所示。

在 $0\leqslant t\leqslant T/2$ 和 $T/2\leqslant t\leqslant T$ 时间区间内，$v_o(t)$ 的解析表达式为

$$v_o = V_m + (V_1 - V_m)e^{-t/RC}, \quad 0\leqslant t\leqslant T/2 \tag{16.62}$$

$$v_o = -V_m + (V_2 + V_m)e^{-[t-(T/2)]/RC}, \quad T/2\leqslant t\leqslant T \tag{16.63}$$

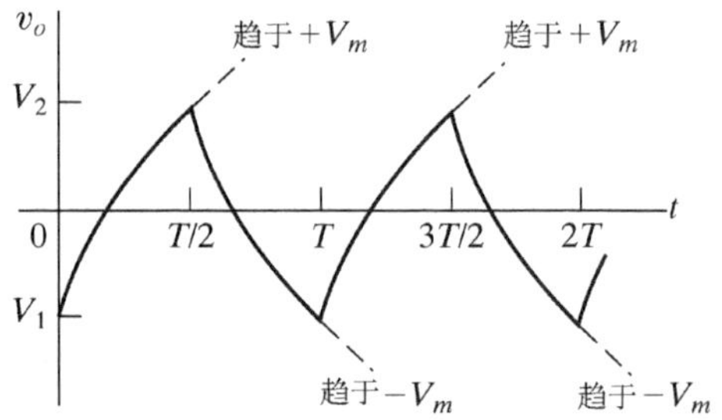

图 16.13　图 16.12(a)所示电路 v_o 的稳态波形

用第 7 章推导式(7.60)的方法，可以得到式(16.62)和式(16.63)。由式(16.62)可以求出 V_2 的值为

$$V_2 = V_m + (V_1 - V_m)e^{-T/2RC} \tag{16.64}$$

而由式(16.63)可求得 V_1 的值

$$V_1 = -V_m + (V_2 + V_m)e^{-T/2RC} \tag{16.65}$$

求解式(16.64)和式(16.65)的 V_1 和 V_2 得到

$$V_2 = -V_1 = \frac{V_m(1-e^{-T/2RC})}{1+e^{-T/2RC}} \tag{16.66}$$

将式(16.66)代入式(16.62)和式(16.63)，得出

$$v_o = V_m - \frac{2V_m}{1+e^{-T/2RC}}e^{-t/RC}, \quad 0\leqslant t\leqslant T/2 \tag{16.67}$$

和

$$v_o = -V_m + \frac{2V_m}{1+e^{-T/2RC}}e^{-[t-(T/2)]/RC}, \quad T/2\leqslant t\leqslant T \tag{16.68}$$

式(16.67)和式(16.68)表明 $v_o(t)$ 具有半波对称性，因此 v_o 的平均值为 0。此结果与用傅里叶级数方法求得的稳态响应结果是一致的。即因为激励函数没有零频率分量，所以响应也没有零频率分量。式(16.67)和式(16.68)也显示出了改变电容值的影响。如果 C 较小，则指数函数很快就会趋于零，在 0 和 $T/2$ 之间，$v_o = V_m$，而在 $T/2$ 和 T 之间，$v_o = -V_m$。换句话说，$C \to 0$ 时，$v_o \to v_g$。如果 C 较大，输出波形为三角波，如图 16.14 所示。注意当 C 较大时，可以用线性关系式 $1-(t/RC)$ 和 $1-\{[t-(T/2)]/RC\}$ 分别近似指数关系式 $e^{-t/RC}$ 和 $e^{-[t-(T/2)]/RC}$。式(16.59)给出了这个三角波的傅里叶级数。

图 16.14 对上述分析结果进行了总结，图中的虚线表示输入电压，并分别用实线表示了 C 较小时的输出电压和 C 较大时的输出电压。

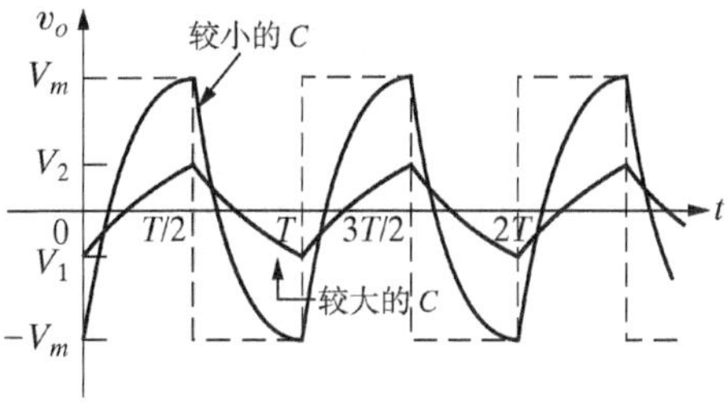

图 16.14　电容值的大小对稳态响应的影响

最后，证明式(16.67)和式(16.68)的稳态响应与式(16.58)中的傅里叶级数解等价。为达到这个目的，只需导出式(16.67)和式(16.68)描述的周期函数的傅里叶级数表达式。因为周期电压响应具有半波对称性，所以它的傅里叶级数只包含奇次谐波。当 k 为奇数时有

$$\begin{aligned} a_k &= \frac{4}{T}\int_0^{T/2}\left(V_m - \frac{2V_m e^{-t/RC}}{1+e^{-T/2RC}}\right)\cos k\omega_0 t\,dt \\ &= \frac{-8RCV_m}{T[1+(k\omega_0 RC)^2]} \quad (k\text{ 为奇数}) \end{aligned} \tag{16.69}$$

$$\begin{aligned} b_k &= \frac{4}{T}\int_0^{T/2}\left(V_m - \frac{2V_m e^{-t/RC}}{1+e^{-T/2RC}}\right)\sin k\omega_0 t\,dt \\ &= \frac{4V_m}{k\pi} - \frac{8k\omega_0 V_m R^2C^2}{T[1+(k\omega_0 RC)^2]} \quad (k\text{ 为奇数}) \end{aligned} \tag{16.70}$$

为说明从式(16.69)和式(16.70)得到的结果与式(16.58)一致，必须证明

$$\sqrt{a_k^2+b_k^2} = \frac{4V_m}{k\pi}\frac{1}{\sqrt{1+(k\omega_0 RC)^2}} \tag{16.71}$$

和

$$\frac{a_k}{b_k} = -k\omega_0 RC \tag{16.72}$$

式(16.69)至式(16.72)的证明留给读者(参见习题 16.23 和习题 16.24)。联立式(16.71)，式(16.72)，式(16.38)和式(16.39)，可以导出式(16.58)中的傅里叶级数表达式，详细证明留给读者(参见习题 16.25)。

利用这个电路，讲述了利用傅里叶级数与叠加原理求周期激励函数稳态响应的方法。利用傅里叶级数方法的主要缺陷是难以确定响应的波形。然而，如果考虑电路的频率响应，利用傅里叶级数表达式的有限项，可以导出稳态响应的近似式(参见习题 16.28 和习题 16.30)。

评测目标 2　会分析电路对周期波形的响应。

16.5　将下图(a)中所示的三角波电压作用于下图(b)所示的电路。

若 $V_m = 281.25\pi^2$ mV，输入电压的周期为 200π ms，求稳态电压 v_o 的傅里叶级数表达式的前三个非零项。

答： $2238.83\cos(10t-5.71°)+239.46\cos(30t-16.70°)+80.50\cos(50t-26.57°)+\cdots$mV。

16.6 将右图(a)所示的周期方波电压作用于右图(b)所示的电路。

(a)若 $V_m=210\pi$ V，输入电压的周期为 0.2π ms，求稳态电压 v_o 的傅里叶级数的前四个非零项。

(b)第几次谐波占输出电压的主要部分，解释为什么？

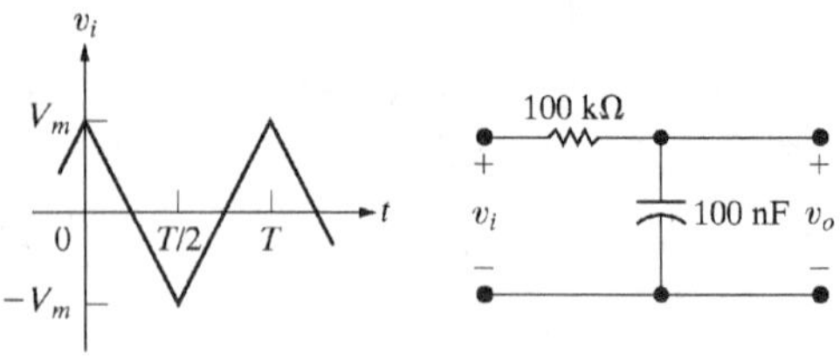

(a) (b)

答：(a)17.5 cos(10 000t + 88.81°) + 26.14 cos(30 000t − 95.36°) + 168 cos(50 000t) + 17.32 cos(70 000t + 98.30°) + … V；(b)频率为 10 000 rad/s 的第 5 次谐波，因为该电路是一个带通滤波器，其中心频率为 50 000 rad/s，品质因数等于 10。

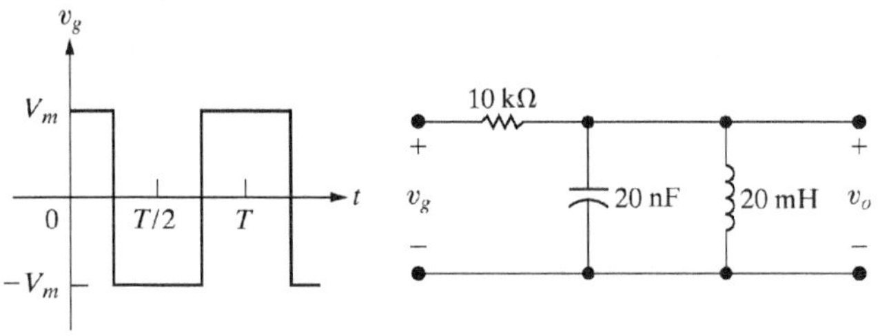

(a) (b)

提示：试求本章习题 16.28 和习题 16.29。

16.6 周期函数平均功率的计算

若已知线性集总电路两端电压和电流的傅里叶级数表达式，则很容易将电路两端的平均功率表示成谐波电压和谐波电流的函数。利用式(16.38)的傅里叶级数的三角形式，可以将网络端口的周期电压和电流写成

$$v = V_{dc} + \sum_{n=1}^{\infty} V_n \cos(n\omega_0 t - \theta_{vn}) \tag{16.73}$$

$$i = I_{dc} + \sum_{n=1}^{\infty} I_n \cos(n\omega_0 t - \theta_{in}) \tag{16.74}$$

式(16.73)和式(16.74)中用到的符号定义如下：

V_{dc}为直流电压分量的幅值

V_n 为 n 次谐波电压的幅值

θ_{vn}为 n 次谐波电压的相位角

I_{dc}为直流电流分量的幅值

I_n 为 n 次谐波电流的幅值

θ_{in}为 n 次谐波电流的相位角

假设电流参考方向为参考电压沿电路某一段下降的方向(使用无源符号约定)，则电路某一段的瞬时功率为 vi，平均功率为

$$P = \frac{1}{T}\int_{t_0}^{t_0+T} p\,\mathrm{d}t = \frac{1}{T}\int_{t_0}^{t_0+T} vi\,\mathrm{d}t \tag{16.75}$$

为求平均功率的表达式，可以将式(16.73)和式(16.74)代入式(16.75)中并积分。乍一看，这似乎是一个很艰巨的任务，因为乘积 vi 需要两个无穷级数相乘。然而，使积分存在的项只是

同频率的电压与电流的乘积，这一点回顾式(16.8)至式(16.10)可得到验证，因此式(16.75)变为

$$P=\frac{1}{T}V_{\mathrm{dc}}I_{\mathrm{dc}}t\Big|_{t_0}^{t_0+T}+\sum_{n=1}^{\infty}\frac{1}{T}\int_{t_0}^{t_0+T}V_nI_n\cos(n\omega_0t-\theta_{vn})\times\cos(n\omega_0t-\theta_{in})\,\mathrm{d}t \tag{16.76}$$

现在，利用三角恒等式

$$\cos\alpha\cos\beta=\frac{1}{2}\cos(\alpha-\beta)+\frac{1}{2}\cos(\alpha+\beta)$$

将式(16.76)化简为

$$P=V_{\mathrm{dc}}I_{\mathrm{dc}}+\frac{1}{T}\sum_{n=1}^{\infty}\frac{V_nI_n}{2}\int_{t_0}^{t_0+T}[\cos(\theta_{vn}-\theta_{in})+\cos(2n\omega_0t-\theta_{vn}-\theta_{in})]\,\mathrm{d}t \tag{16.77}$$

其中积分符号下的第二项积分为 0，所以

$$P=V_{\mathrm{dc}}I_{\mathrm{dc}}+\sum_{n=1}^{\infty}\frac{V_nI_n}{2}\cos(\theta_{vn}-\theta_{in}) \tag{16.78}$$

式(16.78)非常重要，因为它表述了周期电压与对应周期电流之间相互作用的情况，总平均功率为同频率电流和电压相互作用得到的平均功率的和。不同频率的电压和电流不相互作用，因而没有平均功率产生。因此，在周期函数的平均功率计算中，总平均功率是与各个谐波电压和电流相关的平均功率的叠加。例 16.4 举例说明了周期电压平均功率的计算。

例 16.4　具有周期电压源的电路的平均功率计算

若将例 16.3 中的周期方波电压作用于一个 15 Ω 的电阻的两端，$V_m=60$ V，$T=5$ ms。

(a) 利用式(16.38)写出 $v(t)$ 的傅里叶级数表达式的前 5 个非零项。

(b) 计算(a)中各项对应的平均功率。

(c) 计算 15 Ω 电阻获得的总平均功率。

(d) 傅里叶级数的前 5 项对应的功率占总功率的百分比是多少？

解：

(a) $v(t)$ 的直流分量是

$$a_v=\frac{(60)\times(T/4)}{T}=15\ \mathrm{V}$$

由例 16.3 有

$$A_1=\sqrt{2}\,60/\pi=27.01\ \mathrm{V}$$

$$\theta_1=45^\circ$$

$$A_2=60/\pi=19.10\ \mathrm{V}$$

$$\theta_2=90^\circ$$

$$A_3=20\sqrt{2}/\pi=9.00\ \mathrm{V}$$

$$\theta_3=135^\circ$$

$$A_4=0$$

$$\theta_4=0^\circ$$

$$A_5=5.40\ \mathrm{V}$$

$$\theta_5 = 45^\circ$$

$$\omega_0 = \frac{2\pi}{T} = \frac{2\pi \times (1000)}{5} = 400\pi \text{ rad/s}$$

则包含前 5 个非零项的傅里叶级数为

$$\begin{aligned} v(t) = 15 + 27.01\cos(400\pi t - 45^\circ) + \\ 19.10\cos(800\pi t - 90^\circ) + \\ 9.00\cos(1200\pi t - 135^\circ) + \\ 5.40\cos(2000\pi t - 45^\circ) + \cdots \text{ V} \end{aligned}$$

(b)将电压加到电阻的两端，可求得级数各项相关的功率如下：

$$P_{dc} = \frac{15^2}{15} = 15 \text{ W}$$

$$P_1 = \frac{1}{2} \times \frac{27.01^2}{15} = 24.32 \text{ W}$$

$$P_2 = \frac{1}{2} \times \frac{19.10^2}{15} = 12.16 \text{ W}$$

$$P_3 = \frac{1}{2} \times \frac{9^2}{15} = 2.70 \text{ W}$$

$$P_5 = \frac{1}{2} \times \frac{5.4^2}{15} = 0.97 \text{ W}$$

(c)为计算 15 Ω 电阻获得的总平均功率，先计算 $v(t)$ 的均方根值

$$V_{rms} = \sqrt{\frac{(60)^2(T/4)}{T}} = \sqrt{900} = 30 \text{ V}$$

则 15 Ω 电阻获得的总平均功率为

$$P_T = \frac{30^2}{15} = 60 \text{ W}$$

(d)傅里叶级数的前 5 个非零项对应的总功率为

$$P = P_{dc} + P_1 + P_2 + P_3 + P_5 = 55.15 \text{ W}$$

该结果为总功率的(55.15/60)×100%，或 91.92%。

评测目标 3　会利用有限项傅里叶级数的系数估计电阻吸收的平均功率。

16.7　将评测目标练习 16.3 中的梯形电压信号作用于右图所示电路。若 12 V_m = 296.09 V，T = 2094.4 ms，计算 2 Ω 电阻获得的平均功率。

答：60.75 W。

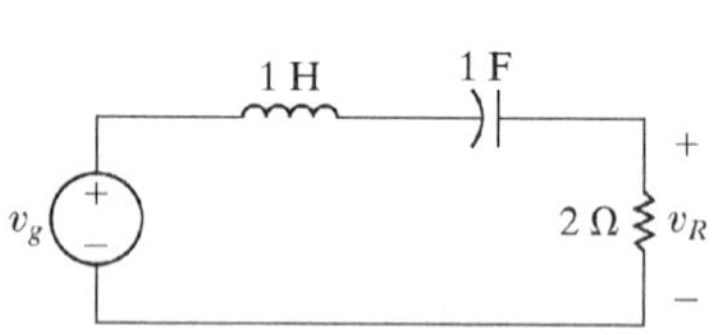

提示：试求本章习题 16.34 和习题 16.35。

16.7　周期函数的均方根值

周期函数的均方根值可以用傅里叶系数表示，由定义

$$F_{rms} = \sqrt{\frac{1}{T}\int_{t_0}^{t_0+T} f(t)^2 \, dt} \tag{16.79}$$

将 $f(t)$ 用傅里叶级数表示，得到

$$F_{\rm rms}=\sqrt{\frac{1}{T}\int_{t_0}^{t_0+T}\left[a_v+\sum_{n=1}^{\infty}A_n\cos(n\omega_0 t-\theta_n)\right]^2 \mathrm{d}t} \tag{16.80}$$

因该式在一个周期内积分时，只有直流与同频率谐波的乘积项存在，所以上式中平方时间函数的积分可以简化，其他乘积的积分值为 0，因此式(16.80)可变为

$$\begin{aligned}F_{\rm rms}&=\sqrt{\frac{1}{T}\left(a_v^2 T+\sum_{n=1}^{\infty}\frac{T}{2}A_n^2\right)}\\&=\sqrt{a_v^2+\sum_{n=1}^{\infty}\frac{A_n^2}{2}} \qquad (16.81)\\&=\sqrt{a_v^2+\sum_{n=1}^{\infty}\left(\frac{A_n}{\sqrt{2}}\right)^2}\end{aligned}$$

式(16.81)表明，周期函数的均方根值是各次谐波的均方根值的平方与直流的平方相加之和的平方根。例如，假设一个周期电压函数可以用下面的有限级数表示

$$v=10+30\cos(\omega_0 t-\theta_1)+20\cos(2\omega_0 t-\theta_2)+$$
$$5\cos(3\omega_0 t-\theta_3)+2\cos(5\omega_0 t-\theta_5)$$

该电压的均方根值为

$$\begin{aligned}V&=\sqrt{10^2+(30/\sqrt{2})^2+(20/\sqrt{2})^2+(5/\sqrt{2})^2+(2/\sqrt{2})^2}\\&=\sqrt{764.5}=27.65\ \mathrm{V}\end{aligned}$$

通常，用傅里叶级数表示一个周期函数需要无穷多项，因此式(16.81)得到的值是实际均方根值的估计值。例 16.5 中将解释这个结果。

例 16.5　估计周期函数的均方根值

用式(16.81)估计例 16.4 中周期电压的均方根值。

解：

由例 16.4 知：

$V_{\rm dc}=15\ \mathrm{V}$

$V_1=27.01/\sqrt{2}\ \mathrm{V}$，基波的均方根值

$V_2=19.10/\sqrt{2}\ \mathrm{V}$，二次谐波的均方根值

$V_3=9.00/\sqrt{2}\ \mathrm{V}$，三次谐波的均方根值

$V_5=5.40/\sqrt{2}\ \mathrm{V}$，五次谐波的均方根值

则有

$$\begin{aligned}V_{\rm rms}&=\sqrt{15^2+\left(\frac{27.01}{\sqrt{2}}\right)^2+\left(\frac{19.10}{\sqrt{2}}\right)^2+\left(\frac{9.00}{\sqrt{2}}\right)^2+\left(\frac{5.40}{\sqrt{2}}\right)^2}\\&=28.76\ \mathrm{V}\end{aligned}$$

例 16.4 得到的实际均方根值是 30 V。为接近这个值，可令式(16.81)包含更多次的谐波。例如，若式(16.81)包含 1 次到 9 次的谐波，则用该式求得的值为 29.32 V。

提示： 也可通过试做本章习题 16.37 和习题 16.39 检验你对本部分内容的理解。

16.8 傅里叶级数的指数形式

对傅里叶级数的指数形式感兴趣的原因是，认为它可以使级数表示更简明。傅里叶级数的指数形式为

$$f(t)=\sum_{n=-\infty}^{\infty} C_n e^{jn\omega_0 t} \tag{16.82}$$

其中

$$C_n=\frac{1}{T}\int_{t_0}^{t_0+T} f(t)e^{-jn\omega_0 t}\,dt \tag{16.83}$$

为导出式(16.82)和式(16.83)，先回到式(16.2)并将其中的正弦函数和余弦函数用指数等效式代替

$$\cos n\omega_0 t=\frac{e^{jn\omega_0 t}+e^{-jn\omega_0 t}}{2} \tag{16.84}$$

$$\sin n\omega_0 t=\frac{e^{jn\omega_0 t}-e^{-jn\omega_0 t}}{2j} \tag{16.85}$$

将式(16.84)和式(16.85)代入式(16.2)得

$$\begin{aligned} f(t)&=a_v+\sum_{n=1}^{\infty}\frac{a_n}{2}(e^{jn\omega_0 t}+e^{-jn\omega_0 t})+\frac{b_n}{2j}(e^{jn\omega_0 t}-e^{-jn\omega_0 t}) \\ &=a_v+\sum_{n=1}^{\infty}\left(\frac{a_n-jb_n}{2}\right)e^{jn\omega_0 t}+\left(\frac{a_n+jb_n}{2}\right)e^{-jn\omega_0 t} \end{aligned} \tag{16.86}$$

现在将 C_n 定义如下：

$$C_n=\frac{1}{2}(a_n-jb_n)=\frac{A_n}{2}\underline{/-\theta_n},\quad n=1,2,3,\cdots \tag{16.87}$$

根据 C_n 的定义

$$\begin{aligned} C_n&=\frac{1}{2}\left[\frac{2}{T}\int_{t_0}^{t_0+T} f(t)\cos n\omega_0 t\,dt-j\frac{2}{T}\int_{t_0}^{t_0+T} f(t)\sin n\omega_0 t\,dt\right] \\ &=\frac{1}{T}\int_{t_0}^{t_0+T} f(t)(\cos n\omega_0 t-j\sin n\omega_0 t)\,dt \\ &=\frac{1}{T}\int_{t_0}^{t_0+T} f(t)e^{-jn\omega_0 t}\,dt \end{aligned} \tag{16.88}$$

这可导出式(16.83)。为推导出式(16.82)，首先可利用式(16.88)得

$$C_0=\frac{1}{T}\int_{t_0}^{t_0+T} f(t)\,dt=a_v \tag{16.89}$$

注意

$$C_{-n}=\frac{1}{T}\int_{t_0}^{t_0+T} f(t)e^{jn\omega_0 t}\,dt=C_n^*=\frac{1}{2}(a_n+jb_n) \tag{16.90}$$

将式(16.87)，式(16.89)和式(16.90)代入式(16.86)得

$$
\begin{aligned}
f(t) &= C_0 + \sum_{n=1}^{\infty}(C_n e^{jn\omega_0 t} + C_n^* e^{-jn\omega_0 t}) \\
&= \sum_{n=0}^{\infty} C_n e^{jn\omega_0 t} + \sum_{n=1}^{\infty} C_n^* e^{-jn\omega_0 t}
\end{aligned} \tag{16.91}
$$

注意式(16.91)右边的第二个求和项与对 $C_n e^{jn\omega_0 t}$ 从 -1 到 -∞ 求和等价，即

$$
\sum_{n=1}^{\infty} C_n^* e^{-jn\omega_0 t} = \sum_{n=-1}^{-\infty} C_n e^{jn\omega_0 t} \tag{16.92}
$$

因为从 -1 到 -∞ 求和与从 -∞ 到 -1 求和等价，故利用式(16.92)将式(16.91)重写为

$$
\begin{aligned}
f(t) &= \sum_{n=0}^{\infty} C_n e^{jn\omega_0 t} + \sum_{-\infty}^{-1} C_n e^{jn\omega_0 t} \\
&= \sum_{-\infty}^{\infty} C_n e^{jn\omega_0 t}
\end{aligned} \tag{16.93}
$$

于是可导出式(16.82)。

可以将周期函数的均方根值表示为复傅里叶系数。由式(16.81)，式(16.87)和式(16.89)得

$$
F_{\text{rms}} = \sqrt{a_v^2 + \sum_{n=1}^{\infty} \frac{a_n^2 + b_n^2}{2}} \tag{16.94}
$$

$$
|C_n| = \frac{\sqrt{a_n^2 + b_n^2}}{2} \tag{16.95}
$$

$$
C_0^2 = a_v^2 \tag{16.96}
$$

将式(16.95)，式(16.96)代入式(16.94)中就得到所需的表达式

$$
F_{\text{rms}} = \sqrt{C_0^2 + 2\sum_{n=1}^{\infty} |C_n|^2} \tag{16.97}
$$

例 16.6 举例说明了求周期函数的指数形式傅里叶级数表达式的步骤。

例 16.6　求傅里叶级数的指数形式

求图 16.15 所示周期电压信号的指数形式傅里叶级数。

解：

将 $-\tau/2$ 作为积分的起点，由式(16.83)有

$$
\begin{aligned}
C_n &= \frac{1}{T}\int_{-\tau/2}^{\tau/2} V_m e^{-jn\omega_0 t}\, dt \\
&= \frac{V_m}{T}\left(\frac{e^{-jn\omega_0 t}}{-jn\omega_0}\right)\Bigg|_{-\tau/2}^{\tau/2} \\
&= \frac{jV_m}{n\omega_0 T}(e^{-jn\omega_0 \tau/2} - e^{jn\omega_0 \tau/2}) \\
&= \frac{2V_m}{n\omega_0 T}\sin n\omega_0 \tau/2
\end{aligned}
$$

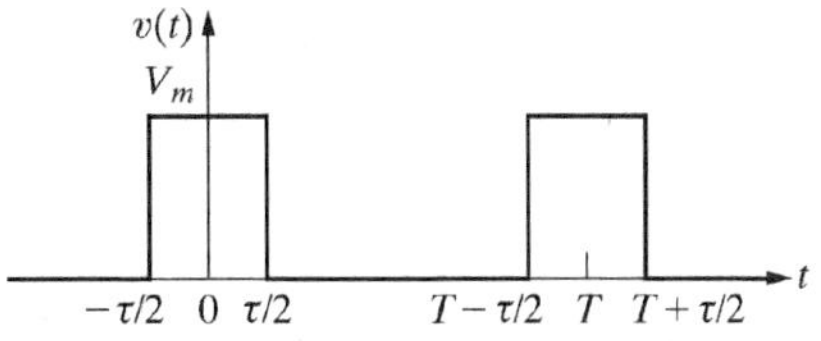

图 16.15　例 16.6 的周期电压信号

这里，因为 $v(t)$ 偶对称，对于所有 n 值，$b_n = 0$，故 C_n 是实数。此外将上式重写为

$$C_n = \frac{V_m\tau}{T}\frac{\sin(n\omega_0\tau/2)}{n\omega_0\tau/2}$$

正如该式所显示的，C_n 的幅值遵循$(\sin x)/x$ 分布。

在16.9节中再详细探讨这个问题。$v(t)$的指数形式傅里叶级数为

$$v(t) = \sum_{n=-\infty}^{\infty}\left(\frac{V_m\tau}{T}\right)\frac{\sin(n\omega_0\tau/2)}{n\omega_0\tau/2}e^{jn\omega_0 t}$$

$$= \left(\frac{V_m\tau}{T}\right)\sum_{n=-\infty}^{\infty}\frac{\sin(n\omega_0\tau/2)}{n\omega_0\tau/2}e^{jn\omega_0 t}$$

评测目标4　会计算周期波形的指数形式傅里叶级数的系数。

16.8　推导右图中所示周期函数的傅里叶系数 C_n 的表达式[提示：利用对称性 $C_n = (a_n - jb_n)/2$]。

答：$C_n = -j\dfrac{4}{\pi n}\left(1 + 3\cos\dfrac{n\pi}{4}\right)$，$n$ 为奇数。

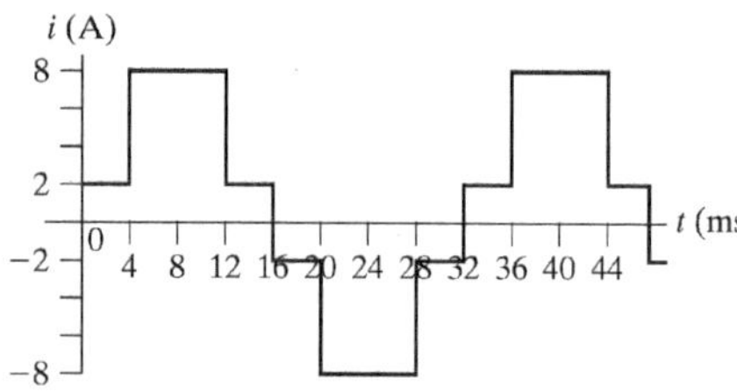

16.9　(a)计算评测目标练习16.8中的周期电流信号的均方根值。

(b)利用 $C_1 \sim C_{11}$ 估计周期电流信号的均方根值。

(c)(b)中求得的均方根值相对于(a)中求得的实际均方根值的误差百分比是多少?

(d)对于该周期函数，能否用很少的项估计均方根值并确保误差小于1%?

答：(a) $\sqrt{34}$ A；(b)5.777 A；(c) −0.93%；(d)能，利用 $C_1 \sim C_9$ 估计均方根值的误差为 −0.98%。

提示：也可试求本章习题16.44和习题16.45。

16.9　幅值谱和相位谱

一个周期时间函数可以用它的傅里叶系数和周期来定义。换言之，如果已知 a_v，a_n，b_n 和 T，那么至少在理论上，可以构建出函数$f(t)$。如果已知 a_n 和 b_n，则各次谐波的幅值(A_n)和相位角($-\theta_n$)也已知。此外，由系数和相位角的描述，一般不能想象出周期函数在时域内的图形，尽管如此，这些量仍可以充分表现周期函数的特征。使用足够的计算时间，可以用幅值和相位角数据合成时域波形。当周期函数作用于一个选频电路时，用稳态响应的傅里叶级数中的几项就可以反映选频电路的特性。因此，根据响应的幅值和相位描述，可以了解输出波形。

根据$f(t)$的傅里叶级数各项的幅值和相位，可以用图形描述一个周期函数。将傅里叶级数各项的幅值和频率的关系曲线图称为$f(t)$的幅值谱，而将相位角与频率的关系曲线图称为$f(t)$的相位谱。因为幅值和相位角数据只出现在离散频率点上(即在 ω_0，$2\omega_0$，$3\omega_0$，…)，故还可以将这些图形称为线谱。

16.9.1　幅值谱和相位谱的举例说明

基于式(16.38)(A_n 和 $-\theta_n$)或式(16.82)(C_n)可以绘制幅值谱和相位谱。这里只考虑式(16.82)，而将基于式(16.38)的绘图作为习题16.49留给读者自学。为说明基于指数形式傅里叶级数的幅值谱和相位谱，我们使用例16.6中的周期电压函数。为讨论方便，假定 $V_m =$ 5 V，$\tau = T/5$。由例16.6已知

$$C_n = \frac{V_m\tau}{T}\frac{\sin(n\omega_0\tau/2)}{n\omega_0\tau/2} \tag{16.98}$$

对于已知的 V_m 和τ值，上式变为

$$C_n = 1\frac{\sin(n\pi/5)}{n\pi/5} \tag{16.99}$$

图 16.16 画出了式(16.99)中的 C_n 的幅值图，其中 n 的取值范围为 $-10\sim+10$。该图清晰地显示出幅值谱的包络线为函数$|(\sin x)/x|$的曲线。因为没有指定 T 的数值，故这里用谐波次序作为频率刻度。如果 T 已知，则 ω_0 和各次谐波的频率也已知。

图 16.17 给出了$|(\sin x)/x|$与 x 的关系图，其中 x 的单位是弧度。该图表明，当 x 等于π的整数倍时，该点的函数值为 0。由式(16.98)

$$n\omega_0\left(\frac{\tau}{2}\right) = \frac{n\pi\tau}{T} = \frac{n\pi}{T/\tau} \tag{16.100}$$

由式(16.100)可以推知，$n\,\tau/T$ 为整数的任一点，幅值谱的值都为 0。例如，在图中，τ/T 等于 1/5，因此在 $n=5$，10，15，10，15 等处包络线过零点。换句话说，5 次谐波、10 次谐波、15 次谐波，…都是 0。因为τ/T 的倒数是一个逐渐增大的整数，所以每个π弧度之间的谐波数也不断增加。如果 $n\pi/T$ 不等于整数，则幅值谱仍然以$|(\sin x)/x|$的曲线为包络。然而，在 ω_0 的整数倍处，包络线不过零点。

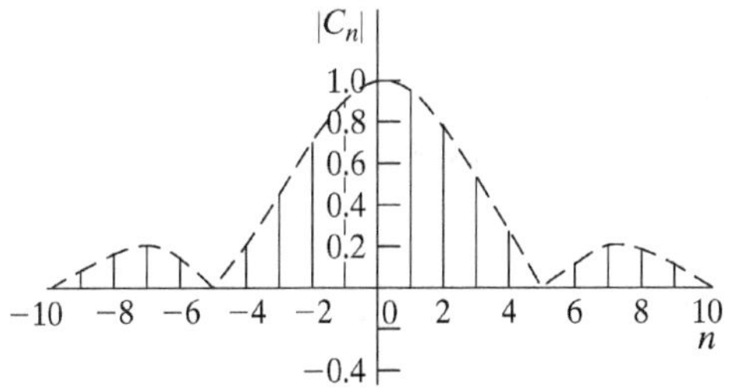

图 16.16　例 16.6 的周期电压当$\tau=T/5$时，$|C_n|$与n的关系曲线图

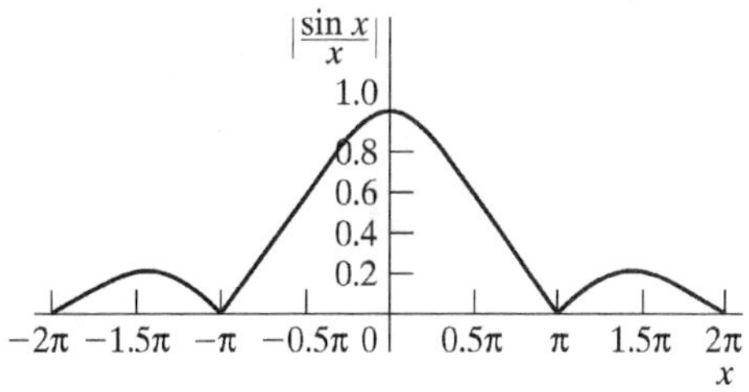

图 16.17　$|(\sin x)/x|$与 x 的关系曲线图

因为对所有 n 值，C_n 均为实数，所以与 C_n 相关的相位角为 0°或 180°，相位角的取值依赖于$(\sin n\pi/5)/(n\pi/5)$的代数符号。例如，当 $n=0$，±1，±2，±3 和 ±4 时，相位角为 0°。因为 $C_{\pm5}$等于 0，所以相位角在 $n=\pm5$ 处没有定义。当 $n=\pm6$，±7，±8 和 ±9 时，相位角为 180°，相位角在 ±10 处没有定义。当 n 取的整数值较大时，这种模式会周期重复。式(16.98)的 C_n 的相位角如图 16.18 所示。

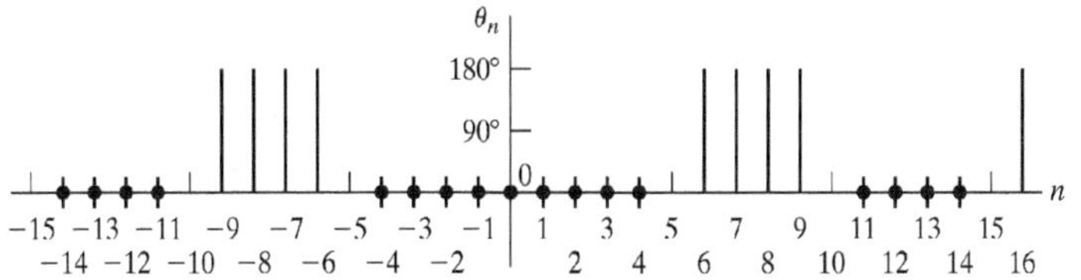

图 16.18　C_n 的相位角

若 $f(t)$沿时间轴移动，则其幅值谱和相位谱如何变化？为研究方便起见，将例 16.6 中的周期电压函数向右平移 t_0，利用假设

$$v(t) = \sum_{n=-\infty}^{\infty} C_n e^{jn\omega_0 t} \tag{16.101}$$

因此

$$v(t-t_0)=\sum_{n=-\infty}^{\infty}C_n e^{jn\omega_0(t-t_0)}=\sum_{n=-\infty}^{\infty}C_n e^{-jn\omega_0 t_0}e^{jn\omega_0 t} \qquad (16.102)$$

上式表明移动原点对幅值谱没有影响，因为

$$|C_n|=|C_n e^{-jn\omega_0 t_0}| \qquad (16.103)$$

然而，参考式(16.87)发现相位谱已经变为 $-(\theta_n+n\omega_0 t_0)$ rad 了。例如，可以将例 16.1 的周期电压函数向右移动$\tau/2$。像以前一样，若$\tau=T/5$，则新相位角 θ'_n

$$\theta'_n=-(\theta_n+n\pi/5) \qquad (16.104)$$

这里将 n 从 -8 变化到 +8 的过程中，式(16.104)的对应结果绘于图 16.19 中。注意零幅值系数的相位角不存在。

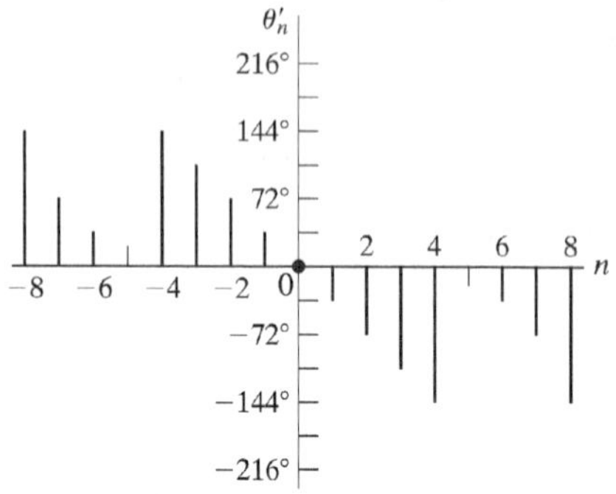

图 16.19 式(16.104)的 θ'_n 与 n 的关系曲线图

也许读者会问，为什么要花那么大的精力讨论例 16.6 的周期脉冲的幅值谱呢？因为这个特殊的周期波形为说明周期函数的傅里叶级数表示到非周期函数的傅里叶变换表示的转换提供了一个非常好的方法。第 17 章将讨论傅里叶变换。

评测目标 4 会计算周期信号的指数形式傅里叶级数的系数。

16.10 将评测目标练习 16.8 中的函数沿时间轴向右平移 8 ms，写出该周期电流的指数形式傅里叶级数。

答： $i(t)=\frac{4}{\pi}\sum_{n=-\infty\,(\mathrm{odd})}^{\infty}\frac{1}{n}\left(1+3\cos\frac{n\pi}{4}\right)e^{-(j\pi/2)(n+1)}e^{jn\omega_0 t}$ A。

提示： 也可试求本章习题 16.49 和习题 16.50。

实例应用

有源高品质滤波器(二)

考虑图 16.20(a)中所示的运算放大窄带带通滤波器。该滤波器的输入是图 16.20(b)所示的方波电压信号。我们知道方波由无穷多个正弦波的和组成，其中一个正弦波的频率与方波相同，其余正弦波的频率为方波频率的整倍数。滤波器对输入的这些正弦波的和有什么影响呢？

图 16.20(b)中所示方波的傅里叶级数表达式为

$$v_g(t)=\frac{4A}{\pi}\sum_{n=1,3,5,\cdots}^{\infty}\frac{1}{n}\sin\frac{n\pi}{2}\cos n\omega_0 t$$

其中 $A=15.65\pi$ V。傅里叶级数的前三项如下：

$$v_g(t)=62.6\cos\omega_0 t-20.87\cos 3\omega_0 t+12.52\cos 5\omega_0 t-\cdots$$

方波的周期为 50π μs，因此方波的频率为 40 000 rad/s。

图 16.20 (a)所示带通滤波器的传递函数为

$$H(s)=\frac{K\beta s}{s^2+\beta s+\omega_0^2}$$

其中 $K=400/313$，$\beta=2000$ rad/s，$\omega_0=40\,000$ rad/s。该滤波器的品质因数为 40 000/2000 = 20。注意该带通滤波器的中心频率等于输入方波信号的频率。

将方波的傅里叶级数的每一项(表示为相量)与传递函数 $H(s)$ 在对应傅里叶级数项的频率处的值相乘得到滤波器的输出电压的傅里叶级数表达式

$$v_0(t) = -80\cos\omega_0 t - 0.5\cos 3\omega_0 t + 0.17\cos 5\omega_0 t - \cdots$$

注意带通滤波器的选择特性使其有效地放大了输入方波的基波频率分量而衰减了所有谐波分量。

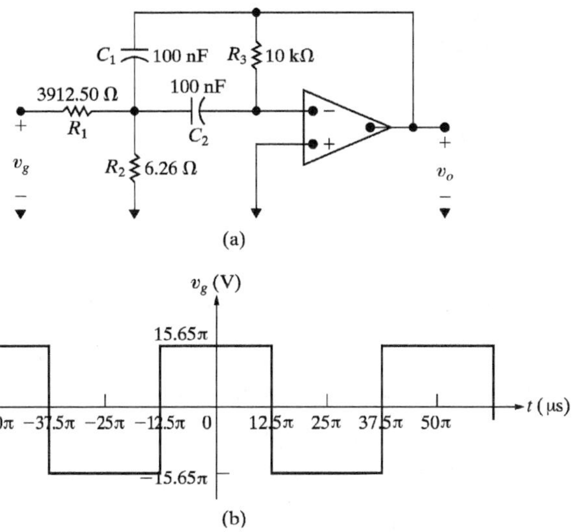

图 16.20　(a)窄带带通滤波器；(b)方波输入

现在将图 16.20(a)中所示带通滤波器进行如下改变：设 $R_1 = 391.25\ \Omega$，$R_2 = 74.4\ \Omega$，$R_3 = 1\ \text{k}\Omega$，$C_1 = C_2 = 0.1\ \mu\text{F}$。滤波器的传递函数 $H(s)$ 与上述相同，但令 $K = 400/313$，$B = 20\,000$ rad/s，$\omega_0 = 40\,000$ rad/s。通带增益和中心频率不变，但带宽增加了 10 倍，致使品质因数变为 2，改变后的带通滤波器的选择性能比原始滤波器的低，将滤波器的输出电压写成下面的傅里叶级数可以让我们明白这一点

$$v_0(t) = -80\cos\omega_0 t - 5\cos 3\omega_0 t + 1.63\cos 5\omega_0 t - \cdots$$

输入信号的基波频率具有相同的放大系数，但对高阶谐波分量的衰减没有用 $Q = 20$ 的滤波器的效果明显。图 16.21 绘制了输入方波的傅里叶级数前三项和两个带通滤波器的输出的傅里叶级数前三项。注意图 16.21(b)对正弦波的近乎完美的复制和图 16.21(c)因为使用选择性能较低的滤波器导致的畸变。

提示：也可通过试求本章习题 16.56 和习题 16.57 检验你对本部分内容的理解。

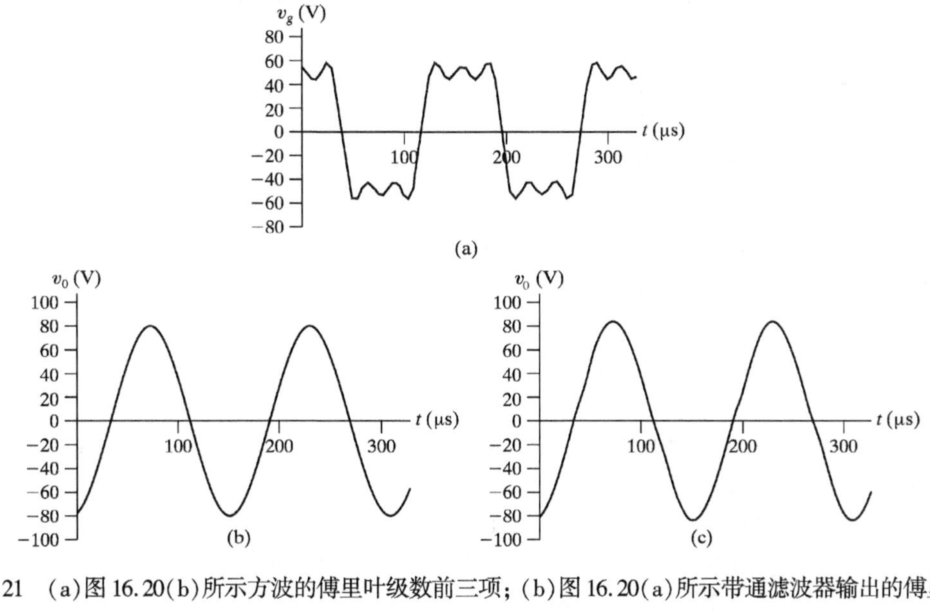

图 16.21　(a)图 16.20(b)所示方波的傅里叶级数前三项；(b)图 16.20(a)所示带通滤波器输出的傅里叶级数前三项，其中 $Q = 20$；(c)图16.20(a)所示带通滤波器输出的傅里叶级数前三项，其中 $Q = 2$

小结

- 周期函数是这样一种函数，它每隔 T 秒循环一次。
- 周期是一个周期函数循环重复的最短时间间隔(T)。
- 傅里叶级数是一个用来表示周期函数的无穷级数。它由常数项和无限多正交的正弦项和余弦项组成。
- 基频是由基波周期($f_0 = 1/T$ 或 $\omega_0 = 2\pi f_0$)确定的频率。
- 谐波频率是基频的整数倍。
- 傅里叶系数是常数项，级数中每个正弦项和余弦项的系数也是常数[参见式(16.3)至式(16.5)]。
- 5 种类型的对称可以用来简化傅里叶系数计算：
  - 偶对称，其傅里叶级数的所有正弦项为 0。
  - 奇对称，其傅里叶级数的所有常数项和余弦项为 0。
  - 半波对称，其傅里叶级数的所有偶次谐波为 0。
  - 四分之一波对称、半波对称、偶对称，其傅里叶级数中只含有奇次谐波的余弦项。
  - 四分之一波对称、半波对称、奇对称，其傅里叶级数中只含有奇次谐波的正弦项。
- 在三角函数形式的傅里叶级数中，用正弦项和余弦项之和表示的各次谐波被合并成 $A_n\cos(n\omega_0 t - \theta_n)$形式的单一项。
- 对于稳态响应，求响应信号的傅里叶级数，可以先求输入信号的各个分量的响应。然后将单个响应相加(叠加)，从而得到响应信号的傅里叶级数。输入信号傅里叶级数中单个项的响应通过频域或 s 域分析求得。
- 没有计算机的帮助，很难得到响应信号的波形。有时，可以利用电路的频响(或滤波)特性确定输出波形与输入波形的匹配程度。
- 只有同频率的谐波相互作用产生平均功率。总平均功率是各个频率对应的平均功率之和。
- 周期函数的均方根值可以由傅里叶系数估计得到[参见式(16.81)，式(16.94)和式(16.97)]。
- 利用欧拉公式，可以将正弦项和余弦项用相应的指数恒等式表示，傅里叶级数可以用指数形式表示。
- 当系统的激励为周期信号时，可以利用傅里叶级数预测该系统的稳态响应。分析表明，可以从时域变换到频域，用傅里叶级数求稳态响应。

习题

16.1 对图 P16.1 所示的各个周期函数，分别求：(a)ω_o(rad/s)；(b)f_o(Hz)；(c)a_v；(d)a_k 和 b_k 的表达式；(e)$v(t)$的傅里叶级数。

16.2 求图 P16.2 所示周期电压函数的傅里叶级数的表达式。图 P16.2(a)显示的是方波；图 P16.2(b)显示的是全波整流的正弦波，其中 $v(t) = V_m\sin(\pi/T)t$，$0 \leqslant t \leqslant T$；图 P16.2(c)显示的是半波整流的正弦波，其中 $v(t) = V_m\sin(2\pi/T)t$，$0 \leqslant t \leqslant T/2$。

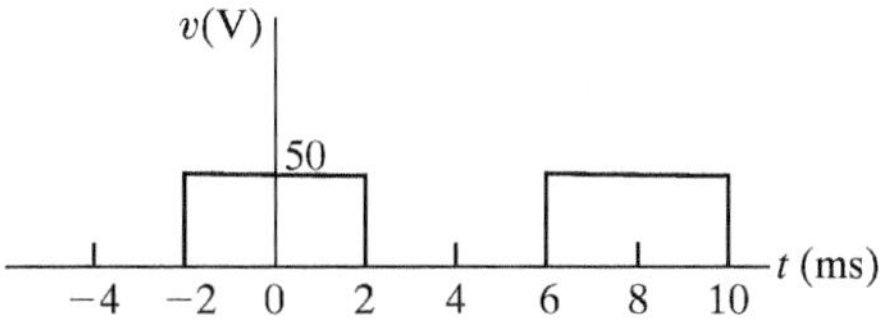

(a)

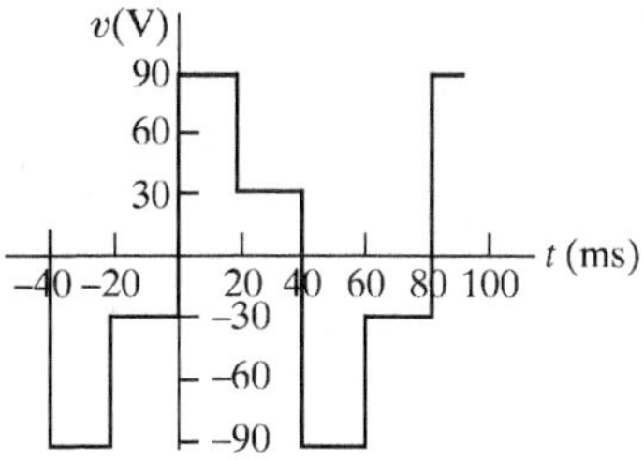

(b)

P16.1

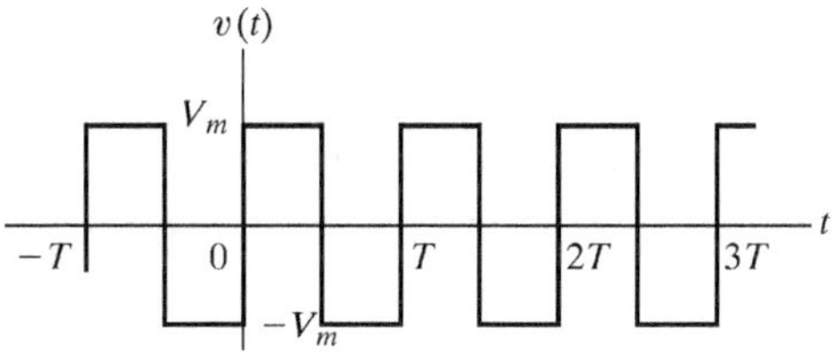

(a)

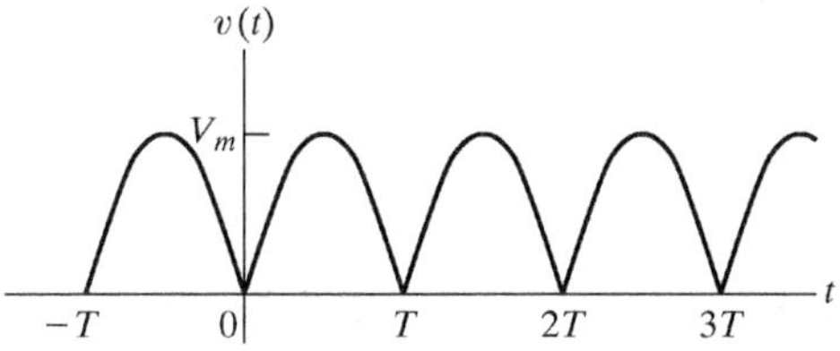

(b)

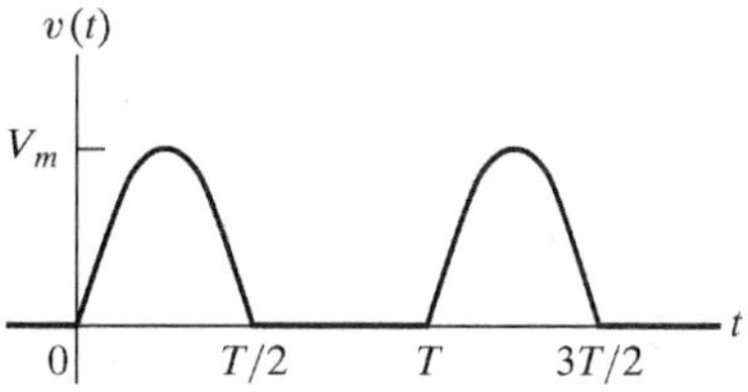

(c)

图 P16.2

16.3 已知

$$v(t) = 50\cos\frac{2\pi}{T}t \text{ V}, \qquad \frac{-T}{4} \leqslant t \leqslant \frac{T}{4}$$

$$v(t) = -25\cos\frac{2\pi}{T}t \text{ V}, \qquad \frac{T}{4} \leqslant t \leqslant \frac{3T}{4}$$

求图 P16.3 所示周期电压函数的傅里叶级数。

16.4 若 $V_m = 100\pi$ V，推导图 P16.4 所示周期函数的傅里叶系数 a_v，a_k 和 b_k 的表达式。

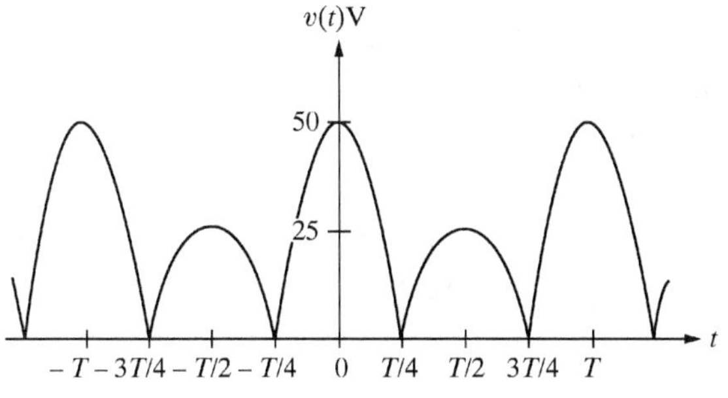

图 P16.3

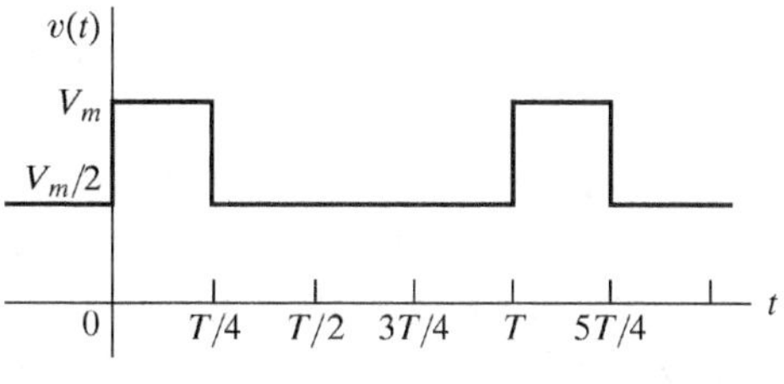

图 P16.4

16.5 (a)证明式(16.6)和式(16.7)。(b)证明式(16.8)。提示：利用三角恒等式 $\cos\alpha\sin\beta = 1/2\ \sin(\alpha+\beta) - 1/2\sin(\alpha-\beta)$。(c)证明式(16.9)。提示：利用三角恒等式 $\sin\alpha\sin\beta = 1/2\cos(\alpha-\beta) - 1/2\cos(\alpha+\beta)$。(d)证明式(16.10)。提示：利用三角恒等式 $\cos\alpha\cos\beta = 1/2\cos(\alpha-\beta) + 1/2\cos(\alpha+\beta)$。

16.6 推导式(16.5)。

16.7 推导周期奇函数的傅里叶系数表达式。提示：利用与书中推导式(16.14)至式(16.16)相同的方法。

16.8 证明：如果$f(t) = -f(t-T/2)$，则傅里叶系数b_k的表达式为

$b_k = 0$，k为偶数

$$b_k = \frac{4}{T}\int_0^{T/2} f(t)\sin k\omega_o t\mathrm{d}t,\ k\text{为奇数}$$

提示：使用与书中推导式(16.28)和式(16.29)相同的方法。

16.9 推导式(16.36)。提示：从式(16.29)出发，将积分区间分成0 ~ $T/4$和$T/4$ ~ $T/2$两部分。注意该函数具有偶对称和四分之一波对称性质($f(t) = -f(T/2-t)$，$T/4 \leqslant t \leqslant T/2$)。在第二个积分区间内，令$x = T/2 - t$，并将得到的积分结果与区间$0 \leqslant t \leqslant T/4$内的积分值合并。

16.10 推导式(16.37)。除考虑函数具有奇对称和四分之一波对称性质($f(t) = f(T/2-t)$，$T/4 \leqslant t \leqslant T/2$)外，解题方法与习题16.9相同。

16.11 已知：$v(t) = 50\cos\pi|t|$ V，$-1\ \text{s} \leqslant t \leqslant 1\ \text{s}$，若该函数周期重复。回答下列问题。
(a)该周期函数的基频(rad/s)是多少？(b)该函数是偶函数吗？(c)该函数是奇函数吗？(d)该函数是半波对称函数吗？

16.12 一个周期函数在一个周期内用下式描述：

$$i(t) = -8t\ \text{A},\qquad -5\ \text{ms} \leqslant t \leqslant 5\ \text{ms}$$
$$i(t) = -40\ \text{mA},\qquad 5\ \text{ms} \leqslant t \leqslant 15\ \text{ms}$$
$$i(t) = 8t - 0.16\ \text{A},\qquad 15\ \text{ms} \leqslant t \leqslant 25\ \text{ms}$$
$$i(t) = 40\ \text{mA},\qquad 25\ \text{ms} \leqslant t \leqslant 35\ \text{ms}$$

(a)该周期函数的基频(赫兹)是多少？(b)该函数是偶函数吗？(c)该函数是奇函数吗？(d)该函数是半波对称函数吗？(e)该函数是四分之一波对称函数吗？(f)给出a_v，a_k和b_k的表达式。

16.13 求图P16.13所示周期函数的傅里叶级数。

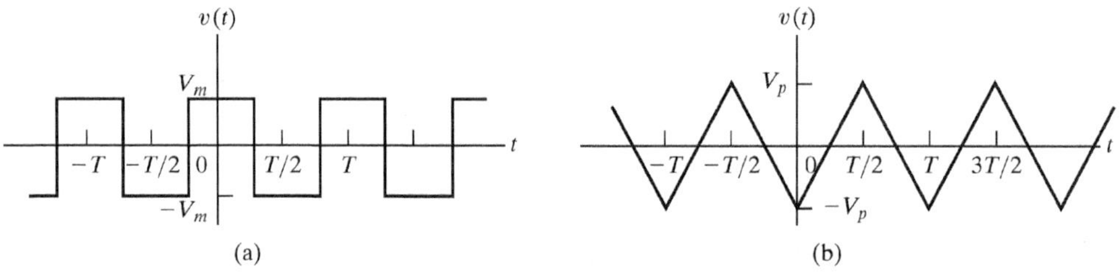

图P16.13

16.14 图P16.14所示的周期函数为一个具有半波对称和四分之一波对称性的偶函数。
(a)画出函数在一个周期($-T/4 \leqslant t \leqslant 3T/4$)内的波形。(b)求傅里叶系数$a_v$，$a_k$和$b_k$。(c)写出$f(t)$的傅里叶级数的前三个非零项。(d)利用傅里叶级数的前三个非零项估计$f(T/8)$的值。

16.15 已知：$f(t) = 10t^2$，$-5\ \text{s} < t < 5\ \text{s}$。
(a)请构建一个满足上式的周期函数$f(t)$(周期为20 s，具有半波对称性)。(b)该函数是奇函数还是偶函数？(c)该函数是四分之一波对称函数吗？(d)求$f(t)$的傅里叶级数。(e)将$f(t)$向右平移5 s，求平移后函数的傅里叶级数。

16.16 若$f(t) = 2t^3$，$-5\ \text{s} < t < 5\ \text{s}$，重做习题16.15。

16.17 (a)求图P16.17所示周期电流函数的傅里叶级数。(b)如果将纵轴向右移$T/2$，重做(a)的问题。

16.18 有时，即使原函数本身不具有对称性，也可以利用函数的对称性求傅里叶系数。基于这种想法，考虑图P16.4中的函数$v(t)$，可以将它分解为图P16.18(a)和图P16.18(b)所示的两个函数，此外，可将$v_2(t)$沿时间轴向左移动$T/8$使它变成一个偶函数，如图P16.18(c)所示。这里需注意$v(t) = v_1(t) +$

$v_2(t)$，且 $v_1(t)$ 的傅里叶级数是一个只包含 $V_m/2$ 的单一项级数。为求 $v_2(t)$ 的傅里叶级数，可以先求 $v_2(t+T/8)$ 的傅里叶级数，然后将该级数向右移动 $T/8$。证明：利用上述方法求得的傅里叶级数与习题 16.4 的答案一致。

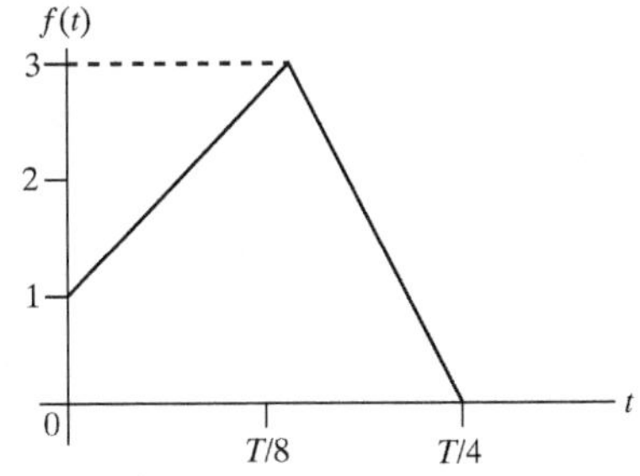

图 P16.14

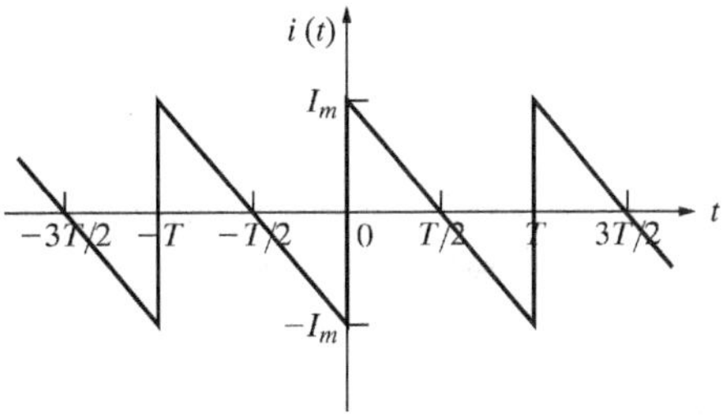

图 P16.17

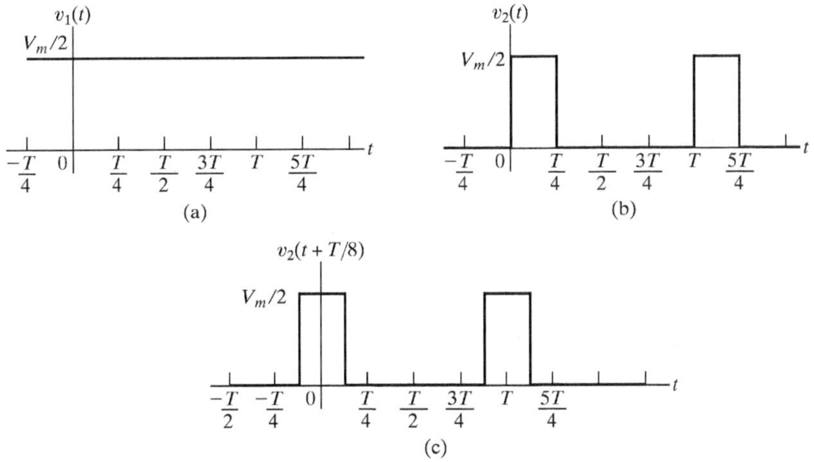

图 P16.18

16.19　求图 P16.3 中每个周期函数 $v(t)$ 的傅里叶级数，将其表示成式(16.38)的形式。

16.20　求习题 16.12 描述的周期函数的傅里叶级数，将其表示成式(16.38)的形式。

16.21　求习题 16.15 中创建的周期函数的傅里叶级数，将其表示成式(16.38)的形式。

16.22　(a)求图 P16.22 所示周期函数当 $I_m=5\pi^2$ A 时的傅里叶级数[根据式(16.38)]。(b)利用级数的前 5 个非零项估计 $i(T/4)$ 的值。

16.23　推导式(16.69)和式(16.70)。

16.24　(a)推导式(16.71)。提示：注意 $b_k=4V_m/\pi k+k\omega_oRCa_k$。利用 b_k 的表达式求 $a_k^2+b_k^2$。然后用 a_k 的表达式推导式(16.71)。(b)推导式(16.72)。

16.25　证明联立式(16.71)、式(16.72)、式(16.38)和式(16.39)得到的结果为式(16.58)。提示：考虑 β_k 的定义

$$\frac{a_k}{b_k}=-\tan\beta_k$$

和 θ_k 的定义

$$\tan\theta_k=-\cot\beta_k$$

利用三角恒等式

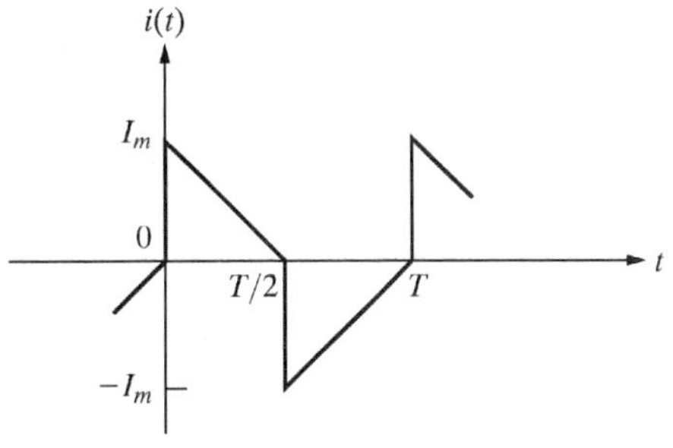

图 P16.22

$$\tan x = \cot(90 - x)$$

证明 $\theta_k = (90 + \beta_k)$ 成立。

16.26 (a)证明当 C 值很大时，式(16.67)可以用下式

$$v_o(t) \approx \frac{-V_m T}{4RC} + \frac{V_m}{RC} t$$

近似。注意：当 $0 \leqslant t \leqslant T/2$ 时，上式为三角波函数。

提示：(1)令 $e^{-t/RC} \approx 1 - (t/RC)$ 和 $e^{-T/2RC} \approx 1 - (T/2RC)$；(2)用(1)的结果表达式除以公分母 $2 - (T/2RC)$；(3)化简分子；(4)当 C 值很大时，假设 $T/2RC$ 远小于2。(b)把三角波的峰值代入习题16.13[参见图P16.13(b)]的解中并证明该结果为式(16.59)。

16.27P 将图P16.27(a)所示的方波电压作用于图P16.27(b)所示的电路。

(a)求稳态电流 i 的傅里叶级数表达式。(b)通过电路分析求电流 i 的稳态表达式。

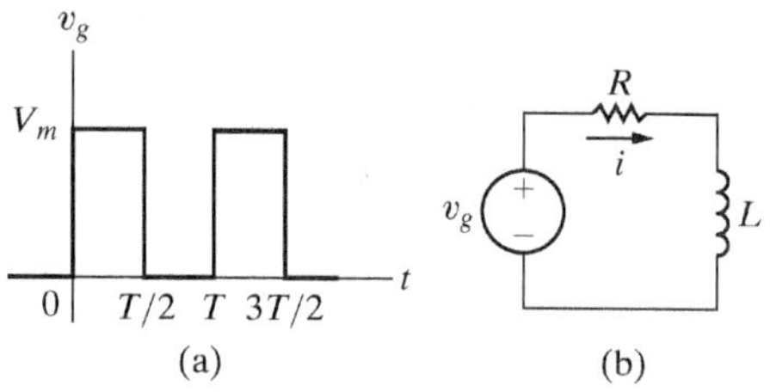

图 P16.27

16.28P 将图P16.13(a)中描述的周期方波电压作用于图P16.28所示的电路，其中 $V_m = 0.5\pi$ V，$T = 10\pi$ ms。(a)求稳态电压 v_o 的傅里叶级数表达式的前三个非零项。(b)输入电压中哪些频率成分在输出时被滤掉了？解释为什么。

16.29 将图P16.29(a)所示的周期方波电压作用于图P16.29(b)所示的电路。若 $V_m = 30\pi$ V，输入电压的周期为 200π μs，求稳态电压 v_o 的傅里叶级数表达式的前三个非零项。

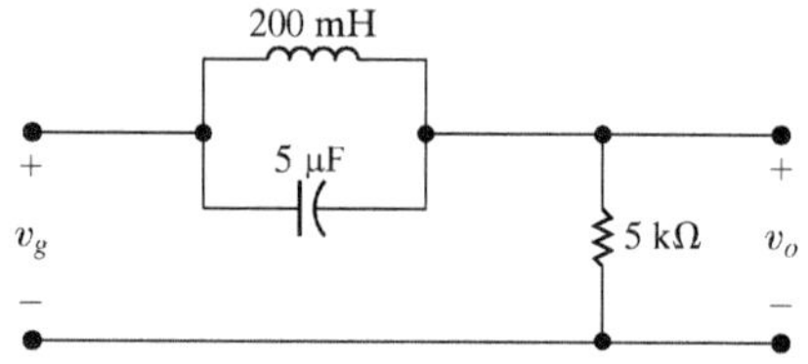

图 P16.28

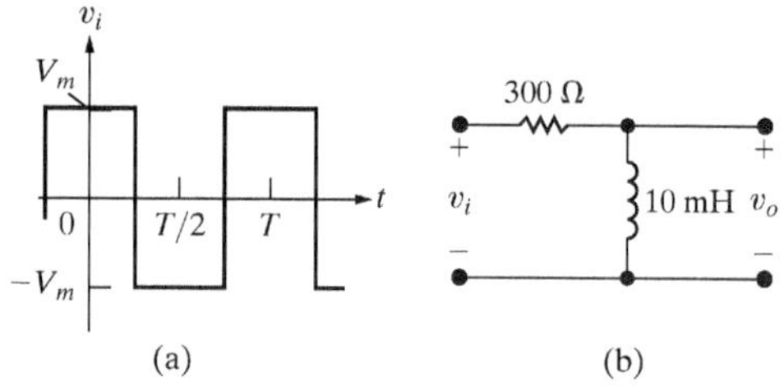

图 P16.29

16.30 将图P16.30(a)所示的全波整流正弦波电压作用于图P16.30(b)所示的电路。(a)求 i_o 的傅里叶级数表达式的前5个非零项。(b)求解 i_o 有什么意义。

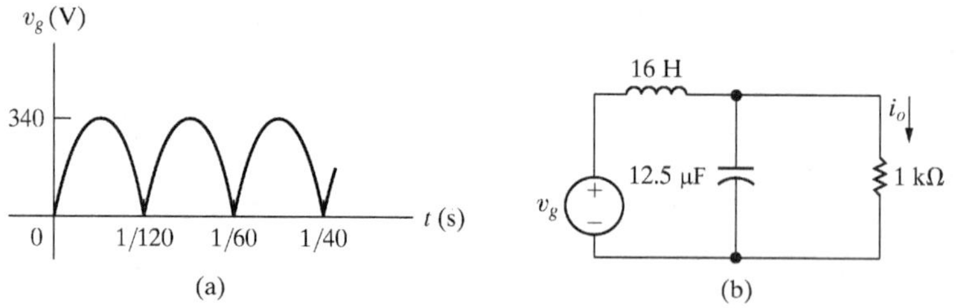

图 P16.30

16.31 如下公式所描述的周期电流 i_g 作用于图P16.31所示电路。写出 v_o 的三次谐波分量的时域表达式

$$\begin{aligned} i_g &= 100t \text{ A}, & -50 \text{ ms} \leqslant t \leqslant 50 \text{ ms} \\ &= 5 \text{ A}, & 50 \text{ ms} \leqslant t \leqslant 200 \text{ ms} \\ &= 25 - 100t \text{ A}, & 200 \text{ ms} \leqslant t \leqslant 300 \text{ ms} \\ &= -5 \text{ A}, & 300 \text{ ms} \leqslant t \leqslant 450 \text{ ms} \end{aligned}$$

16.32　一个周期为 10π μs 的周期电压的傅里叶级数为

$$v_g = 150 \sum_{n=1,3,5,\ldots}^{\infty} \frac{1}{n} \sin \frac{n\pi}{2} \cos n\omega_o t \text{ V}$$

将该周期电压作用于图 P16.32 所示电路。求频率为 3 Mrad/s 和 5 Mrad/s 的 v_o 分量的幅值和相位角。

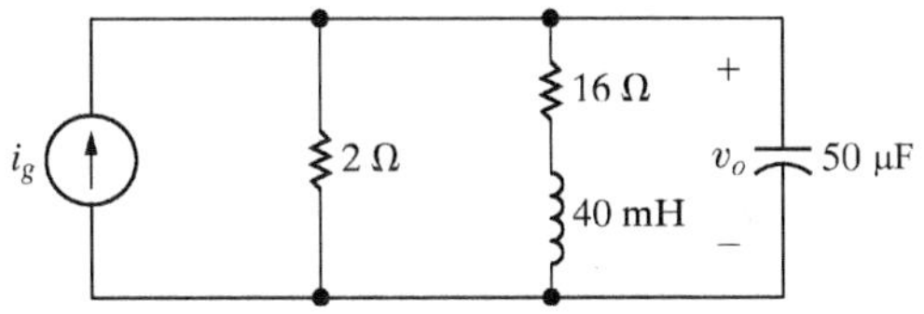

图 P16.31

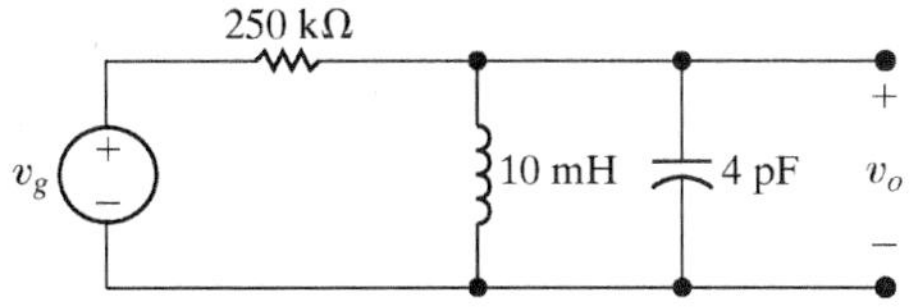

图 P16.32

16.33　将图 P16.33 所示的周期电压作用于一个 2.5 kΩ 电阻的两端？
(a)利用 $i(t)$ 的傅里叶级数表达式的前三个非零项，估计 2.5 kΩ 电阻消耗的平均功率。(b)计算 2.5 kΩ 电阻消耗的平均功率的精确值？(c)平均功率估计值的误差百分比是多少？

16.34　图 P16.34 所示周期电压信号作用于一个 400 Ω 电阻的两端？
(a)利用 $v(t)$ 的傅里叶级数表达式的前三个非零项，估计 400 Ω 电阻消耗的平均功率。(b)计算 400 Ω 电阻消耗的平均功率的精确值。(c)平均功率估计值的误差百分比是多少？

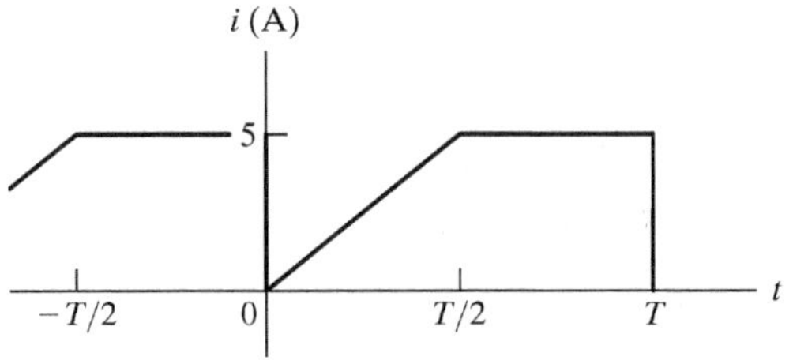

图 P16.33

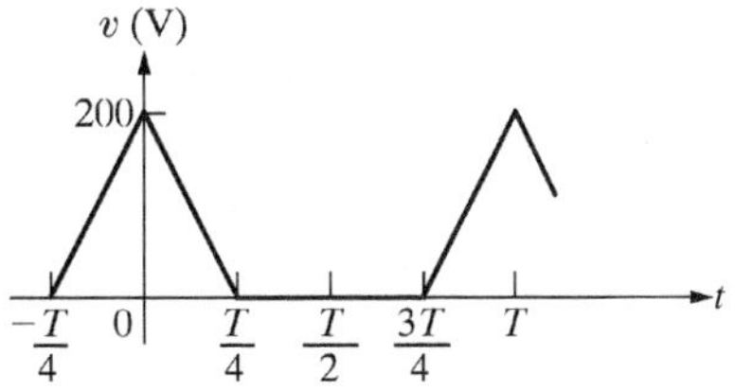

图 P16.34

16.35　将图 P16.35(b)所示的三角波电压作用于图 P16.35(a)所示电路。当电路处于稳态时，估计 $50\sqrt{2}$ Ω 电阻消耗的平均功率。

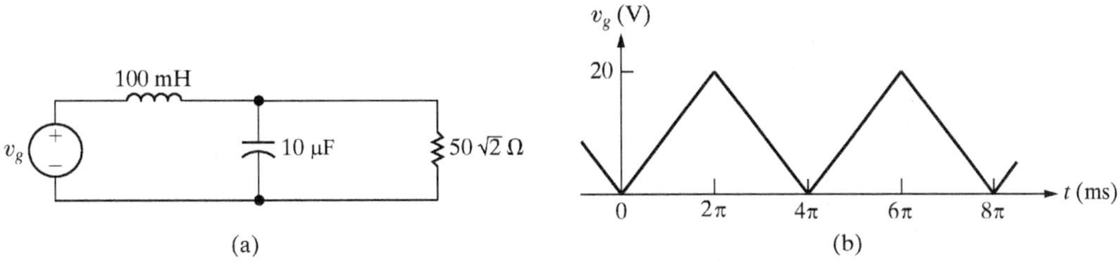

图 P16.35

16.36　一个网络端口的电压和电流为

$v = 30 + 60 \cos 2000t + 20 \sin 8000t$ V,

$i = 3 + 4 \cos (2000t - 25°) + \sin(8000t + 45°)$ A

电流方向为网络端口电压下降的方向。
(a)端口的平均功率是多少？(b)电压的均方根值是多少？(c)电流的均方根值是多少？

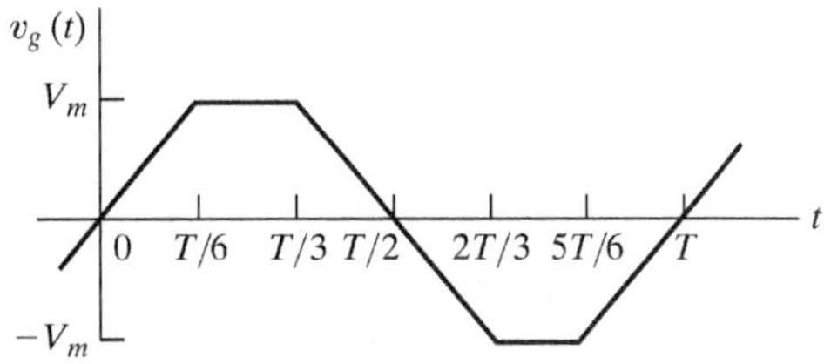

图 P16.37

16.37　(a)若 $V_m = 100$ V，求图 P16.37 所示电压信号的均方根值。注意该周期电压信号的傅里叶级数已在评测目标练习 16.3 中求得。(b)利用 $v_g(t)$ 的傅里叶级数表达式的前三个非零项，估计该电压信号的均方根值。

16.38　(a)用图 P16.38 所示周期电压的傅里叶级数近似式的前三个非零项，估计它的均方根值。(b)计算电压的精确均方根值。(c)计算均方根估计值的误差百分比。

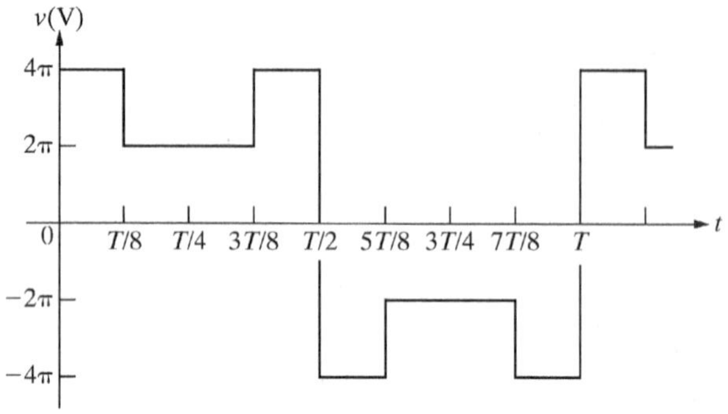

图 P16.38

16.39　(a)利用 $v(t)$ 的傅里叶级数表达式的前 5 个非零项，估计图 P16.39(a)所示周期方波电压的均方根值。(b)计算估计误差的百分比。(c)如果将周期方波电压用图 P16.39(b)所示的周期三角电压代替，重做(a)和(b)的问题。

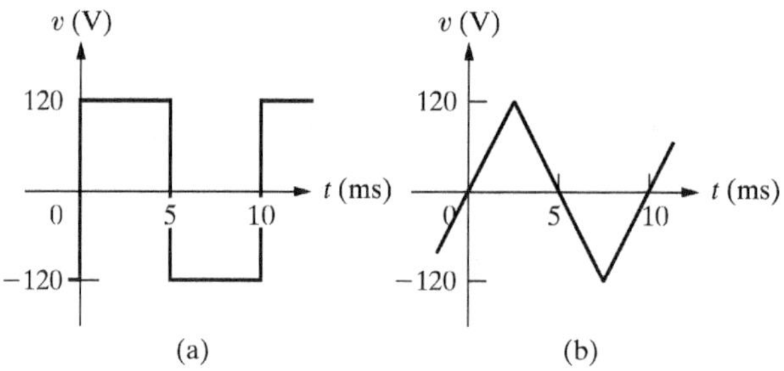

图 P16.39

16.40　(a)利用 $v(t)$ 的傅里叶级数表达式的前三个非零项，估计图 P16.40(a)所示全波整流正弦电压的均方根值。(b)计算估计误差的百分比。(c)若将全波整流正弦电压用图 P16.40(b)所示的半波整流正弦电压代替，重做(a)和(b)的问题。

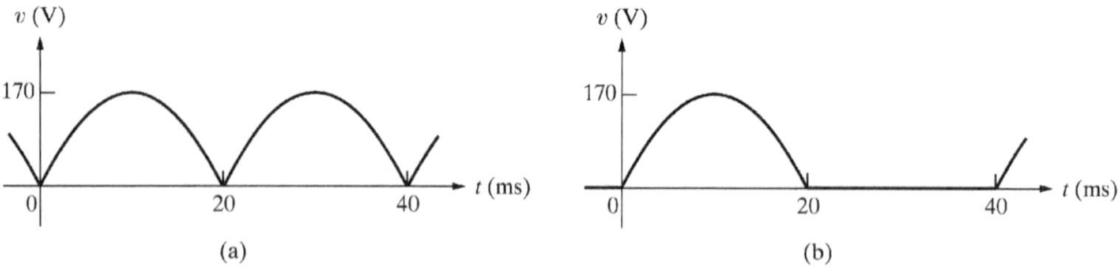

图 P16.40

16.41　若习题 16.14 中描述的周期函数是一个峰值为 3 A 的电流函数 i。

(a)求电流的均方根值。(b)若将该电流加到一个 100 Ω 电阻消耗的平均功率是多少？(c)若只用傅里叶级数的基频项近似 i，则 100 Ω 电阻消耗的平均功率是多少？(d)电阻消耗功率估计值的误差百分比是多少？

16.42　(a)求图 P16.42 所示周期电流的傅里叶系数表达式。(b)利用式(16.39)的三角函数形式，写出傅里叶级数的前 4 个非零项。(c)利用(b)中得到的傅里叶级数的前 4 个非零项估计 i_g 的均方根值。(d)求 i_g 的均方根精确值。(e)计算均方根估计值的误差百分比。

16.43　具有图 P16.43(a)描述形式的任一周期三角波的均方根值与 t_a 和 t_b 无关。注意当函数为单值函数时，$t_a \leq t_b$，其均方根值等于 $V_p/\sqrt{3}$。求图 P16.43(b)～(d)所示三个波形的均方根值验证上述结论。

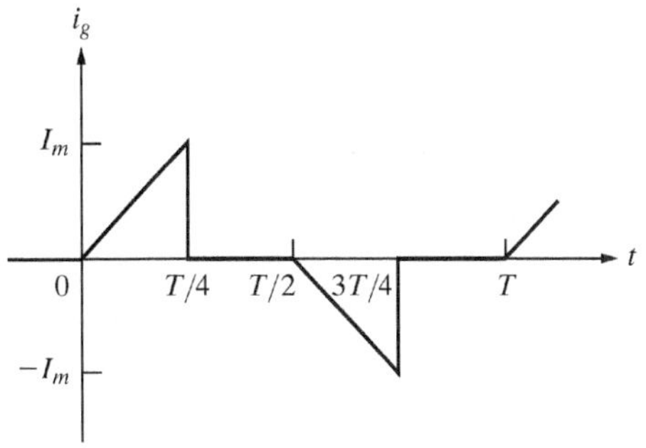

图 P16.42

16.44　求图 P16.44 所示周期电压信号的傅里叶级数的系数。

16.45　(a)若习题 16.44 中的周期电压作用于一个 25 Ω 电阻的两端，如果 $V_m = 150$ V，则该电阻消耗的平均功率是多少？(b)若 $v(t)$ 用包含前 5 个非零项的截断指数形式傅里叶级数近似，即 $n = 0$，1，2，3 和 4，则利用该近似，电压的均方根值是多少？(c)若用(b)中的近似式表示 v，则计算的功率的误差百分比是多少？

16.46　求图 P16.46 所示电压信号指数形式的傅里叶级数。

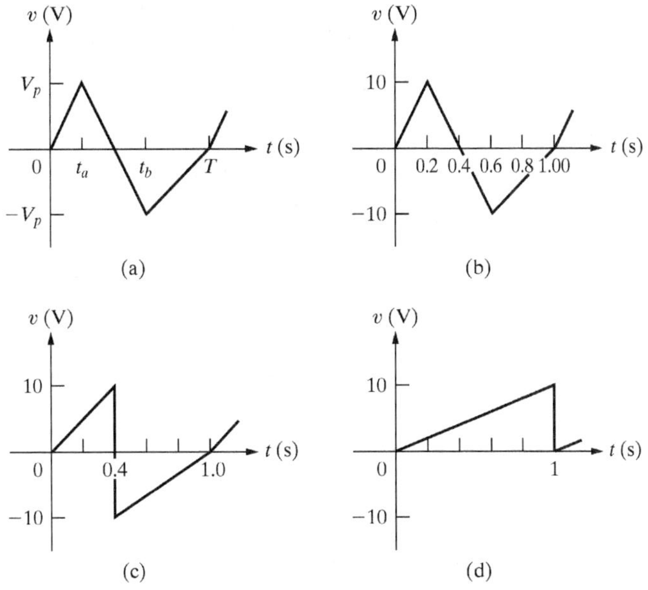

图 P16.43

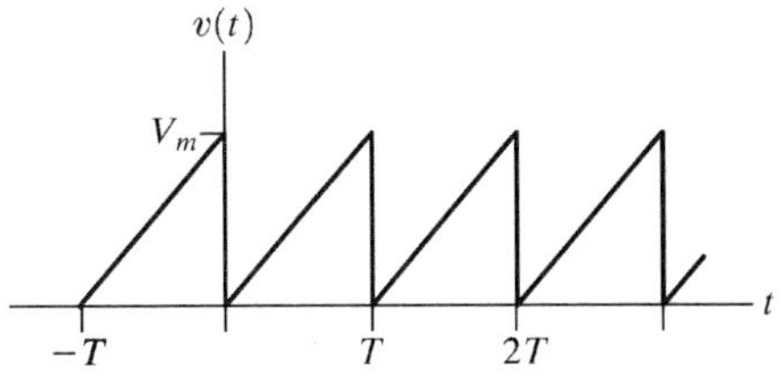

图 P16.44

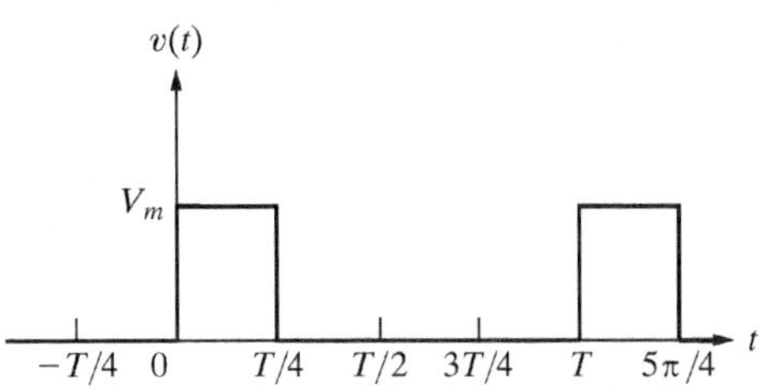

图 P16.46

16.47　图 P16.47(a)所示电路中的周期电压源的波形如图 P16.47(b)所示。
(a)推导 C_n 的表达式。(b)若 $V_m = 54$ V，$T = 10\pi$ μs，求输入电压 v_g 的傅里叶级数的复系数 C_o，C_{-1}，C_1，C_{-2}，C_2，C_{-3}，C_3，C_{-4}和 C_4 的值。(c)对 v_o，重复(b)的问题。(d)利用(c)中求得的复系数，估计250 kΩ 电阻消耗的平均功率。

16.48　(a)求图 P16.47(b)所示周期电压信号的均方根值。(b)利用习题 16.47(b)中求得的复系数，估计 v_g 的均方根值。(c)v_g 的均方根估计值的误差百分比是多少？

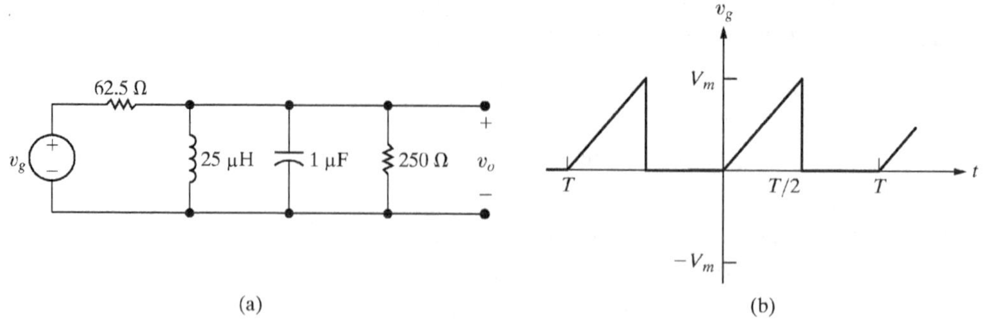

图 P16.47

16.49 (a)基于式(16.38)，绘出例 16.3 中周期电压信号的幅度谱和相位谱。若 $V_m=40$ V，绘出振幅、相位与 $n\omega_o$ 的关系图，其中 $n=0, 1, 2, 3, \cdots$。(b)根据式(16.82)，重做(a)的问题。

16.50 (a)基于式(16.38)，绘出习题 16.33 中周期电压信号的幅度谱和相位谱。绘出振幅、相位与 $n\omega_o$ 的关系图，其中 $n=0, 1, 2, \cdots$。(b)根据式(16.82)，重做(a)的问题。

16.51 一个由截断傅里叶级数表示的周期电压信号，其幅度谱和相位谱分别如图 P16.51(a)和图 P16.51(b)所示。

(a)将周期电压信号表示成式(16.38)的形式。(b)该电压函数是 t 的奇函数还是偶函数？(c)该电压函数是半波对称函数吗？(d)该电压函数是四分之一波对称函数吗？

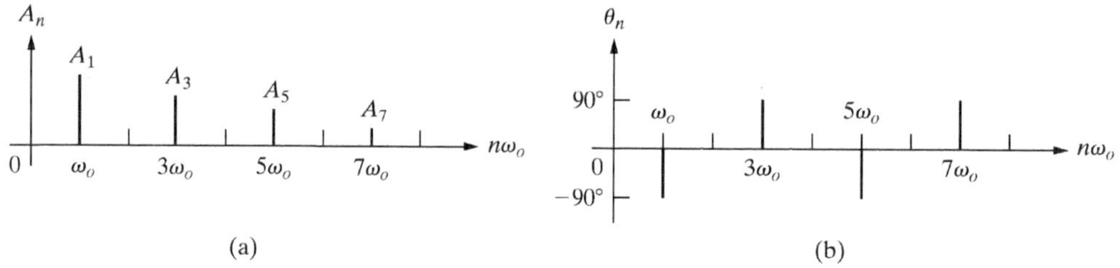

图 P16.51

16.52 一个用有限项傅里叶级数表示的周期函数，其幅度谱和相位谱分别如图 P16.52(a)和图 P16.52(b)所示。(a)将周期电流信号表示成式(16.38)的形式。(b)该电流函数是 t 的奇函数还是偶函数？(c)该电流函数是半波对称函数吗？(d)计算电流的均方根值(单位为 mA)。(e)写出傅里叶级数的指数形式。(f)基于指数形式的傅里叶级数，绘出幅度谱和相位谱。

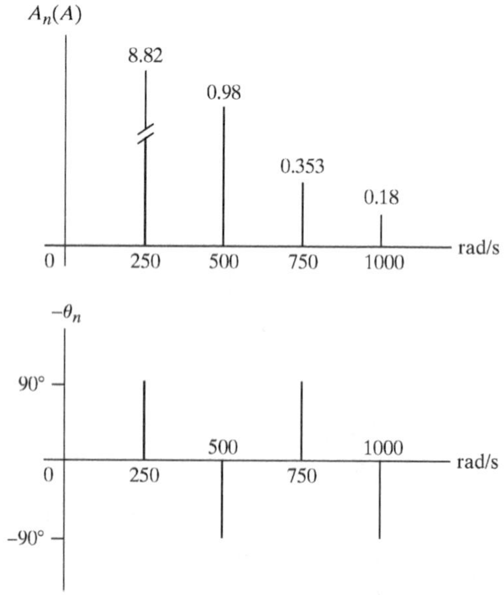

图 P16.52

16.53 三阶巴特沃思高通滤波器的输入信号是一个半波整流正弦电压函数，该函数的幅值为 270π V 且基波周期为 400π μs。滤波器的转角频率为 2500 rad/s。写出滤波器的稳态输出电压的傅里叶级数的前三项。

16.54 二阶巴特沃思低通滤波器的输入信号为图 P16.54 所示的周期三角波电压函数。滤波器的转角频率为 2 krad/s。写出滤波器的稳态输出电压的傅里叶级数的前三项。

16.55 二阶巴特沃思低通滤波器的输入信号是一个全波整

流正弦电压函数，该函数的幅值为 2.5π V 且基波频率为 5000 rad/s。滤波器的转角频率为 1 krad/s。写出滤波器的稳态输出电压的傅里叶级数的前两项。

16.56　图 P16.56(a)中的窄带带通滤波电路的传递函数(V_o/V_g)为

$$H(s) = \frac{-K_o\beta s}{s^2 + \beta s + \omega_o^2}$$

(a)用电路参数 R_1、R_2、R_3、C_1 和 C_2 表示函数 K_o、β 和 ω_o^2。(b)若周期电压 v_g 如图 P16.56(b)所示，写出 v_o 的傅里叶级数的前三项。(c)利用(b)中结果预测滤波器的品质因数。(d)利用 β 和 ω_o 计算滤波器的品质因数并将其结果与(c)的预测值进行比较。

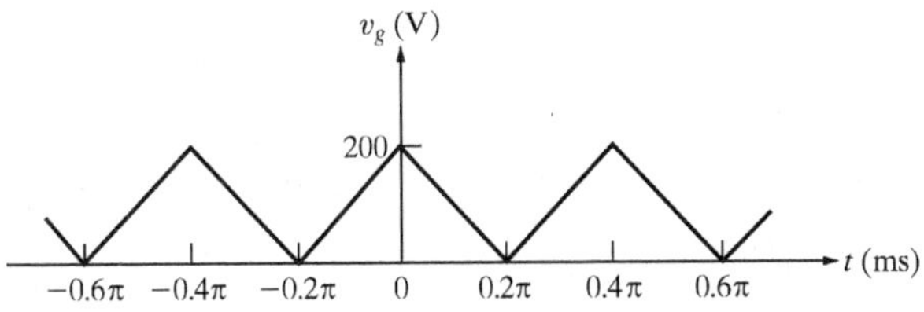

图 P16.54

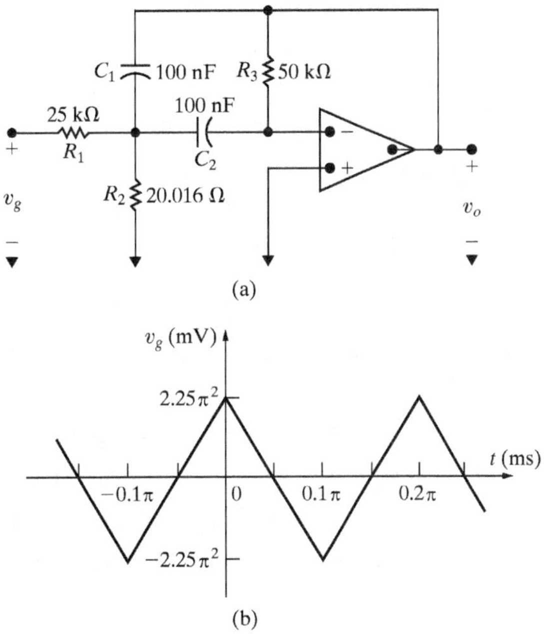

图 P16.56

16.57　(a)计算图 16.20(a)所示带通滤波器的 K、β 和 ω_o^2 值。(b)如果滤波器的输入为图 16.20(b)所示信号，写出 v_o[参见图 16.20(a)]的傅里叶级数的前三项。

第 17 章　傅里叶变换

本章目标

- 学会利用下述方法计算函数的傅里叶变换：
  - 傅里叶变换的定义
  - 拉普拉斯变换
  - 傅里叶变换的数学性质
  - 运算变换
- 了解如何利用傅里叶变换求电路的响应。
- 掌握帕塞瓦尔定理并会利用它解决与指定频带内包含的能量有关的问题。

在第 16 章中讨论了周期函数的傅里叶级数表达式，利用该表达式，可以根据幅值和相位的频域特性描述一个周期函数，而傅里叶变换又可以将频域描述推广到非周期函数。通过拉普拉斯变换，已经引入了将非周期函数从时域变换到频域的思想。读者也许要问，为什么还要引入傅里叶变换呢？严格地讲，傅里叶变换不是一种新变换，它是双边拉普拉斯变换的复频率实部等于零的一种特殊情况。从物理学的观点看，将傅里叶变换看成傅里叶级数的极限情况更合理。在 17.1 节将介绍这个观点，并导出傅里叶变换式。

在特定的通信理论和信号处理领域中，傅里叶变换比拉普拉斯变换更有用。尽管这里不能深入研究傅里叶变换，但在读者对拉普拉斯变换和傅里叶级数相关概念的记忆还很清晰的情况下，将傅里叶变换介绍给读者是很合适的。

实例应用

数字信号滤波(一)

目前利用电话线进行计算机之间的信息通信已很普遍。如你所知，计算机将所有信息表示为“1”和“0”的集合。例如，通常将 5 V 电压表示为“1”，将 0 V 电压表示为“0”，如下图所示。

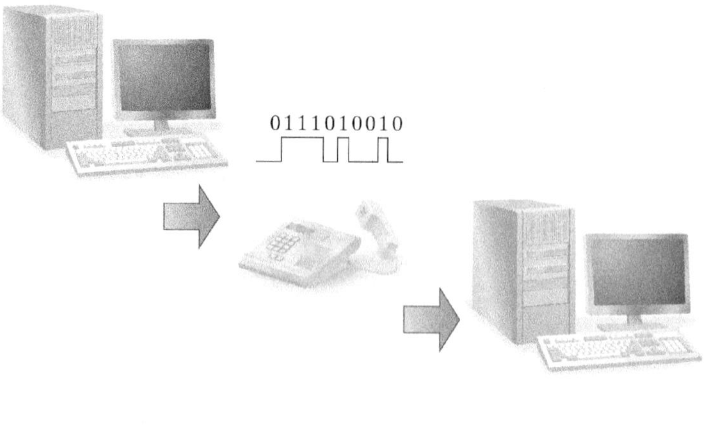

电话线的频率响应特性与低通滤波器相似。我们可以通过傅里叶变换了解用与滤波器特性相似的电话线传输数字信号的效果。

17.1　傅里叶变换的引出

将傅里叶变换看成傅里叶级数的极限情况，下面开始推导傅里叶变换，利用傅里叶级数的指数形式

$$f(t)=\sum_{n=-\infty}^{\infty} C_n \mathrm{e}^{\mathrm{j}n\omega_0 t} \tag{17.1}$$

其中

$$C_n=\frac{1}{T}\int_{-T/2}^{T/2} f(t)\mathrm{e}^{-\mathrm{j}n\omega_0 t}\,\mathrm{d}t \tag{17.2}$$

在式(17.2)中，将积分起点选为 $t_0=-T/2$。

当基波周期 T 无限增大时，周期函数就转化为非周期函数。换言之，如果 T 趋于无限大，则函数从不重复出现，因此它就是非周期函数。随着 T 的增大，相邻谐波频率的间隔越来越小，特别是

$$\Delta\omega=(n+1)\omega_0-n\omega_0=\omega_0=\frac{2\pi}{T} \tag{17.3}$$

当 T 越来越大时，间隔增量 $\Delta\omega$ 接近于微分间隔 $\mathrm{d}\omega$，由式(17.3)

$$\frac{1}{T}\to\frac{\mathrm{d}\omega}{2\pi}\quad 当\ T\to\infty \tag{17.4}$$

随着周期的增大，频率从一个离散变量逐渐变成一个连续变量，或

$$n\omega_0\to\omega\quad 当\ T\to\infty \tag{17.5}$$

根据式(17.2)，随着周期的增大，傅里叶系数 C_n 逐渐减小。在极限情况下，当 $T\to\infty$ 时，$C_n\to 0$。这个结果有意义，是因为我们期望函数失去周期性时其傅里叶系数变为零。然而，注意乘积 C_nT 的极限值，即

$$C_nT\to\int_{-\infty}^{\infty} f(t)\mathrm{e}^{-\mathrm{j}\omega t}\,\mathrm{d}t\quad 当\ T\to\infty \tag{17.6}$$

利用式(17.5)中的关系，得到了式(17.6)。式(17.6)中的积分即为 $f(t)$ 的傅里叶变换，表示如下：

$$F(\omega)=\mathcal{F}\{f(t)\}=\int_{-\infty}^{\infty} f(t)\mathrm{e}^{-\mathrm{j}\omega t}\,\mathrm{d}t \tag{17.7}$$

通过研究式(17.1)在 $T\to\infty$ 时的极限形式，可以得到傅里叶逆变换的表达式。首先对式(17.1)的求和变量乘、除 T

$$f(t)=\sum_{n=-\infty}^{\infty}(C_nT)\mathrm{e}^{\mathrm{j}n\omega_0 t}\left(\frac{1}{T}\right) \tag{17.8}$$

当 $T\to\infty$ 时，求和趋于积分，$C_nT\to F(\omega)$，$n\omega_0\to\omega$ 和 $1/T\to\mathrm{d}\omega/2\pi$。这样，在极限情况下，式(17.8)变成

$$f(t)=\frac{1}{2\pi}\int_{-\infty}^{\infty} F(\omega)\mathrm{e}^{\mathrm{j}\omega t}\,\mathrm{d}\omega \tag{17.9}$$

式(17.7)和式(17.9)定义了傅里叶变换。式(17.7)把时域表达式 $f(t)$ 变换为相应的频域表达式 $F(\omega)$。式(17.9)定义了将 $F(\omega)$ 变换为 $f(t)$ 的逆运算。

现在推导图 17.1 所示脉冲的傅里叶变换。该脉冲对应例 16.6 中周期电压 $T\to\infty$ 时的波形。直接由式(17.7)得到 $v(t)$ 的傅里叶变换

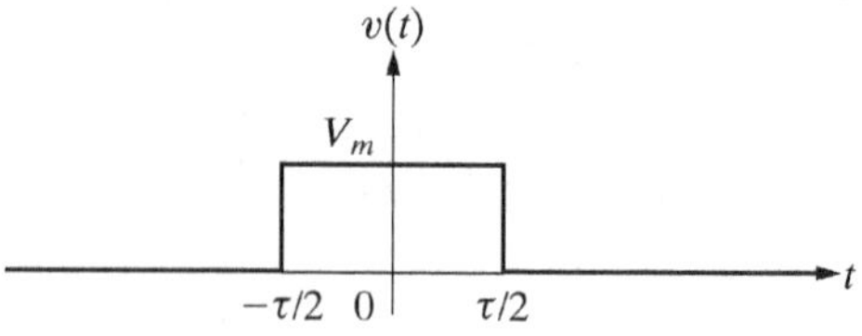

图 17.1 一个电压脉冲

$$\begin{aligned} V(\omega) &= \int_{-\tau/2}^{\tau/2} V_m e^{-j\omega t}\,dt \\ &= V_m \left.\frac{e^{-j\omega t}}{(-j\omega)}\right|_{-\tau/2}^{\tau/2} \qquad (17.10) \\ &= \frac{V_m}{-j\omega}\left(-2j\sin\frac{\omega\tau}{2}\right) \end{aligned}$$

将上式的分子和分母同时乘以 t，可以将其写成$(\sin x)/x$ 的形式，则

$$V(\omega) = V_m\tau\frac{\sin \omega\tau/2}{\omega\tau/2} \qquad (17.11)$$

例 16.6 中电压脉冲的周期序列的傅里叶系数表达式为

$$C_n = \frac{V_m\tau}{T}\frac{\sin n\omega_0\tau/2}{n\omega_0\tau/2} \qquad (17.12)$$

比较式(17.11)与式(17.12)很容易看出，时域函数由周期函数变为非周期函数时，其幅值谱从离散线状频谱变为连续谱。此外，线状谱的包络线与连续频谱的形状相同。这样，随着 T 的增大，谱线越来越密，幅值越来越小，但包络线的形状不变。从物理意义上讲，傅里叶变换 $V(\omega)$是研究 $v(t)$的频率分量的一种手段。图 17.2 对上述结论进行了解释说明，并基于τ为常数、T 不断增加的假设，绘制了幅值谱。

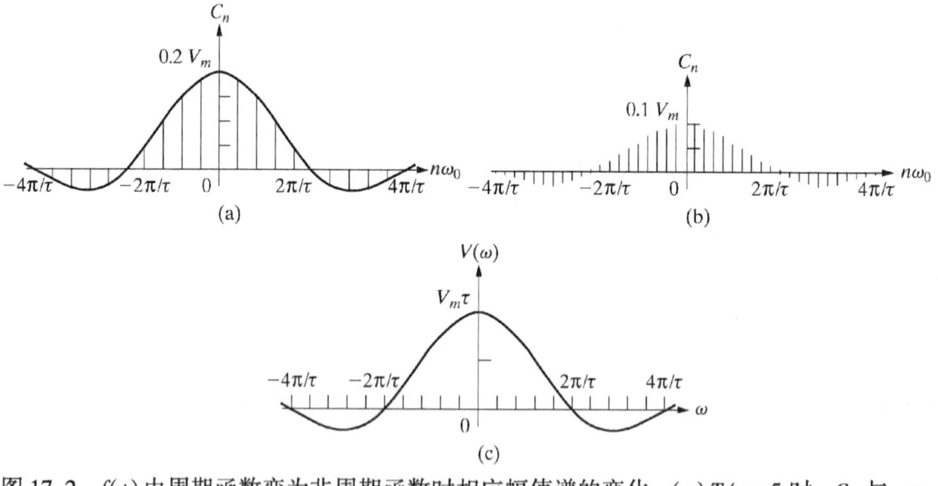

图 17.2 $f(t)$由周期函数变为非周期函数时相应幅值谱的变化：(a)$T/\tau=5$ 时，C_n 与 $n\omega_0$ 的关系曲线；(b)$T/\tau=10$时，C_n与$n\omega_0$的关系曲线；(c)$V(\omega)$与ω的关系曲线

17.2 傅里叶积分的收敛

若式(17.7)中的积分收敛，则时间函数$f(t)$的傅里叶变换存在。如果$f(t)$具有好的收敛特性，即在有限时间间隔内不为零，则$f(t)$的傅里叶积分一定收敛。好的收敛特性指的是$f(t)$是一个单值函数且在积分区间内围住一个有限的面积。在实际应用中，我们感兴趣的大多数

有限延迟脉冲都具有好的收敛特性。在 17.1 节中讨论过的矩形脉冲的傅里叶变换的计算就说明了这一点。

若$f(t)$在无穷区间内不为零，则傅里叶积分收敛与否取决于$t\to\infty$时的$f(t)$的性质。对于无穷区间内不等于 0 的单值函数，若积分

$$\int_{-\infty}^{\infty}|f(t)|\,\mathrm{d}t$$

存在，且$f(t)$有有限个间断点，则该函数的傅里叶变换就存在。图 17.3 给出了一个衰减指数函数的例子，$f(t)$的傅里叶变换为

$$\begin{aligned}F(\omega)&=\int_{-\infty}^{\infty}f(t)\mathrm{e}^{-\mathrm{j}\omega t}\,\mathrm{d}t=\int_{0}^{\infty}K\mathrm{e}^{-at}\mathrm{e}^{-\mathrm{j}\omega t}\,\mathrm{d}t\\&=\frac{K\mathrm{e}^{-(a+\mathrm{j}\omega)t}}{-(a+\mathrm{j}\omega)}\bigg|_{0}^{\infty}=\frac{K}{-(a+\mathrm{j}\omega)}(0-1)\\&=\frac{K}{a+\mathrm{j}\omega},\quad a>0\end{aligned}\tag{17.13}$$

第三组重要的函数在严格意义上不存在傅里叶变换，但在实际应用中却有重大意义。例如，如果$f(t)$为常数，式(17.7)中的积分就不收敛。同样当$f(t)$为一个正弦函数、$\cos\omega_0 t$或一个阶跃函数$Ku(t)$时，式(17.7)的积分也不收敛。在电路分析中，我们对这些函数非常感兴趣，但是，若要进行傅里叶分析，就必须求助于某种数学手段。首先，在时域创建一个函数，该函数的傅里叶变换存在并能任意地接近目标函数。接着，求近似函数的傅里叶变换，然后计算该函数接近$f(t)$时$F(\omega)$的极值。最后，将$F(\omega)$的极值定义为$f(t)$的傅里叶变换。

下面通过求一个常数的傅里叶变换对这种方法进行说明。可以用指数函数

$$f(t)=A\mathrm{e}^{-\epsilon|t|},\quad \epsilon>0\tag{17.14}$$

近似一个常数。当$\epsilon\to 0$时，$f(t)\to A$。图 17.4 用图形显示了该近似。$f(t)$的傅里叶变换为

$$F(\omega)=\int_{-\infty}^{0}A\mathrm{e}^{\epsilon t}\mathrm{e}^{-\mathrm{j}\omega t}\,\mathrm{d}t+\int_{0}^{\infty}A\mathrm{e}^{-\epsilon t}\mathrm{e}^{-\mathrm{j}\omega t}\,\mathrm{d}t\tag{17.15}$$

计算式(17.15)中的积分得

$$F(\omega)=\frac{A}{\epsilon-\mathrm{j}\omega}+\frac{A}{\epsilon+\mathrm{j}\omega}=\frac{2\epsilon A}{\epsilon^2+\omega^2}\tag{17.16}$$

当$\epsilon\to 0$时，式(17.16)中的函数在$\omega=0$点产生一个冲激函数。读者可以证明这个结论，通过采用以下步骤：(1)证明当$\epsilon\to 0$时，$F(\omega)$在$\omega=0$点趋于无穷大；(2)当$\epsilon\to 0$时，$F(\omega)$的延迟趋于零；(3)曲线$F(\omega)$下的面积与ϵ无关。曲线$F(\omega)$下的面积是脉冲的强度

$$\int_{-\infty}^{\infty}\frac{2\epsilon A}{\epsilon^2+\omega^2}\mathrm{d}\omega=4\epsilon A\int_{0}^{\infty}\frac{\mathrm{d}\omega}{\epsilon^2+\omega^2}=2\pi A\tag{17.17}$$

在极限情况下，$f(t)$趋近常数A，$F(\omega)$趋近脉冲函数$2\pi A\delta(\omega)$。因此，常数A的傅里叶变换被定义为$2\pi A\delta(\omega)$，或

$$\mathscr{F}\{A\}=2\pi A\delta(\omega)\tag{17.18}$$

在 17.4 节中，将详细讨论由极限过程定义的傅里叶变换。在 17.3 节中，将讲述如何利用拉普拉斯变换求函数的傅里叶变换。

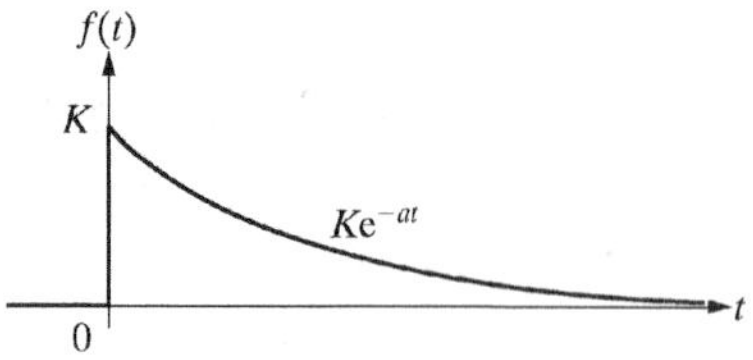

图 17.3　衰减指数函数 $Ke^{-at}u(t)$

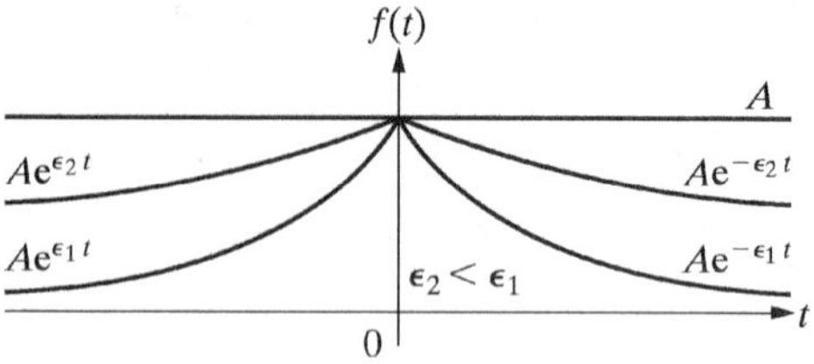

图 17.4　指数函数对常数的近似

评测目标 1　会计算函数的傅里叶变换。

17.1　用积分定义求下面函数的傅里叶变换

(a) $f(t) = -A,\quad -\tau/2 \leqslant t < 0$

$f(t) = A,\quad 0 < \tau \leqslant t/2$

$f(t) = 0,\quad$ 其他

(b) $f(t) = 0,\quad t < 0$

$f(t) = te^{-at},\quad t \geqslant 0,\ a > 0$

答： (a) $-\mathrm{j}\left(\dfrac{2A}{\omega}\right)\left(1-\cos\dfrac{\omega\tau}{2}\right)$；　(b) $\dfrac{1}{(a+\mathrm{j}\omega)^2}$。

17.2　已知 $f(t)$ 的傅里叶变换为

$F(\omega) = 0,\ -\infty \leqslant \omega < -3$

$F(\omega) = 4,\ -3 < \omega < -2$

$F(\omega) = 1,\ -2 < \omega < 2$

$F(\omega) = 4,\ 2 < \omega < 3$

$F(\omega) = 0,\ 3 < \omega \leqslant \infty$

求 $f(t)$。

答： $f(t) = \dfrac{1}{\pi t}(4\sin 3t - 3\sin 2t)$。

提示： 也可试求本章习题 17.1 和习题 17.2。

17.3　用拉普拉斯变换求傅里叶变换

如果一个函数的傅里叶积分收敛，则可以用单边拉普拉斯变换求其傅里叶变换。当 $F(s)$ 的所有极点位于 s 平面的左半部分时，傅里叶积分收敛。如果 $F(s)$ 在 s 平面的右半部分或虚轴上存在极点，则 $f(t)$ 不满足积分 $\int_{-\infty}^{\infty}|f(t)|\,\mathrm{d}t$ 存在的约束条件。

下面给出用拉普拉斯变换求傅里叶变换的一些规则。

1. 对于 $t \leqslant 0^-$ 时，$f(t)$ 等于 0 这种情况，只需将 $f(t)$ 的拉普拉斯变换式中的 s 用 $\mathrm{j}\omega$ 替换，这样

$$\mathscr{F}\{f(t)\} = \mathscr{L}\{f(t)\}_{s=\mathrm{j}\omega} \tag{17.19}$$

例如，若

$$f(t) = 0,\qquad t \leqslant 0^-$$

$$f(t) = \mathrm{e}^{-at}\cos\omega_0 t,\qquad t \geqslant 0^+$$

则

$$\mathscr{F}\{f(t)\} = \left.\frac{s+a}{(s+a)^2+\omega_0^2}\right|_{s=\mathrm{j}\omega} = \frac{\mathrm{j}\omega+a}{(\mathrm{j}\omega+a)^2+\omega_0^2}$$

2. 因为傅里叶积分的积分范围为 $-\infty$ 到 $+\infty$，所以一个负时间函数的傅里叶变换存在，

当时间值为负时，负时间函数不为0，而当时间值为正时，负时间函数为0。为了求这种函数的傅里叶变换，可以采用如下步骤。首先，将负时间函数映射到正时间域内，并求它的单边拉普拉斯变换。将变换式中的 s 用 $-\mathrm{j}\omega$ 替换，得到原时间函数的傅里叶变换。因此，对于 $t \geqslant 0^+$ 时，$f(t)$ 等于0这种情况

$$\mathscr{F}\{f(t)\} = \mathscr{L}\{f(-t)\}_{s=-\mathrm{j}\omega} \tag{17.20}$$

例如，如果

$$f(t) = 0, \qquad t \geqslant 0^+$$
$$f(t) = \mathrm{e}^{at}\cos\omega_0 t, \qquad t \leqslant 0^-$$

则

$$f(-t) = 0, \qquad t \leqslant 0^-$$
$$f(-t) = \mathrm{e}^{-at}\cos\omega_0 t, \qquad t \geqslant 0^+$$

$f(t)$ 和它的镜像都在图17.5中给出。

$f(t)$ 的傅里叶变换为

$$\mathscr{F}\{f(t)\} = \mathscr{L}\{f(-t)\}_{s=-\mathrm{j}\omega} = \left.\frac{s+a}{(s+a)^2+\omega_0^2}\right|_{s=-\mathrm{j}\omega}$$

$$= \frac{-\mathrm{j}\omega + a}{(-\mathrm{j}\omega + a)^2 + \omega_0^2}$$

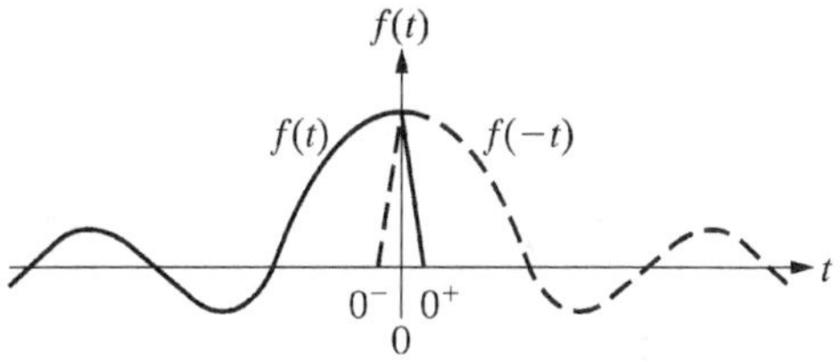

图 17.5　负时间函数到正时间域的映像

3. 可以把时域内不为0的函数分解为正时间函数和负时间函数。用式(17.19)和式(17.20)分别求出正时间函数和负时间函数的傅里叶变换。原函数的傅里叶变换就等于这两个变换之和。这样，如果令

$$f^+(t) = f(t), \qquad t > 0$$
$$f^-(t) = f(t), \qquad t < 0$$

则

$$f(t) = f^+(t) + f^-(t)$$

而

$$\begin{aligned}\mathscr{F}\{f(t)\} &= \mathscr{F}\{f^+(t)\} + \mathscr{F}\{f^-(t)\}\\ &= \mathscr{L}\{f^+(t)\}_{s=\mathrm{j}\omega} + \mathscr{L}\{f^-(-t)\}_{s=-\mathrm{j}\omega}\end{aligned} \tag{17.21}$$

利用式(17.21)时，需要求 $\mathrm{e}^{-a|t|}$ 的傅里叶变换。对于原函数，正、负时间函数为

$$f^+(t) = \mathrm{e}^{-at} \quad 和 \quad f^-(t) = \mathrm{e}^{at}$$

这样

$$\mathscr{L}\{f^+(t)\} = \frac{1}{s+a}$$

$$\mathscr{L}\{f^-(-t)\} = \frac{1}{s+a}$$

因此，由式(17.21)

$$\mathscr{F}\{\mathrm{e}^{-a|t|}\} = \left.\frac{1}{s+a}\right|_{s=\mathrm{j}\omega} + \left.\frac{1}{s+a}\right|_{s=-\mathrm{j}\omega}$$

$$= \frac{1}{\mathrm{j}\omega + a} + \frac{1}{-\mathrm{j}\omega + a}$$

$$= \frac{2a}{\omega^2 + a^2}$$

如果$f(t)$为偶函数，则式(17.21)变为

$$\mathcal{F}\{f(t)\} = \mathcal{L}\{f(t)\}_{s=j\omega} + \mathcal{L}\{f(t)\}_{s=-j\omega} \tag{17.22}$$

如果$f(t)$为奇函数，则式(17.21)变为

$$\mathcal{F}\{f(t)\} = \mathcal{L}\{f(t)\}_{s=j\omega} - \mathcal{L}\{f(t)\}_{s=-j\omega} \tag{17.23}$$

评测目标 1　会计算函数的傅里叶变换。

17.3　求下列各函数的傅里叶变换，其中 a 为一个正实数。

(a) $f(t)=0,\quad t<0$；$f(t)=e^{-at}\sin\omega_0 t,\quad t\geqslant 0$

(b) $f(t)=0,\quad t>0$；$f(t)=-te^{at},\quad t\leqslant 0$

(c) $f(t)=te^{-at},\quad t\geqslant 0$；$f(t)=te^{at},\quad t\leqslant 0$

答：(a) $\dfrac{\omega_0}{(a+j\omega)^2+\omega_0^2}$；　(b) $\dfrac{1}{(a-j\omega)^2}$；　(c) $\dfrac{-j4a\omega}{(a^2+\omega^2)^2}$。

提示：也可试求本章习题 17.5。

17.4　极限情况下的傅里叶变换

正如在 17.2 节中指出的，几个实用函数的傅里叶变换必须用极限过程来定义。现在看看如何求这类函数的傅里叶变换。

17.4.1　符号函数的傅里叶变换

在式(17.18)中已经证明常数 A 的傅里叶变换为 $2\pi A\delta(\omega)$。下一个感兴趣的函数是符号函数，当 $t>0$ 时，函数定义为 $+1$，而当 $t<0$ 时，函数定义为 -1。将符号函数表示为 $\mathrm{sgn}(t)$，$\mathrm{sgn}(t)$可以用单位阶跃函数表示，或

$$\mathrm{sgn}(t) = u(t) - u(-t) \tag{17.24}$$

图 17.6 给出了符号函数的图形。

为了求符号函数的傅里叶变换，首先构建一个在极限情况下趋近符号函数的函数

$$\mathrm{sgn}(t) = \lim_{\epsilon\to 0}[e^{-\epsilon t}u(t) - e^{\epsilon t}u(-t)],\quad \epsilon > 0 \tag{17.25}$$

方括号内的函数如图 17.7 所示，因为傅里叶积分收敛，所以它的傅里叶变换存在。因为$f(t)$是一个奇函数，可以用式(17.23)求它的傅里叶变换

$$\begin{aligned}\mathcal{F}\{f(t)\} &= \left.\frac{1}{s+\epsilon}\right|_{s=j\omega} - \left.\frac{1}{s+\epsilon}\right|_{s=-j\omega} \\ &= \frac{1}{j\omega+\epsilon} - \frac{1}{-j\omega+\epsilon} \\ &= \frac{-2j\omega}{\omega^2+\epsilon^2}\end{aligned} \tag{17.26}$$

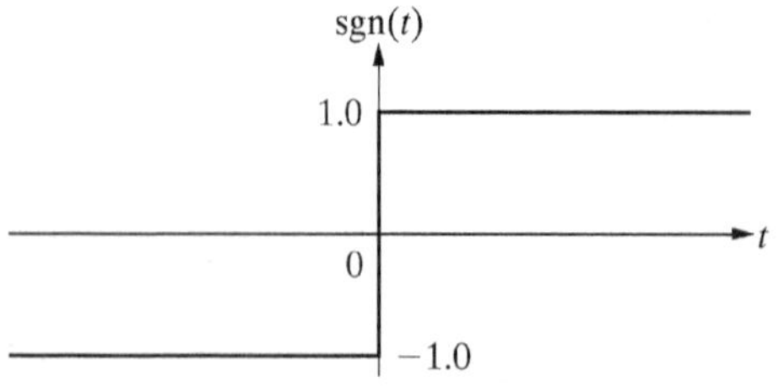

图 17.6　符号函数

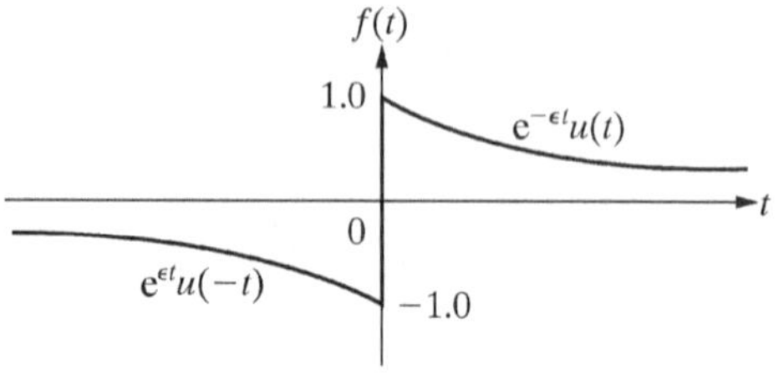

图 17.7　ϵ 趋于零时，趋近 sgn(t)的函数

当 $\epsilon \to 0$ 时，$f(t) \to \text{sgn}(t)$，$\mathcal{F}\{f(t)\} \to 2/\text{j}\omega$。因此

$$\mathcal{F}\{\text{sgn}(t)\} = \frac{2}{\text{j}\omega} \tag{17.27}$$

17.4.2　单位阶跃函数的傅里叶变换

为求单位阶跃函数的傅里叶变换，利用式(17.18)和式(17.27)。首先将单位阶跃函数表示为

$$u(t) = \frac{1}{2} + \frac{1}{2}\text{sgn}(t) \tag{17.28}$$

则其傅里叶变换为

$$\begin{aligned}\mathcal{F}\{u(t)\} &= \mathcal{F}\left\{\frac{1}{2}\right\} + \mathcal{F}\left\{\frac{1}{2}\text{sgn}(t)\right\} \\ &= \pi\delta(\omega) + \frac{1}{\text{j}\omega}\end{aligned} \tag{17.29}$$

17.4.3　余弦函数的傅里叶变换

为求 $\cos\omega_0 t$ 的傅里叶变换，利用式(17.9)给出的傅里叶逆变换的定义式，若

$$F(\omega) = 2\pi\delta(\omega - \omega_0) \tag{17.30}$$

则

$$f(t) = \frac{1}{2\pi}\int_{-\infty}^{\infty}[2\pi\delta(\omega - \omega_0)]\text{e}^{\text{j}\omega t}\,\text{d}\omega \tag{17.31}$$

利用脉冲函数的筛选特性，可将式(17.31)化简为

$$f(t) = \text{e}^{\text{j}\omega_0 t} \tag{17.32}$$

由式(17.30)和式(17.32)可得

$$\mathcal{F}\{\text{e}^{\text{j}\omega_0 t}\} = 2\pi\delta(\omega - \omega_0) \tag{17.33}$$

现在利用式(17.33)求 $\cos\omega_0 t$ 的傅里叶变换，因为

$$\cos\omega_0 t = \frac{\text{e}^{\text{j}\omega_0 t} + \text{e}^{-\text{j}\omega_0 t}}{2} \tag{17.34}$$

则

$$\begin{aligned}\mathcal{F}\{\cos\omega_0 t\} &= \frac{1}{2}(\mathcal{F}\{\text{e}^{\text{j}\omega_0 t}\} + \mathcal{F}\{\text{e}^{-\text{j}\omega_0 t}\}) \\ &= \frac{1}{2}[2\pi\delta(\omega - \omega_0) + 2\pi\delta(\omega + \omega_0)] \\ &= \pi\delta(\omega - \omega_0) + \pi\delta(\omega + \omega_0)\end{aligned} \tag{17.35}$$

$\sin\omega_0 t$ 的傅里叶变换的求法与之相同，将它作为习题17.4留给读者。表17.1总结了一些重要基本函数的傅里叶变换。

利用傅里叶变换的性质可以提高根据非周期函数的频域特性描述其时域特性的能力。下面将介绍傅里叶变换的一些数学性质。

表 17.1 基本函数的傅里叶变换

类型	$f(t)$	$F(\omega)$
脉冲	$\delta(t)$	1
常数	A	$2\pi A\delta(\omega)$
符号	$\mathrm{sgn}(t)$	$2/\mathrm{j}\omega$
阶跃	$u(t)$	$\pi\delta(\omega)+1/\mathrm{j}\omega$
正时间指数	$\mathrm{e}^{-at}u(t)$	$1/(a+\mathrm{j}\omega)$, $a>0$
负时间指数	$\mathrm{e}^{at}u(-t)$	$1/(a-\mathrm{j}\omega)$, $a>0$
正、负时间指数	$\mathrm{e}^{-a\|t\|}$	$2a/(a^2+\omega^2)$, $a>0$
复指数	$\mathrm{e}^{\mathrm{j}\omega_0 t}$	$2\pi\delta(\omega-\omega_0)$
余弦	$\cos\omega_0 t$	$\pi[\delta(\omega+\omega_0)+\delta(\omega-\omega_0)]$
正弦	$\sin\omega_0 t$	$\mathrm{j}\pi[\delta(\omega+\omega_0)-\delta(\omega-\omega_0)]$

17.5 一些数学性质

本文介绍的傅里叶变换的第一个数学性质是 $F(\omega)$ 为一个复变量，可以用直角坐标和极坐标的形式表示。已知傅里叶变换定义式

$$\begin{aligned}F(\omega)&=\int_{-\infty}^{\infty}f(t)\mathrm{e}^{-\mathrm{j}\omega t}\,\mathrm{d}t\\&=\int_{-\infty}^{\infty}f(t)(\cos\omega t-\mathrm{j}\sin\omega t)\,\mathrm{d}t\\&=\int_{-\infty}^{\infty}f(t)\cos\omega t\,\mathrm{d}t-\mathrm{j}\int_{-\infty}^{\infty}f(t)\sin\omega t\,\mathrm{d}t\end{aligned}\tag{17.36}$$

令

$$A(\omega)=\int_{-\infty}^{\infty}f(t)\cos\omega t\,\mathrm{d}t\tag{17.37}$$

$$B(\omega)=-\int_{-\infty}^{\infty}f(t)\sin\omega t\,\mathrm{d}t\tag{17.38}$$

将式(17.37)和式(17.38)代入式(17.36)，得

$$F(\omega)=A(\omega)+\mathrm{j}B(\omega)=|F(\omega)|\mathrm{e}^{\mathrm{j}\theta(\omega)}\tag{17.39}$$

下面有关 $F(\omega)$ 的结论是成立的

- $F(\omega)$ 的实部[即 $A(\omega)$]是 ω 的偶函数，换言之，$A(\omega)=A(-\omega)$。
- $F(\omega)$ 的虚部[即 $B(\omega)$]是 ω 的奇函数，换言之，$B(\omega)=-B(-\omega)$。
- $F(\omega)$ 的大小[即 $\sqrt{A^2(\omega)+B^2(\omega)}$]是 ω 的偶函数。
- $F(\omega)$ 的相位角[即 $\theta(\omega)=\arctan B(\omega)/A(\omega)$]是 ω 的奇函数。
- 将 ω 用 $-\omega$ 替换得到 $F(\omega)$ 的共轭，换言之，$F(-\omega)=F^*(\omega)$。

因此，若 $f(t)$ 为偶函数，则 $F(\omega)$ 是实函数；若 $f(t)$ 为奇函数，则 $F(\omega)$ 是虚函数。若 $f(t)$ 为偶函数，由式(17.37)和式(17.38)得

$$A(\omega)=2\int_{0}^{\infty}f(t)\cos\omega t\,\mathrm{d}t\tag{17.40}$$

和

$$B(\omega)=0 \tag{17.41}$$

若$f(t)$是奇函数

$$A(\omega)=0 \tag{17.42}$$

和

$$B(\omega)=-2\int_{0}^{\infty} f(t)\sin\omega t\,\mathrm{d}t \tag{17.43}$$

这里将式(17.40)至式(17.43)的推导作为习题 17.10 和习题 17.11 留给读者。

若$f(t)$是偶函数，则它的傅里叶变换为偶函数，若$f(t)$是奇函数，则它的傅里叶变换为奇函数。而且，若$f(t)$是偶函数，则由傅里叶逆变换定义式

$$\begin{aligned}
f(t)&=\frac{1}{2\pi}\int_{-\infty}^{\infty}F(\omega)\mathrm{e}^{\mathrm{j}\omega t}\,\mathrm{d}\omega=\frac{1}{2\pi}\int_{-\infty}^{\infty}A(\omega)\mathrm{e}^{\mathrm{j}\omega t}\,\mathrm{d}\omega\\
&=\frac{1}{2\pi}\int_{-\infty}^{\infty}A(\omega)(\cos\omega t+\mathrm{j}\sin\omega t)\,\mathrm{d}\omega\\
&=\frac{1}{2\pi}\int_{-\infty}^{\infty}A(\omega)\cos\omega t\,\mathrm{d}\omega+0\\
&=\frac{2}{2\pi}\int_{0}^{\infty}A(\omega)\cos\omega t\,\mathrm{d}\omega
\end{aligned} \tag{17.44}$$

比较式(17.44)和式(17.40)注意到，除了一个因子 $1/2\pi$外，两个式子的形式相同。因此，若$f(t)$是偶函数，$A(\omega)$和$f(t)$的波形可以互换。例如，时域矩形脉冲的频谱为$(\sin\omega)/\omega$的形式。特别需要说明的是，式(17.11)表示了图 17.1 所示电压脉冲的傅里叶变换，因此，频域的矩形脉冲一定由具有$(\sin t)/t$形式的时域函数产生。通过求图 17.8 所示频谱对应的时域函数$f(t)$，来对这个必要条件进行说明。由式(17.44)

$$\begin{aligned}
f(t)&=\frac{2}{2\pi}\int_{0}^{\omega_0/2}M\cos\omega t\,\mathrm{d}\omega=\frac{2M}{2\pi}\left(\frac{\sin\omega t}{t}\right)\Bigg|_{0}^{\omega_0/2}\\
&=\frac{1}{2\pi}\left(M\frac{\sin\omega_0 t/2}{t/2}\right)\\
&=\frac{1}{2\pi}\left(M\omega_0\frac{\sin\omega_0 t/2}{\omega_0 t/2}\right)
\end{aligned} \tag{17.45}$$

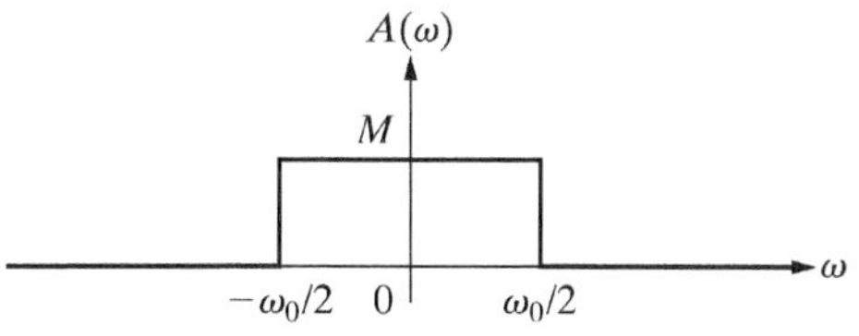

图 17.8　一个矩形频谱

在引入帕塞瓦尔定理之后，再详细讨论时域矩形脉冲的频谱与$(\sin t)/t$的矩形频谱的关系。

17.6　算子变换

与拉普拉斯变换一样，可以将傅里叶变换分成函数变换和算子变换两种。到目前为止，已经讨论了函数变换，现在讨论一些重要的算子变换。关于拉普拉斯变换，这些算子变换与第 12 章中讨论的相似。因此，证明过程留给读者，参见本章习题 17.12 至习题 17.19。

17.6.1　乘以一个常数

由积分定义式，如果

$$\mathcal{F}\{f(t)\}=F(\omega)$$

则

$$\mathcal{F}\{Kf(t)\} = KF(\omega) \tag{17.46}$$

这样，$f(t)$乘以一个常数对应于$F(\omega)$乘以相同的常数。

17.6.2 相加(相减)

时域的相加(相减)可转化为频域的相加(相减)。若

$$\mathcal{F}\{f_1(t)\} = F_1(\omega)$$

$$\mathcal{F}\{f_2(t)\} = F_2(\omega)$$

$$\mathcal{F}\{f_3(t)\} = F_3(\omega)$$

则

$$\mathcal{F}\{f_1(t) - f_2(t) + f_3(t)\} = F_1(\omega) - F_2(\omega) + F_3(\omega) \tag{17.47}$$

上式是将时域函数的代数和代入到积分定义式得到的。

17.6.3 微分

$f(t)$的一阶导数的傅里叶变换为

$$\mathcal{F}\left\{\frac{\mathrm{d}f(t)}{\mathrm{d}t}\right\} = \mathrm{j}\omega F(\omega) \tag{17.48}$$

$f(t)$的n阶导数的傅里叶变换为

$$\mathcal{F}\left\{\frac{\mathrm{d}^n f(t)}{\mathrm{d}t^n}\right\} = (\mathrm{j}\omega)^n F(\omega) \tag{17.49}$$

当$f(t)$在$\pm\infty$处等于0时，式(17.48)和式(17.49)成立。

17.6.4 积分

如果

$$g(t) = \int_{-\infty}^{t} f(x)\,\mathrm{d}x$$

则

$$\mathcal{F}\{g(t)\} = \frac{F(\omega)}{\mathrm{j}\omega} \tag{17.50}$$

若

$$\int_{-\infty}^{\infty} f(x)\,\mathrm{d}x = 0$$

式(17.50)成立。

17.6.5 尺度变换

在尺寸上，时间和频率互为倒数。因此，当时间扩展时，频率则压缩(反之亦然)，正如下面的函数变换所反映的：

$$\mathcal{F}\{f(at)\} = \frac{1}{a}F\left(\frac{\omega}{a}\right), \quad a > 0 \tag{17.51}$$

应当注意的是，当$0 < a < 1.0$时，时间扩展，而当$a > 1.0$时，时间压缩。

17.6.6 时域变换

时域函数变换的结果是改变了该函数的相位谱，而幅值谱保持不变，这样

$$\mathcal{F}\{f(t-a)\} = \mathrm{e}^{-\mathrm{j}\omega a}F(\omega) \tag{17.52}$$

若式(17.52)中的 a 是正数，则该时间函数被延迟，若 a 是负数，则该时间函数会超前。

17.6.7 频域变换

频域变换对应于在时域将函数乘以一个复指数

$$\mathcal{F}\{\mathrm{e}^{\mathrm{j}\omega_0 t}f(t)\} = F(\omega-\omega_0) \tag{17.53}$$

17.6.8 调制

幅值调制是改变一个正弦载波幅值的过程。如果调制信号用 $f(t)$ 表示，则调制的载波信号会变为 $f(t)\cos\omega_0 t$，该载波信号的幅值谱为 $\pm\omega_0$ 处 $f(t)$ 的幅值谱的一半，即

$$\mathcal{F}\{f(t)\cos\omega_0 t\} = \frac{1}{2}F(\omega-\omega_0)+\frac{1}{2}F(\omega+\omega_0) \tag{17.54}$$

17.6.9 时域卷积

两个时间函数卷积的频谱等于各个时间函数频谱的乘积，换句话说

$$y(t) = \int_{-\infty}^{\infty} x(\lambda)h(t-\lambda)\,\mathrm{d}\lambda$$

变为

$$\mathcal{F}\{y(t)\} = Y(\omega) = X(\omega)H(\omega) \tag{17.55}$$

式(17.55)在傅里叶变换的应用中很重要，因为它表明响应函数的傅里叶变换 $Y(\omega)$ 是输入函数的傅里叶变换 $X(\omega)$ 与系统函数 $H(\omega)$ 的乘积。在 17.7 节再详细讨论这个式子。

17.6.10 频域卷积

两个时间函数频谱的卷积等效于两个函数乘积的频谱。如果

$$f(t) = f_1(t)f_2(t)$$

则

$$F(\omega) = \frac{1}{2\pi}\int_{-\infty}^{\infty} F_1(u)F_2(\omega-u)\,\mathrm{d}u \tag{17.56}$$

表 17.2 对上述 10 个运算变换和习题 17.18 中的另一个运算变换进行了总结。

表 17.2 运算变换

$f(t)$	$F(\omega)$
$Kf(t)$	$KF(\omega)$
$f_1(t)-f_2(t)+f_3(t)$	$F_1(\omega)-F_2(\omega)+F_3(\omega)$
$\mathrm{d}^n f(t)/\mathrm{d}t^n$	$(\mathrm{j}\omega)^n F(\omega)$
$\int_{-\infty}^{t} f(x)\,\mathrm{d}x$	$F(\omega)/\mathrm{j}\omega$

(续表)

$f(t)$	$F(\omega)$
$f(at)$	$\frac{1}{a}F\left(\frac{\omega}{a}\right),\ a>0$
$f(t-a)$	$e^{-j\omega a}F(\omega)$
$e^{j\omega_0 t}f(t)$	$F(\omega-\omega_0)$
$f(t)\cos\omega_0 t$	$\frac{1}{2}F(\omega-\omega_0)+\frac{1}{2}F(\omega+\omega_0)$
$\int_{-\infty}^{\infty}x(\lambda)h(t-\lambda)\mathrm{d}\lambda$	$X(\omega)H(\omega)$
$f_1(t)f_2(t)$	$\frac{1}{2\pi}\int_{-\infty}^{\infty}F_1(u)F_2(\omega-u)\,\mathrm{d}u$
$t^n f(t)$	$(\mathrm{j})^n\frac{\mathrm{d}^nF(\omega)}{\mathrm{d}\omega^n}$

评测目标 1　会计算函数的傅里叶变换。

17.4　若$f(t)$定义如下：

$$f(t)=\frac{2A}{\tau}t+A,\qquad -\frac{\tau}{2}\leqslant t\leqslant 0$$

$$f(t)=-\frac{2A}{\tau}t+A,\qquad 0\leqslant t\leqslant \frac{\tau}{2}$$

$$f(t)=0,\qquad \text{其他}$$

(a)求$f(t)$的二阶导数。

(b)求$f(t)$的二阶导数的傅里叶变换。

(c)利用(b)中得到的结果求(a)中函数的傅里叶变换(提示：利用微分运算变换)。

答：(a) $\frac{\mathrm{d}^2f}{\mathrm{d}t^2}=\frac{2A}{\tau}\delta\left(t+\frac{\tau}{2}\right)-\frac{4A}{\tau}\delta(t)+\frac{2A}{\tau}\delta\left(t-\frac{\tau}{2}\right)$；(b) $\frac{4A}{\tau}\left(\cos\frac{\omega\tau}{2}-1\right)$；(c) $\frac{4A}{\omega^2\tau}\left(1-\cos\frac{\omega\tau}{2}\right)$。

17.5　右图中所示的矩形脉冲可以表示为两个阶跃电压的差，即

$$v(t)=V_m u\left(t+\frac{\tau}{2}\right)-V_m u\left(t-\frac{\tau}{2}\right)\ \mathrm{V}$$

利用时域运算变换求$v(t)$的傅里叶变换。

答：$V(\omega)=V_m\tau\frac{\sin(\omega\tau/2)}{(\omega\tau/2)}$。

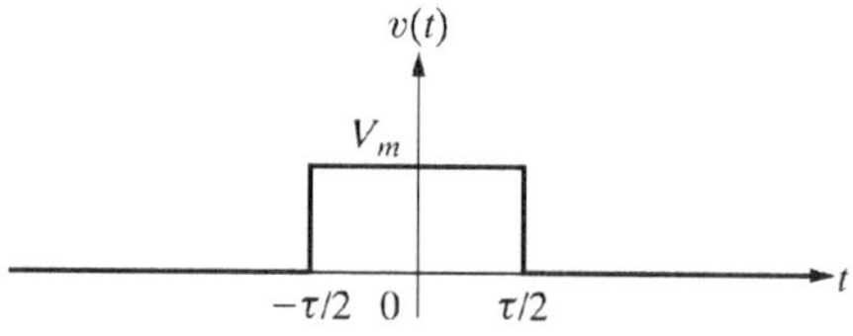

提示：也可试求本章习题17.19。

17.7　电路应用

对求电路的响应而言，拉普拉斯变换比傅里叶变换的应用更广泛，这主要有两方面的原因。其一，在激励函数的较宽范围内，拉普拉斯变换积分收敛。第二，它满足初始条件。尽管拉普拉斯变换有上述优势，但仍可以利用傅里叶变换求电路的响应。暂态分析中利用傅里叶变换的基本关系式是式(17.55)，它把响应的傅里叶变换$Y(\omega)$与输入函数的傅里叶变换$X(\omega)$及电路的传递函数$H(\omega)$联系起来。注意，$H(\omega)$是将$H(s)$中的s用$\mathrm{j}\omega$替换得到的。

例17.1举例说明了利用傅里叶变换求电路响应的方法。

例17.1　利用傅里叶变换求瞬态响应

利用傅里叶变换，求图17.9所示电路中的$i_o(t)$。电流源$i_g(t)$是符号函数$20\mathrm{sgn}(t)$ A。

解：激励源的傅里叶变换为

$$I_g(\omega)=\mathcal{F}\{20\,\mathrm{sgn}(t)\}=20\left(\frac{2}{\mathrm{j}\omega}\right)=\frac{40}{\mathrm{j}\omega}$$

电路的传递函数是 $\boldsymbol{I}_o$ 与 $\boldsymbol{I}_g$ 的比值，所以

$$H(\omega)=\frac{\boldsymbol{I}_o}{\boldsymbol{I}_g}=\frac{1}{4+\mathrm{j}\omega}$$

$i_o(t)$ 的傅里叶变换为

$$I_o(\omega)=I_g(\omega)H(\omega)=\frac{40}{\mathrm{j}\omega(4+\mathrm{j}\omega)}$$

把 $I_o(\omega)$ 分解为部分分式的和，得到

$$I_o(\omega)=\frac{K_1}{\mathrm{j}\omega}+\frac{K_2}{4+\mathrm{j}\omega}$$

估计 K_1 和 K_2 的值，得到

$$K_1=\frac{40}{4}=10$$

$$K_2=\frac{40}{-4}=-10$$

因此

$$I_o(\omega)=\frac{10}{\mathrm{j}\omega}-\frac{10}{4+\mathrm{j}\omega}$$

响应为

$$i_o(t)=\mathcal{F}^{-1}[I_o(\omega)]=5\,\mathrm{sgn}(t)-10\mathrm{e}^{-4t}u(t)$$

响应如图 17.10 所示。根据已知的电路特性，上面得到的解有意义吗？其答案是肯定的，原因如下：当 $-\infty<t<0$ 时，电流源供给电路的电流为 -20 A。每个支路中的电阻控制着 -20 A 的电流在两个支路间如何分配。i_o 支路中的电流是 -20 A 的四分之一，因此当 $t<0$ 时，i_o 等于 -5。当 $t=0$，电流从 -20 A 向 $+20$ A 跃变时，i_o 以一个时间常数 1/4 s 指数变化地趋近终值 $+5$ A。

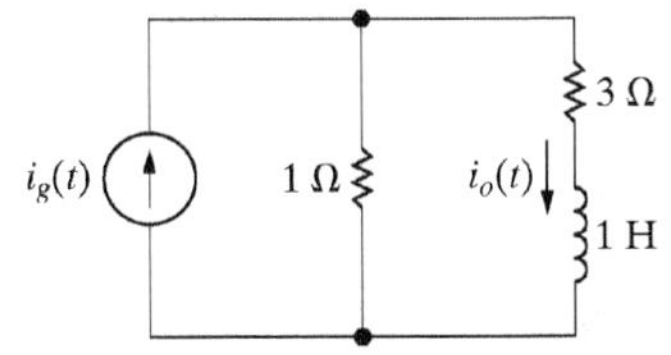

图 17.9　例 17.1 的电路

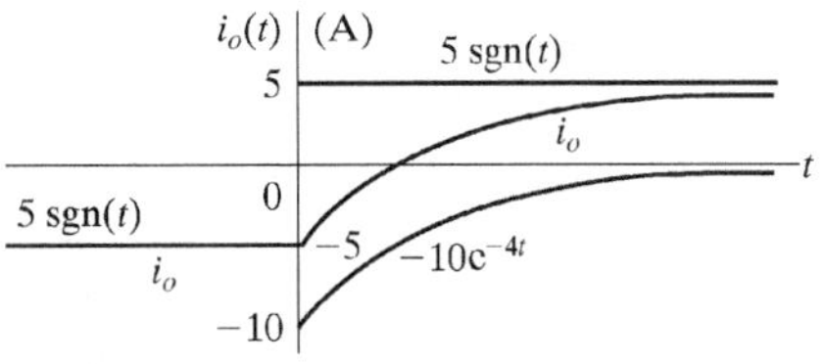

图 17.10　$i_o(t)$ 与 t 的关系曲线图

傅里叶变换的一个重要特性是它能直接求得正弦激励函数的稳态响应。基于函数在所有时间点上都存在的假设，$\cos\omega_0 t$ 的傅里叶变换也存在。例 17.2 对该特性进行了说明。

例 17.2　利用傅里叶变换求正弦稳态响应

将例 17.1(参见图 17.9)中电路的电流源改成一个正弦电流源，其电流表达式为

$$i_g(t)=50\cos 3t\ \mathrm{A}$$

利用傅里叶变换方法求 $i_o(t)$。

解：

激励函数的傅里叶变换为

$$I_g(\omega)=50\pi[\delta(\omega-3)+\delta(\omega+3)]$$

如前所述，电路的传递函数为

$$H(\omega)=\frac{1}{4+\mathrm{j}\omega}$$

那么，电流响应的傅里叶变换为

$$I_o(\omega) = 50\pi \frac{\delta(\omega-3)+\delta(\omega+3)}{4+j\omega}$$

由于脉冲函数的筛选特性，求 $I_o(\omega)$ 的逆变换的简单方法是利用逆变换

$$\begin{aligned} i_o(t) &= \mathscr{F}^{-1}\{I_o(\omega)\} \\ &= \frac{50\pi}{2\pi}\int_{-\infty}^{\infty}\left[\frac{\delta(\omega-3)+\delta(\omega+3)}{4+j\omega}\right]e^{j\omega t}\,d\omega \\ &= 25\times\left(\frac{e^{j3t}}{4+j3}+\frac{e^{-j3t}}{4-j3}\right) \\ &= 25\times\left(\frac{e^{j3t}e^{-j36.87^\circ}}{5}+\frac{e^{-j3t}e^{j36.87^\circ}}{5}\right) \\ &= 5\times[2\cos(3t-36.87^\circ)] \\ &= 10\cos(3t-36.87^\circ) \end{aligned}$$

请读者证明 $i_o(t)$ 的解与相量分析得到的解相同。

评测目标 2　了解如何利用傅里叶变换求电路的响应。

17.6　右图中所示电路电流源的电流为 $10\text{sgn}(t)$ A。响应为 1 H 电感两端的电压。请计算：

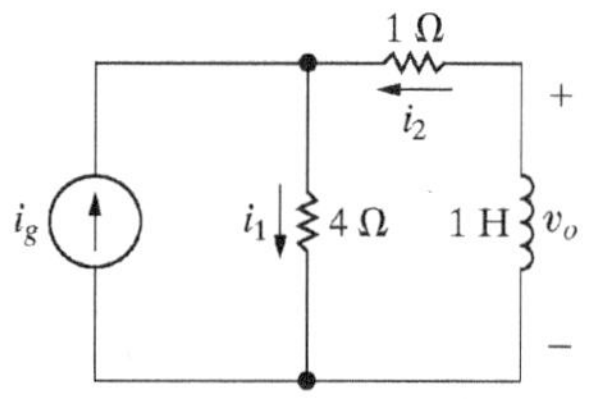

(a) $I_g(\omega)$；(b) $H(j\omega)$；(c) $V_o(\omega)$；(d) $v_o(t)$；(e) $i_1(0^-)$；(f) $i_1(0^+)$；(g) $i_2(0^-)$；(h) $i_2(0^+)$；(i) $v_o(0^-)$ 和 (j) $v_o(0^+)$。

答：(a) $20/j\omega$；(b) $4j\omega/(5+j\omega)$；(c) $80/(5+j\omega)$；(d) $80e^{-5t}u(t)$ V；(e) −2 A；(f) 18 A；(g) 8 A；(h) 8 A；(i) 0 V；(j) 80 V。

17.7　图中所示电路的电压源产生的电压为

$$v_g = e^t u(-t) + u(t)\ \text{V}$$

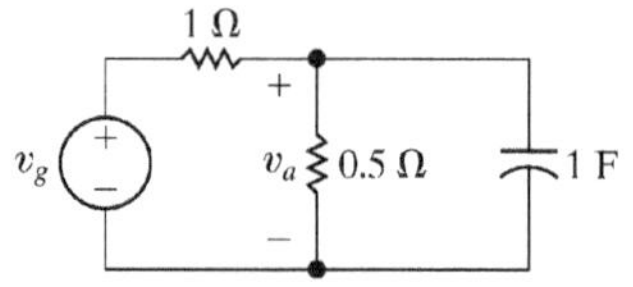

(a) 利用傅里叶变换求 v_a。

(b) 计算 $v_a(0^-)$，$v_a(0^+)$ 和 $v_a(\infty)$。

答：(a) $v_a = \frac{1}{4}e^t u(-t) - \frac{1}{12}e^{-3t}u(t) + \frac{1}{6} + \frac{1}{6}\text{sgn}(t)$ V；(b) $\frac{1}{4}$ V，$\frac{1}{4}$ V，$\frac{1}{3}$ V。

提示：试求本章习题 17.20，习题 17.28 和习题 17.30。

17.8　帕塞瓦尔定理

帕塞瓦尔定理将时域有限函数的能量与函数的傅里叶变换联系起来。若时域函数 $f(t)$ 为 1 Ω 电阻两端的电压或电流，则该函数的归一化能量为

$$W_{1\Omega} = \int_{-\infty}^{\infty} f^2(t)\,dt \tag{17.57}$$

帕塞瓦尔定理表明在频域进行积分计算可以得到相同的值，或

$$\int_{-\infty}^{\infty} f^2(t)\,dt = \frac{1}{2\pi}\int_{-\infty}^{\infty}|F(\omega)|^2\,d\omega \tag{17.58}$$

因此，与函数 $f(t)$ 有关的归一化能量可以通过计算 $f(t)$ 的平方在整个时间域的积分得到，或通

过计算$f(t)$的傅里叶变换的平方值在整个频域的积分并乘以 $1/2\pi$得到。当上述两个积分都存在时，帕塞瓦尔定理就成立。

对时域的能量有限信号在整个时域取平均值，得到的平均功率为 0。因此，对这类信号进行比较时需要求助于信号所含的能量。计算能量时采用1 Ω 电阻，对于比较电压、电流信号的能量是很方便的。

下面推导式(17.58)。首先，将左边积分的被积分函数$f(t)$乘以自身，并把其中一个$f(t)$表示成逆变换的形式

$$\begin{aligned}\int_{-\infty}^{\infty} f^2(t)\,\mathrm{d}t &= \int_{-\infty}^{\infty} f(t)f(t)\,\mathrm{d}t \\ &= \int_{-\infty}^{\infty} f(t)\left[\frac{1}{2\pi}\int_{-\infty}^{\infty} F(\omega)\mathrm{e}^{\mathrm{j}\omega t}\,\mathrm{d}\omega\right]\mathrm{d}t\end{aligned} \tag{17.59}$$

因为是关于 ω 积分，所以可以把$f(t)$移入到积分内部，并将常数 $1/2\pi$提到两个积分的外部，这样式(17.59)变成

$$\int_{-\infty}^{\infty} f^2(t)\,\mathrm{d}t = \frac{1}{2\pi}\int_{-\infty}^{\infty}\left[\int_{-\infty}^{\infty} F(\omega)f(t)\mathrm{e}^{\mathrm{j}\omega t}\,\mathrm{d}\omega\right]\mathrm{d}t \tag{17.60}$$

颠倒积分顺序，并将 $F(\omega)$提到关于 t 的积分的外部，则

$$\int_{-\infty}^{\infty} f^2(t)\,\mathrm{d}t = \frac{1}{2\pi}\int_{-\infty}^{\infty} F(\omega)\left[\int_{-\infty}^{\infty} f(t)\mathrm{e}^{\mathrm{j}\omega t}\,\mathrm{d}t\right]\mathrm{d}\omega \tag{17.61}$$

方括号内的积分值为 $F(-\omega)$，因此式(17.61)变为

$$\int_{-\infty}^{\infty} f^2(t)\,\mathrm{d}t = \frac{1}{2\pi}\int_{-\infty}^{\infty} F(\omega)F(-\omega)\,\mathrm{d}\omega \tag{17.62}$$

在 17.6 节中，已注意到 $F(-\omega)=F^*(\omega)$。这样 $F(\omega)F(-\omega)$的乘积就是 $F(\omega)$的平方值，式(17.62)与式(17.58)等价。同时还注意到$|F(\omega)|$是 ω 的偶函数。因此，也可以将式(17.58)写为

$$\int_{-\infty}^{\infty} f^2(t)\,\mathrm{d}t = \frac{1}{\pi}\int_{0}^{\infty} |F(\omega)|^2\,\mathrm{d}\omega \tag{17.63}$$

17.8.1　帕塞瓦尔定理的证明

利用一个特殊例子可以证明式(17.63)的正确性。如果

$$f(t) = \mathrm{e}^{-a|t|}$$

则相应地，式(17.63)的左边积分变成

$$\begin{aligned}\int_{-\infty}^{\infty} \mathrm{e}^{-2a|t|}\,\mathrm{d}t &= \int_{-\infty}^{0} \mathrm{e}^{2at}\,\mathrm{d}t + \int_{0}^{\infty} \mathrm{e}^{-2at}\,\mathrm{d}t \\ &= \left.\frac{\mathrm{e}^{2at}}{2a}\right|_{-\infty}^{0} + \left.\frac{\mathrm{e}^{-2at}}{-2a}\right|_{0}^{\infty} \\ &= \frac{1}{2a}+\frac{1}{2a}=\frac{1}{a}\end{aligned} \tag{17.64}$$

因$f(t)$的傅里叶变换为

$$F(\omega) = \frac{2a}{a^2+\omega^2}$$

所以式(17.63)的右侧可以写为

$$\frac{1}{\pi}\int_0^{\infty}\frac{4a^2}{(a^2+\omega^2)^2}\mathrm{d}\omega=\frac{4a^2}{\pi}\frac{1}{2a^2}\left(\frac{\omega}{\omega^2+a^2}+\frac{1}{a}\arctan\frac{\omega}{a}\right)\Big|_0^{\infty}$$
$$=\frac{2}{\pi}\left(0+\frac{\pi}{2a}-0-0\right) \tag{17.65}$$
$$=\frac{1}{a}$$

注意，式(17.65)得出的结果与式(17.64)的结果相同。

17.8.2 帕塞瓦尔定理的解释说明

帕塞瓦尔定理给出了傅里叶变换的平方值$|F(\omega)|^2$的物理解释：能量密度(焦耳/赫兹)。为加深理解，将式(17.63)的右边积分写成

$$\frac{1}{\pi}\int_0^{\infty}|F(2\pi f)|^2 2\pi\,\mathrm{d}f=2\int_0^{\infty}|F(2\pi f)|^2\mathrm{d}f \tag{17.66}$$

其中$|F(2\pi f)|^2\mathrm{d}f$是无限小频带($\mathrm{d}f$)内的能量，1 Ω 电阻消耗的总能量等于所有频带内的$|F(2\pi f)|^2\mathrm{d}f$的和(积分)。可以将总能量的一部分与特定的频带联系起来。换句话说，在频带$\omega_1\sim\omega_2$内，1 Ω 电阻消耗的能量为

$$W_{1\Omega}=\frac{1}{\pi}\int_{\omega_1}^{\omega_2}|F(\omega)|^2\,\mathrm{d}\omega \tag{17.67}$$

注意，这里将频域积分表示为

$$\frac{1}{2\pi}\int_{-\infty}^{\infty}|F(\omega)|^2\,\mathrm{d}\omega$$

而不是

$$\frac{1}{\pi}\int_0^{\infty}|F(\omega)|^2\,\mathrm{d}\omega$$

式(17.67)可以写成下面的形式

$$W_{1\Omega}=\frac{1}{2\pi}\int_{-\omega_2}^{-\omega_1}|F(\omega)|^2\,\mathrm{d}\omega+\frac{1}{2\pi}\int_{\omega_1}^{\omega_2}|F(\omega)|^2\mathrm{d}\omega \tag{17.68}$$

图17.11给出了式(17.68)的图形解释。

例17.3至例17.5给出了几个利用帕塞瓦尔定理计算的例子。

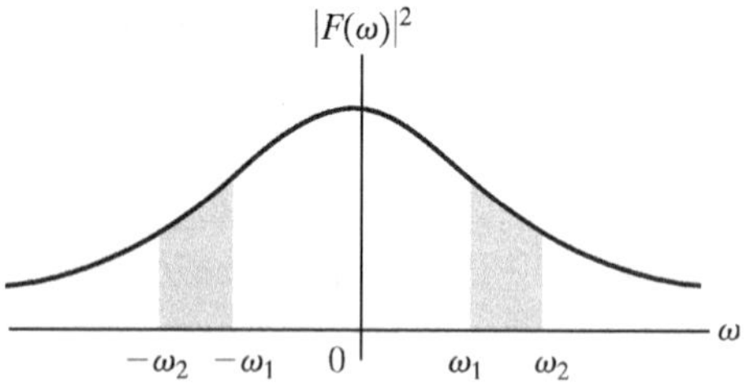

图17.11 式(17.68)的图形解释

例17.3 帕塞瓦尔定理的应用

已知某一 40 Ω 电阻通过的电流为

$$i=20\mathrm{e}^{-2t}u(t)\ \mathrm{A}$$

求该电阻在频带 0 rad/s≤ω≤$2\sqrt{3}$ rad/s 内消耗的能量占总能量的百分比。

解：

40 Ω 电阻消耗的总能量为

$$W_{40\Omega}=40\int_0^{\infty}400\mathrm{e}^{-4t}\,\mathrm{d}t=16\,000\frac{\mathrm{e}^{-4t}}{-4}\Big|_0^{\infty}=4000\ \mathrm{J}$$

用帕塞瓦尔定理验证上面的计算

$$F(\omega)=\frac{20}{2+\mathrm{j}\omega}$$

因此

$$|F(\omega)|=\frac{20}{\sqrt{4+\omega^2}}$$

而

$$W_{40\Omega}=\frac{40}{\pi}\int_0^{\infty}\frac{400}{4+\omega^2}\mathrm{d}\omega$$

$$=\frac{16\ 000}{\pi}\left(\frac{1}{2}\arctan\frac{\omega}{2}\bigg|_0^{\infty}\right)$$

$$=\frac{8000}{\pi}\left(\frac{\pi}{2}\right)=4000\ \mathrm{J}$$

在频带 0 rad/s $\leqslant\omega\leqslant 2\sqrt{3}$ rad/s 内 40 Ω 电阻消耗的能量为

$$W_{40\Omega}=\frac{40}{\pi}\int_0^{2\sqrt{3}}\frac{400}{4+\omega^2}\mathrm{d}\omega$$

$$=\frac{16\ 000}{\pi}\left(\frac{1}{2}\arctan\frac{\omega}{2}\bigg|_0^{2\sqrt{3}}\right)$$

$$=\frac{8000}{\pi}\left(\frac{\pi}{3}\right)=\frac{8000}{3}\ \mathrm{J}$$

因此，该频带内电阻消耗的能量占总能量的百分比为

$$\eta=\frac{8000/3}{4000}\times 100=66.67\%$$

例 17.4　对理想带通滤波器应用帕塞瓦尔定理

已知理想带通滤波器的输入电压为

$$v(t)=120\mathrm{e}^{-24t}u(t)\ \mathrm{V}$$

该滤波器允许频带 24 ~ 48 rad/s 内的频率成分无衰减地通过，而将此频带外的其他频率成分都滤掉。

(a) 画出滤波器输入电压信号的功率谱 $|V(\omega)|^2$。

(b) 画出滤波器输出电压信号的功率谱 $|V_o(\omega)|^2$。

(c) 求输出信号的归一化能量占输入信号的归一化能量的百分比。

解：

(a) 滤波器输入电压信号的傅里叶变换为

$$V(\omega)=\frac{120}{24+\mathrm{j}\omega}$$

则

$$|V(\omega)|^2=\frac{14\ 400}{576+\omega^2}$$

图 17.12 示出了 $|V(\omega)|^2$ 与 ω 的关系曲线。

(b) 理想带通滤波器滤掉了通带以外的所有频率，因此 $|V_o(\omega)|^2$ 与 ω 的关系曲线如图 17.13 所示。

(c) 滤波器输入信号的归一化能量为

$$W_i=\frac{1}{\pi}\int_0^{\infty}\frac{14\ 400}{576+\omega^2}\mathrm{d}\omega=\frac{14\ 400}{\pi}\left(\frac{1}{24}\arctan\frac{\omega}{24}\bigg|_0^{\infty}\right)$$

$$=\frac{600}{\pi}\frac{\pi}{2}=300\ \mathrm{J}$$

滤波器输出信号的归一化能量为

$$W_o = \frac{1}{\pi}\int_{24}^{48} \frac{14\ 400}{576+\omega^2}\mathrm{d}\omega = \frac{600}{\pi}\arctan\frac{\omega}{24}\bigg|_{24}^{48}$$

$$= \frac{600}{\pi}(\arctan 2 - \arctan 1) = \frac{600}{\pi}\left(\frac{\pi}{2.84} - \frac{\pi}{4}\right)$$

$$= 61.45\ \mathrm{J}$$

输出信号的归一化能量占输入信号的归一化能量的百分比为

$$\eta = \frac{61.45}{300} \times 100 = 20.48\%$$

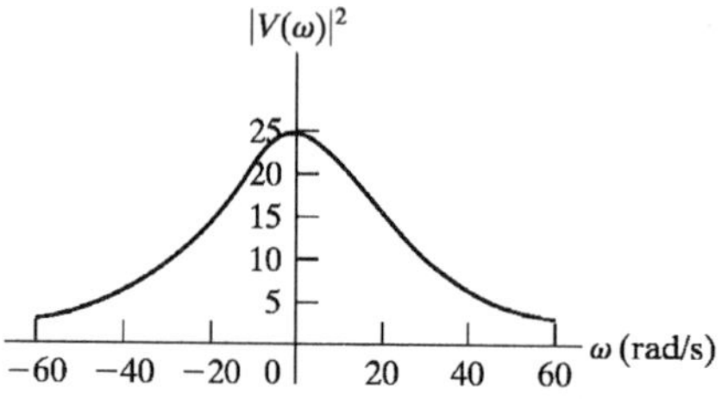

图 17.12 例 17.4 的 $|V(\omega)|^2$ 与 ω 的关系曲线

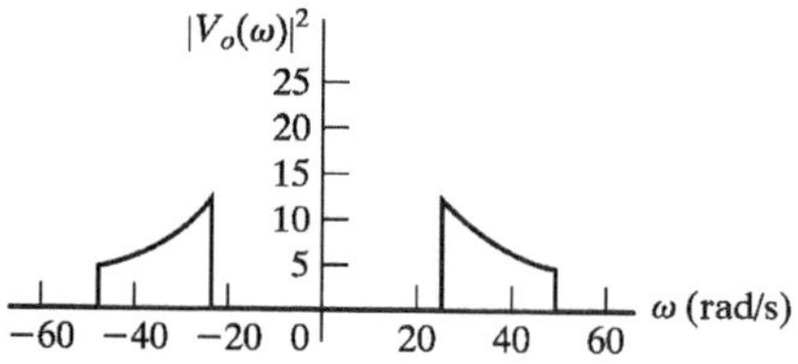

图 17.13 例 17.4 的 $|V_o(\omega)|^2$ 与 ω 的关系曲线

例 17.5 对低通滤波器应用帕塞瓦尔定理

根据帕塞瓦尔定理，即使不知道输出信号 $v_o(t)$ 的时域表达式，也能计算出滤波器输出信号的能量。已知图 17.14 中低通 RC 滤波电路的输入电压为

$$v_i(t) = 15\mathrm{e}^{-5t}u(t)\ \mathrm{V}$$

(a) 求输出信号的归一化能量占输入信号的归一化能量的百分比。

(b) 求输出信号在频带 0 rad/s≤ω≤10 rad/s 内的归一化能量占信号总能量的百分比。

解：

(a) 滤波器输入信号的归一化能量为

$$W_i = \int_0^{\infty} (15\mathrm{e}^{-5t})^2\,\mathrm{d}t = 225\frac{\mathrm{e}^{-10t}}{-10}\bigg|_0^{\infty} = 22.5\ \mathrm{J}$$

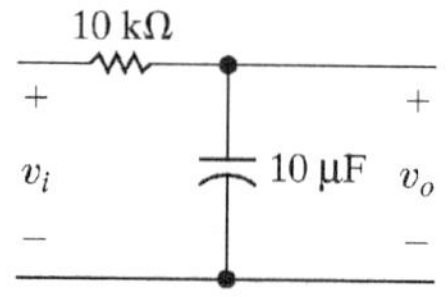

17.14 例 17.5 的低通 RC 滤波电路

输出电压信号的傅里叶变换为

$$V_o(\omega) = V_i(\omega)\,H(\omega)$$

其中

$$V_i(\omega) = \frac{15}{5+\mathrm{j}\omega}$$

$$H(\omega) = \frac{1/RC}{1/RC+\mathrm{j}\omega} = \frac{10}{10+\mathrm{j}\omega}$$

因此

$$V_o(\omega) = \frac{150}{(5+\mathrm{j}\omega)(10+\mathrm{j}\omega)}$$

$$|V_o(\omega)|^2 = \frac{22\ 500}{(25+\omega^2)(100+\omega^2)}$$

滤波器输出信号的归一化能量为

$$W_o = \frac{1}{\pi}\int_0^{\infty} \frac{22\ 500}{(25+\omega^2)(100+\omega^2)}\mathrm{d}\omega$$

将被积函数写成部分分式之和的形式，很容易估计出该积分的值

$$\frac{22\ 500}{(25+\omega^2)(100+\omega^2)} = \frac{300}{25+\omega^2} - \frac{300}{100+\omega^2}$$

则

$$W_o=\frac{300}{\pi}\left\{\int_0^{\infty}\frac{d\omega}{25+\omega^2}-\int_0^{\infty}\frac{d\omega}{100+\omega^2}\right\}$$

$$=\frac{300}{\pi}\left[\frac{1}{5}\times\left(\frac{\pi}{2}\right)-\frac{1}{10}\times\left(\frac{\pi}{2}\right)\right]=15\ \text{J}$$

因此，输出信号的归一化能量是输入信号的归一化能量的 66.67%，即

$$\eta=\frac{15}{22.5}\times(100)=66.67\%$$

(b) 输出信号在频带 0 rad/s $\leqslant\omega\leqslant$10 rad/s 内的归一化能量为

$$W_o'=\frac{300}{\pi}\left\{\int_0^{10}\frac{d\omega}{25+\omega^2}-\int_0^{10}\frac{d\omega}{100+\omega^2}\right\}$$

$$=\frac{300}{\pi}\left(\frac{1}{5}\arctan\frac{10}{5}-\frac{1}{10}\arctan\frac{10}{10}\right)=\frac{30}{\pi}\left(\frac{2\pi}{2.84}-\frac{\pi}{4}\right)$$

$$=13.64\ \text{J}$$

而输出信号的归一化总能量为 15 J，因此，输出信号在频带 0 ~ 10 rad/s 内的归一化能量占信号总能量的 90.97%。

17.8.3　矩形电压脉冲包含的能量

通过计算矩形电压脉冲的能量得到了帕塞瓦尔定理。在 17.1 节，求得的电压脉冲的傅里叶变换为

$$V(\omega)=V_m\tau\frac{\sin\omega\tau/2}{\omega\tau/2}\tag{17.69}$$

为了有助于得出结论，重画电压脉冲和它的傅里叶变换如图 17.15(a)和图 17.15(b)所示。该图显示，随着电压脉冲(τ)的宽度逐渐变窄，幅值谱的主要部分($-2\pi/\tau$到 $2\pi/\tau$的频谱)扩展到更宽的频率范围。这一结果与前面尺度改变的运算变换的结论一致。换句话说，当时间压缩时，频谱被展宽，反之亦然。若要不失真地传输单个矩形脉冲，系统的带宽至少要足以容纳幅值谱的主要部分。截止频率应该至少为 $2\pi/\tau$ rad/s，或者为 $1/\tau$ Hz。

可以用帕塞瓦尔定理计算频带 $0\leqslant\omega\leqslant2\pi/\tau$内 $v(t)$ 的总能量，由式(17.69)

$$W=\frac{1}{\pi}\int_0^{2\pi/\tau}V_m^2\tau^2\frac{\sin^2\omega\tau/2}{(\omega\tau/2)^2}d\omega\tag{17.70}$$

为计算式(17.70)的积分值，令

$$x=\frac{\omega\tau}{2}\tag{17.71}$$

注意

$$dx=\frac{\tau}{2}d\omega\tag{17.72}$$

和

$$x=\pi,\qquad \text{当 }\omega=2\pi/\tau\text{ 时}\tag{17.73}$$

如果将式(17.71)至式(17.73)代入式(17.70)，则式(17.70)变为

$$W=\frac{2V_m^2\tau}{\pi}\int_0^{\pi}\frac{\sin^2 x}{x^2}dx\tag{17.74}$$

可以对式(17.74)中的积分进行分部积分。如果令

$$u = \sin^2 x \tag{17.75}$$

$$dv = \frac{dx}{x^2} \tag{17.76}$$

则

$$du = 2\sin x \cos x\, dx = \sin 2x\, dx \tag{17.77}$$

和

$$v = -\frac{1}{x} \tag{17.78}$$

因此

$$\begin{aligned}\int_0^{\pi} \frac{\sin^2 x}{x^2} dx &= -\frac{\sin^2 x}{x}\bigg|_0^{\pi} - \int_0^{\pi} -\frac{1}{x}\sin 2x\, dx \\ &= 0 + \int_0^{\pi} \frac{\sin 2x}{x}\, dx\end{aligned} \tag{17.79}$$

将式(17.79)代入式(17.74)

$$W = \frac{4V_m^2\tau}{\pi}\int_0^{\pi} \frac{\sin 2x}{2x} dx \tag{17.80}$$

为了估计式(17.80)的积分值，必须首先把它表示成 $\sin y/y$ 的形式。于是令 $y=2x$，并注意到 $dy=2dx$，当 $x=\pi$时，$y=2\pi$。这样，式(17.80)变为

$$W = \frac{2V_m^2\tau}{\pi}\int_0^{2\pi} \frac{\sin y}{y} dy \tag{17.81}$$

式(17.81)的积分值可以在正弦积分表中查到，该值为1.41815，因此

$$W = \frac{2V_m^2\tau}{\pi} \times (1.41815) \tag{17.82}$$

电压为 $v(t)$时，1 Ω 电阻消耗的能量可以通过时域积分或令式(17.81)的积分上限为无穷大时计算式(17.81)得出。这两种情况下，总能量为

$$W_t = V_m^2\tau \tag{17.83}$$

频带 $0\sim 2\pi/\tau$内的总能量为

$$\eta = \frac{W}{W_t} = \frac{2V_m^2\tau(1.41815)}{\pi(V_m^2\tau)} = 0.9028 \tag{17.84}$$

因此，$v(t)$的能量中近90%都包含在幅值谱的主要部分中。

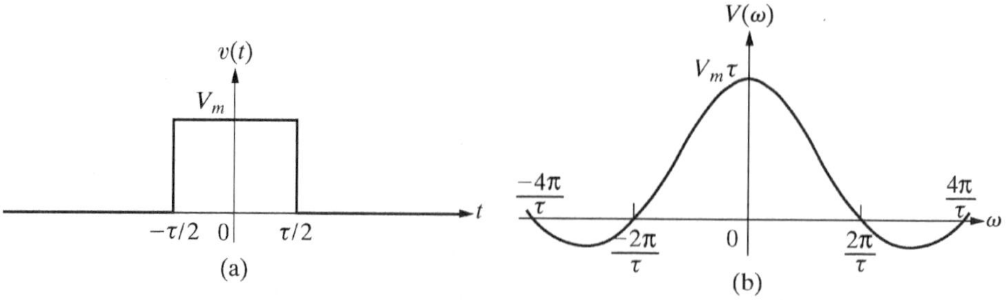

图 17.15　矩形电压脉冲及其傅里叶变换：(a)矩形电压脉冲；(b)$v(t)$的傅里叶变换

评测目标 3　理解帕塞瓦尔定理并会使用。

17.8　已知某一 50 Ω 电阻的两端电压为

$$v = 4te^{-t}u(t)\ \text{V}$$

求该电阻在频带 0 rad/s≤ω≤$\sqrt{3}$ rad/s 内消耗的能量占总能量的百分比。

答：94.23%

17.9　已知电压 $v(t)$ 的幅值谱如图所示。将其作用于一个 6 kΩ 电阻的两端，计算该电阻消耗的总能量。

答：4 J。

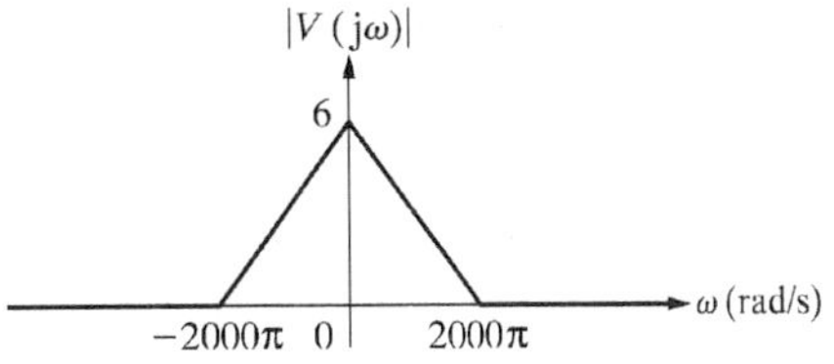

提示：也可试求本章习题 17.40。

实例应用

数字信号滤波(二)

为理解电话线传输数字信号的效果，考虑一个用数值“1”表示的简单脉冲，如图 17.15(a)所示，其中 V_m = 5 V，τ = 1 μs。该脉冲的傅里叶变换如图 17.15(b)所示，其中振幅 $V_m\tau$ = 5 μV，频率轴上的第一个正值过零点 $2\pi/\tau$ = 6.28 Mrad/s = 1 MHz。

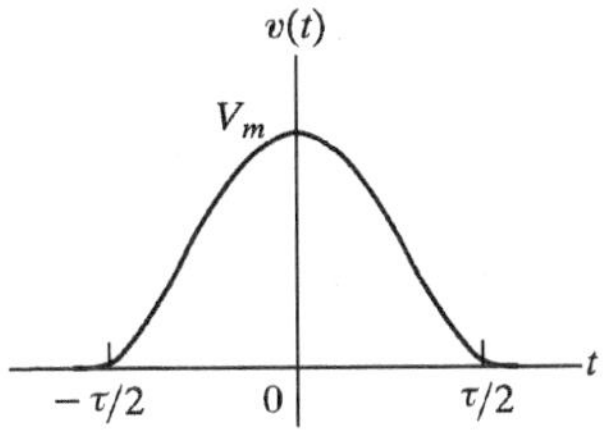

图 17.16　通过限带滤波器发送方波电压脉冲引起时域输出信号的畸变

注意代表“1”值的数字脉冲在理想情况下是无穷多个频率分量的和，但电话线不能传输所有这些频率分量。通常，电话的带宽为 10 MHz，意味着它仅能传输那些频率低于 10 MHz 的频率分量，这使得原始脉冲被电话线另一端的计算机接收时发生畸变，如图 17.16 所示。

小结

- 傅里叶变换给出了一个非周期时域函数的频域描述。根据时域信号的类型，可以用下列三种方法之一求信号的傅里叶变换：
  - 如果时域信号是一个有限延迟脉冲，则可以利用积分定义求其傅里叶变换。
  - 如果 $f(t)$ 的单边拉普拉斯变换存在，且 $F(s)$ 的所有极点位于 s 平面的左半部分，则可以用 $F(s)$ 求 $F(\omega)$。
  - 如果 $f(t)$ 是一个常数、符号函数、阶跃函数或正弦函数，则该函数的傅里叶变换可以通过极限得到。
  - 电路分析中使用的函数傅里叶变换和运算傅里叶变换在表 17.1 和表 17.2 中列出。
- 响应信号 $y(t)$ 的傅里叶变换为

$$Y(\omega) = X(\omega)H(\omega)$$

其中 $X(\omega)$ 是输入信号 $x(t)$ 的傅里叶变换，$H(\omega)$ 是传递函数 $H(s)$ 在 $s = j\omega$ 处的值。
- 因为傅里叶变换对正时间函数和负时间函数都适用，所以傅里叶变换也适合解决由 $t = -\infty$ 时开始的事件描述的问题。与此相反，单边拉普拉斯变换适合解决由初始条件和 $t > 0$ 时发生的事件描述的问题。
- 傅里叶变换的平方值是频域内能量密度(焦耳/赫兹)的量度(帕塞瓦尔定理)，因此，傅里叶变换将 $f(t)$ 包含的总能量的一部分与一个焦耳特定频带联系起来。

习题

17.1 (a)求图 P17.1 所示函数的傅里叶变换。(b)求 $\omega=0$ 时的 $F(\omega)$ 的值。(c)若 $A=10$，$\tau=0.1$，画出 $|F(\omega)|$ 与 ω 的关系曲线图。提示：利用 $|F(\omega)|$ 的偶函数性质。

17.2 函数 $f(t)$ 的傅里叶变换如图 P17.2 所示。

(a)求 $f(t)$。(b)求 $f(0)$。(c)若 $A=5\pi$，$\omega_0=100$ rad/s，大致画出 $f(t)$（-150 s $\leqslant t\leqslant 150$ s）的波形。提示：利用 $f(t)$ 的偶函数性质。

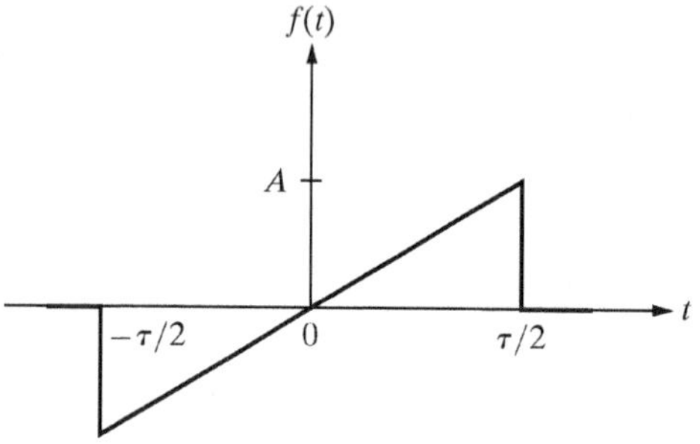

图 P17.1

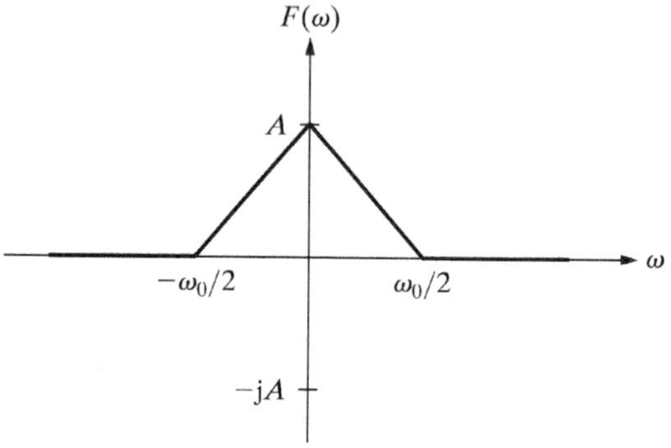

图 P17.2

17.3 利用傅里叶变换定义式，求下列函数的傅里叶变换：

(a) $f(t)=A\sin\frac{\pi}{2}t$，　$-2\leqslant t\leqslant 2$

$f(t)=0$，　其他

(b) $f(t)=\frac{2A}{\tau}t+A$，　$-\frac{\tau}{2}\leqslant t\leqslant 0$

$f(t)=-\frac{2A}{\tau}t+A$，　$0\leqslant t\leqslant \frac{\tau}{2}$

$f(t)=0$，　其他

17.4 求 $\mathcal{F}\{\sin\omega_0 t\}$。

17.5 求下列函数的傅里叶变换，其中，a 是正实数，$-\infty\leqslant t\leqslant\infty$。

(a) $f(t)=|t|e^{-a|t|}$；(b) $f(t)=t^3e^{-a|t|}$；(c) $f(t)=e^{-a|t|}\cos\omega_0 t$；(d) $f(t)=e^{-a|t|}\sin\omega_0 t$；(e) $f(t)=\delta(t-t_0)$。

17.6 若 $f(t)$ 是 t 的实函数，证明傅里叶逆变换定义式可简化为

$$f(t)=\frac{1}{2\pi}\int_{-\infty}^{\infty}[A(\omega)\cos\omega t-B(\omega)\sin\omega t]\,d\omega$$

17.7 若 $f(t)$ 是 t 的实奇函数，证明傅里叶逆变换定义式可简化为

$$f(t)=-\frac{1}{2\pi}\int_{-\infty}^{\infty}B(\omega)\sin\omega t\,d\omega$$

17.8 利用傅里叶逆变换定义式[参见式(17.9)]，证明 $\mathcal{F}^{-1}\{2/j\omega\}=\mathrm{sgn}(t)$ 成立。提示：利用习题 17.7。

17.9 利用近似函数

$$f(t)=e^{-\epsilon|t|}\cos\omega_0 t$$

求 $\mathcal{F}\{\cos\omega_0 t\}$，其中 ϵ 是一个正实数。

17.10 如果 $f(t)$ 为奇函数，证明：

$$A(\omega)=0$$

$$B(\omega)=-2\int_{0}^{\infty}f(t)\sin\omega t\,dt$$

17.11　如果 $f(t)$ 是偶函数，证明：

$$A(\omega) = 2\int_{0}^{\infty} f(t)\cos\omega t\,\mathrm{d}t$$

$$B(\omega) = 0$$

17.12　(a) 证明：$\mathcal{F}\{\mathrm{d}f(t)/\mathrm{d}t\} = \mathrm{j}\omega F(\omega)$，其中 $F(\omega) = \mathcal{F}\{f(t)\}$。提示：利用傅里叶变换定义式并使用分部积分法。(b) 对 $f(t)$ 施以什么限制，能保证 (a) 中得到的结果正确？(c) 证明：$\mathcal{F}\{\mathrm{d}^nf(t)/\mathrm{d}t^n\} = (\mathrm{j}\omega)^nF(\omega)$，其中 $F(\omega) = \mathcal{F}\{f(t)\}$。

17.13　(a) 证明：

$$\mathcal{F}\left\{\int_{-\infty}^{t} f(x)\mathrm{d}x\right\} = \frac{F(\omega)}{\mathrm{j}\omega}$$

其中 $F(\omega) = \mathcal{F}\{f(x)\}$。提示：利用傅里叶变换定义式并使用分部积分法。

(b) 为确保 (a) 中得到的结果正确，需要对 $f(x)$ 施以什么限制？

(c) 若 $f(x) = \mathrm{e}^{-ax}u(x)$，那么可以利用 (a) 中的算子变换吗？说明其原因。

17.14　(a) 证明：

$$\mathcal{F}\{f(at)\} = \frac{1}{a}F\left(\frac{\omega}{a}\right),\quad a > 0$$

(b) 已知 $f(at) = \mathrm{e}^{-a|t|}$，$a > 0$，画出 $a = 0.5$，1.0 和 2.0 时 $F(\omega) = \mathcal{F}\{f(at)\}$ 的图形。

根据你的绘图结果能否印证这样的结论：信号在时域中压缩等效于在频域中扩展？

17.15　推导下列变换式：(a) $\mathcal{F}\{f(t-a)\} = \mathrm{e}^{-\mathrm{j}\omega a}F(\omega)$；(b) $\mathcal{F}\{\mathrm{e}^{\mathrm{j}\omega_0 t}f(t)\} = F(\omega-\omega_0)$；(c) $\mathcal{F}\{f(t)\cos\omega_0 t\} = \frac{1}{2}F(\omega-\omega_0) + \frac{1}{2}F(\omega+\omega_0)$。

17.16　已知

$$y(t) = \int_{-\infty}^{\infty} x(\lambda)h(t-\lambda)\,\mathrm{d}\lambda$$

证明：$Y(\omega) = \mathcal{F}\{y(t)\} = X(\omega)H(\omega)$，其中 $X(\omega) = \mathcal{F}\{x(t)\}$，$H(\omega) = \mathcal{F}\{h(t)\}$。提示：利用傅里叶变换定义式有

$$\mathcal{F}\{y(t)\} = \int_{-\infty}^{\infty}\left[\int_{-\infty}^{\infty} x(\lambda)h(t-\lambda)\,\mathrm{d}\lambda\right]\mathrm{e}^{-\mathrm{j}\omega t}\,\mathrm{d}t$$

然后，颠倒积分次序并改变积分变量，即令 $u = t - \lambda$。

17.17　已知 $f(t) = f_1(t)f_2(t)$，证明 $F(\omega) = (1/2\pi)\int_{-\infty}^{\infty} F_1(u)F_2(\omega-u)\mathrm{d}u$。提示：首先，利用傅里叶变换定义式将 $F(\omega)$ 表示为

$$F(\omega) = \int_{-\infty}^{\infty} f_1(t)f_2(t)\mathrm{e}^{-\mathrm{j}\omega t}\,\mathrm{d}t$$

然后，利用傅里叶逆变换定义得到

$$f_1(t) = \frac{1}{2\pi}\int_{-\infty}^{\infty} F_1(u)\mathrm{e}^{\mathrm{j}\omega t}\,\mathrm{d}u$$

最后，将 $f_1(t)$ 的表达式代入到傅里叶变换定义式中再交换积分次序。

17.18　(a) 证明

$$(j)^n\left[\frac{\mathrm{d}^nF(\omega)}{\mathrm{d}\omega^n}\right] = \mathcal{F}\{t^nf(t)\}$$

(b) 利用 (a) 的结论求下列函数的傅里叶变换（假设 $a > 0$）

$$\mathcal{F}\{te^{-at}u(t)\}$$
$$\mathcal{F}\{|t|e^{-a|t|}\}$$
$$\mathcal{F}\{te^{-a|t|}\}$$

17.19 已知$f(t)=f_1(t)f_2(t)$，其中

$$f_1(t) = \cos\omega_0 t$$
$$f_2(t) = 1,\quad -\tau/2 < t < \tau/2$$
$$f_2(t) = 0,\quad 其他$$

(a)利用频域卷积求 $F(\omega)$。(b)随着$f_2(t)$宽度的增加，$f(t)$将包含$f_1(t)$越来越多的周期，请问此时$F(\omega)$会发生什么变化？

17.20P (a)用傅里叶变换法求图 P17.20 示电路的$i_o(t)$，已知$v_g=60\mathrm{sgn}(t)$ V。(b)根据已知的电路特性，判断得到的结果是否有意义，并说明其原因。

17.21P 用$v_o(t)$代替$i_o(t)$，其余条件不变，重做习题 17.20。

17.22P (a)用傅里叶变换法求图 P17.22 所示电路的$v_o(t)$，已知$v_o(t)$的初值为 0，电源电压为 $50u(t)$ V。(b)画出$v_o(t)$与t的关系曲线。

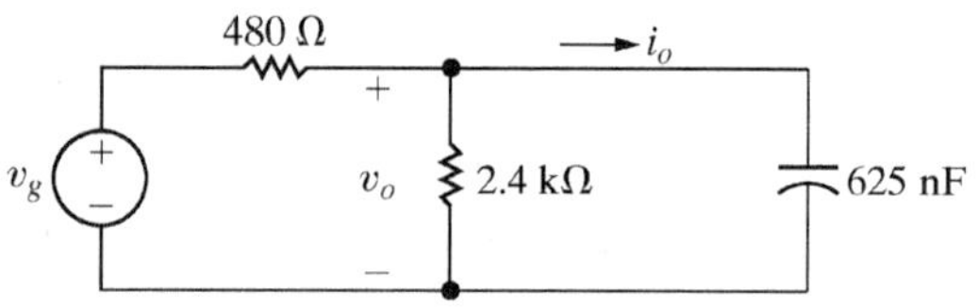

图 P17.20

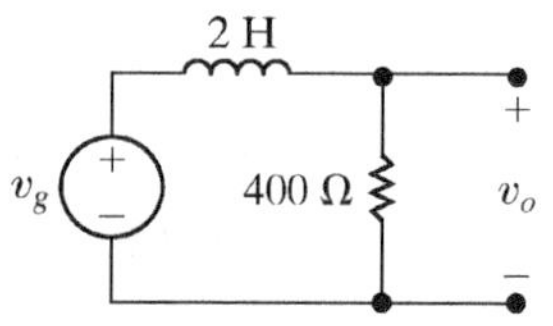

图 P17.22

17.23P 如果将输入电压(v_g)改变为 $25\mathrm{sgn}(t)$，重做习题 17.22。

17.24P (a)用傅里叶变换求图 P17.24 所示电路的i_o，已知$i_g=40\mathrm{sgn}(t)$ mA。(b)根据已知的电路特性，解释所求结果是否有意义。

17.25P 用v_o代替i_o，其余条件不变，重做习题 17.24。

17.26P 已知图 P17.26 所示电路的电压源电压为

$$v_g = 8\,\mathrm{sgn}(t)\ \mathrm{V}$$

(a)求$v_o(t)$。(b)求$v_o(0^-)$。(c)求$v_o(0^+)$。(d)用拉普拉斯变换法求$t>0^+$时的$v_o(t)$值。(e)(d)中得到的结果与(a)中得到的$t>0^+$时的$v_o(t)$值是否一致？

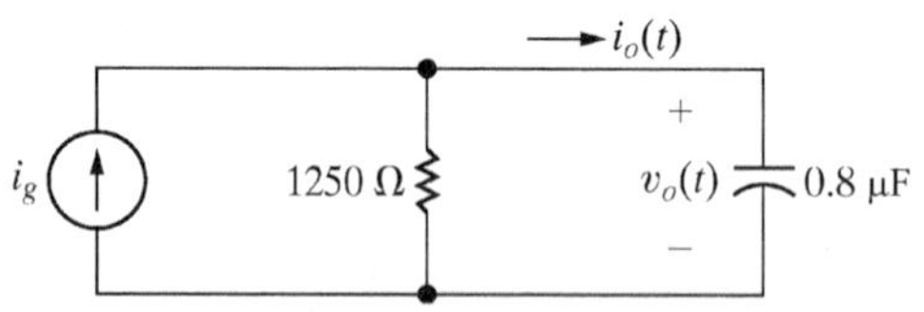

图 P17.24

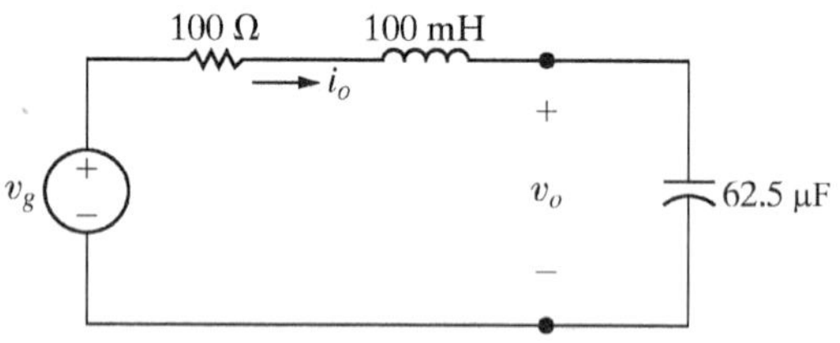

图 P17.26

17.27P 用$i_o(t)$代替$v_o(t)$，其余条件不变，重做习题 17.26。

17.28P (a)用傅里叶变换法求图 P17.28 所示电路的v_o，已知$i_g=2e^{-100|t|}$ A。(b)求$v_o(0^-)$。(c)求$v_o(0^+)$。(d)用拉普拉斯变换法求$t\geqslant 0$时的v_o值。(e)(d)中得到的结果与(a)中得到的$t>0^+$时的v_o值是否一致？

17.29P (a)用傅里叶变换法求图 P17.28 所示电路的i_o，已知$i_g=2e^{-100|t|}$ A。(b)求$i_o(0^-)$。(c)求$i_o(0^+)$。(d)用拉普拉斯变换法求$t\geqslant 0$时的i_o值。(e)(d)中得到的结果与(a)中得到的$t>0^+$时的i_o值是否一致？

17.30P 用傅里叶变换法求图 P17.30 所示电路的i_o，已知$v_g=300\cos 5000t$ V。

17.31P (a)用傅里叶变换法求图 P17.31 所示电路的 i_o，已知 $v_g = 125\cos 40\,000t$ V。(b)用相量域分析法求 i_o 稳态表达式以验证(a)的答案。

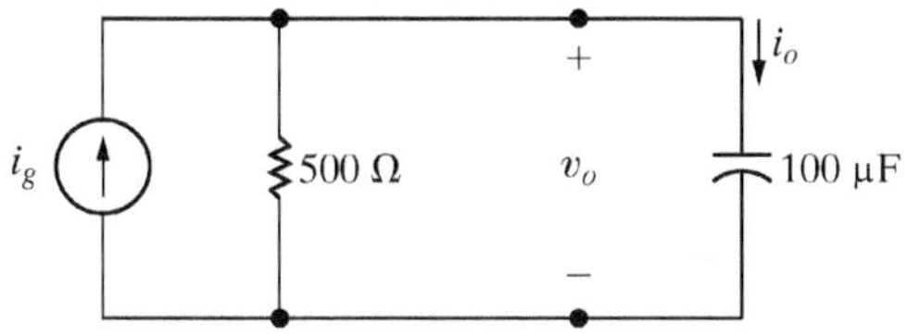

图 P17.28

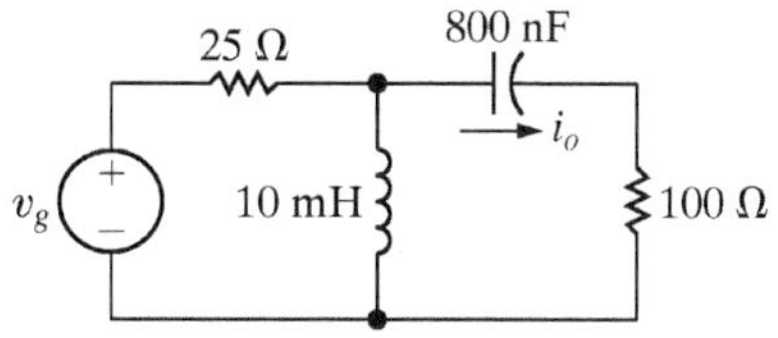

图 P17.30

17.32P (a)用傅里叶变换法求图 P17.32 所示电路的 v_o，电压源的电压为

$$v_g = 45e^{-500|t|}\ \text{V}$$

(b)计算 $v_o(0^-)$，$v_o(0^+)$和 $v_o(\infty)$。(c)求 $i_L(0^-)$，$i_L(0^+)$，$v_C(0^-)$和 $v_C(0^+)$的值。(d)根据已知的电路特性，判断(b)中得到的结果是否有意义，说明其原因。

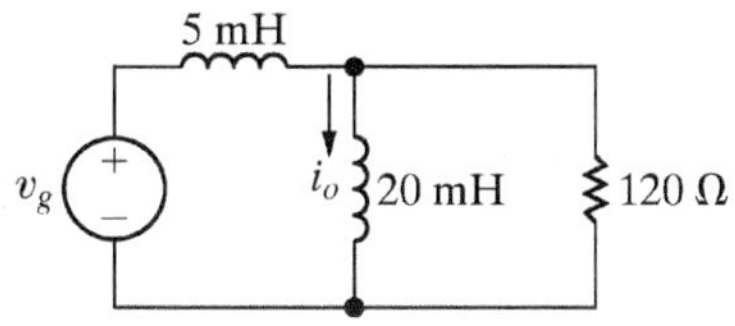

图 P17.31

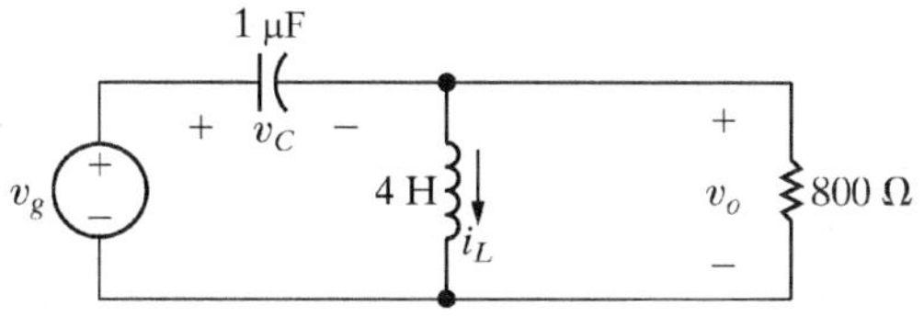

图 P17.32

17.33P 图 P17.33 所示电路的电压源产生的电压为

$$v_g = 25\,\text{sgn}(t) - 25 + 150e^{-100t}u(t)\ \text{V}$$

(a)计算 $v_o(0^-)$和 $v_o(0^+)$的值。(b)求 $i_o(0^-)$和 $i_o(0^+)$的值。(c)求 v_o。

17.34P (a)用傅里叶变换法求图 P17.34 所示电路的 v_o，已知 $v_g = 36e^{4t}u(-t) - 36e^{-4t}u(t)$ V。(b)计算 $v_o(0^-)$；(c)计算 $v_o(0^+)$。

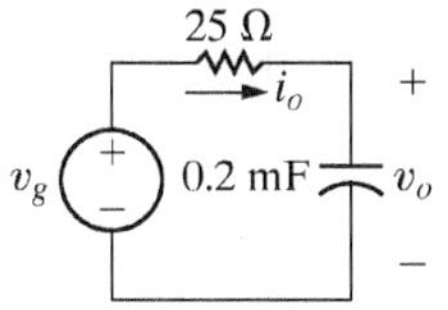

图 P17.33

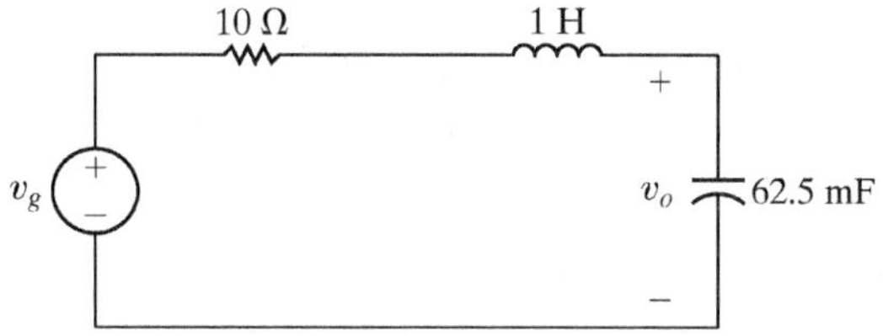

图 P17.34

17.35P (a)用傅里叶变换法求图 P17.35 所示电路的 v_o，已知 $i_g = 18e^{10t}u(-t) - 18e^{-10t}u(t)$ A。(b)求 $v_o(0^-)$。(c)求 $v_o(0^+)$。(d)根据已知的电路特性，判断(b)和(c)中得到的结果是否有意义，说明其原因。

17.36 已知图 P17.36 所示系统当输入电压为 $20u(t)$ V 时，其输出电压为

$$v_o = [40 + 60e^{-100t} - 100e^{-300t}]u(t)\ \text{V}$$

若 $v_i = 20\text{sgn}(t)$ V，求输出电压。

17.37 已知 $F(\omega) = e^{\omega}u(-\omega) + e^{-\omega}u(\omega)$，(a)求 $f(t)$。(b)利用时域积分求 $f(t)$ 的归一化能量。(c)利用频域积分重做(b)的问题。(d)若 $f(t)$ 在频带 $0 \leq |\omega| \leq \omega_1$ 内的能量占总能量的 90%，求此时的 ω_1 值。

17.38 图 P17.38 所示电路的输入电流信号为

$$i_g = 12e^{-10t}u(t)\ \text{A}$$

计算输出电流 i_o 在频带 $0 \leq |\omega| \leq 100$ rad/s 内的归一化能量占该信号总能量的百分比。

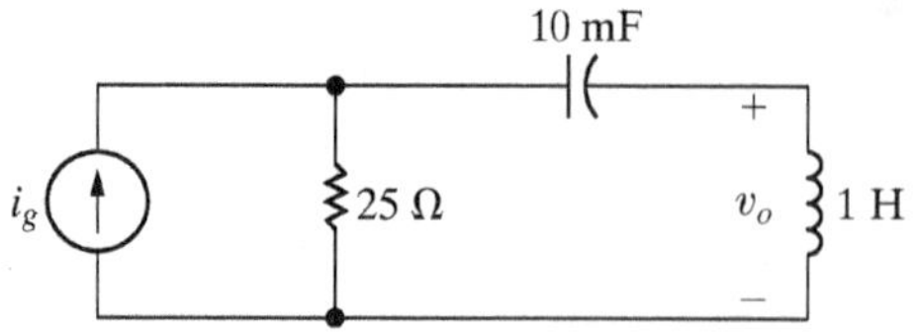

图 P17.35

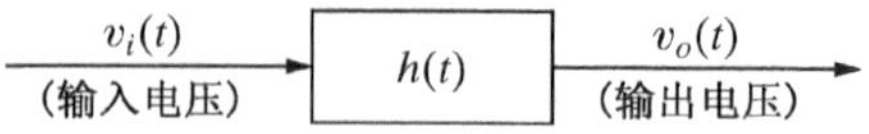

图 P17.36

17.39 图 P17.39 所示电路的输入电流信号为

$$i_g = 10e^{-50t}u(t)\ \text{mA}, \quad t \geqslant 0^+$$

计算输出信号在频带 0 ~ 100 rad/s 内的归一化能量占该信号总能量的百分比。

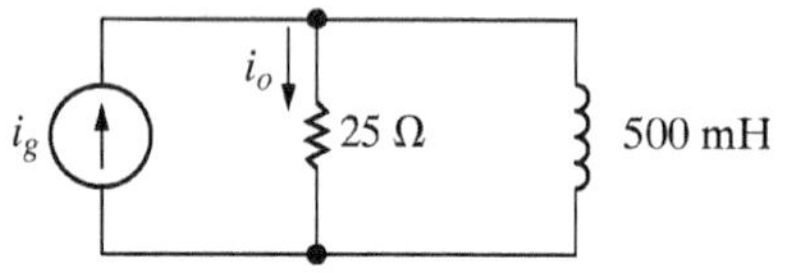

图 P17.38

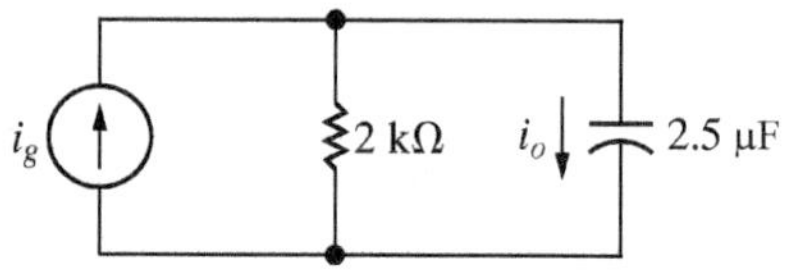

图 P17.39

17.40 图 P17.40 所示电路的输入电压为 $v_g = 30e^{-|t|}$ V。(a)求 $v_o(t)$。(b)画出 $|V_g(\omega)|$ 与 ω 的关系曲线，其中 -5 rad/s $\leqslant \omega \leqslant 5$ rad/s。(c)画出 $|V_o(\omega)|$ 与 ω 的关系曲线，其中 -5 rad/s $\leqslant \omega \leqslant 5$ rad/s。(d)计算 v_g 的归一化能量。(e)计算 v_o 的归一化能量。(f)计算 v_g 在频带 $0 \leqslant |\omega| \leqslant 2$ rad/s 内的归一化能量占该信号总能量的百分比。(g)对于 v_o，重做(f)的问题。

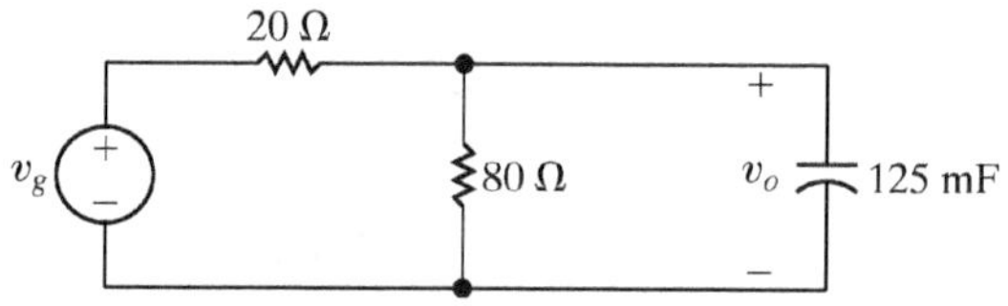

图 P17.40

17.41 图 P17.41 所示的高通 RC 滤波器输入电压的幅度谱为

$$V_i(\omega) = \frac{200}{|\omega|}, \quad 100\ \text{rad/s} \leqslant |\omega| \leqslant 200\ \text{rad/s}$$

$$V_i(\omega) = 0, \quad \text{其他}$$

(a)画出 -300 rad/s $\leqslant \omega \leqslant 300$ rad/s 时的 $|V_i(\omega)|^2$ 曲线。(b)画出 -300 rad/s $\leqslant \omega \leqslant 300$ rad/s 时的 $|V_o(\omega)|^2$ 曲线。(c)计算滤波器的输入端信号的归一化能量。(d)计算滤波器的输出端信号的归一化能量。

17.42 图 P17.42 所示的高通 RC 滤波器的输入电压为

$$v_i(t) = Ae^{-at}u(t)$$

令 α 表示滤波器的转角频率，即 $\alpha = 1/RC$。

(a)若 $\alpha = a$，求在频带 $0 \leqslant |\omega| \leqslant \alpha$ 范围内，滤波器输出信号能量占输入信号总能量的百分比。(b)若 $\alpha = \sqrt{3}a$，重做(a)的问题。(c)若 $\alpha = a/\sqrt{3}$，重做(a)的问题。

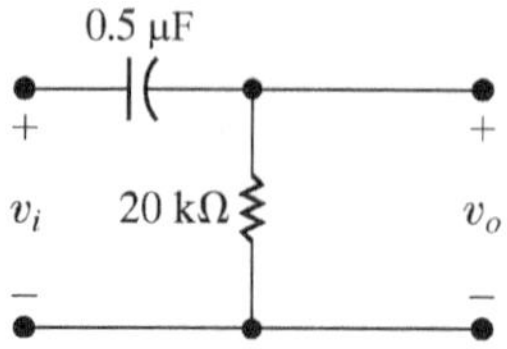

图 P17.41

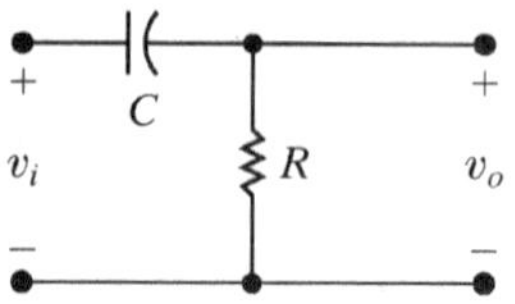

图 P17.42

第 18 章　双端口网络

本章目标

- 能用以下方法计算任何一种双端口网络参数：
  - 电路分析法
  - 对电路进行测量
  - 用表 18.1 将一种参数转换成另一种参数
- 能用表 18.2 分析具有端接的双端口网络的电流、电压、阻抗及其比值。
- 知道如何分析互相级联的双端口网络。

以前，一般只讨论指定端子的特性。在戴维南和诺顿等效电路中，所进行的分析都是与一个端子相关的计算，在一些电子系统的分析中，有时讨论两对端子的特性也很方便，尤其是信号从一对端子输入，经过系统处理后，从另一对端子输出时，对这种系统的分析，讨论两对端子就比较方便，因为端子对代表信号的输入点或输出点，因此，常称为系统的端口。本章只限于讨论具有一个输入和一个输出端口的电路。图 18.1 表示了基本的双端口网络方框图。这种方框图的使用有几个限制条件。第一，电路中无储能。第二，电路中不含独立源，但可含受控源。第三，输入和输出同一端口的电流必须相等，即 $i_1 = i_1'$ 和 $i_2 = i_2'$。第四，所有外部连接必须是与输入端或输出端连接，而四个端子之间不允许有连接。这些限制条件，使所讨论的问题限制在双端口网络范围内。

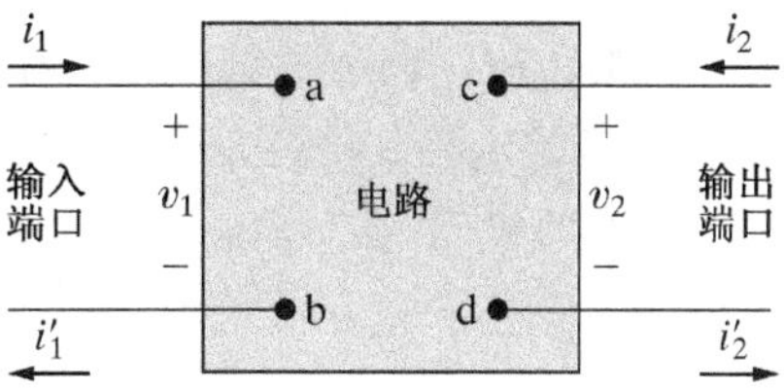

图 18.1　双端口网络方框图

对系统的双端口网络模型，只讨论四个端子参数（i_1，i_2，v_1 和 v_2），而不必计算网络内的电压或电流。在运放电路的分析中我们强调端口特性。本章中，通过引入双端口网络参数，将这种方法规范化。

实例应用

确定未知电路的特性（一）

到目前为止，如果要建立电路的模型则必须知道电路元件的种类，元件的值和电路的连接方式。但是如果电路处在“黑盒子”之中，所有的元件，元件值和互连方式都不知道，那么如何建立电路模型呢？

通过本章学习，我们会发现，只要用“黑盒子”电路做两个实验就可以仅用四个值创建电路的模型——电路的双端口参数模型，然后用此模型来确定该电路连接电源和负载后的特性。

在该实例中，加入有一个封装在一个盒子中的电路，两边各有两条线，如下图所示。盒子标示为放大器，我们想验证一下，当将它和一个模型为 2 V 电源的音乐播放器以及模型为 32 Ω 电阻、额定功率为 100 W 的扬声器连接后是否安全。

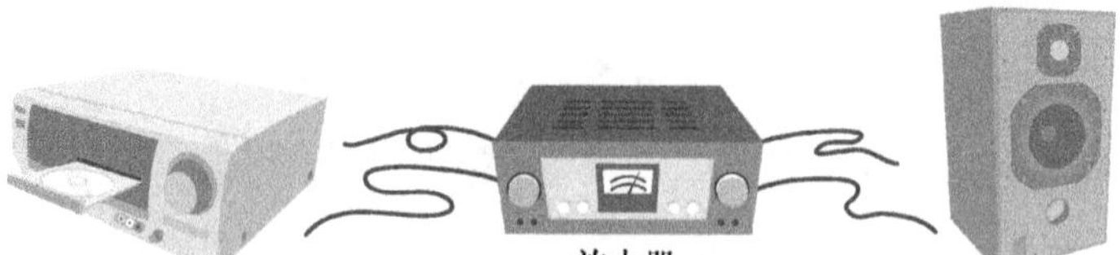

18.1 端口方程

对于一个双端口网络电路，比较感兴趣的是一个端口的电流和电压与另一端的电流和电压间的关系，图 18.1 表明了端口电压的参考极性和电流的参考方向。每个端口的参考极性相互对称，即在每个端口处，电流是流入上端端子，而每一个端口的电压从下向上是电压升。这种对称性使双端口网络的分析易于一般化，也是双端口网络在相关文献中被普遍采用的原因。

双端口网络的一般描述方法是在 s 域中进行的。对纯电阻性网络，分析方法简化为电阻电路的分析，对正弦稳态问题，可先求出相应的 s 域表达式，然后用 $j\omega$ 代替 s，或者直接进行频域分析；电阻电路和正弦稳态响应的分析是一种特殊情况。图 18.2 表示了 s 域变量 I_1，V_1，I_2，V_2 相关的方框图。

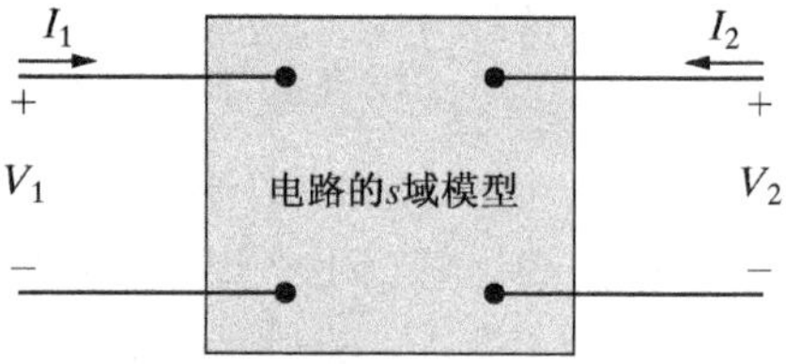

图 18.2 双端口网络的 s 域模型

在这四个端口参数中，只有两个是独立的，因此，对任一电路，一旦确定了其中的两个变量，就可以确定剩余的两个变量了。例如，已知 V_1 和 V_2 及方框内的电路，就可以确定 I_1 和 I_2 了，这样，只用两个联立方程就能描述一个双端口网络。这四个变量的关系可以表示为 6 种方式

$$\begin{aligned} V_1 &= z_{11}I_1 + z_{12}I_2 \\ V_2 &= z_{21}I_1 + z_{22}I_2 \end{aligned} \tag{18.1}$$

$$\begin{aligned} I_1 &= y_{11}V_1 + y_{12}V_2 \\ I_2 &= y_{21}V_1 + y_{22}V_2 \end{aligned} \tag{18.2}$$

$$\begin{aligned} V_1 &= a_{11}V_2 - a_{12}I_2 \\ I_1 &= a_{21}V_2 - a_{22}I_2 \end{aligned} \tag{18.3}$$

$$\begin{aligned} V_2 &= b_{11}V_1 - b_{12}I_1 \\ I_2 &= b_{21}V_1 - b_{22}I_1 \end{aligned} \tag{18.4}$$

$$\begin{aligned} V_1 &= h_{11}I_1 + h_{12}V_2 \\ I_2 &= h_{21}I_1 + h_{22}V_2 \end{aligned} \tag{18.5}$$

$$\begin{aligned} I_1 &= g_{11}V_1 + g_{12}I_2 \\ V_2 &= g_{21}V_1 + g_{22}I_2 \end{aligned} \tag{18.6}$$

这六个方程也可以看成是三对互为相反关系的方程，方程(18.1)给出的是输入电压和输出电压的方程，以输入电流和输出电流为变量。方程(18.2)恰好给出了相反关系，即给出的是输入和输出电流关于输入和输出电压的方程。方程(18.3)和方程(18.4)也是相反关系，方程(18.5)和方程(18.6)同样是相反关系。

各方程中的右侧电压或电流变量前面的系数称为双端口网络的参数。因此，在使用方程(18.1)至方程(18.6)时，其参数即为网络的 z 参数。同样，还有 y 参数、a 参数、b 参数、h 参数和 g 参数等。

18.2 双端口参数

通过计算或实验测试可以确定任一个双端口网络的参数，计算或测试都是直接根据参数方程进行的。例如，求电路的 z 参数，根据方程(18.1)得

$$z_{11}=\left.\frac{V_1}{I_1}\right|_{I_2=0}\ \Omega \tag{18.7}$$

$$z_{12}=\left.\frac{V_1}{I_2}\right|_{I_1=0}\ \Omega \tag{18.8}$$

$$z_{21}=\left.\frac{V_2}{I_1}\right|_{I_2=0}\ \Omega \tag{18.9}$$

$$z_{22}=\left.\frac{V_2}{I_2}\right|_{I_1=0}\ \Omega \tag{18.10}$$

由上述方程可将 z 参数表述如下：

- z_{11}：输出端(端口 2)开路时(端口 1)的输入阻抗
- z_{12}：输入端(端口 1)开路时的反向转移阻抗
- z_{21}：输出端(端口 2)开路时的正向转移阻抗
- z_{22}：输入端(端口 1)开路时的输出阻抗

因此，阻抗参数可通过计算或测试获得。即输出端开路时确定 V_1/I_1 和 V_2/I_1，然后将输入端开路，确定 V_1/I_2 和 V_2/I_2。例 18.1 给出了电阻电路 z 参数的确定过程。

例 18.1　求双端口网络的 z 参数

电路如图 18.3 所示，求 z 参数。

解：

电路是纯电阻性的，所以其 s 域模型也是纯电阻性的。当端口 2 开路时，即 $I_2=0$ 时，从输入端(端口 1)看进去的电阻为 20 Ω 并联上 5 Ω 和 15 Ω 的串联，即

$$z_{11}=\left.\frac{V_1}{I_1}\right|_{I_2=0}=\frac{(20)\times(20)}{40}=10\ \Omega$$

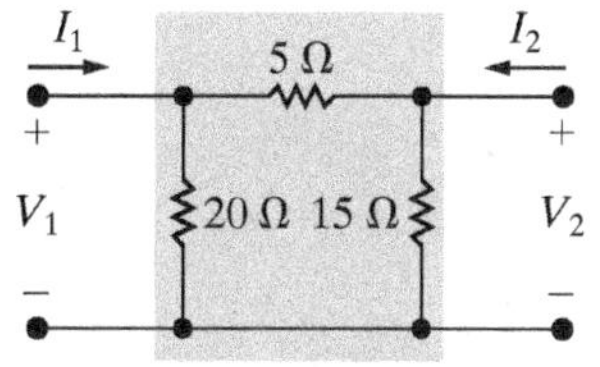

图 18.3　例 18.1 的电路

当 $I_2=0$ 时，V_2 为

$$V_2=\frac{V_1}{15+5}\times(15)=0.75V_1$$

因此

$$z_{21}=\left.\frac{V_2}{I_1}\right|_{I_2=0}=\frac{0.75V_1}{V_1/10}=7.5\ \Omega$$

当 $I_1=0$ 时，由端口 2 看进去的电阻是 15 Ω 与 5 Ω 和 20 Ω 串联的等效电阻的并联。所以

$$z_{22}=\left.\frac{V_2}{I_2}\right|_{I_1=0}=\frac{(15)\times(25)}{40}=9.375\ \Omega$$

当端口 1 开路时，$I_1=0$，所以 V_1 为

$$V_1=\frac{V_2}{5+20}\times(20)=0.8V_2$$

当端口 1 开路时，流入端口 2 的电流为

$$I_2 = \frac{V_2}{9.375}$$

因此

$$z_{12} = \left.\frac{V_1}{I_2}\right|_{I_1=0} = \frac{0.8V_2}{V_2/9.375} = 7.5\ \Omega$$

方程(18.7)至方程(18.10)及例 18.1 说明了方程(18.1)中的参数为何称为 z 参数的原因。每个参数均为电压与电流之比，因此是单位为欧姆的阻抗。

用同样的方法，通过计算或测试也可以确定其余的双端口网络参数。双端口网络参数可通过开路或短路方式获得。此外，双端口网络参数是阻抗、导纳或无量纲值，无量纲值是两个电压之比或两个电流之比。方程(18.11)至方程(18.15)总结了这些结果

$$y_{11} = \left.\frac{I_1}{V_1}\right|_{V_2=0}\ \mathrm{S} \qquad y_{12} = \left.\frac{I_1}{V_2}\right|_{V_1=0}\ \mathrm{S}$$
$$y_{21} = \left.\frac{I_2}{V_1}\right|_{V_2=0}\ \mathrm{S} \qquad y_{22} = \left.\frac{I_2}{V_2}\right|_{V_1=0}\ \mathrm{S} \tag{18.11}$$

$$a_{11} = \left.\frac{V_1}{V_2}\right|_{I_2=0} \qquad a_{12} = -\left.\frac{V_1}{I_2}\right|_{V_2=0}\ \Omega$$
$$a_{21} = \left.\frac{I_1}{V_2}\right|_{I_2=0}\ \mathrm{S} \qquad a_{22} = -\left.\frac{I_1}{I_2}\right|_{V_2=0} \tag{18.12}$$

$$b_{11} = \left.\frac{V_2}{V_1}\right|_{I_1=0} \qquad b_{12} = -\left.\frac{V_2}{I_1}\right|_{V_1=0}\ \Omega$$
$$b_{21} = \left.\frac{I_2}{V_1}\right|_{I_1=0}\ \mathrm{S} \qquad b_{22} = -\left.\frac{I_2}{I_1}\right|_{V_1=0} \tag{18.13}$$

$$h_{11} = \left.\frac{V_1}{I_1}\right|_{V_2=0}\ \Omega \qquad h_{12} = \left.\frac{V_1}{V_2}\right|_{I_1=0}$$
$$h_{21} = \left.\frac{I_2}{I_1}\right|_{V_2=0} \qquad h_{22} = \left.\frac{I_2}{V_2}\right|_{I_1=0}\ \mathrm{S} \tag{18.14}$$

$$g_{11} = \left.\frac{I_1}{V_1}\right|_{I_2=0}\ \mathrm{S} \qquad g_{12} = \left.\frac{I_1}{I_2}\right|_{V_1=0}$$
$$g_{21} = \left.\frac{V_2}{V_1}\right|_{I_2=0} \qquad g_{22} = \left.\frac{V_2}{I_2}\right|_{V_1=0}\ \Omega \tag{18.15}$$

双端口网络参数也可以用互为倒数的方程组表示。阻抗和导纳参数可合并为阻纳参数。阻纳表示一个量，它或者是阻抗，或者是导纳。a 参数和 b 参数称为传输参数，因为它所描述的是一个端口的电压和电流与另一个端口的电压和电流之间的关系。阻纳参数和传输参数是选择不同端口变量的必然结果，也就是说，它们把电压和电流结合起来，或是将输入变量和输出变量结合起来。h 参数和 g 参数建立起了交叉变量之间的相互关系，即输入电压和输出电流、输出电压和输入电流间的关系，因此 h 和 g 参数又称为混合参数。

例 18.2 说明了如何通过对双端口网络进行测量来计算 a 参数。

例 18.2　通过测量计算 a 参数

下面的测试是在双端口网络处在正弦稳态下进行的。当端口 2 开路时，作用到端口 1 的电压为

150cos 4000t V，流入端口 1 的电流为 25cos(4000t - 45°) A，端口 2 的电压为 100cos(4000t + 15°) V。当端口 2 短路时，作用到端口 1 的电压为 30cos 4000t V，流入端口 1 的电流为 1.5cos(4000t + 30°) A，流入端口 2 的电流为 0.25cos(4000t + 150°) A，求描述正弦稳态双端口网络特性的 a 参数。

解：

由第一组测量结果得

$$V_1 = 150 \angle 0^\circ \text{ V} \qquad I_1 = 25 \angle -45^\circ \text{ A}$$

$$V_2 = 100 \angle 15^\circ \text{ V} \qquad I_2 = 0 \text{ A}$$

由方程(18.12)得

$$a_{11} = \left.\frac{V_1}{V_2}\right|_{I_2=0} = \frac{150 \angle 0^\circ}{100 \angle 15^\circ} = 1.5 \angle -15^\circ$$

$$a_{21} = \left.\frac{I_1}{V_2}\right|_{I_2=0} = \frac{25 \angle -45^\circ}{100 \angle 15^\circ} = 0.25 \angle -60^\circ \text{ S}$$

由第二组测量结果得

$$V_1 = 30 \angle 0^\circ \text{ V} \qquad I_1 = 1.5 \angle 30^\circ \text{ A}$$

$$V_2 = 0 \text{ V} \qquad I_2 = 0.25 \angle 150^\circ \text{ A}$$

因此

$$a_{12} = -\left.\frac{V_1}{I_2}\right|_{V_2=0} = \frac{-30 \angle 0^\circ}{0.25 \angle 150^\circ} = 120 \angle 30^\circ \ \Omega$$

$$a_{21} = -\left.\frac{I_1}{I_2}\right|_{V_2=0} = \frac{-1.5 \angle 30^\circ}{0.25 \angle 150^\circ} = 6 \angle 60^\circ$$

评测目标 1 能计算任一组双端口参数。

18.1 求图 18.3 所示电路的 y 参数。

答： $y_{11} = 0.25$ S，$y_{12} = y_{21} = -0.2$ S，$y_{22} = \frac{4}{15}$ S。

18.2 求图 18.3 所示电路的 g 参数和 h 参数。

答： $g_{11} = 0.1$ S；$g_{12} = -0.75$；$g_{21} = 0.75$；$g_{22} = 3.75\ \Omega$；$h_{11} = 4\ \Omega$；$h_{12} = 0.8$；$h_{21} = -0.8$；$h_{22} = 0.1067$ S。

18.3 下列测量结果是在电阻性双端口网络上进行的。当 50 mV 的电压作用到端口 1，而端口 2 开路时，流入端口 1 的电流为 5 μA，端口 2 的电压为 200 mV。当端口 1 短路，10 mV 电压源作用到端口 2 时，流入端口 1 的电流为 2 μA，流入端口 2 的电流为 0.5 μA，求网络的 g 参数。

答： $g_{11} = 0.1$ mS；$g_{12} = 4$；$g_{21} = 4$；$g_{22} = 20$ kΩ。

提示： 可以求本章习题 18.2，习题 18.4 和习题 18.10。

18.2.1 双端口网络参数间的关系

六个方程组都与同一组变量有关，任何一对方程的参数必然与其他所有方程的参数有关。也就是说，若已知一组参数，就可由已知的这组参数求出所有的其他组参数。因求解过程中包含大量的代数运算，所以在表 18.1 中列出了结果。

虽然此处没有计算表 18.1 列出的所有关系，但还是要推导一下 z 参数与 y 参数以及 z 参数与 a 参数间的关系。这些计算表明了求参数间关系的一般过程，为求出用 y 参数表示的 z 参数，先根据方程(18.2)求解 V_1 和 V_2，然后将所得表达式中 I_1 和 I_2 的系数与方程(18.1)中 I_1 和 I_2 的系数相比较。由方程(18.2)得

$$V_1=\frac{\begin{vmatrix} I_1 & y_{12}\\ I_2 & y_{22}\end{vmatrix}}{\begin{vmatrix} y_{11} & y_{12}\\ y_{21} & y_{22}\end{vmatrix}}=\frac{y_{22}}{\Delta y}I_1-\frac{y_{12}}{\Delta y}I_2 \tag{18.16}$$

$$V_2=\frac{\begin{vmatrix} y_{11} & I_1\\ y_{21} & I_2\end{vmatrix}}{\Delta y}=-\frac{y_{21}}{\Delta y}I_1+\frac{y_{11}}{\Delta y}I_2 \tag{18.17}$$

表 18.1　参数转换表

$$z_{11}=\frac{y_{22}}{\Delta y}=\frac{a_{11}}{a_{21}}=\frac{b_{22}}{b_{21}}=\frac{\Delta h}{h_{22}}=\frac{1}{g_{11}}$$

$$z_{12}=-\frac{y_{12}}{\Delta y}=\frac{\Delta a}{a_{21}}=\frac{1}{b_{21}}=\frac{h_{12}}{h_{22}}=-\frac{g_{12}}{g_{11}}$$

$$z_{21}=\frac{-y_{21}}{\Delta y}=\frac{1}{a_{21}}=\frac{\Delta b}{b_{21}}=-\frac{h_{21}}{h_{22}}=\frac{g_{21}}{g_{11}}$$

$$z_{22}=\frac{y_{11}}{\Delta y}=\frac{a_{22}}{a_{21}}=\frac{b_{11}}{b_{21}}=\frac{1}{h_{22}}=\frac{\Delta g}{g_{11}}$$

$$y_{11}=\frac{z_{22}}{\Delta z}=\frac{a_{22}}{a_{12}}=\frac{b_{11}}{b_{12}}=\frac{1}{h_{11}}=\frac{\Delta g}{g_{22}}$$

$$y_{12}=-\frac{z_{12}}{\Delta z}=-\frac{\Delta a}{a_{12}}=-\frac{1}{b_{12}}=-\frac{h_{12}}{h_{11}}=\frac{g_{12}}{g_{22}}$$

$$y_{21}=-\frac{z_{21}}{\Delta z}=-\frac{1}{a_{12}}=-\frac{\Delta b}{b_{12}}=\frac{h_{21}}{h_{11}}=-\frac{g_{21}}{g_{22}}$$

$$y_{22}=\frac{z_{11}}{\Delta z}=\frac{a_{11}}{a_{12}}=\frac{b_{22}}{b_{12}}=\frac{\Delta h}{h_{11}}=\frac{1}{g_{22}}$$

$$a_{11}=\frac{z_{11}}{z_{21}}=-\frac{y_{22}}{y_{21}}=\frac{b_{22}}{\Delta b}=-\frac{\Delta h}{h_{21}}=\frac{1}{g_{21}}$$

$$a_{12}=\frac{\Delta z}{z_{21}}=-\frac{1}{y_{21}}=\frac{b_{12}}{\Delta b}=\frac{-h_{11}}{h_{21}}=\frac{g_{22}}{g_{21}}$$

$$a_{21}=\frac{1}{z_{21}}=-\frac{\Delta y}{y_{21}}=\frac{b_{21}}{\Delta b}=-\frac{h_{22}}{h_{21}}=\frac{g_{11}}{g_{21}}$$

$$a_{22}=\frac{z_{22}}{z_{21}}=-\frac{y_{11}}{y_{21}}=\frac{b_{11}}{\Delta b}=-\frac{1}{h_{21}}=\frac{\Delta g}{g_{21}}$$

$$b_{11}=\frac{z_{22}}{z_{12}}=-\frac{y_{11}}{y_{12}}=\frac{a_{22}}{\Delta a}=\frac{1}{h_{12}}=-\frac{\Delta g}{g_{12}}$$

$$b_{12}=\frac{\Delta z}{z_{12}}=-\frac{1}{y_{12}}=\frac{a_{12}}{\Delta a}=\frac{h_{11}}{h_{12}}=-\frac{g_{22}}{g_{12}}$$

$$b_{21}=\frac{1}{z_{12}}=-\frac{\Delta y}{y_{12}}=\frac{a_{21}}{\Delta a}=\frac{h_{22}}{h_{12}}=-\frac{g_{11}}{g_{12}}$$

$$b_{22}=\frac{z_{11}}{z_{12}}=\frac{y_{22}}{y_{12}}=\frac{a_{11}}{\Delta a}=\frac{\Delta h}{h_{12}}=-\frac{1}{g_{12}}$$

$$h_{11}=\frac{\Delta z}{z_{22}}=\frac{1}{y_{11}}=\frac{a_{12}}{a_{22}}=\frac{b_{12}}{b_{11}}=\frac{g_{22}}{\Delta g}$$

$$h_{12}=\frac{z_{12}}{z_{22}}=-\frac{y_{12}}{y_{11}}=\frac{\Delta a}{a_{22}}=\frac{1}{b_{11}}=-\frac{g_{12}}{\Delta g}$$

$$h_{21}=-\frac{z_{21}}{z_{22}}=\frac{y_{21}}{y_{11}}=-\frac{1}{a_{22}}=-\frac{\Delta b}{b_{11}}=-\frac{g_{21}}{\Delta g}$$

$$h_{22}=\frac{1}{z_{22}}=\frac{\Delta y}{y_{11}}=\frac{a_{21}}{a_{22}}=\frac{b_{21}}{b_{11}}=\frac{g_{11}}{\Delta g}$$

$$g_{11}=\frac{1}{z_{11}}=\frac{\Delta y}{y_{22}}=\frac{a_{21}}{a_{11}}=\frac{b_{21}}{b_{22}}=\frac{h_{22}}{\Delta h}$$

$$g_{12}=\frac{-z_{12}}{z_{11}}=\frac{y_{12}}{y_{22}}=-\frac{\Delta a}{a_{11}}=-\frac{1}{b_{22}}=-\frac{h_{12}}{\Delta h}$$

$$g_{21}=\frac{z_{21}}{z_{11}}=-\frac{y_{21}}{y_{22}}=\frac{1}{a_{11}}=\frac{\Delta b}{b_{22}}=-\frac{h_{21}}{\Delta h}$$

$$g_{22}=\frac{\Delta z}{z_{11}}=\frac{1}{y_{22}}=\frac{a_{12}}{a_{11}}=\frac{b_{12}}{b_{22}}=\frac{h_{11}}{\Delta h}$$

$$\Delta z=z_{11}z_{22}-z_{12}z_{21}$$

$$\Delta y=y_{11}y_{22}-y_{12}y_{21}$$

$$\Delta a=a_{11}a_{22}-a_{12}a_{21}$$

$$\Delta b=b_{11}b_{22}-b_{12}b_{21}$$

$$\Delta h=h_{11}h_{22}-h_{12}h_{21}$$

$$\Delta g=g_{11}g_{22}-g_{12}g_{21}$$

将方程(18.16)，方程(18.17)和方程(18.1)进行比较，得

$$z_{11}=\frac{y_{22}}{\Delta y} \tag{18.18}$$

$$z_{12}=-\frac{y_{12}}{\Delta y} \tag{18.19}$$

$$z_{21}=-\frac{y_{21}}{\Delta y} \tag{18.20}$$

$$z_{22}=\frac{y_{11}}{\Delta y} \tag{18.21}$$

为求出 a 参数表示的 z 参数，将方程(18.3)整理成方程(18.1)的形式，然后比较各个系数。根据方程(18.3)中的第二个方程得

$$V_2 = \frac{1}{a_{21}} I_1 + \frac{a_{22}}{a_{21}} I_2 \tag{18.22}$$

这样，将方程(18.22)代入方程(18.3)的第一个方程中，得

$$V_1 = \frac{a_{11}}{a_{21}} I_1 + \left(\frac{a_{11}a_{22}}{a_{21}} - a_{12}\right) I_2 \tag{18.23}$$

根据方程(18.23)得

$$z_{11} = \frac{a_{11}}{a_{21}} \tag{18.24}$$

$$z_{12} = \frac{\Delta a}{a_{21}} \tag{18.25}$$

根据方程(18.22)得

$$z_{21} = \frac{1}{a_{21}} \tag{18.26}$$

$$z_{22} = \frac{a_{22}}{a_{21}} \tag{18.27}$$

例 18.3 说明了参数转换表的用途。

例 18.3　根据测量结果和表 18.1 求 h 参数

对一电阻性双端口网络进行测量，第一组数据是在端口 2 开路时测得的，第二组数据是在端口 2 短路时测得的。测量结果如下：

端口 2 开路	端口 2 短路
$V_1 = 10\ \text{mV}$	$V_1 = 24\ \text{mV}$
$I_1 = 10\ \mu\text{A}$	$I_1 = 20\ \mu\text{A}$
$V_2 = -40\ \text{V}$	$I_2 = 1\ \text{mA}$

求电路的 h 参数。

解：

由短路测量结果直接得到 h_{11} 和 h_{21}

$$h_{11} = \left.\frac{V_1}{I_1}\right|_{V_2=0} = \frac{24 \times 10^{-3}}{20 \times 10^{-6}} = 1.2\ \text{k}\Omega$$

$$h_{21} = \left.\frac{I_2}{I_1}\right|_{V_2=0} = \frac{10^{-3}}{20 \times 10^{-6}} = 50$$

参数 h_{12} 和 h_{22} 不能由开路测量结果直接获得。但考察方程(18.7)至方程(18.15)可知，四个 a 参数可由测量结果直接得出，因此，就可以通过参数转换表求得 h_{12} 和 h_{22}。准确地说

$$h_{12} = \frac{\Delta a}{a_{22}}$$

$$h_{22} = \frac{a_{21}}{a_{22}}$$

a 参数为

$$a_{11} = \left.\frac{V_1}{V_2}\right|_{I_2=0} = \frac{10 \times 10^{-3}}{-40} = -0.25 \times 10^{-3}$$

$$a_{21} = \left.\frac{I_1}{V_2}\right|_{I_2=0} = \frac{10 \times 10^{-6}}{-40} = -0.25 \times 10^{-6}\ \text{S}$$

$$a_{12} = -\frac{V_1}{I_2}\bigg|_{V_2=0} = -\frac{24\times10^{-3}}{10^{-3}} = -24\ \Omega$$

$$a_{22} = -\frac{I_1}{I_2}\bigg|_{V_2=0} = -\frac{20\times10^{-6}}{10^{-3}} = -20\times10^{-3}$$

Δa 的值为

$$\Delta a = a_{11}a_{22} - a_{12}a_{21}$$
$$= 5\times10^{-6} - 6\times10^{-6} = -10^{-6}$$

因此

$$h_{12} = \frac{\Delta a}{a_{22}}$$
$$= \frac{-10^{-6}}{-20\times10^{-3}} = 5\times10^{-5}$$
$$h_{22} = \frac{a_{21}}{a_{22}}$$
$$= \frac{-0.25\times10^{-6}}{-20\times10^{-3}} = 12.5\ \mu\text{S}$$

评测目标 1　能计算任一组双端口参数。

18.4　下面的测量结果是对双端口网络进行的：端口 1 开路时，$V_2=15$ V，$V_1=10$ V，$I_2=30$ A；端口 1 短路时，$V_2=10$ V，$I_2=4$ A，$I_1=-5$ A。求 z 参数。

答：$z_{11}=(4/15)\,\Omega$；$z_{12}=(1/3)\,\Omega$；$z_{21}=-1.6\ \Omega$；$z_{22}=0.5\ \Omega$。

提示：也可以求本章习题 18.13。

18.2.2　互易双端口网络

若双端口网络是互易双端口网络，则参数之间存在下述关系

$$z_{12} = z_{21} \tag{18.28}$$

$$y_{12} = y_{21} \tag{18.29}$$

$$a_{11}a_{22} - a_{12}a_{21} = \Delta a = 1 \tag{18.30}$$

$$b_{11}b_{22} - b_{12}b_{21} = \Delta b = 1 \tag{18.31}$$

$$h_{12} = -h_{21} \tag{18.32}$$

$$g_{12} = -g_{21} \tag{18.33}$$

如果将一个端口的理想电压源与另一个端口的理想电流表互相对调，电流表读数不变，则该网络就是互易网络。例如，对图 18.4 的电阻电路，当 15 V 的电压源加到 ad 端时，在 cd 端上的电流表读数就为 1.75 A，当知道 bd 间的电压 V_{bd}后，很容易计算电流表上的电流，于是

$$\frac{V_{bd}}{60} + \frac{V_{bd}-15}{30} + \frac{V_{bd}}{20} = 0 \tag{18.34}$$

且 $V_{bd}=5$ V，因此

$$I = \frac{5}{20} + \frac{15}{10} = 1.75\ \text{A} \tag{18.35}$$

如果电压源和电流表的位置相互对调，电流表读数仍为 1.75 A，可通过求解图 18.5 的电路来验证

$$\frac{V_{bd}}{60} + \frac{V_{bd}}{30} + \frac{V_{bd}-15}{20} = 0 \tag{18.36}$$

根据方程(18.36)，$V_{bd}=7.5$ V，得 I_{ad}为

$$I_{ad} = \frac{7.5}{30} + \frac{15}{10} = 1.75\text{ A} \tag{18.37}$$

如果将一个端口的理想电流源和另一个端口的理想电压表的位置进行对调，电压表的读数不变，则双端口网络就也是互易的。

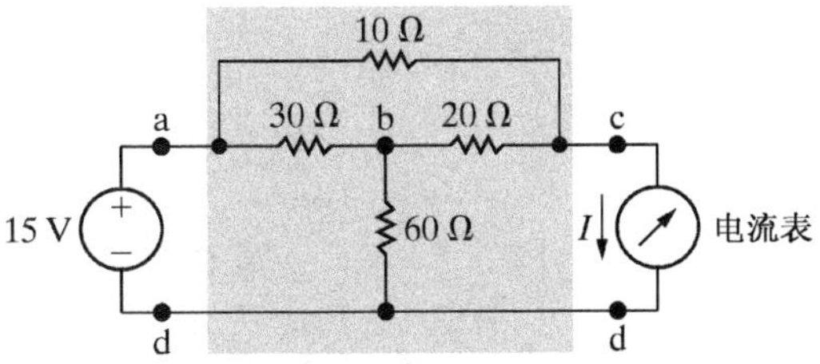

图 18.4　互易双端口网络

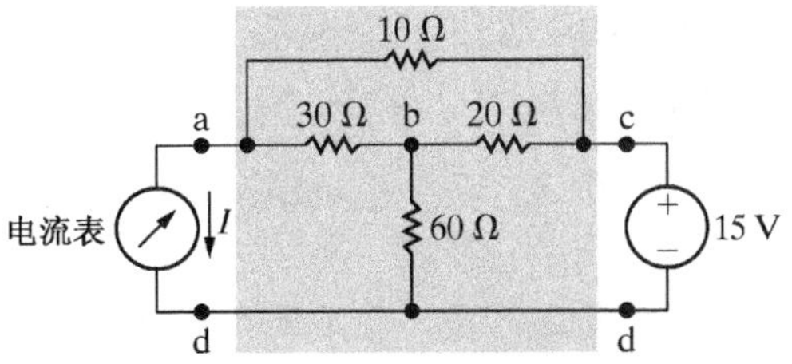

图 18.5　图 18.4 中的电压源和电流表的位置对调

对于互易双端口网络，要确定一组参数，只需要计算或测量三个参数。如果双端口网络的两个端口对调后，对端口的电流和电压不产生任何影响，则双端口网络就是对称双端口网络，图 18.6 展示了四个对称双端口网络。在这些电路中，参数之间存在下述附加关系

$$z_{11} = z_{22} \tag{18.38}$$

$$y_{11} = y_{22} \tag{18.39}$$

$$a_{11} = a_{22} \tag{18.40}$$

$$b_{11} = b_{22} \tag{18.41}$$

$$h_{11}h_{22} - h_{12}h_{21} = \Delta h = 1 \tag{18.42}$$

$$g_{11}g_{22} - g_{12}g_{21} = \Delta g = 1 \tag{18.43}$$

对于对称互易网络，只有两个参数是独立的。

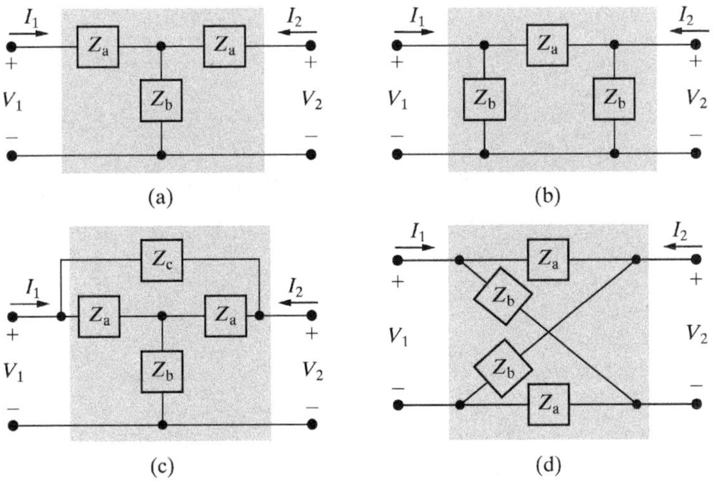

图 18.6　四个对称双端口网络：(a)对称 T 形网络；(b)对称 π形网络；(c)对称桥 T 形网络；(d)对称格形网络

评测目标 1　能计算任一组双端口参数。

18.5　对一个电阻性对称互易网络进行测量的结果为：端口 2 开路时，$V_1 = 95$ V，$I_1 = 5$ A；端口 2 短路时，$V_1 = 11.52$ V，$I_2 = -2.72$ A，试计算双端口网络的 z 参数。

答： $z_{11} = z_{22} = 19\ \Omega$，$z_{12} = z_{21} = 17\ \Omega$。

提示： 也可以求本章习题 18.14。

18.3 具有端接的双端口网络的分析

在双端口网络的典型应用当中，一般端口 1 接电源而端口 2 接负载。图 18.7 表示具有典型连接的双端口网络的 s 域电路模型，其中 Z_g 代表电源的内阻抗，Z_L 是负载阻抗。这种电路的分析是指将端口的电压和电流表示为双端口参数 V_g，Z_g 和 Z_L 的方程。

具有端接的双端口网络的六个特性参数确定了它的端口特性：

- 输入阻抗 $Z_{in}=V_1/I_1$，或输入导纳 $Y_{in}=I_1/V_1$
- 输出电流 I_2
- 端口 2 的戴维南电压源和阻抗(V_{Th}，Z_{Th})
- 电流放大倍数 I_2/I_1
- 电压放大倍数 V_2/V_1
- 电压放大倍数 V_2/V_g

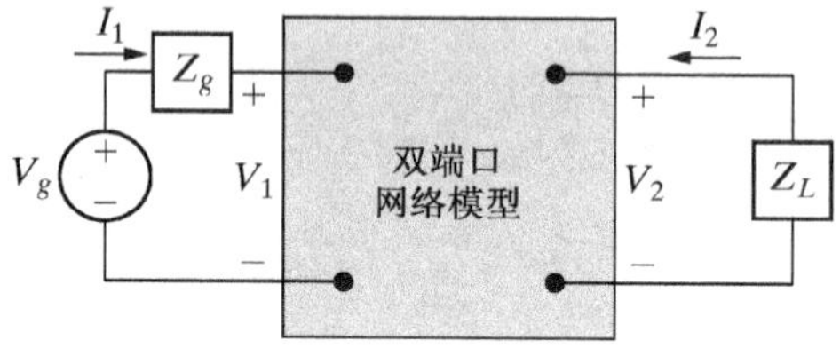

图 18.7 具有端接的双端口网络的 s 域模型

18.3.1 用 z 参数表示的六个特性参数

为说明六个特性参数是如何得出的，需要用 z 参数的表达式，建立电路中的双端口网络模型。表 18.2 总结的表达式中包含了 y 参数、a 参数、b 参数、h 参数和 g 参数。

表 18.2 具有端接的双端口网络方程

z 参数	y 参数
$Z_{in}=z_{11}-\dfrac{z_{12}z_{21}}{z_{22}+Z_L}$	$Y_{in}=y_{11}-\dfrac{y_{12}y_{21}Z_L}{1+y_{22}Z_L}$
$I_2=\dfrac{-z_{21}V_g}{(z_{11}+Z_g)(z_{22}+Z_L)-z_{12}z_{21}}$	$I_2=\dfrac{y_{21}V_g}{1+y_{22}Z_L+y_{11}Z_g+\Delta y Z_g Z_L}$
$V_{Th}=\dfrac{z_{21}}{z_{11}+Z_g}V_g$	$V_{Th}=\dfrac{-y_{21}V_g}{y_{22}+\Delta y Z_g}$
$Z_{Th}=z_{22}-\dfrac{z_{12}z_{21}}{z_{11}+Z_g}$	$Z_{Th}=\dfrac{1+y_{11}Z_g}{y_{22}+\Delta y Z_g}$
$\dfrac{I_2}{I_1}=\dfrac{-z_{21}}{z_{22}+Z_L}$	$\dfrac{I_2}{I_1}=\dfrac{y_{21}}{y_{11}+\Delta y Z_L}$
$\dfrac{V_2}{V_1}=\dfrac{z_{21}Z_L}{z_{11}Z_L+\Delta z}$	$\dfrac{V_2}{V_1}=\dfrac{-y_{21}Z_L}{1+y_{22}Z_L}$
$\dfrac{V_2}{V_g}=\dfrac{z_{21}Z_L}{(z_{11}+Z_g)(z_{22}+Z_L)-z_{12}z_{21}}$	$\dfrac{V_2}{V_g}=\dfrac{y_{21}Z_L}{y_{12}y_{21}Z_g Z_L-(1+y_{11}Z_g)(1+y_{22}Z_L)}$
a 参数	**b 参数**
$Z_{in}=\dfrac{a_{11}Z_L+a_{12}}{a_{21}Z_L+a_{22}}$	$Z_{in}=\dfrac{b_{22}Z_L+b_{12}}{b_{21}Z_L+b_{11}}$
$I_2=\dfrac{-V_g}{a_{11}Z_L+a_{12}+a_{21}Z_g Z_L+a_{22}Z_g}$	$I_2=\dfrac{-V_g\Delta b}{b_{11}Z_g+b_{21}Z_g Z_L+b_{22}Z_L+b_{12}}$
$V_{Th}=\dfrac{V_g}{a_{11}+a_{21}Z_g}$	$V_{Th}=\dfrac{V_g\Delta b}{b_{22}+b_{21}Z_g}$
$Z_{Th}=\dfrac{a_{12}+a_{22}Z_g}{a_{11}+a_{21}Z_g}$	$Z_{Th}=\dfrac{b_{11}Z_g+b_{12}}{b_{21}Z_g+b_{22}}$
$\dfrac{I_2}{I_1}=\dfrac{-1}{a_{21}Z_L+a_{22}}$	$\dfrac{I_2}{I_1}=\dfrac{-\Delta b}{b_{11}+b_{21}Z_L}$
$\dfrac{V_2}{V_1}=\dfrac{Z_L}{a_{11}Z_L+a_{12}}$	$\dfrac{V_2}{V_1}=\dfrac{\Delta b Z_L}{b_{12}+b_{22}Z_L}$
$\dfrac{V_2}{V_g}=\dfrac{Z_L}{(a_{11}+a_{21}Z_g)Z_L+a_{12}+a_{22}Z_g}$	$\dfrac{V_2}{V_g}=\dfrac{\Delta b Z_L}{b_{12}+b_{11}Z_g+b_{22}Z_L+b_{21}Z_g Z_L}$

（续表）

h 参数	g 参数
$Z_{in} = h_{11} - \frac{h_{12}h_{21}Z_L}{1 + h_{22}Z_L}$	$Y_{in} = g_{11} - \frac{g_{12}g_{21}}{g_{22} + Z_L}$
$I_2 = \frac{h_{21}V_g}{(1 + h_{22}Z_L)(h_{11} + Z_g) - h_{12}h_{21}Z_L}$	$I_2 = \frac{-g_{21}V_g}{(1 + g_{11}Z_g)(g_{22} + Z_L) - g_{12}g_{21}Z_g}$
$V_{Th} = \frac{-h_{21}V_g}{h_{22}Z_g + \Delta h}$	$V_{Th} = \frac{g_{21}V_g}{1 + g_{11}Z_g}$
$Z_{Th} = \frac{Z_g + h_{11}}{h_{22}Z_g + \Delta h}$	$Z_{Th} = g_{22} - \frac{g_{12}g_{21}Z_g}{1 + g_{11}Z_g}$
$\frac{I_2}{I_1} = \frac{h_{21}}{1 + h_{22}Z_L}$	$\frac{I_2}{I_1} = \frac{-g_{21}}{g_{11}Z_L + \Delta g}$
$\frac{V_2}{V_1} = \frac{-h_{21}Z_L}{\Delta hZ_L + h_{11}}$	$\frac{V_2}{V_1} = \frac{g_{21}Z_L}{g_{22} + Z_L}$
$\frac{V_2}{V_g} = \frac{-h_{21}Z_L}{(h_{11} + Z_g)(1 + h_{22}Z_L) - h_{12}h_{21}Z_L}$	$\frac{V_2}{V_g} = \frac{g_{21}Z_L}{(1 + g_{11}Z_g)(g_{22} + Z_L) - g_{12}g_{21}Z_g}$

求表达式中的任何一个结果，都要涉及对双端口网络方程以及端口约束方程的代数运算，若用 z 参数方程，则描述图 18.7 所示电路的 4 个方程为

$$V_1 = z_{11}I_1 + z_{12}I_2 \tag{18.44}$$

$$V_2 = z_{21}I_1 + z_{22}I_2 \tag{18.45}$$

$$V_1 = V_g - I_1Z_g \tag{18.46}$$

$$V_2 = -I_2Z_L \tag{18.47}$$

方程(18.46)和方程(18.47)描述了两端电路构成的约束。

为求出端口 1 的阻抗，即 $Z_{in} = V_1/I_1$，可执行如下过程：用 $-I_2Z_L$ 代替方程(18.45)中的 V_2，并求出 I_2 的表达式

$$I_2 = \frac{-z_{21}I_1}{Z_L + z_{22}} \tag{18.48}$$

然后将 I_2 代入方程(18.44)中求解 Z_{in}，得

$$Z_{in} = z_{11} - \frac{z_{12}z_{21}}{z_{22} + Z_L} \tag{18.49}$$

为求得端口电流 I_2，先将方程(18.46)中的右边替换 V_1 代入方程(18.44)中求 I_1，结果为

$$I_1 = \frac{V_g - z_{12}I_2}{z_{11} + Z_g} \tag{18.50}$$

再将方程(18.50)代入方程(18.48)中，求 I_2 得

$$I_2 = \frac{-z_{21}V_g}{(z_{11} + Z_g)(z_{22} + Z_L) - z_{12}z_{21}} \tag{18.51}$$

当 $I_2 = 0$ 时，端口 2 的戴维南电压源就是 V_2。当 $I_2 = 0$ 时，联立方程(18.44)和方程(18.45)得

$$V_2|_{I_2=0} = z_{21}I_1 = z_{21}\frac{V_1}{z_{11}} \tag{18.52}$$

由于 $V_1 = V_g - I_1Z_g$，$I_1 = V_g/(Z_g + z_{11})$，所以将结果代入方程(18.52)得开路电压 V_2

$$V_2|_{I_2=0} = V_{Th} = \frac{z_{21}}{Z_g + z_{11}}V_g \tag{18.53}$$

当 V_g 被短路时，戴维南阻抗或输出阻抗是 V_2/I_2，当 $V_g = 0$ 时，方程(18.46)就化简为

$$V_1 = -I_1Z_g \tag{18.54}$$

将方程(18.54)代入方程(18.44)得

$$I_1 = \frac{-z_{12}I_2}{z_{11}+Z_g} \tag{18.55}$$

将方程(18.55)代入方程(18.45)得

$$\left.\frac{V_2}{I_2}\right|_{V_g=0} = Z_{\rm Th} = z_{22} - \frac{z_{12}z_{21}}{z_{11}+Z_g} \tag{18.56}$$

由方程(18.48)直接得到电流放大倍数为

$$\frac{I_2}{I_1} = \frac{-z_{21}}{Z_L+z_{22}} \tag{18.57}$$

为求得电压放大倍数 V_2/V_1 的表达式，将方程(18.47)所得的 I_2 值代入方程(18.45)中，这样

$$V_2 = z_{21}I_1 + z_{22}\left(\frac{-V_2}{Z_L}\right) \tag{18.58}$$

下面解方程(18.44)，求出用 V_1 和 V_2 表示的函数 I_1

$$z_{11}I_1 = V_1 - z_{12}\left(\frac{-V_2}{Z_L}\right)$$

或

$$I_1 = \frac{V_1}{z_{11}} + \frac{z_{12}V_2}{z_{11}Z_L} \tag{18.59}$$

用方程(18.59)代替方程(18.58)中的 I_1 并求出最后的表达式 V_2/V_1

$$\begin{aligned}\frac{V_2}{V_1} &= \frac{z_{21}Z_L}{z_{11}Z_L + z_{11}z_{22} - z_{12}z_{21}} \\ &= \frac{z_{21}Z_L}{z_{11}Z_L + \Delta z}\end{aligned} \tag{18.60}$$

为求得电压比 V_2/V_g，结合方程(18.44)，方程(18.46)和方程(18.47)求出 V_2 和 V_g 的函数 I_1

$$I_1 = \frac{z_{12}V_2}{Z_L(z_{11}+Z_g)} + \frac{V_g}{z_{11}+Z_g} \tag{18.61}$$

用方程(18.61)，方程(18.47)及方程(18.45)得出只和 V_2 与 V_g 有关的表达式，即

$$V_2 = \frac{z_{21}z_{12}V_2}{Z_L(z_{11}+Z_g)} + \frac{z_{21}V_g}{z_{11}+Z_g} - \frac{z_{22}}{Z_L}V_2 \tag{18.62}$$

由该方程可得到所求的电压比

$$\frac{V_2}{V_g} = \frac{z_{21}Z_L}{(z_{11}+Z_g)(z_{22}+Z_L) - z_{12}z_{21}} \tag{18.63}$$

表 18.2 的第一组总结了具有端接的双端口网络电路的六个特征表达式，也列出了关于 y，a，b，h 和 g 参数的相应表达式。

例 18.4 说明了表 18.2 中所列关系的应用。

例 18.4 具有端接的双端口网络分析

图 18.8 中的双端口网络的 b 参数为

$$b_{11} = -20, \qquad b_{12} = -3000\ \Omega$$
$$b_{21} = -2\ \text{mS}, \qquad b_{22} = -0.2$$

(a) 求电压相量 V_2。
(b) 求 5 kΩ 负载消耗的平均功率。
(c) 求提供给入口的平均功率。
(d) 求具有最大平均功率时的负载阻抗。
(e) 求在(d)中传输给负载的最大平均功率。

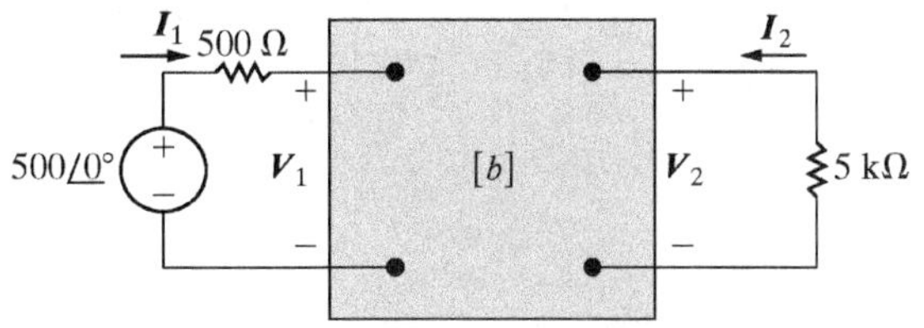

图 18.8　例 18.4 的电路

解:

(a) 为求 V_2，根据表 18.2，可有两种方法。第一种方法是先求 I_2，然后根据方程 $V_2 = -I_2Z_L$ 再求 V_2。第二种方法是先求电压比 V_2/V_g，然后再计算 V_2。此处使用第二种方法，由已知的 b 参数得

$$\Delta b = (-20) \times (-0.2) - (-3000) \times (-2 \times 10^{-3})$$
$$= 4 - 6 = -2$$

由表 18.2 得

$$\frac{V_2}{V_g} = \frac{\Delta b Z_L}{b_{12} + b_{11}Z_g + b_{22}Z_L + b_{21}Z_gZ_L}$$
$$= \frac{(-2) \times (5000)}{-3000 + (-20) \times 500 + (-0.2) \times 5000 + [-2 \times 10^{-3} \times (500) \times (5000)]}$$
$$= \frac{10}{19}$$

于是

$$V_2 = \left(\frac{10}{19}\right) \times 500 = 263.16 \angle 0^\circ \text{ V}$$

(b) 提供给 5000 Ω 负载的平均功率为

$$P_2 = \frac{263.16^2}{2 \times (5000)} = 6.93 \text{ W}$$

(c) 为求出传输给输入端口的平均功率，先求输入阻抗 Z_{in}，由表 18.2 得

$$Z_{in} = \frac{b_{22}Z_L + b_{12}}{b_{21}Z_L + b_{11}}$$
$$= \frac{(-0.2) \times (5000) - 3000}{-2 \times 10^{-3} \times (5000) - 20}$$
$$= \frac{400}{3} = 133.33 \ \Omega$$

于是 I_1 为

$$I_1 = \frac{500}{500 + 133.33} = 789.47 \text{ mA}$$

提供给输入端口的平均功率为

$$P_1 = \frac{0.789\,47^2}{2} \times (133.33) = 41.55 \text{ W}$$

(d) 具有最大功率时的负载阻抗等于从端口 2 看进去的戴维南阻抗的共轭复数，根据表 18.2 得

$$Z_{Th} = \frac{b_{11}Z_g + b_{12}}{b_{21}Z_g + b_{22}}$$
$$= \frac{(-20) \times (500) - 3000}{(-2 \times 10^{-3}) \times (500) - 0.2}$$
$$= \frac{13\,000}{1.2} = 10\,833.33 \ \Omega$$

因此 $Z_L = Z_{in}^* = 10\,833.33\ \Omega$。

(e)为求负载 Z_L 获得的最大功率，先根据电压放大倍数表达式 V_2/V_g 求出 V_2。当 Z_L 为 10 833.33 Ω 时，电压比为

$$\frac{V_2}{V_g} = 0.8333$$

于是

$$V_2 = (0.8333) \times (500) = 416.67\ \mathrm{V}$$

并且

$$P_L(\max) = \frac{1}{2} \times \frac{416.67^2}{10\ 833.33} = 8.01\ \mathrm{W}$$

评测目标 2　能分析具有端接的双端口网络的电流、电压及其比值。

18.6　如右图所示双端口网络的 a 参数为：$a_{11} = 5 \times 10^{-4}$，$a_{12} = 10\ \Omega$，$a_{21} = 10^{-6}\ \mathrm{S}$，$a_{22} = -3 \times 10^{-2}$。输入端电压为正弦电压源，其幅值为 50 mV，内阻抗为 100 + j0 Ω，其输出端接一个 5 kΩ 的阻性负载。

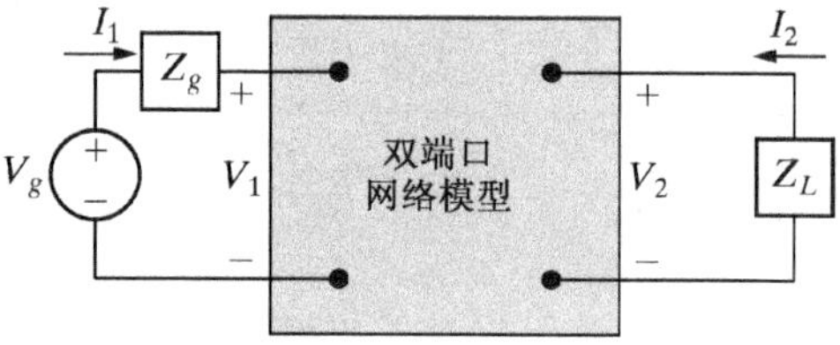

(a)计算负载所获得的平均功率。

(b)求负载获得最大功率时的负载电阻。

(c)计算(b)所求负载获得的最大功率。

答：(a)62.5 mW；(b)70/6 kΩ；(c)74.4 mW。

提示：也可以求本章习题 18.29，习题 18.31 和习题 18.33。

18.4　双端口网络的互连

设计一个大的复杂系统的方法是先设计各个子系统，使问题简单化，然后再将较简单的、容易设计的单元互连起来。如果将子系统等效为双端口网络模型，则系统的综合就包括了对互连双端口网络的分析。

双端口网络的互连方式有 5 种：(1)级联；(2)串联；(3)并联；(4)串-并联；(5)并-串联。图 18.9 描述了这 5 种基本的互连方式。

本节只分析和处理级联方式。但如果其他 4 种连接方式满足某种要求，也可以简单地加进各自的网络参数得到描述互连电路的参数。典型的互连电路参数有：z 参数描述串联，y 参数描述并联，h 参数描述串-并联，g 参数描述并-串联方式①。

级联方式非常重要，因为它常常出现在大系统模型中，且不同于其他 4 种基本的互连方式。在使用各自的双端口网络参数来获得级联电路的参数时没有任何限制条件。

下面分析图 18.10 所示的级联电路，图中加一撇的代表第一个网络的 a 参数，加两撇的代表第二个网络的 a 参数。第一个电路的输出电压和电流用 V_2' 和 I_2' 表示，第二个电路的输入电压和电流用 V_1' 和 I_1' 表示，下面的问题是要求出用 a 参数表示的 V_2 和 I_2 以及 V_1 和 I_1 的方程，也就是要找出方程组

$$V_1 = a_{11}V_2 - a_{12}I_2 \tag{18.64}$$

$$I_1 = a_{21}V_2 - a_{22}I_2 \tag{18.65}$$

其中 a 参数是根据各部分电路的 a 参数给出的。

① 在 Henry Ruston 和 Joseph Bordogna 所著的 *Electric Networks*：*Functions*，*Filters*，*Analysis* (New York：McGraw-Hill，1966)中详细讨论了这四种互连方式。

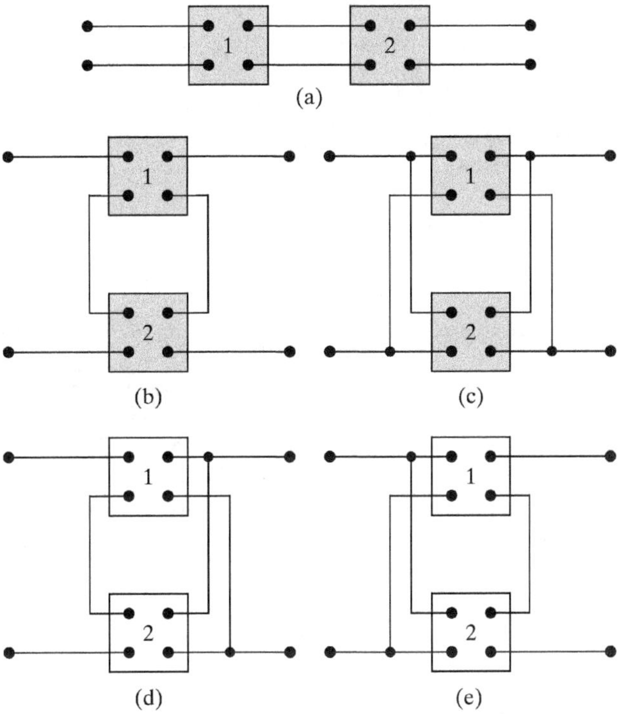

图 18.9　双端口网络的 5 种基本的互连方式：(a)级联；(b)串联；(c)并联；(d)串-并联；(e)并-串联

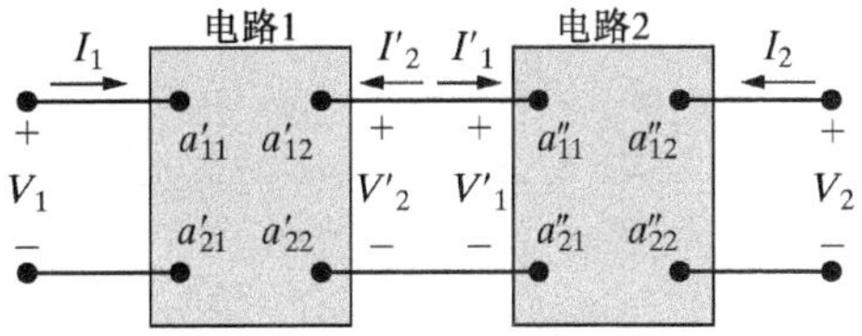

图 18.10　级联电路

先将图(18.10)的电路表示为下列形式

$$V_1 = a'_{11}V'_2 - a'_{12}I'_2 \tag{18.66}$$

$$I_1 = a'_{21}V'_2 - a'_{22}I'_2 \tag{18.67}$$

互连后说明 $V'_2 = V'_1$，$I'_2 = -I'_1$。将这些约束条件代入方程(18.66)和方程(18.67)得

$$V_1 = a'_{11}V'_1 + a'_{12}I'_1 \tag{18.68}$$

$$I_1 = a'_{21}V'_1 + a'_{22}I'_1 \tag{18.69}$$

V'_1 和 I'_1 通过第二个电路的 a 参数建立起与 V_2 和 I_2 的关系

$$V'_1 = a''_{11}V_2 - a''_{12}I_2 \tag{18.70}$$

$$I'_1 = a''_{21}V_2 - a''_{22}I_2 \tag{18.71}$$

将方程(18.70)和方程(18.71)代入方程(18.68)和方程(18.69)得到 V_1 和 I_1 关于 V_2 和 I_2 的方程

$$V_1 = (a'_{11}a''_{11} + a'_{12}a''_{21})V_2 - (a'_{11}a''_{12} + a'_{12}a''_{22})I_2 \tag{18.72}$$

$$I_1 = (a'_{21}a''_{11} + a'_{22}a''_{21})V_2 - (a'_{21}a''_{12} + a'_{22}a''_{22})I_2 \tag{18.73}$$

通过将方程(18.72)和方程(18.73)与方程(18.64)和方程(18.65)进行比较，可得出级联网络 a 参数的表达式，即

$$a_{11} = a'_{11}a''_{11} + a'_{12}a''_{21} \tag{18.74}$$

$$a_{12} = a'_{11}a''_{12} + a'_{12}a''_{22} \tag{18.75}$$

$$a_{21} = a'_{21}a''_{11} + a'_{22}a''_{21} \tag{18.76}$$

$$a_{22} = a'_{21}a''_{12} + a'_{22}a''_{22} \tag{18.77}$$

如果有多于两个的单元进行级联，等效双端口网络的 a 参数也是可求的，只要每次化简一对双端口网络，顺次进行就能得到等效双端口网络的 a 参数。

例 18.5 说明了如何利用方程(18.74)至方程(18.77)分析两个放大器电路的级联。

例 18.5 级联双端口网络的分析

两个相同的放大器级联，如图 18.11 所示。每个放大器均是用 h 参数描述的，参数值分别为：$h_{11} = 1000\ \Omega$，$h_{12} = 0.0015$，$h_{21} = 100$，$h_{22} = 100\ \mu S$。求电压放大倍数 V_2/V_g。

解：

求解 V_2/V_g 的第一步是将 h 参数转换为 a 参数。因为两个放大器相同，所以只需要一组 a 参数描述放大器

$$a'_{11} = \frac{-\Delta h}{h_{21}} = \frac{+0.05}{100} = 5 \times 10^{-4}$$

$$a'_{12} = \frac{-h_{11}}{h_{21}} = \frac{-1000}{100} = -10\ \Omega$$

$$a'_{21} = \frac{-h_{22}}{h_{21}} = \frac{-100 \times 10^{-6}}{100} = -10^{-6}\ \text{S}$$

$$a'_{22} = \frac{-1}{h_{21}} = \frac{-1}{100} = -10^{-2}$$

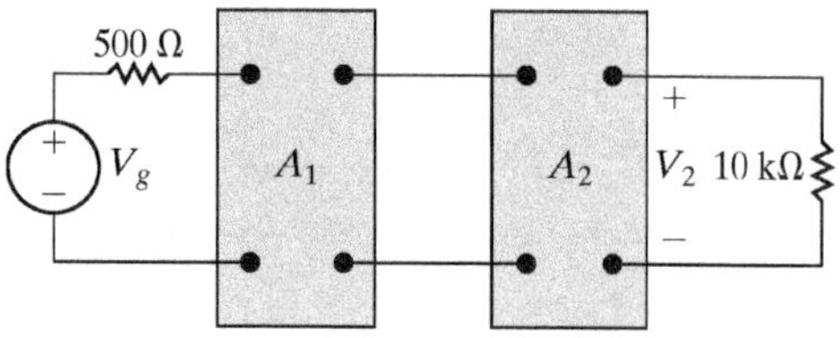

图 18.11 例 18.5 的电路

下面用方程(18.74)至方程(18.77)计算级联放大器的 a 参数

$$\begin{aligned} a_{11} &= a'_{11}a'_{11} + a'_{12}a'_{21} \\ &= 25 \times 10^{-8} + (-10) \times (-10^{-6}) \\ &= 10.25 \times 10^{-6} \end{aligned}$$

$$\begin{aligned} a_{12} &= a'_{11}a'_{12} + a'_{12}a'_{22} \\ &= (5 \times 10^{-4}) \times (-10) + (-10) \times (-10^{-2}) \\ &= 0.095\ \Omega \end{aligned}$$

$$\begin{aligned} a_{21} &= a'_{21}a'_{11} + a'_{22}a'_{21} \\ &= (-10^{-6}) \times (5 \times 10^{-4}) + (-0.01) \times (-10^{-6}) \\ &= 9.5 \times 10^{-9}\ \text{S} \end{aligned}$$

$$\begin{aligned} a_{22} &= a'_{21}a'_{12} + a'_{22}a'_{22} \\ &= (-10^{-6}) \times (-10) + (-10^{-2})^2 \\ &= 1.1 \times 10^{-4} \end{aligned}$$

由表 18.2 得

$$\frac{V_2}{V_g} = \frac{Z_L}{(a_{11} + a_{21}Z_g)Z_L + a_{12} + a_{22}Z_g}$$

$$= \frac{10^4}{[10.25 \times 10^{-6} + 9.5 \times 10^{-9} \times (500)] \times 10^4 + 0.095 + 1.1 \times 10^{-4} \times (500)}$$

$$= \frac{10^4}{0.15 + 0.095 + 0.055}$$

$$= \frac{10^5}{3}$$

$$= 33\ 333.33$$

这样，150 μV 的输入信号被放大为 5 V 的输出信号。求电压放大倍数 V_2/V_g 的其他方法参见习题 18.41。

评测目标 3　知道如何分析级联的双端口网络。

18.7　如右图所示的对称桥 T 形电路中每个元件均为 15 Ω 电阻。这样的两个电路级联后输入一个电压源，并接上负载。电压源的空载电压为 100 V，内阻为 8 Ω。负载电阻调至达到最大功率传输。计算：(a)负载电阻；(b)负载电压；(c)负载功率。

答：(a)14.44 Ω；(b)16 V；(c)17.73 W。

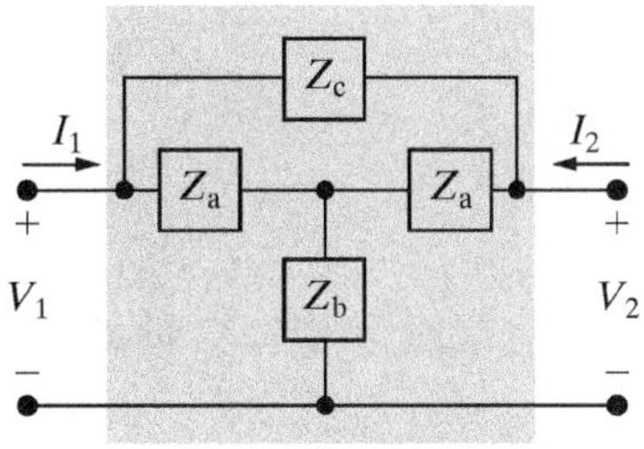

提示：也可以求本章习题 18.38。

实例应用

确定未知电路的特性(二)

为了找到“黑盒子”放大器的 h 参数，我们需要进行以下测量：

端口 1 开路，在端口 2 施加 50 V 的电压源，测量端口 1 的电压和端口 2 的电流得

$$V_1 = 50\,\text{mV} \qquad I_2 = 2.5\,\text{A}$$

端口 2 短路，在端口 1 施加 2.5 mA 的电流源，测量端口 1 的电压和端口 2 的电流得

$$V_1 = 1.25\,\text{V} \qquad I_2 = 3.75\,\text{A}$$

根据方程(18.14)计算 h 参数得

$$h_{11} = \left.\frac{V_1}{I_1}\right|_{V_2=0} = \frac{1.25}{0.0025} = 500\,\Omega \qquad h_{12} = \left.\frac{V_1}{V_2}\right|_{I_1=0} = \frac{0.05}{50} = 10^{-3}$$

$$h_{21} = \left.\frac{I_2}{I_1}\right|_{V_2=0} = \frac{3.75}{0.0025} = 1500 \qquad h_{22} = \left.\frac{I_2}{V_2}\right|_{I_1=0} = \frac{2.5}{50} = 50\,\text{mS}$$

现在将内阻为 100 Ω 的 2 V(rms)电源连接到端口 1 上，然后再用带有电源的放大器驱动额定功率为 100 W，等效为 32 Ω 电阻的扬声器。现在用具有端接的双端口网络方程计算这种连接是否安全，根据表 18.2 计算 I_2 的值为

$$\begin{aligned} I_2 &= \frac{h_{21}V_g}{(1 + h_{22}Z_L)(h_{11} + Z_g) - h_{12}h_{21}Z_L} \\ &= \frac{1500\times(2)}{[1 + (0.05)\times(32)][500 + 100] - (1500)\times(10^{-3})\times(32)} \\ &= 1.98\,\text{A(rms)} \end{aligned}$$

计算 32 Ω 的扬声器消耗的功率

$$P = RI_2^2 = (32)\times(1.98)^2 = 126\,\text{W}$$

放大器传输给扬声器的功率为 126 W，可是扬声器的额定功率为 100 W，所以最好是选用其他的放大器或者选择额定功率大一些的扬声器。

小结

- 双端口网络模型用来根据输入、输出端的电压和电流描述电路的特性。
- 双端口网络模型所描述的电路仅限于：
  - 端口间的电路无独立源
  - 电路内无储能

  - 流入和流出端口的电流相等
  - 输入和输出端口间无外部连接
- 四个端口变量(V_1, I_1, V_2, I_2)中有两个是独立的。因此，描述电路只需用关于四个端口变量的两个联立方程。
- 包含四个端口变量的六组联立方程分别称为 z, y, a, b, h 和 g 参数方程，参见方程(18.1)至方程(18.6)。
- 参数方程以 s 域形式写出。令 $s=0$，就得到直流方程。令 $s=\mathrm{j}\omega$，就得到了正弦稳态方程。
- 在适当的输入或输出端口短路和开路的条件下，可以计算或测量任一组参数，参见方程(18.7)至方程(18.15)。
- 六组参数间的关系参见表 18.1。
- 若将一个端口的电压源和另一个端口的电流表对调位置后电流表的读数不变，则该双端口网络就是互易网络。互易双端口网络的参数结果如方程(18.28)至方程(18.33)所示。
- 若将互易网络的端口对调位置，端口的电压和电流无任何变化，则该网络就是对称互易网络。对称互易双端口网络的参数结果如方程(18.38)至方程(18.43)所示。
- 与戴维南等效电源和负载相接的双端口网络特性在表 18.2 中进行了总结。
- 大的网络可以分解为多个互连的双端口网络模型。在本章中，用级联方式说明了互连双端口网络的分析。

习题

18.1 求例 18.1 中电路的 h 和 g 参数。

18.2 求图 P18.2 所示电路中的 z 参数。

18.3 利用习题 18.2 所得的结果计算图 P18.2 所示电路的 y 参数。

18.4 求图 P18.4 所示电路中的 y 参数。

18.5 求图 P18.5 所示电路中的 b 参数。

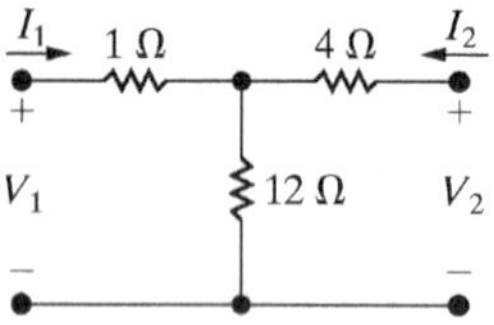

图 P18.2

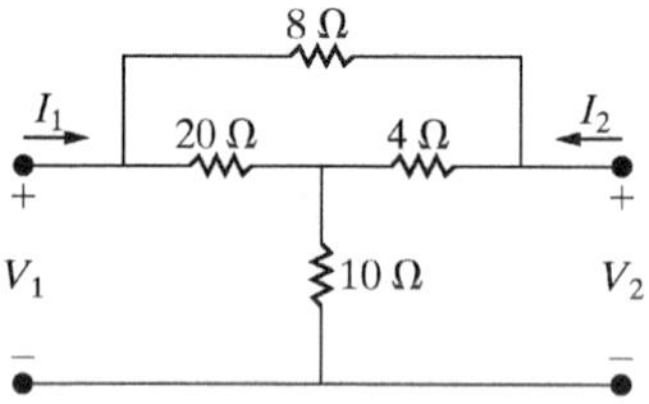

图 P18.4

18.6 求图 P18.6 所示电路中的 h 参数。

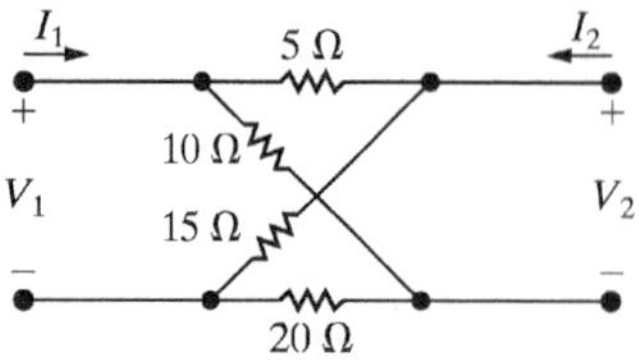

图 P18.5

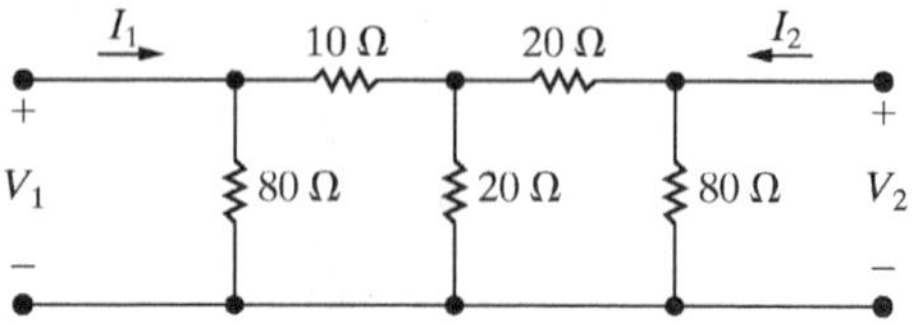

图 P18.6

18.7 电路如图 P18.7 所示，选择电路中 R_1, R_2 和 R_3 的值，使 $h_{11}=4\ \Omega$, $h_{12}=0.8$, $h_{21}=-0.8$, $h_{22}=0.14$ S。

18.8 图 P18.8 所示电路中的运放是理想的，求电路的 h 参数。

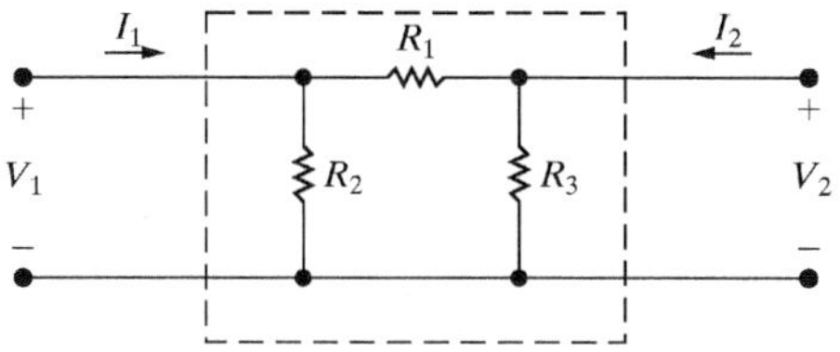

图 P18.7

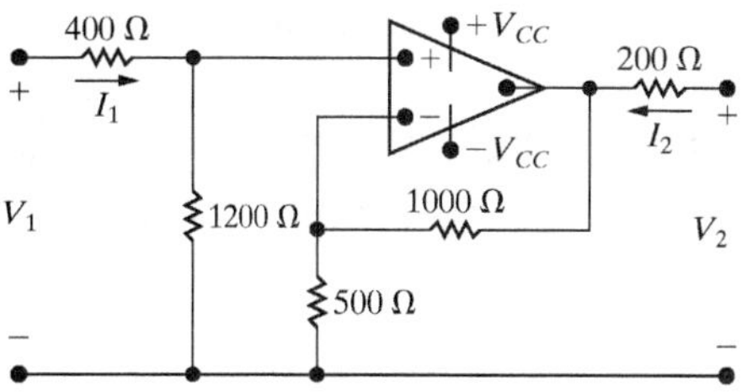

图 P18.8

18.9 图 P18.9 所示电路中的运放电路，求电路的 g 参数。

18.10 求图 P18.10 所示电路中的 a 参数。

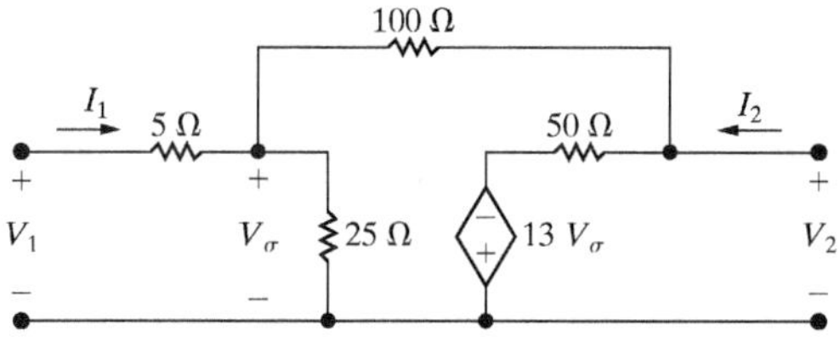

图 P18.9

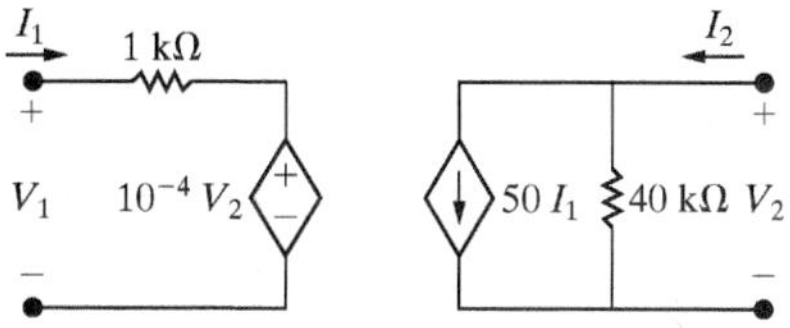

图 P18.10

18.11 用习题 18.10 所得结果计算图 P18.10 所示电路中的 g 参数。

18.12 求图 P18.12 所示双端口网络的 h 参数。

18.13 对图 P18.13 所示的双端口网络进行直流测量，结果如下表：

端口 2 开路	端口 2 短路
$V_1 = 20$ mV	$I_1 = 200$ μA
$V_2 = -5$ V	$I_2 = 50$ μA
$I_1 = 0.25$ μA	$V_1 = 10$ V

计算网络的 g 参数。

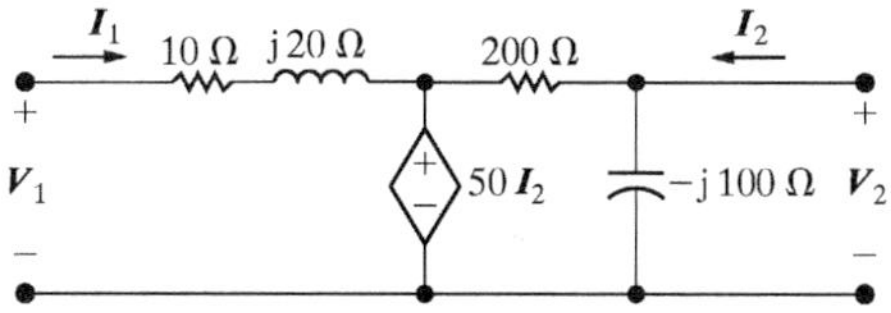

图 P18.12

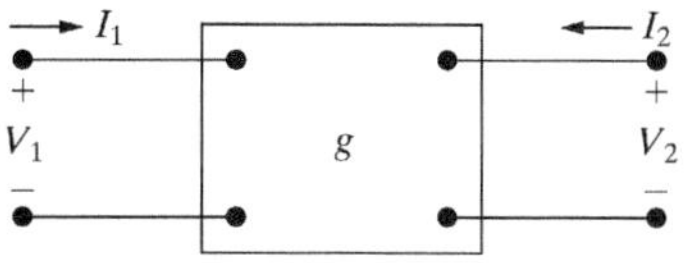

图 P18.13

18.14 (a)用习题 18.13 给出的测量结果求网络的 y 参数；(b)直接用习题 18.4 的 g 参数求 y 参数，并验证计算结果。

18.15 求用 h 参数表示 g 参数的表达式。

18.16 求用 a 参数表示 h 参数的表达式。

18.17 求用 g 参数表示 y 参数的表达式。

18.18 求图 P18.18 所示双端口网络 z 参数的 s 域表达式。

18.19 求图 P18.19 所示双端口网络 y 参数的 s 域表达式。

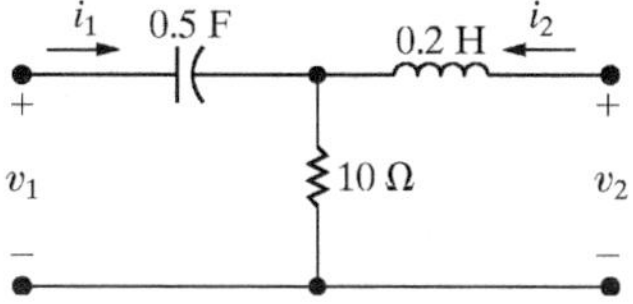

图 P18.18

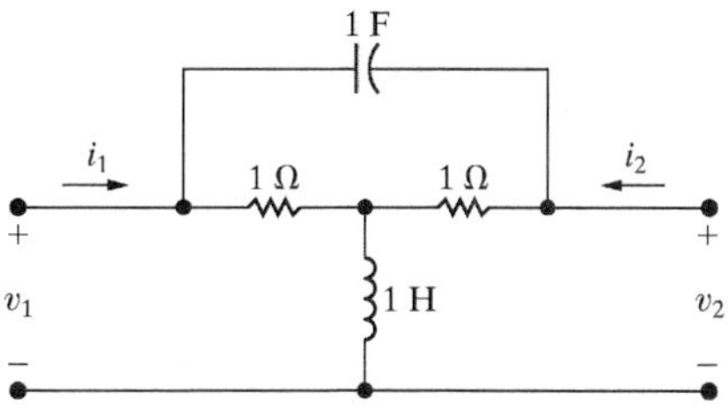

图 P18.19

18.20 (a)用定义式求如图 P18.20 所示电路 a 参数的 s 域表达式。(b)证明(a)所得结果与对称网络 a 参数方程一致。

18.21 双端口网络如图 P18.21 所示，求 a 参数的频域值。

18.22 求图 P18.21 所示双端口网络的 h 参数。

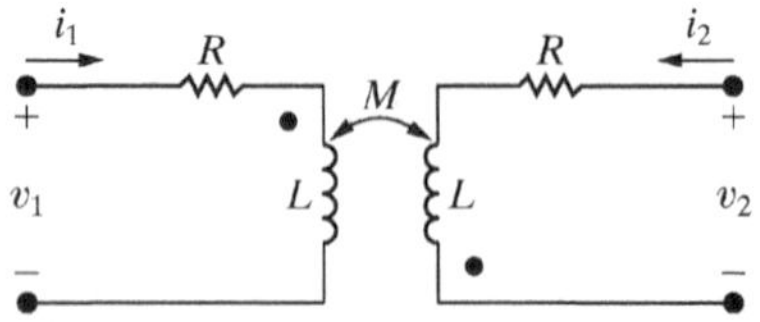

图 P18.20

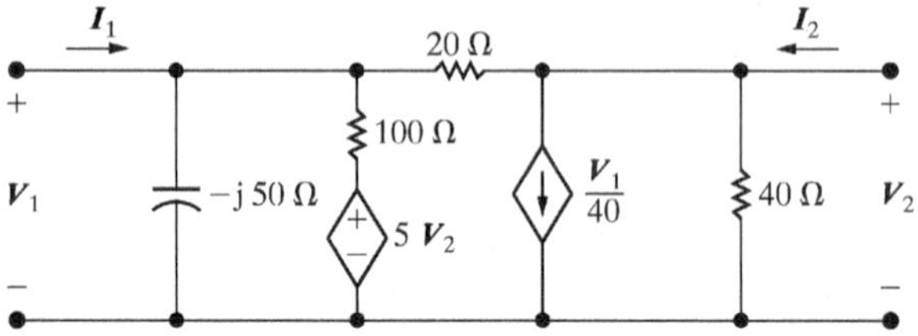

图 P18.21

18.23 图 P18.23 所示双端口网络对称吗？证明你的结论。

18.24 根据 a 参数求出图 18.7 所示电路中的电压放大倍数 V_2/V_1。

18.25 根据 y 参数求出图 18.7 所示电路的输入导纳表达式($Y_{in}=I_1/V_1$)。

18.26 根据 h 参数求出图 18.7 所示电路中的电流放大倍数 I_2/I_1。

18.27 根据 g 参数求出图 18.7 所示电路端口 2 的戴维南等效电路。

18.28 根据 b 参数求出图 18.7 所示电路中的电流放大倍数 V_2/V_g。

18.29 下表是对图 P18.29 所示的阻性网络进行直流测量的结果。

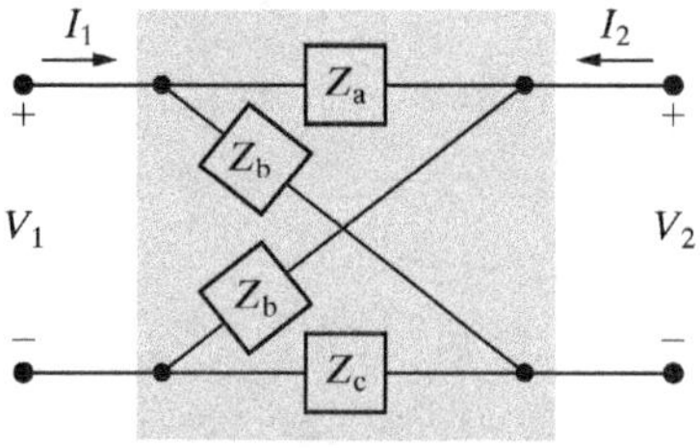

图 P18.23

测量 1	测量 2
$V_1=0.1$ V	$V_1=0$ V
$I_1=100$ μA	$I_1=-25$ μA
$V_2=200$ V	$V_2=200$ V
$I_2=0$ A	$I_2=5$ mA

可变电阻 R_o 跨接端口 2，并调节该电阻，使其获得最大功率，求该最大功率。

18.30 图 P18.30 所示双端口网络的 g 参数为

$$g_{11}=\frac{1}{6}-j\frac{1}{6}\ \text{S};\qquad g_{12}=-0.5+j0.5$$

$$g_{21}=0.5-j0.5;\qquad g_{22}=1.5+j2.5\ \Omega$$

调节负载阻抗 Z_L，使其获得最大功率，理想电压源电压为

$$v_g=42\sqrt{2}\cos 5000t\ \text{V}$$

(a)求 V_2 的有效值；(b)求负载 Z_L所得的平均功率；(c)求传递给 Z_L的平均功率占理想电压源提供的平均功率的百分比。

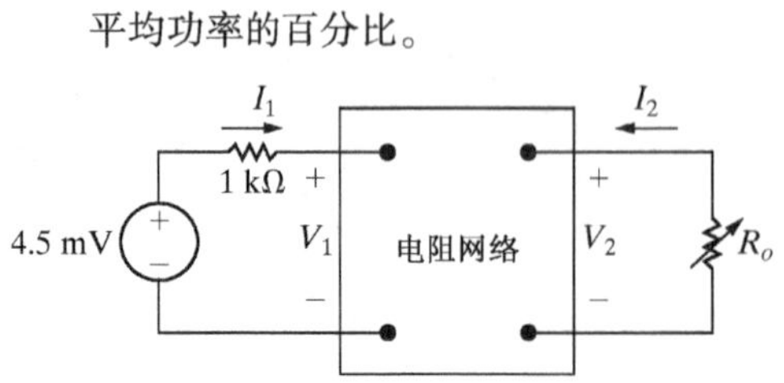

图 P18.29

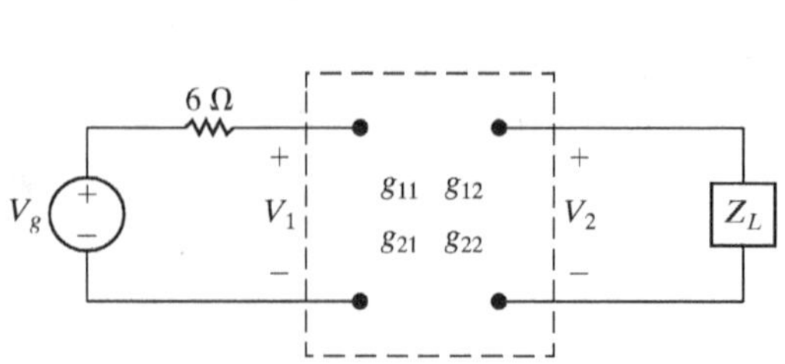

图 P18.30

18.31 图 P18.31 所示双端口网络放大电路的 y 参数为

$$y_{11}=2\ \text{mS};\qquad y_{12}=-2\ \mu\text{S}$$

$$y_{21}=100\ \text{mS};\qquad y_{22}=-50\ \mu\text{S}$$

电源的内阻抗为 2500 + j0 Ω，负载阻抗为 70 000 + j0 Ω，理想电压源为 $v_g = 80\sqrt{2}\cos 4000t$ mV。

(a)求 V_2 的有效值；(b)求负载 Z_L所得的平均功率；(c)求理想电压源提供的平均功率。

18.32　对于图 P18.31 所示的具有端接的双端口放大器电路，求：

(a)Z_L 获得最大功率时的 Z_L；(b)传输给 Z_L 的最大平均功率；(c)当传输给 Z_L 最大功率时，理想电压源产生的平均功率。

18.33　图 P18.33 所示电路中放大器的 b 参数为

$$b_{11} = 25; \qquad b_{12} = 1\ \text{k}\Omega$$
$$b_{21} = -1.25\ \text{S}; \qquad b_{22} = -40$$

输出功率与理想电压源提供的功率之比。

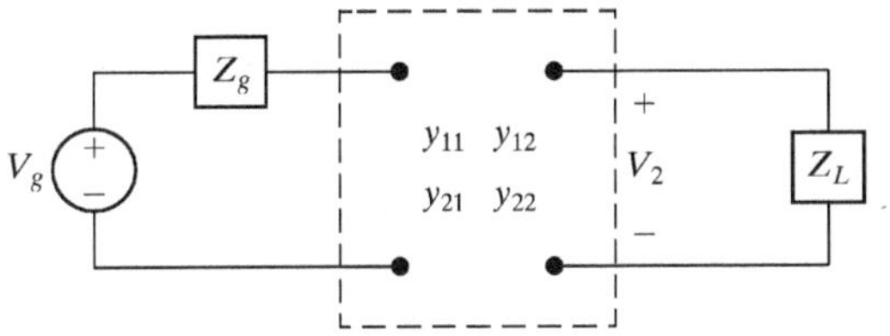

图 P18.31

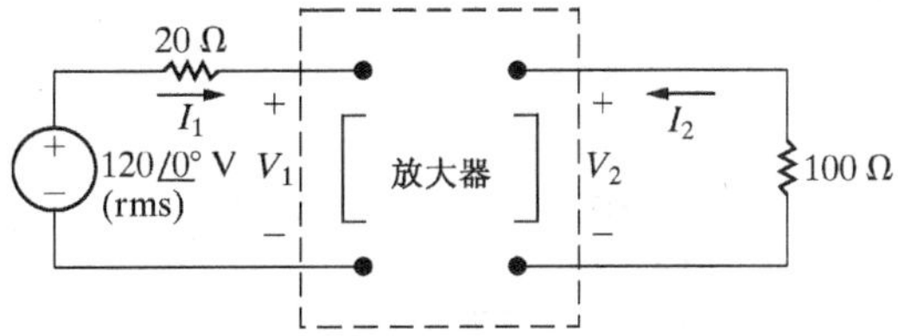

图 P18.33

18.34　图 P18.34 所示电路中的线性变压器具有耦合系数 0.75，变压器由内部电压为 $v_g = 80\cos 400t$ V 的正弦电压源供电，电源内阻为 5 + j0 Ω。

(a)求线性变压器的频域 a 参数；(b)利用 a 参数求负载端口的戴维南等效电路；(c)求 v_2 的时域稳态表达式。

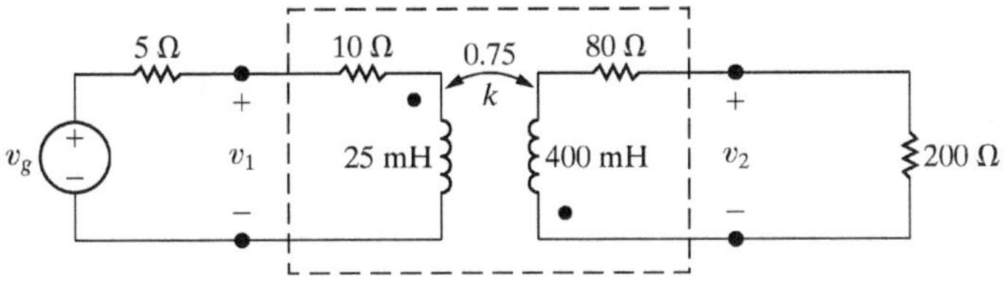

图 P18.34

18.35　对一个电阻性双端口网络进行测量的结果如下：

条件 1——当端口 1 加电压 20 V、端口 2 短路时，端口 1 的电流为 1 A，端口 2 的电流为 −1 A。

条件 2——当端口 2 加电压 80 V、端口 1 短路时，端口 1 的电压为 400 V，端口 2 的电流为 3 A。

若端口 1 加一个 4 A 的直流电源，电源内阻为 60 Ω，端口 2 加一个电阻性负载，求双端口网络能传递给负载的最大功率(mW)。

18.36　(a)求图 P18.36 所示双端口网络的 y 参数；(b)当 $v_g = 10e^{-2t}u(t)$ V 时，求 v_2，$t>0$。

18.37　(a)求图 P18.37 所示电路的 g 参数的 s 域表达式。(b)图 P18.37 所示电路的端口 2 端接一个 500 Ω 电阻，端口 1 输入一个阶跃电压源 $v_1(t) = 4u(t)$ V，若 $C = 32$ nF，$L = 50$ mH，求 $v_2(t)$，$t>0$。

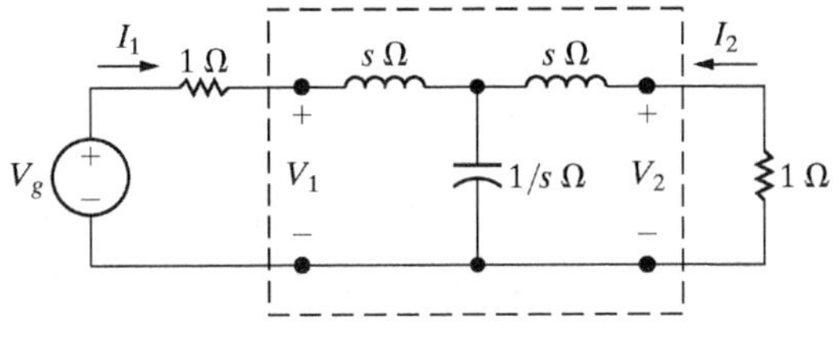

图 P18.36

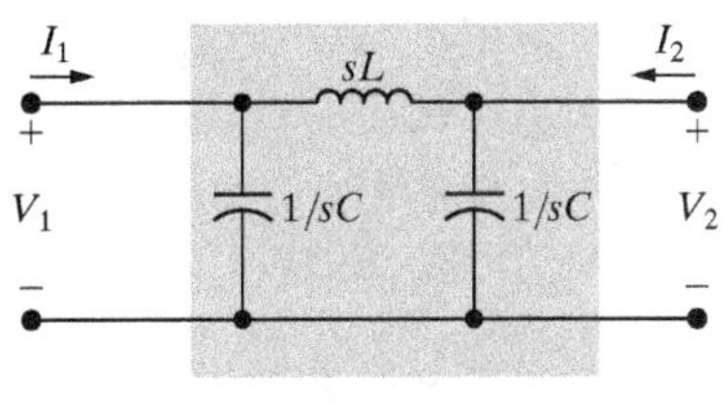

图 P18.37

18.38 图 P18.38 所示的阻性双端口网络的 z 参数和 y 参数如下：

$$z_{11}=\frac{35}{3}\ \Omega;\qquad y_{11}=200\ \mu S$$
$$z_{12}=-\frac{100}{3}\ \Omega;\qquad y_{12}=40\ \mu S$$
$$z_{21}=\frac{4}{3}\ k\Omega;\qquad y_{21}=-800\ \mu S$$
$$z_{22}=\frac{10}{3}\ k\Omega;\qquad y_{22}=40\ \mu S$$

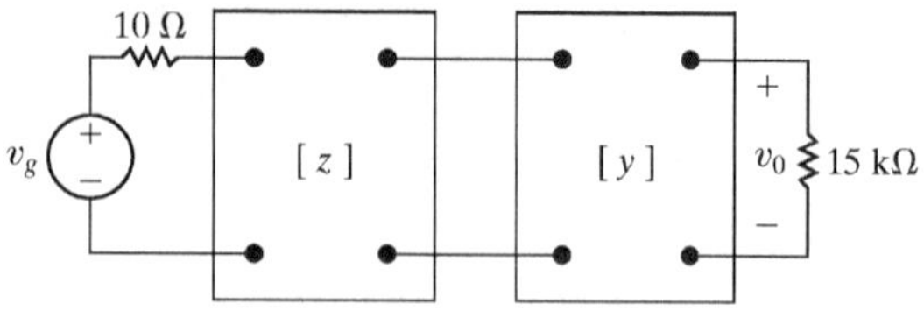

图 P18.38

若 $v_g=30$ mV，求 v_o。

18.39 图 P18.39(a)中的第一个双端口网络的 h 参数为

$$h_{11}=1000\ \Omega;\qquad h_{12}=5\times10^{-4}$$
$$h_{21}=40;\qquad h_{22}=25\ \mu S$$

第二个双端口网络的电路如图 P18.39(b)所示，其中 $R=72$ kΩ，若 $v_g=9$ mV 直流，求 v_o。

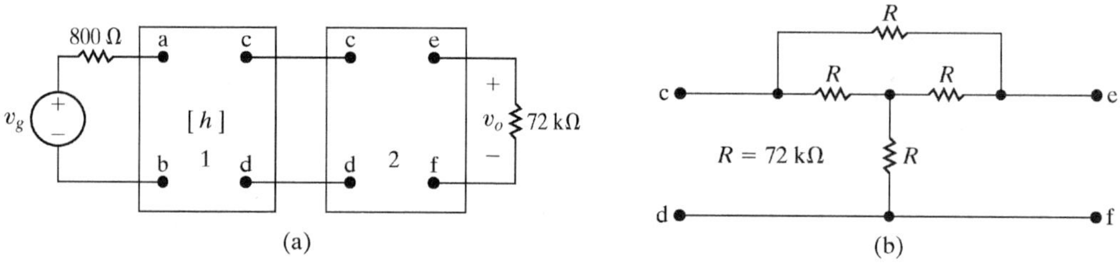

图 P18.39

18.40 图 P18.40 中的 A 和 B 网络是互易网络，对网络 A，已知 $a'_{11}=5$，$a'_{12}=24\ \Omega$。
(a)求双端口网络 B 的 a 参数；(b)当 $\boldsymbol{V}_g=75\angle 0°$ V，$Z_g=1\angle 0°\ \Omega$，$Z_L=10\angle 0°\ \Omega$ 时，求 $\boldsymbol{V}_2$。

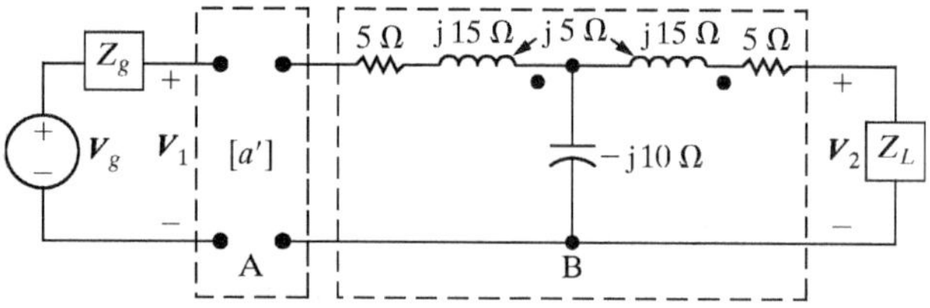

图 P18.40

18.41 (a)证明图 P18.41 中的电路是符合 h 参数方程的等效电路；(b)用(a)的 h 参数等效电路求图 18.11 所示电路的电压放大倍数 V_2/V_g。

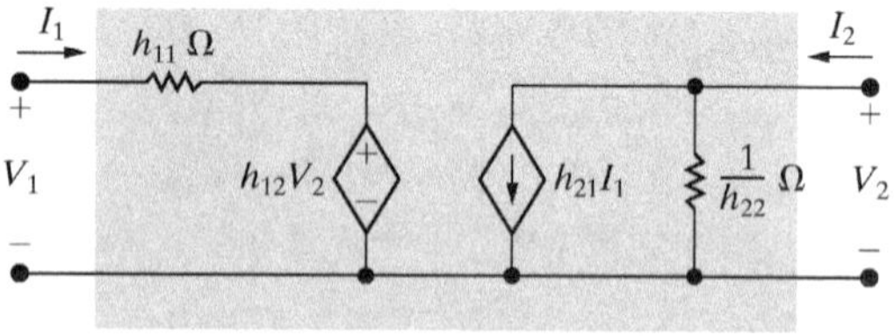

图 P18.41

18.42 (a)证明图 P18.42 中的电路是符合 z 参数方程的等效电路；(b)假设将图 P18.42 中的等效电路外加一个电压源，其内阻抗为 Z_g 欧姆，试计算端口 2 处的戴维南等效电路。根据表 18.2 中的内容验证所得结果的正确性。

18.43 (a)证明图 P18.43 中的电路是符合 z 参数方程的等效电路；(b)假设将图 P18.43 中的等效电路在端口 2 处端接一个 Z_L 欧姆的阻抗，试计算输入阻抗 V_1/I_1。根据表 18.2 中的内容验证所得结果的正确性。

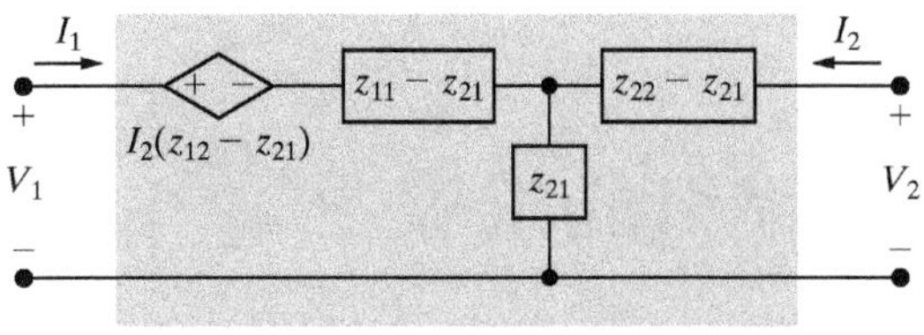

图 P18.42

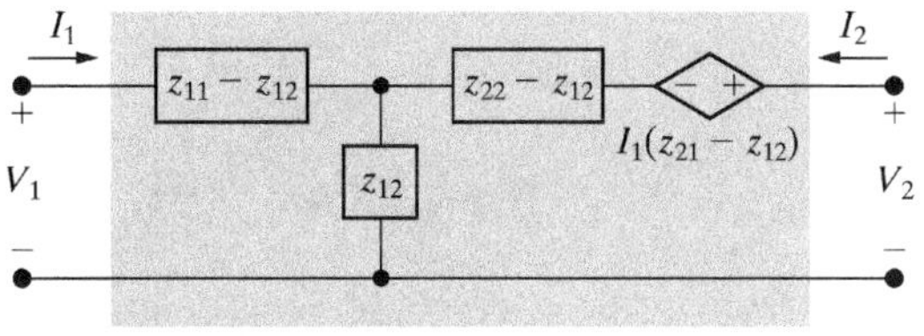

图 P18.43

18.44 (a)求出满足 y 参数方程的两个等效电路。提示：根据方程(18.2)，在第一个方程中加上、减去 $y_{21}V_2$，根据得出的方程按照节点电压法的思路构造一个电路。对方程(18.2)中的第二个方程进行变换导出另一个等效电路。(b)假设在端口 1 处加一个内阻抗为 Z_g 的电压源，端口 2 处接一个阻抗为 Z_L 的负载，求电流放大倍数 I_2/I_1，根据表 18.2 的内容验证结果的正确性。

18.45 (a)求出满足 g 参数方程的等效电路；(b)用(a)得出的 g 参数的等效电路求习题 18.39 的输出电压。提示：用习题 3.67 化简习题 18.39 的第二个双端口网络。

18.46 (a)对于前面实例应用中提到的“黑盒子”放大器，在什么条件下，测量什么参数才能计算 b 参数？(b)在前面的实例应用中，若想使经过测量得到的 b 参数与计算得到的 h 参数等效，需要怎样测量？

18.47 重复习题 18.46，求 y 参数。

附录 A　线性联立方程组的求解

电路分析常常涉及到线性方程组的求解，这里主要是为了复习用行列式解方程组的方法。行列式方法在多数中等代数课本中都有（对工科学生最适合的参考资料是 E. A. Guillemin 所著的 *The Mathematics of Circuit Analysis* 的第 1 章[New York：Wiley，1949]）。在下面的内容中，仅限于讨论用行列式求解方程组的原理。

A.1　预备知识

用行列式求方程组的第一步是将方程写成矩阵形式，也就是将方程按列、按行书写，各变量在每行中的排列顺序都一致。例如在方程（A.1）中，变量 i_1，i_2，i_3 分别在第一个、第二个和第三个位置

$$\begin{aligned} 21i_1 - 9i_2 - 12i_3 &= -33 \\ -3i_1 + 6i_2 - 2i_3 &= 3 \\ -8i_1 - 4i_2 + 22i_3 &= 50 \end{aligned} \tag{A.1}$$

也可以说 i_1 占每行的第 1 列，i_2 占每行的第 2 列，i_3 占每行的第 3 列。

如果方程中不存在某个变量或多个变量，可以使其前面的系数为零，这样方程（A.2）就可以变为方形，如方程（A.3）所示

$$\begin{aligned} 2v_1 - v_2 &= 4 \\ 4v_2 + 3v_3 &= 16 \\ 7v_1 + 2v_3 &= 5 \end{aligned} \tag{A.2}$$

$$\begin{aligned} 2v_1 - v_2 + 0v_3 &= 4 \\ 0v_1 + 4v_2 + 3v_3 &= 16 \\ 7v_1 + 0v_2 + 2v_3 &= 5 \end{aligned} \tag{A.3}$$

A.2　克拉默法则

方程组中每个未知变量的值可表示为两个行列式值之比。若令具有下标的 N 代表分子行列式，Δ 代表分母行列式，则第 k 个未知数 x_k 为

$$x_k = \frac{N_k}{\Delta} \tag{A.4}$$

分母行列式对任何未知变量均为同一个行列式，称为方程组的特征行列式，分子行列式 N_k 随所求未知数的不同而不同。方程（A.4）就是解方程组的克拉默法则。

A.3　特征行列式

将联立方程组写成矩阵形式，如方程（A.1）和方程（A.3）所示，会非常容易地得到特征行列式，该行列式由未知变量的系数矩阵组成。例如，方程（A.1）和方程（A.3）的特征行列式分别为

$$\Delta = \begin{vmatrix} 21 & -9 & -12 \\ -3 & 6 & -2 \\ -8 & -4 & 22 \end{vmatrix} \tag{A.5}$$

和

$$\Delta = \begin{vmatrix} 2 & -1 & 0 \\ 0 & 4 & 3 \\ 7 & 0 & 2 \end{vmatrix} \tag{A.6}$$

A.4 分子行列式

分子行列式 N_k 是将特征行列式中的第 k 列用方程右侧出现的已知数组成的列代替后得到的，例如，计算方程(A.1)中的 i_1，i_2，i_3 所用的分子行列式分别为

$$N_1 = \begin{vmatrix} -33 & -9 & -12 \\ 3 & 6 & -2 \\ 50 & -4 & 22 \end{vmatrix} \tag{A.7}$$

$$N_2 = \begin{vmatrix} 21 & -33 & -12 \\ -3 & 3 & -2 \\ -8 & 50 & 22 \end{vmatrix} \tag{A.8}$$

$$N_3 = \begin{vmatrix} 21 & -9 & -33 \\ -3 & 6 & 3 \\ -8 & -4 & 50 \end{vmatrix} \tag{A.9}$$

计算方程(A.3)中的 $\boldsymbol{v}_1$，$\boldsymbol{v}_2$，$\boldsymbol{v}_3$ 所用的分子行列式为

$$N_1 = \begin{vmatrix} 4 & -1 & 0 \\ 16 & 4 & 3 \\ 5 & 0 & 2 \end{vmatrix} \tag{A.10}$$

$$N_2 = \begin{vmatrix} 2 & 4 & 0 \\ 0 & 16 & 3 \\ 7 & 5 & 2 \end{vmatrix} \tag{A.11}$$

$$N_3 = \begin{vmatrix} 2 & -1 & 4 \\ 0 & 4 & 16 \\ 7 & 0 & 5 \end{vmatrix} \tag{A.12}$$

A.5 行列式的值

行列式的值可根据余子式展开求得。任一元素的余子式是在去掉该元素所在的行和列后所得的行列式。例如式(A.7)中元素 6 的余子式为

$$\begin{vmatrix} -33 & -12 \\ 50 & 22 \end{vmatrix}$$

而式(A.7)中元素 22 的余子式为

$$\begin{vmatrix} -33 & -9 \\ 3 & 6 \end{vmatrix}$$

元素的代数余子式等于它的余子式乘以符号控制因数

$$-1^{(i+j)}$$

其中 i 和 j 分别代表元素所在位置的行和列。这样式(A.7)中元素 6 的代数余子式为

$$-1^{(2+2)} \times \begin{vmatrix} -33 & -12 \\ 50 & 22 \end{vmatrix}$$

元素 22 的代数余子式为

$$-1^{(3+3)} \times \begin{vmatrix} -33 & -9 \\ 3 & 6 \end{vmatrix}$$

元素的代数余子式也称为元素的符号余子式。

符号控制因子$(-1)^{(i+j)}$根据$(i+j)$值的不同而取 1 或 -1。因此，当按行或列依次取不同元素时，其代数余子式的代数符号在 +1 和 -1 间交替变化。对一个 3×3 的行列式，+号和-号按以下方式排列：

$$\begin{vmatrix} + & - & + \\ - & + & - \\ + & - & + \end{vmatrix}$$

行列式可按任何一个行或列展开。展开行列式的第一步是选择行 i 或列 j。当选定行或列后，该行或列的元素与其代数余子式相乘，行列式的值就是这些积的和。下面以方程(A.5)为例，按其第一列展开。根据展开规则，展开式为

$$\Delta = 21 \times (1) \times \begin{vmatrix} 6 & -2 \\ -4 & 22 \end{vmatrix} - 3 \times (-1) \times \begin{vmatrix} -9 & -12 \\ -4 & 22 \end{vmatrix} - 8 \times (1) \times \begin{vmatrix} -9 & -12 \\ 6 & -2 \end{vmatrix} \tag{A.13}$$

式(A.13)中的 2×2 行列式也可用余子式展开。其余子式为单一元素，展开式为左上角元素乘以右下角元素减去左下角元素乘以右上角元素。计算方程(A.13)的值为

$$\begin{aligned} \Delta &= 21 \times (132 - 8) + 3 \times (-198 - 48) - 8 \times (18 + 72) \\ &= 2604 - 738 - 720 = 1146 \end{aligned} \tag{A.14}$$

当选择第二行进行展开时，其展开式如下：

$$\begin{aligned} \Delta &= -3 \times (-1) \times \begin{vmatrix} -9 & -12 \\ -4 & 22 \end{vmatrix} + 6 \times (+1) \times \begin{vmatrix} 21 & -12 \\ -8 & 22 \end{vmatrix} - 2 \times (-1) \times \begin{vmatrix} 21 & -9 \\ -8 & -4 \end{vmatrix} \\ &= 3 \times (-198 - 48) + 6 \times (462 - 96) + 2 \times (-84 - 72) \\ &= -738 + 2196 - 312 = 1146 \end{aligned} \tag{A.15}$$

由式(A.7)，式(A.8)和式(A.9)得到的行列式 N_1，N_2，N_3 值为

$$N_1 = 1146 \tag{A.16}$$

$$N_2 = 2292 \tag{A.17}$$

和

$$N_3 = 3438 \tag{A.18}$$

由式(A.15)至式(A.18)得 i_1，i_2 和 i_3 为

$$\begin{aligned} i_1 &= \frac{N_1}{\Delta} = 1\ \text{A} \\ i_2 &= \frac{N_2}{\Delta} = 2\ \text{A} \end{aligned} \tag{A.19}$$

和

$$i_3 = \frac{N_3}{\Delta} = 3\ \text{A}$$

将求解方程(A.3)中 v_1，v_2，v_3 的过程留给读者，其结果为

$$\begin{aligned} v_1 &= \frac{49}{-5} = -9.8\ \text{V} \\ v_2 &= \frac{118}{-5} = -23.6\ \text{V} \end{aligned} \tag{A.20}$$

和

$$v_3 = \frac{-184}{-5} = 36.8\ \mathrm{V}$$

A.6　矩阵

线性联立方程组也可用矩阵进行求解。下面简要复习一下矩阵的概念、矩阵代数和术语①。

矩阵是按矩形排列的元素，即

$$\boldsymbol{A} = \begin{bmatrix} a_{11} & a_{12} & a_{13} & \cdots & a_{1n} \\ a_{21} & a_{22} & a_{23} & \cdots & a_{2n} \\ \cdots & \cdots & \cdots & \cdots & \cdots \\ a_{m1} & a_{m2} & a_{m3} & \cdots & a_{mn} \end{bmatrix} \tag{A.21}$$

它是由 m 行、n 列元素组成的矩阵。$\boldsymbol{A}$ 称为 $m \times n$ 阶矩阵，其中 m 为行数，n 为列数，总是行在前，列在后。矩阵的元素 a_{11}，a_{12}，a_{13}，…，可为实数、复数或函数。

式(A.21)中的阵列常简写为

$$\boldsymbol{A} = [a_{ij}]_{mn} \tag{A.22}$$

其中 a_{ij}是第 i 行第 j 列的元素。

若 $m=1$，$\boldsymbol{A}$ 就称为行矩阵，即

$$\boldsymbol{A} = [a_{11} \quad a_{12} \quad a_{13} \quad \cdots \quad a_{1n}] \tag{A.23}$$

若 $n=1$，$\boldsymbol{A}$ 就称为列矩阵，即

$$\boldsymbol{A} = \begin{bmatrix} a_{11} \\ a_{21} \\ a_{31} \\ \vdots \\ a_{m1} \end{bmatrix} \tag{A.24}$$

若 $m=n$，$\boldsymbol{A}$ 就称为方阵。例如若 $m=n=3$，则三阶方阵为

$$\boldsymbol{A} = \begin{bmatrix} a_{11} & a_{12} & a_{13} \\ a_{21} & a_{22} & a_{23} \\ a_{31} & a_{32} & a_{33} \end{bmatrix} \tag{A.25}$$

应当注意的是，用方括号表示矩阵，而双竖线表示行列式，一定要将它们区别开来。矩阵是元素的矩形排列，行列式是元素组成的方形阵列的函数。因此，若一个矩阵 $\boldsymbol{A}$ 为方阵，就可以定义该方阵的行列式。例如，若

$$\boldsymbol{A} = \begin{bmatrix} 2 & 1 \\ 6 & 15 \end{bmatrix}$$

则

$$\det \boldsymbol{A} = \begin{vmatrix} 2 & 1 \\ 6 & 15 \end{vmatrix} = 30 - 6 = 24$$

A.7　矩阵代数

只有同阶矩阵才能进行等于、加法和减法运算。两个矩阵，当且仅当其对应元素相等时，它们才相等。即对所有的 i, j 值，只有当 $a_{ij} = b_{ij}$时，$\boldsymbol{A} = \boldsymbol{B}$ 才成立。例如式(A.26)和式(A.27)

① 关于矩阵在电路分析中的应用，由 Lawrence P. Huelsman 所著的 *Circuits, Matrices, and Linear Vector Spaces* (New York: McGraw-Hill, 1963)是一本比较优秀的教材。

两个矩阵，因为 $a_{11}=b_{11}$，$a_{12}=b_{12}$，$a_{21}=b_{21}$，$a_{22}=b_{22}$，所以这两个矩阵相等。

$$\boldsymbol{A}=\begin{bmatrix}36 & -20\\ 4 & 16\end{bmatrix} \tag{A.26}$$

$$\boldsymbol{B}=\begin{bmatrix}36 & -20\\ 4 & 16\end{bmatrix} \tag{A.27}$$

若 $\boldsymbol{A}$ 和 $\boldsymbol{B}$ 矩阵是同阶，则

$$\boldsymbol{C}=\boldsymbol{A}+\boldsymbol{B} \tag{A.28}$$

可以表示为

$$c_{ij}=a_{ij}+b_{ij} \tag{A.29}$$

例如，如果

$$\boldsymbol{A}=\begin{bmatrix}4 & -6 & 10\\ 8 & 12 & -4\end{bmatrix} \tag{A.30}$$

和

$$\boldsymbol{B}=\begin{bmatrix}16 & 10 & -30\\ -20 & 8 & 15\end{bmatrix} \tag{A.31}$$

则

$$\boldsymbol{C}=\begin{bmatrix}20 & 4 & -20\\ -12 & 20 & 11\end{bmatrix} \tag{A.32}$$

方程

$$\boldsymbol{D}=\boldsymbol{A}-\boldsymbol{B} \tag{A.33}$$

表示

$$d_{ij}=a_{ij}-b_{ij} \tag{A.34}$$

对式(A.30)和式(A.31)，得

$$\boldsymbol{D}=\begin{bmatrix}-12 & -16 & 40\\ 28 & 4 & -19\end{bmatrix} \tag{A.35}$$

同阶矩阵被认为对于加减运算是匹配的。

矩阵乘以 k 等于各元素乘以 k。当且仅当 $a_{ij}=kb_{ij}$时，$\boldsymbol{A}=k\boldsymbol{B}$，$k$ 可为实数也可为复数。例如将式(A.35)的矩阵 $\boldsymbol{D}$ 乘以 5 得

$$5\boldsymbol{D}=\begin{bmatrix}-60 & -80 & 200\\ 140 & 20 & -95\end{bmatrix} \tag{A.36}$$

只有当第一个矩阵的列数与第二个矩阵的行数相等时，两个矩阵才能进行乘积运算。也就是说，$\boldsymbol{A}$，$\boldsymbol{B}$ 相乘要求 $\boldsymbol{A}$ 的列数等于 $\boldsymbol{B}$ 的行数。乘积所得矩阵的行和列分别是 $\boldsymbol{A}$ 的行数和 $\boldsymbol{B}$ 的列数。即，如果 $\boldsymbol{C}=\boldsymbol{AB}$，其中 $\boldsymbol{A}$ 为 $m\times p$ 阶，$\boldsymbol{B}$ 为 $p\times n$ 阶，则 $\boldsymbol{C}$ 就为 $m\times n$ 阶。当 $\boldsymbol{A}$ 的列数等于 $\boldsymbol{B}$ 的行数时，则认为 $\boldsymbol{A}$ 与 $\boldsymbol{B}$ 的乘法是匹配的。

矩阵 $\boldsymbol{C}$ 的元素由下式给出：

$$c_{ij}=\sum_{k=1}^{p}a_{ik}b_{kj} \tag{A.37}$$

如果记住矩阵的乘积是行乘以列的运算，则式(A.37)给出的表达式很容易应用。若要求 $\boldsymbol{C}$ 中处于第 i 行、第 j 列的项，则将 $\boldsymbol{A}$ 中第 i 行的每一项乘以 $\boldsymbol{B}$ 中第 j 列对应的项，再将各乘积相加

就可以得到 $\boldsymbol{C}$ 中的第 ij 项。下面举例说明了该过程。若求矩阵 $\boldsymbol{C}$，已知

$$\boldsymbol{A}=\begin{bmatrix}6&3&2\\1&4&6\end{bmatrix} \tag{A.38}$$

和

$$\boldsymbol{B}=\begin{bmatrix}4&2\\0&3\\1&-2\end{bmatrix} \tag{A.39}$$

首先要注意，矩阵 $\boldsymbol{C}$ 为 2×2 阶且 $\boldsymbol{C}$ 中的每一项是三个积之和。

为求 C_{11}，将 $\boldsymbol{A}$ 中第一行的各元素与 $\boldsymbol{B}$ 中第 1 列的各对应元素的积相加。取出各矩阵中对应的行和列并依次排列成行，就可以看到乘积与相加的过程。因此求 C_{11} 时

A 的第一行	6	3	2
B 的第一列	4	0	1

因此

$$C_{11}=6\times4+3\times0+2\times1=26$$

为求 C_{12}，有

A 的第一行	6	3	2
B 的第二列	2	3	−2

因此

$$C_{12}=6\times2+3\times3+2\times(-2)=17$$

对 C_{21}，有

A 的第二行	1	4	6
B 的第一列	4	0	1

于是得到

$$C_{21}=1\times4+4\times0+6\times1=10$$

最后求 C_{22}，有

A 的第二行	1	4	6
B 的第二列	2	3	−2

得到

$$C_{22}=1\times2+4\times3+6\times(-2)=2$$

结果为

$$\boldsymbol{C}=\boldsymbol{AB}=\begin{bmatrix}26&17\\10&2\end{bmatrix} \tag{A.40}$$

一般情况下，矩阵乘积不满足交换律，即 $\boldsymbol{AB}\neq\boldsymbol{BA}$。例如对式(A.38)和式(A.39)中的矩阵乘积 $\boldsymbol{BA}$，所得矩阵为 3×3 阶，并且其中的每项元素均是两个乘积之和。因此，若令 $\boldsymbol{D}=\boldsymbol{BA}$，则得

$$\boldsymbol{D}=\begin{bmatrix}26&20&20\\3&12&18\\4&-5&-10\end{bmatrix} \tag{A.41}$$

显然，$\boldsymbol{C}\neq\boldsymbol{D}$。式(A.41)中各元素的验证留给读者。

矩阵乘积满足结合律和分配律，即

$$(\boldsymbol{AB})\boldsymbol{C} = \boldsymbol{A}(\boldsymbol{BC}) \tag{A.42}$$

$$\boldsymbol{A}(\boldsymbol{B}+\boldsymbol{C}) = \boldsymbol{AB} + \boldsymbol{AC} \tag{A.43}$$

和

$$(\boldsymbol{A}+\boldsymbol{B})\boldsymbol{C} = \boldsymbol{AC} + \boldsymbol{BC} \tag{A.44}$$

在式(A.42),式(A.43)和式(A.44)中,假设各矩阵对加法和乘法匹配。

我们已知矩阵的乘积不符合交换律,另外还有两个乘法特性也不适用于矩阵运算。

第一,矩阵乘积 $\boldsymbol{AB}=0$ 并不表示 $\boldsymbol{A}=0$ 或 $\boldsymbol{B}=0$(注意:当矩阵的所有元素为0时,矩阵为0)。

例如,若

$$\boldsymbol{A} = \begin{bmatrix} 1 & 0 \\ 2 & 0 \end{bmatrix} \quad 和 \quad \boldsymbol{B} = \begin{bmatrix} 0 & 0 \\ 4 & 8 \end{bmatrix}$$

则

$$\boldsymbol{AB} = \begin{bmatrix} 0 & 0 \\ 0 & 0 \end{bmatrix} = 0$$

因此,积为零,但 $\boldsymbol{A}$ 和 $\boldsymbol{B}$ 都不为零。

第二,矩阵方程 $\boldsymbol{AB}=\boldsymbol{AC}$,不表示 $\boldsymbol{B}=\boldsymbol{C}$,例如,若

$$\boldsymbol{A} = \begin{bmatrix} 1 & 0 \\ 2 & 0 \end{bmatrix}, \quad \boldsymbol{B} = \begin{bmatrix} 3 & 4 \\ 7 & 8 \end{bmatrix} \quad 和 \quad \boldsymbol{C} = \begin{bmatrix} 3 & 4 \\ 5 & 6 \end{bmatrix}$$

则

$$\boldsymbol{AB} = \boldsymbol{AC} = \begin{bmatrix} 3 & 4 \\ 6 & 8 \end{bmatrix}, \quad 但 \quad \boldsymbol{B} \neq \boldsymbol{C}$$

转置矩阵是将矩阵的行列对调生成的,例如,若

$$\boldsymbol{A} = \begin{bmatrix} 1 & 2 & 3 \\ 4 & 5 & 6 \\ 7 & 8 & 9 \end{bmatrix}$$

则

$$\boldsymbol{A}^{\mathrm{T}} = \begin{bmatrix} 1 & 4 & 7 \\ 2 & 5 & 8 \\ 3 & 6 & 9 \end{bmatrix}$$

矩阵之和的转置等于矩阵转置之和,即

$$(\boldsymbol{A}+\boldsymbol{B})^{\mathrm{T}} = \boldsymbol{A}^{\mathrm{T}} + \boldsymbol{B}^{\mathrm{T}} \tag{A.45}$$

两矩阵乘积的转置等于转置矩阵的反序乘积,即

$$[\boldsymbol{AB}]^{\mathrm{T}} = \boldsymbol{B}^{\mathrm{T}}\boldsymbol{A}^{\mathrm{T}} \tag{A.46}$$

式(A.46)可推广为多个矩阵的乘积,例如

$$[\boldsymbol{ABCD}]^{\mathrm{T}} = \boldsymbol{D}^{\mathrm{T}}\boldsymbol{C}^{\mathrm{T}}\boldsymbol{B}^{\mathrm{T}}\boldsymbol{A}^{\mathrm{T}} \tag{A.47}$$

若 $\boldsymbol{A}=\boldsymbol{A}^{\mathrm{T}}$,则 $\boldsymbol{A}$ 为对称矩阵,只有方阵才有对称矩阵。

A.8 单位矩阵、伴随矩阵和逆矩阵

单位矩阵是一个方阵,其中 $i \neq j$ 时 $a_{ij}=0$,$i=j$ 时 $a_{ij}=1$,即除主对角元素为1以外,所有元素均为0,例如

$$\begin{bmatrix}1&0\\0&1\end{bmatrix},\quad \begin{bmatrix}1&0&0\\0&1&0\\0&0&1\end{bmatrix}\quad 和\quad \begin{bmatrix}1&0&0&0\\0&1&0&0\\0&0&1&0\\0&0&0&1\end{bmatrix}$$

均为单位矩阵。单位矩阵总是方阵，用 $\boldsymbol{U}$ 表示。

$n\times n$ 阶矩阵 $\boldsymbol{A}$ 的伴随矩阵定义为

$$\text{adj}\,\boldsymbol{A} = [\Delta_{ji}]_{n\times n} \tag{A.48}$$

其中 Δ_{ij}是 a_{ij}的代数余子式(参见 A.5 节)。根据方程(A.48)的定义，求方阵的伴随矩阵可分为两步。首先构造一个由 $\boldsymbol{A}$ 的代数余子式组成的矩阵，然后将其转置。例如，若求一个 3×3 阶矩阵的伴随矩阵，已知

$$\boldsymbol{A}=\begin{bmatrix}1&2&3\\3&2&1\\-1&1&5\end{bmatrix}$$

$\boldsymbol{A}$ 中元素的代数余子式为

$$\Delta_{11}=1\times(10-1)=9$$

$$\Delta_{12}=-1\times(15+1)=-16$$

$$\Delta_{13}=1\times(3+2)=5$$

$$\Delta_{21}=-1\times(10-3)=-7$$

$$\Delta_{22}=1\times(5+3)=8$$

$$\Delta_{23}=-1\times(1+2)=-3$$

$$\Delta_{31}=1\times(2-6)=-4$$

$$\Delta_{32}=-1\times(1-9)=8$$

$$\Delta_{33}=1\times(2-6)=-4$$

代数余子式矩阵为

$$\boldsymbol{B}=\begin{bmatrix}9&-16&5\\-7&8&-3\\-4&8&-4\end{bmatrix}$$

因此，$\boldsymbol{A}$ 的伴随矩阵为

$$\text{adj}\,\boldsymbol{A}=\boldsymbol{B}^{\mathrm{T}}=\begin{bmatrix}9&-7&-4\\-16&8&8\\5&-3&-4\end{bmatrix}$$

可以用下面的定理验证伴随矩阵的求法：

$$\text{adj}\,\boldsymbol{A}\cdot\boldsymbol{A}=\det\,\boldsymbol{A}\cdot\boldsymbol{U} \tag{A.49}$$

式(A.49)说明，$\boldsymbol{A}$ 的伴随矩阵乘以 $\boldsymbol{A}$ 等于 $\boldsymbol{A}$ 的行列式值乘以单位阵。对上述例子，有

$$\det\boldsymbol{A}=1\times(9)+3\times(-7)-1\times(-4)=-8$$

令 $\boldsymbol{C}=\text{adj}\,\boldsymbol{A}\cdot\boldsymbol{A}$，并用 A.7 节的方法求得 $\boldsymbol{C}$ 的元素为

$$c_{11}=9-21+4=-8$$

$$c_{12}=18-14-4=0$$

$$c_{13}=27-7-20=0$$

$$c_{21}=-16+24-8=0$$

$$c_{22} = -32 + 16 + 8 = -8$$

$$c_{23} = -48 + 8 + 40 = 0$$

$$c_{31} = 5 - 9 + 4 = 0$$

$$c_{32} = 10 - 6 - 4 = 0$$

$$c_{33} = 15 - 3 - 20 = -8$$

因此

$$\boldsymbol{C} = \begin{bmatrix} -8 & 0 & 0 \\ 0 & -8 & 0 \\ 0 & 0 & -8 \end{bmatrix} = -8\begin{bmatrix} 1 & 0 & 0 \\ 0 & 1 & 0 \\ 0 & 0 & 1 \end{bmatrix}$$

$$= \det \boldsymbol{A} \cdot \boldsymbol{U}$$

若式(A.50)成立，则 $\boldsymbol{A}$ 方阵就具有逆矩阵，记为 $\boldsymbol{A}^{-1}$

$$\boldsymbol{A}^{-1}\boldsymbol{A} = \boldsymbol{A}\boldsymbol{A}^{-1} = \boldsymbol{U} \tag{A.50}$$

式(A.50)表明，一个矩阵无论是左乘还是右乘其逆矩阵，结果均等于单位矩阵 $\boldsymbol{U}$。若一个矩阵的逆矩阵存在，则该矩阵的行列式值就不为零。只有方阵有逆矩阵，逆矩阵也为方阵。

求逆矩阵的公式为

$$\boldsymbol{A}^{-1} = \frac{\operatorname{adj} \boldsymbol{A}}{\det \boldsymbol{A}} \tag{A.51}$$

如果矩阵 $\boldsymbol{A}$ 大于 3×3 阶，使用现在的数字计算机技术也能使矩阵运算变得非常容易①。

由式(A.51)得到上例中矩阵 $\boldsymbol{A}$ 的逆为

$$\boldsymbol{A}^{-1} = -1/8 \times \begin{bmatrix} 9 & -7 & -4 \\ -16 & 8 & 8 \\ 5 & -3 & -4 \end{bmatrix} = \begin{bmatrix} -1.125 & 0.875 & 0.5 \\ 2 & -1 & -1 \\ -0.625 & 0.375 & 0.5 \end{bmatrix}$$

可以验证：$\boldsymbol{A}^{-1}\boldsymbol{A} = \boldsymbol{A}\boldsymbol{A}^{-1} = \boldsymbol{U}$。

A.9 分块矩阵

将已知矩阵划分为子矩阵，在矩阵处理中常常能带来很多方便。前面提到的代数运算就可以根据子矩阵进行。矩阵的分块完全是任意的，唯一的限制是必须对整个矩阵进行分割。在选择块时，还要保证子块应与所进行的运算相匹配。

例如，用子矩阵求积 $\boldsymbol{C} = \boldsymbol{AB}$，其中

$$\boldsymbol{A} = \begin{bmatrix} 1 & 2 & 3 & 4 & 5 \\ 5 & 4 & 3 & 2 & 1 \\ -1 & 0 & 2 & -3 & 1 \\ 0 & 1 & -1 & 0 & 1 \\ 0 & 2 & 1 & -2 & 0 \end{bmatrix}$$

和

$$\boldsymbol{B} = \begin{bmatrix} 2 \\ 0 \\ -1 \\ 3 \\ 0 \end{bmatrix}$$

① 也可以从关于矩阵理论的其他基础教材中学习不同的方法求逆矩阵，例如由 Franz E. Hohn 所著的 *Elementary Matrix Algebra* (New York: Macmillan, 1973)。

假设将 $\boldsymbol{B}$ 分为两个子矩阵 $\boldsymbol{B}_{11}$ 和 $\boldsymbol{B}_{21}$，即

$$\boldsymbol{B}=\begin{bmatrix}\boldsymbol{B}_{11}\\ \boldsymbol{B}_{21}\end{bmatrix}$$

因为 $\boldsymbol{B}$ 已经分成两行的列矩阵，所以 $\boldsymbol{A}$ 必须分成两列的矩阵，否则，乘法运算就不能进行了。$\boldsymbol{A}$ 矩阵中子块的列数也必须根据 $\boldsymbol{B}_{11}$ 和 $\boldsymbol{B}_{21}$ 确定。例如，若

$$\boldsymbol{B}_{11}=\begin{bmatrix}2\\0\\-1\end{bmatrix}\quad 和 \quad \boldsymbol{B}_{21}=\begin{bmatrix}3\\0\end{bmatrix}$$

则 $\boldsymbol{A}_{11}$ 必须包含三列，$\boldsymbol{A}_{12}$ 必须包含两列，式(A.52)的分块结果才能进行乘积运算

$$\boldsymbol{C}=\left[\begin{array}{ccc|cc}1&2&3&4&5\\5&4&3&2&1\\-1&0&2&-3&1\\0&1&-1&0&1\\0&2&1&-2&0\end{array}\right]\begin{bmatrix}2\\0\\-1\\\cdots\\3\\0\end{bmatrix} \tag{A.52}$$

另外，若按如下方式分解 $\boldsymbol{B}$

$$\boldsymbol{B}_{11}=\begin{bmatrix}2\\0\end{bmatrix}\quad 和 \quad \boldsymbol{B}_{21}=\begin{bmatrix}-1\\3\\0\end{bmatrix}$$

则 $\boldsymbol{A}_{11}$ 必须包含两列，$\boldsymbol{A}_{12}$ 必须包含三列，式(A.53)的分块方法才能实现乘积运算 $\boldsymbol{C}=\boldsymbol{AB}$

$$\boldsymbol{C}=\left[\begin{array}{cc|ccc}1&2&3&4&5\\5&4&3&2&1\\-1&0&2&-3&1\\0&1&-1&0&1\\0&2&1&-2&0\end{array}\right]\begin{bmatrix}2\\0\\\cdots\\-1\\3\\0\end{bmatrix} \tag{A.53}$$

将式(A.53)分块结果的验证留给读者，下面集中讨论式(A.52)的分块方法。

由式(A.52)得

$$\boldsymbol{C}=[\boldsymbol{A}_{11}\quad \boldsymbol{A}_{12}]\begin{bmatrix}\boldsymbol{B}_{11}\\ \boldsymbol{B}_{21}\end{bmatrix}=\boldsymbol{A}_{11}\boldsymbol{B}_{11}+\boldsymbol{A}_{12}\boldsymbol{B}_{21} \tag{A.54}$$

由式(A.52)和式(A.54)得

$$\boldsymbol{A}_{11}\boldsymbol{B}_{11}=\begin{bmatrix}1&2&3\\5&4&3\\-1&0&2\\0&1&-1\\0&2&1\end{bmatrix}\begin{bmatrix}2\\0\\-1\end{bmatrix}=\begin{bmatrix}-1\\7\\-4\\1\\-1\end{bmatrix}$$

$$\boldsymbol{A}_{12}\boldsymbol{B}_{21}=\begin{bmatrix}4&5\\2&1\\-3&1\\0&1\\-2&0\end{bmatrix}\begin{bmatrix}3\\0\end{bmatrix}=\begin{bmatrix}12\\6\\-9\\0\\-6\end{bmatrix}$$

和

$$\boldsymbol{C}=\begin{bmatrix}11\\13\\-13\\1\\-7\end{bmatrix}$$

当一个矩阵 $\boldsymbol{A}$ 的垂直分割适合于乘法运算后，也可以进行水平分割。在这个简单问题中，

经过分析就可以进行水平分割，因此，$\boldsymbol{C}$ 也可以用式(A.55)的分块法运算

$$\boldsymbol{C}=\left[\begin{array}{ccc|cc} 1 & 2 & 3 & 4 & 5 \\ 5 & 4 & 3 & 2 & 1 \\ \hline -1 & 0 & 2 & -3 & 1 \\ 0 & 1 & -1 & 0 & 1 \\ 0 & 2 & 1 & -2 & 0 \end{array}\right]\left[\begin{array}{c} 2 \\ 0 \\ -1 \\ \hline 3 \\ 0 \end{array}\right] \tag{A.55}$$

由式(A.55)得

$$\boldsymbol{C}=\begin{bmatrix} \boldsymbol{A}_{11} & \boldsymbol{A}_{12} \\ \boldsymbol{A}_{21} & \boldsymbol{A}_{22} \end{bmatrix}\begin{bmatrix} \boldsymbol{B}_{11} \\ \boldsymbol{B}_{21} \end{bmatrix}=\begin{bmatrix} \boldsymbol{C}_{11} \\ \boldsymbol{C}_{21} \end{bmatrix} \tag{A.56}$$

其中

$$\boldsymbol{C}_{11}=\boldsymbol{A}_{11}\boldsymbol{B}_{11}+\boldsymbol{A}_{12}\boldsymbol{B}_{21}$$

$$\boldsymbol{C}_{21}=\boldsymbol{A}_{21}\boldsymbol{B}_{11}+\boldsymbol{A}_{22}\boldsymbol{B}_{21}$$

验证如下：

$$\begin{aligned} \boldsymbol{C}_{11} &= \begin{bmatrix} 1 & 2 & 3 \\ 5 & 4 & 3 \end{bmatrix}\begin{bmatrix} 2 \\ 0 \\ -1 \end{bmatrix}+\begin{bmatrix} 4 & 5 \\ 2 & 1 \end{bmatrix}\begin{bmatrix} 3 \\ 0 \end{bmatrix} \\ &= \begin{bmatrix} -1 \\ 7 \end{bmatrix}+\begin{bmatrix} 12 \\ 6 \end{bmatrix}=\begin{bmatrix} 11 \\ 13 \end{bmatrix} \\ \boldsymbol{C}_{21} &= \begin{bmatrix} -1 & 0 & 2 \\ 0 & 1 & -1 \\ 0 & 2 & 1 \end{bmatrix}\begin{bmatrix} 2 \\ 0 \\ -1 \end{bmatrix}+\begin{bmatrix} -3 & 1 \\ 0 & 1 \\ -2 & 0 \end{bmatrix}\begin{bmatrix} 3 \\ 0 \end{bmatrix} \\ &= \begin{bmatrix} -4 \\ 1 \\ -1 \end{bmatrix}+\begin{bmatrix} -9 \\ 0 \\ -6 \end{bmatrix}=\begin{bmatrix} -13 \\ 1 \\ -7 \end{bmatrix} \end{aligned}$$

和

$$\boldsymbol{C}=\begin{bmatrix} 11 \\ 13 \\ -13 \\ 1 \\ -7 \end{bmatrix}$$

式(A.52)和式(A.55)的分割方式对加法也是可行的。

A.10 实际应用

下面的例题说明了矩阵运算在电路分析中的应用。

例 A.1 用矩阵方法求方程(4.5)和方程(4.6)中的 v_1 和 v_2

解：

首先将方程(4.5)和方程(4.6)以矩阵形式重新写出来，将 v_1 和 v_2 的系数整理出来，同时将常数项移到方程右侧

$$\begin{aligned} 1.7v_1-0.5v_2&=10 \\ -0.5v_1+0.6v_2&=2 \end{aligned} \tag{A.57}$$

于是方程(A.57)变为下面的矩阵形式：

$$\begin{bmatrix} 1.7 & -0.5 \\ -0.5 & 0.6 \end{bmatrix}\begin{bmatrix} v_1 \\ v_2 \end{bmatrix}=\begin{bmatrix} 10 \\ 2 \end{bmatrix} \tag{A.58}$$

或

$$AV = I \tag{A.59}$$

其中

$$A = \begin{bmatrix} 1.7 & -0.5 \\ -0.5 & 0.6 \end{bmatrix}$$

$$V = \begin{bmatrix} v_1 \\ v_2 \end{bmatrix}$$

$$I = \begin{bmatrix} 10 \\ 2 \end{bmatrix}$$

为求得矩阵 V 的各元素，将方程(A.59)的两边同时乘以 A 的逆矩阵，得

$$A^{-1}AV = A^{-1}I \tag{A.60}$$

方程(A.60)化简为

$$UV = A^{-1}I \tag{A.61}$$

或

$$V = A^{-1}I \tag{A.62}$$

下面根据方程(A.62)，求解矩阵乘积 $A^{-1}I$ 得 v_1和 v_2 的解。

为求得 A 的逆矩阵，先求 A 的代数余子式，即

$$\begin{aligned} \Delta_{11} &= (-1)^2 \times (0.6) = 0.6 \\ \Delta_{12} &= (-1)^3 \times (-0.5) = 0.5 \\ \Delta_{21} &= (-1)^3 \times (-0.5) = 0.5 \\ \Delta_{22} &= (-1)^4 \times (1.7) = 1.7 \end{aligned} \tag{A.63}$$

矩阵的代数余子式为

$$B = \begin{bmatrix} 0.6 & 0.5 \\ 0.5 & 1.7 \end{bmatrix} \tag{A.64}$$

且 A 的伴随矩阵为

$$\text{adj}\, A = B^{\text{T}} = \begin{bmatrix} 0.6 & 0.5 \\ 0.5 & 1.7 \end{bmatrix} \tag{A.65}$$

矩阵 A 的行列式为

$$\det A = \begin{vmatrix} 1.7 & -0.5 \\ -0.5 & 0.6 \end{vmatrix} = (1.7) \times (0.6) - (0.25) = 0.77 \tag{A.66}$$

根据式(A.65)和式(A.66)可写出系数矩阵的逆矩阵，即

$$A^{-1} = \frac{1}{0.77} \times \begin{bmatrix} 0.6 & 0.5 \\ 0.5 & 1.7 \end{bmatrix} \tag{A.67}$$

于是可求出乘积 $A^{-1}I$ 为

$$A^{-1}I = \frac{100}{77} \times \begin{bmatrix} 0.6 & 0.5 \\ 0.5 & 1.7 \end{bmatrix} \begin{bmatrix} 10 \\ 2 \end{bmatrix} = \frac{100}{77} \times \begin{bmatrix} 7 \\ 8.4 \end{bmatrix} = \begin{bmatrix} 9.09 \\ 10.91 \end{bmatrix} \tag{A.68}$$

直接得出

$$\begin{bmatrix} v_1 \\ v_2 \end{bmatrix} = \begin{bmatrix} 9.09 \\ 10.91 \end{bmatrix} \tag{A.69}$$

或 $v_1 = 9.09$ V，$v_2 = 10.91$ V。

例 A.2　用矩阵法求图 4.24 中电路的三个网孔电流

解：图 4.24 中电路的网孔电流方程由方程(4.34)给出，由电流控制电压源提供的约束方程由方程(4.35)给出，将方程(4.35)代入方程(4.34)后得到方程

$$
\begin{aligned}
25i_i - 5i_2 - 20i_3 &= 50 \\
-5i_i + 10i_2 - 4i_3 &= 0 \\
-5i_1 - 4i_2 + 9i_3 &= 0
\end{aligned} \tag{A.70}
$$

以矩阵形式将方程(A.70)化简为

$$
\boldsymbol{AI} = \boldsymbol{V} \tag{A.71}
$$

其中

$$
\boldsymbol{A} = \begin{bmatrix} 25 & -5 & -20 \\ -5 & 10 & -4 \\ -5 & -4 & 9 \end{bmatrix}
$$

$$
\boldsymbol{I} = \begin{bmatrix} i_1 \\ i_2 \\ i_3 \end{bmatrix}
$$

和

$$
\boldsymbol{V} = \begin{bmatrix} 50 \\ 0 \\ 0 \end{bmatrix}
$$

由方程(A.71)得$\boldsymbol{I}$的解为

$$
\boldsymbol{I} = \boldsymbol{A}^{-1}\boldsymbol{V} \tag{A.72}
$$

利用下式可得$\boldsymbol{A}$的逆矩阵，即

$$
\boldsymbol{A}^{-1} = \frac{\text{adj}\,\boldsymbol{A}}{\det \boldsymbol{A}} \tag{A.73}
$$

为求$\boldsymbol{A}$的伴随矩阵，先计算$\boldsymbol{A}$的代数余子式，即

$$
\begin{aligned}
\Delta_{11} &= (-1)^2 \times (90-16) = 74 \\
\Delta_{12} &= (-1)^3 \times (-45-20) = 65 \\
\Delta_{13} &= (-1)^4 \times (20+50) = 70 \\
\Delta_{21} &= (-1)^3 \times (-45-80) = 125 \\
\Delta_{22} &= (-1)^4 \times (225-100) = 125 \\
\Delta_{23} &= (-1)^5 \times (-100-25) = 125 \\
\Delta_{31} &= (-1)^4 \times (20+200) = 220 \\
\Delta_{32} &= (-1)^5 \times (-100-100) = 200 \\
\Delta_{33} &= (-1)^6 \times (250-25) = 225
\end{aligned}
$$

代数余子式为

$$
\boldsymbol{B} = \begin{bmatrix} 74 & 65 & 70 \\ 125 & 125 & 125 \\ 220 & 200 & 225 \end{bmatrix} \tag{A.74}
$$

根据该矩阵，可写出$\boldsymbol{A}$的伴随矩阵为

$$
\text{adj}\,\boldsymbol{A} = \boldsymbol{B}^{\mathrm{T}} = \begin{bmatrix} 74 & 125 & 220 \\ 65 & 125 & 200 \\ 70 & 125 & 225 \end{bmatrix} \tag{A.75}
$$

矩阵$\boldsymbol{A}$的行列式值为

$$
\begin{aligned}
\det \boldsymbol{A} &= \begin{vmatrix} 25 & -5 & -20 \\ -5 & 10 & -4 \\ -5 & -4 & 9 \end{vmatrix} \\
&= 25 \times (90-16) + 5 \times (-45-80) - 5 \times (20+200) = 125
\end{aligned}
$$

由式(A.73)得

$$A^{-1}=\frac{1}{125}\times\begin{bmatrix}74 & 125 & 220\\65 & 125 & 200\\70 & 125 & 225\end{bmatrix} \tag{A.76}$$

电流 $\boldsymbol{I}$ 的解为

$$\boldsymbol{I}=\frac{1}{125}\times\begin{bmatrix}74 & 125 & 220\\65 & 125 & 200\\70 & 125 & 225\end{bmatrix}\begin{bmatrix}50\\0\\0\end{bmatrix}=\begin{bmatrix}29.60\\26.00\\28.00\end{bmatrix} \tag{A.77}$$

由式(A.77)直接求得网孔电流如下：

$$\begin{bmatrix}i_i\\i_2\\i_3\end{bmatrix}=\begin{bmatrix}29.6\\26.0\\28.0\end{bmatrix} \tag{A.78}$$

或 $i_1=29.6$ A，$i_2=26$ A，$i_3=28$ A。例 A.3 说明了当矩阵元素为复数时矩阵法的应用。

例 A.3　用矩阵法求图 9.37 所示电路中的网孔电流相量 $\boldsymbol{I}_1$ 和 $\boldsymbol{I}_2$

解：将网孔 1 的电压相加得方程

$$(1+\mathrm{j}2)\boldsymbol{I}_1+(12-\mathrm{j}16)(\boldsymbol{I}_1-\boldsymbol{I}_2)=150\angle 0^\circ \tag{A.79}$$

沿网孔的电压相加得方程

$$(12-\mathrm{j}16)(\boldsymbol{I}_2-\boldsymbol{I}_1)+(1+\mathrm{j}3)\boldsymbol{I}_2+39\boldsymbol{I}_x=0 \tag{A.80}$$

控制受控电压源的电源为

$$\boldsymbol{I}_x=(\boldsymbol{I}_1-\boldsymbol{I}_2) \tag{A.81}$$

将方程(A.81)代入方程(A.80)，合并方程中的系数，将方程写成矩阵形式得

$$\begin{aligned}&(13-\mathrm{j}14)\boldsymbol{I}_1-(12-\mathrm{j}16)\boldsymbol{I}_2=150\angle 0^\circ\\&(27+\mathrm{j}16)\boldsymbol{I}_1-(26+\mathrm{j}13)\boldsymbol{I}_2=0\end{aligned} \tag{A.82}$$

将其表示为矩阵标记为

$$\boldsymbol{AI}=\boldsymbol{V} \tag{A.83}$$

其中

$$\boldsymbol{A}=\begin{bmatrix}13-\mathrm{j}14 & -(12-\mathrm{j}16)\\27+\mathrm{j}16 & -(26+\mathrm{j}13)\end{bmatrix}$$

$$\boldsymbol{I}=\begin{bmatrix}\boldsymbol{I}_1\\\boldsymbol{I}_2\end{bmatrix}\quad 和 \quad \boldsymbol{V}=\begin{bmatrix}150\angle 0^\circ\\0\end{bmatrix}$$

由方程(A.83)得

$$\boldsymbol{I}=\boldsymbol{A}^{-1}\boldsymbol{V} \tag{A.84}$$

由式(A.73)可求得参数矩阵 $\boldsymbol{A}$ 的逆矩阵。此时 $\boldsymbol{A}$ 的代数余子式为

$$\Delta_{11}=(-1)^2\times(-26-\mathrm{j}13)=-26-\mathrm{j}13$$

$$\Delta_{12}=(-1)^3\times(27+\mathrm{j}16)=-27-\mathrm{j}16$$

$$\Delta_{21}=(-1)^3\times(-12+\mathrm{j}16)=12-\mathrm{j}16$$

$$\Delta_{22}=(-1)^4\times(13-\mathrm{j}14)=13-\mathrm{j}14$$

代数余子式矩阵 $\boldsymbol{B}$ 为

$$\boldsymbol{B}=\begin{bmatrix}(-26-\mathrm{j}13) & (-27-\mathrm{j}16)\\(12-\mathrm{j}16) & (13-\mathrm{j}14)\end{bmatrix} \tag{A.85}$$

$\boldsymbol{A}$ 的伴随矩阵为

$$\mathrm{adj}\,\boldsymbol{A}=\boldsymbol{B}^{\mathrm{T}}=\begin{bmatrix}(-26-\mathrm{j}13) & (12-\mathrm{j}16)\\(-27-\mathrm{j}16) & (13-\mathrm{j}14)\end{bmatrix} \tag{A.86}$$

$\boldsymbol{A}$ 的逆矩阵为

$$\det A = \begin{vmatrix} (13-\mathrm{j}14) & -(12-\mathrm{j}16) \\ (27+\mathrm{j}16) & -(26+\mathrm{j}13) \end{vmatrix}$$
$$= -(13-\mathrm{j}14)(26+\mathrm{j}13)+(12-\mathrm{j}16)(27+\mathrm{j}16) \quad (A.87)$$
$$= 60-\mathrm{j}45$$

参数矩阵的逆矩阵为

$$A^{-1} = \frac{\begin{bmatrix} (-26-\mathrm{j}13) & (12-\mathrm{j}16) \\ (-27-\mathrm{j}16) & (13-\mathrm{j}14) \end{bmatrix}}{(60-\mathrm{j}45)} \quad (A.88)$$

方程(A.88)可简化为

$$A^{-1} = \frac{60+\mathrm{j}45}{5625}\begin{bmatrix} (-26-\mathrm{j}13) & (12-\mathrm{j}16) \\ (-27-\mathrm{j}16) & (13-\mathrm{j}14) \end{bmatrix}$$
$$= \frac{1}{375}\times\begin{bmatrix} -65-\mathrm{j}130 & 96-\mathrm{j}28 \\ -60-\mathrm{j}145 & 94-\mathrm{j}17 \end{bmatrix} \quad (A.89)$$

将式(A.89)代入方程(A.84)得

$$\begin{bmatrix} I_1 \\ I_2 \end{bmatrix} = \frac{1}{375}\times\begin{bmatrix} (-65-\mathrm{j}130) & (96-\mathrm{j}28) \\ (-60-\mathrm{j}145) & (94-\mathrm{j}17) \end{bmatrix}\begin{bmatrix} 150\angle 0^\circ \\ 0 \end{bmatrix}$$
$$= \begin{bmatrix} (-26-\mathrm{j}52) \\ (-24-\mathrm{j}58) \end{bmatrix} \quad (A.90)$$

由方程(A.90)得

$$I_1 = (-26-\mathrm{j}52) = 58.14\angle -116.57^\circ\ \mathrm{A}$$
$$I_2 = (-24-\mathrm{j}58) = 62.77\angle -122.48^\circ\ \mathrm{A} \quad (A.91)$$

前面三个例子中，矩阵的元素分别为实数和复数。元素也可以是函数。例 A.4 说明了在电路求解过程中，当参数矩阵的各元素为函数时矩阵代数的应用。

例 A.4 用矩阵法求图 A.1 电路中节点电压 V_1 和 V_2 的表达式

解：

将流出节点 1 和节点 2 的电流分别相加，得到以下方程组

$$\frac{V_1-V_g}{R}+V_1sC+(V_1-V_2)sC=0$$
$$\frac{V_2}{R}+(V_2-V_1)sC+(V_2-V_g)sC=0 \quad (A.92)$$

令 $G=1/R$，并将 V_1 和 V_2 的参数合并得

$$(G+2sC)V_1-sCV_2=GV_g$$
$$-sCV_1+(G+2sC)V_2=sCV_g \quad (A.93)$$

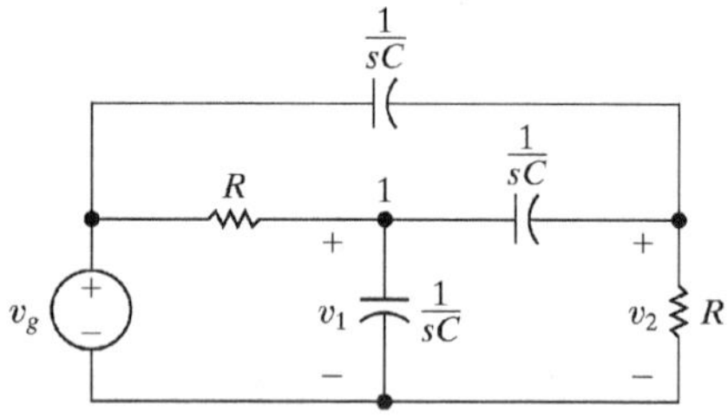

图 A.1 例 A.4 的电路图

以矩阵符号写出方程(A.93)得

$$AV=I \quad (A.94)$$

其中

$$A=\begin{bmatrix} G+2sC & -sC \\ -sC & G+2sC \end{bmatrix}$$

$$V=\begin{bmatrix} V_1 \\ V_2 \end{bmatrix} \quad 和 \quad I=\begin{bmatrix} GV_g \\ sCV_g \end{bmatrix}$$

由方程(A.94)得

$$V=A^{-1}I \quad (A.95)$$

与前述相同，先求 A 的伴随矩阵和行列式值，再求参数矩阵的逆矩阵。A 的代数余子式为

$$\Delta_{11} = (-1)^2 \times [G+2sC] = G+2sC$$

$$\Delta_{12} = (-1)^3 \times (-sC) = sC$$

$$\Delta_{21} = (-1)^3 \times (-sC) = sC$$

$$\Delta_{22} = (-1)^4 \times [G+2sC] = G+2sC$$

系数的代数余子式为

$$\boldsymbol{B} = \begin{bmatrix} G+2sC & sC \\ sC & G+2sC \end{bmatrix} \tag{A.96}$$

参数矩阵的伴随矩阵为

$$\text{adj}\,\boldsymbol{A} = \boldsymbol{B}^{\text{T}} = \begin{bmatrix} G+2sC & sC \\ sC & G+2sC \end{bmatrix} \tag{A.97}$$

$\boldsymbol{A}$ 的行列式值为

$$\det \boldsymbol{A} = \begin{vmatrix} G+2sC & sC \\ sC & G+2sC \end{vmatrix} = G^2 + 4sCG + 3s^2C^2 \tag{A.98}$$

参数矩阵的逆矩阵为

$$\boldsymbol{A}^{-1} = \frac{\begin{bmatrix} G+2sC & sC \\ sC & G+2sC \end{bmatrix}}{(G^2+4sCG+3s^2C^2)} \tag{A.99}$$

由方程(A.95)得

$$\begin{bmatrix} V_1 \\ V_2 \end{bmatrix} = \frac{\begin{bmatrix} G+2sC & sC \\ sC & G+2sC \end{bmatrix}\begin{bmatrix} GV_g \\ sCV_g \end{bmatrix}}{(G^2+4sCG+3s^2C^2)} \tag{A.100}$$

化简方程(A.100)得

$$\begin{bmatrix} V_1 \\ V_2 \end{bmatrix} = \frac{1}{(G^2+4sCG+3s^2C^2)}\begin{bmatrix} (G^2+2sCG+s^2C^2)V_g \\ (2sCG+2s^2C^2)V_g \end{bmatrix} \tag{A.101}$$

现在 V_1 和 V_2 的表达式可直接由方程(A.101)写出，即

$$V_1 = \frac{(G^2+2sCG+s^2C^2)V_g}{(G^2+4sCG+3s^2C^2)} \tag{A.102}$$

和

$$V_2 = \frac{2(sCG+s^2C^2)V_g}{(G^2+4sCG+3s^2C^2)} \tag{A.103}$$

在最后这个例子中，说明了如何在级联双端口网络分析中使用矩阵代数。

例 A.5　试说明如何用矩阵代数法将图 8.10 中级联电路中的输入变量 V_1 和 I_1 表示成输出变量 V_2 和 I_2 的函数

解：先将每个双端口网络的输入输出变量的关系表示成矩阵形式，即

$$\begin{bmatrix} V_1 \\ I_1 \end{bmatrix} = \begin{bmatrix} a'_{11} & -a'_{12} \\ a'_{21} & -a'_{22} \end{bmatrix}\begin{bmatrix} V'_2 \\ I'_2 \end{bmatrix} \tag{A.104}$$

和

$$\begin{bmatrix} V'_1 \\ I'_1 \end{bmatrix} = \begin{bmatrix} a''_{11} & -a''_{12} \\ a''_{21} & -a''_{22} \end{bmatrix}\begin{bmatrix} V_2 \\ I_2 \end{bmatrix} \tag{A.105}$$

由于级联关系，约束条件为

$$V'_2 = V'_1 \quad 和 \quad I'_2 = -I'_1 \tag{A.106}$$

将这些限制代入到方程中，得

$$\begin{bmatrix} V_1 \\ I_1 \end{bmatrix} = \begin{bmatrix} a'_{11} & -a'_{12} \\ a'_{21} & -a'_{22} \end{bmatrix} \begin{bmatrix} V'_1 \\ -I'_1 \end{bmatrix} = \begin{bmatrix} a'_{11} & a'_{12} \\ a'_{21} & a'_{22} \end{bmatrix} \begin{bmatrix} V'_1 \\ I'_1 \end{bmatrix} \quad (A.107)$$

将式(A.105)代入式(A.107)中，得到输入和输出变量间的关系，结果为

$$\begin{bmatrix} V_1 \\ I_1 \end{bmatrix} = \begin{bmatrix} a'_{11} & a'_{12} \\ a'_{21} & a'_{22} \end{bmatrix} \begin{bmatrix} a''_{11} & -a''_{12} \\ a''_{21} & -a''_{22} \end{bmatrix} \begin{bmatrix} V_2 \\ I_2 \end{bmatrix} \quad (A.108)$$

将系数矩阵相乘，得

$$\begin{bmatrix} V_1 \\ I_1 \end{bmatrix} = \begin{bmatrix} (a'_{11}a''_{11} + a'_{12}a''_{21}) & -(a'_{11}a''_{12} + a'_{12}a''_{22}) \\ (a'_{21}a''_{11} + a'_{22}a''_{21}) & -(a'_{21}a''_{12} + a'_{22}a''_{22}) \end{bmatrix} \begin{bmatrix} V_2 \\ I_2 \end{bmatrix} \quad (A.109)$$

注意到方程(A.109)与方程(18.72)和方程(18.73)的矩阵形式一致。

附录B 复　　数

发明复数是为了对负数做开方运算，这使许多复杂问题得到简化。例如方程 $x^2+8x+41=0$ 在复数外无解。复数在电路分析中非常有用，也能够进行代数运算。

B.1 符号

复数有两种表示方法：笛卡儿坐标(或称为直角坐标方式)和极坐标(或称为三角法)。用直角坐标时，复数是由实部和虚部组成的，即

$$n = a + \mathrm{j}b \tag{B.1}$$

其中 a 是实部，b 是虚部，j 是虚数单位，定义为 $\sqrt{-1}$[①]。

用极坐标表示时，复数根据它的幅值(模)和相角(或幅角)写为

$$n = c\mathrm{e}^{\mathrm{j}\theta} \tag{B.2}$$

其中 c 是幅度，θ 是相角，e 是自然对数的底，同样 $\mathrm{j}=\sqrt{-1}$。在有些文献资料中常常用符号 $\underline{/\theta°}$ 代替 $\mathrm{e}^{\mathrm{j}\theta}$，这就是极坐标形式

$$n = c \underline{/\theta°} \tag{B.3}$$

尽管式(B.3)在课本中比较方便，但在数学处理中主要采用式(B.2)，因为处理指数很方便。例如，若 $(y^x)^n=y^{xn}$，则 $(\mathrm{e}^{\mathrm{j}\theta})n=\mathrm{e}^{\mathrm{j}n\theta}$；若 $y^{-x}=1/y^x$，则 $\mathrm{e}^{-\mathrm{j}\theta}=1/\mathrm{e}^{\mathrm{j}\theta}$，等等。

既然复数有两种表示方法，就要建立这两种表示法之间的关系。从极坐标转化为直角坐标形式要用欧拉公式

$$\mathrm{e}^{\pm\mathrm{j}\theta} = \cos\theta \pm \mathrm{j}\sin\theta \tag{B.4}$$

以极坐标形式表示的复数也可以写为直角坐标形式

$$\begin{aligned} c\mathrm{e}^{\mathrm{j}\theta} &= c(\cos\theta + \mathrm{j}\sin\theta) \\ &= c\cos\theta + \mathrm{j}c\sin\theta \\ &= a + \mathrm{j}b \end{aligned} \tag{B.5}$$

从直角坐标转化为极坐标用到了直角三角几何学，即

$$\begin{aligned} a + \mathrm{j}b &= (\sqrt{a^2+b^2})\mathrm{e}^{\mathrm{j}\theta} \\ &= c\mathrm{e}^{\mathrm{j}\theta} \end{aligned} \tag{B.6}$$

其中

$$\tan\theta = b/a \tag{B.7}$$

式（B.7）中，相角 θ 在第几象限不是很明显，而复数的图形表示法就很清楚。

---

① 也许读者对符号 $\mathrm{i}=\sqrt{-1}$ 比较熟悉，但是在电子工程中，符号 i 一般用来表示电流，所以为方便起见，在电子工程文献中，用 j 表示 $\sqrt{-1}$。

B.2 复数的图形表示

复数可以用复平面上的图形表示，横轴表示实部，纵轴表示虚部。复数的角是从正实轴开始按逆时针方向计量。若 a 和 b 均是正数，则复数 $n = a + \mathrm{j}b = c\,\underline{/\theta°}$ 就可以用图 B.1 来表示。

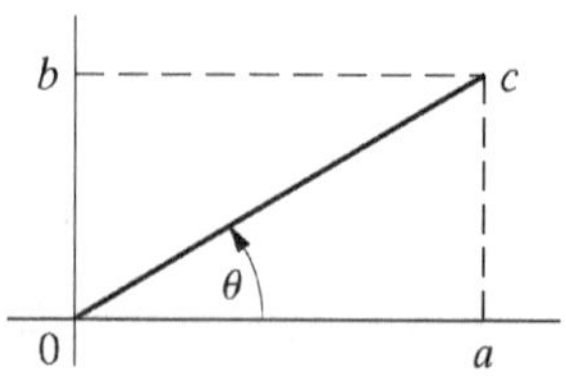

图 B.1 当 a 和 b 均为正数时 $a+\mathrm{j}b$ 的图形表示

该图使复数的直角坐标和极坐标之间的关系表现得非常清楚。对于复平面上的任意一点，若给定了它与各轴间的距离(a 和 b)或与原点的径向距离和扇形角 θ，该复数就唯一地确定了。

根据图 B.1 可知，当 a 和 b 均为正数时，θ 在第一象限；当 a 为负，b 为正时，θ 在第二象限；当 a 和 b 均为负数时，θ 在第三象限；当 a 为正 b 为负数时，θ 在第四象限。结果如图 B.2 所示，图中画出了 $4+\mathrm{j}3$，$-4+\mathrm{j}3$，$-4-\mathrm{j}3$，$4-\mathrm{j}3$ 四个复数。

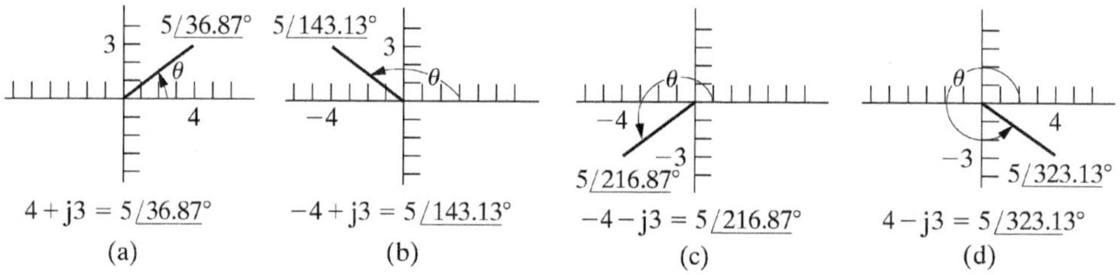

图 B.2 四个复数的图形表示

也可以从正实轴开始以顺时针方向计量相角 θ 值。这样在图 B.2(c)中，$-4-\mathrm{j}3$ 就可表示为 $5\,\underline{/-143.13°}$；在图 B.2(d)中可以看出 $5\,\underline{/323.13°} = 5\,\underline{/-36.87°}$。当 θ 位于第三或第四象限时，习惯于将 θ 表示为负值。

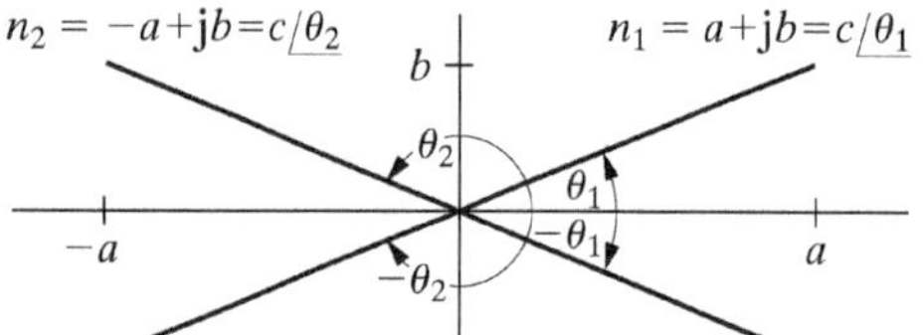

图 B.3 复数 n_1 和 n_2 以及它们的共轭复数 n_1^* 和 n_2^*

复数的图形表示法也表明了一个复数和它的共轭复数之间的关系。一个复数的共轭复数是将其虚部符号取反后得到的复数。因此，$a+\mathrm{j}b$ 的共轭复数为 $a-\mathrm{j}b$，而 $-a+\mathrm{j}b$ 的共轭复数为 $-a-\mathrm{j}b$。当用极坐标形式表示一个复数时，只要将其幅角 θ 的符号取反就可得到它的共轭复数。因此，$c\,\underline{/\theta°}$ 的共轭复数是 $c\,\underline{/-\theta°}$，复数的共轭复数用星号表示，即 n^* 表示的是 n 的共轭复数。图 B.3 表示了画在复平面上的两个复数和它们的共轭复数。

共轭复数简单地反映了复数关于实轴的关系。

B.3 数学运算

B.3.1 加法(减法)

复数进行加、减运算时，必须将复数表示成直角坐标形式。复数相加，实部和虚部分别相加。例如，已知

$$n_1 = 8 + \mathrm{j}16$$

和

$$n_2 = 12 - \mathrm{j}3$$

则

$$n_1 + n_2 = (8 + 12) + \mathrm{j}(16 - 3) = 20 + \mathrm{j}13$$

减法也遵循这个原则，即

$$n_2 - n_1 = (12 - 8) + \mathrm{j}(-3 - 16) = 4 - \mathrm{j}19$$

若要进行复数的加减运算，而复数是以极坐标形式给出的，那么首先要将其转化为直角坐标形式。

例如，若

$$n_1 = 10 \underline{/53.13^\circ}$$

和

$$n_2 = 5 \underline{/-135^\circ}$$

则

$$\begin{aligned} n_1 + n_2 &= 6 + \mathrm{j}8 - 3.535 - \mathrm{j}3.535 \\ &= (6 - 3.535) + \mathrm{j}(8 - 3.535) \\ &= 2.465 + \mathrm{j}4.465 = 5.10 \underline{/61.10^\circ} \end{aligned}$$

和

$$\begin{aligned} n_1 - n_2 &= 6 + \mathrm{j}8 - (-3.535 - \mathrm{j}3.535) \\ &= 9.535 + \mathrm{j}11.535 \\ &= 14.966 \underline{/50.42^\circ} \end{aligned}$$

B.3.2 乘法(除法)

复数的乘法和除法用直角坐标形式和极坐标形式均可以实现。但在多数情况下，极坐标形式更方便，例如，当 $n_1 = 8 + \mathrm{j}10$，$n_2 = 5 - \mathrm{j}4$ 时，用直角坐标形式求 $n_1 n_2$ 得

$$\begin{aligned} n_1 n_2 &= (8 + \mathrm{j}10)(5 - \mathrm{j}4) = 40 - \mathrm{j}32 + \mathrm{j}50 + 40 \\ &= 80 + \mathrm{j}18 \\ &= 82 \underline{/12.68^\circ} \end{aligned}$$

若用极坐标形式，则乘积为

$$\begin{aligned} n_1 n_2 &= (12.81 \underline{/51.34^\circ})(6.40 \underline{/-38.66^\circ}) \\ &= 82 \underline{/12.68^\circ} \\ &= 80 + \mathrm{j}18 \end{aligned}$$

两个直角坐标形式的复数相除，第一步是将分子和分母同时乘以分母的共轭复数，这样，就将分母化为了实数。然后，用分子除以该实数。例如已知 $n_1 = 6 + \mathrm{j}3$，$n_2 = 3 - \mathrm{j}1$，求 n_1/n_2 得

$$\begin{aligned} \frac{n_1}{n_2} &= \frac{6 + \mathrm{j}3}{3 - \mathrm{j}1} = \frac{(6 + \mathrm{j}3)(3 + \mathrm{j}1)}{(3 - \mathrm{j}1)(3 + \mathrm{j}1)} \\ &= \frac{18 + \mathrm{j}6 + \mathrm{j}9 - 3}{9 + 1} \\ &= \frac{15 + \mathrm{j}15}{10} = 1.5 + \mathrm{j}1.5 \\ &= 2.12 \underline{/45^\circ} \end{aligned}$$

若用极坐标形式，n_1/n_1 为

$$\frac{n_1}{n_2}=\frac{6.71\ \underline{/26.57^\circ}}{3.16\ \underline{/-18.43^\circ}}=2.12\ \underline{/45^\circ}$$
$$=1.5+\mathrm{j}1.5$$

B.4 重要的恒等式

在用复数和复变量运算时，下列恒等式非常有用

$$\pm\mathrm{j}^2=\mp 1 \tag{B.8}$$
$$(-\mathrm{j})(\mathrm{j})=1 \tag{B.9}$$
$$\mathrm{j}=\frac{1}{-\mathrm{j}} \tag{B.10}$$
$$\mathrm{e}^{\pm\mathrm{j}\pi}=-1 \tag{B.11}$$
$$\mathrm{e}^{\pm\mathrm{j}\pi/2}=\pm\mathrm{j} \tag{B.12}$$

假设 $n=a+\mathrm{j}b=c\ \underline{/\theta^\circ}$，则

$$nn^*=a^2+b^2=c^2 \tag{B.13}$$
$$n+n^*=2a \tag{B.14}$$
$$n-n^*=\mathrm{j}2b \tag{B.15}$$
$$n/n^*=1\ \underline{/2\theta^\circ} \tag{B.16}$$

B.5 复数的整数次幂

求复数的 k 次幂时，先将其化为极坐标形式，即

$$n^k=(a+\mathrm{j}b)^k$$
$$=(c\mathrm{e}^{\mathrm{j}\theta})^k=c^k\mathrm{e}^{\mathrm{j}k\theta}$$
$$=c^k(\cos k\theta+\mathrm{j}\sin k\theta)$$

例如

$$(2\mathrm{e}^{\mathrm{j}12^\circ})^5=2^5\mathrm{e}^{\mathrm{j}60^\circ}=32\mathrm{e}^{\mathrm{j}60^\circ}$$
$$=16+\mathrm{j}27.71$$

和

$$(3+\mathrm{j}4)^4=(5\mathrm{e}^{\mathrm{j}53.13^\circ})^4=5^4\mathrm{e}^{\mathrm{j}212.52^\circ}$$
$$=625\mathrm{e}^{\mathrm{j}212.52^\circ}$$
$$=-527-\mathrm{j}336$$

B.6 复数的开方

求复数的 k 次方根也就是求解方程

$$x^k-c\mathrm{e}^{\mathrm{j}\theta}=0 \tag{B.17}$$

因方程为 k 阶，所以有 k 个根。

为求 k 次根，首先注意到

$$ce^{j\theta} = ce^{j(\theta+2\pi)} = ce^{j(\theta+4\pi)} = \cdots \tag{B.18}$$

由式(B.17)和式(B.18)得

$$x_1 = (ce^{j\theta})^{1/k} = c^{1/k}e^{j\theta/k} \tag{B.19}$$

$$x_2 = [ce^{j(\theta+2\pi)}]^{1/k} = c^{1/k}e^{j(\theta+2\pi)/k} \tag{B.20}$$

$$x_3 = [ce^{j(\theta+4\pi)}]^{1/k} = c^{1/k}e^{j(\theta+4\pi)/k} \tag{B.21}$$

$$\vdots$$

继续按式(B.19)，式(B.20)和式(B.21)的方式进行，直到出现重根为止。当π的倍数等于 $2k$ 时就出现了重根。例如求 $81e^{j60°}$ 的四次方根，可得

$$x_1 = 81^{1/4}e^{j60/4} = 3e^{j15°}$$

$$x_2 = 81^{1/4}e^{j(60+360)/4} = 3e^{j105°}$$

$$x_3 = 81^{1/4}e^{j(60+720)/4} = 3e^{j195°}$$

$$x_4 = 81^{1/4}e^{j(60+1080)/4} = 3e^{j285°}$$

$$x_5 = 81^{1/4}e^{j(60+1440)/4} = 3e^{j375°} = 3e^{j15°}$$

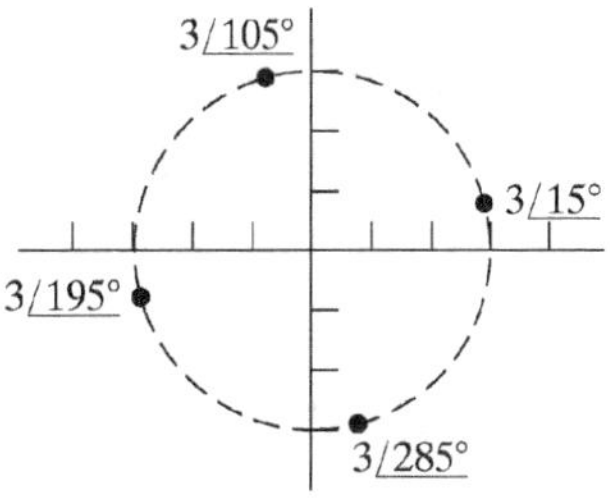

图 B.4 $81e^{j60°}$ 的四个根

式中 x_5 与 x_1 相等，方程的根开始重复。因此，可知 $81e^{j60°}$ 的四次方根为 x_1，x_2，x_3，x_4。

值得注意的是，复数的根位于复平面的一个圆上，圆的半径为 $c^{1/k}$。各根均匀分布在圆上，相邻两根之间的角度为 $2\pi/k$ 弧度或 $360/k$ 度，$81e^{j60°}$ 的根画在图 B.4 上。

附录 C　耦合电感和理想变压器的补充内容

C.1　耦合电感的等效电路

有时，将耦合电感化简为无耦合关系的等效电路模型，会使电路分析起来非常方便。对图 C.1 的耦合电感，电阻 R_1 和 R_2 分别代表两个线圈的电阻。这里的目的是将图中阴影部分的耦合电感用无耦合关系的一组电感代替。在得出等效电路之前，必须提出一个重要的条件，即 b 和 d 间的电压为零。也就是说，如果 b 和 d 间短路后不会影响原电路的电压和电流，得出的等效电路才可用于耦合电感的模型。因为所得的等效电路都有四个端子，其中两个端子之间是短路的，所以，要加上这个限制条件，而对原电路也要有同样的要求。

先写出端口电压 v_1 和 v_2 与端口电流 i_1 和 i_2 之间关系的方程，再建立等效电路。根据给定的参考方向和同名端位置，得到

$$v_1 = L_1\frac{\mathrm{d}i_1}{\mathrm{d}t} + M\frac{\mathrm{d}i_2}{\mathrm{d}t} \tag{C.1}$$

和

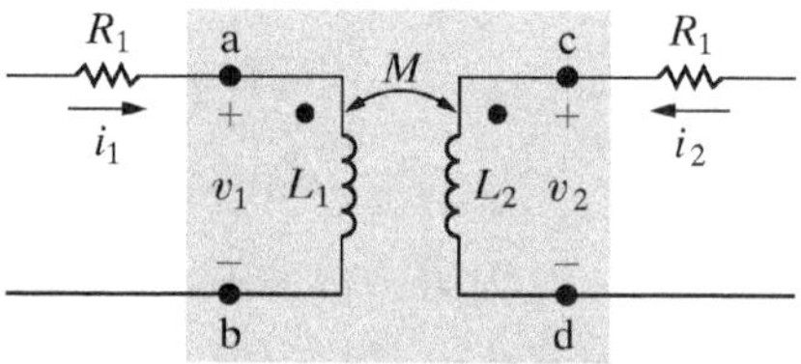

图 C.1　求耦合电感等效电路所用的电路

$$v_2 = M\frac{\mathrm{d}i_1}{\mathrm{d}t} + L_2\frac{\mathrm{d}i_2}{\mathrm{d}t} \tag{C.2}$$

C.1.1　T 形等效电路

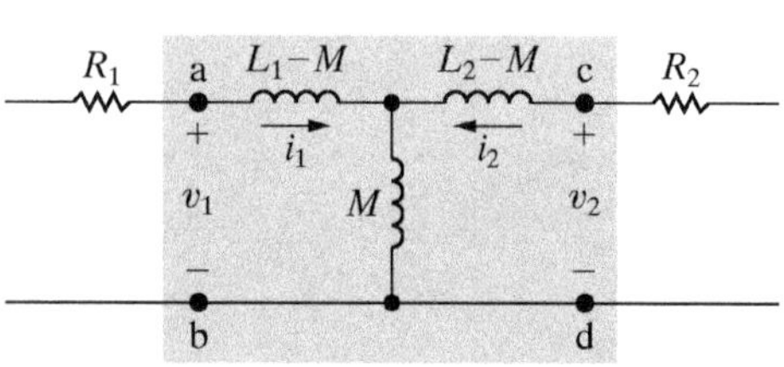

图 C.2　图 C.1 中耦合电感的 T 形等效电路

为得出这两个耦合电感的等效电路，要找到一种电感的组合，这个组合可以用与式(C.1)和式(C.2)等效的方程组来描述。关键要把式(C.1)和式(C.2)看成是以 i_1 和 i_2 为网孔电流的网孔电流方程，这样，一个网孔的自电感为 L_1 H，另一个网孔的自电感为 L_2 H。此外，两个网孔的互电感为 M H，图 C.2 中电感的连接方式满足这个要求。

可以证明，该电路的方程可以化为式(C.1)和式(C.2)。注意电感之间无耦合，且 b 和 d 间的电压为零。

C.1.2　π形等效电路

图 C.1 中的耦合电感也可以等效为π形等效电路。这个结果是对式(C.1)和式(C.2)求解得到的。先解方程求出 $\mathrm{d}i_1/\mathrm{d}t$ 和 $\mathrm{d}i_2/\mathrm{d}t$，然后将结果看成是一对节点方程。用克拉默法则解联立方程组，得到 $\mathrm{d}i_1/\mathrm{d}t$ 和 $\mathrm{d}i_2/\mathrm{d}t$ 的表达式

$$\frac{\mathrm{d}i_1}{\mathrm{d}t} = \frac{\begin{vmatrix} v_1 & M \\ v_2 & L_2 \end{vmatrix}}{\begin{vmatrix} L_1 & M \\ M & L_2 \end{vmatrix}} = \frac{L_2}{L_1L_2 - M^2}v_1 - \frac{M}{L_1L_2 - M^2}v_2 \tag{C.3}$$

$$\frac{\mathrm{d}i_2}{\mathrm{d}t}=\frac{\begin{vmatrix}L_1 & v_1\\ M & v_2\end{vmatrix}}{L_1L_2-M^2}=\frac{-M}{L_1L_2-M^2}v_1+\frac{L_1}{L_1L_2-M^2}v_2 \tag{C.4}$$

将方程(C.3)和方程(C.4)两边同时乘以 $\mathrm{d}t$，进行积分，求 i_1 和 i_2

$$i_1=i_1(0)+\frac{L_2}{L_1L_2-M^2}\int_0^t v_1\,\mathrm{d}\tau-\frac{M}{L_1L_2-M^2}\int_0^t v_2\,\mathrm{d}\tau \tag{C.5}$$

和

$$i_2=i_2(0)-\frac{M}{L_1L_2-M^2}\int_0^t v_1\,\mathrm{d}\tau+\frac{L_1}{L_1L_2-M^2}\int_0^t v_2\,\mathrm{d}\tau \tag{C.6}$$

若将式(C.5)和式(C.6)看成是关于节点电压 v_1 和 v_2 的方程，则该方程描述的电路形式如图 C.3 所示。

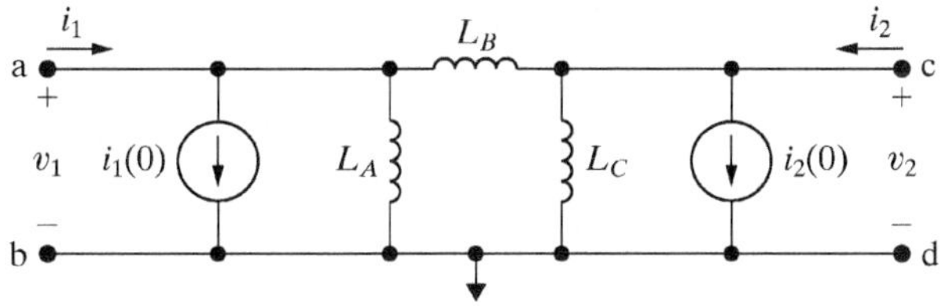

图 C.3　用于求耦合电感的π形等效电路的模型

接下来的工作就是求出π形等效电路中 L_A，L_B 和 L_C 与 L_1，L_2 和 M 间的关系。先写出图 C.3 所示电路关于 i_1 和 i_2 的方程，然后再与式(C.5)和式(C.6)进行比较。即

$$\begin{aligned}i_1&=i_1(0)+\frac{1}{L_A}\int_0^t v_1\,\mathrm{d}\tau+\frac{1}{L_B}\int_0^t(v_1-v_2)\,\mathrm{d}\tau\\&=i_1(0)+\left(\frac{1}{L_A}+\frac{1}{L_B}\right)\int_0^t v_1\,\mathrm{d}\tau-\frac{1}{L_B}\int_0^t v_2\,\mathrm{d}\tau\end{aligned} \tag{C.7}$$

和

$$\begin{aligned}i_2&=i_2(0)+\frac{1}{L_C}\int_0^t v_2\,\mathrm{d}\tau+\frac{1}{L_B}\int_0^t(v_2-v_1)\,\mathrm{d}\tau\\&=i_2(0)+\frac{1}{L_B}\int_0^t v_1\,\mathrm{d}\tau+\left(\frac{1}{L_B}+\frac{1}{L_C}\right)\int_0^t v_2\,\mathrm{d}\tau\end{aligned} \tag{C.8}$$

得

$$\frac{1}{L_B}=\frac{M}{L_1L_2-M^2} \tag{C.9}$$

$$\frac{1}{L_A}=\frac{L_2-M}{L_1L_2-M^2} \tag{C.10}$$

$$\frac{1}{L_C}=\frac{L_1-M}{L_1L_2-M^2} \tag{C.11}$$

将方程(C.9)~方程(C.11)所得的电感代入图 C.3 中，所得的π形等效电路如图 C.4 所示。

应当注意的是，电流 i_1 和 i_2 的初始值在π形等效电路中是明确的，而在 T 形等效电路中是不明确的。下面集中讨论含耦合电感的电路在正弦稳态时的特性，因此，可以假设两个电流 i_1 和 i_2 的初始值为零。这种假设可以省略π形等效电路中的电流源，并将图 C.4 化简为图 C.5 所示的电路形式。

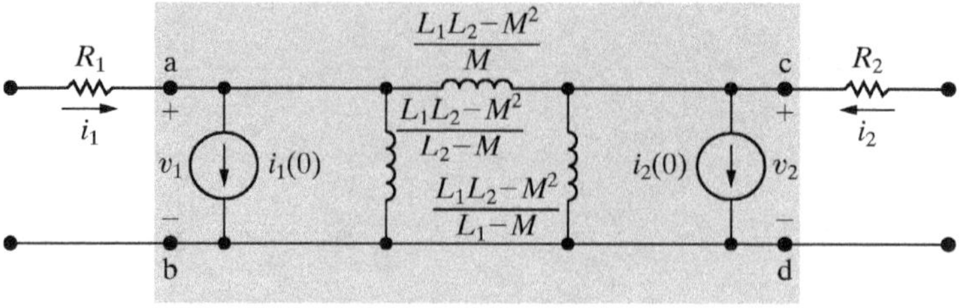

图 C.4　图 C.1 中耦合电感的π形等效电路

在 T 形和π形等效电路中，互感 M 有自己的代数符号。如果耦合电感的磁场极性与图 C.1 中的相反，则 M 的符号也相反。磁场极性相反，只需要改变一个同名端的位置，而不必改变端口电流和电压的参考方向。

例 C.1 说明了 T 形等效电路的应用。

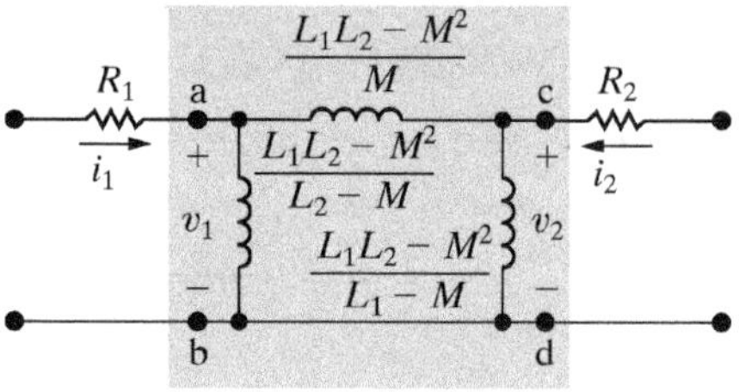

图 C.5　用于正弦稳态分析的π形等效电路

例 C.1　(a)用 T 形等效电路求图 C.6 中的电流相量 $\boldsymbol{I}_1$ 和 $\boldsymbol{I}_2$，电源频率为 400 rad/s

(b)将第二个线圈上的黑点移到下端，重复(a)的问题。

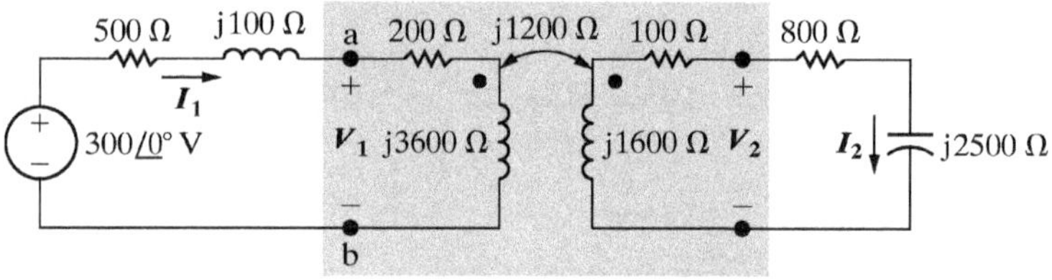

图 C.6　例 C.1 的频域等效电路

解：

(a)根据图 C.6 所示电路中耦合电感同名端的位置，在其 T 形等效电路中 $M=3$ H，因此，等效电路中的三个电感值为

$$L_1 - M = 9 - 3 = 6\,\text{H}$$
$$L_2 - M = 4 - 3 = 1\,\text{H}$$
$$M = 3\,\text{H}$$

图 C.7 是电路的 T 形等效电路，图 C.8 是在 400 rad/s 频率时的频域模型。

图 C.9 是原电路的频域模型。

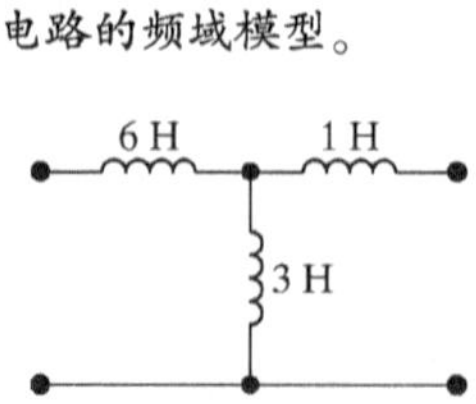

图 C.7　例 C.1 中耦合电感的 T 形等效电路

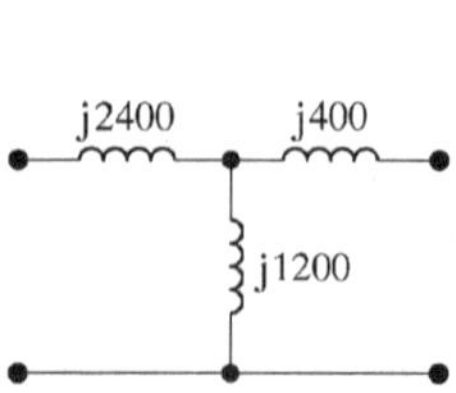

图 C.8　等效电路在 400 rad/s 频率时的频域模型

为求得电流相量 $\boldsymbol{I}_1$ 和 $\boldsymbol{I}_2$，先求出 1200 Ω 感抗两端的电压。若取下节点为参考节点，则单节点方程为

$$\frac{\boldsymbol{V}-300}{700+\text{j}2500}+\frac{\boldsymbol{V}}{\text{j}1200}+\frac{\boldsymbol{V}}{900-\text{j}2100}=0$$

求得 $\boldsymbol{V}$ 为

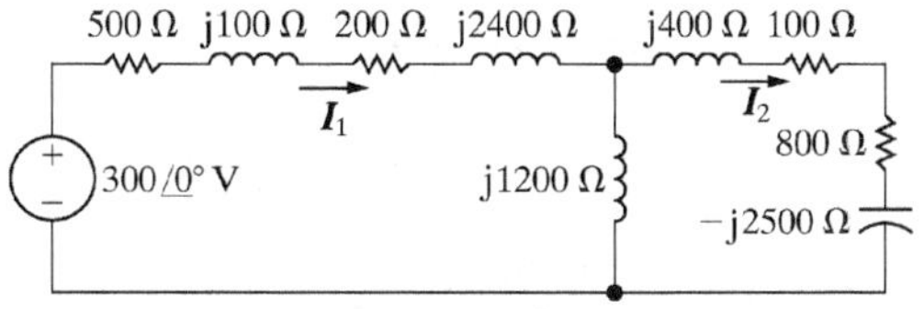

图 C.9　图 C.6 的电路在耦合电感被 T 形等效后的频域模型

$$V = 136 - j8 = 136.24\ \underline{/-3.37^\circ}\ \text{V (rms)}$$

因此

$$I_1 = \frac{300 - (136 - j8)}{700 + j2500} = 63.25\ \underline{/-71.57^\circ}\ \text{mA (rms)}$$

和

$$I_2 = \frac{136 - j8}{900 - j2100} = 59.63\ \underline{/63.43^\circ}\ \text{mA (rms)}$$

(b) 当第二个线圈的同名端移到下端时，在 T 形等效电路中 $M = -3$ H，在新的 T 形等效电路中，M 符号的改变对 I_1 没有影响，I_2 反相，于是可以得到

$$I_1 = 63.25\ \underline{/-71.57^\circ}\ \text{mA (rms)}$$

和

$$I_2 = 59.63\ \underline{/-116.57^\circ}\ \text{mA (rms)}$$

现在用新的 T 形等效电路计算。因为 $M = -3$ H，所以三个电感为

$$L_1 - M = 9 - (-3) = 12\ \text{H}$$

$$L_2 - M = 4 - (-3) = 7\ \text{H}$$

$$M = -3\ \text{H}$$

在 400 rad/s 频率时，频域模型电路中有两个电感和一个电容，如图 C.10 所示。

原电路最后的频域电路模型如图 C.11 所示。

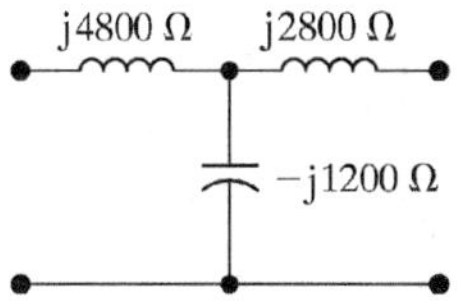

图 C.10　当 $M = -3$ H，$\omega = 400$ rad/s 时的频域等效电路

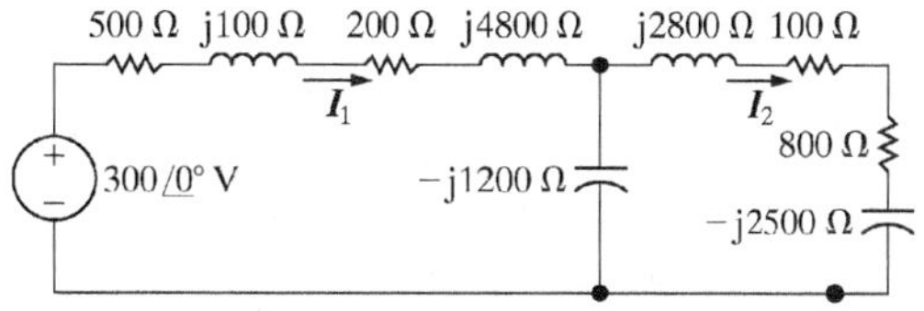

图 C.11　例 C.1(b) 的频域等效电路

同以往一样，先求中间支路上的电压，该支路的容抗为 −j1200 Ω，若选下边为参考节点，则节点电压方程为

$$\frac{V - 300}{700 + j4900} + \frac{V}{-j1200} + \frac{V}{900 + j300} = 0$$

解得 V 为

$$V = -8 - j56$$

$$= 56.57\ \underline{/-98.13^\circ}\ \text{V (rms)}$$

因此

$$I_1 = \frac{300 - (-8 - j56)}{700 + j4900}$$

$$= 63.25\ \underline{/-71.57^\circ}\ \text{mA (rms)}$$

和

$$I_2 = \frac{-8 - j56}{900 + j300}$$
$$= 59.63 \angle -116.57^\circ \text{ mA (rms)}$$

C.2 在等效电路中采用理想变压器

在耦合电感的T形等效电路中，电感可能是负值，例如，若 L_1 =3 mH，L_2 =12 mH，M =5 mH，那么在T形等效电路中就需要一个 -2 mH 的电感，在π形等效电路中需要一个 -5.5 mH 的电感。在等效电路的计算中，负电感值是可以参与计算的，但若是想用电路元件建立一个等效电路，负电感就会带来许多麻烦。因为一旦正弦电源的频率发生变化，所用的电容值就必须改变以产生相应的电抗。例如在 50 krad/s 频率时，-2 mH 电感的阻抗为 -j100 Ω。这个阻抗可用一个 0.2 μF 的电容来模拟。若频率变为 25 krad/s，-2 mH 电感的阻抗就为 -j50 Ω。而此时所需电容为 0.8 μF。显然，在频率经常变化的情况下，用电容来模拟负电感是不现实的。

可以将理想变压器引入等效电路，回避对负电感问题的处理。这种方法不能完全解决建模问题，因为理想变压器只能是近似的，但在有些情况下，若在耦合电感的T形和π形等效电路中采用理想变压器，则这种近似可以保证精度要求。

理想变压器可以以两种不同的方式用到T形或π形等效电路中。图 C.12 表示出了在每种等效电路中的两种用法。

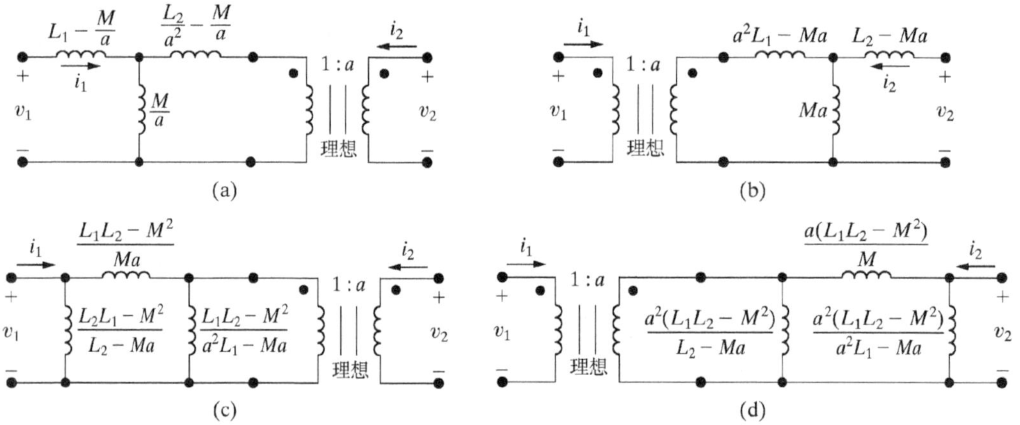

图 C.12 在耦合电感的T形和π形等效电路中理想变压器的四种用法

验证图 C.12 中的任一个等效电路，只需证明：对任一电路，v_1，v_2 关于 di_1/dt，di_2/dt 的方程与式(C.1)、式(C.2)相同。这里只证明图 C.12(a)中的电路，其他几个电路的证明留给读者。为讨论方便，将电路重画在图 C.13 中，并加上变量 i_0 和 v_0。

由该电路得

$$v_1 = \left(L_1 - \frac{M}{a}\right)\frac{di_1}{dt} + \frac{M}{a}\frac{d}{dt}(i_1 + i_0) \tag{C.12}$$

和

$$v_0 = \left(\frac{L_2}{a^2} - \frac{M}{a}\right)\frac{di_0}{dt} + \frac{M}{a}\frac{d}{dt}(i_0 + i_1) \tag{C.13}$$

理想变压器施加到 v_0 和 i_0 上的约束为

$$v_0 = \frac{v_2}{a} \tag{C.14}$$

$$i_0 = ai_2 \tag{C.15}$$

将式(C.14)和式(C.15)代入式(C.12)和式(C.13)中得

$$v_1 = L_1\frac{\mathrm{d}i_1}{\mathrm{d}t} + \frac{M}{a}\frac{\mathrm{d}}{\mathrm{d}t}(ai_2) \tag{C.16}$$

和

$$\frac{v_2}{a} = \frac{L_2}{a^2}\frac{\mathrm{d}}{\mathrm{d}t}(ai_2) + \frac{M}{a}\frac{\mathrm{d}i_1}{\mathrm{d}t} \tag{C.17}$$

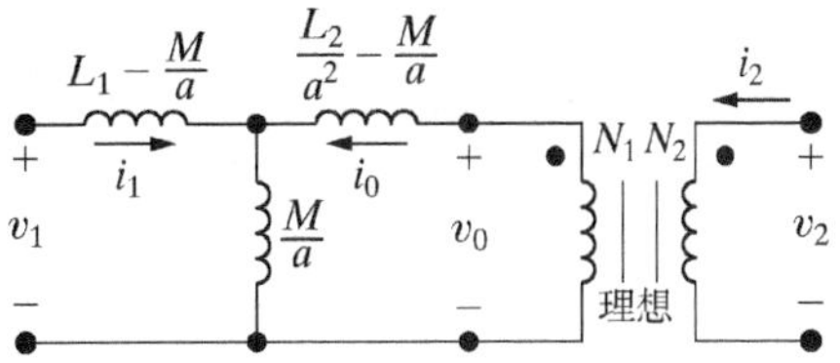

图 C.13　图 C.12(a)的电路定义了变量 i_0 和 v_0

由式(C.16)和式(C.17)得

$$v_1 = L_1\frac{\mathrm{d}i_1}{\mathrm{d}t} + M\frac{\mathrm{d}i_2}{\mathrm{d}t} \tag{C.18}$$

和

$$v_2 = M\frac{\mathrm{d}i_1}{\mathrm{d}t} + L_2\frac{\mathrm{d}i_2}{\mathrm{d}t} \tag{C.19}$$

式(C.18)和式(C.19)与式(C.1)和式(C.2)相同，因此，就端口特性而言，图 C.13 所示电路与图 C.1 中的耦合电感是一致的。

在上述证明过程中，没有对匝数比 a 加以任何限制，因此，可能有无限多个等效电路，而且能找到一个匝数比 a 使所有的电感为正，三个特别有趣的 a 值为

$$a = \frac{M}{L_1} \tag{C.20}$$

$$a = \frac{L_2}{M} \tag{C.21}$$

和

$$a = \sqrt{\frac{L_2}{L_1}} \tag{C.22}$$

式(C.20)给出的 a 值使 T 形等效电路中的电感 $L_1 - M/a$ 和 $a^2L_1 - aM$ 消失，使π形等效电路中的电感$(L_1L_2 - M^2)/(a^2L_1 - aM)$和 $a^2(L_1L_2 - M^2)/(a^2L_1 - aM)$消失。式(C.21)给出的 a 值使 T 形等效电路中的电感$(L_2/a^2) - (M/a)$和 $L_2 - aM$ 消失，使π形等效电路中的电感$(L_1L_2 - M^2)/(L_2 - aM)$和 $a^2(L_1L_2 - M^2)/(L_2 - aM)$消失。

还应注意到，当 $a = M/L_1$ 时，图 C.12(a)和图 C.12(c)中的电路一样，当 $a = L_2/M$ 时，图 C.12(b)和图 C.12(d)中的电路一样。图 C.14 和图 C.15 总结了这些结论。

在求电感的表达式时，用到了关系式 $M = k\sqrt{L_1L_2}$。这个表达式使得由式(C.20)和式(C.21)给出的 a 值不仅能减少等效电路中所需电感的数量，而且能保证所有电感值为正。研究所选 a 值产生的结果留给读者。

式(C.20)至式(C.22)给出的 a 值可通过实验确定。M/L_1 可由在指定的 N_1 匝线圈上加一正弦电压源得到。电源频率非常高，使 $\omega L_1 \gg R_1$，且 N_2 开路。图 C.16 表示了这种电路。

当 N_2 匝线圈开路时

$$\boldsymbol{V}_2 = \mathrm{j}\omega M\boldsymbol{I}_1 \tag{C.23}$$

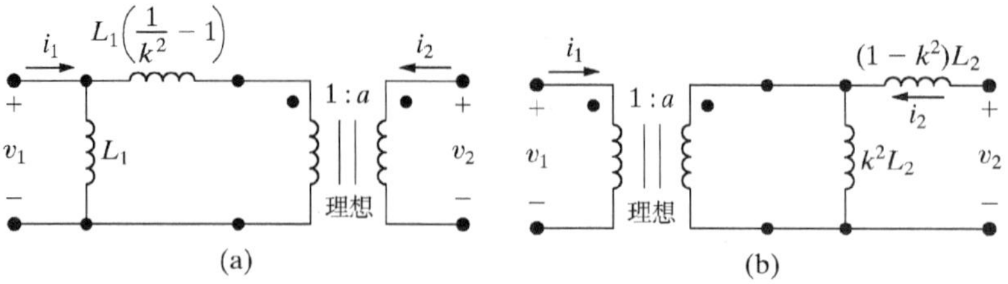

图 C.14 当 $a = M/L_1$ 时的两个等效电路

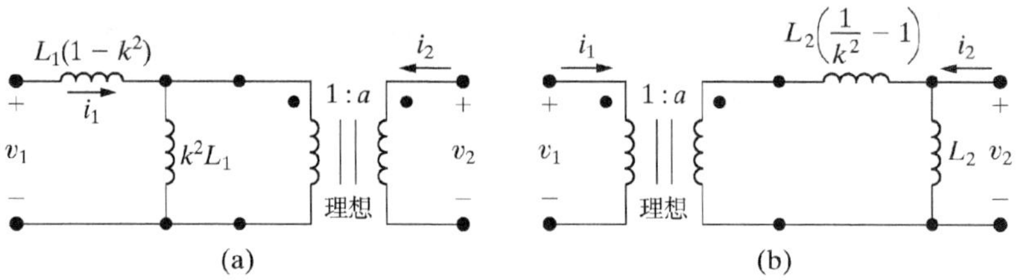

图 C.15 当 $a = L_2/M$ 时的两个等效电路

因为 $j\omega L_1 \gg R_1$，故电流 $\boldsymbol{I}_1$ 为

$$\boldsymbol{I}_1 = \frac{\boldsymbol{V}_1}{j\omega L_1} \tag{C.24}$$

将式(C.24)代入式(C.23)得

$$\left(\frac{\boldsymbol{V}_2}{\boldsymbol{V}_1}\right)_{I_2=0} = \frac{M}{L_1} \tag{C.25}$$

其中 M/L_1 是线圈 2 开路时的端口电压比，此时 $\boldsymbol{I}_2 = 0$。

当线圈 1 开路，而线圈 2 加正弦电流源时，可测得 L_2/M，即

$$\frac{L_2}{M} = \left(\frac{\boldsymbol{V}_2}{\boldsymbol{V}_1}\right)_{I_1=0} \tag{C.26}$$

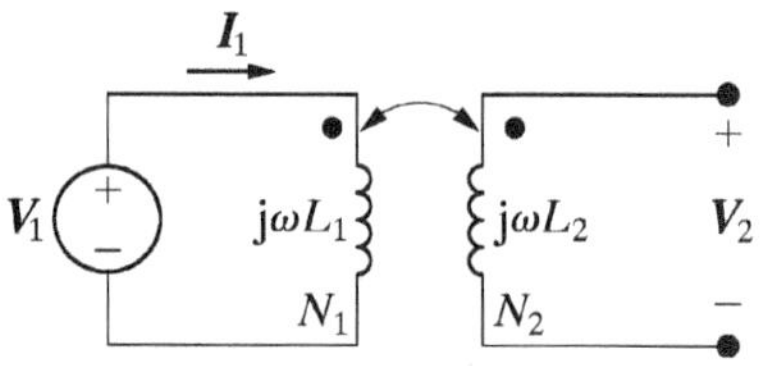

图 C.16 实验法确定的 M/L_1

最后会发现，式(C.22)所给出的 a 值就是两电压比的几何平均值，即

$$\sqrt{\left(\frac{\boldsymbol{V}_2}{\boldsymbol{V}_1}\right)_{I_2=0}\left(\frac{\boldsymbol{V}_2}{\boldsymbol{V}_1}\right)_{I_1=0}} = \sqrt{\frac{M}{L_1}\frac{L_2}{M}} = \sqrt{\frac{L_2}{L_1}} \tag{C.27}$$

对空心线圈，电压比不等于匝数比，而缠绕在铁心上的线圈电压比和匝数比非常接近。因自感随匝数的平方变化，式(C.27)表明，匝数比等于两个电压比的几何平均值，或表示为

$$\sqrt{\frac{L_2}{L_1}} = \frac{N_2}{N_1} = \sqrt{\left(\frac{\boldsymbol{V}_2}{\boldsymbol{V}_1}\right)_{I_2=0}\left(\frac{\boldsymbol{V}_2}{\boldsymbol{V}_1}\right)_{I_1=0}} \tag{C.28}$$

附录D　分　　贝

电信工程师常常关心信号通过级联电路后的功率损失，于是引入了分贝，图 D.1 就定义了该概念。

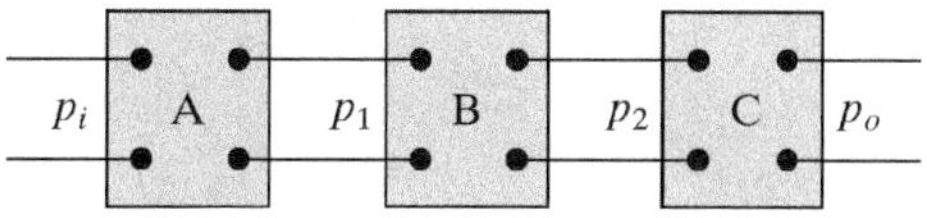

图 D.1　三个级联的电路

这里，p_i 是输入系统的功率，p_1 是从电路 A 输出的功率，p_2 是从电路 B 输出的功率，p_o 是从系统输出的功率。每个电路的功率放大系数是输出和输入功率之比，因此

$$\sigma_A = \frac{p_1}{p_i}, \quad \sigma_B = \frac{p_2}{p_1} \quad 和 \quad \sigma_C = \frac{p_o}{p_2}$$

总的功率放大系数为各放大系数之积，即

$$\frac{p_o}{p_i} = \frac{p_1}{p_i}\frac{p_2}{p_1}\frac{p_o}{p_2} = \sigma_A\sigma_B\sigma_C$$

通过取对数，乘积转化为加法，即

$$\lg\frac{p_o}{p_i} = \lg\sigma_A + \lg\sigma_B + \lg\sigma_C$$

为了纪念 Alexander Graham Bell，这个功率比的对数称为 bel（贝尔）。这样我们就以贝尔为单位计算总的放大系数，系统各部分的功率比相加也以贝尔为单位。在实际中，贝尔是比较大的量，使用起来不方便，其十分之一则更适于计量功率放大系数，即分贝。贝尔的值等于分贝值的 10 倍，所以

$$分贝数 = 10\lg\frac{p_o}{p_i}$$

当以分贝作为功率比的单位时，在有些情况下，电路的输入电阻等于负载电阻，如图 D.2 所示。

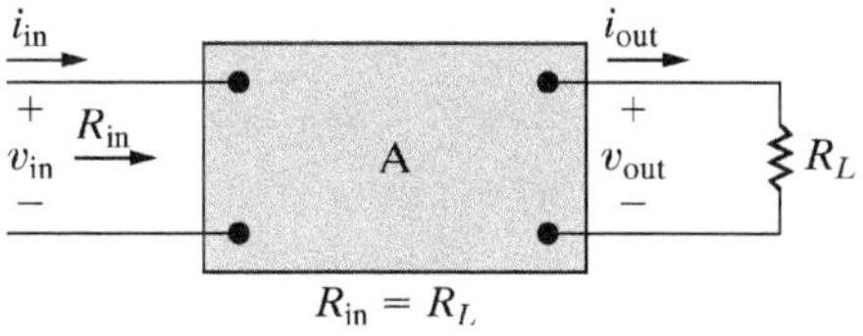

图 D.2　输入电阻与负载电阻相等的电路

当输入电阻等于负载电阻时，可以将功率比转化为电压比或电流比

$$\frac{p_o}{p_i} = \frac{v_{out}^2/R_L}{v_{in}^2/R_{in}} = \left(\frac{v_{out}}{v_{in}}\right)^2$$

或

$$\frac{p_o}{p_i} = \frac{i_{out}^2 R_L}{i_{in}^2 R_{in}} = \left(\frac{i_{out}}{i_{in}}\right)^2$$

这些方程说明，分贝数变为

$$\begin{aligned} 分贝数 &= 20\lg\frac{v_{out}}{v_{in}} \\ &= 20\lg\frac{i_{out}}{i_{in}} \end{aligned} \tag{D.1}$$

伯德图中所用的分贝（参见附录 E）是借用式（D.1）的结果，因为这个结果适用于任何转移函数，包括电压比、电流比、电压与电流之比、电流与电压之比。应记住分贝的定义，因为在许多工程应用中它都是最重要的基础。

在用到以分贝表示的转移函数幅值表达式时，应该有一个转换表将分贝值转换成输出/输入比的实际值。表 D.1 给出了一些常用转换。对应于负分贝值的比率是正比率的倒数。例如，-3 dB 对应的输出输入比为 0.707(或 1/1.41)。恰好 -3 dB 对应于第 14 章和第 15 章所讨论的滤波电路的半功率点频率。

表 D.1　分贝值和比值的对照表

dB	比 值	dB	比 值
0	1.00	30	31.62
3	1.41	40	100.00
6	2.00	60	10^3
10	3.16	80	10^4
15	5.62	100	10^5
20	10.00	120	10^6

当分贝表示已知功率和参考功率之比时，它也可作为功率的单位。一般情况下参考功率为 1 mW。功率单位写为 dBm，表示"相对于 1 mW 的分贝值"。例如，20 mW 的功率对应于 ±13 dBm。

直流电压表一般都有 dBm 读数，它不仅假定了 1 mW 的参考功率，还假定了一个 600 Ω 的参考电阻(常用在电话系统中)。因为在 600 Ω 时，1 mW 的功率对应的电压为 0.7746 V(均方根值)，故该电压在电压表上的读数为 0 dBm。对于模拟仪表，一般每个量程为 10 dB。尽管标出的刻度有 0.1，0.3，1，3，10 等，但实际上，3.16 V 在 3 V 的刻度线上，而 1 V 在 1 V 的刻度线上。

一些电压表有开关，可以选择参考电阻(50 Ω，135 Ω，600 Ω 或 900 Ω)或者选择 dBm 或 dBV(相对于 1 V 的分贝值)。

附录E 伯 德 图

读者已经知道，频率响应曲线是电路分析的一个重要工具。到目前为止，还只是定性地画出了频率响应曲线，并未讨论如何定量地画频率响应曲线。画频率响应曲线的最有效方法是使用计算机，用计算机可以画出精确的$|H(\mathrm{j}\omega)|-\omega$和$\theta(\mathrm{j}\omega)-\omega$曲线。有时，不妨先用伯德图画出响应曲线，再用计算机精确地画出该曲线。

伯德图或伯德图曲线是一种图像技术，给了我们对频率响应的感性认识，它是为纪念H. W. Bode①所做的先驱工作而命名。某些电路转移函数$H(s)$的零极点是分开的，对于这种电路的频率响应分析，伯德图显得非常有用。

与定性画出的频率响应曲线一样，伯德图也包含两个部分，一个是表示转移函数$H(\mathrm{j}\omega)$的幅值如何随频率变化的曲线，另一个是表示转移函数$H(\mathrm{j}\omega)$的相位角如何随频率变化的曲线。在伯德图中，为了提高表示频率值宽度范围时的精度，将波形曲线画在半对数平面上。在幅值和相位图中，频率在横轴用对数刻度绘出，幅值和相位角用纵轴上的刻度值绘出。

E.1 一阶实数零极点

为简化伯德图的绘制，先讨论$H(s)$的所有零极点均为一阶实数的情况，然后再讨论具有复根和重复零极点的情况。下面以特殊的$H(s)$表达式开始进行讨论

$$H(s)=\frac{K(s+z_1)}{s(s+p_1)} \tag{E.1}$$

得出

$$H(\mathrm{j}\omega)=\frac{K(\mathrm{j}\omega+z_1)}{\mathrm{j}\omega(\mathrm{j}\omega+p_1)} \tag{E.2}$$

画伯德图的第一步是将$H(\mathrm{j}\omega)$的表达式变为标准形式，即将零点和极点提到前面

$$H(\mathrm{j}\omega)=\frac{Kz_1(1+\mathrm{j}\omega/z_1)}{p_1(\mathrm{j}\omega)(1+\mathrm{j}\omega/p_1)} \tag{E.3}$$

然后令K_o代表常量Kz_1/p_1，同时用极坐标形式表示$H(\mathrm{j}\omega)$

$$\begin{aligned}H(\mathrm{j}\omega)&=\frac{K_o|1+\mathrm{j}\omega/z_1|\angle\psi_1}{|\omega|\angle 90^\circ|1+\mathrm{j}\omega/p_1|\angle\beta_1}\\&=\frac{K_o|1+\mathrm{j}\omega/z_1|}{|\omega||1+\mathrm{j}\omega/p_1|}\angle(\psi_1-90^\circ-\beta_1)\end{aligned} \tag{E.4}$$

由方程(E.4)得

$$|H(\mathrm{j}\omega)|=\frac{K_o|1+\mathrm{j}\omega/z_1|}{\omega|1+\mathrm{j}\omega/p_1|} \tag{E.5}$$

$$\theta(\omega)=\psi_1-90^\circ-\beta_1 \tag{E.6}$$

---

① 参见H. W. Bode所著的*Network Analysis and Feedback Design*(New York: Van Nostrand, 1945)。

由定义得相位角ψ_1和β_1为

$$\psi_1 = \arctan \omega/z_1 \tag{E.7}$$

$$\beta_1 = \arctan \omega/p_1 \tag{E.8}$$

伯德图包含两个ω函数，即式(E.5)表示的幅值曲线和式(E.6)表示的相位曲线。

E.2 直线形幅值曲线

幅值特性含有因数的乘、除运算，这些因数与转移函数$H(s)$的零极点有关。如果用对数值表示转移函数的幅值，可以将乘除运算转化为加减运算，这种对数值就称为分贝①。以分贝表示的转移函数幅值为

$$A_{\mathrm{dB}} = 20\lg|H(\mathrm{j}\omega)| \tag{E.9}$$

表E.1给出了幅值的实际值与近似值之间的转换关系。用分贝值表示式(E.5)，得

$$\begin{aligned} A_{\mathrm{dB}} &= 20\lg \frac{K_o|1+\mathrm{j}\omega/z_1|}{\omega|1+\mathrm{j}\omega/p_1|} \\ &= 20\lg K_o + 20\lg|1+\mathrm{j}\omega/z_1| \\ &\quad - 20\lg\omega - 20\lg|1+\mathrm{j}\omega/p_1| \end{aligned} \tag{E.10}$$

表 E.1 实际幅值及其对应的 dB 值

A_{dB}	A	A_{dB}	A
0	1.00	30	31.62
3	1.41	40	100.00
6	2.00	60	10^3
10	3.16	80	10^4
15	5.62	100	10^5
20	10.00	120	10^6

画方程(E.10)的伯德图，关键是先分别画出方程中各项的曲线，然后将各部分进行叠加合成。在任何情况下各部分曲线都可以用直线近似画出，因此，各个独立部分很容易画出。

$20\lg K_o$的图形是一条水平直线，K_o不是ω的函数。当$K_o>1$时，该项为正，当$K_o=1$时，该项为零，当$K_o<1$时，该项为负。

$20\lg|1+\mathrm{j}\omega/z_1|$的图形是两条直线。当$\omega$很小时，$|1+\mathrm{j}\omega/z_1|$的幅值约为1，因此

$$20\lg|1+\mathrm{j}\omega/z_1| \to 0 \quad 当\ \omega \to 0 \tag{E.11}$$

当ω较大时，$|1+\mathrm{j}\omega/z_1|$的幅值约为ω/z_1，因此

$$20\lg|1+\mathrm{j}\omega/z_1| \to 20\lg(\omega/z_1) \quad 当\ \omega \to \infty \tag{E.12}$$

当频率以对数比例表示时，$20\lg(\omega/z_1)$是一条直线，其斜率为20 dB/十倍频程(一个十倍频程是频率从1～10)，该直线与0 dB轴的交点为$\omega=z_1$，这个频率值称为转折频率。根据式(E.11)和式(E.12)可以画出一阶零点的幅值曲线，如图E.1所示。

$-20\lg\omega$的图形是一条直线，其斜率为-20 dB/十倍频程，在$\omega=1$处与0 dB轴相交。两条直线近似表示了$-20\lg|1+\mathrm{j}\omega/p_1|$的图形。当$\omega=p_1$时，第二条直线与0 dB轴相交。当$\omega$

---

① 参见附录D中关于分贝的讨论。

值较大时，直线 $20\lg(\omega/p_1)$ 的斜率为 -20 dB/十倍频程。图 E.2 画出了一阶极点幅值曲线的近似图形。

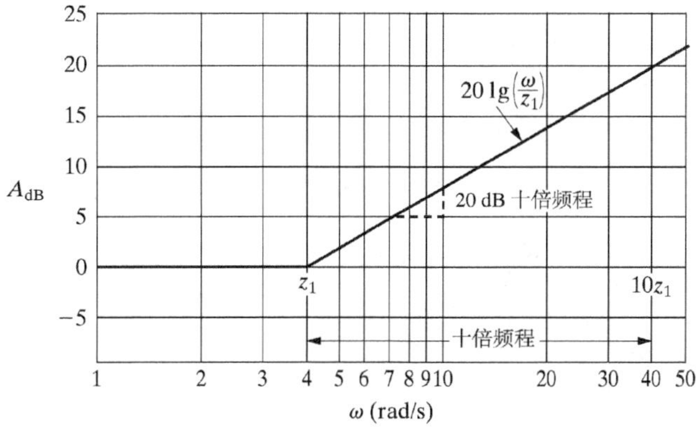

图 E.1　一阶零点幅值曲线的直线近似图形

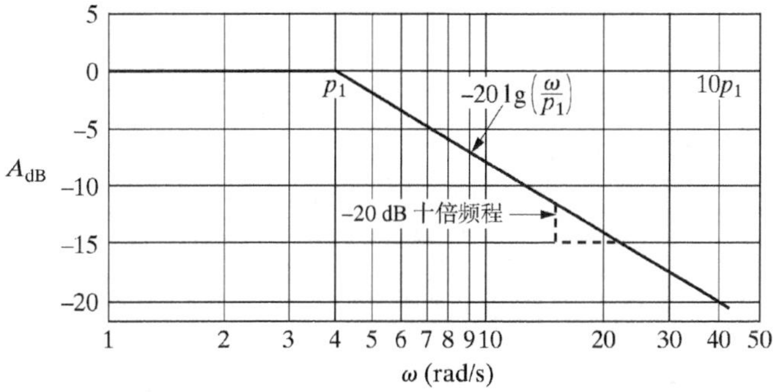

图 E.2　一阶极点幅值曲线的近似图形

图 E.3 表示的是式(E.10)的伯德图，其中 $K_o=\sqrt{10}$，$z_1=0.1$ rad/s，$p_1=5$ rad/s，式中的每一项在图 E.3 中都标出来了，可以验证，各部分叠加形成了标有 $20\lg|H(j\omega)|$ 的曲线。

例 E.1 说明了求具有一阶零极点的转移函数的直线形幅值曲线的过程。

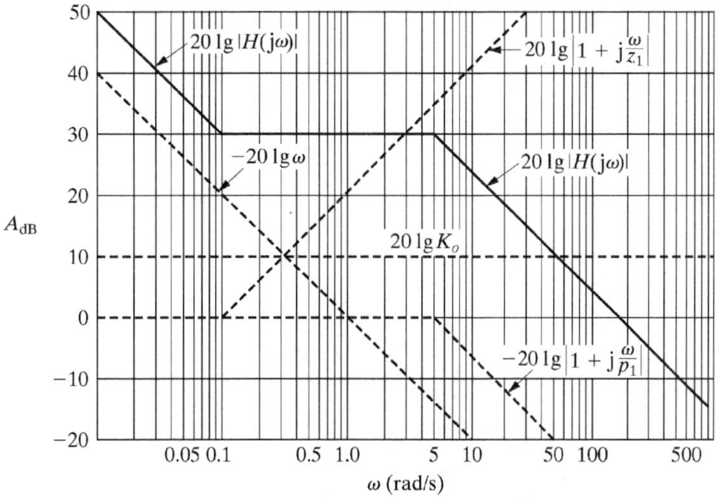

图 E.3　式(E.10)的近似幅值曲线伯德图

例 E.1 电路如图 E.4 所示

(a)计算其转移函数 $H(s)$。

(b)画出其伯德图的幅值曲线。

(c)计算 $\omega=50$ rad/s 和 $\omega=1000$ rad/s 时 $20\lg|H(\mathrm{j}\omega)|$ 的值。

(d)在直线图上标出(c)计算出的点。

(e)设 $v_i(t)=5\cos(500t+15^\circ)$ V，用所求的伯德图确定此时的输出 $v_o(t)$ 的幅值。

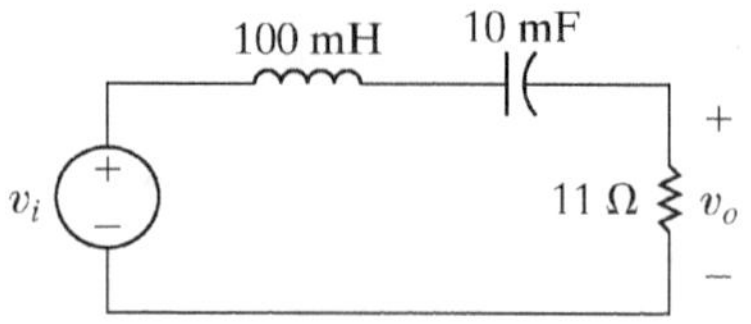

图 E.4 例 E.1 的电路

解：

(a)建立其 s 域模型，用 s 域分压公式(E.4)计算出

$$H(s)=\frac{(R/L)s}{s^2+(R/L)s+\frac{1}{LC}}$$

代入电路中的各元件值得

$$H(s)=\frac{110s}{s^2+110s+1000}=\frac{110s}{(s+10)(s+100)}$$

(b)先写出转移函数 $H(\mathrm{j}\omega)$ 的标准形式

$$H(\mathrm{j}\omega)=\frac{0.11\mathrm{j}\omega}{[1+\mathrm{j}(\omega/10)][1+\mathrm{j}(\omega/100)]}$$

以分贝形式表示转移函数 $H(\mathrm{j}\omega)$ 的幅值

$$\begin{aligned}A_{\mathrm{dB}}&=20\lg|H(\mathrm{j}\omega)|\\&=20\lg 0.11+20\lg|\mathrm{j}\omega|-20\lg\left|1+\mathrm{j}\frac{\omega}{10}\right|-20\lg\left|1+\mathrm{j}\frac{\omega}{100}\right|\end{aligned}$$

图 E.5 画出了其直线图，每部分对总幅值产生的影响非常清楚地表示了出来。

(c)得出

$$H(\mathrm{j}50)=\frac{0.11\times(\mathrm{j}50)}{(1+\mathrm{j}5)\times(1+\mathrm{j}0.5)}=0.9648\ \angle{-15.25^\circ}$$

$$20\lg|H(\mathrm{j}50)|=20\lg 0.9648=-0.311\ \mathrm{dB}$$

$$H(\mathrm{j}1000)=\frac{0.11\times(\mathrm{j}1000)}{(1+\mathrm{j}100)\times(1+\mathrm{j}10)}=0.1094\ \angle{-83.72^\circ}$$

$$20\lg 0.1094=-19.22\ \mathrm{dB}$$

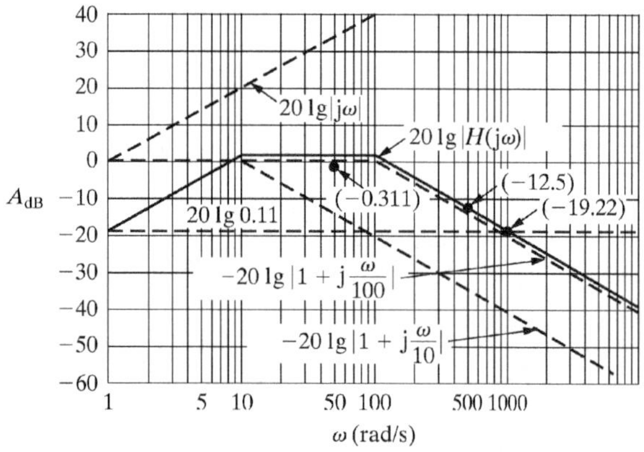

图 E.5 图 E.4 中电路转移函数的直线形伯德图

(d)参见图 E.5。

(e)由图 E.5 可以看到，当 $\omega=500$ rad/s 时 A_{dB} 的值为 −12.5 dB，所以

$$|A|=10^{(-12.5/20)}=0.24$$

和

$$V_{\mathrm{mo}}=|A|V_{\mathrm{mi}}=(0.24)\times(5)=1.19\ \mathrm{V}$$

可以将 $\omega=500$ rad/s 代入到方程 $|H(\mathrm{j}\omega)|$ 中求得 $|H(\mathrm{j}\omega)|$ 的实际值

$$H(\mathrm{j}500)=\frac{0.11\times(\mathrm{j}500)}{(1+\mathrm{j}50)\times(1+\mathrm{j}5)}=0.22\ \angle{-77.54^\circ}$$

在该电源作用下，实际输出电压的幅值为

$$V_{\mathrm{mo}}=|A|V_{\mathrm{mi}}=(0.22)\times(5)=1.1\ \mathrm{V}$$

E.3 精确的幅值曲线

修正幅值在转折频率、0.5 倍转折频率、2 倍转折频率时的值可以得到精确的幅值特性曲线。在转折频率处，实际的分贝值是

$$\begin{aligned} A_{\mathrm{dB_c}} &= \pm 20\lg|1+\mathrm{j}1| \\ &= \pm 20\lg\sqrt{2} \\ &\approx \pm 3\ \mathrm{dB} \end{aligned} \tag{E.13}$$

在 0.5 倍转折频率处

$$\begin{aligned} A_{\mathrm{dB_{c/2}}} &= \pm 20\lg\left|1+\mathrm{j}\frac{1}{2}\right| \\ &= \pm 20\lg\sqrt{5/4} \\ &\approx \pm 1\ \mathrm{dB} \end{aligned} \tag{E.14}$$

在 2 倍转折频率处

$$\begin{aligned} A_{\mathrm{dB_{2c}}} &= \pm 20\lg|1+\mathrm{j}2| \\ &= \pm 20\lg\sqrt{5} \\ &\approx \pm 7\ \mathrm{dB} \end{aligned} \tag{E.15}$$

在式(E.13)至式(E.15)中，“+”号适用于一阶零点，“-”号适用于一阶极点。直线形幅值曲线在转折频率和半转折频率处的值均为 0 dB，在 2 倍转折频率处为 ±6 dB。因此，修正值在转折频率处为 ±3 dB，在 0.5 倍和 2 倍转折频率处为 ±1 dB，图 E.6 列出了修正值。

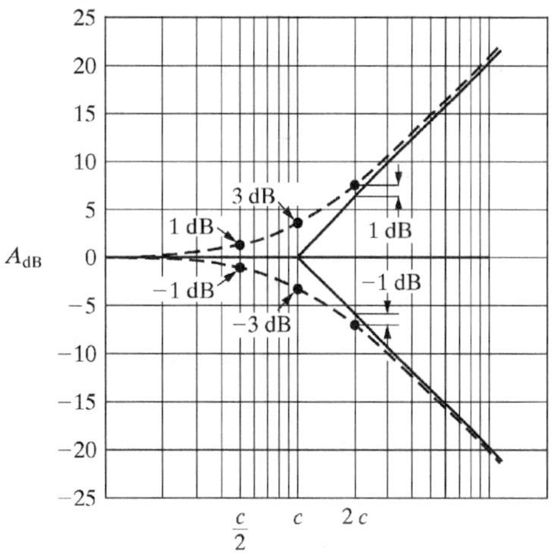

图 E.6 一阶零极点的修正幅值曲线

频率从 2 变到 1 称为倍频程，20 dB/十倍频程相当于 6.02 dB/倍频程，在画图时相当于 6 dB/倍频程。这样，计算出的修正值在转折频率之上和之下是一致的。

若转移函数 $H(s)$ 的零极点分开较远，则插入修正值得出精确的幅值曲线是件容易的事。但如果零极点的间隙很近，那么重叠的修正值很难计算，这时最好先用直线形曲线估画出幅值特性，然后再用计算机精确计算各关键频率点的幅值。

E.4 直线形相位角曲线

用直线形估算方法也可以画出相位曲线。当转移函数为常数 K_o 时，相位角为零。当一阶零极点位于原点时，其相位角为常数 ±90°。当一阶零极点不在原点时，要估算直线形曲线，按下面的方法处理：

- 小于 1/10 倍转折频率时，相位角为 0°。
- 大于 10 倍转折频率时，相位角为 ±90°。

- 在 1/10～10 倍转折频率之间时，相位角为直线，当频率为 1/10 转折频率时为 0°，在转折频率处为 ±45°,在 10 倍转折频率处为 ±90°。

以上各步中，“ + ”号适用于一阶零点，“ - ”号适用于一阶极点。图 E.7 画出了一阶零极点的直线形相位角曲线。图中的虚线画出了相位随频率的精确变化情况。可见近似曲线和实际曲线非常靠近，两条曲线之间的最大误差值为 6°。

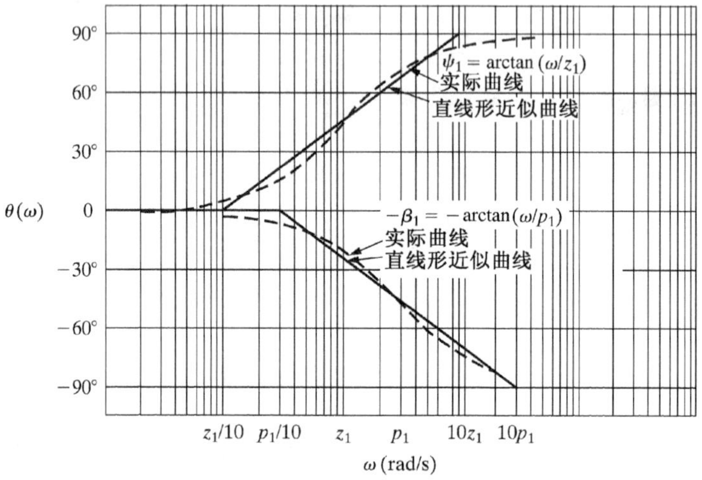

图 E.7 一阶零极点的相位角曲线

图 E.8 画出了方程(B.1)所描述的转移函数的近似相位角曲线。方程(B.6)给出了相位角方程，方程中 $z_1 = 0.1$ rad/s，$p_1 = 5$ rad/s。

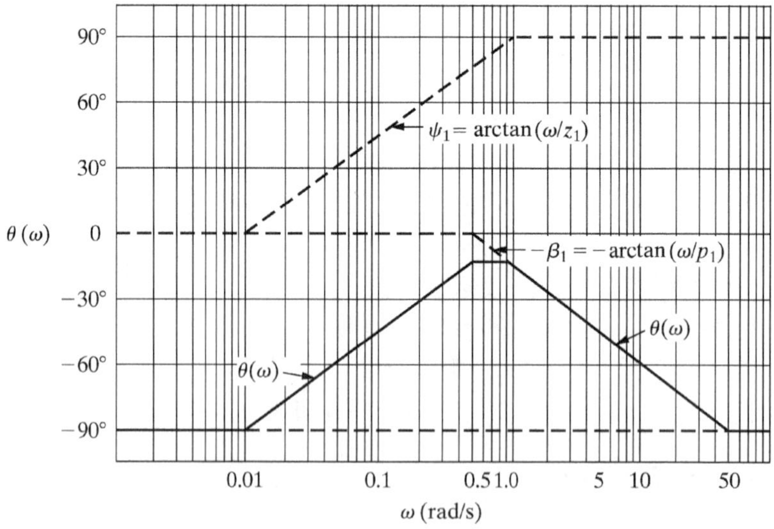

图 E.8 方程(B.1)的直线形近似相位角曲线

例 E.2 给出了用直线形近似法求相位角曲线的过程。

例 E.2

(a)画出例 E.1 转移函数的直线形相位角曲线。

(b)计算 $\omega = 50$ rad/s，500 rad/s，1000 rad/s 时的相位角 $\theta(\omega)$ 的值。

(c)在(a)图中画出(b)中计算出的值。

(d)若输入电压为 $v_i(t)=10\cos(500t-25°)$ V，试用例 E.1(e)和例 E.1(b)的结果计算稳态输出电压。

解：

(a)由例 E.1 可知

$$H(j\omega)=\frac{0.11\times(j\omega)}{[1+j(\omega/10)][1+j(\omega/100)]}$$
$$=\frac{0.11\times|j\omega|}{|1+j(\omega/10)||1+j(\omega/100)|}\underline{/(\psi_1-\beta_1-\beta_2)}$$

因此

$$\theta(\omega)=\psi_1-\beta_1-\beta_2$$

其中 $\psi_1=90°$，$\beta_1=\arctan(\omega/10)$，$\beta_2=\arctan(\omega/100)$。图 E.9 画出了 $\theta(\omega)$ 的直线形近似图。

(b)有

$$H(j50)=0.96\ \underline{/-15.25°}$$
$$H(j500)=0.22\ \underline{/-77.54°}$$
$$H(j1000)=0.11\ \underline{/-83.72°}$$

这样

$$\theta(j50)=-15.25°$$
$$\theta(j500)=-77.54°$$

和

$$\theta(j1000)=-83.72°$$

(c)参见图 E.9。

(d)有

$$V_{mo}=|H(j500)|V_{mi}$$
$$=(0.22)\times(10)$$
$$=2.2\text{ V}$$

和

$$\theta_o=\theta(\omega)+\theta_i$$
$$=-77.54°-25°$$
$$=-102.54°$$

因此

$$v_o(t)=2.2\cos(500t-102.54°)\text{ V}$$

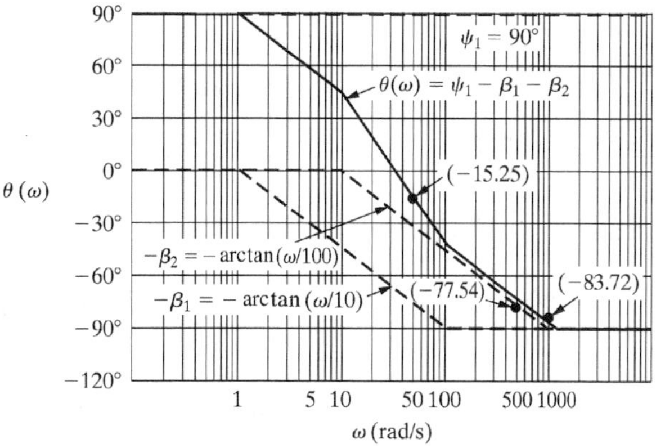

图 E.9 例 E.2 的 $\theta(\omega)$ 的直线形近似图

E.5 伯德图：复极点和零点

在画幅值和相位曲线时，对 $H(s)$ 表达式中的复极点和零点要特别注意。我们先讨论有一对复极点的幅值和相位图画法，一旦了解了处理复极点的规则后，复零点的处理也就清楚了。

$H(s)$ 的复极点总是以共轭复数的形式出现，对含有复极点的转移函数，画幅值和相位曲线的第一步是将共轭复数对转化成单一的二次项，这样，若处理方程

$$H(s)=\frac{K}{(s+\alpha-j\beta)(s+\alpha+j\beta)} \tag{E.16}$$

先将分母 $(s+\alpha-j\beta)(s+\alpha+j\beta)$ 写为

$$(s+\alpha)^2+\beta^2=s^2+2\alpha s+\alpha^2+\beta^2 \tag{E.17}$$

在画伯德图时，再将二次项写成更为一般的形式

$$s^2+2\alpha s+\alpha^2+\beta^2=s^2+2\zeta\omega_n s+\omega_n^2 \tag{E.18}$$

对两种形式进行比较表明

$$\omega_n^2=\alpha^2+\beta^2 \tag{E.19}$$

和

$$\zeta\omega_n=\alpha \tag{E.20}$$

参数 ω_n 是二次因子的转折频率，ζ 是二次项的阻尼系数，其临界值是 1。若 $\zeta<1$，二次因数的根是复数，用方程(E.18)表达复极点。若 $\zeta\geqslant 1$，则将二次项分解为 $(s+p_1)(s+p_2)$，然后根据前面的讨论画幅值和相位图。假设 $\zeta<1$，将方程(E.16)重写为

$$H(s)=\frac{K}{s^2+2\zeta\omega_n s+\omega_n^2} \tag{E.21}$$

将分子和分母同除以极点和零点，以标准形式写出方程(E.21)。将二次项分子和分母同除以 ω_n，于是

$$H(s)=\frac{K}{\omega_n^2}\frac{1}{1+(s/\omega_n)^2+2\zeta(s/\omega_n)} \tag{E.22}$$

进而得出

$$H(\mathrm{j}\omega)=\frac{K_o}{1-(\omega^2/\omega_n^2)+\mathrm{j}(2\zeta\omega/\omega_n)} \tag{E.23}$$

其中

$$K_o=\frac{K}{\omega_n^2}$$

在谈论方程(E.23)的幅值和相位曲线之前，为方便起见，将 ω/ω_n 用新的变量 u 代替，则

$$H(\mathrm{j}\omega)=\frac{K_o}{1-u^2+\mathrm{j}2\zeta u} \tag{E.24}$$

以极坐标形式写出 $H(\mathrm{j}\omega)$

$$H(\mathrm{j}\omega)=\frac{K_o}{|(1-u^2)+\mathrm{j}2\zeta u|\underline{/\beta_1}} \tag{E.25}$$

由此得

$$\begin{aligned}A_{\mathrm{dB}}&=20\lg|H(\mathrm{j}\omega)|\\&=20\lg K_o-20\lg|(1-u^2)+\mathrm{j}2\zeta u|\end{aligned} \tag{E.26}$$

和

$$\theta(\omega)=-\beta_1=-\arctan\frac{2\zeta u}{1-u^2} \tag{E.27}$$

E.6 幅值曲线

二次因数对 $H(\mathrm{j}\omega)$ 幅值的影响是通过 $-20\lg|1-u^2+\mathrm{j}2\zeta u|$ 体现的，因为 $u=\omega/\omega_n$，所以，当 $\omega\to 0$ 时，$u\to 0$，当 $\omega\to\infty$ 时，$u\to\infty$。为表示出 ω 在 0 至 ∞ 内变化时，$-20\lg|(1-u^2)+\mathrm{j}2\zeta u|$ 项的变化，我们注意到

$$\begin{aligned}-20\lg|(1-u^2)+\mathrm{j}2\zeta u|&=-20\lg\sqrt{(1-u^2)^2+4\zeta^2u^2}\\&=-10\lg[u^4+2u^2(2\zeta^2-1)+1]\end{aligned} \tag{E.28}$$

当 $u \to 0$ 时

$$-10\lg[u^4+2u^2(2\zeta^2-1)+1] \to 0 \qquad (E.29)$$

当 $u \to \infty$ 时

$$-10\lg[u^4+2u^2(2\zeta^2-1)+1] \to -40\lg u \qquad (E.30)$$

根据方程(E.29)和方程(E.30)，可以得出含有两段直线的近似幅值曲线，当 $\omega < \omega_n$ 时，直线沿着 0 dB 轴，当 $\omega > \omega_n$ 时，直线斜率为 -40 dB/十倍频程。这两条直线的交点在 0 dB 轴上的 $u=1$ 处或 $\omega=\omega_n$ 处。图 E.10 表示出了 $\zeta<1$ 时二次因子的直线形近似曲线。

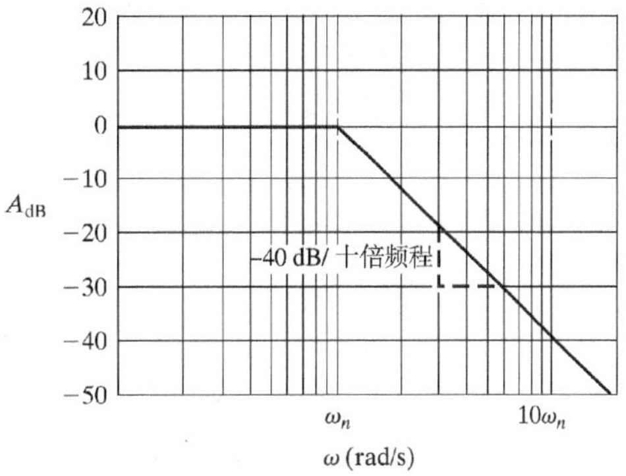

图 E.10 具有一对共轭复极点的幅值曲线

E.7 直线形幅值曲线的修正

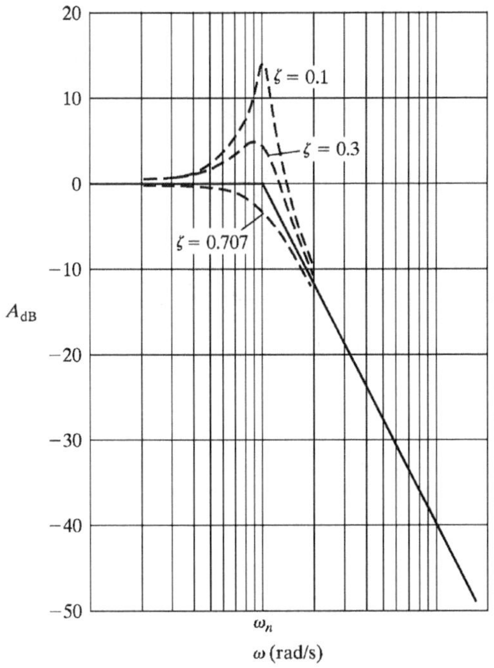

图 E.11 ζ 对幅值曲线的影响

具有一对复极点的直线形幅值曲线的修正不像一阶实零极点曲线的修正那么容易，因为修正要根据阻尼系数 ζ 来确定，图 E.11 表明了 ζ 对幅值曲线的影响。由图 E.11 可以看到，当 ζ 很小时，在转折频率 $\omega_n(u=1)$ 附近会出现一较大的幅值峰值，当 $\zeta \geqslant 1/\sqrt{2}$ 时，修正的幅值曲线全部处于直线形近似曲线之下。为了画出曲线，可以在实际的曲线上确定 4 个点来修正近似曲线。4 个对应点的频率为：(1)转折频率的一半；(2)幅值达到峰值时的频率；(3)转折频率；(4)幅值为零的频率。图 E.12 画出了这 4 个点。

在转折频率的一半处(点 1)，实际幅值是

$$A_{dB}(\omega_n/2) = -10\lg(\zeta^2+0.5625) \qquad (E.31)$$

幅值的峰值点(点 2)在频率

$$\omega_p = \omega_n\sqrt{1-2\zeta^2} \qquad (E.32)$$

且其峰值为

$$A_{dB}(\omega_p) = -10\lg[4\zeta^2(1-\zeta^2)] \qquad (E.33)$$

在转折频率(点 3)处，实际幅值是

$$A_{dB}(\omega_n) = -20\lg 2\zeta \qquad (E.34)$$

修正幅值曲线与 0 dB 轴的交点(点 4)在

$$\omega_o = \omega_n\sqrt{2(1-2\zeta^2)} = \sqrt{2}\omega_p \qquad (E.35)$$

方程(E.31)，方程(E.34)和方程(E.35)是根据方程(E.28)得出的。当 $u=0.5$ 和 $u=1.0$ 时，分别计算方程(E.28)可得出方程(E.31)和方程(E.34)。方程(E.35)是将满足 $u^4+2u^2(2\zeta^2-1)+1=1$ 的

u 值代入方程(E.28)得出的。方程(E.32)的求解过程是：将方程(E.28)对 u 求导，并令导数为零，求得 u 值，方程(E.33)是将方程(E.32)的解 u 代入方程(E.28)得到的。

例 E.3 给出了具有一对复极点的转移函数的幅值曲线绘制过程。

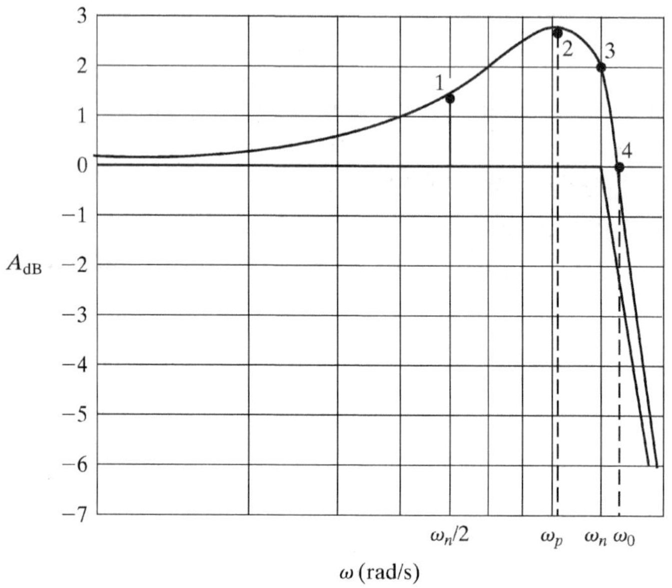

图 E.12　具有一对复极点的幅值修正曲线上的 4 个点

例 E.3　计算图 E.13 电路的转移函数

(a)转折频率的值为多少弧度每秒？

(b)K_o 值为多少？

(c)阻尼系数的值为多少？

(d)画出频率范围在 10 ~ 500 rad/s 内的直线形幅值曲线。

(e)计算并画出 $\omega_n/2$，ω_p，ω_n，ω_o 处幅值的实际分贝值。

(f)根据直线形幅值曲线，说明图 E.13 所示电路代表的滤波器类型，并估算其截至频率 ω_c。

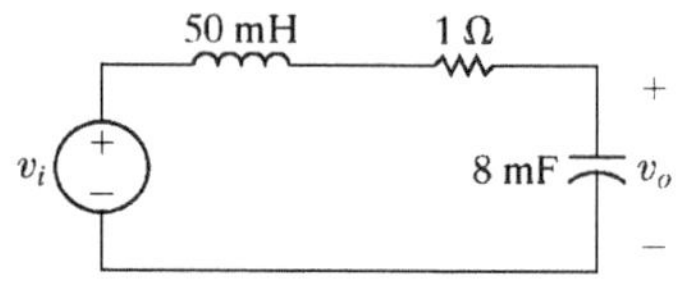

图 E.13　例 E.3 的电路

解：

将图 E.13 所示电路转换为 s 域模型，利用 s 域分压公式得

$$H(s)=\frac{\frac{1}{LC}}{s^2+\left(\frac{R}{L}\right)s+\frac{1}{LC}}$$

代入元件的值得到

$$H(s)=\frac{2500}{s^2+20s+2500}$$

(a)由 $H(s)$ 的表达式得，$\omega_n^2=2500$，所以 $\omega_n=50$ rad/s。

(b)根据定义得 K_o 为 $2500/\omega_n^2$，即 1。

(c)s 的系数为 $2\zeta\omega_n$，所以

$$\zeta=\frac{20}{2\omega_n}=0.20$$

(d)参见图 E.14。

(e) 实际的幅值为

$$A_{dB}(\omega_n/2) = -10\lg(0.6025) = 2.2\ dB$$

$$\omega_p = 50\sqrt{0.92} = 47.96\ rad/s$$

$$A_{dB}(\omega_p) = -10\lg(0.16)\times(0.96) = 8.14\ dB$$

$$A_{dB}(\omega_n) = -20\lg(0.4) = 7.96\ dB$$

$$\omega_o = \sqrt{2}\omega_p = 67.82\ rad/s$$

$$A_{dB}(\omega_o) = 0\ dB$$

图 E.14 表示出了修正曲线。

(f) 图 E.14 清楚地表明，该电路是低通滤波器，在截止频率处，转移函数的幅值 $|H(j\omega_c)|$ 比最大幅值小 3 dB。由修正曲线可知，截止频率大致出现在 55 rad/s 处，与直线形伯德图所确定的值基本相等。

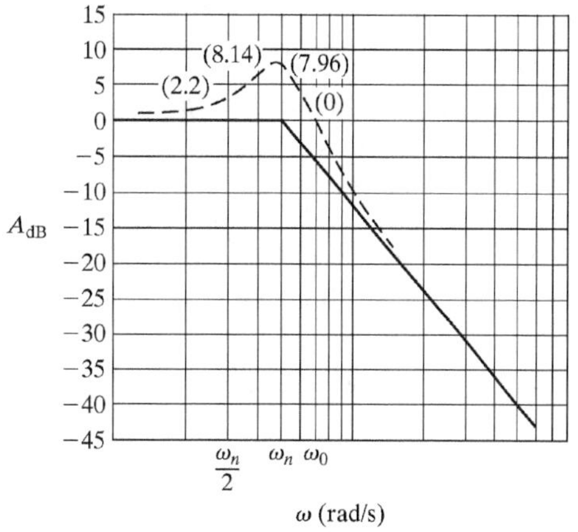

图 E.14 例 E.3 的幅值的修正曲线

E.8 相位曲线

具有共轭复极点的相位曲线是方程(E.27)的曲线。在 0 频率处相角为零，在转折频率处相角为 −90°。当 $\omega(u)$ 很大时，相位接近于 −180°。与幅值曲线情况一样，ζ 在确定相位曲线精确位置时是非常重要的参数，当 ζ 值很小时，相位在转折频率处快速变化。图 E.15 表明了 ζ 对相位曲线的影响。

也可以画出具有一对共轭复极点的直线形近似相位曲线，方法是在转折频率处画一条切线并延长这条直线与 0°和 −180°直线相交。相位曲线在 −90°处具有一个斜率为 $-2.3/\zeta$ rad/十倍频程($-132/\zeta$ 度/十倍频程)的切线，它与 0°和 −180°直线分别在 $u_1 = 4.81^{-\zeta}$ 和 $u_2 = 4.81^{\zeta}$ 处相交。图 E.16 描述了 $\zeta = 0.3$ 时的直线形近似相位曲线和实际的相位曲线，两曲线的对比表明，近似曲线在转折频率附近是比较合理的，但在 u_1 和 u_2 附近误差较大。例 E.4 总结了伯德图。

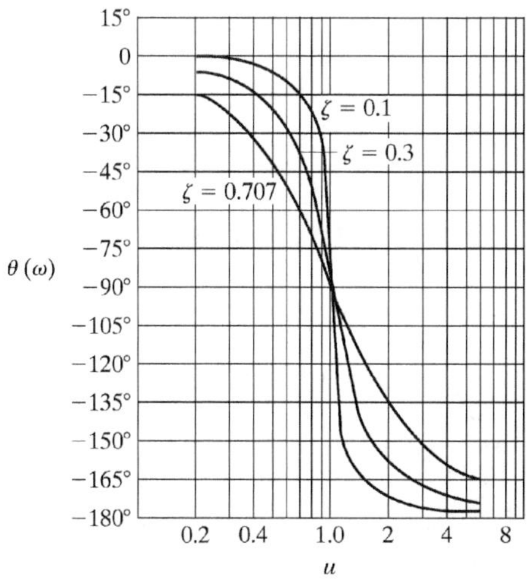

图 E.15 ζ 对相位曲线的影响

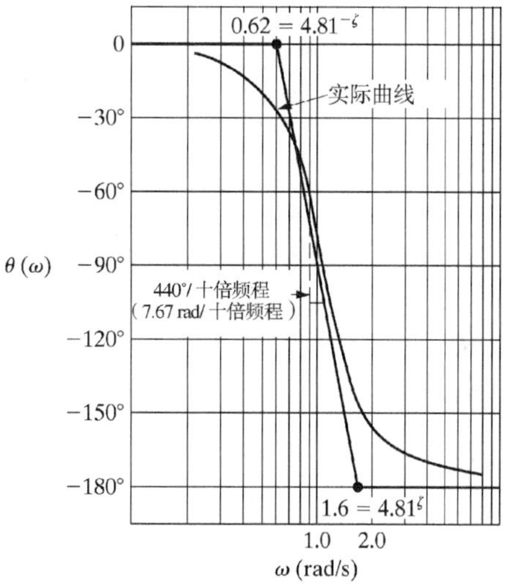

图 E.16 具有一对复极点的直线形近似相位曲线和实际的相位曲线

例 E.4 (a)计算图 E.17 电路的转移函数。

(b)画出 $20\lg|H(j\omega)|$ 的直线形近似幅值曲线。

(c)用该直线形近似曲线确定电路所代表的滤波器类型并估算截止频率。

(d)实际截止频率是多少?

(e)画出 $H(j\omega)$ 的直线形相位曲线。

(f)根据(c)求出在截止频率处的 $\theta(\omega)$ 值。

(g)在截止频率处,$\theta(\omega)$ 的实际值是多少?

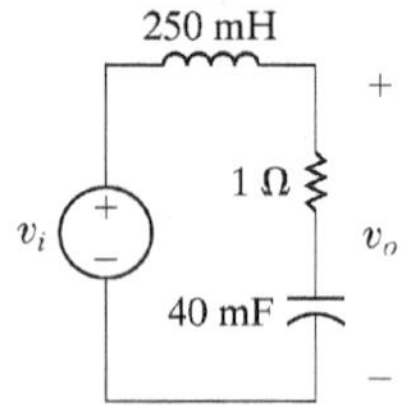

图 E.17 例 E.4 的电路

解:

(a)将图 E.17 的电路转换成 s 域模型,然后根据 s 域分压公式得

$$H(s)=\frac{\frac{R}{L}s+\frac{1}{LC}}{s^2+\frac{R}{L}s+\frac{1}{LC}}$$

将电路中的元件值代入上述方程,得

$$H(s)=\frac{4(s+25)}{s^2+4s+100}$$

(b)画伯德图的第一步是将 $H(j\omega)$ 化成标准形式,因为 $H(s)$ 含有二次项,故先计算 ζ 值,发现 $\zeta=0.2$,$\omega_n=10$,所以

$$H(s)=\frac{s/25+1}{1+(s/10)^2+0.4(s/10)}$$

因此

$$H(j\omega)=\frac{|1+j\omega/25|\underline{/\psi_1}}{|1-(\omega/10)^2+j0.4(\omega/10)|\underline{/\beta_1}}$$

对于二次项 $u=\omega/10$,$H(j\omega)$ 幅值的分贝值为

$$A_{\rm dB}=20\lg|1+j\omega/25|$$
$$-20\lg\left[\left|1-\left(\frac{\omega}{10}\right)^2+j0.4\left(\frac{\omega}{10}\right)\right|\right]$$

而相位角为

$$\theta(\omega)=\psi_1-\beta_1$$

此处

$$\psi_1=\arctan(\omega/25)$$

$$\beta_1=\arctan\frac{0.4(\omega/10)}{1-(\omega/10)^2}$$

图 E.18 画出了幅值曲线。

(c)由图 E.18 可知,此电路为一低通滤波器,在截止频率处,$H(j\omega)$ 的幅值比通带的幅值小 3 dB,由图可确定截止频率约为 13 rad/s。

(d)为求解实际截止频率,用 $j\omega$ 代替 $H(s)$ 中的 s,计算 $|H(j\omega)|$ 的表达式。令 $|H(j\omega_c)|=(1/\sqrt{2})H_{\max}=1/\sqrt{2}$,求 ω_c。首先

$$H(j\omega)=\frac{4(j\omega)+100}{(j\omega)^2+4(j\omega)+100}$$

然后

$$|H(j\omega_c)|=\frac{\sqrt{(4\omega_c)^2+100^2}}{\sqrt{(100-\omega_c^2)^2+(4\omega_c)^2}}=\frac{1}{\sqrt{2}}$$

求得 ω_c 为

$$\omega_c=16\text{ rad/s}$$

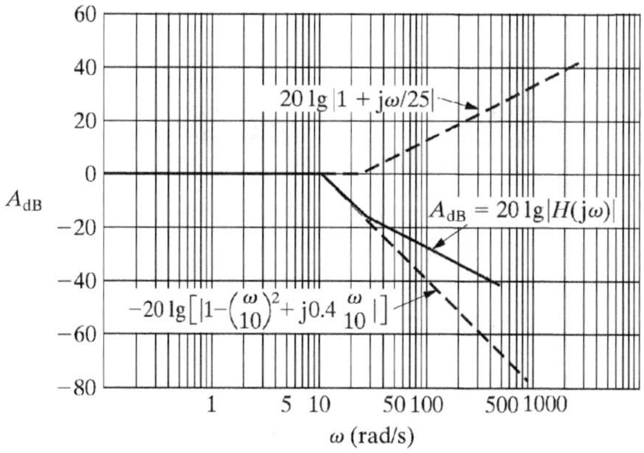

图 E.18 例 E.4 的幅值曲线

(e) 图 E.19 为相位曲线，在 1.0 rad/s 与 2.5 rad/s 之间直线段的斜率与 2.5 rad/s 至 100 rad/s 之间的斜率不相等。

(f) 根据图 E.19 的相位曲线，估算出相位角在 16 rad/s 的截止频率处为 −65°。

(g) 将 $H(s)$ 中的 s 用 j16 代替，可计算出截止频率处的实际相位角

$$H(\mathrm{j}16)=\frac{4(\mathrm{j}16+25)}{(\mathrm{j}16)^2+4(\mathrm{j}16)+100}$$

计算相角得

$$\theta(\omega_c)=\theta(\mathrm{j}16)=-125.0^\circ$$

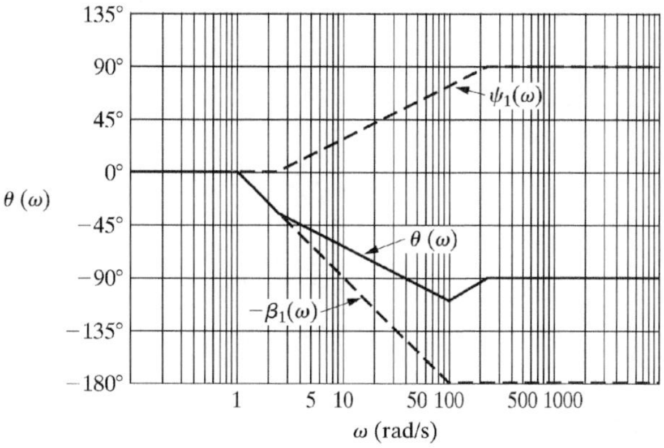

图 E.19 例 E.4 的相位曲线

估算的相角误差较大，一般情况下，直线形相位曲线在相角变化的频带内不能给出满意的结果。直线形相位曲线只是在确定相角的一般特性时使用，不能用来估算特殊频率下的实际相位角。

附录F　三角恒等式简表

1. $\sin(\alpha \pm \beta) = \sin\alpha\cos\beta \pm \cos\alpha\sin\beta$

2. $\cos(\alpha \pm \beta) = \cos\alpha\cos\beta \mp \sin\alpha\sin\beta$

3. $\sin\alpha + \sin\beta = 2\sin\dfrac{\alpha+\beta}{2}\cos\dfrac{\alpha-\beta}{2}$

4. $\sin\alpha - \sin\beta = 2\cos\left(\dfrac{\alpha+\beta}{2}\right)\sin\left(\dfrac{\alpha-\beta}{2}\right)$

5. $\cos\alpha + \cos\beta = 2\cos\left(\dfrac{\alpha+\beta}{2}\right)\cos\left(\dfrac{\alpha-\beta}{2}\right)$

6. $\cos\alpha - \cos\beta = -2\sin\left(\dfrac{\alpha+\beta}{2}\right)\sin\left(\dfrac{\alpha-\beta}{2}\right)$

7. $2\sin\alpha\sin\beta = \cos(\alpha-\beta) - \cos(\alpha+\beta)$

8. $2\cos\alpha\cos\beta = \cos(\alpha-\beta) + \cos(\alpha+\beta)$

9. $2\sin\alpha\cos\beta = \sin(\alpha+\beta) + \sin(\alpha-\beta)$

10. $\sin 2\alpha = 2\sin\alpha\cos\alpha$

11. $\cos 2\alpha = 2\cos^2\alpha - 1 = 1 - 2\sin^2\alpha$

12. $\cos^2\alpha = \dfrac{1}{2} + \dfrac{1}{2}\cos 2\alpha$

13. $\sin^2\alpha = \dfrac{1}{2} - \dfrac{1}{2}\cos 2\alpha$

14. $\tan(\alpha \pm \beta) = \dfrac{\tan\alpha \pm \tan\beta}{1 \mp \tan\alpha\tan\beta}$

15. $\tan 2\alpha = \dfrac{2\tan\alpha}{1 - \tan^2\alpha}$

附录G　积分简表

1. $\int xe^{ax}\,dx = \frac{e^{ax}}{a^2}(ax-1)$

2. $\int x^2e^{ax}\,dx = \frac{e^{ax}}{a^3}(a^2x^2-2ax+2)$

3. $\int x\sin ax\,dx = \frac{1}{a^2}\sin ax - \frac{x}{a}\cos ax$

4. $\int x\cos ax\,dx = \frac{1}{a^2}\cos ax + \frac{x}{a}\sin ax$

5. $\int e^{ax}\sin bx\,dx = \frac{e^{ax}}{a^2+b^2}(a\sin bx - b\cos bx)$

6. $\int e^{ax}\cos bx\,dx = \frac{e^{ax}}{a^2+b^2}(a\cos bx + b\sin bx)$

7. $\int \frac{dx}{x^2+a^2} = \frac{1}{a}\arctan\frac{x}{a}$

8. $\int \frac{dx}{(x^2+a^2)^2} = \frac{1}{2a^2}\left(\frac{x}{x^2+a^2}+\frac{1}{a}\arctan\frac{x}{a}\right)$

9. $\int \sin ax\sin bx\,dx = \frac{\sin(a-b)x}{2(a-b)} - \frac{\sin(a+b)x}{2(a+b)}, \quad a^2\neq b^2$

10. $\int \cos ax\cos bx\,dx = \frac{\sin(a-b)x}{2(a-b)} + \frac{\sin(a+b)x}{2(a+b)}, \quad a^2\neq b^2$

11. $\int \sin ax\cos bx\,dx = -\frac{\cos(a-b)x}{2(a-b)} - \frac{\cos(a+b)x}{2(a+b)}, \quad a^2\neq b^2$

12. $\int \sin^2 ax\,dx = \frac{x}{2} - \frac{\sin 2ax}{4a}$

13. $\int \cos^2 ax\,dx = \frac{x}{2} + \frac{\sin 2ax}{4a}$

14. $\int_0^{\infty} \frac{a\,dx}{a^2+x^2} = \begin{cases} \frac{\pi}{2}, & a>0 \\ 0, & a=0 \\ \frac{-\pi}{2}, & a<0 \end{cases}$

15. $\displaystyle\int_0^{\infty} \frac{\sin ax}{x}\,\mathrm{d}x = \begin{cases} \frac{\pi}{2}, & a > 0 \\ \frac{-\pi}{2}, & a < 0 \end{cases}$

16. $\displaystyle\int x^2 \sin ax\,\mathrm{d}x = \frac{2x}{a^2}\sin ax - \frac{a^2x^2 - 2}{a^3}\cos ax$

17. $\displaystyle\int x^2 \cos ax\,\mathrm{d}x = \frac{2x}{a^2}\cos ax + \frac{a^2x^2 - 2}{a^3}\sin ax$

18. $\displaystyle\int \mathrm{e}^{ax}\sin^2 bx\,\mathrm{d}x = \frac{\mathrm{e}^{ax}}{a^2 + 4b^2}\left[(a\sin bx - 2b\cos bx)\sin bx + \frac{2b^2}{a}\right]$

19. $\displaystyle\int \mathrm{e}^{ax}\cos^2 bx\,\mathrm{d}x = \frac{\mathrm{e}^{ax}}{a^2 + 4b^2}\left[(a\cos bx + 2b\sin bx)\cos bx + \frac{2b^2}{a}\right]$

附录 H　常用的标准元件值

电阻（精度5%）[Ω]					
10	100	1.0 k	10 k	100 k	1.0 M
	120	1.2 k	12 k	120 k	
15	150	1.5 k	15 k	150 k	1.5 M
	180	1.8 k	18 k	180 k	
22	220	2.2 k	22 k	220 k	2.2 M
	270	2.7 k	27 k	270 k	
33	330	3.3 k	33 k	330 k	3.3 M
	390	3.9 k	39 k	390 k	
47	470	4.7 k	47 k	470 k	4.7 M
	560	5.6 k	56 k	560 k	
68	680	6.8 k	68 k	680 k	6.8 M

电容		
10 pF	22 pF	47 pF
100 pF	220 pF	470 pF
0.001 μF	0.0022 μF	0.0047 μF
0.01 μF	0.022 μF	0.047 μF
0.1 μF	0.22 μF	0.47 μF
1 μF	2.2 μF	4.7 μF
10 μF	22 μF	47 μF
100 μF	220 μF	470 μF

电感	
值	额定电流
10 μH	3 A
100 μH	0.91 A
1 mH	0.15 A
10 mH	0.04 A

部分习题及答案

第 1 章

1.1　104.4 吉瓦时

1.5　0.10 mm

1.12　(a) −400 W;功率由盒子提供　(b) 输入　(c) 获得

1.19　(a) 937.5 mW　(b) 1.875 mJ

1.24　(a) 223.80 W　(b) 4 J

1.34　$\sum P_{del} = \sum P_{abs} = 2280$ W

第 2 章

2.6　(a) 20 V　(b) 8 W(吸收)

2.12　(a) −16 mA　(b) 640 mW　(c) 16 mA; 640 mW

2.15　100 Ω 电阻

2.19　(a) 1.2 A, 0.3 A　(b) 120 V　(c) $\sum P_{del} = \sum P_{abs} = 180$ W

2.29　(a) 20 A 与 5 Ω 并联　(b) 320 W

2.33　15 V, 1.4167 W

2.42　1800 W, 是图 2.41 中电路功率的 1/2。

第 3 章

3.2　(a) 576 W, 288 W, 192 W, 384 W　(b) 1440 W　(c) $\sum P_{del} = \sum P_{abs} = 1440$ W

3.5　(a) 12 kΩ, 900 Ω, 30 Ω, 120 Ω　(b) 27 mW, 810 mW, 270 W, 108 mW

3.12　(a) 66 V　(b) 1.88 W, 1.32 W　(c) 17 672 Ω, 12 408 Ω

3.14　(a) 1200 Ω, 300 Ω　(b) 1 W

3.26　(a) 150 mA　(b) 5.4 V　(c) 3.6 V　(d) 1 V

3.34　7.5 A

3.37　(a) 49 980 Ω　(b) 4980 Ω　(c) 230 Ω　(d) 5 Ω

3.51　(a) 1500 Ω　(b) 28.8 mA　(c) 750 Ω, 276.48 mW　(d) 1000 Ω, 92.16 mW

3.60　(a) 80 Ω　(b) 279 W

3.62　2.4 A, 72.576 W

3.73　(a) 0.2, 0.75　(b) 384, 200

第 4 章

4.2　(a) 9　(b) 4　(c) 4　(d) 最左下部分的网孔不能用; 共用相关电源的两个网孔必须相结合

4.5　(a) 2　(b) 5　(c) 7　(d) 1, 4, 7

4.11　(a) −6.8 A, 2.7 A, −9.5 A, 2.5 A, −12 A　(b) 3840 W

4.13　120 V, 96 V

4.18　750 W

4.22 (a) −37.5 V, 75 W (b) −37.5 V, 75 W (c) 端口(b), 较少的方程

4.26 −20 V

4.32 (a) 0.1 A, 0.3 A, 0.2 A (b) 0.38 A, 0.02 A, −0.36 A

4.40 2700 W

4.43 (a) 2 mA (b) 304 mW (c) 0.9 mW

4.49 525 W

4.54 (a) 网孔电流法 (b) 4 mW (c) 否 (d) 200 mW

4.62 (a) −0.85 A (b) −0.85 A

4.68 与 3.75 kΩ 并联, 方向向下 1 mA

4.72 (a) 51.3 V (b) −5%

4.79 150 Ω

4.88 2.5 Ω 和 22.5 Ω

4.93 (a) 50 V (b) 250 W

4.105 39.583 V, 102.5 V

第 5 章

5.5 −1 mA

5.11 (a) $0 \leqslant \sigma \leqslant 0.40$ (b) 556.25 μA

5.13 $0 \leqslant R_f \leqslant 60$ kΩ

5.20 (a) 10.54 V (b) $-4.55\ \text{V} \leqslant v_g \leqslant 4.55\ \text{V}$ (c) 181.76 kΩ

5.27 (a) −15.1 V (b) 34.3 kΩ (c) 250 kΩ

5.30 (a) 16 V (b) $-4.2\ \text{V} \leqslant v_b \leqslant 3.8\ \text{V}$

5.34 $2994\ \Omega \leqslant R_x \leqslant 3006\ \Omega$

5.44 (a) −19.9844 (b) 736.1 μV (c) 5003.68 Ω (d) −20, 0, 5000 Ω

5.49 (a) 2 kΩ (b) 12 mΩ

第 6 章

6.2 (a)

$i = 0$	$t \leqslant 0$
$i = 4t$ A	$0 \leqslant t \leqslant 25$ ms
$i = 0.2 - 4t$ A	$25\ \text{ms} \leqslant t \leqslant 50$ ms
$i = 0$	$50\ \text{ms} \leqslant t$

(b)

$v = 0$	$t < 0$
$v = 2$ V	$0 < t < 25$ ms
$v = -2$ V	$25\ \text{ms} < t < 50$ ms
$v = 0$	$50\ \text{ms} < t$
$p = 0$	$t \leqslant 0$
$p = 8t$ W	$0 \leqslant t < 25$ ms
$p = 8t - 0.4$ W	$25\ \text{ms} < t \leqslant 50$ ms
$p = 0$	$50\ \text{ms} \leqslant t$
$w = 0$	$t \leqslant 0$
$w = 4t^2$ J	$0 \leqslant t \leqslant 25$ ms
$w = 4t^2 - 0.4t + 10 \times 10^{-3}$ J	$25\ \text{ms} \leqslant t \leqslant 50$ ms
$w = 0$	$50\ \text{ms} \leqslant t$

6.8

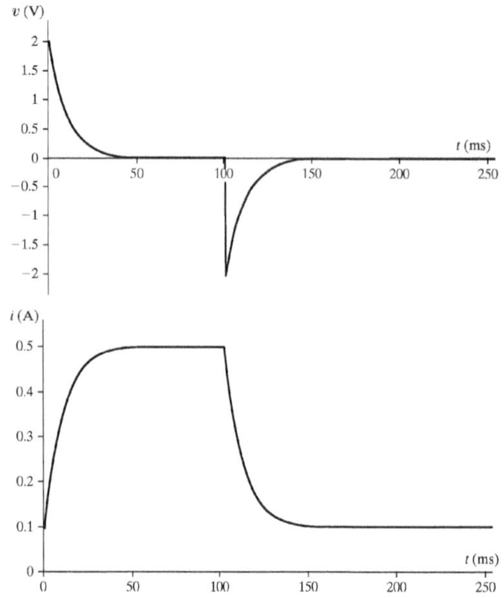

6.16

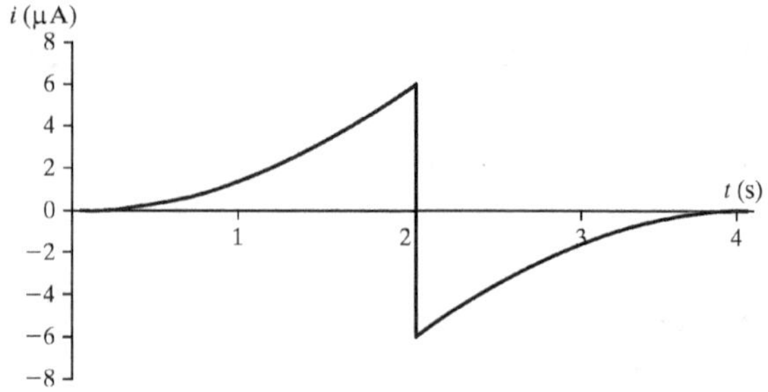

6.21 (a) $-50\times10^4t+15$ V (b) 10^6t V (c) $1.6\times10^6t-12$ V (d) 52 V

(e)

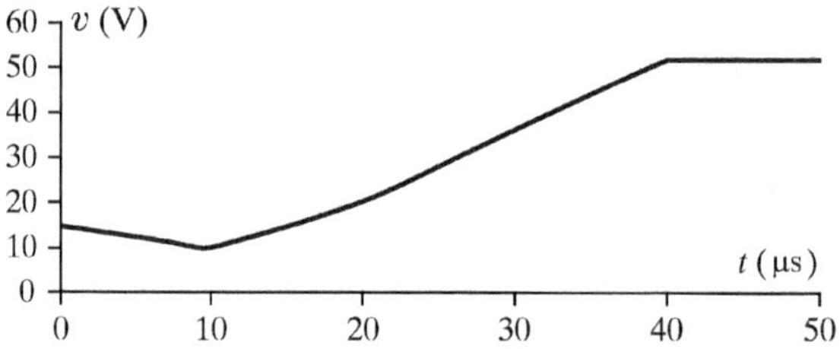

6.27 5 nF 电容具有 15 V 初始电压降；10 μF 电容具有 25 V 初始电压降

6.31 (a) $-20e^{-25t}$ V, $t\geqslant0$

(b) $-16e^{-25t}+21$ V, $t\geqslant0$

(c) $-4e^{-25t}-21$ V, $t\geqslant0$

(d) 320 μJ

(e) 2525 μJ

(f) 2205 μJ

(g) $2525-320=2205$

6.39 (a) $0.2\dfrac{di_2}{dt}+10i_2=-0.5\dfrac{di_g}{dt}$

(b) $0.2\dfrac{di_2}{dt}+10i_2=5e^{-10t}$ 和 $-0.5\dfrac{di_g}{dt}=5e^{-10t}$

(c) $-53.125e^{-10t}+6.25e^{-50t}$ V, $t>0$

(d) -46.875 V

6.46 (a) 50 mH, 2.4 (b) 0.2×10^{-6} Wb/A, 0.2×10^{-6} Wb/A

6.50 0.8 nWb/A, 1.2 nWb/A

6.53 (a) (2.1, 4.3); (3.2, 2.5); (2.1, 2.5); (3.2, 4.3) (b) 放大 (c) 缩小

第 7 章

7.3 (a) 0.5 A (b) 2 ms (c) $0.5e^{-500t}$ A, $t\geq0$; $-80e^{-500t}$ V, $t\geq0^+$; $-35e^{-500t}$ V, $t\geq0^+$ (d) 35.6%

7.9 (a) 0 A, 100 mA, 0 V (b) 400 mA, 100 mA, −20 V (c) 500 mA, 0 A, 0 V (d) $0.1e^{-4000t}$ A (e) $0.5-0.1e^{-4000t}$ A (f) $-20e^{-4000t}$ V

7.19 (a) $-10e^{-5000t}$, A, $t\geq0$ (b) 80 mJ (c) 1.498 τ

7.23 (a) $80e^{-375t}$ V, $t\geq0$ (b) $1.6e^{-375t}$ mA, $t\geq0^+$

7.29 (a) 8 kΩ (b) 0.25 μF (c) 2 ms (d) 648 μJ (e) 1139 μs

7.36 (a) $-0.8+2.4e^{-4000t}$ A, $t\geq0$; $41.6+19.2e^{-4000t}$ V, $t\geq0$ (b) −48 V, 60.8 V

7.47 17.33 ms

7.53 (a) 90 V (b) −60 V (c) 1000 μs (d) 916.3 μs

7.60 3.67 ms

7.68 (a) $40-40e^{-5000}t$ mA, $t\geq0$ (b) $10e^{-5000t}$ V, $t\geq0^+$ (c) $16-16e^{-5000t}$ mA, $t\geq0$ (d) $24-24e^{-5000t}$ mA, $t\geq0$ (e) 是

7.72 −5.013 V

7.80 −5 V, $0\leq t\leq5$ s; $-5e^{-0.1(t-5)}$ V, 5 s$\leq t<\infty$

7.88 83.09 ms

7.94 (a) $\frac{1}{RC}\int_0^t(v_b-v_a)dy$ (b) 输出是 v_b 与 v_a 之差的积分，系数为 $1/RC$ (c) 120 ms

7.105 73 次/分钟

第 8 章

8.4 (a) −10 000 rad/s, −40 000 rad/s (b) 过阻尼 (c) 3125 Ω (d) −16 000 + j12 000 rad/s, −16 000 − j12 000 rad/s (e) 2500 Ω

8.7 (a) 1.25 H, 125 μF, −200 V/s, 5 V (b) $(2000t-75)e^{-80t}$ mA, $t\geq0^+$

8.11 $100e^{-400t}\cos 300t-800e^{-400t}\sin 300t$ V, $t\geq0$

8.13 $-300e^{-250t}+400e^{-1000t}$ V, $t\geq0$

8.28 $2+\frac{1}{3}e^{-400t}-\frac{4}{3}e^{-1600t}$ A, $t\geq0$

8.39 8 kΩ, 2 H, 7.5 mA, 0

8.50 $20-10\,000te^{-500t}-20e^{-500t}$ V, $t\geq0$

8.56 (a) $25e^{-30\,000t}\sin 40\,000t$ V (b) 23.18 μs (c) 9.98 V (d) $100.73e^{-6000t}\sin 49\,638.7t$ V, 29.22 μs, 83.92 V

8.63 (a) $0\leq t\leq0.5^-$ s: $v_{o1}=-1.6t$ V, $v_o=10t^2$ V

0.5^+ s$\leq t\leq t_{sat}$: $v_{o1}=0.8t-1.2$ V, $v_o=-5t^2+15t-3.75$ V

(b) 3.5 s

8.67 (a) 6.33 pF (b) $5.03\sin 4\pi\times10^9 t$ V, $t\geq0$

第 9 章

9.3 (a) 25 V (b) 200 Hz (c) 1256.64 rad/s (d) 1.0472 rad (e) 60° (f) 5 ms (g) 416.67 μs (h) $25\cos 400\pi t$ V (i) 2.92 ms

9.7 $\frac{V_m}{2}$

9.11 (a) $28.38\cos(200t+170.56°)$ (b) $141.33\cos(50t-94.16°)$ (c) $16.7\cos(5000t+170.52°)$ (d) 0

9.17 (a) 160 + j120 mS (b) 160 mS (c) 120 mS (d) 10 A

9.29 $-120\cos 8000t$ V

9.35 500 rad/s

9.42 2/3 Ω

9.48 6 + j4 A 与 −20 + j20 Ω 并联

9.54 188.43 $\underline{/-42.88^\circ}$ V

9.58 80 $\underline{/90^\circ}$ V

9.64 25sin 5000*t* V

9.77 (a) 0.3536 (b) 2 A

9.84 (a) 247 + j7.25 V (b) −j32 Ω, 241 + j8 V (c) −26.90 Ω

9.88 (a) 0 A (b) 0.436 $\underline{/0^\circ}$ A (c) 正确

第 10 章

10.1 (a) 129.41 W(吸收), 482.96 VAR(吸收) (b) −11.65 W(提供), 43.47 VAR(吸收)
(c) −63.39 W(提供), −135.95 VAR(提供) (d) 257.12 W(吸收), −306.42 VAR(提供)

10.2 (a) 否 (b) 是

10.7 5 mW

10.15 (a) 15.81 V(rms) (b) 62.5 W

10.20 (a) −6.4 W, −4.8 VAR, 8 VA (b) $\sum P_{abs} = 6.4\ \text{W} = \sum P_{dev}$
(c) $\sum Q_{abs} = 4.8\ \text{VAR} = \sum Q_{dev}$

10.30 (a) 0.96 (滞后), 0.28; 0.8 (超前), −0.6; 0.6 (超前), −0.8 (b) 0.74 (超前), −0.67

10.41 (a) 2000 − j2000 Ω (b) 3.125 mW (c) $R = 1.8$ kΩ 且 $C = 47$ nF 释放 3.03 mW

10.48 (a) 360 mW (b) 4000 Ω, 0.1 μF (c) 443.1 mW (d) 450 mW (e) 4000 Ω, 66.67 nF (f) 是

10.56 (a) −21 $\underline{/0^\circ}$ V(有效值) (b) 63 W (c) 9.72%

10.62 (a) 125 (b) 26.28125 W

10.67 (a) 15.63 kWh (b) 11.72 kWh (c) 9.16 kWh (d) 6.64 kWh

第 11 章

11.1 (a) abc (b) acb

11.11 (a) 15.24 A(rms) (b) 6583.94 V(rms)

11.12 (a) 5 $\underline{/-36.87^\circ}$ A(rms), 5 $\underline{/83.13^\circ}$ A(rms), 5 $\underline{/-156.87^\circ}$ A(rms)
(b) 216.51 $\underline{/-30^\circ}$ V(rms), 216.51 $\underline{/90^\circ}$ V(rms), 216.51 $\underline{/-150^\circ}$ V(rms)
(c) 122.23 $\underline{/-1.36^\circ}$ V(rms), 122.23 $\underline{/118.64^\circ}$ V(rms), 122.23 $\underline{/-121.36^\circ}$ V(rms)
(d) 211.72 $\underline{/-31.36^\circ}$ V(rms), 211.72 $\underline{/88.64^\circ}$ V(rms), 211.72 $\underline{/-151.36^\circ}$ V(rms)

11.15 21.64 $\underline{/121.34^\circ}$ A(rms)

11.16 159.5 $\underline{/29.34^\circ}$ V(rms)

11.25 6120 $\underline{/36.61^\circ}$ VA

11.27 (a) 1833.46 $\underline{/22^\circ}$ VA (b) 519.62 V(rms)

11.35 6990.62 V(rms)

11.45 (b) 2592 VAR, −2592 VAR, 3741.23 VAR, −4172.80 VAR

11.54 (a) 16.71 μF (b) 50.14 μF

第 12 章

12.3 (a) $-3(t+5)u(t+5) + 30u(t) + 3(t-5)u(t-5)$
(b) $5(t+4)u(t+4) - 10(t+2)u(t+2) + 10(t-2)u(t-2) - 5(t-4)u(t-4)$

12.10 $\frac{2}{9}$

12.20 (a) $\frac{1}{(s+a)^2}$ (b) $\frac{\omega}{s^2+\omega^2}$ (c) $\frac{\omega\cos\theta+s\sin\theta}{s^2+\omega^2}$ (d) $\frac{1}{s^2}$ (e) $\frac{\sinh\theta+s[\cosh\theta]}{(s^2-1)}$

12.22 (a) $\frac{s\omega}{s^2+\omega^2}$ (b) $\frac{-\omega^2}{s^2+\omega^2}$ (c) 2 (d) 校核

12.26 $\frac{100s^2}{(s^2+16s+100)(s^2+400)}$

12.40 (a) $[10e^{-5t}-4e^{-8t}]u(t)$ (b) $[15-6e^{-3t}+11e^{-7t}]u(t)$

12.41 (a) $[20e^{-7t}\sin 14t]u(t)$ (b) $[5+7.2e^{-5t}\cos(8t-146.31°)]u(t)$

(c) $[10e^{-6t}+5.66e^{-2t}\cos(4t+45°)]u(t)$

(d) $[9.25e^{-5t}\cos(3t-40.05°)+7.21e^{-4t}\cos(2t+168.93°)]u(t)$

12.43 (b) $[10te^{-t}\cos(t-90°)+10e^{-t}\cos(t-90°)]u(t)$ (c) $25\delta(t)+[8e^{-6t}+12e^{-9t}]u(t)$

12.50 (a) 6, 0 (b) 20, 15 (c) 15, 0 (d) 2, 9

12.55 0.947

第 13 章

13.4 (a) $\frac{[s^2+32\,000s+4\times10^8]}{s}$ (b) 零点在 $-16\,000+j12\,000$ rad/s, $-16\,000-j12\,000$ rad/s; 极点为 0

13.5 (a) $\frac{16\times10^9 s}{s^2+2\times10^6 s+64\times10^{10}}$ (b) 零点为 $z_1=0$; 极点为 -400 krad/s, -1600 krad/s

13.11 (a)

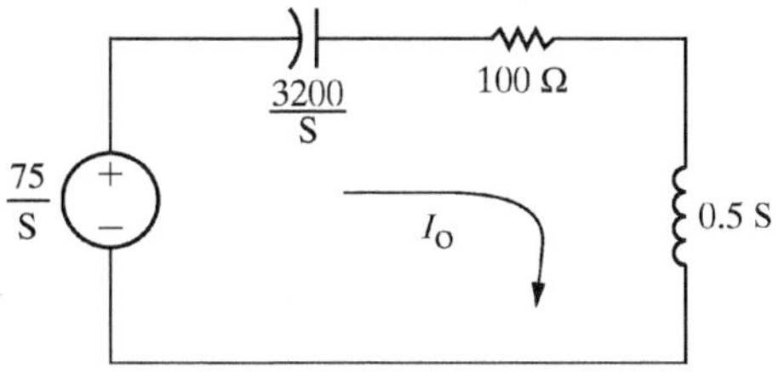

(b) $\frac{150}{(s+40)(s+160)}$

(c) $(1.25e^{-40t}-1.25e^{-160t})u(t)$ A

13.14 (a)

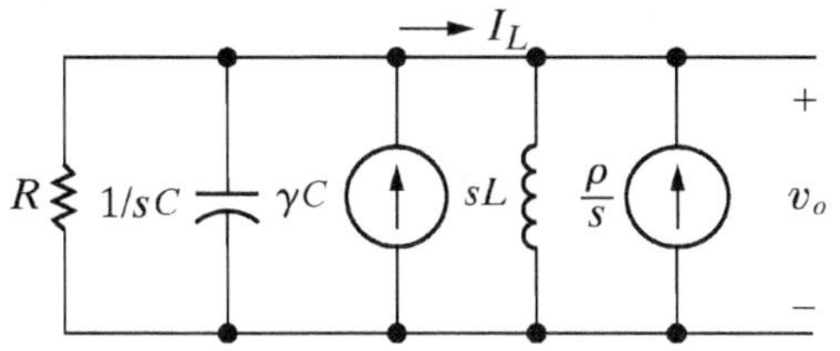

其中 $R=1$ kΩ, $C=6.25$ nF, $\gamma=-240$ V, $L=16$ mH, $\rho=-0.24$ A

(b) $\frac{-240(s+160\,000)}{s^2+160\,000s+10^{10}}$

(c) $\frac{0.24(s+97\,500)}{(s^2+160\,000s+10^{10})}$

(d) $[400e^{-80\,000t}\cos(60\,000t+126.87°)]u(t)$ V

(e) $[0.5e^{-80\,000t}\cos(60\,000t-16.26°)]u(t)$ A

13.19 (a) $[1 - 1e^{-250t}\cos 250t]u(t)$ A (b) $141.42e^{-250t}\cos(250t - 45°)u(t)$ V (c) 是

13.25 (a) $[35 + 5.73e^{-t}\cos(7t + 167.91°)]u(t)$ V (b) 是

13.35 $63.25e^{-150t}\cos(50t + 71.57°)u(t)$ mA

13.37 (a) $(-0.5e^{-40t} + 0.5e^{-1600t})u(t)$ A (b) $(0.5e^{-400t} - 0.5e^{-1600t})u(t)$ A

13.43 (a) $\dfrac{32\times10^4(s+320)}{s(s+400)(s+600)}$ (b) $[426.67 + 320e^{-400t} - 746.67e^{-600t}]u(t)$ V

13.52 (a) $\dfrac{25}{s+25}$; 无零点、极点为 −25 rad/s (b) $\dfrac{s}{s+25}$; 零点为 0, 极点为 −25 rad/s

(c) $\dfrac{s}{s+2000}$; 零点为 0, 极点为 −2000 rad/s (d) $\dfrac{2000}{s+2000}$; 无零点, 极点为 −2000 rad/s

(e) $\dfrac{0.2s}{s+3200}$; 零点为 0, 极点为 −3200 rad/s

13.60 $(1 - e)e^{-t}$ V

13.77 (a) $\dfrac{s(s+30\,000)}{(s+5000)(s+8000)}$ (b) $(5e^{-5000t} - 4.4e^{-8000t})u(t)$ V (c) $4.42\cos(10\,000t - 6.34°)$ V

13.78 $4.4\cos(20t - 33.57°)$ V

13.88 (a) 0.8 A (b) 0.6 A (c) 0.2 A (d) −0.6 A (e) $0.6e^{-2\times10^6 t}u(t)$ A

(f) $-0.6e^{-2\times10^6 t}u(t)$ A (g) $[-1.6\times10^{-3}\delta(t)] - [7200e^{-2\times10^6 t}u(t)]$ V

13.92 (a) 0 A, $25\sqrt{2}$ A

(b) $\dfrac{1440\pi(122.92\sqrt{2}s - 3000\pi\sqrt{2})}{(s+1475\pi)(s^2+14\,400\pi^2)} + \dfrac{300\sqrt{2}}{s+1475\pi}$, $178.82\sqrt{2}e^{-1475\pi t} + 122.06\sqrt{2}\cos(120\pi t + 6.85°)$ V, $300\sqrt{2}$ V

(c) $122.06\sqrt{2}\cos(120\pi t + 6.85°)$ V

(d)

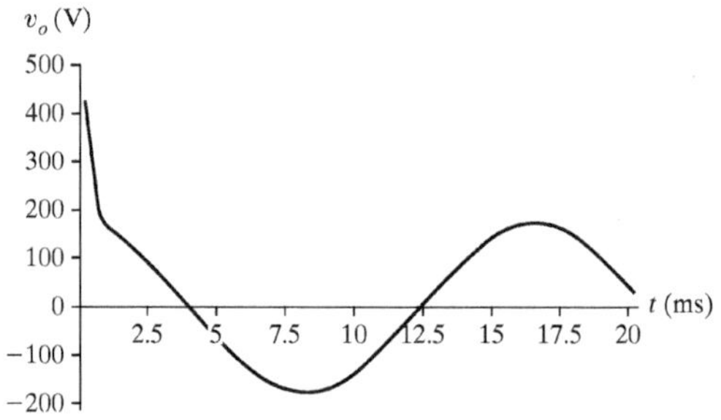

第 14 章

14.1 (a) 3819.72 Hz (b) $0.7071\angle{-45°}$, $0.9923\angle{-7.125°}$, $0.124\angle{-82.875°}$

(c) $14.142\cos(24\,000t - 45°)$ V, $19.846\cos(3000t - 7.125°)$ V, $2.48\cos(192\,000t - 82.875°)$ V

14.7 (a) 31.42 Ω (b) 3419.98 Hz (c) 有 33 Ω 电阻, 5252.11 Hz

14.13 (a) 5.305 kΩ (b) 333.86 Hz

14.17 (a) 150 Ω (b) 680 Ω

14.25 (a) 5 kΩ, 50 mH (b) 3.52 kHz, 2.88 kHz (c) 636.62 Hz

14.34 4 kΩ

14.42 (a) 397.89 Ω, 3.17 mH (b) 4.42 kHz, 3.62 kHz (c) 800 Hz

14.51 (a) 0.39 H, 0.1 μF (b) $|V_{697\text{Hz}}| = |V_{941\text{Hz}}| = 0.707|V_{\text{peak}}|$; $|V_{770\text{Hz}}| = |V_{852\text{Hz}}| = 0.948|V_{\text{peak}}|$

(c) $0.344|V_{\text{peak}}|$

第 15 章

15.1 (a) 67.16 Ω, 212.21 Ω

(b)

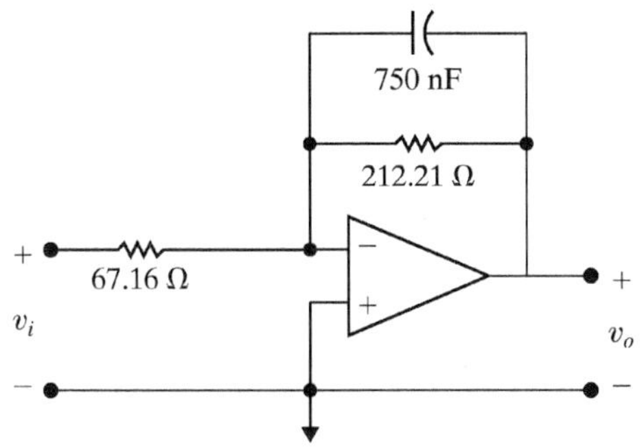

15.8 (a) 5.1 kΩ, 25.55 kΩ

(b)

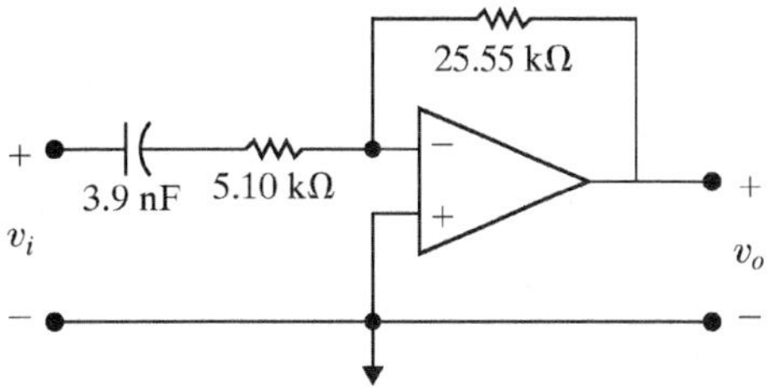

15.15 (a) 1 H, 0.05 Ω, 1 F (b) 2.5 H, 5 kΩ, 250 pF

(c)

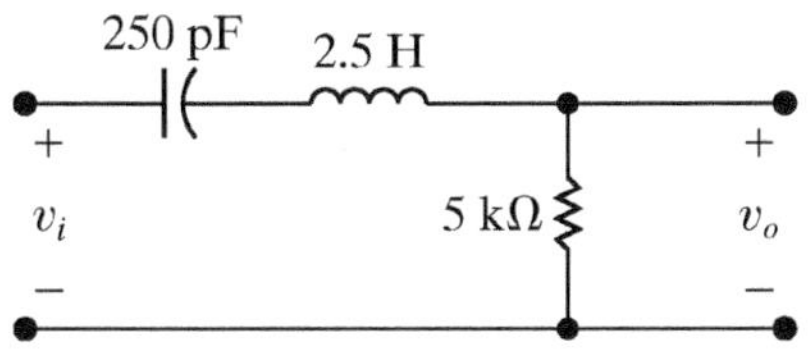

15.23 (a) 20 mH, 2.5 μF (b) $13.42\cos(10\,000t - 166.57°)$ mA

15.30 38.52 Hz, 1038.52 Hz, 30.65 Ω, 826.43 Ω

15.31 $R_L = 21.18$ kΩ, $R_H = 1.18$ kΩ, 如果 $R_i = 1$ kΩ 则 $R_f = 6$ kΩ

15.34 (a) 3 (b) −32.65 dB

15.49 (a) $R_1 = 1.99$ kΩ,

$R_2 = 39.63$ kΩ,

$R_3 = 39.79$ kΩ

(b)

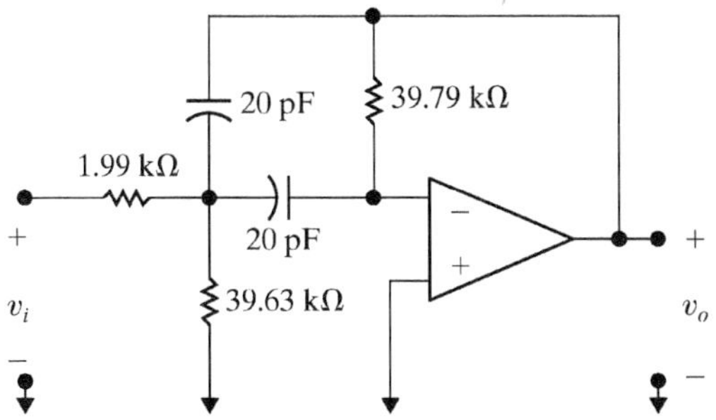

15.60 (a) 见(b)中的元件值

(b)

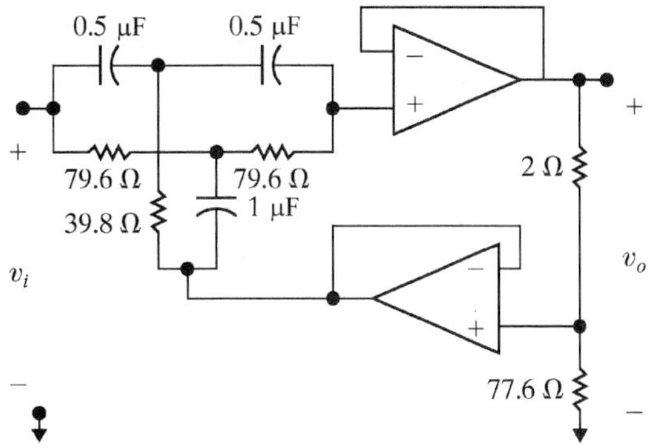

(c) $\dfrac{s^2 + 64 \times 10^6\pi^2}{s^2 + 800\pi s + 64 \times 10^6\pi^2}$

15.62 $R_1 = 100$ kΩ, $R_2 = 900$ kΩ, $C_1 = 2.36$ nF

第 16 章

16.1 (a) 785.4 rad/s, 78.54 krad/s (b) 125 Hz, 12.5 Hz (c) 25 V, 0

(d) $a_{ka}=\frac{100}{\pi k}\sin\frac{\pi k}{2}$, $b_{ka}=0$; $a_{kb}=\frac{120}{\pi k}\sin\frac{\pi k}{2}$, k 为奇数; $a_{kb}=0$, k 为偶数; $b_{kb}=\frac{120}{\pi k}[1-\cos(k\pi)]$, k 为奇数; $b_{kb}=0$, k 为偶数

(e) $25+\frac{100}{\pi}\sum_{n=1}^{\infty}\left(\frac{1}{n}\sin\frac{n\pi}{2}\cos n\omega_0 t\right)$ V, $\frac{120}{\pi}\sum_{n=1,3,5}^{\infty}\frac{1}{n}\left(\sin\frac{n\pi}{2}\cos n\omega_0 t+2\sin n\omega_0 t\right)$ V

16.3 $\frac{75}{\pi}+12.5\cos\omega_0 t-\frac{150}{\pi}\sum_{n=2,4,6}^{\infty}\frac{\cos(n\pi/2)\cos(n\omega_0 t)}{(1-n^2)}$ V

16.11 (a) π rad/s (b) 是 (c) 否 (d) 是

16.22 (a) $10\sum_{n=1,3,5,\cdots}^{\infty}\frac{\sqrt{(n\pi)^2+4}}{n^2}\cos(n\omega_0 t-\theta_n)$ A, $\theta_n=\arctan\frac{n\pi}{2}$ (b) 26.23 A

16.28 (a) $1.9999\cos(200t-0.48°)+0.6662\cos(600t+177.85°)+0.286\cos(1400t-176.66°)$ V

(b) 第 5 次谐波

16.35 1.85 W

16.39 (a) 117.55 V(rms) (b) −2.04% (c) 69.2765 V(rms), −0.0081%

16.44 $C_0=\frac{V_m}{2}$, $C_n=\mathrm{j}\frac{V_m}{2n\pi}$, $n=\pm1,\pm2,\cdots$

16.50 (a)

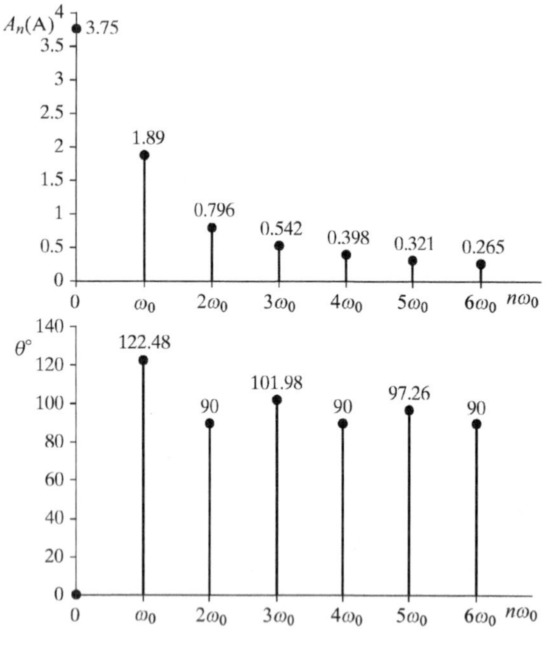

(b)

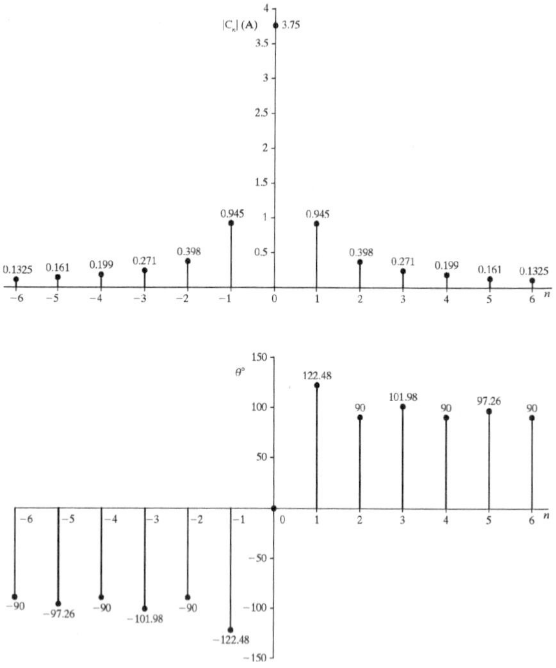

16.57 (a) $\frac{400}{313}$, 2000 rad/s, 16×10^8 rad^2/s^2

(b) $-80\cos\omega_0 t-0.50\cos(3\omega_0 t+91.07°)+0.17\cos(5\omega_0 t+90.60°)$ V

第 17 章

17.1 (a) $\mathrm{j}\frac{2A}{\tau}\left[\frac{\omega\tau\cos(\omega\tau/2)-2\sin(\omega\tau/2)}{\omega^2}\right]$

(b) 0

(c)

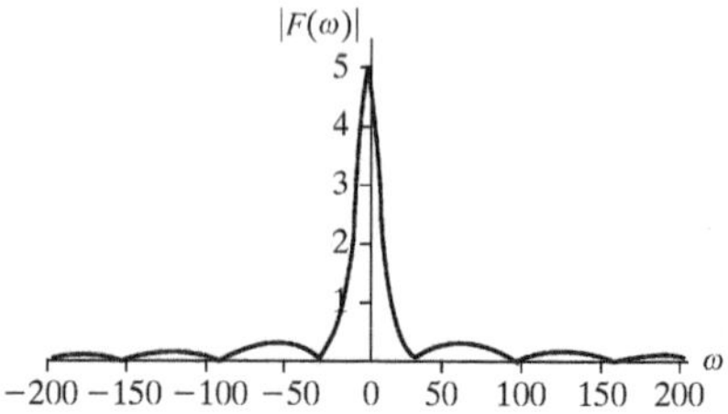

17.5 (a) $\frac{2(a^2-\omega^2)}{(a^2+\omega^2)^2}$ (b) $-j48a\omega\frac{(a^2-\omega^2)}{(a^2+\omega^2)^4}$ (c) $\frac{a}{a^2+(\omega-\omega_0)^2}+\frac{a}{a^2+(\omega+\omega_0)^2}$

(d) $\frac{-ja}{a^2+(\omega-\omega_0)^2}+\frac{ja}{a^2+(\omega+\omega_0)^2}$ (e) $e^{-j\omega t_0}$

17.19 (a) $\frac{\tau}{2}\cdot\frac{\sin[(\omega+\omega_0)\tau/2]}{(\omega+\omega_0)(\tau/2)}+\frac{\tau}{2}\cdot\frac{\sin[(\omega-\omega_0)\tau/2]}{(\omega-\omega_0)(\tau/2)}$ (b) $F(\omega)\to\pi[\delta(\omega-\omega_0)+\delta(\omega+\omega_0)]$

17.28 (a) $[416.67e^{-20t}-250e^{-100t}]u(t)+166.67e^{100t}u(-t)$ V (b) 166.67 V (c) 166.67 V

(d) $(416.67e^{-20t}-250e^{-100t})u(t)$ V (e) 是

17.30 $1\cos(5000t+90°)$ A

17.40 (a) $[-24e^{-t}+32e^{-t/2}]u(t)+8e^{t}u(-t)$ V

(b)

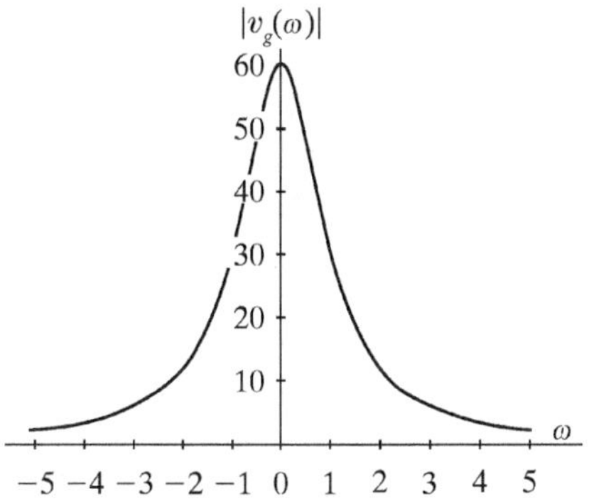

(c)

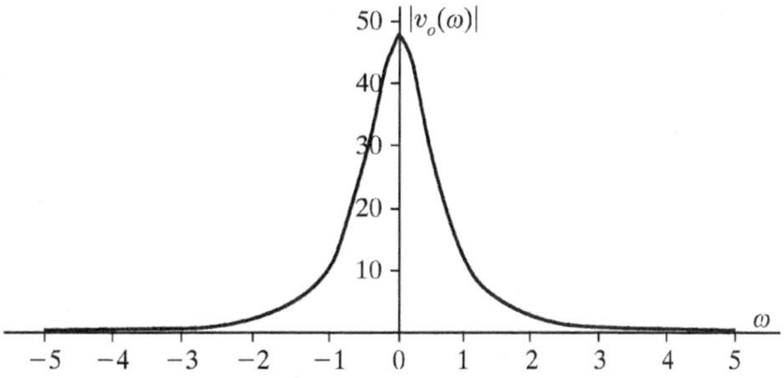

(d) 900 J (e) 320 J (f) 95.95% (g) 99.75%

第 18 章

18.2 $z_{11}=13\ \Omega$; $z_{12}=12\ \Omega$; $z_{21}=12\ \Omega$; $z_{22}=16\ \Omega$

18.10 $a_{11}=-4\times10^{-4}$; $a_{12}=-20\ \Omega$; $a_{21}=-0.5\ \mu S$; $a_{22}=-0.02$

18.13 $g_{11}=12.5\ \mu S$; $g_{12}=1.5$; $g_{21}=-250$; $g_{22}=50\ M\Omega$

18.14 (a) $y_{11}=20\ \mu S$; $y_{12}=30$ nS; $y_{21}=5\ \mu S$; $y_{22}=20$ nS (b) $y_{11}=20\ \mu S$; $y_{12}=30$ nS; $y_{21}=5\ \mu S$; $y_{22}=20$ nS

18.21 $a_{11}=3$; $a_{12}=40\ \Omega$; $a_{21}=80+j60$ mS; $a_{22}=2.4+j0.8$

18.31 (a) 28 V(rms) (b) 11.20 mW (c) 2.88 μW

18.33 12.5

18.38 3.75 V

PEARSON

北京培生信息中心
北京市东城区北三环东路 36 号
北京环球贸易中心 D 座 1208 室
邮政编码：100013
电话：(8610) 57355171/57355169/57355176
传真：(8610) 58257961

Beijing Pearson Education
Information Centre
Suit 1208, Tower D, Beijing Global Trade Centre,
36 North Third Ring Road East,
Dongcheng District, Beijing, China 100013
TEL: (8610)57355171/57355169/57355176
FAX: (8610)58257961

尊敬的老师：

您好！

为了确保您及时有效地申请教辅资源，请您务必完整填写如下教辅申请表，加盖学院公章后将扫描件用电子邮件的形式发送给我们，我们将会在 2-3 个工作日内为您开通属于您个人的唯一账号以供您下载与教材配套的教师资源。

请填写所需教辅的开课信息：

采用教材			**□中文版 □英文版 □双语版**
作　　者		**出版社**	
版　　次		**ISBN**	
课程时间	始于　　年　月　日	**学生人数**	
	止于　　年　月　日	**学生年级**	**□专科　□本科 1/2 年级 □研究生　□本科 3/4 年级**

请填写您的个人信息：

学　　校			
院系/专业			
姓　　名		**职　　称**	**□助教 □讲师 □副教授 □教授**
通信地址/邮编			
手　　机		**电　　话**	
传　　真			
official email(必填) (eg:XXX@ruc.edu.cn)		**email (eg:XXX@163.com)**	
是否愿意接受我们定期的新书讯息通知：	**□是　　□否**		

Publishing House of Electronics Industry
电子工业出版社：www.phei.com.cn
www.hxedu.com.cn
北京市万寿路 173 信箱高等教育分社（100036）
联系电话：010-88254555
E-mail：Te_service@phei.com.cn

系 / 院主任：＿＿＿＿＿＿＿＿（签字）

（系 / 院办公室章）

＿＿年＿＿月＿＿日